L'INDIVIDU DANS L'ORGANISATION

LES DIMENSIONS OUBLIÉES

L'INDIVIDU DANS L'ORGANISATION

LES DIMENSIONS OUBLIÉES

SOUS LA DIRECTION
DE JEAN-FRANÇOIS CHANLAT

SCIENCES DE L'ADMINISTRATION

LES PRESSES DE L'UNIVERSITÉ LAVAL
ÉDITIONS ESKA

Données de catalogage avant publication (Canada)

Vedette principale au titre

L'individu dans l'organisation : les dimensions oubliées

(Sciences de l'administration)
Comprend des références bibliographiques.

ISBN 2-7637-7219-6 (PUL)
ISBN 2-86911-027-8 (Éditions ESKA)

1. Psychologie du travail. 2. Travail — Aspect psychologique. 3. Comportement organisationnel. I. Chanlat, Jean-François, 1950- . II. Collection.

HF5548.8.I52 1990 158'.7 C90-096511-8

Onzième tirage : 2013

LES PRESSES DE L'UNIVERSITÉ LAVAL
Pavillon de l'Est
2180, chemin Sainte-Foy
1er étage
Québec (Québec)
G1V 0A6
www.pulaval.com

AVANT-PROPOS

Depuis une vingtaine d'années, les sciences de l'administration ont pris un essor sans précédent. À l'intérieur de ce champ, l'étude du comportement humain dans les organisations n'a pas fait exception à la règle. Largement inspirées par la psychologie industrielle, la sociologie, l'économie, l'administration et dans une moindre mesure les sciences politiques et l'anthropologie, ces études se sont focalisées jusqu'ici sur les notions suivantes: motivation, leadership, communication, dynamique de groupe, prise de décision. Cet intérêt a conduit à la création d'un sous-champ, le « comportement organisationnel ».

Ce sous-champ, très diversifié dans ses perspectives tant théoriques que méthodologiques et très majoritairement anglo-saxon, est aujourd'hui de plus en plus remis en question d'une part par les transformations sociales qui ont cours (déclin relatif de l'industrie américaine, tertiarisation de l'économie, changement technologique, remise en cause des anciennes formes d'organisations du travail, internationalisation des échanges, etc.), d'autre part par les questionnements entourant la formation en gestion que l'on juge généralement trop technique, trop quantitative et trop ethnocentrique.

Devant l'évolution qu'a connue le « comportement organisationnel » et les nombreuses questions que pose la compréhension des êtres humains dans un ensemble organisé, en présence des défis auxquels nos sociétés font face, un certain nombre de chercheurs, un peu partout dans le monde, tentent donc de sortir des sentiers battus. Profitant de l'hétérogénéité du champ, du regain d'intérêt pour le sujet, la personne, la culture et les phénomènes symboliques, ils n'ont pas hésité à proposer de nouveaux éclairages. S'appuyant sur des disciplines jusque-là tenues à l'écart (linguistique, psychanalyse) ou encore sur des mouvements en émergence (sciences de la cognition) ou enfin sur l'énorme héritage, souvent méconnu, des disciplines inspiratrices (anthropologie, sociologie, psychologie sociale, psychologie), ils mettent l'accent sur des dimensions généralement laissées dans l'ombre par le monde de la gestion : langage, parole, espace, temps, communication non verbale, cognition, culture, affectivité, inconscient, relations interculturelles. C'est dans cette perspective de renouveau des études en comportement organisationnel que le présent ouvrage s'inscrit.

La décision d'entreprendre un tel ouvrage ne fut pas prise subitement. Elle est le fruit d'un long cheminement personnel qui m'a conduit des rivages de la gestion aux sciences humaines et notamment à la sociologie. Elle s'inscrit également dans une perspective plus large développée en France par Maurice Dufour, il y a maintenant une vingtaine d'années, reprise et poursuivie par Alain Chanlat à l'École des hautes études commerciales de Montréal[1].

Cette perspective anthropologique, au sens étymologique ou encore maussien de ce terme, cherche à comprendre les phénomènes humains observés dans l'univers des organisations à partir des données accumulées par « le total des sciences, comme l'écrivait Mauss au début de ce siècle, qui considèrent l'homme comme un être vivant, conscient et sociable » (1968, p. 285). Fondamentalement pluridisciplinaire dans son intention et unitaire dans sa compréhension de l'être humain, cette position épistémologique et théorique rejoint celle d'autres chercheurs contemporains qui tentent de rendre compte de la complexité humaine[2].

Elle découle enfin du constat, partagé par d'autres enseignants, chercheurs et praticiens appartenant à l'univers de la gestion, que les sciences du comportement appliquées à la connaissance de la vie humaine dans les organisations restent encore trop réductionnistes dans leurs approches, trop utilitaires dans leurs intentions et largement marquées au sceau de l'ethnocentrisme, l'univers socioculturel nord-américain constituant la référence obligée[3].

C'est donc à la suite de ce cheminement personnel, en tant qu'enseignant et chercheur, que j'en suis venu à penser un ouvrage nouveau dans ce champ. J'y ai été d'autant plus encouragé qu'il n'existe, à ma connaissance, aucun livre de ce type en langue française, voire en langue anglaise, et que l'idée a suscité beaucoup d'intérêt autour de moi. Centré sur l'être humain en tant que sujet, acteur et personne en relation avec d'autres, l'ouvrage que nous présentons ici, en se voulant pluridisciplinaire dans son éclairage et international dans ses contributions, constitue bel et bien, à notre avis, une première en langue française.

Concevoir un tel livre n'est cependant pas chose facile. Il faut trouver un fil conducteur, une structure, puis des collaborateurs et des collaboratrices disposés à travailler à l'intérieur de ce cadre. Une fois le fil conducteur établi, en l'occurrence l'être humain en tant que *sujet en acte dans un cadre particulier: l'organisation*, la structure de l'ouvrage s'est organisée autour de six dimensions fondamentales qui ont été dans une large mesure mises de côté jusqu'ici par le courant dominant dans le « comportement organisationnel », et souvent mal traitées par l'univers de la gestion: *pensée, parole et langage, espace et temps, vie psychique, altérité, vie symbolique* et *plaisir et souffrance dans le travail*.

Être de pensée et de parole, enraciné dans l'espace et dans le temps, être de désir et de pulsion qui se construit dans son rapport avec l'autre, être symbolique pour qui la réalité doit avoir un sens, être aux prises avec la souffrance et le plaisir que procure l'existence, l'être humain, tel qu'il apparaît dans cet ouvrage, ne peut en effet se réduire à n'être qu'un objet, une ressource ou une variable à maîtriser.

Partageant dans une très large mesure cette vision, les collaboratrices et les collaborateurs que nous avons contactés ont accepté volontiers de contribuer à cette entreprise de réhabilitation tout en présentant leur propre perspective « régionale ». C'est la raison pour laquelle cet ouvrage est en quelque sorte construit comme une poupée russe. À l'intérieur d'un cadre très général qui cherche à édifier une anthropologie de la condition humaine dans les organisations, projet présenté dans l'introduction, chaque collaborateur développe, dans sa sphère respective, une perspective particulière. Du langage à l'espace en passant par l'univers symbolique, le temps, la vie psychique, l'altérité et la psychopathologie, la contribution programmatique de plusieurs d'entre eux ouvre de nouvelles fenêtres, permet de jeter un regard différent sur la réalité humaine des organisations. Ce foisonnement n'est cependant pas complètement éclaté.

Comme le lecteur s'en rendra compte, tous les auteurs, chacun à leur manière et dans leurs mots à eux, partagent une vision commune de l'être humain et reconnaissent l'importance et le rôle de chaque dimension présentée dans cet ouvrage.

Cette unité d'ensemble ne signifie pas, par ailleurs, que tous souscrivent entièrement à ce qui est écrit dans ce livre. L'unanimité n'a jamais été l'objectif de cet ouvrage. Autrement dit, si tous les auteurs peuvent aisément s'accorder pour dire que l'être humain doit être vu comme un sujet, un acteur, une personne vivante et concrète, cela ne signifie pas pour autant que des divergences ne peuvent survenir sur certains points. Une fois un consensus paradigmatique minimal assuré, condition nécessaire à une certaine cohérence interne, le choc des idées, comme le choc des styles, n'est pas interdit. Bien au contraire, il est indispensable à l'objectif de ce livre: l'unité dans la diversité.

D'une certaine manière ouvrage pionnier, il doit être lu comme tel par tous ceux et toutes celles qui s'intéressent à la dynamique humaine des organisations.

S'il s'adresse bien sûr avant tout aux professeurs, aux chercheurs et aux étudiants en sciences administratives et aux cadres intéressés à porter de nouveaux regards sur la vie dans les organisations, il vise également tous ceux et toutes celles qui, de près ou de loin, s'intéressent à la condition humaine dans nos ensembles organisés.

Ouvrir de nouvelles perspectives ne signifie pas répondre à toutes les questions; d'ailleurs, l'humilité et notre connaissance de l'histoire des idées nous en convainquent. Si ce livre cherche à se distinguer de travaux plus traditionnels sur le sujet, il demeure le produit d'une pensée en construction. C'est la raison pour laquelle il apparaîtra peut-être, aux yeux de certains, parcellaire et inachevé. Mais n'est-ce pas aussi la loi du genre? Ni manuel, ni ouvrage encyclopédique, ce livre, fruit de pensées en évolution, cherche avant tout à participer à sa façon à la construction d'un édifice intellectuel dont l'objectif est de redonner une unité à un champ et à une réalité aujourd'hui éclatés.

À l'instar du grand écrivain tchèque Kafka, qui n'hésitait pas à écrire qu'« un livre doit être la hache qui brise la mer gelée en nous », je souhaite ardemment, en tant qu'architecte de ce livre, que celui-ci contribue à rompre les couches de glace qui enserrent depuis trop longtemps à la fois la vie humaine dans les organisations et les visions que l'on a pu à l'occasion en avoir. La renaissance de la vie organisationnelle est à ce prix.

Notes

1. Voir, à ce sujet, Chanlat et Dufour (1985).
2. Voir, à ce sujet, les ouvrages de Gusdorf (1967), Morin (1979), Bateson (1984), Morgan (1986, 1989), Mintzberg, (1989), Serres (1980).
3. Voir, à ce sujet, les livres de Stolorow et Atwood (1979), Staw et Salancik (1977), Adler (1986), Mintzberg (1989), Mangham (1987), Jones *et al.* (1988).

REMERCIEMENTS

Tout ouvrage est le fruit d'un ensemble de complicités intellectuelles, d'amitiés solides et de soutiens matériels. Dans le cas d'une œuvre collective, cette affirmation est encore plus vraie. Sans ce triple appui, ce livre n'aurait jamais vu le jour. J'aimerais donc profiter de l'occasion qui m'est donnée ici pour remercier tous ceux et toutes celles qui, de près ou de loin, ont contribué, à leur manière, à la réalisation de cet ouvrage.

Tout d'abord, j'aimerais particulièrement rendre hommage à ceux qui en ont été les principaux inspirateurs, Maurice Dufour et Alain, mon frère. En m'initiant, chacun à leur façon, à l'impératif de la pluridisciplinarité et de l'unité de l'être humain, ils ont contribué largement non seulement à ma formation intellectuelle mais aussi à mon orientation de carrière. Ma reconnaissance à leur égard est immense. Sans leurs enseignements, ce livre n'aurait en effet jamais vu le jour. J'aimerais ensuite remercier tous les collègues et amis de l'École des hautes études commerciales de Montréal qui m'ont encouragé et soutenu dans ce projet, en particulier Richard Déry dont la disponibilité et la connaissance extraordinaire du champ des sciences de l'administration m'ont été d'un grand secours, Allain Joly dont le pessimisme naturel est toujours un bon antidote à mon éternel optimisme, Francine Harel Giasson qui a repensé en ma compagnie, il y a quelques années, le cours qui a servi de tremplin à ce volume, Laurent Lapierre dont l'ouverture d'esprit et l'imagination sont à l'image de ce qu'il professe, Jean-Guy Desforges et Delmas Lévesque qui ont été à l'origine de ma vocation sociologique dans cet établissement. Enfin, je tiens à exprimer ma gratitude à tous les étudiants et toutes les étudiantes qui ont fréquenté mes cours durant ces dernières années. L'accueil plus que favorable qu'ils ont fait au contenu que je présente aujourd'hui, leurs questionnements, leur enthousiasme n'ont pas été sans m'encourager à me lancer dans cette aventure.

Une fois l'idée mise de l'avant, il a fallu passer à l'étape de la réalisation proprement dite. Au cours de cette phase cruciale, j'ai pu également bénéficier à l'École des hautes études commerciales de nombreux autres soutiens: ceux de mon directeur de service, Raymond Chaussé, des membres du comité des congés sabbatiques et de la direction de l'École qui ont tous appuyé ma demande de congé pour réaliser ce projet; ceux de mon collègue Delmas Lévesque qui a gentiment accepté de prendre en charge certaines tâches supplémentaires pour me permettre de partir, de Gérard Ouimet et de Denis Lévesque qui ont pris la responsabilité de l'enseignement de certains cours en mon absence, de la direction de la recherche qui, par la voix de son directeur, Alain Rondeau, n'a pas hésité à soutenir financièrement ce projet. Qu'ils en soient tous remerciés. Leur attitude illustre une nouvelle fois l'esprit qui règne dans notre établissement et qui fait de ce dernier un lieu universitaire privilégié dans le monde d'aujourd'hui.

Par ailleurs, un livre c'est aussi un éditeur. Sans sa participation, les plus beaux projets resteraient lettre morte. C'est la raison pour laquelle je tiens à remercier vivement tous ceux qui aux Presses de l'Université Laval ont non seulement accepté de publier cet ouvrage, mais aussi l'ont accompagné tout au long de sa gestation. Tout d'abord Jacques Chouinard, son directeur, et Michel Audet, le directeur de la collection « Sciences de l'administration », qui ont pris le risque de le publier, Michel Audet de nouveau qui par ses commentaires et ses remarques en a amélioré le contenu, Carole Noël qui en a supervisé avec beaucoup de gentillesse toutes les étapes, Ghislain Madore qui s'est acquitté remarquablement de sa tâche de réviseur, Odile Germain qui a corrigé les épreuves, et Claire de Billy qui a dressé la bibliographie.

Un livre collectif, c'est bien sûr par définition différents auteurs qui veulent se prêter au difficile exercice pour l'ego de n'être qu'un parmi d'autres. Or, je voudrais dire combien leur collaboration a été exemplaire à tous égards. Tous les collaborateurs et toutes les collaboratrices de cet ouvrage ont en effet accepté de jouer pleinement le jeu. Chacun et chacune y ont donné le meilleur d'eux-mêmes. Sans leur contribution, de même que celle des traductrices, Anne-Marie Aymard et Chantal Bernard, ce livre *qui est aussi le leur* n'aurait jamais existé. Avant de leur témoigner lors d'une rencontre prochaine la reconnaissance qu'ils méritent, je tiens à leur dire combien j'ai été touché par leur geste et combien je les en remercie vivement.

Enfin, je ne peux oublier l'accueil extraordinaire que j'ai reçu lors de mon congé sabbatique de la part des membres du centre de recherche en gestion (C.R.G.) de l'École polytechnique de Paris, en particulier de son directeur, Michel Berry, et des chercheurs qui ont été étroitement associés à mon projet et qui n'ont pas hésité à en lire et à en critiquer les parties que j'ai moi-même rédigées : Jacques Girin, Hamid Bouchikhi et Hervé Dumez. Le soutien intellectuel et amical qu'ils m'ont procuré a été en tous points exemplaire. Toujours au C.R.G., j'aimerais également remercier tout particulièrement Elisabeth Szwuyska, Caroline Mathieu et Bernadette Dominique, qui ont su au cours de mon séjour aplanir tous les problèmes avec l'humour qui les caractérise. J'aimerais enfin signaler le travail souvent ingrat mais ô combien indispensable de dactylographie accompli par Catherine Monestié au C.R.G. et par Sylvie Jetté à l'École des hautes études commerciales. De part et d'autre de l'Atlantique, elles ont réalisé la première mise en forme du manuscrit. En dernier lieu, je tiens à exprimer un remerciement tout à fait spécial à ma femme Chantal, qui par ses réflexions et ses critiques a inspiré, sans toujours le savoir, le contenu de cet ouvrage. J'espère que la lecture de ce livre la convaincra que toutes les discussions que nous avons eues ensemble ont laissé quelques traces.

Jean-François CHANLAT

LISTE DES COLLABORATEURS ET COLLABORATRICES

Omar AKTOUF	Professeur agrégé, École des hautes études commerciales, Montréal, Québec, Canada.
Gilles AMADO	Professeur, Centre H.E.C.-ISA, Jouy-en-Josas, France.
Nicole AUBERT	Professeure, École supérieure de commerce, Paris, France.
Renée BÉDARD	Professeure, École nationale d'administration publique, Montréal, Québec, Canada.
Françoise BELLE	Maître de conférence, École supérieure des affaires, Université des sciences sociales de Grenoble, France.
Anni BORZEIX	Chercheure, Centre de recherche en gestion, École polytechnique, Paris, France.
Serge BOUCHARD	Consultant, Montréal, Québec, Canada.
Alain CHANLAT	Professeur titulaire, École des hautes études commerciales, Montréal, Québec, Canada.
Jean-François CHANLAT	Professeur agrégé, École des hautes études commerciales, Montréal, Québec, Canada.
Stewart CLEGG	Professeur, Department of Management, University of Saint Andrews, Saint Andrews, Écosse, Royaume-Uni.
Christophe DEJOURS	Psychiatre et psychanalyste, chef de clinique, hôpital d'Orsay; titulaire de la chaire de psychologie du travail, Conservatoire national des arts et métiers, Paris, France.
Richard DÉRY	Professeur agrégé, École des hautes études commerciales, Montréal, Québec, Canada.
Maurice DUFOUR	Consultant, à la retraite, Paris, France.
Jean-Pierre DUPUIS	Professeur adjoint, École des hautes études commerciales, Montréal, Québec, Canada.
Claude FAUCHEUX	Professeur, Rotterdam School of Management, Université Erasmus, Hollande.

Pierre FEYEREISEN	Chercheur, Fonds national belge de la recherche scientifique, Bruxelles, Belgique.
Gustave-Nicolas FISCHER	Professeur, Université de Metz et Université de Strasbourg, France.
Giovanni GASPARINI	Professeur, Département de sociologie, Université catholique de Milan, Italie.
Jacques GIRIN	Directeur, Centre de recherche en gestion, École polytechnique, Paris, France.
Francine HAREL GIASSON	Professeure titulaire, École des hautes études commerciales, Montréal, Québec, Canada.
John HASSARD	Directeur du Centre d'études supérieures en gestion, Keele University, Royaume-Uni.
Allain JOLY	Professeur adjoint, École des hautes études commerciales, Montréal, Québec, Canada.
Emmanuel KAMDEM	Professeur, École supérieure des sciences économiques et sociales (ESSEC), Douala, Cameroun.
Manfred KETS DE VRIES	Professeur, INSEAD, Fontainebleau, France.
Jacques-Dominique DE LANNOY	Professeur, Université de Genève, Suisse.
Laurent LAPIERRE	Professeur agrégé, École des hautes études commerciales, Montréal, Québec, Canada.
André LAURENT	Professeur, INSEAD, Fontainebleau, France.
Danièle LINHART	Chercheure, CNRS, Paris, France.
Danny MILLER	Chercheur et professeur, Université McGill, École des hautes études commerciales, Montréal, Québec, Canada.
Thierry PAUCHANT	Professeur agrégé, École des hautes études commerciales, Montréal, Québec, Canada.
Michel PERREAULT	Professeur adjoint, Faculté des sciences infirmières, Université de Montréal, Québec, Canada.
Alain RONDEAU	Professeur titulaire, École des hautes études commerciales, Montréal, Québec, Canada.
Renaud SAINSAULIEU	Professeur, Institut d'études politiques; directeur, Laboratoire de sociologie du changement des institutions, CNRS, Paris, France.
Burkard SIEVERS	Professeur, Département de management, Université Bergische, Wuppertal, RFA.

Gladys SYMONS — Professeure agrégée, École nationale d'administration publique (ENAP), Montréal, Québec, Canada.

Sylvie VINCENT — Chercheure et consultante, Centre de recherche et d'analyse en sciences humaines, Montréal, Québec, Canada.

« Nous sommes nés pour agir. »

« Chaque homme porte en soi la forme entière de l'humanité. »

MONTAIGNE

« Notre fin c'est d'arriver à un véritable corps constitué où chaque personne serait un homme et où les collectivités seraient également humaines. »

SARTRE

« Le monde de l'homme est maintenu par l'homme comme les particules du corps humain sont maintenues par la vie de l'homme. »

NOVALIS

INTRODUCTION

Vers une anthropologie de l'organisation

Jean-François CHANLAT

Depuis plus d'un siècle, nos sociétés sont le théâtre de nombreuses transformations économiques, sociales, politiques et culturelles. Ces changements, dont bien sûr l'origine remonte loin dans le temps (Braudel, 1979), ont débouché sur l'avènement de ce que l'éminent historien et sociologue américain I. Wallerstein a qualifié de *capitalisme historique* (1985). Marqué à la fois par la montée de la rationalisation (Weber, 1971), par l'accumulation du capital (Marx, 1970), par l'hégémonie des catégories économiques (Polanyi, 1983), par le développement de l'individualisme (Dumont, 1983), par l'obsession du progrès (Rostow, 1968), par l'urbanisation (Castells, 1975) et par l'explosion technologique (Landes, 1975; Ellul, 1964), ce nouvel ordre social en perpétuel mouvement a vu naître et proliférer un grand nombre d'organisations (Presthus, 1978). Ces organisations formelles, en devenant elles-mêmes un des principaux points d'ancrage et de structuration individuels et collectifs contemporains (Meyer et Rowan, 1977; Zucker, 1977), ont constitué par le fait même un objet d'étude à part entière (Chanlat et Séguin, 1983, 1987; Morgan, 1986). Cet intérêt pour la chose organisée a emprunté plusieurs chemins: ceux de l'économie (Ouchi et Barnes, 1986; Williamson, 1985), de la sociologie (Perrow, 1979; Crozier et Friedberg, 1977; Warriner, 1984; Sainsaulieu, 1987; Balle, 1990), de la psychologie (Schein, 1980), des sciences politiques (Hardy, 1987), des sciences de l'administration (Koontz et O'Donnell, 1955; Mintzberg, 1973), voire de l'anthropologie (Warner et Low, 1947; Whyte, 1948) et de la psychanalyse (Jaques, 1951; Zaleznik et Kets de Vries, 1985; Amado, 1980; Kets de Vries et Miller, 1984). À l'intérieur des sciences de l'administration (Audet et Malouin, 1986), l'étude du comportement humain dans les organisations a donné lieu quant à elle à la création d'un champ scientifique[1] spécifique que l'on a maladroitement traduit en français par « comportement organisationnel » (Côté *et al.*, 1986; Lorsch, 1987; Cooper et Robertson, 1987).

Largement dominé par les Anglo-Saxons, pour ne pas dire par les Américains, ce champ s'est développé tout d'abord à l'ombre de certains départements universitaires, notamment ceux de psychologie et de sociologie, puis plus récemment, avec l'engouement pour le *management et le culte de l'entreprise* (Rousseaux, 1988), au sein des écoles de gestion[2]. Ce phénomène s'est reproduit avec plus ou moins d'ampleur dans la plupart des pays industrialisés. Cette discipline qui relève avant tout de l'univers des « sciences administratives » est aujourd'hui en pleine expansion[3]. Elle se caractérise à la fois par son souci d'efficacité organisationnelle, sa volonté de changement, son inspiration majoritairement behavioriste et positiviste, son caractère appliqué et pluridisciplinaire, la diversité de ses méthodes et des contextes organisationnels étudiés et enfin par l'hétérogénéité de son corpus théorique (Lorsch, 1987; Cooper et Robertson, 1987; Staw et Cummings, 1987, 1988). « Brièvement défini, comme l'écrivaient tout récemment deux auteurs d'un manuel américain dans le domaine, le comportement organisationnel est un champ qui est orienté vers le développement d'une meilleure compréhension du comportement humain et qui utilise ce savoir pour rendre les gens plus productifs et plus satisfaits dans les organisations. » (Mitchell et Larson, 1987, p. 4.) Une revue systématique des ouvrages de base parus au cours des sept dernières années confirme ce point de vue, comme elle confirme également la focalisation des auteurs sur des thèmes qui, pour plusieurs d'entre eux, datent déjà des années cinquante et du tournant des années soixante — c'est le cas notamment de la motivation et du leadership —; d'autres thèmes renvoient aux années soixante — par exemple le rôle joué par les structures et la technologie —; certains apparaissent dans les dernières années — c'est le cas en particulier des notions de stress et de culture organisationnelle[4].

Le comportement organisationnel, un champ hétérogène et un développement en vase clos

Héritier tout à la fois du courant des relations humaines, de certaines branches de la psychologie, notamment des études de Lewin et de la psychologie industrielle, de la sociologie et des théories des organisations, de l'approche sociotechnique, de la dynamique des groupes, du behaviorisme anglo-saxon, des courants du *management*, le « comportement organisationnel » tel qu'il se présente aujourd'hui apparaît comme un immense « patchwork », un champ ouvert à tous les vents théoriques et méthodologiques ou presque. Car, par-delà l'œcuménisme apparent, tout à fait relatif comme on peut s'en douter, on observe à l'intérieur de ce corpus théorique hétérogène, voire hétéroclite, l'occultation ou l'absence plus ou moins totale de certaines dimensions humaines fondamentales qui font l'objet de ce livre: la dimension cognitive et langagière, la dimension spatio-temporelle, la dimension psychique et affective, la dimension symbolique, la dimension de l'altérité, la dimension psychopathologique. À l'image des sciences administratives en général, le champ du comportement organisationnel semble s'être développé jusqu'à présent en vase clos, négligeant dans une large mesure les acquis des sciences humaines de base (Audet et Malouin, 1986; Déry, 1988a, 1988b; Whitley, 1984)[5].

Cette coupure de la grande production intellectuelle a, à notre avis, deux causes: d'une part, en ayant installé l'économique, le nombre et la chose au centre de son univers, notre société semble en avoir oublié le reste, c'est-à-dire tout ce qui n'est pas réductible à une formalisation quelconque (Gorz, 1988; Caillé, 1989); d'autre part, comme tout recours à une pensée extérieure, critique de surcroît, peut toujours menacer l'ordre organisationnel établi, le monde de la gestion a le plus souvent préféré des visions moins dérangeantes pour lui-même. Cette profonde économisation du monde organisé moderne, cette « économicisation » dirait Gorz (1988) — phénomème relativement récent dans l'histoire de l'humanité — et cette volonté d'assurer le maintien d'un système de contrôle d'inspiration taylorienne ou bureaucratique ou les deux ne sont pas sans avoir eu quelques effets sur l'orientation technocratique de cette discipline avant tout managérielle. Comme le rappelait encore tout récemment M. Alvesson (1987, p. 105):

> L'intérêt de la psychologie organisationnelle envers la motivation et son manque d'intérêt pour la symbolique au travail caractérise bien son orientation technocratique. Les objets d'étude concernent des questions étroites et bien définies, les réponses à ces questions constituent la base d'un fragment d'ingénierie sociale dont l'objectif est de contrer les tendances engendrées par la division du travail et l'appauvrissement des tâches.

Autrement dit, l'obsession de l'efficacité, de la performance, de la productivité, du rendement à court terme que l'on a rencontrée jusqu'à présent dans nos organisations et dans nos sociétés a poussé la majorité des chercheurs à circonscrire leurs intérêts à ces questions et à réduire bien souvent leurs efforts à de simples techniques de contrôle (Alvesson, 1987; Desmarez, 1986; Dufour et Chanlat, 1985; Rose, 1988; Villette, 1988).

Dès lors, on peut comprendre pourquoi, depuis quelques années, de plus en plus de chercheurs, un peu partout dans le monde, et plus particulièrement dans l'aire latine, remettent en cause cette conception instrumentale, adaptative, voire manipulatrice de l'être humain, s'interrogent sur les dimensions oubliées, se tournent vers d'autres disciplines ou d'autres perspectives théoriques[6]. Par là, ils cherchent, chacun à leur façon, à rendre intelligible l'expérience humaine et à la saisir dans toute sa complexité et sa richesse. Ces questionnements sont devenus d'autant plus pertinents que les critiques se font de plus en plus nombreuses envers la formation que reçoivent les futurs gestionnaires et que les problèmes qui surgissent au travail ne paraissent pas se résoudre comme on pouvait le penser.

La formation en gestion remise en question

Vingt-cinq ans après le fameux rapport de la Fondation Ford qui réclamait une véritable formation académique et professionnelle au sein de laquelle les sciences du comportement devaient prendre leur juste place (Pierson, 1959; Gordon et Howell, 1959)[7], l'enseignement et la formation en gestion sont à nouveau questionnés. Que ce soit aux États-Unis (Herzberg, 1980; Behrman et Lévi, 1984; Porter et McKibbin, 1988), au Canada (Chanlat, 1984; Chanlat et Dufour, 1985; Association des manufacturiers canadiens, 1986; Devlin, 1986), en France (Galambaud, 1988; Delwasse, 1988) ou dans d'autres pays (*Le Monde Campus*, 1988), on n'hésite pas à dénoncer à des degrés divers la trop grande spécialisation, la rigidité, l'anti-intellectualisme, l'ethnocentrisme, le quantitativisme, l'économisme, l'inculture, l'absence de conscience historique, l'inaptitude à communiquer, à inter-agir dont font preuve les programmes ou les étudiants[8].

Ce concert de critiques et de lamentations qui, dans certains cas, mériteraient d'être nuancées, n'est pas sans avoir un lien avec la situation observée dans les milieux de travail. En effet, même si à en croire certains la condition humaine dans les organisations semble satisfaisante, il reste que les études menées en profondeur nous montrent que la réalité n'est pas toujours aussi rose (Aktouf, 1989; Bouchard, 1985; Chanlat, 1984; Linhart, 1978; Pagès *et al.*, 1979; Dejours, 1987, 1988; Terkel, 1976 ; Applebaum, 1984; Kanter et Stein, 1979; Kets de Vries et Miller, 1984; Jones, Moore et Snyder, 1988). Contrairement à l'idéalisation dont elle est un peu trop souvent l'objet dans l'univers du management, l'organisation apparaît aussi bien souvent comme un lieu qui engendre la souffrance, la violence physique et psychologique, l'ennui, voire le désespoir, non seulement dans les échelons inférieurs mais aussi au niveau de l'encadrement intermédiaire et supérieur. À l'image de la pièce désormais célèbre d'Arthur Miller *La mort d'un commis voyageur*, l'organisation n'est pas toujours la bonne mère qu'elle aimerait être. Le « blues » des ouvriers, le « spleen » ou malaise des cadres dont on parle à certaines occasions sont en quelque sorte à la fois le miroir de la formation reçue généralement dans les écoles et l'image de ce qu'on chérit dans la société globale. Dans un monde essentiellement dominé par la raison instrumentale et les catégories économiques, les hommes et les femmes qui peuplent les organisations sont considérés le plus souvent avant tout comme des *ressources*, c'est-à-dire comme des quantités matérielles dont le rendement doit être satisfaisant[9] au même titre que l'outillage, la machinerie et les matières premières. Associées à l'univers des choses, les personnes employées dans les organisations deviennent ainsi peu à peu elles-mêmes des objets. Dans certains cas seuls des événements extraordinaires viennent rappeler à l'occasion leur humanité[10]. « Dans la plupart des sociétés, écrit l'ethnologue Louis Dumont, [...] les relations entre hommes sont plus importantes, plus hautement valorisées que les relations entre hommes et choses. Cette primauté est renversée dans le type moderne de société où les relations entre hommes sont au contraire subordonnées aux relations entre les hommes et les choses. » (1977, p. 13.) C'est cette subordination à l'univers des objets-marchandises et à la rationalité économique qui a été la principale cause de ce décentrage de l'humain dans les organisations.

On peut comprendre dès lors un peu mieux pourquoi, à l'heure actuelle, de nombreux travailleurs, notamment parmi les plus jeunes, cherchent de plus en plus de satisfactions à l'extérieur de leur travail (Adret, 1977; Gorz, 1988; Offe, 1985), pourquoi de nombreux cadres et « golden boys » de la finance ne semblent plus éprouver aucune loyauté à l'égard des institutions pour lesquelles ils travaillent (Porter et McKibbin, 1988; Davis, 1986); ils sont à l'image d'une société qui a poussé l'individualisme à l'extrême (Sennett, 1979; Lasch, 1981), d'une société où règne la pensée à court terme et qui ne s'est pas beaucoup préoccupée de faire du travail un milieu de vie, occupée qu'elle était avant tout à faire de l'argent (Gorz, 1988; *Le Monde diplomatique*, 1988a). Aujourd'hui, tout nous pousse à regarder ailleurs; la complexité des problèmes auxquels nous faisons face tant à l'échelle nationale qu'à l'échelle internationale (crise écologique, chômage, endettement, précarité des emplois, dualisation de la société, etc.), la prééminence du culturel, les aspirations à l'individuation que Michel Foucault avait joliment appelée le « souci de soi », l'exigence d'une certaine solidarité, les impératifs éthiques, la révolution informatique, tout nous conduit en effet à mettre de l'avant des modes de gestion qui s'appuient désormais sur une véritable *anthropologie* de l'organisation[11].

L'UNITÉ FONDAMENTALE DE L'ÊTRE HUMAIN

Le savoir en général et les sciences humaines en particulier (Gusdorf, 1967) ont jusqu'à présent subi les lois de la division intellectuelle du travail. Le champ du comportement organisationnel n'a pas échappé à cette règle. Un tel éclatement de la connaissance a souvent eu pour conséquence, comme chacun sait, d'enfermer les chercheurs dans un monde relativement étroit, voire microscopique. Elle a eu également pour résultat de renvoyer une image éclatée de l'être humain. Cette conception de la personne en miettes a provoqué un double effet: sur le plan disciplinaire, elle a conduit maints chercheurs sur les sentiers du réductionnisme et de l'impérialisme biologique, psychologique ou sociologique et, sur le plan organisationnel, elle a souvent abouti à des actions et des pratiques sociales occultant un grand nombre de dimensions humaines. Le désir de tout expliquer par sa science est certes un phénomène que l'on retrouve à toutes les époques de l'ère moderne. Toute vision intellectuelle n'a-t-elle pas tendance à devenir hégémonique? (Kuhn, 1972; Lakatos et Musgrave, 1970; Chalmers, 1987.) Or, de nos jours, les connaissances accumulées tant dans le domaine des sciences humaines que dans celui de l'histoire des sciences devraient nous rendre plus conscients de ces *penchants* et donc nous permettre de les prévenir ou le cas échéant de les éliminer. Cet impératif s'impose d'autant plus que les visions scientifiques en question ne sont jamais neutres et qu'elles s'enracinent dans le tissu social de l'époque concernée (Foucault, 1975; Chalmers, 1987; Holton, 1981; Whitley, 1984). Cette affirmation est particulièrement vérifiable dans ce que d'aucuns qualifient, de nos jours, de sciences de l'administration ou de l'organisation (Audet, 1986; Déry, 1987), et notamment dans le sous-champ qui nous intéresse ici: le « comportement organisationnel ». La conception dominante d'un être humain *homo economicus*, rationnel, réagissant à des stimuli externes et dont l'universalité américaine ne serait pas à questionner[12] est à revoir complètement (d'Iribarne, 1986; Hofstede, 1987). N'est-elle pas d'ailleurs une construction idéologique dont l'objectif est de légitimer les actions entreprises et de maintenir l'ordre organisationnel établi? (Alvesson, 1987; Bendix 1974; Chanlat et Séguin, 1987; Merkle, 1980; Gorz, 1988).

Si le savoir dans le domaine du « comportement organisationnel » s'est développé avant tout avec le désir et la volonté d'améliorer la productivité et la satisfaction au travail, cette contamination des catégories économiques n'a pas eu uniquement pour effet de développer, comme nous l'avons déjà dit, une conception de l'être humain en vase clos; elle a aussi, fréquemment, débouché sur des perspectives simplistes, mécaniques, instrumentales, élitistes, utilitaristes et universalistes. Les lunettes ainsi brouillées, certains chercheurs et consultants en comportement organisationnel n'ont pas hésité, comme le rappelait Herzberg il y a quelques années (1980), à exiger des cadres et des employés de mimer le comportement des termites ou, comme l'exprimait si bien dernièrement Gorz, « à réduire le vécu au silence » (1988).

Or, l'être humain est beaucoup trop complexe pour se laisser enfermer dans une telle conception (Morin, 1973). Le moment est en effet venu de tenter de fonder une véritable anthropologie de l'organisation qui, tout en restituant son unité et sa spécificité à l'être humain[13], en dégage aussi les dimensions fondamentales et les divers niveaux d'analyse. Le terme anthropologie est ici pris au sens étymologique. Nous partons en effet de l'idée qu'il y a un monde propre de l'homme et que l'étude de cet univers singulier constitue l'objet privilégié de la science de l'humain qu'est l'anthropologie. À l'instar de Mauss (1968)[14] et d'autres chercheurs, cette anthropologie à fonder dans le domaine organisationnel doit regrouper l'ensemble des connaissances que nous avons sur l'être humain. En s'appuyant sur un tel savoir, nous devrions mieux rendre compte de l'expérience humaine telle qu'elle est vécue dans l'univers organisationnel. Nous proposons ainsi un double déplacement de l'objet d'étude. D'une part, au lieu de nous centrer avant tout sur les façons de rendre les gens plus satisfaits et plus performants, comme peut le faire le courant orthodoxe, nous allons porter notre attention sur le *fait humain* dans les organisations, à partir des connaissances développées par toutes les disciplines qui s'y intéressent. D'autre part, au lieu de considérer l'organisation comme un ensemble clos et autosuffisant, nous chercherons à mettre en valeur les relations avec l'environnement qui parcourent, traversent la vie des organisations de part en part. Cette position se fonde par ailleurs sur un certain nombre de considérations d'ordre épistémologique et méthodologique concernant l'être humain et la façon de l'étudier.

L'être humain, un être à la fois générique et singulier

L'être humain, par-delà la diversité des disciplines qui l'étudient, est un. Il est unique en tant qu'espèce. Il l'est également en tant qu'individu. Si, pour des raisons bien évidentes, les scientifiques ont découpé le savoir en parties distinctes (biologie, psychologie, psychologie sociale, psychanalyse, sociologie, etc.), il reste que lorsqu'on observe l'*Homo humanus*, il apparaît comme un tout dont les différents éléments sont intimement interreliés. Être fondamentalement biopsychosocial, l'homme apparaît aussi comme profondément lié à la nature et à la culture qui l'environnent et qu'il contribue à transformer (Moscovici, 1972; Ruffié, 1976; Morin, 1973; Fondation Royaumont, 1974). À la lumière de cette affirmation, il devient vite évident que tout réductionnisme, qu'il soit d'ordre biologique, psychologique ou sociologique, s'exclut de lui-même. Tout le savoir que l'on peut accumuler sur un aspect de la vie humaine ne peut en effet rendre compte du reste. Seule une conception unitaire peut le faire, tout en sachant par ailleurs que cette représentation demeurera elle-même toujours une construction imparfaite et inachevée. Pourtant, nombreux sont ceux qui, encore aujourd'hui, enferment l'être humain dans des schémas réducteurs et qui trop souvent ont l'impression bien naïve d'en avoir saisi l'essence[15]. La réalité humaine que l'on retrouve dans les organisations ne pourra jamais se réduire à de tels schémas. Seule une conception qui essaie de rendre l'être humain dans sa totalité peut l'approcher sans toutefois jamais l'épuiser complètement[16].

L'être humain que nous venons de définir est bien sûr un *être générique*, c'est-à-dire une personne qui se définit par son appartenance à l'espèce humaine, par les caractéristiques qui en découlent (bipédie, pensée, langage, libération de la main, etc.)[17] et par le fait que sur le plan individuel il porte en lui, pour paraphraser Montaigne, la forme entière de l'humanité. Par ailleurs, cet *être générique* s'incarne toujours dans un *être concret*: homme ou femme, adulte ou enfant, père ou mari, enseignant ou cadre, ouvrier ou paysan, Africain ou Occidental, etc. C'est cette existence singulière d'individu dans le monde qui lui confère sa spécificité. Autrement dit, si l'homme abstrait existe en tant que représentation, catégorie intellectuelle, en revanche il apparaît toujours dans la réalité quotidienne sous une forme concrète particulière, en situation. Toute personne tient ainsi à la fois du générique et du spécifique. Les phénomènes que l'on étudie renvoient immanquablement eux aussi à ces deux ordres de réalité[18]. L'étude du fait humain dans les organisations ne peut donc pas faire l'économie de cette double appartenance.

L'être humain, un être actif et réflexif

Un des traits caractéristiques de l'espèce humaine et de tout être humain, c'est de penser et d'agir. La réflexion et l'action sont deux des dimensions fondamentales de l'humanité concrète. Nier la réflexivité de l'humain, c'est rejeter l'homme dans un monde pavlovien où les réflexes conditionnés feraient office de socialisation. Si, en ce qui nous concerne, il ne fait aucun doute que nous apprenons aussi par conditionnement, ce que Pavlov appelait d'ailleurs le premier système de signalisation (1963), système que nous avons en commun avec d'autres espèces (Fondation Royaumont, 1974; Ruffié, 1976), en revanche, nous ne pourrons jamais réduire l'être humain à cette vision strictement objectiviste (Harré, 1979; Giddens, 1987). L'apprentissage mobilise chez les humains un second système de signalisation selon l'expression même du grand physiologiste russe: le langage et la pensée consciente (Pavlov, 1963; Cosnier, 1966). Ce système beaucoup plus complexe que le premier établit notre singularité en tant qu'espèce et en tant qu'individu (Leroi-Gouhran, 1964; Benveniste, 1966). Il est à la base de toutes les transformations sociales que les humains ont connues jusqu'ici (Ruffié, 1976) et en particulier de tous les développements que l'on connaît aujourd'hui dans les sciences, et notamment dans les sciences de la cognition (*Le Débat*, 1987). De plus, il est indissolublement lié à l'action.

À l'encontre de certains auteurs qui voient l'être humain comme déterminé socialement dans toutes ses actions ou qui, pour parler comme Giddens, « affichent un impérialisme sociétal » (1987, p. 50)[19], la sociologie nous montre bel et bien des individus qui par leurs agissements construisent leur réalité sociale (Crozier et Friedberg, 1977; Giddens, 1987; Bourdieu, 1987; Touraine, 1984; Berger et Luckmann, 1986: Garfinkel, 1967; Boudon, 1984). Bien sûr, ils ne la bâtissent pas *ex nihilo* mais bien à partir d'une trame déjà existante. Il ne s'agit donc jamais d'une reconstruction complète et totale mais toujours d'une transformation partielle de la réalité (Sahlins, 1989). Dans tout système social, l'être humain dispose d'une autonomie relative. Marquée par ses désirs, ses aspirations et ses possibilités, elle témoigne du degré de liberté que l'être humain peut avoir dans un cadre donné, de celui qu'il peut atteindre et du prix qu'il est prêt à payer sur le plan social pour y parvenir. L'univers organisationnel est un des champs où l'on peut justement observer à la fois cette subjectivité en action et cette activité de la réflexion qui sous-tendent le monde vécu de l'humanité concrète.

L'être humain, un être de parole

La construction de la réalité et les actions que peut entreprendre l'être humain dont nous venons de parler brièvement ne se conçoivent pas sans avoir recours à une forme quelconque de langage. C'est grâce à cette faculté d'exprimer en mots la réalité tant intérieure qu'extérieure que l'on peut accéder au monde des significations. L'univers du discours, de la parole et du langage, constitutif du milieu humain (Benveniste, 1966; Hagège, 1985), devient ainsi une clé indispensable à son intelligibilité. Passage obligé de la compréhension humaine, le langage constitue un objet d'étude privilégié. Son exploration dans le contexte organisationnel permet de participer au décryptage des conduites, des actions et des décisions. Réduire alors la communication humaine à une simple transmission d'information, vision directement inspirée des sciences de l'ingénieur, comme on peut le voir encore fréquemment dans les manuels de comportement organisationnel, c'est éluder tout le problème du sens et des significations. C'est oublier que tout discours, toute parole prononcée ou tout document écrit participe plus ou moins de l'agir, du faire, du penser et du sentiment (Grize, 1985). C'est se condamner à ne pouvoir saisir en profondeur ni la symbolique organisationnelle ni l'identité individuelle et collective. Cette étude est rendue aujourd'hui d'autant plus impérieuse que les sciences qui s'en occupent sont en plein développement (Habermas, 1987; Giddens, 1987; Hagège, 1987), et que les spécialistes du comportement organisationnel jusqu'à tout récemment, tout en étant sensibles au thème de la communication (Jablin *et al.*, 1987), n'en ont pas moins laissé dans l'ombre le caractère langagier de l'être humain alors qu'il en constitue une dimension aujourd'hui jugée incontournable (Girin, 1982)[20].

L'être humain, un être de désir et de pulsion

Contrairement à la vision que peuvent en avoir certains chercheurs en sciences humaines, l'être humain ne peut se réduire à un organisme soumis à un bombardement de stimuli (Skinner, 1968). Il est aussi un être de désir, de pulsion et de relation. C'est à travers le rapport qu'il entretient avec autrui par le jeu des identifications (introspection, projection, transfert, etc.) qu'il voit son désir et son existence reconnus ou non. La réalité sociale devient ainsi le support de la réalité psychique. Comme l'ont montré Freud et ses successeurs, l'autre est à la fois un *modèle*, un *objet*, un *soutien* ou un *adversaire* (Freud, 1981). La constitution de tout être humain en tant que sujet passe par cette relation polymorphe avec autrui. C'est à travers elle qu'il se constitue, se reconnaît, éprouve du plaisir et des souffrances, satisfait ou non ses désirs, ses pulsions. L'être humain apparaît ainsi avec son cortège de rationalité et d'irrationalité qui plongent leurs racines à la fois dans la vie intérieure et dans le monde extérieur. Lieu par excellence de l'imaginaire, du refoulement, des défenses, des processus d'identification, la vie psychique joue un rôle fondamental dans le comportement humain, qu'il soit d'ordre individuel ou collectif (Bion, 1972; Jaques, 1972b; Hirschhorn, 1988). Faire fi de cette réalité, c'est là encore se condamner à une vision tronquée de l'humain qui peut conduire à des conséquences pathologiques dont l'histoire sociale (Enriquez, 1983) et la vie organisationnelle (Jaques, 1972b; Bion, 1972; Dejours, 1980, 1987, 1988; Kets de Vries et Miller, 1985) ont, hélas!, déjà souvent fourni maints exemples.

L'être humain, un être symbolique

L'univers humain est un monde de signes, d'images, de métaphores, d'emblèmes, de symboles, de mythes, d'allégories, etc. Objet de l'anthropologie, de l'ethnologie, de l'histoire des religions, de la mythologie, des arts et de la littérature, de la philosophie et de la sociologie, « le symbolique, comme l'écrit à juste titre G. Durand, se confond avec la démarche de la culture humaine tout entière » (1984, p. 130). Tout être humain et toute société humaine se représente d'une façon ou d'une autre le monde et lui donne par là même un sens. L'imagination symbolique va chercher à se représenter avant tout l'absent, l'imperceptible, l'indicible[21]. Plus ou moins arbitraires, ces représentations symboliques qui tirent leur existence du rapport au monde, vont participer à bâtir cet univers de significations constitutif du milieu humain. Cette « prégnance symbolique », pour reprendre l'expression de Cassirer, caractéristique de toute vie collective, n'échappe pas à l'univers organisationnel (Durand, 1984).

L'organisation, en tant que cadre particulier de l'expérience humaine, est un lieu qui fait surgir toute une symbolique (Chanlat et Dufour, 1985; Bouchard, 1985). Comme nous le verrons dans la partie qui lui est consacrée, cette symbolique est marquée par une tension caractéristique de nos sociétés industrialisées entre, d'une part, la raison économique qui rétrécit le sens accordé au travail et, d'autre part, l'existence humaine à la recherche continuelle de signification. L'engouement actuel pour la notion de « culture d'entreprise » est le signe à la fois de ce malaise existentiel et du caractère éminemment symbolique de l'activité humaine (Deal et Kennedy, 1982; Schein, 1985; Smircich et Calas, 1987). Producteur de sens, *l'Homo symbolicus* cherche à resurgir d'un monde organisationnel qui, plus souvent qu'autrement, a eu tendance, sous l'emprise de la raison et de la science, à vouloir réduire en cendres l'imagination symbolique (Sievers, 1986a). Or, comme le rappelle avec justesse G. Durand, « la raison et la science ne relient les hommes qu'aux choses, mais ce qui relie les hommes entre eux, à l'humble niveau des bonheurs et des peines quotidiennes de l'espèce humaine, c'est cette représentation affective parce que vécue, et que constitue l'empire des images » (1984, p. 124). Le monde de la gestion ne devrait jamais l'oublier s'il ne veut pas édifier des univers sans espoir.

L'être humain, un être spatio-temporel

Tout être humain s'inscrit dans l'espace et le temps. Ces deux dimensions qui sont inséparables — un mouvement dans l'espace n'est-il pas également un mouvement dans le temps? — définissent les cadres géohistoriques de l'action humaine[22]. Le temps renvoie aux rythmes biologiques, psychologiques et sociaux qui scandent nos activités individuelles et collectives.

Le temps marque également notre rapport au cosmos, à l'univers (Hawking, 1989). Toute collectivité quelle qu'elle soit perçoit plus ou moins un passé, un présent, un futur et insère ou non ses activités dans un cycle. Le temps des uns n'est pas celui des autres. Il est fonction du type de société dans laquelle on vit. On n'a qu'à penser aux différentes conceptions de la temporalité qui ont eu cours en Occident (Attali, 1982; Gasparini, 1986) ou aux différences que l'on peut observer aujourd'hui entre certains pays occidentaux (Hall, 1984) ou encore entre ces derniers et les pays non occidentaux (Kamdem, 1986) pour voir que l'écoulement des jours ne se fait pas de la même façon selon les pays et les régions. L'univers organisationnel n'y échappe pas.

L'espace, quant à lui, nous renvoie à notre spatialité, c'est-à-dire aux différents lieux qui constituent notre géographie à la fois personnelle et sociale. Tout individu est en effet originaire d'un lieu donné, se développe dans un milieu particulier, occupe une position professionnelle, travaille dans une organisation déterminée et disparaît un jour quelque part. Ces lieux sont eux-mêmes intégrés à des espaces plus vastes. Cet enracinement spatial peut être plus ou moins fort, mais on ne peut concevoir un être humain ou une collectivité qui n'ait pas une quelconque forme d'appartenance à un espace donné, aussi minime soit-il. C'est la raison pour laquelle les lieux et les positions que l'on occupe à titre individuel ou collectif font l'objet d'investissements de tous genres (affectif, matériel, politique, etc.). Sources d'enracinement, ces investissements réaffirment l'identité personnelle et collective. L'organisation en tant que lieu particulier en fournit, là encore, de nombreux exemples (Fischer, 1989).

L'être humain, objet et sujet de sa science

Les quelques considérations que nous venons de présenter nous indiquent clairement que lorsque nous étudions l'être humain nous ne pouvons l'analyser comme on analyserait un objet inerte, un atome ou une molécule. La grande différence entre les sciences physicochimiques et les sciences humaines réside justement dans le fait que dans ces dernières l'être humain est à la fois objet et sujet de sa science. Cette particularité, nous devons en tenir compte, non pas comme un frein à nos connaissances, mais au contraire comme un élément supplémentaire pour mieux comprendre la dynamique humaine. Ce que G. Devereux a su très bien exprimer en ces termes (1980, p. 60):

> L'avantage principal [...] est de réintroduire, dans la situation expérimentale, l'observateur tel qu'il est réellement, non pas en tant que source de fâcheuses perturbations, mais en tant que source importante et même indispensable, de nouvelles données comportementales pertinentes. Ceci permet l'exploitation des effets *sui generis* de l'observation sur l'observateur et l'observé tout à la fois, effets considérés ici comme des données clefs.

Malheureusement, jusqu'à présent, cette conception subjectiviste et interactive de la recherche en sciences humaines n'a pas été dominante. Bien au contraire, poussés par le modèle scientiste, nombreux sont les chercheurs qui n'ont pas hésité à traiter les humains comme des objets de recherche dénués de subjectivité et d'affectivité[23]. Cette hégémonie de la conception orthodoxe de la science sur les sciences humaines a débouché et débouche encore à l'occasion sur ce que Sorokin n'hésita pas à qualifier naguère de « quantophrénie galopante ». À l'heure actuelle, le recul de certaines de ces conceptions « empiricistes » dans le champ des sciences sociales est lié à la redécouverte par les membres de ce champ du sujet, de l'expérience, de l'acteur, du « self »[24].

Ce retour du sujet, de l'acteur sur la scène des sciences sociales n'a pas non plus épargné le champ d'études des organisations. Un peu partout dans le monde, des chercheurs tentent, depuis un certain nombre d'années, d'élaborer leur approche en tenant compte de la subjectivité et en lui donnant toute sa place dans le dispositif de la recherche[25].

Cette particularité propre aux sciences humaines doit nous amener à regarder l'humain à la fois du dehors et du dedans. C'est en répondant à cette double exigence que nous serons à même de mieux rendre compte des phénomènes organisationnels. Nous devons en effet dépasser le débat déjà ancien pour ne pas dire archaïque qui oppose les partisans du quantitatif et ceux du qualitatif (Morgan, 1983) par une prise en compte simultanée et concomitante des éléments subjectifs et objectifs (Giddens, 1987, Bourdieu, 1987). Par là même, nous serons plus en mesure d'interpréter et de comprendre le sens que les gens donnent à leurs gestes, à leurs actions et à leurs pensées.

Par ailleurs, cette restitution ne peut se faire que par des méthodes cliniques et ethnographiques où le chercheur est aussi observateur, par des entrevues approfondies, des histoires de vie, des analyses de contenu et des décryptages symboliques. Ce n'est qu'à ce prix que l'on pourra accéder au sens que les personnes donnent à leur existence et à leur expérience organisationnelle (Applebaum, 1984; Berry, 1986; Aktouf, 1987: Friedberg et Crozier, 1977; Sainsaulieu, 1987; Kanter et Stein, 1979; Morgan, 1983 ; Jones, Moore et Snyder, 1988). Cela n'exclut pas bien sûr le recours aux méthodes quantitatives. Quand elles s'avèrent pertinentes, ces dernières peuvent en effet constituer un complément indispensable aux méthodes qualitatives[26].

Nécessité de la multiplicité des regards

La complexité du comportement humain que révèlent les propos que nous venons de tenir et les exigences qu'elle entraîne sur le plan méthodologique débouchent naturellement sur une *économie de l'explication* (Devereux, 1972; Chanlat, 1984). Cette économie explicative ne peut voir le jour que par le respect des niveaux d'analyse et la pluralité des regards. Si, par exemple, un chercheur s'intéresse au problème des infirmières, il peut l'aborder de différentes façons; du point de vue économique en étudiant les salaires, les bonis, le marché du travail; ou du point de vue politique en analysant leur pouvoir par rapport aux autres catégories de personnel; ou encore du point de vue psychologique en s'attachant à comprendre leurs personnalités: il peut ainsi multiplier les approches. Chaque point de vue, à sa manière, restituera une partie de la réalité. Toutefois, seul l'ensemble des regards portés pourra réellement dégager une image moins partielle: car c'est en les croisant, en les multipliant à des niveaux différents que l'on pourra interpréter la réalité observée dans un sens plus total, tenter de la restituer dans son intégralité. Malheureusement, la division de la connaissance en disciplines et les territoires scientifiques qui en découlent nous empêchent souvent de le faire. Cette spécialisation renforce fréquemment les conceptions monocausales. Aucune discipline, quelle qu'elle soit, n'y échappe. Or, cette tendance doit être combattue. Aucun regard n'épuisera jamais le réel.

Nécessité d'une conception dialectique des phénomènes

La dernière affirmation que nous ferons ici concerne le caractère dialectique, à la fois du comportement humain, de la recherche et du lien recherche-réalité (Gurvitch, 1972). Nous pensons en effet que les êtres humains construisent leur monde et que l'univers social qu'ils bâtissent les influence à son tour. Nous pensons également que les conflits, les oppositions, les contradictions sont au cœur de la dynamique historique. L'histoire des sociétés et celle des organisations sont là pour en témoigner (Chanlat et Séguin, 1987, 1988; Sahlins, 1989; Godelier, 1984).

Nous pensons enfin que la recherche elle-même n'échappe pas à cette règle, qu'il existe une relation de nature dalectique entre le chercheur, son objet de recherche et la réalité sociale, ce que Giddens (1987, p. 414) a fort bien résumé en ces termes: « À la différence des sciences de la nature, les sciences sociales s'engagent de façon inévitable dans une relation « sujet-sujet » avec leurs objets. » En effet, la détermination d'un objet, d'un phénomène de recherche, son appréhension et son interprétation viennent souvent modifier l'idée que les personnes et les chercheurs s'en font et donc la construction même de cette réalité. On comprend dès lors beaucoup mieux pourquoi, dans les pays totalitaires par exemple, les sciences en général et les sciences humaines en particulier sont souvent asservies au pouvoir ou encore mises hors-la-loi. Toute connaissance nouvelle risque d'être jugée révolutionnaire. Tout savoir nouveau, en modifiant la représentation que l'on se fait de la réalité, se heurte aux conceptions établies et reconnues. En dévoilant certains mécanismes, certains processus, certaines réalités jusque-là encore cachés, l'émergence d'idées neuves permet à d'autres d'en prendre conscience et d'en tirer les conséquences qui s'imposent. C'est ainsi que la philosophie des Lumières sapa peu à peu, en France, l'édifice social de l'Ancien Régime et conduisit les Français à faire la révolution et à promulguer la Déclaration des droits de l'homme et du citoyen (Vovelle, 1988; Furet, 1978; Winock, 1988). On pourrait à cet égard multiplier les exemples historiques. Galilée, Descartes, Newton, Voltaire, Darwin, Marx, Weber, Einstein, pour n'en nommer que quelques-uns, ont tour à tour contribué à modifier par leurs travaux la représentation que leurs contemporains se faisaient du monde et de la place qu'ils y occupaient. Par là même, ils ont également participé à l'émergence de nouvelles questions et de nouvelles transformations sociales. Si cette dialectique existe à tous les niveaux, à l'intérieur de la société comme au niveau de la recherche, il reste que jusqu'à présent, à part quelques exceptions notables (Audet, 1986; Morgan, 1986), elle n'a pas encore été intégrée à la démarche intellectuelle des « sciences de l'administration », celles-ci ayant, comme nous l'avons déjà dit, préféré reposer sur une conception plus orthodoxe et donc moins dérangeante pour les organisations en place.

QUELQUES ÉLÉMENTS POUR UNE THÉORIE ANTHROPOLOGIQUE DES ORGANISATIONS

Une fois admis ces postulats en tant que fondements de notre démarche, il nous apparaît important de passer à la présentation des quelques éléments de théorie que nous entendons proposer. Par là, nous chercherons à saisir la réalité humaine dans les organisations et à présenter les premiers éléments d'une théorie anthropologique encore en construction en distinguant cinq niveaux étroitement liés: ceux de l'*individu*, de l'*interaction*, de l'*organisation*, de la *société* et du *monde*.

Chaque niveau est à la fois analytiquement dissociable et concrètement indissociable des quatre autres. Chacun de ces niveaux fait émerger un *ordre* déterminé, c'est-à-dire dispose les éléments qui le constituent suivant des rapports apparents et relativement stables. Si un niveau et un ordre peuvent jouer, à certains moments, un rôle prépondérant, cela ne signifie pas pour autant que l'on postule une hiérarchie immuable entre eux. Les relations inter-niveaux peuvent emprunter, théoriquement et pratiquement, toutes les directions. Nous en donnerons quelques illustrations plus loin. Enfin, l'ordre qui se constitue à chacun des cinq niveaux est contingent. Il est en effet le fruit de la confrontation permanente entre l'imaginaire et l'expérience que les hommes et les femmes vivent dans un contexte spatio-temporel donné, dans ce que Sahlins (1989) qualifierait de « structure de la conjoncture[27] ». Contingent ne veut pas dire par ailleurs que tout soit possible en pratique. Comme nous l'avons déjà souligné à plusieurs reprises, les êtres humains construisent, déconstruisent et reconstruisent toujours leur réalité à partir de matériaux à la fois anciens et nouveaux. « La transformation d'une culture, écrit Sahlins, est un mode de sa reproduction. » (Sahlins, 1989, p. 144.)

Le niveau de l'individu

Le premier niveau a pour objet l'individu. Cet individu est, par définition, un être biopsychosocial. Cette triple appartenance — biologique, psychologique et sociale — lui confère une complexité singulière à l'échelle du vivant (Morin, 1973; Ruffié, 1976). Si l'on peut étudier l'individu selon un de ces trois axes, en réalité il est toujours difficile de ne pas tenir compte des deux autres. *Le biologique, le psychique* et *le social* contribuent, chacun à leur manière et par leur propre intrication, à l'édification de l'ordre individuel, à poser l'individu en tant que sujet et acteur de sa propre histoire et à en fixer également les limites[28]. Le biologique peut influencer le psychique, voire la composante sociale. Par exemple, une personne atteinte d'un trouble fonctionnel quelconque peut remettre en cause son travail, ses activités, ses relations. L'inverse est également vrai. Le psychique et le social peuvent avoir des conséquences biologiques. Par exemple, une personne d'une certaine culture peut, en entrant en contact avec une autre réalité culturelle, se retrouver dans une situation paradoxale. Cette situation que Devereux a qualifiée d'acculturation antagoniste peut en certaines occasions provoquer des dysfonctions psychiques ou organiques (Bateson, 1979; Devereux, 1972). Nous traiterons de ces interrelations dans la partie qui leur est consacrée.

Cette triple composante est bien sûr à l'œuvre lorsqu'on étudie les êtres humains dans les organisations. À l'échelle individuelle, le biologique, le psychique et le social jouent un rôle plus ou moins important selon les contextes et les personnes concernées. L'héritage biologique, les traits de caractère, l'histoire personnelle, l'appartenance socioculturelle marquent en effet de leur empreinte, au gré des événements, les conduites individuelles. La réalité humaine observée à ce niveau en conjuguant subtilement ces trois éléments explique dans une certaine mesure pourquoi dans des conditions de vie organisationnelle similaires, d'aucuns se comporteront ou réagiront différemment. Sur le plan individuel, le conformisme ou la déviance, la soumission ou la révolte, l'acceptation ou la critique, la résistance ou l'effondrement tirent leur origine pour une part de l'architecture biopsychosociale propre à chacun. Autrement dit, le « je » est indissociable de son histoire, de son expérience et de ses pratiques.

Jusqu'à présent objet privilégié de la psychologie, de la psychanalyse et de la psychologie sociale et, dans un autre registre, de la philosophie, l'individu est aujourd'hui, comme nous l'avons vu précédemment, remis en valeur par les sciences du social (Ewald *et al.*, 1989). Depuis quelques années, l'image d'un individu écrasé par le collectif, socialement déterminé, cède en effet progressivement la place à une autre représentation : celle d'un individu qui participe à la construction et à la déconstruction de sa réalité, d'une personne qui est à la fois un sujet en acte et un acteur de son historicité. Pour l'ethnométhodologie, par exemple (Coulon, 1987, p. 45):

> Un membre ce n'est pas seulement une personne qui respire et qui pense, c'est une personne dotée d'un ensemble de procédures, de méthodes, d'activités, de savoir-faire, qui la rendent capable d'inventer des dispositifs d'adaptation pour donner sens au monde qui l'entoure.

Ce retournement de perspective ne se fait pas dans le vide. Il s'insère dans des structures sociales qui prédéterminent dans une certaine mesure les réponses que chaque individu peut donner aux situations qu'il vit. C'est en cela que l'étude de l'individu n'est pas totalement dissociable des autres niveaux.

Le niveau de l'interaction

L'être humain ne vit pas en vase clos. C'est bel et bien dans le rapport avec *alter* qu'*ego* se construit. L'altérité est ainsi consubstantielle de l'identité personnelle. « Toute identité, écrit Laing, requiert l'existence d'un autre: de quelqu'un d'autre dans une relation grâce à laquelle s'actualise l'identité du soi » (1971, p. 99). L'autre, comme nous l'avons déjà affirmé plus haut et comme nous le verrons développer un peu plus loin dans cet ouvrage, est à la fois un *modèle*, un *objet*, un *soutien* ou un *adversaire*; un modèle dans le sens où il constitue un sujet d'identification; un objet dans le sens où il est un sujet d'investissement de type libidinal, où il devient un objet d'amour et de haine; un soutien et un adversaire dans le sens où il permet la construction de liens de solidarité et d'hostilité. Autrement, dit, comme l'écrit fort justement E. Enriquez (1983, p. 57): « Autrui n'existe pas pour autant qu'il existe pour nous, ce qui signifie qu'une forme d'attachement (identification, amour, solidarité, hostilité) est indispensable pour constituer qui que ce soit en autrui. » C'est justement cet univers de la relation avec l'autre qui fonde le deuxième niveau d'analyse: le niveau de l'interaction.

Les interactions avec autrui sont principalement de trois ordres. Tout d'abord, elles peuvent consister en face à face ou en relation avec un petit nombre de personnes. C'est la relation *soi-autrui* qui constitue bien sûr l'interaction sociale de base et qui est l'objet privilégié de plusieurs disciplines, notamment de la psychologie sociale (Harré, 1979; Fischer, 1987), de la microsociologie (Goffman, 1973, 1974b, 1988) et de l'ethnométhodologie (Garfinkel, 1967; Coulon, 1987). Elles peuvent ensuite renvoyer à la relation qu'un individu peut entretenir avec une foule. C'est la relation *soi-masse* qui a donné naissance à la psychologie du même nom (Le Bon, 1963; Moscovici, 1981). Enfin, elle peut faire référence à la relation qu'un groupe entretient avec un autre groupe. Cette relation *nous-nous* en constituant l'univers des relations sociales (Padioleau, 1986), demeure le champ d'étude privilégié de la sociologie (Rocher, 1968; Javeau, 1976) et de l'anthropologie sociale (Evans-Pritchard, 1969).

Ces trois différents types d'interaction contribuent chacun à leur échelle respective à édifier un certain ordre. Le premier relève, selon l'expression de Goffman, de l'*ordre de l'interaction* (1988). Cet univers relationnel du face à face met en jeu des acteurs, des activités, des rituels, des gestes, des conventions, des paroles et des rôles dans un cadre spatio-temporel déterminé (Harré, 1979;

Goffman, 1973), la notion de face renvoyant d'un côté à la physionomie, au visage, et de l'autre au maintien de l'estime de soi (Giddens, 1987). Le contexte organisationnel produit un grand nombre de situations de ce genre. On n'a qu'à penser aux nombreuses réunions, aux rencontres quotidiennes, aux entretiens entre supérieurs et subordonnés, aux échanges entre collègues, aux conversations de couloir, etc.

Le second type d'interaction est un univers relationnel bien particulier. En effet, éphémère et très circonscrite dans le temps, l'existence d'une foule, et l'univers des relations qui s'y rattache, participe plus de l'*ordre de la fusion* que tout autre type d'interaction ou d'univers[29]. Dans les organisations, on peut l'observer à l'occasion de manifestations qui mobilisent en tout ou en partie le personnel d'une entreprise: grèves, défilés, occupations d'usine, assemblées générales. On peut également remarquer de tels phénomènes lors de manifestations syndicales, politiques, sportives ou religieuses[30].

Le troisième et dernier type renvoie à la sphère des identités collectives qui délimitent l'appartenance sociale des individus. Au sein des organisations, ce type d'interaction est également omniprésent. Il fonde les nombreux rapports et clivages *nous-eux/elles* qui recoupent des univers sociaux distincts: direction-base, cadres-ouvriers, corps de métier, univers masculin-univers féminin, nationaux-« étrangers », vieux-jeunes, etc. Nous aurons d'ailleurs l'occasion d'y revenir un peu plus loin dans cet ouvrage. Ces rapports sociaux, en mettant en jeu des rapports de pouvoir et de signification (Sainsaulieu, 1987; Clegg, 1989), contribuent à édifier ce que nous qualifierons dans les prochaines pages d'*ordre organisationnel*.

Ces trois grands types d'interaction peuvent être formels, c'est-à-dire codifiés par un ensemble de règles et de procédures explicites, établies dans un cadre clairement défini, ou encore informels, c'est-à-dire issus des relations qui se tissent spontanément sur les lieux de travail, la réalité combinant sans cesse les deux formes.

Pour exister, ce monde de l'interaction nécessite et met en jeu un certain nombre de mécanismes, à savoir des modes de communication, des rites d'interaction et des processus psychiques qui ne sont pas sans entretenir des liens étroits entre eux, comme nous le verrons également tout au long de ce livre.

Interaction et mode de communication

L'être humain étant un être dialogal et tout comportement étant communication (Bateson, 1979), toute interaction, quelle qu'elle soit, suppose par définition un mode de communication, c'est-à-dire un ensemble de dispositions verbales et non verbales qui est chargé d'exprimer, de traduire, de signifier, en un mot de dire ce que les uns veulent communiquer aux autres au cours d'une relation. Tour à tour *locuteur*, *auditeur* et *interlocuteur*, tout individu exprime dans le cadre de l'interaction à la fois ce qu'il est, ce qu'il fait, ce qu'il pense, ce qu'il sait, ce qu'il désire, ce qu'il aime. Ce faisant, il se pose à chaque fois en tant que personne. « C'est un homme parlant, écrit le linguiste Benveniste, que nous trouvons dans le monde, un homme parlant à un autre homme et le langage explique la définition même de l'homme. » (1966, p. 259.) La communication verbale n'est cependant pas le seul mode de communication. La communication non verbale constitue un autre mode à la fois particulier, complémentaire et simultané de communication (Feyereisen et de Lannoy, 1985)[31]. Selon la distinction établie par Cosnier et Brossard (1984), ce mode de communication recouvre à la fois des éléments *cotextuels*, c'est-à-dire des éléments mimogestuels (mimiques, mouvements corporels, etc.) et des éléments vocaux (timbre, intonation, etc.) qui accompagnent le texte parlé proprement dit, et des éléments *contextuels* qui regroupent tous les marqueurs et indices de contextualisation: marqueurs corporels, marqueurs d'appartenance (vêtements, insignes, uniformes, etc.) et marqueurs relationnels (signes hiérarchiques, habits de fonction, postures, etc.). L'ensemble de ces marqueurs associés aux caractéristiques spatiales et temporelles du lieu où se situe l'acte de la communication définit le contexte situationnel. Ainsi, « « Texte » et « Co-texte », comme l'écrivent ces deux auteurs, s'associent pour constituer l'énoncé total, énoncé langagier hétérogène formé par la synergie des trois sous-systèmes: « verbal, vocal et gestuel ». » (1984, p. 28.) Cet énoncé total ne prendra toutefois toute sa signification que dans un contexte donné. Éléments *textuels*, *cotextuels* et *contextuels* constituent ainsi les trois piliers sur lesquels se fonde tout acte communicationnel. Nous aurons l'occasion, dans le cadre de la partie qui leur est consacrée dans cet ouvrage, de développer un peu plus ces idées.

Interaction et ritualisation

Si, pour exister, toute interaction nécessite un mode de communication, elle met également en jeu une certaine forme de ritualisation. Cette dernière n'est pas propre à l'être humain (Huxley, 1971; Fondation Royaumont, 1974). Elle prend toutefois chez lui des formes bien particulières. Le terme de ritualisation est pris ici dans son acception anthropologique et non éthologique (de Heutsch, 1974)[32]. Comme l'a souligné avec force Goffman (1974b, 1988), la vie quotidienne est le théâtre permanent d'une telle ritualisation. Ces rites d'interaction, en mobilisant tout un ensemble d'obligations, d'attentes et de figurations, ont pour fonction de préserver la face de chacun ou encore de la restituer lorsqu'on l'a perdue au cours d'une rencontre (Goffman, 1974b, p. 41):

> Partout, les sociétés, pour se maintenir comme telles, doivent mobiliser leurs membres pour en faire des participants de rencontres auto-contrôlés. Le rituel est un des moyens d'entraîner l'individu dans ce but: on lui apprend à être attentif, à s'attacher à son moi et à l'expression de ce moi à travers la face qu'il garde, à faire montre de fierté, d'honneur et de dignité, à avoir de la considération, du tact et une certaine assurance. Ce sont là quelques-uns des comportements élémentaires qu'il faut intégrer à une personne pour qu'elle puisse servir d'interactant.

Autrement dit, la politesse, le tact, la courtoisie, ce qu'on appelle en deux mots le savoir-vivre, sont des moyens universels d'exprimer notre savoir-être et d'assurer ce que Devereux a qualifié si joliment de « réciprocité convenable » (1980, p. 327). À un niveau plus ontologique, ces rites, en nous protégeant et en protégeant autrui, ont pour fonction d'assurer la pérennité de la confiance mutuelle (Giddens, 1987). Sans cette ritualisation des relations quotidiennes, l'existence deviendrait vite intenable. Les situations de crise nous le rappellent constamment tant au niveau des sociétés (Lévi, 1987; Antelme, 1957) qu'au niveau des organisations (Weil, 1951; Linhart, 1978; Aktouf, 1987; Terkel, 1976;

Goffman, 1974b). Les rites d'interaction tout comme les rituels d'ordre collectifs, en contribuant au maintien de la sociabilité, deviennent ainsi de véritables indicateurs de l'état qualitatif des relations humaines.

Interaction et processus psychiques

Toute interaction mobilise des processus psychiques. Ces processus qui sont à la base du développement cognitif et affectif de l'être humain représentent la partie immergée de l'interaction. Objets d'étude privilégiés de la psychologie et de la psychanalyse, ces processus sous-tendent et accompagnent toute parole, tout discours et toute action.

Au niveau interpersonnel comme au niveau intergroupe, les processus d'identification, d'introspection, de projection, de transfert, de contre-transfert, d'idéalisation, de clivage, de refoulement, etc., pour parler comme les psychanalystes (Laplanche et Pontalis, 1967), sont omniprésents. Souvent imperceptibles, ils sont à la base de nombreux problèmes, malentendus, quiproquos, conflits que l'on retrouve à l'intérieur des organisations. Nous verrons plus en détail dans la partie de cet ouvrage qui leur est consacrée comment on peut aborder sous l'angle psychique les relations qui se tissent dans les organisations. Par ailleurs, la présence de ces mécanismes, la plupart du temps inconscients, ne sont pas sans influer plus ou moins grandement sur la qualité de la communication qui peut s'établir entre deux ou plusieurs personnes:

> Toute communication est toujours partielle, voire en partie mensongère en raison des mécanismes psychiques de refoulement, clivage, des besoins de protection, transferts négatifs qui peuvent s'établir vis-à-vis de certains objets. [...] ce qui demeure possible, du fait même de l'obligation de vivre et de travailler avec les autres, c'est la tentative toujours faillible et toujours à reprendre, d'une communication qui n'entame pas trop violemment et trop frontalement les mécanismes de réassurance narcissique et les besoins d'identité des individus, autrement dit qui sache faire la part entre la reconnaissance du désir et le désir de reconnaissance de chacun. (Enriquez, 1983, p. 391.)

Toute communication n'est donc jamais totalement empathique. La signification que l'on donne à certains gestes, à certaines paroles doit toujours être réinsérée dans les cadres psychiques qui les ont fait surgir. En agissant de la sorte, nous pouvons mieux saisir certains comportements qui pourraient apparaître à première vue ambigus, paradoxaux, voire totalement irrationnels. La prise en compte de tels processus a le mérite de rappeler à tous et à chacun que l'affectivité constitue une dimension incontournable des relations humaines quel que soit leur cadre: face à face, groupe ou foule.

Le niveau de l'organisation

L'organisation constitue le troisième niveau d'analyse. Dans le cas qui nous intéresse, il forme le cadre social de référence au sein duquel s'inscrivent les phénomènes humains que nous entendons plus particulièrement étudier dans cet ouvrage. Ce construit social d'un genre particulier peut être vu comme un système qui met en jeu deux grands sous-systèmes: d'une part, un *sous-système structuro-matériel*, et, d'autre part, un *sous-système symbolique*. Alors que le premier sous-système renvoie aux conditions éco-géographiques, aux moyens matériels mis en place pour assurer la fonction de production de biens ou de services, le second sous-sytème renvoie à l'univers des représentations individuelles et collectives qui donnent sens aux actions, interprètent, organisent et légitiment les activités et les rapports que les hommes et les femmes entretiennent entre eux. L'interaction entre ces deux sous-systèmes, médiatisée par les rapports de pouvoir, contribue à édifier *l'ordre organisationnel*.

Cet ordre organisationnel est par définition toujours instable[33]. Les tensions, les conflits, l'incertitude, l'ambiguïté, les inégalités, les contradictions aux origines exogènes et endogènes variées se chargent d'alimenter le mouvement (Dupuy, 1982; Balandier, 1988). Certes, toutes les organisations n'évoluent pas de la même façon. Certaines sont plus dynamiques que d'autres. En empruntant à la terminologie de Lévi-Strauss, on pourrait même dire qu'il y a des organisations « chaudes », à l'image par exemple des entreprises organiques décrites par Burns et Stalker (1961), et des organisations « froides », à l'image des bureaucraties analysées par de nombreux auteurs (Merton, 1952; Selznick, 1966; Gouldner, 1964; Mintzberg, 1982).

Par son cadre d'action original, le niveau organisationnel introduit des dimensions qui lui sont propres et qui influencent les conduites humaines que l'on peut observer en son sein. Les exigences économiques de l'environnement, les modes de domination utilisés, l'histoire de l'organisation, les univers culturels qui s'y côtoient, les caractéristiques sociodémographiques du personnel (âge, sexe, origine ethnique, niveau de qualifications, etc.) donnent à chaque organisation une configuration singulière et influencent les comportements individuels et collectifs. Si on peut tenter de dégager des universaux, des invariants, voire des archétypes organisationnels (Mintzberg, 1982), c'est-à-dire des paramètres communs par-delà la diversité, force nous est de constater qu'il existe bel et bien une variabilité non seulement entre des organisations dont on admet les différences, mais aussi entre des organisations similaires. Par exemple, si tout le monde s'accorde pour dire que l'Armée et l'Université sont deux organisations distinctes, tout observateur de ces deux réalités remarquera aisément qu'il y a également des différences entre les différentes composantes de la première — marine, air, terre — et entre les diverses facultés qui peuvent composer la seconde.

Par ailleurs, le niveau organisationnel ne fait pas qu'influer sur les conduites internes. L'influence de plus en plus grande qu'exercent les organisations contemporaines sur la nature, les structures socio-économiques et la culture les amène à devenir des éléments clés de nos sociétés industrielles avancées, voire du monde entier. Par là même, elles contribuent à leur manière à édifier *l'ordre social mondial*. De nombreux exemples peuvent illustrer nos propos. En effet, il n'est pas rare aujourd'hui de constater combien les réussites économiques, financières, industrielles, techniques, scientifiques, culturelles d'un pays s'identifient le plus souvent à des organisations, privées ou publiques. Pour s'en convaincre on n'a qu'à penser au fameux slogan américain des années soixante: « Ce qui est bon pour la General Motors est bon pour les États-Unis », ou encore aux multiples déclarations plus récentes touchant l'activité de firmes nationales au Canada, en France, au Japon ou ailleurs[34]. Coca-Cola, Lévi-Strauss, McDonald's, Boeing, la NASA, les productions Walt Disney ne contribuent pas uniquement au développement économique des États-Unis. Ces entreprises américaines incarnent également l'*American way of life*. Les entreprises multinationales deviennent ainsi les vecteurs de leur culture d'origine. Au contact d'autres réalités culturelles, elles sont alors vues tantôt comme des modèles à suivre, tantôt comme des contre-modèles, des agents de l'étranger, voire de véritables repoussoirs (Servan-Schreiber, 1967; *Le Monde diplomatique*, 1988b). L'entreprise japonaise, depuis quelques années, semble de plus en plus jouer ce rôle (Ouchi, 1982; Pascale et Athos, 1981). Au palmarès des affaires, l'image de l'« entreprise samouraï » semble, en effet, avoir remplacé l'« entreprise yankee », bien que cette dernière paraisse bénéficier encore de nombreux adeptes: n'a-t-elle pas été à l'origine de ce nouvel art de gérer que l'on appelle aujourd'hui le *management*?

En créant ainsi un espace particulier, d'une part, entre les niveaux de l'individu et de l'interaction et, d'autre part, entre les niveaux de la société et du monde, l'organisation représente bel et bien un niveau à part entière. Nous verrons plus particulièrement dans les différents chapitres de cet ouvrage comment un certain nombre de dimensions fondamentales rendent compte de cet univers particulier, tout en y baignant.

Le niveau de la société

La société forme le quatrième niveau d'analyse. Objet privilégié de l'anthropologie et de la sociologie, son étude exige un point de vue systémique ou totalisant (Javeau, 1976). Toute société est en effet un ensemble économique, politique, social et culturel, situé dans un contexte spatio-temporel donné. C'est ce qui nous faire dire communément, par exemple, que « l'Italie n'est pas la France », que « le Canada n'est pas les États-Unis » ou encore que « le Cameroun n'est pas l'Algérie ». Plus ou moins homogène — il y a souvent des sociétés dans la société —, une société est avant tout marquée, quelle que soit sa taille, par sa complexité et sa plus ou moins grande cohésion. Elle peut prendre également des formes très variées: d'un côté, la communauté, chère à Tonnies, où les liens s'établissent sur une base familiale ou clanique, univers par excellence de relations « tricotées serré » selon l'expression imagée du sociologue québécois M. Rioux et où les organisations ne constituent pas le pilier de la société; d'un autre côté, l'univers de la société postmoderne, où les liens s'établissent sur une base organique, apparaissent plus distendus, et où les organisations constituent un pilier important de la modernité.

Tout comme le niveau précédent, le niveau de la société possède un sous-système structuro-matériel et un sous-système symbolique, qu'articulent les rapports sociaux qui se tissent entre les différents individus et groupes constituant la société. Si la société peut être le lieu de certaines caractéristiques socioculturelles communes (mœurs, langue, traditions, lois, etc.), de certaines spécificités sociopolitiques (type de structure sociale, mode de reproduction des élites, modes d'organisations politiques), de rassemblement autour de divers symboles collectifs (drapeau, hymne national, institutions fétiches et singulières, etc.), conférant une certaine cohésion à l'ensemble social, elle fixe également le cadre des conflits, des tensions et des changements qu'on peut y observer. Le niveau de la société englobe, pénètre et irrigue l'univers des individus, des interactions et de l'organisation. Comme l'a écrit L. Dumont, « la société est sens, domaine et condition du sens ». Tout être humain est en effet socialisé dans un milieu donné. Ce processus de socialisation, ou d'acculturation selon l'expression des anthropologues, permet de rendre conforme l'individu à son groupe, de lui apprendre tout un ensemble de gestes, d'attitudes, de comportements qui lui permettront à la fois de fonctionner, de « performer correctement » selon la récente formulation de Sahlins (1989), d'être reconnu comme un membre à part entière et de se distinguer par conséquent des personnes appartenant à d'autres groupes. Comme nous le verrons un peu plus loin dans cet ouvrage, ce processus est à la base de l'identité et de l'altérité, ces deux éléments constituant les deux faces d'un même phénomène: la *réalité identitaire* (Todorov, 1989; Kristeva, 1988, Memmi, 1972). Creuset de l'apprentissage des *habitus* selon l'expression chère à Bourdieu (1979), la socialisation ne fait cependant pas que marquer l'individu en lui donnant une identité socioculturelle, elle codifie également les interactions, elle imprègne les organisations de toutes ces valeurs qui parcourent l'univers social plus large et que véhiculent sans cesse leurs membres, leurs usagers, leurs clients, leurs fournisseurs. C'est pourquoi on ne peut rendre intelligible la dynamique humaine dans une organisation sans connaître la culture et la société dans laquelle elle s'inscrit (Adler, 1986; Hofstede, 1987; d'Iribarne, 1989). L'entreprise japonaise ne fonctionne pas comme l'entreprise américaine (Ouchi, 1982; Pascale et Athos, 1981; Nakane, 1974), cette dernière ne procède pas comme l'entreprise française (Crozier, 1963; d'Iribarne, 1989) ou comme l'entreprise québécoise (A. Chanlat, 1988), ou encore comme l'entreprise soviétique (Bhérer, 1982). Cette différence est dans une large mesure l'expression d'une histoire, d'une culture, d'un mode d'organisation sociale, d'un contexte juridique propre à chacune de ces sociétés. Cela ne signifie pas par ailleurs, comme nous avons déjà eu l'occasion de le mentionner plus haut, que l'entreprise en tant que telle ne participe pas elle aussi à construire la réalité sociale et culturelle d'un pays, en un mot à bâtir l'ordre social (Padioleau, 1986), voire dans certains cas extrêmes à l'absorber complètement, un peu à l'image de la société décrite par Orwell (1984).

Autrement dit, si l'ordre organisationnel joue un rôle dans l'édification de *l'ordre sociétal*, l'ordre social traverse toujours d'une manière ou d'une autre *l'ordre organisationnel*. Cette relation de nature dialectique est capitale pour comprendre l'univers des organisations et celui des sociétés étudiées. Tout comme l'ordre organisationnel, l'ordre sociétal est aussi le théâtre d'affrontements, de contradictions, de conflits et d'inégalités. Ces phénomènes d'ordre conflictuel ne sont pas sans avoir une certaine résonance sur ceux que l'on observe à l'intérieur des organisations (Clegg et Dunkerley, 1980; Edwards, 1979; Clegg, 1989). Fondamentalement historique, l'ordre sociétal apparaît ainsi comme un ensemble dynamique, un ordre en mouvement dont l'équilibre est toujours instable (Balandier, 1988). Toutefois, cette instabilité ne tire pas uniquement sa source des nombreuses tensions internes, mais aussi des multiples relations qu'il entretient avec le système mondial.

Le niveau mondial

À n'importe quel moment de son histoire, toute société s'insère à un degré ou à un autre dans un réseau de relations économiques, sociales, politiques et culturelles plus large. Ce réseau ou cette aire de civilisation (Mauss, 1969a) peut être plus ou moins étendu, plus ou moins important et plus ou moins dense. Il peut aller d'un système de relations localisées avant tout à la proximité de la société — comme dans le cas de certaines sociétés de cueilleurs-chasseurs (Sahlins, 1976) — jusqu'au système *d'économie-monde* décrit par l'historien français Braudel (1979) ou au *système du monde* mis de l'avant par l'historien américain Wallerstein (1980, 1985)[35].

La place qu'une société occupe dans ce qu'on appelle, de nos jours, le concert des nations, est en effet fonction d'un grand nombre de variables: géographiques, démographiques, historiques, militaires, économiques, politiques, sociales et culturelles. C'est l'interaction entre toutes ces variables qui déterminera dans une large mesure la position qu'elle va occuper dans le système mondial (Aron, 1968; Braudel, 1979; Wallerstein, 1985).

Cette place et ce rôle ne sont cependant pas déterminés une fois pour toutes. La situation peut changer selon la dynamique propre à la société et selon celle du système international auquel elle appartient. L'histoire est là pour nous le rappeler, notamment l'histoire occidentale. En quelques siècles, cette dernière n'a-t-elle pas été le témoin d'une succession de pôles hégémoniques (pays, régions ou villes): Venise et Gênes aux XIIIe et XIVe siècles, l'Espagne au XVIe, les Flandres dans la première moitié du XVIIe siècle, la France au XVIIIe siècle, l'Angleterre au XIXe siècle et les États-Unis au XXe siècle (Braudel, 1979; Wallerstein, 1980, 1985)? Aujourd'hui ne parle-t-on pas d'un nouveau déplacement du centre de gravité de l'Atlantique vers le Pacifique?

Si, à chaque époque, on observe une telle configuration, on doit s'empresser d'ajouter que d'importantes différences existent entre la situation actuelle et celle qu'on pouvait observer au cours des siècles précédents. La première distinction renvoie à des éléments à la fois géographiques et socio-économiques. Alors que les sociétés qui nous ont précédés appartenaient à une économie régionale, la plupart des échanges se faisant entre un ensemble de villes, de régions ou de pays situés à l'intérieur d'une même aire géographique, par exemple le bassin méditerranéen (Braudel, 1949), au sein de laquelle les écarts en matière de développement et de niveaux de vie restaient réduits, les sociétés contemporaines se retrouvent toutes intégrées d'une manière ou d'une autre à un système qui englobe désormais la terre entière[36] et dans lequel on observe des écarts considérables de niveaux de vie (Brandt, 1980; *Le Monde diplomatique*, 1988).

La deuxième distinction concerne la logique de fonctionnement. Depuis l'avènement du capitalisme historique, au tournant du XVe siècle, jusqu'à aujourd'hui, le système capitaliste est passé d'un mode marchand, mode dominant du XVIe siècle au XVIIIe siècle, à un mode industriel, depuis le début du XIXe siècle à nos jours. À l'heure actuelle, selon certains analystes, ce dernier céderait la place à un mode de plus en plus financier (Halberstam, 1986: *Le Monde diplomatique*, 1988b), ce qui n'est pas sans transformer à nouveau le paysage socio-économique. Enfin, la troisième distinction touche les organisations de représentations et le cadre juridique. Depuis la fin de la Seconde Guerre mondiale, le nouvel ordre international qui en a surgi a fait émerger un grand nombre d'organisations supranationales (FMI, ONU, UNESCO, Banque mondiale, FAO, Banque des règlements internationaux, Communauté européenne, etc.). Il s'est également établi tout un ensemble de réglementations à caractère commercial, bancaire et juridique (Accord du GATT, Accord de Bretton Woods, IATA, etc.). Leurs objectifs: surveiller, réguler, coordonner, voire intervenir dans les affaires du monde.

Cette prégnance de l'*ordre mondial* est aujourd'hui encore plus forte qu'hier. De nombreux signes en témoignent. L'économie ne cesse de se mondialiser. Les entreprises, par la voie de la multinationalisation, consolident son édification (Goldberg et Negandhi, 1983; Lall, 1983; Casson, 1983). Les frontières nationales s'estompent (Europe 1992, Accord de libre échange canado-américain, négociations du GATT, etc.). Les menaces écologiques deviennent elles-mêmes mondiales. L'écart entre les pays développés et ceux en voie de développement se creuse et les rapports Est-Ouest en constituent un contrepoint inévitable. En constituant ainsi une dimension incontournable de l'existence humaine contemporaine, l'ordre du monde actuel, par ses caractéristiques propres (globalité, inégalité, rivalité, coopération, logique économico-financière), dessine les contours à l'intérieur desquels les sociétés, les organisations et les individus doivent désormais de plus en plus se mouvoir. Cette mondialisation des échanges à laquelle nous assistons ne structure pas uniquement le monde économique, elle contribue aussi, par la voie de la multinationalisation des entreprises et des mouvements migratoires internationaux, à bousculer les identités collectives (Todorov, 1989; Kristeva, 1988)[37], à redéfinir les univers culturels (Bourgoin, 1984), et à télescoper les imaginaires (Eudes, 1982; *Le Monde diplomatique*, 1988a)[38]. Comme nous le verrons dans cet ouvrage, la dynamique humaine à l'œuvre dans les organisations ne peut pas ne pas en être bouleversée.

Complexité et interdépendance entre les niveaux

Les cinq niveaux dont nous venons de parler sont, comme nous l'avons vu à plusieurs reprises, eux-mêmes en interaction. L'individu se construit dans sa relation avec autrui, le plus souvent dans un cadre organisé, dans le rapport qu'il entretient avec sa société et dans le rapport que cette dernière entretient avec d'autres sociétés (Memmi, 1972)[39]. L'ordre de l'interaction est influencé par les individus en présence, l'ordre organisationnel est à la fois le produit et le producteur de l'ordre sociétal et de l'ordre mondial. Inversement, l'ordre mondial a des répercussions importantes sur les autres niveaux.

Cette conception quelque peu circulaire indique clairement que nous ne voulons pas établir a priori une hiérarchie entre ces cinq niveaux (Bateson, 1979). Elle veut également signifier que l'univers que nous voulons étudier à travers eux, en l'occurrence le fait humain dans les organisations, n'est pas une simple juxtaposition de strates indépendantes les unes des autres, réductible à une seule dimension ou dépendant d'un niveau déterminé. Au contraire, elle cherche à mettre de l'avant la complexité, c'est-à-dire, comme l'écrit Morin, à « reconnaître ce qui est « un » et ce qui est multiple » (1986, p. 136), et à montrer comment tout phénomène étudié est traversé, un peu à la manière des couplages flous de Goffman (1988), par des éléments transversaux[40].

Cette vision à la fois unidimensionnelle et pluridimensionnelle des êtres humains en situation s'intègre par ailleurs dans un mouvement contemporain plus large dont l'objectif est de dépasser les oppositions classiques: individu-société, ordre-désordre, autonomie-dépendance, coopération-compétition, structure-histoire (Dupuy, 1982; Morin, 1986; Bourdieu, 1987; Giddens, 1987; Balandier, 1988; Sahlins, 1989). Dans la réalité, ces couplages-clivages sont en fait intimement liés et leurs configurations sont multiples.

Réunir ce qui était jusque-là séparé, mettre en évidence des dimensions largement oubliées, réaffirmer le rôle du sujet, de l'expérience, de la symbolique dans les organisations, tout en les resituant dans leurs cadres sociohistoriques, telle est l'ambition de cette anthropologie de l'organisation que nous cherchons à bâtir. Nous espérons que les différentes parties qui composent ce livre convaincront le lecteur que nous sommes engagés sur la bonne voie: celle à la fois de l'unité et de l'interdisciplinarité.

Notes

1. Par champ scientifique, nous faisons nôtre la définition présentée par Michel Audet (1986, p. 40): « Un champ est à la fois un lieu et un système. Il est le lieu des rapports entre des acteurs humains qui prétendent produire des connaissances définies ou qui sont reconnus comme tels et qui sont en concurrence pour obtenir le contrôle de la définition des conditions de production et de validation de ces connaissances. Il est aussi le système des positions qu'occupent ces acteurs-producteurs et de leurs rapports. » Voir également R. Déry (1988a, 1988b).
2. Par exemple, de 1960 à 1983, le nombre de diplômés en administration est passé, aux États-Unis, de 52 000 à 227 000 au premier cycle et de 5 000 à 65 000 au deuxième cycle (Porter et McKibbin, 1988). Ce phénomène s'observe également dans d'autres pays industrialisés, en particulier au Canada et en France (*Le Monde Campus*, 1988).
3. À titre d'illustration, Lorsch, un des célèbres représentants de ce champ aux États-Unis, rappelle dans le traité qu'il lui consacre que les deux-tiers des contributions viennent de professeurs enseignant dans des écoles de gestion. Il rappelle également que la section la plus nombreuse de l'American Academy of Management est justement celle qui concerne le comportement organisationnel (Lorsch, 1987). Notre ouvrage, à cet égard, confirme l'évolution qu'a connue ce champ dans les autres pays.
4. De façon générale, la grande majorité des ouvrages, notamment des manuels de base, tournent autour des mêmes notions, à savoir les notions de motivation, de leadership, de dynamique de groupe, d'attitude, de perception, de communication, de développement organisationnel. Voir, à ce sujet, les ouvrages suivants: Mitchell, T.E. et Larson Jr., J.R., *People in organizations. An introduction to organizational behavior*; Arnold, H.J. et Feldman, D.C., *Organizational behavior*; DuBrin, A.J., *Foundations of organizational behavior*; Baron, R.A., *Behavior in organizations: Understanding and managing the human side of work*. Toutefois, dans des ouvrages plus avancés, on remarque des préoccupations plus larges et des conceptions plus hétérodoxes; voir à cet égard la publication annuelle de Staw, B.M. et Cummings, L.L., *Research in organizational behavior*.
5. La consultation des manuels, notamment de leur index d'auteurs, est très révélatrice à cet égard. Par exemple, dans l'ouvrage de Arnold et Feldman (1987) ou dans celui de Mitchell et Larson (1987), les auteurs les plus souvent cités sont Lawler, Mintzberg, Vroom, Feldman et Mitchell. Aucune référence n'est faite, ou presque, à des auteurs aussi importants dans le champ des sciences humaines que Goffman, Garfinkel, Freud, Giddens, Habermas, Bion, etc. Nous pouvons, semble-t-il, observer le même phénomène dans le champ des communications organisationnelles si l'on en juge par le *Handbook* de Jablin *et al.*, (1987), dans lequel Goffman, Bateson, Birdwhistell, Geertz, Hall, Habermas ne sont cités qu'une fois, tous les autres principaux chercheurs dans le domaine des sciences du langage n'étant pas du tout cités; le record des citations revient à Jablin lui-même: 87 fois. Par ailleurs, pour avoir une bonne idée des courants contemporains, voir A. Giddens et J. Turner (1987).
6. Lorsqu'on regarde le champ du « comportement organisationnel » ou plus généralement le champ des sciences

humaines appliquées aux organisations, on est frappé par les différences entre l'approche anglo-saxonne et l'approche latine (française, italienne, latino-américaine, québécoise, etc.), la première étant essentiellement axée sur l'adaptation et le consensus, la seconde faisant davantage ressortir les conflits. Cette distinction se retrouve dans de nombreuses disciplines. Voir Amado, 1980; Alvesson, 1987; Séguin et Chanlat, 1987, 1988; Desmarez, 1986; Pagès *et al.*, 1979; Sainsaulieu, 1987.

7. Au début de ce siècle, M. Mauss témoignait déjà des mêmes préoccupations. « D'abord, écrivait-il, il faut répéter le vœu de Spencer repris par Durkheim: que la connaissance de la sociologie devait être requise pour qualifier l'administrateur et le légiste. » (1968, p. 75.)

8. À cet égard, la critique que Allan Bloom fait des programmes de M.B.A. n'est pas tendre puisqu'il y voit une des causes du déclin de la culture générale chez les étudiants américains: « L'effet spécifique, affirme-t-il, de la création du M.B.A. a été une inflation des inscriptions en économie, parce que cette discipline est celle qui prépare aux grandes écoles commerciales. Dans les universités sérieuses, près de vingt pour cent des élèves du premier cycle sont maintenant spécialisés en économie. L'économie empiète sur les autres sciences humaines et déforme la façon dont les étudiants perçoivent celles-ci, en les empêchant de bien voir leurs desseins respectifs et leurs poids relatifs par rapport à la connaissance des choses humaines [...] non seulement les élèves ne s'intéressent ni à la sociologie ni à l'anthropologie, ni à la politologie, mais ils sont en outre persuadés que ce que l'on apprend en économie leur permet de manipuler toutes les notions dont traitent ces sciences. » (1987, p. 316.)

9. Le changement d'appellation que l'on observe depuis quelques années dans le domaine de la gestion du personnel nous semble illustrer très bien cette montée des catégories économiques. Ne parle-t-on pas désormais de la gestion des ressources humaines plutôt que de la gestion du personnel? Paradoxalement, elle exprime également une volonté de mieux traiter le personnel en tenant compte des facteurs qualitatifs (climat de travail, rapports interpersonnels, satisfaction au travail (Gorz, 1988)).

10. Je pense ici aux suicides, aux conflits sauvages, aux grèves soudaines, qui viennent rappeler de temps en temps que les humains ont des limites et que bien souvent certaines situations sont inhumaines.

11. Certains auteurs n'hésitent pas à faire de l'individuation une des sources du questionnement contemporain. C'est le cas de A. Touraine qui, dans un article récent, écrit: « Allons plus loin, dans une société dominée par les industries culturelles, celles qui produisent non des biens matériels mais des biens symboliques, qui produisent et diffusent des représentations de nous-mêmes et de notre environnement, n'est-ce pas l'appel au sujet individuel, à la capacité de l'individu à se produire comme individu — ce qui est à l'opposé de la satisfaction de besoins qui sont de plus en plus manufacturés — qui constitue la grande revendication, le grand mouvement social, et n'est-ce pas sur l'opposition de ces industries culturelles et de ces demandes de subjectivité que reposera la démocratie représentative de demain, comme celle du siècle écoulé a reposé sur l'opposition des possesseurs du capital et des travailleurs. » (Ewald, 1989.) Dans l'univers de la gestion, cette position a également été soutenue par A. Chanlat lors de sa récente leçon inaugurale donnée à l'École des hautes études commerciales de Montréal. Voir, à ce sujet, A. Chanlat, *La gestion en Occident: le point de vue d'un optimiste*, 1988.

12. À titre d'illustration, dans une revue récente sur les théories de la motivation nous avons pu remarquer que les auteurs n'avaient pas une fois soulevé le rôle et l'importance des conditions sociales et culturelles; voir Thierry et Koopman Iwena (1984). Récemment cette constatation a été également faite par l'Association américaine des écoles et des collèges de gestion (Porter et McKibbin, 1988, p. 320) en ces termes: « Les futurs gestionnaires des États-Unis ont besoin de comprendre combien les méthodes américaines sont uniques et non universelles et le caractère ethnocentrique de leurs propres attitudes [...] La question est ainsi de savoir si les écoles de gestion américaines peuvent se permettre de rester aussi « paroissiales » — aussi naïves culturellement et internationalement qu'elles le furent dans le passé.

Nous en doutons. » Une spécialiste de la gestion internationale, N. Adler, à la suite d'une revue systématique de 1 100 articles publiés dans 24 périodiques de gestion entre 1971 et 1980, constatait que 80 % des études étaient menées par des Américains et que moins de 5 % d'entre eux décrivant le comportement des gens dans les organisations utilisaient le concept de culture (Adler, 1986). Voir également l'étude menée par Hofstede (1987).

13. Ce désir de rendre une unité à un champ qui est par définition très éclaté se situe dans la tradition d'un certain nombre de chercheurs français en sciences humaines qui nous ont précédés dans cette voie, tant dans les sciences de l'homme en général (Mauss, 1968; Gusdorf, 1967; Morin, 1973; Fondation Royaumont, 1974) que dans l'univers des sciences de la gestion (Chanlat *et al.*, 1984; Chanlat et Dufour, 1985; Berry, 1986; Girin, 1981). Il semble que dans l'univers anglophone, plus réfractaire jusqu'à présent à ce genre de problématique, les choses commencent à changer. Voir, à cet égard, Roberts, Hulin et Rousseau, 1978; Kanter et Staw, 1979; Applebaum, 1984; Jones, Moore et Snyder, 1988; Mangham (dir.), 1987, et la création d'une collection « Inside organizations » chez l'éditeur Sage.

14. Mauss (1968, p. XXV) a en effet cherché, comme l'écrit Lévi-Strauss dans la préface, à fonder « une anthropologie, c'est-à-dire un système d'interprétation rendant simultanément compte des aspects physique, physiologique, psychique et sociologique de toutes les conduites ».

15. Je pense ici à certaines formes de biologisme, de psychologisme et de sociologisme que l'on retrouve en sciences humaines: le behaviorisme de Skinner (1968), les études de Cyrille Burt sur l'intelligence (1966), l'homo économicus de Taylor (1911), la sociobiologie de Wilson (1987) en constituent quelques illustrations contemporaines.

16. Notre approche ne fait pas exception à cette règle.

17. C'est ce qui fait dire par exemple aux biologistes que le concept de race n'existe pas. Seule existe l'espèce humaine (Dobzansky, 1964; Ruffié, 1976; Jacquard, 1978).

18. Par exemple, tous les hommes ont, à part quelques exceptions, la faculté d'apprendre à parler; c'est un trait générique de l'appartenance à l'espèce humaine. En revanche, ils n'apprendront pas tous la même langue, c'est un trait spécifique. On pourrait ainsi multiplier les exemples de cette double réalité du genre humain.

19. Je pense ici à certaines formes de marxisme, de fonctionnalisme et de structuralisme.

20. Du côté des organisations, cela commence à bouger; la création d'un groupe international comme le S.C.O.S. qui fait une place considérable à la symbolique et au langage et le récent colloque international de langue française sur le thème: *Travail et pratiques langagières* (Actes du colloque, 1989), tenu en avril 1989 à Paris, témoignent de l'intérêt croissant des chercheurs pour les questions touchant le langage et les organisations. Voir également I.L. Mangham (1987).

21. « Le symbole, écrit A. Lalande, est tout signe concret évoquant, par un rapport naturel, quelque chose d'absent ou d'impossible à percevoir » (1988). Voir également les ouvrages de G. Durand (1982, 1984).

22. La géographie de l'espace-temps est en plein développement. Hagestrand, un des principaux représentants de ce courant, cherche à identifier les sources de contraintes de l'activité humaine qui viennent du corps et des contextes physiques dans lesquels les activités s'accomplissent. Parmi les contraintes de l'espace-temps, il y a l'indivisibilité du corps humain et les autres entités organiques, la finitude de l'espérance de vie, la capacité limitée de participer à plus d'une tâche à la fois. Pour de plus amples détails, voir Hagestrand (1975), Parkes et Thrift (1980), Giddens (1987).

23. On retrouve ce genre de recherche en psychologie d'inspiration behavioriste, en psychologie sociale expérimentale (Harré, 1979), voire en sociologie ou en sexologie (Devereux, 1980).

24. Voir notamment les travaux de Bateson (1979), Carrithers, Collins et Lukes (1985), Giddens (1987), Goffman (1988), Garfinkel (1967), Berger et Luckmann (1986), Bourdieu (1987), Touraine (1984), Crozier et Friedberg (1977), Westen (1985).

25. Voir notamment Chanlat *et al.* (1984), Chanlat et Dufour (1985), Berry, Moisdon et Riveline (1978), Girin (1981), Aktouf (1987), Morgan (1983, 1986), Sievers (1986), Smircich et Calas (1987), Kanter et Stein (1979), Jones, Moore et Snyder (1988), Berry (1986).

26. En effet, si tout ne peut être appréhendé quantitativement — c'est le cas par exemple du sens et des significations —, il reste que certains éléments sont facilement quantifiables; je pense ici au nombre d'employés, au ratio H/F, au taux de roulement du personnel, aux quantités produites, etc. Voir, à ce sujet, l'excellent ouvrage de G. Devereux (1980).

27. Par « structure de la conjoncture », Sahlins signifie « la réalisation de fait des catégories culturelles dans un contexte historique particulier, telle qu'elle s'exprime dans l'action intéressée des agents historiques, ce qui inclut la microsociologie de leur interaction » (1989, p. 14).

28. La notion même d'individu est en effet socio-historiquement connotée. Entre la conception grecque antique et l'idée moderne d'individu, il y a tout un ensemble de nuances qui s'enracinent dans les contextes socioculturels. Voir, à cet égard, les ouvrages de L. Dumont (1983) et de J.P. Vernant (1989) et l'excellent dossier que le *Magazine littéraire* vient de consacrer à l'individualisme (Ewald *et al.*, 1989).

29. En effet, selon Le Bon (1963), « les foules, rappelle Moscovici, ont pour caractère principal la fusion des individus dans un esprit et dans un sentiment communs qui estompent les différences de personnalité et abaissent les facultés intellectuelles. Chacun s'efforce de suivre les semblables qu'il côtoie. L'agrégat, par sa masse, l'entraîne dans sa direction, comme le flux entraîne les galets sur la plage. Ceci quelle que soit la classe sociale, l'éducation ou la culture des participants. » (1981, p. 107.)

30. L'actualité est riche en ce domaine. Les derniers événements touchant l'affaire Rushdie en constituent une illustration exemplaire.

31. De nos jours, le qualificatif non verbal renvoie la plupart du temps au seul système gestuel, le sous-système vocal étant défini sous le terme para-verbal. Il faut également tenir compte du fait que le non verbal n'est pas toujours du langage. Voir, à ce sujet, les ouvrages de Cosnier et Brossard (1984) et Feyereisen et de Lannoy (1985).

32. En ce qui concerne la ritualisation, la différence entre l'univers humain et celui des autres espèces réside dans le caractère largement non génétique de la ritualisation humaine et dans le rôle joué par le langage, la symbolique, l'apprentissage, l'individuation, la conscience de soi dans cette dernière. Comme l'écrit Julian Huxley: « En raison des diverses propriétés qui caractérisent la vie mentale, les capacités, le comportement et l'évolution de l'homme, le processus de ritualisation est beaucoup plus diversifié que chez les animaux, et a des conséquences d'une beaucoup plus grande portée. » (1971, p. 25.) Malgré tout, pour les anthropologues, l'utilisation de ce terme est loin d'être adéquat, comme le rappelle L. de Heutsch (1974, p. 687): « Les éthologues confondent code et cérémonie, ils prennent la partie cérémonielle de certains codes... pour la totalité. Ils laissent dès lors s'échapper la singularité même de la réalité sémiologique, la propriété qu'ont les gens d'exprimer des attitudes contradictoires dans le grand jeu de la communication avec les hommes, avec les dieux, avec les animaux. »

33. Comme l'écrivent I. Prigogine et I. Stengers (1980, p. 64): « Nulle organisation, nulle stabilité n'est, en tant que telle, garantie ou légitime, aucune ne s'impose en droit, toutes sont produites des circonstances et à la merci des circonstances. »

34. Il ne se passe pas une semaine sans qu'on puisse lire en effet dans une publication occidentale les exploits des entreprises nationales. Les rubriques à ce sujet sont de plus en plus nombreuses. Le monde de l'entreprise est devenu un véritable culte (Rousseaux, 1988). Les nombreuses expressions du style « Québec Inc. », « Japon Inc. », « l'entreprise France » en font foi.

35. « L'économie-monde, écrit Braudel (expression inattendue et mal venue dans notre langue, que j'ai forgée autrefois, faute de mieux et sans trop de logique,

pour traduire un emploi particulier du mot allemand Weltwirtschaft) ne met en cause qu'un fragment de l'univers, un morceau de la planète économiquement autonome, capable pour l'essentiel de se suffire à lui-même et auquel ses liaisons et ses échanges intérieurs confèrent une certaine unité organique. » (1979, t. III, p. 12.)

36. À cet égard, Fernand Braudel préfère parler d'économie mondiale plutôt que d'économie-monde (1979).

37. Le débat entourant le code de la nationalité en France, la percée politique récente du mouvement ultra-nationaliste en Allemagne, en Autriche, au Danemark (*Libération*, 1989b), la question de la sous-représentation des minorités ethniques au sein des corps policiers et des médias au Québec, soulèvent la question de la place que l'altérité non occidentale doit occuper dans les pays occidentaux. À l'inverse, la montée des intégrismes islamiques dans les pays majoritairement musulmans, la résurgence du nationalisme japonais, posent la question du rapport à l'altérité occidentale (*Libération*, 1989a).

38. Le débat actuel sur le contenu européen des programmes de télévision en est une belle illustration. Face à l'invasion des produits télévisuels américains, nombreux sont les créateurs, les politiques, etc., qui réclament des quotas à l'échelle de l'Europe afin, disent-ils, de protéger son identité culturelle; voir *Le Monde diplomatique* (1988a). C'est un débat qui a agité et agite encore les milieux can diens. Le récent accord sur le lib échange a soulevé bien des questions ce sujet (Blouin, 1986). Sur le plan « l'imaginaire scientifique », la récen décision de l'Institut Pasteur d'anglicis ses revues a déclenché un tollé dans l pays de langue française, la question li guistique n'étant pas neutre dans construction de la réalité.

39. L'ouvrage fondamental de A. Memn (1972) rappelle en effet combien la dom nation qu'exerce une société sur une a tre peut avoir des conséquences psych logiques chez ceux qui subissent cet domination dans leur vie quotidienne.

40. Dans le dernier ouvrage traduit, Gof man écrit en effet, à propos des lier entre l'interaction et les structures soci les: « C'est ainsi qu'en général (et toute qualifications mises à part) ce qu'o trouve, au moins dans les sociétés m dernes, c'est un lien non exclusif, u « couplage flou » entre des pratiques ir teractionnelles et les structures sociale un déplacement des strates et des stru tures dans des catégories plus vastes, le catégories elles-mêmes ne correspondar terme à terme avec aucun élément d monde structurel, une sorte d'engrenag de diverses structures dans les rouage interactionnels. Ou, si l'on veut, un er semble de règles de transformation, un membrane sélectionnant la manière don diverses distinctions sociales, extérieure ment pertinentes, seront prises en compt au cours de l'interaction. »

PREMIÈRE PARTIE

PENSÉE, PAROLE ET LANGAGE

« L'important ce n'est pas la vie, c'est la langue. »

Joseph BRODSKY

« La parole est constitutive de l'être... C'est dans et par le langage que l'homme se constitue comme sujet, parce que le langage seul fonde en réalité, dans sa réalité qui est celle de l'être, le concept d'ego. »

Émile BENVENISTE

« L'homme est par nature dialogal. »

Claude HAGÈGE

« There's a language in her eye, her cheek, her lip
Nay her foot speaks,
Her wanton spirits look out
At every joint and motive of her body. »

William SHAKESPEARE

L'ÊTRE HUMAIN, UN ÊTRE DE PAROLE

Jean-François CHANLAT

Aujourd'hui, le thème de la communication est à la mode un peu partout dans le monde et notamment dans l'univers de la gestion. À l'heure des médias, il nous faut communiquer. C'est un impératif. « Le village global », cher à Marshall McLuhan, a remplacé « la galaxie Gutenberg ». Cette « volonté de communiquer » s'exprime non seulement dans le développement des réseaux de communication de masse mais aussi dans la multitude de publications qui s'y consacrent. Or, cette effervescence médiatique et communicationnelle repose encore dans une large mesure sur une conception mécanique et instrumentale de la communication (Sfez, 1988). Cela est particulièrement vrai dans le monde des affaires. Nous sommes, en effet, un peu dans la situation de celui qui parlerait constamment de communication tout en oubliant que l'être humain est un être de parole et de langage. Cette conception, très instrumentale, n'est pas due au hasard. Elle s'enracine dans une théorie ou encore une métaphore (Morgan, 1989) communicationnelle héritée des ingénieurs et des mathématiciens de l'information (Shannon et Weaver, 1949) dont les affinités avec le monde de la gestion, volontiers économiciste et techniciste, comme nous l'avons vu dans l'introduction, sont nombreuses. Poussés par les impératifs de la rentabilité, de l'efficacité, de l'efficience et de la rationalité, nombreux sont ceux qui, dans l'univers des entreprises, ont vu jusqu'à présent la parole et son exercice comme une perte de temps et d'argent, alors que, paradoxalement, elle en constitue une réalité omniprésente (Mintzberg, 1973) et que la masse des documents écrits ne cesse d'augmenter (Goody, 1986). Les nombreuses plaintes de cadres concernant le trop grand nombre d'heures consacrées aux réunions, ou la longueur des rapports, l'interdiction de parler à certains postes de travail, le développement de la communication par mémo et note de service sont quelques exemples de cette intolérance que l'on exprime à l'égard de l'expression langagière dans les organisations.

Ces points de vue, qui peuvent bien sûr être justifiés dans certains cas, ne touchent pas uniquement le monde de la gestion. L'univers politique où l'on exige de plus en plus d'un politicien qu'il réduise son vocabulaire, l'univers scolaire où la part accordée à l'apprentissage de la langue écrite et parlée est souvent ravalées au niveau du « bla-bla », l'univers des médias et, notamment, de la télévision où les messages doivent être de plus en plus courts, témoignent chacun à leur manière que cette conception avant tout instrumentale et fonctionnelle du langage et de la parole est bien présente dans d'autres sphères de la vie. *Communiquer se résume la plupart du temps à transmettre une information.*

Devant une telle situation, il ne faut pas s'étonner si les intérêts de recherche touchant la communication dans les organisations a largement épousé cette sensibilité. En négligeant dans une large mesure les acquis des sciences du langage, les sciences du « comportement organisationnel » n'ont pu que refléter les intérêts et la vision que pouvait avoir un monde régi par les catégories de la raison économique et technique.

Toutefois, depuis quelques années cela commence à changer. La complexité des phénomènes humains et les difficultés rencontrées dans le domaine de la communication humaine poussent certains chercheurs à regarder ailleurs et à puiser dans le bassin des connaissances accumulées par les disciplines qui s'intéressent de près aux pratiques langagières. La poussée des sciences cognitives participe également à ce mouvement (Varela, 1988). La pensée, la parole et le langage, dimensions jusqu'alors oubliées, ressurgissent, interrogent et éclairent le comportement humain dans les organisations. Elles donnent une autre image de la communication : le modèle du code ou encore du télégraphe cède alors sa place à un modèle sociolinguistique qui situe en son centre la parole et le langage. Ce dernier rappelle à tous et à chacun par là même l'importance qu'ils ont et le rôle qu'ils jouent dans la réalité quotidienne tout en sachant par ailleurs que le monde ne peut jamais se réduire aux mots qui le désignent (Sahlins, 1989). C'est clairement dans ce cadre que s'inscrivent les textes de cette première partie. La parole et le langage, comme le montre très clairement le texte programmatique de Jacques Girin, ont plusieurs fonctions. Ils ne peuvent en aucun cas être réduits à une seule, à savoir celle d'informer. Car, en plus de cette fonction d'information, le *dire*, comme l'a qualifié le logicien Jean-Blaise Grize (1985), il en existe trois autres. Tout d'abord, la fonction d'expression ou le *parler* (Grize, 1985) par laquelle l'individu exprime ce qu'il est, son affectivité, ses émotions (Benveniste, 1966), idées que reprennent et développent dans le contexte de la gestion Alain Chanlat et Renée Bédard tout au long de leur analyse, ou encore par laquelle se construisent et se déconstruisent les identités collectives, comme le montre le texte de Anni Borzeix et Danièle Linhart. L'action ensuite par la voie *des actes de parole* ou du *faire* (Austin, 1975), comme chacun des auteurs précédemment cités le rappelle, nous renvoie à cette idée simple, mais ô combien importante, que contrairement à ce que d'aucuns peuvent penser, on ne parle jamais pour ne rien dire ! Enfin, la troisième et dernière, la fonction cognitive, le *penser* qui nous montre comment la connaissance et la pensée sont indissociables du langage et comment elles participent non seulement à la construction intellectuelle des organisations mais aussi à l'action, comme nous le suggère Richard Déry (1988b), par la voie notamment de l'argumentation, réintroduisant par là même le rôle et l'importance de ce que les Anciens appelaient la rhétorique.

La parole et le langage articulé ne sont toutefois pas les seuls modes de communication. Comme nous le rappellent P. Feyereisen et J.-D. de Lannoy dans leur texte, la communication non verbale accompagne toujours la parole, voire constitue dans certains cas le mode unique de communication. Toutefois, ces deux auteurs nous rappellent également que toute communication n'est pas toujours synonyme de langage au sens où les linguistes l'entendent.

La parole et le langage, ce dernier par sa nature et ses fonctions qui interviennent à des degrés divers lorsqu'une personne s'exprime, sont à la base de cet *agir communicationnel*, dont Habermas nous entretient dans un de ses derniers livres, à l'intérieur duquel sont prises les modalités d'exister (1987). De l'être humain réduit à n'être qu'un émetteur ou un récepteur suivant le modèle du code, cette vision nouvelle de la communication qui apparaît aujourd'hui dans le champ des organisations et de la gestion nous renvoie à un être de parole dont l'expression non seulement le constitue en tant qu'être, mais aussi donne un sens à tout ce qui l'entoure et bien sûr à son existence (Gusdorf, 1988). Comme l'écrit si justement P. Pharo, « étudier la parole est un moyen d'avoir accès aux deux faces essentielles de la visée sur le monde: la face objective et référentielle et la face « subjective » ou pragmatique plus exactement, qui est le mode pragmatique par lequel on fait apparaître les choses dont on parle » (Pharo, 1988b, p. 15-16). Cette vision nouvelle nous permet également de distinguer ce qu'on entend par *parole*, expression individuelle, *langage*, faculté de parler, *langue*, système langagier propre à une collectivité, et *pratiques langagières*, modalités spécifiques d'un groupe dans un contexte donné (Hagège, 1985; *Actes du colloque*, 1989). Elle nous permet enfin de comprendre que la pensée, la parole et le langage ne prennent complètement leur sens que dans un contexte social donné (Whorf, 1969; Bourdieu, 1982) où les rapports de pouvoir ne sont pas sans jouer un rôle déterminant (Hagège, 1985; Foucault, 1983; Mumby, 1987) dans la constitution de la parole légitime et de la vérité (Legendre, 1983).

Cette approche langagière et cognitive de la réalité humaine des organisations nous apparaît d'autant plus féconde qu'elle touche la définition même de l'humanité et que l'intersubjectivité, l'intercompréhension, l'interprétation et le dialogue qui en découlent passent nécessairement par elle. Le monde de l'organisation est un univers de langages et de *non-dits* à l'intérieur duquel s'entrechoquent les paroles individuelles, les pratiques langagières écrites ou orales des uns et des autres (ouvriers, employés, techniciens, cadres, dirigeants), les silences et l'ordre des différents discours. Cet univers langagier baigne lui-même dans une langue ou des langues officiellement reconnues par l'État, ou encore dans une langue imposée par l'investisseur étranger, ou par l'ordre mondial. Cette pluralité linguistique, souvent source de tensions à la fois à l'intérieur de l'organisation et à l'extérieur, nous montre que le choc concret des langues exprime à un autre niveau, d'une certaine façon, le conflit entre identités collectives distinctes (Hagège, 1987). Le champ des organisations, sur le plan linguistique, n'est donc pas à l'abri des soubresauts de l'ordre social et de l'ordre mondial. Ainsi, la parole ou les divers langages, en tant qu'expression individuelle ou collective qui surgit du champ organisationnel, nous démontrent encore une fois, comme l'écrit G. Gusdorf, que « les mots sont les témoins de l'être: ce qui se passe dans l'univers du discours, c'est le destin même des âmes » (1988, p. 96). Au monde de la gestion à en prendre acte.

PROBLÈMES DU LANGAGE DANS LES ORGANISATIONS

Jacques GIRIN

LE LANGAGE DANS LES ORGANISATIONS

La gestion des organisations et leur fonctionnement quotidien reposent de plus en plus sur un maniement systématique (bien que purement empirique) du langage. Mintzberg (1973) a montré que les dirigeants passent le plus clair de leur temps à parler, et l'on peut leur faire crédit du fait que cela doit avoir un rapport avec les buts poursuivis dans leur activité professionnelle. L'usage croissant du « management participatif » (cercles de qualité, groupes de progrès, projets d'entreprise, etc.) engage progressivement tous les niveaux hiérarchiques dans cette activité de parole. En France, une loi de 1982, confirmée en 1986, a reconnu un « droit d'expression » pour les salariés, qui se traduit par la réunion de « groupes d'expression », la production de comptes rendus, de questions à la hiérarchie, de « vœux et avis » portant sur les conditions de travail, l'organisation de la production, etc. La célébration en vogue de la « culture d'entreprise » ne se conçoit pas sans un « dire » permanent, entretenant et réactivant cette culture. Enfin, l'évolution des productions fait une place croissante à des biens immatériels tels que l'information ou les productions culturelles, tandis que, avec l'automatisation, l'informatisation, la robotisation des moyens de production, une part de plus en plus importante de l'activité accomplie par les hommes dans les entreprises consiste dans la manipulation de signes et de symboles, bien souvent langagiers.

Les usages du langage dans les organisations comprennent également tout un domaine qui n'a pas attendu les récentes révolutions techniques et managériales pour se développer. Ce domaine est celui de l'écrit. Il suffit de songer, par exemple, à la masse considérable de documents que produit chaque jour n'importe quelle grande organisation, pour se rendre compte qu'il y a là un phénomène auquel il est difficile de rester indifférent: réglementations, circulaires, comptes rendus, rapports, fiches de fonction, bons de travail, notices techniques, journaux d'entreprise, courrier, etc., constituent une production (ou un moyen de production) visible, concrète, matérielle, on serait tenté de dire « pesante » en songeant, par exemple, aux efforts physiques fournis par les secrétaires et par les archivistes pour en maîtriser les flux et les stocks. Ce n'est pas pour rien — et ce n'est certainement pas une observation que l'on doit prendre comme une remarque de détail — que Weber (1971) considérait l'importance accordée à l'écrit comme un des traits fondamentaux de l'organisation bureaucratique.

Ce constat de la présence, et d'une présence massive, du langage dans le fonctionnement organisationnel est tellement évident que l'on aurait scrupule à insister si l'on ne devait, par contraste, relever que les chercheurs ne semblent pas, jusqu'à une date récente, y avoir porté une grande attention. Peu de domaines, en effet, ont été aussi peu explorés que celui-ci. Les essais qui y sont directement consacrés tiendraient tout entiers dans quelques modestes classeurs. Il est significatif que, dans le récent et volumineux *Handbook of organizational communication* (Jablin *et al.*, 1987), ce thème n'occupe aucune place notable. Anne Donnellon (1986), auteur d'un des rares textes publiés sur le sujet, ne parvient à citer dans sa revue de la littérature qu'une petite dizaine de recherches, incluant pourtant des travaux qui ne font qu'évoquer indirectement cette question, tel Mintzberg (1973), ainsi que plusieurs « papiers de travail » et autres « recherches en cours ». En fin de compte, son inventaire se réduit à une seule étude publiée, portant sur des échanges verbaux auxquels participait le principal d'une école australienne (Gronn, 1983). Gronn montre effectivement, de manière très détaillée, « que non seulement les administrateurs passent vraiment la plus grande partie de leur temps à parler et que ces paroles réalisent effectivement l'activité d'administrer, mais encore que la parole est utilisée pour resserrer ou pour relâcher le contrôle administratif » (Gronn, 1983, p. 1). Cette belle étude vient ainsi apporter des éléments de réponse à la question que l'on ne peut que se poser en lisant Mintzberg: mais comment diable peut-on prendre au sérieux des managers qui dépensent tellement de temps en parlottes?

L'état de la question est un peu moins désastreux que ne le laisserait penser l'inventaire de Donnellon si l'on y ajoute les publications francophones qu'elle a ignorées, telles que Chanlat (1984a), Feneyrol (1985), Aktouf (1986b), et mes propres textes (par exemple, Girin, 1982b), ainsi que quelques travaux publiés en anglais après 1986, comme celui de Clegg (1987). À quelques unités près, le compte y est: quelques classeurs...

Une science, que l'on appelle la linguistique — mais il vaudrait mieux, aujourd'hui, parler d'un ensemble de disciplines, englobées sous la désignation « sciences du langage » —, explore depuis longtemps la question du langage. Partant du même constat que celui que l'on vient de faire, Maurice Dufour s'étonne que les théoriciens de l'organisation n'aient pas songé à la linguistique: « Est-ce faire preuve d'une imagination inadaptée que de la proposer comme schéma d'analyse? Les physiciens, devant une difficulté empirique, ont recours à l'arsenal mathématique pour la résoudre. Qu'y a-t-il d'étrange à proposer la linguistique comme science conductrice dans les activités de langage[1]? »

Étrange étrangeté, en effet. Si l'on songe à l'extraordinaire diversité des sources auxquelles ont l'habitude de puiser les théoriciens des organisations et de la gestion — modélisation mathématique, cybernétique, théorie des jeux, économie, sociologie, psychologie, biologie, écologie, psychanalyse, histoire, sciences cognitives, etc. —, on se trouve tout démuni devant l'incrédulité que l'on peut encore provoquer à prétendre que, dans notre champ de recherches, les faits de langage constituent un objet digne d'étude. On se demande encore quels arguments employer pour faire admettre l'évidence, que cette étude peut s'appuyer sur un socle solide, constitué par les acquis des sciences du langage.

Deux raisons peuvent, peut-être, expliquer un peu cette place singulière — c'est-à-dire cette absence de place — des sciences du langage dans le large éventail des sources théoriques des recherches sur la gestion des organisations.

La première tient à ce que l'on pourrait appeler la *transparence du langage* pour ses utilisateurs. C'est un fait tellement quotidien, tellement évident, que nous croyons qu'il n'y a rien à en dire, ou que nous croyons tout savoir à ce sujet. Par exemple, les managers — en tout cas ceux que j'ai rencontrés jusqu'ici — sont presque unanimement convaincus que le langage sert principalement de support ou de véhicule à l'*information*. Erreur grossière, à certains égards tragique, à laquelle il faut imputer le désarroi qui les saisit lorsqu'ils se rendent compte que leur dernière déclaration solennelle, ou leur circulaire périodique, a été mal comprise, faussement interprétée ou déformée, et qu'ils se demandent sincèrement comment s'y prendre pour se faire comprendre. L'idée selon laquelle le langage servirait exclusivement, ou même principalement, à transmettre des contenus informatifs est fausse. Cela est démontré depuis longtemps, et d'ailleurs tout le monde (sauf les managers) le sait. Cela mérite d'être dit, et sera répété plus loin, sur la base d'une masse considérable de travaux. Malheureusement, il est difficile, même avec de bons arguments, d'espérer remporter une victoire rapide sur les idées reçues. Il vient un moment où l'on ne peut, suivant Lacan (1981, p. 29), qu'énoncer une maxime dont on ne sait si elle sera suivie : « Commencez par ne pas croire que vous comprenez. Partez de l'idée du malentendu fondamental. C'est là une disposition première, faute de quoi il n'y a véritablement aucune raison pour que vous ne compreniez pas tout et n'importe quoi. »

Une première approche pour montrer que le langage est autre chose qu'un simple support de l'information consiste à réfléchir à ses « fonctions ». C'est ce que je m'appliquerai déjà à montrer dans la deuxième partie de ce texte, consacrée aux « fonctions du langage ».

La deuxième raison du manque d'intérêt des chercheurs de notre discipline pour la question du langage tient probablement à la linguistique elle-même, et surtout à son histoire. Si la difficulté du sujet, l'importance de l'investissement à consentir pour commencer à percevoir ce que cette science peut apporter à nos recherches et à formuler les questions sur lesquelles de nouvelles avancées sont nécessaires, y sont pour quelque chose, il faut bien voir que d'autres corps de connaissance réputés difficiles sont incorporés de longue date à la théorie des organisations. C'est donc plutôt à l'évolution de ses problématiques qu'il faut songer pour comprendre les difficultés que l'on a pu éprouver à vouloir la mettre à contribution. Ce que l'on appelle « la linguistique », dont l'influence a été naguère tellement importante sur le développement du structuralisme en sciences sociales et humaines, a été un domaine de recherches longtemps dominé de manière écrasante par deux courants. Le premier, celui de la linguistique structurale, issu de Saussure, avait défini son objet sur la base d'une distinction rigoureuse entre la *langue* et la *parole*. Le second, celui du générativisme, partait, avec Chomsky, d'une autre distinction, entre la *compétence* et la *performance*. Dans un cas comme dans l'autre, on trouvait, d'un côté, un code, des formes, des règles, des lois, et de l'autre, une liberté, des usages, des erreurs, des variations et des transgressions. Une linguistique scientifique se devait, selon ses fondateurs, de prendre pour objet la partie homogène et dure, c'est-à-dire la langue (ou la compétence), en l'abstrayant de la partie hétérogène et molle, c'est-à-dire la parole (ou la performance). C'est ce qu'elle fit, ou plutôt ce que firent pendant longtemps une écrasante majorité de linguistes, avec l'incontestable réussite que l'on sait.

Le succès des linguistes ne faisait certes pas l'affaire de ceux qui auraient voulu trouver dans leurs travaux des éléments facilement utilisables dans une réflexion sur les usages de la langue, et tout spécialement (pour ce qui nous concerne ici) sur ses usages dans les organisations. Ceux qui avaient le courage de se plonger dans une littérature volumineuse, très spécialisée et très technique, en étaient généralement pour leurs frais, et beaucoup, après avoir feuilleté les *Aspects de la théorie de la syntaxe* de Noam Chomsky, ont sans doute pensé, non sans une apparence de raison, que les monographies sur le ballet des abeilles étaient plus proches de leur sujet. C'était pourtant s'en tenir aux grandes masses, et ne pas accorder suffisamment d'attention à l'émergence, en vérité déjà ancienne, de préoccupations qui faisaient éclater le strict cadre de la langue (ou de la compétence). Ces préoccupations tiennent aujourd'hui une place tout à fait importante et reconnue à l'intérieur des sciences du langage. Elles se manifestent notamment par le développement des problématiques de l'énonciation, de la pragmatique du langage, de la sociolinguistique et de la psycholinguistique, de l'analyse conversationnelle, etc.

Le développement, dans les sciences du langage, de recherches touchant aux usages effectifs de la langue, a résulté notamment d'une succession d'événements remarquables survenus à l'intérieur même des courants dominants. En bref, on a découvert dans la langue un certain nombre de bizarreries qui montraient que, à l'évidence, celle-ci était faite pour être parlée. C'est ainsi que l'on a reconnu que certains mots tout simples prenaient un sens différent suivant qu'ils étaient prononcés par un locuteur ou par un autre, dans une situation ou dans une autre; que les temps des verbes ne servaient pas seulement à indiquer le présent, le passé ou le futur, mais aussi à exprimer une attitude du locuteur vis-à-vis de ce qu'il était en train de dire; que certaines expressions semblaient dédiées non pas à la tâche de « dire », mais à celle de « faire »; que des dispositifs particuliers permettaient de faire savoir à l'interlocuteur que quelque chose n'était pas dit explicitement dans l'énoncé, de l'alerter sur le fait que c'était dorénavant à lui de jouer, en complétant un message dont le « contenu » était généralement incomplet.

Ces découvertes permettent aujourd'hui de mieux concevoir la manière dont des mots et des phrases opèrent pour « faire sens » chez celui qui les entend ou les lit. Ce sera l'objet de la troisième partie, intitulée « le sens des mots et des phrases ».

La théorie de la signification que je présente consacre effectivement, comme on le verra, la rupture avec la conception courante d'un langage qui serait un simple véhicule de contenus informatifs. Ce faisant, elle met en avant la nécessité dans laquelle se trouve celui qui veut comprendre un propos de réaliser un travail de repérage et d'interprétation dans lequel il doit emprunter des éléments à sa connaissance de la *situation* et des *contextes* qui traversent cette situation. Ces deux notions complémentaires, introduites d'abord à partir de l'étude des propriétés du langage, renvoient à des réalités extérieures au langage, notamment à des phénomènes sociologiques et psychologiques. Je discuterai un peu en détail ces deux notions — spécialement celle de « contexte » — dans la quatrième partie.

Toutes ces questions (fonctions du langage, théorie de la signification, situation et contextes) n'ont, en principe, rien de vraiment spécifique à l'univers des organisations, bien qu'elles aient, à mon sens, quelque chose de très étroit à voir avec une notion de « gestion » plus générale, pas nécessairement attachée à la notion d'organisation, où le problème est de savoir comment des agents se débrouillent dans des univers de signification hétérogènes (Girin, 1982a, 1988b). Quoi qu'il en soit, ce long détour est pourtant indispensable, car il faut bien des fondations à l'édifice. Je vais naturellement m'efforcer d'apporter à l'appui des démonstrations et des discussions des exemples tirés de mon expérience des organisations, spécialement dans la cinquième partie, intitulée « Application aux organisations », où je reprendrai en même temps un formalisme simple permettant de faciliter le raisonnement sur les processus de signification des échanges langagiers dans les organisations.

La conclusion reprendra les éléments précédents pour tenter de tracer les perspectives de ce que pourraient être des programmes de recherche sur le langage dans les organisations. Poser des problèmes et indiquer des directions de réflexion sera le principal objet de cette brève conclusion.

Avant cela, si l'on veut bien, une dernière remarque. Le caractère interdisciplinaire des recherches sur la gestion des organisations n'est plus une question, mais un état de fait. Il n'est pas sans intérêt de noter que, par contraste avec l'indifférence apparente des sciences administratives pour la question du langage, on assiste actuellement, dans de nombreuses branches des sciences sociales et humaines, à un extraordinaire regain d'intérêt pour ce domaine de recherche[2]. Il est impossible de faire ici un inventaire de ces travaux, tant ils se sont multipliés de manière explosive depuis quelques années, mais on peut signaler quelques points de repère. Une linguistique de l'énonciation, exploitant notamment des idées de Benveniste, s'est considérablement développée. Les travaux des philosophes du langage ordinaire, tel Austin (1975), sont à la base de développements nombreux en « pragmatique du langage », discipline qui s'intéresse justement à la question des usages de la langue. La « pragmatique intégrée » de Anscombre et Ducrot (1976) illustre une approche strictement linguistique de ces phénomènes. Parallèlement, la sociolinguistique a produit un grand nombre d'études empiriques, mettant en évidence le rôle crucial des faits de langue dans la vie sociale. Dans la révolution que prétend réaliser l'ethnométhodologie issue de Garfinkel (1967), la réflexion sur le langage est centrale, comme le montrent quelques-unes des notions qui sont à la base de cette réflexion, telles que l'« indexicalité », la « réflexivité » et l'« exposabilité »[3] (« accountability »), où l'accent est mis sur le caractère indissociable des actions des « membres » et de leur capacité à en rendre compte devant les autres membres. Un des plus grands sociologues contemporains, Erving Goffman, a consacré une bonne partie de ses recherches (dont un livre entier) à cette analyse. Dans des domaines très proches des recherches sur les organisations et leur gestion, notamment en sociologie du travail et en ergonomie, des travaux commencent à être publiés. Il y a là la preuve d'un mouvement de fond auquel il serait étrange que les sciences administratives restent longtemps indifférentes.

LES FONCTIONS DU LANGAGE: COMMUNICATION ET COGNITION

Les fonctions du langage en général

En quoi le langage est-il utile et nécessaire dans les sociétés humaines? C'est la question des *fonctions* du langage.

Le sens commun dit que le langage sert à communiquer et qu'il est, dans bien des cas, nécessaire pour communiquer. Certes, on communique aussi de mille autres manières: par des attitudes, des gestes, des pratiques vestimentaires, des objets que l'on dispose autour de soi ou que l'on manipule, des espaces que l'on aménage, etc. Mais, comme dit Searle (1972, p. 78; 1969, p. 38), « il est impossible, sans se servir d'une langue, de demander à quelqu'un d'entreprendre une recherche, par exemple, sur le problème du diagnostic et du traitement de la mononucléose chez les étudiants des universités américaines. » Il en va de même dans le domaine purement relationnel: s'il est possible de saluer son voisin d'un signe de main, il est difficile d'entretenir des relations simplement amicales avec lui sans jamais lui adresser la parole. Dans d'innombrables circonstances de la vie en société, le langage est effectivement un recours, non seulement utile, mais absolument nécessaire pour communiquer.

Pourtant, beaucoup tiennent cette analyse pour une grave source d'erreur sur la nature même du langage. Ils ne contestent pas véritablement les propositions précédentes, mais pensent que le langage n'est pas fondamentalement « fait pour cela », que ce n'est pas sa fonction principale. Ainsi, héritiers d'une longue tradition, que Ducrot et Todorov (1972, p. 25) font remonter au moins à Bopp, au début du XIXe siècle, Sperber et Wilson (1986, p. 173) affirment que le lien entre langage et communication est à peu près de même nature que le fait, pour la trompe d'un éléphant, « d'être à la fois un organe olfactif et un organe préhensile ». Sous-entendu: ce qui importe le plus à l'animal, c'est d'abord d'avoir un nez... Autrement dit, l'usage du langage dans la communication serait une sorte de détournement d'un outil normalement dédié à autre chose. Sa fonction essentielle serait de symbolisation, de représentation, ou encore *cognitive,* pour utiliser un mot qui n'a pas pour seul attrait d'être à la mode, mais qui suggère un processus, et pas seulement un état, comme on le verra. On pourrait imaginer tirer quelques arguments en faveur de cette thèse à partir des données d'observation fournies par l'étude des aphasies. Si la perte du langage s'accompagnait nécessairement d'un affaiblissement des capacités cognitives du sujet, la fonction cognitive pourrait être prédominante. L'état actuel des recherches sur l'aphasie ne semble pas autoriser à conclure avec une absolue certitude, même s'il semble vraisemblable qu'un déficit linguistique s'accompagne d'un déficit des capacités cognitives (Hecaen et Marcie, 1987, p. 1260-1264).

Quoi qu'il en soit, et sans préjuger de ce qu'il adviendrait d'un éléphant sur lequel on aurait la cruauté de greffer un nez ordinaire à la place de la trompe, il est clair que les hommes en société ne peuvent se passer du langage, ni pour communiquer, ni pour penser. Pour Sapir (1968, p. 41),

> Il est préférable d'admettre que le langage est avant tout une actualisation vocale de la tendance à voir la réalité de façon symbolique et que c'est précisément cette qualité qui en fait un instrument propre à la communication, instrument que les

échanges et les relations résultant de la vie en société ont compliqué et raffiné jusqu'à lui donner la forme que nous lui connaissons aujourd'hui.

On distingue parfois d'autres fonctions pour le langage que celle de communication et de représentation. Sapir (1968, p. 35-63) avance trois fonctions très générales et plusieurs fonctions secondaires.

Les fonctions générales seraient: la pensée, la communication, l'expression. Cependant, ce dernier terme semble recouvrir pour Sapir principalement l'« expression des émotions » (p. 40), et cette catégorie peut entrer sans difficulté dans l'une ou l'autre des deux précédentes. En effet, il y aurait d'abord le cas de ces soliloques tenus en privé étudiés par Goffman (1987), ces « phrases orales qui ne parviennent pas à être de la communication » (Goffman, 1987, p. 85), mais ont une « fonction d'autoguidage » (p. 103) que l'individu isolé utilise face à des difficultés: cela revient, finalement, à une fonction cognitive prise au sens large de « connaissance pour l'action ». L'expression publique des émotions, soit est explicitement orientée vers autrui, et c'est alors, de manière évidente, de la communication, soit ne l'est pas explicitement (soliloques publics), mais il s'agit pourtant, comme le montre encore Goffman, de « vocalisations qui ne parviennent pas à ne pas en être » (p. 85) et qui font clairement l'objet d'un traitement social.

Parmi les « fonctions secondaires » du langage qui présentent « un intérêt particulier pour ceux qui sont tournés vers l'étude des sciences sociales » (Sapir, 1968, p. 41), on relève principalement les suivantes:

- Le langage est un instrument de socialisation, « sans doute le plus puissant de tous » car « le simple fait de posséder une langue en commun constitue un symbole particulièrement puissant de la solidarité sociale qui unit les individus locuteurs dans cette langue » (p. 41).
- Corrélativement, il est apte à manifester, parfois à travers de « subtiles différences linguistiques », l'existence de groupes différenciés, y compris des « groupes dotés d'une réalité psychologique par opposition aux groupes dotés d'un statut officiel, politique ou sociologique » (p. 42).
- Le langage sert encore à l'accumulation culturelle et à la transmission historique, rôle que l'on peut repérer dans les sociétés primitives à travers les proverbes, formules magiques, prières rituelles, légendes, discours traditionnels, chants, généalogies.
- Il est inséparable du développement de l'individualité: « il n'est pas exagéré de dire que l'une des fonctions réellement importantes du langage est de proclamer constamment à la société la place psychologique tenue par chacun de ses membres » (p. 44).

Ces « fonctions secondaires » ont pour principal intérêt de focaliser l'attention sur des catégories de faits effectivement intéressants à étudier, notamment dans le cas des organisations. Elles me semblent cependant relever tout à fait des catégories générales du communicationnel et du cognitif. Par exemple, manifester son identité, individuelle ou collective, par des pratiques langagières particulières, c'est bien communiquer: soit en direction de ceux que l'on reconnaît comme membres du même groupe, soit en direction de ceux envers qui on manifeste sa différence. Ou encore, l'accumulation culturelle et la transmission historique dans une société déterminée constituent un processus que l'on peut envisager complémentairement sous l'angle communicationnel (transmission, d'une génération à l'autre, des instruments de l'identité collective) et sous l'angle cognitif (élaboration collective des savoirs nécessaire à la perpétuation et au progrès de cette société).

Plusieurs spécialistes des sciences du langage portent une affection particulière à l'éléphant, dont une photographie orne aussi l'édition officielle du premier tome du séminaire de Jacques Lacan. J'en terminerai du même coup avec cette bête et avec les considérations générales sur les fonctions du langage en citant encore Sapir (1968, p. 34):

> Si un homme qui, de toute sa vie, n'a jamais vu qu'un seul éléphant, parle néanmoins, sans la moindre hésitation, de dix éléphants ou d'un million d'éléphants et d'un troupeau d'éléphants ou d'éléphants marchant deux par deux ou trois par trois ou de générations d'éléphants, ne faut-il pas voir là la preuve que le langage a le pouvoir d'analyser les données de l'expérience en éléments théoriquement dissociables et d'opérer, dans des proportions diverses, cette fusion du virtuel et du réel qui permet aux humains de transcender ce qui est immédiatement donné dans leur expérience individuelle et d'accéder à un domaine commun?

Parler d'éléphants en si grand nombre quand on n'en a vu qu'un seul, et les imaginer dans autant de configurations diverses, cela est du cognitif. Aussitôt distinguées, les deux fonctions apparaissent comme les faces complémentaires d'une même réalité, et c'est à cette conclusion que nous mènera un peu de réflexion sur la fonction communicative et la fonction cognitive du langage dans les organisations.

La fonction communicative du langage et les organisations

L'univers des organisations concrètes (entreprises, administrations, associations, etc.) auxquelles nous nous intéressons possède deux propriétés: articuler entre elles des activités orientées vers des fins; constituer une sorte d'« espace social » ou de « sous-espace social » plus ou moins autonome, plus ou moins homogène, mais possédant une certaine permanence.

En premier lieu, les organisations sont des systèmes d'activités orientées vers des fins. L'idéal-type bureaucratique de Weber (1971, p. 226-228) décrit ce que pourrait être une organisation entièrement gouvernée par la rationalité dans l'activité: la hiérarchie est une hiérarchie *de fonctions* (p. 226), dont l'extension est limitée à un domaine d'activité précis, et non pas une hiérarchie de classes ou d'ordres, traitée par Weber de manière très différente (p. 309-315). Le *principe de séparation* (p. 224) s'applique à tous les domaines: usage des ressources en général (ressources de la fonction et ressources privées), budget (budget de l'organisation et budget privé), lieu d'activité et lieu d'habitation, etc. On sait, bien sûr, que, dans les organisations réelles, cette « orientation vers des fins » est quelque chose de beaucoup plus compliqué que ce que donne à entendre l'idéal-type bureaucratique. La décomposition des objectifs généraux (à supposer que ceux-ci existent) génère toujours des sous-systèmes plus ou moins autonomes et en conflit, comme l'ont montré, à la suite de Merton (1936, 1957), les théoriciens des dysfonctionnements bureaucratiques.

En second lieu, on a mis en évidence au moins depuis Mayo (1933) et l'École des relations humaines que l'univers du travail producteur était aussi un univers de relations. Tous les courants de recherche sur les organisations reconnaissent aujourd'hui ce fait, et le mettent parfois au premier plan, comme dans le cas de la sociologie des organisations. Univers de relations, il s'insère dans et contribue à produire un *ordre social*. En utilisant cette expression, je n'entends pas prétendre qu'il y aurait une unité sociologique ou ethnologique de l'organisation (avec, par exemple, des institutions et des pratiques culturelles autonomes), mais simplement souligner qu'il y a effectivement des individus et des groupes occupant des positions différenciées dans un tissu relativement stable de relations, notamment de relations de domination et de pouvoir. Cette stabilité relative — qui connaît parfois de sévères ébranlements — se constitue à partir de déterminations multiples : relations établies dans le cadre de l'organisation des activités, mais aussi proximité purement physique, et appartenances externes à l'organisation. L'ordre social complexe propre à l'organisation est connecté à l'ordre social externe dans les deux sens : l'organisation reproduit partiellement l'ordre social externe (par exemple lorsqu'elle assigne aux femmes des tâches et des statuts subalternes), et fournit réciproquement à ses membres des ressources pour se positionner dans l'ordre social externe, à travers les rémunérations réelles (financières) ou symboliques (titres, dénomination de métiers ou de positions hiérarchiques, attributs liés à l'aménagement de l'espace de travail) qu'elle leur donne.

L'organisation possède donc une « double face » : d'un côté, l'*activité*, c'est-à-dire des systèmes d'activités orientées vers des fins ; de l'autre, l'*ordre social*. À cette « double face » de l'organisation correspondent deux grandes catégories d'actes de communication : ceux qui sont principalement orientés vers l'activité ; ceux qui sont principalement orientés vers l'ordre social.

Sous le premier aspect (l'activité) se rangent toute une série d'actes de communication liés soit à la définition soit à l'accomplissement des objectifs de l'organisation : négociation, information (par exemple sur l'état des ressources mobilisables et sur l'environnement), discussion des moyens adaptés à ce que l'on veut faire, etc. Chaque fonction ou chaque poste de travail exige, pour être convenablement tenu, l'accomplissement d'un grand nombre d'actes de communication, depuis la simple demande (l'ouvrier au magasinier : « j'ai besoin d'un foret de huit ») jusqu'à l'échange complexe d'arguments sur un sujet technique difficile (que faire pour enrayer cette fuite de gaz due à la défaillance d'une vanne située au fond de l'océan ?). Parallèlement au domaine de l'« information » proprement dit, les ordres et les demandes d'instructions, pour autant qu'ils concernent l'accomplissement des tâches collectives, entrent typiquement dans ce schéma. Ces actes de communication peuvent être dits *fonctionnels* (Girin, 1987).

Sous le second aspect (l'ordre social), les activités de communication comportent d'abord des actes orientés vers la collectivité. Ce sont les *cérémonies*, célébrations collectives permettant de confirmer l'existence des communautés en confortant chez leurs membres le sentiment d'appartenance, et les *stéréotypes relationnels* permettant d'entretenir le lien social et de marquer les positions. Pour suivre un usage aujourd'hui établi, notamment à la suite de Goffman (qui a transposé le sens éthologique et non pas ethnologique du terme), on peut convenir d'appeler *rituels* ce que je préférerais désigner par « stéréotypes relationnels », car l'origine religieuse du mot « rituel » le rendrait en réalité mieux adapté à la description des cérémonies. De nombreuses cérémonies sont observables dans les organisations, depuis les vœux de nouvel an adressés par le président à l'ensemble du personnel, jusqu'à la petite fête organisée à l'occasion du départ à la retraite du sous-chef du service comptable. Les modes de salutation, les codes de politesse en général, les plaisanteries, les injures, etc., ressortissent à la catégorie des rituels (au sens de Goffman). L'ensemble de ces actes de communication (célébrations et rituels) peuvent être qualifiés de *relationnels* (Girin, 1987). Mais l'ordre social est aussi un équilibre conflictuel, sujet à contestations, remises en cause, luttes, etc. Les individus peuvent contester leur position dans le groupe (ou la défendre contre les prétentions des autres), des groupes contestent la leur dans l'ensemble social tandis que d'autres tentent de la renforcer. Il faut donc étendre la notion d'actes de communication relationnels à toute une catégorie d'actes qui, pour s'inscrire dans un système de relations existant, visent à en déplacer les équilibres, voire à le changer. Ce domaine pourrait être appelé, par contraste avec celui de la « relation sociale », celui des « rapports sociaux ». Parmi les exemples d'actes de communication relevant de ce type, on peut citer l'expression d'une revendication, le tract syndical, la manifestation et la grève, avec les actes langagiers qui les accompagnent, et, naturellement, les réponses qu'ils provoquent.

La distinction entre actes de communication relationnels et fonctionnels ne doit pas être confondue avec la distinction, classique en théorie des organisations, entre informel et formel. Les manières de se saluer, par exemple, peuvent être tout à fait formelles (codifiées, explicables de manière directe et simple au nouveau venu), tout en étant du domaine purement relationnel, de même que les manières d'exprimer une revendication, les manières de conduire la négociation, peuvent s'inscrire — s'inscrivent souvent — dans un cadre très formel. Par contre, un certain nombre d'actes concourant à l'organisation et à la réalisation d'activités collectives sont parfaitement informels, par exemple lorsqu'un problème technique est réglé en faisant appel aux compétences d'un réseau d'amis.

Là encore, il est clair que cette distinction a une vertu analytique, et que la plupart des actes de communication réels peuvent être vus sous les deux angles, car une interdépendance évidente existe entre les deux orientations. La participation à des activités communes tisse des réseaux relationnels, tandis que l'appartenance à des structures relationnelles crée des occasions d'entreprendre des tâches en commun.

Qu'ils soient relationnels ou fonctionnels, les actes de communication réalisés dans les organisations font un usage massif du langage, comme on peut s'en rendre compte à partir de n'importe lequel des exemples auxquels je viens de faire allusion. En quoi le fait langagier contribue-t-il à faciliter ou à entraver leur accomplissement? Comment, réciproquement, les singularités de chaque organisation se traduisent-elles par des adaptations langagières propres?

Pour aborder ces questions, il convient d'abord de noter que, d'une manière générale, il semble exister peu de correspondances directes entre les propriétés formelles du langage naturel et le fait qu'il soit utilisé, d'une part, comme un moyen de la communication fonctionnelle et, d'autre part, comme un moyen d'expression du lien social et de l'ordre social. On pourrait peut-être considérer que le mode impératif est plutôt dédié à l'action qu'à la relation, encore qu'il soit facile de trouver des exceptions. Hagège (1987, p. 22) signale que, dans certaines variétés du japonais, l'appartenance sociale est marquée par des traits morphologiques. Guigo (1986) rapporte que, en tibétain, on emploie des niveaux de langue différents suivant le statut de l'interlocuteur. En français, l'usage différencié du « tu » et du « vous » possède, mais souvent faiblement, la propriété de marquer une proximité ou une distance sociale.

Dans le cas des organisations, on peut relever quelques pratiques de ce genre. Par exemple, en voici une que j'ai notée lors d'un travail de terrain: « *Dupont*, apportez le dossier à Monsieur Girin — Oui *Monsieur*. » La dissymétrie des interpellations (« Dupont » et « Monsieur ») était, dans ce cas particulier, en rapport direct et évident avec l'inégalité des positions des deux personnes dans l'ordre social propre à l'entreprise, manifestée d'autre part par le fait que l'une était assise derrière un immense bureau, et l'autre, debout[4]. L'usage de l'impératif (« apportez le dossier ») ne semblait causer aucun problème, car il était légitime dans ce sens (supérieur/subordonné), et congruent avec les nécessités de l'action (me donner les moyens de faire avancer mon travail, tout en poursuivant l'entretien que j'avais sollicité auprès de ce dirigeant). Un autre exemple, qui m'a été rapporté par la victime, est celui d'un patron d'une officine de consultants qui multipliait à l'encontre d'un ingénieur les impératifs du genre: « Fermez la fenêtre », « Allez chercher une chaise », « Rangez vos papiers ». Ces ordres, à la limite de ce que la relation d'autorité permet légitimement, et sans grand rapport avec les nécessités de l'action, étaient évidemment destinés à mettre l'accent (de manière intolérable pour celui qui les recevait) sur l'existence d'un ordre social interne, indépendant des finalités économiques de l'organisation en question. Un dernier exemple est emprunté à une entreprise de transport routier, dans laquelle il est établi que les conducteurs d'autobus peuvent faire l'objet de diverses sanctions s'ils se rendent coupables de fautes (par exemple, un retard à la prise de service, le fait de ne pas avoir respecté les horaires du « tableau de marche », ou encore la conduite en état d'ivresse). Les sanctions vont de la simple réprimande jusqu'au renvoi pur et simple, suivant des procédures d'autant plus lourdes que la sanction est plus forte. L'exercice de la réprimande incombe à un cadre, qui doit convoquer le coupable dans son bureau et prononcer quelques phrases bien senties, du genre de celles qu'un père utilise pour admonester son enfant. L'un de ces cadres, jeune diplômé exerçant là une de ses premières fonctions d'autorité, m'avouait l'immense difficulté psychologique dans laquelle il se trouvait pour prononcer ces quelques phrases lorsqu'il avait affaire à des hommes d'âge mûr et d'allure respectable, envers lesquels il lui paraissait tout à fait incongru d'adopter le ton de la réprimande. Dans cet exemple, il y a conflit entre ce que l'on pourrait appeler l'ordre social externe (comportant, par exemple, des pratiques rituelles consistant à marquer le respect pour l'âge et pour l'expérience), et l'ordre social interne (la relation supérieur/subordonné, incluant l'activité de réprimander).

Intéressants à considérer en eux-mêmes et pour ce qu'ils nous apprennent des traits culturels particuliers à chaque organisation, les phénomènes de cette nature ne permettent pourtant pas de fonder une analyse très approfondie de la communication langagière, car le passage entre langage et communication se fait principalement par des moyens qui font appel à des réalités d'arrière-plan, les « situations » et les « contextes » dont il sera question plus loin à propos de la théorie de la signification.

La considération de la fonction communicationnelle du langage dans les organisations amène naturellement à un ordre de questions qui renvoient à sa fonction cognitive. En effet, en communiquant en vue de l'action, on met aussi en jeu, et parfois au débat, des représentations portant sur les objets (physiques ou sociaux) sur lesquels on agit. De même, en communiquant pour le lien social, on ne se contente pas toujours de considérer comme fixées les représentations sociales. On peut, par exemple, vouloir modifier celles de son interlocuteur.

La fonction cognitive du langage dans les organisations

Langage et cognition organisationnelle

Une organisation est un lieu à l'intérieur duquel sont importés, reproduits et produits des schémas de connaissance, instruments d'analyse, corps de connaissances plus ou moins systématiques — allant du tour de main et du savoir-faire peu explicitable au savoir formalisé et transmissible par des manuels —, qui portent sur l'environnement, la technologie, l'organisation elle-même (à la fois en tant que schéma d'action et qu'univers social), la psychologie des individus, bref, à des degrés divers, sur tous les aspects du fonctionnement organisationnel et de son insertion dans l'univers qui l'entoure.

Une partie de ce vaste ensemble cognitif fait l'objet d'une mise en forme chiffrée, tout spécialement dans le cas des procédés comptables et des « instruments de gestion » en général (indicateurs, tableaux de bord, etc.). Les effets, souvent inattendus, de ces systèmes de mesure ont été étudiés notamment par le courant français de la recherche sur les instruments de gestion (Berry, 1983). Il est à noter que cet ensemble d'indicateurs et de chiffres en général ne se suffit jamais à lui-même, qu'il fait toujours l'objet de *commentaires*: les dirigeants expliquent aux actionnaires comment il faut interpréter les chiffres du bilan et du compte d'exploitation; la production du tableau de bord provoque des questions et des explications; la notation d'un collaborateur sur ses performances de l'année s'accompagne généralement soit de remarques écrites, soit d'un entretien contradictoire. Ce que l'on appelle « le langage des chiffres » ne parvient donc pas à remplacer complètement, loin de là, le langage naturel, dans lequel continuent à s'exprimer *en fin de compte* (cette expression est particulièrement bien adaptée à désigner ce qui se passe en aval des chiffres) les significations les plus décisives pour l'organisation (résultats bons ou mauvais, organisation performante, investissement utile, personnel compétent, etc.).

Une autre partie de l'ensemble cognitif, très importante en volume, consiste purement et simplement en documents écrits et propos oraux, tels que: les rapports sur les évolutions de l'environnement (marchés, législation, concurrence, mentalités, « styles de vie », valeurs, etc.); les documents techniques (de la simple notice d'utilisation d'un appareil jusqu'au rapport détaillé sur le fonctionnement d'une installation complexe, telle une centrale nucléaire); les descriptions de l'organisation accompagnant l'organigramme, les fiches de fonction, les procédures, les documents d'aide à l'évaluation des personnes, etc. Réunions, entretiens, communications téléphoniques sont consacrés à établir des diagnostics, à se former à plusieurs une idée des variables importantes, à supputer les causalités, etc. Dans tous ces domaines, le langage ordinaire, même appuyé par des schémas et des chiffres, est l'instrument essentiel de la cognition organisationnelle.

Il y a là un domaine de recherche largement ouvert, à l'intérieur duquel je voudrais seulement indiquer quatre orientations qui présentent, à mon sens, un intérêt pratique évident: l'apprentissage, la production lexicale, l'élaboration d'un propos, l'interprétation collective, notamment dans le cas d'un mot d'ordre ou d'un slogan.

L'apprentissage du métier

Le nouvel entrant dans une organisation, ou celui qui prend de nouvelles fonctions, doit généralement faire l'apprentissage de son métier. Dans certains cas, cela comporte une période de formation, donnée par des écoles, des séminaires, etc., sur le mode de l'enseignement. Le fait langagier joue alors un rôle de tout premier plan sur lequel il est à peine utile d'insister. Ce que je voudrais illustrer ici, à partir de deux exemples, concerne plutôt ce que l'on appelle l'apprentissage « sur le tas », c'est-à-dire celui que l'on acquiert tout en travaillant.

Dans une étude de deux sociétés de conseil aux activités comparables et recrutant des ingénieurs ayant le même type de formation, j'ai été étonné par le fait que, pour qu'un jeune ingénieur diplômé entré comme ingénieur de base soit considéré capable de prendre avec le client la majeure partie des décisions concernant l'exécution de son contrat, le temps moyen nécessaire passait de deux ans à cinq ans d'une société à l'autre (Girin, 1981, p. 40). Ces différences s'expliquaient principalement par quatre facteurs: les procédures d'affectation des ingénieurs aux contrats, la qualité des relations entre ingénieurs en chef et ingénieurs de base, le fait que ceux-ci soient ou non conviés à participer aux entretiens que leurs responsables avaient périodiquement avec le client, la nature des procédures de communication internes à la société de conseil. Les trois derniers facteurs mettent en jeu très directement les échanges langagiers, notamment oraux, souvent informels, à l'exception du dernier, où la différence entre les deux sociétés résidait précisément dans le fait que la plus « performante » sur le plan de l'apprentissage avait mis en place des procédures beaucoup plus systématiques. Présentée de cette manière, la question pourrait n'être qu'un pur problème d'accès à l'information, et c'est effectivement une partie de la question: il est intuitif que ce n'est pas que cela, et que l'implication de l'apprenti dans les échanges verbaux comporte, relativement à son apprentissage, des aspects plus complexes que la simple transmission d'information.

C'est ce que montre très clairement le travail réalisé par Hutchins (1987) sur le cursus d'apprentissage des fonctions de quartier-maître à bord d'un porte-hélicoptères de la marine de guerre américaine. On y relève notamment l'importance des dialogues « socratiques » (p. 22) où le maître tente de faire expliciter à l'apprenti les raisons pour lesquelles il agit de telle ou telle autre manière: « S donne à L deux chances pour résoudre le problème lui-même, lui fournissant à chaque fois un élément d'information supplémentaire sur la nature du problème. Finalement, il lui donne la réponse. » La différence entre ce processus « socratique » et la simple transmission d'information réside dans le fait que le sens des paroles qui sont prononcées est fonction de la situation dans laquelle se trouvent le maître et l'apprenti, et du problème qu'ils ont à résoudre ici et maintenant, ce que Hutchins appelle le « contexte », en un sens qui diffère un peu de celui que je lui donnerai plus bas.

La production lexicale

L'importance de la question du langage dans la « cognition organisationnelle » se voit encore dans le vocabulaire spécialisé, et particulièrement le vocabulaire technique. À chaque technique utilisée par l'organisation correspond une terminologie particulière, plus largement, une *technologie*, c'est-à-dire, étymologiquement, un discours sur la technique, comprenant parfois une part importante de néologismes tout à fait incompréhensibles pour le béotien, mais qui sont utiles au spécialiste. Cela est l'aspect le plus évident de la production (ou de l'importation) lexicale dans les organisations.

Cette production lexicale n'est pas seulement le fait des concepteurs de techniques nouvelles, mais également des utilisateurs. Quelques études très intéressantes ont déjà été réalisées sur ce point. Par exemple, Gardin (1988) analyse la production collective de la dénomination d'une machine nouvelle — qui sera finalement appelée la « machine à écrire sur les calques » — en mettant en évidence l'importance des enjeux que cette dénomination (en l'occurrence, cet hapax) comporte pour ses utilisateurs: selon les cas, le nom choisi peut évoquer un outil au service des dessinateurs ou, au contraire, suggérer que la machine va se substituer à eux. Selon les cas, on peut, ou non, continuer à revendiquer l'embauche du « deuxième dessinateur » pour lequel on plaide depuis longtemps. Les concepteurs de la « machine à dessin » n'avaient pas de tels enjeux. Les exemples de ce genre montrent ainsi que, à chaque technique, peuvent correspondre plusieurs lexiques particuliers, aptes à rendre compte du rapport de telle ou telle catégorie de personnes — concepteurs, utilisateurs, personnel d'entretien, etc. — à cette technique.

Du vocabulaire technique, on passe naturellement au vocabulaire de métier, qui fait déborder le « cognitif pur » pour passer au « socio-cognitif » ou au social tout court. Le vocabulaire de métier est encore signe de reconnaissance entre les membres, emblème aux yeux des autres, gage d'appartenance, de socialisation réussie. Il déborde la nécessité technique pour toucher au domaine des pratiques sociales propres au groupe considéré, avec, notamment, ses stratégies de positionnement par rapport aux autres groupes, ses efforts éventuels pour protéger un monopole sur un certain savoir et son savoir-faire, où le jeu sur la langue est un moyen parmi d'autres, parfois extrêmement puissant.

La mise en texte

Parler, plus encore, écrire, c'est mettre des impressions confuses à l'épreuve du langage. Celui-ci possède deux propriétés, souvent soulignées: il est un système discontinu qui impose l'analyse (la décomposition des représentations en éléments distincts et dénommables), et il implique un ordre d'exposition (la fameuse « linéarité » du propos). La confrontation au langage est toujours une sorte d'aventure cognitive, où le fait de dire ce que l'on croit entraîne une interrogation sur la question de savoir si l'on peut croire ce que l'on dit. Ce que chacun peut vérifier individuellement — tout spécialement à l'épreuve de l'écriture — a aussi une traduction collective.

Le travail de formulation langagière, ce que l'on appelle souvent la « mise en forme » (d'un rapport, d'un compte rendu, d'une déclaration, etc.), est une activité à laquelle les membres d'une organisation savent qu'il faut attacher une grande importance. Particulièrement dans le domaine de l'écrit, les pratiques organisationnelles imposent très souvent, sinon une rédaction collective, du moins des procédures d'approbation, des modifications successives, etc., qui conduisent à la « version finale ».

J'ai déjà exposé ailleurs (Girin, 1984) l'exemple de la rédaction d'un compte rendu de réunion. Les chefs administratifs et comptables de la Division Production d'une grande entreprise avaient tenu cette réunion en octobre 1981, pour « faire le point sur le climat social et le fonctionnement de la Division ». La rédaction du compte rendu avait été confiée à un jeune ingénieur, qui avait dû écrire trois versions successives avant d'obtenir l'assentiment des participants. L'enjeu principal de ces remaniements, tel qu'on peut le découvrir en étudiant ce qui avait été changé d'une version à l'autre, était de supprimer l'évocation des divergences d'opinion entre les participants, dont les témoignages oraux indiquaient qu'elles s'étaient pourtant exprimées avec vigueur. Dans sa première version, l'auteur du compte rendu utilisait des phrases du genre: « Dans ce domaine, les analyses et les préoccupations sont un peu différentes selon les sensibilités de chacun et les historiques des unités concernées », et s'employait à exposer à la fois le « sentiment général » et les appréciations qui s'en écartaient. Dans la dernière version, les discussions relatives aux relations avec les syndicats étaient résumées par la phrase suivante: « Les relations réciproques des partenaires sociaux sont ambiguës. »

Ce petit corpus d'une douzaine de pages peut être analysé de bien des manières. Il est assez naturel, en particulier, d'y voir à l'œuvre la censure, ou plutôt l'autocensure (puisque ce sont les participants à la réunion qui s'interdisaient de faire état, vers l'extérieur, de leurs divergences d'opinions). Je choisirai un angle différent — qui ne prétend aucunement nier la pertinence de celui qui vient d'être évoqué — en parlant de la re-construction « en acte » d'une réalité organisationnelle, qui est celle du sujet collectif « chefs de services ». Le procédé rhétorique consistant à passer d'une divergence d'opinions à une ambiguïté recouvre exactement cette idée: d'un côté, des individus, porteurs chacun d'une appréciation sur la situation; de l'autre, un groupe pour qui, par conséquent, aucune interprétation ne s'impose pour cette situation, c'est-à-dire qui a affaire à une situation ambiguë. L'enjeu est bien de l'ordre de la *représentation*: la représentation de l'organisation par ses membres, qui doit comporter, pour diverses raisons, l'existence d'un sujet collectif appelé « les chefs de service ».

Au passage, on retrouve ici la fonction de socialisation du langage, telle que la voyait Sapir: à travers ses tentatives réitérées pour parvenir à une formalisation qui satisfasse les participants à la réunion dont il devait rendre compte, notre jeune ingénieur a appris — d'une certaine manière, à ses dépens — qu'il devait, pour être en phase avec les anciens, penser l'univers dans lequel il allait dorénavant vivre, dans des termes prescrits par la culture locale, différents de ceux qu'il aurait adoptés spontanément.

Quantité d'autres exemples peuvent être donnés, qui montrent que la tâche de formulation est une opération cognitive, une construction de la manière dont on se représente collectivement la réalité. Ainsi, dans une entreprise de transport urbain, un groupe de travail réfléchissant aux « missions des dépôts d'autobus » s'était donné pour tâche, entre autres, de rédiger des « fiches de fonction » des quatre principaux responsables hiérarchiques du dépôt. Cette opération s'est révélée beaucoup plus longue et difficile que ne le prévoyait le planning, et il n'a pas fallu moins de trois séances de travail (une douzaine d'heures), préparées par des propositions intermédiaires, pour aboutir, tant étaient nombreuses les questions du type: « Est-ce vraiment lui qui fait cela? » ou « Est-ce vraiment à lui de le faire? », ou encore « Ne devrait-il pas encore faire ceci, que personne ne fait? », et « Est-il bien nécessaire de faire ce que l'on fait depuis toujours, peut-être par habitude? » Sous certains aspects, ce que Borzeix et Linhart montrent dans le présent ouvrage, concernant la manière dont l'expression des salariés révèle et façonne l'identité collective des groupes de travail, relève aussi de ce phénomène.

L'interprétation

L'autre versant de la production d'un propos est celui de l'interprétation de quelque chose qui a été énoncé de manière plus ou moins énigmatique. Le procédé consistant à produire un message dont l'interprétation ne va pas de soi est couramment utilisé par les dirigeants des organisations: c'est notamment le cas du *mot d'ordre* ou du *slogan*, mais ce peut être également ce que Mélèse (1987, p. 459) appelle le *concept-déclic*.

Un exemple récent nous a été donné par ce que l'on appelle la « qualité », parfois la « qualité totale ». En elle-même, la notion pourrait ne signifier rien de plus que ce que n'importe quel bon artisan considérerait comme partie intégrante de son métier: bien faire, suivant les règles de l'art, ce que l'on a à faire. Pourtant, dire « qualité » a des effets différents de celui de dire simplement « appliquez-vous », « soyez sérieux », ou « travaillez convenablement ».

Ce procédé, qui consiste à produire un texte complexe ou un simple signifiant, dont on laisse le soin à l'auditeur de construire la signification, suppose une « parole autorisée » au sens de Bourdieu (1975), et a d'autant plus de chances de réussir que le locuteur est un chef ou un expert. Il peut alors provoquer un travail d'interprétation susceptible de se traduire par une série de dispositions et d'actes conséquents.

Mélèse (1987) en démontre l'efficacité dans la pratique de la consultation. Il s'agit de faire travailler les acteurs de l'entreprise cliente sur leur propre représentation des choses: « Le « réel » dont ils parlent, c'est en fait une représentation (comptable, hiérarchique, technique) mais on a oublié cette substitution; il s'agit donc de redonner du jeu en proposant d'autres représentations » (p. 460). Le moyen d'y arriver, ce peut être de lancer des mots qui vont provoquer un choc, puis entraîner un travail de réinterprétation. Par exemple, dire à une société industrielle aux prises avec un problème de recouvrement de créances pour un montant de 15 MF: « De fait, vous avez deux activités: l'industrie, bien sûr, et la banque car vous gérez 15 MF de crédit à des clients. Comment organiser la société T-BANQUE? » produit un effet de ce genre. Dans ce cas précis, Mélèse indique que cela a « conduit rapidement à une réorganisation et à la remise en question du système informatique » (p. 458).

Conclusion : dynamique cognitive et communication

On le voit, dès que l'on s'intéresse aux relations entre le langage et la cognition organisationnelle, s'impose immédiatement un double constat :

- Il y a une dynamique cognitive liée aux échanges langagiers, visible dans tous les exemples que nous avons cités. Plus qu'un « support de représentations », le langage est un outil d'élaboration de ces représentations.
- Dans le cas des organisations, cet « outil » fonctionne le plus souvent collectivement. Il ne s'agit pas ici (ou seulement par exception) d'individus solitaires mettant leurs idées à l'épreuve du langage, mais de groupes et de réseaux à l'intérieur desquels s'élaborent collectivement des formulations, des interprétations, etc., et se transmettent des connaissances.

Il en résulte que, dans les cas qui nous occupent, la fonction cognitive est inséparablement liée à sa fonction communicationnelle, au sens où je l'ai entendue précédemment. À la limite, on pourrait aller jusqu'à dire qu'elle lui est soumise. D'où l'importance évidente d'une réflexion sur la manière dont les échanges ont un sens pour ceux qui s'y trouvent engagés : c'est à ce problème, où nous retrouverons entremêlés le cognitif et le communicationnel, que sont consacrées les pages qui suivent.

LE SENS DES MOTS ET DES PHRASES

La faillite du modèle du code

Des mots et des phrases sont prononcés (ou écrits) par un locuteur, et entendus (ou lus) par un auditeur (peut-être plusieurs). J'appelle « propos » cette production verbale particulière, et « message langagier », de manière abrégée « message » ou encore « texte », la succession de signes linguistiques qui le composent. Autrement dit, la notion de « propos » renvoie à une situation particulière dans laquelle les mots et les phrases sont produits ou reçus, tandis que celle de « message » ne renvoie qu'à du matériau linguistique. Cette distinction est faite sur le modèle de l'opposition classique « phrase/énoncé », où la phrase est « un être linguistique abstrait » et l'énoncé « une occurrence particulière » (Ducrot, 1979, p. 21), mais je préfère ne pas employer ce vocabulaire, pour ne pas avoir à me prononcer, notamment sur la dimension de la chose. Au sens où je l'entends, le « Salut ! » décoché à la sauvette dans un couloir, aussi bien que ce chapitre que j'écris en ce moment, et que vous lisez en ce moment (Pardon ! Je veux dire, je voulais dire ?, « en cet autre moment », mais cela ouvrirait une discussion trop longue) sont des propos. Je ne discuterai pas non plus la question difficile de savoir suivant quels critères on peut isoler un propos, et me contenterai d'écarter la possibilité qu'il puisse s'agir de critères strictement linguistiques portant sur le message (cela constitue une autre raison de ma réticence à employer la terminologie « phrase/énoncé »).

Dans les situations courantes, celles où interagissent des personnes parlant la même langue et ayant un certain nombre d'autres choses en commun, l'auditeur comprend généralement (malgré de nombreux accrocs), ou croit comprendre ce qui est dit. Habitués à se comprendre, les interlocuteurs imputent ce phénomène à une capacité du *message* à « contenir » du sens: emballé à un bout, enveloppé dans les mots et les phrases choisis par le locuteur, il serait déballé à l'autre par l'auditeur. Les accidents qui surviennent sont imputés au fait que le locuteur a mal fait son travail (il s'est « mal exprimé »), que des morceaux du message se sont perdus en route, que le message a été brouillé par d'autres choses, ou que l'auditeur a mal déballé le paquet: il ne sait pas faire (parce que, par exemple, il maîtrise mal la langue), il est inattentif, il est de mauvaise volonté, etc.

Cette conception commune a longtemps constitué aussi le fondement de la réflexion savante. On peut considérer que la célèbre opposition signifiant/signifié de Saussure et sa remarque selon laquelle la pensée et le langage seraient comparables au recto et au verso d'une feuille de papier (de Saussure, 1978, p. 157), si elles n'impliquent pas strictement une interprétation de ce genre, engagent cependant à considérer l'expression verbale comme porteuse de « contenus ». La théorie mathématique de l'information, qui a eu une influence considérable sur certains linguistes, a formalisé ce schéma de manière particulièrement nette autour de la notion de « code ». Dans un article consacré aux rapports entre cette théorie et la linguistique, Jakobson (1963) insiste sur la proximité et l'enrichissement réciproque de la démarche du linguiste et de celle des ingénieurs qui posent le problème du codage, de la transmission et du décodage d'unités élémentaires d'information: « le code assortit le signifiant au signifié et le signifié au signifiant » (p. 90). C'est probablement en raison de cette influence de la théorie de l'information que Sperber et Wilson (1986, p. 2) donnent à cette conception générale le nom de « modèle du code »: « Depuis Aristote jusqu'à la sémiologie moderne, toutes les théories de la communication ont été basées sur un unique modèle que nous appellerons le *modèle du code.* » On pourrait aussi bien parler, à propos de cette conception, de « langage véhicule » (Girin, 1982b, p. 1560), ou de « vision ferroviaire » (Fauconnier, 1984, p. 9).

Ce que l'on sait aujourd'hui du langage ne permet plus de s'en tenir au « modèle du code ». Cette conviction a mis longtemps à s'imposer, mais elle est dorénavant très généralement partagée par les spécialistes du langage, au moment même où, par contraste, le développement des techniques modernes de communication — notamment des réseaux — tend à renforcer, du côté des concepteurs d'outils et de beaucoup de leurs utilisateurs, la « vision ferroviaire ». L'abandon du « modèle du code » résulte de l'attention portée à plusieurs phénomènes, à des propriétés du langage, dont je donnerai ici quatre exemples parmi les plus importants.

En premier lieu, on a relevé l'existence d'une classe particulière de mots ou d'expressions très simples et usuels qui n'ont précisément pas de « contenu » fixe, au sens du « langage véhicule ». Leur sens varie en fonction des circonstances dans lesquelles ils sont énoncés, et notamment en fonction des réponses que l'on peut donner aux trois questions suivantes: Qui parle? Où? Quand? Ce sont les « indices » de Peirce (1978, p. 41-42), les « embrayeurs » de Jakobson (1963, p. 176 ss), les « déictiques » de Benveniste (1966, p. 251-257). Par exemple, dans une conversation entre deux personnes, le mot « je » n'a pas de correspondant fixe, mais désigne alternativement l'un et l'autre, celui qui parle, au moment où il parle. De même, « ici », « là-bas », « maintenant », « hier », ne peuvent être compris que moyennant la connaissance du lieu et du moment où le message qui les contient est produit. Il s'agit d'une propriété capitale du langage, à laquelle, pour adopter une terminologie qui semble s'être imposée dans plusieurs disciplines (voir, par exemple, l'usage qu'en font les ethnométhodologues, comme Garfinkel, 1967, p. 4-7), on donnera le nom d'*indexicalité*. L'*indexicalité*, cette capacité à « montrer », plutôt qu'à « représenter », se manifeste dans les langues naturelles par le fait qu'elles comportent toutes (au dire des linguistes) des dispositifs spécialisés, permettant d'indiquer à l'auditeur qu'il doit trouver, non pas dans le message langagier lui-même, mais dans une réalité extérieure, les éléments lui permettant de comprendre à quoi ce qui est dit renvoie.

En second lieu, a surgi la question des « actes de langage ». Benveniste (1958) et surtout Austin (1975) ont relevé la propriété étonnante de certaines expressions — comme « je promets », « je jure », « je vous ordonne » — d'accomplir quelque chose, plutôt que de véhiculer une information ou un contenu. Je ne reviendrai pas sur une discussion que j'ai déjà largement développée ailleurs (Girin, 1982b); j'insisterai seulement sur le point suivant: la réalisation de l'acte dit « de langage » suppose l'existence d'une structure extérieure à la langue, telle que le système d'obligations sociales lié à la notion de promesse, les sanctions visant le parjure, le rapport d'autorité légitime permettant la réalisation de l'ordre. Aucune des principales tentatives qui ont été faites pour rendre compte du prétendu « acte de langage » sans faire appel à de telles notions, soit d'un point de vue philosophique (Austin, 1975; Recanati, 1981), soit d'un point de vue linguistique (Benveniste, 1966, p. 258-266), qu'elle soit fondée sur la « sui-référentialité » (Benveniste) ou sur l'« autovérifiabilité des énoncés » (Recanati), ne parvient à expliquer de manière satisfaisante ce phénomène (Girin, 1982b, p. 1566-1568).

Troisièmement, on s'est demandé comment des interlocuteurs pouvaient se débrouiller pour tenir des dialogues du genre « A: Apparemment, Smith n'a pas de petite amie en ce moment — B: Il s'est pourtant rendu souvent à New York ces temps derniers » (Grice, 1979, p. 66). Tout le monde comprend aisément ce que cela veut dire, et pourtant, cela défie la théorie du « code ». Inutile, par exemple, d'espérer s'en tirer en imaginant une espèce de proximité sémantique plus ou moins stable entre « New York » et « petite amie », car on peut tout aussi bien remplacer « New York » par « Maubeuge » en conservant fondamentalement le même effet de signification. À telle enseigne que ceux qui ne sauraient pas si « New York » désigne une ville ou un centre sportif déduiraient sans peine de cet échange que c'est, en tous les cas, un milieu où l'on doit pouvoir retrouver une petite amie. Ce phénomène d'*implication* pose une énigme à laquelle Grice a tenté de répondre en postulant que les interlocuteurs respecteraient un certain nombre de règles de conduite et imputeraient aux autres le même respect de ces règles. Ce sont les « maximes conversationnelles », rattachées, de manière générale, à un « principe de coopération » qui s'énoncerait ainsi: « que votre contribution conversationnelle corresponde à ce qui est exigé de vous, au stade atteint par celle-ci, par le but ou la direction acceptée de l'échange parlé dans lequel vous êtes engagé » (Grice, 1979, p. 61). Ainsi, dans le dialogue précédent, le personnage A utiliserait la maxime de relation « je compte sur une aide de mon associé ajustée aux besoins immédiats de chaque stade de la transaction » (Grice, 1979, p. 62), supposerait donc que la réponse de son interlocuteur doit avoir un rapport direct avec ce que lui-même vient de dire, et en déduirait ainsi, parmi les multiples autres possibilités, le sens exact des paroles qui lui sont adressées. Dans d'autres exemples, Grice tente de montrer que même la transgression apparente des maximes conversationnelles serait une donnée pour l'interprétation, car ce viol apparent serait un moyen employé par le locuteur pour avertir le destinataire du fait qu'il est en train de dire autre chose que ce qu'il a l'air de dire. Parmi bien d'autres, je pense que la solution de Grice n'est pas satisfaisante (Girin, 1982, p. 1570): mais elle a le mérite de constituer une tentative pour mettre en rapport la question de la signification avec l'arrière-plan des pratiques sociales nécessaires à la constitution de l'acte de signifier.

Quatrièmement, d'autres mots ou expressions possèdent une propriété analogue à celle des déictiques, c'est-à-dire de renvoyer à la situation, mais en imposant au destinataire un travail plus important, car il se voit sommé de rechercher des propositions entières qui, pourrait-on dire, manquent explicitement dans le message. C'est le cas du simple petit « mais » dans la configuration « P mais Q », analysé abondamment par Ducrot (1979, p. 11, note 2), ainsi que des expressions telles que « ne... que », et bien d'autres encore. Au travail de repérage des personnes, des lieux et des temporalités — l'« instanciation référentielle » — rendu nécessaire par les déictiques, s'ajoute donc une « instanciation argumentative » (Ducrot, 1979, p. 23) qui porte sur des propositions.

Ces faits rassemblés doivent suffire à établir le constat de décès du « modèle du code ». Pour Goffman (1981, 1987, p. 76), « découvrir une énonciation qui n'a qu'une seule lecture possible, c'est découvrir une énonciation qui ne peut avoir lieu que dans un seul contexte », et, dans son analyse, les énonciations ne constituent qu'une partie des échanges. On en vient presque à se dire avec Ducrot (1987, p. 53) que « finalement les mots ne signifient rien, ne veulent rien dire », pour se ressaisir aussitôt, comme il le fait, en relevant que cette affirmation, appliquée à elle-même, serait proprement « suicidaire ».

Littéralité, indexicalité, contextualité

Il serait non seulement « suicidaire », mais contraire à l'expérience, de prétendre que les mots n'ont pas de sens. Certains textes, par exemple, semblent supporter assez bien deux épreuves cruciales, celle du temps et celle de la traduction. Qu'ils traitent de mathématiques ou de sentiments, ils approchent ainsi cet idéal fixé par Weber (1965, p. 132) à l'exposé scientifique, d'être « valable pour un Chinois », c'est-à-dire pour quelqu'un qui peut fort bien « ne rien entendre à nos impératifs éthiques ». En fonction de cette remarque, il est nécessaire de réintroduire, aussitôt après l'avoir critiquée, une notion de « contenu », c'est-à-dire une *littéralité* des messages. La *littéralité* en question peut fort bien n'être que relative (par exemple relative à une « communauté langagière » déterminée, notion développée plus bas), ou ne fournir qu'un sens minimal, incomplet, dépouillé des nuances et des connotations que découvrirait le destinataire premier du message, laissant des questions en suspens, mais elle n'en existe pas moins.

Au-delà, il faut admettre, et tout le monde l'admettra sans difficulté, que le message langagier comporte ordinairement des trous. Il manque toujours quelque chose qui, fort heureusement, est fourni « par ailleurs ». À l'édifice du sens, l'auditeur doit apporter sa pierre, en complétant ce que le message ne contient pas. Il est un peu moins évident, et c'est pourtant ce qui résulte des considérations précédentes, que le langage est apte à *véhiculer des trous*, en même temps que des contenus. Si le petit train de la « vision ferroviaire » laisse toujours en gare des wagons (pleins de matériaux dont l'expéditeur sait que le destinataire dispose déjà), il emporte aussi, et c'est là que les choses deviennent vraiment intéressantes, des voitures vides ! J'entends par là qu'il existe, dans les messages langagiers, toute une série de possibilités pour signifier à l'auditeur: « Attention, à cet endroit précis, il manque quelque chose! »

Le repérage et la description des dispositifs offerts par la langue pour réaliser cela est l'affaire des linguistes, et leur spécialité est beaucoup trop technique pour que l'on puisse, en ce domaine, faire autre chose qu'utiliser leurs résultats. Il y a ainsi une *théorie linguistique de la signification*, complexe, constamment enrichie, qui, simplement, ne prétend plus être une théorie du sens, ou du sens complet que prennent les propos en situation. Cette théorie, par conséquent, échappe tout à fait à l'anathème de Bourdieu (1975, p. 183; 1982, p. 103): « Dès que l'on traite le langage comme un objet autonome, acceptant la séparation radicale que faisait Saussure entre la linguistique interne et la linguistique externe, entre la science de la langue et la science des usages sociaux de la langue, on se condamne à chercher le pouvoir des mots dans les mots, c'est-à-dire là où il n'est pas. »

À bien des égards, la théorie linguistique de la signification est donc une théorie « en creux » du sens. Elle désigne « les cases vides » (Ducrot, 1979, p. 23), et ne dit évidemment rien de la matière qu'utilisent les interlocuteurs pour les remplir, ni de la manière dont ils s'y prennent. C'est là où il devient nécessaire de distinguer nettement deux ordres de faits qui, déjà d'un point de vue strictement linguistique, ne semblent pas relever tout à fait de la même analyse. En effet, ce n'est pas du tout la même chose, à considérer le genre de travail que cela demande à l'auditeur, d'avoir affaire aux déictiques (« demain », « là-bas », « je », etc.) ou aux variables argumentatives (« il est républicain, mais honnête ») et aux performatifs explicites (« je jure de dire la vérité »). Il est vraisemblable que tout être humain, né et éduqué n'importe où dans le monde, comprend à peu près de la même manière, en situation, et pourvu que cela soit dit dans sa langue, ce que veulent dire « hier », « là-haut » ou « je ». Il en va très différemment de « je promets », « je jure », « j'ordonne », « républicain mais honnête », etc., dont l'interprétation ne dépend pas seulement d'une simple perception de la situation, mais également d'une culture, voire d'un savoir spécialisé.

Cela conduit à distinguer l'*indexicalité*, au sens où je l'ai définie plus haut (capacité à « montrer », plutôt qu'à « représenter »), d'une autre propriété du langage, que j'appellerai *contextualité*, où la fabrication du sens met en jeu des systèmes de représentation beaucoup moins naturels et partagés. Au total, je ferai l'hypothèse que la première opération que réalise un auditeur en présence d'un message consiste à l'analyser en trois composants:

a) Un composant *littéral*, objet d'un simple *décodage* qui donne immédiatement un élément de signification.

b) Un composant *indexical*, qui ne peut être compris qu'en référence à une *situation* déterminée.

c) Un composant *contextuel*, ou *énigmatique*, dont l'*interprétation* exige une confrontation avec des *contextes*. Ces « contextes de signification » (Girin, 1982b, p. 1577) sont des schèmes cognitifs d'origine sociale. Ce composant est « énigmatique » dans le sens où il pose au récepteur du message un problème à résoudre, dont la solution ne se trouve pas directement dans la situation.

Dans les cas simples, les trois composants peuvent correspondre à des unités ou des dispositifs linguistiques plus ou moins isolables. Par exemple, le composant indexical peut être constitué de déictiques, et le composant contextuel de performatifs explicites et de variables argumentatives. Dans « Veuillez me taper cette lettre pour demain », on peut probablement admettre que le composant littéral se trouve principalement dans « taper (cette) lettre », le composant indexical dans « cette (lettre) » et « demain », et le composant contextuel dans l'impératif « veuillez », qui renvoie à l'existence d'une relation d'autorité légitime entre le locuteur et le destinataire. Une telle analyse est très grossière, et l'on pourrait trouver une part indexicale et une part contextuelle dans « taper », aussi bien que du littéral dans « veuillez ». On peut même trouver des exemples où les trois composants ne correspondent pas à des unités linguistiques distinctes: c'est le cas dans un simple « Viens! », où il est facile de découvrir un composant littéral (la notion même de « venir »), un composant indexical (qui parle à qui? où se trouvent-ils?) et un composant contextuel (en vertu de quelle structure d'autorité d'arrière-plan cet impératif est-il recevable?).

L'étude de la manière dont des interlocuteurs manient les temps des verbes est exemplaire à cet égard. Weinrich (1964) montre que ces variations sont notamment utilisées par celui qui parle pour indiquer à l'auditeur quelle position il prend lui-même vis-à-vis de son énoncé, soit commentatif, soit narratif. Les variations temporelles relèvent donc à la fois du composant indexical (la position par rapport au temps présent, celui de l'énonciation) et du composant contextuel (en exigeant une interprétation de la part de l'auditeur). Dans le cas des organisations, il est frappant de constater que beaucoup d'expressions habituellement indexicales prennent un sens contextuel, lié soit à la structure hiérarchique, soit au processus de production: c'est le cas de « là-haut » (niveaux hiérarchiques supérieurs) ou de « en amont » et « en aval » (ce qui précède ou ce qui suit dans le processus de production).

Je postule que « tout se passe comme si » les gens procédaient empiriquement à cette analyse des messages en trois composants. Pour que, ce faisant, ils se comprennent, je dois supposer qu'ils sont membres d'une *communauté langagière*, ou *communauté de parole*. La communauté langagière est une notion plus forte que celle de « communauté linguistique », notamment telle que l'a utilisée Chomsky (1965), insuffisante pour rendre compte des phénomènes empiriques de communication. Gumperz (1982, p. 6), par exemple, note que, « aux États-Unis, l'anglais américain est la langue de la population indigène mais cette langue commune recouvre une grande diversité de valeurs et de conventions de discours ». La notion de communauté linguistique a été transformée par Hymes par l'introduction de celle de « compétence de communication », qui permet de prendre en considération les usages de la langue (Hymes, 1984).

L'idée de *communauté langagière* que j'avance ici est donc tout à fait proche de la « communauté linguistique » de Hymes, mais d'une manière plus restrictive, que je propose de caractériser comme suit:

1. les membres de la communauté langagière opèrent la même décomposition des messages langagiers en trois composants (littéral, indexical et énigmatique);
2. ils décodent de manière univoque le composant littéral;
3. quand ils sont placés dans la même situation, ils accomplissent le même repérage des éléments propres à la situation désignés par le composant indexical;
4. ils disposent de la même gamme de contextes généraux pour interpréter le composant énigmatique.

Les différences entre les interlocuteurs d'une même communauté langagière (différences de compétences ou différences de performances dans une situation donnée) ne se manifestent donc que dans la détermination du contexte dans lequel s'interprète le message. Plusieurs interlocuteurs peuvent choisir des contextes différents pour interpréter la même chose. En outre, tous ne sont pas dans la même position relativement à la spécification d'un contexte plus précis et plus local.

LES INGRÉDIENTS NON LANGAGIERS: SITUATION ET CONTEXTES

Réfléchir sur le langage conduit ainsi, comme on vient de le voir, à se rendre compte que l'auditeur — plus généralement, le récepteur d'un propos — se trouve devant un message qui comporte à la fois des « contenus » et des « trous ». Pour comprendre cela, il faut que l'auditeur travaille, qu'il comble les trous pour compléter le contenu. De quels ingrédients dispose-t-il? J'ai dit qu'il disposait de la situation et de contextes, et il faut maintenant entrer un peu dans le détail de ce que cela recouvre.

La situation

Je considère qu'une *situation* est définie par trois aspects: des participants, une extension spatiale (le lieu ou les lieux où elle se déroule, les objets physiques qui s'y trouvent), une extension temporelle (un début, une fin, un déroulement, éventuellement une périodicité). Le prototype de la situation, ce sont des gens rassemblés quelque part pour une durée déterminée, mais ils peuvent être rassemblés autrement que dans un lieu commun, et la durée de leur rassemblement peut être très variable.

Cette définition résulte au départ, ni plus ni moins — et c'est de là que je l'ai d'abord tirée (Girin, 1982a) — de ce que les linguistes ont déduit de l'étude de cette classe particulière de mots que sont les déictiques: « les indicateurs de la *deixis*, démonstratifs, adverbes, adjectifs [...] organisent les relations spatiales et temporelles autour du « sujet » pris comme repère » (Benveniste, 1958, 1966, p. 262). Le fait que les différents participants à une situation soient potentiellement des « je » possibles me permet seulement de considérer que les relations spatiales et temporelles s'organisent autour de tous les sujets.

La *situation* est aussi une notion propre aux sociologues de l'interaction, et notamment à Goffman: « Je définirai une situation sociale comme un environnement fait de possibilités mutuelles de contrôle, au sein duquel un individu se trouvera partout accessible aux perceptions directes de tous ceux qui sont « présents » et qui lui sont similairement accessibles. » (Goffman, 1988, p. 146.) Précisant à la fois la notion d'interaction et celle de situation, dans ce que l'on considère comme son « texte testamentaire » (Goffman, 1988, p. 186) — la communication qu'il avait préparée juste avant sa mort pour le colloque de 1982 de l'American sociological association qu'il devait présider — Goffman écrit: « L'interaction sociale peut être définie, de façon étroite, comme ce qui apparaît uniquement dans des situations sociales, c'est-à-dire des environnements dans lesquels deux individus, ou plus, sont physiquement en présence de la réponse de l'un et de l'autre. (On peut noter que le téléphone et le courrier offrent une version réduite de la chose réelle primordiale.) » (Goffman, 1983, 1988, p. 191.) Et encore (p. 192): « Tout ce qui pourrait être caractéristique de l'interaction en face-à-face est, en toute probabilité, relativement circonscrit dans l'espace, et l'est presque certainement dans le temps. »

Le temps, l'espace, les participants... avec cette extension fort intéressante qui consiste à dire qu'il ne s'agit pas tellement d'être physiquement en présence, mais d'être « physiquement en présence de la réponse de l'un et de l'autre ». Les mêmes traits se retrouvent par conséquent dans l'analyse du linguiste et dans celle du sociologue. On pourrait prétendre avec de bonnes raisons que cela résulterait de la proximité particulière que Goffman a toujours entretenue avec la question du langage. Mais on peut aussi penser — c'est mon hypothèse — que cela veut simplement dire qu'une notion fondamentalement liée à la manière dont les êtres humains appréhendent le monde — celle que l'on nomme ici *situation* — s'est incarnée dans le langage[5].

Qui peut intervenir? Où sommes-nous? Quand est-ce que ça se passe? En elle-même, la situation n'est pas plus structurée qu'elle ne le serait par les réponses à ces trois questions. Ces réponses correspondent, pourrait-on dire, aux capacités « minimales » que l'on peut attribuer à des acteurs sociaux. Pour le reste, la situation possède les caractéristiques du « fait social total » (Mauss, 1950), c'est-à-dire que l'on peut en rendre compte à partir d'une multitude de points de vue qui ne l'épuisent jamais. Elle est *confuse*.

Les contextes

Les participants ne peuvent se contenter de repérer les autres participants, les temps et les lieux. Dans la confusion de la situation, ils ont besoin d'analyse, en particulier pour comprendre ce qui est dit, et savoir ce qu'ils vont, eux-mêmes, dire et faire.

Les *contextes* sont des modes de lecture de la situation. Ce sont des *structures d'interprétation*, des *schémas cognitifs*, dont chacun dispose pour comprendre les événements qui se produisent, et comprendre en particulier (pour ce qui nous concerne ici) les événements langagiers.

Un exemple très simple permet d'illustrer ce que j'entends par « contexte ». Dans une célèbre étude de Labov (1978) sur le langage dans des groupes d'adolescents noirs américains, on découvre que les mêmes mots peuvent être utilisés soit pour insulter réellement quelqu'un — début d'un processus qui peut, par exemple, déboucher sur une bagarre —, soit pour engager un jeu d'échanges verbaux que Labov appelle les « vannes » ou « insultes rituelles ». Je dis « les mêmes mots », et cela nécessite une précision. En effet, Labov essaie, *a contrario*, de trouver une sorte de « forme canonique » de la vanne, qui permettrait de la reconnaître tout de suite comme telle, mais, en fin de compte, il avoue clairement que la forme canonique qu'il a dégagée ne rend pas compte d'un très grand nombre d'exceptions, où la vanne a exactement la même forme qu'une insulte réelle. Au moyen d'autres indications que celles fournies par le message langagier, ces adolescents savent donc (en général, car il y a aussi des accidents graves) rapporter les paroles prononcées à l'un ou l'autre de deux contextes possibles: celui de la lutte entre les individus dans la bande; celui de la célébration du groupe et de son unité. Il y a là deux systèmes distincts pour interpréter les échanges qui surviennent à l'intérieur de la bande réunie: le système des individus en lutte pour occuper des places et s'imposer aux autres, et le système du groupe unitaire. C'est précisément chacun de ces deux systèmes que j'appelle un contexte.

Un autre exemple, que je cite ici parce qu'il est justement particulièrement exemplaire, peut être tiré du travail de Favret-Saada (1977) sur la sorcellerie dans le bocage. Un certain nombre de malheurs surviennent dans une ferme et peuvent être imputés à toute une série de causes: les animaux meurent parce qu'ils ont attrapé telle maladie que peut diagnostiquer le vétérinaire, la voiture va dans le fossé parce que le conducteur avait trop bu, la récolte est insuffisante parce qu'il a fait mauvais, etc. Toutes ces interprétations relèvent d'un contexte général que, selon nos conceptions courantes, on pourrait appeler le contexte de la « rationalité », celle des « lumières », pour reprendre l'expression de Favret-Saada. Mais il peut arriver aussi que, avec la complicité d'un « annonciateur » qui donne le coup de pouce nécessaire, on se dise tout à coup que tout cela relève d'un autre contexte, à la fois plus englobant et plus précis — celui des sorts —, qui donne un sens complètement différent aux mêmes événements, rend vaines les tentatives raisonnables qui auraient été faites pour les contrer (désinfecter l'étable ou cesser de boire avant de prendre la route) et en impose de nouvelles: éviter de rencontrer celui que l'on soupçonne d'être le sorcier, s'enquérir d'un « désenvoûteur » qui saura combattre l'ennemi, etc.

Les contextes sont bien loin d'être des réalités purement idiosyncrasiques. Ce sont, au contraire, des donnés sociaux ou des constructions sociales, partiellement globaux (intériorisés du fait de l'éducation et de la vie sociale en général), partiellement locaux (constructions émergentes dans une interaction de longue durée, transmises aux nouveaux entrants par un processus de socialisation). De ce fait, les participants ont la possibilité d'analyser la situation dont ils sont les acteurs et les événements qui s'y produisent dans un « même » contexte. De ce fait, également, l'influence que les participants engagés dans une situation essaient d'exercer les uns sur les autres peut porter — porte souvent — sur le choix du contexte adéquat, mais porte plus difficilement sur la forme et les propriétés des contextes possibles, au moins dans leurs traits principaux.

Chaque situation particulière autorise le recours à une gamme de contextes et en exclut d'autres, ou les rend improbables. Pour un type de situation donné, surtout dans le cas où celle-ci est répétitive, des contextes dominants se dégagent. Par exemple, la situation qui réunit de manière durable, en un même lieu, les mêmes personnes accomplissant certaines tâches, va nécessairement engendrer de manière relativement stable deux catégories de contextes : ceux qui sont liés à l'activité et ceux liés aux relations sociales et à l'ordre social qui se constituent localement entre les participants. Ces contextes se fabriquent sur la base d'une combinaison entre des caractéristiques globales (relations entre hommes et femmes, entre ethnies, entre classes sociales, entre classes d'âges, etc., dans la société considérée) et des caractéristiques locales (nature des tâches à réaliser, technologie, organisation du travail, appartenance à des micro-groupes de relations, etc.).

Remarques sur la terminologie

Le choix des dénominations n'est pas neutre. Quand on se mêle de vouloir traiter du langage, les questions de terminologie deviennent encore plus importantes qu'elles ne le sont habituellement, et sont source de mille difficultés. J'ai employé précédemment, outre l'expression « contexte de signification », les expressions « référentiel » et « champ sémantique » (Girin, 1982b, 1988b). Ces dénominations avaient deux défauts : celui d'établir un distinguo qui ne me paraît plus nécessaire entre « contexte » et « champ », et celui d'utiliser des mots (« champ sémantique » et « référentiel » qui désignent ou évoquent d'autres réalités, notamment dans certaines branches de la linguistique.

Je préfère m'en tenir maintenant au mot « contexte », bien que, comme on le verra plus loin, le mot « cadre » pourrait convenir, à condition d'être pris dans une acception bien spécifiée. Je dis « contexte » au sens de « quelque chose qui va donner du sens au texte », en précisant bien que, contrairement à un usage restrictif, familier aux linguistes, il ne s'agit pas d'un texte englobant le texte que l'on étudie, mais d'un schéma cognitif applicable à ce texte.

Dans certains cas, le contexte linguistique peut constituer une partie du contexte au sens où je l'entends, s'il contribue à établir des faits ou des notions constitutifs du schéma cognitif applicable au texte. Par exemple, le code pénal et le code de procédure pénale constituent une partie du contexte d'une condamnation à « douze ans de réclusion criminelle pour homicide volontaire », en disant ce qu'est un homicide volontaire et ce qu'est la réclusion criminelle, en établissant les conditions de validité de la sentence, etc. Mais ces codes ne disent rien de ce que sont les circonstances atténuantes qui ont valu à l'accusé de ne pas être condamné à la peine maximale, ni ce qu'est un « crime particulièrement odieux » qui vaudra à un autre d'être condamné à la perpétuité assortie d'une peine de sûreté de dix-huit ans, encore moins ce que c'est que d'« assassiner froidement » ou « en étant déjà torturé intérieurement par le remords », toutes notions pourtant nécessaires pour comprendre la sentence… Le contexte réel du jugement comporte donc des « échelles implicites d'exécrabilité » et des « échelles implicites d'atténuation de responsabilité » qui se trouvent purement et simplement dans la tête des jurés et de la Cour (c'est bien pour cela que l'on a besoin d'eux), dans celle du public, souvent même dans celle de l'accusé, du moins quand le sentiment général est que la peine est juste. L'usage d'un autre contexte, comportant par exemple d'autres échelles de valeurs, peut également faire dire, au contraire, que tel jugement est scandaleux, ou même que la loi doit être changée.

Contextes et cadres

Une notion très voisine de celle de « contexte », telle que je viens de la définir, est celle de « cadre », notamment chez Goffman[6]:

> Je soutiens que toute définition d'une situation est construite selon des principes d'organisation qui gouvernent les événements — du moins ceux qui ont un caractère social — et l'engagement subjectif dans les événements; « cadre » est le mot que j'utilise pour désigner ces éléments de base tels que je peux les identifier. (Goffman, 1974a, p. 10-11. Traduction de Yves Winkin dans Goffman, 1988, p. 91.)

Le texte anglais (« definitions of a situation ») suggère peut-être plus directement que l'excellente traduction de Winkin (« toute définition d'une situation ») qu'il y a souvent (je dirai même toujours) plusieurs « définitions » possibles de la même situation. Les cadres seraient alors les différents « principes d'organisation » qui fondent ces « définitions ».

Cependant, l'interprétation de cette notion de « cadre » est problématique, et la lecture, aussi bien de Bateson, auquel Goffman dit avoir emprunté la notion (1974a, p. 7), que de *Frame Analysis*, le grand ouvrage théorique de Goffman, consacré entièrement à cette question, et de plusieurs commentaires qui en ont été faits, montre qu'il faut prêter une grande attention aux propos des uns et des autres, si l'on ne veut pas s'y perdre.

Bateson (1977, p. 209-224) se demande comment des animaux font pour « faire semblant » de se battre. Quelle « méta-communication » permet à ces mammifères de se rendre mutuellement évident, et du même coup évident au spectateur humain, que « ceci est un jeu »? Il y aurait un *cadre*, permettant d'interpréter les événements survenant dans la situation, non pas comme des gestes d'agression, mais comme des mouvements d'un jeu.

L'analogie du cadre d'un tableau est employée (p. 218): « Le cadre qui entoure une peinture — si on le considère comme un message visant à ordonner ou à organiser la perception de celui qui regarde — nous dit: « prête attention à ce qui est à l'intérieur, et non à l'extérieur ». Cela marquerait à première vue une différence entre l'idée de cadre et celle de contexte, au sens où je l'entends. Le cadre du tableau est un message, ou une partie du message. Il est visible, il « dit » que c'est l'intérieur qui est à considérer. Ce que j'appelle contexte n'est pas nécessairement cela. Certes, on peut parfois désigner le contexte, lorsque le besoin s'en fait sentir, notamment dans le cas où l'on devine de la perplexité chez l'auditeur. On peut le faire, par exemple, en commentant ses propres paroles par « c'est un ordre » (qui désigne un contexte d'autorité), par « ce n'est qu'un conseil » (qui désigne alors un contexte relationnel), ou par « il faudrait des informations complémentaires » (qui indique au destinataire que ce que l'on vient de dire doit être compris dans le contexte de la rationalité). On peut également parler du contexte, par exemple, en discutant des frontières de l'autorité légitime. Mais rien n'exige ordinairement que le contexte, au sens où je l'entends, soit désigné ou commenté. On peut comprendre que l'on se trouve dans un rapport d'autorité sans que cela soit explicitement indiqué, et sans que les tenants et les aboutissants de ce rapport soient explicités, de la même manière que l'on peut reconnaître la Grande Ourse par une nuit étoilée sans que quiconque trace un « cadre » autour d'elle, pour peu que l'on soit familier avec cette figure.

Cependant, Bateson, reconnaissant que l'analogie du cadre du tableau est « trop concrète », dit en réalité autre chose (p. 218):

> Pour mieux dire, le cadre physique réel est ajouté par des êtres humains à des peintures réelles, parce que ces êtres-là ne peuvent agir à leur aise que dans un univers où certaines de leurs caractéristiques psychologiques sont extériorisées. C'est de ces caractéristiques que nous essayons de parler, et l'extériorisation nous sert uniquement de moyen d'illustration.

Le cadre ne constitue pas tant une limite qu'une invitation à user d'un « autre type de pensée » pour ce qui est à l'intérieur que pour ce qui est à l'extérieur (p. 219): « Le cadre indique à celui qui regarde qu'il ne doit pas user du même type de pensée, pour interpréter la peinture, que pour interpréter le papier peint qui se trouve hors du cadre. » Ma notion de contexte me semble effectivement correspondre à cette idée de « type de pensée », plutôt qu'à celle d'un « cadre » visible qui indiquerait de quel type de pensée il faut user. Bateson semble poser que c'est le « type de pensée » qu'il appelle « cadre », et non pas le « message de cadrage » (p. 221).

Chez Goffman (1974a), qui s'intéresse à la manière dont des événements survenant en situation prennent un sens, on croit d'abord retrouver exactement la même idée, notamment quand il parle des « cadres primaires » (p. 21):

> Quand l'individu de notre société occidentale reconnaît un événement particulier, il tend, quoi qu'il fasse, à impliquer dans cette réponse (et dans son emploi effectif) un ou plusieurs cadres ou schémas d'interprétation que l'on peut appeler primaires. Je dis primaire car l'application d'un tel cadre ou d'une telle perspective est vue par ceux qui le font comme ne supposant pas un retour en arrière vers une interprétation première ou « originelle »: en vérité, un cadre primaire est un cadre que l'on voit comme transformant ce qui, sans lui, serait un aspect de la scène dépourvu de signification, en quelque chose qui a du sens.

Partant de « cadres primaires » en nombre limité, on pourrait alors aller vers des cadres dérivés par transposition (« keying », p. 40 ss) ou par contrefaçon (« fabrication », p. 83 ss). Deux grandes classes de cadres primaires sont distingués: les cadres naturels et les cadres sociaux. Les sciences physiques et biologiques sont mentionnées comme fournissant des « versions élégantes » (p. 22) de cadres naturels. « Les cadres sociaux, d'autre part, fournissent un arrière-plan de compréhension pour des événements qui incluent la volonté, les buts, et l'effort de contrôle d'une intelligence, d'un agent vivant, le principal étant l'être humain.

Le problème, c'est que Goffman ne tente pas, peut-être avec raison, d'énumérer ces « cadres primaires » et ne donne pas beaucoup d'exemples de tels cadres. Ce qu'il énumère dans le chapitre « cadres primaires » ressemble déjà à ce dont il va se préoccuper principalement dans la suite, c'est-à-dire aux manipulations, aux jeux, aux tromperies, etc., permis par les transformations des cadres primaires. Ainsi, lorsqu'il fait état de la croyance en des forces surnaturelles et à l'influence des astres, (« the « astounding complex » », p. 28), on est tenté de dire qu'il y a d'abord, fort heureusement, une croyance assez répandue en des forces naturelles. Lorsqu'il parle de la virtuosité des jongleurs ou des cascadeurs (p. 30), on se dit que cela prouve que certains « cadres primaires » marquent des limites (sans doute trop étroites) aux possibilités physiques de l'homme. Les ratages inattendus (« muffings », p. 31) prouvent qu'il y a des conditions de réussite ordinairement admises. Le caractère imprévu de certains événements (« fortuitousness », p. 33) prouve que l'on raisonne habituellement par rapport à des événements un peu prévisibles. La question de la « mise à part » (« segregation », p. 35), illustrée par l'exemple du droit du médecin à traiter une personne nue comme une chose, prouve que les cadres primaires généralement applicables aux situations où l'on rencontre une personne nue sont justement d'une autre nature.

Par rapport au mode de raisonnement que je tente de mettre en œuvre ici, la pensée de Goffman ressemble à une sorte d'« espace dual », au sens des mathématiciens: plutôt que de définir certaines classes de courbes par leurs points, on les définit par leurs tangentes. Du point de vue mathématique, c'est parfaitement équivalent. Du point de vue intuitif, cela en déroute plus d'un. Ainsi, Verhoeven, pourtant excellent et précieux commentateur de Goffman, écrit-il: « Les cadres tels que la dissimulation ou la tromperie sont des composants essentiels de ces jeux d'expression » (Verhoeven, 1985, p. 73), ce qui me paraît un contresens, dans la mesure où la tromperie, au même titre que la transposition (« keying »), n'est pas un cadre, mais une manipulation de cadres.

Mes « contextes » ressemblent donc beaucoup aux « cadres » goffmaniens, tels qu'on peut les deviner à partir de ce qu'il dit — non pas tant des cadres eux-mêmes que des manipulations effectuées sur les cadres. La différence réside dans le fait que j'essaie d'en parler directement, alors que Goffman n'en parle que de manière indirecte. Je distinguerai la plaisanterie de l'insulte avant de me demander si la plaisanterie ressemble à l'insulte: c'est un éclairage différent, qui laisse sans doute échapper quelque chose. La différence réside encore dans le fait que je vais me risquer à des énumérations auxquelles Goffman se refuse, et que, plus grave encore, je vais essayer de mettre en rapport « l'organisation de l'expérience » — à laquelle il dit s'intéresser (1974, p. 13) — avec « l'organisation de la société » dont il dit qu'elle est une autre question. Pour moi, les contextes (ou les « cadres ») s'apparentent d'abord à des « faits sociaux », c'est-à-dire à des « manières d'agir et de penser que l'individu trouve préétablies et dont la transmission se fait le plus généralement par la voie de l'éducation » (Mauss, 1969b, p. 150), avant d'être (ce qu'ils sont aussi) des réalités psychologiques, des adaptations locales ou des constructions émergentes. Suivant le contexte, cette série d'aveux d'outrecuidance pourra être comprise comme circonstance atténuante ou aggravante...

Les deux dimensions du contexte: plans et séquences

Le contexte peut être envisagé dans une perspective synchronique ou dans une perspective diachronique. En effet, de même qu'il existe des structures reliant entre elles des significations actuelles, il en existe d'autres qui les relient dans la durée. L'opposition de ces deux perspectives est familière au mode de pensée structural, mais la première (synchronique) a été longtemps privilégiée. L'ethnométhodologie et l'analyse conversationnelle ont en revanche mis fortement l'accent sur la seconde, avec les notions de « rituel », de « routine », de « scénarios », de « chaîne d'action », etc. (une discussion de ces notions se trouve dans Conein, 1988).

Dans la perspective synchronique, un message reçu prend son sens par rapport à un ensemble structuré de représentations. Un ordre, par exemple, pourra être interprété comme tel par rapport à une relation d'autorité actuelle (« C'est lui le chef, donc j'obéis! »). Je désignerai cette dimension par le mot *plan*.

Dans la perspective diachronique, le message prend son sens par rapport à des séquences d'actes et de significations. Au-delà de la relation actuelle entre supérieur et subordonné, l'acte d'obéir prend sens par rapport à des actes antérieurs (par exemple, le fait d'avoir demandé des instructions) et à des actes ultérieurs (rendre compte de l'exécution, achever une tâche, etc.). C'est en fonction d'observations de cette nature que Fauconnier (1979, p. 10) retient, comme unités pertinentes pour l'analyse, des séquences telles que « l'ordre donné et exécuté ». La dimension diachronique du contexte peut être appelée *séquence*.

C'est principalement dans la perspective diachronique que se pose la question des rapports entre *norme* et *système d'interprétation*. La norme dit ce qu'il faut faire, le système d'interprétation dit ce qu'il faut comprendre. Mais les deux sont liés: suivre la norme (par exemple, se conformer aux stéréotypes relationnels), c'est se faire comprendre de manière directe; ne pas la suivre, ce peut être aussi une manière de signifier, par exemple suivant le mode décrit par Grice (1975, 1979), où une entorse apparente faite à l'une des « maximes conversationnelles » provoque une interprétation dérivée, basée sur le fait que le locuteur est supposé, en tout état de cause, respecter le « principe de coopération ».

Structuration des contextes

Parmi les erreurs d'interprétation auxquelles a donné lieu l'œuvre de Goffman, se trouve, très paradoxalement, celle de Giddens, pourtant spécialiste de la structuration:

> Il est à la fois intéressant et fécond de concevoir les règles mises en jeu dans les rencontres comme regroupées dans des « cadres » (frames), ainsi que l'a suggéré Goffman. L'« encadrement » (framing) peut se concevoir comme ce qui rend possible la mise en ordre, l'organisation des activités et des significations grâce à laquelle la sécurité ontologique est assurée dans l'effectuation des routines quotidiennes. *Les cadres sont des groupes de règles qui contribuent à la constitution et à la régulation des activités en les définissant comme appartenant à certains types et comme assujetties à des ensembles particuliers de sanctions.* (Giddens, 1984, 1987, p. 138; c'est nous qui soulignons.)

Il est évident, pourtant, que le cadre ne se réduit pas à un ensemble de règles, qu'il comporte des degrés et des zones de structuration inégaux, comme l'indique Goffman (1974a, p. 21): « Les cadres primaires varient dans leur degré d'organisation. On peut rendre compte de certains d'entre eux par un système d'entités, de postulats et de règles; d'autres — en fait, la plupart des autres — se présentent comme dénués de forme articulée, fournissant seulement un savoir lâche pour la compréhension, une approche, une perspective. »

En première approximation, on peut dire qu'il existe des contextes « faiblement structurés » et des contextes « fortement structurés ». Les contextes fortement structurés — par exemple celui du rapport hiérarchique dans une organisation — peuvent être représentés par des systèmes symboliques discrets (les galons dans l'armée, la dimension et l'aménagement des bureaux dans un siège social d'entreprise), porteurs d'oppositions claires, où chaque élément possède des contours nets. À la limite, le contexte fortement structuré est lui-même un texte (par exemple, une charte définissant les attributions des personnes et la nature de leurs relations). On se rapproche dans ce cas de la définition strictement linguistique du contexte (Ducrot et Todorov, 1972, p. 417). Les contextes faiblement structurés — par exemple ceux qui permettent de comprendre les messages d'amitié et d'inimitié dans un groupe de personnes — relèvent de catégories aux contours moins nets, plus ou moins indéterminés et variables.

Les contextes, tels que je les entends, sont sujets à ces variations dans le degré de structuration. Ces variations ne sont pas seulement globales, mais touchent aussi différentes parties du même contexte. Chacun d'eux comprend en général une part structurée et une part moins structurée. L'exemple utilisé ci-dessus de la sentence en cour d'assises illustre ce point: le code pénal, c'est la part la plus structurée du contexte de la sentence; la jurisprudence, c'est une part un peu moins structurée, plus fluctuante; l'opinion des jurés, les échelles de culpabilité et de circonstances atténuantes qu'ils utilisent, c'est la part la moins structurée, la moins explicitable, surtout pas par des « règles » au sens de Giddens.

On peut distinguer, à l'intérieur de chaque contexte, trois parts: l'« explicitable » (on peut énoncer par des mots et des phrases les « règles » impliquées par le contexte); le « symbolisable » (on peut, par exemple, représenter le contexte par des dessins, tels que les « organigrammes » des entreprises); le « non symbolisable » (par exemple, les raisons plus ou moins floues suivant lesquelles on juge convenable tel ou tel mode de salutation).

Il y a là une autre source de paradoxe que celle que voit Bateson (1977, p. 209-224) lorsqu'il applique — d'une manière assez déroutante — la théorie des types logiques de Russel à l'enchevêtrement des messages d'encadrement et du message proprement dit dans la communication commune. Le paradoxe que j'ai en vue réside dans le fait que parler du contexte, c'est lui donner un degré de structuration que, en définitive, il ne possède pas. L'aphorisme de Charles Krejtman, « Parler clairement de la confusion n'est pas parler clairement[7] », le résume admirablement.

Il faut admettre que coexistent, à l'intérieur du même contexte, des principes de signification relevant de « règles » explicitables, et d'autres qui n'en relèvent pas. Le problème n'est pas nouveau: c'est exactement celui qu'a rencontré Kuhn (1962) lorsqu'il a voulu rendre compte de la manière dont se formait le jugement de la communauté scientifique sur un travail de recherche. La conclusion qu'il en a tirée était que l'on ne peut pas énoncer de règles susceptibles de rendre compte de ce jugement. Il y a un ensemble plus ou moins lâche de pratiques, traditions, concepts admis, travaux exemplaires, façons de faire, etc., dessinant les contours d'un *paradigme*. Il n'est pas sans intérêt de relever que le terme lui-même est emprunté aux grammairiens classiques, lesquels, devant la difficulté d'énoncer des règles de déclinaison et de conjugaison, se sont résignés, purement et simplement, à donner des exemples: à charge, pour l'utilisateur, de découvrir sur quel modèle devait se conjuguer le verbe « falloir »... Une notion apparentée, en ce sens qu'elle pourrait aider à traiter la question de la variation des degrés de structuration ou d'« explicabilité » des concepts, est celle de *champ* chez Bourdieu (1971, 1976), que j'ai utilisée précédemment (Girin, 1982a, 1982b). Je ne puis développer plus longuement ces deux points ici, et m'en tiendrai, dans la suite, à l'idée que les contextes constituent une réalité sociopsychologique comportant des zones claires et des zones confuses.

Contextes, cognition et « connaissance ordinaire »

Les schémas cognitifs mis en œuvre pour comprendre ce qui se dit ont évidemment à voir avec ce que l'on peut appeler, en reprenant le vocabulaire des ethnométhodologues, la question de la « connaissance ordinaire ». Ce sont, en effet, bien que non exclusivement, des systèmes de représentations et de croyances portant sur tous les domaines de la vie des hommes en société.

Si j'écris « non exclusivement » c'est, en référence à la discussion précédente, pour renvoyer à la question des degrés de structuration et des zones de structuration inégales des contextes, car on n'a pas affaire à des systèmes entièrement symbolisables ou explicitables. Si l'on se tourne du côté des courants actuels de la « cognition », ce point apparaît précisément comme une pierre d'achoppement pour les tentatives de formalisation du raisonnement humain, et notamment de la recherche en intelligence artificielle (Hofstadter, 1987; Varela, 1989, p. 96, fig. 9).

Des tentatives ont pourtant été faites pour dessiner des schémas supposés rendre compte des notions et des représentations que les gens ont à l'esprit. L'application de la méthode des « cartes cognitives » (Hall, 1984; Weick et Bougon, 1986; Cossette, 1988a) est une tentative intéressante en ce sens, bien que l'on puisse estimer qu'elle soit assez pauvre. Cossette (1988b, p. 3) souligne que « le seul lien qui a traditionnellement été représenté dans les travaux de cartographie cognitive a été celui dit de « causalité », ce qui est, en effet, bien loin d'épuiser la question.

Les systèmes symbolisables ou explicitables constitutifs (partiellement) des contextes comprennent par conséquent des domaines tels que la « cosmologie ordinaire » (en convenant de désigner par là les systèmes de représentations et de croyances relatifs à l'ordre des choses), la « sociologie ordinaire », la « psychologie ordinaire », etc. On peut être tenté de faire un parallèle entre ces domaines et ceux des « vraies » sciences: sciences de la nature, sociologies savantes, psychologies savantes, etc. Comme j'ai tenté de le montrer jadis (Girin, 1978), le parallèle est plus prometteur au niveau des « paradigmes » au sens de Kuhn (1962) qu'à celui des « théories » (ordinaires ou savantes). S'intéresser à l'équivalent ordinaire du « paradigme », c'est, par exemple, se demander si l'auditeur d'un propos sur le social est plus sensible à l'évocation de grandes déterminations globales, aux analogies biologiques, aux tendances historiques, etc., ou si, au contraire, il est à l'écoute des intentions, stratégies, manipulations occultes, etc. (Tenter d'établir un parallèle au niveau des « théories », c'est, par exemple, demander au gens d'évaluer le « seuil de tolérance » qu'ils jugent applicable à la population immigrée dans un quartier ou une ville, supposer par conséquent que cette notion a un sens pour eux.)

Outre les ethnométhodologues, certains psychologues ont entrepris d'explorer le domaine de la connaissance ordinaire et ses rapports avec la connaissance scientifique ou savante. L'un des aspects les plus intéressants de ces travaux (Beauvois, 1984) est de montrer l'enchevêtrement, dans les catégories de la connaissance ordinaire, de la dimension descriptive et de la dimension évaluative, les rapports entre le « codage descriptif » et le « codage de la valeur » (p. 167). Rapporté à ma notion de contexte, ce constat nous amène à reconnaître que le contexte ne fonctionne pas seulement comme système de signification, mais simultanément — indissolublement — comme système d'évaluation, et donc aussi (bien que l'on puisse se demander s'il faut ou non dissocier les deux) comme système d'action.

APPLICATION AUX ORGANISATIONS

Les situations dans l'organisation

Les situations dans lesquelles des individus sont amenés à entrer en communication dans les organisations comportent de nombreux traits caractéristiques, suivant les trois dimensions incluses dans la définition donnée plus haut.

L'*espace physique* des organisations est celui des établissements industriels, commerciaux ou administratifs, usines, ateliers, magasins, bureaux, etc., dans lesquels sont disposés un certain nombre d'objets, notamment des objets techniques. Ces lieux sont porteurs de contraintes et de ressources particulières pour l'indexicalité. Un exemple simple est celui d'un atelier industriel, où la disposition des postes de travail et les caractéristiques physiques liées au processus de production autorisent ou interdisent (par exemple du simple fait du bruit) l'échange de paroles, permettent ou ne permettent pas de se voir, et donc de communiquer par gestes. Un autre exemple est celui où la répartition des services d'une même organisation dans plusieurs lieux différents interdit le face à face, favorisant un usage intensif du téléphone, ce qui rend problématique l'indexicalité relative aux personnes ou aux lieux. Par ailleurs, j'ai étudié une entreprise pétrolière où les communications entre le siège social et les filiales à l'étranger subissent la contrainte particulière du décalage horaire : dans ce cas, le téléphone tend à être remplacé le plus souvent possible par des moyens comportant une mémoire, tels que le télex ou les messageries informatiques, ce qui interdit alors l'indexicalité temporelle (« hier » ou « demain » seraient source de malentendus).

Les *temporalités* de l'organisation sont marquées par toute une série de caractères particuliers. L'organisation est active à certains jours et à certaines heures, le personnel est astreint à des horaires, jouit de vacances, etc. Dans beaucoup de cas, l'activité, ou une partie de l'activité, est saisonnière. La principale caractéristique des situations propres à l'organisation est de comporter des échéances, certaines tâches devant impérativement être accomplies par des participants dans un délai déterminé.

Enfin, il est superflu de souligner que la détermination des personnes qui participent à une situation à l'intérieur d'une organisation est également propre à cette dernière. Ne peuvent participer à une réunion, à une négociation, et même à une discussion informelle, que des interlocuteurs qualifiés. Ces interlocuteurs partagent un ensemble de modes de compréhension plus important que des individus entrant dans des interactions ordinaires. Inversement, l'interaction entre les participants ne résulte, dans la plupart des cas, que de leur appartenance commune à l'organisation, et non pas d'appartenances familiales, ethniques, religieuses, de milieux sociaux, etc., qui sont un fondement important des relations ordinaires.

Les contextes dans l'organisation

Beaucoup de contextes ne sont pas propres à l'univers de l'organisation. Ils sont généraux. Mais, du fait de l'organisation, ces contextes généraux s'actualisent d'une manière particulière, sont transformés par les particularités locales et l'activité des gens. Ainsi, ces contextes généraux prennent-ils une forme déterminée dans chaque organisation particulière et dans des sous-ensembles de l'organisation.

Les contextes généraux peuvent se ranger en trois catégories: ceux qui relèvent de structures sociales d'arrière-plan; ceux qui se rapportent à l'organisation de l'activité; ceux qui renvoient à des schémas d'ordre purement cognitif.

Les contextes relevant de structures sociales d'arrière-plan concernent les questions d'appartenance et de position dans des groupes, et de position des groupes les uns par rapport aux autres. Un message traité par ce type de contexte peut produire des significations relevant par exemple des couples suivants: familiarité/distance, considération/mépris, déférence/impertinence, politesse/impolitesse, plaisanterie/insulte, etc.

Les contextes qui se rapportent à l'activité collective sont d'emblée plus structurés dans l'organisation. Les significations qu'ils permettent de produire concernent notamment les orientations générales, la définition des tâches à accomplir, l'évaluation des résultats. Ces contextes comportent clairement les deux dimensions, diachronique et synchronique.

Dans la première dimension, les *plans* propres aux contextes de l'activité font l'objet de spécifications formelles, telles que l'organigramme ou les fiches de postes. Ceux-ci définissent les attributions et la manière dont elles se coordonnent et se hiérarchisent. La signature ou, plus généralement, l'indication de l'émetteur du message joue un rôle décisif pour l'interprétation, car elle renvoie directement au contexte constitué par ces définitions d'attributions et aux positions respectives des uns et des autres dans le schéma d'action.

Dans la seconde dimension, les *séquences* sont parfois matérialisées dans des documents où l'on inscrit la succession des tâches à accomplir par différentes personnes en vue d'un résultat global. C'est le cas, par exemple, de certains systèmes de « bons de travail ». J'ai analysé ailleurs (Girin, 1984, p. 4-7) la manière dont un formulaire de compte rendu d'entretien permettait de rassembler dans une séquence cohérente toute une série d'actes de natures diverses (par exemple, des demandes d'information, des ordres, des suggestions, etc.) accomplis par diverses personnes.

Le cadre vide constitué soit par les cases et les traits qui les relient dans un organigramme, soit par un formulaire, donne une image précise de ce qu'est un contexte de signification dans le cas où il est très structuré. L'existence de ces plans et de ces séquences permet une économie particulière de l'usage du langage, car la précision dans la spécification du contexte rend inutiles toute une série de procédés utilisés habituellement pour parvenir à cette fin. C'est, par exemple, de cette manière que l'on peut donner des ordres sans jamais dire « Je vous ordonne ».

Les contextes « purement cognitifs » comprennent les agencements de connaissances auxquelles se réfèrent les individus, soit dans leur activité productive, soit dans leurs relations. Interpréter un message dans un tel contexte, c'est l'examiner principalement sous l'angle du vrai et du faux. Les contextes de ce genre sont très variés, et peuvent être très particuliers à une organisation déterminée ou à des sous-ensembles de cette organisation, notamment lorsque des connaissances techniques sont en jeu. Si le béotien qui a l'imprudence d'aller déjeûner avec un groupe d'informaticiens ne comprend rien à ce qui se dit, ce n'est pas seulement parce que beaucoup de mots lui sont inconnus, mais surtout parce que l'arrière-plan de connaissance lui manque pour comprendre de quoi il s'agit. Concernant la dimension cognitive de l'ordre social, le droit joue évidemment un rôle capital, nécessaire pour comprendre la signification d'un contrat de travail aussi bien que d'un préavis de grève ou d'une lettre de licenciement.

Le jeu sur les contextes[8]

Éléments de formalisation

L'hypothèse fondamentale que j'ai émise plus haut peut se formaliser de la manière suivante:

a) Un auditeur (A) en présence d'un message (M) en effectue l'*analyse* en trois composants (littéral, indexical, énigmatique). Cette décomposition est opérée par tout le monde de la même manière:

$M \rightarrow L + I + E$

b) Au composant littéral (L) correspond un élément de signification directement extrait du message:

$L \rightarrow l$

c) Le composant indexical (I) est traité en fonction de la situation (S) pour produire un *repérage* (r) des lieux, des personnes, des temporalités:

$I * S \rightarrow r$

Les participants placés dans la même situation, supposés membres de la même communauté langagière, opèrent le même repérage.

d) Le composant énigmatique (E) est rapporté à un contexte déterminé (C) pour produire une *interprétation* (i):

$E * C \rightarrow i$

Pour un message donné, il peut arriver, dans une situation déterminée, que plusieurs contextes d'interprétation soient recevables:

$E * C' \rightarrow i'$
$E * C'' \rightarrow i''$
etc.

e) La signification (s) du message (M) résulte de l'ensemble de ces traitements, c'est-à-dire de l'« addition » de l'élément littéral (l), de l'élément de repérage (r) et de l'élément interprétatif (i):

$s = l + r + i$

Ce qui est présenté comme une « addition » n'est pas toujours possible ou aussi simple que l'addition de plusieurs nombres. Des contradictions peuvent en effet apparaître entre certains des trois éléments de la signification.

La détermination du contexte (contextualisation)

Les personnes qui entrent en communication à l'intérieur d'une même organisation partagent entre elles un arrière-plan de contextes globaux, et éventuellement des contextes locaux plus précis. La question cruciale est de savoir comment, relativement à un message déterminé ou à une série de messages, s'effectue l'accord sur le choix du contexte. Il faut pour cela que le destinataire d'un message reconnaisse des *indices* susceptibles de lui désigner le contexte adéquat.

Il arrive que la situation en elle-même fournisse suffisamment d'indices. Si mon patron, avec qui j'ai eu une conversation amicale quelques minutes auparavant, me convoque soudain dans son bureau, je dois me préparer à interpréter ce qu'il va me dire dans un contexte d'autorité (il veut me donner quelque chose d'urgent à faire, ou il vient de découvrir une raison de me réprimander), possiblement dans un contexte de rationalité (il a besoin de mon expertise sur une question qu'il est en train de traiter), et probablement pas dans un contexte relationnel. S'il s'agit d'un document, l'identification de l'émetteur fournit le plus souvent la clé de l'interprétation que le destinataire peut raisonnablement choisir, suivant que ce document émane de la direction, d'un service technique, du chef du personnel ou d'une organisation syndicale. La contextualisation peut alors se représenter simplement de la manière suivante:

$$S \rightarrow C$$

La situation n'indique pas toujours le seul contexte adéquat, mais elle limite en tout cas les contextes possibles, suivant les participants, le temps et les lieux. Si l'on s'adresse formellement à des participants déterminés, on suppose que ceux-ci disposent des contextes adéquats pour comprendre ce qui est dit. Par exemple, on évitera, en principe, de prononcer devant un public de béotiens des paroles qui n'ont de sens que dans un contexte technique spécialisé, à moins que l'on ne veuille seulement leur signifier leur ignorance. De même, on ne s'adresse pas à une assemblée en lançant des plaisanteries qui ne se comprennent que dans un contexte relationnel propre à un sous-groupe (sauf par erreur, ou si l'on veut précisément ne pas être compris par la majorité). Ou encore, si l'on admet que la relation d'autorité entre un chef et son subordonné se limite à la situation de travail, cela exclut en principe qu'un tel contexte (celui du rapport hiérarchique) puisse être convoqué en dehors de cette situation, par exemple dans la vie privée. Ce dernier exemple connaît des exceptions qui tiennent au fait qu'une définition extensive de la situation de travail peut parfois être admise ou imposée (si l'on considère, par exemple, qu'une secrétaire doit être disposée à rester au bureau après l'horaire normal de travail pour taper une lettre urgente). Par conséquent, certains contextes sont *compatibles* avec une situation donnée, tandis que d'autres ne le sont pas, ce qui peut se représenter de la manière suivante:

$$S > (C1, C2, \ldots, CN)$$

Plusieurs possibilités existent alors pour interpréter le composant contextuel. Mais toutes ces interprétations (i1, i2, ..., iN) ne sont probablement pas compatibles avec la partie littérale du message. Si celle-ci, par exemple, concerne quelque chose de totalement étranger au contexte de l'autorité (par exemple, le temps qu'il fait), celui-ci, même s'il est compatible avec la situation, est éliminé de la liste des contextes possibles.

Il en résulte que, lorsque la situation en elle-même ne suffit pas à déterminer le contexte adéquat, la conjonction de cette situation et de la partie littérale du message fournit, le plus souvent, une base solide. Si mon voisin de bureau évoque le destin d'une amie commune, je m'attends à ce que nous réchauffions notre vieille amitié en évoquant ensemble quelques souvenirs. Mais s'il me parle du dernier livre qu'il a lu sur la cognition, je pense que nous allons plutôt nous placer dans le contexte de notre travail de recherche, par exemple pour nous demander s'il y a un parti à tirer de cette vogue cognitiviste (naturellement, le charme des situations réelles tient à ce que l'on peut entremêler les deux plans de manière extrêmement subtile, surtout si notre amie commune est cogniticienne). On peut noter cela:

$$S * l \rightarrow C$$

À défaut de la conjonction de la situation et du message, il existe encore des moyens par lesquels un locuteur peut désigner à l'auditeur le contexte dans lequel il entend que ses paroles soient interprétées. Dans le cas d'une communication orale en face-à-face, le ton sur lequel les paroles sont prononcées, les mimiques et les gestes qui l'accompagnent constituent des indications décisives. Le locuteur peut encore avoir recours à des performatifs explicites. Ainsi, une formule du genre « Je vous ordonne de » indique au destinataire que les paroles prononcées doivent se comprendre dans un contexte d'autorité. « Je vous conseille de » indique plutôt un contexte relationnel, mais dans lequel le locuteur se place dans la position de celui qui en sait plus que le destinataire. « Je promets » ou « Je jure » désigne un contexte éthique où la notion d'obligation morale et des sanctions qui y sont associées viennent au premier plan. Il est habituel que ces performatifs explicites ne soient utilisés que lorsque les autres moyens (la situation et la partie littérale du message) ne suffisent pas. Dans ce cas, on peut noter que c'est le composant énigmatique lui-même qui désigne le contexte:

$$E \rightarrow C$$

À nouveau, la possibilité existe qu'il y ait contradiction entre le contexte ainsi désigné et le calcul qui en résulte, et les autres éléments de signification obtenus par le repérage dans la situation et par la signification littérale. Un cas fréquent est celui de la plaisanterie, qui donne lieu à une réinterprétation immédiate dans le contexte adéquat des relations sociales.

Persistance du contexte et changements de contextes

Lorsqu'un accord est établi entre les participants sur un contexte de signification, la suite des échanges se poursuit en principe dans le même contexte, à moins qu'une indication fortement marquée ne propose une rupture. La rupture est plus facile, et donc moins marquée, dans le cas où l'on vient d'accomplir une séquence propre au contexte dans lequel on se situait, par exemple lorsque l'on a mené à bien une routine de salutations.

Ce fait peut s'observer assez facilement dans les réunions de travail. Ainsi, il est fréquent qu'une réunion de ce genre commence par des salutations, des plaisanteries, des échanges de potins, etc., relevant d'un contexte relationnel. Le début effectif du travail est marqué, par exemple, par une prise de parole formelle du président de séance. Chacun sait alors, en fonction des questions inscrites à l'ordre du jour, dans quel contexte il doit se situer dorénavant (par exemple celui d'une discussion technique, d'une négociation, etc.). Souvent, des phases de « décisions » prises par les personnes autorisées (contexte de l'autorité) concluent des phases de mise en commun d'informations et de débats (contextes cognitifs).

Le changement de contexte tenté par l'un des participants, et éventuellement admis par les autres, peut se marquer de manières très diverses. Dans un exemple dont j'ai proposé l'analyse (Girin, 1982b, p. 1585-1590), la référence à l'autorité hiérarchique — physiquement absente de la réunion — constituait l'un des principaux éléments de cette re-contextualisation. Les participants se rendaient soudainement compte que ce qu'ils étaient en train de dire pourrait faire l'objet d'une évaluation dans les termes du respect de l'autorité, et non plus seulement d'une discussion sur des états de fait et sur des hypothèses de travail. Cet exemple illustrait également une propriété importante du changement de contexte, qui est de permettre une *ré-interprétation* des paroles précédemment prononcées. Ce phénomène peut se représenter de la manière suivante:

- un accord s'étant établi entre les participants sur le fait de placer leurs propos dans un contexte (C), le déroulement de la discussion donne lieu à des significations s1, s2, ..., sN;
- l'intervention de l'un des participants opère un changement de contexte de (C) à (C'). Cela va non seulement orienter les significations futures (sN + 1, etc.), mais également conduire à re-calculer les significations des propos passés (s'1, s'2, ..., s'N).

Ambiguïté contextuelle

L'existence d'une ambiguïté littérale, résultant soit de la maladresse des locuteurs, soit des imperfections de la langue, est un phénomène dont tout le monde a conscience. Le cas le plus évident est celui de l'homonymie. Mais on peut généralement compter soit sur la situation, soit sur le contexte, pour se mettre d'accord sur le sens des mots et des phrases littéralement ambigus.

La référence à la situation peut être une autre source d'ambiguïté. Dans une discussion autour d'une table, il n'est pas exceptionnel qu'une phrase du genre « Je ne suis pas d'accord avec ce qui a été dit » soit source d'ambiguïté. Les moyens, langagiers ou non, par lesquels on peut désigner des éléments de la situation comportent en effet des imperfections au moins aussi importantes que celles du codage littéral.

L'ambiguïté contextuelle survient lorsque plusieurs contextes sont compatibles avec un message émis dans une situation déterminée. Plusieurs significations sont alors possibles, selon le choix du contexte.

Nous avons produit expérimentalement un phénomène d'ambiguïté contextuelle concernant un message diffusé à plusieurs centaines d'exemplaires dans une grande organisation (Degot, Girin et Midler, 1982). Ce message était constitué par un document dont la forme présentait notamment les caractéristiques suivantes:

a) il était cosigné par la Direction générale de l'entreprise et par un centre de recherche;

b) il était diffusé par la voie normale du courrier interne;

c) il était constitué principalement d'histoires réputées se passer dans une entreprise et un pays imaginaires, écrites dans un style romancé et illustrées par des dessins humoristiques.

Une enquête réalisée auprès d'un échantillon de destinataires de ce message a permis de relever que ces derniers choisissaient un parti d'interprétation (un contexte) parmi ceux qui étaient possibles, essentiellement les trois suivants: autorité (qu'est-ce que la Direction générale attend de moi?); expertise (quelle information technique puis-je trouver dans ce document?); relation sociale (enfin quelque chose de plus amusant que la rubrique humoristique du journal interne!). Le résultat de cette ambiguïté fut une très grande richesse d'interprétations, ajoutant au document des significations que ses auteurs n'avaient jamais pensé y mettre.

Malentendu

Le malentendu se présente lorsque des contextes différents sont utilisés par différents participants pour interpréter le même message. Le cas le plus simple est celui où l'émetteur et le récepteur n'ont pas en vue le même contexte. Voici un exemple.

Une équipe d'entretien d'un réseau électrique local devait effectuer chaque jour un détour de plusieurs dizaines de kilomètres pour se procurer la clé d'un transformateur sur lequel elle intervenait. Elle demanda formellement à disposer en permanence d'un double de la clé, demande qui fut refusée. Le contexte de rationalisation de l'activité (économie de temps et de dépenses) dans lequel elle se plaçait ne lui permettait pas, pas plus qu'à nous, chercheurs, de comprendre ce refus. En réalité, l'interprétation de la direction locale se plaçait dans un autre contexte: « Ils veulent la clé pour pouvoir couper le courant en cas de grève! » J'ignore encore si cet autre contexte (contexte du conflit social entre direction et employés) était également présent à l'esprit des auteurs de la demande.

CONCLUSION: TROIS GRANDES CLASSES DE PROBLÈMES

Le schéma d'analyse en trois composants que j'ai présenté peut servir de guide pour reprendre et classer plusieurs séries de questions dont la plupart ont été déjà évoquées dans ce texte.

La première est en rapport avec la notion de « composant littéral ». On a vu que les organisations étaient des lieux d'émergence de vocabulaires nouveaux, liés notamment aux techniques, mais également à l'organisation elle-même. Les mots pour parler de la technique sont différents selon le rapport que l'on a avec elle, par exemple suivant que l'on se trouve au stade des concepteurs, des bureaux d'études, des méthodes, des utilisateurs, de ceux qui assurent la maintenance, etc.[9]. On ne parle pas non plus de l'organisation, des instruments de gestion, des « techniques managériales », etc., de la même manière, ni avec les mêmes mots, suivant la place que l'on occupe dans l'ensemble. C'est une des raisons pour lesquelles on ne peut pas considérer, en général, une organisation comme composée de gens appartenant exactement à la même « communauté langagière », au sens défini plus haut. Le repérage des différentes « communautés langagières », spécialement sous l'aspect du lexique utilisé (il n'existe pas, à ma connaissance, de travaux qui aient été faits dans les organisations sur d'autres aspects, par exemple dans la dimension syntaxique), serait un point d'entrée extrêmement précieux pour comprendre toute une catégorie de problèmes que ces phénomènes posent dans le fonctionnement organisationnel. Bien que l'on touche ici, sous un premier aspect (car il y en a d'autres, comme on l'a vu), au « problème de communication » dans son acception la plus immédiate et traditionnelle — la question de savoir si les mots « véhiculent » bien les mêmes « contenus » —, il ne semble pas que beaucoup d'études aient été entreprises dans ce sens.

Une deuxième série de questions concerne le « composant indexical », le rapport entre les *situations* et les échanges langagiers. Un grand nombre de questions peuvent être posées dans cette direction. J'ai évoqué celle de l'incidence de l'aménagement de l'espace, dans le cas des bureaux aussi bien que dans celui des ateliers: voir les autres ou ne pas les voir, être proches ou éloignés, dans un environnement plus ou moins bruyant, etc., sont des éléments qui ont des conséquences certaines sur la manière dont on va utiliser ou non l'ensemble des ressources de la langue dans ses différentes fonctions, et d'abord pour communiquer. Un autre type de questions est lié au développement des technologies de l'information, notamment des réseaux, qui ont la propriété de mettre en rapport plus ou moins immédiat des gens physiquement très éloignés, de gérer des décalages dans le temps grâce à des mémoires et à des « boîtes à lettres », etc.

La troisième dimension, celle de la « contextualité », est sans doute la plus riche de problèmes et de perspectives nouvelles. Il y est question de la manière dont les productions langagières renvoient à des schèmes cognitifs reproduits et produits dans l'organisation. Il y a là de quoi enrichir considérablement diverses problématiques, en particulier celle des « cartes cognitives » mais aussi celle de la « culture d'entreprise ». Car, pour conclure en citant encore Goffman, on peut dire que, « pris ensemble, les cadres primaires d'un groupe social particulier constituent un élément central de sa culture » (1974, p. 27). C'est bien, en effet, l'enchevêtrement des systèmes de signification présents simultanément dans les organisations — plutôt qu'un schéma unitaire abusivement appelé « la » culture d'entreprise — qui constitue l'arrière-plan des activités et des relations dans les vraies organisations.

Notes

1. Maurice Dufour, dans A. Chanlat et M. Dufour, 1985, p. 418. Dufour renvoie à Mintzberg, 1973.
2. Réciproquement, un certain nombre de linguistes se sont engagés dans des collaborations interdisciplinaires, par exemple avec des sociologues. Pour un point de vue sur les problèmes particuliers que cela leur pose, et la manière de les résoudre, voir Boutet (1987).
3. Traduction proposée par Patrick Pharo dans Collectif (1984).
4. Lacoste (1989) analyse des exemples de modes d'adresse entre médecins et malades où se voit également très bien la dissymétrie des positions.
5. La notion de situation, contrairement à celle de contexte, présentée ci-dessous, pourrait renvoyer au phénomène des « images mentales » telles que les décrit Changeux (1983, p. 171 ss).
6. Anni Borzeix, m'ayant interpellé sur ce point, m'a apporté ensuite une aide considérable — incluant des textes que je ne connaissais pas, et même des notes personnelles — pour y voir un peu plus clair. Je lui dois des remerciements, tout en la dégageant, naturellement, de toute responsabilité quant à ce que je dis ici.
7. L'auteur de *Pour Descartes: le processus logique de la pensée confuse* m'a joué le tour d'inscrire cette formule énigmatique, source d'une méditation qui m'occupe encore, comme dédicace manuscrite à son livre.
8. Je reprends ici la présentation que j'ai faite dans Girin (1988a).
9. Outre l'exemple de Gardin sur la « machine à écrire sur les calques » cité plus haut, il faut signaler les travaux en cours de Françoise Perdriset sur le vocabulaire des utilisateurs de robots dans l'industrie automobile (exposé au séminaire « Langage et travail », Paris, 10 mars 1988).

LA GESTION, UNE AFFAIRE DE PAROLE

Alain CHANLAT *et Renée* BÉDARD

> « Le commerce humain, avant d'être justiciable des procédures comptables et de la science des marchés, est une affaire de parole. »
>
> Pierre LEGENDRE

Lorsqu'on demande à un dirigeant ou à un cadre d'entreprise de décrire ce qu'il fait au cours de sa journée, il répond qu'il passe son temps à prendre des décisions, planifier, coordonner, contrôler, diriger, et que son succès dépend de la façon dont il s'acquitte de ces rôles. Sa réponse correspond à ce que l'on retrouve, depuis l'époque de Fayol, dans les livres d'administration. Il ajoute souvent qu'il doit consacrer une part importante de son temps à essayer de régler des problèmes humains. En fait, une étude devenue classique (Mintzberg, 1973), et qui n'a cessé d'être confirmée depuis, a montré que l'essence de la fonction de dirigeant est d'être engagé dans une multitude d'échanges verbaux avec ses patrons, ses subordonnés, ses collègues d'autres unités administratives et avec une foule de personnes à l'extérieur. Tous les jours, il se retrouve immergé dans un océan de paroles qui accapare les deux tiers de son activité professionnelle.

Dans cette perspective, l'usage de la parole devient l'instrument de gestion par excellence du dirigeant et son moyen privilégié d'entrer en relation avec les autres et d'obtenir des résultats. Mais que sait-il de cette activité, de la place qu'elle occupe dans la vie des hommes et des conditions de son exercice pour être en mesure de gérer correctement par la parole? Rien ou pas grand-chose. Il n'est donc pas étonnant que ces intenses échanges verbaux au travail soient à l'origine de nombreuses et fortes tensions psychiques et provoquent une grande variété de sentiments qui débordent la sphère professionnelle. Qui nierait que beaucoup de conversations dans la vie privée sont marquées par les commentaires que les uns et les autres ne cessent de faire sur ce qu'ils ont éprouvé durant la journée à l'occasion de ces rencontres, sur ce qu'ils y ont appris ou sur ce que d'autres ont dit d'eux?

La place centrale que tout au long de sa vie un être humain accorde à la manière dont on s'adresse à lui révèle des enjeux qui dépassent de beaucoup l'aspect de la communication auquel on réduit habituellement la parole dans les milieux de la gestion: « Aussi longtemps que la théorie du management traitera tous les problèmes dans la double dépendance théorique et pratique de la rationalité économique comme norme suprême de l'entreprise, elle restera incapable de rendre compte correctement du problème des relations humaines. » (Chanlat et Dufour, 1985, p. 419.) Dans un premier temps, il est donc nécessaire d'examiner ce que signifie l'utilisation de la parole pour tout être humain et de décrire les contraintes et les règles auxquelles la parole doit se soumettre ainsi que les possibilités qu'elle offre. Par la suite, il faudra examiner les forces à l'œuvre dans la gestion qui font obstacle ou facilitent la qualité des échanges. Cet examen critique de la situation qui existe dans les lieux de travail permettra de mettre en évidence les qualités humaines qu'un dirigeant doit posséder pour être en mesure de dialoguer et les habiletés qu'il devrait développer. À la fin de ce tour d'horizon, le lecteur aura pris conscience à quel point la gestion est une affaire de parole.

LA PORTÉE DE LA PAROLE

La pensée scientifique a infligé plusieurs blessures narcissiques à l'image que l'homme se faisait du rôle privilégié qu'il jouait dans le cosmos. Galilée, le premier, en montrant que la terre était une planète comme les autres, a fait perdre à l'homme sa place au centre de l'univers. Darwin, plus tard, vint montrer comment l'espèce humaine avait émergé du monde animal et lui fit perdre le statut particulier qu'elle occupait jusque-là au sein du monde vivant. Freud porta un coup mortel en prouvant que les comportements de l'homme sont plus souvent guidés par des pulsions issues de l'inconscient que par l'empire de la raison. Dernièrement, les travaux des éthologistes ont mis en évidence le fait que plusieurs espèces animales utilisaient l'outil, faisant perdre à l'« homo faber » un autre trait qu'il pensait posséder en propre. Après cette série d'avatars, quelle spécificité reste-t-il aujourd'hui à l'homme? Question cruciale qui conditionne toute interrogation sérieuse sur la supériorité du genre humain.

La définition de l'homme peut-être la plus décisive est celle que propose Georges Gusdorf: « l'homme est l'animal qui parle » (Gusdorf, 1952, p. 7). Toutes les espèces animales possèdent des codes plus ou moins élaborés de signaux pour communiquer mais aucune n'a accès au langage, instrument des facultés d'abstraction et de généralisation qui, elles, sont proprement humaines. L'homme est avant tout un « homo loquens »; c'est à travers le langage qu'il construit son monde, et l'espace humain est d'abord un univers de paroles. Emile Benveniste constate que « c'est un homme parlant que nous trouvons dans le monde, un homme parlant à un autre homme, et le langage enseigne la définition même de l'homme » (1966, t. 1, p. 259). Avec le langage, l'homme accède à la faculté de symboliser, c'est-à-dire à la faculté de représenter le réel par un « signe » et de comprendre le « signe » comme représentant le réel, donc d'établir un rapport de « signification » entre deux réalités distinctes, l'une concrète, l'autre abstraite. Or c'est de cette possibilité de « manier les signes de la langue que naît la pensée » (Benveniste, 1966, t. 1, p. 26, 74). Cette conquête décisive sur la faculté d'abstraction donnera à l'homme la possibilité de prendre possession de l'univers et de le transformer.

La *parole* est à la constitution du sujet ce que le *langage* est à la définition de l'*espèce humaine*, car c'est à travers elle et ses vicissitudes que se construit l'existence personnelle. Toute personne a besoin d'autrui pour « venir » au monde et se développer, car « le moi n'existe que dans la réciprocité avec l'autre, le moi isolé n'est à vrai dire qu'une abstraction » (Gusdorf, 1952, p. 51). L'identité de chacun se constitue progressivement après la naissance, au rythme de ses interactions avec sa mère, les autres membres de sa famille, ses amis et, plus tard, tous ceux qu'il rencontrera au cours de sa vie.

Ronald Laing, dans les extraits suivants d'une profondeur exceptionnelle, met en évidence les extraordinaires enjeux des échanges de paroles (1971, p. 115):

> Ce sont les autres qui vous disent qui vous êtes. Plus tard, on endosse leur définition ou l'on essaie de s'en débarrasser. Il est difficile de ne pas accepter leur version de l'histoire. Il arrive qu'on s'efforce de n'être pas ce qu'on « sait » qu'on est, tout au fond de soi-même. Il arrive qu'on s'efforce d'extirper cette identité « étrangère » dont on a été doté ou à laquelle on a été condamné, et de créer par ses propres actes une identité pour soi-même qu'on s'acharne à faire confirmer par les autres. Toutefois, quelles qu'en soient, par la suite, les vicissitudes, notre première identité sociale nous est conférée. Nous apprenons à être ce qu'on nous dit que nous sommes.

Mais cette identité n'est jamais définitivement acquise, car « elle requiert l'existence d'un autre, de quelqu'un d'autre, dans une relation grâce à laquelle s'actualise l'identité du soi » (p. 116). Le plaisir et en même temps le drame de la condition humaine tiennent au fait que « les actions et les séries d'interactions peuvent représenter pour nous, plus ou moins et de diverses manières, une *confirmation* ou une *infirmation* » (p. 99); que « tout être humain, qu'il soit enfant ou adulte, a sans doute besoin d'avoir de l'importance, c'est-à-dire occuper une place dans le monde de quelqu'un d'autre » (p. 121); et que « la frustration se mue en désespoir quand la personne commence à douter de sa capacité de « signifier » quoi que ce soit pour qui que ce soit » (p. 170). Poussé à l'extrême, on comprend le cri de Rimbaud: « Je est un autre », qui montre les risques, dans la vie sociale, de l'aliénation personnelle et de la dépossession du moi. Dans ces conditions limites, la tragédie est que non seulement « l'enfer, c'est les autres », mais que « réduit à lui-même, l'homme est beaucoup moins que lui-même » (Gusdorf, 1952, p. 62).

Ces remarques préliminaires ont pour but d'attirer l'attention sur la gravité des enjeux qui existent dans toute rencontre, qu'elle soit personnelle ou professionnelle. Mais la parole, qui permet à la fois de fonder la subjectivité et d'en être l'expression, doit aussi tenir compte des contraintes de la langue et des possibilités qu'elle offre.

L'USAGE DE LA LANGUE COMME SYSTÈME DE SIGNES DANS LA CRÉATION DE SENS: CONTRAINTES ET POSSIBILITÉS

Tout être humain trouve à sa naissance une langue constituée qui l'attend. Cette langue a pour caractéristique principale d'être un « système de signes distincts » ayant pour propriétés d'être arbitraires et linéaires. Au-delà des nombreuses différences qui existent entre les milliers de langues actuellement parlées dans le monde, les linguistes ont essayé de dégager les traits qu'elles partagent en commun. Ferdinand de Saussure, auquel on doit d'avoir distingué la langue de la parole, a consacré sa vie à chercher les secrets de la langue, qu'il définit comme « un système de signes distincts correspondant à des idées distinctes » (de Saussure, 1978, p. 26). L'idée de système, qui était révolutionnaire à l'époque où elle a été formulée, permet de concevoir la langue comme « un tout organisé que l'on doit étudier en ayant constamment l'intuition du fonctionnement d'ensemble [...]. Dans un système, les éléments n'ont pas de signification en eux-mêmes, pris isolément, mais seulement quand on les rapporte au tout du système; ce qui est intelligible, ce sont les rapports et les relations qui unissent les éléments, non les éléments eux-mêmes. » (Rivière et Danchin, 1971, p. 35-36.)

Cette idée de système permet de comprendre comment un signe n'acquiert son sens définitif qu'en tenant compte du contexte dans lequel il s'inscrit, mais cela n'est pas tout. Pour Saussure, le « signe linguistique » est constitué de deux éléments indissociables, le « signifiant » (image acoustique) et le « signifié » (concept). Or, « le lien unissant le signifiant au signifié est arbitraire et [...] les mots contractent entre eux, en vertu de leur enchaînement, des rapports fondés sur le caractère linéaire de la langue, qui exclut la possibilité de prononcer deux éléments à la fois. Ceux-ci se rangent les uns à la suite des autres. » (de Saussure, 1978, p. 100, 170.)

Du caractère arbitraire du signe, il résulte que la langue obéit à des conventions sociales dont tout locuteur hérite et auxquelles il doit se soumettre s'il ne veut pas courir le risque d'être le seul à se comprendre. Par ailleurs, la linéarité de la pensée et de la parole a pour effet d'introduire une double exigence sur le plan du temps qui est requis à leur accomplissement, d'où il résulte que réfléchir et s'exprimer demandent un délai dont l'abrégement ne peut que contraindre l'une et l'autre.

En effet, il faut savoir que l'usage des signes n'a pas pour seule fonction d'exprimer la pensée, mais que le recours aux mots est nécessaire à l'activité de réflexion elle-même. Sans le signe, la pensée n'existe pas. C'est en effet le mérite de Condillac d'avoir montré, en ramenant la pensée à une opération de décomposition et de recomposition, c'est-à-dire d'analyse et de synthèse, que la décomposition exige un langage précis, et la recomposition un raisonnement rigoureux (Condillac, 1947). Ainsi, le langage et la pensée s'impliquent-ils mutuellement. Or les signes, dont l'agencement contribue à créer une représentation du réel, présentent cette particularité de se déployer linéairement, c'est-à-dire de s'enchaîner les uns aux autres, ce qui implique un déroulement dans le temps. D'autre part, l'activité de réflexion elle-même, dont les diverses opérations consistent à distinguer, comparer, décomposer, composer, etc., et plus précisément l'opération de décomposition ou d'analyse, exige non seulement le recours à des signes précis, mais elle nécessite pour se réaliser et par essence un espace de temps ou une durée. On voit pourquoi créer du sens s'inscrit, par l'effet de la contrainte de la linéarité des signes et du processus de la pensée elle-même, dans la temporalité.

On est redevable à Noam Chomsky d'avoir montré que la production de phrases ne pouvait se faire sans respecter un nombre minimal de règles de grammaire tout en puisant dans un réservoir limité de mots. Or, malgré ces contraintes supplémentaires qui entravent l'acte d'énonciation, chaque personne est sans cesse créatrice d'une infinité de phrases à chaque fois différentes et uniques, si bien que parler se ramène à un acte continu de création et d'invention (Chomsky, 1970). Et ce qui est remarquable, c'est que même si chaque phrase est unique, les interlocuteurs arrivent à se comprendre. La raison en est qu'ils partagent les mêmes règles et les mêmes conventions lexicales. « Or, tout homme invente sa langue et l'invente toute sa vie. Et tous les hommes inventent leur langue sur l'instant et chacun d'une façon distinctive, et chaque fois d'une façon nouvelle [...]. Chaque locuteur fabrique sa langue. » (Benveniste, 1966, t. 2, p. 19.)

Comment expliquer cette prodigieuse créativité? C'est que, à chaque fois que l'on construit une phrase, on renonce à une multitude de possibilités qui n'ont pas été retenues, mais qui existent néanmoins virtuellement. De fait, en utilisant un mot, une forme syntaxique, on manipule la possibilité de jouer autant sur l'axe paradigmatique, qui représente l'opération de sélection des termes ou du lexique, que sur l'axe syntagmatique, qui touche à la syntaxe et à l'organisation ou à l'agencement du lexique, et dont résultent la production et l'interprétation du sens. Cependant, en arrêtant son choix, on fait plus qu'indiquer sa préférence: avant tout, on crée de la finesse dans le sens. Et le sens sera d'autant plus riche, nuancé et fin qu'on aura su choisir et agencer les éléments les plus appropriés à traduire la pensée et les plus aptes à rendre compte de la situation.

> Nous faisons deux choses quand nous parlons: nous agençons des mots, tous les éléments de ces agencements représentent chacun un choix entre plusieurs possibilités; quand je dis « je suis », j'ai éliminé « vous êtes », « j'étais », « je serais », etc. C'est donc, dans une série qu'on appelle paradigme, une forme que je choisis, et ainsi pour chaque portion d'un énoncé qui se constitue en syntagme. (Benveniste, 1966, t. 2, p. 34.)

Paradoxalement, c'est la capacité que l'on développe à respecter ces contraintes et à les maîtriser qui permet de les transcender. C'est ainsi, dans cette perpétuelle création de sens, que chacun et pas seulement le littérateur découvre son image, révèle le style qui lui est propre et montre la considération qu'il accorde à la dimension esthétique de sa propre expression. Dans cette perspective, on comprend que « quand le sujet parlant se trouve dans les mêmes conditions que tous les autres membres du groupe, il existe de ce fait une norme à laquelle on peut mesurer les écarts de l'expression individuelle; pour le littérateur, les conditions sont toutes différentes: il fait de la langue un emploi volontaire et conscient, [...] et surtout, il emploie la langue dans une intention esthétique. » (Bally, 1963, p. 19.)

Une autre contrainte de la langue sur laquelle il convient de s'arrêter et que l'on tend à négliger est la suivante. Sapir et Whorf ont montré que la langue dans laquelle on s'exprime n'est pas sans conséquence sur le type de réalités que l'on saisit. Cela s'explique par le fait que la langue particulière dont on se sert comporte ses propres limites, c'est-à-dire qu'elle encadre la création de sens, d'où il s'ensuit que l'on doit être conscient du type de réalités qui peuvent être exprimées par une langue et du type de réalités qui ne le peuvent pas. « Si, pour les hommes, l'univers possède une existence, c'est dans la mesure où leurs langues donnent des noms à ce que leurs sens et leurs machines peuvent en percevoir. Il importe peu aux choses d'avoir des noms ou de ne pas en avoir. Mais il importe beaucoup à l'espèce qui vit au milieu d'elles de leur en donner. » (Hagège, 1985, p. 128.) On connaît tous l'exemple désormais classique de la langue inuit pour laquelle la notion de neige comporte une variété de mots qui désignent la neige fraîche, la neige poudreuse, la neige glacée, la neige tôlée, etc.

L'UTILISATION DE LA PAROLE DANS LA CONSTRUCTION DE SOI ET D'AUTRUI : CONTRAINTES ET POSSIBILITÉS

En se concentrant sur la langue et sur les modalités selon lesquelles les signes sont créateurs de sens par rapport aux objets qu'ils représentent, la linguistique, jusqu'à tout récemment, avait négligé la parole qui, elle, introduit dans l'univers de la subjectivité, puisque « les activités de langage ne servent pas seulement à communiquer de l'information mais encore à exprimer celui qui parle » (Grize, 1985, p. 168).

À chaque fois qu'une personne « prend » la parole, elle cherche à exprimer et à communiquer une image d'elle-même, qu'elle vise à faire reconnaître par quelqu'un d'autre qui, de ce fait, devient un recours indispensable à la reconnaissance de son identité. Mais que sait-on sur les conditions qui favorisent la réussite de cette relation ? Tout comme la langue impose des contraintes dans la construction du sens, l'utilisation de la parole obéit à un grand nombre de règles implicites et explicites dont le non-respect peut rendre les personnes mal à l'aise ou leur infliger des souffrances psychiques et même leur faire subir des troubles physiologiques profonds. Il nous apparaît donc dorénavant inadmissible d'évacuer la dimension éthique de la parole dans les relations interpersonnelles.

Aucune société n'a jamais laissé au hasard les rencontres entre les personnes et l'établissement des échanges qui en découlent. C'est pourquoi elle définit, codifie et impose les rituels qui président à leur déroulement. Depuis l'espace qui sépare les interlocuteurs, le choix du lieu et du moment, les gestes d'accueil, les mimiques et les regards qui accompagnent les propos échangés, les formes d'adresse, l'intonation, les formules de politesse, tout y est régi par la tradition et la convenance, mais derrière celles-ci, se manifeste le dessein de mettre en place les conditions les plus appropriées à l'établissement des premiers contacts et de vaincre les malaises réciproques qui les accompagnent habituellement. Le non-respect de ces règles multiplie les occasions de faux pas, de gaffes, d'impairs et de malentendus qui risquent de peser lourd sur la qualité et sur la réussite ultérieure de ces échanges. « Nous réagissons aux gestes selon un code secret et complexe qui n'est écrit nulle part, connu de personne mais compris par tous » (Sapir, 1971, p. 46), au point que « même si un individu peut s'arrêter de parler, il ne peut s'empêcher de communiquer par le langage du corps. Il peut parler à propos ou non. Il ne peut pas ne rien dire. » (Goffman, 1981a, p. 269.) On prend conscience des subtilités des échanges dans une société quand on constate qu'une « part importante de la communication consiste à savoir ce qu'on n'est pas censé dire, pas censé penser, pas censé voir, pas censé entendre. La coexistence serait tout simplement impossible entre les êtres humains si ces règles n'étaient pas apprises et suivies. » (Watzlawick, 1981.)

Une fois franchie l'étape préliminaire où chacun arrive à se sentir à l'aise, la difficulté à vaincre est l'établissement d'un véritable dialogue dont tout l'art consiste, tant pour l'un que pour l'autre, moins à affirmer ses préoccupations et ses positions qu'à construire sur ce qui vient d'être dit. Paradoxalement, dans l'expression et dans la communication de soi, c'est dans la mesure où l'on est attentif, où l'on porte intérêt à l'autre, que l'autre s'intéresse à soi. « L'art d'écouter équivaut presque à celui de bien dire » prend ici tout son sens (Gusdorf, 1952, p. 121).

> Ainsi se formule une antinomie fondamentale de la parole humaine, affirmation du sujet en même temps que recherche d'autrui. D'une part la fonction expressive du langage: je parle pour me faire entendre, pour déboucher dans le réel, pour m'ajouter à la nature. D'autre part la fonction communicative: je parle pour aller aux autres et je me joindrai à eux d'autant plus complètement que je laisserai davantage ce qui est de moi seul. La double polarité de l'expression et de la communication correspond à l'opposition entre la première personne et la troisième, entre la subjectivité individuelle et l'objectivité du sens commun. (Gusdorf, 1952, p. 123.)

La contribution majeure de la psychanalyse aura été d'aller un pas plus loin et de nous révéler une autre facette de nous-mêmes. La parole consciente n'est que la partie apparente et celle qui, proprement interprétée, peut nous permettre de découvrir cet autre qui se cache dans chacun d'entre nous. Il existe donc toujours un deuxième sens qui se dissimule derrière nos paroles et dont on accepte de prendre conscience seulement lorsque l'on fait un de ces lapsus si gênants. L'analyse n'est rien d'autre qu'un dispositif particulier qui, à travers la parole offerte à l'analyste, permet à l'analysé d'aller à la recherche de lui-même et de ses contradictions. Les paroles échangées dans la vie quotidienne trahissent toujours un peu ceux qui les prononcent et constituent un moyen de découvrir les autres, mais aussi soi-même, à condition d'y prêter attention.

Mais dans la plupart des cas, le dialogue est aussi pour chacun une occasion d'exercer une influence sur les attitudes et sur les comportements de l'autre. Quel intérêt y aurait-il à multiplier des rencontres au terme desquelles chacun aurait conservé intégralement ses positions initiales? L'avènement de la démocratie grecque, en conférant à chaque citoyen libre le droit de « prendre » la parole et de faire valoir ses vues sur la vie de la cité auprès de ses concitoyens, est à l'origine de la rhétorique, cette discipline dont l'objet était d'identifier les règles permettant à l'orateur d'emporter l'adhésion de son auditoire. Elle devait donner lieu à l'établissement d'une taxonomie des arguments possibles, à une réflexion sur la manière la plus juste de les disposer et au souci de maîtriser les figures de style. Les excès de la sophistique et plus tard ceux de la rhétorique scolastique qui mettaient exclusivement l'accent sur le jeu et sur la virtuosité de l'argumentation verbale prise pour elle-même conduisirent à l'abandon de cette dernière. Mais on se privait ainsi d'un instrument, qui n'a pas été remplacé depuis, pour encadrer toute tentative d'influencer autrui, d'autant que le secret d'une théorie de l'argumentation efficace repose sur une connaissance préalable aussi fine que possible des positions adoptées ou partagées par l'interlocuteur auquel on s'adresse. L'art de celui qui argumente consiste alors beaucoup moins à créer des effets de toge qu'à faire preuve de jugement dans le choix des arguments, des figures de style et de leur séquence par rapport aux positions de l'auditoire et aux particularités de chaque situation.

Si le dialogue est à la fois constitutif de l'être, découverte de soi, lieu de confrontation des idées et mode d'influence, il ne faudrait pas oublier qu'il peut jouer un rôle unique dans l'élaboration des connaissances personnelles et dans l'établissement de la vérité. Nous sommes redevables à Socrate d'avoir vu dans le discours autre chose qu'un art ou une technique d'argumentation. C'est principalement à travers la conversation méthodique et dans l'échange des idées que progresse le savoir de chacun sur l'univers qui l'entoure. Comment expliquer autrement le fait courant que, sans avoir jamais ouvert un livre sur un sujet quelconque, on puisse néanmoins avoir développé des connaissances et des positions dignes de considération, si ce n'est grâce à des conversations enrichissantes? La contribution majeure de Socrate est peut-être de nous avoir appris que c'est « par le moyen de la confrontation des idées tant avec lui-même qu'avec autrui que l'homme parvient à la connaissance vraie qui est l'essence de la sagesse et de la science, lesquelles chez les Grecs ne se distinguaient pas » (Bédard, 1989, p. 26). Ces considérations nous font mieux comprendre pourquoi Jules Renard nous exhorte ainsi: « Sachez écouter. Malheur à celui qui, sans la ramasser, laisse tomber une parole d'or de la bouche d'autrui. » Ces remarques sur la vérité ouvrent sur les implications éthiques de la parole, et, en premier lieu, sur l'occasion de tromper et de trahir qu'elle fournit.

On oublie trop souvent qu'en « prenant » la parole, l'homme prend aussi un engagement:

> La parole ne vaut pas plus que l'homme qui la met en œuvre [...]. L'éthique de la parole, dans une expérience de jour en jour renouvelée, affirme une exigence de vérité. Il s'agit de dire vrai, mais il n'y a pas de dire vrai sans être vrai [...]. L'homme de parole ne paie pas de mots, mais paie de sa personne [...]. Le paysage culturel de l'humanité est fait de paroles instituées, paroles données, paroles tenues ou paroles déchues. (Gusdorf, 1952, p. 121, 123.)

C'est ce qui autorise à rappeler « la nécessité d'adhérer à ses propres paroles » et qu'à tout prendre, « mieux vaut entre les hommes le silence que le mensonge » (Chanlat et Dufour, 1985, p. 419).

La deuxième dimension éthique de la parole est liée à l'exercice de la violence qu'elle peut susciter et dont les effets sont infiniment plus pervers que ceux de la violence physique. Dans la violence physique, les marques ont cette propriété d'être apparentes et leur cicatrisation d'obéir aux lois de la physiologie. Dans la violence verbale et non verbale, la gravité des dommages, dont les conséquences apparaissent souvent à long terme, est bien plus difficile à apprécier. Si le mérite de la psychanalyse a été d'attirer notre attention sur la dynamique des conflits intra-psychiques, les travaux de l'anti-psychiatrie et de la nouvelle communication auront présenté l'indéniable avantage de mettre en évidence les mécanismes de violence interpersonnelle. « Il ne semble pas qu'il y ait d'agent plus efficace qu'une autre personne pour assurer l'épanouissement d'un individu ou au contraire pour réduire à néant la réalité de son existence, par un regard, un geste, ou une remarque. » (Goffman, 1961.) Les formes de violence verbale les plus couramment utilisées étant la « réponse tangentielle », la double contrainte, la collusion, les actes de parole non respectés, il convient donc de les présenter succinctement.

On appelle réponse tangentielle ou réponse à côté, toute répartie de l'interlocuteur qui n'a rien à voir avec ce que le locuteur vient de dire ou qui ne s'adresse qu'à un aspect très mineur. C'est un procédé fréquemment utilisé et particulièrement subtil pour nier l'expérience de l'autre, qui provoque des remarques comme: « il ne m'écoute pas », « il m'interrompt tout le temps », « il ne me répond jamais », « il n'écoute que ce qui l'intéresse ». La réponse à côté conduit au développement de sentiments d'une très grande hostilité dans la mesure où elle est une manière de disqualifier l'expérience de celui qui s'exprime et où elle peut finir par saper la confiance que quelqu'un peut avoir « dans la fiabilité de ses propres réactions affectives et de sa propre perception de la réalité extérieure » (Searles, 1977, p. 161). Poser des questions qui n'ont aucun rapport avec l'intervention de l'interlocuteur incite également à mettre un terme le plus vite possible à de tels échanges.

Ceux à qui l'on adresse des reproches tels que « il ne sait pas ce qu'il veut », « avec lui, on ne sait jamais sur quel pied danser », etc., créent énormément de confusion. Cet état est souvent provoqué par une forme d'action interpersonnelle connue sous le nom de *double contrainte*. Celle-ci consiste à soumettre quelqu'un à des injonctions contradictoires. De la double contrainte, Laing dit (1971, p. 183):

> Quelqu'un donne à entendre à quelqu'un d'autre qu'il doit faire une chose, et en même temps, à un autre niveau (par une attitude, un geste, un ton de la voix, des sous-entendus), lui fait comprendre qu'il ne doit pas le faire, ou qu'il doit faire une autre chose incompatible avec la première. La situation est réglée pour la victime par une injonction supplémentaire lui interdisant de sortir de la situation ou de la dénouer en la commentant.

Avec la double contrainte, la personne fait porter à son vis-à-vis la responsabilité de son ambivalence personnelle. La situation de dominé rend toute action pour en sortir difficile à entreprendre.

Il existe une autre façon de compliquer ses relations avec autrui quand « on se prend pour un autre », comme le remarquent si justement beaucoup de personnes en parlant de ceux qui, en fait, ont un grave problème d'identité et qui cherchent à faire confirmer une identité imaginaire. Par complaisance, certains peuvent accepter d'entrer dans le jeu et contribuer au renforcement du faux soi de leur interlocuteur. Ronald Laing (1971, p. 138) parle de collusion ou de jeu de l'autoduperie mutuelle: « Le terrain est alors préparé pour qu'indéfiniment, on se soustraie mutuellement à la vérité et au véritable accomplissement. Chacun a trouvé un autre pour sanctionner la fausse idée qu'il se fait de lui-même et donner à cette apparence, un semblant de réalité. » Beaucoup d'échanges dans la vie ne sont que des simulacres de relations interpersonnelles. Dans la mesure où « le moi intérieur et secret déteste les caractéristiques du faux moi » (Laing, 1970, p. 91), la collusion a tendance à accroître les conflits intrapsychiques.

Il arrive que des personnes ne respectent pas des engagements pris envers d'autres, qui le vivent toujours plus ou moins comme une trahison. Les travaux de certains linguistes (Austin, 1970; Searle, 1972) distinguent deux types d'énoncés: les énoncés déclaratifs, tels que « j'ai terminé le travail », sont du domaine de la transmission d'information, du vrai et du faux; les énoncés performatifs, tels que « avant de partir, je finirai mon travail », comportent un engagement à l'endroit de l'interlocuteur à qui on annonce un acte. Cette deuxième catégorie d'énoncés constitue ce que les linguistes appellent des actes de parole. Or, les paroles ne sont pas toujours suivies des actes annoncés.

Dans de nombreuses circonstances, des figures d'autorité semblent avoir toujours de bonnes raisons pour revenir sur la parole donnée. À un « vous m'aviez dit », « vous m'aviez promis », ceux qui ont accompli leur part des engagements s'entendent parfois répondre par « oui, mais aujourd'hui la situation a changé », « on n'est plus dans les mêmes circonstances », ou pis, « je ne me rappelle pas! » Bien des promesses qui ne sont pas tenues laissent les personnes concernées en colère devant pareilles injustices, surtout si elles découvrent que ceux qui ont pris ces engagements n'ont jamais eu l'intention de les respecter, soit que cela outrepassait leur compétence, soit que la situation ne le permettait pas. La tentation des actes de parole inconsidérés est toujours forte pour tous ceux qui se sentent « mal pris » et qui ont un moi fragile. Devant la difficulté de dire non et d'expliquer pourquoi — ce qui, dans la plupart des cas, serait beaucoup mieux accepté —, les faibles ou les cyniques préfèrent gagner du temps. Mais la résolution du problème à court terme se paie à long terme par une atmosphère de méfiance et par le rejet de ceux qui ont le sentiment d'avoir été trahis. Avant de prendre des engagements, toute personne ferait bien, comme la sagesse populaire le recommande, de « peser ses paroles ». Il est important de souligner que cette forme de violence, qui peut entraîner des souffrances psychiques considérables, ne s'arrête pas là et qu'elle peut avoir des répercussions sur le plan physiologique.

L'être humain n'est pas un pur esprit. Même s'il est possible de ne pas tenir compte des réalités psychiques ou sociales, il est plus difficile d'en faire autant pour la dimension physiologique. Ces trois facettes sont indissociables et en perpétuelle interaction. La souffrance psychique a le plus souvent une contrepartie physique dont la médecine psychosomatique, qui s'occupe de ces problèmes, a rendu de mieux en mieux compte au cours des dernières décennies. Parmi les travaux de cette discipline, ceux d'Henri Laborit (1979) sur l'inhibition de l'action illustrent particulièrement les effets à long terme de cette pathologie de la communication.

Tout être humain passe alternativement par des périodes de gratification et de frustration. Les premières sont en général propices au maintien des grands équilibres de l'organisme. Les conséquences des secondes sont moins certaines. Si la personne peut réagir à des frustrations soit en agressant, soit en fuyant physiquement ou dans l'imaginaire, elle réussira à conserver intact son système physiologique. Toutefois, lorsque l'être humain se trouve dans l'impossibilité d'agir, son système risque de connaître des perturbations importantes, surtout si cette situation se répète avec une certaine fréquence. Lors de la frustration, l'organisme sécrète de l'adrénaline pour fournir l'énergie supplémentaire nécessaire aux mouvements de fuite ou d'agression, comme en témoigne l'immédiate accélération des battements du cœur. Lorsque l'organisme est en état « d'inhibition de l'action », cette adrénaline n'est pas consommée et provoque une contraction du système vasculaire. Cette sécrétion entraîne aussi la libération de corticoïdes par les glandes corticosurrénales ayant pour effet de contracter le système vasculaire. Ce double effet constricteur augmente les probabilités d'hypertension et peut être la cause, à moyen terme, d'accidents cardiaques ou d'anévrismes cérébraux. Les corticoïdes libérés ont également pour propriété de bloquer le thymus, petite glande qui sert à fabriquer un grand nombre des anticorps naturels que l'organisme sécrète. À cause de ce blocage, l'organisme devient plus vulnérable aux agressions extérieures. Seule cette perspective permet de prendre conscience que si les mots peuvent faire souffrir psychiquement, ils peuvent aussi causer des dommages considérables sur le plan de la physiologie.

À l'issue de ces développements sur les contraintes qu'imposent la langue et la parole dans la création de sens, dans la construction de soi et dans la relation avec autrui, on se rend compte « qu'il n'est pas possible de dire n'importe quoi, n'importe comment, n'importe quand, à n'importe qui » (Chanlat et Dufour, 1985, p. 421).

LES OBSTACLES AU DIALOGUE DANS LES MILIEUX DE TRAVAIL

Après avoir mis en évidence les conditions qui doivent être remplies et les pièges à éviter pour que le dialogue ait quelque chance de succès, il faut examiner quels sont les obstacles et les conditions favorables auxquels l'usage de la parole est soumis dans l'univers du travail. Ces obstacles sont principalement les suivants: l'idéologie managériale et les valeurs qu'elle véhicule, la langue administrative elle-même, les jargons spécialisés et la structure bureaucratique.

L'idéologie managériale

À la base du mode de pensée dominant qui règne dans les milieux de la gestion, qu'ils soient publics, privés, coopératifs ou syndicaux, et chez la plupart des dirigeants, toute question est toujours considérée à partir de la priorité de la rationalité économique. Ce qui prévaut, c'est la perpétuelle recherche de l'optimisation des moyens. Tout doit être calculé et mesuré selon les termes de la rentabilité, de l'efficacité et de la productivité. Et la langue privilégiée qui incarne et rend possible le triomphe de cette conception de la réalité est la comptabilité en partie double dont l'avènement a permis la démultiplication du calcul et de la mesure jusque dans les moindres détails des activités de l'entreprise, tels que la tarification à l'acte ou à la minute et toutes les normes de temps à l'intérieur desquelles les activités doivent être accomplies. L'accent mis sur la vitesse d'exécution, au détriment de la considération d'autres éléments de la performance et du rendement, a pour effet de réduire les échanges à leur expression la plus élémentaire, la plus primaire et la plus fruste. Cette omniprésence de la rationalité économique a pour conséquence de laisser entendre que la rapidité est synonyme d'efficacité.

L'obsession de la gestion du temps, ainsi que le montre la popularité des séminaires sur ce thème, les inscriptions agressives qui parent les bureaux des cadres, tel le fréquent « soyez bref », la normalisation de la correspondance, l'habitude de jeter un coup d'œil périodique sur sa montre, celle de prendre ses appels téléphoniques durant un entretien et tous les autres gestes de même nature, ont pour résultat de rendre difficile l'expression de toute pensée un tant soit peu élaborée et nuancée, de multiplier les occasions de violer les règles élémentaires du savoir-vivre et de la civilité, et surtout d'indiquer le peu de considération pour la personne en face de soi. C'est lorsqu'on entre en contacts commerciaux avec des personnes d'autres cultures qui respectent encore les rituels de base qui entourent les échanges que l'on découvre la grossièreté de bien des échanges professionnels en Occident et que l'on remet en cause la valeur d'efficacité attachée à la rapidité. C'est peut-être l'une des leçons les plus intéressantes qu'enseigne le Japon, que le secret de la réussite d'un dirigeant réside dans l'art de savoir perdre du temps pour en gagner.

Une deuxième caractéristique du mode de pensée dominant en gestion trouve ses racines dans le modèle centralisé de l'institution militaire, qui, au cours des siècles, avait démontré l'efficacité de ses règles de fonctionnement et sa capacité à résister à l'épreuve du temps. La conséquence de cet héritage, c'est-à-dire l'importance centrale du concept d'autorité et des concepts d'ordre et de discipline qui y sont associés, légitimés par les fondements du droit romain et par l'évolution du droit administratif, est que ces notions sont devenues des dogmes de la gestion. La contrepartie de ces valeurs au niveau des dirigeants est de valoriser et de récompenser l'obéissance et la soumission. Quels types d'échanges peuvent avoir lieu dans un tel contexte? L'endoctrinement, qui a tendance à accompagner l'exercice de l'autorité et qui est l'institutionnalisation du monologue, encourage les dirigés à se censurer, à éviter les sujets tabous et à adopter une personnalité moulée. « Ici, penser veut dire adhérer » (Legendre, 1982) et « l'absence de la parole se manifeste par les stéréotypes d'un discours où le sujet, peut-on dire, est parlé plutôt qu'il ne parle » (Lacan, 1966, p. 281).

Accorder une importance exagérée à ces deux caractéristiques que sont la rationalité économique et l'autorité a pour conséquence de favoriser le développement d'attitudes profondément anti-intellectualistes et d'un véritable culte du silence. Il est étonnant de remarquer à quel point les milieux de la gestion vivent dans un univers de certitudes et ont l'impression de détenir la vérité. Cela leur confère une faible tolérance pour la contestation et l'esprit critique, et explique pourquoi ils sont attirés par le mirage des explications simplistes et réductrices, comme en témoigne la succession de recettes dont on attend à chaque fois des résultats miracles et qui, malgré leurs succès douteux, trouvent toujours preneur. Toute personne qui essaie d'élargir les débats et d'introduire des considérations qui n'ont pas d'utilité immédiate est vite taxée de philosophe, d'original ou autrement, avec une forte connotation péjorative, ce qui permet de ne pas tenir compte de son intervention et d'escamoter toute discussion. Cette attitude anti-intellectualiste a pour effets néfastes d'appauvrir considérablement les discours sur les problèmes auxquels l'entreprise fait face et de la priver ainsi de perspectives fécondes et de solutions qui sortent des sentiers battus. Les conformistes rassurent, les créateurs dérangent, même si les succès qu'on vante sont généralement attribuables à ces derniers et qu'il existe une surenchère sur les mérites du changement, de l'innovation et de la participation.

On doit enfin s'interroger sur la méfiance généralisée qui existe à l'égard des conversations qui ont lieu entre les employés au travail, comme si le fait de parler n'était que bavardage ou une indication que l'on a cessé de travailler, comme si converser au travail était une manière de « voler du temps » à son employeur. Cette méfiance radicale à l'égard de la parole, qui est vue comme une « perte de temps », se traduit par la mise en place de règles implicites et explicites qui limitent fortement son utilisation et qui peuvent même aller jusqu'à son interdiction pure et simple (Aktouf, 1986f, p. 237, 248).

Fait très inquiétant, ces restrictions à l'exercice de la parole, qui sont malheureusement très courantes dans l'univers des bureaux et des usines, ont tendance à s'introduire dans toutes les institutions, y compris les établissements spécialisés dans les soins aux malades et aux personnes âgées. Une étude ethnographique des activités se déroulant à l'intérieur d'une résidence pour personnes âgées arrive à la triste constatation que les pensionnaires ne passent pas plus de 20 minutes par jour à parler, et que l'essentiel du contenu de leurs échanges porte sur des formules conventionnelles et manifeste une absence quasi totale d'expression de soi (Sigman, 1981, p. 256-266). Quelle profonde violence représente cette interdiction de parler quand on sait le rôle primordial que joue la parole dans la mise en scène de l'existence personnelle!

La langue administrative

Une autre dimension qui vient nuire à la possibilité d'utiliser pleinement tous les registres du dialogue tient aux principaux véhicules dont la communication se sert, où l'échange est dominé par le schéma classique de la communication, par l'existence d'une langue administrative très appauvrie et par la tendance à la multiplication des jargons professionnels spécialisés.

Depuis plus de 40 ans, la façon de représenter le phénomène de la communication a été dominée par le schéma classique de la communication, que tous connaissent et que l'on représente généralement par le graphique suivant:

	Message	
Émetteur	————————	Récepteur
	Canal	
	Bruit	
Codage	————————	Décodage
	Redondance	

Ici, un émetteur communique avec un récepteur au moyen d'un message qui devra faire l'objet d'un codage par l'émetteur et d'un décodage par le récepteur. Ce message, qui doit emprunter un canal, est susceptible d'être brouillé par des phénomènes de bruit qui devront être éliminés si l'on veut qu'il soit transmis correctement ou être compensés par des phénomènes de redondance. Ce schéma, inventé par des ingénieurs des télécommunications pour conceptualiser les difficultés qu'ils avaient à surmonter pour acheminer les messages dans l'espace et dans le temps, s'est révélé fort utile pour améliorer la qualité de la transmission des informations. Tous les véhicules servant à la communication, depuis le téléphone jusqu'au télécopieur, le dernier-né, en passant par le télégraphe et le télex, fonctionnent selon ce modèle et montrent à quel point il a prouvé son utilité. Dans ce schéma, on cherche exclusivement à maintenir l'intégrité matérielle du message tout au long de la communication. Il n'a jamais été dans les préoccupations des concepteurs, ni dans les possibilités de ce modèle, de s'interroger sur la signification du message ni de prendre en compte les effets possibles de celui-ci sur les destinataires, même si ces deux dimensions constituent les enjeux fondamentaux de toute communication humaine. En effet, le fait d'avoir adopté ce diagramme pour expliquer et pour comprendre le processus de la communication entre des personnes et de l'avoir étendu à la compréhension des relations interpersonnelles a eu pour effet d'escamoter ces enjeux. Il ne fait aucun doute qu'on sera dans l'incapacité d'en tenir compte tant et aussi longtemps qu'il restera le modèle de référence par excellence.

Si l'on se tourne vers les caractéristiques qui prédominent dans la langue administrative, on constate qu'elle impose à l'expression des limites très étroites. En effet, cette langue présente plusieurs des caractéristiques de ce que l'on appelle la « langue de bois », définie comme un style par lequel on abuse de mots appauvris pour rendre compte de la richesse et des contradictions du réel, et de formes qui ont tendance à rendre difficile toute forme de questionnement. Les phrases sont généralement courtes, l'indicatif et l'impératif y prédominent, laissant peu d'espace à l'expression des nuances de la pensée. Leur constante répétition conduit à les ériger en slogans et en clichés, si bien que les qualificatifs les plus forts de la langue finissent par perdre leur puissance d'évocation. Herbert Marcuse a fort justement remarqué que dans ce discours qui a tendance à se refermer sur lui-même plutôt qu'à s'ouvrir sur la réalité, « c'est le mot qui ordonne et qui organise, il incite les gens à faire, à acheter, à accepter [...] La structure de la phrase est abrégée et condensée de manière à ce qu'aucune tension, aucun « espace » ne soient laissés entre les différentes parties. Cette forme linguistique s'oppose au développement du sens. » (Marcuse, 1968.) La multiplication des euphémismes, tels que les malentendants pour les sourds, les bénéficiaires pour les malades, l'âge d'or ou le troisième âge pour la vieillesse, les demandeurs d'emplois pour les chômeurs, etc., illustre parfaitement les intentions et la lourdeur du style de cette langue de bois. Un autre aspect de celle-ci est l'apparition régulière de mots ou de formules auxquels est conféré un pouvoir magique, tel que l'enrichissement des tâches, l'excellence, la qualité totale, les cercles de qualité, la gestion du temps, la philosophie de gestion, l'énoncé de mission, etc. Ce qui compte, c'est créer des formules-chocs. On s'attache plus à l'élaboration, à l'énonciation et à la diffusion de ces mots et de ces formules qu'à l'analyse et à la mise en œuvre des conditions matérielles et sociales qui leur permettraient de produire les résultats escomptés, comme si la valeur incantatoire de leur répétition suffisait.

L'utilisation de plus en plus fréquente de termes génériques et abstraits comme l'organisation au lieu de l'entreprise, de l'établissement, de l'institution, les ressources humaines au lieu des ouvriers, du personnel, de l'être humain, le gestionnaire au lieu du dirigeant, du supérieur, du patron, du cadre, du contremaître, a pour effets directs d'abolir les différences et les spécificités de chaque contexte et de faire croire qu'ils obéissent tous aux mêmes principes généraux et aux mêmes lois. Mais à long terme, le danger le plus grave que le recours à ces vocables suscite est d'encourager la construction d'images mentales de la réalité qui font que « tout ce qui était directement vécu s'éloigne dans une représentation » (Debord, 1968). L'une des illustrations les plus probantes de cet appauvrissement du sens se manifeste dans la prolifération de graphiques qui, en multipliant les cercles, les carrés, les triangles et les flèches qui les réunissent, cherchent à simplifier et à emprisonner la réalité. Fait ironique, parallèlement à cette invitation à fuir dans l'universel et dans l'abstrait, on tente par tous les moyens de créer un sentiment d'identification et d'appartenance avec des énoncés comme: « Nous sommes une grande famille », « nos valeurs », etc.

On constate que la langue administrative, en réduisant considérablement les choix tant sur l'axe paradigmatique que sur l'axe syntagmatique, n'est guère favorable au déploiement du sens. Mais, dans un autre ordre, cette manière de parler révèle un manque de considération pour les aptitudes de l'être humain à manier des symboles et à « créer » du sens, et un refus de s'adresser à son intelligence. Comme dans toute entreprise de conditionnement, les employés ne se laissent pas berner facilement, et pour montrer qu'ils ne sont pas dupes de la distance qui existe entre les discours et les faits, ils empruntent une « langue populaire qui s'attaque avec un humour provocant et plein de défi au discours officiel et semi-officiel, l'argot et les expressions familières n'ont jamais été aussi riches et suggestives [...] C'est comme si le refus et la révolte [...] éclataient dans un vocabulaire qui appelle les choses par leur nom. » (Marcuse, 1968.)

L'étude ethnographique conduite par Omar Aktouf dans deux brasseries situées l'une à Montréal, l'autre dans la banlieue d'Alger, a mis en évidence l'existence, dans ces deux cas, de différences fondamentales entre la langue parlée par les ouvriers et celle employée par les personnes en position hiérarchique même si la plupart de ces dernières étaient d'anciens ouvriers (Aktouf, 1986c). La langue hiérarchique se caractérise par sa très grande correction pouvant aller jusqu'à la préciosité, par la prédominance des thèmes qui concernent la productivité, le produit et le paternalisme, tels qu'illustrés par la fréquence de phrases comme: « il faut que les gars payent leur salaire », « les chiffres et les plans! Qu'on respecte ça et je n'ai rien à dire », « notre rôle, c'est avant tout l'image de la compagnie et la qualité, c'est pour ça qu'on a l'air d'être sur leur dos », « nous veillons sur eux », « nous essayons de montrer l'exemple », « nous les éduquons ». À Montréal, les emprunts au vocabulaire comptable et au langage des chiffres foisonnent de mots comme amortissement, coût, bilan, bénéfices, investissement, marge brute, et toutes sortes de statistiques de rendement et de cadence émaillent leurs propos.

À ce parler, les ouvriers opposent le leur qui est « un parler fort, direct, sans effort de réflexions préalables ni clauses de style d'aucune sorte ». L'impression d'être des laissés pour compte domine: « ils ne nous connaissent pas », « pour eux le seul trouble c'est la production ». Ils éprouvent de l'hostilité à l'égard du produit: « y en a que pour cette saleté de bière », « à cause de cette maudite bière ». À l'opposé de la famille unie proposée par la hiérarchie, les ouvriers voient souvent les contremaîtres comme des « chiens », des « crosseurs », des « féroces », des « fouetteurs », des « petits monstres », des « watcheurs », etc.

Ce bref compte rendu de l'étude d'Aktouf souligne l'immense fossé qui peut séparer le monde de la hiérarchie de celui des ouvriers, tel qu'il se révèle si l'on veut bien se pencher sur les langues parlées dans les entreprises. Une analyse plus fine révèle la manière dont les candidats à la promotion ou les récents promus se préparent progressivement à adopter la langue des « autres », des « supérieurs », qui les éloignera définitivement de leurs anciens collègues. Ces exemples, plus fréquents qu'on ne l'imagine, traduisent à quel point les directions se leurrent sur ce que les ouvriers pensent de l'entreprise et de leurs dirigeants et expliquent le peu d'écho suscité par les appels au dialogue et à la participation.

Les jargons spécialisés

Le nombre croissant de spécialités administratives et leur professionnalisation a eu pour effet de multiplier les jargons spécialisés qui transforment parfois l'entreprise en une véritable tour de Babel. Si ces langues professionnelles facilitent la communication à l'intérieur de chaque *spécialité*, elles augmentent les difficultés de compréhension entre elles. Beaucoup de mots n'ont pas d'équivalents d'une *profession* à l'autre et des mots identiques n'ont parfois pas la même signification selon le contexte professionnel. Qu'y-a-t-il de commun entre les langues actuelles de l'informatique, de la comptabilité, du marketing, de la production, des ressources humaines? Si l'on ajoute à cela que la science administrative se situe au carrefour de plusieurs disciplines auxquelles elle fait de nombreux emprunts, la nécessité s'impose de revenir à la langue naturelle — *la seule capable de transcender toutes ces différences* — et d'en acquérir une parfaite maîtrise. Il est regrettable de constater que l'évolution actuelle des écoles de gestion, en contribuant à la diffusion de cette langue de bois et à la création de néologismes pseudo-scientifiques, rend de plus en plus difficile la maîtrise par les étudiants de toutes les possibilités d'expression que contient la langue naturelle et nuit au développement de tout souci esthétique.

La structure bureaucratique

L'extension verticale et horizontale des structures a pour effet de multiplier les niveaux hiérarchiques, d'où résulte qu'il est difficile d'apprécier clairement le partage des responsabilités, que les occasions de chevauchement se multiplient et, par conséquent, que les sources de conflits sont accrues et qu'un climat de méfiance généralisée tend à s'instaurer entre les niveaux et entre les unités (Jaques, 1985, p. 155-165).

On sait que le fait de détenir l'autorité peut porter ceux qui en disposent à se conduire à leur insu en « petits chefs » et leur confère ainsi le droit de faire souffrir les personnes sous leur juridiction. La structure bureaucratique, fait plus grave, encourage la prolifération des personnes détenant une autorité hiérarchique ou fonctionnelle. Or, ce dont les employés se plaignent le plus aujourd'hui dans les différents milieux de travail, ce n'est pas de leurs conditions matérielles, mais de la manière dont les traitent ceux qui exercent l'autorité. Lorsqu'ils ont des reproches à leur faire, c'est précisément de se conduire en « petits chefs ». Ils dénoncent en particulier l'abus d'autorité, l'autoritarisme et la dureté qui marquent encore beaucoup de leurs rapports, le mépris et l'absence de considération, les réprimandes répétées, les vexations gratuites et les réflexions désobligeantes dont ils sont trop souvent l'objet, le dénigrement de leur travail par leurs supérieurs et le non-respect de leurs compétences. Ceux qui, dans les entreprises, se conduisent comme des petits chefs, ont le don de recourir régulièrement aux mécanismes tels que la réponse tangentielle ou à côté, la double contrainte, la collusion et les actes de parole non respectés, dont on a montré les effets dévastateurs tant sur le plan psychique que sur le plan physiologique. Il est curieux que l'on n'accorde aucune importance à des phénomènes d'une telle ampleur, qui contribuent à ce que beaucoup de gens dans les entreprises souffrent et en arrivent même à éprouver des sentiments aussi forts que de la haine. Comment de tels comportements peuvent-ils être en accord avec les discours officiels et les bonnes intentions de toutes les directions? Comment peut-on attendre qu'il en sorte des résultats positifs? Considérant les enjeux qui sont liés à l'exercice de l'autorité, il n'est pas acceptable que l'on concentre l'attention sur les seules conditions professionnelles et techniques d'accès à des postes de commandement et que l'on accorde aussi peu d'importance à s'assurer que les personnes à qui l'on envisage de confier du pouvoir détiennent les qualités humaines essentielles à son exercice.

LES CONDITIONS FAVORABLES AU DIALOGUE

Si plusieurs obstacles rendent difficile l'établissement du dialogue dans les milieux de travail, il existe aussi des conditions qui le favorisent. Ces facteurs se trouvent surtout dans l'évolution des valeurs en Occident, dans la dynamique interne des groupes informels et dans les pratiques adoptées par les chefs de file dans leurs secteurs.

Les valeurs

L'une des caractéristiques les plus marquantes de la société occidentale a été l'émancipation de la personne, dont les droits d'expression n'ont cessé au cours du temps d'être renforcés. Au-delà des manipulations dont il peut faire l'objet par les médias, aucun Occidental vivant aujourd'hui dans une société démocratique ne peut nier le fait qu'il est un citoyen à part entière, ce qui lui rend de plus en plus intenable le fait de ne pas jouir des mêmes droits au sein de son milieu de travail.

Le groupe informel

Depuis longtemps, on sait qu'il existe des regroupements spontanés à l'intérieur de toute structure officielle. Si l'on examine de près le fonctionnement de ces groupes, on constate très vite qu'ils devraient être, sur le plan des échanges, un merveilleux exemple à suivre. Assez curieusement, tous les obstacles au dialogue que nous avons rencontrés dans les structures formelles sont inconcevables dans les groupes informels, et c'est peut-être cela qui en explique l'originalité, la puissance et la cohésion. Dans les groupes informels unis, on n'est en général pas avare de paroles, chacun se sent un sujet et voit confirmer dans le regard des autres le sentiment de son importance; le plaisir vient de pouvoir parler à la première personne, de dire « je » et d'être entendu. Le temps de parole n'est pas mesuré ni compté, et chacun est toujours moralement disponible à l'autre. Les rapports sont marqués par un climat chaleureux, empreint d'affection, de respect mutuel et d'amitié. S'il survient des difficultés dans les relations entre certains membres, les problèmes sont abordés de front et leur résolution tient en général au fait que les personnes concernées sont capables — en recourant au terme consacré en linguistique — de métacommuniquer, c'est-à-dire d'échanger et de commenter sur la façon dont elles communiquent. Un tel niveau dans l'interaction signifie que chacune des personnes en cause accepte de se considérer comme faisant partie du problème. La culture du groupe informel accepte cette métacommunication, le plus souvent impossible ou très difficile dans un contexte d'autorité hiérarchique ou fonctionnelle où agir de la sorte serait vécu comme une forme d'insolence inacceptable de la part d'un subordonné. L'appartenance au groupe exige de tous des conduites qui manifestent solidarité, collaboration, entraide, réciprocité et fidélité à sa parole. Ici le mensonge conduit à l'exclusion. Les meneurs qui émergent, s'ils veulent conserver ce statut dans le groupe, doivent montrer l'exemple, être proches de leurs camarades et savoir rester à l'écoute de chacun. La langue utilisée est pleine de fantaisie et de verdeur, et laisse une grande place aux jeux de mots, aux plaisanteries et à l'humour, on se comprend à demi-mots et à mots couverts. L'invention verbale est même encouragée, au point que ceux qui font preuve de créativité dans leur expression occupent une place privilégiée. Au fond, cette langue est la langue naturelle, ce qui ne veut pas dire qu'il n'existe pas des mots qui peuvent être compris des seuls membres du groupe.

L'observation de ce qui se passe dans les milieux de travail révèle l'omniprésence des activités de *commérage* qui ont une portée beaucoup plus profonde qu'on ne le croit généralement. Le commérage existe quand une ou plusieurs personnes parlent en bien ou en mal d'un ou de plusieurs individus absents. C'est de cette façon que les membres d'un groupe se créent peu à peu des normes et se distinguent des autres groupes. À l'occasion de ces bavardages, ils se donnent ainsi mutuellement des exemples de comportements à suivre ou à proscrire et font savoir à l'autre le sort qui l'attend s'il se comporte comme celui dont on dit du mal ou du bien. Lors des activités de commérage, les personnes se construisent et se renforcent mutuellement dans leurs croyances individuelles et collectives. À ce titre, ces activités jouent un rôle fondamental pour maintenir et développer l'identité de chacun et pour atténuer les effets de la violence vécue dans la structure formelle. Que fait spontanément un employé qui vient de subir une agression qui met en cause son identité ? Il va partager ce qu'il vient de vivre auprès d'un membre de « son » groupe de référence auprès de qui il trouvera une écoute compréhensive et la possibilité de se reconstruire. Vue sous cet angle, la communication dans les groupes informels contrebalance les effets destructeurs de la violence verbale. Plus la structure formelle oblige les employés à se taire, plus ceux-ci se rattrapent et se grisent de paroles dans les groupes informels. Si les dirigeants réfléchissaient davantage sur les sources de plaisir au travail (voir à cet égard l'article de C. Dejours dans cet ouvrage), ils pourraient découvrir la place centrale qu'y occupe la prise de parole dans les groupes informels et lors de crises telles que les grèves, qui déclenchent très souvent de véritables explosions de paroles qui viennent combler des manques longtemps refoulés. Les grévistes n'éprouvent-ils pas une évidente jubilation à échanger entre eux en assemblées, en groupes, en sous-groupes, à défendre leurs points de vue devant la direction, les instances gouvernementales et les journalistes des différents médias ? On a parfois l'impression qu'ils prennent à cette occasion leur revanche face au mutisme quotidien que leur imposent les directions patronales et... syndicales. Si cette expérience est vécue comme un moment rare d'échanges et de partage, elle constituera la meilleure compensation aux difficultés et aux pertes matérielles subies et restera comme un moment fort dans la vie de ceux qui y auront participé pleinement.

Les pratiques des chefs de file

Les nombreuses études qui depuis une dizaine d'années essaient de comprendre pourquoi certaines entreprises d'un même secteur réussissent mieux que d'autres mettent toutes l'accent sur la contribution distinctive de pratiques humaines de gestion et, en particulier, celles qui acceptent de libérer la parole. L'impression que l'on retire de ces expériences réussies, c'est que ces entreprises ont su créer un style de gestion, un climat de travail et une éthique qui institutionnalisent, sous une forme ou sous une autre, les pratiques et les comportements qui apparaissent spontanément dans tout groupe informel uni. Le cas de l'entreprise Cascades étudié par Omar Aktouf dans cet ouvrage en est une parfaite illustration.

LES QUALITÉS HUMAINES

À l'issue de ce tour d'horizon des possibilités qu'offrent la langue et la parole et de la situation qui règne dans les milieux de travail, on se rend compte que chaque personne en position d'autorité est en grande partie responsable du type d'échange qui prévaut dans son unité.

Tout comme les entreprises d'un même secteur peuvent présenter de fortes différences de rendement, on observe au sein d'une même entreprise des variations entre les départements et entre les niveaux hiérarchiques qui sont tout autant significatives, même s'ils doivent évoluer à l'intérieur de règles communes et identiques. Quelle est la raison de tels succès? On la trouve dans l'atmosphère particulière que chaque responsable aura su créer autour de lui et dont il faut trouver l'origine dans ses habiletés et ses qualités humaines plus que dans ses compétences techniques. Or, traditionnellement dans les milieux de la gestion, on a plus cherché à connaître les habiletés du dirigeant qu'à mettre en évidence les qualités humaines qu'il devait posséder pour occuper cette fonction. Dans cette analyse, nous arrivons à la conclusion qu'il est temps de redonner aux qualités humaines la place qui leur revient dans l'explication de la réussite.

La dimension qui conditionne toutes les autres concerne la qualité de la relation que la personne entretient avec elle-même. Avant d'être une relation aux autres, comme on le pense habituellement, le leadership est avant tout une relation à soi, et dans cette relation à soi, « un sentiment solide de sa propre identité autonome est indispensable pour que l'on puisse avoir une relation normale avec autrui. Autrement, toute relation menace l'individu de la perte de son identité. » (Laing, 1970, p. 39). Toute personne qui a un rapport avec elle-même difficile aura tendance à se servir des autres pour régler ses problèmes personnels « sur leur dos ». Dans cette relation à l'autre, la dimension importante est peut-être d'accepter de faire son deuil de ses fantasmes personnels de toute-puissance (Lapierre, 1988, p. 39-49).

On détermine généralement les qualités d'un bon dirigeant à partir des critères énoncés par ses supérieurs. Pourquoi n'accorderait-on pas de l'importance aux qualités appréciées par les subordonnés, puisque le rôle de dirigeant est de bien diriger ces derniers? Parmi les qualités que les subordonnés disent apprécier le plus, mentionnons le sens de l'équité, la capacité d'aimer, l'ouverture d'esprit, l'honnêteté, la générosité, le courage, le sens des responsabilités et le jugement. Les paroles qui suivent, d'un contremaître aimé des ouvriers dans une usine où les rapports étaient particulièrement durs, valent mieux qu'un long discours et illustrent ces réflexions et commentaires.

> Ce sont des êtres humains qui gagnent leur vie, pas des paresseux qu'il faut fouetter! [...]. S'ils font des erreurs, c'est humain, nous aussi on en fait [...]. Moi je veux dégager de l'amour tout le temps et en recevoir [...]. Je veux être bien dans ma peau, alors je suis bien avec l'employé et lui se sent bien et travaille bien [...]. Tu peux pas travailler avec un employé qui est sous tension [...]. Un bon contremaître, c'est celui qui a la conscience tranquille [...]. Pourquoi je suis aimé? Je pousse pas le monde, je les laisse venir, je les respecte comme je me respecte [...]. Je parle franchement à quelqu'un, d'homme à homme, pas dans son dos [...]. Quand je suis annoncé pour diriger un chiffre ou un plancher, j'aime quand les gars disent « Ah! C'est le fun! » [...]. On a eu un cours de relations humaines [...] On nous enseignait qu'il faut dialoguer, être plus humain [...]. Plus rien, tout redevient comme avant! [...]. Ils ont même trouvé ça ridicule: l'employé, il faut le fouetter, pas le bichonner!! [...]. Si tu enlèves la parole, il reste rien [...]. C'est l'incompréhension et les ulcères! [...]. D'où me viennent ces idées, je sais pas, c'est comme ça que je suis, c'est comme ça que je peux me sentir bien dans ma peau. (Aktouf, 1983.)

Après ces développements, on se rend bien compte que des habiletés aussi recherchées aujourd'hui que l'écoute ou la qualité d'expression n'ont pas de valeur en soi et ne livrent leur pleine mesure que si elles reposent sur de telles qualités profondément humaines.

Le paradoxe que dévoile l'étude de la parole, cette activité qui occupe la plus grande partie du temps du dirigeant et qui est considérée comme celle qui lui fait perdre le plus de temps, en laquelle réside l'essence de sa fonction et sur laquelle repose sa réussite, est de montrer que plus on cherche à optimiser les résultats de la communication, moins on a de chances d'y parvenir, et que moins on s'y arrête, en s'ouvrant à toutes les dimensions qualitatives de l'échange, plus on s'expose à trouver l'efficacité... en supplément.

CONCLUSION

Quelles que soient les raisons professionnelles qui amènent les gens dans leurs milieux de travail à communiquer, il est important de souligner que l'échec dans ce domaine est douloureux pour les personnes concernées et coûteux pour l'entreprise dans son ensemble. Quand on examine ce qui se passe dans une entreprise où la communication est défaillante, on ne peut qu'être consterné par l'immense gaspillage de temps, d'argent et d'énergie qui est consacré à y remédier ou à la maintenir malgré tout. De telles ressources pourraient être utilisées à de meilleures fins. En refusant de prendre en compte ces faces cachées de la communication et d'accepter d'être des hommes de parole, les dirigeants passent une partie importante de leur temps à tenter de régler eux-mêmes, ou à faire régler par leurs supérieurs, les problèmes qu'ils se sont eux-mêmes créés par leurs maladresses et par le caractère violent de leurs attitudes, de leurs gestes et de leurs paroles. Ils sont les artisans de leurs propres difficultés, et le fait qu'ils sont encouragés à persister dans leurs erreurs les empêche de s'en rendre compte et de se corriger.

À l'époque où la technologie prend en charge de plus en plus l'administration des choses et où les avances technologiques sont vite copiées et rattrapées par la concurrence, l'avantage décisif ne peut que provenir de la qualité du gouvernement des hommes, vieux thème connu par toutes les sagesses, plus difficile à mettre en place mais aux effets moins temporaires. La société occidentale industrielle, prisonnière de l'autoritarisme et du culte de la rationalité économique qui ont présidé à ses origines et accompagné son développement, n'a pas encore su accoucher d'une gestion digne des autres valeurs qui l'animent à notre époque, dont l'émergence et l'accomplissement du sujet constituent un des traits marquants de son évolution. Cette gestion, qui tiendrait compte du nouveau statut que l'individu a peu à peu acquis dans la société, devra revoir de fond en comble ses présupposés sur la communication, et accepter de s'ouvrir à toutes les dimensions de la parole. Plus que jamais, elle devra, que cela lui plaise ou non, reconnaître avec Benveniste qu'« avant toute chose, le langage signifie, tel est son caractère primordial, sa vocation originelle qui transcende et explique toutes les fonctions qu'il assure dans le milieu humain. Quelles sont ces fonctions?... Pour les résumer d'un mot, je dirais que, bien avant de servir à communiquer, le langage sert à vivre. » (Benveniste, 1966, t. 2, p. 217.) En terminant, n'oublions jamais cette leçon que nous livre Pierre Legendre (1987, p. 3): « Pour avoir méconnu les réalités du discours, le Management a reçu ici et là des démentis cinglants. Méditez sur cette leçon, et vous vous préparerez à comprendre qu'on ne manie pas l'espèce parlante comme du bétail. »

DE L'INFORMATION À L'ARGUMENTATION

Richard DÉRY

En 1973, dans ce qui est vite devenu un classique de la littérature en gestion, Mintzberg regroupait les activités quotidiennes des gestionnaires sous la forme d'un enchaînement linéaire de rôles, soit les rôles interpersonnels, informationnels et décisionnels. En outre, il mettait en évidence le fait que les gestionnaires consacrent près de 80 % de leur temps à des activités d'information. Cette description tranchait avec la représentation traditionnelle du travail des gestionnaires. En effet, depuis le début du siècle, l'on s'inspirait surtout de la description proposée par Fayol (1970) qui soutenait que le travail des gestionnaires prenait la forme d'un processus formel de gestion constitué des sous-processus de planification, d'organisation, de direction et de contrôle.

La théorie des rôles proposée par Mintzberg a été vue par plus d'un comme le début d'un renouvellement de la pensée en gestion. Certains, comme Aktouf (1989), ont toutefois été plus sceptiques et n'y ont vu qu'un raffinement des conceptions traditionnelles. C'est également le point de vue que j'adopte dans ce texte, mais d'abord, je m'interrogerai sur la portée objectale de cette théorie et l'étendrai à l'ensemble des membres de l'organisation. Puis, je montrerai qu'elle réduit les acteurs organisationnels à des machines de traitement de l'information. Enfin, à cette logique du traitement de l'information, je substituerai une logique de l'argumentation.

LA PORTÉE DE LA THÉORIE DES RÔLES DE GESTION

Selon Mintzberg (1973), nous l'avons vu, l'actualisation concrète et quotidienne de rôles interpersonnels, informationnels et décisionnels caractériserait le travail des gestionnaires. Dans la catégorie des rôles interpersonnels, les gestionnaires joueraient simultanément ou alternativement des rôles de figure de proue, de leader et d'agent de liaison; des rôles de pilote, d'informateur et de porte-parole constitueraient les rôles informationnels; enfin, c'est en actualisant des rôles d'entrepreneur, d'arbitre, de financier et de négociateur qu'ils rempliraient leur rôle de décideur.

Cette description soulève un problème car elle ne paraît en rien caractéristique de la seule activité des gestionnaires. En d'autres termes, est-ce que la théorie des rôles proposée par Mintzberg se limite au champ administratif? Est-ce vraiment une théorie de la gestion ou n'est-ce pas plutôt une théorie du comportement organisationnel, voire même de l'action humaine? Les autres membres de l'organisation ne jouent-ils pas également des rôles interpersonnels, informationnels et décisionnels? Les autres membres de l'organisation n'actualisent-ils pas eux aussi concrètement et quotiennement des rôles de figure de proue, de leader, d'agent de liaison, de pilote, d'informateur, de porte-parole, d'entrepreneur, d'arbitre, de financier et de négociateur? D'une certaine façon, n'est-ce pas le propre de toute personne, qu'elle soit gestionnaire ou non, membre d'une organisation ou pas, d'établir avec les autres des relations interpersonnelles, des relations d'échange d'information et de prendre des décisions? Et si toutes les personnes actualisent concrètement et quotidiennement ces rôles, doit-on en déduire que ceux et celles qui ne sont pas gestionnaires ne sont pas des personnes? Est-ce pour cela d'ailleurs que l'on parle généralement de ressources humaines pour désigner les personnes que dirigent les gestionnaires?

Ces questions ne remettent pas en cause la validité de la théorie, mais suscitent un doute quant à sa portée, à son étendue objectale. On pourrait d'ailleurs tous trouver beaucoup d'exemples de personnes qui ne sont pas gestionnaires et qui pourtant actualisent les rôles que Mintzberg tient pour caractéristiques du travail des gestionnaires. Le travail de professeur, par exemple, nécessite la pratique de tous les rôles que décrit Mintzberg. Cela vaut également pour les étudiants qui pratiquent quotidiennement des rôles interpersonnels, informationnels et décisionnels. Doit-on pour autant considérer que les professeurs et les étudiants sont des gestionnaires? Bien sûr que non, et il faut plutôt admettre que les rôles décrits par Mintzberg valent pour l'ensemble des acteurs organisationnels. En outre, ces rôles sont à ce point généraux qu'il est possible d'étendre encore davantage la portée de la théorie et considérer qu'elle vaut pour l'action en général, que cette action prenne place ou non dans le cadre restreint des organisations formelles. On n'a d'ailleurs qu'à penser à ce que font les membres d'une famille; n'actualisent-ils pas eux aussi des rôles interpersonnels, informationnels et décisionnels?

On le voit, il est possible de soulever beaucoup de questions sur la portée de la théorie proposée par Mintzberg. Toutes ces questions n'ont d'autre but ici que d'illustrer qu'il y a des raisons de douter qu'il y ait des différences fondamentales, dans leur comportement organisationnel, entre les gestionnaires et les autres membres de l'organisation. Il y a certes des différences d'autorité, de responsabilité et de statut formel, mais cela ne veut pas dire qu'il y a deux catégories d'humains dans les organisations, les gestionnaires et les autres, et que leurs comportements respectifs sont déterminés par ces différences. Et ce qui vaut pour la théorie des rôles de Mintzberg vaudrait également pour la plupart des théories du comportement organisationnel. Qu'il suffise de prendre l'exemple des théories de la motivation que d'aucuns considèrent comme le cœur des sciences du comportement organisationnel. Ces théories présentent fréquemment les gestionnaires comme des motivateurs et les employés comme des ressources à motiver. Devons-nous en conclure que tous les gestionnaires sont naturellement motivés et que tous les employés ont besoin de l'être? Existe-t-il deux catégories d'humains, l'une constituée d'êtres motivés, les gestionnaires, et l'autre d'êtres non motivés, les employés? Ces théories de la motivation, comme la théorie des rôles, suscitent de sérieux doutes. Ces doutes pourraient même nous conduire à questionner la pertinence d'une science du comportement organisationnel distincte d'une science du comportement humain, ce qui serait fort intéressant, mais nous éloignerait du principal propos de ce texte.

Si on admet que la théorie des rôles proposée par Mintzberg peut s'étendre à l'ensemble des acteurs organisationnels, la question fondamentale devient alors de savoir si elle décrit vraiment ce que font les acteurs organisationnels.

Comme nous allons le voir, cette théorie soulève un problème en ce sens qu'elle se fonde sur une conception de l'action qui l'assimile à une logique du télégraphe et réduit la personne à une machine de traitement d'information. Avec ce que l'on sait aujourd'hui de la personne, il n'est plus possible de souscrire à une conception aussi réductrice et mutilante.

L'ACTEUR VU COMME MACHINE DE TRAITEMENT DE L'INFORMATION

Dans la théorie des rôles proposée par Mintzberg, l'information joue un rôle central et tient lieu de fil conducteur. Selon les différentes catégories de rôles, les acteurs recueillent l'information, la traitent, la diffusent et, enfin, l'utilisent dans des processus de décision. Une telle représentation de l'action organisationnelle réduit l'acteur à une machine de traitement de l'information. En ce sens, force est de reconnaître à la suite de Aktouf (1989) que la théorie de Mintzberg n'a finalement rien de bien révolutionnaire. On peut même n'y voir qu'une reformulation de théories qui ont pignon sur rue depuis près d'un demi-siècle dans les sciences du comportement organisationnel. Dès la fin des années quarante, les travaux de Simon (1957) et, par la suite, ceux de ses collègues de Carnegie-Mellon University (voir, en particulier, March et Simon, 1958, Cyert et March, 1963) présentaient l'acteur organisationnel comme un décideur qui fonde ses choix sur la base d'un traitement de l'information recueillie dans l'organisation et dans son environnement (Ungson *et al.*, 1981). La théorie statistique de la décision, qui prend son envol dans les années cinquante avec les travaux de Savage (1954), Luce et Raiffa (1957), proposait elle aussi une image de l'acteur réduit à une machine de traitement de l'information en vue d'une prise de décision.

De manière générale, depuis plus de quarante ans, cette image de l'acteur comme machine de traitement de l'information se trouve au cœur de la plupart des théories de la décision et cela, qu'elles prennent la forme de théories statistiques (Luce et Raiffa, 1957; Raiffa, 1968; Schlaifer, 1969; Martel, 1973; Keeney et Raiffa, 1976; Fericelli, 1978; Tisdell, 1976), de théories administratives (Mintzberg *et al.*, 1976; Grandori, 1984; Nutt, 1984), de théories psychologiques (Vroom et Yetton, 1973; Janis et Mann, 1977; Janis, 1989), cognitivistes (Holsti, 1971; Taylor, 1975; Smart et Vertinsky, 1977; Hogarth, 1980; Kahneman, Slovic et Tversky, 1982), sociologiques (Crozier et Friedberg; 1977, Crozier, 1983) ou politiques (Lindblom, 1959; Braybrooke et Lindblom, 1968, 1970; Allison, 1971; Pfeffer et Salancik, 1974; Wildavsky, 1979).

Depuis le début des années quatre-vingt, on assiste à l'amorce d'une critique de fond de l'acteur-décideur réduit à une machine de traitement de l'information (Feldman et March, 1981; March, 1981; March et Shapira, 1982;

Beyer, 1981; Wildavsky, 1983 et Brunsson, 1982, 1985). Ces auteurs, entre autres, mettent en évidence que l'information constitue un problème pour les acteurs organisationnels. Par exemple, il n'est pas rare que ces derniers recueillent de l'information qu'ils n'utilisent pas, il est fréquent que l'information, plutôt que de servir de fondement à la prise de décision, serve à justifier après coup les décisions, et il est clair que l'information peut être utilisée à d'autres fins que la prise de décision, en particulier comme système de contrôle. En outre, dans les organisations modernes, l'information a valeur de symbole en ce sens qu'elle laisse à penser que celui ou celle qui la possède est une personne compétente. Elle est également associée au pouvoir et sert de base à son exercice. De plus, on constate que la prise de décision ne met pas en jeu seulement de l'information, mais aussi des valeurs et des idéologies. Enfin, la réalité même de l'information est mise en doute. D'une certaine façon, les acteurs s'échangeraient des représentations, des images de leur réalité, des argumentations plutôt que des informations déjà construites et en attente d'être recueillies, traitées et utilisées dans des processus de décision. C'est ce dernier point de vue que j'adopte, et à l'image du traitement de l'information je substitue donc celle de la construction d'argumentation. Il me faut alors développer une théorie de l'argumentation. C'est à cela qu'est consacré le reste de ce texte.

L'ARGUMENTATION

Pour construire leur argumentation, les acteurs organisationnels misent d'un côté sur leurs connaissances de l'objet de leur argumentation, et de l'autre tiennent compte des caractéristiques de leur auditoire, c'est-à-dire des autres membres de l'organisation qu'ils veulent convaincre. Par exemple, une directrice du service du personnel qui veut convaincre ses pairs de la nécessité d'adopter un programme de formation du personnel doit, pour susciter l'adhésion, construire une argumentation qui tienne compte à la fois des caractéristiques de son programme et des attentes de ses pairs. Elle doit choisir, en particulier, quelles facettes de son programme exposer et les arguments qui en permettent la description. Deux voies s'ouvrent à la directrice. D'un côté, elle tend vers une argumentation objective qui n'est qu'une copie conforme de son programme de formation; de l'autre, elle se comporte comme un stratège qui conçoit son exposé en fonction de son auditoire. Par la conjugaison de ces dimensions, son argumentation apparaît alors comme une lecture stratégiquement objectivée par une actrice engagée dans le jeu organisationnel.

Les argumentations ne sont donc pas subordonnées à leur objet, elles n'en sont pas que des reflets objectifs. Les argumentations sont des lectures objectivées par les acteurs qui, se faisant stratèges, retiennent seulement certaines facettes de l'objet du discours; ils ne livrent leurs connaissances de l'objet que dans la mesure où cela permet d'obtenir l'adhésion de l'auditoire.

Par ailleurs, la construction des argumentations met également en jeu un mouvement par lequel les acteurs se tournent vers l'auditoire qu'ils prennent à témoin. Par là, la construction de l'argumentation s'inscrit dans une perspective de persuasion plutôt que de description. Bien sûr, ces deux perspectives se recoupent puisque la description sert à la persuasion et que certains arguments sont également des outils de description.

Les éléments de persuasion, tout comme les éléments de description, ne sont pas donnés aux acteurs. Pour les construire, ces derniers se font une image de leur auditoire, des arguments qu'il peut juger convaincants. Par exemple, si notre directrice œuvre dans une entreprise privée, il est possible que les arguments qui mettront en évidence les gains éventuels de productivité qu'engendrera son programme de formation susciteront bien davantage l'adhésion que des arguments qui vanteraient les mérites pour tout être humain de développer ses connaissances et ses habiletés.

Les acteurs oscillent donc, cette fois, entre un discours parfaitement adapté à l'auditoire et une argumentation qui puisse le surprendre. Les acteurs n'étant pas prisonniers de l'auditoire, ils ne sont pas tenus, en effet, de se conformer à ses attentes; ils peuvent choisir une argumentation originale et, par là, chercher à secouer l'auditoire et l'amener à partager leurs vues.

Pour construire leur argumentation, les acteurs peuvent choisir entre cinq types d'arguments, à savoir les arguments d'autorité, formels, quasi formels, fondés sur la constitution du réel et, enfin, ceux qui fondent la constitution du réel[1]. Les arguments de chacun de ces types peuvent se retrouver dans tous les discours et même caractériser des discours lorsqu'ils dominent l'argumentation.

Les arguments d'autorité

Les organisations modernes étant très largement fondées sur la hiérarchie et la compétence, il devient évident que la position hiérarchique qu'occupe l'auteur d'une argumentation et la compétence qui lui est reconnue peuvent jouer un rôle déterminant dans le sort qui sera réservé par l'auditoire à son argumentation. Par exemple, lorsqu'une comptable fait l'analyse financière d'une entreprise, son argumentation a généralement plus de poids que celle d'une personne qui n'a pas cette compétence. De même, par l'autorité légitime qui est attachée à sa position, une présidente d'entreprise pourrait voir ses argumentations jouir d'un préjugé favorable ou à tout le moins susciter l'adhésion sur la seule base de son autorité.

La position hiérarchique et la compétence peuvent même être considérées comme une condition pour la prise de parole. De par leur position hiérarchique et leur compétence, les auteurs d'une argumentation peuvent jouir d'une autorité qui permet de concevoir certains types de discours sur certaines questions, pour certains auditoires. Certains auditoires peuvent même considérer que seuls les acteurs ayant une position donnée ou une compétence particulière ont le droit de discourir sur certaines questions. Faire valoir l'autorité de sa position hiérarchique ou sa compétence est l'affirmation de ce droit, l'indication de son autorité à discourir.

Outre l'autorité légitime de leur position hiérarchique ou de leur compétence, les auteurs d'une argumentation peuvent faire référence à d'autres personnes ou à des institutions reconnues pour donner plus de force à leur argumentation. Lorsqu'un acteur organisationnel dit tenir ses informations d'un expert, de membres influents et légitimes dans l'organisation ou d'un organisme prestigieux, il use de cette forme d'argument d'autorité qui consiste à se draper de l'autorité des autres pour accréditer sa propre argumentation. De la même façon, un professeur use de l'argument d'autorité lorsqu'il prend appui sur des auteurs prestigieux pour convaincre ses étudiants de la valeur de son argumentation. Enfin, dans ce texte, les références à différents auteurs peuvent s'interpréter comme autant d'arguments d'autorité qui visent à susciter l'adhésion à mon argumentation.

Comme on le voit, l'argumentation d'autorité consiste à étendre l'adhésion que les autres membres de l'organisation accordent à l'un ou l'autre des arguments d'autorité à la totalité de l'argumentation. Toutefois, ces arguments sont également engagés dans le mouvement inverse par lequel l'auditoire peut étendre à ceux-ci son appréciation générale de l'argumentation.

Les arguments formels

Si, comme Toulmin (1958), nous rejetons la distinction traditionnelle entre la démonstration et l'argumentation, les trois systèmes formels que sont la logique, la mathématique et la statistique peuvent servir de base à autant de catégories d'argumentations formelles. De plus, chacune des opérations définies à l'intérieur de ces systèmes formels et finis peut être considérée comme un argument formel; nous parlons alors d'arguments logiques, mathématiques et statistiques. Ces catégories peuvent se découper en sous-catégories qui reprennent celles des systèmes formels. Ainsi, les arguments logiques se divisent en deux groupes, à savoir ceux qui relèvent de la logique modale (la contradiction, l'identité, la symétrie, etc.) et ceux qui sont liés à la logique des classes (inclusion, exclusion, etc.); les arguments mathématiques sont de l'ordre du calcul ou de la modélisation; et les arguments statistiques se rapportent à la catégorisation (fréquence, pourcentage, analyse de correspondance, etc.) ou à l'analyse (corrélation, régression, modélisation linéaire, etc.).

Chaque argument logique, mathématique ou statistique n'a, par convention, qu'une interprétation. Dans ce cas, l'argumentation ne se prête pas à des débats tant que les conventions sont tenues pour acquises. La démonstration crée de l'évidence sur la base du consensus qui entoure son système formel. L'équation $1 + 1 = 2$ ne se prête pas à des débats tant qu'on accepte la définition des relations d'addition et d'égalité et celle des éléments qui sont mis en relation. Cette équation n'a de sens que dans un certain système de conventions, et, pour reprendre un exemple proposé par Piaget (1967), montrer qu'une goutte d'eau additionnée à une autre n'en donne pas deux mais une seule n'invalide pas la démonstration car cette dernière n'est que d'ordre formel. De même, c'est par définition qu'il est possible de soutenir que si $a = b$ et $b = c$, alors $a = c$. Accepter cet argument de transitivité c'est admettre sa définition et reconnaître qu'elle n'a qu'une signification et qu'elle est d'ordre formel. Appliquée au réel, cette règle peut ne pas se vérifier. Ainsi, par exemple, l'expression populaire « les amis de mes amis sont mes amis » est une application de la transitivité qui dépasse les cadres restreints des systèmes formels et qui, précisément parce qu'elle en sort, peut se prêter à des débats.

L'adhésion à l'argumentation formelle repose donc sur le système de définitions à partir desquelles il est possible de réaliser des démonstrations. Pour adhérer aux démonstrations logiques, mathématiques et statistiques, il faut admettre les conventions qui en assurent le fonctionnement. Cela ne signifie pas qu'il n'y a qu'une seule logique, qu'une seule mathématique ou qu'une seule statistique, mais plutôt que faire usage d'une certaine logique, d'une mathématique particulière et d'une statistique donnée, c'est reconnaître la validité de leurs conventions. Ces systèmes formels ne peuvent opérer que sur le mode du consensus, et adhérer à l'argumentation formelle c'est admettre les conventions qui y sont implicites. D'ailleurs, ce dernier point est vrai pour toutes les catégories d'argumentation où l'adhésion nécessite un consensus sur certaines conventions qui demeurent à l'arrière-plan, ne serait-ce que les conventions linguistiques et organisationnelles. Toutefois, alors que le consensus est une condition de la démonstration, il ne l'est pas pour les autres catégories d'argumentation. De plus, ce consensus n'est réalisé qu'à l'intérieur des systèmes formels, dans leurs limites. Il est possible de débattre d'une statistique ou d'une autre, mais dès que l'on s'enferme dans l'une ou l'autre, on ne peut opérer que sur le mode du consensus. Et l'adhésion que permet l'enfermement ne tient, précisément, que dans l'enfermement. Dès que les systèmes s'ouvrent aux situations concrètes pour s'y appliquer, ils s'ouvrent du coup à la variété indéfinie des significations qu'on peut définir dans les systèmes naturels. C'est ainsi, par exemple, que la statistique soulève des débats quand elle s'applique à la prise de décision.

Dans les organisations, les études statistiques de marché, les analyses statistiques de décision et les modélisations statistiques de gestion des opérations sont des exemples d'argumentations formelles d'ordre statistique. L'argumentation d'ordre mathématique et logique s'applique généralement à ce que l'on pourrait qualifier d'argumentation comptable. Dans cette forme d'argumentation formelle, l'adhésion repose sur le système des conventions comptables à partir desquelles il est possible de construire une argumentation comptable. Pour adhérer à ce type d'argumentation, il faut admettre les conventions qui en assurent le fonctionnement. Cela ne signifie pas qu'il n'y a qu'une seule façon de faire de la comptabilité, mais plutôt que faire usage d'une certaine logique comptable, c'est reconnaître la validité de ses conventions. En effet, comme toutes les argumentations formelles, l'argumentation comptable ne peut se faire que sur le mode du consensus, ce qui lui donne une force indéniable.

Les arguments quasi formels

Les arguments quasi formels sont ainsi qualifiés par analogie avec les opérations formelles, mais ils s'en distinguent par le fait qu'ils ne sont pas définis à l'intérieur d'un système fini et formel. Les opérations formelles, nous l'avons vu, prennent une signification dans leur système formel, et chacune d'elles n'a, par définition, qu'une interprétation. Si les arguments quasi formels prennent également leur sens dans un système langagier, celui-ci n'est pas de nature formelle et chaque argument se prête à une variété d'interprétations. Alors que l'argumentation formelle opère à l'intérieur d'un système formel où ne sont reconnus comme valides que certains enchaînements, l'argumentation quasi formelle prend place dans un système langagier naturel où les arguments comme leurs rapports donnent prise à une variété d'interprétations et de débats.

Comme pour les arguments formels, il y a trois catégories d'arguments quasi formels: quasi logiques, quasi mathématiques et quasi statistiques. Chacune de ces catégories contient autant d'arguments qu'il y a d'opérations formelles. Toutes les opérations logiques peuvent, par extension, devenir des arguments quasi logiques, telles l'incompatibilité qui est le pendant de la contradiction en logique, l'identification qui rappelle l'identité formelle et la réciprocité qui s'apparente à la relation de symétrie en logique. De plus, certains arguments ont des structures mathématiques, comme les comparaisons qui sont fondées sur le calcul et la mesure. Enfin, d'autres font appel à des structures statistiques, comme les arguments probabilistes qui renvoient aux fréquences statistiques.

Dans l'argumentation quasi formelle, il s'agit de miser sur le consensus qui entoure les opérations formelles pour construire une argumentation convaincante. La valeur des arguments quasi formels réside alors, pour une large part, dans celle des arguments formels. Les acteurs misent sur le consensus qui entoure la logique, la mathématique et la statistique pour amener l'adhésion à leur argumentation quasi formelle. Par exemple, alors que dans la logique formelle un discours contradictoire est par définition invalide, on peut tenter de discréditer une argumentation « non formelle » en mettant à jour les contradictions qu'elle contient. Cette technique renvoie toujours l'auditoire au système de référence: parce que la contradiction invalide l'argumentation formelle, elle doit discréditer l'argumentation non formelle. Cette technique suppose donc une adhésion au système de référence et à l'argumentation quasi logique.

Tous les arguments quasi formels peuvent jouer sur deux niveaux. D'un côté, ils ont une portée concrète lorsque les acteurs soutiennent que leur argument couvre des propriétés de situations concrètes. De l'autre, ils sont un procédé formel d'argumentation lorsque, en référence à la logique, à la mathématique ou à la statistique, les auteurs ne donnent à leurs arguments qu'un statut formel, n'en font que le point de départ d'un raisonnement analytique. Ces deux niveaux peuvent cependant se rejoindre. Les économistes, à titre d'exemple, mettent l'accent sur le formalisme du processus de décision plutôt que sur la description du processus concret et, face aux critiques de ceux qui mettent en évidence le manque de réalisme de la définition économique de la décision, ils soutiennent qu'elle n'a d'autre but que de se prêter à des opérations formelles. Ce repli dans le formalisme est alors une tactique d'argumentation qui consiste, sur la base de l'adhésion à des opérations formelles, à étendre à des situations concrètes les conclusions du raisonnement. Cette extension peut bien sûr être laissée à l'auditoire qui, convaincu de la validité du raisonnement analytique, comble l'écart entre le formel et le réel.

Par ailleurs, les arguments peuvent avoir pour cible soit d'autres argumentations soit une situation réelle. Dans le premier cas, il s'agit, par exemple, de montrer les contradictions de l'argumentation des autres et, dans le second, de désigner celles qui sont constitutives de la situation. Dans un cas comme dans l'autre, la technique d'argumentation est la même. Les acteurs misent d'abord sur la ressemblance avec des opérations logiques; ils ont ensuite à faire partager leur point de vue formel ou concret et, enfin, à convaincre l'auditoire que ce point de vue s'applique à une argumentation donnée ou à une situation particulière.

Les arguments quasi logiques

Les arguments d'incompatibilité, d'identification et de réciprocité sont parmi les principaux arguments quasi logiques[2]. Chacun procède de la même façon, car il est l'extension d'une opération formelle appliquée à d'autres argumentations ou à une situation concrète.

Le premier argument quasi formel, l'argument d'incompatibilité, s'apparente à la contradiction formelle et est utilisé aussi bien pour discréditer d'autres argumentations que pour décrire une situation. Dans le premier cas, les acteurs argumentent de la présence de contradictions dans d'autres argumentations et, par là, cherchent à les invalider, alors que, dans le second, ils affirment l'incompatibilité de deux situations concrètes et la nécessité d'un choix ou d'une intervention. Dans un cas comme dans l'autre, les acteurs doivent s'assurer que l'auditoire, admettant la référence à la logique formelle, considère qu'un discours qui contient des contradictions est partiellement ou totalement invalide et que deux situations incompatibles exigent de faire un choix ou d'intervenir. Toutefois, cette seule condition ne suffit pas: l'incompatibilité n'est jamais donnée puisque les auteurs ne peuvent miser sur un système de définitions univoques qui faciliterait le repérage des oppositions. Dès lors, la personne qui veut discréditer le discours de l'autre ou inciter à l'intervention doit, à l'instar des logiciens, définir les conditions de l'incompatibilité et les faire accepter par son auditoire. Ce second aspect de l'argumentation n'est cependant pas aussi simple qu'en logique formelle; en effet, alors que dans un système formel la contradiction est par définition évidente, dans les argumentations ou dans les situations concrètes l'incompatibilité se prête à l'interprétation, n'invalide pas forcément les argumentations où elle se trouve et n'incite pas non plus forcément à l'intervention. C'est seulement dans les systèmes formels que deux éléments s'opposent totalement. Dans les systèmes naturels, toutes les argumentations et toutes les situations concrètes permettent une variété d'interprétations: ce qui est une opposition pour certains ne l'est pas pour d'autres. Les auteurs de l'argumentation doivent donc faire partager à l'auditoire la définition des éléments qu'ils opposent. Finalement, ils doivent s'assurer que l'auditoire discerne les mêmes contradictions qu'eux, que ce soit dans l'argumentation des autres ou dans des situations concrètes.

Le second argument quasi formel, l'argument d'identification, s'apparente à l'identité formelle et peut également avoir une portée formelle ou concrète. Dans le premier cas, les auteurs soutiennent que certains éléments de leur argumentation sont identiques et doivent être traités de la même façon. La définition des concepts, la classification et l'analyse sont les principales formes que prend cet argument. Dans la première, les auteurs font équivaloir le concept à sa définition; dans la seconde, ils regroupent des concepts sur la base d'une identité partielle; dans la troisième, ils développent une succession d'identités, et leur raisonnement analytique s'apparente alors à la tautologie en logique formelle. Dans le cas de la portée concrète, les auteurs argumentent de ce que certains éléments d'une situation sont identiques et doivent être traités de la même façon. L'argument d'identification peut également être utilisé pour discréditer d'autres argumentations, notamment en dénonçant leurs ambiguïtés.

L'argument de réciprocité, quant à lui, se fonde également sur une opération en logique, la symétrie. Comme pour l'argument d'incompatibilité, les auteurs d'une argumentation l'utilisent, entre autres, pour discréditer d'autres argumentations en leur reprochant l'asymétrie du traitement de situations semblables, en tout ou en partie. Ils l'utilisent également pour désigner des situations similaires et soutenir qu'un traitement équivalent est nécessaire, comme dans le cas des questions d'équité salariale. Tout comme pour les autres arguments quasi logiques, sa force persuasive repose sur la conjonction de trois conditions. D'une part, l'auditoire, faisant la même référence à la logique formelle, considère donc que deux situations semblables en tout ou en partie doivent recevoir le même traitement et que, par conséquent, une argumentation qui traite de façon asymétrique ces situations doit être rejetée. D'autre part, l'auditoire admet les ressemblances entre les situations et reconnaît leur présence réelle.

Les arguments quasi mathématiques

De tous les arguments quasi mathématiques, la comparaison, qui s'apparente au calcul et à la mesure, est celui que l'on retrouve le plus souvent dans les organisations. On n'a qu'à penser à toutes les situations où les acteurs organisationnels se comparent entre eux, comparent leur travail et les résultats qu'ils obtiennent.

La comparaison est un argument quasi mathématique si elle ne donne pas lieu à un calcul et à une mesure effective, tout en laissant entendre que de telles opérations seraient possibles. D'une manière générale, le pouvoir de persuasion des comparaisons et de tous les arguments quasi mathématiques repose sur la conjugaison des mêmes conditions que celles qui sont requises pour la validité des arguments quasi logiques. L'auditoire doit d'abord accepter l'argument quasi mathématique, à savoir, par exemple, que la comparaison est un argument recevable. Il doit, de plus, admettre le point de vue de l'auteur de l'argumentation. Enfin, l'auditoire doit appliquer l'argument à la même situation que celle présentée par l'auteur de l'argumentation et discerner les termes que ce dernier considère comme comparables.

Lorsque l'argument quasi mathématique se double de mesures, il est alors d'ordre formel ou, plus précisément, il est l'application d'un argument formel et, dès lors qu'il se place sur le plan concret, il s'ouvre à l'interprétation. La mesure de l'adhésion à l'investigation et de la reconnaissance de l'argumentation soulève les mêmes questions que lorsqu'une telle mesure n'est que sous-entendue.

Les arguments quasi statistiques

Comme les arguments quasi mathématiques, les arguments quasi statistiques ne se doublent pas d'une mesure effective mais laissent sous-entendre qu'elle est possible. Dans les argumentations non formelles, nous rencontrons souvent des arguments quasi statistiques qui font appel à des structures statistiques. Lorsque, par exemple, la haute direction d'une entreprise affirme qu'il est probable que le produit qu'elle veut mettre sur le marché obtienne du succès, elle fait usage d'un argument quasi statistique qui rappelle le calcul des probabilités. Un tel argument deviendrait statistique si la haute direction attribuait une probabilité aux chances de succès. Dans le contexte de l'argumentation quasi statistique, un tel calcul n'est que suggéré; il est même laissé à l'auditoire qui, en reconnaissant la structure statistique de l'argument, peut raisonner en termes de statistique et attribuer une probabilité à ce qui lui est soumis.

Lorsque l'argumentation se double de calculs statistiques, les arguments relèvent de l'application statistique. L'aide statistique à la décision est un bon exemple de cette situation. D'un côté, les analystes tentent de susciter l'adhésion en attirant l'auditoire sur le plan formel. De l'autre, ceux et celles que ce type d'analyse rebute dirigent l'auditoire sur le plan pratique en argumentant que l'aide statistique à la décision n'est qu'une réduction illégitime de la complexité des processus concrets de décision.

Les arguments fondés sur la constitution du réel

Alors que dans l'argumentation quasi formelle la technique d'argumentation consiste à prendre appui sur l'autorité des opérations formelles, dans le cas d'une argumentation fondée sur la constitution du réel, il s'agit de prendre appui sur une relation qui est reconnue comme caractéristique de situations concrètes[3].

Les arguments fondés sur la constitution du réel font principalement appel à des relations de succession et à des rapports de coexistence. Dans le premier cas, les termes mis en relation sont de même niveau, tel le rapport entre la cause et l'effet, entre le moyen et la fin. Dans le second, les relations mettent en jeu des termes de nature différente, où l'un des termes est l'expression, la manifestation de l'autre. Si on affirme, par exemple, que la stratégie d'une entreprise actualise concrètement une cohérence entre les valeurs de la haute direction, les forces des ressources de l'entreprise et les occasions du marché, on soutient qu'il y a une relation de coexistence entre ces trois éléments de la formulation de stratégie. Mais, affirmer que la satisfaction des employés d'une entreprise découle de la nature des tâches qui leur sont confiées, c'est soutenir la présence d'une relation de succession.

Que l'argumentation soit fondée sur des relations de succession ou de coexistence, l'argumentation ne porte et ne gagne l'adhésion que si ces relations ont l'assentiment de l'auditoire. L'accord sur ces relations est une condition préalable à l'adhésion à l'argumentation, et celui qui tente de fonder son argumentation sur une relation que ne reconnaît pas son auditoire s'expose d'entrée de jeu au discrédit. À l'opposé, celui qui choisit une relation admise par l'auditoire et s'en sert comme point de départ pour son argumentation jouit d'un préjugé favorable.

Les relations de succession

L'argumentation fondée sur les relations de succession emprunte deux voies selon que l'on affirme l'existence d'un phénomène ou son importance. Dans le premier cas, c'est l'existence de la relation qui sert de point de départ pour l'argumentation. Tout d'abord, l'argumentation se fonde sur la relation même entre les termes mis en rapport. Puis, si l'auditoire admet la présence d'une cause, l'auteur se fonde sur elle pour argumenter de ses effets. Enfin, à l'inverse, si l'auditoire reconnaît un effet, l'auteur élabore une argumentation qui vise à mettre les causes en évidence. Si les relations, les causes et les effets peuvent être admis et servir de point de départ à l'argumentation, ils peuvent représenter ce que son auteur cherche à fonder.

L'argumentation fondée sur des relations de succession est fréquemment utilisée en administration pour faire admettre la validité des techniques de gestion, les succès pratiques qu'elles permettraient étant tenus pour témoins de cette validité. D'une manière générale, toute prévision, tout effort de planification met en jeu des relations de succession et procède d'une argumentation fondée sur la constitution du réel.

L'argumentation fondée sur des relations de succession est également souvent utilisée pour établir l'importance de certaines actions (ou d'un phénomène). L'argumentation cherche alors à mettre en évidence l'importance des conséquences de l'action jugée importante ou la situe dans une chaîne de moyens-fins. Ces deux moyens font appel à des relations de succession. Pour établir l'importance d'une action, on met en évidence ses conséquences; par exemple dans la mise en œuvre d'un programme de modernisation de l'équipement d'une usine, on pourrait faire valoir, entre autres, les gains éventuels de productivité qu'un tel programme peut entraîner. Il est également possible de situer l'action dans une chaîne de moyens-fins: même si elle n'est pas en elle-même lourde de conséquences directes, une action donnée peut être un maillon d'une chaîne conduisant à une situation qui, elle, peut être lourde de conséquences. Combien de fois avons-nous entendu des gens affirmer qu'il fallait agir tout de suite si l'on voulait éviter de devoir faire face à des obligations encore plus importantes dans l'avenir? C'est souvent ce type d'argumentation que font valoir les gens en gestion du personnel qui demandent que les processus de sélection du personnel soient pris au sérieux. C'est également ce type d'argumentation qui se trouve fréquemment au cœur de la plupart des efforts de planification, tant stratégique qu'opérationnelle.

Les relations de coexistence

Si les relations de coexistence mettent souvent en évidence le caractère simultané de deux phénomènes, elles peuvent également rattacher l'essence d'un phénomène à ses manifestations. Comme pour les relations de succession, il s'agit de fonder l'argumentation sur ces relations ou fonder leur existence par un raisonnement en spirale. L'argumentation se fonde sur une relation de coexistence lorsque, par exemple, l'on tient pour acquis que dans un processus de gestion stratégique l'évaluation de l'environnement et celle des ressources de l'entreprise se font simultanément et qu'on élabore une philosophie de gestion à partir de cette relation de coexistence.

Les arguments qui fondent la constitution du réel

Les arguments qui fondent la constitution du réel partent de cas particuliers ou mettent en œuvre un raisonnement par analogie[4]. Le cas particulier sert d'exemple pour appuyer une généralisation, d'illustration pour renforcer des relations qui sont admises ou de modèle à imiter. Dans ces trois possibilités, l'utilisation du cas particulier comme argument sur lequel fonder le réel procède de la même façon. Il s'agit d'étendre à la situation visée par l'argumentation les propriétés reconnues au cas particulier. En tant que point de départ de l'argumentation, le cas particulier doit être accepté par l'auditoire; ce dernier doit également accepter les opérations de généralisation, d'illustration ou de construction de normes que l'auteur de l'argumentation fait à partir des cas qu'il retient.

Le raisonnement par analogie procède par assimilation de deux situations où les connaissances relatives à l'une sont en partie transférées à l'autre. Cependant, ce type de raisonnement n'a de sens que si la situation servant de point de départ est mieux connue que la relation avec laquelle elle est mise en relation d'analogie. Soutenir, par exemple, que la prise de décision s'effectue à la manière d'un processus de traitement de l'information relève d'un raisonnement par analogie qui n'a un pouvoir de persuasion que si l'auditoire sait ce qu'est un processus de traitement de l'information. Le raisonnement par analogie met en jeu une structure qui rappelle l'argument de réciprocité; tout comme dans ce dernier cas, l'analogie n'est acceptable et ne fonde le réel que si l'auditoire admet que les objets comparés sont similaires et qu'ils peuvent faire l'objet d'une interprétation symétrique.

CONCLUSION

Dans le champ des sciences du comportement organisationnel, le remplacement de la logique du traitement de l'information par une logique de l'argumentation n'en est qu'à ses premiers balbutiements, et le but premier de ce texte était de contribuer à ce mouvement de renouvellement.

Par ailleurs, si nous admettons que les gestionnaires consacrent essentiellement leur temps à construire des argumentations qui visent à susciter l'adhésion à leurs points de vue ou l'intervention, alors il serait peut-être important que les écoles de gestion cessent de centrer les cours de gestion sur la résolution de problèmes en fonction du traitement de l'information et mettent de l'avant des cours d'argumentation. Ces cours pourraient favoriser l'apprentissage de différentes techniques d'argumentation et la maîtrise des types d'arguments décrits dans ce texte.

Notes

1. Pour la description des quatre dernières catégories d'arguments je m'inspire de Perelman (1977), Perelman et Olbrechts-Tyteca (1983) et de G. Bouchard (1980) qui a récemment produit une synthèse des principaux travaux de Perelman. Les catégories d'arguments formels et quasi formels sont qualifiées par ces auteurs de « logico-mathématiques » et de « quasi logiques ». Je n'ai pas retenu ces dénominations car la première passe sous silence les arguments statistiques qui sont d'ordre formel et la seconde ne désigne qu'un des types d'arguments quasi formels. De plus, ces auteurs désignent les deux dernières catégories d'arguments en faisant référence à la « structure du réel », alors que je parle de la « constitution du réel ».
2. Pour la description détaillée de ces arguments, voir: Perelman (1977, p. 69-94), Perelman et Olbrechts-Tyteca (1983, p. 259-350) et G. Bouchard (1980, p. 56-63).
3. Pour une description détaillée de cette catégorie d'arguments, voir: Perelman (1977, p. 95-117), Perelman et Olbrechts-Tyteca (1983, p. 354-445) et G. Bouchard (1980, p. 64-73). Rappelons que ces auteurs parlent de « structure du réel », alors que je parle plutôt de « constitution du réel ».
4. Pour une description détaillée de cette catégorie d'arguments, voir: Perelman (1977, p. 119-138), Perelman et Olbrechts-Tyteca (1983, p. 471-549) et G. Bouchard (1980, p. 73-77). À propos du raisonnement par analogie, voir également de Coster (1978) et Ortony (1979).

LES IDENTITÉS EN PAROLE

Entreprise et pratiques langagières

Anni BORZEIX *et Danièle* LINHART

INTRODUCTION

Cette contribution s'intéresse aux relations entre parole, identité et action collective au sein des organisations. Elle prend appui sur une expérience originale introduite dans les entreprises françaises à la suite d'une loi, votée en 1982, qui accorde aux salariés — à tous les salariés — un droit d'expression direct sur leur environnement immédiat de travail.

L'une des originalités de la loi est de définir dans l'arène de l'entreprise un nouveau lieu d'où l'on parle, situation inédite appelée « réunion d'expression », et un nouveau locuteur pour nommer ce sujet parlant d'un nouveau genre que constituent ces groupes de salariés. L'esprit de cette loi, ses retombées dans l'entreprise, son influence sur les orientations de la recherche en sciences sociales du travail font l'objet de la première partie de ce texte. On y expose notamment les paradoxes du concept de locuteur collectif. Si les retombées de la loi se sont avérées décevantes, l'une des explications pourrait bien résider dans la difficulté rencontrée par les groupes à se constituer en « locuteur collectif », c'est-à-dire à émettre une parole commune susceptible de peser sur l'évolution de la situation. Cette difficulté soulève à son tour et en amont la question des identités collectives dont ces groupes sont porteurs.

Angle mort de notre discipline, souvent invoquée mais plus rarement examinée de près, la notion d'identité collective représente pour la sociologie une sorte de défi intellectuel. Ces termes renvoient en effet à un phénomène délicat à concevoir — le passage de l'individuel (le je) au collectif (le nous) — dont nous ne prétendons pas ici proposer une définition supplémentaire. L'objet de la seconde partie de ce texte est d'illustrer les allures que prend ce passage du je au nous autour de quelques configurations significatives à l'aide d'exemples tirés d'une recherche récente sur la mise en œuvre de ce nouveau droit (Borzeix *et al.*, 1985).

La conclusion ne pourra que laisser le lecteur sur sa faim : on n'y trouvera pas résolus les problèmes que pose la fabrication d'un locuteur — encore moins la constitution d'un acteur — « collectif », s'y dessinent, par contre, les voies possibles d'une analyse des rapports sociaux en fonction des processus identitaires.

LA DIFFICILE ÉMERGENCE DE NOUVEAUX LOCUTEURS COLLECTIFS

En instaurant pour la première fois en France un droit d'expression direct et collectif des salariés sur les conditions et l'organisation de leur travail, la loi du 4 août 1982[1] réactivait l'intérêt des sciences sociales pour la recherche en entreprise en mettant l'accent sur les faits de langue et d'identité dans les organisations. Cette loi élargit en effet le spectre de l'analyse en consacrant l'émergence de nouveaux acteurs et de nouvelles formes d'action dans l'univers de la production. Promus au rang de citoyens-producteurs, les salariés ordinaires, longtemps réduits au silence, se voient désormais attribuer un droit officiel à la parole dans une institution qui ne reconnaissait jusqu'alors de statut qu'à l'expression à usage strictement professionnel, réservée à quelques-uns, ou encore à usage revendicatif, réservée aux élus et aux syndicats.

La loi et ses origines

Le droit à la parole dont il est question aux termes de cette loi est suffisamment complexe et ambigu pour mériter qu'on s'y arrête un peu. La loi affiche en effet une intention politique généreuse: celle de réaliser l'entrée de la « citoyenneté dans l'entreprise ». Elle s'inspire directement d'un rapport intitulé « Les droits des travailleurs », rédigé durant l'été 1981 par le ministre du Travail, Jean Auroux, dans la foulée de l'arrivée des socialistes au pouvoir, pendant la période qualifiée d'« état de grâce ». Beaucoup semblait alors possible. Pour la première fois donc, la loi se propose de garantir des droits aux simples salariés en leur conférant un droit, individuel en réalité, à s'exprimer « collectivement » sur leur environnement de travail. Elle prévoit, en outre, l'obligation pour la direction de répondre aux questions ou suggestions formulées, inaugurant ainsi une nouvelle forme d'interaction institutionnelle s'inspirant du modèle de la démocratie directe.

Mais cette loi ne s'inscrit pas seulement dans un contexte politique historiquement daté: elle se moule dans un environnement économique bien précis, la crise, marqué par les mutations en tout genre que requiert la modernisation des entreprises, conjugué à la diffusion massive de ce qu'on appelle encore les « nouvelles technologies ». Se dessinent en effet à la fin des années 70 les contours d'une entreprise d'un genre nouveau (du « 3e type »), plus « communicationnelle » et interactive, grâce notamment aux progrès de l'informatique et de la bureautique mais aussi à des techniques nouvelles de contrôle et de gestion des ressources humaines dont les cercles de qualité (nouveau mode de sollicitation de la parole des exécutants jusqu'alors peu visés) constituent l'un des maillons. Nouveaux droits démocratiques conférés aux salariés d'un côté, mais adaptation de la loi (détournement, diront certains) aux nouvelles orientations d'une entreprise qui repense de fond en comble les modalités de son fonctionnement interne et tend à privilégier, pour les besoins de la productivité, la circulation de l'information: qui tend à faire de la participation une vertu et de la parole un outil de gestion de première importance.

La loi de 1982 opère en quelque sorte la synthèse de ces deux conjonctures[2]. Introduction d'un droit, certes, mais d'un droit appelé à remplir un rôle fonctionnel dans le redéploiement organisationnel de l'entreprise. Le fait que les modalités d'application de la loi devaient être négociées entre partenaires institutionnels dans l'entreprise, les syndicats et la direction, garantissait que chacune de ces deux dimensions (innovation politique et adaptation fonctionnelle) serait bien relayée sur le terrain. Et la reconduction, en janvier 1986, de la loi jusqu'alors expérimentale par la droite revenue au pouvoir indique bien a posteriori son intérêt pour la modernisation de l'entreprise quel que soit le contexte politique national. De fait, en dépit des espoirs et des craintes qu'il a pu susciter, ce droit ne bouleverse pas fondamentalement l'entreprise. Ramené à l'essentiel, il consiste en six à neuf heures de réunion par an, organisées sur le temps et les lieux du travail, accordées à des groupes de salariés — dits « homogènes » ou « naturels » — animés le plus souvent par leur supérieur hiérarchique direct pour émettre des vœux et avis concernant les conditions, l'organisation (loi du 4 août 1982) et la qualité du travail (loi du 6 janvier 1986).

On conçoit aisément que cette double filiation de la loi ait retenu l'attention de chercheurs venus d'horizons divers. L'instauration officielle — « la législation » — d'une parole des exécutants ouvrait à la recherche classique en sociologie des organisations et de l'entreprise comme aux sociologues de travail et des relations professionnelles des objets et des terrains nouveaux, renouvelant par la même occasion les approches dans ces deux domaines traditionnels de la recherche autour des deux axes suivants: *expression et organisation* et *expression et négociation*.

Expression et organisation

Avec les nouvelles stratégies patronales tendues vers un remodelage des modes de régulation interne de l'entreprise, la communication — écrite et surtout orale — se taille une place de choix. L'entreprise fluide, flexible, informée, communicante devient un objectif pour les directions d'avant-garde. Les savoirs et savoir-faire jusqu'alors tacites, informels, non reconnus officiellement par l'organisation font figure, désormais, de ressource essentielle: ils doivent circuler, irriguer toute l'entreprise, à tous ses niveaux. Pour devenir réellement performantes, les nouvelles technologies relayées par les nouvelles contraintes du marché imposent cette plasticité des informations: au sein même des unités de production mais aussi entre services appelés à être en interaction permanente (Borzeix et Linhart, 1988). « Apprendre à se parler », s'inventer un « langage commun », autant de leitmotive qui signalent l'importance accordée à cet enjeu par les responsables. L'efficacité de l'organisation dépend selon ces experts en management de leur capacité à gérer harmonieusement ces flux de communication, condition indispensable pour canaliser les volontés et les intelligences vers la recherche de la performance. Une dimension particulièrement innovatrice retient l'attention des chercheurs: cette communication généralisée souhaitée et mise en place dans certaines entreprises offre la particularité de s'appuyer sur un droit qui reconnaît la contestation comme légitime, inhérente en quelque sorte aux règles du jeu[3]. Participation et contestation ne s'excluent pas, comme on l'a souvent cru: la nouvelle loi autorise en effet les salariés à critiquer ouvertement et publiquement l'organisation, à émettre des opinions et avis quant aux transformations nécessaires tout en formulant l'espoir que cette contestation s'avérera constructive, fonctionnelle et bénéfique, tant pour les salariés que pour l'entreprise.

Les impacts de l'expérience généralisée de ce nouveau droit[4] — relayé par les multiples initiatives patronales se réclamant du « management participatif » — sur le fonctionnement de l'entreprise, sur le remodelage des tâches, des fonctions, des hiérarchies et des pouvoirs, mobilisent l'intérêt des spécialistes des organisations. La parole comme vecteur de modernisation, cette parole toute neuve à prétention démocratique et productive à la fois, fait donc son entrée dans un domaine de la recherche où elle tenait, jusqu'alors, peu de place.

Expression et négociation

Jusqu'à l'avènement de la loi sur l'expression directe, la négociation, dans le champ des relations professionnelles, était l'apanage des acteurs institutionnels, syndicats et directions. Articulée sur plusieurs niveaux — l'entreprise, la branche, la profession et éventuellement l'État —, la négociation collective représente, avec les conflits, les domaines-clés de la recherche. Plusieurs niveaux mais seulement deux acteurs. En mettant fin au monopole syndical sur l'expression des salariés défendus jusqu'alors par leurs représentants élus, la loi du 4 août 1982 fait de ces groupes « naturels » des acteurs potentiels de la négociation dans l'entreprise. Une négociation « ordinaire » mi-officielle par son origine légale, mi-informelle par la diversité de ses formes d'application concrète; une négociation qui réunit des protagonistes d'un nouveau genre — groupes homogènes de salariés face à leur supérieur hiérarchique direct, représentant de l'autorité — s'exprimant en leur nom propre (tel est le sens de l'adjectif « directe » appliqué à l'expression) sur des sujets localisés avec pour seules contraintes une certaine fréquence des réunions et la rédaction d'un compte rendu à l'issue des rencontres, reflétant les réclamations ou propositions des salariés et les réponses de la hiérarchie.

En accordant un droit à la parole à *tous* les salariés, cette loi incite à revoir le contenu et le sens même du concept de négociation[5]. Elle porte en effet en germe une transformation en profondeur des enjeux, des acteurs et des domaines de la négociation, formelle comme informelle dans l'entreprise, induisant à terme de nouveaux thèmes de mobilisation, des formes inédites d'action et de conflit.

Parole et action

Au cœur du redéploiement de ces deux domaines classiques de la recherche sous l'effet conjugué de la loi elle-même, d'une part, et des transformations en cours dans l'organisation de l'entreprise, de l'autre, se dessinent progressivement les contours d'un objet nouveau — en sociologie du moins —: « l'acte du langage », concept emprunté à la philosophie du langage[6].

Si la parole a toujours été nécessaire aux activités de fabrication — même dans les travaux d'exécution —, si l'échange et la communication ont toujours constitué des ressources indispensables pour organiser et gérer l'activité, on peut faire l'hypothèse que les rapports entre pratiques langagières et pratiques productives dans l'entreprise font l'objet depuis quelque temps d'une nouvelle donne. L'introduction massive des nouvelles technologies, la lente diffusion de certaines formes de démocratie industrielle — dont la concertation à la base, le management participatif et l'expression directe sont autant de symptômes — concourent à divers titres à modifier le statut social, la fonction technique et l'usage institutionnel de la parole dans l'entreprise. La révision en cours est, en effet, troublante: d'illicite ou presque, tout juste tolérée pour les besoins du travail ou encore réservée aux seuls responsables, tout se passe comme si la parole des salariés ordinaires devenait en se légalisant légitime parce que « productive ». Cette parole irrigue en effet désormais l'entreprise sur un mode complexe, porteur d'ambivalence où la critique et la construction, la participation et la contestation sont intimement mêlées. Parole inédite, donc, nouvelle par sa nature, son contenu et les catégories sociales qu'elle concerne.

À la faveur de la découverte récente du rôle actif que peut jouer et que joue de fait la parole dans l'organisation[7] — comme outil de gestion, facteur de production, vecteur de participation, de mobilisation et d'action —, un intérêt pour des disciplines telles que la sociolinguistique, l'ethnographie de la communication et la pragmatique ou encore pour des courants sociologiques tels que l'interactionnisme ou l'ethnométhodologie — perspectives jusqu'alors fort éloignées du monde de l'entreprise et des problèmes du travail — se fait jour dans les milieux de la recherche en sociologie du travail et des organisations, comme en économie, en sciences de la gestion et en ergonomie, comme en témoigne l'ouvrage dans lequel nous publions cet article.

L'attention récente portée aux faits de langage par les sciences du travail a des origines et des explications multiples. Mais il est au moins un point commun à ces différentes perspectives: la recherche d'une problématique articulant langage et activité humaine. Si la parole est aussi action — postulat (aux multiples variantes) qui leur est commun, si « dire c'est faire », selon la formule de J.L. Austin —, alors parler — communiquer avec autrui — est une façon parmi d'autres de transformer la réalité tout en la construisant. D'où l'importance accordée par l'entreprise aux multiples figures de l'interaction verbale qu'on voit proliférer, pour réussir à faire de cette institution longtemps cloisonnée une organisation sociale plus interactive. Rapportées à une problématique sociologique, ces perspectives ouvrent un nouveau domaine à la recherche où le langage est conçu comme un agent actif non seulement du processus de reproduction (apport central de la sociolinguistique), mais également du processus de production des rapports sociaux. Parler de « pratiques langagières » c'est affirmer la double caractéristique du langage: contraint par des règles et agissant sur le social (Boutet, 1980). Si l'entreprise se sert déjà du langage comme outil de gestion, de production et de mobilisation, il est grand temps que les sciences du travail se demandent pourquoi et comment. L'expression directe des salariés représente à cet égard un laboratoire fécond, une expérimentation sociale — à l'échelle nationale — dont il faut savoir tirer parti.

Du locuteur collectif à l'action collective

Force est de constater, pourtant, qu'après plusieurs années de recherche sur cette pratique récente les résultats sont quelque peu décevants. Pour une double raison. D'une part, parce que les groupes d'expression se sont eux-mêmes essoufflés, comme le constate le bilan officiel réalisé par le ministère du Travail en 1985: au bout de quelques années, relativement peu de groupes manifestent le désir ou l'intention de continuer à se réunir et la formule ne connaît ni la continuité ni la régularité ni le dynamisme escompté; de plus, les résultats concrets — l'impact des réunions sur l'environnement et l'organisation du travail — ont été en général jugés faibles, à la fois par les travailleurs, leurs représentants et la hiérarchie. D'autre part, parce que les apports théoriques des multiples recherches effectuées n'ont sans doute pas été à la hauteur de l'investissement en temps et en force de travail consenti. L'on a en effet peu progressé sur la question centrale — en sociologie — de la constitution des acteurs sociaux, sur cette tension dialectique entre l'individuel et le collectif, maillon théorique indispensable pour comprendre comment et pourquoi les salariés entendent ou n'entendent pas faire usage de ce nouveau droit. Affirmer que « parler c'est faire » ne suffit pas, notamment s'il s'agit d'étudier l'action collective dans son insertion et son impact institutionnels... Pour cela, il faut pouvoir expliquer comment et dans quelles circonstances un groupe peut parler, comment il gère la parole émise et avec quels moyens, analyser les rapports qu'entretiennent la parole produite en situation « d'expression directe » et le fonctionnement du groupe en dehors d'elle, en situation de travail.

Deux traits caractérisent en effet la mise en œuvre légale de l'expression des salariés. Le « groupe » doit s'exprimer, rappelons-le, directement, c'est-à-dire sans la médiation d'un porte-parole, et collectivement. Le groupe défini comme locuteur collectif légal repose sur un double principe. Celui de la proximité géographique, d'une part (critère dont la simplicité n'est qu'apparente, car comment jauger les bornes de la proximité? à la longueur d'une chaîne? à la surface d'un atelier? aux murs d'un bureau? à l'ensemble des machines desservies?), et celui de l'affectation à une tâche commune ou encore l'appartenance à une séquence dite « significative » du processus de production, de l'autre.

Pour définir ce « locuteur collectif », on ne dispose donc en fait que de paramètres flous. Et l'on ne saurait postuler — a priori — que le locuteur ainsi globalement défini par la loi et négocié, dans ces modalités concrètes d'application, par les partenaires sociaux dans l'entreprise, représente nécessairement un « collectif » doté d'une identité commune et capable d'action. D'autant que les groupes dont il s'agit ne sont que le reflet, la résultante de la division du travail telle que définie par l'« organisation scientifique du travail », ajustée au mieux aux termes de la loi, des groupes dont les contours et les dimensions sont imposés du dehors, auxquels on appartient du fait de la place (géographique et professionnelle) occupée dans l'activité productive. En parlant d'« acteur collectif », d'émergence potentielle d'un « troisième acteur » dans l'entreprise, certains (dont nous-mêmes) sont peut-être allés trop vite, prenant pour des « acteurs sociaux » ce qui n'était en fait que des rassemblements contingents — certains homogènes, d'autres non — de salariés agrégés en vertu d'une logique productive.

Que peut bien représenter, dans ces conditions, la parole qui émane de ces groupes, l'expression qui leur est reconnue en vertu d'un droit?

L'idée force, issue de la conjonction des mouvances interactionnistes et pragmatiques (que l'on pourrait résumer de façon caricaturale ainsi: là où il y a de la parole, il y a aussi du faire, de l'action sur la réalité et du lien social), pour être heuristiquement féconde n'en est pas moins insuffisante pour avancer dans la compréhension des processus de constitution de l'action collective dans les organisations. Elle crée l'impasse sur la question de l'identité sociale des groupes sur lesquels nous raisonnons, sur les conditions et l'histoire de leur inscription institutionnelle. La parole — telle que nous l'analysons dans les conditions bien particulières de production et d'énonciation déjà évoquées — n'est pas par elle-même nécessairement créatrice d'identité ni d'action collective. Comment penser que la parole émise, dans ces groupes d'expression, reflète celle du groupe tout entier? Comment ne serait-elle pas, bien souvent, celle de quelques-uns, contre ou malgré les autres? Le « locuteur collectif » n'est qu'une fiction juridique dont il faut tenter, sociologiquement, d'analyser le fonctionnement réel avant d'en interpréter le sens, en se demandant notamment qui parle, au nom de qui, à qui, pour quoi faire et avec quel effet.

Identités au travail, travail des identités

La minceur des résultats atteints sur le terrain à la suite de l'introduction de la loi ne s'expliquerait-elle pas plutôt par la complexité de ce processus qu'est l'élaboration même d'un locuteur collectif, d'autant que le domaine qui lui est réservé — celui des conditions et de l'organisation du travail — semble a priori peu propice (contrairement aux revendications salariales, par exemple) à l'unification des requêtes ou propositions émises par les membres d'un groupe (Borzeix et D. Linhart, 1986)? Si les effets de cette nouvelle parole « collective » sont décevants et son impact jugé faible, cela pourrait bien être dû aux difficultés rencontrées par les groupes pour gérer cette parole, lui définir un statut et une fonction, en somme la faire leur. On touche là, on le voit, en amont, au délicat problème des identités collectives, trop peu abordé, en tant que tel, en sociologie du travail.

Mises à part les analyses de R. Sainsaulieu sur les identités « au travail » et les modèles culturels dont elles relèvent (Sainsaulieu, 1977), l'on s'est essentiellement intéressé aux phénomènes identitaires à propos ou à partir de situations de mobilisation sociale (Ségrestin *et al.*, 1981) et plus souvent encore à l'occasion de conflits ouverts. Dans ces circonstances, l'identité collective est postulée d'emblée, révélée qu'elle est par l'action, au moment où celle-ci constitue, a priori du moins, un dénominateur commun. Si l'action révèle l'identité, si le conflit en est le moteur, si l'opposition la cristallise et la rend visible (E. Reynaud, 1982), il suffit alors d'en déchiffrer les termes, de repérer les objectifs explicites ou latents de l'action pour décrypter par là même les traits spécifiques de l'identité collective en question. L'action commune servant tout à la fois de catalyseur, de liant et de révélateur.

Et si l'identité collective était, en réalité, un enjeu du groupe, comme notre observation de l'expression directe nous incite à le croire? Ces différentes approches (à travers l'action et le conflit ou encore en termes d'identités stables, liées à des positions durables dans l'espace professionnel) ne sauraient en rendre compte: elles ne saisissent des phénomènes identitaires qu'un moment exceptionnel — mais que deviennent-ils par la suite, qu'étaient-ils auparavant? — ou encore un état plus ou moins stabilisé, quasi fixé, et alors comment comprendre le changement? Ces questions nous paraissent essentielles pour appréhender le phénomène de l'expression directe et, plus généralement, la relation entre identité et action collective. Cette expérience met en effet en évidence, comme nous allons le montrer à partir de quelques illustrations concrètes, le fait que l'identité d'un groupe n'est jamais une et qu'elle varie selon les situations. C'est en somme sa contingence qui nous frappe.

Avec la possibilité du « pouvoir dire » pour les autres, aux autres, à l'autre, le groupe d'expression est contraint de s'interroger sur ce « nous » réel ou fictif qui l'habite sous couvert du locuteur collectif qu'il est censé être. Il lui faut travailler son identité, et l'on s'aperçoit combien celle-ci peut être, dans certains cas, un véritable enjeu interne au groupe. À la différence des analyses de conflits ou de mobilisation collective qui posent que l'action rend visible l'identité d'un groupe, nous proposons de considérer l'expérience de l'expression directe comme une « heure de vérité » où le groupe est confronté, bon gré mal gré, à la question de son identité. On y voit des tentatives de censure de certains sur d'autres, des dissensions et des conflits internes, ou au contraire des efforts d'unanimisme là où semblait s'imposer un constat de mésentente. Il n'y a pas toujours, loin de là, épanouissement d'une identité commune jusqu'alors clandestine, refoulée ou latente, mais bien souvent expression ouverte de plusieurs identités contradictoires ou conflictuelles. En somme nous faisons ici l'hypothèse qu'en passant d'un état à un autre — ici, notamment, du non-dit au publiquement exprimé — les identités changent ou peuvent changer en devenant l'enjeu d'une règle du jeu qui reste, pour une bonne part, à la discrétion du groupe.

LA PLASTICITÉ DES IDENTITÉS COLLECTIVES

On peut donc penser que la mise en place du droit d'expression s'est heurtée sur le terrain aux difficultés rencontrées par les groupes à se « mettre dans la peau », à se donner une définition acceptable, d'un locuteur collectif en mesure d'exercer une intervention significative sur son environnement immédiat, soumis qu'il était à l'obligation d'énoncer *une* position, *un* projet, des vœux et avis cohérents entre eux. La démarche, on le voit, est complexe.

C'est cette démarche que nous nous proposons de restituer par quelques exemples pris sur le vif. Il s'agit de l'analyse de brèves « tranches de vie » de plusieurs groupes d'expression, six au total. Au cours d'une enquête réalisée en 1983-1984 dans trois entreprises (aéronautique, électronique, énergie) sur l'introduction et le fonctionnement de ce nouveau droit, nous avons pu assister en tant qu'observateurs muets et enregistrer au magnétophone une série de réunions de plusieurs groupes d'expression réparties sur une durée de 18 mois. Dans l'une des entreprises, des entretiens non directifs auprès des membres des groupes, réalisés entre les réunions (cas n°s 1, 2, 3, présentés ici) viennent compléter l'analyse.

Ces portraits de groupes se veulent plus ou autre chose que de simples instantanés. Ils s'efforcent en effet de mettre en relation les éléments et les événements d'une dynamique; de saisir dans cette mise en mots qu'opère l'expression directe la rencontre entre une histoire et un moment singulier; de mettre en scène enfin sous la forme de récits condensés des processus et des médiations qui font de l'identité d'un groupe le fruit d'une construction sociale en mouvement.

Le conflit identitaire (cas n° 1)

À travers une réunion d'expression directe, petite tranche de la vie d'un groupe de salariés, se révèle de façon particulièrement saisissante l'existence d'identités collectives distinctes, dissimulées dans l'atelier sous les apparences d'une cohésion du groupe, d'une seule et même identité pour tous.

Ce groupe est constitué principalement d'O.S. hommes (c'est-à-dire d'ouvriers sans qualification, peu nombreux par ailleurs dans cette usine de l'aéronautique) et de quelques régleurs. Ce qui le caractérise, c'est la coexistence de jeunes (entrés récemment à la faveur de contrats de solidarité) et « d'anciens » qui n'ont pas bougé de ce secteur pourtant défavorisé depuis bien longtemps, ainsi que la personnalité du chef, très « bonhomme », de toute évidence très soudé à son équipe et qui essaie d'arranger tout le monde.

Cela se ressent dans l'ambiance — du moins au départ — de cette deuxième réunion d'expression. Le chef restitue au groupe les réponses de la hiérarchie aux questions précédentes. Il emploie des termes qui stigmatisent sa proximité au groupe. « Nous — on », dit-il souvent en commentant les questions du groupe.

On trouve bien les évidences d'un groupe uni (incluant son chef immédiat) qui cherche à améliorer sa situation par les questions d'expression directe.

Mais voilà soudainement qu'une succession de mini-coups de théâtre révèle combien plus complexe est la situation de ce groupe. Les uns après les autres, les jeunes partent à l'assaut, avec des questions contestant la gestion de l'atelier (et incriminant donc directement le chef d'équipe), réclamant un type de formation particulière (qui passe par l'école et met sur la touche les « anciens »), critiquant le rôle et la disponibilité des régleurs.

Ces questions affolent littéralement les autres, le chef d'équipe d'abord qui cherche à censurer les jeunes qui le remettent en cause; les « anciens » ensuite qui ont peur de voir déstabiliser une forme d'équilibre dans l'atelier, qui leur convenait et qu'ils avaient patiemment et progressivement élaborée. En effet, de nombreux petits « arrangements » internes entre le chef d'équipe et les O.S. permettaient de desserrer le poids de certaines contraintes, d'introduire des miettes d'autonomie mises à profit par le groupe des « anciens » pour réguler au mieux les destinées individuelles et répartir le plus équitablement possible les « mauvaises » et « bonnes tâches ». La mise à plat qu'opèrent les jeunes qui visent à transformer l'organisation du travail risque de révéler à la hiérarchie supérieure une situation peu orthodoxe où elle voudra peut-être mettre bon ordre. De son côté, le chef d'équipe ne peut pas accepter que soient révélées des irrégularités témoignant du « mou » qu'il entretient avec la règle, avec la norme. Ainsi, Gilbert raconte: « l'expression c'est censé être libre mais il y a des choses à ne pas aborder... tu regardes la tête des anciens... et tu te dis, bon ben là j'ai fait une connerie... c'est un problème que j'aurais pas dû aborder là-haut. Je le savais pas. Il y a des choses qu'il faut pas aborder, moi je me suis planté. Quand j'en ai parlé ça a pas été relevé. Après être arrivés ici, ils ont dit: « t'as dit des conneries ». C'est tout après j'ai bien vu que pendant deux jours, j'ai eu tous les mauvais boulots. »

À travers cet émoi du groupe (tentative du chef d'équipe pour censurer les jeunes, refus des « anciens » de cautionner les critiques des jeunes, violence des jeunes qui sentent qu'on ne leur accorde pas un véritable droit de parole), on prend conscience du fait qu'il y a plusieurs identités dans son sein, dont au moins deux se détachent nettement. L'une, dominante dans l'atelier, se dégage du groupe en action, dans son rôle de producteur, soumis à des contraintes communes et qui consiste en une cohésion solidaire, homogène, installée d'une tactique de la préservation d'un équilibre entre la norme, l'autorité du chef et les revendications des membres du groupe pour des tâches moins rebutantes, plus diversifiées, moins exténuantes. C'est celle que les « anciens » symbolisent et garantissent et qu'ils souhaitent transmettre aux nouveaux. De fait, une enquête au sein de l'atelier prouve que cette identité collective dominante est fonctionnelle: elle a une certaine efficacité et n'est pas contestée. Pas contestée parce que la situation ne s'y prête guère. Elle ne peut être contestée par la parole car elle est implicite. Elle existe sans jamais être reconnue comme telle. Mais la situation nouvelle créée par le droit d'expression permet à une autre identité de se dévoiler, celle inscrite dans une dynamique de changement, pour transformer l'environnement de travail, améliorer les conditions de vie, de travail et de promotion pour les membres du groupe: « Nous les jeunes on veut pas attendre une dizaine d'années comme eux pour peut-être passer P1 [...] les vieux ils sont lâches; les vieux ils ont lâché... » Cette identité collective n'est pas moins que l'autre à la recherche d'une solidarité, mais sur d'autres bases, plus risquées sans doute mais peut-être plus prometteuses. Cette solidarité, les jeunes cherchent à la constituer par exclusion du chef d'équipe contre qui se tournent les revendications, l'idée étant de négocier à travers l'expression directe, une autre modalité d'application de la règle, avec la hiérarchie supérieure.

Cette initiative identitaire (pourrait-on dire) échouera contre l'alliance du chef et des « anciens » et même des régleurs qui ne sont pas assez engagés dans le groupe pour être partie prenante d'une aventure collective identitaire. Les jeunes auront le « bec cloué » comme dira un ancien. Mais à travers cette phase de l'explicitation, ils auront pris conscience du caractère quelque peu contraint de la cohésion identitaire du groupe dans l'atelier.

La confirmation identitaire (cas n° 2)

Il s'agit ici d'une équipe d'ouvriers professionnels (toujours dans l'aéronautique) travaillant en 3 × 8 dans un atelier où a eu lieu une introduction massive de M.O.C.N. Il y a donc deux autres équipes équivalentes dans le même atelier. Mais chacune a sa spécificité. L'une est considérée comme exemplaire par la direction, pour la qualité de son travail et son esprit de coopération. Elle a fait la « une » du journal de l'entreprise récemment. Celle qui nous occupe ici est au contraire considérée dans l'usine comme la plus remuante, la plus rapide à démarrer, à partir en cas de mouvements sociaux (grèves, etc.), la plus syndiquée même si le temps et l'évolution (l'hétérogénéisation croissante des statuts avec l'arrivée de nouveaux ouvriers P1, P2, effectuant le même travail que les P3 sur place) a quelque peu tempéré sa vivacité. Équipe, donc, créditée d'une tradition de « fortes têtes », en voie peut-être d'effritement de son unité, et fonctionnant avec un chef d'équipe qui joue pleinement son rôle de représentant hiérarchique et ne saurait dans ces conditions chercher la fusion avec l'équipe: « On peut pas se faire des amis ici: entre maîtrise et compagnons il y a toujours un petit quelque chose. Il y a une barrière entre les deux. »

Ici, la mise en place du droit d'expression aura pour effet de faire prendre conscience au groupe de sa spécificité, de ses caractéristiques propres, de son identité particulière, et à travers l'épreuve de force qu'il instaure dans les réunions d'expression, de renforcer et d'alimenter cette spécificité. Sa singularité, le groupe l'affiche d'emblée quasi involontairement: alors que le protocole d'accord de l'entreprise sur la mise en place du droit d'expression stipule que le groupe peut choisir en son sein son animateur, ce groupe est le seul à profiter de cette possibilité et à élire l'un des siens comme animateur, au grand dam du chef d'équipe qui vit très mal cette éviction: « Ça s'est passé bizarrement... ça m'a fait quelque chose... quelqu'un a posé une question (sur qui allait animer). Personne a voulu se proposer... puis les gens ont dit: puisque c'est toi (un compagnon) qui a posé la question, c'est toi qui y seras... J'ai pas été rejeté: ça s'est passé bizarrement et correctement. » Cet acte, conforme au protocole, marque donc explicitement cette équipe qui prendra conscience avec étonnement de cet état de fait. Ils sont différents des autres parce qu'ils sont représentés et animés par l'un des leurs choisi à l'unanimité, mais aussi (et de cela aussi ils s'en apercevront en découvrant les comptes rendus des réunions des autres équipes) parce que leurs questions sont différentes. « On était assez satisfaits en comparant nos questions et celles des autres, de voir que les nôtres étaient particulières. On est différents. » Ce « on est différents » traduit bien le sentiment que découvrent progressivement les membres du groupe à travers ce droit à la parole. Ce n'est pas qu'ils sont devenus différents, ils l'étaient auparavant. Mais ils ont pris la mesure de leur différence, de leur identité particulière, et ce avec un plaisir évident.

Dans un environnement où précisément leur identité était menacée (celle d'un groupe fortement solidaire et plutôt contestataire) par l'arrivée d'ouvriers dotés de statuts différents même s'ils effectuent les mêmes tâches, voilà que le recours à la parole commune vient à la rescousse de cette identité nouvelle et lui donne de nouvelles forces.

Enrichi de cette expérience permise par l'explicitation, le groupe posera *ses* questions, non pas seulement des questions sur l'organisation du travail et la productivité, mais des questions sur les thèmes bannis par la direction, les salaires, les primes, les rallonges: « Parler strictement boulot dans les groupes d'expression, ça nous intéresse pas des masses, parce que ça on peut le faire en bas dans l'atelier » et « Si on vous donne les combines, les chronos vont débouler dans l'atelier, on dégrade nos conditions avec nos suggestions » et encore « Nous on est plus axés sur les 3 × 8 et la paye et la hiérarchie est axée sur le travail ».

À travers les différentes réunions de ce groupe, on assiste bien à un bras de fer. D'un côté, la hiérarchie, représentée par le chef d'équipe qui s'efforce d'orienter le groupe vers une identité moins contestatrice, plus coopératrice, de lui inculquer — à travers une sorte d'apprentissage — un esprit plus raisonnable: « Posez-nous des questions raisonnables et vous obtiendrez des réponses qui vous satisferont. » De l'autre, le groupe qui n'en démord pas et qui, de guerre lasse de voir *ses* questions sans réponse, décide sur un point précis d'engager l'épreuve de force. Celle-ci consiste à obliger la hiérarchie à reconnaître le groupe tel qu'il est, à accepter son identité et à accepter d'entrer avec lui en négociation. Le groupe demande à la hiérarchie d'expliciter comment se répartit au sein du secteur, entre les différentes équipes, la masse budgétaire. Le supérieur refuse de répondre. Le groupe repose inlassablement la même question. Il veut sa réponse, sinon il quittera la réunion. Or il s'agit là d'une question de peu d'importance en fait. Le responsable argue, hors réunion, auprès de l'animateur, du fait que ce chiffre est connu et qu'il a été affiché sur les murs de l'atelier. Peu importe. Le groupe, dit l'animateur, veut sa réponse. Le compagnon animateur: « Dites-nous le budget. Je fais partie intégrante comme vous de cet atelier. Le groupe a le droit de savoir combien il y a de sous. » Le chef d'atelier: « Vous pouvez calculer le budget, 1,9 % de la masse salariale. C'est pas à cacher c'est officiel. » Le compagnon: « Mais pourquoi vous voulez pas me le dire? Je pose des questions comme ça! » Le chef d'atelier: « Mais c'est des questions qui ont des réponses ailleurs et qui sont en dehors du sujet. » Le compagnon: « Peut-être que notre question n'a pas lieu d'être et que la réponse n'a pas lieu d'être non plus [...], mais la question devrait avoir une autre réponse que 1,9 % de la masse salariale. » Le chef d'atelier: « Si vous vous obstinez là-dessus... » Le compagnon: « Les autres s'obstinent aussi. » L'enjeu est clairement posé. Il réside dans la volonté du groupe de se faire accepter dans son altérité, et dans la réticence de la hiérarchie qui cherche au contraire à l'englober dans sa propre logique.

Nous avons quitté l'usine avant le dénouement de cet épisode. Mais il apparaissait déjà clairement qu'un vent vivifiant avait soufflé dans l'atelier pour cette équipe, consciente d'une certaine force inhérente à sa spécificité.

L'introuvable identité d'un groupe d'employés (cas n° 3)

Toujours dans la même usine d'aéronautique, un petit groupe d'employés du secteur commercial. Ce petit groupe se caractérise par la très forte mobilité de ses membres. On circule beaucoup d'un service à l'autre, et comme dit l'un d'eux, « à cause de tous les va-et-vient, on manque de mémoire collective ». On manque de mémoire collective mais aussi d'homogénéité, car des jeunes dotés de BTS (brevet de technicien supérieur) se trouvent côte à côte avec des « anciens » de la vieille école. Doit-on dire que ce groupe n'a pas d'identité collective? En tout cas, celle-ci n'est pas aisément repérable et l'on éprouve de la difficulté à cerner les valeurs communes à ce groupe, si ce n'est quelques ressentiments (forts) contre les deux responsables du service, qui se caractérisent par leur éloignement. Ces deux responsables sont accusés de prendre toutes sortes de décisions organisationnelles sans chercher à connaître la véritable situation de travail des employés.

Voilà donc un groupe doté d'une identité pour le moins discrète, qui se trouve en situation de s'exprimer, grâce à un droit que le législateur lui apporte de l'extérieur. Mais ce droit qu'est prêt à faire fonctionner un chef de groupe lui-même désarçonné par l'autoritarisme des deux responsables du service qui le coiffent et désireux d'améliorer des conditions et une organisation du travail qui semblaient difficiles, est mal accueilli par les deux responsables. Ceux-ci estiment n'avoir nul besoin de l'avis du groupe d'employés, persuadés qu'ils sont, pour l'un, d'avoir toute latitude de discussions individuelles, et pour l'autre, de savoir très exactement ce qui se passe dans le service et d'être mieux armé que quiconque pour prendre les bonnes décisions.

En fait, rien ne leur est plus désagréable que d'avoir précisément un *groupe* en face d'eux et non pas une simple collection d'individus qu'ils puissent gérer un par un. L'un d'eux dira d'ailleurs « qu'il n'y a rien de plus malsain qu'un bouillon comme celui que représente un petit bureau qui vit en vase clos et qui n'arrive pas à se sublimer ».

Ce qu'il est intéressant de mettre en évidence avec ce petit groupe est la dynamique interrompue d'une (re)constitution identitaire. En effet, ce petit groupe en état de quasi-anomie va, à l'occasion du droit soudainement conféré d'expression, chercher à se doter d'une stratégie plus ou moins explicitée au début, mais affirmée petit à petit: tester la bonne volonté des responsables dans ces nouvelles règles du jeu, en commençant par des questions relativement simples, avant d'aborder les questions plus complexes d'organisation et de charge du travail. « On voulait voir ce que ça donne en commençant par les trucs pas compliqués. Mais ça les a pas branchés. On l'a bien ressenti. Ils ont appliqué la loi au strict minimum. Si on avait été plus en confiance on aurait pu poser des questions plus sur le service. On a des choses à dire. Mais connaissant nos interlocuteurs ça aurait été difficile de commencer comme ça de but en blanc par les trucs importants. » Et avant tout jouer le jeu, car ils attendent beaucoup d'un dialogue possible avec ces deux responsables si lointains. Par exemple, « je pensais que ça pouvait donner de bonnes choses, le droit d'expression. On est dans un service où personne ne passe jamais nous voir, demander ce qui va bien ou ce qui ne va pas bien. Pour moi c'était une bonne solution pour communiquer avec la hiérarchie, parce que c'était pas possible autrement. »

Il y a des réunions (informelles) préparatoires aux réunions officielles d'expression. Une solidarité à peine naissante se décèle. Et en tout cas, le groupe auquel s'identifie le chef hiérarchique immédiat parle d'une voix articulée autour d'une stratégie.

Mais les deux responsables du service vont parvenir à casser cette dynamique d'une constitution identitaire: par leur distance, leur mépris et leur indifférence affichée. Ils n'entendent pas être testés. Et ils manifestent par la teneur (et les délais) des réponses qu'ils ne sont en aucune façon intéressés par le groupe et ses questions. En tout cas par ce groupe tel qu'il se manifeste, avec une dynamique et une logique propres. Ils cherchent à faire échouer tout simplement le droit d'expression.

Le chef de groupe essaie de toutes ses forces de sauver ce droit. Parce qu'il est relancé fréquemment par le coordinateur de l'expression dans l'entreprise et par la Direction du personnel; parce qu'il attend pour lui-même et son groupe des améliorations indispensables du travail; parce qu'il est poussé par les employés dont il se sent solidaire. La stratégie qu'il choisit est celle du trait d'union — obliger les responsables à accepter les nouvelles règles du jeu, en forçant les employés à se constituer en un groupe acceptable, avec une identité acceptable —, c'est la stratégie de l'apprentissage évoquée dans le cas n° 2.

Trouver une identité acceptable pour faire accepter l'idée même d'une identité. Mais là il se heurte au refus du groupe. « Il paraît qu'il faut formuler les questions d'une telle manière qu'ils puissent y répondre autrement. Là j'ai fait un bond en l'air… ou on joue le jeu et tout le monde joue le jeu ou il faut tirer d'un côté, tirer de l'autre et se tendre des pièges. Il faut toute une stratégie pour formuler une question. Mais s'il faut en arriver à faire de la psychologie et puis s'embarquer sur des manières de langage, je suis vraiment pas d'accord. » Le groupe n'est pas acquis à l'idée d'avoir à négocier son identité, à négocier sa reconnaissance. Il sent la flamme naissante trop fragile pour accepter de la négocier contre une autre. Il préfère renoncer. Son dernier acte est de demander en cours de réunion une seule chose: que les deux responsables acceptent de venir les rencontrer et discuter avec eux, en d'autres termes de reconnaître qu'ils existent et fonctionnent comme un groupe. Ce que les deux responsables ne voulurent pas faire. Le groupe a alors décidé de renoncer à son droit d'expression, affirmant par là même son impossibilité à consolider, faute d'être reconnu par l'autre, une identité qu'il se découvrait progressivement, et refusant d'en constituer une sur mesure, la seule acceptable par l'autre. Le groupe retourna à son anomie. Certains demandèrent et obtinrent des mutations.

L'identité exhumée (cas n° 4)

Parmi les 26 sujets débattus, lors d'une réunion d'expression directe, par un atelier de femmes, toutes classées O.S. et occupées à des tâches « non qualifiées » d'impression par photogravure de circuits imprimés dans un établissement d'électronique en Normandie, un seul nous retiendra. L'épisode dont il va être question cherche à illustrer un processus de réhabilitation d'une identité professionnelle méprisée, processus qu'entament, en séance, les ouvrières.

L'épisode peut se résumer ainsi. Quatre mois plus tôt, lors de la réunion précédente, l'idée était venue aux ouvrières de suggérer à leur responsable hiérarchique, animateur des réunions, de faire un stage pratique pour « mieux comprendre leur métier ». Proposition dont l'insolence peut surprendre quand on songe qu'elle émane de femmes situées au plus bas de l'échelle hiérarchique et qu'elle s'adresse à leur supérieur, masculin et diplômé.

Elles reviennent cette fois à la charge, avec insistance, signalant ainsi l'importance qu'elles attachent à l'affaire. Devant l'argument du contremaître qui se défend en introduisant une distinction entre le principe (qu'il dit connaître) et la technique (dont il minimise la portée), une ouvrière lui rétorque que c'est elle qui a initié une nouvelle dernièrement. « Vous n'êtes pas venu l'aider: elle n'arrivait pas à monter la machine, vous n'avez pas essayé de lui faire voir, c'est moi qui lui ai montré... Pourtant, ajoute-t-elle, c'est à vous de lui apprendre, c'est vous qui êtes le chef, c'est vous qui êtes le responsable, c'est pas nous! »

Le rappel de cette anecdote va déclencher une véritable défense et illustration, par l'ouvrière, du sens pratique, mettant ainsi en évidence la vanité d'un savoir savant, d'une théorie coupée de la pratique: « Il faut mettre en pratique pour comprendre, affirme-t-elle, c'est pas évident; pour vous, ça paraît simple de loin, mais c'est en théorie, pas en pratique... vous ne l'avez jamais fait, vous ne pouvez pas savoir ».

À cette démonstration polémique va succéder une controverse qui porte non plus sur les compétences réelles dont les ouvrières peuvent se prévaloir mais sur l'image dévalorisée, imposée de l'extérieur, de leur travail, image qu'elles entreprennent de contester: « Vous voyez les filles positionner. Qu'est-ce que vous pensez? Oh, ça paraît sans doute... les gens de l'extérieur qu'est-ce qu'ils pensent. Ça doit être facile, elles sont assises toute la journée! Au premier coup d'œil quel effet ça vous a fait? » Sommé de reconnaître publiquement qu'il s'est effectivement trompé, le contremaître publiquement qu'il s'est effectivement trompé, le contremaître passe aux aveux: « C'est pas que ça me paraissait simple... au premier coup d'œil, oui, on se dit c'est simple mais après, non, vu les divers problèmes que maintenant je connais de plus en plus. »

Ainsi, de l'anecdote à l'aveu, voit-on, dans cet exemple, se dérouler les étapes d'une transformation dans les représentations collectives. Le groupe d'expression, en fournissant l'occasion d'un métadiscours sur le travail, sert ici de tribune à la découverte puis à l'affirmation d'une compétence ouvrière niée par la hiérarchie, ignorée par les ouvrières elles-mêmes, occultée par le système. Mais l'important dans cette proclamation collective d'un savoir-faire acquis réside peut-être moins dans l'énoncé lui-même que dans les conditions particulières de cette énonciation. C'est face à un interlocuteur symbolisant la loi et l'autorité que cette mise en mots a lieu, offrant ainsi au groupe, outre l'occasion de se reconnaître, celle de se faire reconnaître. Cette reconnaissance passe ici par la remise en cause de l'image dévalorisée qui leur est renvoyée de l'extérieur par « ceux qui sont plus haut placés, qui nous regardent à travers les carreaux, pour qui ce qu'on fait c'est de la bagatelle ».

En admettant « face au public » son erreur et, par extension, celle du système social auquel il appartient, le contremaître autorise le groupe à engager un travail sur lui-même. Un travail qui consiste à substituer la représentation qu'il se donne de lui-même à celle qu'on lui renvoie, de l'extérieur, de ce qu'il est. L'identité professionnelle recomposée, dans ce cas, autour d'un savoir-faire réhabilité passe par une prise en main, par le groupe ouvrier, du processus de production de la parole. Et l'expression directe offre en l'occurrence les moyens discursifs de ce renversement symbolique.

L'identité émiettée (cas n° 5)

Et dire que tout avait si bien commencé. Pendant plus d'une demi-heure, cette équipe où voisinent des O.S. et des O.P., des femmes et des hommes, affectée à une étape quasi artisanale de la fabrication des plaques de circuit imprimé (la sérigraphie), offre le spectacle harmonieux d'un fonctionnement modèle. L'expression directe, telle qu'imaginée par ses promoteurs, semble combler tous les vœux. Des réalisations multiples, concrètes et rapidement réalisées. Des réponses claires, argumentées, convaincantes et cohérentes. Un animateur exemplaire, jeune et dynamique, sympathique, sincèrement désireux de faire aboutir les suggestions du groupe, efficace et compréhensif, soucieux de faire parler les silencieux et les timides, attentif à la moindre proposition susceptible d'améliorer les conditions et l'organisation matérielle du travail dans l'atelier. Une demi-heure illustrant un management participatif en actes, de concertation sereine dans une ambiance détendue et conviviale.

Puis soudain, le climat se dégrade. Les rancunes (re)font surface, les dissensions éclatent au grand jour. Les ressentiments, les injustices subies, les incompatibilités d'humeur et les amertumes accumulées envahissent le devant de la scène, réduisant ce groupe si sage et coopératif en miettes. Ses membres vont passer le reste du temps à s'entre-déchirer. À propos de tout, des salaires, des classifications, des promotions, des stages et des critères de sélection qui servent à départager ceux qui bénéficient des faveurs de la direction et les autres — sujets brûlants et conflictuels qui débordent largement du cadre des thèmes fixés par la loi (conditions et organisation du travail).

Le tollé d'accusations qui atteint de plein fouet le chef d'équipe, soupçonné de privilégier ceux « qui ont une tête qui plaît », les « lèche-cul » et les « fayots », et responsable, selon eux, de favoriser la « magouille dans l'atelier », sert à dédouaner le groupe confronté au spectacle qu'il se donne de son déchirement interne. C'est le principe de la promotion au mérite, énoncé clairement et défendu par le chef d'équipe solidaire de la hiérarchie, qui est visé: « Plus on la ramène moins on a de promotion », « Ça crée la mauvaise ambiance dans l'atelier: tout le monde se bute les uns sur les autres alors que nous on n'y est pour rien. »

En se forgeant une identité de victime, le groupe semble, provisoirement, retrouver les sources de son innocence, renouant ainsi symboliquement avec une cohésion interne sérieusement entamée. La responsabilité de la situation revient à l'autre, au système, et à son représentant, et, en dernière analyse, aux règles du jeu fixées en dehors du groupe et à son détriment. Mais en refusant le rôle de bouc émissaire que le groupe voudrait lui faire endosser, le chef d'équipe, à son tour, se place hors jeu: il sait qu'il n'a pas le beau rôle mais beau joueur, il l'assume: « Dites-vous bien que les problèmes de salaire ou de promotion qui existent actuellement dans l'atelier ça dépend de la maîtrise et de la direction. C'est pas les gens entre eux... Ne partez pas sur cette idée, n'essayez pas de vous démonter, de vous engueuler entre vous... » Il est conscient, dit-il, des inégalités, il fait ce qu'il peut. Mieux: il ne leur en veut pas de leur agressivité à son égard. « Ben allez-y! c'est sûr vous me rentrez dedans, c'est tout à fait normal... »

La démarche engagée par le groupe visant à surmonter ses dissensions internes en accusant le chef d'équipe d'arbitraire se retourne par un effet de boomerang contre lui-même: il s'enlisera dans des querelles internes qu'il met ainsi en évidence et dont souffrira sa cohésion. La responsabilité de la division est ainsi rejetée sur un système hypocrite et hors d'atteinte. L'iniquité est sévèrement dénoncée. Mais cette dénonciation des inégalités et des injustices dont il s'estime être la victime ne suffit pas pour ressouder le groupe autour d'un projet commun: elle reste trop incantatoire pour servir de ciment à l'action.

Tout se passe comme si l'expression directe avait suscité une vaste scène de ménage collective, éclairant d'une lumière crue les divisions internes dont le groupe s'accommodait, en temps ordinaire, dans l'accomplissement de ses tâches. Plus ou moins bien d'ailleurs puisque les relations de travail quotidiennes semblent, elles aussi, chargées de tensions et de rancœur. Le groupe paraît se dissoudre sous l'effet d'une différenciation interne des statuts et des qualifications, des sexes et des tâches. Le « nous » paraît ici hors d'atteinte. Dans ces circonstances, la pratique de l'expression directe a sans doute un effet dissolvant; en attisant les différences, en cristallisant les ressentiments, elle met le groupe face à son impuissance.

Quel que soit son effet à terme — catharsis salutaire ou licence dévastatrice — le droit de dire, de « tout » dire s'offre, dans cet exemple, sous les traits d'une expérience limite. L'identité du groupe peut s'en trouver renforcée, par exemple autour d'une conscience aiguisée de ses dissensions internes, ou encore profondément atteinte. Mais plus rien ne sera sans doute jamais tout à fait comme avant.

L'identité éphémère (cas n° 6)

Prévue depuis trois ans, la reconversion d'une dizaine de perforatrices d'un service mécanographique d'un centre de distribution d'EDF en province n'a fait l'objet d'aucun plan de formation ou de recyclage. Si le service doit disparaître (l'informatisation de la gestion remplaçant la mécanographie) l'emploi, par contre, protégé par des règles statutaires de reclassement, n'est pas menacé.

C'est dans ce contexte marqué par le fatalisme des salariés (« on n'y peut rien »), le repli sur des solutions individuelles (chaque ouvrière espérant, grâce à ses relations personnelles, se faire muter dans un « bon » poste), la négligence de la direction et l'abstention du syndicat qu'a lieu la réunion d'expression. Celle-ci sera l'instrument d'une transformation dans l'identité du groupe: de mutées, les perforatrices vont se réinventer le temps de cette réunion une identité nouvelle de mutantes.

Deux étapes-clés marquent cette métamorphose. La première étape de cette dynamique consiste à convertir en démarche collective ce qui était toujours apparu aux yeux des ouvrières comme un problème personnel. Réunies en groupe d'expression, leur reconversion va progressivement leur apparaître sous la forme d'un projet collectif, d'un ensemble de revendications (concernant le choix du service, le droit de refuser leur affectation, les primes de reconversion, etc.) quant aux conditions acceptables — par elles — d'un reclassement jugé inévitable. Mais il y a plus dans leur projet qu'un simple catalogue de revendications. Celui-ci se double d'un programme commun d'action et d'intervention: c'est au directeur du centre, en personne, qu'elles veulent avoir affaire pour négocier leur départ et c'est « toutes ensemble, pas individuellement » qu'elles veulent le rencontrer, car « c'est de l'information qui nous concerne toutes » estiment-elles, en véritable groupe de pression.

Au total, cette séance, sorte de réunion syndicale sans syndicat où le contremaître assiste, impuissant, à la naissance d'un groupe fortement cohésif, aura joué un rôle de catalyseur en créant les conditions favorables à l'éclosion d'une identité collective nouvelle soudée par un projet commun. Le groupe cesse, momentanément du moins, de se percevoir comme une somme d'individus divisés et concurrents, réduits à la passivité, livrés au bon vouloir des autres, pour se représenter sous les traits d'une entité douée d'autonomie, capable d'initiative et de décision.

Le second mouvement de cette dynamique s'opère autour de la remise en cause collective des normes de gestion du personnel. Il consiste, pour les perforatrices, à passer du respect de la règle — particulièrement fournie et omniprésente dans cette entreprise dont le statut remonte à l'après-guerre — à sa contestation. Ce passage est assuré par la découverte progressive, vérifiée au cours du débat, que la règle est faillible, qu'elle n'a pas tout prévu. Sur les conditions d'une mutation (en cas de disparition d'un service, par exemple), elle est muette, constat confirmé par l'animateur chef d'équipe, obligé d'admettre l'existence d'un vide juridique. Cette vérification, devant témoins, libère l'initiative des perforatrices: si les textes sont inadaptés à notre cas, inventons-en d'autres qui nous conviennent mieux, décident-elles en substance:

PERFORATRICE. — Ben si, on peut aller contre les textes, vous savez bien.

ANIMATEUR. — Vous n'allez pas contre, vous n'allez jamais contre.
PERFORATRICE. — Il faut aller au-delà !
ANIMATEUR. — Je ne crois pas. Je veux bien, mais ça m'étonnerait.
PERFORATRICE. — On change bien le reste, je ne vois pas pourquoi on ne changerait pas ça !

Le refus de se soumettre aux normes qu'illustre cet extrait s'accompagne d'un remaniement substantiel des représentations collectives dans cette entreprise où le personnel se sent à la fois protégé et dépendant. Affirmer publiquement, en présence de l'agent de maîtrise, le caractère inopérant, contournable et non absolu de la norme, c'est récupérer, en l'occurrence, une part de liberté. C'est s'autoriser à agir. Le groupe se sent en mesure d'assumer — et non plus seulement d'affirmer — son opposition à la règle. L'effet de cette transgression verbalisée serait de permettre, dans ce cas précis, le passage d'une soumission résignée aux normes à la conviction qu'il est non seulement nécessaire mais possible d'en imposer le remaniement.

La médiation nécessaire à cette réappropriation d'un destin professionnel par le groupe résiderait, dans ce cas, dans la contestation publique — destinée à être entendue — de la norme, autorisée en réunion. Le « surplus » d'identité collective que les ouvrières gagnent dans cette démarche et qui leur permet de troquer une condition de mutée contre un statut de mutante provient moins d'une conscience accrue de leur appartenance à un ensemble — ensemble qui doit, à court terme, éclater — que d'une découverte partagée de l'ennemi commun à combattre (la règle statutaire) et des ressources collectives, révélées dans les débats, qu'elles détiennent pour défendre leurs intérêts face à l'épreuve qui les attend. L'essentiel, ici, serait un processus d'extension dans la conscience des acteurs, du champ du modifiable, processus dont l'efficacité tiendrait aux circonstances particulières qui l'entourent: la transgression de la norme s'exprime en effet au sein d'une réunion légale, dans le cadre d'un droit des salariés sur le temps et les lieux du travail et en présence d'un interlocuteur hiérarchique. Dans ces conditions, la contestation change de statut en acquérant une nouvelle légitimité — légitimité précaire et circonstancielle dont le groupe n'aura l'usage que pour mieux préparer sa propre dispersion.

EN GUISE DE CONCLUSION

Trois modèles

Entre les identités « au travail » plus ou moins fixées ou stabilisées, scellées dans l'ombre de l'atelier ou du bureau — forme spécifique d'ajustement des salariés face à des contraintes communes — et celles induites ou révélées par l'exercice de la parole dans les conditions bien particulières de la réunion d'un groupe reconnu comme locuteur autorisé par l'institution, il y a, à l'évidence, des différences. Observées à l'échelle réduite de l'espace-temps que constituent ces réunions (qui se déroulent, on le sait, sur le temps et les lieux du travail mais en marge de l'activité proprement dite) les phénomènes identitaires apparaissent dans leur pluralité, leur contingence et leur flexibilité.

Si l'on compare nos cas, on découvre, nous semble-t-il, au moins trois types de dynamiques identitaires dans ce passage du non-dit au formulé.

Le *premier* serait le brouillage identitaire: l'émergence d'une identité alternative énoncée comme un défi et revendiquée par certains membres du groupe, qui, même si elle échoue à se formaliser, révèle clairement des tensions internes préexistantes. Deux cas (1 et 5) s'insèrent dans ce modèle.

Cas nº 1: le conflit identitaire

Ce que livre cet exemple c'est l'évidence, dans l'opacité feutrée de l'atelier, d'une identité dominante qui se caractérise par une stratégie de préservation de l'acquis. Cette préservation passe par une certaine liberté par rapport à la règle, avec la complicité bienveillante du chef d'équipe. Elle est gérée et régulée par les « anciens ». La grande force de cette identité est l'opacité dont elle s'entoure et qui l'entoure. Puisqu'elle est opacité et silence, comment pourrait-elle être contestée et par qui, sans sortir de la clandestinité qui est précisément le mode d'être et de travailler du groupe dans l'atelier? L'institutionnalisation, l'officialisation du groupe par le droit d'expression, rend manifeste une autre identité possible, portée par les jeunes. Une identité qui s'arcboute autour de la volonté de changement où s'inscrirait une autre forme de solidarité. Elle nécessite le sacrifice et l'exclusion du chef d'équipe, et se nourrit du rêve de négocier directement la règle avec la hiérarchie supérieure.

Cas nº 5: l'identité émiettée

L'entente cordiale qu'affiche, en début de réunion, ce groupe disparate où se mêlent, autour d'une opération quasi artisanale, des hommes et des femmes, des qualifiés et des non qualifiés, masque en réalité des dissensions internes explosives. Les identités — comme les places, les statuts et les qualifications — sont, dans cet atelier, multiples et conflictuelles. En révélant au grand jour ces tensions latentes, l'expression directe offrira au groupe l'occasion de « régler ses comptes » en désignant, en la personne du chef d'équipe, un bouc émissaire. Mais cette identité de circonstance puisée dans la dénonciation collective de l'arbitraire du chef sera impuissante à ressouder le groupe autour d'un projet commun. Une fois montrées du doigt, une fois dites de façon publique et explicite, ces injustices dont le groupe s'estime être la victime ne feront qu'attiser le feu, donnant ainsi de lui-même le spectacle d'une guérilla intestine.

Le *deuxième* type de dynamique correspondrait à un renforcement identitaire, la parole autorisée venant étayer la prise de conscience d'un « nous » et de ses ressources, fournissant ainsi des éléments susceptibles d'accélérer la cristallisation d'une identité commune partagée. Illustrerait ce processus le cas nº 2.

Cas nº 2: la confirmation identitaire

On y observe comment un groupe de professionnels soudés dans l'atelier par une identité contestatrice en perte de vitesse prend — au travers de la situation d'expression collective institutionnelle — la mesure de sa spécificité quelque peu « naturalisée » dans la quotidienneté et l'implicite. Cette « découverte » impliquera pour le groupe le désir de la faire découvrir, reconnaître et accepter par les autres, par l'extérieur, en l'occurrence la hiérarchie. Sans quoi il n'entend pas se lancer dans l'aventure de l'expression directe ni se plier au jeu, au « jeu de la vérité » où l'on met cartes sur table. Une épreuve de force s'engage donc où la hiérarchie ne fuit pas dans la passivité mais cherche à « détourner » à son profit cette mise en jeu identitaire par le jeu de l'apprentissage.

Le *troisième* modèle serait de l'ordre de la révélation identitaire, la parole collective mise au service d'une reconstruction sociale de la réalité esquissant les contours d'une identité jusqu'alors ignorée ou refoulée. Les cas 3, 4 et 6 représentent trois variantes de ce dernier type de figure.

Cas nº 3: la tentation identitaire

Il s'agit là d'un groupe qui semble fonctionner professionnellement dans une sorte d'atonie identitaire. L'expérience du droit d'expression qui lui offre la possibilité de se compter et de se découvrir des intérêts communs fournit l'amorce d'une dynamique plus collective. Mais pour lui donner consistance à cette cohésion naissante, il faut la faire reconnaître. Ce que refusent obstinément les deux responsables du service qui sont les interlocuteurs officiels. Ils n'acceptent d'avoir affaire qu'à une collection d'individus à gérer et rejettent l'idée d'un groupe avec lequel négocier. Le processus identitaire est ainsi provisoirement compromis malgré les efforts du chef de groupe qui cherche à façonner une identité dont il pense qu'elle pourrait convenir aux deux responsables. Le groupe s'y refuse et « retombe » dans son atonie.

Cas nº 4: l'identité exhumée

Ici, des ouvrières spécialisées de l'électronique entreprennent de renverser l'image dévalorisée et dévalorisante de leurs compétences. La métamorphose identitaire amorcée en réunion se nourrit du jeu de miroir qu'organise l'expression directe: le groupe s'emploiera à forger — preuves à l'appui — les indices d'une identité professionnelle réhabilitée en contraignant son responsable hiérarchique à reconnaître la réalité du savoir pratique qu'il s'efforce de nier. Si la situation immédiate reste inchangée, les représentations collectives, elles, ont été retravaillées.

Cas nº 6: l'identité éphémère

Cet exemple met en scène un groupe de femmes employées à des tâches administratives déqualifiées, mises en situation d'individualisme extrême devant la menace de mutation qui pèse sur elles en raison de la disparition imminente de leur service. La réunion leur servira à troquer leur condition de mutées contre une identité de mutantes. L'impuissance devant ce destin professionnel angoissant cédera progressivement la place à une prise en charge collective de leur avenir, assortie d'un programme concret d'action et d'intervention. Ensemble elles prendront conscience du vide juridique qui disqualifie la règle statutaire (celle-ci n'a rien prévu dans leur cas), s'autorisant ainsi à définir elles-mêmes les conditions de leur départ. Pourtant, cette stratégie volontariste et l'identité *ad hoc* qui la sous-tend sont vouées à l'éphémère: unies, elles le sont dans la recherche commune d'une solution qui passe par l'éclatement de leur groupe.

Cinq constats

Que retenir de ces exemples, au-delà des cas eux-mêmes, et à quelle sorte d'enseignement plus général peuvent-ils servir? Si l'on veut faire un pas de plus dans la compréhension de cette notion si glissante — et pourtant centrale, en sociologie — des identités collectives, on peut au moins dresser quelques constats élémentaires.

Le premier met en évidence la *plasticité* des identités collectives, leur caractère mouvant, fluctuant, changeant. L'expression directe joue à cet égard le rôle d'un verre grossissant amplifiant — par un effet de concentration dans l'espace et le temps — la labilité des phénomènes identitaires. La formule opère en effet une coupe synchronique dans une durée éclairant avec force la dynamique de cette construction sociale dont l'identité collective est le fruit. Si l'expression directe déforme les choses en accentuant leur mobilité au détriment de leur permanence, elle offre néanmoins l'avantage d'en révéler le mouvement.

Le second constat, corollaire du premier, est la *contingence* des processus identitaires. Par un effet de réfraction, l'expression directe dévie la lumière de son cours « normal », mettant ainsi en relief ce que les identités collectives doivent — aussi — à la situation. On a vu, par exemple, que l'effet produit ne se ramène ni toujours ni nécessairement à l'actualisation ni à l'explicitation ni à la mise en évidence d'identités jusqu'alors restées opaques ou refoulées, contraintes au silence par une organisation où elles n'avaient pas leur place. L'expression directe suscite aussi des remises en cause et des remaniements substantiels, se prête à des découvertes, des révélations et des déceptions qui touchent en profondeur la représentation qu'un groupe est en mesure de se donner de lui-même et de l'action qu'il est susceptible d'engager.

À cet égard, l'expression directe fait figure non seulement d'analyseur, accentuant la visibilité de phénomènes qui lui préexistent, mais aussi de catalyseur capable de déclencher grâce à la situation particulière ainsi créée une réaction chimique, une transformation identitaire.

En focalisant l'attention sur les processus à l'œuvre, sur des flux plus que des états stabilisés, sur les modes de constitution et de fixation par lesquels transitent les phénomènes identitaires, l'expression directe met en évidence leur *perméabilité* vis-à-vis du contexte: c'est le troisième constat. L'identité d'un groupe n'est pas donnée une fois pour toutes selon la place que ses membres occupent dans l'organisation ou la catégorie socioprofessionnelle à laquelle ils appartiennent. Elle est construite et donc mouvante. Elle se fabrique en fonction des incidents et des événements qui la nourrissent, elle s'actualise au gré des circonstances qui lui prêtent voix et forme. Ainsi, pour un même groupe, aux différents moments de son histoire, selon les ressources que lui offre la situation, plusieurs configurations identitaires sont possibles. Et toute modification de sa composition interne, tout réaménagement de son environnement (technique ou organisationnel), tout épisode exceptionnel (un conflit, un accident, l'assistance à des réunions participatives) est susceptible de remettre en question, momentanément ou durablement, cette configuration.

L'identité collective apparaît ainsi sous les traits d'un ajustement provisoire et précaire directement lié aux situations sociales dont elle est, en partie, le produit. Si l'expression directe fait office d'événement heuristique, c'est parce qu'elle rend tangible l'une de ces configurations singulières propres à la situation déterminée dont elle est toujours le fruit et qu'elle contribue, en retour, à modifier.

Un quatrième constat révèle que s'il y a bien, pour un même groupe, plusieurs *configurations* identitaires possibles, on est en droit de penser qu'il n'y a pas toujours consensus au sein d'un groupe sur les traits saillants de ce « fonds commun partagé » dont l'identité collective serait l'expression. Pour chacune de ces configurations, il y aurait en quelque sorte des « porteurs » distincts, des acteurs-clés différents qui cristalliseraient, en la symbolisant, la figure identitaire du moment. La notion d'identité collective ne renverrait donc pas nécessairement — comme on lui en a souvent fait reproche — à une vision holiste des phénomènes à l'échelle des groupes sociaux. Elle se définirait plutôt comme un point d'équilibre précaire, une tension dynamique entre identités individuelles et collectives, ces dernières étant particulièrement exposées aux variations contextuelles de la situation. Mais, si tous les membres d'un groupe ne participent ni de la même manière ni avec la même intensité à cette identité représentative du groupe (certains peuvent s'y reconnaître, d'autres se situer en marge ou à distance), celle-ci a peut-être d'autant plus de chances de perdurer qu'elle n'est pas explicitement formulée. Ici encore, l'expression directe joue un rôle déterminant, en obligeant les groupes à s'interroger sur les « nous » réels qui les habitent: sont-ils ou non des « locuteurs collectifs » capables de formuler des propositions, des décisions et des interventions communes? ce nouveau droit met leur identité collective à l'épreuve de l'action. Et cet effet d'explicitation ou de dévoilement qu'exige l'expression directe est aussi source de remises en question.

Cinquième et dernier constat. Si l'identité collective d'un groupe est changeante, si elle est perméable aux situations et aux événements extérieurs qui la révèlent à elle-même et lui prêtent matière, si en outre elle est inégalement investie par ses membres — certains y contribuant activement, parfois avec, parfois sans, voire malgré ou contre les autres —, alors cette notion traite de ce qui est au cœur même de la sociologie, à savoir les rapports sociaux. Contrairement aux idées défendues par A. Touraine (1984) par exemple, pour qui le recours à ce concept imprégné de psychologisme signifierait le refus des rôles sociaux, l'appel à des essences naturelles et renverrait à une définition a-sociale de l'acteur, les phénomènes identitaires tels que nous les comprenons ont bien pour substance des *interactions sociales situées*. L'identité collective des groupes de salariés dans l'entreprise est aussi (et peut-être même toujours) un *enjeu* — même si les règles du jeu ne sont pas toujours aussi aisément repérables qu'elles ne le sont à l'occasion de ces réunions que nous avons pu suivre. Un enjeu au sein d'un rapport de forces internes qui peut être lui-même plus ou moins ouvert ou tacite. Enjeu collectif pour une collection d'individus, agrégés en groupes en vertu d'une logique (celle définie par la division du travail) qui leur échappe, invités à se comporter en acteur collectif avant même de savoir si le jeu en vaut la chandelle: c'est en ces termes que se pose, nous semble-t-il, la question de l'identité collective des groupes dits homogènes de salariés.

Si elle est enjeu pour le groupe lui-même, ce qui explique les difficultés que rencontrent les groupes d'expression directe au moment où il leur faut prendre position ensemble, l'identité collective l'est également pour l'entreprise à qui revient la charge de penser la place, la fonction et le statut des groupes dans l'organisation. Le management participatif — avec sa panoplie de mesures concrètes doublées d'un habillage idéologique de circonstance (hier les groupes autonomes et la direction participative par objectif; aujourd'hui le projet d'entreprise, la communication, la qualité totale, etc.) — pourrait bien s'interpréter comme une gigantesque entreprise de façonnage, de remodelage des identités collectives — sources d'action et de mobilisation — à la mesure des besoins de l'économie.

Notes

1. Cette loi fait partie d'un dispositif d'ensemble désigné communément sous le nom de leur auteur, ministre du Travail, « Lois Auroux », qui modifient profondément la législation en vigueur sur quatre points essentiels:
   a) Le renforcement des libertés individuelles dans l'entreprise (règlement intérieur; expression directe et collective des salariés): loi du 4 août 1982.
   b) La reconstitution de la communauté de travail (ordonnances sur le travail temporaire et les contrats à durée déterminée).
   c) Le développement des institutions représentatives: lois d'octobre et décembre 1982.
   d) L'extension de la politique contractuelle (négociation collective): loi du 13 novembre 1982.
2. Sur cette interprétation de la loi, voir D. et R. Linhart (1985).
3. Cette loi ne fait en somme que reconnaître officiellement le fait que la régulation dans une organisation n'est jamais que le résultat d'un compromis. À ce sujet, voir J.D. Reynaud (1988).
4. Pour une vue d'ensemble des travaux sociologiques auxquels la mise en place de ce nouveau droit a donné lieu, se reporter à l'inventaire des recherches présenté dans Borzeix *et al.* (1986).
5. Sur les ambiguïtés de ce droit à la parole pour tous, voir Borzeix (1987b).
6. Dire, explique le philosophe d'Oxford J.L. Austin (1970), n'est pas toujours ni nécessairement affirmer. C'est aussi faire en disant (ce qu'il appelle l'acte illocutoire) ou faire par le fait de dire (acte perlocutoire). Certaines énonciations ne constatent rien mais font quelque chose. Elles sont en elles-mêmes des actes; Austin en propose la liste (non exhaustive) suivante: poser une question, donner un ordre, promettre, décrire, s'excuser, remercier, critiquer, accuser, féliciter, suggérer, menacer, supplier, défier, autoriser. Pour une analyse de l'expression directe en termes d'actes de langage, voir A. Borzeix (1987a).
7. Sur la question encore peu explorée de l'usage du langage dans les organisations, voir J. Girin (1982b).

LANGAGE DU CORPS, GESTUALITÉ ET COMMUNICATION

Pierre FEYEREISEN *et Jacques-Dominique* DE LANNOY

On considère volontiers que l'apparence physique et les mouvements du corps jouent un rôle dans les échanges sociaux: ils expriment une part de nous-mêmes et, perçus chez autrui, permettent de saisir certaines propriétés de notre façon d'agir. Sans toujours s'en rendre compte, on utilise ces procédés dans la vie quotidienne, et particulièrement lorsque l'on cherche à plaire ou à convaincre. Dans l'Antiquité déjà, les traités de rhétorique discutaient des mérites respectifs des gestes et de la parole. Aujourd'hui, les hommes politiques s'entraînent à s'exprimer devant les caméras; les cadres commerciaux et les responsables des services du personnel suivent des stages visant à développer leur « potentiel non verbal »; des psychologues, par des techniques d'« affirmation de soi », apprennent aux timides à se montrer plus sûrs d'eux-mêmes; et on publie des ouvrages qui permettent de déceler dans les expressions du visage et dans les postures les signes de la sincérité et du mensonge.

L'importance croissante que les professionnels de la communication attribuent à l'expression corporelle est-elle fondée? On ne discutera pas ici de l'efficacité relative des procédés de communication verbaux et non verbaux; on cherchera plutôt à décrire les courants théoriques qui les ont inspirés, à partir d'exemples représentatifs. Nous avons développé ailleurs cette perspective[1] (Feyereisen et De Lannoy, 1985). Dans cette analyse, nous nous centrerons sur les travaux relatifs aux mouvements du corps et nous n'évoquerons qu'incidemment l'importante documentation consacrée à l'expression faciale des émotions (Ekman, 1982) et aux fonctions sociales du regard (Argyle et Cook, 1976; Rutter, 1984; Kleinke, 1986).

L'EXPRESSION CORPORELLE DANS LA VIE PROFESSIONNELLE

L'image que l'on donne de soi à travers des signaux corporels exerce un effet sur autrui: cet effet peut devenir important dans la vie quotidienne, à l'école, dans l'entreprise, comme dans le fonctionnement de la justice, dans les pratiques médicales ou psychothérapeutiques. Nous nous limiterons ici à deux illustrations de ces phénomènes, montrant le rôle des signaux non verbaux lors d'une entrevue à l'embauche et dans l'entretien thérapeutique.

L'exemple des candidats à l'emploi

Le résultat d'une interview réalisée pour la sélection du personnel est influencé par divers aspects du comportement non verbal. Ainsi, la production de nombreux gestes fait paraître motivé et compétent. Toutes choses égales par ailleurs, la chance d'être sélectionné peut dépendre de la fréquence des hochements de tête du candidat. Ces comportements non verbaux, toutefois, sont corrélés avec les comportements verbaux ou interagissent avec eux; les mouvements de la tête ou de la main sont accomplis en parlant; ils peuvent être liés au débit verbal ou à l'intonation. Il est donc difficile de distinguer, dans les effets observés, la part respective que prennent les composantes verbales et non verbales du comportement. Même si les indices non verbaux exercent une influence importante, cet effet peut être moins important que celui d'autres variables. En particulier quand ce qui est dit joue un rôle prépondérant dans l'interaction, l'expression corporelle devient secondaire[2]. Des questions similaires se posent à propos de l'influence des facteurs non verbaux dans l'évaluation des performances d'un employé: l'appréciation fournie peut en partie dépendre de son apparence physique ou de ses mouvements expressifs, mais il reste évidemment à comprendre comment ces effets se produisent, et à apprécier leur importance relative (de Meuse, 1987).

Les signaux non verbaux de l'empathie

En présence d'une autre personne, il nous arrive de prendre part à ce qu'éprouve celle-ci. Cette participation immédiate aux sentiments, aux émotions, aux impressions d'autrui caractérise l'« empathie ». Dans sa forme la plus élémentaire, elle est vraisemblablement à la base des phénomènes de contagion sociale qui font que des groupes de personnes se mettent à accomplir les mêmes actions sans en connaître le but ou les conséquences, comme c'est le cas de certains mouvements de foule lors de paniques ou de manifestations.

On sait que, suivant certaines conceptions, comme celle de Rogers, l'empathie occupe une place centrale dans le processus psychothérapeutique. Il est essentiel que le thérapeute participe chaleureusement à la vie « affective » de son patient, telle qu'elle s'exprime notamment à travers le discours de celui-ci. L'impression que produit le psychologue au cours des entretiens avec le patient — impression d'être compétent, chaleureux, sincère — dépendrait, en fait, autant de ses contacts visuels, sa mimique, ses mouvements de la tête, sa posture, que de ce qu'il dit au patient. L'ensemble des comportements non verbaux du thérapeute serait l'expression de ses dispositions envers le patient; pour que la thérapie soit efficace et que le patient arrive à résoudre ses propres problèmes, il importerait, selon Rogers, que les dispositions du thérapeute, ses sentiments à l'égard du patient, aient un caractère favorable. Cette considération est cependant loin d'être évidente. Jusqu'ici on n'a jamais démontré de relation entre la capacité d'un thérapeute à communiquer non verbalement et l'évolution de la thérapie dans le sens d'une réduction des troubles du patient. Par contre, il existerait une relation entre la capacité d'un médecin à établir un bon contact clinique — telle du moins qu'elle apparaît aux yeux des patients interrogés à ce sujet par questionnaire — et sa sensibilité aux indices non verbaux mesurés par un test de décodage de ce type de signaux: le PONS (Profil of Nonverbal Sensitivity) de Rosenthal et ses collaborateurs[3] (Hall *et al.*, 1978).

PERSPECTIVES THÉORIQUES DANS L'ÉTUDE DES SIGNAUX CORPORELS

Trois orientations principales caractérisent l'étude des communications corporelles et, en particulier, gestuelles. Suivant la première, on peut considérer les gestes comme possédant, au même titre que les mots, la propriété d'exprimer les représentations mentales qui constituent la pensée; il existerait donc un « langage des gestes » que cherchent à décrire linguistes, anthropologues et sociologues. Dans une deuxième direction, on mettra l'accent sur le fait que certains modes de communication sont communs aux hommes et aux animaux et on formulera des hypothèses quant à leur phylogénèse (voir les développements actuels en éthologie humaine: de Lannoy et Feyereisen, 1987). Selon une troisième perspective, les gestes semblent présenter une spécificité par rapport au langage oral, celle de servir avant tout à l'expression des émotions, des états affectifs ou des attitudes interpersonnelles; on parle à ce propos de « communication non verbale » (Cosnier et Brossard, 1984; Weitz, 1979).

Le langage du corps

Depuis longtemps, l'étude des gestes a été poursuivie dans l'idée que l'être humain ne parle pas seulement avec des mots, mais aussi avec son corps. L'analogie entre les gestes et le langage repose tout d'abord sur l'observation que les usages corporels varient selon les peuples et les cultures. Tout comme les langues parlées dans le monde, les pratiques gestuelles diffèrent selon le lieu et l'époque. Ensuite, les régularités à l'œuvre dans les usages corporels paraissent obéir à un système de règles qui peut être comparé à une syntaxe. Enfin, si les gestes semblent constituer un langage, on peut penser que les méthodes linguistiques développées pour l'analyse de celui-ci doivent pouvoir s'appliquer à l'étude des mouvements corporels. Au-delà de l'analogie entre geste et langage, la notion de langage du corps invite à décrire les gestes, les classer, en analyser le fonctionnement à la lumière de ce que l'on sait du langage oral. D'ailleurs, dès le début du siècle, la linguistique a nourri le projet d'une science générale des signes, d'une sémiologie qui, au-delà de l'analyse du langage, engloberait tous les systèmes signifiants (Eco, 1988). C'est ainsi que des anthropologues se sont proposé d'analyser les mouvements corporels à l'aide des procédés de la linguistique. Pour Birdwhistell (1970), la kinésique est la discipline qui, dans l'étude de la gestualité, est homologue à la linguistique (Kristeva, 1968; Cosnier; 1982; voir la présentation de Winkin dans Bateson 1981). Cette perspective a stimulé la recherche, quoique les difficultés de réaliser une description des gestes aussi précise que celle à laquelle parvient la linguistique pour le langage n'a jamais permis d'aller au-delà d'une analyse de quelques cas exemplaires. Plus fructeuse apparaît l'étude comparée des pratiques gestuelles et des rituels d'interaction dans différentes cultures.

L'analyse interculturelle des gestes

À l'instar de la langue parlée dans la société à laquelle ils appartiennent, les individus apprennent les gestes, les mimiques, les expressions corporelles propres à leur milieu d'origine. Même si certains mouvements peuvent avoir une signification universelle, comme c'est peut-être le cas de certaines expressions émotionnelles ou de quelques gestes d'accueil décrits par les éthologistes, la culture peut influencer ces comportements en réglant les conditions de leur utilisation, par exemple en prescrivant ou réprimant leur manifestation publique (Ekman, 1982; Ekman *et al.*, 1987).

C'est ainsi qu'il existe de nombreuses variantes dans les façons de se tenir debout, couché, assis ou accroupi. Ces postures sont inégalement réparties de par le monde, selon les groupes sociaux ou selon les sexes; elles sont aussi connotées différemment: une attitude corporelle « ouverte », jugée favorablement aux États-Unis, est considérée comme signe d'immoralité par les Japonais (McGinley, Blau et Takai, 1984). Par ailleurs, la culture japonaise privilégie les marques du statut social, alors que les postures sont plutôt jugées en terme de « sympathie » par les Américains (Matsumoto et Kudoh, 1987).

Un exemple désormais classique de différences culturelles dans l'usage du corps est celui de la forme et de la fonction des gestes qu'accomplissent en parlant les immigrants juifs, originaires de l'Europe de l'Est, et les immigrants d'origine italienne, observés à New York par Efron (1972). Les différences dans la gestualité des deux groupes, importantes chez les immigrés de date récente, s'atténuent chez ceux de la deuxième génération, assimilés à la culture anglo-saxonne.

On sait que les gestes accomplis en parlant sont plus fréquents dans certaines cultures que dans d'autres. En outre, selon la région, des mouvements semblables sont effectués avec des significations différentes. L'exemple le plus connu est sans doute celui des mouvements de tête, exprimant l'affirmation et la négation: dans certaines régions du Sud-Est de l'Europe, la négation est exprimée par un hochement de la tête vers le haut, assez semblable au geste d'affirmation en usage dans les autres régions européennes (Jakobson, 1973). De même, si on considère le geste de dresser les doigts en V, les Européens du continent considèrent comme équivalentes les deux formes de celui-ci, la paume de la main tournée vers soi ou tournée vers autrui; pour les Britanniques par contre, dans le premier cas le geste est considéré comme obscène, dans l'autre il signifie « victoire » (Morris *et al.*, 1979). La communication entre personnes de cultures différentes peut ainsi souffrir d'erreurs de compréhension. On se souvient du cas d'un dirigeant russe qui, aux États-Unis, a voulu exprimer l'amitié des peuples soviétiques et américains par le geste des mains serrées au dessus de la tête, geste par lequel les sportifs américains manifestent leur triomphe. De telles observations ont exercé une influence sur la didactique des langues: on a proposé d'inclure dans l'étude d'une deuxième langue celle des gestes conventionnels, si souvent équivoques pour qui n'en n'a pas appris le sens (Calbris et Montredon, 1986).

Les usages corporels et les rituels d'interaction

Les différences interculturelles dans l'expression corporelle suggèrent l'existence d'un modèle social qui agit sur l'individu à l'insu de celui-ci. À ce propos, on a parlé d'un « inconscient collectif » au sens d'un ensemble de règles, quasi grammaticales, que tout sujet applique en parlant sans être pour autant capable de les expliciter. La perspective développée par Goffman (1973) et qu'illustrent de nombreuses analyses de faits quotidiens observés dans la société occidentale, correspond étroitement à cette conception. Goffmann voit dans toute interaction sociale un jeu où l'individu cherche par son comportement à contrôler les représentations que l'autre se fait de lui. Dans ce commerce d'images, la règle est de donner bonne impression, voire de gagner du prestige, en manifestant une apparence « normale », c'est-à-dire en montrant que l'on respecte les normes. Par exemple, quand deux piétons se croisent, ou lorsque l'on rencontre un inconnu dans un ascenseur, la règle, dite d'« inattention polie », serait de montrer que l'on apprécie la présence d'autrui en le regardant à distance puis d'éviter le contact visuel trop intime, une fois la distance réduite (Cary, 1978; Zuckerman *et al.*, 1983). Les enfants, les handicapés, les mendiants ne bénéficieraient pas de cette forme de reconnaissance sociale. Signalons toutefois que d'autres facteurs peuvent déterminer la direction du regard ou l'orientation faciale (Cappella, 1981; Patterson, 1982).

Les rites d'accueil et d'adieu obéissent à d'autres normes. Ainsi, au cours d'une réception, la personne qui veut engager une conversation s'oriente vers un partenaire possible, s'en approche puis annonce sa présence ou se fait présenter par un tiers; elle synchronise ensuite son comportement avec celui de la personne qu'elle a saluée. La salutation à distance comprend des mouvements de la tête (hochement, abaissement) et, éventuellement, une agitation du bras levé. Les débuts de l'approche se caractérisent par une orientation faciale typique, avec évitement du regard, le croisement des bras sur la poitrine, le réarrangement des vêtements ou de la coiffure, divers gestes d'autocontact; l'approche finale s'accompagne d'un sourire, la tête redressée, éventuellement d'un contact corporel, comme serrer la main ou embrasser, en fonction des circonstances, du sexe des interlocuteurs et de la nature des liens qu'ils peuvent entretenir (Kendon et Ferber, 1973). Cet ensemble de comportements constitue bien un rituel dans le sens où se manifeste une série stéréotypée de transactions simples, programmées par des forces sociales externes.

Cette notion de rituel s'applique également aux comportements caractérisant la fin d'une conversation. Dans ce cas, l'interaction ne se clôture pas de manière abrupte, mais la conclusion est préparée par diverses conduites verbales et non verbales (Heath, 1985; Knapp *et al.*, 1973; O'Leary et Gallois, 1985). À mesure qu'approche le moment de départ, deviennent plus nombreux l'orientation du pied ou de la jambe vers la gauche, l'inclinaison du buste vers l'avant, le contact de la main avec le genou (ou, le cas échéant, le bras du fauteuil), les gestes comme se toucher le visage ou le buste, les mouvements de la jambe et du pied, le sourire, les hochements de tête, les modifications de la posture, les mouvements oculaires rompant le contact visuel. Ces conduites auraient pour fonction de signaler une certaine inaccessibilité et d'augmenter la distance interpersonnelle.

Les gestes dans la perspective de la sociologie de la conversation

La conversation constitue sans doute l'interaction sociale le plus clairement structurée par des règles; elle représente à ce titre un modèle pour les sociologues et sociolinguistes. Les règles de la conversation concernent d'une part l'alternance des tours de parole, et d'autre part la cohérence de l'échange. Le dialogue suppose que chacun à son tour adopte le rôle de locuteur et d'auditeur et que soit maintenu un fil conducteur d'un échange à l'autre. On peut supposer qu'à côté de dispositifs linguistiques, des procédés non verbaux sont utilisés pour assurer la cohérence des échanges verbaux (Cosnier, 1987; Kendon, 1980, 1983; Schegloff, 1984). Cette hypothèse repose sur des observations fragmentaires mais n'a pas encore été confirmée par des études expérimentales.

Le rôle des signaux non verbaux dans la régulation des tours de parole est mieux connu (Rosenfeld, 1978; Beattie, 1980). La direction du regard ou l'orientation de la tête du locuteur pourraient manifester sa disposition à garder ou à céder la parole: l'orientation vers l'auditeur est plus fréquente à la fin d'une intervention et pourrait donc être perçue comme une invite à prendre la parole, tandis que l'orientation dans une autre direction — pendant une pause d'hésitation, par exemple — signalerait une difficulté momentanée, n'autorisant pas de changement dans le tour de parole. Toutefois, cette hypothèse a suscité des observations contradictoires. Le regard pourrait ne jouer un rôle régulateur qu'entre personnes qui se connaissent et non entre inconnus, ou bien ne servir cette fonction que si la conversation engage plus de deux personnes. Par ailleurs, comme le comportement visuel n'est pas indépendant des processus de production verbale, la relation observée entre le regard et la parole pourrait dépendre non d'un système spécifique à la régulation des tours de parole, mais d'un système plus complexe relatif aux diverses tâches auxquelles doit faire face le locuteur: programmer l'énoncé, rechercher les mots qui le constituent, aménager l'interaction sociale.

Avec ce même souci d'expliquer l'alternance des tours de parole, Duncan et ses collaborateurs ont examiné d'autres aspects du comportement non verbal (Duncan et Fiske, 1977; Duncan *et al.*, 1979). La prise de parole par l'auditeur s'effectue de façon harmonieuse quand le locuteur a émis un ou plusieurs signaux de « transition »: ces signaux peuvent être soit paralinguistiques (marque d'intonation, voix traînante, baisse d'intensité), soit verbaux (expression stéréotypée comme « bien », « voilà », « vous voyez »), soit encore non verbaux (terminaison d'un geste). Ainsi, la production d'un geste (autre que l'automanipulation) chez le locuteur inhibe fortement la disposition de l'auditeur à prendre à son tour la parole; la proportion des chevauchements s'accroît si l'auditeur est intervenu malgré la présence de ce signal. Effectuer un geste pendant le silence qui accompagne la recherche d'un mot indique à l'auditeur que le moment n'est pas encore venu pour lui de prendre la parole (Goodwin et Goodwin, 1986). On peut penser que ce signal est interprété comme un indice de la disposition à parler. À l'opposé, l'orientation de la tête vers l'auditeur augmente chez ce dernier la tendance à prendre la parole. Chez l'auditeur, la prise de parole est annoncée par un détournement de la tête, un geste de la main ou un signal paralinguistique, une inhalation audible par exemple (Harrigan, 1985).

Le système de Duncan présente deux particularités. En premier lieu, les signaux utilisés consistent en actions qui ne sont pas spécifiquement destinées à la régulation des tours de parole. En deuxième lieu, certains signaux sont considérés comme équivalents, ce qui exige de la part des sujets en interaction le recours à une procédure de pondération dans l'usage de ces signaux. Il arrive d'ailleurs fréquemment que plusieurs signaux soient émis simultanément. Duncan *et al.* (1979) montrent que la fréquence des transitions harmonieuses double quand trois signaux ou plus sont utilisés plutôt qu'un ou deux. La suppression des indices non verbaux, au cours d'une conversation téléphonique par exemple, ne perturbe pas considérablement le système.

Le déroulement harmonieux de la conversation suppose également un auditeur attentif. Avant de parler, le locuteur doit attirer l'attention de son partenaire et peut utiliser à cette fin des conduites vocales ou gestuelles, comme une modification de la posture. L'auditeur manifeste sa disponibilité par son attitude et la direction de son regard (Heath, 1982). Les indices qui pourraient être interprétés comme signes de distraction, le détournement de la tête ou des yeux notamment, perturbent le locuteur qui, en s'arrêtant ou en reprenant sa phrase, « rappelle à l'ordre » le distrait (Goodwin, 1981). L'auditeur peut également montrer sa réceptivité par d'autres signaux, verbaux ou non verbaux: sourire, hochement de tête ou inclinaison du buste. D'autres signes faciaux par contre, notamment le froncement des sourcils, manifesteraient la désapprobation ou l'incompréhension.

Approche éthologique de la gestualité

Plusieurs gestes ou mouvements d'expression — comme se gratter ou toucher l'épaule d'un compagnon — se rencontrent aussi bien chez de nombreux animaux, en particulier les primates, que chez l'homme. L'éthologie se pose différentes questions à ce propos. Qu'est-ce qui déclenche ces comportements? Quelles sont leurs fonctions? Quel est leur développement dans l'histoire de l'individu et dans celle de l'espèce?

Analyse des motivations

Les éthologistes débutent traditionnellement l'étude d'une espèce par l'établissement du répertoire des mouvements communs aux différents membres de cette espèce. Dans le cas de l'espèce humaine, on a ainsi dressé différentes listes de mouvements accomplis par des enfants d'âge préscolaire (Brannigan et Humphries, 1972; McGrew, 1972; Smith et Connolly, 1980). On n'entrera pas ici dans les discussions relatives à l'établissement de ces répertoires. Ceux-ci comprennent un grand nombre d'éléments qu'on peut regrouper dans des ensembles correspondant à des systèmes motivationnels, comme la peur, l'agressivité, la sexualité, etc.

Dans plusieurs cas, on a cherché à déterminer la fonction d'un geste et le système motivationnel dont il relève en examinant le contexte dans lequel il apparaît. Un premier type de méthode repose sur le postulat selon lequel différents mouvements servant un même but tendent à être associés dans le temps (Van Hoof, 1982). Une autre méthode consiste à opérer des regroupements à partir des différences interindividuelles: on suppose que l'âge, le sexe ou toute autre caractéristique individuelle influencent de la même manière des comportements fonctionnellement associés. Ces méthodes ont surtout été appliquées à l'analyse des répertoires humains, surtout dans le cas des interactions entre enfants d'âge préscolaire. Elles permettent de distinguer plusieurs ensembles: les jeux de courses et de culbutes, les interactions agressives, les conduites amicales regroupant les sourires, les échanges verbaux et les gestes comme montrer du doigt.

À divers égards, ces analyses ne représentent qu'une étape préliminaire dans l'identification des systèmes motivationnels. Les comportements appartenant à un même groupe peuvent dépendre de facteurs différents. L'éthologie incite généralement à se méfier de catégories englobantes telles qu'« agression » ou « attachement ». Aussi, l'intérêt des méthodes de classification automatique réside moins dans les regroupements comme tels que dans les distinctions qu'elles permettent d'établir: elles invitent, par exemple, à séparer les séquences ludiques des séquences agressives, bien qu'un même geste, comme pousser un compagnon, puisse appartenir à chacune de celles-ci. L'étude d'un système motivationnel ne peut donc faire l'économie d'une analyse des conditions de déclenchement d'un comportement.

Les situations de conflit

L'analyse des systèmes motivationnels présente un intérêt particulier pour l'étude de certains mouvements apparaissant en situations de conflit. La rencontre d'une personne inconnue, par exemple, peut susciter à la fois intérêt et appréhension. Se manifestent dans ce contexte des comportements d'autocontact, comme se toucher la bouche, qui semblent ne remplir aucune fonction particulière. Une analyse séquentielle montre que, au cours d'un entretien, ces mouvements tendent à se produire lors des transitions entre des comportements appartenant à des systèmes différents (Grant, 1969).

Tinbergen (1951) considère ces mouvements comme des « activités de déplacement », des comportements apparemment hors contexte. Les activités d'autocontact sont présentes dans le répertoire de nombreuses espèces et il existe vraisemblablement une continuité phylogénétique dans ces comportements du singe à l'homme (Dimond et Harries, 1984; Suarez et Gallup, 1986). Plusieurs modèles d'interprétation en ont été proposés depuis les débuts de l'éthologie (Hinde, 1970; McCleery, 1983; Roper, 1980).

Interpréter les gestes d'autocontact comme des activités de déplacement permet de considérer que la fréquence d'apparition de ces comportements dépend de la présence de facteurs déterminés. À ce propos, une observation curieuse a été faite: des sujets accomplissent plus de gestes d'autocontact en regardant un film documentaire sur les insectes plutôt qu'un autre film scientifique (Wild *et al.*, 1983). De même, l'apparition de ces comportements dans des situations provoquant de l'anxiété (LeCompte, 1981) pourrait être liée aux modifications cutanées entraînées par cette anxiété. Il existe notamment une corrélation entre la fréquence de ces gestes et la transpiration mesurée au niveau de l'index (Jurich et Jurich, 1974). Par ailleurs, l'occurrence de ces comportements dépend du niveau de motivation d'activités concurrentes. On a établi une relation négative entre la manifestation de gestes d'autocontact et celle de gestes accompagnant la parole, reflet de la compétition existant entre les deux types de mouvements (Duncan et Fiske, 1977). De ce fait, les gestes d'autocontact sont plus probables dans des situations de repos ou lors des transitions entre deux autres activités.

Analyse éthologique des interactions sociales

Analyse séquentielle. — On a considéré jusqu'ici les mouvements corporels, et plus particulièrement les gestes, en tant que réactions à des stimulations externes modulées par l'état interne de l'individu. Ces mouvements peuvent stimuler un autre individu ou bien répondre à ceux que cet autre individu accomplit. Il convient donc d'examiner la valeur de communication des mouvements expressifs et le rôle qu'ils jouent dans les interactions sociales. Chez les animaux comme chez l'être humain, de nombreux comportements ont valeur de signal et constituent des déclencheurs sociaux.

Dans de nombreuses situations de communication, la probabilité d'émettre un comportement donné varie en fonction d'indices non verbaux perçus chez autrui. Partant de l'observation de jeunes enfants, Montagner (1978) montre ainsi que l'inclinaison de la tête sur le côté augmente les chances de recevoir ce qui est demandé. L'imitation du comportement d'autrui entraîne plus souvent une interaction à caractère positif (jeu collectif, échange verbal, sourire) que négatif (Grusec et Abramovitch, 1978). Le fait pour un expérimentateur de montrer le bout de la langue à un sujet allonge le temps que ce dernier met à lui adresser une demande (Dolgin et Sabini, 1982; Jones *et al.*, 1987). Notons que ce signal peut être observé en de nombreuses circonstances (effort physique ou concentration intellectuelle, moquerie, gêne) qui ont sans doute en commun de comporter une certaine indisponibilité aux interactions sociales (Smith *et al.*, 1974). Dans ces exemples, l'examen des conséquences observables d'un comportement permet d'en déduire la fonction.

Les relations asymétriques. — En de nombreuses occasions, l'influence exercée par un individu sur son partenaire n'a pas pour corollaire une influence réciproque de la part de ce dernier. C'est fréquemment le cas dans les relations mère-enfant, les relations sexuelles ou les relations de dominance. L'éthologie a cherché à établir la signification fonctionnelle de nombreux comportements en se demandant « qui fait quoi à qui ». Elle rejoint sur ce plan la psychologie du développement et la psychologie sociale dans leurs études sur les phénomènes de leadership[4]. Les conduites agressives, ou les inégalités constatées dans l'accès aux ressources, ne sont pas seules en jeu dans la description des relations hiérarchiques. De nombreuses recherches se sont attachées à montrer le rôle des signaux non verbaux dans l'expression du statut social: expression faciale, posturale ou orientation du regard (Ellyson et Dovidio, 1985). Une hypothèse de Chance (1967), en particulier, a donné lieu à d'intéressantes observations. Selon cet auteur, les relations hiérarchiques se manifestant dans divers groupes de primates se caractérisent par une structure asymétrique de l'attention: les animaux de statut inférieur regardent plus les individus dominant que ces derniers ne regardent les inférieurs et sont donc plus sensibles à leur influence. Il en irait de même chez les enfants: les sujets les plus regardés interviennent plus souvent dans l'activité des autres, sont plus imités, apportent régulièrement leur aide dans les conflits ou la reçoivent de leurs compagnons (Abramovitch et Grusec, 1978; LaFrenière et Charlesworth, 1983; Vaughn et Waters, 1981).

Les communications non verbales: les gestes et la parole comme systèmes de communication distincts

Une troisième tradition dans l'analyse de l'expression corporelle considère les gestes et le langage comme deux systèmes autonomes, obéissant à des règles propres et servant des fonctions précises. La notion de « communication non verbale » cristallise cette conception. Ces trente dernières années, les travaux de psychologie sociale regroupés sous ce terme portent sur des comportements très divers, qui peuvent être regroupés de deux façons. On considère soit le « canal » utilisé: mouvements du visage, des yeux, gestes et attitudes corporelles, paralinguistiques, occupation de l'espace, etc. (Harper *et al.*, 1978), soit les fonctions remplies par ces divers comportements: expression du statut social, de l'intimité, des émotions, etc. (Argyle, 1975; Heslin et Patterson, 1982).

Dans la multiplicité de ces recherches, on peut reconnaître l'adhésion à trois postulats: 1) le langage et la communication non verbale servent différentes fonctions, 2) l'expression des émotions et des attitudes dépend principalement de la communication non verbale, 3) la communication non verbale permet l'établissement, le développement et le maintien des relations sociales (Beattie, 1981).

L'absence de cadre théorique relatif aux communications non verbales a régulièrement été regrettée. Il semble pourtant, comme le suggère Scherer (1984), que la majeure partie des recherches vise à mettre en évidence des relations probabilistes, d'une part entre des variables initiales et les signaux non verbaux qui en dépendent, et d'autre part entre ces mêmes signaux et des variables terminales qu'ils influencent. Les signaux non verbaux représentent une lentille dont les deux faces correspondent à l'encodage et au décodage: on examine d'un côté ce qui détermine leur apparition, de l'autre, comment ils sont perçus, en supposant que dans cette perception transparaissent les conditions initiales d'apparition. Par exemple, dans le paradigme de Buck, inspiré d'études réalisées chez l'animal, on filme un sujet à qui on présente un stimulus à caractère émotionnel, comme l'image d'une jeune mère avec son bébé ou celle d'une opération chirurgicale. Ce film est ensuite soumis à un autre sujet ignorant les conditions de stimulation initiales et on lui demande de découvrir celles-ci (Buck, 1984). La réaction du premier sujet, l'émetteur, va être plus ou moins bien interprétée, selon son expressivité et selon la sensibilité du récepteur.

Dans cette perspective, les relations entre variables vont être surtout envisagées d'un point de vue quantitatif (recherches de corrélations), sans que l'on s'interroge sur les processus en jeu dans la production et la compréhension des signaux non verbaux. On cherchera tout d'abord à démontrer que les comportements non verbaux expriment différents états psychologiques. Le terme d'encodage se réfère à cette relation entre état sous-jacent et comportement manifeste. Dans le décodage, on examine si ce comportement conduit celui qui en est témoin à inférer, de manière correcte ou non, l'état de celui qui l'accomplit. La durée des états psychologiques engagés dans ce mode de communication peut varier: brève dans le cas d'une émotion, plus longue quand il s'agit d'attitudes, de dispositions comportementales ou de caractéristiques quasi permanentes de la personne, telles que sa personnalité.

La communication des états émotionnels

Pour Ekman et Friesen (1969), les mouvements corporels traduiraient l'intensité de l'émotion ressentie, tandis que la nature de cette émotion serait principalement exprimée par des mouvements du visage.

Sur le plan expressif, les gestes d'autocontact constitueraient plus précisément, parmi les autres mouvements corporels, des indices de l'activation émotionnelle. Ces gestes sont depuis longtemps considérés comme signes de tension ou de nervosité. Certains psychanalystes les ont interprétés comme manifestations inconscientes d'un contenu mental « refoulé », au même titre qu'un symptôme névrotique. Dans des situations expérimentales, la fréquence d'apparition comme la durée de ces mouvements d'autocontact sont influencées par les caractéristiques émotionnelles de la tâche, comme la nature amusante, triste, ennuyeuse ou intéressante d'un texte donné à lire, ou le caractère embarrassant ou anodin des questions posées.

D'autres manifestations corporelles, cependant, s'observent également en relation avec l'émotion. L'induction de thèmes intimes dans une interview diminue la fréquence des gestes accompagnant la parole et accroît celle des autocontacts (Souza-Poza et Rohrberg, 1977). Les sujets qui, au cours d'un jeu de rôle, simulent une réaction à cinq propositions de voyages présentant plus ou moins d'attrait, gesticulent plus pour celle qui leur plait modérément que pour les propositions extrêmes (Ricci-Bitti *et al.*, 1979). Par ailleurs, les mouvements corporels d'acteurs exprimant la joie, la tristesse, la colère ou la surprise diffèrent selon les conditions expérimentales; la tristesse, notamment, se caractérise par la grande fréquence des gestes d'autocontact et des gestes de résignation (Wallbott et Scherer, 1986).

Enfin, l'hypothèse a été avancée que, tout comme l'expression faciale, la posture exerce un effet régulateur pour celui qui l'adopte. À l'inverse de ce que propose une morale traditionnelle, invitant à « relever la tête » dans l'adversité, prendre une attitude conforme aux sentiments éprouvés permettrait, pour des raisons encore obscures, une meilleure adaptation à la situation. Ainsi, des sujets ayant d'abord été placés en situation d'échec en devant effectuer une tâche impossible à réaliser, et invités ensuite, sous le prétexte d'une expérience sur le bio-feedback, à prendre une attitude penchée, s'attribuent de meilleures chances de succès dans le futur que les sujets invités à redresser le buste (Riskind, 1984). Par ailleurs, la posture adoptée influence la réceptivité du sujet à un message verbal. Dans diverses expériences où les sujets sont supposés tester des écouteurs, on leur a présenté une opinion peu conforme à la leur (en l'occurrence, la nécessité d'augmenter les frais d'inscription à l'université). Les sujets confortablement couchés sont plus facilement prêts à suivre cette suggestion que ceux qui sont restés debouts; il en va de même pour ceux qui ont balancé verticalement la tête, par rapport à ceux l'ayant balancée horizontalement (Petty *et al.*, 1983).

Sur le versant réceptif, l'hypothèse d'une fonction différente des indices corporels et faciaux dans l'expression des émotions a plus rarement été examinée. On ne dispose pas de travaux sur l'attribution d'états émotionnels tels que la peur, la colère, la joie ou la tristesse à partir d'indices corporels isolés de ceux fournis par le visage. Toutefois, on a montré que ces indices permettaient un jugement relatif au caractère inhibé, calme, ou détendu de la personne (O'Sullivan *et al.*, 1985). De même, l'embarras, contrairement à l'amusement, est aussi bien perçu à partir d'indices corporels isolés que sur la base du visage seul (Edelmann, 1981).

La communication de dispositions comportementales

Les signaux gestuels et posturaux sont également influencés par des états affectifs plus durables que les émotions; ils permettent donc des attributions relatives à ces états (Mehrabian, 1972). Dans les relations interpersonnelles, les mouvements corporels peuvent exprimer le sentiment positif ou négatif éprouvé envers autrui; ils peuvent ainsi, plus que les opinions exprimées verbalement, révéler une attitude de discrimination raciale (Crosby *et al.*, 1980). Réciproquement, le comportement non verbal peut modifier l'attitude d'autrui à l'égard de soi.

L'expression des attitudes dans les gestes et les postures. — De nombreuses recherches sur les attitudes inter-personnelles ont été conduites dans le cadre de la théorie de l'équilibre, théorie initialement proposée par Argyle et Dean (1965) pour rendre compte de la relation entre le contact visuel et la distance physique séparant les personnes en interaction. Ce modèle suppose l'existence d'indices multiples relatifs au caractère intime d'une relation entre deux personnes: regard, proximité physique, qualité de la voix, ainsi que gestes et postures. Accomplir des gestes en parlant, opiner de la tête, se pencher en avant pourraient, dans ce contexte, être vus comme des signes de sympathie, au même titre que sourire ou orienter le regard vers son interlocuteur. À l'inverse, se toucher le visage ou se pencher en arrière marqueraient une distance dans la relation à autrui. Le modèle suppose également que chaque relation est définie par un degré optimal d'intimité. Une modification d'un indice dans un sens s'éloignant du degré optimal serait compensée par une modification en sens inverse d'un autre indice. Ainsi, la réduction de la distance physique ou l'accroissement de la densité d'occupation de l'espace vont de pair avec une augmentation de la fréquence des automanipulations, interprétées dans pareil cas comme des indices de non-disponibilité. Les conditions de « surpopulation » (crowding) entraînent également une diminution de la fréquence des gestes accompagnant la parole, considérés, dans ce contexte, comme indices d'intimité; cet effet n'est cependant pas toujours observé (Schaeffer et Patterson, 1980). Cette théorie de l'équilibre a été critiquée à partir de l'observation que, dans certains cas, un changement était suivi non d'une compensation mais d'une réaction de réciprocité. En conséquence, des modèles plus généraux ont été proposés, qui supposent que la réaction à un changement n'est pas immédiate, mais fonction d'une évaluation ou d'une attente relative à la situation d'interaction sociale (Cappella, 1981; Edinger et Patterson, 1983; Patterson, 1982).

Une hypothèse intéressante concerne l'adoption d'une posture en miroir reproduisant celle prise par un interlocuteur: une telle posture serait le signe d'une implication particulière dans l'interaction de la part de celui qui imite. Plusieurs observations concordent avec cette hypothèse (Bavelas *et al.*, 1986, 1988). Ainsi, La France (1979) a noté, à des intervalles de cinq minutes, les positions des bras et du tronc chez des élèves de différentes classes ainsi que chez leurs professeurs. L'évaluation par chaque élève de sa relation avec le professeur est positivement corrélée avec la mesure de la similitude entre la posture adoptée et celle du professeur. De même, sur une plage, la similarité des postures entre personnes voisines est plus grande entre un homme et une femme qu'elle ne l'est entre deux hommes (Beattie et Beattie, 1981). Par contre,

McDowall (1978), analysant la synchronisation des postures à une échelle beaucoup plus fine, ne trouve aucune différence dans les mesures de similitude entre amis ou entre inconnus. Il n'existe pas non plus de corrélation entre l'adoption d'une posture en miroir par deux personnes filmées à leur insu dans une salle d'attente et l'évaluation ultérieure de leur relation (La France et Ickes, 1981). La vérification de l'hypothèse demanderait en outre que l'on puisse estimer la part de synchronie qui résulte simplement du hasard (McDowall, 1978; Cappella, 1981; Gatewood et Rosenzwein, 1981).

Les gestes et les postures peuvent également transmettre d'autres informations, notamment celles relatives au statut social, à la compétence, à la confiance en soi, à la sincérité. Un statut supérieur, une compétence particulière peuvent s'exprimer de diverses manières: contact corporel avec l'interlocuteur, gesticulation, caractère détendu de la posture adoptée (Mehrabian, 1972). Inversement, les états de subordination, de timidité, de stress, d'anxiété, de dépression ou de piètre estime de soi se manifestent par l'inclinaison de la tête en avant, ou l'occurrence accrue de mouvements d'autocontact et de modifications posturales. Il est souvent difficile de distinguer différentes interprétations d'un même signal. Ainsi, l'attitude d'un anxieux peut ressembler à celle d'un individu soumis, peu sûr de lui, ou encore d'un menteur.

Le rôle des gestes et des postures dans l'appréciation d'autrui. — L'appréciation d'autrui est influencée par les signaux gestuels et posturaux, même si ces derniers jouent parfois un rôle moins important que l'expression faciale. La posture devient en effet déterminante dans le jugement de sympathie quand l'expression faciale est neutre (Waldron, 1975). Un autocontact du visage de courte durée ou un geste de présentation de la paume produisent une impression favorable: la personne paraît plus chaleureuse et plus naturelle qu'une personne immobile (Harrigan *et al.*, 1986). Par contre, les postures « fermées » (bras croisés, genoux joints) donnent une impression de froideur et de passivité, du moins dans notre culture (McGinley *et al.*, 1984).

Les différentes connotations d'un matériel verbal ou non verbal, mesurées à l'aide des échelles du différenciateur sémantique, sont comparables, qu'il s'agisse des signaux posturaux ou gestuels aussi bien que des expressions faciales ou vocales de l'émotion. Dans la plupart de ces cas, l'analyse en composantes principales des jugements émis permet de reconnaître les dimensions d'évaluation (plaisant-déplaisant), de statut (dominant-soumis) et d'activation ou de contrôle (actif-passif) (Mehrabian, 1972). C'est vrai en particulier des jugements portant sur les différentes configurations adoptées par la main (Gitin, 1970) ou portant sur la description verbale d'attitudes telles que montrer le poing, croiser les bras ou se pencher en arrière (Matsumoto et Kudoh, 1987).

Une source importante de variation dans l'impression que donnent des signaux non verbaux pourrait tenir à la capacité différente des sujets à en tenir compte, telle qu'elle peut être évaluée à l'aide du PONS (voir note 3). Dans deux groupes de sujets âgés de 16 et de 20 ans, les performances relatives au traitement des indices corporels et faciaux sont, dans ce test, fortement corrélées, ce qui suggère l'existence d'un facteur général, lié à l'intelligence sociale. D'autres données, toutefois, montrent que les indices faciaux et corporels pourraient transmettre des informations différentes. Il faudrait tout d'abord distinguer la capacité à combiner les indices faciaux et corporels de la capacité à traiter ces indices isolément.

Par ailleurs, les signaux corporels seraient considérés comme plus « indiscrets » que les signaux faciaux, parce qu'habituellement moins bien contrôlés; le processus de socialisation conduirait donc à ce qu'on y prête moins attention, bien qu'ils soient les plus révélateurs. Les sujets féminins, généralement plus sensibles que les sujets masculins, et les adolescents, dont les performances dépassent celles des enfants plus jeunes, voient leur supériorité réduite en ce qui concerne le traitement des indices corporels (De Paulo et Rosenthal, 1982).

Certains auteurs mettent en doute cette hypothèse d'une capacité générale à décoder les signaux non verbaux. Ainsi, dire, à partir d'une photo de deux personnes, qu'il s'agit d'un couple constitué ou de deux personnes qui se rencontrent occasionnellement, ou encore indiquer la personne possédant un statut supérieur, constituent deux tâches dont les résultats ne sont pas corrélés (Sternberg et Smith, 1985). Les jugements sont effectués à partir d'indices différents, comme le naturel des attitudes et la similarité des postures dans un cas, l'âge et l'habillement dans l'autre. Enfin, aucune des deux performances n'est corrélée avec les résultats au PONS ou à un test d'intelligence sociale. L'hypothèse de capacités multiples à décoder les signaux non verbaux conduit sans doute à une explication différente des données relatives au traitement des indices corporels.

La communication de traits permanents

Les rôles sexuels. — Il est bien connu qu'hommes et femmes diffèrent de plusieurs façons dans leur expression corporelle (Mayo et Henley, 1981). Ces différences ont notamment été décrites dans la manière de s'asseoir: les hommes s'inclinent en arrière et écartent plus souvent les genoux et les bras; dans la manière de tenir un livre ou de porter un bébé; dans la manière de saluer une connaissance: les poignées de mains sont plus fréquentes entre hommes; dans la manière de manifester son embarras: les hommes semblent plus souvent se toucher le nez. En conséquence, l'expression corporelle contribue à la perception des rôles sexuels, certains comportements étant jugés plus masculins ou plus féminins, indépendamment du sexe de celui qui les manifeste.

Les traits de personnalité. — La mise en relation des résultats à divers tests de personnalité avec l'observation de comportements non verbaux ne confirme guère l'hypothèse déjà ancienne selon laquelle la personnalité d'un sujet se reflète dans son expression corporelle. Certaines données montrent une corrélation positive entre l'extraversion mesurée par le *Eyzenck personality inventory* et la capacité à exprimer corporellement une émotion; il n'existe cependant pas de relation semblable en ce qui concerne la fréquence des gestes accompagnant la parole (Riggio et Friedman, 1986). Les corrélations de ces mouvements avec d'autres mesures de personnalité, telles celles dérivées du *Gough adjective checklist*, ne sont guère plus significatives (Duncan et Fiske, 1977). Il est clair par contre que les mouvements expressifs suscitent des attributions différenciées relatives à la personnalité du sujet-cible (Scherer, 1984; Riggio et Friedman, 1986).

Conclusions. — Devant cette masse considérable de travaux, il ne fait guère de doute que gestes et postures possèdent une valeur communicative. Peut-on pour autant considérer qu'il existe un système de communication non verbale distinct du langage et spécialisé dans la transmission d'informations implicites de nature affective? A-t-on suffisamment tenu compte des interactions possibles entre communications verbales et non verbales que suggèrent les données évoquées en dernier lieu? Est-il légitime d'envisager que les gestes, généralement produits simultanément à la parole, exercent une influence indépendamment de celle-ci?

LES RELATIONS ENTRE LE GESTE ET LA PAROLE DANS LA COMMUNICATION

Différentes méthodes ont été utilisées dans l'analyse des relations entre les communications verbales et non verbales. Une série de travaux comparent les performances des sujets devant des signaux amputés d'une ou de plusieurs dimensions. Ainsi, on va examiner les conséquences de la suppression des indices non verbaux en présentant la bande son d'un enregistrement ou la transcription des échanges verbaux, ou bien en faisant interagir des sujets sans possibilité de se voir. D'autres travaux utilisent des messages artificiellement construits de façon à ce que les signaux verbaux et non verbaux apportent des informations différentes, soit qu'ils se contredisent, soit que les uns révèlent ce que les autres dissimulent.

Les effets de l'élimination des signaux non verbaux

Le son et l'image

L'hypothèse d'une supériorité des indices non verbaux dans l'expression des affects a suscité de nombreuses recherches comparant les jugements portés sur des versions parallèles d'un enregistrement dans les modalités visuelles et auditives. Les différences méthodologiques relatives à la construction du matériel, à la tâche demandée, aux caractéristiques des sujets, aux analyses effectuées conduisent à des résultats parfois opposés, de sorte qu'il est devenu impossible aujourd'hui d'affirmer que l'information de nature émotionnelle est essentiellement transmise par des signaux non verbaux (Noller, 1985). Par ailleurs, on a rarement pris soin dans ces travaux de préciser la nature des signaux présentés: de même que la bande son transmet à la fois un contenu verbal et des informations paralinguistiques, la bande image combine les indices faciaux et corporels. Seules quelques recherches distinguent ces aspects. Les conclusions qu'elles permettent rejoignent celles dégagées par Noller d'un ensemble plus vaste de travaux: la réponse à la question de savoir si la suppression des signaux corporels modifie la perception d'autrui n'est pas univoque.

Dans certains cas, l'identification d'une émotion à partir des seuls indices verbaux ou vocaux est inférieure à celle réalisée à partir des informations visuelles. Cet effet principal de la modalité (auditive, visuelle) doit cependant être nuancé. En effet, la performance des sujets varie en fonction de la qualité du message fourni: la capacité à identifier une émotion dans différentes modalités diffère selon les acteurs qui l'expriment et selon leur comportement; curieusement, l'exagération de certains indices conduit à une identification moins correcte de l'émotion (Wallbott et Scherer, 1986). Il apparaît par ailleurs que l'importance relative des indices verbaux, vocaux, faciaux et corporels varie en fonction du jugement demandé au sujet; pour un grand nombre de mesures toutefois, une corrélation positive élevée existe entre l'évaluation des indices isolés et l'évaluation du message complet (O'Sullivan *et al.*, 1985). Les différentes modalités semblent donc transmettre des informations équivalentes. Enfin, les sujets diffèrent dans leur capacité à utiliser les signaux non verbaux, comme l'indiquent les résultats différents qu'ils peuvent obtenir à un test comme le PONS.

Élimination des indices visuels

Faire interagir des personnes sans qu'elles puissent se voir, par exemple dos à dos, derrière un écran ou par interphone, devrait entraîner des modifications du comportement visant à compenser l'élimination des signaux visuels. En réalité, ces conditions expérimentales n'ont guère d'effet sur la formation d'impressions relatives au partenaire (Williams, 1977; Kemp *et al.*, 1984).

Quand gestes et parole se contredisent

Comment évalue-t-on un message contradictoire, quand, par exemple, l'énoncé verbal de la supériorité de son statut est dit tête basse, d'une voix nerveuse, avec un sourire poli? Donne-t-on la préférence à certains indices? Les prend-on tous en considération, pour les combiner de manière additive ou non? Critique-t-on le message parce qu'il est incohérent? Dans les travaux réalisés à ce propos, certains produisent l'incohérence à partir d'une contradiction entre les signaux corporels et les autres. Ainsi, De Paulo et Rosenthal (1982) ont modifié le PONS pour en extraire le *Nonverbal Discrepancy Test*. Dans huit séquences filmées d'un visage et dans huit autres ne montrant que le reste du corps, se trouvent respectivement exprimées des attitudes positive/dominante, positive/soumise, négative/dominante ou négative/soumise. Ces films sont présentés avec une bande son manipulée pour rendre le contenu verbal incompréhensible, mais où la voix exprime également l'une de ces attitudes. Certains messages sont donc redondants, d'autres discordants selon une dimension, d'autres enfin discordants selon les deux dimensions. On demande aux sujets d'évaluer les messages sur trois échelles: positif-négatif, dominant-soumis et discordant ou non. Dans ces jugements, la tendance générale est d'accorder la priorité aux signaux visuels, mais cet effet varie avec l'âge, les sujets adultes ayant tendance à discréditer un message contradictoire. On a également constaté que la proportion de ces messages contradictoires dans un test ou dans une séance expérimentale influençait la stratégie des sujets: si plusieurs messages présentent des informations discordantes, les sujets basent surtout leurs jugements sur les indices non verbaux; ce n'est pas le cas si, dans la série présentée, les messages contradictoires sont peu nombreux (Trimboli et Walker, 1987).

Un cas particulier de désaccord entre gestes et parole se manifeste quand un sujet tente de mentir mais se trahit par des indices corporels. En effet, selon une hypothèse explicitement émise par Ekman (1986) mais plus ancienne sans doute que la psychologie elle-même, les mouvements corporels seraient moins rigoureusement maîtrisés que le choix des mots ou que l'apparence du visage, et pourraient donc révéler une vérité cachée. De nombreuses études ont été consacrées aux indices non verbaux permettant la détection du mensonge (Zuckerman *et al.*, 1981). On a montré que les situations expérimentales incitant un sujet à mentir ou à dire la vérité influençaient son expression gestuelle. Ainsi, par exemple, les sujets invités à décrire comme agréable un film déplaisant font moins de gestes en parlant, et s'engagent dans plus d'automanipulation que les sujets ayant vu un film neutre, décrit comme agréable (Ekman et Friesen, 1974). L'accroissement des mouvements d'autocontact dans les situations de mensonge est confirmée par plusieurs observations (Kraut, 1980). Cet effet n'est pas réductible à l'activation émotionnelle non spécifique, qui pourrait avoir diverses causes et donc ne pas caractériser le mensonge (de Turck et Miller, 1985). Par contre, les données relatives à d'autres indices possibles, tels que la fréquence des changements posturaux, de mouvements du pied ou des gestes de la main, sont plus contradictoires. On a également montré que mentir modifiait d'autres aspects du comportement que l'apparence corporelle, principalement les caractéristiques temporelles et vocales de la parole.

Parallèlement, la crédibilité d'un sujet, c'est-à-dire l'impression de sincérité qu'il fournit, dépend en partie de son comportement gestuel. La « nervosité » que le sujet manifeste par de fréquents changements de posture le rend suspect de mensonge, qu'il dise ou non la vérité (Kraut et Poe, 1980). L'analyse de l'expression corporelle permet une meilleure détection du mensonge que celle de l'expression faciale (Ekman et Friesen, 1974; Littlepage et Pineault, 1979; Manstead, Wagner et MacDonald, 1984). Mais ces indices exercent souvent une influence moindre que la qualité de la voix ou le débit verbal.

Conclusions: séparation ou interactions?

Gestes et postures peuvent transmettre des informations très diverses, relatives à l'âge ou au niveau socioculturel du locuteur, à son attitude vis-à-vis ce qu'il énonce, à l'objet même de son discours, etc. Parmi ces diverses significations, celle concernant les émotions et les attitudes interpersonnelles a constitué l'objet principal des études de psychologie sociale qui leur étaient consacrées. Rares sont les travaux qui, tel celui d'Archer et Akert (1977), explorent d'autres dimensions. Cette restriction du champ est sans doute inhérente à la notion même de « communication non verbale », supposée utiliser d'autres procédés et servir d'autres fonctions que le langage. Néanmoins, plusieurs données expérimentales montrent que signaux verbaux et non verbaux interagissent. Sur le plan expressif, on n'a pas assez tenu compte des relations existant entre les différents comportements: la production gestuelle pourrait être liée à la production verbale, ou certains gestes pourraient être inhibés par une activité concurrente comme le discours. De même, dans la perception de ces signaux, il paraît difficile d'isoler la composante gestuelle des autres aspects du message: dans les situations habituelles, celui qui gesticule produit également un énoncé avec une intonation, des mouvements du visage et des yeux. On a vu que l'analyse expérimentale comparant l'importance relative de ces diverses composantes ne permettait pas de conclure à la spécificité des signaux gestuels. Les gestes serviraient d'autres fonctions que celle de « communiquer » (Rimé, 1983) quoiqu'on ne puisse, par ailleurs, les étudier indépendamment du langage[5].

D'une manière générale, les difficultés rencontrées dans l'étude des « communications non verbales » découlent de la constitution, au sein de la psychologie sociale, d'un domaine de recherche particulier, consacré à l'analyse d'un « code » supposé distinct et strictement défini ou, plus largement, à l'analyse des différents indices non verbaux donnant lieu à une interprétation (Scherer et Wallbott, 1985; Wiener *et al.*, 1972). De plus, cette conception n'a pas conduit à s'interroger sur les processus de « codage » et de « décodage »; l'image de la « lentille » permet de décrire des relations probabilistes entre des conditions de départ et les comportements, ou entre ces comportements et les inférences qu'ils suscitent, mais non d'analyser les mécanismes sous-jacents à la production et à la compréhension de ces signaux. Or, l'évolution de la psychologie et de la neuropsychologie dans de nombreux domaines — production et compréhension du langage, contrôle moteur, perception et mémorisation des images, etc. — conduit à penser que le comportement manifeste n'est pas une simple réponse à un stimulus, mais le résultat de traitements multiples réalisés par des composantes distinctes de l'« architecture cognitive ». L'étude de relations entre gestes et langage ne s'impose donc pas seulement parce que ces comportements sont étroitement associés, mais aussi parce que ces deux systèmes peuvent interagir de différentes façons qu'il s'agit de distinguer de manière expérimentale (Feyereisen, 1987; Feyereisen et de Lannoy, à paraître).

Notes

1. Nous renvoyons à cet ouvrage pour une bibliographie plus complète; nous donnons ici les références de travaux plus récents, de textes de synthèse ou d'œuvres disponibles en langue française.

2. Pour plus de détails, voir: Forbes et Jackson (1980), Gifford, Ng et Wilkinson (1985), Parsons et Liden (1984), Rasmussen (1984), Riggio et Throckmorton (1988), von Raffler-Engel (1983).

3. Le PONS est constitué d'un film de 220 séquences, de deux secondes chacune, comportant 20 scénarios que l'on peut présenter suivant 11 modalités différentes. On peut regrouper ces scénarios en quatre catégories selon les expressions qui s'y trouvent représentées: expressions de sentiments à caractère positif ou négatif d'une part, expressions de la dominance ou de la soumission d'autre part. Par exemple, l'amour maternel relève de la catégorie des sentiments positifs dominants, la demande de pardon, de celle des sentiments négatifs de soumission. Ces séquences filmiques peuvent être présentées en version muette ou sonore. Le sujet doit caractériser la situation qui lui est présentée dans chaque séquence par un terme qu'il a à choisir parmi deux, un seul de ces termes étant considéré comme décrivant la situation de façon « exacte ». La validité du PONS a cependant été mise en question dans la mesure où la capacité à décoder des signaux non verbaux pourrait varier selon la situation dans laquelle se trouve le sujet qui doit procéder au décodage. En outre, on sait que les signaux non verbaux peuvent être porteurs de significations multiples; est-il donc légitime d'inférer la sensibilité d'une personne à de tels signaux à partir d'un décodage effectué sur la base de deux dimensions croisées, comme dominance-soumission ou joie-tristesse, ainsi que l'impose la consigne donnée au sujet dans le test? L'exactitude dans la caractérisation d'une expression non verbale n'a qu'une portée limitée, dès lors que la signification d'une telle expression peut varier suivant les contextes en l'occurrence, autres que ceux des situations considérées dans le PONS où elle est produite.

4. Sur les relations de dominance dans une perspective éthologique, voir notamment les contributions à des ouvrages collectifs: Ellyson et Dovidio, 1985; Omark, Strayer et Freedman, 1980; Tremblay, Provost et Strayer, 1985.

5. Ce point mérite de plus amples développements et fait l'objet d'un ouvrage en préparation; voir les remarques similaires exprimées par divers auteurs: Beattie (1981), Bull (1987), Burgoon (1985), Kendon (1983), McNeill (1985).

DEUXIÈME PARTIE

ESPACE ET TEMPS

« L'horloge et le calendrier assurent en effet que je suis « un homme de mon temps ». »

Peter BERGER et
Thomas LUCKMAN

« Le temps parle. Il parle plus simplement que les mots... Il peut clamer la vérité quand les mots mentent. »

Edward HALL

« Lorsque, dans une chambre donnée on change la place du lit, peut-on dire que l'on change de chambre, ou quoi ? »

Georges PÉREC

« Là où tu es, apparaît un lieu. »

Rainer Maria RILKE

L'ÊTRE HUMAIN, UN ÊTRE SPATIO-TEMPOREL

Jean-François CHANLAT

L'espace et le temps constituent deux dimensions fondamentales de toute activité et expérience humaines. Chaque être humain s'enracine simultanément dans le temps et dans l'espace. Les organisations, les sociétés et l'univers aussi. Or, ces deux dimensions ne sont pas toujours prises en compte comme elles devraient l'être par les sciences du « comportement organisationnel ». À l'instar de la parole et du langage, elles ne sont le plus souvent vues qu'à l'aune de la fonctionnalité et de l'économie (Fischer, 1989). Pourtant, l'observation quotidienne nous montre combien elles sont bien plus riches de significations que les conceptions traditionnellement appauvries que le monde « réel » des organisations peut en avoir. C'est à cette tâche que les textes retenus dans cette deuxième partie s'attachent.

Tout espace organisationnel, comme nous le montre le texte de G.N. Fischer, est un lieu à la fois divisé et imposé que le personnel, quel que soit son grade ou sa position, tente, en dépit des difficultés, de s'approprier, un lieu riche symboliquement, un théâtre d'interaction (Goffman, 1973), un lieu d'enracinement. Cela explique pourquoi il est toujours difficile de s'arracher à un espace auquel on s'est attaché. Car l'*espace* fixe en quelque sorte l'identité personnelle et sociale, donne des points de repères pour se mouvoir — « L'espace » où quelqu'un a le sentiment de pouvoir bouger librement, écrit Laing, est à la mesure de l'espace qu'il s'accorde et de celui que lui accordent les autres » (1971, p. 169) —, échanger, produire, se distraire, est source de charge affective et sociale. Construit social et culturel, il ne peut que refléter le rapport que l'homme entretient avec la nature et avec les autres hommes (Condominas, 1980; Hall, 1966).

Cette psychologie sociale topologique, comme l'aurait appelée Lewin (1935), ou cette anthropologie de l'espace, comme on la qualifierait de nos jours (Paul-Lévy et Segaud, 1983), fait apparaître un environnement physique qui est chargé de sens, un véritable « Umwelt » (Harré, 1979) qui va déterminer par ailleurs dans une large mesure, comme le montre l'article de Jacques Girin dans le présent ouvrage, la configuration que vont prendre les communications fonctionnelles et relationnelles dans une organisation.

L'espace, lieu à la fois de la survie biologique et de l'existence psychologique, est aussi un lieu social, un champ qui structure les interactions et ce, quels que soient leurs types (local, régional, national, international). Son aménagement demeure toujours un enjeu et un défi. Un enjeu au sens où chaque acteur (individuel ou collectif) cherche, dans la mesure de ses moyens, à s'en approprier une partie ou la totalité par le jeu de la territorialité et des rapports de pouvoir; un défi au sens où l'espace *conçu* n'est qu'un possible parmi tant d'autres toujours soumis, une fois réalisé, à la critique de l'espace *vécu*. L'espace organisationnel, tout en englobant les espaces individuels et collectifs de travail, est lui-même soumis à certaines exigences d'espaces plus larges: l'*espace de la société* et l'*espace du monde* (Hall, 1966; Braudel, 1979).

Cette prégnance de la dimension spatiale et de son aménagement dans la vie humaine a des incidences quotidiennes. Combien d'édifices gouvernementaux, de bâtiments scolaires et universitaires, d'usines construits hier sont, aujourd'hui, sources de pollution visuelle et de déplaisir pour ceux qui y vivent et y travaillent! Le bonheur d'étudier ou de travailler dans un lieu est aussi un bonheur spatial, un plaisir associé à un espace où on se sent bien. N'est-ce pas d'ailleurs par son *cadre de vie* que les villes aujourd'hui arrivent à attirer des entreprises et des gens? N'est-ce pas par la description de sa situation géographique accompagnée de nombreuses photographies suggestives qu'une université nord-américaine ou européenne tente de recruter ses étudiants? Cette notion de cadre de vie et ces tentatives de séduction sont bien sûr très liées à l'espace, mais aussi et surtout à son esthétique. Elles rappellent à tous ceux qui veulent bien l'entendre que tous les gens, sans être tous des esthètes certifiés, sont sensibles à la beauté d'un espace quotidien, notamment de celui où ils travaillent. Des erreurs dans ce domaine, et chacun peut facilement en avoir à l'esprit, sont souvent difficiles, voire impossibles à réparer par la suite.

Espace clos ou espace ouvert, espace flou ou espace clairement défini, espace personnalisé ou espace anonyme, espace fonctionnel ou espace labyrinthique, espace signifiant ou espace vide de sens, l'espace organisationnel, quelles que soient ses caractéristiques, constitue un des piliers fondamentaux du cadre de l'action humaine (Fischer, 1989), tout en étant relié à d'autres espaces qu'il inclut à l'occasion (espaces personnels de travail, espaces des interactions) ou qui l'environnent (espace social, espace du monde). Il est indissolublement lié par ailleurs au temps.

Il y a quelques années, un grand historien français publiait un ouvrage portant sur la vie au temps des cathédrales (Duby, 1977). Si en choisissant un tel titre il inscrivait, en tant qu'historien du Moyen Âge, son étude dans un cadre temporel précis, il rappelait également, comme auraient pu le faire d'autres collègues historiens, l'importance et le rôle que le temps joue dans l'expérience humaine. Historique par nature, l'être humain s'inscrit dans une durée qui est elle-même fixée à la fois par les lois de la vie, au sens large du terme, et par le hasard. Les organisations, construit humain, n'échappent pas non plus à cet impératif temporel. Elles naissent, se développent et meurent un jour ou l'autre. Ce temps peut être plus ou moins long mais il marque inexorablement la vie des uns et des autres. C'est la raison pour laquelle la dimension temporelle a toujours fait l'objet de nombreuses réflexions (Pronovost et Mercure, 1989).

Dans le domaine du travail et des organisations, comme le rappellent Giovanni Gasparini et John Hassard chacun dans leur texte, le temps a été vu depuis la révolution industrielle comme une variable quantitative, une ressource que l'on pouvait utiliser, épargner, gaspiller selon les impératifs économiques de la production. C'est ainsi que les horaires de travail ont été fixés, que les cadences et les rythmes de production ont été standardisés, que l'horloge et le chronomètre sont devenus des instruments de contrôle de l'assiduité et de la performance dans le travail (Taylor, 1911). Aujourd'hui, la multitude de livres qui se consacrent à la gestion du temps est une illustration contemporaine de cette obsession temporelle de notre culture.

Cette représentation d'un temps monochrone, séquentiel, linéaire et économique a mis fin peu à peu dans la plupart des pays occidentaux aux conceptions traditionnelles, aux temps de l'ancien ordre social. Dans les pays non occidentaux et notamment en Afrique, comme nous le montre Emmanuel Kamdem, cette collision entre la conception occidentale du temps et la conception indigène n'a pas été et n'est pas sans provoquer quelques difficultés. Car le temps tout comme l'espace est éminemment culturel. Il est associé à un système, à un ordre social, à un univers de représentations de la Nature, de la Vie, et des rapports que tous ces éléments entretiennent entre eux. Il s'exprime de multiples manières (Pronovost, 1986). La langue est souvent le témoin de cette construction culturelle du temps. Par exemple dans la langue des Hopis, selon Whorf, il est impossible d'exprimer que « demain est un autre jour » puisque c'est le même jour qui revient plus vieux (1969). En Afrique, comme le souligne Kamdem, le temps du Blanc n'est pas celui du Noir, il est polychrone. Cette idée développée par Hall (1984b) est présente dans de nombreuses autres cultures de par le monde. Elle entre donc en contradiction avec le temps industriel qui se heurta lui-même dans son propre univers à de nombreuses résistances dans les premières années de l'industrialisation (E.P. Thompson, 1967).

Jusqu'à présent, l'univers de la gestion et des organisations a largement reposé sur une telle conception. Or, comme nous le montre le texte de John Hassard, le temps n'est pas qu'une dimension objective et mesurable. Il est également *subjectif et qualitatif*. Le vécu du travail n'est pas dissociable de la façon dont se construit à la fois personnellement et socialement la temporalité. Au temps objectif de l'organisation répond le temps subjectif des individus. Les nombreux travaux anthropologiques qui se consacrent à cette question sont là pour en témoigner (Applebaum, 1984; Hassard, 1988). Par ailleurs, le temps de l'organisation est en relation avec les différents *temps sociaux* (fêtes religieuses, congés, anniversaires, etc.) qui l'environnent et avec le *temps du monde*, selon la belle expression de Wolfram Eberhard reprise par F. Braudel, auquel elle se rattache. Car, comme l'écrit Braudel (1979, p. 8), « nous pouvons dégager un temps vécu aux dimensions du monde, qui n'est pas cependant, qui ne doit pas être la totalité de l'histoire des hommes. Ce temps exceptionnel gouverne, selon les lieux et les époques, certains espaces et certaines réalités. » À l'heure où la terre est devenue un espace fini, le temps du monde occidental a tendance à devenir le temps du monde tout court. Le temps du monde des autres, ébranlé par cette irruption, cherche à s'y adapter de diverses manières avec les conséquences sociales et culturelles que l'on connaît.

Si l'espace et le temps fixent ainsi à chaque niveau (individu, interaction, organisation, société, monde) les cadres dans lesquels s'inscrivent les actions humaines (Alegria *et al.*, 1983), ils sont également modifiés par elles. Les organisations qui ont eu tendance jusqu'ici à les réduire à des entités économiques, objectives et mesurables, devraient désormais mieux prendre en compte leur profondeur psychologique et sociale. Au moment où l'évolution technique et socio-économique pousse à la flexibilité, à la désynchronisation des activités, à l'éclatement et aux réaménagements spatiaux, où le *mode d'être du temps*, comme le soulignait récemment G. Balandier, est l'*urgence* (1988), où nous assistons à la montée de l'ère de l'immédiateté et de l'éphémère, où le temps devient une des mesures des choses (Moscovici, 1983), cette prise en considération devient impérieuse si l'on ne veut pas créer de plus en plus des espaces sans âme et abolir l'histoire. Les sciences du comportement organisationnel en accordant plus d'importance à ces deux dimensions peuvent y contribuer, d'autant que les résistances à cet écrasement spatial et temporel demeurent variées et nombreuses tant dans la société en général que dans les organisations en particulier (Balandier, 1988).

ESPACE, IDENTITÉ ET ORGANISATION

Gustave-Nicolas FISCHER

INTRODUCTION

L'espace est resté longtemps une dimension méconnue des sciences sociales. Ce sont les recherches dans le domaine de la psychologie de l'environnement qui ont mis en lumière l'importance des facteurs spatiaux de la réalité sociale. Parmi les divers environnements qui composent la société, les espaces de travail occupent une place physique et symbolique que la présente analyse cherchera à définir.

Issue d'une prise de conscience des effets néfastes du taylorisme, l'importance de l'environnement de travail s'est initialement imposée à la démarche de la psychologie du travail par la détermination des conditions physiques ambiantes (éclairage, bruit, fumées, chaleur) qui sont causes de fatigue, d'absentéisme, d'accidents, qui ne satisfont pas aux exigences des tâches à accomplir. Dans cette optique, les éléments de l'environnement sont considérés comme des facteurs de résistance ou de mauvaise performance (Munsterberg, 1915). Progressivement, les études ont détourné leur attention des aspects environnementaux pour ne s'intéresser qu'au « facteur humain » considéré comme un élément capital du fonctionnement et de l'efficience des organisations.

À la suite de l'enquête de Mayo (1933), les théories humanistes illustreront ces orientations; l'organisation du travail peut être, selon les cas, source de satisfactions ou d'insatisfactions (Herzberg, 1971), suivant la prise en compte des différentes motivations de l'homme (Maslow, 1970). La psychologie organisationnelle, quant à elle, placera l'analyse du travail dans le contexte plus large de l'étude des mécanismes sociaux, mettant en évidence l'importance de la structure, des phénomènes de pouvoir, de communication, de relation intergroupe au sein de l'entreprise (Simon et March, 1971; McGregor, 1960; Crozier et Friedberg, 1977; Sainsaulieu, 1977).

Les dimensions relatives à l'environnement du travail, oubliées en quelque sorte par la psychologie du travail, seront prises en compte à partir des études ergonomiques qui se préoccuperont principalement du poste de travail et des éléments de l'environnement physique, dans la mesure où ils déterminent un type de charge physique ou mentale (Cazamian, 1974; De Montmollin, 1967, 1984). L'ergonome offre ainsi un modèle décrivant le travail comme une interaction dynamique individu-environnement à travers un schéma d'analyse des caractéristiques complexes de ces charges.

C'est à partir de cet arrière-fond théorique que la perspective générale adoptée dans ce texte peut être précisée. Notre démarche s'inscrit de façon large dans le cadre de la psychologie environnementale qui étudie les relations entre l'individu et son environnement, son rôle et ses multiples influences sur le comportement humain; elle constitue un ensemble théorique structuré qui appréhende l'espace comme un objet social.

Nous définirons ainsi l'environnement physique et les objets qui le composent, comme un construit social; les configurations et caractéristiques de ce qu'on appelle le cadre bâti sont considérées comme autant de données produites socialement: elles sont le résultat d'un ensemble de processus par lesquels s'opèrent l'occupation et la transformation d'un territoire.

En outre, la nature sociale de l'espace réside dans le fait que ces « formes » (Gestalt) interviennent dans la présentation sociale comme un « champ de valeurs » (Lewin, 1951). Dans l'espace sont ainsi inscrites et reproduites non seulement des fonctions matérielles, mais aussi des valeurs sociales. C'est pourquoi les individus lui confèrent un sens qui est justement déterminé par l'évaluation de la réalité de ces valeurs.

Par ailleurs, l'espace peut être appréhendé comme un vecteur des interactions sociales, et cela à un double titre: d'abord, toute organisation spatiale structure plus ou moins directement ou fortement les communications; ensuite, elle constitue un message social sur le groupe ou la société qui l'occupe, sa manière de vivre et ses valeurs. La psychologie de l'espace met donc en évidence l'importance de l'expérience sociale qui se vit dans les relations avec les différents environnements; en effet, ces rapports ne sont pas seulement d'orientation ou d'information, mais d'ordre émotionnel et imaginaire; les couloirs ou trajets empruntés pour me rendre à mon bureau ne constituent pas uniquement un système de déplacement fonctionnel, mais des lieux reconnus comme facilitant certaines rencontres et utilisés pour en éviter d'autres. Les lieux s'incorporent ainsi à des représentations et des conduites.

Enfin, l'espace est objet de pratiques et d'interventions diverses que nous définirons à travers le terme d'appropriation. Il s'agit d'un processus qui permettra de montrer que le comportement humain n'est pas un système passif. Il exerce sur l'espace une emprise physique ou psychologique, ou les deux; il affirme par là une dominance à travers laquelle il peut se déterminer et agir. L'appropriation englobe ainsi des formes d'interactions qui expriment, à partir d'une occupation ou d'une utilisation particulière de l'espace, une affirmation de soi sur les lieux.

À partir de ce cadre général, la psychologie des espaces de travail, comme nouveau domaine du savoir sur l'organisation et le travail, s'appuie tout d'abord sur des approches classiques qui avaient esquissé l'importance psychosociale de l'environnement organisationnel. Weber (1971) avait déjà remarqué que l'environnement physique ne qualifiait pas seulement les objectifs de la production, mais aussi le statut des individus dans la structure hiérarchique. Dans le modèle proposé par Homans (1950), l'environnement physique est également considéré comme un facteur qui peut contribuer à la formation et au développement d'un groupe; Homans envisage en effet la proximité et l'accessibilité comme des conditions environnementales pouvant favoriser l'interaction, faciliter le développement du sentiment d'appartenance et avoir une influence sur la performance d'un individu ou d'un groupe.

La psychologie des espaces de travail propose une nouvelle lecture des interactions entre comportement humain et organisation. Cette approche s'appuie d'abord sur le fait qu'une certaine image de l'organisation se reflète dans la distribution des espaces; elle considère ensuite le système organisationnel à partir de la structuration sociale des places et des lieux définis, répartis et utilisés par les individus, non seulement en fonction des impératifs de la production, mais aussi par rapport à des conduites et des valeurs qui font de l'entreprise un territoire social. Ce champ de recherches, engagé initialement autour de l'idée d'espace industriel (Fischer, 1980), est centré sur les diverses formes d'interactions des travailleurs avec leurs environnements professionnels. Il montre la nature psychosociale du lieu de travail; l'espace nous informe sur la façon dont le travailleur accepte, utilise, investit ou rejette son travail; celui-ci est valorisé comme un point d'attache à partir duquel il tente de recréer un morceau de son identité. Les diverses formes d'emprise, telle l'appropriation, permettront d'en mesurer la prégnance.

Une telle analyse postule que les espaces de travail ne sont pas de simples espaces mécaniques; ils sont des espaces humains parce qu'ils sont humanisés comme tous les autres environnements, d'une part en fonction d'un jeu de différenciation cognitive et symbolique opéré en permanence sur lui, et d'autre part en fonction de conduites qui l'intègrent comme une « dimension cachée » (Hall, 1966) de leur stratégie à l'intérieur du système professionnel.

Le plan du chapitre s'articulera autour de trois axes principaux. Nous présenterons tout d'abord un aperçu général de la psychologie de l'espace en montrant comment les différentes recherches, à travers l'idée de territoire ou d'espace personnel, ont saisi un mode de fonctionnement du comportement humain. À partir de ces principes généraux, nous aborderons la structure de l'espace organisationnel en présentant quelques-unes de ses composantes fonctionnelles. Nous montrerons enfin que la notion d'espace offre une alternative à la compréhension des phénomènes organisationnels, en analysant d'une part la dynamique psychosociale du rapport aux espaces de travail, et en dégageant d'autre part l'espace comme une des dimensions culturelles de l'organisation.

APPORT DE LA PSYCHOLOGIE ENVIRONNEMENTALE

La présentation de quelques concepts fondamentaux a pour but de donner un aperçu du champ théorique qui sous-tend l'analyse des espaces organisationnels. Nous étudierons successivement les concepts de territoire, d'espace personnel et d'appropriation.

Le territoire

C'est la démarche éthologique qui a mis en évidence l'importance du territoire (von Uexküll, 1956; Hediger, 1955; Tinbergen, 1958; Lorenz, 1966). Cette idée a été extrapolée et appliquée au comportement humain. La psychologie de l'environnement utilisera le concept de territoire pour désigner un lieu ou une aire géographique occupée par une personne ou un groupe: le territoire est dans ces conditions la propriété d'une personne ou d'un groupe qui en devient d'une certaine façon « propriétaire ». Ce sont les recherches d'Altman (1975) qui ont mis en évidence trois types de territoire:

- le territoire primaire est un lieu occupé, utilisé de manière stable et clairement reconnu comme sien; il s'agit par exemple de son logement ou de son bureau personnel au travail. Ce type de territoire assure une fonction d'intimité, il peut être personnalisé et défendu contre toute intrusion;
- le territoire secondaire est un lieu semi-public ou semi-privé, régi par des règles plus ou moins clairement définies concernant son accès et l'usage du territoire. Il s'agit donc d'un lieu relativement occupé par une personne ou un groupe (bistrot, club, etc.);
- le territoire public est un lieu occupé temporairement, et n'importe qui peut, en principe, y pénétrer; les comportements dans ce lieu sont régis en grande partie par les institutions, les normes, les coutumes, ainsi que par l'aménagement de l'espace; il peut s'agir de bancs publics, de cabines téléphoniques, etc.

La notion de territoire s'est ainsi imposée comme une dimension interactive du comportement humain dans un contexte donné. Divers travaux (Edney, 1974; Canter et Kenny, 1982) ont permis de dégager un certain nombre de fonctions caractéristiques à travers l'idée de dominance territoriale ou de marquage.

La dominance territoriale

L'individu qui occupe un lieu a tendance à adopter des comportements de dominance territoriale, c'est-à-dire à exercer plus d'influence dans ce lieu qu'ailleurs; comme l'a montré Altman (1975), la dominance territoriale implique une orientation et une régulation des interactions sociales et peut varier en fonction des besoins d'intimité. Sur ces bases, le territoire délimite une zone d'emprise et de contrôle particulier: le fait de construire sa maison donne, en théorie du moins, plus envie de la garder; la table que nous occupons temporairement dans un restaurant devient une propriété provisoire que nous vivons comme une réelle possession; à l'école ou au travail, la place que l'on occupe est vécue comme un territoire propre. La notion de dominance territoriale comporte donc à la fois une fonction d'appropriation et d'identité.

Les marqueurs de territoire

Les territoires sont délimités de manières diverses. Par exemple, des marqueurs peuvent servir de frontières. Ces marqueurs ont tout d'abord une fonction préventive; ils indiquent à autrui qui possède et occupe l'espace ainsi délimité; il s'agit donc de symboles permettant de définir un rapport entre soi et autrui, à travers des frontières caractérisées. C'est dans ce sens que les individus peuvent utiliser des objets, des symboles ou des signaux pour marquer leur territoire: laisser des objets personnels dans un lieu donné peut être suffisant pour signifier son occupation. D'autres formes peuvent être utilisées; ainsi, les barrières ou les clôtures révèlent, d'une part, l'identité de l'occupant et, d'autre part, annoncent l'existence d'un espace privé.

Des recherches (Edney, 1974) ont montré les effets du marquage sur les modes de vie: ainsi, des gens qui habitaient dans des maisons entourées de frontières (clôtures, haies, murs, etc.) ont vécu plus longtemps dans ces lieux que ceux dont les limites étaient moins clairement définies. S'il importe de moduler une telle corrélation directe avec d'autres variables, comme une situation professionnelle stable, une situation familiale satisfaisante, etc., on peut néanmoins souligner l'importance psychologique de la frontière pour expliquer l'attachement à un lieu.

Si, d'une manière générale, tout territoire a tendance à être marqué, les formes de ce marquage sont culturelles et sociales. À l'intérieur d'une organisation, par exemple, l'étendue du territoire est liée au statut social d'un individu et sert habituellement à le valoriser; ainsi, la place plus ou moins grande que l'on occupe indique la position plus ou moins élevée dans l'organisation, et, de ce fait, l'usage de cette place ou de ce lieu renforce à son tour la dominance plus ou moins grande de l'individu qui l'occupe.

Ainsi, les fonctions de la territorialité sont multiples. Dans la vie quotidienne, elle peut faciliter l'organisation et la gestion des activités d'un individu ou d'un groupe; elle assure également une bonne utilisation des cartes cognitives en associant les types de comportements attendus à un lieu donné. La territorialité sert enfin de fondement au développement de l'identité personnelle et de l'identité sociale; le fait de partager un même territoire permet à ses occupants d'acquérir des connaissances, des expériences communes, de développer une cohésion plus ou moins grande et d'établir les relations sur une confiance mutuelle.

Ces différents aspects montrent que la maîtrise des espaces, l'attachement des humains aux lieux sont un des moyens que les individus ont à leur disposition pour régler les échanges avec autrui et organiser leurs activités diverses.

L'espace personnel

L'expérience quotidienne nous apprend que dans nos relations avec autrui nous cherchons à conserver autour de nous une zone qui nous permet de nous protéger. Depuis des années, les recherches en psychologie de l'environnement se sont intéressées à la notion d'espace personnel et ont attiré l'attention sur son importance. Cet espace peut être défini comme un halo qui enveloppe directement l'individu; c'est une zone émotionnelle qui varie en dimension, selon des facteurs psychologiques et culturels; elle ne peut être pénétrée par autrui, sans provoquer de réaction de défense.

Définition

La notion d'espace personnel repose sur l'idée que la place du corps dans un environnement donné ne se limite pas à la surface de la peau; il est entouré d'une zone qui dessine autour de lui des frontières invisibles. L'espace personnel est donc considéré comme zone émotionnelle, socio-affective qui se réfère au concept d'intimité et de privatisation. Cette zone a été décrite de manières diverses, comme une bulle (Hall, 1966), une coquille (Moles et

Rohmer, 1978), une zone tampon (Horowitz *et al.*, 1974), une sphère véhiculaire (Goffman, 1973) ou tout simplement un espace personnel (Sommer, 1969).

Le concept d'espace personnel est différent du concept de territoire; il se définit, comme nous venons de le dire, comme une frontière invisible autour de la personne, alors que le territoire est une aire visible et stable.

Processus

L'espace personnel se manifeste dans les interactions sociales par l'usage de diverses formes de distances que les individus établissent entre eux. La distance interpersonnelle est donc un mode d'expression de l'espace personnel. Mais observons également que l'usage de cette distance est relatif aux cultures dans lesquelles elle s'exprime. Ainsi, Hall (1984b) a défini quatre grandes catégories de distances, à partir des références culturelles américaines de cette réalité: la distance intime, la distance personnelle, la distance sociale et la distance publique, chacune pouvant varier selon la personnalité des sujets et les caractéristiques socio-culturelles de l'environnement.

La distance intime est celle où la présence de l'autre est la plus prégnante; la distance personnelle désigne le minimum de séparation existant entre les individus; la distance sociale est celle des rapports formels de la vie sociale, celle du travail en particulier; la distance publique est celle réservée aux contacts très formels et officiels. Ces quatre distances définissent donc quatre modalités d'expression de l'espace personnel, chacune étant associée à un répertoire d'activités, de relations et d'émotions propres aux diverses cultures.

Fonctions de l'espace personnel

Dans ces mêmes recherches et toujours dans le contexte socioculturel nord-américain, l'utilisation de l'espace personnel remplit plusieurs fonctions psychosociales. Tout d'abord, il constitue un système de défense. On a observé dans des situations de densité très forte, ou dans des ascenseurs où les gens devaient se rapprocher à une distance intime les uns des autres, des comportements d'évitement et de repli qui se traduisaient par la fuite du regard, le croisement des bras, le fait de baisser la tête, etc.

Une deuxième fonction de l'espace personnel est la régulation de l'intimité. On peut par exemple adapter l'environnement à ses besoins en modifiant les éléments semi-fixes; l'utilisation de l'espace peut également être négociée avec d'autres usages; on peut opérer un ajustement de son espace personnel en changeant de lieu. À travers la régulation de l'intimité, l'espace personnel ne joue pas seulement par rapport à un individu donné; il est également reconnu par les autres. La fonction de l'espace personnel a donc une valeur sociale, car les autres l'admettent et la reconnaissent comme telle. Cette fonction s'inscrit de manière plus large dans celle de la régulation de toute interaction sociale, car l'intrusion de l'espace personnel est perçue comme une menace et suscite des comportements de défense.

Comme nous venons de l'indiquer, l'utilisation de l'espace personnel dépend fortement de la culture d'une société ou d'un groupe. Chaque culture privilégie des mécanismes propres pour exprimer et signifier la valeur qu'elle accorde à l'espace personnel. Hall (1966) a observé quelques-unes de ces différences culturelles et relate qu'au Japon les individus parlent bas pour éviter les contacts, alors qu'en Indonésie ils se cachent derrière un voile afin d'être moins accessibles et de conserver ainsi leur intimité. Dans d'autres cultures, comme chez les Arabes, il remarque l'absence de toute possibilité d'isolement physique au sein du groupe familial. Il existe ainsi un modèle culturel qui organise l'intimité et les relations sociales qui lui sont liées. C'est ce modèle qui fera intervenir l'espace personnel d'une manière déterminée par les situations, pour définir la manière dont s'organise le rapport entre soi et les autres. L'étude de l'espace personnel met en évidence la nature essentiellement psychosociale de la relation entre l'individu et ce qui l'entoure. Les différences culurelles qui sont observées montrent que son expression est relative à un contexte, mais sa fonction est toujours de protéger ce qui a valeur d'intimité et ainsi de préserver ce qui est considéré dans chaque culture comme le noyau inviolable de l'individu.

L'appropriation

L'appropriation constitue l'un des phénomènes les plus complexes de notre interaction avec les différents environnements; il s'agit d'un processus qui permet de rendre compte de diverses formes d'emprise exercée sur les lieux.

Définition

La notion d'appropriation peut être définie sous plusieurs angles. D'une manière générale, elle désigne l'acte de prendre quelque chose pour soi ou l'acte de rendre quelque chose propre à son usage; en un mot, s'approprier veut dire faire sien, s'attribuer, se donner la propriété de quelque chose, même si elle ne nous appartient pas légalement. Dans une perspective psychologique large, l'appropriation est le mécanisme qui englobe toutes les formes et types d'activités qui permettent une appréhension ou une prise de possession de l'espace. Il s'agit donc d'une dominance physique et psychologique sur un territoire donné (Fischer, 1980).

Caractéristiques

Les éléments les plus caractéristiques de l'appropriation sont le marquage et la construction d'un espace personnel.

Le marquage est un processus par lequel un espace est signé d'un caractère particulier. Sommer (1967) a utilisé le terme marqueur pour définir l'ensemble des objets qui sont en quelque sorte identifiés au Moi et qui constituent autant d'indices d'appropriation. Goffman (1973) a repris le concept des marqueurs dans son analyse des relations sociales et les a divisés en trois types: les marqueurs centraux placés au centre d'un territoire et qui annoncent une revendication personnelle forte; les marqueurs frontières qui indiquent la ligne de séparation entre deux territoires adjacents; les marqueurs signets qui déterminent l'appartenance d'un objet et délimitent ainsi la part du territoire de son possesseur. Les systèmes d'appropriation sont par ailleurs des interventions diverses par lesquelles les individus définissent la construction et la sauvegarde d'un espace personnel. Tous les mécanismes d'appropriation montrent qu'il s'agit d'un processus interactif qui suppose que le rapport à l'espace n'est jamais neutre; l'individu ou le groupe détiennent des ressources personnelles et sociales, capables de « recharger » l'environnement de signes et de valeurs culturelles qui en sont exclues. De plus, l'appropriation apparaît comme une orientation du comportement capable de produire des formes diverses d'autonomie; elle est plus précisément un processus d'autopraxis et désigne que l'individu est capable de recréer en permanence une maintenance de soi par rapport aux diverses configurations morcelées de l'espace. Dans ce sens, l'appropriation est un processus créateur d'identité qui favorise la réunification de soi dans des ensembles sociaux qui ont tendance à le disperser.

L'ESPACE, MIROIR DE L'ORGANISATION

L'organisation peut être définie comme un lieu où différents acteurs contribuent par leurs ressources à la production d'objets ou de services. Elle est aussi un lieu que chaque individu explore, adapte et habite, afin de réaliser ses propres objectifs. À partir des données mises en évidence par la psychologie de l'environnement, toute organisation peut être analysée suivant l'espace qui la structure. Par son architecture, son aménagement, l'espace organisationnel reflète à la fois le fonctionnement de l'entreprise ainsi que ses valeurs et ses règles. La structure de l'espace organisationnel peut être décrite à partir de quelques principes fonctionnels permettant de connaître les caractéristiques instrumentales des différents lieux destinés aux diverses activités.

L'organisation repose sur un modèle de rationalité fonctionnelle dont on peut dire qu'elle instrumentalise les lieux en neutralisant les qualités sensibles de l'espace. Toute organisation soumet en effet les espaces à un usage strict en les mettant en quelque sorte à plat pour les mouler dans un programme d'activités. Ce modèle va se concrétiser dans un certain nombre de principes dont nous présenterons les éléments les plus caractéristiques.

L'espace divisé

L'organisation se caractérise tout d'abord comme une unité distincte et se constitue en un domaine propre en rupture avec l'habitat et l'environnement social plus large. Elle se définit donc comme un espace relativement clos qui structure le rapport dehors-dedans sur la base du critère d'appartenance à l'organisation. Un autre élément s'impose d'emblée: dans une organisation, les espaces répondent à des critères de spécialisation qui déterminent emplacements, distances, rapports de voisinage, séparations des fonctions.

Toute organisation apparaît comme un espace morcelé, directement lié au découpage des activités; ce morcellement repose sur un principe de monofonctionnalité qui, en théorie, ne permet d'accueillir dans un lieu que les activités strictement prévues à cet effet.

L'espace imposé

L'espace organisationnel est également conçu comme un système d'affectation de places qui consiste à répartir des catégories d'individus dans des lieux définis, selon une échelle sociale rigoureuse. Dans ce sens, toute organisation fonctionne suivant un mécanisme d'assignation ; il désigne à chacun son champ d'insertion, les lieux qui lui sont accessibles, ceux qui lui sont plus ou moins obligatoires, ceux qui lui sont interdits formellement ou psychologiquement. Tout l'espace organisationnel est pensé autour de ce principe qui consiste à fixer chacun à une place ; une caractéristique essentielle de la relation que l'on a par rapport à cette place, c'est qu'au départ chacun y est installé sans qu'il l'ait choisie précisément. Le contrat de travail est à cet égard un contrat d'assignation qui « visse » chacun dans un lieu déterminé par les tâches qu'il doit y accomplir.

Par exemple, jusqu'au début du siècle, l'usine sidérurgique n'est pas encore un lieu clos, barré de murs qui définiront l'opposition entre le dehors et le dedans. Pour lutter contre l'interférence des rythmes agraires dans le temps de production, les maîtres de forges vont rendre l'usine indépendante de son environnement. Par la suite, l'objectif sera de régulariser les déplacements et de fixer le travailleur à son poste. Ainsi, en imposant une place, une telle assignation ne garantit pas seulement le bon fonctionnement, mais elle exerce de fait un contrôle sur celui qui s'y trouve.

Par ailleurs, l'affectation de l'espace s'effectue suivant un autre principe qui reflète un aspect essentiel de toute structure sociale : le système hiérarchique. Toute entreprise constitue en ce sens un espace pyramidal qui inscrit les statuts et les rôles suivants des échelles d'allocation correspondantes ; les formes proposées par les concepteurs montrent une nette corrélation entre l'importance de la fonction, la grandeur de l'espace et l'équipement de travail. Une conclusion en découle : en règle générale, plus on monte en grade, plus la grandeur et la valeur de l'espace sont importantes. De cette manière, l'affectation dans un espace et son aménagement sont une expression du système hiérarchique et une de ses formes visibles. En effet, c'est par rapport à la place occupée dans le système pyramidal que les diverses catégories seront plus ou moins autorisées, à titres divers, à se déplacer librement dans l'organisation.

La pyramide sociale dessinée par l'espace montre ainsi que les individus appartenant à l'organisation, employés, cadres, patrons, se répartissent à l'intérieur d'un territoire, aux différents niveaux de son échelle sociale. Dans ce sens, l'espace organisationnel, tout comme les autres espaces sociaux aménagés, est un espace politique dans la mesure où il est le vecteur des orientations que le pouvoir lui imprime.

L'espace contrôlé

L'espace organisationnel médialise le fonctionnement du système hiérarchique par un exemple d'aménagements destinés à rendre visibles ceux qui ont à exécuter les tâches ; le principe de la visibilité dans les espaces est lié à la nécessité inhérente à l'organisation du travail qui est de pouvoir les dominer. Autrement dit, l'organisation fonctionne comme un jeu d'espaces où leur aménagement même se révèle être une structure de surveillance basée sur la visibilité des individus.

Les espaces de travail reprennent ici à leur compte l'aménagement du panopticon (Bentham, 1977). Il s'agit d'une conception architecturale qui a présidé à l'aménagement des prisons. Elle se traduisait par un type de bâtiment circulaire qui formait les cellules des prisonniers ; dans la cour s'élevait une tour, circulaire elle aussi, d'où l'on pouvait surveiller en permanence les prisonniers, sans que ceux-ci puissent voir qu'ils étaient vus. Le panopticon reposait ainsi sur le principe de visibilité constante du prisonnier, visibilité déterminée par la forme de l'espace architectural.

Le deuxième aspect de la maîtrise exercée par l'organisation de l'espace est lié à l'organisation spatiale des communications. En effet, l'espace organise et oriente aussi la communication; il impose des voies de circulation, des canaux formels qui épousent la nécessité de structurer l'information sur un mode fonctionnel. Le dispositif spatial permet de constater que l'on ne communique pas avec qui l'on veut; en raison des positions relatives, les contraintes du milieu organisationnel orientent plus ou moins fortement les communications. Ainsi, le principe d'autorité mutile la communication en l'enfermant dans des carcans dont la structure formelle révèle toute la prégnance. Autorité, imposition, séparation représentent autant de principes fonctionnels qui régissent l'espace organisationnel et font de lui une matière de la vie de travail.

Le bureau, lieu d'expression du modèle taylorien

Ces principes peuvent se lire à travers l'évolution des espaces de bureau. Le bureau s'inscrit dans une histoire des activités humaines qui le définit tout d'abord comme un lieu réservé aux tâches administratives et au traitement de documents. C'est avec l'ère industrielle que cet espace a été organisé suivant la conception taylorienne du travail: rationalisation, découpage des tâches, opérations standardisées. Le bureau va devenir un lieu de travail aménagé sur un modèle dominant: l'archétype du bureau moderne, c'est l'usine. Le bureau se trouve ainsi marqué par une volonté d'organiser rationnellement le travail comme dans les autres espaces. Si l'on observe les mutations dans les espaces de bureau, nous constatons un double phénomène: le bureau était tout d'abord un lieu organisé autour d'une activité où l'importance prise par le papier (documents, lettres, fiches, etc.) est décisive; ensuite, la naissance d'immeubles-bureaux qui se détachent progressivement de l'usine dessine un nouvel environnement de travail conçu à partir de normes d'espace propres aux activités des employés, des cadres et des dirigeants. Si l'on considère maintenant l'aménagement intérieur des bureaux, nous assistons également à plusieurs étapes significatives qui marquent une destructuration progressive d'un type d'organisation spatiale marqué par l'empirisme, au profit d'un autre, basé sur l'efficacité et la productivité.

L'organisation des espaces de bureau en pool de dactylos est une des premières images du modèle de la rationalisation qui va s'emparer du travail administratif: bureaux serrés en rangs compacts, standardisation des équipements, concentration du personnel dans un espace totalement banalisé et transparent. Nous avons affaire à un univers mécanisé où l'espace est en quelque sorte aplati et entièrement dépendant de la logique de production. Cet agencement strict traduit en même temps un modèle de relation sociale où domine le principe d'un contrôle social total.

Après la Seconde Guerre mondiale apparaît un autre concept de bureau qui veut promouvoir une façon différente de travailler; il s'agit d'un espace de bureau ouvert caractérisé par la disparition de murs, cloisons, séparations, afin de favoriser la communication. Cette conception, développée sous le terme de bureau paysager et connue pour être une idée nord-américaine, est en fait née en Allemagne ; ce sont deux frères du nom de Schnelle qui lanceront cette idée ; la société Quickborner Team qu'ils créeront s'installa aux États-Unis et le concept ne fut repris en Europe que dans les années soixante. Il va donner lieu à l'apparition du bureau fonctionnel considéré comme un grand espace ouvert (*office landscape*), sans cloisons ni portes, peuplé de personnes, de tables, de sièges de machines et, ultérieurement, de plantes vertes.

Le principe de ces aménagements est basé sur une idée de la communication qui associe ouverture de l'espace, productivité et disparition des indices hiérarchiques. De la sorte, se sont développées une fonctionnalité de l'activité administrative et de nouvelles valeurs sociales inscrites dans un type d'aménagement également produit pour en être le support.

La conception de ce modèle de bureau montre comment les composantes d'un type d'aménagement sont l'objet d'un codage symbolique valorisant, par exemple, tout ce qui s'apparente à la suppression d'obstacles ou de frontières physiques, comme des équivalents culturels d'un espace positif dans lequel espace ouvert est connoté à espace efficace. On le voit, le statut de l'espace fonctionnel est lui-même déterminé par la présence d'éléments culturels qui tendent à le présenter comme fonctionnel.

Si le bureau paysager a été considéré comme une amélioration par rapport à la rigidité oppressante des bureaux alignés des pools, des enquêtes (Thèves, 1973) ont montré qu'il est une source de stress liée à l'impossibilité d'avoir une zone de retrait. Il est ressenti par les employés comme une négation du territoire personnel, dans la mesure où il soumet les individus à une visibilité, une transparence et une banalisation de l'espace. Ces attitudes ont été prises en compte dans l'aménagement de nouveaux espaces de bureau basé sur la valeur du lieu personnel, abrité du regard d'autrui et créateur d'une certaine intimité.

Les diverses façons d'aménager les espaces de bureau que nous venons de décrire sommairement indiquent que la conception des espaces n'est pas seulement une manière d'organiser le travail, mais aussi une façon de créer une structure par l'inscription des valeurs organisationnelles dans un lieu.

LA DYNAMIQUE DE L'ESPACE ORGANISATIONNEL

L'analyse psychologique de l'espace organisationnel va nous montrer que l'aménagement des espaces donne lieu à une dynamique sociale qui se manifeste par diverses formes d'interactions avec l'espace : le comportement territorial, la personnalisation de l'espace et l'évaluation des espaces.

Le comportement territorial

Pour celui qui travaille, l'espace où il est affecté est progressivement investi comme un lieu personnel. À travers de multiples attitudes, l'individu traduit une tendance fondamentale à habiter l'endroit dans lequel il est, en se familiarisant avec lui et en le transformant. Ainsi, il crée dans son environnement des façons de faire qui lui facilitent les tâches, il réagit à l'intrusion des autres par une défense caractérisée de son territoire, il se crée des systèmes d'adaptation et d'emprise qui traduisent la prégnance de son espace comme point d'ancrage.

C'est autour du poste de travail que ce processus s'affirme avec le plus de force, car il est investi comme un lieu qui nous appartient, c'est-à-dire un endroit dont on a le sentiment d'être un peu le propriétaire. Il se caractérise comme une sorte de coquille personnelle valorisée ou dévalorisée, mais à laquelle on s'identifie: il définit notre place.

À partir de cette valeur marquée de centralité, chacun développe avec l'espace environnant plus ou moins vaste des modalités d'interactions variées et difficilement reconnaissables comme telles par l'observateur extérieur. Trois situations permettront de saisir certaines de ces interactions relatives au comportement territorial.

Tout d'abord, la période qui suit l'entrée dans une nouvelle organisation permet de constater que toute intégration professionnelle passe par des modalités particulières de relation à l'espace; en effet, tout nouveau travail équivaut à un nouvel apprentissage d'un système de lieux que l'on cherche progressivement à connaître et à définir. On a ainsi dégagé une phase de tâtonnement qui a permis de caractériser l'espace comme lieu d'incertitude: les fréquences de déplacements durant les temps de pause sont d'un tiers moins élevées que celles qui sont autorisées; cela a été observé chez des nouveaux employés dans un service de dessinateurs industriels (Ancelin-Schutzenberger, 1978).

Il existe par ailleurs une phase d'exploitation des nouveaux lieux que les nouveaux employés effectuent habituellement avec un membre plus ancien du groupe. Nous avons constaté que pour 32 % d'entre eux, l'exploration de nouveaux lieux hors de la sphère du groupe de travail proprement dit ne se fait pas seul (Fischer, 1989).

D'une façon plus générale, l'espace est objet de socialisation; c'est à travers le groupe que se fait l'initiation à de nouveaux lieux, de sorte que processus d'intégration sociale et phase d'apprentissage du territoire professionnel constituent deux pôles de cette dynamique.

Par ailleurs, la connaissance de nouveaux territoires constitue pour le nouveau venu une épreuve rituelle, un rite initiatique d'insertion dans un groupe; c'est pourquoi cette épreuve lui permettra d'accéder à une nouvelle compréhension du travail, mais elle constitue en même temps une évaluation de son intégration sociale.

Sur le plan théorique, l'idée d'appartenance progressive à un espace semble impliquer une durée suffisante dans les lieux pour que puisse s'opérer une appropriation plus grande. Ainsi, l'insertion satisfaisante dans une activité ne s'effectue pas uniquement suivant l'adéquation compétence-tâche, mais également suivant la qualité d'enracinement potentiel représenté par l'espace organisationnel.

Une enquête effectuée auprès d'employés ayant plus de 15 ans d'ancienneté dans une administration publique (Fischer, 1989) a permis de révéler une autre modalité particulière de comportement territorial: la valeur des lieux de retrait ou des endroits refuges. En effet, la connaissance du terrain, la familiarité des lieux acquise au cours des années, constituent un système de référence mentale; elles créent un champ topologique (Lewin, 1951) qui ne recouvre que partiellement les espaces matériels, car l'individu élargit ces derniers ou les rétrécit suivant l'importance qu'ils prennent pour lui. Ainsi, les employés, à travers leurs relations plus ou moins variées, leurs déplacements plus ou moins nombreux, vont percevoir les différents espaces comme bons ou mauvais, positifs ou négatifs, chauds ou froids, intéressants ou inintéressants.

C'est à travers la dynamique interne d'une organisation que ces éléments peuvent être observés, précisés, évalués. Remarquons simplement que toutes les organisations possèdent des espaces qui sont de nature à accueillir de façon privilégiée les formes plus ou moins explicites de création d'un espace personnel marginal. Ils ont été définis comme des zones tampons (Horowitz *et al.*, 1974), c'est-à-dire des lieux qui se trouvent à la frontière d'espaces fonctionnels clairement délimités. Ce sont des espaces flous. Le comportement territorial révèle ainsi que l'espace où l'on travaille est utilisé comme un territoire propre; son utilisateur le marque comme un domaine sous son autorité.

D'autres analyses du comportement territorial ont mis l'accent sur les conditions favorisant son expression: la nature du travail facilitant une mobilité plus ou moins grande, la stabilité du groupe d'appartenance et la personnalité de l'utilisateur (Sundstrom et Sundstrom, 1986). Ces observations révèlent que l'occupation de l'espace comme s'il s'agissait d'un territoire implique un sentiment de responsabilité et constitue un indice de la force du sentiment d'appartenance et du degré d'engagement de la personne dans l'organisation.

La valeur de l'espace personnel

Un espace de travail, c'est aussi un espace personnel qui exprime l'identité d'un individu et son statut à l'intérieur de l'organisation. La personnalisation de son lieu de travail est une attitude qui peut revêtir des formes variées comme la décoration, la redisposition du mobilier ou encore la construction de barrières plus ou moins visibles. Ces différentes expressions peuvent être des indices de la marge de liberté et de pouvoir détenue par un individu: plus l'espace est personnalisé, plus la marge d'autonomie peut être importante. En effet, dans une large mesure, le degré de personnalisation d'un espace semble lié au statut hiérarchique: plus on se trouve à un niveau élevé de la hiérarchie, plus on a le loisir de personnaliser son espace. Mais cette corrélation théorique est pondérée par un certain nombre de contraintes qui incitent ou obligent les individus à se conformer à l'aménagement particulier des espaces qu'ils occupent, en raison des normes liées à leur statut, et de ce fait respecter des règles esthétiques en vigueur dans ces espaces.

Mais quelle que soit la prégnance de ces facteurs, la personnalisation apparaît comme le désir de faire reconnaître et apprécier son individualité dans l'organisation. De plus, la variété de ces expressions peut être un message qui livre aux collègues ou aux visiteurs des informations sur les goûts, les préférences, les opinions et les habitudes d'un individu.

Un autre aspect de cette personnalisation réside dans la transformation d'un espace régi par des normes fonctionnelles en un lieu réglé par des normes plus ou moins privées. Il s'agit d'un paradoxe qui rend compte d'un aspect fondamental du comportement humain dans les systèmes sociaux: il tend à créer une sphère privée, un espace à soi dans un système où par définition l'espace, la plupart du temps, n'appartient pas à soi.

Beaucoup d'observations ont révélé cette tendance à aménager l'espace de travail comme une zone privée, protégée de l'entourage immédiat (bruits, conversations, allées et venues). La privatisation apparaît ainsi comme une régulation dynamique de l'espace, elle-même tributaire d'un certain nombre de facteurs qui peuvent la faciliter ou l'empêcher: l'orientation des espaces, leur grandeur, l'existence ou non de murs, de cloisons, la qualité des matériaux, enfin les normes et les politiques organisationnelles interviennent à des degrés divers dans ce phénomène. Un isolement visuel ou acoustique obtenu par les barrières physiques peut créer le sentiment d'être chez soi, mais peut être ressenti par les autres comme une mise à distance.

Les problèmes liés à la privatisation ont surtout été étudiés dans les bureaux paysagers; on a constaté que les employés expriment des gênes et des insatisfactions de divers ordres: stress dû aux perturbations visuelles et auditives, interruptions fréquentes du travail, difficultés liées aux ambiances physiques (température, éclairage, etc.). Dans ce cas, la privatisation semble être liée au degré de cloisonnement du lieu et à la densité d'occupation. Une étude réalisée auprès de trois catégories d'employés (employés de bureau, comptables et cadres) a permis d'observer des différences entre ces trois groupes en ce qui a trait à leur perception de l'espace. Pour le personnel de secrétariat, le besoin d'espace personnel se traduit par la possibilité de disposer d'un bureau qui permet un niveau optimal de contacts et évite l'entassement. Pour les comptables, l'espace personnel est perçu plutôt comme un lieu coupé d'autrui, qui facilite la concentration sur leurs tâches et qui prévient les distractions, les interruptions et le bruit. Quant au groupe de cadres, leur espace personnel équivaut à la préservation de leur autonomie, en demeurant hors de la vue de leurs supérieurs et à l'abri de leurs collègues; il se traduit par la présence de barrières visuelles et acoustiques.

L'attachement à la place: l'appropriation

Ainsi, la définition d'un territoire personnel par des barrières physiques et psychologiques est un aspect important qui traduit le sentiment plus ou moins fort d'avoir un espace à soi. Dans certains bureaux, on a observé que les employés ressentaient une plus grande vulnérabilité, se percevaient plus exposés à l'intrusion des autres et incapables de gérer leur propre espace, parce que les frontières de leur espace personnel étaient mal définies et peu maîtrisées. La possibilité de disposer d'un espace privé apparaît dès lors comme un élément important de l'aménagement des bureaux, car elle fait partie de l'affirmation de soi. Il s'agit d'une des expressions de l'identité utilisée à la fois pour s'adapter à un espace et pour le transformer.

Toutes ces indications montrent que l'individu ne s'inscrit jamais dans le découpage strict des espaces fonctionnels; il n'est jamais entièrement déterminé par le poids de leurs contraintes. S'il s'ajuste aux lieux qui lui sont imposés, il développe à leur égard des comportements qui se caractérisent par des adaptations diverses dont le concept d'appropriation permet entre autres de rendre compte. Celui-ci caractérise fondamentalement l'attachement à une place et implique une emprise personnelle sur un lieu. Pour s'exercer, l'appropriation s'appuie sur un certain nombre de supports environnementaux; on peut, à titre d'exemple, signaler:

- la position du poste dans une configuration d'ensemble: à l'écart, au centre, le long d'un flux de circulation, ouvert, fermé;
- la spécificité du lieu: administratif ou hiérarchique, nécessitant une spécialisation ou une qualification qui exclut d'autres personnes;
- le cloisonnement plus ou moins grand d'un espace: abrité ou exposé, avec ou sans présence d'écrans visuels;
- la mobilité plus ou moins importante des objets qui composent un espace: éléments fixes ou semi-fixes.

L'appropriation est ainsi un phénomène complexe par lequel s'exerce et s'exprime l'attachement à une place. Nous pouvons l'interpréter comme un processus de nidification, c'est-à-dire un style d'occupation qui transforme un espace donné en un chez-soi (Fischer, 1980).

Ces quelques dimensions essentielles de la relation à l'espace présentées à travers l'idée de territoire, la personnalisation et la valeur d'appropriation, nous rendent attentif au fait que tout réaménagement prend du sens par les relations que les individus entretiennent avec lui. Celles-ci permettent de situer les variations culturelles comme autant de traitements socio-fonctionnels de l'espace et constituent une source d'informations importante pour les décideurs et les concepteurs sur la façon dont l'espace rationnel est objet de traitement irrationnel.

ESPACES DE TRAVAIL ET CULTURE D'ENTREPRISE

Un dernier point doit être abordé: il concerne le rapport qu'entretient l'espace de travail avec la culture d'entreprise. L'espace fait-il partie de la culture organisationnelle et dans quel sens?

Nous avons tout au long de cette analyse mis en lumière la dimension culturelle de l'espace déterminée par l'ensemble des normes, des valeurs qui conditionnent les usages d'un lieu de travail et lui donnent sens. Espace et culture ne sont donc pas deux entités séparées; la culture est un répertoire dans lequel les individus, les groupes et l'organisation dans son ensemble puisent les codes d'apprentissage et d'interaction avec l'environnement. Elle peut être définie comme un système de représentations et de valeurs partagées par les membres d'une organisation, qui fait de toute organisation un lieu d'apprentissage en instaurant un ensemble de relations et en fixant des normes qui constituent un cadre de formation identitaire (Sainsaulieu, 1987). Dans ce sens, l'espace apparaît comme un des langages de cette culture; par exemple, un lieu peut imposer aux individus une manière de vivre leurs relations; un bureau, ou un atelier, existe ainsi comme une catégorie symbolique qui évoque une identité, des statuts, des échanges, et invite à se comporter conformément à la façon dont il est conçu, désigné ou agencé.

Si la notion de culture d'entreprise se réfère à une définition anthropologique de la culture, son utilisation au sein des organisations s'inspire largement de préoccupations managériales pour alimenter une vision idéologique de l'entreprise et pour susciter l'adhésion du personnel à des valeurs considérées comme bonnes pour eux. La notion de culture d'entreprise a ainsi un statut ambigu; nous pouvons envisager la dimension culturelle des espaces dans la même perspective: comme un indicateur des normes en œuvre dans les lieux de travail et comme une valorisation de l'espace architectural.

Nombre d'entreprises utilisent ainsi leur espace comme un emblème. Les bureaux d'un siège social sont par exemple aménagés pour exprimer comment l'entreprise se voit et veut se donner à voir; l'espace fait alors partie de sa carte de visite; il annonce l'entreprise et constitue un instrument de « représentation » et de communication avec l'extérieur. Plusieurs traits peuvent être dégagés à ce sujet.

L'espace-emblème

Une analyse sémiotique des espaces de travail révèle qu'un bâtiment industriel ou administratif est tout autant un emblème qu'un instrument. Il s'impose d'abord par des configurations qui donnent une empreinte particulière à un ensemble de fonctions et d'activités: la forme architecturale est un espace monumental dans le sens où il renvoie au caractère impressionnant de l'activité qui s'y déroule, sans commune mesure avec l'échelle humaine.

Lorsqu'on se rend par exemple dans une entreprise, on peut observer comment cet aspect s'inscrit dans le territoire et s'impose peu à peu à nous; une variété d'indices nous informent sur sa nature et sa prégnance: depuis l'allure générale de l'immeuble, sa façade, son logo, son système signalétique, jusqu'aux espaces verts et aux parkings environnants, tout l'aménagement dessine un paysage qui évoque des sensations et produit des appréciations sur l'espace de travail, ses valeurs et son image. Cela peut se traduire, par exemple, par des types de façades incorporant des matériaux luxueux (marbre, etc.) et des décorations qui présentent une image survalorisée de l'entreprise et du travail; mais ces mêmes éléments peuvent en même temps cacher la laideur, la vétusté et les contraintes réelles des lieux qu'ils abritent.

L'espace architectural, de par ses composantes socio-fonctionnelles, opère la mise en scène de l'organisation. Si l'on considère les façades d'usines des années trente, on observe un style monumental qui annonce un domaine fonctionnel, symbole d'une puissance et d'une société inébranlables. En réalité, il apparaît que la façade est prise dans un rôle contradictoire, dans la mesure où elle incorpore deux fonctions opposées: l'une de représentation, l'autre de masquage. Cette donnée a le mérite de rendre attentif au degré de congruence entre les espaces aménagés pour établir le contact avec l'extérieur et ceux aménagés pour les employés. En effet, les espaces d'accueil, de réception sont des lieux d'interactions avec l'extérieur; il s'agit d'espaces conçus sur le mode de la transparence et du bien-être destinés à créer une image de convivialité. Au fur et à mesure qu'on pénètre plus à l'intérieur, on se trouve enveloppé par un autre environnement et une autre atmosphère où l'espace est dépouillé de toute préoccupation socio-esthétique pour être entièrement organisé autour d'une préoccupation rationnelle.

L'espace, support de la communication

L'aménagement de l'espace organisationnel n'est pas seulement un emblème. Seiler (1984) a analysé l'expérience d'une entreprise d'équipements mécaniques soucieuse de faire de ses bâtiments un outil de communication. Cette société avait trois principes: la recherche de la qualité plutôt que de l'efficacité, la valorisation de son environnement et l'expression de ses responsabilités vis-à-vis la collectivité. Elle avait en outre le souci de bien intégrer ses bâtiments à l'agglomération d'accueil qui était une petite ville agricole. Pour faire correspondre la configuration de l'immeuble au cachet de la petite ville, elle fit construire un vaste ensemble en ciment à toit plat et à grandes baies, auquel était ajouté une aile en briques couleur saumon avec un toit pentu aux bords blancs. Les intentions de la direction étaient animées par une volonté d'intégrer la construction dans un cadre qu'elle connaissait peu. En réalité, les gens de la localité tournèrent ce bâtiment en dérision, le comparant tantôt à un magasin de meubles, un cabinet d'assurances, tantôt à une succursale de banque, ou encore à un « fast-food ». Comparé au message initialement conçu par la société, celui transmis par le bâtiment présentait pour le moins une dissonance, puisque l'effet produit était proportionnellement inverse à celui prétendument inscrit dans son aménagement. Cette expérience a l'intérêt de montrer que les espaces de travail ne constituent pas seulement des produits abstraits et neutres; ils sont investis et chargés symboliquement par des codes sociaux et des valeurs qui ne correspondent pas forcément à ceux de la culture d'entreprise. Dans ce cas particulier, on peut remarquer une dissonance entre les valeurs que l'entreprise a voulu y inscrire et celles que les usagers extérieurs y décodent. L'espace est ainsi un vecteur de communication qui produit des messages sur l'entreprise. Dans notre exemple, le message des concepteurs et des décideurs n'est pas retenu; un autre message s'est dégagé qui n'a pas repris le code établi par l'entreprise, mais qui a été façonné par les valeurs ambiantes de l'environnement social qui se sont projetées sur cet espace « parachuté » dans un champ de valeurs qui l'a perçu comme étranger et ne l'a pas intégré.

L'espace symbolique

L'espace définit l'organisation par ses caractéristiques symboliques, c'est à dire des catégories de représentation et des systèmes de croyances, porteurs de valeurs. Ainsi, le logo d'une entreprise peut vouloir traduire la force de l'organisation, la qualité du produit ou la sécurité du travail. De façon plus générale, l'image de marque d'une firme peut se rattacher au symbolisme environnemental, à l'image du produit fabriqué ou à tout autre élément de l'espace, porteur de sens. Les lieux de travail sont ainsi des figures symboliques composées de l'ensemble des interactions et des représentations que vivent leurs occupants; cette épaisseur de la structure sociale va conférer à l'espace des attributs, en fonction des orientations ou des enjeux qu'il représente.

Le souci de capter la dimension symbolique est présent dans les démarches d'aménagement; on a cherché par exemple à déterminer différents critères pour mouler l'identité d'une entreprise dans un aménagement: l'importance du climat organisationnel, la connaissance des produits offerts, les positions des dirigeants concernant le devenir de l'organisation, l'image que les membres et le public se font de l'entreprise, avant l'élaboration d'un nouveau projet (Sundstrom et Sundstrom, 1986).

On considère alors que l'espace et les symboles qui l'entourent constituent une ressource; mais pour qu'il en soit ainsi, ils doivent être capables d'évoquer des images auxquelles adhèrent les individus et être compatibles avec leurs besoins.

La réalité d'une culture spatiale de l'entreprise sur laquelle se fondent implicitement ou explicitement les projets implique une prise en compte des valeurs relatives à l'espace et partagées par les membres d'une organisation. Dès lors, pour qu'un design puisse remplir sa fonction d'expression de l'identité, il faut connaître les ressources qu'il peut offrir à ses utilisateurs, les valeurs sociales qui lui sont attribuées et la signification que lui donnent ceux qui travaillent.

Ces indications révèlent en fin de compte que la conception et l'aménagement d'un côté, l'usage des espaces de l'autre, sont traversés par les enjeux et les contradictions de l'organisation du travail. Dans ce sens, tout aménagement reflète une tension entre une conception de l'espace définie habituellement à partir d'un symbolisme de l'espace qui est celui des dirigeants, et son appropriation par des acteurs qui interprètent les données et les stimulations de l'environnement, en raison du sens qu'a le travail pour eux. L'existence de ces tensions n'évacue pas bien sûr la réalité symbolique de l'espace, elle en révèle la nature: elle est un produit de la culture organisationnelle dont l'espace constitue un support et un enjeu.

Les concepts présentés dans ce texte avaient comme objet de fournir les indications essentielles pour une lecture de l'organisation basée sur les données environnementales ainsi que les caractéristiques des aménagements physiques, afin de proposer une nouvelle compréhension de l'organisation à partir de ces éléments. Ce faisant, nous n'avons pas tenu compte des facteurs de changement technologiques qui touchent l'organisation des espaces de travail. Cette question sera sommairement esquissée en guise de conclusion.

CONCLUSION: LES NOUVELLES PERSPECTIVES

Les mutations technologiques laissent entrevoir des perspectives qui semblent influer sur la conception et l'aménagement des lieux. Avec l'informatisation, nous assistons tout d'abord à une recomposition de l'espace de travail. Par exemple, jusqu'à présent le bureau était un lieu où l'utilisation et le traitement de l'information étaient effectués sur du papier; aujourd'hui, il devient de plus en plus un lieu où l'écriture est absente. Cette évolution redéfinit l'environnement du travail dans un volume plus restreint autour d'un poste informatique multifonctionnel; sa place stratégique n'est plus seulement et essentiellement évaluée en fonction de la distance-proximité physique par rapport au pouvoir, mais par sa situation dans un réseau d'informations et sa capacité d'y intervenir. Ainsi, la bureautique est-elle en train de construire une nouvelle coquille de l'homme au travail qui permet d'entrevoir un nouveau rapport avec l'espace lié à l'utilisation des équipements informatiques.

Ensuite, nous observons que la conception des nouveaux espaces organisationnels fait apparaître deux types d'aménagement relativement distincts: l'un dans lequel le poste de travail est personnalisé et l'espace banalisé, et l'autre où le poste de travail est banalisé et l'espace personnalisé.

Enfin, une conséquence plus large de la mutation technologique concerne la place des espaces de travail dans l'espace social. Nous savons que le modèle des lieux de travail issu du taylorisme repose sur deux types de scission: scission d'une part entre espaces de travail et lieux de l'habitat; scission d'autre part à l'intérieur des espaces de travail par une séparation stricte des lieux productifs et des lieux administratifs, par exemple.

Aujourd'hui, l'informatisation amorce une remise en cause de la délimitation et de l'affectation strictes des lieux de travail. Certaines activités n'exigent plus, du moins en théorie, que le personnel soit concentré en permanence et dans sa totalité sur un lieu de travail donné; le traitement des informations qu'il doit effectuer n'est plus déterminé par une localisation stricte des tâches. En conséquence, un certain nombre d'activités pourront se faire n'importe où, à condition de disposer du matériel adéquat.

Ces tendances, qui ne se concrétisent pas encore dans une évolution statistiquement significative, montrent néanmoins que nous sommes devant une situation où la conception et le vécu du lieu de travail sont pris dans une dynamique toute nouvelle. Cela ne signifie nullement que le bureau ou l'atelier en tant que lieu distinct vont disparaître, mais qu'on assiste à une nouvelle élaboration du cadre spatio-temporel autour duquel s'est organisée jusqu'à présent l'activité humaine.

Toutefois, quelles que soient les mutations qui entraîneront une autre conception de l'espace de travail, il reste que, pour celui qui y travaille, l'espace sera encore vécu comme un port d'attache et un lieu d'enracinement.

LA COMMUNICATION DANS UNE TOUR DE BUREAUX

Jacques GIRIN

INTRODUCTION

Le texte qui suit rend compte d'une étude qui a été réalisée sur la communication à l'intérieur d'une tour de bureaux de cinquante étages abritant quatre mille personnes dans le moderne quartier d'affaires de *La Défense*, à Paris[1].

L'entreprise étudiée, que nous nommerons dorénavant l'Entreprise, dont la Tour est le siège social, occupe plusieurs dizaines de milliers de personnes en France et à l'étranger. C'est un groupe, composé de dizaines de sociétés coiffées par un holding, constituant un ensemble industriel et commercial divisé en cinq branches, ayant chacune des activités à peu près homogènes, jouant entre elles de complémentarités très fortes dans certains cas, plus ténues dans d'autres. Un an avant le début de l'étude, avaient été regroupées dans la tour nouvellement construite toutes les personnes constituant son siège social parisien, précédemment éclaté entre plusieurs implantations.

Notre principal intérêt, en acceptant de réaliser cette étude, était d'essayer de voir, dans une perspective quasi « ethnographique », comment les gens s'y prenaient réellement, au concret et au quotidien, pour communiquer entre eux à l'intérieur d'ensembles aussi étendus. C'est à cette occasion que nous avons découvert l'importance de la question de l'espace, et de son aménagement, dans le fonctionnement des organisations. Ce fait n'avait été pointé jusque-là que par un petit nombre de chercheurs, dont un coauteur de cet ouvrage[2], qui travaillaient en réalité depuis longtemps dans ce domaine.

Venant d'ailleurs, nous ne nous sommes pas inscrit dans leur lignée, et n'avons pas tenté de remanier nos analyses et nos conclusions en fonction de ce qu'ils avaient dit avant nous. Cela rend d'autant plus remarquables les rapprochements et les similitudes que l'on pourra constater et prouve qu'une « dimension oubliée » finit toujours par se retrouver quand on regarde les choses de près et avec une certaine ouverture interdisciplinaire.

L'étude s'est déroulée sur 11 mois, en 1986 et 1987, et a touché environ 120 personnes. Les options prises concernant les méthodes employées, les populations visées, les lieux, etc., ont été discutées, en fonction des possibilités et des contraintes propres à un tel ensemble, à l'intérieur d'un « comité d'accompagnement » qui incluait, outre les deux chercheurs, une dizaine de personnes de l'entreprise étudiée. Nous avons procédé essentiellement à trois types d'investigations :

- une série d'entretiens classiques, mais où le choix des personnes interrogées se faisait partiellement par chaînage, c'est-à-dire que nous utilisions les réseaux de relations de chaque personne pour en interroger d'autres. La chaîne elle-même a donc pu faire l'objet d'une réflexion comme élément à part entière du matériau réuni;
- l'étude de « journées de communication », où nous demandions à des volontaires de noter tout au long d'une journée l'ensemble de leurs déplacements, les visites qu'ils recevaient et qu'ils donnaient, les coups de téléphone, les communications écrites, etc. Le tout était commenté au cours d'un entretien en fin de journée;
- l'étude de quatre « coins de tour », où nous nous installions sur place, pendant chaque fois une semaine, pour observer la manière dont se déroulaient les échanges dans des ensembles de dix à vingt bureaux. Les techniques utilisées comprenaient notamment la réalisation des « journées de communication » de toutes les personnes concernées, ainsi qu'une étude des itinéraires qu'elles suivaient pour se déplacer.

La Tour ne comporte pas que des bureaux et des installations dédiées au travail proprement dit, car, outre qu'on y dort (ce qu'une personne nous a pourtant déclaré faire régulièrement!), on peut y accomplir la plupart des activités quotidiennes. Ainsi, il existe deux cafétérias où l'on peut prendre son petit déjeuner et cinq restaurants, dont l'un, au dernier étage, est réservé à la soixantaine de dirigeants les plus importants de l'Entreprise et à leurs invités. Un centre sportif est aménagé au sous-sol, comprenant une piscine, des salles de gymnastique et de musculation, un sauna et des courts de squash. En cas de nécessité, chacun peut consulter l'un des trois médecins du centre médical situé au rez-de-chaussée, ou se faire administrer un traitement par une infirmière. Certains perfectionnent leur anglais ou une autre langue étrangère, soit dans les laboratoires de l'école de langues, soit par téléphone, grâce à un système basé sur des répondeurs automatiques. Beaucoup lisent les journaux dans une des salles de lecture du centre de documentation. Tous regardent la télévision, bien que cette manière de dire les choses soit un peu spécieuse : il s'agit d'un circuit de télévision intérieur, dont les écrans sont diposés dans des endroits de passage où l'on ne peut s'asseoir, qui diffuse en permanence toute une série d'informations d'intérêt général ou particulier telles que les cours de la bourse, le déroulement du voyage des enfants partis en colonie de vacances avec le comité d'entreprise, ou le degré d'encombrement des transports urbains. La télévision intérieure montre encore, aux alentours de midi, l'image de la file d'attente au restaurant principal, ce qui permet éventuellement de décider de patienter un peu avant de descendre.

On vit donc dans la Tour, même si on n'y habite pas. Cet espace a-t-il des propriétés particulières ? Est-ce mieux, moins bien, différent, comparé à ces anciens immeubles d'habitation aménagés en bureaux, fenêtres ouvrant sur les arbres de l'avenue, petit café d'en bas devenu une sorte d'annexe, et cloisons de fortune laissant tout entendre? Inversement, les lieux ne sont-ils pas secondaires par rapport à l'entreprise elle-même, avec ses traditions, ses manières de faire, ses réseaux, sa « culture », sa production, ses techniques, sa démographie, ses groupes sociaux? Telles étaient les questions que nous nous posions, avec notre « comité d'accompagnement », au début de notre travail.

PHYSIOLOGIE DE L'ÉDIFICE

Presque cinquante étages au-dessus du sol et cinq au-dessous, des parois de verre dont la surface se mesure en hectares, plus de mille bureaux, des dizaines de salles de réunion, un vaste auditorium, et les installations annexes déjà signalées... Des chiffres impressionnants pourraient être cités à propos de cette tour, qui est l'une des plus grosses et des plus modernes dans ce pays, et dont on s'accorde généralement à dire qu'elle est, du point de vue esthétique, une très grande réussite.

On le devine, une telle construction est bien loin de n'être qu'un agencement de matériaux structurant des volumes: il faut aussi des organes, des circulations, un métabolisme, pour que la chose vive et accomplisse sans à-coups ce que l'on attend d'elle. C'est pourquoi nous parlons ici de physiologie, englobant dans un même ensemble des éléments qui s'articulent entre eux: la forme et la destination des lieux, les techniques et les procédures qui assurent les régulations.

La plupart des occupants ne pénétreront jamais dans l'immense couloir circulaire où l'on frissonne dans un vent froid: l'air pompé à l'extérieur va être mélangé à de l'air repris à l'intérieur — 20 % d'air frais, 80 % d'air recyclé —, filtré et traité, avant d'être propulsé dans les étages. Ils ignorent sans doute que, pour la distribution de l'eau, la Tour est divisée dans sa hauteur en quatre tronçons indépendants, car il est impensable de brancher les robinets du rez-de-chaussée sur le même tuyau que ceux du dernier étage. Ils n'imaginent pas ces énormes réservoirs d'eau souterrains, sur lequels on se déplace en barque, ce vaste local empli de batteries électriques au plomb qui ne servent qu'à secourir pendant dix minutes les ordinateurs en cas de panne de courant, ces groupes électrogènes prêts à démarrer en une fraction de seconde pour prendre le relais et alimenter tout le reste, ce pupitre et ces écrans depuis lesquels on contrôle en permanence toute une série de paramètres dans des centaines de points répartis dans tout l'édifice, cette terrasse où l'on s'étonnerait presque de ne pénétrer que par un vulgaire escalier, en poussant une petite porte métallique que l'on ne referme qu'avec peine, car l'air, encore, s'échappe ici avec force.

Ce que voient les gens, et notamment les visiteurs, c'est d'abord que cet immense ensemble est divisé, cloisonné, clôturé de toutes parts.

Verticalement, tout est conditionné par les ascenseurs, répartis en quatre batteries repérables par leurs couleurs différentes. Chaque batterie part du rez-de-chaussée et dessert une dizaine d'étages; le chemin pour se rendre à son bureau le matin est donc toujours direct, mais il peut être difficile de passer d'un étage à un autre dans la journée, suivant les positions respectives des deux étages dans l'agencement des batteries, car les correspondances sont assurées par des recouvrements d'un niveau seulement entre les zones desservies par les batteries successives: en toute hypothèse il est toujours possible, et bien souvent plus facile, d'utiliser la correspondance du rez-de-chaussée.

L'espace horizontal est également découpé par des dispositifs destinés à lutter contre le feu. La plupart des niveaux sont divisés en deux zones, séparées par un à trois sas constitués d'épaisses portes coupe-feu. Pour passer d'une zone à l'autre, il faut donc tirer une porte et en pousser une autre... en prenant garde de ne pas se trouver face à une personne qui pousserait au moment où l'on veut tirer, car la rencontre peut être douloureuse.

On a préféré lors de la conception — après enquête auprès des futurs utilisateurs — la solution des bureaux séparés à celle des bureaux dits « paysagés ». En outre, chaque bureau est muni d'un thermostat permettant de régler la température dans une plage de deux degrés en plus ou en moins de la température moyenne. Il en résulte que, à la fois pour la sécurité contre l'incendie (au cas, par exemple, où le feu viendrait à prendre dans un bureau) et pour le bon fonctionnement de la climatisation, le règlement exige que les portes des bureaux soient tenues fermées. Un système à ressorts est là pour suppléer aux défaillances d'attention des occupants et ne leur laisse, en principe, pas le choix.

Cloisonnée à l'intérieur, la Tour est en outre isolée du reste du monde par des barrières physiques. Les fenêtres ne s'ouvrent pas, et les vitres, assez fortement teintées pour des raisons d'équilibre thermique, atténuent si bien la lumière du jour que le soleil le plus radieux ne pénètre qu'avec circonspection et qu'il faut utiliser la lumière électrique plus qu'on ne s'y attendrait. L'entrée n'est possible que pour les personnes dûment enregistrées, porteuses du badge magnétique sur lequel est reproduite leur photographie en couleurs et qui permet de franchir les tourniquets barrant l'accès. Les visiteurs doivent se présenter à l'une des hôtesses. Celle-ci s'assure par téléphone qu'ils sont effectivement attendus et leur donne un badge provisoire en carton magnétisé que le visiteur doit en principe rendre à la sortie.

La forme de la Tour est telle que, pour les niveaux situés au-dessus du sol, il a été possible de s'arranger pour qu'aucun espace de travail permanent ne soit totalement privé de la lumière du jour: les seules pièces aveugles (il en existe à tous les étages) sont dédiées aux réunions. Cependant, certains bureaux, situés dans la douzaine d'étages les moins élevés, donnent sur des cours intérieures, autrement baptisées « puits de lumière », qui, du point de vue de la clarté, évoquent plutôt des puits normaux, c'est-à-dire des trous assez sombres. Ces bureaux, censés bénéficier d'un « premier jour », doivent être éclairés en permanence à la lumière artificielle. Leurs occupants s'en plaignent unanimement, et certains souffrent aussi d'être exposés aux regards de plusieurs étages de vis-à-vis bien trop proches.

Avant d'en venir, précisément, à la manière dont les occupants habitent la Tour et la perçoivent, certaines indications très globales, quoique nécessairement approximatives et confuses, vont nous être fournies à l'occasion d'un petit détour par l'imaginaire.

L'IMAGINAIRE DE LA TOUR

Quelles images emploient ses occupants lorsqu'il s'agit de décrire l'univers de la Tour? À quoi les fait-elle penser? Que feraient-ils s'ils se laissaient aller à obéir aux pulsions qui naissent dans leurs têtes lorsqu'ils sont là?

L'une des images les plus répandues est celle de la *rue*. La dimension des lieux et le nombre de personnes qui y travaillent font que, sorti de l'étage que, généralement, on connaît assez bien et des quelques autres bureaux que l'on fréquente régulièrement, on se sent comme à l'extérieur, dans l'univers d'une foule anonyme. Cela se dit beaucoup, mais se manifeste parfois aussi dans les comportements. Ainsi, monsieur B. remet son veston pour se rendre chez un collègue deux étages plus bas, où il le quittera aussitôt: il ne prend pas cette peine lorsqu'il se rend dans un autre bureau de l'étage, même pour longtemps. Mademoiselle A. enfile ses gants pour attaquer le trajet de couloirs et d'ascenseurs qui mène de son bureau à la cantine du rez-de-chaussée.

Madame C. avoue qu'elle rêve souvent de briser une vitre pour « avoir de l'air ». Tout laisse croire — notamment la solidité des glaces! — qu'elle ne le fera jamais, mais le sentiment de claustration ou de confinement qu'elle exprime de cette manière est partagé par beaucoup, qui le rendent avec cette autre image, très fréquente, du *bocal*. Avec un zeste de monotonie tristounette — de longs couloirs peints de couleurs uniformes — et une pincée de ronronnement discret, mais insistant, de la climatisation, nous voici dans le *navire-hôpital* de cette femme ingénieur: mais qui diable soigne-t-on, et où va le bateau?

L'apparence sérieuse et les manières courtoises de monsieur D., responsable administratif de haut niveau, ne laissent pas deviner qu'il aimerait un jour — il le dit, quoiqu'en confidence, mais le fera-t-il? — lâcher d'innocentes souris blanches dans les couloirs pour animer un peu les lieux trop compassés, même pour un responsable administratif de haut niveau...

Les rumeurs peuvent révéler aussi une part de l'imaginaire, la force de sentiments qui ne font qu'affleurer, les craintes non formulées. L'une des plus significatives est l'histoire de cette femme qui, ayant appelé l'ascenseur, aurait vu ses portes s'ouvrir sur le vide. Ni le fait que l'on n'ait jamais pu désigner précisément la personne à qui cela serait arrivé, ni les protestations des techniciens, selon qui l'événement serait impossible par construction, n'ont pu en venir à bout, et un grand nombre de gens croient encore aujourd'hui que cette histoire est vraie. Dans une de ses variantes, l'histoire se termine tragiquement, car la mystérieuse dame fait un pas de trop. D'autres rumeurs, très nombreuses, circulent sur les effets de la climatisation, à qui l'on va jusqu'à imputer un vieillissement prématuré de la peau ou des chutes de cheveux[3].

LA PERCEPTION DE L'ESPACE ET SON APPROPRIATION

S'approprier l'espace peut s'entendre dans le double sens de le faire sien et de le rendre propre à un certain usage[4]. Pour cela, il faut d'abord en prendre la mesure.

La dimension

Les gens qui vivent dans la Tour perçoivent-ils sa dimension et conçoivent-ils clairement son agencement? La réponse est bien souvent négative.

Cet ingénieur, par exemple, dont le bureau est au 6e étage, n'est appelé par son travail à fréquenter un peu régulièrement qu'une galette de deux ou trois étages au-dessus et au-dessous du sien. Il dit pourtant avoir un ami « là-haut au dix-huitième étage », à qui il rend parfois visite: vérification faite avec lui, cet ami se trouve au trente-huitième, soit exactement vingt étages plus haut, ce qui n'est pas, objectivement, une mince différence! Pour lui, cette différence n'est pas si importante: elle se résume à peu près, une fois rendu au rez-de-chaussée, à savoir si l'on doit prendre un ascenseur rouge ou un ascenseur bleu.

Les cages d'ascenseur d'une même batterie sont parfois disposées en rangées qui se font face, de part et d'autre des paliers. Beaucoup de gens avouent encore ne pas savoir faire le lien entre l'ascenseur dans lequel ils montent au rez-de-chaussée pour se rendre à leur bureau, et le sens dans lequel ils vont avoir à tourner en arrivant à leur étage, attendant pour cela de voir le repère constitué par le bureau de l'huissier. Autrement dit, ils ne perçoivent pas le rapport entre la topographie du rez-de-chaussée et celle de l'étage où ils travaillent. Il en va de même de la perception de l'espace horizontal d'un même étage, qui est également problématique.

La signalétique

L'uniformité est un trait dominant de la décoration intérieure et rien ne distingue nettement un lieu d'un autre si l'on excepte quelques variations dans la couleur des moquettes, dues d'ailleurs, pour la plupart, à des incidents qui ont obligé à remplacer le revêtement d'origine.

Une signalétique existe pourtant, mais elle n'est pas très bien comprise des occupants, comme le montrent les trois exemples suivants.

La numéroration des bureaux est réalisée suivant une logique qui combine la désignation d'une zone par une lettre et un nombre qui correspond à la travée de fenêtre — on dit le « module » — en face de laquelle se trouve la porte. Ainsi, le bureau G22 est situé dans la zone G (toujours la même d'un étage à l'autre, mais certaines zones disparaissent quand on monte dans la Tour, qui est plus étroite au sommet qu'à la base) et comprend la vingt-deuxième travée de cette zone (également toujours la même d'un étage à l'autre). Si ce bureau comporte trois modules et si les portes sont placées de la même manière, le bureau suivant portera donc le numéro G25, ce qui plonge beaucoup de gens dans une grande perplexité. Il apparaît que, sortis de leur étage, et surtout s'ils se trouvent à un niveau qui ne contient pas le même nombre de zones, un grand nombre d'occupants de la Tour sont parfaitement désorientés, ne sachant pas quelle direction prendre lorsqu'ils doivent se rendre dans un bureau dont ils connaissent le numéro.

Une bande de couleur court le long de certaines cloisons. Si l'on suit une de ces bandes, on est sûr d'arriver tôt ou tard au palier où se trouvent les ascenseurs. Ce fait est largement ignoré.

Lorsqu'un ascenseur arrive à l'étage, avant que les portes ne s'ouvrent, une sonnerie tinte: un coup si l'ascenseur monte, deux s'il descend. Peu de gens le savent, et beaucoup ne se sont même jamais rendus compte que la sonnerie ne tintait pas toujours de la même manière...

On ne saurait en dire autant d'un autre code, beaucoup mieux compris, qui met en rapport la dimension des bureaux et le niveau hiérarchique de son occupant: cela se compte en « modules », et des règles extrêmement précises attribuent à chacun, selon son grade, un nombre précis de modules et lui donnent de même un certain type de mobilier. Les nuances, à modules et mobiliers égaux, mais à responsabilités inégales, se font ensuite, bien souvent, à partir de l'emplacement du bureau et de la vue qu'elle offre à son occupant.

La signalétique, pour le reste, est donc trop abstraite. Pourtant, des frontières invisibles existent en maints endroits, correspondant à des sortes de territoires pour des équipes ou des ensembles homogènes: là, on est chez soi, on connaît les gens, on est connu, et, par conséquent, on remarque les étrangers, accueillis d'un « vous cherchez quelqu'un? » qui arrête net ceux qui prétendraient seulement se promener un peu par là. Ces territoires pourraient donner lieu à une appropriation et à un bricolage de la part d'utilisateurs qui, bien souvent, n'attendent que de mettre eux-mêmes des affiches ou des dessins, de personnaliser par divers moyens le secteur où se trouve l'équipe ou le service. Plusieurs tentatives en ce sens ont d'ailleurs été faites, mais se sont heurtées à une consigne de sécurité extrêmement stricte qui interdit tout affichage dans les couloirs pour limiter la propagation d'un éventuel incendie. Le bricolage se développe donc, comme on va le voir, ailleurs.

Appropriation de l'espace et bricolage: l'exemple des portes

Beaucoup de personnes refusent de se plier à l'obligation qui leur est faite en principe de laisser fermée la porte de leur bureau. Certains disent que le travail en équipe se fait mieux la porte ouverte: chacun peut passer la tête pour voir si l'on est là et disponible, ce qui est plus facile, dérange moins et fait perdre moins de temps que de frapper à la porte, attendre le signal « entrez! », pousser la porte, dire « je vous dérange? » (c'est déjà fait), etc. Une autre raison est que la porte ouverte permet d'entendre ce qui se passe autour de soi. Le silence des lieux est en effet — paradoxalement, si l'on considère les efforts qui ont dû être faits pour y parvenir — souvent critiqué. On ne sait pas ce qui se passe autour de soi, on n'entend pas les gens arriver, et cela peut être fort désagréable. Garder sa porte ouverte permet d'aller décrocher un téléphone qui sonne dans le vide, d'être informé si un événement imprévu provoque une discussion de couloir à laquelle on peut alors se joindre si nécessaire, on sent mieux l'ambiance et l'humeur des gens, etc. Il se rencontre enfin des personnes qui tiennent leur porte fermée, mais déclarent apprécier vivement que leurs voisins laissent la leur ouverte.

L'interdiction d'avoir sa porte ouverte, si elle était rigoureusement appliquée, empêcherait en tout cas d'utiliser un code que beaucoup jugent très économique et compréhensible par tout le monde: « porte ouverte, je suis là, et je suis disponible; porte fermée, je ne suis pas là, ou je ne suis pas disponible ».

Différents systèmes sont utilisés pour tenir ouvertes des portes de bureau dont le destin normal est de se trouver toujours refermées par le système mécanique: simples fauteuils ou corbeilles à papier poussés contre le battant; journaux coincés sous le rai; cales artisanales en bois; cales industrielles en plastique; combinaison d'élastique et d'aimant, l'élastique se fixe sur la poignée intérieure et l'aimant va se coller sur la cloison métallique (« s'il y a le feu, l'élastique fond, et la porte se referme! »); même combinaison, mais avec une gomme scotchée sur la poignée, faisant office d'amortisseur au moment où la porte est projetée contre la cloison; boules de machine à écrire agrippées à la moquette... Une solution plus radicale, correspondant à un refus radical: on dépose, au double risque de se faire mal et de se faire prendre, le mécanisme de fermeture automatique.

LES DÉPLACEMENTS

La superficie et les distances horizontales sont telles que beaucoup de gens s'arrangent pour regrouper à l'intérieur du même déplacement diverses activités: prendre un café au distributeur et remplir une bouteille d'eau, faire des photocopies, passer au secrétariat, se rendre aux toilettes, etc. Les distances verticales sont encore plus grandes, surtout lorsqu'il faut changer de batterie d'ascenseurs, et spécialement à certaines heures. En milieu de journée, un aller et retour sans pause entre un bureau du quarante-deuxième étage et un autre du quatrième demande dix bonnes minutes, ce qui est considérable, et provoque donc également un réflexe de regroupement d'activités. D'autre part, on prend évidemment ses précautions en s'assurant par téléphone que la personne que l'on va voir est bien là.

Il résulte de tout cela que la majorité des gens limitent, autant que faire se peut, leurs déplacements et que, en effet, les couloirs sont bien souvent assez désertiques et abritent assez rarement des discussions, d'autant qu'ils sont fort étroits. Des lieux de rencontres fortuites existent cependant à chaque étage: devant les ascenseurs, les toilettes, la machine à café, la photocopieuse. On trouve ailleurs des lieux de rendez-vous convenus (devant les ascenseurs, face aux hôtesses dans le hall, au pied des escaliers mécaniques, etc.).

L'architecture intérieure de la Tour permet une certaine variété d'itinéraires, qui sont mis à profit pour tenir compte à la fois de contraintes « techniques » (ne pas faire trop de chemin, éviter d'avoir à traverser un sas avec un gobelet de café brûlant à la main, passer au secrétariat avant de se rendre à la photocopieuse, etc.) et d'impératifs de sociabilité (dire bonjour aux collègues, se montrer au secrétariat, etc.). Lorsque l'on sait que les portes de bureaux sont habituellement ouvertes, on fait volontiers un petit détour en revenant de la photocopieuse, des toilettes ou du distributeur de boissons pour saluer des personnes que l'on n'a pas de raisons particulières d'aller voir.

Les exemples précis que nous avons pu produire à partir de nos observations directes[5] montrent cependant que la manière de se déplacer sur l'étage demeure problématique pour beaucoup de personnes, même au bout d'un à deux ans (dans le cas de ceux que nous avons étudiés en dernier) passés dans les lieux. Ainsi, pour se rendre dans un bureau diamétralement opposé, certains ne prennent pas le chemin le plus court, passant par le centre, mais suivent le pourtour de l'édifice! La forme de cet espace horizontal, apparemment assez facile à saisir quand on regarde les plans d'étage, qui sont d'ailleurs affichés sur les bornes situées près des ascenseurs, est donc source d'une extrême désorientation lorsque l'on se trouve à l'intérieur. On pourrait dire — et cela s'appliquerait également à la perception de la dimension verticale — que l'espace « vécu » est différent de l'espace « réel » tel qu'il est visualisé sur les plans.

LA COMMUNICATION DANS LA TOUR

Ces phénomènes liés à l'espace et à son aménagement ont-ils une incidence réelle sur la communication?

Avant de répondre à cette question, il faut d'abord avoir une conception assez claire de la communication et l'appliquer à un diagnostic, qui sera ici très global, sur la manière dont elle fonctionne dans cette entreprise.

Le fonctionnel et le relationnel

Les actes de communication peuvent se ranger en deux catégories. On communique par rapport à une activité menée en commun, pour laquelle il faut transmettre des informations, organiser des discussions, négocier, définir des schémas d'action et la place que chacun doit y occuper, demander et donner des instructions ou des ordres, etc. C'est la *communication fonctionnelle*. On communique aussi pour entretenir, réchauffer, éprouver périodiquement le lien social, c'est-à-dire le tissu complexe de relations dans lequel chacun a besoin de se situer pour définir son identité (ou plutôt ses identités) et sa position dans un ordre social (des ordres sociaux). On se salue, on s'interpelle, on se montre courtois ou discourtois, on plaisante, suivant des modèles établis, propres à la collectivité dans laquelle ces actes sont accomplis; on se rassemble de manière rituelle pour célébrer un événement touchant la communauté, directement ou seulement à travers l'un de ses membres; on manipule des marques de reconnaissance plus ou moins convenues et explicites, etc. C'est la *communication relationnelle*.

L'interdépendance des deux catégories de communication est manifeste. L'activité commune crée des liens qui peuvent survivre au déplacement des personnes, comme à la fin même de cette activité: c'est, par exemple, la confrérie des « anciens de... » À l'inverse, le lien social peut se trouver à la base d'activités communes lorsque, autre exemple, on fait appel à des amis pour constituer une équipe de travail.

Si l'on parle non plus d'actes de communication (informer, commander, négocier, ou saluer, plaisanter, demander des nouvelles, etc.), mais de réseaux de communication (relations stables entre des gens), on peut, sur le même principe, distinguer les *réseaux fonctionnels* des *réseaux relationnels*. Les premiers mettent en rapport des individus du fait de l'interdépendance de leurs activités ou de leurs fonctions, les seconds les mettent en rapport pour de multiples autres raisons (anciens réseaux fonctionnels devenus relationnels, proximité dans l'espace, activités extra-professionnelles, appartenances à des groupes particuliers, etc.).

La communication dans l'Entreprise

L'Entreprise présente une particularité remarquable par rapport à d'autres entreprises: les réseaux relationnels y jouent un rôle tout à fait crucial. Ces réseaux sont basés principalement sur le fait, pour des groupes d'individus, d'avoir partagé les difficultés et les réussites de telle ou telle opération passée, d'avoir vécu en commun dans des pays étrangers, d'avoir monté une usine, parfois de l'avoir fermée, bref, bien souvent, sur le sentiment partagé d'avoir vécu une sorte d'aventure commune. Il existe également des réseaux — quelquefois les mêmes — basés sur l'appartenance passée à l'une des nombreuses entreprises absorbées par le groupe au fil de sa constitution. Or, les réseaux relationnels sont presque systématiquement mobilisés, de préférence aux réseaux fonctionnels, dès qu'il s'agit d'accomplir une tâche non routinière. Face à une difficulté, à un problème nouveau nécessitant l'appel à des compétences que l'on ne possède pas, le réflexe naturel est de passer par les personnes que l'on connaît, en jouant éventuellement sur une multiplicité de réseaux, si l'on en dispose, plutôt que de tenter de joindre directement la personne qui occupe la fonction adéquate. Dans bien des cas, le demandeur va ainsi aboutir très vite au bon endroit, où un autre n'aurait pu arriver aussi rapidement que s'il avait possédé une connaissance très complète des structures, fonctions, compétences, etc., présentes dans l'Entreprise. Ce trait du fonctionnement se retrouve dans d'autres entreprises, mais il est ici très accentué et semble constituer une base importante de l'efficacité et de la capacité d'adaptation de l'ensemble.

En contrepartie, il est visible que la communication fonctionnelle est un peu négligée et que ses réseaux spécialisés sont souvent laissés à l'abandon. Par exemple, ce n'est pas toujours par la filière hiérarchique que circulent, dans un sens ou dans l'autre, des informations qui devraient emprunter naturellement ce canal. Ou encore, fait presque extravagant, on ne dispose dans l'Entreprise, et dans la Tour, que d'un annuaire alphabétique.

Et, si l'on n'est pas très riche en réseaux relationnels, par exemple si l'on est un jeune ingénieur, comment fait-on pour joindre la personne qui s'occupe des opérations de parrainage sportif, autrement dit du « sponsoring », à supposer que l'on ait besoin de le faire? C'est assez simple, à condition d'avoir un peu de méthode et de suivre certains principes. Le premier principe commande de s'adresser à une secrétaire. Si on l'ignore, elle découvrira elle-même que le sponsoring est très probablement fait par des personnes rattachées à la direction des relations extérieures, le « DEX ». Il lui faut alors se résigner à saisir le volumineux annuaire que, second principe, elle parcourra dans l'ordre alphabétique, bien que, en vérité, tout autre ordre systématique puisse convenir. Elle regardera attentivement la deuxième colonne, guettant l'apparition de sigles qui contiendraient « DEX », tels que « GR/BRA//DEX/MACH ». Le troisième principe dit qu'il ne faut s'arrêter que sur un nom comportant, deux colonnes plus loin, la mention d'un « poste de renvoi »: cela signifie que cette personne dispose d'une secrétaire, et c'est évidemment celle-ci, et non pas celui dont on vient de trouver le nom, que l'on va appeler pour lui demander qui, à la DEX, s'occupe du sponsoring. C'est ainsi que mademoiselle Durand, secrétaire de monsieur Abel, de la DEX, reçoit chaque jour plusieurs demandes de renseignement de ce genre. Bien que cela ne fasse absolument pas partie de la définition formelle de son travail, elle répond toujours fort courtoisement et du mieux qu'elle peut, d'abord parce qu'elle utilise elle-même le procédé, ensuite parce qu'elle sait que les choses vont s'arranger pour elle, puisque monsieur Zweig va bientôt prendre la place de monsieur Abel...

La communication dans la Tour

Sous réserve de plusieurs critiques justifiées, la Tour est fonctionnelle, a été sérieusement pensée de cette manière, a fait l'objet d'importants efforts qui ont largement abouti. L'ennui, c'est que, sur le plan de la communication, la Tour est dorénavant beaucoup plus fonctionnelle que l'Entreprise. Mais elle est aussi très décevante dans sa capacité de renouveler et de créer des réseaux relationnels, du fait de sa dimension, de l'anonymat des foules qui s'y pressent, de l'uniformité de son aménagement, de l'absence de repères, de la désorientation qui en résulte, etc. Notamment, si la Tour a permis à des gens qui se rencontraient déjà de se voir plus facilement, elle n'a pas amélioré par elle-même la connaissance réciproque des branches, directions, services, etc., qui s'y trouvent rassemblés depuis deux ans. Un exemple parmi les dizaines d'autres est celui des rapports entre les deux grandes branches du groupe représentées dans la Tour. Question: « À quoi reconnaît-on les gens de l'autre branche? » Réponse légèrement inquiète: « L'autre branche?... » Réponse ferme et assurée: « Vous voyez des gens qui parlent fort et ne parlent que de travail, ils en sont! » Réponse scientifique: « Individuellement, on ne peut pas, mais statistiquement, ils sont plus nombreux que nous à porter la cravate. » Le fait de se côtoyer de manière anonyme, loin de rapprocher des gens qui s'ignoraient, ne fait probablement qu'alimenter et amplifier les illusions et les fausses représentations qu'ils entretiennent les uns sur les autres.

Qui, de l'Entreprise ou de la Tour, va adapter l'autre? Il est raisonnable de penser qu'une adaptation réussie sera réciproque. Il faudra bien que l'Entreprise saisisse l'occasion de cette confrontation avec la fonctionnalité de la Tour pour prendre acte du fait qu'elle est irréversiblement devenue autre chose qu'un entrecroisement délicieusement embrouillé de parentés et d'alliances, à l'intérieur duquel on finissait toujours par se trouver cousins: elle devra donc se munir d'instruments un peu impersonnels, mais efficaces dans leur domaine, calqués au minimum sur le modèle de l'*Annuaire par professions de l'administration des Postes*. Il faudra bien aussi que la Tour devienne un lieu dont ceux qui l'auront fréquenté pourront dire plus tard qu'ils y vivaient effectivement ensemble, fût-ce par sous-ensembles: une des clefs pourrait bien être, précisément, de laisser se faire — mieux, de laisser les autochtones faire — un repérage plus rigoureux de ces sous-ensembles.

CONCLUSION: DE LA TOUR À L'ENTREPRISE

Ces quelques coups de projecteur sur une réalité qu'il faudrait prendre le temps de décrire beaucoup plus en détail sont trop ponctuels. Nous avons naturellement mis l'accent sur ce qui pouvait étonner ou faire réfléchir, pas tellement sur ce qui paraît aller de soi dans cette tour et, paraît-il, ne va pas toujours de soi partout, par exemple que les bureaux sont en général très bien adaptés, que les équipements fonctionnent et que les gens font dans la Tour ce pour quoi la plupart déclarent qu'ils sont là: ils travaillent.

Parmi les constatations dont on peut penser qu'elles ont une certaine valeur générale, on en retiendra deux. Premièrement, que la proximité physique n'est pas suffisante pour créer la communication. Deuxièmement, que les ensembles vastes et complexes exigent un effort simultané d'identification des gens et des espaces, ou, si l'on veut, de localisation des personnes et de personnalisation des lieux.

En étudiant la communication dans la Tour, nous avons donc pris conscience de l'importance de la dimension spatiale dans le fonctionnement des organisations. Mais, pour aller plus loin, il apparaît très vite qu'il faudrait réintroduire tous les autres aspects de ce fonctionnement, et inclure notamment dans l'analyse une description du passé de l'Entreprise, de ses traditions, manières de faire, projets, etc. Comme il est de règle dans notre dòmaine, l'exploration suivie de chaque dimension des réalités que nous étudions renvoie toujours à la nécessité de prendre en considération les autres dimensions[6].

Notes

1. L'essentiel de ce texte est constitué d'éléments repris de l'article « Le siège vertical: vivre et communiquer dans une tour de bureaux », *Annales des Mines*, série « Gérer et comprendre », n° 9, décembre 1987. Marie-Sabine Bertier a joué un rôle tout à fait essentiel dans cette étude et a cosigné le rapport remis à l'entreprise. Si les circonstances et les emplois du temps n'ont pas permis qu'elle participe à la rédaction de cet article, elle en est, sur le fond, coauteur à part entière.
2. Cette remarque s'applique surtout au monde francophone. Voir le texte de G.-N. Fischer, ci-dessus. Nous avons bénéficié de longues et enrichissantes conversations avec G.-N. Fischer et Estelle Morin, en avril 1987, à Montréal.
3. Nous n'entendons pas prétendre que toutes les réactions du personnel quant aux effets de la climatisation sont sans fondement. Cela commence à être étudié: voir, à ce sujet, Sterling *et al.* (1983) et Robertson et Burge (1986).
4. On trouvera dans l'article de G.-N. Fischer une conceptualisation beaucoup plus poussée de cette notion.
5. On trouvera un tel exemple analysé dans l'article de « Gérer et comprendre » cité plus haut.
6. C'est bien le sens principal de l'entreprise qui a consisté à mettre en rapport, et à publier dans le même livre, toutes les contributions dont il est fait.

TEMPS ET TRAVAIL EN OCCIDENT

Giovanni GASPARINI

LE TEMPS DE TRAVAIL DANS UNE SOCIÉTÉ PRÉINDUSTRIELLE ET UNE SOCIÉTÉ INDUSTRIELLE

L'une des transformations les plus marquantes liées à la révolution industrielle, même si elle est moins apparente que d'autres, a trait à la réalité nouvelle du temps de travail ou, si l'on préfère, aux rapports nouveaux qui s'instaurent entre temps et travail. D'une façon générale, on admet que les sociétés industrielles, marquées par la prédominance d'une activité productive de type agricole, voient s'affirmer et se diffuser des conceptions du temps de caractère cyclique plutôt que linéaire, discontinu plutôt que continu, et qualitatif plutôt que quantitatif. La conception cyclique, discontinue et qualitative est, en un certain sens, le reflet du temps naturel: l'alternance du jour et de la nuit ainsi que des saisons règle de façon caractéristique l'activité productive de l'agriculture et en général les temps sociaux des hommes de l'époque préindustrielle. Ainsi, et de la même façon, la succession d'un temps « normal » et d'un temps de fête (souvent liée à des événements religieux qui se présentent sous forme de rites et de comportements collectifs) témoigne d'une orientation plus qualitative que quantitative, vis-à-vis de la temporalité, dans les systèmes préindustriels, où celle-ci est surtout caractérisée par son contenu (actions, situations, etc.) et donc de qualité variable.

Le temps du travail et celui de la vie y entretiennent donc un lien plus étroit que dans la situation typique du travail salarié industriel. Ce qui y contribue aussi, c'est la moindre spécialisation des espaces dans la société préindustrielle, où la différenciation et la distance matérielle entre l'espace de travail et l'espace privé — par exemple pour le paysan (champ et habitation rurale) ou pour l'artisan (boutique et maison) — sont très réduites, voire inexistantes. D'où une différenciation également faible des temps sociaux correspondants: temps du travail et temps de la vie familiale, temps des activités et temps de la fête. Comme l'a mis en évidence l'historien anglais E.P. Thompson dans un article devenu célèbre (1967), le travail dans les sociétés préindustrielles est consacré à une tâche, c'est-à-dire à une activité à accomplir dans le cadre de rythmes habituellement marqués par le temps naturel. Avec l'industrialisation au contraire, le travail est réglé par le temps, ou plus précisément par le temps mécanique de l'horloge.

À vrai dire, nous assistons en Occident, avant même l'avènement de la révolution industrielle à la fin du XVIIIe siècle et au début du XIXe, à certains phénomènes qui posent les bases de cette relation caractéristique entre temps et travail que parachèveront les sociétés industrialisées. L'un d'eux, le principal, est représenté par l'invention de l'horloge mécanique vers la fin du XIIIe siècle. L'horloge constituera, à travers ses perfectionnements successifs (en particulier avec sa transformation en un instrument miniaturisé et personnel que l'on porte sur soi), un élément d'une grande importance, sinon décisif, dans la domination économique et technologique exercée par l'Occident pendant des siècles sur le plan mondial, dès avant la mise en œuvre du processus d'industrialisation (Cipolla, 1967; Landes, 1983).

La possibilité de disposer d'instruments marquant le temps, toujours plus précis et répandus à l'intérieur de certains systèmes sociaux, témoigne de façon directe ou indirecte de l'apparition de certains comportements et de certaines conceptions en regard du temps. En ce sens, un élément lié à la suprématie exercée par l'Occident dans le domaine de la mesure du temps concerne l'apparition d'orientations qui, avant même la révolution industrielle, anticipent sur une attention portée au temps qui viendra prendre un rôle central dans les activités liées au travail et dans les autres activités typiques des systèmes industrialisés. Le grand humaniste florentin de la Renaissance, Léon Battista Alberti, dans ses *Livres de la famille* rédigés aux alentours de 1430, nous offre l'une des premières et des plus élégantes formules sur ce thème, quand il affirme que « l'homme ne peut appeler siennes propres que trois choses », à savoir le corps, l'âme et le temps. Ce dernier est une « chose très précieuse », qui est à la disposition de chacun mais peut être utilisée de façons complètement différentes; plus précisément, celui qui utilise le temps pour « apprendre, penser, et exercer des choses louables » s'approprie effectivement son temps, alors qu'au contraire le perd celui qui ne sait pas l'utiliser et qui « laisse passer une heure après l'autre dans l'oisiveté, sans aucun honnête exercice » (Alberti, 1969).

Trois siècles plus tard, Benjamin Franklin donnera forme à une série d'aphorismes, que Max Weber considéra comme hautement représentatifs de « l'esprit du capitalisme » qui était en train de se forger. Le premier fait explicitement du temps une marchandise en l'assimilant à de l'argent. « Souviens-toi que le temps c'est de l'argent. Celui qui pourrait gagner par son travail dix shillings par jour, et qui se promène la moitié de la journée, ou paresse dans sa chambre, même s'il ne dépense que six *pence* pour ses plaisirs, ne doit pas compter que ceux-ci; il y a en outre dépensé, ou plutôt gaspillé, cinq autres shillings ». (Weber, 1904-1905.)

À la différence de Sombart, qui voit une continuité directe entre Alberti et B. Franklin, orientée vers la mise en place des bases d'un système précis d'économie (Sombart, 1932), Weber nie que l'éthique de Franklin ne soit rien d'autre que la répétition des formulations du grand humaniste de la Renaissance, que d'ailleurs il expédie dans une longue note en bas de page et dont il omet les passages sur le temps que nous avons rapportés plus haut (Weber, 1967).

Quoi qu'il en soit, plutôt que d'entrer dans un débat sur la naissance de l'esprit capitaliste, ce qui nous intéresse et nous suffit ici c'est de relever le fait que dans le monde occidental commence à s'affirmer, à l'aube de la révolution industrielle, et particulièrement dans les pays de tradition protestante, une attention au temps qui représente un élément central tant pour l'acteur individuel que pour le système socio-économique. C'est à partir de cette base, au début limitée à des couches sociales restreintes, que se développe ce rapport entre temps et travail qui caractérise les sociétés industrialisées.

L'industrialisation fait naître un nouveau système productif et un nouveau milieu social de production, l'usine; en même temps, elle modifie profondément les temps sociaux des acteurs individuels (les travailleurs). La nouvelle discipline du travail industriel passe essentiellement par un apprentissage des nouveaux espaces-temps du travail: d'un côté l'usine représente un nouvel espace dans lequel se déroule l'activité productive, de l'autre elle définit un nouveau cadre temporel pour le travail, marqué par le rythme des machines et les limites de la journée de travail, que l'entrepreneur fixe de façon rigide. Ainsi que l'a efficacement synthétisé Landes: « L'usine est un nouveau genre de prison; et la pendule un nouveau genre de geôlier ». (Landes, 1965.)

Le système de l'usine, né de la révolution industrielle, instaure une nouvelle discipline du temps de travail, qui exige des ouvriers ponctualité et régularité et s'oppose à l'alternance de périodes de travail intense et d'inactivité sur laquelle les hommes avaient pendant des siècles modelé leurs propres rythmes de travail (E.P. Thompson, 1967) et qui continue à le rythmer dans d'autres pays (voir Kamdem dans le présent ouvrage). Désormais, le nouveau système productif exige une « unité de temps » entre tous les travailleurs, qui se traduit par la nécessité d'une synchronisation élevée entre les rythmes des machines et les temps de travail des travailleurs eux-mêmes: normalement, tous commencent et terminent le travail à l'unisson, de la même façon que tous s'arrêtent ensemble pour la pause du repas.

Ainsi, la discipline du temps de travail imposée par l'entreprise a constitué un instrument primordial qui a permis l'apprentissage par les ouvriers des cadres du travail industriel. Il ne s'agissait pas, on le sait, d'une opération indolore: les résistances des ouvriers, tant sur le plan individuel que collectif, furent fortes, comme en témoignent les luttes et les revendications du début de l'histoire du mouvement syndical, en particulier celles qui visaient à obtenir une réduction du temps de travail journalier. Marx lui-même dédie de nombreuses pages du *Capital* au problème de la journée de travail et aux luttes engagées par les travailleurs pour sa réduction: pour Marx, il est clair que le temps de travail est l'un des enjeux fondamentaux dans le système capitaliste, ne serait-ce que parce qu'il représente dans tous les cas la base pour la détermination du salaire de l'ouvrier (Marx, 1970, chap. 8, 18, 19). En outre, dans des termes plus généraux, l'économie de temps représente pour Marx un élément essentiel de la production moderne; il affirme ainsi de façon significative: « Économie de temps et répartition planifiée du temps de travail dans les différentes branches de production, restent donc la première loi économique de base de la production sociale. » (Marx, 1980.)

L'attention au temps quantitatif, la mesure précise du temps, l'adoption d'un cadre temporel rigide et collectif pour l'accomplissement du travail: telles sont certaines caractéristiques de fond qui encadrent le développement du processus d'industrialisation, au milieu de conflits et d'oppositions. En quelques décennies, les travailleurs apprirent à composer avec les nouvelles catégories de temps de travail imposées par l'entreprise industrielle en avançant de nouvelles revendications à l'intérieur de celle-ci. C'est encore Thompson qui remarque que la première génération d'ouvriers d'usine a été instruite par les patrons autour de la valeur du temps, que la deuxième a formé ses commissions pour la réduction de l'horaire dans le cadre du mouvement « des dix heures », et que la troisième génération a fait grève pour obtenir que les heures supplémentaires soient payées à temps et demi (E.P. Thompson, 1967).

Deux siècles avant le début de la révolution industrielle en Europe, le problème de l'adoption d'un cadre temporel de travail fortement centré sur le temps quantitatif, mesuré avec précision et basé sur la synchronisation des hommes et des machines, ne se pose pas en termes trop dissemblables de ceux des pays dits « en voie de développement », où ce problème semble être un élément clé dans la réussite de leurs efforts d'industrialisation et de modernisation (voir Kamdem dans le présent ouvrage; Hall, 1983). Certains chercheurs sont convaincus que la voie du développement économique passe par l'adoption de nouveaux cadres temporels et par la valorisation du temps mesuré par l'horloge (Landes, 1987, p. 1-28): même si cela soulève naturellement une série de problèmes quant au respect et à la sauvegarde de cultures locales disposant de cadres temporels différents des cadres occidentaux, il est difficile de nier que cette affirmation représente une hypothèse fondée et une prévision vraisemblable sur les contraintes que devront accepter les systèmes socioculturels des pays en voie de développement pour atteindre certains objectifs d'industrialisation et de modernisation.

TEMPS ET ORGANISATION DU TRAVAIL

L'exposé qui précède permet de déduire que la révolution industrielle et le processus d'industrialisation ont profondément influencé l'expérience et les modèles de temps de travail dans les organisations productives[1]. Si nous essayons de synthétiser une série d'aspects qui traduisent une telle influence, nous pouvons formuler les points suivants:

a) Tout d'abord, le temps de travail est un temps objectivement long qui, pendant une phase importante du développement industriel, ne laisse pas beaucoup de temps libre au travailleur au cours de la journée, de la semaine, de l'année et de la vie entière: c'est pour cela que les travailleurs, organisés dans le mouvement syndical, ont, il y a un siècle et même avant, mené d'importantes luttes pour la réduction de la journée de travail.

b) En outre, le temps de travail ne concerne pas les seuls salariés mais aussi, à la limite, toute la collectivité, et son influence se diffuse sur les autres temps sociaux. En ce sens, la sirène de l'usine représente depuis longtemps, dans les contextes ouvriers urbains, le *Zeitgeber*, ou synchronisateur sonore fondamental, auquel doivent s'adapter les autres temps sociaux, non seulement celui du travailleur salarié mais aussi le temps de sa famille et de la communauté locale dans son ensemble.

c) Le temps de travail est uniforme et rigide: il existe en effet une unité (ou une unicité) de temps en puissance pour tous les travailleurs de l'entreprise, dans le sens où, d'une part, ils travaillent plus ou moins le même nombre d'heures pendant la journée et pendant l'année, et où, d'autre part, tous commencent et terminent de travailler, mais aussi s'arrêtent pour le repas, à la même heure.

d) Il s'agit en outre d'un temps quantitatif, mesuré avec précision et gouverné toujours plus étroitement à mesure que se généralisent des systèmes comme ceux qui aboutissent au *scientific management* et au taylorisme. Dans l'entreprise, ainsi que dans la société en général, le temps est de plus en plus assimilé à une ressource rare, dont l'utilisation a un coût élevé.

Tous ces éléments font ressortir un aspect fondamental du temps de travail dans les sociétés nées de la révolution industrielle : il s'agit d'un temps caractérisé par la contrainte, par l'obligation. Et c'est dans une large mesure à travers les normes qu'impose ce temps — vrai temps fort de la société industrialisée, auquel tous les autres temps sociaux sont en quelque sorte subordonnés — que la masse des travailleurs et, d'une façon plus générale, tous les membres du système s'intègrent dans la nouvelle réalité productive et sociale.

Mais essayons de considérer de plus près les rapports entre temps et organisation du travail, esquissés de façon synthétique au point *d* ci-dessus. Le fait fondamental à retenir à ce sujet est la naissance de l'organisation scientifique du travail, qui se produit aux États-Unis à la fin du XIXe siècle et au début du XXe, sous l'influence de F.W. Taylor, universellement considéré comme le père du *scientific management*, et de quelques autres auteurs qui sont ses contemporains, notamment F.B. Gilbreth et H.L. Gantt.

Il est possible d'affirmer, avec Taylor et ses partisans, que l'entreprise en vient à être considérée non plus seulement, ou essentiellement, comme un système de machines auxquelles sont préposés des ouvriers, mais aussi comme une organisation et comme une entité productive dont les résultats peuvent varier fortement selon la façon dont est effectuée l'activité de *management* et en fonction des systèmes d'organisation qui y sont adoptés.

Dans le présent ouvrage visant à mettre en évidence les aspects d'organisation et de management, une place de grande importance revient au problème du temps, ou mieux des temps. Taylor et les propagateurs du *scientific management* ne s'intéressent qu'indirectement au problème de la définition d'un cadre temporel qui délimite l'horaire de travail : toute leur attention se porte au contraire sur le contenu du temps de travail et sur les rythmes auxquels il se déroule. En effet, l'un des apports fondamentaux, ainsi que l'un des points centraux, du *scientific management* a consisté pour Taylor dans l'introduction du chronomètre et dans la subdivision du travail en phases, ou éléments à chronométrer séparément : il s'agit d'une innovation qu'il expérimenta d'abord à la Midvale Company aux alentours de 1883 (Nelson, 1980) et qui fut ensuite proposée comme une règle d'organisation pour toutes les entreprises. Taylor lui-même affirmait que tout son système « se fondait sur l'étude scrupuleuse et scientifique des temps, qui est de loin l'élément le plus important de l'organisation scientifique du travail » (Taylor, 1907). Par ailleurs, c'est justement à partir de l'étude chronométrique des temps des différentes phases d'un travail ou d'une tâche (qui servent à déterminer le temps minimum ou temps standard, et donc le rythme de production optimal) que Taylor formule et applique son nouveau système de salaire incitatif, baptisé « salaire aux pièces différencié » :

celui-ci s'opposait aussi bien au système du salaire à la journée qu'à celui du salaire à la tâche traditionnel et devait servir à combattre le phénomène très répandu du ralentissement des rythmes de production et à stimuler chez les ouvriers habiles des niveaux beaucoup plus élevés de productivité.

Gilbreth se réfère explicitement à Taylor et affirme que l'étude des temps « est l'art de relever, d'analyser et de synthétiser les temps des composantes de chacune des opérations: normalement, il s'agit d'opérations manuelles, mais l'étude a été étendue aux opérations mentales et mécaniques » (Gilbreth, 1912). Nous devons à Gilbreth des études méticuleuses sur les mouvements des opérateurs, notamment dans l'industrie de la construction et dans l'organisation des chantiers.

L'étude des temps et des mouvements, telle qu'elle a été définie par les fondateurs de l'organisation scientifique du travail, a profondément marqué l'usine et l'entreprise du XXe siècle dans les pays industrialisés. La conception et la construction des premières chaînes de montage, que l'on voit se réaliser vers 1913 dans les usines d'automobiles Ford et se diffuser rapidement avec un grand succès, représentent l'une des réalisations les plus évidentes des principes défendus par le taylorisme: elle devient le paradigme d'une division exacerbée du travail, dont la base réside précisément dans l'étude des temps et des mouvements à travers leurs composantes élémentaires.

Du point de vue qui nous occupe particulièrement ici, il est évident que les systèmes de direction et d'organisation du travail qu'ont introduits le taylorisme et le fordisme ont un lien étroit avec l'affirmation d'une conception quantitative du temps. Le temps de travail mesuré de façon toujours plus précise devient un élément clé pour l'entreprise qui, par des procédures d'organisation frappées du sceau de la rationalité, se propose de maximiser le rendement à la fois du temps des machines et du temps des hommes qui y sont préposés.

Il ressort de ce qui a été dit jusqu'ici que les dimensions fondamentales sous lesquelles s'exprime la problématique du temps de travail dans l'entreprise sont au nombre de deux: le temps comme durée ou « temps externe », et le temps comme rythme et cadence ou « temps interne ». Illustrons de façon synthétique ces deux dimensions:

1. Le temps comme durée est représenté fondamentalement par l'horaire de travail, c'est-à-dire par la définition de la quantité de temps qui constitue la prestation de travail d'une journée, d'une semaine et d'une année. Nous l'appelons aussi « temps externe » parce qu'il représente le cadre et l'enveloppe externe qui délimitent dans le temps un contenu justement constitué par la prestation de travail. Il faut remarquer que, dans les premières phases de l'industrialisation, il y a eu coïncidence ou presque entre le temps comme durée du point de vue du travailleur et le même temps du point de vue de l'entreprise: du fait du principe de l'unité entre tous les travailleurs, ainsi que de la longue durée de la journée de travail, le temps de travail de chaque travailleur coïncide *grosso modo* avec le temps de l'entreprise, c'est-à-dire avec la durée de fonctionnement des machines et d'activité de l'unité de production. Nous le verrons, cette coïncidence est de moins en moins présente dans les phases actuelles de développement productif et d'organisation du travail.

Comme nous l'avons indiqué, la définition du temps externe a représenté un élément fondamental de différends et de conflits entre l'entreprise et les travailleurs (et syndicats de travailleurs) au XIXe siècle, et elle constitue encore aujourd'hui un aspect de la lutte sociale dans le monde de la production: témoin la demande et l'obtention d'une durée du travail toujours plus réduite pour la journée, l'année et la vie active;

2. Le temps comme rythme et cadence de l'activité productive ou « temps interne »: cette dimension concerne les caractères et l'intensité du temps de travail à l'intérieur d'une durée déterminée. Comme on l'a vu, le temps interne est au centre des innovations en matière d'organisation proposées par le taylorisme à travers la mesure précise et l'étude des temps élémentaires en lequels se décompose chaque opération. En réalité, même si l'on fait abstraction du taylorisme, cette dimension du temps de travail est centrale pour n'importe quel type de projet ou de dessein relatif à l'organisation de l'entreprise. Sur ce plan aussi, les exigences de l'entreprise viennent facilement se heurter à celles des travailleurs: ainsi, le vaste mouvement de revendications syndicales axées sur le refus du taylorisme et sur la demande de nouvelles formes d'organisation du travail, qui s'est développé en Europe et en Occident en général dans les années soixante et soixante-dix, peut être interprété, dans une certaine mesure, comme un conflit et une négociation sur les caractères et les rythmes du travail, c'est-à-dire sur le temps interne.

Nous venons de rappeler deux composantes essentielles du cadre temporel du travail (Grossin, 1967, Gasparini, 1986), c'est-à-dire la durée et le rythme: il s'y ajoute une troisième composante, la distribution temporelle du travail dans un laps de temps donné (journée, semaine, etc.). Celle-ci, au cours des dernières années, a pris une place importante à côté des deux premières dans la définition de la problématique du travail.

Durée, rythme et distribution du temps sont souvent en interaction. Ainsi, du point de vue de l'entreprise, une réduction du temps externe peut être plus avantageuse qu'une intensification du temps interne. Taylor lui-même fait allusion à une expérience qu'il avait dirigée dans un atelier d'ouvrières d'une entreprise américaine de production de bicyclettes: la réorganisation du travail y conduisit à une augmentation formidable de la productivité (avec une sévère réduction correspondante des effectifs) et se traduisit en même temps par une réduction de la durée journalière de travail de dix heures et demie à huit heures et demie, soit une réduction hebdomadaire de dix heures (Taylor, 1987). Du point de vue des travailleurs aussi, une demande de l'entreprise d'une augmentation de la productivité du temps interne (qui peut se concrétiser non seulement par une intensification des rythmes, mais aussi par une augmentation dans la précision et la qualité de l'exécution du travail) peut être acceptable en contrepartie d'une réduction de la durée de l'horaire de travail. Nous le verrons dans la section suivante, la forme d'interaction la plus fréquente aujourd'hui entre les différentes dimensions du cadre temporel du travail est l'échange entre durée et distribution dans le temps de la prestation de travail: les entreprises offrent une réduction du temps externe mais demandent la flexibilité quant à la distribution du temps de travail parce que c'est surtout cette flexibilité qui définit la productivité et parfois la capacité même de survie de l'organisation productive.

PROBLÈMES ET TENDANCES ACTUELLES: RÉDUCTION ET FLEXIBILITÉ DU TEMPS DE TRAVAIL

Dans les systèmes industrialisés de l'Occident, le cadre temporel du travail en entreprise est aujourd'hui au centre de pressions et d'influences multiples provenant de différents facteurs et de l'interaction de différents acteurs sociaux. Nous pouvons mentionner, en particulier, des facteurs technologiques, économiques, culturels et politico-institutionnels.

L'évolution technologique a de nombreuses implications pratiques: l'une des plus évidentes est le caractère *labour-saving* des nouvelles technologies en général, qui induit des phénomènes d'une grande importance pour le cadre temporel du travail, comme la réduction du temps nécessaire à la production. Cette réduction s'accompagne souvent — du fait du coût élevé des nouvelles installations technologiques, plus ou moins automatisées — de l'exigence, de la part de l'entreprise, d'une augmentation de la durée d'utilisation des installations et donc de la mise au point d'horaires « atypiques » comme ceux qui concernent le travail continu et qui peuvent s'appliquer au travail de nuit et au travail du dimanche.

Un autre aspect en est donné par la flexibilité des nouvelles tehnologies, notamment de l'informatique, de la robotique et de façon générale des technologies modernes à haute intensité d'informations (Nowotny, 1988). Par exemple, des technologies souples peuvent permettre de dissocier et de désynchroniser les temps respectifs de chaque travailleur dans le processus de fabrication, par opposition à la chaîne de montage qui impose des contraintes spatio-temporelles rigides de succession entre les prestations de chacun des intervenants. Dans le cas du « télé-travail », ou travail à distance, les équipements télématiques permettent d'opérer une discontinuité temporelle ainsi qu'une nette séparation spatiale entre la prestation de travail de l'individu et le fonctionnement de l'entreprise, ou, si l'on préfère, ils réalisent une nette différenciation entre le temps de travail individuel et le temps de fonctionnement de l'organisation. Ou encore, dans certains cas, les équipements automatiques permettent de désynchroniser l'horaire du travailleur par rapport à celui du client de l'organisation, comme dans le cas des distributeurs automatiques des banques. On ne peut pas oublier qu'en général les possibilités d'agir de façon nouvelle sur le cadre temporel du travail qui sont liées aux technologies flexibles sont grandement facilitées par la formidable augmentation de la puissance des équipements que permet le processus de miniaturisation du matériel informatique: celui-ci peut à son tour être considéré comme une retombée de la conquête de l'espace.

Les facteurs économiques en cause peuvent être envisagés avant tout sous l'angle des nouveaux rapports qui s'instaurent, à partir du milieu des années soixante-dix (avec la crise de l'énergie et la crise économique), entre l'organisation productive et son environnement externe. L'agitation du climat extérieur et la tendance à la mondialisation de l'économie et des marchés posent à l'entreprise de nouveaux défis d'adaptation. La réponse fondamentale de l'entreprise est l'adoption d'une ligne de flexibilité qui signifie, dans de nombreux cas, flexibilité du temps de travail.

Par facteurs culturels, nous entendons en particulier les attitudes de sujets par rapport au travail. Les phénomènes que la recherche récente a mis en lumière à ce propos sont multiples et tournent autour de la différence, par rapport au passé, du regard porté sur la relation entre temps de travail et temps libre: il s'agit ainsi de la préférence manifestée par certaines catégories de travailleurs pour l'augmentation du temps libre plutôt que des salaires, de l'acceptation (voire de la demande explicite) de formes atypiques d'horaires de travail comme le travail à temps partiel, de l'accueil réservé à certaines formes de gestion du temps de travail comme les horaires flexibles, permettant des variations de l'horaire d'entrée et de sortie du travail. En général, on peut noter que dans le domaine socio-culturel se manifestent des instances d'une plus grande subjectivité quant au choix du cadre temporel de travail.

Les facteurs de caractère politique et institutionnel concernent en premier lieu l'action de la politique menée directement ou indirectement par les gouvernements et les pouvoirs publics des divers pays en matière de temps de travail. Ils concernent aussi l'action menée par les syndicats de travailleurs et concrétisée sous la forme de négociations collectives à différents niveaux. Les politiques tournées vers la lutte contre le chômage et la sauvegarde des emplois peuvent influer à plusieurs niveaux sur le cadre temporel du travail, par exemple par la réduction de la durée du travail ou par des mesures destinées à favoriser la flexibilité du temps de travail. Dans de nombreux pays (européens notamment), ce sont les gouvernements eux-mêmes qui se sont faits les promoteurs de nouvelles formes d'emploi ou de travail, atypiques par rapport au modèle traditionnel du travail à temps plein et de durée indéterminée. Il faut mentionner également le phénomène du vieillissement de la population dans les sociétés industrialisées, qui tend à réduire la proportion de la population active et dans certains pays (en Italie, par exemple) soulève le problème de l'élévation de l'âge de la retraite.

À cet ensemble de facteurs, nous pouvons ajouter deux phénomènes qui nous paraissent englober de façon synthétique et significative les transformations concrètes du cadre temporel du travail au cours des dernières décennies: il s'agit de la réduction et de la flexibilité du temps de travail.

La réduction du temps de travail dans les organisations productives représente une tendance de longue durée. Il s'agit d'un phénomène qui touche toutes les différentes unités de temps concernées: la journée (avec la réduction à 7-8 heures en moyenne), la semaine (réduite à moins de 40 heures de travail en moyenne, avec en général le samedi libre), l'année (avec l'augmentation considérable des congés payés, en moyenne actuellement de 4 à 6 semaines par an), et aussi l'ensemble de la vie professionnelle, comme le montre la tendance actuelle, dans différents pays, à l'abaissement de l'âge de la retraite, alors qu'on assiste à une augmentation importante de la durée moyenne de vie. Depuis le siècle dernier, le temps de travail annuel pour un salarié en Europe s'est considérablement réduit, passant dans le cas d'un ouvrier d'environ 4 000 heures par an en 1840 à environ 1 500-1 700 heures actuellement (Dumazedier, 1985).

Les faits montrent que le phénomène concerne l'ensemble des pays industrialisés de l'Occident, bien qu'il soit plus marqué dans les pays européens. Les statistiques internationales montrent en particulier une accélération du phénomène à partir des années soixante: ainsi, une analyse effectuée en France sur les pays occidentaux (Doyelle, 1982) indique qu'au cours de la période 1960-1980 la durée hebdomadaire de travail des ouvriers à plein temps de l'industrie régresse en moyenne de 45-48 heures à environ 40-42 heures, avec une seule exception, les États-Unis, où l'on relève une stabilité de fond aux alentours de 42 heures. D'autres chiffres, fournis par le Department of Labour des États-Unis et repris par l'OCDE, relatifs à 11 pays occidentaux industrialisés, présentent des données analogues pour la période 1950-1980: ici aussi, la réduction apparaît beaucoup plus importante dans les pays européens, mais elle se produit aussi dans d'autres pays, tels le Japon, le Canada et les États-Unis (Hart, 1984). Dans les années quatre-vingt, le processus se poursuit: y ont contribué bien sûr, outre le développement technologique, la crise de l'emploi devenue tout particulièrement aiguë dans les pays européens et l'action des syndicats réunis dans la Confédération européenne des syndicats (CES), qui a revendiqué avec vigueur la réduction des horaires à 35 heures par semaine: ce niveau sera progressivement atteint, par la négociation collective conduite dans différents secteurs de l'industrie et du tertiaire, dans différents pays européens, comme la France, l'Italie et l'Allemagne de l'Ouest.

La contrepartie de la réduction du temps de travail est l'augmentation très sensible du temps libre des travailleurs, favorisée aussi par le regroupement des deux journées libres successives, le samedi et le dimanche, en un week-end. J. Dumazedier, le doyen des spécialistes de la sociologie du loisir, a relevé que, ces dernières années, s'est produit un phénomène d'une grande importance, à savoir le fait que pour la première fois la durée moyenne du temps de travail a été dépassée par la durée du temps libre, à l'échelle hebdomadaire: en se référant à la France et aux données de 1984, il note en effet que la durée hebdomadaire moyenne du travail était d'environ 26 heures par personne adulte, contre environ 32 heures de temps libre et 28 heures destinées aux obligations familiales (Dumazedier, 1985). Il faut ensuite relever que la quantité accrue de temps libre influe sur sa qualité: en d'autres termes, le temps libre, sous ses diverses formes, a acquis le caractère de moment social non plus marginal, comme c'était bien évidemment le cas au début de l'industrialisation, mais au contraire important et potentiellement riche de sens pour les travailleurs et les acteurs en général.

L'autre phénomène de grande importance, que nous avons rappelé plus haut, est la flexibilisation du temps de travail. De ce point de vue, depuis quelques années, la flexibilité *tout court* est devenue dans les pays les plus industrialisés, le leitmotiv des stratégies mises au point par les organisations productives (Boyer, 1987; Regini 1988; Maruani *et al.*, 1989). Étant admis que nous entendons ici par flexibilité en général la capacité d'adaptation ou d'adéquation de l'entreprise, ou de ses éléments constitutifs, à certains changements ou à des contraites déterminées, il est clair qu'il existe différentes utilisations du terme, et surtout différentes acceptions de la flexibilité: on peut par exemple distinguer entre flexibilité technologique, flexibilité des tâches des travailleurs au sein de l'organisation productive, flexibilité juridique et administrative, flexibilité des rétributions et flexibilité des charges sociales et fiscales (Boyer, 1987, chap.

7). La flexibilité du temps de travail, qui recoupe d'autres formes de flexibilité existant dans l'entreprise, peut être entendue comme la possibilité ou la capacité d'adapter les normes et les pratiques relatives à l'organisation du temps de travail, devant les contraintes et les demandes provenant de l'entreprise elle-même, des travailleurs et de l'environnement.

La flexibilisation constitue un phénomène important qui s'oppose à la rigidité des contraintes temporelles pesant sur le travail depuis le début du processus d'industrialisation et à laquelle nous avons fait allusion dans la section précédente (Grossin, 1984). La conséquence en est ainsi une perte de l'unité potentielle du temps de travail pour tous les membres de l'usine, par l'instauration d'une pluralité de temps et de modules de travail: la désynchronisation qui en résulte, entre les temps de chaque membre et de chaque groupe, pose à l'entreprise des exigences de re-synchronisation à une plus grande échelle, qui fait apparaître toujours davantage le déphasage entre le temps de travail de chaque membre, qui s'est considérablement réduit en moyenne, et le temps global de fonctionnement, qui s'est généralement allongé par suite de l'exigence d'une augmentation de la durée d'utilisation des installations ou du service offert à la clientèle. À cet égard, l'un des problèmes les plus épineux consiste à concilier, à l'intérieur des entreprises industrielles, le temps de travail des hommes — que les travailleurs et les syndicats demandent de réduire toujours davantage — et les temps des machines et des appareils productifs, que l'entreprise et le système productif en général demandent de faire fonctionner de façon toujours plus longue et intensive. Une conséquence de ce fait, ponctuelle mais d'un intérêt considérable, liée en particulier à la diminution des horaires de travail, flexibles à l'entrée comme à la sortie du travail, réside dans l'atténuation de l'obligation de la ponctualité, qui a constitué pendant longtemps l'un des pivots de la culture de l'entreprise et l'une des modalités de base de la socialisation au mode de vie industriel. On doit mentionner également les problèmes particuliers qui concernent le travail des femmes, pour qui le temps de la vie familiale peut se heurter au temps de l'activité professionnelle[2].

La flexibilité du temps de travail se concrétise ainsi en une série de modèles et de formes de travail, qui se distinguent par des contrats ou des horaires atypiques, c'est-à-dire différents du modèle type du travail de durée indéterminée, qui se déroule à temps plein, pendant les heures diurnes, et à horaire fixe, du lundi au vendredi (ou, à la limite, du lundi au samedi matin). Il s'agit, pour la plupart, de formes nouvelles qui se répandent surtout depuis quelques années: outre les horaires flexibles ou variables déjà cités, nous pouvons mentionner le travail à temps partiel, le travail par équipes, le travail concentré sur le week-end, le travail partagé ou *job-sharing*, les contrats de durée déterminée, le travail temporaire, la mise à la retraite à la carte ou flexible. Indiquons par ailleurs des formes de flexibilité qui ont une incidence irrégulière sur le cadre temporel du travail: l'une est traditionnelle, la prestation d'heures supplémentaires, et l'autre, apparue ces dernières années, consiste dans la modulation des horaires de travail sur une base annuelle: celle-ci est réglée par des dispositions législatives (par exemple, en France) ou par des accords collectifs de travail (par exemple, en Italie) qui tiennent compte pour l'essentiel des exigences de l'entreprise.

Il faut signaler que les gouvernements de différents pays européens ont encouragé une série de « nouvelles » formes de travail, avec de fréquentes diminutions des charges pesant sur l'entreprise, pour faire face au grave problème du chômage des jeunes: il s'agit par exemple des contrats de « formation et travail », prévus en Italie pour les jeunes et d'une durée maximale de 24 mois, des travaux d'utilité collective lancés en France comme des formes de travail à temps partiel pour les jeunes chômeurs dans les administrations locales, et de toute une série de stages et de formes contractuelles qui visent à alléger le problème du chômage en créant des rapports de travail flexibles du point de vue temporel et incitatifs pour les entreprises qui y ont recours.

Réduction du temps de travail et flexibilité du temps de travail peuvent être considérés séparément, comme nous l'avons fait. On ne peut nier cependant que ces dernières années soit apparu un lien étroit entre les deux phénomènes qui s'est souvent exprimé à l'intérieur de la négociation collective entre les syndicats de travailleurs et les entreprises, avec parfois une intervention favorable du gouvernement. Le lien s'est essentiellement concrétisé dans les termes d'un échange entre une réduction du temps de travail accordée aux travailleurs et une augmentation de la flexibilité temporelle qui leur était demandée. Plus précisément, la négociation de l'échange a eu lieu et se poursuit entre deux des trois éléments de base du cadre temporel du travail, la durée et la distribution du temps de la prestation de travail: ainsi, à une diminution de la durée correspond en particulier une utilisation de la force de travail pendant des plages temporaires ou fixées de façon irrégulière. Le troisième élément en reste exclu, à savoir le rythme ou la cadence, qui comme nous l'avons vu est central pour Taylor et le *scientific management*: la raison en est, nous semble-t-il, que non seulement les niveaux de définition contractuelle des rythmes et de la productivité ont atteint des limites difficiles à dépasser, mais surtout que la possibilité d'influer sur les rythmes dépend de moins en moins de l'opérateur et de plus en plus des caractéristiques de l'outillage technologique ou des installations de l'entreprise.

CONCLUSION: TEMPS DE L'ACTEUR, TEMPS DE L'ORGANISATION

Au terme de notre analyse du rapport entre temps et travail en Occident, surgissent certaines questions qui sont liées aux transformations que le temps de travail a connues depuis les premières phases d'industrialisation jusqu'à la situation actuelle.

Nous avons vu comment le temps de travail tend à s'affirmer au début de l'industrialisation — et pendant longtemps par la suite — comme le temps central tant pour le travailleur que pour la société tout entière, où s'affirme une éthique fortement centrée sur la valeur du travail et de la production. Il s'agit d'un temps contraint par excellence, qui souligne les aspects normatifs pour les acteurs, comme la ponctualité et la régularité, ainsi que le respect rigoureux des horaires, l'adaptation aux rythmes et aux cadences des machines et de l'organisation de production. De plus, le temps de travail industriel présente une forte connotation collective: l'unité de temps tendancielle des horaires pour tous les travailleurs de l'usine — et, de façon plus générale, du système productif dans son ensemble — représente un puissant élément d'apprentissage collectif, caractéristique du travail en entreprise: elle est pleinement acceptée, et de façon durable, par le mouvement organisé des travailleurs, qui s'est battu dès le début pour la réduction généralisée de la durée du temps de travail.

La forte diminution du temps de travail qui se produit dans les entreprises au cours de ce siècle, et en particulier à partir des années cinquante, vient accroître l'importance quantitative du temps libre et, de fait, en liaison avec les transformations culturelles concomitantes, elle rend moins central le temps de travail. Il serait toutefois erroné de considérer que le temps est destiné par voie de conséquence à devenir à moyen terme une expérience individuelle et sociale de faible importance. À cet égard, il convient de rappeler que le travail, dans les sociétés industrialisées contemporaines, comprend aussi une part de travail indépendant, ou autonome, qui est nettement minoritaire (de 10 à 30 % de la population active) mais persistante; même s'il nous manque ici des éléments sur l'évaluation de la durée du travail, on peut émettre l'hypothèse que, pour ces sujets (artisans, petits commerçants, entrepreneurs, professions libérales), elle se situe à des niveaux bien plus élevés que ceux des travailleurs salariés, du fait de leur implication plus directe dans l'activité productive.

Quoi qu'il en soit, il est difficile de ne pas partager l'affirmation de R. Dahrendorf selon laquelle le travail contre rémunération, cristallisé dans les différents types de travail, représente encore aujourd'hui le noyau de l'expérience individuelle ainsi que de l'organisation sociale (Dahrendorf, 1987). De façon analogue, le scénario élaboré par le rapport FAST[3] dans le cadre de la CEE nous paraît vraisemblable à moyen terme: il prévoit que le travail, malgré les transformations structurelles et culturelles en cours, restera le grand ordonnateur du temps, autour duquel continueront à s'organiser les autres temps sociaux, tels ceux de la famille, du système éducatif, des loisirs, des transports et autres (Commission des communautés européennes, 1983). Et un indicateur macroscopique de l'importance qui est encore attribuée au temps de travail réside dans la préoccupation qu'ont depuis la fin des années soixante-dix, les gouvernements et les partenaires sociaux du problème du chômage dans les pays occidentaux, et en particulier en Europe.

Nous nous trouvons donc ainsi devant un paradoxe apparent, dont la solution consiste dans la distinction entre le travail comme emploi et source de revenu, d'un côté, et le travail comme expérience de réalisation personnelle, de l'autre: en d'autres termes, le travail devient moins important pour celui qui en a un, alors qu'il reste un problème fondamental pour celui qui en est privé ou pour celui qui doit se contenter de « petits boulots » irréguliers ou de formes précaires de participation au marché du travail. Ces dernières considérations débouchent sur le vaste sujet de la qualité du travail et de la satisfaction procurée par le travail du point de vue du travailleur.

La qualité du travail peut aussi signifier le choix ou à la limite la gestion personnelle du temps de travail quant à sa durée, son organisation et ses rythmes. Les mouvements de transformation dont nous avons tracé les grandes lignes semblent ainsi ouvrir aux travailleurs de nouvelles et plus amples possibilités de « personnalisation » et de choix quant au temps de travail: en témoignent la pluralité même des modules temporels de travail, les horaires variables à l'entrée comme à la sortie, le travail à temps partiel et d'autres formes d'horaires atypiques. Au début des années quatre-vingt, certains ouvrages importants illustrent cette tendance, en plaçant en elle d'importants espoirs d'amélioration de la qualité du travail et de la qualité de vie des travailleurs: en

France, le groupe « Échange et Projets » animé par J. Delors lance l'idée d'une « révolution du temps choisi » (Échange et Projets, 1980) qui prévoit avant tout la possibilité pour chacun des acteurs de réduire librement la durée de son temps de travail, sans s'exposer à une marginalisation sur le lieu de travail; presque en même temps, F. Best, en se référant à la société américaine, élabore la proposition d'une programmation de la vie qui soit flexible du point de vue du temps, à partir de l'expérience du travail et des rapports de celle-ci avec le domaine extra-professionnel (Best, 1980).

Il faut reconnaître, avec quelques années de recul, que ces perspectives se sont révélées plus difficiles à réaliser que prévu. Best a récemment noté la difficulté avec laquelle les nouvelles orientations se sont imposées dans la société américaine, surtout pour des raisons inhérentes au climat politique (Best, 1986); et la proposition du travail à temps choisi, tout en gardant, à notre avis, toute sa validité, et en continuant d'être soutenue par les représentants d'Échange et Projets (de Foucauld, 1988), a fonctionné dans la société française (et en partie ailleurs en Europe) plus comme une idée phare que comme un instrument de transformation effective des expériences relatives au temps de travail. Le travail à temps choisi a été l'objet en 1983 d'un rapport, commandé par le ministère du Plan français à un groupe d'experts: les conclusions du rapport affirmaient que cette forme de travail peut représenter un cas rare de jeu à somme non nulle, qui avantage à la fois les travailleurs — par la possibilité d'autogestion de leur temps de travail —, les entreprises — par la productivité plus élevée qui en découle — et la collectivité — en raison des répercussions positives sur l'emploi (Ministère du Plan, 1983). Il est intéressant de relever que des considérations tout à fait analogues ont été exprimées récemment par R. Dahrendorf à propos du temps de travail flexible (*flexitime*): le jeu à somme positive qui peut en résulter signifie une plus grande efficacité de l'entreprise, une satisfaction plus importante des travailleurs et des niveaux d'emploi plus élevés (Dahrendorf, 1987).

Il reste que le temps du travail salarié comporte de toute façon à la base une composante de contrainte — inhérente au rapport contractuel de travail — que, particulièrement dans la réalité actuelle où les entreprises mènent le jeu et où les syndicats se révèlent en général affaiblis, les formes telles que les horaires atypiques de travail (travail à temps partiel, horaires plurihebdomadaires, travail en continu, etc.) sont plus souvent subies que librement choisies par le travailleur.

Nous sommes ainsi amené à considérer un dernier dilemme, que nous désignons par le binôme temps de l'acteur/temps de l'organisation.

L'acteur (le travailleur ou le membre de l'organisation) a vu son propre cadre temporel changer à l'intérieur de l'organisation dans laquelle il travaille: la durée de travail a diminué de façon importante, en échange sa distribution est devenue parfois plus pénible (par la fréquence plus importante du travail de nuit ou pendant les jours fériés), mais il a connu aussi des transformations positives en ce qui a trait à la qualité de la vie (atténuation ou diminution de l'obligation de ponctualité, meilleures possibilités de maintenir un lien temporel entre vie professionnelle et vie familiale, etc.). En ce qui concerne les rythmes, une évaluation d'ensemble est difficile, et elle doit certainement être différenciée par zones géographiques (voir Kamdem dans le présent ouvrage), par secteurs, en fonction de la taille de l'entreprise et des qualifications socioprofessionnelles: de toute façon elle ne peut pas s'abstenir de prendre en considération l'évolution des technologies productives et des systèmes d'organisation, ainsi que les résultats de la négociation collective à leur propos.

Le temps de l'organisation, entendu au sens de temps dans lequel fonctionne l'organisation, est marqué par une durée généralement supérieure à celle du temps de chacun des acteurs. Le temps de l'organisation tend à devenir un temps toujours plus long, distribué sur une durée plus importante dans la journée, dans la semaine et dans l'année. En effet, l'une des principales exigences exprimées au cours des dernières années par les organisations productives consiste dans l'augmentation de la durée d'utilisation des installations (dans le secteur industriel) ou de service à la clientèle (dans le secteur tertiaire). Ce qui soulève à la limite le problème d'un fonctionnement de l'organisation de façon continue, 24 heures sur 24 et 365 jours par an. Certains ont noté un développement des organisations « continues » (Melbin, 1987), au départ limitées aux seules industries ayant des contraintes technologiques objectives (comme les hauts-fourneaux dans la sidérurgie) ou à des services d'intérêt public (comme les hôpitaux et la police): il s'agit effectivement d'une tendance que l'on peut observer, probablement plus répandue aux États-Unis qu'en Europe, mais elle ne va pas de soi, car elle se heurte aux résistances manifestées par les travailleurs contre le travail pendant des tranches horaires considérées comme « anti-sociales », notamment la nuit et les jours fériés; ceux-ci représentent encore un élément temporel fondamental de rencontre et de socialisation pour l'ensemble des membres d'un système. En outre, on ne peut pas oublier que le travail du dimanche se heurte dans les pays de tradition chrétienne aux valeurs religieuses des pratiquants, pour qui le dimanche représente le jour du culte (Gasparini, 1988b).

Le dilemme auquel nous avons fait allusion s'exprime donc dans le sens d'une opposition, ou bien d'une conciliation, entre le temps de l'acteur et le temps de l'organisation. La possibilité de parvenir à une conciliation entre ces deux temps, qui, à notre avis, est fort souhaitable, dépend d'une série de facteurs qui expriment les dynamiques et les rapports de force entre les parties en présence: très importante de ce point de vue apparaît en particulier la mise en œuvre, par les pouvoirs publics, d'une « politique du temps de travail » qui soit inspirée par l'objectif de fournir un jeu à somme positive. Certains exemples à ce sujet sont fournis par les mesures adaptées par le gouvernement français dans les années quatre-vingt, comme celle concernant le lien entre réduction et distribution du temps de travail, ou comme celles, implicites dans le rapport Taddei, sur l'intégration entre le temps des hommes et le temps des machines, qui a constitué la base de la loi sur la modulation des horaires de travail promulguée en 1986 (Taddei, 1988; Gasparini, 1988a).

Un rôle fondamental que peuvent remplir les pouvoirs publics apparaît ici: celui qui consiste à fournir le cadre et les limites à l'intérieur desquels les transformations pratiques et en particulier les exigences de flexibilité et de productivité exprimées par les entreprises tendent à assurer, par des négociations et des changements, le maintien des garanties de base pour les travailleurs, en leur fournissant en même temps les instruments pour accroître la qualité de leur travail et de leur vie.

Notes

1. Dans cet essai nous ne nous occupons pas des problèmes inhérents au temps de travail de la minorité de la population active que représentent les travailleurs indépendants.
2. Voir notamment, dans le présent ouvrage, les textes de F. Belle, G. Symons et F. Harel Giasson.
3. FAST = *Forecasting and Assessment in the field of Science and Technology*. Il s'agit d'un important programme de recherche, mis sur pied en 1979 par le Conseil des ministres de la Communauté européenne.

POUR UN PARADIGME ETHNOGRAPHIQUE DU TEMPS DE TRAVAIL*

John HASSARD

INTRODUCTION

Nous nous proposons, dans cet article, d'examiner la façon dont la sociologie industrielle s'est représenté le temps et la temporalité. Nous exposerons dans leurs grandes lignes les principales théories du temps qui sont à la disposition des sociologues. Nous verrons que ces théories, lorsqu'elles sont appliquées dans des enquêtes sociologiques, peuvent jeter un éclairage précieux sur le comportement des travailleurs. Nous ferons appel aux principaux représentants de la sociologie du temps — par exemple à Émile Durkheim, Mircea Eliade, Georges Gurvitch ou Pitirim Sorokin — non seulement pour relever les différences essentielles qui séparent leurs conceptions, mais pour montrer qu'une comparaison systématique de ces conceptions fait apparaître le temps comme un phénomène à la fois qualitatif et quantitatif, cyclique et linéaire, hétérogène et homogène.

Nous serons amené à constater, cependant, que les sociologues ont trop longtemps privilégié les conceptions quantitatives du temps, aux dépens des conceptions qualitatives. Nous établirons que la sociologie du temps porte, dans presque tous les cas, l'empreinte d'une ontologie réaliste qui s'exprime par des méthodes nomothétiques et par des explications positives. Les images qui dominent la sociologie du temps sont, en effet, empruntées à deux traditions essentiellement positives: la tradition des études marxistes relatives à la réification du temps (ou le temps comme marchandise) et la tradition des études fonctionnalistes relatives à la structuration du temps; ces deux traditions s'appuient principalement sur une conception linéaire du temps et font une large part à la rationalité économique (études sur les budgets-temps et sur les temps-et-mouvements). En revanche, les études influencées par la métaphore du « cycle », qui se réfèrent au caractère hétérogène et récurrent du temps, sont beaucoup plus rares. Peu d'auteurs ont montré comment les travailleurs éprouvent le caractère qualitatif et hétérogène du temps de travail, comment ils

---

* Ce texte est une version très légèrement modifiée d'un article qui a paru dans la *Revue internationale des sciences sociales*, sous le titre « Un paradigme qualitatif du temps de travail », vol. 119, février 1989, p. 97-110. © Unesco 1989. Reproduit avec la permission de l'Unesco.

attribuent une signification à la récurrence des événements périodiques et élaborent leurs propres systèmes d'évaluation du temps.

Pour corriger cette situation, nous accorderons une importance particulière aux conceptions cycliques et qualitatives du temps de travail. Nous nous pencherons notamment sur les techniques idiographiques utilisées dans les recherches sur le temps en milieu industriel (en particulier par des observateurs se faisant passer pour de simples travailleurs). Nous évoquerons les théories de Durkheim (1985), de Gurvitch (1958) et de Sorokin et Merton (1937), et nous examinerons les recherches effectuées sur le terrain par Roy (1960), Ditton (1979), Cavendish (1982) et Clark (1978, 1982), ce qui nous permettra de proposer un paradigme ethnographique pour l'étude du temps de travail.

ANALYSE DU CONCEPT DE TEMPS

Pour élaborer ce paradigme, il nous faut d'abord mettre en place un cadre de référence conceptuel. C'est pourquoi nous ferons appel à quelques-unes des principales images du temps que nous offre la philosophie sociale, puis à deux des principales métaphores du temps que contient la théorie sociale. L'ensemble de ces images et de ces métaphores nous fournira deux types idéaux de paradigmes applicables au temps de travail : un paradigme « linéaire quantitatif » et un paradigme « cyclique qualitatif ».

La philosophie

Dans le premier des domaines qui nous intéressent, à savoir la philosophie, la réflexion sur le temps se rattache à une tradition remarquable par sa richesse et son ancienneté.

Depuis plus de deux mille ans, le concept de temps a toujours été, comme le note Jaques (1982, p. XI), au cœur des préoccupations des philosophes. Il a fait l'objet de nombreuses controverses à différents niveaux d'abstraction allant de l'ontologie, qui étudie les rapports du temps avec l'existence, à l'épistémologie, qui étudie ses rapports avec la connaissance. Cette tradition philosophique a mis au jour une infinité de questions difficiles et complexes qui ne sont pas encore résolues.

Bien que l'analyse détaillée de ces questions n'entre pas dans les limites du présent article, nous pouvons mentionner quelques-uns des principaux problèmes qui se posent à la philosophie du temps. Nous nous servirons pour cela de l'excellente introduction de Heath (1956). Heath expose trois antinomies qui sont au centre de la philosopie du temps. Premièrement, sur le plan ontologique, le temps est-il un fait objectif du monde extérieur ou une essence subjective construite à travers un « réseau de significations » ? Autrement dit, devons-nous concevoir le temps comme quelque chose de réel et de concret ou comme quelque chose d'essentiel et d'abstrait ? Deuxièmement, sur le plan épistémologique, le temps est-il homogène (composé d'unités équivalentes) ou hétérogène (composé d'unités éprouvées comme différentes) ? Est-il continu et infini, ou bien discontinu et divisible ? Troisièmement, sur le plan méthodologique, le temps est-il mesurable et, s'il l'est, peut-on admettre l'existence de plusieurs temps? Devons-nous concevoir le temps comme un bien quantitatif unitaire ou comme une expérience qualitative multiple?

La réponse que nous donnerons à ces questions déterminera notre conception du temps. Les antinomies de Heath nous fournissent un ensemble de notions fondamentales qui peuvent nous aider à définir le temps et la temporalité. Elles nous fournissent en outre les moyens d'analyser le concept de temps de travail et jettent les bases théoriques de la direction de recherche que nous avons esquissée plus haut.

Les métaphores

Si nous considérons maintenant notre deuxième champ d'intérêt, celui des métaphores, nous voyons que depuis quelques années certains sociologues présentent la métaphore comme un puissant outil d'analyse (Manning, 1979; Pinder et Bourgeois, 1982; Tinker, 1986). C'est ainsi qu'il est à la mode de recourir à des métaphores (ou à d'autres tropes du même genre) pour exprimer de façon imagée les concepts sociologiques (Lakoff et Johnson, 1980). Morgan (1986), par exemple, a montré l'efficacité de métaphores qui interprètent l'entreprise, en tant qu'organisation, comme un « système », une « machine », un réseau de rôles (*drama*), un « organisme » ou même une « prison mentale ».

En ce qui concerne le concept de temps, cependant, cette évolution a été moins accentuée (Jaques, 1982, chap. 1 et 2). Seul un petit nombre de métaphores ont été utilisées jusqu'à présent pour préciser ce concept qui est au moins aussi abstrait et aussi difficile à cerner que celui d'organisation. Parmi ces quelques images, les plus riches sont apparemment celles du cycle et de la ligne.

Le temps cyclique

C'est à Mircea Eliade (1959) que nous devons l'analyse la plus subtile de la métaphore du cycle que nous ait donnée un auteur moderne. Eliade nous explique que le cycle est l'image fondamentale du temps dans les sociétés qu'il appelle « archaïques », c'est-à-dire antérieures au christianisme. Les événements se déroulaient suivant un rythme immuable dans la vie de l'homme archaïque; le sens du temps lui venait de sa lutte contre les saisons, et son horizon temporel était défini par le « mythe de l'éternel retour ». Lorsque, avec l'avènement du christianisme, l'homme a quitté ce monde limité pour s'engager dans une progression directe, linéaire, vers la rédemption et le salut, il s'est trouvé exposé, pour la première fois, aux dangers inhérents au processus historique. Depuis, les hommes essaient de maîtriser l'histoire et de l'amener à son terme — comme en témoignent, par exemple, les tentatives de Hegel et de Marx. Les hommes modernes cherchent refuge dans diverses formes de croyances afin de rationaliser un processus historique qui leur semble n'avoir ni commencement ni fin.

Le temps linéaire

Le judéo-christianisme a imposé aux sociétés modernes une représentation linéaire du temps qui contraste avec le temps cyclique des sociétés archaïques; ce temps linéaire prend notamment la forme d'un chemin jalonné d'épreuves qui, partant de la vie de péché que nous menons sur la terre, nous conduit, par la rédemption, au salut et à la vie éternelle dans le ciel. Dans la pensée moderne, le concept d'irréversibilité a remplacé celui d'éternel retour. L'idée caractéristique de progression vers un but ultime a donné naissance à une conception linéaire du temps, et par là même au sentiment qu'il existe un commencement absolu. Ainsi, dans le livre II des Confessions, saint Augustin « rompt le cercle » du temps romain; alors qu'Hérodote rattachait les événements historiques à des cycles, Augustin, rejetant les « cycles trompeurs », affirme que l'histoire humaine se déroule en ligne droite. Bien que la chronologie moderne ne se soit vraiment répandue qu'au XVIIIe siècle, les événements historiques seront désormais datés par rapport à la naissance du Christ.

LE PARADIGME LINÉAIRE QUANTITATIF

La métaphore de la ligne est importante à nos yeux parce qu'elle est reliée au concept de marchandise. Avec le développement de l'économie industrielle, la conception linéaire du temps allait favoriser l'assimilation de celui-ci à une valeur, les innovations technologiques et industrielles ayant pour effet d'aligner le concept de temps sur celui de progrès industriel (E.P. Thompson, 1967). Pour les théoriciens comme Marx et Engels, le temps, comme l'homme lui-même, devenait une marchandise dans le processus de production, parce que l'équation décisive reliant accélération et accumulation conférait désormais au temps une valeur humaine. Le capitaliste bénéficiait d'une plus-value lorsqu'il faisait travailler sa main-d'œuvre plus longtemps que cela n'était nécessaire pour produire des biens d'une valeur correspondant au montant des salaires payés (Marx, 1970). L'accent était mis sur le caractère formel et sur la rareté du temps. Suivant cette représentation qui s'inspirait de Descartes et de Newton, le temps était quelque chose de réel et d'uniforme, qui englobait tout. C'était un phénomène mathématique, qui pouvait être figuré par une abscisse.

C'est cette conception linéaire et quantitative qui domine aujourd'hui les études relatives au temps de travail. Elle procède d'un paradigme qui a pour origine les travaux de Marx (1970) sur l'« intensification du travail », et qui se manifeste aujourd'hui dans deux contextes théoriques différents: d'une part, le débat néomarxiste soulevé par l'article de E.P. Thompson (1967) (Thrift, 1981; Harrison, 1985; Nyland, 1986); et d'autre part, l'analyse fonctionnaliste du temps de travail (Bienefeld, 1972; Owen, 1979; Bosworth et Dawkins 1981; Blyton *et al.*, 1988). Les historiens de l'économie ont joué, dans l'ensemble, un rôle prépondérant dans l'élaboration de ce paradigme en étudiant le temps de travail d'un point de vue réaliste, positiviste et nomothétique.

Images et métathéories

Ce paradigme nous montre les cultures industrielles dominées par un temps linéaire et réifié. Il traduit en effet les métathéories suivantes: il suppose, premièrement, que le temps est homogène, objectif, mesurable et divisible à l'infini (de Grazia, 1972); deuxièmement, que le passé ne peut pas se répéter, que le présent est éphémère, et que l'avenir s'offre à une exploitation illimitée (McGrath et Rotchford, 1983); troisièmement, que le temps est une ressource qui peut être employée à une infinité d'activités (Moore, 1963); et quatrièmement, que le temps est vécu non seulement comme une succession, mais aussi comme une condition limite (Marx, 1970). Par une combinaison de ces métathéories, le paradigme présente le temps de travail comme un bien limité dont la valeur augmente à mesure qu'il se raréfie.

La recherche

Si nous examinons le contenu des recherches associées à ce paradigme, nous voyons que cette représentation quantitative est essentiellement le produit de recherches sur l'économie industrielle et le procès de travail. Ainsi Mumford (1934), dans une étude à laquelle on reconnaît aujourd'hui une importance primordiale, estime que ce n'est pas la machine à vapeur qui a joué un rôle décisif à l'âge industriel, mais l'horloge (p. 14). Pour Mumford, en effet, c'est le développement rapide des possibilités de synchronisation qui, à l'époque de la révolution industrielle, a permis aux entreprises d'atteindre un niveau élevé de spécialisation fonctionnelle. Le fonctionnement des grandes entreprises de production exigeait un morcellement temporel et spatial extrêmement poussé des produits comme des activités; une telle spécialisation rendait à son tour nécessaire une coordination temporelle et spatiale très précise aussi bien à l'intérieur de chaque entreprise que dans ses relations avec les autres entreprises. Une coordination précise supposait elle-même un degré élevé de planification, et pour cela il était nécessaire de mettre en place un cadre temporel précis. L'exactitude des prévisions dépendait de celle de la mesure des temps, et une organisation efficace impliquait une évaluation précise de la productivité rapportée au temps. Cependant que le travail s'organisait autour des machines, la planification s'organisait autour des horaires. Voilà pourquoi, d'après Mumford, l'horloge fut le principal instrument de coordination et de contrôle du travail industriel.

L'économie industrielle

L'histoire des économies industrielles est au cœur du programme de recherche fondé sur le paradigme linéaire quantitatif. Celle du capitalisme industriel présente à cet égard un intérêt particulier, puisque c'est à l'époque de son développement que s'est produite, dans les relations de travail, une évolution décisive: la durée de travail a remplacé la tâche comme principale unité de production. Dans un article qui a eu beaucoup d'influence, E.P. Thompson (1967) explique comment, sous la pression du capitalisme industriel, les travailleurs furent soumis à des horaires de travail de plus en plus précis. Alors qu'à l'époque préindustrielle « presque tous les artisans travaillaient à leur compte, chez eux, avec leurs propres outils et à leur propre rythme » (Wright, 1968, p. 116), le système des fabriques imposa aux ouvriers un emploi du temps beaucoup plus rigide. Thompson affirme qu'avant la révolution industrielle le travail se caractérisait essentiellement par son irrégularité. À des périodes de labeur intense faisaient suite des périodes d'oisiveté relative. La coutume était de fêter la « Saint-Lundi », les lundis étant souvent chômés comme les samedis et les dimanches, le gros du travail se faisant dans le milieu de la semaine (E.P. Thompson, 1967).

Processus de travail et taylorisme

Le paradigme rend compte par conséquent de la pratique des sociétés industrielles où — par opposition à la plupart des sociétés traditionnelles et des économies en développement, dans lesquelles la tâche est l'unité de production fondamentale — la grande majorité des travailleurs sont non seulement soumis à des horaires rigides, mais sont rémunérés sur la base d'unités de temps, c'est-à-dire payés à l'heure, à la journée, à la semaine, au mois ou à l'année. L'omniprésence des horloges dans les usines donne à penser que les ouvriers fournissent du temps plutôt que des compétences: qu'ils vendent leur temps de travail plutôt que leur travail. Le temps apparaît dès lors comme une marchandise qu'on peut gagner, économiser ou dépenser. Nous lisons dans les œuvres « scientifiques » tardives de Marx que l'aliénation subie par les travailleurs dans le système féodal est encore dépassée par celle qu'ils subissent dans le système capitaliste industriel, où ils sont forcés de vendre du temps à l'heure (Gioscia, 1972, 1974).

Partie de ce type d'analyse, la sociologie industrielle en est arrivée à voir dans les conceptions modernes du temps des structures hégémoniques dont les attributs essentiels sont la précision, la discipline et le contrôle quantitatif. L'analyse du procès de travail révèle par exemple que l'horloge est la machine dominante de l'organisation productive; c'est elle qui donne le signal du commencement ou de l'arrêt du travail. Bien que dans les sociétés industrielles la vie soit divisée en périodes consacrées à différentes activités, l'activité productive est toujours privilégiée: « Au lieu que la technologie soit réglée sur les besoins de l'homme, c'est la vie de l'homme qui est réglée sur les exigences de son travail » (de Grazia, 1972, p. 439). L'analyse des processus de travail nous offre donc une image réifiée du temps: le temps est d'abord celui de la production; les autres temps doivent trouver leur place tant bien que mal dans les marges du processus de production.

De même, aux yeux des spécialistes de sociologie administrative les plus conservateurs, l'organisation idéale est celle qui procède à une répartition précise de son capital temporel. Étant donné le déterminisme technologique qui domine leur conception du temps, ils croient que la solution des problèmes de temps réside dans un certain nombre d'équations; l'organisation du temps est, selon eux, un problème bien délimité justiciable de solutions optimales. Les théoriciens de l'administration privilégient le temps mesuré par les horloges, qui est à la fois visible et standardisé. Ce temps présente plus particulièrement les deux avantages suivants: il constitue un cadre objectif pour l'organisation et la synchronisation des activités, et il réifie le travail en tant que facteur de production (Clark, 1982). Frederick W. Taylor apparaît bien ici comme l'héritier de la fabrique d'épingles d'Adam Smith, c'est-à-dire comme le grand prêtre de l'utilisation rationnelle du temps. Des auteurs comme Rose (1978) ou Clegg et Dunkerley (1980) ont pu écrire que les préceptes du taylorisme représentaient l'aboutissement logique des idées de Smith, de Ricardo et de Babbage. La gestion scientifique et l'étude des temps et mouvements qui en est issue ont imposé directement, par la voie de l'autorité administrative, ce que la machine a accompli indirectement: la soumission des gestes humains à une stricte discipline. La différence entre le travail industriel et les rythmes variés du travail artisanal ou agricole atteint, avec le taylorisme, son degré maximal.

En somme, pour les spécialistes de la sociologie industrielle, la conception linéaire du temps est en outre devenue quantitative lorsque s'est produit cet événement fondamental de l'histoire économique: la découverte du temps comme facteur de production. Le temps se présentait désormais comme une valeur qu'on pouvait exprimer en termes économiques: il devenait « le milieu dans lequel les activités humaines, et en particulier les activités économiques, pouvaient être intensifiées pour atteindre un taux de croissance jusqu'alors inconcevable » (Nowotny, 1975, p. 330).

LES LIMITES DU PARADIGME QUANTITATIF

Le paradigme linéaire et quantitatif est éclairant parce qu'il rend bien compte de la façon dont le temps est devenu, dans le système capitaliste, un bien de consommation. Le temps, dans ce système, est réifié et traité comme une marchandise; il apparaît essentiellement comme une condition limite de la relation de travail; c'est un paramètre objectif et non pas un état vécu; c'est une grandeur quantitative qui sert de moyen de contrôle.

Ce paradigme a cependant besoin d'être corrigé. Les spécialistes de la sociologie industrielle s'en servent trop souvent pour exagérer l'importance de la rationalité technique. Ils ont tendance, par exemple, à oublier que le monde industriel ne se compose pas seulement de systèmes qui fonctionnent au rythme des machines, mais comprend aussi de très nombreux processus de production qui possèdent un rythme autonome. Beaucoup de fonctions des organisations restent souvent caractérisées par une grande flexibilité temporelle (par exemple la vente, le marketing, la recherche-développement). Une bonne partie des professions libérales conservent une organisation du travail flexible, centrée sur des tâches liées à tels ou tels événements; et beaucoup d'autres professions comportent également un emploi du temps irrégulier, parfois même entièrement déterminé par les travailleurs eux-mêmes (par exemple dans les services d'urgence, la police, les services de maintenance; voir Moore, 1963, p. 29 et suiv.). Cela est particulièrement vrai en Grande-Bretagne où le secteur tertiaire est très développé.

On peut donc se demander dans quelle mesure le paradigme linéaire quantitatif peut s'appliquer au temps de travail. Alors que de nombreux auteurs, principalement à la suite de Braverman (1974), souhaitent que le temps soit progressivement assimilé à un facteur de production, d'autres soutiennent que l'organisation du temps de travail par les employeurs est beaucoup plus complexe — et beaucoup moins soumise au déterminisme économique — que ne le laisse entendre le courant dominant de la sociologie industrielle (Clark, 1982; Clark *et al.*, 1984; Starkey, 1986; Blyton *et al.*, 1988). Clark (1982), par exemple, affirme qu'« il est naïf de croire qu'on doive transposer un temps réifié en une division parcellaire du travail conformément aux préceptes du taylorisme » (p. 18). Clark emprunte à la théorie sociotechnique des exemples d'une conception rationnelle des tâches qui n'a pas été prévue par la théorie marxiste de la « journée poreuse » (Clark *et al.*, 1984).

À vrai dire, il faudrait analyser soigneusement un grand nombre des représentations qui dérivent d'une conception du temps exclusivement linéaire et quantitative. L'une des plus répandues est celle de la journée (ou de la semaine) de travail rigoureusement définie et standardisée. L'organisation post-taylorienne du travail voudrait en général nous donner l'impression qu'elle s'applique à des activités homogènes, mesurées en microsecondes, et qui s'additionnent pour aboutir à un produit global optimal. L'étude ethnographique des chaînes de fabrication (voir plus bas) montre cependant que cette représentation ne tient pas compte du fait que les groupes de travail, même astreints à des tâches définies dans les moindres détails, sont capables d'élaborer leurs propres systèmes de décompte du temps. S'il est vrai que l'organisation du temps de travail est plus précise dans le secteur manufacturier que dans tout autre domaine, elle ne parvient, même dans ce secteur, qu'à une rationalité limitée, faute de prendre en considération les valeurs collectives ou de prévoir les défaillances techniques, l'évolution du marché ou la diminution de la main-d'œuvre. En fait, dans les entreprises contemporaines qui produisent pour le marché, le recensement des ressources en temps n'est jamais aussi précis et rigoureux que le supposent les modèles prétendument « rationnels ». La stabilité et les horizons à longue échéance sont un luxe que peu d'entreprises capitalistes connaissent en cette fin de siècle agitée (Emery et Trist, 1965). Malgré l'apparition de technologies destinées à assurer une certaine stabilité dans le temps (robotique, conception et fabrication assistées par ordinateur, etc.), l'organisation du travail, pour la plus grande partie de la production industrielle, reste soumise au jugement des employeurs et aux réactions des travailleurs. L'organisation systématique du temps de travail constitue rarement, dans la pratique, un ensemble de solutions idéales à des problèmes mécaniques, car les stratégies temporelles sont généralement fondées sur des prévisions imparfaites. Les coutumes, les rites et les cérémonies viennent réfléchir les décisions et les processus de production.

UNE NOUVELLE DIRECTION DE RECHERCHE EN MATIÈRE DE TEMPS DE TRAVAIL?

Le temps de travail apparaît donc comme une réalité beaucoup plus riche que ne le suppose le courant dominant de la sociologie industrielle. Les principales écoles, en particulier le fonctionnalisme et le structuralisme marxiste, sont pour l'essentiel incapables d'appréhender la signification de la temporalité industrielle. Elles se contentent, pour toute explication, soit de distinguer des types idéaux d'organisation du temps, soit d'affirmer que cette organisation reflète les rapports de production capitalistes. Bien qu'axées sur des problématiques différentes (dans un cas celle de l'ordre, et dans l'autre celle du conflit), les méthodes de ces deux écoles procèdent des mêmes principes nomothétiques.

Pour élaborer une véritable analyse du temps de travail, il faut par conséquent, nous semble-t-il, échapper à l'emprise du fonctionnalisme et du structuralisme radical, et se tourner vers d'autres conceptions des sciences sociales, vers des théories qui analysent le phénomème en termes qualitatifs et non pas seulement quantitatifs. Pour accéder à une vision plus globale, nous devons recourir à des paradigmes interprétatifs fondés sur un humanisme radical autant qu'à des paradigmes fonctionnalistes ou fondés sur un structuralisme radical. En somme, nous avons besoin d'explications qui reposent sur un ensemble plus large de présupposés métathéoriques.

Les deux paradigmes du temps de travail

Paradigme linéaire — quantitatif	Paradigme cyclique — qualitatif
Réalisme	Nominalisme
Déterminisme	Volontarisme
Linéarité	Circularité
Homogénéité	Hétérogénéité
Nomothétique	Idiographique
Quantité	Qualité

UN PARADIGME CYCLIQUE ET QUALITATIF

La théorie

Les théories interprétatives du temps ne sont pas aussi rares qu'on pourrait le croire. L'école française et l'école américaine de sociologie ont également cherché à développer une conception cyclique et qualitative du temps. En France, Hubert (1905), Hubert et Mauss (1909), Mauss (1968), Durkheim (1985) ont tous mis l'accent dans leurs écrits sur le caractère rythmique de la vie sociale en élaborant un concept du « temps qualitatif » très éloigné de la conception qui réduit le temps à une simple durée mesurable. Hubert (1905), par exemple, définit le temps comme une structure symbolique qui exprime l'aspect rythmique de l'organisation sociale. Ce thème est également développé par Durkheim qui étudie le caractère social du temps (Isambert, 1979). Durkheim voit essentiellement dans le temps un phénomène collectif, un produit de la conscience collective (Pronovost, 1986). Pour Durkheim, les membres d'une société ont en commun la même conscience du temps; le temps est une catégorie sociale de la pensée, un produit macrosociologique. Le temps collectif est la somme de processus dont l'enchevêtrement constitue le rythme culturel d'une société déterminée. Selon Durkheim, « le rythme de la vie collective domine et embrasse les rythmes variés de toutes les vies élémentaires dont il résulte; par suite, le temps qui l'exprime domine et embrasse toutes les durées particulières » (1985, p. 631). Pour Durkheim, le temps est donc un produit de la vie sociale et fait l'objet de représentations collectives. Il se divise en une infinité de processus correspondant à différentes activités, qui se rassemblent ensuite pour former un rythme culturel global (Pronovost, 1986).

Aux États-Unis, Sorokin et Merton (1937) ont également souligné le caractère cyclique et qualitatif du temps social. Leurs analyses s'inspirent non seulement de Durkheim, mais aussi et surtout des premiers représentants de l'anthropologie culturelle tels que Codrington (1891), Hodson (1908), Nilsonn (1920), Best (1922) et Kroeber (1933). Cette synthèse leur permet de mettre en évidence les aspects qualitatifs du temps aussi bien au niveau microsociologique qu'au niveau macrosociologique. Tout en insistant sur le caractère discontinu, relatif et spécifique du temps au niveau microsociologique (« Le temps social présente des différences qualitatives en fonction des croyances et des coutumes qui sont propres à la collectivité. » (p. 615)), ils notent, comme Durkheim, que « la division du temps est souvent déterminée par le rythme de la vie collective » (p. 615). Ils vont même plus loin. Tandis qu'Evans-Pritchard, dans ses travaux sur les Nuer, montre comment le temps social tire sa signification de certaines activités, Sorokin et Merton adoptent une position qui est plus caractéristique de la sociologie de la connaissance. Ils soutiennent que l'esprit finit par associer les événements avec le moment auquel ils se produisent et ne distingue des périodes particulières que dans la mesure où il leur accorde de l'importance. S'appuyant sur les travaux de l'anthropologue Gurdon (1914), ils affirment que les « systèmes d'évaluation du temps reflètent les activités sociales du groupe » (p. 620). Sorokin et Merton (1937, p. 623) ont surtout démontré que le concept de temps qualitatif était important, non seulement pour comprendre les sociétés primitives, mais aussi pour comprendre les sociétés industrielles modernes. « Le temps social, écrivent ces auteurs, est un temps qualitatif, et non pas seulement quantitatif [...] Son aspect qualitatif est déterminé par les croyances et les coutumes de la collectivité [...] Il traduit les rythmes, les pulsations, les cadences de la vie sociale. »

Enfin, c'est peut-être à Georges Gurvitch (1958) que nous devons la tentative la plus ambitieuse pour mettre en évidence l'hétérogénéité du temps social. Dans une étude très subtile, mais qui n'est pas toujours très claire, Gurvitch distingue huit types de temporalités qui illustrent la complexité de la notion de temps dans les sociétés de classes modernes (le temps de longue durée, le temps en trompe-l'oeil, le temps des battements irréguliers entre l'apparition et la disparition des rythmes, le temps cyclique, le temps en retard sur lui-même, le temps d'alternance entre retard et avance, le temps en avance sur lui-même et le temps explosif). Les cultures modernes se caractérisent, suivant Gurvitch, par une combinaison de temporalités qui s'opposent entre elles; chaque groupe social livre aux autres une lutte continuelle afin de leur imposer les temporalités qu'il juge « appropriées ». Comme d'autres auteurs avant lui, Gurvitch distingue d'une part les temporalités *microsociales* propres aux groupes et aux communautés, et d'autre part les temporalités *macrosociales* qui caractérisent, par exemple, les systèmes ou les institutions. Il se réfère constamment à la « multiplicité des temps sociaux » et note que dans chaque classe sociale on trouve un grand nombre d'échelles et de niveaux temporels. L'analyse macrosociologique de la temporalité révélerait notamment l'existence d'une double échelle du temps; au temps unifié et hiérarchisé de la structure sociale s'opposerait le temps plus flexible de la société elle-même.

Ainsi, selon ces auteurs, les sociétés modernes possèdent, tout comme les sociétés primitives, plusieurs systèmes d'évaluation du temps dont chacun serait fondé sur une combinaison particulière de durées, de successions et de significations. Ces systèmes, contrairement à ceux qui reposent sur un paradigme linéaire, ne supposent pas l'uniformité des rythmes, ni la divisibilité des durées, ni l'addition des moments. Ils mettent l'accent sur l'expérience culturelle et la construction du sens; il s'agit d'étudier comment les sociétés élaborent des significations temporelles, et non comment elles réagissent à des structures temporelles: d'expliquer le caractère cyclique et qualitatif du temps social.

La pratique

Si nous voulons montrer comment cette théorie se traduit dans la pratique, il nous faut d'abord décrire empiriquement le type d'analyses que permet une étude qualitative du temps de travail. Le paradigme cyclique et qualitatif n'ayant malheureusement pas été beaucoup développé, nous ne pouvons l'illustrer que par un petit nombre de travaux. C'est pourquoi nous examinerons seulement quatre études: l'analyse consacrée par Roy (1960) à l'organisation du temps par les ouvriers d'une usine, l'étude de Ditton (1979) sur les stratégies temporelles des ouvriers d'une boulangerie, la description par Cavendish (1982) d'une « bataille des horaires » autour d'une chaîne de montage, et l'étude de Clark (1978, 1982) sur les répertoires temporels. Bien que ces études ne représentent, pour l'essentiel, que des tentatives isolées et inconscientes d'explication de l'hétérogénéité du temps, elles n'en sont pas moins importantes pour les raisons suivantes:

a) elles tendent à instaurer une ontologie nominaliste;
b) elles montrent que l'organisation du temps peut être volontaire, et non pas seulement déterminée par le système de production;
c) elles s'appuient sur des méthodes idiographiques (et notamment sur l'observation participante par des chercheurs qui se font passer pour des travailleurs ordinaires).

Ces travaux peuvent servir de point de départ aux chercheurs qui veulent élaborer un paradigme ethnographique pour l'étude du travail.

Par conséquent, nous plaçant dans une perspective méthodologique, nous allons d'abord décrire le type d'analyses auquel recourt chacune de ces études, puis comparer les méthodes qu'elles utilisent, et enfin formuler un certain nombre de propositions destinées à préciser le paradigme qualitatif.

« L'heure des bananes » (Roy)

Des quatre études que nous avons citées, la plus connue est probablement celle de Roy (1960). Dans un article qui a marqué l'histoire de la sociologie industrielle, Roy fait appel aux données de l'anthropologie pour faire ressortir le caractère cyclique du temps de travail. Il montre comment des travailleurs astreints à des tâches monotones donnent un sens à leur expérience vécue en élaborant collectivement un ensemble de rites marquant le retour de certains moments. Il note que ces ouvriers réussissent à rendre leur temps de travail supportable en superposant au processus technique de production tout un ensemble de rites sociaux. Roy décrit, au moyen de méthodes qualitatives, les significations que les travailleurs surajoutent à leurs tâches quotidiennes. Son exposé de la vie dans un atelier d'usinage nous fait comprendre que le compte du temps est en grande partie un ordre négocié. Nous voyons notamment comment le « jeu du travail » contribue à rendre le travail supportable. Ainsi, le groupe avec lequel Roy travaillait avait établi son propre système de calcul du temps, en fonction de divers événements. La longue journée de travail était ponctuée par plusieurs moments qui étaient chaque fois l'occasion de se livrer à une forme particulière d'interaction sociale. Le retour régulier de ces moments (l'heure des pêches, l'heure des bananes, l'heure de la fenêtre, du remontant, du poisson, du coca), auxquels étaient associés des thèmes particuliers (plaisanteries ou thèmes « sérieux ») transformait la journée de travail — qui, autrement, n'aurait été qu'un unique et interminable espace de temps — en une série d'activités sociales périodiques. Au lieu de former un seul et vaste horizon temporel, la journée se décomposait en plusieurs périodes de courte durée. Roy raconte qu'il fut découragé au début par les maigres possibilités que semblait offrir la situation, mais qu'il se rendit bientôt compte qu'« une interaction constante réveillait ou retenait à tout moment l'attention des ouvriers pour faire passer plus vite leur longue journée de travail » (p. 215).

« Le temps de la boulange » (Ditton)

L'étude consacrée par Ditton (1979) à la perception du temps chez des ouvriers boulangers se situe pour l'essentiel dans la même tradition que l'analyse de Roy. Ditton décrit, lui aussi, l'élaboration collective du temps et les stratégies que mettent au point les travailleurs « pour rompre la monotonie de leur travail [...] pour diviser un temps interminable en fragments de durée supportable, pour maîtriser psychologiquement le temps » (p. 160). Il montre que la gestion du temps et le sentiment qu'on a de celui-ci varient selon le type de travail effectué. Ainsi, la boulangerie comprenait deux productions principales: la « grande boulange » (la fabrication du pain) et la « petite boulange » (la fabrication des petits pains). Le travail n'était pas le même dans les deux cas. Il était plus difficile, plus fatigant et plus pénible (à cause de la chaleur plus grande et de l'effort physique nécessaire) dans le premier cas. La grande boulange avait pourtant la préférence des ouvriers parce que le nombre et la rapidité des gestes à accomplir y faisaient paraître plus courte la journée de travail. Dans la petite boulange, le travail n'était supportable que parce que le rythme plus lent de la production donnait aux ouvriers plus d'occasion de « manipuler » le temps.

Mais Ditton ne montre pas seulement comment un décompte du temps fondé sur le retour d'événements périodiques contribue à donner une signification à la journée de travail; il nous montre aussi que cette façon de compter fait partie d'une stratégie. Il ne montre pas seulement que la direction et les employés de la boulangerie n'ont pas les mêmes stratégies temporelles, mais aussi que ces stratégies différentes sont directement liées à des conceptions du temps différentes. À la conception linéaire de la direction s'oppose la conception cyclique des travailleurs. La direction se préoccupe du temps linéaire des horloges — qui permettent de calculer et de diviser les durées, et mesurent le rythme incessant des machines — alors que les travailleurs se servent de leur connaissance des cycles événementiels pour maîtriser le temps. Les ouvriers de la boulangerie avaient en fait à leur disposition toute une panoplie d'« actes instrumentaux non officiels » leur permettant d'influer sur le rythme de la production. Ditton s'est efforcé, dans son étude, de montrer que les stratégies auxquelles répondait l'appropriation de ces actes visaient principalement les cinq objectifs suivants: « créer du temps », « reprendre du temps », « arrêter le temps », « aménager le temps » et « éviter du temps ». Les différents rôles dans le travail de la boulangerie étaient évalués en fonction de la possibilité qu'ils laissaient aux travailleurs de gérer le temps à leur profit.

« *Faire ses heures* » *(Cavendish)*

L'importance stratégique du temps pour les travailleurs apparaît également dans l'étude où Cavendish (1982) montre comment les ouvrières d'un atelier de montage « font leurs heures ». Elle insiste (encore plus que Ditton) sur le rôle fondamental que joue le temps dans la lutte globale entre le capital et le travail. Ainsi, comme c'est leur temps que les ouvrières vendaient à leur employeur, elles faisaient une nette distinction entre leur temps à elles et celui du patron. La ponctualité était la principale qualité qu'exigeait la direction; et les différends auxquels donnait lieu le pointage à la sortie de l'usine avaient une signification qui n'était pas seulement symbolique: « La direction essayait vraiment d'empiéter sur notre temps », « et nous de résister à ces empiètements » (p. 117). Cavendish explique, comme l'avaient fait Roy et Ditton, que le temps de travail n'est pas seulement une condition limite objective, mais aussi un *état subjectif*; elle indique notamment que le temps est éprouvé différemment suivant la situation sociale à laquelle le groupe des travailleurs doit faire face. Cavendish remarque que le fait de travailler à la chaîne transforme complètement le sentiment qu'on a du temps (p. 112); elle raconte que les ouvrières avaient élaboré des « rites » qui servaient à faire passer la journée plus vite et à morceler la semaine. « C'était la même chose tous les jours, dit-elle, mais les petits drames quotidiens nous aidaient à donner un sens à chaque journée » (p. 115).

« *Répertoires temporels* » *(Clark)*

Il est important de remarquer, pour terminer, que certains des travaux les plus innovateurs dans ce domaine sont le résultat des recherches réalisées par Clark (1978, 1982), en particulier dans une étude sur les rythmes temporels dans l'industrie de la betterave sucrière (1982). Dans cette étude, Clark montre combien la différenciation temporelle représente un lien fondamental entre la structure d'une entreprise et sa culture. Clark affirme qu'en faisant la description d'organisations d'une manière statique, les sociologues ont négligé de considérer que les structures « varient de façon rythmée » (1978, p. 406). Il estime que toute organisation de taille importante subit des transformations périodiques quant à l'intensité de production ou de service, et que ces transformations modifient le caractère du climat de l'organisation.

En ce qui concerne le traitement de la betterave à sucre, Clark insiste sur le fait que le cadre temporel de l'organisation repose sur l'expérience de « deux séries d'activités périodiques nettement contrastées » (1982, p. 11). Il se demande si ces activités n'ont pas finalement pour effet de modifier la conscience temporelle en instituant la construction sociale de deux types de « répertoires temporels », dont chacun possède des règles et des structures particulières (1982, p. 12). Dans ses travaux de documentation, Clark signale par exemple les différences profondes à constater dans ces activités entre la période effective de traitement des betteraves (de septembre à janvier) et le reste de l'année, lorsque la main-d'œuvre de base est occupée à des tâches subsidiaires. Clark souligne l'état d'excitation au début de la « campagne » (à partir de septembre) et l'anticipation présente dans la période de démarrage, ainsi que la phase de traitement qui semble transformer le rapport entre les ouvriers et leur famille.

Cependant, il démontre également qu'au fur et à mesure que la campagne évolue, la main-d'œuvre s'aliène progressivement vis-à-vis du travail, ce qui a pour effet, entre autres, de déclencher des conduites de contrôle plus manifestes de la part de la direction. En effet, Clark constate que vers le mois de janvier la main-d'œuvre se réjouit de l'arrivée de la seconde période de transition importante, c'est-à-dire une fois la phase de traitement terminée; les ouvriers sont alors répartis en groupes relativement autonomes, chacun ayant une tâche distincte à effectuer. Clark prétend que ces modalités de travail sont pour la plupart essentiellement cycliques et contribuent à façonner l'appréciation du temps au sein même de l'organisation. Ces activités sont des facteurs déterminants dans l'organisation des répertoires temporels.

En recherchant un concept pour expliquer les bases sociologiques des répertoires temporels, Clark fait appel à l'étude anthropologique de Gearing (1958) et à la notion de « pose structurelle » (Clark, 1978). Clark utilise ce concept pour expliquer des exemples de récursivité dans différentes organisations du travail, en particulier pour montrer que des séquences similaires sont valables en différentes occasions. Clark soutient que les répertoires temporels sont composés d'ensembles de poses structurelles basées sur l'expérience de la circularité dans l'organisation temporelle de l'entreprise. Ce n'est qu'en se faisant une idée plus approfondie des répertoires temporels que les employés se mettront à comprendre les différents rythmes de l'organisation, et par conséquent sa temporalité hétérogène.

LES ANALYSES QUALITATIVES ET LA MAÎTRISE DU TEMPS

Ces quatre études sont importantes dans la mesure où elles constituent quelques-uns des rares essais d'analyse qualitative du temps de travail. À cet égard, elles offrent aux chercheurs les premiers éléments d'un nouveau paradigme pour l'étude du temps tel qu'il est vécu par les travailleurs de l'industrie. Ces études de cas bien documentées inaugurent sans doute une série d'analyses qui viendra compléter les explications trop générales du paradigme linéaire quantitatif.

Les méthodes

Chacune de ces études accorde en particulier une place importante à la construction sociale du temps de travail. La principale métaphore qui y désigne le travail est la métaphore du jeu: le travail est un jeu, mais un jeu dans lequel les joueurs peuvent poser quelques-unes des règles. Les quatre auteurs mettent l'accent sur l'idée de signification et soulignent notamment que la signification résulte d'une objectivation des moments vécus par le groupe. La signification est assurée par l'identification que le groupe établit entre ces moments et certains événements, déterminant ainsi des types d'interaction qui se reproduisent régulièrement. Le groupe éprouve un sentiment de satisfaction et prend conscience de son identité grâce au retour périodique de ces moments dont chacun est associé à la mise en scène d'un événement particulier de la vie sociale. Cette organisation de la journée de travail ouvre une série d'horizons temporels dont le groupe connaît d'avance la succession. En fait, ces interactions périodiques ne soumettent pas seulement la journée de travail à un ordre social; elles rendent possible un décompte hétérogène du temps.

L'analyse des métathéories qui sous-tendent ces études montre qu'elles sont, toutes les quatre, caractéristiques d'une conception qualitative et ethnographique. Sur le plan ontologique, elles laissent entendre que la réalité sociale n'est guère structurée que par des mots, des concepts et des étiquettes. Ces étiquettes sont des créations artificielles qui nous servent à nous accommoder du monde extérieur et à lui donner un sens. Sur le plan épistémologique, les quatre études s'opposent nettement au positivisme et à la recherche de prétendues lois sociales. Elles expriment une conception essentiellement relativiste de la réalité sociale: il semble que l'on ne puisse connaître et comprendre celle-ci qu'en se mettant à la place des individus qui sont engagés dans les activités situées au centre du système, et en adoptant leur cadre de référence. L'enquête sociologique est ici conçue comme une démarche subjective; l'action sociale doit être comprise « de l'intérieur » (Evered et Louis, 1981). Toutes ces métathéories se traduisent d'ailleurs sur le terrain, au stade de la collecte des données, par l'utilisation de méthodes idiographiques — méthodes essentiellement fondées sur l'idée qu'on ne peut comprendre la vie sociale qu'en assistant directement à son déroulement. Il faut, suivant cette conception, étudier de près une situation précise, acquérir une connaissance détaillée de son contexte et participer à la vie quotidienne de ses acteurs afin de porter un témoignage personnel sur cette situation.

La maîtrise du temps

Si les quatre études s'appuient sur des méthodes comparables et si elles relèvent en partie d'une même conception fondamentale des sciences sociales, elles considèrent cependant sous des angles différents la question de la maîtrise du temps. Ainsi, tandis que pour Roy la maîtrise du temps constitue une défense contre l'ennui et l'aliénation, Cavendish et, dans une moindre mesure, Ditton en font un enjeu central des contradictions entre le capital et le travail. Alors que l'étude de Roy annonce le « néo-conservatisme » qui caractérise l'ethnométhodologie et la théorie des interactions symboliques (Garfinkel, 1967; Denzin, 1970), celle de Cavendish nous paraît s'inspirer davantage de la théorie des conflits (Lane et Roberts, 1971; Beynon, 1973; Nichols et Beynon, 1977). Par conséquent, si l'analyse de Roy trouve tout naturellement sa place à l'intérieur d'un paradigme interprétatif, celles de Cavendish et de Ditton sont plus caractéristiques de l'humanisme radical.

L'examen des métathéories sous-jacentes à la conception de la maîtrise du temps qui caractérise chacune de ces études enrichit d'une dimension supplémentaire notre grille d'analyse. Les présuppositions qui commandent le débat sur la question de savoir si le temps de travail est un facteur d'ordre ou de conflit nous offrent en effet de nouvelles possibilités méthodologiques. On peut considérer que l'organisation du temps de travail favorise la cohésion, le consensus, l'intégration et la stabilité, mais on peut aussi bien soutenir qu'elle est à l'origine de conflits, de dissensions et de contraintes (Cohen, 1968, p. 166-167). Aussi, les premières études qualitatives nous ont-elles révélé non seulement la richesse des analyses idiographiques, mais aussi la diversité des interprétations auxquelles se prête la question de l'ordre social.

CONCLUSION

La sociologie industrielle est dominée par la conception selon laquelle le temps est quelque chose d'objectif, de mesurable, de rare et de précieux. Cette conception, qui se veut rationnelle, souligne l'homogénéité du temps, son caractère quantifiable et l'uniformité de sa répartition. Le temps consacré au travail occupe dans nos vies une place centrale autour de laquelle s'ordonnent tous les autres temps de notre existence sociale (Pronovost, 1986). Comme nous évaluons les résultats de l'activité économique en fonction du nombre d'heures nécessaires à la production de certains biens, le temps lui-même apparaît comme une marchandise. En conséquence, les lieux de travail sont présentés comme des merveilles de synchronisation. Les systèmes de production de l'industrie moderne, où l'assemblage des pièces comprend une série d'opérations chronométrées, sont considérés comme l'expression la plus parfaite de la rationalité technologique; c'est là que la conception quantitative du temps trouve sa plus pure incarnation.

En concentrant son attention sur le temps quantitatif, la sociologie industrielle a sous-estimé l'importance du temps qualitatif. Elle a négligé le temps vécu au profit des structures temporelles. Elle s'est beaucoup plus intéressée à l'organisation méthodique du temps de travail dans les systèmes de décomposition des tâches qu'à la façon dont ceux qui exécutent ces tâches donnent un sens au temps. Obnubilés par la réification du temps, nous avons traité celui-ci comme un élément objectif, homogène et nettement délimité, oubliant que le temps est vécu comme une abstraction subjective, hétérogène, aux contours variables. Les relations complexes qui unissent les systèmes de production, la main-d'œuvre et l'environnement donnent naissance à des types de temporalité et à des rythmes temporels extrêmement divers. Alors que la plupart des postes de travail sont définis en fonction d'une description formelle des activités, la signification que les travailleurs confèrent à leur travail repose sur une typologie informelle des événements. Les tâches ne se particularisent pas seulement suivant la place qu'elles occupent dans un planning explicite, mais aussi en fonction des représentations collectives élaborées par les travailleurs. L'expérience du travail est inextricablement liée à la façon dont les travailleurs se représentent, individuellement et collectivement, le temps.

TEMPS ET TRAVAIL EN AFRIQUE

Emmanuel KAMDEM

Le temps constitue une des ressources fondamentales de l'entreprise. Sa bonne gestion contribue beaucoup à l'amélioration des performances individuelles et collectives. Ce constat ne date pas d'aujourd'hui. Déjà, F.W. Taylor (1957, p. 224-236), un des premiers théoriciens des organisations, a montré la portée d'une étude approfondie des temps et mouvements, dans la perspective de mieux développer les aptitudes individuelles au rendement. L'évocation de ce nom peut sembler donner un caractère taylorien à l'analyse que nous nous proposons de faire sur le temps et le travail en Afrique. Telle n'est pas du tout notre ambition. Simplement, nous voulons dire que la problématique du temps en milieu de travail a toujours été une des préoccupations centrales des gestionnaires. Depuis Taylor, on a assisté à une mise en veilleuse des études sur le temps en général et particulièrement dans le contexte de la vie professionnelle, et cela jusque dans les années soixante-dix à partir desquelles ce thème va davantage inspirer les chercheurs et les analystes de différents horizons. Un constat s'impose aujourd'hui: le temps est devenu une des préoccupations majeures des théoriciens et des gestionnaires des organisations ainsi qu'un des thèmes féconds de recherche dans le domaine des sciences humaines et sociales. La création récente au sein de l'Association internationale de sociologie de langue française (A.I.S.L.F.) d'un comité de recherche spécialisé dans l'étude des temps sociaux, la multiplication et la diversification des recherches consacrées à ce thème[1], les nombreux colloques et séminaires organisés ces dernières années sur le sujet, constituent bien la preuve incontournable d'une redécouverte de la valeur primordiale du temps dans le fonctionnement des organisations. Cette redécouverte a permis de mieux comprendre l'acuité du problème du temps dans la vie au travail et hors travail, principalement dans les pays industrialisés et de culture occidentale qui, pour l'instant, constituent le principal champ d'étude dans ce domaine.

Une démarche similaire s'impose aussi pour les pays en voie d'industrialisation et principalement ceux d'Afrique qui connaissent, en ce moment, les soubresauts des mutations culturelles et industrielles. En effet, l'invasion de ces pays par des techniques de production conçues en Occident et adaptées aux besoins de la société industrielle crée une situation de rupture entre l'entreprise ou le monde du travail et le milieu social environnant. Cette rupture est surtout perceptible à travers les nombreuses difficultés généralement rencontrées par les travailleurs africains pendant l'insertion en milieu industriel dans leurs propres pays (perception approximative de la valeur et de la signification du travail salarié, valorisation excessive des liens parentaux au détriment des liens contractuels dans la relation de travail, faible adhésion aux normes du travail industriel, etc.).

Mais, en réalité, cette rupture n'est que la conséquence logique d'un phénomène d'ensemble qui se résume en une opposition de systèmes, un conflit. Qu'il s'agisse du temps ou du travail, la différence est bien marquée entre ce qu'on pourrait considérer comme un système industriel rigide et normalisé de représentation et d'organisation des activités, et un système traditionnel ou informel[2]. Chacun de ces systèmes aurait des caractéristiques propres et originales dont la manifestation n'est que l'expression d'un héritage culturel ou d'un certain niveau d'industrialisation de la société. Dans ces conditions, l'analyse des relations entre le temps et le travail en Afrique n'est possible que si l'on commence à répondre à une série de questions aussi simples mais aussi difficiles que: « De quelle Afrique s'agit-il? » « Par rapport à quel système se situe-t-on? »

Une première ébauche de réponse consisterait à considérer l'Afrique actuelle comme un cadre d'opposition et d'interaction entre trois principaux types de système: un système traditionnel original, un système intermédiaire et un système industriel moderne. Chacun de ces systèmes aurait un cadre géographique privilégié d'expression et de manifestation (le village, les bidonvilles ou les quartiers périphériques en milieu urbain et la ville, symbole de l'urbanisation et du progrès). Chacun de ces systèmes serait le centre d'élaboration et de développement d'un ensemble de représentations sociales et de comportements plus ou moins différenciés, dans plusieurs domaines de la vie (la famille, le travail, etc.). En réalité, aucun de ces trois systèmes ne constitue actuellement une véritable référence pour le développement d'une personnalité et d'une culture africaines adaptées aux exigences du monde actuel. En effet, à côté d'une Afrique traditionnelle qui se disloque et s'effrite au jour le jour, se bâtit une Afrique moderne qui entend occuper une place honorable dans le concert des nations en voie d'industrialisation tout en restant attachée à une culture originale souvent mal maîtrisée.

Notre intervention dans ce débat sur une approche pluridisciplinaire de l'identité, de l'organisation et de la culture sera principalement consacrée à une réflexion sur deux notions centrales dans le fonctionnement des organisations: le temps et le travail. Cette réflexion dégagera quelques-unes de leurs caractéristiques du point de vue des sociétés en développement industriel et en mutation culturelle. L'exemple des sociétés africaines traditionnelles, principalement celles que l'on retrouve au sud du Sahara servira de base d'analyse. Cette réflexion contribuera également à pallier quelque peu l'insuffisance des travaux sur les comportements en milieu organisationnel africain et à jeter les jalons d'une étude approfondie des attitudes et des comportements, en particulier à l'égard du travail et du temps.

Le texte sera divisé en trois parties: après avoir fait un survol de quelques caractéristiques fondamentales du travail en milieu traditionnel africain, dans un premier temps, on s'attardera ensuite à dégager quelques-unes de leurs conséquences sur la représentation et les structures de temps. Cela permettra, par la suite, de s'interroger sur la problématique d'insertion en milieu industriel des travailleurs africains en tenant compte des niveaux de différenciation dans la perception du travail et du temps. Enfin, l'analyse des faits, dit-on, n'est véritablement significative que si elle s'appuie sur leur description tels qu'ils ont été vécus. La présentation, en annexe, d'un cas vécu de perception différenciée et conflictuelle des interactions entre le travail et le temps apportera un dernier éclairage sur l'acuité du problème.

VALEURS, SIGNIFICATION ET CARACTÉRISTIQUES DU TRAVAIL EN MILIEU TRADITIONNEL AFRICAIN

Variations historiques et culturelles de la signification du travail

Une réflexion sur le thème du travail appelle quelques précisions sur sa signification profonde dans différentes sociétés et à différentes périodes. De ce point de vue, une brève analyse nous permet de définir deux modèles de représentation du travail qui ont marqué certaines sociétés à différentes périodes de leur évolution.

Dans son approche du problème des motivations au travail, l'historien J. Ellul (1982, p. 13) nous aide à définir un premier modèle à partir d'une recherche de la valeur des différentes activités caractéristiques de la société romaine avant J.C. Il écrit: « Le modèle de vie, l'idéal, la valeur, c'est l'otium. Non pas la fainéantise, la paresse: l'otium est une conception de la vie selon laquelle ce qui est digne d'un homme libre, c'est consacrer son temps à la culture, les jeux, la politique, les informations, le discours, la rencontre amicale, l'organisation de fêtes et cérémonies, etc. » De ce constat, il apparaît que cette société est essentiellement fondée sur des activités de culture et de loisirs. Le travail, perçu comme une activité de production et de transformation de la nature, est contraire à l'*otium*. Il est porteur de contraintes et est principalement le fait des esclaves. Le travail apparaît ainsi comme l'une des principales sources d'aliénation de l'individu. Ajoutons qu'il s'agit bien là d'une conception aristocratique de la vie, qui débouche sur une rupture entre les activités de travail (réservées aux esclaves) et les autres formes d'activités sociales ou récréatives. Une telle conception de la vie, partagée entre le travail pour les uns (esclaves) et la distraction permanente pour les autres (classes supérieures), diffère beaucoup de ce qu'on observe très souvent dans les sociétés africaines traditionnelles au sein desquelles l'activité de travail se différencie fort peu des autres activités dominantes de la vie sociale et dans lesquelles « l'homme en production n'est pas détaché de celui des rapports sociaux ni des symboles », comme le fait si bien remarquer O. Aktouf (1985, p. 247). En résumé, dans le modèle aristocratique romain, l'homme qui travaille est différent de celui qui se consacre aux activités distractives, alors que dans le modèle africain traditionnel l'homme qui travaille est le même que celui qui parle, qui chante et qui danse.

Avec le développement des sciences et techniques industrielles et l'avènement de la société de consommation, un nouveau modèle de représentation du travail s'impose en Occident d'abord et progressivement dans les pays en développement industriel. Il s'agit, comme l'observe le philosophe zaïrois P.E.A. Elungu (1987, p. 144, 145), du « travail productif et rémunérateur » qui va servir de fondement à l'organisation et au fonctionnement des sociétés industrielles. Voici ce qu'il écrit à ce propos: « La société urbaine, comme la société étatique, plus englobante, est une société constituée et fondée par le travail; le pouvoir lui-même se subordonne en quelque sorte à ces exigences du travail et lui sert très souvent d'instrument. » Il ajoute plus loin:

> À l'opposé de la communauté villageoise, la société urbaine dépend du travail technique, productif et rémunérateur comme de son facteur constitutif. Ce qui fait aussi, que, tandis que la société villageoise reste close, limitée aux membres qu'unissent les liens du sang, la société urbaine reste ouverte grâce au contrat de travail, à quiconque saura, grâce à ses compétences techniques s'offrir et se louer en tant que facteur de production, en tant que travailleur. »

Le travail apparaît ici comme une véritable source d'affirmation et de libération de soi. Il est ce qui permet à l'individu d'acquérir un statut social, et le reste de ses activités, en particulier celles de la vie hors travail, vont être déterminées et organisées en fonction de cette activité première et prioritaire qu'est le travail.

Ces premières remarques nous guident mieux dans notre tentative de déterminer les valeurs du travail en milieu traditionnel africain. Il importe de rechercher ces valeurs dans les fondements des cultures africaines traditionnelles dont Elungu (1987) nous aide à dégager trois traits majeurs pouvant servir à l'analyse de la signification du travail: la permanence de la vie, la prééminence du groupe sur l'individu et la primauté des liens de parenté.

Le travail en milieu africain traditionnel est un facteur de préservation et de prolongement de la vie

L'organisation et le fonctionnement de la société africaine traditionnelle reposent sur un principe fondamental, celui de la permanence de la vie. Elle apparaît ainsi comme une société essentiellement « covitale », pour reprendre une expression d'Elungu (1987). La protection et le prolongement de la vie constituent la finalité de toute existence. Toute la culture africaine traditionnelle est fondée sur cette donnée première, comme l'atteste le philosophe zaïrois Kä Mana (1985, p. 401): « Dans la mesure où tout l'effort de compréhension des sociétés africaines s'est cristallisé autour du concept de force vitale, ou plus précisément de force-vie, la seule manière de saisir la ratio africaine est de comprendre chaque grande période de l'histoire africaine en regard du degré de force-vie atteint par les sociétés de l'Afrique. »

Sur le plan pratique, l'idée de permanence de la vie est au centre de l'une des traditions religieuses les plus vivantes dans les sociétés africaines aussi bien traditionnelles que modernes: le culte des ancêtres. Un des fondements déterminants des religions africaines traditionnelles est l'idée selon laquelle « les morts ne sont pas morts, ils vivent dans le souffle du vent qui gémit ». En d'autres termes, la mort n'est pas une fin en soi, elle n'est que la transition entre un monde visible et un monde invisible.

Pour l'homme de la société africaine traditionnelle, mourir ce n'est pas disparaître définitivement et pour toujours, mais plutôt « c'est renaître à la vie éternelle. L'homme qui meurt retourne à l'éternelle source de l'existence permanente. C'est alors que nous devrions nous réjouir. » C'est en ces termes que le philosophe et historien malien A. Hampate Ba (1988, p. 80) interprète l'attitude des Africains devant la mort qui est loin d'être une victoire sur la vie, mais plutôt le commencement d'une nouvelle vie[3].

C'est dans ce cadre qu'il faut situer la représentation que l'homme africain traditionnel se fait du travail. Parce que la vie est permanente et doit être vécue, rien, absolument rien ne devrait pouvoir contribuer à la rendre pénible ou à l'écourter. Toutes les activités accomplies par l'homme et principalement les activités de travail devraient pouvoir s'inscrire dans le prolongement de la vie, comme nous le rappelle très judicieusement Elungu (1987, p. 72): « La vie économique ne s'impose pas à la vie; le travail, loin de constituer le principe de différenciation entre les hommes par la distribution des tâches et des rôles sociaux, suit, au contraire, un clivage que la vie en s'instaurant, en se différenciant, établit parmi les hommes, c'est-à-dire, la différence des sexes. »

Par ailleurs, le travail ne devrait en rien constituer un moyen de domination au sein de la société, encore moins une source d'asservissement et de dépersonnalisation de l'individu. C'est dire que la vie, l'existence de l'individu ne devraient pas souffrir de l'exercice d'une activité quelconque de travail dans la mesure où cette dernière est source de contraintes diverses (physiques, morales, temporelles). Voici ce qu'en dit Elungu (1987, p. 73): « Jamais au sein de la communauté clanique, le travail ne donne l'occasion à l'homme de s'aliéner l'autre homme parce que jamais il n'est considéré comme une marchandise que l'on peut s'approprier par toutes sortes de moyens. Le travail n'est pas encore aliénable, n'est encore ni l'occasion ni la source d'aliénation pour les autres. »

Pour l'homme africain traditionnel, le travail c'est la vie, non pas qu'il faille passer toute sa vie à travailler pour vivre, mais parce que le travail et la vie sont étroitement liés; l'organisation de l'un ne devrait pas influer négativement sur le fonctionnement de l'autre, les deux se trouvant en situation d'harmonie et de cohésion et non d'opposition et de rupture comme c'est le cas dans les sociétés industrialisées.

Sur un autre plan, le travail est perçu non seulement comme une activité de production, mais aussi et surtout comme une activité de distraction et de loisir. Il est donc inconcevable que l'on puisse accomplir une tâche quelconque sans de temps en temps causer avec un voisin ou un collègue, se distraire en chantant ou en esquissant quelques pas de danse, etc. Du point de vue de l'approche taylorienne du travail, largement dominante en Occident, ces activités parallèles se traduisent par des gestes et mouvements « inutiles » qui perturbent considérablement l'individu en situation de travail et réduisent le temps « productif » de travail, compromettant ainsi la réalisation effective de ce dernier. Pour l'homme africain, ces activités distractives et récréatives pendant le travail sont absolument nécessaires parce qu'elles lui permettent de vivre sa situation de travail en harmonie totale avec sa vie sociale faite de jeux, de paroles, de fêtes et de loisirs. Par conséquent, lui faire le reproche d'introduire ces activités dans le cadre formel du travail, c'est chercher à le priver d'un droit fondamental pour sa survie: travailler, se distraire et vivre en même temps. Dans son ouvrage sur le rôle des facteurs socioculturels dans le développement, le sociologue R. Rezsohazy (1970, p. 156) met en exergue cette notion de travail-loisir sans laquelle l'on ne peut qu'avoir une perception biaisée des comportements au travail des Africains. Nous retiendrons principalement son affirmation suivante:

> Dans les sociétés traditionnelles où dominent encore l'économie de subsistance ou des modèles de travail libre (non réglementé par la société ou une pression sociale constante), il est malaisé de diviser le temps en activité professionnelle et loisir. Le travail est largement confondu avec le loisir où d'autres significations non professionnelles, comme la religion. Le concept de loisir lui-même s'applique difficilement. Non pas qu'il n'y ait point d'activité dont la finalité soit uniquement la récréation ou l'amusement, mais l'idée d'avoir un temps réservé à cela ou mis à part pour cela, séparé des autres manifestations de la vie, est inconnue.

On comprend mieux maintenant pourquoi le travailleur africain a généralement une perception paradoxale et négative du travail industriel, du travail rémunérateur importé de l'Occident. Tout en reconnaissant les avantages et autres bienfaits matériels que procure ce travail et qui sont indispensables à l'amélioration des conditions matérielles de vie, le travailleur africain affiche toujours une attitude ambivalente devant ce modèle de travail. Parmi les nombreuses raisons pouvant permettre d'expliquer cette attitude, deux nous paraissent essentielles. D'abord, le travail industriel et rémunérateur, de par son organisation et les conditions de son exécution, oblige l'individu à évoluer dans un environnement très appauvri et très traumatisant sur le plan des relations interpersonnelles. Or, la vie sociale repose en très grande partie sur la chaleur et la spontanéité de ces relations. En effet, dès la naissance, l'enfant africain se retrouve dans un milieu social essentiellement caractérisé par la densité, la richesse et la diversité des relations humaines. Il vit, pour reprendre une belle expression de T. Sylla (1981, p. 6), « dans un univers de gratification totale » où il est constamment entouré, sollicité et adulé par l'ensemble des membres du groupe familial (père, mère, tante, oncle, grands-parents, etc.) qui contribuent à développer autour de lui une ambiance sociale très gaie. Plus tard, il poursuit sa socialisation hors du cadre familial, en milieu scolaire ou social. Cette socialisation est essentiellement fondée sur la pratique d'un certain nombre de rites (rite de circoncision, d'excision, d'initiation à la vie sexuelle, d'accession à une classe d'âge déterminée, etc.)[4]. À ce propos, P. Erny (1972, p. 44) écrit: « Le rite intervient au niveau de la personnalité sociale, de cette insertion de l'individu dans une collectivité qui, aux yeux de la tradition africaine, est seule capable de lui donner un statut de personne, de le sortir de son état marginal pour le faire accéder à la condition d'homme. » Toutes ces considérations permettent de mettre en exergue la portée déterminante de la dimension affective et relationnelle de la vie de l'homme africain.

Ensuite, comme seconde raison, le travail industriel et rémunérateur est une source permanente de contraintes diverses qui contribuent beaucoup à la déshumanisation de l'individu. Le travailleur africain n'y retrouve pas très souvent cette dimension affective et relationnelle dont nous venons de parler comme une des caractéristiques fondamentales de sa vie sociale. Avec une personnalité et une identité grandement perturbées par les contraintes inhérentes à ce type de travail, peut-il encore savourer toutes les joies que procure la vie?

Certaines expressions très familières en Afrique: « le travail du Blanc ne finit jamais » ou encore, « c'est un travail de Blanc », etc., sont une belle illustration de cette réalité, à savoir que le travail industriel et rémunérateur exerce sur l'individu une emprise tellement forte qu'il a l'impression de ne plus disposer du temps nécessaire pour vivre. Loin de s'inscrire dans le cadre normal et naturel de la vie, ce travail contribue plutôt à la compromettre et à la perturber dangereusement.

Le travail en milieu africain traditionnel est principalement une activité communautaire

Un autre facteur qui nous semble déterminant pour caractériser le travail dans la société africaine traditionnelle est la dépendance totale dans laquelle se trouve l'individu par rapport au groupe. La vie et le travail de l'individu se fondent dans ceux de son groupe d'appartenance. Toute tentative de détachement du groupe, toute expression d'un comportement contraire à celui du groupe apparaissent comme une violation d'un des principes fondamentaux d'organisation et de régulation sociales. Encore une fois, Elungu (1987, p. 76) nous donne à ce sujet quelques indications essentielles: « La société, la culture comme expression de cette vision fondamentale du monde ne sera ni fondée sur les vertus individuelles et justifiée par elles, ni non plus fondée sur un groupe d'individus et expliquée par eux. »

Nous n'hésiterons pas ici, à l'instar d'Elungu (1987, p. 85), à considérer les cultures africaines traditionnelles comme des cultures « totalitaires » dans lesquelles la conscience individuelle et l'autonomie personnelle sont peu valorisées. Il précise plus loin: « Les comportements de tous et de chacun sont réglés conformément à cet ordre unique et hiérarchisé qu'il s'agit de préserver et de prolonger. Ce totalitarisme souligne l'absence de conscience individuelle comme source de l'ordre moral et comme dernière instance légitime. »

Cette vision globale des rapports entre l'individu et le groupe va se répercuter dans le fonctionnement du système des activités, en particulier celles qui sont liées au travail. Le travailleur se considère et agit, d'abord et avant tout, comme membre à part entière d'un groupe ou d'une communauté dont il se sent totalement solidaire.

Dans les économies traditionnelles, essentiellement de subsistance, les activités de travail (culture, cueillette, chasse, etc.) sont organisées sous forme de travaux communautaires au cours desquels chaque individu a bien évidemment un rôle précis à jouer. Dans les économies en développement industriel, cette vision communautaire du travail va se traduire par un refus systématique du travail parcellisé et individualisé. On mesure bien ici la misère profonde du travailleur africain en milieu industriel, prisonnier d'un poste de travail fixe qu'il doit occuper pendant un temps déterminé, privé de la chaleur humaine que procurent des conversations spontanées avec des collègues, etc. Cette misère est également, et dans une certaine mesure, éprouvée par le travailleur occidental.

D'un point de vue critique, cette conception communautaire du travail n'est pas exempte de limites. On peut, à juste titre, s'interroger sur le niveau de performance individuelle et sur le degré de participation de chacun à la réalisation d'une tâche commune. En d'autres termes, cette vision du travail n'est-elle pas de nature à favoriser la fainéantise, la paresse de certains individus qui chercheraient systématiquement à tirer profit du travail des autres, sans y apporter une contribution concrète et mesurable? Une des réponses possibles à cette objection consiste justement dans le fait que l'organisation du travail comme activité communautaire vise principalement à effacer les différences individuelles et à maintenir un système de partage et de compensation des efforts entre les individus en tenant compte de leurs capacités à produire. Un tel système offre une soupape de sécurité qui permet d'atténuer certaines inégalités dans le travail (en ce qui a trait au rendement, à la rétribution, etc.). Il ne s'appuie pas sur la performance individuelle comme critère privilégié d'évaluation des travailleurs.

Le sociologue ivoirien H. Bourgoin (1984, p. 121, 122), dans son ouvrage sur le management en Afrique, fait justement observer que:

> Dans une culture communautaire, les relations entre employeurs et employés vont ressembler à celles qui ont existé entre l'enfant et sa famille étendue. Elles se tisseront sur une base morale, engendrant des obligations mutuelles: protection de l'employé par l'employeur (indépendamment des performances du salarié) et loyauté vis-à-vis de l'employeur de la part de l'employé.

On comprend dès lors que le travail traditionnel, de par sa conception et son organisation, est loin de favoriser la concurrence individuelle, source d'inégalités et de division. Chaque membre de la collectivité y trouve un cadre irremplaçable de socialisation et de sécurisation, comme nous le rappellent G. Balandier et P. Mercier (1972, p. 288):

> L'accomplissement correct d'un travail exprime beauté, bonté, parfaite adaptation au monde, respect des anciens, juste considération accordée aux autres [...] Le prestige individuel du bon travailleur existe, mais il n'a de sens que par rapport au prestige ainsi acquis par le groupe, qui doit bénéficier des actes de chacun de ses membres. Si un prestige individuel ainsi acquis se veut séparé, il s'anéantit immédiatement.

Se fondant sur ce modèle culturel dominant de la vie et du travail communautaires, il importe de s'interroger sur les conséquences qui peuvent en résulter dans la gestion des entreprises aujourd'hui, en particulier en ce qui concerne les problèmes d'organisation du travail, d'évaluation et de motivation des salariés. En effet, une des sources des difficultés d'insertion en milieu industriel des travailleurs africains réside dans l'éclatement du travail communautaire et son remplacement progressif par le travail individuel et parcellisé. Au cours d'un récent diagnostic sur les facteurs de satisfaction et d'insatisfaction au travail dans une entreprise locale, nous avons noté cette réflexion d'une employée de bureau, secrétaire de direction:

> J'assure le fonctionnement quotidien du secrétariat du patron. Le plus dur dans mon travail, c'est la solitude. J'occupe toute seule le bureau du secrétariat et je dois rester toute seule pendant huit heures par jour. Mon patron expatrié ne tolère pas que je puisse de temps en temps inviter, dans mon bureau, une collègue pour discuter et me détendre un peu, et pourtant j'effectue les travaux qu'il me confie, dans les délais exigés. Je trouve cela vraiment triste, car comment peut-on travailler sans voir des gens, sans discuter?

Cette réflexion montre clairement que la rupture entre l'entreprise, les hommes et la société est profonde en Afrique autant qu'en Occident, sinon plus, et qu'il convient d'envisager des mécanismes de réajustement afin que le travail industriel ne continue pas à être perçu par l'homme africain simplement comme une source de nuisances, mais également comme une des solutions pour l'amélioration de ses conditions matérielles de vie. Cette réflexion nous invite, enfin, à prendre véritablement conscience de l'importance de la parole et du langage dans la vie des organisations. C'est du reste ce qui explique pourquoi toute une partie du présent ouvrage a été consacrée à une analyse des relations entre l'identité, la parole, le langage et l'organisation.

Le travail en milieu africain traditionnel est largement fondé sur la primauté des liens de parenté

Dans sa critique de l'économie capitaliste, Karl Marx, en posant le problème du matérialisme historique, nous aide à démontrer la persistance des liens de parenté dans les économies traditionnelles, en particulier dans le domaine du travail. En effet, la thèse marxiste sur la structure et le fonctionnement des économies capitalistes est fondée sur un concept central: le mode de production, défini comme un système composé de trois instances principales. Il y a d'abord une infrastructure économique à la base de tout le système. Il y a ensuite une superstructure politico-juridique et enfin une superstructure idéologique au sommet du système. L'infrastructure économique constitue l'instance déterminante de l'ensemble du système. Elle résulte d'une combinaison entre les forces de production (ensemble des conditions matérielles de la production: matières premières, sources d'énergie, machines, outils, etc.) et les rapports de production (type de relations que les producteurs entretiennent entre eux dans le travail).

Dans les économies traditionnelles caractérisées principalement par une production agricole de subsistance, les rapports sociaux de production se créent dans des unités de production essentiellement tribales et claniques; ces dernières ne constituent donc qu'un prolongement des rapports de parenté. E. Terray (1969, p. 117), s'appuyant sur l'ouvrage très critiqué de C. Meillassoux (1964, p. 232) sur l'adaptation de la théorie du matérialisme historique dans le contexte des sociétés traditionnelles, montre bien comment ces sociétés sont organisées sur une base essentiellement tribale et les conséquences que cela peut avoir sur le développement des rapports sociaux. Il écrit: « Ainsi les rapports de production et les rapports superstructurels correspondant à la coopération complexe sont « réalisés » dans ce que nous pouvons appeler le système tribal villageois. Les règles qui président à la répartition des moyens de production et à la distribution du produit reflètent les caractères de cette forme de coopération. »

Dans ces sociétés, la vision du monde est basée sur l'idée d'une grande communauté familiale regroupant tous les descendants du père fondateur. Comme le fait justement remarquer Elungu (1987, p. 40): « La société est ainsi avant tout l'expérience, le fait de vivre avec les siens, les proches parents. La société, c'est essentiellement la famille, l'ensemble des membres issus des mêmes ancêtres, du même ancêtre fondateur. » Cette vision de la société aboutit à la consolidation des liens de parenté comme élément central de la dynamique des rapports sociaux. C. Lévi-Strauss attribue aux liens de parenté « une valeur opératoire comparable à celle des phénomènes économiques » dans les sociétés occidentales. À la fonction sociale première des liens de parenté, s'ajoute une fonction économique dont la prise en compte est essentielle pour comprendre les mécanismes internes qui déterminent le fonctionnement des sociétés traditionnelles. C'est dans cette perspective que E. Terray (1969, p. 134) recommande aux technologues une approche originale et pragmatique de l'analyse des rapports de production dans ces sociétés. Cette approche, comme il le souligne lui-même, vise à « remplacer l'analyse de l'infrastructure économique par celle des rapports de parenté, qui seule permettrait de rendre compte de la « structure profonde » des sociétés primitives ».

Donc, les rapports de parenté fonctionnent comme rapports de production dans les sociétés traditionnelles « primitives » et assurent une régulation de l'ensemble des activités sociales (religion, travail, fêtes, etc.).

Cette thèse fondamentale à laquelle M. Godelier (1973; 1984) a consacré une importante réflexion découle d'une analyse marxiste de la structure et du fonctionnement des sociétés dites « primitives ». Elle nous permet d'asseoir notre affirmation sur le rôle déterminant des liens de parenté dans le système de travail en milieu traditionnel et progressivement en milieu urbain. Nous reviendrons sur ce point dans le troisième volet de cette étude.

REPRÉSENTATION SOCIALE DU TEMPS EN AFRIQUE NOIRE

Nous nous proposons maintenant de cerner de plus près la perception du temps en milieu traditionnel africain. Cette perception est largement conditionnée par le mode d'organisation des activités sociales, en particulier le travail dont nous avons essayé de dégager quelques caractéristiques majeures dans la partie précédente. Cette démarche nous conduira à relever deux éléments qui nous paraissent essentiels pour comprendre la perception du temps en milieu traditionnel: l'importance du temps indifférencié et les limites de l'horizon temporel.

La pertinence de la notion de temps indifférencié

Le problème fondamental qui se pose ici est celui de la répartition du temps en fonction des différentes activités qui rythment la vie de l'individu. Au-delà de la simple répartition apparaît en filigrane un autre problème, celui de la mesure du temps. On peut à juste titre estimer que le principe de la mesure du temps a été l'élément central de différenciation entre le temps traditionnel et le temps industriel. Mais avant que n'apparaisse la mesure du temps, produit de la civilisation industrielle, quelles étaient les procédures d'organisation et de juxtaposition des activités dans les différentes sociétés non encore ou faiblement « contaminées » par le syndrome du travail industriel?

Une des réponses possibles à cette question nous est fournie par P. Sivadon et A. Fernandez-Zoila (1983, p. 23, 24) qui, dans leur excellent ouvrage sur le temps dans le travail et dans la vie, montrent comment la perception du temps est fortement intégrée dans le système de fonctionnement des activités des sociétés traditionnelles:

> Les sociétés nomades, agricoles, préindustrielles se caractérisent par leur dépendance à l'égard du milieu naturel, la soumission à ses lois, l'asservissement à ses rythmes. L'homme s'y trouvera harmonisé en lui-même et vis-à-vis de l'environnement dans la mesure où il se laisse envahir par les injonctions du temps cosmique et qu'il s'y soumet. Il en a tiré une certaine sagesse et un savoir-faire. Ce temps traditionnel apparaît comme cyclique, dominé par le retour des saisons.

Ils ajoutent plus loin : « Ce temps est indissociable de l'espace ou même de la terre pourrions-nous dire. L'habitat, les occupations, les comportements sociaux, les rites se retrouvent en concordance, soumis à l'ordre cosmique et respectant cet ordre dans une sorte d'institutionnalisation sacrée. » Ce sont donc les phénomènes et les rythmes naturels qui servent de repères à la structuration du temps. Le temps est élastique et infini comme l'est la nature. De ce point de vue, la perception du temps est « conaturelle », comme l'a démontré Elungu (1987, p. 71), c'est-à-dire qu'elle s'inscrit dans l'ordre naturel des choses et qu'elle découle de la succession des rythmes naturels dont le contrôle échappe à l'homme (alternance des saisons, du jour et de la nuit, etc.).

Dans ces conditions, toute analyse qui fait appel à l'idée de mesure du temps perd sa signification. L'homme ne pouvant modifier les phénomènes et les rythmes naturels, il ne peut agir sur le temps. L'organisation et la programmation de ses activités obéiront à ce cadre temporel naturel auquel il devra se conformer. Cette démarche débouche sur un refus de la rupture entre le temps naturel et le temps des activités. Elle débouche également sur un autre refus, celui de la rupture entre un temps qui serait exclusivement consacré aux activités de travail et un autre temps réservé à des activités de non-travail. D'ailleurs, qu'est-ce qui pourrait bien justifier une telle différenciation des activités, dans la mesure où toutes doivent contribuer à l'épanouissement de l'homme et au prolongement de sa vie ? C'est en définitive ce double refus qui permet de mieux saisir la pertinence de la notion de temps indifférencié dans les sociétés traditionnelles.

Dans son ouvrage sur l'approche culturelle de la perception du temps, l'anthropologue E.T. Hall (1984a, p. 58) contribue à la clarification de cette notion de temps indifférencié par une analyse comparative des comportements à l'égard du temps chez les Américains et chez les Indiens du Nouveau-Mexique. Américain de culture et habitué à une gestion du temps caractérisée par une répartition des activités suivant des cadres temporels stricts et rigides, Hall a été contraint, au contact de ces populations, de mettre en veilleuse son modèle de représentation sociale du temps pour mieux comprendre le leur. Cette démarche lui a permis de dégager deux notions temporelles qui nous paraissent essentielles pour comprendre l'importance du temps indifférencié dans les cultures non occidentales : il s'agit des notions de monochronie et de polychronie. Laissons à Hall lui même le soin de définir ces deux notions :

> J'ai appelé « polychrone » le système qui consiste à faire plusieurs choses à la fois, et « monochrone » le système européen du Nord qui consiste, au contraire, à ne faire qu'une chose à la fois. Dans un système polychrone, l'accent est mis sur l'engagement des individus et l'accomplissement du contrat, plutôt que sur l'adhésion à un horaire préétabli. Les rendez-vous ne sont pas pris au sérieux, et par conséquent souvent négligés ou annulés. Le temps, dans le système polychrone, est traité de façon moins concrète que dans le système monochrone.

En parlant du système polychrone, Hall fait référence à ces sociétés dans lesquelles l'individu ne réalise qu'une faible différenciation du temps au regard des activités qu'il accomplit quotidiennement. Cette habitude le conduit à effectuer plusieurs activités à la fois et à fonctionner dans une structure de temps qui n'est ni rigide ni formelle.

Soulignons-le encore une fois, le principe du temps indifférencié découle de la logique interne qui sous-tend l'organisation des activités quotidiennes. Cette logique ne se fonde pas sur une différenciation nette ou sur une opposition formelle entre les activités de travail productif et les autres activités sociales (cérémonies, rites, jeux, etc.). Comme nous l'avons dit précédemment, le travail productif (celui qui permet la production de biens consommables) ne s'oppose pas aux autres activités sociales. Il contribue comme elles à la préservation et au prolongement de la vie. Dès lors, envisager une différenciation du temps suivant qu'il est consacré au travail productif ou aux autres activités sociales relève de l'imaginaire. Donc, l'indifférenciation du temps est fondée sur l'absence de rupture entre le travail productif et les activités familiales, associatives, religieuses, etc.

L'observation des faits montre que le temps indifférencié et élastique des sociétés traditionnelles s'oppose au temps mesuré, standardisé et fortement contraignant des sociétés industrielles[5]. Ces dernières ont mis au point des modes de production caractérisés par des situations de rupture temporelle dont les conséquences, sur le plan psychopathologique, sont parfois traumatisantes pour certains individus. P. Sivadon et A. Fernandez-Zoila (1983, p. 66, 74, 77) relatent plusieurs observations cliniques de personnes victimes du syndrome des ruptures temporelles dans leur travail. L'avènement du travail industriel s'est accompagné de la destruction du temps indifférencié devenu incompatible avec les normes de la production en série. Ce temps reste encore dominant dans les sociétés traditionnelles et dans celles qui connaissent déjà un début d'industrialisation, mais pour combien de temps encore? Il est à craindre que le développement progressif du travail industriel dans ces sociétés ne vienne accélérer la disparition du temps indifférencié et des comportements qui en découlent.

Les limites de l'horizon temporel

L'horizon temporel est un domaine intéressant d'analyse des comportements à l'égard du temps en milieu traditionnel, en ce sens qu'il permet d'évaluer la représentation sociale du temps par rapport à trois instances dominantes: le passé, le présent et le futur. Plusieurs chercheurs en sciences humaines se sont intéressés à cette notion (P. Fraisse, 1957, p. 171, 179; R. Rezsohazy, 1970, p. 39; H. Rodriguez Tome, 1979, p. 379-386, 1981; etc.) à laquelle ils ont proposé différentes définitions. À titre d'exemple, nous retiendrons ici celle de R. Rezsohazy qui définit l'horizon temporel comme « les dates extrêmes des dimensions embrassées à un moment donné, rétrospectivement par la conscience historique et prospectivement par l'imagination et les projets. Le passé gouverne d'autant plus le présent qu'il est assumé fidèlement. L'avenir est pensé et forgé volontairement dans la mesure où il est scruté, discipliné, actualisé dans le présent. » À notre avis, l'hypothèse de la limitation de l'horizon temporel de l'homme africain traditionnel s'appuie sur trois éléments fondamentaux que nous définissons comme le passé actualisé, le présent vivant et le futur hypothétique.

Dans la culture africaine traditionnelle, le passé exerce sur les individus un attrait irrésistible. Ce passé peut se définir comme l'ensemble des événements écoulés ou des personnages disparus dont le souvenir contribue à l'élaboration de la mémoire collective. Cette dernière permet la consolidation et la préservation des traditions, des coutumes qui constituent le fondement de toute culture. L'homme africain traditionnel entretient avec son passé une relation paradoxale d'affection et de crainte. Affection d'abord, parce que le passé est sécurisant et qu'on y trouve tous les éléments d'explication et de justification des comportements actuels. Crainte ensuite, parce que le passé exerce sur les vivants un pouvoir de sanction en cas de transgression des tabous et de non-respect des traditions et coutumes.

Cette double relation avec le passé se manifeste concrètement par un véritable culte du passé et par une actualisation quotidienne des événements écoulés et des personnages disparus considérés dans un cas comme sources d'inspiration pour l'action présente et dans l'autre comme personnages-ressources ou modèles de référence pour les vivants. « Aussi, en fin de compte, si le passé reste essentiel et déterminant, c'est qu'il sert de point d'appui et même de norme d'instance morale, au présent; mais, comme ce passé n'a aucune forme d'existence objective, aucune espèce d'existence séparée du présent; comme ce passé est constamment porté et actualisé dans la bouche des vivants, il s'assure d'avance de l'avenir », écrit Elungu (1987, p. 32, 33) qui montre, par ailleurs, citant D. Zahan (1970) dans son étude sur la religion et la philosophie africaines, comment le passé exerce sur l'homme africain une véritable force d'attraction:

> Orienté vers le passé, l'Africain ne trouve pas la justification et le sens de son action dans le futur mais dans le temps déjà écoulé. Son raisonnement est, de ce point de vue, du type « régressif »: « Je fais ceci parce que mes pères l'ont fait. » Et eux l'ont fait « parce que notre ancêtre l'a fait. » Ainsi apparaît la liaison profonde et nécessaire entre le passé et l'activité actuelle. Le but est de calquer, en le justifiant, le présent sur l'autrefois. Cette démarche de la pensée révèle, d'une part, le rôle que joue la tradition dans la culture africaine et, d'autre part, la signification qu'on y donne à l'action.

De ce fait, la permanence et l'actualisation du passé conduisent l'homme africain à une vision passéiste de la société et de la vie. Une telle vision ne peut que limiter ses capacités de remise en cause du présent et d'anticipation du futur. D'une certaine manière prisonnier du passé, l'homme africain traditionnel éprouve beaucoup de mal à agir sur le présent et à préparer l'avenir. Son compteur du temps reste bloqué sur le passé et l'amène à entretenir l'illusion d'un passé à la fois réconfortant et salvateur. En cela, son horizon temporel trouve dans le passé une des sources de sa limitation.

Le deuxième élément fondamental de l'horizon temporel correspond à la phase des événements immédiats ou en cours de réalisation: le présent vivant. Il n'exerce pas sur l'homme africain traditionnel un pouvoir d'attraction comme on l'a vu pour le passé. Cependant, son rôle dans la limitation de l'horizon temporel n'est pas à négliger, surtout lorsqu'on observe les comportements sociaux en milieu traditionnel. Ces comportements sont principalement caractérisés par la recherche de la satisfaction des besoins immédiats. La vie de l'homme traditionnel apparaît comme une vie au présent qu'il essaie d'organiser et de remplir au jour le jour. Les comportements sociaux, en particulier les comportements économiques, traduisent la persistance d'une semblable vision du temps. En effet, les activités de production se déroulent dans une économie de subsistance dont la fonction première est la satisfaction des besoins présents.

Cette représentation sociale du temps au présent, reconnaissons-le, n'est pas dominante dans toutes les formations sociales traditionnelles africaines. Elle l'est, en grande partie, dans les groupes sociaux non sédentaires comme les Pygmées de la forêt équatoriale ou les éleveurs nomades mbororos disséminés sur une bonne partie de la bande sahélienne africaine. La caractéristique principale de ces peuples est le refus du principe de la territorialité fixe et la recherche permanente de nouveaux espaces vitaux pour la chasse du gibier ou l'élevage des troupeaux. Il s'agit là, en fait, des activités de travail dominantes dans ces groupes sociaux.

Dans son étude sur la comparaison des systèmes temporels dans les sociétés industrialisées et dans les sociétés traditionnelles, R. Rezsohazy (1970, p. 42) nous fait remarquer que dans ces dernières les perspectives temporelles se limitent généralement aux activités du moment : « Ainsi, inévitablement, l'essentiel du présent est mû par le court terme, l'immédiat. Les langues primitives ne distinguent pas bien les divers temps. La même forme du verbe sert généralement à désigner le passé, le présent ou le futur. Ce langage reflète un monde d'éternel présent, il traduit une mentalité qui ne s'arrache pas au moment vécu[6]. »

On comprend, dès lors, que le dépassement du cadre temporel présent soit une épreuve parfois difficile à affronter pour les populations de ces sociétés. Plusieurs indicateurs permettent d'appuyer cette hypothèse : goût parfois prononcé pour l'improvisation, faible degré d'anticipation et prévision limitée des activités futures. Tous relèvent de la dimension du futur de l'horizon temporel. Sous le poids d'un passé qui s'actualise sans cesse et d'un présent qui tend à s'éterniser, l'homme africain traditionnel à une vision de l'avenir qui ne se traduit que rarement par une anticipation des actions futures et l'élaboration de projets concrets, réalisables dans un avenir plus ou moins déterminé. Deux raisons principales peuvent être retenues pour expliquer cette attitude. D'abord sur le plan matériel, la prédominance des activités de subsistance et la précarité des conditions de vie en milieu rural contribuent beaucoup au développement d'une mentalité de survie ou de vie au jour le jour. Ensuite sur le plan psychologique, la persistance d'une tradition essentiellement dominée par les mythes conduit inéluctablement à un esprit de résignation et de fatalité qui bloque toute initiative de prospection et de projection dans le futur, étant donné que ce dernier n'est qu'une reproduction du passé. P.E.A. Elungu (1987, p. 33), encore une fois, souligne dans l'ouvrage de D. Zahan (1970, p. 142) cette phrase qui illustre bien cet état d'esprit : « Aussi, bien que le Noir soit avide de connaître « l'avenir », il ne le redoute pas sachant qu'il ne peut être « substantiellement » différent du passé. C'est là la raison d'être du sentiment de résignation dont est profondément imprégnée son âme. »

Sur ce point, on nous fera certainement une objection importante relative au statut et à la fonction sociale des devins-guérisseurs en milieu traditionnel africain. En effet, nul n'ignore le rôle de ces personnages dans la société africaine et les nombreuses sollicitations dont ils font l'objet de la part des personnes qui s'interrogent sur leur sort et sur la signification ou la gravité des événements futurs dont la prédiction suscite à la fois un vif intérêt et une certaine angoisse. En prédisant ainsi l'avenir et en aidant les gens à mieux se préparer pour affronter les événements futurs, les devins-guérisseurs ne contribuent-ils pas, par leur activité, à un enrichissement de la dimension du futur de l'horizon temporel? Assurément non, car le futur dont il est question ici n'est pas du tout un futur dynamique, innovateur, annonciateur de véritables projets. C'est plutôt un futur qui s'inscrit dans le processus du temps cyclique dans lequel le passé joue un rôle déterminant en dernière instance. D. Zahan (1970, p. 141) résume cela très bien par cette question sur l'influence déterminante du passé sur les autres volets de l'horizon temporel: « Ne pourrait-on pas affirmer, à la lumière de cette conception, qu'aux yeux de l'Africain « ce qui sera » se confond avec « ce qui a été », que le futur est dans un certain sens, le passé, que l'homme n'est et ne sera que ce qu'il a été? »

En définitive, l'hypothèse de la limitation de l'horizon temporel chez l'homme africain traditionnel trouve sa justification dans le rôle éminemment influent du passé sur la représentation sociale du temps. Au-delà d'une simple fonction régulatrice des événements présents et futurs, le passé, nous semble-t-il, exerce une fonction inhibitrice non négligeable sur la perception du temps. Il maintient l'individu dans une sorte de « cercle vicieux temporel » en lui faisant croire que le présent et le futur ne sont rien d'autres qu'une reproduction de ce qui a déjà été et que, par conséquent, toute initiative, toute démarche visant à modifier ou à changer cet ordre temporel permanent n'a que peu de chance de succès. Devant ce constat, l'homme africain traditionnel ne se préoccupera pas de « penser » son avenir en fonction de projets personnels ou sociaux réalisables dans un futur dont il n'a qu'une idée vague et qui lui échappe totalement.

TEMPS, TRAVAIL ET INSERTION EN MILIEU INDUSTRIEL

Jusqu'à présent, nous avons essayé de discerner et d'expliquer quelques-unes des caractéristiques essentielles du travail et du temps en milieu traditionnel africain. Dans cette perspective, nous avons adopté une approche visant à « coller » autant que possible aux réalités de la culture africaine traditionnelle telle qu'elle est encore vécue dans les campagnes et villages et telle qu'elle continue à se manifester, aujourd'hui, dans les villes sous des formes multiples de survivance. Notre démarche est guidée par une hypothèse centrale, à savoir que tout Africain vivant ou travaillant en milieu rural ou en milieu urbain reste profondément attaché à un fond commun de culture qui a pu survivre au processus d'occidentalisation et de « modernisation ». Ce fond commun qui repose principalement sur les traditions et les coutumes des différents peuples du continent peut aujourd'hui être représenté sur une échelle de valeurs suivant le degré d'authenticité qui le caractérise. En d'autres termes, le niveau de participation des individus à cette culture de base diffère suivant le milieu et le type d'éducation familiale, scolaire et sociale, etc. Mais tous partagent, à des degrés différents, les valeurs essentielles de ce fond commun de culture.

Dès lors, on peut s'interroger sur les conditions et les modalités d'insertion en milieu industriel, en considérant que celui-ci est un produit de la civilisation occidentale. Comment l'homme africain actuel trouve-t-il ses « marques » dans ce milieu industriel qui s'étend progressivement? Quels problèmes rencontre-t-il face au travail industriel et rémunérateur qui est en passe de devenir une valeur dominante de la vie actuelle? Quelles réponses cherche-t-il à apporter à ces problèmes? Voilà, nous semble-t-il, quelques interrogations qui méritent une réflexion dans le cadre de cette étude.

L'ampleur du phénomène ethno-tribal dans la vie au travail comme expression dynamique d'un modèle de culture d'entreprise

Dans une brillante étude sur les entraves socioculturelles à la performance des entreprises africaines, A. Henry (1988, p. 93) fait le constat suivant :

> Dans l'artisanat urbain, le travail s'insère prioritairement dans des jeux d'alliance et de parenté. À travers une embauche de type ethnique ou familial les dirigeants s'acquittent d'un devoir vis-à-vis des leurs, tout en s'attachant des subordonnés qui leur sont personnellement voués. En tant que « patrons », ils accordent ensuite une large protection qui s'étend à la résolution des problèmes personnels, en échange d'un service total qui peut inclure des tâches d'informateur ou de factotum.

Une des réalités les plus frappantes dans bon nombre d'organisations africaines réside dans la permanence du phénomène ethno-tribal et ses multiples conséquences en milieu professionnel. Du point de vue psychologique, ce phénomène se traduit souvent par une préférence excessive et parfois exclusive accordée à des personnes originaires d'un même groupe ethnique. Dans la vie au travail, par exemple, de tels comportements s'observent fréquemment dans les pratiques de recrutement, de motivation et d'évaluation du personnel. Dans différents pays africains, certaines entreprises ressemblent à de véritables organisations familiales au sein desquelles la place et le statut de chacun se définissent par rapport à un système d'alliance ethnique prédominant.

Cette situation découle d'une vision de la société et de l'homme fondée sur le principe de la descendance biologique ou de l'appartenance à un groupe distinct issu d'un ancêtre commun. Tous les membres de ce groupe ont un devoir de protection et de solidarité les uns à l'égard des autres et doivent, par conséquent, chercher à réduire la distance sociale qui les sépare. Cette vision aboutit inéluctablement à considérer tous ceux qui ne font pas partie du système d'alliance comme des étrangers » ou des « ennemis » dont la présence constitue une menace pour la cohésion et la pérennité du groupe. Ce phénomène se retrouve, en partie et à un degré moindre, dans les organisations occidentales à travers différents types de réseaux sociaux (sexe, origine sociale, diplôme, profession, etc.)[7].

Sur le plan sociopolitique, la perception du phénomène ethno-tribal par les pouvoirs publics traduit un véritable paradoxe. Considéré comme un obstacle majeur à la construction de l'unité nationale des jeunes nations, il apparaît parfois comme un moyen efficace de persuasion et de régulation des comportements, comme a pu le constater A. Henry (1988, p. 94) chez un chef d'entreprise africain : « Pour sanctionner ou motiver certains de ses cadres, il intervient auprès de leurs parents. Pour contraindre tel récalcitrant, il suscite la réprobation des membres de son ethnie. » Parce qu'en Afrique la force du groupe sur l'individu est l'un des éléments fondamentaux de la culture et que ce dernier entretient avec son groupe ethnique d'appartenance une relation d'affection totale, l'efficacité d'une telle procédure est presque certaine.

Comme on le voit bien, le problème ethno-tribal est une donnée centrale pour comprendre le fonctionnement des organisations en Afrique. Ses manifestations en milieu de travail sont quotidiennes. Il constitue une forme de contrainte socioculturelle qui s'impose au gestionnaire des organisations et dont on doit absolument tenir compte dans la perspective de l'élaboration d'un modèle de management africain. En effet, la dimension contractuelle des rapports de travail en Afrique est souvent faiblement valorisée par rapport à la dimension familiale et tribale qui constitue, parfois, le cadre d'émergence d'une culture d'entreprise. Pour P. Delalande (1987, p. 31), c'est l'expression vivante d'une forme de solidarité propre à la culture africaine: « Les solidarités familiales ou ethniques sont des contraintes sociales puissantes plus que des atouts. Partout en Afrique, la solidarité familiale est une valeur qui ne se discute pas. Se désolidariser, c'est s'exclure. L'entreprise qui prospère est perçue par les membres de la famille proches et éloignés comme une garantie de sécurité collective. »

Cela nous amène à poser le problème de l'interprétation de ces solidarités familiales ou ethniques en milieu de travail du point de vue de l'analyse du phénomène de la culture d'entreprise en Afrique[8]. Si, comme l'affirme N. Lemaître (1985, p. 19-25), un des objectifs visés par le développement d'une culture d'entreprise est de conférer une identité aux membres de l'organisation, on peut justement se demander si le développement du système des solidarités ethno-tribales ne résulte pas d'une attitude de défense et de protection contre une structure étatique impersonnelle et bureaucratique, comme nous le rappelle effectivement S. Abou (1981, p. 17):

> Il faut donc croire que le retour à l'ethnicité, loin d'être une régression de type pathologique, se pose comme un repli stratégique permettant aux individus de retrouver, dans la communauté ethnique, la reconnaissance que la société nationale étatique, telle qu'elle conçoit ses tâches dans cette deuxième moitié du XXe siècle, ne peut plus leur fournir.

Dans ces conditions, un tel modèle de culture d'entreprise constitue-t-il un facteur de performance? Assurément non, car, comme le montre très bien P. Delalande (1987, p. 82), « On attend de l'entreprise qu'elle soit au service de la solidarité des groupes représentés en son sein; qu'elle embauche des membres de ces groupes, qu'elle se fournisse dans ces groupes. La rentabilité de l'entreprise ne résiste guère aux pressions de ces réseaux de solidarité. » Un des défis majeurs que doivent, aujourd'hui, affronter les managers africains consiste à trouver des formules d'arrangement et de conciliation entre l'exigence socioculturelle qui commande la force des liens familiaux et ethno-tribaux dans le travail au détriment des liens contractuels, d'une part, et la nécessité absolue de se conformer au principe de compétitivité et de rendement qui détermine l'insertion et la survie en milieu industriel, d'autre part.

Du temps indifférencié au temps industriel: possibilités et limites de l'élaboration de « nouveaux » cadres temporels de travail

Parmi les multiples ressources dont dispose le gestionnaire pour assurer le fonctionnement efficace de l'entreprise, le temps occupe une place de choix. Dans les sociétés industrielles le temps est considéré comme une ressource rare et contraignante dont la gestion doit être méthodique et rationnelle[9]. En Afrique, le temps constitue un des domaines de rupture entre le travail industriel et les hommes qui, à travers leur système culturel, ne perçoivent pas toujours sa valeur économique et la nécessité d'en faire un outil de gestion. Alors le gestionnaire et le travailleur africains se trouvent aujourd'hui devant une situation paradoxale que B. Atangana (1986) résume en ces termes: « L'on peut se poser la question de savoir s'il est possible que l'Africain se mette à l'école de la gestion très rigoureuse du temps tout en restant lui-même. Le problème est plus grave car l'Africain veut intégrer le commerce, l'industrie, la compétitivité de l'Occident; cela est-il possible sans changement de son attitude vis-à-vis de la gestion du temps? » Dans la même perspective, P. Delalande (1987, p. 83) fait ce constat amer sur l'écart grandissant que l'on observe aujourd'hui entre une gestion industrielle et une gestion africaine du temps:

> Le temps industriel est mesuré, parfois chronométré, toujours strictement géré. Et la ponctualité de tous assure la synchronisation des tâches productives. Que faire lorque le salarié multiplie les demandes d'absence, les absences ou les retards pour répondre à des urgences que son milieu qualifie d'impératives. Obsèques d'un lointain cousin, maladie d'un enfant de sa sœur [...] Refuser ou sanctionner c'est passer pour inhumain. Mais se montrer compréhensif c'est désorganiser l'entreprise.

À travers ces réflexions, aucun doute ne semble plus permis sur la remise en cause, par les Africains, des cadres temporels de travail issus des sociétés occidentales et reproduits dans leurs organisations. La recherche de « nouveaux cadres temporels de travail » devient donc une interrogation majeure qui s'intègre parfaitement dans la démarche visant à concevoir et à développer un modèle de management intégré qui concilie certaines valeurs culturelles auxquelles l'homme africain reste profondément attaché et les exigences du travail en milieu industriel.

Dans une récente étude (Kamdem, 1986, p. 36-43), nous suggérions déjà l'idée d'un développement progressif du système de travail à mi-temps ou en journée continue, principalement dans certaines administrations et dans certaines entreprises, en tenant compte bien entendu des contraintes technologiques de production liées aux activités de ces organisations. Cela pourrait se traduire concrètement par l'instauration d'équipes de travail qui se relayent à raison d'une équipe pour les horaires de matinée, et d'une autre équipe pour les horaires d'après-midi et de soirée. Un tel système présente, à notre avis, plusieurs avantages à la fois pour les pouvoirs publics, les employeurs, les salariés et les usagers.

Pour les pouvoirs publics et les employeurs, ce système contribuerait grandement à trouver une solution aux problèmes d'inoccupation et de flânerie de ceux des travailleurs qui ont été recrutés et qui sont payés sans pour autant se voir confier une tâche précise à laquelle ils doivent s'atteler quotidiennement. Le problème des sur-effectifs se pose avec beaucoup d'acuité dans les administrations et les entreprises publiques africaines. Beaucoup d'observateurs et d'analystes y voient une des causes déterminantes de leurs contre-performances. Mais en même temps, ces effectifs pléthoriques trouvent une justification dans l'idée sociale que beaucoup se font des administrations et des entreprises qui doivent créer et offrir des emplois, même lorsque leurs résultats économiques ne le leur permettent pas. À un poste de travail conçu pour un ou deux travailleurs, on trouve fréquemment trois ou cinq personnes dont les rôles ne sont pas clarifiés et qui, de ce fait, passent l'essentiel de leur temps de travail à s'ennuyer et à se gêner réciproquement. Dans ce cas précis, la réorganisation des cadres temporels de travail par l'instauration de deux équipes composées de deux personnes chacune, par demi-journée, contribuerait grandement à mieux responsabiliser ces dernières dans leur travail.

Pour les salariés, ce réaménagement des horaires de travail aurait pour effet de concentrer la journée de travail sur une période continue (matinée ou après-midi) et de les « libérer » pendant la moitié de la journée. Ce temps libre quotidien leur permettrait de mieux s'investir dans des activités familiales et socioculturelles dont l'urgence les contraint très souvent à des absences et à des retards imprévus qui perturbent considérablement le fonctionnement cohérent de l'ensemble du système.

Toujours pour les salariés, ce nouveau cadre horaire de travail pourrait efficacement contribuer à réduire considérablement la durée et le coût du trajet domicile-lieu de travail en le limitant à deux déplacements quotidiens au lieu de quatre comme c'est très souvent le cas en ce moment, du moins pour les salariés qui travaillent en matinée et dans l'après-midi. Précisons qu'une telle mesure ne peut être entièrement efficace que si elle s'accompagne d'une restructuration des moyens de transport urbain parfois déficients.

Pour les usagers enfin, les administrations et les services publics seraient ouverts en permanence. Chacun pourrait ainsi, suivant ses occupations personnelles et quel que soit le moment de la journée, se rendre dans le service qui l'intéresse.

À dire vrai, les possibilités d'élaboration de « nouveaux » cadres temporels de travail en milieu industriel africain nous paraissent très limitées, à part quelques réaménagements sectoriels comme celui dont il vient d'être question. Le travailleur africain est en permanence aux prises avec deux réalités qui se côtoient et se heurtent quotidiennement. D'une part, son statut de salarié dans une organisation industrielle dont le fonctionnement est régi par un certain nombre de principes auxquels il doit absolument se conformer: ponctualité et assiduité au travail, occupation permanente du poste de travail, programmation des activités futures, respect des délais fixés à l'avance. D'autre part, son statut d'individu issu d'une culture originale à laquelle il reste profondément attaché et dans laquelle le temps n'est pas perçu comme un élément d'évaluation et de mesure du travail. Dans ces conditions, comment peut-il s'insérer efficacement en milieu industriel sans en adopter les cadres temporels de travail dominants? Une telle démarche nous semble, a priori, vouée à l'échec. Ce constat traduit parfaitement la situation actuelle de milliers de travailleurs africains à la fois fascinés par les progrès technologiques issus du travail industriel et résolument hostiles à toute forme d'adoption systématique des normes et comportements caractéristiques de ce type de travail, en particulier ceux relatifs à une utilisation et à une gestion efficaces du temps.

À ce niveau de généralisation, il importe de souligner que les organisations africaines ne pourront pas atteindre un degré d'efficacité et de performance comparable à celui de la plupart des organisations occidentales tant que la majorité des individus continuera à considérer le temps non comme une ressource rare et précieuse mais plutôt comme une ressource permanente et facilement exploitable. Dans cette perspective, l'homme africain devra nécessairement modifier sa vision du temps et du travail afin de l'adapter à certaines exigences et valeurs qui nous paraissent déterminantes pour son progrès économique et pour son épanouissement personnel dans un monde qui ne cesse de connaître des innovations et des mutations considérables. Si actuellement, dans les organisations occidentales, le problème des cadres temporels de travail se pose davantage en fonction de la réduction et du réaménagement du temps de travail, dans les organisations africaines ce problème se pose d'abord et avant tout en fonction de la recherche des domaines possibles d'adéquation entre un système industriel de production et un modèle culturel de comportement.

ANNEXE

ÉTUDE DE CAS: ÉCHEC EN CONCEPTION DE PROJET*

Monsieur Baron, expert-comptable, professeur de gestion financière internationale à l'Institut supérieur de management de l'Université de Larivière (Canada) et consultant dans la même ville, vient d'être contacté par la direction de l'Office national pour la coopération et le développement (O.N.C.D.) de son pays afin de participer à l'élaboration et au suivi d'un projet de développement institutionnel en république du Bandaka, pays situé en Afrique centrale. Monsieur Baron a passé toute sa carrière professionnelle d'enseignant dans son pays d'origine. Dans le cadre de ses activités de consultant, il a accompli plusieurs missions d'étude et de recherche dans différents pays étrangers, principalement américains et européens.

Le projet pour lequel il vient d'être sollicité vise à la création dans la capitale de la république du Bandaka d'un centre de recyclage et de perfectionnement des fonctionnaires et des cadres supérieurs de l'administration et des entreprises parapubliques. Ce projet concrétise la ferme volonté des autorités de cette république d'assurer, désormais, la formation permanente de ses managers, dans le cadre de la politique générale de restructuration et de relance économiques engagée par le gouvernement, avec l'assistance logistique et financière de pays et d'organismes étrangers.

Ce projet va permettre à monsieur Baron d'effectuer son premier voyage sur le continent africain dont il n'a qu'une idée lointaine basée sur l'expérience ou les récits de quelques collègues ou amis qui y vivent et travaillent dans le cadre de différents projets de développement. En acceptant la proposition qui lui est faite, monsieur Baron entend enrichir son expertise dans l'élaboration et la gestion de projets internationaux et donner ainsi une nouvelle dimension à sa carrière de formateur et de consultant. Sa participation au projet se limite principalement au volet pédagogique (structure et contenu des programmes de formation, etc.).

En accord avec les responsables de l'Office national pour la coopération et le développement, monsieur Baron effectue une mission exploratoire d'une quinzaine de jours au Bandaka afin de rencontrer les autorités du pays engagées dans le projet et de discuter des modalités pratiques devant accélérer l'élaboration et l'exécution du projet final. Cette première mission lui permet également de s'imprégner des réalités profondes de ce pays. Après une première rencontre protocolaire avec le ministre de Tutelle, responsable du plan de restructuration et de relance économiques, monsieur Baron est présenté à tous ses interlocuteurs nationaux avec qui il devra désormais travailler à la création du centre de perfectionnement en techniques de gestion.

D'un commun accord, le groupe de travail, composé de monsieur Baron et de cinq hauts fonctionnaires tous chargés d'études dans le Ministère, décide de se réunir trois fois pendant la courte mission de monsieur Baron. La première réunion présidée par le Conseiller technique n° 1 du Ministre est prévue pour le mardi à 15 h 30 dans le bureau de ce dernier. Ce jour-là, M. Baron prend soin de partir très tôt de son hôtel pour arriver au Ministère à 15 h afin de ne pas être retardé par les nombreux embouteillages dans la ville. À 15 h 30, seule la secrétaire du Conseiller technique se trouve sur place; elle ne peut donner aucune information précise sur la réunion et sur l'heure d'arrivée du Conseiller technique et des autres participants. C'est d'ailleurs monsieur Baron qui l'informe de la tenue de la réunion. À 15 h 50, c'est-à-dire vingt minutes après l'heure arrêtée pour

* Ce cas est destiné à servir de base à la discussion en commun et ne prétend pas présenter un exemple de solution correcte ou fautive des problèmes de gestion. Toute utilisation ou reproduction est interdite sans la permission écrite de l'auteur.

commencer la réunion, arrive le premier participant qui se contente de saluer monsieur Baron sans lui demander depuis combien de temps il attend. Les autres participants arrivent les uns après les autres et ce n'est qu'à 16 h 20 que tous sont présents, à l'exception du Conseiller technique qui lui n'arrive qu'à 16 h 25 et s'excuse de son retard dû au fait qu'il a été retenu par le Ministre pour recevoir les dernières instructions relatives à la réunion qu'il doit présider.

À la fin de la réunion consacrée à la présentation des différents points du projet, les participants se donnent rendez-vous pour la deuxième séance dans une semaine à la même heure, c'est-à-dire à 15 h 30. Ce jour, comme lors de la première séance, monsieur Baron arrive à 15 h. Il est reçu par la secrétaire du Conseiller technique qui le fait asseoir dans la salle d'attente. Un des participants arrive à 15 h 45 pour annoncer que le Conseiller technique ne sera pas présent. Il doit recevoir, avec le Ministre, une délégation étrangère dans le cadre d'un autre projet. Il a cependant confié la présidence de la réunion à un des participants qui a fait de son mieux pour la conduire bien que n'ayant qu'une connaissance limitée du dossier.

La troisième séance fixée quatre jours plus tard au même endroit et à la même heure ne peut malheureusement pas avoir lieu car la veille la journée a été déclarée fériée pour permettre aux populations de fêter dans la joie et l'allégresse la première coupe continentale remportée par l'équipe nationale de football, sport-roi dans le pays.

Le jour suivant, deux membres du groupe de travail, le Conseiller technique et monsieur Baron, se retrouvent lors d'une réunion informelle au cours de laquelle un calendrier d'activités et une définition des rôles de chacun sont arrêtés pour les mois à venir. L'idée d'un échange régulier d'informations et de documents sur l'état d'avancement du projet est également retenue. Monsieur Baron termine ainsi sa première mission avec, cependant, quelques interrogations sur la disponibilité et le degré d'engagement de ses interlocuteurs dans le projet en cours d'étude.

Le calendrier d'activités prévoit les opérations à accomplir par chacune des parties pendant les six prochains mois, ainsi qu'une répartition du travail entre les différents intervenants dans le projet. Au terme de cette période, chaque partie devra produire un document écrit sur l'état d'avancement des travaux. Ces documents devront également servir de référence pour donner une orientation finale au projet en cours d'étude. La préparation et la rédaction de ce document nécessiteront de chacun un travail personnel très approfondi et très détaillé sur différents thèmes. Les thèmes suivants ont été retenus et confiés aux différents intervenants:

- Évaluation des besoins en formation permanente;
- Définition des objectifs pédagogiques en formation permanente;
- Typologie des méthodes pédagogiques;
- Élaboration des programmes et des sessions de formation;
- Choix et formation des animateurs;
- Évaluation d'une session de formation.

Monsieur Baron choisit de s'occuper du second thème, soit la définition des objectifs pédagogiques en formation permanente. Sans remettre en cause la compétence et les qualifications de ses interlocuteurs, et compte tenu du caractère essentiellement pédagogique du travail à faire, il propose qu'un ou deux formateurs d'un des établissements universitaires du pays soient intégrés au groupe. Sa proposition ne reçoit pas de suite favorable de la part du Conseiller technique, coordonnateur général du projet.

Dès son retour dans son pays, monsieur Baron se met rapidement au travail afin de respecter les délais fixés. Il écrit à plusieurs reprises à ses interlocuteurs afin de maintenir le contact et de les informer de l'état d'avancement de son travail. Il ne reçoit aucune réponse et n'accorde à cela qu'une importance mineure. Au terme de la période convenue, il a déjà achevé la rédaction de son document et n'a aucune idée de la situation de ses interlocuteurs. Afin d'accélérer l'avancement du projet qui lui tient tant à cœur, il décide d'effectuer une deuxième mission au Bandaka. Il adresse, à cet effet, une lettre à ses interlocuteurs qui la reçoivent et ne font aucune objection. Cette mission doit durer 15 jours et se traduire concrètement par la mise en commun des différents documents et la rédaction du document final qui doit marquer une étape décisive dans la réalisation du projet.

Ayant pris soin d'informer plusieurs semaines à l'avance ses interlocuteurs des dates précises et de la durée de sa seconde mission, monsieur Baron arrive au Bandaka. Le lendemain, il se rend de bonne heure au Ministère pour une prise de contact avec ses interlocuteurs afin d'arrêter ensemble le programme détaillé des rencontres avec ces derniers. Il rencontre en premier lieu le Conseiller technique, qui lui souhaite la bienvenue et lui fait savoir qu'il a effectivement reçu ses lettres et qu'il a demandé aux chargés d'études de préparer leurs dossiers. Il lui annonce également que deux des cinq chargés d'études ont récemment été affectés dans un autre département ministériel et que leurs remplaçants n'ont pas encore pris leurs fonctions.

Néanmoins, un programme de cinq réunions est fixé pour discuter en profondeur de chacun des thèmes d'étude et pour arrêter ensemble les conclusions devant figurer dans le document commun final. La première réunion est consacrée à un exposé sur l'évaluation des besoins en formation permanente, par l'un des chargés d'études. Prévue pour 9 h, elle ne commencera qu'à 9 h 45 à cause des arrivées tardives de quelques participants. Après une brève introduction, le Conseiller technique annonce aux participants que le chargé d'études responsable de ce travail a été affecté ailleurs et que son remplaçant, n'ayant pas officiellement pris ses fonctions, n'a pas eu le temps nécessaire pour réaliser l'étude en question. Il propose donc, séance tenante, de remplacer l'exposé par une réunion-discussion, un brainstorming sur le thème du jour. Monsieur Baron a beaucoup de mal à cacher son exaspération devant ce comportement qui dénote le non-respect des délais et des engagements pris et l'improvisation. Il demande la parole et s'excuse de dire à ses interlocuteurs sa déception devant cette manière d'aborder les problèmes. L'un des participants, très courtoisement, lui fait remarquer que cette façon de procéder est tout à fait convenable et correspond parfaitement à la culture du pays essentiellement caractérisée par une préférence pour le travail collectif au détriment du travail personnel. Monsieur Baron rétorque qu'il ne s'agit pas ici d'un problème de culture mais d'un problème de respect des engagements et que de toute manière tout travail collectif implique une répartition individuelle des tâches entre les différentes personnes concernées, la participation individuelle de chaque personne concourant à la réalisation de l'œuvre commune. À cet instant précis, le téléphone sonne dans la salle de réunion. C'est la secrétaire du Conseiller technique qui lui annonce la visite d'un de ses anciens camarades d'université récemment nommé directeur général d'une société parapublique. Le Conseiller technique propose tout bonnement la suspension de la séance pour recevoir le camarade en question.

À la reprise de la séance, les participants n'arrivent toujours pas à se mettre d'accord sur le travail à faire. C'est alors que monsieur Baron laisse éclater sa colère et propose de faire un exposé sur le thème qui lui a été confié, à savoir la définition des objectifs pédagogiques en formation permanente. Personne ne fait objection à sa proposition et il commence son exposé. Pendant qu'il parle, un des participants lit tranquillement son journal. Le téléphone sonne à nouveau : c'est la standardiste qui demande à un autre participant de venir répondre à l'appel d'un parent qui lui téléphone depuis l'extrême nord du pays. Le participant en question sort tranquillement et va prendre la communication. À la fin de l'exposé, le Conseiller technique remercie monsieur Baron pour la « profondeur et la densité » de ses réflexions et invite les participants à lui poser des questions. Après un rapide tour de table au cours duquel il répond à quelques questions, la séance est levée et rendez-vous est pris pour une prochaine rencontre au cours de laquelle un des participants doit intervenir sur le thème : typologie des méthodes pédagogiques.

La veille de la séance, ce participant vient s'excuser auprès du Conseiller technique et de monsieur Baron de ne pouvoir assister à la réunion car il venait d'apprendre que sa grand-mère se trouvait dans un état comateux au village et il lui fallait absolument se rendre à son chevet. Lors de la réunion, le Conseiller technique demande à un autre participant de présenter les conclusions de son collègue absent à partir du document écrit que ce dernier a préparé. Le participant se contente de lire le document et s'excuse de ne pouvoir donner des explications complémentaires sur le travail de son collègue.

Les trois derniers thèmes, à savoir: élaboration des programmes et des sessions de formation, choix et formation des animateurs, évaluation d'une session de formation, sont mis à l'ordre du jour d'une troisième et dernière séance, alors qu'il avait été convenu que chaque thème ferait l'objet d'une réunion. À défaut de travailler à partir de documents écrits sur les différents thèmes, les participants se contentent d'échanger leurs points de vue sur les trois sujets. À la fin de la séance, le Conseiller technique prend la parole pour adresser un mot de remerciement à tous et pour souhaiter que les discussions et les conclusions auxquelles sont parvenus les participants permettent la concrétisation du volet pédagogique qui est primordial pour le projet en cours.

Au terme de sa deuxième mission au Bandaka, monsieur Baron rentre dans son pays et prépare un rapport détaillé qu'il remet aux responsables de l'Office national pour la coopération et le développement. Sur le vu de ce rapport et du précédent sur la mission exploratoire, ces derniers décident de retarder l'examen du volet pédagogique du projet et d'attendre une explication entre les deux parties. Ils décident également d'adresser, à cet effet, une lettre à leurs partenaires du Bandaka pour les informer de cette situation.

Notes

1. Pour plus de détails sur ce sujet, consulter *Les Temps sociaux*, bulletin de liaison publié par le Comité de recherche de l'Association internationale de sociologie de langue française.
2. Dans certaines recherches sur les sociétés en développement, différents auteurs utilisent le terme « informel » pour désigner un mode d'organisation des activités qui permet la transition entre la société traditionnelle rurale et la société industrielle urbaine (voir Mettelin, 1987, p. 49-68).
3. Dans cette perspective, la conception du travail en milieu africain traditionnel doit être réinsérée dans les cadres existentiels. Voir, à ce propos, le texte de B. Sievers dans le présent ouvrage.
4. Sur la portée des rites d'initiation et de socialisation dans la société africaine traditionnelle, voir l'excellent témoignage de l'écrivain guinéen Camara Laye (1953) dans son roman *L'enfant noir*.
5. Pour plus de détails, voir l'article que G. Gasparini consacre à ce sujet dans le présent ouvrage.
6. Sur l'importance de la parole et du langage dans les organisations, voir la partie du présent ouvrage consacrée à ce thème.
7. Pour plus de détails, voir la partie du présent ouvrage consacrée à l'identité, à l'affectivité et au rapport à la différence.
8. Le concept de culture d'entreprise est très discuté en ce moment. Nous retiendrons, en particulier, comme exemple de cette critique le texte d'O. Aktouf dans la partie du présent ouvrage consacrée à la vie symbolique.
9. Nous faisons référence, encore une fois, à l'étude que G. Gasparini consacre au temps et au travail en Occident, dans le présent ouvrage.

TROISIÈME PARTIE

VIE PSYCHIQUE

« La libido se rattache à la satisfaction des grands besoins vitaux et choisit pour ses premiers objets les personnes dont l'intervention contribue à cette satisfaction. »

FREUD

« La perception d'une situation est influencée de façon radicale par la personnalité du sujet percevant. »

DEVEREUX

« Le trait le plus caractéristique que tous les hommes ont en commun est leur capacité d'être plus différents entre eux qu'un lion ne peut l'être des autres lions. »

DEVEREUX

« Toute conscience est, dans son principe, désir d'être reconnue et saluée comme telle par les autres consciences. Ce sont les autres qui vous engendrent. »

CAMUS

L'ÊTRE HUMAIN, UN ÊTRE DE DÉSIR ET DE PULSIONS

Jean-François CHANLAT

Le comportement humain n'est jamais réductible à ce que l'on peut observer extérieurement. C'est à la pensée freudienne et aux divers courants psychanalytiques que l'on doit cette découverte fondamentale. En faisant surgir tout un monde caché, la psychologie d'inspiration analytique nous a mis dorénavant en face de cette réalité: l'être humain est un être de désir et de pulsion (Freud, 1973). Si la découverte de Freud et les nombreux apports laissés par ses successeurs n'ont pas manqué d'avoir une résonance importante dans le domaine des sciences humaines, cette conception n'a jamais vraiment touché en profondeur le champ du « comportement organisationnel ».

À part quelques exceptions notables dont les contributions n'ont pas toujours été relevées par les représentants de l'orthodoxie, on ne peut pas dire que la vie psychique et son volet psychodynamique aient constitué le cœur du dispositif psychologique du comportement organisationnel dans les pays anglo-saxons (Levinson, 1987). Prisonnière d'un modèle behavioriste inspiré par le positivisme, la réalité intérieure des êtres humains s'est vue dans la majorité des cas occultée, oubliée ou masquée.

Depuis quelques années, l'insatisfaction grandissante envers les limites des modèles psychologiques orthodoxes a poussé de plus en plus de chercheurs vers les concepts élaborés par le courant analytique. Psychanalystes intéressés par les phénomènes humains observés dans les organisations, psychologues influencés par le paradigme psychanalytique, chercheurs en gestion possédant une culture psychanalytique, tous ont tenté, chacun à leur manière, de dire l'importance et le rôle que joue la vie psychique dans la dynamique humaine des organisations. Leurs travaux ont suivi quatre grands axes: le groupe, le dirigeant, l'organisation et la psychopathologie.

Les premiers travaux furent consacrés au groupe. C'est ainsi que, dans la droite ligne des travaux de Melanie Klein (1975) et parallèlement à ceux de W. Bion (1972), Elliott Jaques jette, dans les années d'après-guerre, les premières bases de la socio-analyse des groupes dans les organisations (1972b). Le groupe est alors vu comme un système social de défense contre l'angoisse de persécution et de dépression (1972a). C'est ainsi que Isabel Menzies, à l'aide des mêmes concepts et des mêmes mécanismes psychiques (clivages, projection, introspection), analyse le comportement dépersonnalisé d'infirmières dans un service hospitalier (1960). Ce courant largement dominé au départ par des chercheurs du célèbre institut Tavistock de Londres continue encore aujourd'hui à inspirer de nombreux travaux (Lawrence, 1979; Sievers, 1986a; Hirschhorn, 1988).

À la fin des années soixante et au début des années soixante-dix, plusieurs chercheurs de Harvard, notamment H. Levinson (1987) et A. Zaleznik et Kets de Vries (1985), s'attachent à comprendre le leadership à l'aide de la théorie psychanalytique. C'est l'apparition d'un deuxième axe de recherche. Psychanalystes intéressés par la dynamique psychique des dirigeants et insatisfaits des théories classiques dans ce domaine, ils cherchaient à dégager non seulement le rôle et l'importance que l'imaginaire et l'inconscient jouent dans les actions des dirigeants d'entreprise, mais aussi les conséquences que cela peut avoir sur les organisations. Ce courant a suscité et suscite encore de nombreux travaux dans plusieurs parties du monde[1].

Le troisième axe, tout en s'attachant à un objet, l'organisation, dont les deux premiers se préoccupent également, est issu d'un terreau un peu différent. Originaire principalement de France et des pays latins, il cherche, en puisant à la fois aux sources de la psychologie sociale, de la pensée freudienne et de la sociologie radicale, à mieux cerner les rapports qui unissent l'homme à l'organisation (Pagès *et al.*, 1980), l'individu au collectif (Enriquez, 1983). Plus critique en général que les travaux anglo-saxons (Amado, 1980), cette psychosociologie des organisations d'inspiration analytique tente de dévoiler les conflits, les motifs inavoués, les masquages susceptibles d'apparaître autant dans le groupe que chez l'individu.

Le quatrième et dernier axe est le résultat d'une rencontre entre la psychanalyse et les sciences sociales. Largement inspirée par les travaux du psychanalyste et psychiatre français C. Dejours, l'utilisation des connaissances psychanalytiques cherche à dévoiler ce qui dans l'organisation du travail entre en contradiction avec le fonctionnement de l'appareil psychique. Le plaisir et la souffrance dans le travail résulteraient de cette collision entre une organisation du travail déficiente et la vie psychique des travailleurs, des techniciens et des cadres (Dejours, 1987, 1988). Nous aurons d'ailleurs l'occasion d'y revenir un peu plus loin dans la dernière partie du présent ouvrage.

Parallèlement à tous ces courants, il existe bien sûr d'autres travaux qui, tout en s'y rattachant de près ou de loin, possèdent leur spécificité. On peut citer ici les recherches de H. Bridger (1987) qui, s'inspirant du concept d'objet transitionnel de Winnicott (1953), étudie les phénomènes transitionnels qui surgissent dans la vie des organisations. On peut également penser aux travaux de H. Schwartz sur les effets du totalitarisme organisationnel (1987b) et de l'illusion dans la vie des organisations (1987a).

À la lumière de tous ces travaux, la vie psychique en tant que réalité a donc fait son apparition dans le champ du travail et des organisations. Les textes contenus dans cette partie, chacun à leur manière, veulent rendre compte de cette pensée dont l'origine est commune mais dont les regards sont pluriels. C'est ainsi que Laurent Lapierre, influencé par les travaux de Melanie Klein, amorce une réflexion sur l'intériorité comme élément structurant de la réalité psychique et sur la nécessité de cette prise de conscience pour la compréhension de la vie organisationnelle. Oubliée, voire complètement niée par l'univers organisationnel, l'intériorité constitue une dimension fondamentale de la gestion. Cet appel à la prise en compte de la réalité intérieure, de l'imaginaire, se poursuit avec le texte de Manfred Kets de Vries et Danny Miller sur le transfert et celui de Kets de Vries sur l'envie. Le premier, en cherchant à comprendre la face cachée des interactions humaines, rappelle le rôle clé qu'y joue ce processus dans la dynamique humaine. Le second, en s'appuyant sur des données d'ordre psychanalytique, étudie une pulsion psychique fort répandue : l'envie, dont les conséquences sur la vie dans les organisations sont souvent fort négatives. Le texte de Thierry Pauchant, tout en puisant à une source précise : la pensée de Kohut, va également dans le même sens. Il nous montre combien la relation supérieur-subordonné peut s'enraciner dans un narcissisme plus ou moins fort. Cette dynamique psychique dirigeant-dirigés peut, dans un autre ordre d'idées, comme nous le montre le texte de Burkard Sievers, nous faire comprendre pourquoi le concept de motivation, si populaire en gestion, n'est peut-être qu'un ersatz, un faux-semblant; sa fonction : remplacer le vide symbolique créé par la division du travail et la fragmentation croissante de l'existence contemporaine. Enfin, comme le souligne le texte de Maurice Dufour, la dynamique psychique peut nous montrer combien, à l'heure où la gestion de projet devient à la mode, les relations interpersonnelles mettent en jeu des phénomènes subjectifs et combien la notion de transfert dont parlent Kets de Vries, Miller et Pauchant devient centrale dans cette relation.

Tous ces articles, en puisant à des degrés divers dans le fond commun de la psychanalyse, cherchent à revaloriser la vie intérieure, l'affectivité et les nombreux processus intrapsychiques qui les sous-tendent (projection, introspection, transferts, etc.). Chacun à leur manière, ils tentent de montrer combien ces mécanismes sont présents dans la vie organisationnelle et combien les relations humaines sont fondamentalement marquées au sceau du désir et de la pulsion. Comme l'a écrit si justement E. Enriquez (1983, p. 183) :

> Le lien social se présente d'emblée comme un lien *tragique* : il nous permet de comprendre que les autres existent, non comme objets possibles de notre satisfaction mais comme sujets de leurs désirs, autrement dit comme autant susceptibles de nous rejeter que de nous aimer, de manifester des volontés contradictoires aux nôtres, de présenter des dangers permanents non seulement pour notre narcissisme mais également pour notre simple survie, et d'être pour nous, malgré cela et en même temps aussi indispensables que l'air que nous respirons.

Le cadre organisationnel, en tant que lien où se tissent de nombreuses relations, est un terrain fertile où observer cette dynamique psychique. Celle-ci, en affectant d'une manière ou d'une autre les rapports interpersonnels et les rapports intergroupes, ne peut plus être niée à moins bien sûr de vouloir maintenir à l'écart une dimension fondamentale de l'humanité concrète. Ce qui n'est jamais sans risque à la fois pour les individus et pour les collectivités (Enriquez, 1983).

Note

1. Voir notamment Kakar (1970), Kets de Vries et Miller (1984), Kets de Vries (1988b), Amado (1980), Lapierre (1987, 1988), Maccoby (1976), Pauchant (1988a).

INTÉRIORITÉ, GESTION ET ORGANISATION

De la réalité psychique comme fondement de la gestion

Laurent LAPIERRE

Introduction

Dans ce texte, nous proposons au lecteur une approche quelque peu différente de celle des autres chapitres de cet ouvrage. C'est sous l'angle de l'intériorité que nous traiterons de la dimension subjective (une dimension oubliée) de la relation entre l'individu et l'organisation, et c'est le gestionnaire qui retiendra particulièrement notre attention. L'intériorité, c'est l'aspect le plus secret et le plus mystérieux de l'individu, dans ses composantes aussi bien cognitives qu'affectives. L'intériorité est donc ce qui caractérise le plus profondément et le plus authentiquement le sujet, ce qui est au cœur de sa subjectivité.

Dans les programmes formels de formation en gestion, on a tendance à dévaloriser la subjectivité au profit de l'objectivité. On préconise généralement l'utilisation d'analyses objectives et quantitatives des réalités du marché (occasions et menaces) et des réalités de l'entreprise (forces et faiblesses). Cependant, gérer implique nécessairement des choix subjectifs, l'usage d'un certain pouvoir, d'habiletés conceptuelles (vision, imagination, etc.), d'attitudes affectives (empathie, distance, etc.) et d'habiletés interpersonnelles (techniques, procédés, méthodes, etc.). Peu importent les capacités intellectuelles, physiques et émotives dont un individu est doté naturellement et celles qu'il peut acquérir tout au long de sa vie, c'est toujours un « être subjectif » qui pense, qui agit et qui choisit d'utiliser ou de miser sur ces positions et développer ces habiletés.

Généralement, sur les questions de motivation, de vision, d'imagination et de direction, sur ce qui fait qu'on échoue ou qu'on réussit, les gens en savent plus qu'ils ne croient. Il s'agit souvent d'une connaissance subjective, une connaissance différente de celle qu'on acquiert dans des programmes formels. C'est une connaissance sentie, expériencielle, intuitive, inconsciente, une connaissance cachée, couverte, mais qu'on peut découvrir toute sa vie. Il arrive même qu'on comprenne de cette façon des phénomènes qu'on n'est pas parvenu à expliquer encore de façon satisfaisante (pour soi ou pour les autres).

Dans le cadre de ce chapitre, c'est en nous inspirant des découvertes de la psychanalyse, dont l'objet porte précisément sur l'intériorité et la subjectivité, que nous allons construire l'argumentation. Traiter de l'intériorité et de la subjectivité, même en se basant sur des écrits qui présentent une « objectivation extérieure » des découvertes d'une communauté de chercheurs scientifiques (la psychanalyse est une science d'interprétation), suppose de la part de l'auteur une communication subjective, une communication qui part de l'intériorité. Une telle perspective implique qu'il prenne des risques et qu'il se révèle. De même, un lecteur ne peut avoir une véritable connaissance de ces réalités qu'en mettant à profit lui aussi sa subjectivité et son intériorité.

Dans la première partie de cette analyse, nous présentons sommairement les fondements de la réalité psychique qui sous-tendent l'intériorité et la subjectivité et particulièrement le fantasme inconscient d'incorporation. Dans la seconde partie, nous présentons, sous forme d'essai, une esquisse de quelques aspects sous lesquels se manifeste l'intériorité dans la pratique de la direction et les significations que prennent les organisations sous ce rapport.

UNE PERSPECTIVE PSYCHIQUE

Adopter la perspective de l'intériorité, c'est indiquer clairement qu'il sera question de la réalité psychique. Pour la psychanalyse, particulièrement pour les tenants de la théorie des relations d'objets, la réalité psychique, que l'on nomme plus familièrement la « vie intérieure », est structurée par des fantasmes[1] inconscients au sujet des objets intériorisés. Ces objets sont, de manière privilégiée, les premières figures d'amour et d'autorité avec lesquelles le sujet entre en contact: primordialement la mère, puis le père, les frères et sœurs, etc. La réalité psychique est le fruit de l'introjection des images des autres et de soi. Cette réalité se construit en plusieurs phases correspondant à divers stades de développement de l'individu mais ce sont les sensations physiques qui, étant les plus archaïques, donnent lieu à la constitution des premiers fantasmes[2].

Les fantasmes du corps: le noyau de la vie fantasmatique

Dans la vie fantasmatique, les images du corps ont une importance cruciale. L'imaginaire, toute la vie de l'esprit en fait, se nourrit des représentations que l'on se fait du corps des autres et de son propre corps. Susan Isaacs écrit: « Les tout premiers fantasmes inconscients visent d'abord les corps et sont vécus comme sensations; plus tard, ils prennent la forme d'images plastiques et de représentations dramatiques. » (Isaacs, 1952, p. 107-108.)

On sait qu'il y a une certaine activité mentale chez le fœtus. On peut ainsi avancer que, dès le stade utérin, le cerveau reçoit des messages corporels primaires: sensation d'être à l'intérieur, dans le noir, d'être enveloppé par tout le corps, d'être porté, de baigner dans un liquide chaud et protecteur; sensation aussi d'un extérieur inconnu, que le fœtus peut percevoir et entendre. Le fantasme d'être complètement pris en charge, d'être totalement enveloppé et protégé proviendrait de ces premières sensations. Le plaisir que l'on éprouve à s'abandonner à un bain chaud, à la chaleur de la température tropicale (pour un nordique du moins) ou à la chaleur des couvertures d'un lit tire sans doute aussi son intensité de la réminiscence inconsciente qu'il provoque de ces sensations archaïques. Non seulement les manifestations évidentes de régressions à la « position fœtale », mais aussi toute la symbolique d'être à l'intérieur d'une organisation (l'organisation-mère, la société-mère, l'alma mater, la sainte mère-Église, etc.) réactivent le fantasme inconscient d'être « dans le sein de sa mère ».

Immédiatement après la naissance, le nourrisson se confond encore avec le corps de la mère, bien que ce soit alors par l'extérieur. Il est tenu contre le corps, entre les bras, il est enveloppé dans des vêtements chauds... Une autre sensation devient toutefois primordiale: celle de prendre dans sa bouche, de manger, d'avaler, d'être repu, de garder en soi et de digérer. Le nourrisson suce, avale, digère, métabolise. Si le nourrisson incorpore, il projette et il rejette aussi par la bouche, par les pores de la peau ou par l'urètre et l'anus. Le sein de la mère devient l'objet central de l'univers du nourrisson, dispensateur de sensations de rassasiement et de plaisir ou de frustration et de déplaisir.

Pendant cette période, le fantasme dominant est celui de l'incorporation. À la première sensation d'avoir été à l'intérieur dans l'utérus, succède la sensation de prendre à l'intérieur. Le nourrisson ne croit pas ingérer uniquement la nourriture, le lait; fantasmatiquement, c'est le sein, puis sa mère elle-même qu'il mange. Ainsi, le sein et la mère sont les premiers objets intériorisés, les premiers objets fantasmatiquement introjectés, et aussi les premiers objets psychologiquement digérés par le sujet au cours de son développement. Ces premiers objets introjectés et les fantasmes qu'on nourrit à leur sujet constituent la base de la réalité intérieure de l'individu auxquels viennent s'ajouter, tout au long de la vie, les autres objets significatifs intériorisés subséquemment.

Fantasme d'incorporation et introjection

À cause de son caractère précoce, le fantasme d'incorporation est central dans le développement de toute la vie affective: il constitue la base même de la réalité psychique. Ce fantasme qui est à la base des mécanismes fondamentaux d'introjection et de projection est aussi central dans l'activité cognitive; c'est lui qui détermine notre mode de compréhension et de connaissance de la réalité. Une grande partie de notre rapport au monde est en effet vécue sur le mode de l'incorporation. On peut en voir une preuve dans la pléthore d'expressions usuelles empruntant (pas si métaphoriquement qu'on voudrait le croire) des termes reliés à l'acte de manger ou, de façon détournée, à celui de sentir: « dévorer quelqu'un des yeux », « je t'aime tellement que je te mangerais », « bouffer un livre », « en avoir l'eau à la bouche », « croquer à belles dents dans un projet », « ne pas digérer quelqu'un », « cela me donne envie de vomir », « ne pas être capable de le sentir », « boire les paroles de quelqu'un », « tout ça ne sent pas très bon », « rester sur sa faim », « rester bouche bée », etc.

Comprendre et connaître, c'est fantasmatiquement explorer, décortiquer et manger le monde, l'objet de notre connaissance, le fruit défendu. C'est un acte qui est souvent perçu comme agressif et potentiellement destructeur. Le péché originel est d'ailleurs un péché de connaissance. Ce n'est pas par hasard si dans la culture judéo-chrétienne l'être humain naît coupable parce qu'il a voulu *savoir* en mangeant le fruit défendu: « [...] vos yeux s'ouvriront et vous serez comme des dieux, possédant la connaissance du bonheur et du malheur » Genèse, 3,5). C'est à cause de ce désir de connaissance et de toute-puissance (devenir comme des dieux) qu'Adam et Ève ont été chassés du paradis. Œdipe est un autre personnage qui a été puni (et qui s'est puni lui-même) parce qu'il a voulu savoir. Ce héros d'une des légendes les plus célèbres de la littérature grecque part à la recherche de ses origines. Il résout l'énigme de l'humanité que lui pose la Sphinge, et ensuite, sans le savoir, tue son père, épouse sa mère et devient le roi de Thèbes. La connaissance est ici encore associée à la puissance. Désireux de soulager sa ville de la malédiction qui s'abat sur elle, Œdipe est poussé par un désir tragique de connaître la (sa) vérité, désir qui l'amènera à se crever les yeux avec la broche de sa mère et à commencer une vie errante. (Sophocle, 1964; Grimal, 1951).

Ces deux mythes nous révèlent bien la signification profonde, dans l'univers fantasmatique des êtres humains, de la connaissance et de la puissance. Ces deux œuvres poétiques indiquent bien les vicissitudes de la connaissance et de la puissance et le sort que l'inconscient réserve aux êtres humains avides de savoir et de pouvoir. La pulsion épistémophilique[3] a pour objet premier l'intérieur du corps de la mère. Connaître, c'est d'abord connaître (posséder) sa mère. Ce fantasme inconscient peut créer de l'inhibition intellectuelle, inhibition ayant pour premier objet la réalité intérieure, mais aussi la réalité extérieure, puisque la connaissance de la réalité extérieure passe nécessairement par l'intérieur. Là encore, il y a des expressions qui empruntent à la digestion et qui indiquent bien le type d'angoisse et de culpabilité associées à la connaissance et à la puissance. Dans l'inconscient, connaître et pouvoir sont des actes agressifs: « n'en faire qu'une bouchée », « mordre la main qui nourrit », « enlever le pain de la bouche », « déchiqueter sa proie à belles dents », « ne pas digérer une défaite ou une victoire », « broyer du noir », « s'en mordre les doigts », « se mordre la langue avant de parler », « faire la petite bouche », « accepter du bout des dents », « garder une dent contre quelqu'un », « avoir les dents longues », « avoir des remords », « ne pas desserrer les dents », « se casser les dents », « ronger son frein », etc. La métaphore de la bouche et de la puissance avide est très « parlante ».

Réalité psychique, projection et introjection

Dans la perspective psychique que nous avons adoptée, les objets introjectés ont une vie propre à l'intérieur de l'individu. Cette vie propre s'explique par deux mécanismes psychologiques dont nous avons déjà parlé et qui sont au centre de la réalité psychique: la projection et l'introjection. La *projection* est un mécanisme par lequel le sujet expulse de soi et localise chez autrui, sur un mode fantasmatique, des qualités, des sentiments, des désirs, ou des « objets » qu'il méconnaît ou refuse en lui (Laplanche et Pontalis, 1967, p. 343-350, 209-210). C'est le mécanisme premier de notre relation à la réalité extérieure. L'*introjection* est le mécanisme psychologique par lequel le sujet fait passer, sur un « dehors » au « dedans ». Le développement affectif et cognitif passe d'une prédominance de la projection à une prédominance de l'introjection, même s'il s'agira toujours de deux mécanismes concomitants de la vie de notre esprit, de notre imaginaire. Au fur et à mesure de son développement, le sujet prend conscience de ses projections et développe une capacité de plus en plus grande de reconnaître et d'accepter une réalité mieux intégrée. C'est cette capacité qui est à la base d'une connaissance « réaliste » et d'un sentiment de puissance « humaniste »[4].

Dans la constitution de la réalité psychique, les relations aux premiers objets d'amour et aux premières figures d'autorité ne sont pas seules déterminantes. Les objets introjetés et la projection qu'on fait sur ces objets ou des sentiments qu'on éprouve à leur égard) ne s'expliquent pas seulement par la relation aux objets réels. C'est ce que nous avons tenté d'illustrer au tableau 1. L'*hérédité biologique* (la composante biogénétique du psychisme) a une influence qui doit être reconnue à sa juste valeur. Le talent, l'énergie (physique et psychique) et certaines dispositions affectives et cognitives ont manifestement une origine biogénétique. Freud le premier, et tous les théoriciens de la théorie des relations d'objets, Melanie Klein en tête, n'ont jamais minimisé l'importance du biologique ou du physiologique dans la constitution du psychisme.

Les pulsions « naturelles », qu'on les nomme pulsions de vie ou de mort, libido ou agression, qui peuvent se traduire par l'amour ou la haine, le besoin de réparation ou de destruction, prennent leur origine dans le biologique et le physiologique. Les fantasmes inconscients sont les représentants (et les manifestations) psychiques de ces pulsions et sont toujours liés aux premiers objets d'amour et aux premières figures d'autorité. L'angoisse, qui est une constante de la réalité psychique, apparaît quand les fantasmes inconscients prennent leur ancrage majeur dans la pulsion de mort (agression, haine, destruction).

Cette hérédité est évidemment transmise par des parents qui ont une existence et des agissements « réels ». La clinique montre que les relations elles-mêmes ont indéniablement une influence sur la façon avec laquelle s'actualisent ces prédispositions, et qu'elles déterminent ainsi grandement la réalité psychique, mais c'est aussi (surtout) par la façon dont le sujet vit intérieurement (par ses projections) ses relations précoces à ces objets et les introjecte et les intériorise que l'on peut déduire certaines de ses prédispositions particulières.

De même, l'*héritage socioculturel* des différents milieux au sein desquels le sujet est élevé, éduqué et civilisé a une influence indéniable sur le psychisme (Kardiner, 1969). Une grande partie de cette influence est cependant transmise par le biais des figures parentales et de la famille, et est modalisée en conséquence. Sans vouloir sous-estimer donc les facteurs biogénétiques et socioculturels essentiels dans la constitution du psychisme de l'individu (une telle discussion ne relève pas de notre compétence), nous nous attachons ici particulièrement aux images intériorisées des premiers objets d'amour et des premières figures d'autorité.

Quand on parle de réalité intérieure, on doit donc garder à l'esprit que ce que le sujet introjecte et intériorise, ce ne sont pas ses parents « réels », ce ne sont pas les faits tels qu'ils sont arrivés ou ont existé dans la réalité objective externe; ce sont des « images » de ses parents qui sont d'une part le résultat de la projection de ses propres fantasmes archaïques et d'autre part le résultat d'une introjection des objets qui, même quand le sujet en a une vision « réaliste », conservent toujours une certaine dimension fantasmatique. C'est le sens que nous donnons, au tableau 1, à la dimension psychogénétique de la réalité psychique constituée des fantasmes entretenus au sujet des images intériorisées de la mère, du père, du couple et de la fratrie, fantasmes constituant les fondements de la vie affective aussi bien que cognitive: l'imagination, l'imaginaire, les rêveries, les rêves éveillés, les fantasmes inconscients, la vision du monde, en somme, toute la vie de l'esprit.

Pour les besoins de la discussion, qu'il suffise d'indiquer que les figures parentales peuvent avoir été intériorisées comme activement bienveillantes ou

TABLEAU 1
Figures parentales et réalité psychique du sujet

Première réalité extérieure
Premiers objets d'amour
Premières figures d'autorité
Premières images de gestionnaires et de leaders

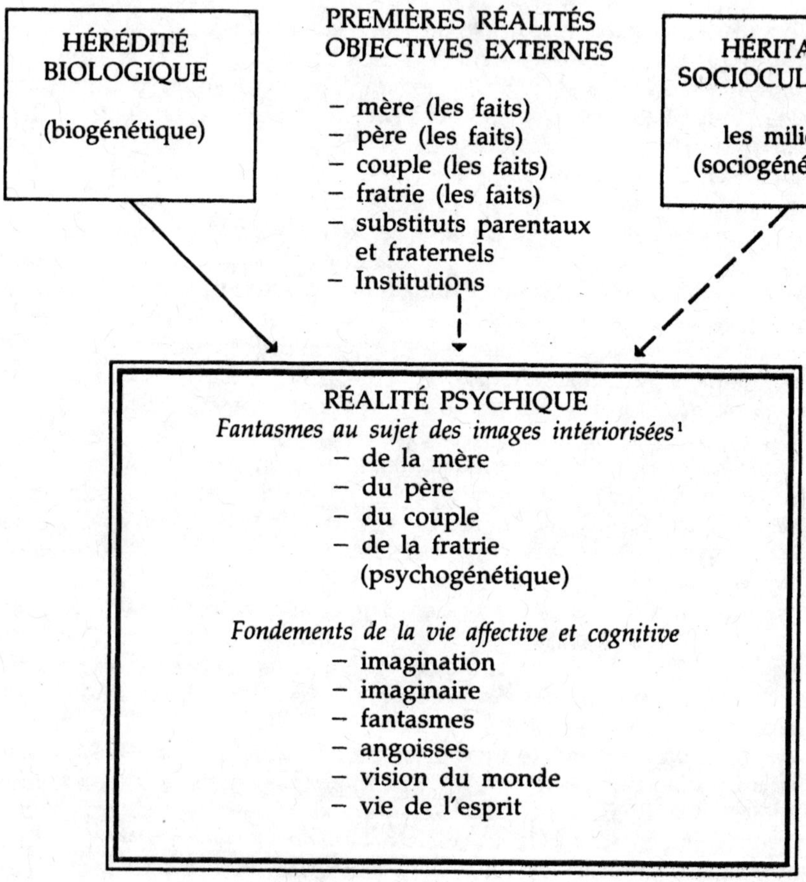

1. Premières *images intériorisées* des figures parentales

– bienveillantes	– clivées
– persécutrices	– idéalisées
– aimantes	– méprisées
– dominatrices	– blessées
– aidantes	– malades
– absentes	– réparées
– souffrantes	– acceptées
– etc.	– intégrées
	– etc.

persécutrices, aimantes ou dominatrices, ce qui amène le sujet à utiliser des mécanismes psychologiques bien connus comme la négation, le clivage, l'idéalisation, l'envie, la domination omnipotente, le mépris, etc. Ces mécanismes s'appliquent aussi bien aux objets intériorisés qu'au sujet lui-même. Le moi du sujet, la constituante active de sa personnalité, est en effet en grande partie animé de ces objets introjetés.

L'INTÉRIORITÉ, LA DIRECTION ET LES ORGANISATIONS

Nous avons soutenu jusqu'à maintenant que le fantasme inconscient d'incorporation constituait le fondement de la réalité psychique. C'est le fantasme sous-jacent aux mécanismes psychologiques de l'introjection, de l'intériorisation et de l'identification (aussi bien projective qu'introjective)[5]. Il s'agit donc du fantasme inconscient qui structure l'intériorité du sujet. Dans des publications précédentes, nous avons soutenu que *la puissance relative*, sous-jacente à une pratique humaniste de l'exercice de la gestion, supposait la reconnaissance et l'acceptation de la réalité psychique. Cette reconnaissance, préalable à une véritable connaissance de la réalité extérieure, suppose chez le sujet la capacité de faire le deuil de sa toute-puissance, d'élaborer dans sa réalité psychique des images des objets internes et de soi qui soient réalistes, c'est-à-dire qui n'aient pas recours de façon illusoire à l'idéalisation et au narcissisme (ou à leurs inévitables contreparties: le mépris et la haine de soi) (Lapierre, 1988, 1989).

Dans la seconde partie de cette analyse, nous allons tenter de cerner en quoi l'intériorité est sous-jacente à la pratique même de la gestion et aux nombreux rôles symboliques que jouent les organisations pour les individus. Il s'agit donc d'un essai sur l'intériorité et la réalité psychique comme fondements de la pratique de la direction (et du leadership) et de la vie des organisations. L'argument tourne autour de deux points majeurs. Premièrement, la pratique de la direction repose à la fois sur la réalité intérieure de la personne en poste d'autorité et sur une réalité qui lui est extérieure, soit l'entreprise qu'elle dirige de même que l'environnement au sein duquel cette entreprise fonctionne. Deuxièmement, de la même façon qu'il existe chez l'individu une réalité intérieure et une réalité extérieure, les organisations peuvent être considérées comme ayant une réalité qui leur est intérieure et une réalité qui leur est extérieure. Même si, comme dans le cas des individus, la frontière qui sépare ce qui relève de l'intérieur et ce qui relève de l'extérieur de l'organisation peut être floue, des limites peuvent être établies; ce qui n'empêche pas l'entreprise d'être à la fois le fruit de son milieu extérieur et de faire partie intégrante de ce milieu.

Sur le plan fantasmatique, tout individu a un espace, un monde et un théâtre intérieurs. Il y a cependant des liens entre cette vie intérieure et la réalité extérieure. Des institutions importantes comme la vie de couple, la famille ou les organisations présentent beaucoup de manifestations symboliques des deux composantes intériorité et extériorité qu'on rencontre chez l'individu. Cependant, au-delà d'une spécialisation des rôles (intérieurs et extérieurs) qui pourrait être la résultante de stéréotypes socioculturels, voyons une application plus profonde (et plus près de la nature humaine) de la composante intériorité à la pratique de la direction. Nous dégagerons la signification que peuvent prendre les organisations, sur le plan symbolique, sous ce rapport.

L'intériorité (la subjectivité) et la gestion

Gérer implique qu'il faille nécessairement intervenir sur des réalités extérieures au gestionnaire, essentiellement sur les ressources internes de l'entreprise et sur ce que les écrits en gestion nomment généralement l'environnement. Pourtant, la gestion est aussi une pratique qui repose fondamentalement sur la réalité psychique du dirigeant, sur son intériorité. Le dirigeant agit sur l'extérieur à partir de sa propre réalité intérieure. Le poids respectif des composantes intériorité/extériorité dans la pratique de la gestion et leurs diverses manifestations varient selon les personnes en poste de direction. Pour cette partie de la discussion, nous avons choisi de ne retenir que trois facettes par lesquelles l'intériorité se manifeste et qui nous semblent centrales dans les pratiques de la direction en gestion. Il y a d'abord *la vision* (basée sur la capacité d'imaginer, de conceptualiser et d'anticiper). C'est un concept qui depuis Andrews (1987, première édition: 1971) est devenu omniprésent dans les écrits portant sur la gestion stratégique. Les relations avec les personnes étant capitales dans l'exercice de la direction, les deux autres facettes touchent les rapports de personne à personne: *la position affective intra-individuelle* (basée sur la capacité de sentir et de composer avec les émotions) et le *mode d'interaction et d'influence* (basé sur les habiletés interpersonnelles, notamment les habiletés de communication et les habiletés politiques). Il s'agit de deux facettes qui ont surtout fait l'objet de recherches par l'école dite des Relations humaines et par les chercheurs en comportement organisationnel, en habiletés et en leadership. Dans les écrits en gestion de langue anglaise, seuls quelques-uns des chercheurs en leadership (Zaleznik, 1970, 1977, 1989, 1990; Zaleznik et Kets de Vries, 1985; Kets de Vries, 1984, 1989; Kets de Vries et Miller, 1985a, 1987, 1988; Lapierre, 1989; Miller et Toulouse, 1986) établissent explicitement une distinction entre ce qui relève de l'intériorité d'une part et de l'extériorité d'autre part.

Pour les besoins de cette discussion, nous distinguerons un mode de direction qui prend sa source dans l'intériorité en l'opposant à un modèle de direction plus conventionnel qui s'exerce selon le mode de l'extériorité. Du côté de l'intériorité, nous parlerons d'une gestion selon le mode du *leadership* et du côté de l'extériorité, nous parlons d'une gestion selon le mode de l'*administration*.

Dans le modèle traditionnel de la gestion, une gestion selon le mode de l'administration, l'orientation que prend l'entreprise, *la vision* qui anime la direction et ses principaux collaborateurs, se fonde sur une analyse objective des occasions et des menaces que présente l'environnement et une analyse des forces et faiblesses présentes au sein de l'organisation. Les décisions stratégiques sont prises d'après des modèles et d'après une analyse de la réalité politique de la situation extérieure, d'après une évaluation des transactions nécessaires pour atteindre les objectifs et compte tenu des considérations de droit. C'est une vision qui résulte d'une perspective extérieure. Par contre, sous le pôle de l'intériorité, dans une gestion selon le mode du leadership, la *vision* vient de l'intuition, de convictions et d'engagements personnels du dirigeant. Cette direction s'appuie sur le leadership de la personne en poste d'autorité, sur une certaine projection de sa réalité intérieure, sur son désir de transformer la réalité extérieure et sur des considérations d'éthique. L'activité principale est intérieure au gestionnaire, même si elle entraîne une action extérieure (voir tableau 2).

TABLEAU 2

La direction, selon qu'elle est dominée par le pôle de l'intériorité (leadership) ou le pôle de l'extériorité (gestion)

	Intériorité (gestion selon le mode du leadership)	*Extériorité* (gestion selon le mode de l'administration)
Intérieur		Extérieur
la *vision* (la capacité d'imaginer et de conceptualiser)	intuition	analyse
	jugement	modèles de décision
	convictions et engagements personnels	occasions et menaces
	réalité intérieure du leader	réalité politique de la situation extérieure
	désir de transformations	besoin de transactions
	considérations d'éthique	considérations de droit
	activité intérieure	activités extérieures
Intérieur		Extérieur
La position affective intra-individuelle (la capacité personnelle de sentir)	acceptation (respect de l'autre)	domination (séparation, pouvoir sur l'autre)
	ménager, porter	diagnostiquer, mener
	empathie	distance
	comprendre	expliquer
	ressentir	rationaliser
	créer, produire	exploiter, reproduire
Intérieur		Extérieur
Le mode d'interaction et d'influence (les habiletés interpersonnelles)	engagement personnel (compétence d'exécution)	jeux politiques (diriger)
	implication (absorbé dans le jeu politique)	distance (voir le jeu politique)
	communication personnalisée	communication médiatisée
	jeux de création (plaisir d'éprouver, de réaliser)	jeux de compétition (plaisir de prouver, de gagner)
	alliés par don et renoncement	alliés par intérêts d'affaires ou de carrière
	mentor par relations intimes (générativité, support)	mentor par relations d'estime (admiration, respect)
	qualité de vie (mieux-être)	efficacité, productivité (richesse)

L'intériorité (et la subjectivité) de même que l'extériorité (et l'objectivité) conditionnent non seulement la vision, elles sont aussi le substrat de toute *l'attitude affective intra-individuelle*. Sous le pôle de l'extériorité, la direction est animée par le désir de domination, ce qui implique la distance et le pouvoir sur l'autre. Le gestionnaire ne se préoccupe pas de ressentir et de comprendre; il se limite à diagnostiquer et à mener. L'explication et la rationalisation sont au cœur de l'activité du gestionnaire qui cherche à utiliser les ressources et à reproduire biens et services de façon efficiente. Il s'agit encore d'un modèle qui se rapproche d'une conception conventionnelle de la direction. Par contre, sous le rôle de l'intériorité, la direction est fondée sur l'acceptation de l'autre, sur la capacité d'abandon du dirigeant, sur une capacité de compassion, une capacité de compréhension de l'intérieur. Cette attitude d'acceptation permet de sentir ce qui se passe en l'autre dans une situation donnée. Elle est à la base de l'empathie. Chez le leader, servir, ménager, porter, créer et produire découlent de cette position affective. Les motivations qui poussent le leader à agir sont morales.

Enfin, en ce qui concerne *le mode d'interaction et d'influence*, du côté de l'extériorité, le gestionnaire garde suffisamment de distance dans ses relations interpersonnelles pour bien voir la compétition, les rivalités et les jeux politiques. La communication médiatisée est l'habileté principale du gestionnaire. Son approche de direction est de type rationnelle-légale (formelle) et ses relations sont basées sur l'estime, l'admiration et le respect (la crainte) des capacités des gens qui l'entourent. Les alliances sont du type relations d'affaires et relations utilitaires. Le gestionnaire recherche l'efficacité et la productivité. Par contre, du côté de l'intériorité, le mode d'interaction et d'influence est marqué par l'implication et l'engagement personnel du gestionnaire. Sa compétence d'exécution est liée au plaisir de créer et d'éprouver. Absorbé dans le jeu politique, le gestionnaire utilise un mode personnalisé de communication. Son approche de direction étant personnelle, il joue activement le rôle de mentor pour quelques collaborateurs avec qui il entretient des relations intimes. Il crée des alliances où sa capacité de don et de renoncement l'amène à établir des liens de véritable amitié en vue d'un mieux-être.

C'est en extrapolant à partir de notre compréhension de la réalité intérieure, développée dans la première partie de cette analyse, que nous en sommes arrivé à cette conceptualisation qui distingue trois facettes de l'intériorité et de l'extériorité ayant le mérite de faire ressortir systématiquement « une dimension oubliée » — ou à tout le moins négligée — des recherches en gestion et en théorie des organisations. L'intuition, le jugement, le désir de transformer (le monde), les questions d'éthique, l'acceptation, l'empathie, le ménagement, les considérations morales et d'entraide, le mentorship, toutes des réalités qui relèvent du domaine de l'intériorité, sont difficiles à saisir et impossibles à quantifier et à mesurer objectivement; elles supposent qu'on prenne des risques, qu'on ose et qu'on utilise sa subjectivité, qu'on se révèle.

Le couple intériorité/extériorité qui nous a servi à faire cette analyse de la gestion selon le mode du leadership et de la gestion selon le mode de l'administration ne doit cependant pas être perçu comme une dichotomie, mais plutôt comme un continuum. Pour étudier, on sépare, mais c'est pour mieux réunir. L'analyse faite en profondeur et mettant à contribution les matériaux les plus riches est destinée à conduire à une synthèse nouvelle. Un clivage sain (l'analyse) doit nous mener à une meilleure intégration (synthèse) des deux facettes d'une même réalité qui, elle, n'est pas clivée.

Dans le tableau 2, sous le pôle de l'intériorité, nous avons parlé d'une gestion selon le mode du leadership, tandis que sous le pôle de l'extériorité nous avons parlé d'une gestion selon le mode de l'administration. À une extrémité du continuum, le gestionnaire de type administrateur professionnel serait une personne réagissant davantage à la situation extérieure. Il s'agirait d'une personne qui dirige une entreprise (comprise ici dans une acception large du terme) d'une façon qui se veut efficiente et efficace, privilégiant une structuration interne plutôt ordonnée, réglementée, hiérarchisée. Sa raison d'être étant de déceler des besoins manifestes ou latents des consommateurs et d'y satisfaire, l'administrateur tiendra surtout compte des ressources disponibles dans son organisation et des occasions ou des menaces dans un environnement ou un marché donné. À l'autre extrémité du continuum, le leader (ou le gestionnaire selon le mode du leadership) serait une personne qui met sur pied et dirige une entreprise en étant davantage centrée sur sa vision personnelle. Cet individu réagirait d'abord et avant tout à sa réalité intérieure, proagissant ainsi dans un environnement ou un marché donné. Cela peut impliquer, et implique généralement, qu'il tienne moins compte des ressources disponibles qu'il n'entraîne des changements dans un environnement ou un marché donné. Le mode de structuration de l'entreprise est souvent plus organique, plus centré sur la personne du leader, moins réglementé et hiérarchisé (Lapierre, 1987). Encore ici, il s'agit d'un clivage (analyse) destiné à une meilleure compréhension, à une synthèse plus riche d'une réalité complexe. En effet, une personne en position d'autorité n'est jamais totalement un leader ou totalement un administrateur professionnel. Chez les être humains, les types purs ou idéaux n'existent pas, et l'art et la pratique de la direction sont toujours une sorte d'amalgame de ces deux tendances. La distinction entre le leader et l'administrateur professionnel est bien documentée comme nous l'avons vu précédemment et concorde bien avec nos deux pôles intériorité et extériorité. La distinction en ce qui concerne la position affective intra-individuelle et le mode d'interaction et d'influence est plus nouvelle et les composantes intériorité et extériorité restent à expliciter.

D'abord, il n'y a pas nécessairement cohérence, chez un même individu, entre les trois facettes par lesquelles se manifestent l'intériorité et l'extériorité en gestion: la vision, la position affective intra-individuelle et le mode d'interaction et d'influence. C'est ce que nous avons voulu indiquer au tableau 2 en reprenant les flèches pour chacune des facettes, comme s'il agissait de trois tableaux différents. Il y a, par exemple, des leaders narcissiques qui proposent une vision fondée sur leur intériorité, mais dont la position affective intra-individuelle et le mode d'interaction et d'influence sont manifestement dominés par l'extériorité. La vision prend sa source dans une projection de leur univers intérieur, mais tout le comportement subséquent est une défense paranoïde ou obsessive compulsive contre leur vulnérabilité pressentie et les attaques appréhendées vis-à-vis la « perfection » de leur vision. Ils sont incapables de faire le deuil de la toute-puissance de leur projection et d'accepter qu'elle puisse être enrichie de l'intériorité des autres. Passer de la vision à la position affective intra-individuelle pour en arriver au mode d'interaction et d'influence, c'est passer de l'abstrait au concret, de l'idéal au réel. Pour certaines personnes, plus elles approchent du réel dans la concrétisation de leurs visions, plus elles ont besoin de la collaboration d'autres personnes, plus leur position affective et leur mode d'exercice du pouvoir en seront modifiés. C'est bien connu, « les autres » dont on dépend peuvent être perçus comme menaçants, et redonner vie aux désirs (et aux fantasmes) de puissance. Tel que signalé dans des publications antérieures (Lapierre, 1988, 1989), nous avons qualifié de « pouvoir humaniste » une direction basée sur le sentiment de puissance relative qui allie la capacité de vision et d'imagination et la capacité de faire des deuils. Ce sont les deux dernières facettes de l'intériorité, la position affective intra-individuelle et le mode d'interaction et d'influence, qui prennent ancrage dans cette capacité de faire des deuils et qui soulèvent la plus grande difficulté.

En mettant l'accent sur l'intériorité comme dimension oubliée ou négligée de la recherche en gestion, notre objectif n'est pas d'idéaliser un pôle (l'intériorité) et de mépriser l'autre pôle (l'extériorité), ou vice versa. L'objectif est, dans un premier temps, de voir la réalité (intérieure et extérieure) sous-jacente au phénomène de la direction dans toute sa complexité et sa profondeur. De même que nos projections s'enrichissent de nos introjections, rendant nos projections plus raffinées et plus réalistes, et vice versa, de même que le fait de maîtriser son intériorité permet de mieux tirer profit de son extériorité, ces deux facettes essentielles et indissociables de la pratique de la gestion. Une pratique de gestion de type pur correspondant au pôle de l'intériorité serait aussi malade qu'une gestion de type pur correspondant au pôle de l'extériorité.

L'intériorité: une réalité niée, une dimension oubliée

Accepter que l'intériorité et l'extériorité soient deux facettes d'un même phénomène humain ne doit pas nous empêcher de voir que l'intériorité est une réalité qui soulève des problèmes. Que ce soit sur le plan de l'individu, de la pratique de la direction ou de l'organisation elle-même, l'intériorité est une dimension subtilement niée. L'intériorité signifie l'inconnu, la noirceur, le danger. Jusqu'à maintenant notre connaissance de la gestion a surtout porté sur le pôle de l'extériorité. C'est là que l'objectivité est possible, et c'est là aussi qu'il y a le plus de lumière.

L'intériorité comporte des significations affectives profondes d'abord sur le plan individuel, mais aussi dans les nombreuses manifestations symboliques que représentent les organisations et l'exercice de la direction. Comme l'individu a souvent peur d'affronter sa réalité psychique, le dirigeant se méfie de son intériorité et de sa subjectivité[6]. Les livres de gestion représentent d'ailleurs fréquemment par une « boîte noire » ce qui se passe à l'intérieur du décideur. Dans les organisations, l'analyse des relations avec l'extérieur (l'environnement) est moins menaçante que l'analyse du fonctionnement interne. Une plus grande reconnaissance et une plus grande acceptation de l'intériorité pourraient cependant apporter de grands bénéfices, tant sur le plan individuel, sur le plan de la pratique de la direction que sur celui de la conception des organisations. C'est par l'intériorité qu'on découvre son intériorité. C'est subjectivement qu'on connaît la subjectivité. Il s'agit d'une connaissance subjective (phénoménologique) qui engage le sujet à une prise de conscience toujours plus profonde. Le fantasme inconscient d'incorporation est central à cette prise de conscience en ce qu'il nous permet de rentrer en nous-mêmes et d'y sentir (découvrir) les fantasmes inconscients qui sous-tendent nos façons de penser, nos positions affectives et nos façons d'être et d'agir. C'est aussi le fantasme d'incorporation qui nous permet d'avoir accès à l'univers intérieur de l'autre, de le sentir et le comprendre profondément.

Cette connaissance subjective gagne à être valorisée. C'est d'elle d'abord dont on se sert pour se comprendre et pour comprendre les autres. C'est par elle aussi qu'on peut faire de l'ordre dans le flot des informations « objectives » qui nous assaillent; c'est elle enfin qui est mise à contribution pour proposer des visions nouvelles, personnelles, pour engager les gens d'une façon qui nous soit authentique et les mobiliser dans un projet commun. Mettre l'accent sur l'importance de la connaissance subjective acquise par la réflexion sur l'expérience vécue ne minimise en rien l'importance des voies plus objectives, plus formelles et plus académiques d'accès à la connaissance. Cela permet seulement de relativiser ces moyens de connaître, de les apprécier à leur juste valeur et de voir en quoi ils contribuent à notre connaissance de l'action.

Sous l'angle individuel, la découverte de son intériorité peut prendre plusieurs formes: une des « voies royales » de cette découverte est sans conteste la psychanalyse. Se mettre en contact avec son monde intérieur, avec sa vie intérieure, avec les objets que l'on porte en soi, tout cela relève essentiellement de la découverte de l'intériorité. On a d'abord accès à son intériorité et à sa subjectivité par une réflexion continue (et non complaisante) sur son expérience. Cette voie n'est cependant pas la seule. Mais la réflexion sur sa propre expérience demeure capitale. La connaissance de soi, la connaissance de sa réalité intérieure qu'on acquiert par la vie et par son expérience sera toujours plus importante et plus directe que celle acquise dans les livres, à l'aide de théories, de modèles, de conférences ou de séminaires. Des chercheurs se sont appliqués à montrer les fantasmes inconscients, les scripts ou les scénarios de vie qui soustendent les pratiques de direction des gestionnaires (White, 1975; Kets de Vries et Miller, 1985a, 1987, 1988; Kets de Vries, 1989; Lapierre, 1988, 1989 et à paraître) et par voie de conséquence les orientations stratégiques, les modes de structuration et la culture interne de leurs organisations[7]. On peut et on doit tirer profit de ces voies de connaissance formelles et académiques pour enrichir sa subjectivité, mais elles ne remplaceront jamais l'expérience.

On peut aussi tirer profit de l'expérience des autres, de leurs réflexions sur leurs expériences et de leur subjectivité. Les mémoires, les biographies et les cas cliniques constituent un matériel privilégié sous ce rapport. Il ne s'agit pas de copier, de vouloir reproduire ou ériger en modèle ou en système ce que font ou ce que sont d'autres personnes, mais plutôt de voir ce qui nous convient et ce qui nous permet de mieux connaître notre réalité intérieure. Réussir son développement, c'est accepter son intériorité et être capable de « gérer » réalistement son monde intérieur. Comme nous le disions précédemment, il ne s'agit pas d'idéaliser ou de mépriser l'intériorité ou la réalité psychique; il s'agit plutôt de les reconnaître et d'intégrer à notre connaissance et à notre action ces deux composantes essentielles de l'humanité.

Au point de vue de la connaissance, la découverte de l'intériorité suppose le refus et le rejet de l'intellectualisme qui consiste à surimposer des abstractions et des « petits délires brillants » à la réalité. Le dictionnaire définit l'intellectualisme comme une doctrine affirmant la prééminence des éléments intellectuels sur ceux de l'affectivité et de la volonté. L'intellectualisme (une connaissance extérieure) sacrifie la complexité et la profondeur de la réalité humaine à la compréhension intellectuelle qu'on peut en avoir ou aux concepts d'une discipline scientifique. Toute personne peut être sujette à l'intellectualisme; le professeur d'université, l'étudiant aussi bien que le gestionnaire. Le gestionnaire a en effet une vision du monde, une théorie au moins implicite du fonctionnement des organisations et de la dynamique personnelle des individus. S'il ne se discipline pas à faire l'épreuve de la réalité (particulièrement de sa réalité intérieure) pour mieux saisir la réalité extérieure, il risque d'être victime de son idéalisme, de son utopisme ou de toute autre construction « intellectualiste ». C'est dans la réflexion sur son action qu'un dirigeant découvre un peu plus à chaque jour les fantasmes inconscients qui sous-tendent sa vision, la position affective et le mode d'interaction et d'influence qui sont vraiment siens dans la pratique de la direction.

En gestion, l'univers fantasmatique du dirigeant, son univers intérieur, son imaginaire sont à l'origine de sa vision, de son imagination et de sa créativité. Le « génie propre » du gestionnaire prend sa source dans son intériorité. Nous employons ici l'expression « génie propre » au sens du mot anglais *genuine* qui signifie original, authentique. Au-delà des connaissances extérieures, des faits, des théories et des modes, le gestionnaire trouve en lui sa façon unique d'être, de penser, d'agir et d'intervenir.

C'est dans l'intériorité qu'on trouve non seulement la source de son authenticité, mais aussi de sa véritable force. Nous connaissons tous des gestionnaires malades ou handicapés physiquement qui réussissent pourtant à faire des carrières remarquables. Il en est de même pour certains gestionnaires qui se sentent vulnérables émotivement et qui pourtant réussissent à passer au travers des pires crises personnelles et organisationnelles. La maîtrise de leur vie intérieure leur procure cette force.

Conclusion

Dans ce chapitre, nous avons fait l'hypothèse d'une relation entre le fantasme inconscient d'incorporation et les mécanismes psychologiques de l'introjection et de l'intériorisation qui sont à la base de la vie intérieure et de la subjectivité. Nous avons esquissé une conceptualisation de la gestion et des organisations en y faisant ressortir des manifestations de l'intériorité.

Dans la compréhension occidentale des organisations et des pratiques de direction, l'intériorité a occupé jusqu'ici peu de place. Dans le monde de la gestion et chez les gens d'affaires, l'évocation de la réalité intérieure suscite un malaise, tout comme les mots fantasme, imagination, sexualité ou subjectivité. Les habiletés de direction valorisées sont surtout de type extérieur: bien planifier, bien analyser une situation en vue d'une décision, bien implanter les décisions prises, dominer, être maître du jeu politique, présider des réunions, prononcer des discours, bien gérer son image, etc. En voulant rendre la gestion plus objective et plus scientifique, on a éliminé une réalité qui est au cœur même de la gestion. En éliminant l'intériorité et la subjectivité, on a « jeté le bébé avec l'eau du bain ».

En mettant en lumière la « dimension oubliée » de l'intériorité, nous avons voulu montrer que cette facette de la réalité humaine est indispensable à une compréhension réaliste de l'extériorité. Il n'y a pas de compréhension de l'objectivité en dehors de la subjectivité, comme il n'y a pas de compréhension de l'extériorité en dehors de l'intériorité. Il nous reste encore beaucoup à découvrir sur les façons de voir, d'être et de diriger qui se nourrissent de l'intériorité, cette part de l'humanité qui, bien qu'obscure, peut être la plus riche.

Notes

1. Le terme allemand « Phantasie » désigne l'imagination. Non pas tant la faculté d'imaginer au sens philosophique du terme (*Einbildungskraft*), que le monde imaginaire, ses contenus, l'activité créatrice qui l'anime (*das Phantasieren*). » (Laplanche et Pontalis, 1967, p. 152.) Les fantasmes dont il est question dans cette première partie sont les fantasmes inconscients, c'est-à-dire des structures psychiques profondes qui sous-tendent l'action et qui sont déterminantes de la personnalité d'un individu aussi bien dans sa dimension affective que cognitive; il ne s'agit pas des rêveries, des rêves éveillés ou des images qui viennent spontanément à l'esprit sous diverses évocations.
2. Dans des publications antérieures (Lapierre, 1988, 1989), nous avons expliqué comment le moi de l'individu était constitué de ces premiers objets introjectés, objets qui conservent une vie propre dans l'univers fantasmatique du sujet et qui constituent les fondements de sa personnalité.
3. Melanie Klein (1931) utilise l'expression « pulsion épistémophilique » pour désigner le désir de savoir et de connaître au sujet de ses origines, au sujet de ce qui est « à l'intérieur », une pulsion qui touche aussi bien la connaissance que la puissance.
4. Pour une explication plus élaborée du dév
loppement affectif selon la théorie de l
relation d'objets, voir Lapierre, 1988 (
1989.
5. Il y a deux façons de s'identifier à une autı
personne. On peut y arriver en projetaı
chez cette autre personne des qualité
qu'on valorise chez soi. « Je *m*'admire (
donc tu es (ou tu dois être) comme moi »
c'est l'identification projective. On peut
arriver aussi en faisant siennes (en introj
tant) les qualités valorisées chez cette autı
personne: « Je *t*'admire et donc je suis (c
je veux être) comme toi »; c'est l'identific
tion introjective.
6. Certaines conséquences de cette négatic
sur la santé mentale et physique sont dév
loppées dans la dernière partie du préseı
ouvrage.
7. Voir, dans le présent ouvrage, les chapitr
écrits par Amado, Harel Giasson, Kets c
Vries, Pauchant et Sievers.

DE LA CONFUSION DANS LES RAPPORTS ENTRE DEUX PERSONNES*

Manfred F.R. Kets de Vries et Danny Miller

« Le meilleur chef est celui dont on sait à peine qu'il existe. Il est moins bon si la foule lui obéit et l'acclame. Le pire est celui qu'on méprise. Négligez d'honorer le peuple, et le peuple négligera de vous honorer. Mais du bon chef, qui parle peu, une fois la tâche achevée et le dessein accompli, tous diront: « Nous avons fait cela nous-mêmes ». »

Lao Tzu
Livre de la vertu du Tao

En cherchant comment soigner l'hystérie, Freud a rencontré ce qu'il a appelé une « fausse relation », entre les sentiments de patients à son égard et ceux qu'ils éprouvaient à l'égard de certaines personnes dans leur vie passée (Breuer et Freud, 1955). Au début, il considéra cela comme un obstacle au traitement. Mais le cas de Dora, une jeune femme qui arrêta prématurément son analyse, l'obligea à revenir de cette idée. La décision de Dora n'était-elle pas un acte de vengeance, qui le frappait, lui Freud, mais qui visait en fait l'amoureux de Dora et, en même temps, à un niveau plus profond, le père de celle-ci? Autrement dit, Dora n'avait-elle pas reporté, projeté ses émotions anciennes sur un nouvel objet? Ses sentiments ne s'étaient-ils pas « transférés » de ses proches à son médecin (Freud, 1905a, 1958)? Grâce à cet échec, Freud se rendit compte que le transfert, détecté à temps, pourrait être un auxiliaire efficace du diagnostic, puis du traitement.

Sommairement défini, le transfert est la projection par le sujet d'un état affectif sur une certaine personne; plus précisément, les sentiments que le sujet éprouve aujourd'hui à son égard, la façon dont il agit, reproduisent une attitude ancienne à l'endroit d'une figure importante de son passé. Si l'on s'avise assez tôt d'une réaction de transfert, on peut y gagner une meilleure intelligence des motifs du comportement dans lequel elle s'insère. Dans le domaine clinique, on a d'ailleurs soutenu que l'interprétation fondée sur le transfert était la seule qui

* Cet article a paru dans *L'entreprise névrosée*, Paris, McGraw-Hill, 1985, p. 53-68.

soit porteuse d'amélioration, qui conduise à un changement (Strachey, 1934). En 1907, lors de sa première rencontre avec Jung, Freud lui demanda, paraît-il, son opinion sur la notion de transfert. « C'est l'alpha et l'oméga du traitement », répondit Jung. Et Freud, ravi: « Vous avez compris. » (Storr, 1979.)

L'importance ainsi conférée au transfert en matière de psychothérapie a engendré une abondante littérature en psychiatrie, en psychanalyse ou en psychologie clinique[1]. Cela s'explique aisément. Ce qui s'explique moins, par contre, est, en dépit de son universalité, l'absence quasi totale de ce concept dans les études sur le management. Cette omission semble assez remarquable si l'on songe au rôle que peut jouer le transfert dans les questions de commandement et de décision. Aussi allons-nous nous efforcer d'y remédier au cours de ce chapitre; ayant classé de façon pragmatique les différents types de transfert, nous examinerons comment ils interviennent dans ces processus et en quoi ils peuvent servir à les expliquer.

LES ORIGINES ET LE DOMAINE DU TRANSFERT

Le transfert est un phénomène universel: on le rencontre dans toutes les relations entre personnes auxquelles il contribue à donner un sens; Fenichel le définit par la tendance de chacun à interpréter « son expérience à la lumière du passé » (Fenichel, 1945, p. 30). Dans son essence, le transfert manifeste un fantasme inconscient qui déforme les sentiments et les réactions d'un individu dans sa relation à autrui. Anthony Storr note: « Nous n'abordons pas de nouvelles connaissances comme si elles étaient des feuilles blanches; nous transférons une expérience ancienne du passé au présent. » (Storr, 1979, p. 69.) Les individus sont enclins à reproduire dans l'actuel des attitudes adoptées au début de leur vie familiale. Ce processus s'exagère beaucoup dans la cure psychanalytique, parce que le patient, privé en apparence de structure de soutien et mis dès lors dans une situation de carence affective, est conduit à réagir comme si l'analyste était sa mère, son père, son frère ou sa sœur, ou quelque autre figure marquante de son premier entourage. En pareil cas, il s'agit d'une névrose de transfert où « les conflits du patient, ses désirs, ses fantasmes et autres dispositions psychiques se concentrent sur la personne de l'analyste, tandis qu'ailleurs elles disparaissent ou s'atténuent » (Sandler *et al.*, 1969). Dans des conditions moins artificielles, le transfert n'atteint pas d'ordinaire un tel degré d'intensité, mais on peut néanmoins considérer que toute relation entre personnes recèle des éléments de transfert qui, en certaines circonstances, peuvent converger en une névrose de transfert caractérisée.

Dans *Technique et pratique de la psychanalyse*, Ralph Greenson (1967, p. 151-152) précise la notion de transfert,

> ce type particulier de relation à l'égard d'une personne [...], dont le caractère essentiel est que les sentiments et les émotions éprouvés envers elle ne sont pas adaptés à celle-ci, mais s'appliquent en fait à une autre [...]. Le transfert est une répétition, la réédition d'une ancienne relation objectale. [...] C'est un anachronisme, une erreur dans le temps. Un déplacement s'est produit; des pulsions, des émotions, des sentiments, des défenses dirigés vers une personne dans le passé ont été transposés sur une personne dans le présent. C'est avant tout un phénomène inconscient, la personne dont les relations affectives relèvent d'un transfert méconnaît en général cette distorsion.

Dans ces conditions, par conséquent, l'acteur ignore la nature répétitive de son acte. Un certain passé lui échappe, qui vient pourtant altérer sa compréhension du présent; il se méprend, il revit ce passé dans l'événement présent, dans sa réaction actuelle à l'événement. Il n'en a pas fini avec d'anciennes relations conflictuelles et il tente encore d'y faire face, retournant à des attitudes stéréotypées, réactivant une structure archaïque de sa personnalité, aujourd'hui irrationnelle et inadaptée. D'où l'aspect « déplacé » de la réaction de transfert, toujours excessive ou insuffisante ou bizarre. Un observateur attentif noterait que le sujet se comporte envers autrui comme s'il s'agissait de sa mère, de son père, de son frère ou de sa sœur, ou de toute autre dominante de son passé.

Dans toutes les relations entre êtres humains, il y a un mélange de réactions réalistes et transférentielles (Fenichel, 1941), ces dernières caractérisées par leur inadéquation aux circonstances présentes. Greenson souligne que cette impropriété est due en particulier au degré d'intensité de telles réactions (Greenson, 1967). Ce sont aussi des réactions ambivalentes lorsqu'elles expriment, par exemple, des sentiments contradictoires à l'égard de la même personne. Capricieux au début, changeants, inconséquents, les sentiments exprimés dans le transfert prennent à la longue une consistance tenace parce que, jour après jour, la même personne est vue sous le même angle.

Diverses situations vécues dans l'enfance peuvent induire des structures de transfert à effet pernicieux. Ainsi, un manque de stimulation et d'affection de la part des grandes figures qui marquent une enfance: l'enfant aura, par exemple, été délaissé par ses parents. Ou ceux-ci ne lui auront pas offert le refuge consolant, ni le soutien ferme, continu, qui lui aurait permis de franchir sans trop de difficultés les étapes de sa croissance, avec leurs inquiétudes, leurs incertitudes, leurs ambiguïtés, leurs illusions, leurs bouleversements. Le sentiment de fragmentation, de déchirure que l'enfant, puis le jeune adolescent, a éprouvé nourrit chez l'adulte des transferts dommageables. Ou encore, à l'inverse, il lui aura été trop demandé pour son âge, on l'aura harcelé sans pitié, on aura voulu à toute force lui faire atteindre des buts évidemment inaccessibles; l'excès de stimulation, la surcharge affective, la démesure des exigences ne valent pas mieux que leur défaut[2]. S'agissant des structures de transfert, le lecteur toutefois voudra bien prendre garde à ceci: elles ne procèdent pas de simples incidents de parcours survenus dans la prime jeunesse, elles sont engendrées par des configurations durables dans les rapports à autrui, lesquelles par la suite se renforceront et fausseront toutes les relations ultérieures.

L'un des auteurs du présent texte peut témoigner d'une expérience significative de transfert, vécue dans une situation clinique. Le patient, un homme démonstratif et enjoué, mentionne incidemment qu'il doit assommer son analyste. Or justement l'impression de l'analyste est alors tout le contraire. Les entretiens suivants feront ressortir la conviction du patient: depuis toujours, il n'a cessé d'importuner les gens, de les ennuyer à mourir, et les gens font tout pour l'éviter. Son commerce avec autrui reste donc marqué par l'insatisfaction et l'inachèvement; il s'écarte avant que l'autre ne s'écarte. C'est la conséquence de ses doutes et de son sentiment d'infériorité. En approfondissant le thème, il apparaîtra que le patient, lorsqu'il était enfant, ne parvenait pas à fixer l'attention de ses parents. Sans doute, occupations et préoccupations leur laissaient-elles trop peu de temps pour leurs enfants. Et lui, puisqu'il ne pouvait les retenir, en était venu à l'idée de sa propre médiocrité, il n'avait rien à offrir, ses parents ne pouvaient trouver aucun plaisir à sa compagnie. Pour les garder un moment de plus, pour qu'ils consentissent à lui donner un peu plus de leur temps, il lui fallait tout amplifier, tout exagérer. L'exagération, la dramatisation sont devenues chez lui des habitudes qui ne l'ont point quitté.

Le transfert est, avons-nous dit, un phénomène universel qui se retrouve naturellement, dans ses grandes lignes, au sein des organisations. Voici un épisode, repris de notre expérience de consultants, où il joue un rôle.

Au regard de ses pairs à la Triad Corporation, Brian Pelman était une énigme. Un dirigeant remarquable, nul ne le niait, mais d'un comportement souvent malcommode. Cet homme charmant semblait miné par quelque tourment obscur qui l'entraînait à des agissements singuliers. Par exemple, il était possédé par le soupçon; il ne pouvait quitter son bureau, fût-ce un instant, sans tout mettre sous clé à l'intérieur, ni verrouiller la porte. Et tout le monde savait qu'il conservait chez lui le double de tous les documents, lettres, notes, rapports. « On ne sait jamais, lui arrivait-il de marmonner. Il faut les avoir sous la main; je ne veux pas être pris de court. » Tout cela ne se faisait pas, gênait, contrariait. Pareille manie du soupçon détonnait dans l'atmosphère plutôt joviale de la Triad. On n'y connaissait guère les politiques de couloir, encore moins le petit jeu du bouc émissaire. Les différends n'allaient jamais jusqu'au conflit; d'habitude, ils se résolvaient à l'amiable, équitablement. Dès lors, un comportement défensif — comme s'il fallait se protéger contre l'imminence de mystérieuses représailles — n'était pas seulement rare, il paraissait complètement incongru.

Un trait de sa conduite irritait tout particulièrement le secrétariat et les subordonnés de Pelman, il ne cessait de contrôler, de vérifier leur travail, encore et encore. Ses collaborateurs n'avaient jamais manqué de compétence, ils ne comprenaient pas son apparente méfiance. Qui pis est, et cela attira l'attention du président, il se mit à retenir l'information. Cette politique du secret, qui isolait de plus en plus le département de Pelman, ne tarda pas à poser de sérieux problèmes de communication aux autres sous-unités et à leurs dirigeants. On conçoit que le président se soit inquiété d'une attitude qui touchait maintenant le fonctionnement global de l'entreprise.

Autre chose aussi ennuyait le président. Chaque fois qu'il avait affaire à Pelman, celui-ci, toujours sur la défensive, paraissait en proie à une appréhension extraordinaire. Le président, pourtant, était tout sauf un tyran et s'enorgueillissait à juste titre de sa bienveillance, de sa rectitude, de son attention envers autrui, de son ouverture au dialogue. Mais Pelman se conduisait comme si son patron allait le prendre en faute et le punir. Il se lançait dans des explications tarabiscotées, fatigantes et inutiles, pour justifier la moindre décision, comme pour échapper au blâme si d'aventure quelque chose n'allait pas.

Le président s'ouvrit de son souci à un conseil en organisation qui avait longtemps travaillé pour la Triad. Ce consultant, qui n'était autre que l'un des auteurs, connaissait déjà Pelman et s'arrangea pour le voir plus souvent, sous prétexte de s'informer sur diverses questions techniques de sa compétence. Il finit par gagner sa confiance, obtenant par bribes quelques confidences hésitantes et parcimonieuses.

Et voici ce qu'il découvrit. Brian Pelman était le benjamin d'une nombreuse famille. Le père et la mère travaillaient tous deux, le temps qu'ils pouvaient consacrer à leurs enfants était compté; une vive rivalité opposa les enfants pour le partage de ce temps. Les parents choyaient pourtant un peu plus leur petit dernier, leur « baby », Brian. Jalousie des autres. Représailles. À peine les parents ont-ils quitté la maison que le pauvre Brian est harcelé, entraîné dans des jeux terrifiants. À l'occasion, on lui brise ses jouets, on lui prend son argent de poche, on lui reproche mille sottises dont il est innocent. Veut-il se plaindre, frères et sœurs le traitent hautement de menteur, font le siège de leur mère pour dénoncer ce dangereux irresponsable de « baby ». Et Brian d'apprendre à rester continuellement sur ses gardes. Il ferme à clé la porte de sa chambre, cache ses jouets, prépare sans cesse les preuves de son innocence.

Ses antécédents jetaient quelque lumière sur les bizarreries de Pelman à la Triad, en particulier avec ses subordonnés. Des motifs profonds apparaissaient qui pouvaient rendre sa conduite moins incompréhensible, des relations logiques unissaient le passé et le présent, permettant au consultant de dresser un tableau plus cohérent de sa personnalité. Celui-ci entreprit donc de lui dessiller les yeux; à la Triad, Pelman se conduisait comme jadis l'enfant Brian dans sa famille; mais ce qui était légitime défense dans l'âpre rivalité qui l'opposait alors à ses frères et sœurs, était devenu un comportement parfaitement aberrant dans les conditions présentes de son travail. Il fallut au consultant, psychanalyste de profession, voir et revoir Pelman, lequel infléchit peu à peu son attitude, de manière d'abord à peine perceptible. Et à mesure qu'il baissait sa garde, lentement, prudemment, il s'apercevait qu'il n'en résultait rien de fâcheux, ni déboires, ni peines, ni châtiments; ses précautions minutieuses étaient sans objet. Cela lui rendit quelque audace à l'égard des autres; il s'enhardit jusqu'à leur accorder un peu de confiance. Du coup, l'atmosphère s'améliora nettement dans le département et les relations avec les autres unités reprirent de l'allant. Ces résultats confirmaient en retour l'interprétation qui avait été soumise à Pelman: il se rendit compte combien avaient pesé sur le cours de sa vie ses premières expériences et les défenses qu'il avait élaborées alors. Il en fut encouragé à poursuivre ses efforts pour changer le style de ses relations avec les autres.

TROIS GRANDES STRUCTURES DE TRANSFERT

Ce n'est qu'en 1912 que Freud a distingué deux types de transfert, l'un positif, l'autre négatif, caractérisés par des sentiments d'affection dans le premier cas, d'hostilité dans le second. Bien entendu, l'effort conceptuel des psychanalystes n'allait pas en rester à cette première et sommaire distinction: les classifications ont proliféré depuis[3].

Pour notre part, nous nous en tiendrons à une approche plutôt pragmatique. Le transfert ne nous intéresse ici que dans la mesure où il peut intervenir dans les processus de décision et de commandement et où il nous permet donc de mieux comprendre les conditions dans lesquelles ces processus s'effectuent. Nous avons confronté de ce point de vue notre expérience de cliniciens et de consultants avec les données et les spéculations de la littérature pour en conclure que trois grandes catégories de transfert se rencontrent dans les relations entre supérieurs et subordonnés: le transfert par idéalisation, le transfert en miroir, le transfert de persécution. Comme souvent dans les classifications, ces catégories se chevauchent partiellement, ce qui ici est dû entre autres aux différences existant entre les écoles de pensée qui les ont construites. Il faut également noter que personne n'est bloqué d'ordinaire sur une seule structure de transfert. Les transferts ont un caractère protéiforme, ils peuvent se modifier et s'adapter suivant la situation ou l'individu auxquels ils s'appliquent. À la longue cependant, dans toute relation durable, une seule structure de transfert s'impose. Les trois catégories de transfert que nous allons étudier relèvent de structures fondamentales enracinées dans les difficultés et les échecs de l'enfance et de l'adolescence. Nous examinerons dans chaque cas la nature et les sources du transfert, puis son influence sur les conduites en matière de commandement et de décision.

Le transfert par idéalisation

Le premier type de transfert consiste à réveiller les émotions éprouvées lors d'une phase précoce du développement psychique. Le sujet tente de retrouver une félicité originelle, une félicité perdue, en nourrissant un sentiment d'union avec un personnage idéalisé. « Toute-puissante », « parfaite », cette figure est une source inépuisable de satisfaction: loin d'elle, il n'est que vide et impuissance. On l'admire pour son pouvoir, pour sa beauté, son intelligence ou sa rigueur morale. On force ses bons côtés, on veut ignorer les mauvais. Le processus d'idéalisation tient au fait que certains se sentent perdus, sans valeur, s'ils n'ont pas quelqu'un à admirer (Kohut, 1971). Il en résulte chez eux, à l'égard de la personne idéalisée, une forte dépendance qui découle d'un besoin intérieur: il leur faut gagner ses bonnes grâces, recourir à elle, la soutenir éperdument. Les confidences qui suivent, reçues par un des auteurs, illustrent assez bien pareil comportement; elles proviennent d'un dirigeant dans une firme de produits agricoles.

> M. Myers, notre président, voyez-vous, il est incroyable. Cela fait plus de trois ans que je travaille avec lui et il m'étonne encore. Je ne sais pas comment il s'arrange. Prenez sa capacité de travail. Nous pouvons être débordés, ne plus savoir où donner de la tête, M. Myers, lui, a toujours l'air de maîtriser la situation. Sûrement, sans lui, nous ne serions jamais arrivés où nous en sommes. Je n'oublierai jamais le jour où M. Myers m'a engagé. Dès notre première rencontre, j'ai su que cela collerait entre nous. Tout ce que je sais sur ce genre d'affaire, c'est lui qui me l'a appris. Mais je suis loin de pouvoir me comparer à lui. Je serais perdu sans lui. Il arrive parfois que je me débatte avec un problème, que je sois dans le brouillard. M. Myers vient à passer et il trouve la réponse en un clin d'œil. C'est la même chose dans les réunions. Il a le chic pour aller droit au cœur de la question et pour résoudre les difficultés. Une fois, j'ai accompagné M. Myers en Amérique du Sud. Comment il s'y est pris, je ne sais pas, mais il n'a pas son pareil pour rafler les ordres. Il dompte littéralement toute opposition. Il a obtenu la meilleure commande de quelqu'un que je n'avais jamais réussi à convaincre. Non, il n'y a personne comme lui. Travailler pour lui, c'est la plus grande veine de ma vie.

On notera avec intérêt que le dirigeant qui tenait ces propos venait d'une famille désunie. Le père, officier de la marine marchande, était rarement à la maison. Quand les parents se furent séparés, les chances de réunion familiale s'amenuisèrent encore. L'enfant se mit à chercher des substituts à son père, d'abord à l'école, puis à l'université. Devenu adulte, il continua. Ses relations avec son patron reflétaient évidemment cette quête.

Les subordonnés qui idéalisent leur supérieur sont en général comblés par leur travail. Ils ont foi et confiance dans le leader qu'ils cherchent à satisfaire de leur mieux. Ils sont fortement motivés et observent sa conduite avec soin, ils veulent apprendre comment améliorer leurs propres résultats. Sans doute rivaliseront-ils entre eux pour attirer l'attention du patron. Quelques mots d'éloge les flattent à l'extrême, la moindre réprimande les anéantira. Ils deviennent ainsi singulièrement dépendants du leader qui peut les contrôler et les manipuler sans difficulté.

Pareils subordonnés accomplissent leurs tâches avec zèle, pourtant en un sens l'entreprise les perd du même coup en tant que ressource autonome. Leur docilité, leur conformisme peuvent atteindre un tel degré que leur liberté de jugement s'efface. Ces parfaits suivistes font de médiocres leaders, sans grande capacité d'initiative, ni indépendance d'opinion. Cela affaiblit par conséquent leur aptitude à des fonctions dirigeantes.

En outre, ils attendent bien trop de leur leader: cet aspect du transfert par idéalisation risque d'être la source de sérieux inconvénients. Toute figure vénérée, par l'effet proprement stupéfiant d'un respect exagéré, porte les fidèles à des appréciations irréalistes. Des appréciations très fragiles aussi, car la plupart du temps grosses de désillusions. Supposons qu'humain, trop humain, le leader idéalisé se laisse aller à quelque manque d'attention ou découvre à l'occasion son défaut de caractère: l'image révérée va se briser, causant chez son admirateur une amère déception, peut-être même une hostilité ouverte et de la révolte. Il peut se faire cependant que les maladresses ou les fautes du leader passent inaperçues ou soient aussitôt justifiées, rationalisées, tant est haute l'estime qu'on lui porte, et intense l'investissement des subordonnés sur son image: cette dernière les aveugle ou les oblige à tourner ses faiblesses en forces. Dans les deux cas de figure, leur capacité de jugement est singulièrement altérée et par là restreint le champ de leurs services; ils se contentent de suivre les routines établies, mais la solution des problèmes leur échappe comme leur font défaut l'envie ou la hardiesse de concevoir des méthodes nouvelles.

Dans l'ordre de la décision, le « parfait subordonné » n'est guère en position de jouer un rôle appréciable. En effet, fidèle écho de son leader, il cherchera à calquer sa conduite sur la sienne. Que déciderait le leader dans telle ou telle circonstance? Qu'attend-il au juste de son subordonné? Tant que ce dernier ne l'aura pas découvert, il répugnera à agir. Et il hésitera pareillement à faire preuve d'autorité ou à innover. Nous avons déjà indiqué l'affaiblissement de l'esprit critique; même s'il s'avère que le leader suit une ligne hasardeuse ou de conception médiocre, le subordonné ne sera guère susceptible de lui résister; dès lors qu'il est incapable d'imaginer une autre perspective parce que le leader le fascine, qu'importe que cette ligne soit bonne ou mauvaise; ses décisions s'y conformeront toujours. En revanche, le processus d'idéalisation présente des avantages pendant la mise en œuvre. La docilité du subordonné permet alors d'introduire sans encombre des modifications, il travaillera de tout son zèle à la réussite du projet. Si de surcroît le leader est idéalisé par nombre de subordonnés, l'enthousiasme et l'esprit d'équipe soudent le groupe dont la bonne volonté atténue la résistance au changement; il sera possible de prendre des tournants importants avec rapidité et efficacité.

De toutes les organisations, ce sont sans doute les firmes créées par un leader entreprenant, charismatique, qui offrent au transfert par idéalisation le terrain le plus propice. Ces firmes deviennent souvent des organisations de type « théâtral » (Kets de Vries et Miller, 1985, chap. 1) et présentent une culture dépendante (chap. 2). Leurs leaders sont habituellement de puissants visionnaires qui réclament de leur état-major dévouement et loyauté. L'état-major risque cependant d'être quelque peu passif, seulement soucieux de mener à leur terme les programmes de l'entrepreneur, sans mettre en doute leur hardiesse, parce que ce genre de situation attire les individus soumis, prompts à idéaliser, c'est-à-dire des éxécutants qui préfèrent l'ordre reçu à la responsabilité de le donner. Aussi, lorsqu'un pareil leader quitte une firme, il en résulte une vacance du pouvoir. Personne, parmi les membres de son équipe, n'a assez d'indépendance d'esprit pour lui succéder, pour conduire efficacement l'entreprise. Il faut donc chercher à l'extérieur, sans quoi la firme est menacée de stagnation. En effet, il peut alors se produire le phénomène dit de la « bible » que nous avons décrit dans le cadre des cultures dépendantes (1985, chap. 2): recueil écrit des préceptes de gestion de l'ancien leader, codification scrupuleuse des procédures, règne de la lettre sur l'esprit. La loi hérite des prestiges du fondateur, elle est investie de la puissance du sacré. Comment, dans ces conditions, mener à bien et même envisager un changement tant soit peu important?

Il peut arriver qu'un leader « idéalise » ses subordonnés, fondant sur eux des espoirs parfaitement irréalistes. Il leur demandera de s'intéresser à des missions impossibles, les chargera d'être les sauveteurs de ses ambitions: réussir une transaction vitale, réaliser un produit nouveau malgré sa complexité, sortir du rouge une division fort mal en point. Trop d'espoirs, qui pèsent sur trop peu de gens: c'est condamner par démesure un projet à l'échec. Cependant ne poussons pas les choses au noir. Il est des cas où ce type de transfert se révèle positif à terme: si les espoirs placés en eux exaltent assez leurs ambitions et leurs énergies, ces dirigeants peuvent accomplir des prouesses.

Selon le degré de passivité et de dépendance dont font preuve les subordonnés suivistes, il est possible de distinguer deux types d'idéalisation: l'« idéalisation normale » et le « comportement crampon ». Dans le premier cas, le suiviste a une grande considération pour le leader dont il s'efforce d'emprunter la conduite. Mais il conserve encore une capacité suffisante d'initiative, surtout si le leader est une personnalité forte et indépendante, par le fait même de cette imitation. Dans le second cas, par contre, qui représente une forme accentuée de transfert, le respect conduit à la déification et l'émulation fait place à la servilité obséquieuse et à la momerie ritualiste. Que peut-il rester d'initiative au subordonné, dès lors qu'ayant à l'évidence laissé affaiblir sa faculté de saine décision, il n'est bon désormais qu'à remplir de simples fonctions de routine?

Le transfert en miroir

Dans ce mode de transfert, l'individu, essayant de retrouver une félicité lointaine, se voit comme un personnage parfait, souverain. Tout au souci de ce moi admirable (Kohut, 1971), il ne s'intéresse que fort peu au monde alentour, dégradé par ses imperfections. Il a pourtant besoin des autres, besoin de trouver chez eux, dans leurs réactions, dans leur émerveillement, ce reflet de lui-même qui viendra confirmer et « nourrir » sa présomption. Il va donc se mettre en scène, déployer tous ses charmes, afin de capter l'attention d'autrui, façon en vérité d'annuler un déni profond de soi, de combattre le sentiment d'une médiocrité essentielle. Le transfert en miroir est le complément du transfert par idéalisation: au premier correspond le désir d'être applaudi, admiré, révéré; au second, la propension à satisfaire un tel désir. Chez un supérieur, le premier se traduira par la recherche de subordonnés capables du second. Nous avons centré l'examen du transfert par idéalisation sur le cas des subordonnés, nous nous attachons maintenant à celui du leader pour le transfert en miroir.

Les supérieurs concernés par le transfert en miroir sont évidemment narcissiques. Suffisants à l'extrême, se voulant uniques, exceptionnels, ils sont désespérément avides de louanges[4]. Comme si leurs parents autrefois les avaient laissés à l'écart, n'avaient pas communié avec eux dans les fêtes de l'enfance, ne s'étaient point souciés de ce que ressentaient alors les enfants qu'ils étaient, ces dirigeants sont toujours en quête, au plus profond d'eux-mêmes, de parents de substitution, capables d'attention constante et de ravissement. Une quête fébrile, acharnée, de parents-reflets. Malheureusement, ils sont trop imbus d'eux-mêmes pour être en état d'accorder de la sympathie aux autres. C'est toujours « à leur tour de jouer ». Quelle cible de choix pour les sycophantes, les flagorneurs, les obséquieux, les béni-oui-oui, inlassablement prêts à approuver et à encenser! Ils pourront être, nous l'avons indiqué, l'objet de transferts par idéalisation: au moins les sentiments de leurs subordonnés seront-ils alors sincères, dans leur illusion même. Mais ils attireront aussi les arrivistes qui les flatteront par politique et voudront gagner leurs faveurs pour obtenir quelque promotion ou faire oublier de médiocres résultats. En revanche, les personnalités fortes et clairvoyantes se trouveront fort mal à l'aise dans pareil climat. Voici, à titre d'illustration, ce que nous confiait le collègue d'un dirigeant de cette farine.

> Je ne sais pourquoi, mais apparemment peu lui importe que nous soyons là ou non. Naturellement, il nous demande notre opinion. Mais il n'écoute pas. Tout ce qu'il lui faut, c'est que nous répondions comme un chœur grec, anonyme, impersonnel, sans visage. Tout ce qui compte, c'est que nous l'applaudissions. Oh! parfois il peut être charmant — et je m'en veux à mort de donner dans le panneau. Je devrais pourtant mieux le connaître maintenant. Mais c'est une justice à lui rendre, il sait vraiment tirer quelque chose des gens. Pourtant, malgré toutes ses prétentions, il est tout sauf un conducteur d'équipe.
>
> Tout ce qu'il dit — les projets, les promesses — tout cela, les trois quarts du temps, c'est de la frime. À la fin, vous avez l'habitude. Il ne s'agit pas seulement de moi. Les autres qui ont affaire à lui ont fait la même expérience. Il n'a vraiment souci que de lui-même et de sa gloire. Nous, nous sommes juste un morceau du décor, planté sur la scène de ses succès. Et lui, s'il n'obtient pas ce qu'il veut, il peut devenir très vindicatif.

Dans son enfance, ce dirigeant avait été livré aux soins mercenaires et indifférents de toute une série de gouvernantes. Son père et sa mère avaient chacun un métier où ils réussissaient fort bien et le soin de leur carrière leur laissait peu de temps pour s'occuper de leur fils. Cette négligence peut être tenue pour singulièrement responsable de la soif de paraître dont il serait affigé plus tard dans sa vie professionnelle, le seul moyen d'attirer l'attention d'autrui lui paraissant être alors de réaliser quelque chose de spectaculaire.

Le transfert en miroir peut avoir de sérieux inconvénients dans le domaine du commandement. Qu'il le mérite ou non, le leader veut être crédité de toute chose; il veut recueillir tous les applaudissements, prouvant par là ses talents au monde entier et à lui-même. Tout lui paraît permis, il se servira des autres, il les exploitera effrontément, sans égard pour leurs droits. Par contre, il est parfaitement persuadé du sien et attend la faveur d'autrui et de la fortune. Si l'une et l'autre viennent à lui manquer — s'il est critiqué ou s'il échoue —, il enrage et explose. Pareille instabilité de l'émotion rend versatile: ses subordonnés seront toujours exposés aux caprices de son humeur, il s'en faudra d'un rien pour qu'il brûle aujourd'hui ce qu'il adorait hier. Un comportement aussi insupportable ne peut que miner gravement le moral de ses adjoints, si leur mérite n'est jamais reconnu, bien qu'ils aient proposé de bonnes idées ou su atteindre des objectifs importants.

Un leader narcissique ne peut accepter d'être éclipsé par la forte personnalité de tel de ses subordonnés. Celui-ci lui porte ombrage, soit en menaçant de lui ravir la vedette, soit en se retenant de l'admirer quand il juge ses projets par trop illusoires. Aussi, bien que ses qualités puissent être particulièrement précieuses pour l'organisation, ne conservera-t-il pas son poste très longtemps: à moins qu'il ne parte de lui-même, le leader l'éliminera.

Il y a enfin la fausse opinion que ce leader a de lui-même. Étant porté à exagérer ses talents et ses capacités, il pourra devenir arrogant à force de suffisance, peu disposé par conséquent à s'ouvrir au conseil d'autrui. S'il centralise le pouvoir, ce n'est plus simplement pour la parade, pour qu'on sache qu'il a les choses en mains, mais parce qu'il est intimement persuadé que lui seul est capable de prendre les décisions importantes. Les firmes théâtrales que nous avons étudiées (1985, chap. 1), comme les cultures dépendantes (chap. 2), sont souvent dirigées par des leaders narcissiques.

Tous ces traits de comportement conduisent à un style de décision caractéristique. Sa présomption, le désir de se distinguer, portent le leader à prendre des risques considérables. Pareilles aventures, avec leurs péripéties dramatiques, peuvent captiver une large audience, faire de lui un héros. Mais c'est aussi ouvrir la porte au péril. Sévère ponction des ressources. Danger d'erreurs capitales, en l'absence de contrôle. Trop magnifique pour les consulter, le leader n'aura pas bénéficié de la compétence de ses collaborateurs qualifiés; il se sera entouré au contraire des plus serviles ou des plus douteux, éloignant toute chance de recueillir un avis pondéré. Le leader imagine ainsi et met en œuvre une stratégie d'entreprise, conçue d'un seul bloc, d'une hardiesse mal réfléchie. Et lorsqu'il découvre qu'il a fait une bêtise, il est bien souvent trop tard.

L'histoire des entreprises est fertile en exemples de ces transferts en miroir chez leurs dirigeants. Parfois, de telles personnalités accèdent à la direction d'une firme traditionnaliste et conservatrice. Elles n'ont alors de cesse qu'elle ne soit transformée de fond en comble. Acquisitions de nouvelles filiales, installation dans de nouveaux secteurs industriels ou commerciaux, remplacement de nombreux dirigeants par de nouveaux, triés sur le volet. La croissance de la firme est rapide, le pouvoir est centralisé et les bonnes vieilles méthodes des affaires sont abandonnées au profit des dernières techniques en vogue, informatique de gestion, unités stratégiques de production et de vente, etc. Mais chaque décision est mal élaborée. Trop peu de responsables s'en préoccupent. La poursuite de projets grandioses engage trop de risques et gaspille trop de ressources, humaines et financières. Finalement, l'ambition du leader fait long feu et se retourne contre lui. Au début des années soixante, bien des conglomérats se sont trouvés, pour un temps, dirigés par des leaders narcissiques et la plupart ont dû en payer le prix. Ce fut aussi le cas de John DeLorean, lorsqu'il quitta General Motors pour fonder sa propre fabrique de voitures de sport. Son talent était grand, il avait conçu un remarquable modèle, et il ne put accepter que l'affaissement du marché de l'automobile l'obligeât à différer la réalisation de son rêve. Mais il avait vu trop grand, ses méthodes de production étaient trop ambitieuses, la capacité de l'usine exagérée, et ce fut l'échec.

Après avoir examiné les effets du transfert en miroir chez les dirigeants, considérons-les brièvement chez les subordonnés. Un subordonné narcissique se voudra vraisemblablement au-dessus de ses pairs, il fera l'important, cherchera à étonner son patron. Ces gens réclament de leurs supérieurs beaucoup de soins et de temps. Ils font grand cas des avantages formels qu'ils recherchent avec avidité. Leur salaire, la dimension de leur bureau, leurs promotions, toutes ces distinctions manifestes les préoccupent à l'extrême, les motivent bien davantage que le souci d'un bon résultat ou d'une contribution de qualité à l'activité de la firme. Il conviendra donc que le système de rétributions et de récompenses les incite spécialement à fournir une contribution utile. Leur appétit d'apparence et de privilèges peut pousser ces cadres à des entreprises quelque peu machiavéliques; pour forcer l'attention du patron, en passant pour des vainqueurs, ils échafaudent des combinaisons qui les apparentent au « joueur rusé » décrit par Michael Maccoby (1976). Ils iront jusqu'à dérober les idées de leurs collègues et feront tout pour approcher les niveaux les plus élevés de la hiérarchie court-circuitant s'il le faut leurs supérieurs immédiats. Ils peuvent aussi essayer de se faire remarquer en prenant sous leur bonnet quelque initiative majeure, souvent peu judicieuse malheureusement.

Le transfert de persécution

Ce type de transfert se rapporte à la façon dont un individu peut utiliser ses mécanismes de défenses psychiques pour tenter de résoudre un conflit — comme le faisait par exemple Brian Pelman pour se protéger d'un sentiment de persécution envahissant. Il est caractérisé par la tendance à diviser le monde en deux parts, l'une parfaite où tout est bon, l'autre intrinsèquement mauvaise et source donc de toute persécution : il s'agit là du processus de « clivage » que nous avons déjà décrit. D'après les écoles analytiques, ce mécanisme procède d'une frustration excessive éprouvée dans la prime enfance, qui peut donner lieu à un sentiment d'agression intense; le « clivage » intervient alors comme un moyen de défense, un procédé pour réduire l'anxiété[5]. Si vous éprouvez de l'animosité à l'égard d'un individu, votre attitude peut vous gêner, vous sembler coupable, mais si en même temps vous percevez cet individu comme double, si vous jugez que coexistent en lui deux personnages séparés, l'un tout blanc, l'autre tout noir, le sentiment de culpabilité s'atténuera dès lors que votre hostilité vous paraîtra dirigée, fort justement, contre le « mauvais » personnage. Le clivage vous permet de préserver l'idée de votre propre bonté. Vous pouvez vous mettre en rage, vous éviterez une fâcheuse impression de honte en chargeant autrui de vos sentiments et de vos pensées indésirables. Un tel mécanisme aboutit ainsi à distribuer toute expérience, tout sentiment, toute émotion entre les deux catégories tranchées sans équivoque du bien et du mal.

Un transfert de persécution est lourd de conséquences négatives, sous quelque attitude qu'il se dissimule dans les relations entre individus: hostilité, masochisme moral, envie. Participant de la nature générale de tout transfert, il ne se réduit pas à une réaction immédiate aux circonstances, mais résulte de la reconstitution ou de la réactivation d'anciennes émotions dans une situation où elles sont parfaitement insolites et inopportunes. Le lecteur voudra bien se souvenir du caractère particulier de ces émotions — de leur enracinement dans le passé d'un individu, de leur profondeur, de leur permanence, de leur persistance, de leur inadéquation — dans l'examen que nous allons faire du rôle du transfert de persécution dans les organisations.

En pareille situation, le point essentiel est pour quelqu'un le besoin de causer du tort à autrui, ou d'attaquer autrui, en tant que défense contre son propre sentiment de persécution. C'est dire l'importance capitale de l'acte d'hostilité. Mais le sentiment de persécution peut aussi se résoudre en masochisme moral par l'enchaînement, hostilité et intention de nuire, sentiment de culpabilité, désir de rédemption: l'individu s'en prend à lui-même, tourne son animosité contre sa propre personne.

Son sentiment de persécution se trouve confirmé puisque le voilà à se persécuter lui-même. En même temps, sa souffrance est bonne; c'est le prix qu'il est disposé à payer pour être remis de ses péchés, pour que soient pardonnés les souhaits malveillants à l'égard de la ou des figures fondatrices de sa vie. Autre forme encore de ce transfert: l'envie. C'est-à-dire le désir de prendre à autrui ce qu'il a, ses qualités, ses attributs, ses affections. Naturellement, les analystes voient dans la rivalité fraternelle ou œdipienne la matrice précoce de l'envie.

L'hostilité

Cette attitude se retrouve assez souvent dans les directions: hostilité du supérieur à l'endroit des subordonnés, des subordonnés à l'égard du supérieur, des subordonnés entre eux. Qu'elle procède ou non des sentiments de persécution et de défiance nés d'une petite enfance mal réglée, c'est à n'en pas douter un comportement des plus destructifs qui rend quasi ingouvernables les relations entre cadres et dirigeants. Le patron tient ses subordonnés pour des tire-au-flanc et des incapables, résolus à le ruiner, ou pour des endiablés acharnés à provoquer sa colère. D'où chez lui deux attitudes possibles, également excessives: la férule ou l'agression ouverte. Dans le premier cas, il multipliera les contrôles personnels, les surveillances, les règles formelles et les sanctions rigoureuses: une terreur tâtillonne. On imagine sans peine le résultat, les subordonnés privés de toute initiative, atteints dans leur amour-propre, prêts peut-être, si leur volonté est excédée, à saboter le système par tous les moyens imaginables. Les cadres les plus énergiques, les plus riches de promesses, finiront par quitter le département ou l'entreprise, faute de perspectives de carrière assez certaines et d'occasions d'employer pleinement leurs compétences.

Dans le second cas, le leader exerce ouvertement sa malveillance. Il lésine sur les augmentations de salaires les plus justifiées, rechigne à faciliter les promotions, se dispense de garantir une formation convenable à chaque poste. Il essaie de donner le moins possible, de se tailler en tout la part du lion. Certes, cela ne raffermira pas le moral de la troupe. Le personnel sera porté à réduire son activité au strict nécessaire, à multiplier les « erreurs ». De façon générale, lorsque le personnel est en butte à une hostilité de transfert de la part du leader, il tente de compenser la contrainte qu'il subit et de se protéger contre ses excès en faisant preuve d'une hostilité égale, mais celle-ci a un fondement bien réel. Grèves du zèle, actes sporadiques de sabotage, « contresens » délibérés sur les ordres reçus deviennent monnaie courante. Le leader se voit aussi confirmé dans le peu de cas qu'il fait de son équipe. Redoublement d'hostilité de sa part, nouveau tour de vis: cercle vicieux.

Lorsqu'un subordonné souffre d'un transfert d'hostilité, il devient peu coopératif à l'égard de son patron. Ses réactions ressemblent beaucoup à celles des travailleurs qui s'indignent de mauvaises conditions de travail: même méfiance, même soupçon, même animosité vindicative, qui croient déceler un piège ou une manipulation derrière chaque directive. Le refus de collaborer, pour ces cadres, vaut affirmation d'indépendance; c'est une manière de punir le parent dont ils ont eu à se plaindre en la personne de celui qui détient l'autorité. Le leader a dès lors de bonnes raisons de les sanctionner, ce qui aggrave la situation.

L'animosité opposant supérieurs et subordonnés peut influencer la décision sous bien des aspects. En premier lieu, en subordonnant l'objectif à cette hostilité: la décision, à côté de sa fin propre, devra protéger son auteur et atteindre l'ennemi. Autrement dit, le parti à prendre sera sélectionné sur des critères affectifs plutôt que rationnels. Par ailleurs, de toute façon, la décision reste cantonnée dans une étroite perspective. L'égoïsme le plus plat avant tout: les parties concernées ne voient guère que leurs intérêts les plus chers ou ce qu'ils tiennent pour tels. Lorsque le soupçon règne, la décision est au plus fort. Si ceux que l'animosité du leader relègue sur les marges veulent peser sur le cours des événements, ils doivent user des procédés, des moyens et des ruses du « pouvoir parallèle »: pressions de groupe, grèves du zèle, combinaisons tactiques. Dans une ambiance de conflit, « la force prime le droit ». À ce compte, l'exercice de la décision risque de n'être plus qu'une affaire de clocher, le triste reflet des mesquineries intéressées du puissant. Par contre, si les forces s'équilibrent à l'intérieur de l'entreprise, d'âpres empoignades entre factions rivales déterminent qui emportera la décision, une décision que n'a évidemment guère de chances de triompher pour sa largeur de vues. Dans le premier cas, donc des stratégies simplistes, sans nuances, qui traduisent les seules ambitions d'un acteur unique. Dans le second, une stratégie qui fluctue au gré des tensions dans la structure du pouvoir: point de thème clair, ni cohérent; une orientation succède à son contraire, c'est le règne de la débrouille. Nous avons déjà rencontré de telles situations dans les firmes paranoïaques et schizoïdes (1985, chap. 1) et dans les cultures de type attaque/fuite (chap. 2); en effet, ces firmes sont souvent entre les mains de dirigeants particulièrement portés aux transferts de persécution.

Le masochisme moral

Un transfert de cette nature est presque l'exact symétrique du transfert par hostilité. Le sujet se croit en butte à la malveillance publique, voudrait rendre la pareille et, du même mouvement, se sent coupable de le vouloir : le persécuteur persécuté. Donc il se condamne au lieu de décharger sa fureur sur autrui. Acte masochiste, signature de sa propre défaite, qui lui permet de fuir l'anxiété au sein de la punition espérée. La recherche d'une souffrance psychique offre une manière de rachat, une façon d'apaiser le sentiment de culpabilité lié à d'inadmissibles désirs. Voilà par conséquent une personne qui va courir obstinément l'échec et l'humiliation (Fenichel, 1945).

On trouve dans les organisations des cadres dont l'insuffisance constitue une perpétuelle provocation. Quelque directive qu'ils reçoivent, ces « malchanceux » semblent toujours battre la breloque. Leurs revers, le plus souvent, tiennent à leur défaut d'information, d'énergie, d'initiative ou d'imagination. Beaucoup redoutent le succès : ne seraient-ils pas alors l'objet de l'envie des autres, et par conséquent de leur hostilité ? Aussi font-ils de leur mieux pour préserver leur médiocrité jusque dans le sein de la victoire. D'autres, plus masochistes, souhaitent vraiment être châtiés et satisfaire ainsi leur sentiment de culpabilité. Ils vont chercher inconsciemment l'échec, peut-être en prenant des risques inconsidérés, afin d'attirer sur eux les foudres de la direction. Au désir d'être puni répond le désir de punir : le masochisme moral de ces cadres attirera évidemment, s'il s'en trouve, les individus porteurs des penchants sadiques correspondants, en particulier lorsque ces derniers procéderont d'un effet de transfert, et il pourra en résulter des couplages sado-masochistes. Notons enfin que le type de transfert que nous examinons ici tend à être extrêmement destructif, dans la mesure où le subordonné est enclin à abandonner à un autre la maîtrise de sa propre existence.

Dans le domaine de la décision, ses effets peuvent être également tout à fait fâcheux. La paralysie menace l'organisation si ses dirigeants s'abstiennent de décider, tout en sachant que cela peut avoir les pires conséquences pour leur carrière. Ou, à l'inverse, leur masochisme peut encore les inciter à tenter le destin en prenant des risques majeurs, inconsidérés, lourds de catastrophes.

L'envie

Le transfert de persécution prend ici une forme assez différente : la contrariété que l'on éprouve si autrui dispose de ce qu'on voudrait avoir pour soi, et l'impression d'infériorité concomitante. On ressent le besoin d'égaler ou de surpasser la personne jalousée, d'acquérir ce qu'elle possède, qu'on n'a pas et que l'on convoite. Malheureusement, ce besoin est assez prégnant pour assombrir votre joie de vivre : l'envie a un côté néfaste, destructeur.

Cet aspect destructeur peut être particulièrement nocif dans les milieux dirigeants, car la jalousie nourrit l'égoïsme, le dépit et la rancune, engendre des conflits et, en attisant le désir de nuire à autrui, entrave la coopération et la collaboration. Pour le subordonné envieux, le leader monopolise tout le pouvoir, toutes les ressources, tous les éloges ; il se croit certain que l'injustice règne dans l'organisation, que les gens y sont fort mal traités.

Forme plus rare de la jalousie, celle des supérieurs à l'égard de leurs subordonnés. Le leader jaloux juge qu'il supporte toute la charge de l'équipe, que lui seul fait l'essentiel du travail, passe les plus longues heures, tandis que ses collaborateurs en sont quittes à bon compte. Il estime qu'en conséquence, à l'inverse de ces derniers, il est bien mal récompensé de ses efforts. Ou encore c'est la différence d'âge qui le navre : lui est déjà sur le déclin alors que ses subordonnés fleurent bon la jeunesse ! Vraisemblablement, un patron qui remâche d'aussi lugubres pensées va être avare de louange comme de toute autre gratification ; par contre, sa critique sera sourcilleuse, au point de décourager son équipe et de contrarier gravement ses motivations. Nous avons appelé ce phénomème le « complexe de Laius », du nom de ce roi de Thèbes qui essaya de tuer son fils Œdipe, lequel, finalement, renversa les rôles comme chacun sait. En pareille situation, le supérieur prépare l'échec de son subordonné en lui imposant délibérément plus de travail qu'il n'en peut faire.

En matière de décision, l'échange fructueux d'informations est rendu impossible par les disputes, les remontées d'égoïsme, les manœuvres de l'envie, ce qui empêche de définir des critères d'action et des objectifs suffisamment larges. Chacun prêche pour sa paroisse et suit en secret son programme.

AU-DELÀ DE LA RÉPÉTITION

Il semble que l'on puisse déceler chez de nombreux responsables d'entreprise la présence, plus ou moins affirmée, des structures de transfert que nous venons de décrire ; styles de direction et comportements de décision paraissent en effet fréquemment marqués par les dispositions psychologiques propres à tel ou tel type de transfert. Or nous n'avons que trop souvent observé des conseils en organisation uniquement préoccupés par la manifestation immédiate et l'aspect extérieur des problèmes. Par exemple, au leader despotique, ils recommanderont de changer de style, de s'ouvrir à des méthodes plus démocratiques, en pratiquant une gestion participative ; ou ils s'attaqueront aux blocages de l'information en installant des systèmes qui distribuent de meilleures données à des destinataires mieux choisis. Nous prétendons, quant à nous, que pareilles mesures ne peuvent guère avoir d'effet, simplement parce qu'elles négligent le cœur du problème. Lorsqu'un dirigeant est possédé par le soupçon, quel intérêt de lui proposer de revenir sur sa réserve et de partager l'autorité avec ses subordonnés ? On ne peut espérer de changement dans les attitudes et les croyances sans le consentement et la collaboration des intéressés. Si cela doit contrarier leur nature profonde, n'est-ce pas trop attendre de ceux qui disposent du pouvoir qu'ils modifient d'eux-mêmes, volontairement, leur comportement ? Quand ce comportement prend sa source ou trouve ses raisons, ignorées de l'adulte, dans les lointaines péripéties du premier âge, dans les conditions où l'enfant a grandi et s'est formé, c'est très probablement que des structures psychiques inconscientes se sont établies, qui commandent en secret les conduites et opposent par là même une forte résistance au changement.

Toute transformation suppose l'usage ou le détournement d'un pouvoir déjà présent et manifeste, mais la possibilité de cet exercice dépend à son tour de la capacité de comprendre les expressions les moins évidentes dudit pouvoir, en particulier dans la dynamique des relations entre individus ou au sein des groupes[6]. En ce cas, il peut être essentiel de reconnaître les structures de transfert. N'allons pas croire que le repérage et l'ajustement ultérieur d'un transfert soient choses aisées. Cependant, ni l'indifférence, ni la méconnaissance ne constituent une réponse. Car elles laissent le champ libre à la résistance au changement, à l'insatisfaction, au sabotage, aux licenciements, aux démissions.

Il est important que supérieurs comme inférieurs s'avisent que des structures destructives peuvent miner leurs relations : cette prise de conscience est le premier pas vers une possible rectification. Elle nécessite toutefois la coopération des deux parties. Les cadres supérieurs ne sauraient éviter d'apprécier l'effet de leur comportement sur le personnel ; ils ne devraient jamais oublier ou sous-estimer le rôle symbolique qu'ils jouent à l'intérieur de l'entreprise. Ce qui peut leur paraître une attitude sans conséquence peut très bien catalyser des réactions de transfert chez leurs subordonnés. Quant à ces derniers, ils ne sauraient pas davantage se permettre d'ignorer les aspects symptomatiques de leur conduite. L'incapacité de prendre des initiatives, la nécessité d'être approuvé pour la moindre décision, un besoin excessif d'éblouir, le soin de profiter, jusqu'à l'abus, des situations, tous ces traits dénotent un état de malaise. Des sautes d'humeur trop fréquentes, de brusques emportements, des sentiments d'envie, l'impression d'être surveillé, un souci exagéré de l'opinion d'autrui et le besoin inlassable d'un auditoire constituent d'autres indications de perturbations caractérisant éventuellement un transfert. Soulignons-le à nouveau toutefois, ce sont moins ces attitudes en elles-mêmes que leur forme, leurs excès, qui sont sources de difficultés.

La leçon essentielle de ce chapitre porte sur la capacité de changement des organisations : assurément beaucoup moins plastiques et modifiables qu'aiment à le croire tel ou tel spécialiste de la gestion. Le changement suppose souvent un certain regard sur soi de la part des responsables d'une firme. Nous avons montré que le comportement au sein de l'organisation peut être influencé par le transfert, un phénomène passablement subtil. Répétons-le, pour que leur attitude change en profondeur, il faut que les intéressés parviennent à percevoir leurs propres tendances transférentielles et puissent en faire l'expérience dans une situation chargée d'émotion. Cette condition est loin d'être aisée à remplir.

Il existe deux voies pour neutraliser les troubles de fonctionnement dus aux structures de transfert. Nous avons déjà évoqué la première : il s'agit de fournir aux responsables et aux cadres quelque motif de participer à une séance thérapeutique en dehors de l'organisation pour y examiner leurs sentiments à l'égard de leurs subordonnés, de leurs supérieurs, de leur famille, etc. Les consultants qui conduisent les entretiens pourront ainsi se faire une opinion sommaire, mais pertinente, quant aux types de transfert dont souffrent probablement ces dirigeants ; ils pourront donc émettre des recommandations mieux fondées sur les postes ou les fonctions convenant à ces derniers ainsi que sur leur participation éventuelle à des groupes de diagnostic. Une seconde méthode, plus difficile à mettre en œuvre, est d'ordre préventif ; elle consiste en des entrevues avec de futurs cadres afin de déterminer leurs tendances transférentielles : d'où de meilleures décisions pour leur recrutement, leur promotion, leur affectation.

Notes

1. Voir, par exemple, les études de D.W. Orr (1954), R.R. Greenson (1967) et R. Langs (1976).
2. Sur l'étiologie des diverses formes de transfert, voir H. Kohut et E.S. Wolf (1978).
3. Voici quelques données sur ces distinctions. Les écrits sur le sujet opposent ainsi transferts névrotiques et non névrotiques, ces derniers intervenant chez des personnalités fortement psychotiques ou « borderline ». Les recherches de Heinz Kohut sur la personnalité narcissique l'ont amené à reconnaître deux types de manifestations de transfert, qu'il a appelés en *miroir* et *idéalisant* (Kohut, 1971). D'après ses observations, dans le transfert en miroir, le *moi* se pare d'une image grandiose, exhibitionniste, tandis que le transfert complémentaire de type idéalisant fait d'*autrui* l'image du parent idéalisé. On peut considérer ces deux structures de transfert comme des tentatives pour rétablir un état de perfection archaïque, une période où les réponses assouvissent convenablement les demandes, avant que les réactions des parents n'altèrent, jusqu'à le détruire, cet état d'empathie, de communion.

   Nombre de thérapeutes ont souligné le rôle de l'instinct dans les mécanismes du transfert, signalant les structures transférentielles de nature érotique ou agressive. Leo Stone (1961, 1967), distingue le transfert primitif du transfert élaboré, tous deux répondant au processus précoce de séparation et d'individuation de l'enfant, mais opérant chacun à des étapes différentes du cycle de la vie. Voir également M.S. Mahler *et al.* (1975). L'école de Melanie Klein (voir, par exemple, Klein (1952), Segal (1964) et Racker (1968)) a opposé les transferts suivant qu'ils procèdent de mécanismes projectifs ou introjectifs, tous deux restant des processus déformants. Dans le premier cas, le sujet attribue à autrui ses propres émotions et ses propres sentiments; dans le second, il assimile et intériorise les qualités particulières d'une autre personne.

   Joseph Sandler et ses collaborateurs (1970), en particulier dans les « Notes on some theoretical and clinical aspects of transference », ont introduit une distinction générale entre trois types de transferts, suivant leur période d'origine. Premier type, les transferts génétiques: des déformations inconscientes, dans l'ordre du perceptif et du sensible, se sont établies dans la première enfance, lorsque le sujet a vécu des relations perturbantes avec des parents et autres figures importantes. Second type, les transferts fondés sur l'extériorisation d'états stables du psychisme intime: désirs instinctuels, culpabilité, valeurs morales, images de soi (voir S. Freud, 1961a). Dernier type, les transferts qui découlent des relations ordinaires les plus courantes. Dans son œuvre imposante, *The therapeutic interaction*, Robert Langs (1976) distingue transfert matriciels et transferts réactionnels, considérés comme les limites d'un continuum: alors que les premiers sont fondés sur les expériences les plus archaïques de l'individu, les seconds constituent des réactions dont l'origine est plus actuelle.

   Autre distinction encore que l'on peut rencontrer dans les travaux sur le sujet: celle qui repose sur l'intention apparente du transfert. Ou bien nuire à autrui — voir, par exemple, H.F. Searles (1965), Bird (1972), Langs (1976) —, ou bien aider autrui — voir M. Little (1951), Searles (1965), Langs (1976). Certains auteurs ont insisté sur la relation de dépendance impliquée par le processus de transfert; ainsi, D.W. Winnicott (1975b), M. Balint (1968).
4. Le dirigeant narcissique est étudié dans M.F.R. Kets de Vries (1981), d'après le document de travail « Leadership in a narcissistic age » (1980a).

5. Description fouillée de ce processus dans O. Kernberg (1975).
6. Les dimensions psychologiques du pouvoir sont examinées dans Zaleznik et Kets de Vries (1985), Kets de Vries (1980b).

L'ENVIE, GRANDE OUBLIÉE DES FACTEURS DE MOTIVATION EN GESTION*

Manfred F.R. KETS DE VRIES

« Lorsqu'un de mes amis réussit, quelque chose en moi s'éteint. »
Gore VIDAL

« Ne soyez pas furieux, soyez quitte! »
Joseph KENNEDY

« La plus véritable marque d'être né avec de grandes qualités c'est d'être né sans envie. »
LA ROCHEFOUCAULD

Nicolas Fouquet, ministre des finances dans les premières années de règne de Louis XIV, aimait la beauté et le plaisir sous toutes ses formes. Le 17 août 1661, il donna une fête éblouissante en l'honneur du roi afin de faire étalage de sa vision toute originale de l'architecture, de la décoration et de l'aménagement des jardins de son domaine de Vaux-le-Vicomte. Dans ce qui était alors le plus beau château de France, les invités furent conviés à des divertissements spectaculaires, feux d'artifice, spectacles de théâtre et somptueux repas. Le luxe ostentatoire de ce mode de vie suscita toutefois l'envie de Louis XIV, de même que celle d'autres personnages, et contribua de toute évidence à sa disgrâce. Une enquête fut instituée sur les irrégularités financières qui lui avaient permis d'accumuler une telle richesse.

Nicolas Fouquet fut arrêté sur ordre de Louis XIV et condamné à la prison à vie. Il passa le reste de ses jours à Pignerol, petite forteresse de la Savoie dans les Alpes françaises. En guise d'épitaphe, nous pouvons conclure que la gaieté et la magnificence engendrèrent l'envie, principal facteur de motivation qui conduisit à sa perte.

La motivation est un concept qui nous aide à comprendre les gestes de ceux qui nous entourent. Étant donné son importance, tout le champ d'analyse

* Ce texte a été traduit pour *Gestion* par Jacqueline Cardinal.

touchant le comportement organisationnel fourmille de théories ayant pour but d'expliquer ce qui motive les êtres humains, de comprendre comment leurs besoins ou leurs désirs les amènent à agir de telle ou telle façon. Le grand intérêt de la question réside évidemment dans l'hypothèse voulant que si nous comprenons ce qui pousse les gens à agir, nous pourrons influer sur leur rendement.

Les théories de la motivation sont légion. Tout se passe comme si chaque chercheur intéressé par le phénomène se sentait obligé d'élaborer la sienne. Il y a les théories des besoins (Maslow, 1970; McClelland, 1961; Alderfer, 1969), la théorie des deux facteurs (Herzberg, Mausner et Snyderman, 1959; Herzberg, 1968), la théorie des attentes ou de « l'instrumentalité » (Vroom, 1964), la théorie du renforcement (Skinner, 1953, 1976; Connellan, 1978; Luthans et Kreitner, 1975), la théorie des objectifs (Locke et Bryan, 1968; Locke, 1968) et la théorie de l'équité (Homans, 1961; Adams, 1965), pour ne nommer que les plus influentes.

Malheureusement, les théories de la motivation que nous connaissons aujourd'hui n'expliquent pas toujours de façon satisfaisante le comportement des êtres humains. Beaucoup d'entre elles se fondent sur des hypothèses naïves, simplistes, voire mystiques, sur la nature humaine. Même si parfois ces constructions de l'esprit peuvent avoir de la valeur et, à la rigueur, une certaine élégance intellectuelle, beaucoup de ces grilles conceptuelles se révèlent incomplètes. Elles ne s'en tiennent le plus souvent qu'à l'aspect descriptif, se contentant de rappeler uniquement la pérennité de l'« homo economicus ». Bien que la plupart des théories ne soient pas naïves au point de prétendre simplement privilégier le comportement humain, on note une tendance à visualiser ce dernier comme une boîte noire munie de voies d'entrée et de sortie où ce qui n'est pas directement observable est ignoré. Dans ses formes les plus extrêmes, l'argument s'énonce comme suit: « Ce qui n'est pas observable n'existe pas. » Le psychisme de l'être humain, la richesse de son « théâtre intérieur » ou de son univers mental restent soit totalement ignorés, soit simplifiés à outrance, ne donnant lieu qu'à une corruption mécaniste et bidimensionnelle de la nature humaine. Dans cette perspective, il n'est pas surprenant que la motivation soit devenue un des sujets les plus abordés peut-être, mais un des moins bien compris du champ d'analyse du comportement organisationnel. Ne nous étonnons pas non plus que les milliers d'études sur la motivation au travail aient abouti à si peu de résultats probants.

Au risque d'ajouter à la confusion générale dont nous sommes aujourd'hui témoins, j'aimerais attirer l'attention sur un facteur oublié, méconnu, voire même réprimé, mais qui influence néanmoins de façon considérable la motivation, l'action et le comportement humains. Je veux parler de la formation de l'envie, laquelle joue un rôle déterminant dans la société à titre de facteur de motivation, mais qui semble être de toute évidence un sujet tabou dans les textes traitant de gestion. En dépit de l'omniprésence du concept (après tout, la compétition, l'ambition et la comparaison sont parties intégrantes de l'expérience humaine), on ne trouve à peu près aucune allusion à cette importante question. Le but de cet article sera par conséquent de revoir la signification de l'envie et, en nous attardant au monde intérieur de l'individu, d'adopter une perspective clinique afin d'en explorer les origines et le rôle dans la société. Des sujets connexes comme la jalousie, la cupidité, l'esprit de vengeance et de rancune seront inévitablement abordés. Enfin, et de façon plus insistante, nous analyserons les différentes façons de faire face à l'envie, notamment dans un contexte organisationnel. Une meilleure compréhension de la formation de l'envie est à mon avis des plus utiles pour passer du général au particulier en matière de motivation humaine, et contribue à tout le moins à conférer plus de réalisme à l'étude de la motivation et du comportement humains dans les organisations.

DE L'UBIQUITÉ DE L'ENVIE

Saint Thomas d'Aquin plaçait l'envie parmi les sept péchés capitaux. Il n'y a rien de surprenant à cela, puisque déjà les « Dix Commandements de Dieu » nous mettent en garde contre les effets néfastes de l'envie. « Tu ne convoiteras rien de ce qui appartient à ton prochain, ni sa femme, ni sa maison, ni son champ, ni son serviteur, ni sa servante, ni son bœuf, ni son âne. » (Deutéronome 5, 21.)

Les récits bibliques de Caïn et de Joseph sont des illustrations bien connues des conséquences de l'envie. Dans certaines cultures, l'idée du « mauvais œil » évoque la représentation de l'envie. Sa nature universelle est également attestée par les proverbes qui existent sur le sujet dans de nombreuses sociétés distinctes. Par exemple, en Bulgarie, on dit que « les œufs du voisin ont toujours deux jaunes »; au Danemark, selon le proverbe, « si l'envie était une fièvre, le monde entier serait malade »; en Suède, l'expression « royale envie suédoise » encourage à ne pas sortir du rang pour ne pas provoquer de gestes vindicatifs. La littérature regorge de personnages envieux dont le mieux connu est sans doute le portrait que Milton trace de Satan dans le *Paradis perdu*. Nous y voyons comment Satan, rongé par l'envie et criant vengeance, élabore un scénario selon lequel l'homme sera chassé de l'Éden. On retrouve d'autres exemples de comportement envieux dans les contes de Chaucer, sans oublier le personnage de Iago dans *Othello* de Shakespeare. Notons de plus que des philosophes comme Bacon et Kant ont été fascinés par le phénomène. Ils en ont souligné le rôle déterminant dans l'analyse du comportement. Par exemple, Kant (1922, p. 316 et suiv.) voyait l'envie comme partie intégrante de la nature humaine:

> La pulsion de l'envie est donc inhérente à la nature humaine. Seule sa manifestation en fait un vice abominable, une passion non seulement pénible et douloureuse pour le sujet qui l'éprouve mais une énergie vouée tout entière à la destruction du bonheur des autres, une force opposée au devoir que l'homme doit assumer envers lui-même et envers les autres. (Traduction libre.)

Le sociologue Helmut Schoeck (1969, p. 1) soulève la question de l'universalité du « motif d'envie ». Il soutient que « l'envie est une force qui se situe au cœur de l'homme en tant qu'être social et qui se manifeste dès que deux individus sont en mesure d'établir une comparaison réciproque ».

Selon Schoeck, l'essence de l'envie réside dans le rejet de la diversité. L'homme éprouve un grand besoin d'égalisation. Par exemple, même une politique gouvernementale comme l'imposition progressive trouverait des racines dans l'envie. C'est ainsi que l'envie générerait les contrôles sociaux desquels dépend la société. Dans ce sens, le point de vue de Schoeck est très près de celui des tenants de la seule théorie de la motivation appliquée au contexte organisationnel (quoique de façon indirecte mais implicite) qui reconnaisse le rôle de l'envie. Je veux parler de la théorie de l'équité, selon laquelle les gestionnaires ont tendance à comparer leurs efforts et leurs gratifications à ceux des autres placés dans un contexte de travail semblable. L'équité existe lorsque les employés perçoivent que le coefficient de leurs intrants (efforts) sur leurs extrants (gratifications) est équivalent à celui des autres employés (Homans, 1961; Adams, 1963, 1965). Sinon, si l'on croit que l'on est traité injustement, les répercussions sur la motivation peuvent être dramatiques; Schoeck reconnaît ce côté peu reluisant et mentionne que l'envie comme facteur de motivation peut avoir des conséquences à la fois constructives et destructives. L'anthropologue Foster (1972, p. 165) corrobore cette position lorsqu'il qualifie l'envie « d'émotion particulièrement dangereuse et destructrice car elle suppose l'hostilité, laquelle conduit à l'agression et à la violence capable de détruire des sociétés entières ».

DE LA SIGNIFICATION DE L'ENVIE

Qu'est-ce que l'envie? Est-ce un sentiment conscient ou inconscient, une réaction de défense, une impulsion, un mode cognitif, ou tout ce qui précède? Selon Bion (1977, p. 54):

> L'envie est semblable à d'autres traits de caractère en ce que chacun est prêt à admettre son existence. Et pourtant, elle ne dégage aucune odeur; elle est invisible, inaudible, intangible. Elle ne prend aucune forme. » (Traduction libre.)

Bion faisait sans doute montre de trop d'optimisme sur le bon vouloir de l'homme à admettre qu'il puisse être motivé par l'envie. La Rochefoucauld avait une perception probablement plus juste lorsqu'il écrivait que « l'envie est une passion timide et honteuse que l'on n'ose jamais avouer ». L'envie semble être une réaction très « embarrassante », un sentiment qui ne rehausse en rien notre image de nous-mêmes. En fait, reconnaître la présence en soi de l'envie équivaut à admettre un sentiment d'infériorité. Il n'est donc pas étonnant que le concept soit réprimé au point d'être totalement absent des manuels de ressources humaines.

Quelle que soit la définition de l'envie, on fait toujours preuve d'ambivalence à son égard; étant donné la nature insaisissable du sentiment, on n'en observe souvent que les mécanismes de défense. Comme les théories des émotions n'en sont encore qu'au stade exploratoire, notre propos ici n'est pas de nous engager dans une polémique à savoir si l'envie est un mécanisme de défense ou une émotion. Dans le but de simplifier, j'adopterais plutôt un point de vue plus général sur le concept de l'envie en abordant « tout ce qui précède ». On peut affirmer toutefois que l'envie en tant qu'émotion peut être considérée comme un agent organisateur et coordonnateur des processus physiologiques et psychologiques qui composent le comportement (Noy, 1982). Il faut se rappeler ici que les processus émotionnels tiennent, à la limite, non seulement de l'idéationnel et du physiologique, mais également du volontaire et de l'involontaire (Knapp, 1963, 1976). Une relation complexe semble se tisser entre les états d'âme et la pensée dans la façon dont les réactions affectives et les évaluations se rattachent aux processus d'encodage de type cognitif et perceptif, de même qu'au comportement et à l'action (Plutchik, 1980; Zajonc, 1980, 1984; Lazarus, 1982).

L'origine étymologique du mot envie vient du substantif latin *invidia* et du verbe *invidere*, lequel signifie selon le dictionnaire Oxford « regarder malicieusement ». La définition fournie par ce dictionnaire indique que l'envie se rapporte à des sentiments de malice ou d'hostilité, à un désir de nuire ou de faire du tort, à un sentiment de mortification et de mauvaise volonté suscité par la vue des avantages que détient quelqu'un d'autre, de même qu'à un désir d'émulation dans la recherche de l'excellence. Pour sa part, le dictionnaire Webster parle de la conscience pénible ou rancunière des avantages dont jouit quelqu'un d'autre, mêlée à un désir de posséder les mêmes avantages. Il semble à partir de ces définitions qu'au cœur de l'envie se cache un sentiment désagréable causé par le désir d'avoir ce que quelqu'un d'autre possède, comme la richesse, le pouvoir, le statut social, l'amour, la beauté. Une telle réaction peut susciter des sentiments de frustration, de colère, de pitié pour soi-même, de cupidité et de revendication.

Au fur et à mesure qu'on approfondit le concept, il devient évident qu'en comparaison avec d'autres passions, l'envie représente une réaction extrêmement complexe. Elle diffère des autres en ce qu'elle met en jeu un *ensemble* de sentiments puisque « l'envieux manifeste non seulement le désir de posséder ce qui appartient aux autres, mais qu'il y greffe des pulsions malignes à l'égard du possesseur privilégié » (Abraham, 1968, p. 382). Qui plus est, l'envie comporte deux volets, car elle engendre non seulement la crainte des conséquences de sa propre envie, mais également la peur d'être la cible de l'envie des autres.

En détaillant chacun des stades de la formation de l'envie, Spielman (1971, p. 77) distingue quatre états d'âme. D'abord, il note un désir d'émulation fondé sur une perception de l'excellence qui mène à son tour à une aspiration à égaler, imiter ou surpasser l'envié. Un deuxième élément est la blessure narcissique, ou le sentiment d'être lésé, mêlé à une impression d'être inférieur, imparfait, marqué dans son amour-propre. Le sujet se sous-estime par rapport à quelqu'un d'autre ou en regard d'un idéal donné. En troisième lieu, Spielman constate un désir ardent de posséder ce qui est convoité. Enfin, il décrit à l'égard de l'envie un sentiment de colère qui peut s'exprimer sous des formes atténuées comme la déception ou le mécontentement, sous des formes plus manifestes comme la rancune ou la mauvaise volonté, ou encore sous des formes plus violentes, comme des désirs de détériorer ou de détruire l'objet convoité, voire même de poser des gestes malveillants.

Il ne faut cependant pas confondre envie et jalousie, bien que ces deux passions soient souvent prises l'une pour l'autre (Titelman, 1981). Mais comme on le verra plus loin, il semble qu'elles se distinguent par une différence fondamentale qui modifie, selon qu'il s'agisse de l'une plutôt que de l'autre, le contexte interpersonnel, lequel n'est pas étranger à l'origine première de chacun de ces deux sentiments. Selon une hypothèse fréquemment avancée, la distinction entre les deux repose sur le fait que le terme envie s'applique lorsqu'il s'agit d'une relation interpersonnelle à deux acteurs, tandis que le terme jalousie est utilisé dans le cas d'une relation à trois. La rivalité avec une tierce partie semble constituer la variable déterminante. Selon l'expression de Spielman (1971, p. 63),

« le jaloux craint qu'une troisième personne ne se glisse au sein d'une relation à deux et qu'elle en prenne possession ». Selon l'expression de Tellenbach (1974, p. 462), « la jalousie est une réaction non pas de possession mais plutôt de conservation, c'est une résistance à une perte ».

D'autres apports conceptuels originaux concourent en ce sens. Ainsi, en distinguant l'envie de la jalousie, Harry Stack Sullivan (1953, p. 348) définit la première de la façon suivante:

> En tant qu'activité selon laquelle le sujet envisage les conséquences néfastes que quelqu'un d'autre possède ce dont il est privé, l'envie se présente comme la conscience aiguë chez le sujet qu'en comparaison avec d'autres personnes, il n'a pas autant de valeur. Bien qu'il s'agisse dans la plupart des cas d'un groupe constitué de deux personnes, l'une des deux peut avoir une existence plus ou moins mythologique.
>
> D'un autre côté, la jalousie ne se rapporte jamais à un groupe de deux personnes. Il s'agit invariablement d'un processus complexe et pénible mettant en présence un groupe de trois personnes ou plus dont au moins une, parfois davantage, peut être parfois le résultat d'un pur fantasme. La jalousie [...] met en scène un réseau complexe de relations interpersonnelles. (Traduction libre.)

Melanie Klein (1965, p. 181), qui a grandement contribué à approfondir le concept de l'envie, établit une distinction semblable entre jalousie et envie:

> L'envie, c'est le sentiment de colère que le sujet éprouve quand il s'aperçoit que quelqu'un d'autre possède un objet désirable, sa réaction étant de se l'approprier ou de le détruire. De plus, l'envie suppose la relation du sujet à une personne unique et elle remonte à la toute première relation d'exclusivité vécue avec la mère. La jalousie se fonde sur l'envie mais elle a trait à une relation à au moins deux autres personnes; elle concerne avant tout l'amour auquel le sujet croit avoir droit mais dont il se sent privé ou menacé de l'être au profit de son rival. (Traduction libre.)

Il est embarrassant d'admettre la présence de l'envie. Au contraire, en tant qu'émotion, la jalousie est beaucoup mieux acceptée et pour ce, moins déguisée. Les journaux, les chansons, les romans sont remplis d'exemples de jalousie. Il n'en est pas de même de l'envie. Notons toutefois que les comportements, les perceptions et les émotions habituellement associés à l'envie et à la jalousie ne semblent pas différer de beaucoup (Bers et Robin, 1984). C'est pourquoi d'un point de vue purement conceptuel, il peut être utile de les distinguer, mais que d'un point de vue pratique, la distinction devient moins éclairante. Puisque la jalousie prend son origine dans l'envie, et étant donné la façon distincte dont la société traite les deux émotions, il nous faudra sans doute accepter que dans leurs sens actuels, les deux termes soient synonymes.

De l'origine de l'envie

Quelle est l'origine des émotions? Quelle est la place de l'envie? Comment expliquer son émergence? Un fin observateur des émotions humaines faisait les remarques suivantes:

> Les réactions affectives du nouveau-né suivent deux tendances de base: la première est un sentiment de satisfaction et de paix, la seconde, une vive impression de détresse. Ces deux états représentent des affects annonciateurs

> d'où émergent des dispositions, soit au plaisir, soit à la douleur. Dans le cours normal de la maturation, les deux tendances encore indistinctes des affects annonciateurs se séparent peu à peu en deux entités différentes. Les diverses émotions reliées à la colère, la honte, la culpabilité, l'envie, la jalousie, l'anxiété, la dépression et le reste, se rattachent de façon de plus en plus précise à la réaction générale de détresse. Le processus se poursuit vers un affinement progressif des expériences émotives, de sorte que chez l'adulte, ces regroupements globaux se ramifient en des sous-ensembles aux significations plus nuancées. (Krystal, 1982, p. 365. Traduction libre.)

Dans son analyse du concept de l'envie, Joffe soutient que « les sentiments d'envie sont des réactions complexes qui trouvent leurs racines dans l'édification des fonctions du moi et des relations avec la réalité, et ils ne doivent donc jamais être ramenés à un niveau purement instinctif » (1969, p. 542). La plupart des chercheurs ne réfutent pas ce point de vue, bien qu'ils ne s'entendent pas tous sur le moment où apparaissent pour la première fois dans le développement humain ces sentiments d'envie.

Freud place les origines de l'envie au stade de l'évolution humaine où l'enfant prend peu à peu conscience de la différence anatomique entre les sexes (1905b, 1961b). Cette hypothèse l'a amené à poser comme postulat le concept controversé de l'envie du pénis, c'est-à-dire l'envie consciente ou inconsciente chez la femme du pénis et le sentiment que cette absence fait d'elle une personne handicapée ou maltraitée. Il soutient que cette conscience de la différence provoque une blessure de l'amour-propre et peut contribuer à la formation de la jalousie comme trait de caractère, l'envie n'étant qu'un stade précurseur. En réponse à cette hypothèse, d'autres chercheurs ont posé comme postulat l'envie chez l'homme de la capacité propre à la femme d'enfanter, ce qui fait éprouver à l'homme des sentiments d'envie équivalents (Horney, 1967). Aujourd'hui cependant, la notion d'envie du pénis se conçoit davantage comme une métaphore (Karme, 1981) décrivant certaines étapes du développement humain ayant trait à l'imagerie mentale associée à l'union et à la séparation ressenties par l'enfant vis-à-vis de la mère (ou de la personne qui s'en occupe le plus souvent), de même qu'à l'éveil de la conscience sexuelle et à l'attribution au niveau social du pouvoir et de l'impuissance.

Bien que Freud ait reconnu les antécédents pré-œdipiens de l'envie, il s'agissait fondamentalement pour lui d'un phénomène universel relié à l'enfance et au complexe d'Œdipe. Des études subséquentes ont toutefois indiqué qu'il faut remonter au stade pré-œdipien pour solutionner l'énigme de l'envie. Il ne suffit pas de s'en tenir au triangle mère-père-enfant. Là encore il faut reconnaître l'apport de Melanie Klein, qui considère l'envie comme « l'expression sadico-orale et sadico-anale de pulsions destructives à l'œuvre dès les débuts de la vie » (1965, p. 176). Bien qu'elle semble supposer que l'envie soit un caractère inné, elle en souligne l'aspect évolutif lorsqu'elle soutient qu'il s'agit d'un des sentiments les plus primaires et fondamentaux qui fait surface dès que l'enfant prend conscience que le sein de la mère est la source de toutes les gratifications et expériences agréables. Parallèlement au désir de préserver et de protéger ces sentiments agréables surgissent les premières manifestations d'un désir envieux d'être soi-même la source d'une telle perfection. Ainsi l'envie est rattachée en même temps à l'expérience d'une gratification et à l'expérience d'un manque. Les sentiments d'envie commencent lorsque l'enfant prend conscience qu'il n'a pas le pouvoir de dispenser de tels plaisirs.

La venue d'un autre bébé réveille inévitablement les premiers sentiments d'envie, mais ces derniers s'intensifient et se transforment en jalousie lorsque l'enfant voit la mère donner le sein au bébé ou simplement en prendre soin. De tels gestes représentent une source supplémentaire de sentiments de rivalité et forcent la comparaison entre les propres qualités de l'enfant et celles du nouveau venu. La compétitivité fait ainsi sa première apparition. Il peut être intéressant à cet égard de lire la citation suivante tirée des *Confessions* de saint Augustin (1961, p. 10):

> [...] il ne parlait pas encore et il regardait, blême, avec une expression d'amertume, son frère de lait. Qui l'ignore? Les mères et les nourrices prétendent avoir, pour conjurer ces ressentiments, je ne sais quels remèdes. — À moins que l'innocence ne consiste en ceci que, la source du lait coulant à flots abondants, un être qui a le plus grand besoin d'assistance et qui tire sa vie de ce seul aliment ne souffre point de partage?

L'envie se cristallise davantage au fur et à mesure que l'enfant continue de se développer (Frankel et Sherick, 1977). Originairement liée au stade oral, à savoir pré-œdipien, l'envie s'apparente à une matrice qui détermine considérablement les relations interpersonnelles que l'enfant établira dans l'avenir. L'intensité de l'envie déterminée par le caractère de l'environnement parental aura une influence déterminante sur les relations de l'enfant avec ses frères et sœurs et éventuellement avec d'autres personnes au cours de sa vie. Comme nous l'avons vu plus haut, il nous faut voir comment, dans la formation de l'envie, la venue d'une troisième personne provoque une mutation du sentiment en jalousie. Cette dernière émotion s'affirme surtout comme telle au stade œdipien. Il est par ailleurs intéressant de constater que cette transformation amène un allégement de la charge culpabilisante normalement associée aux sentiments d'envie, de même qu'une meilleure acceptation intérieure qui s'explique par le fait que la jalousie peut être perçue comme une défense contre l'envie (il s'agit, ne l'oublions pas, d'une relation à plusieurs parties) car les sentiments hostiles peuvent être « fractionnés » et déplacés sur d'autres personnes. Ce mécanisme permet au sujet d'éviter le sentiment de culpabilité associé à l'envie qu'il éprouve envers une personne aimée.

Puisque nous avons tendance à concevoir l'envie comme une réaction honteuse, un agent motivateur que nous n'osons pas admettre, il n'est pas étonnant qu'en dépit de l'omniprésence de sa nature, nous ayons recours à de nombreux stratagèmes pour masquer sa présence. Comme il nous répugne d'avouer des sentiments d'envie, celle-ci emprunte de nombreux déguisements. Le milieu compétitif des organisations, où l'on trouve des cultures et des structures de récompense aussi nombreuses que différentes, fournit un milieu hautement propice à l'éclosion de l'envie.

J'aborderai maintenant les principales façons selon lesquelles l'être humain fait face à l'envie. Soulignons que ces différentes expressions ne s'excluent pas mutuellement et qu'elles ne sont pas non plus nécessairement fixées. Une façon particulière de contrer l'envie évoluera parfois vers une autre forme selon l'intensité du conflit intrapsychique. Les stratégies auxquelles on a recours réunissent en un réseau complexe le désir d'éviter l'envie et en même temps celui d'en susciter des éléments inducteurs. En d'autres termes, elles sont souvent un mélange complexe de mécanismes de défense utilisés pour se prémunir contre l'envie de ses semblables et pour nier ses propres sentiments d'envie.

DES FAÇONS DESTRUCTRICES DE FAIRE FACE À L'ENVIE

L'idéalisation

L'idéalisation est une façon relativement fréquente de faire face à l'envie. En idéalisant les individus, les groupes, les organisations, ou autres, nous les plaçons hors d'atteinte. L'exagération représente une tentative de diminuer l'envie en plaçant l'être envié au-dessus du commun des mortels. La rationalisation permet alors de croire qu'il n'est pas inscrit dans notre destin d'appartenir à ce groupe privilégié et que ceux qui s'y joignent ont simplement été « plus chanceux ». Un tel comportement représente toutefois une solution précaire au problème (Davies, 1980). Qu'il s'agisse d'une personne, d'un groupe ou d'une organisation, on trouvera toujours des raisons pour diminuer ou dévaluer l'objet de son envie. Il ne faut pas oublier que personne ne peut vivre longtemps en conformité avec des attentes démesurées.

L'idéalisation est une façon de contrer des pulsions agressives en ce qu'elle constitue un effort pour empêcher qu'une « bonne » image ne soit contaminée par une « mauvaise » image. C'est une tentative pour garder en réserve des expériences satisfaisantes comme source de sa propre force intérieure. Elle est le signe que le sujet doit avoir recours au « fractionnement » comme mécanisme de défense (Kernberg, 1975). En d'autres termes, son peu de sens de l'identité ne permet pas au sujet de tolérer le sentiment d'« ambivalence » qui implique que le même « objet » (c'est-à-dire l'autre) puisse posséder à la fois de « bonnes » et de « mauvaises » qualités. Au lieu de cela, les « bons » et les « mauvais » sentiments, expériences et perceptions, sont polarisés et maintenus à part les uns des autres afin d'empêcher le surgissement d'un monde peuplé d'objets contaminés assortis des mauvais sentiments correspondants.

Un bon exemple d'idéalisation en tant que stratégie de défense contre l'envie est la façon dont les gestionnaires agissent parfois à l'égard de leurs supérieurs. Ils maintiennent souvent leurs pulsions d'envie sous contrôle en exagérant les qualités de ces derniers et en dirigeant leurs tendances négatives (destructrices) vers des boucs émissaires. Ces louanges excessives et cette admiration démesurée envers leurs supérieurs peuvent se concevoir comme des voiles transparents tentant de masquer des sentiments d'envie. Ceux qui agissent de la sorte éprouvent le besoin de forger des surhommes. Mais comme les observateurs attentifs de la vie organisationnelle le savent bien, la dernière place en bout de ligne n'est pas la plus confortable qui soit. Le « héros » se retrouvera vite avec des pieds d'argile. Il suffit de très peu pour que le pendule parte en direction contraire et que, maintenant diffamé, le chef soit précipité en bas de son piédestal.

Le retrait

Il existe une stratégie extrême pour éviter l'envie, c'est le retrait complet de la compétition. Réagissant avant tout dans un souci d'apparence, ceux qui l'adoptent semblent être uniquement mus par le désir de rester dans l'ombre. Toutefois, la véritable raison qui les fait agir de la sorte peut être leur incapacité de tolérer leurs propres sentiments d'envie. En fait, ils éprouvent de la peur ou de la culpabilité devant leurs propres fantasmes destructeurs à l'égard des autres. Ce qui s'offre par contre au regard de l'observateur, c'est un être qui n'essaie même pas d'entrer en compétition mais cherche plutôt à se dévaluer lui-même. Le retrait devient l'antidote suprême. Or un tel comportement engendre des sentiments d'impuissance et des réactions de dépendance. Qui plus est, dans un contexte organisationnel, il devient impossible d'offrir des promotions à ces employés qui ne font que causer des problèmes.

Le syndrome de la « peur du succès » (Zaleznik et Kets de Vries, 1985; Kets de Vries, 1988b) est étroitement lié à ce type de comportement. Ainsi, certaines personnes deviennent parfois déprimées lorsqu'elles réussissent sur le plan professionnel; car elles craignent (souvent de façon inconsciente) que leur succès ne suscite l'envie chez les autres et par conséquent des gestes de représailles à leur égard. L'histoire de Polycrate, tyran de Samos, telle que racontée par Hérodote, est une bonne illustration de cette crainte. Terrifié à la pensée de l'immensité de sa fortune et désireux de prévenir l'envie des dieux, Polycrate lança un anneau de haut prix dans la mer. Ce fut peine perdue car l'anneau lui revint dans le ventre d'un poisson qu'on lui servit à manger. Polycrate sut alors que Némésis, déesse de la vengeance divine, avait refusé son sacrifice et que le malheur se trouverait dorénavant sur son chemin. Le comportement autodestructeur, le désir « d'arracher la défaite des griffes de la victoire » font tous deux partie de ce même syndrome. La présence dans les organisations de « clochards », d'individus qui se retrouvent toujours dans des situations malheureuses (conflits avec leurs supérieurs, tendance à tout remettre à plus tard, travail négligé ou pratiques malhonnêtes) et qui se voient forcés de partir est un phénomène trop courant.

La dévaluation

Voilà sans doute la façon la plus destructrice mais également la plus complexe de faire face aux sentiments envieux. Il ne faut pas oublier ici que les formes d'expression mentionnées plus haut, l'idéalisation, le retrait, la négation, la formation réactionnelle ou la rationalisation, peuvent éventuellement emprunter ce même chemin. La démarche mentale qui sous-tend de telles réactions suppose que tout objet « contaminé » ne peut susciter l'envie. Ceux qui agissent selon ce type de comportement sont habituellement mus par le désir de vengeance ou l'amertume, mais, en même temps, ils peuvent éprouver un sentiment de rectitude et même d'indignation morale pour mieux travestir et justifier leurs activités. Ils semblent poussés par le besoin de se venger, de prouver qu'ils sont aussi bons, sinon meilleurs, que l'objet de leur envie. La médisance, les critiques négatives ou l'humiliation sont des façons courantes de permettre à ces sentiments d'affleurer. Une autre façon insidieuse d'y faire face est de susciter l'envie chez les autres.

À cause de la blessure narcissique et de l'érosion de l'image intérieure qui accompagne l'envie, le désir de rendre coup pour coup semble capital. Le goût de la vengeance ou l'esprit rancunier ont été scrutés attentivement par Karen Horney (1948). Elle en distingue trois formes. Elle pose d'abord l'existence d'un caractère vindicatif dont l'agressivité est manifeste mais qui reste inhibé au niveau de l'action. En deuxième lieu, ce caractère vindicatif tente de s'éclipser lui-même par des moyens subversifs et indirects. En ce cas, l'envieux joue souvent le rôle de victime, car offrir le spectacle de la souffrance devient une façon inconsciente d'éveiller en l'autre un sentiment de culpabilité. Enfin, Horney décrit un caractère vindicatif de type détaché. En ce cas, la personne enviée éprouve de la frustration devant certains gestes comme la manifestation d'indifférence lorsqu'elle émet une opinion, l'ignorance à l'égard de ses besoins, le manque d'éloges ou la froideur d'un accueil. Dans tous ces exemples, ce que visent ceux qui posent de tels gestes, c'est le « triomphe de la rancune », c'est la satisfaction qui découle de la récupération de la fierté perdue. Pour utiliser le mot de Horney, « c'est la flamme qui embrase leur vie » (1948, p. 5).

Ceux qui font du « triomphe de la rancune » la passion maîtresse de leur vie semblent souffrir de ce que l'on a appelé le « complexe de Monte Cristo » (Castelnuovo-Tedesco, 1974). Ce type particulier de comportement a été nommé ainsi à partir du tableau de la vie organisationnelle qu'Alexandre Dumas brosse dans son roman. Nous pouvons voir ce processus à l'œuvre particulièrement dans les cas où un certain nombre d'employés jouent de leur influence pour attirer l'attention d'un supérieur. Dans les organisations, la collusion et les jeux de pouvoir tirent souvent leur origine de l'envie.

L'envie entre générations

Une forme intéressante d'envie est celle qui porte sur les générations montantes. Elle peut être plus clairement observable dans la relation parents-enfants où les parents adoptent une position de rectitude morale pour rationaliser leurs gestes. Ils priveront ainsi leurs enfants de certains privilèges ou plaisirs en assortissant leurs décisions de nombreuses justifications, alors qu'en réalité ils sont poussés par le regret de n'avoir pas profité eux-mêmes de telles opportunités au même âge. Un type de comportement parallèle se retrouve dans les organisations où des cadres plus âgés agissent parfois subtilement dans un esprit vengeur à l'endroit des jeunes gestionnaires. L'amertume qu'ils éprouvent à l'idée de voir le jeune cadre réussir là où ils ont eux-mêmes échoué peut les conduire à mettre en place des pièges ou des stratagèmes qui mèneront les nouvelles recrues vers l'échec. Sous prétexte de fournir aux jeunes cadres des occasions multiples de se faire valoir, ils chercheront en réalité à induire des circonstances qui mineront leur carrière au départ. La dimension « dramatique » qui accompagne souvent la succession à la tête de l'entreprise constitue un autre exemple évident du fonctionnement de ces forces, particulièrement quand un « dauphin » est détrôné pour avoir suscité l'envie de ses supérieurs. Bien que selon les règles du jeu il faille planifier soigneusement la succession, la transmission des pouvoirs attachés au couronnement du dauphin n'est jamais prise à la légère. Des gestes de vengeance peuvent ainsi survenir par la suite (Kets de Vries, 1988a, 1988b).

D'autres stratégies défensives

La négation et la formation réactionnelle sont autant de mécanismes de défense très courants pour faire face à l'envie. Comme dans les cas cités précédemment, il est parfois incompatible avec l'image intérieure d'accepter au niveau conscient des sentiments d'envie. On cherchera alors à se rassurer soi-même en niant l'attrait de ce qui est convoité. À part la négation, on peut avoir recours à la flatterie comme mécanisme de formation réactionnelle dans le but de se camoufler à soi-même ces sentiments envieux.

Des stratagèmes semblables sont parfois mis en place pour se prémunir contre l'envie des autres. Ainsi, toute réalisation exceptionnelle sera banalisée et tout objet d'envie annihilé. Lorsque tout va bien pour l'entreprise et que l'on répond que « les affaires n'ont jamais été si mauvaises » à ceux qui s'informent des résultats financiers, nous sommes en présence d'un autre exemple de ce type de comportement. Un excès de modestie, ne pas « éclabousser le monde » de ses succès, devient la réaction la plus prudente. De plus, d'autres formes de rationalisation apparaissent pour rabaisser ce qui pourrait faire l'objet d'envie.

Toutefois, comme dans l'exemple de l'idéalisation comme mécanisme de défense, ces formes d'auto-tromperie pour se prémunir de l'envie ne se révèlent pas toujours des solutions valables à long terme. Combien de temps les sentiments d'envie peuvent-ils être réprimés? Combien de temps peut-on se garder de l'envie des autres? Combien de temps ces pulsions peuvent-elles rester sous contrôle? Combien de temps peut-on avoir recours à la négation, à la formation réactionnelle et à la rationalisation? Un jour ou l'autre, l'envie nous rattrapera et commencera à se manifester par des subterfuges subtils. La médisance, la calomnie, les propos diffamatoires, les ragots, le rejet plus ou moins manifeste ne sont que quelques façons d'exprimer les mêmes sentiments.

DES FAÇONS CONSTRUCTIVES DE FAIRE FACE À L'ENVIE

La poursuite de l'excellence

Selon le philosophe espagnol Gracian, « rien ne réveille plus l'ambition que le clairon de la renommée de quelqu'un d'autre ». Ce phénomène s'explique par l'identification aux réussites de ses semblables (Rosenblatt, 1988). En tant que façon de faire face aux sentiments envieux, le désir d'exceller par rapport aux autres semble être une approche plus constructive que celles qu'on a énumérées plus haut. La raison en est que si quelqu'un réussit dans la poursuite de ses objectifs, il n'a plus aucune raison d'envier qui que ce soit. Bien entendu, un tel comportement cache un revers qui est celui de susciter à son tour l'envie en exacerbant les sentiments compétitifs.

Une autre façon de résoudre le problème de l'envie est de voir celle-ci comme une forme déguisée de vengeance. Ce désir d'exceller, lié à l'identification à l'autre, peut paraître comme une défense contre l'envie. Comme le fait remarquer Horney, « le désir de prouver aux autres ce dont on est capable et le goût de se venger soi-même dans un esprit de défiance triomphaliste peuvent constituer la force vive sous-tendant le goût du succès, du prestige ou des conquêtes sexuelles » (1948, p. 9). Dans de nombreuses organisations, que ce soit de façon déguisée ou manifeste, nous pouvons observer le phénomène à l'œuvre. Dans notre « poursuite de l'excellence », nous sommes en concurrence avec d'autres organisations, d'autres départements ou d'autres collègues. Cette façon constructive de faire face à l'envie devient un agent déterminant de motivation et peut mener à des réussites remarquables. Aussi longtemps que nous reconnaissons l'existence de la face cachée de la compétitivité et que nous prenons soin de la garder sous notre contrôle, elle peut engendrer des résultats extrêmement positifs.

La réparation

En dernier lieu, il convient de mentionner la façon la plus constructive de faire face à l'envie, soit le goût de s'engager dans ce qu'on peut qualifier d'activités de réparation. La lucidité à l'endroit de ses propres motivations et du potentiel destructeur de l'envie peut aider à briser le cercle vicieux de la vengeance. Ainsi, au lieu d'éprouver des sentiments vindicatifs, nous pouvons tenter d'aider celui que nous envions. Dans de tels cas, on remarque un effort marqué pour démontrer, puis surmonter les fantasmes destructeurs encore en éveil et pour transformer ce qui est convoité. Une première étape consiste à modifier la nature même de nos fantasmes sur l'objet de notre envie de façon à adopter peu à peu une attitude plus constructive. Pour ce faire, il faut cesser de désirer ce qu'il nous est impossible d'avoir en admettant que certaines réalités de la vie ne peuvent être changées et qu'elles doivent être acceptées comme telles. Il nous faut également renoncer à avoir recours à des expédients comme l'idéalisation, la négation et la formation réactionnelle. La première démarche sera d'établir une suite d'efforts précis nous permettant de faire face à un sentiment de perte causé par l'abandon de désirs bien enracinés et chargés d'émotions profondes. Étant donné la nature humaine, cette entreprise ne sera évidemment pas menée à terme sans difficultés. Mais au bout du compte, ce cheminement ardu peut mener à un fort sentiment de satisfaction et de joie intérieure (Rochlin, 1965). Au moment de s'engager dans de tels efforts, il faut se rappeler la remarque suivante de Melanie Klein (1965, p. 186-187): « L'envie détruit le goût de la joie [...] car ce sont la joie et la gratitude que celle-ci suscite qui atténuent les pulsions destructrices, l'envie et la cupidité. » Un sens des responsabilités et de réciprocité accompagné du désir de rechercher des gratifications de substitution constituent les véritables solutions menant à l'annihilation des effets destructeurs de l'envie.

EN GUISE DE CONCLUSION

Francis Bacon disait un jour que « l'envie ne donne jamais lieu à la fête ». Notre propos abonde en ce sens. L'envie est partie intégrante de l'expérience humaine: notre comportement, nos gestes en sont tous imprégnés. L'envie conditionne notre milieu de travail; si l'on veut arriver à une analyse organisationnelle réaliste, on doit en tenir compte dans nos prédictions sur le comportement de ceux qui y œuvrent. Peut-être nous répugne-t-il de nous sentir impuissants face à l'envie, mais on ne peut y échapper. En fait, on peut considérer comme constructif le sentiment d'envie dirigé vers soi-même, car il nous permet de déceler la preuve de notre propre valeur. Comme Schoeck (1969, p. 10) le disait:

> Tout être humain doit se sentir un peu enclin à l'envie car sans envie l'interface des forces sociales est inimaginable. Seules sont socialement inopérantes l'envie de type pathologique qui teinte au niveau personnel toute autre émotion et l'envie qui sert de trame collective dans un milieu organisationnel conçu uniquement pour permettre aux acteurs envieux d'apaiser leurs multiples pulsions imaginaires en ce sens. (Traduction libre.)

Nous avons vu les divers déguisements de l'envie, certains constructifs, d'autres destructeurs. Ce sont les excès de comportement qui peuvent être insidieux, autant dans le désir d'éviter l'envie que de l'exciter. C'est contre eux que nous devons nous prémunir. Le défi consiste donc à garder son propre niveau d'envie dans des limites acceptables. Voilà qui n'est pas facile car, étant donné la nature humaine, l'envie a le sommeil léger et des ambitions démesurées.

Bien entendu, du point de vue organisationnel, certaines mesures préventives peuvent être mises en place. Par exemple, on peut réduire les distinctions hiérarchiques, promouvoir l'égalisation du pouvoir ou la gestion participative, éliminer des privilèges, concevoir des programmes de participation aux profits ou réduire les écarts extrêmes dans les échelles de salaires. Éviter les comportements inducteurs d'envie surgissant de différentes formes ostentatoires de consommation peut également avoir pour effet de réduire la tension.

Bref, si l'on veut favoriser la créativité et la souplesse d'adaptation, il faut canaliser l'envie de façon constructive, en particulier par le recours à la réparation et à la poursuite soutenue de l'excellence. Ce type de comportement se révèle beaucoup plus prometteur que ceux dont nous avons discuté plus haut. Nous savons tous qu'une vie rongée par l'envie ne donne pas le bonheur. La rancune chronique engendre inévitablement beaucoup de stress.

Nous devons éviter d'être prisonniers d'un équilibre intérieur illusoire qui nous fait vivre dans une chaîne ininterrompue d'auto-déceptions génératrices d'angoisse et de tension. Afin de prévenir un tel état de choses, il faut transcender l'envie, et pour cela il faut faire preuve d'une certaine maturité émotive qui permette l'auto-évaluation, la compassion, la reconnaissance, la responsabilité et l'engagement personnel. Il nous faut également posséder ce qu'Erikson (1963) appelle le « sens de la générativité », c'est-à-dire un souci des autres. L'aptitude à faire face à la réalité et le don de l'empathie (aller au-delà de préoccupations purement égoïstes) se révèlent en dernière analyse comme le meilleur antidote contre les effets destructeurs de l'envie. N'oublions pas que seul celui qui est affranchi de l'envie est capable de percevoir la réalité telle qu'elle est.

LA PSYCHOLOGIE DU SELF, L'EXPÉRIENCE ET LA VIE EN ENTREPRISE

Une perspective kohutienne

Thierry C. Pauchant

> « Deux choses remplissent mon cœur d'un respect infini : La complexité du système social entier [...] et le self en son sein. »
>
> C. West CHURCHMAN[1]

Ce chapitre se veut introductif. Son but est de donner au lecteur un premier aperçu du modèle de la « psychologie du self[2] », élaboré par Heinz Kohut, et de proposer quelques applications de ce modèle à la gestion de l'entreprise.

L'utilisation de ce modèle dans les sciences administratives se démarque de son application traditionnelle qui met en jeu la dyade analyste-patient dans la relation thérapeutique. Dans ce chapitre, je dépasserai ce niveau d'application en élargissant la portée de ce modèle à l'échelle de l'entreprise et de la société, Kohut ayant lui-même ouvert la voie à cet effort d'articulation au niveau social (Kohut, 1985b).

De nombreux facteurs m'ont conduit à la découverte de ce modèle et à son application au domaine de la gestion. L'une des principales motivations a peut-être été mon désenchantement par rapport au pouvoir explicatif et normatif des théories traditionnellement utilisées dans les sciences administratives. Dans ces circonstances, la découverte du modèle de Kohut en 1984 fut pour moi une révélation. Elle m'a permis d'intégrer certaines notions ressortissant à quatre champs de connaissance différents et présents « entre les lignes » de ce chapitre : la théorie générale des systèmes, la phénoménologie, la psychologie humaniste, et la philosophie existentialiste.

Le texte est divisé en trois parties. La première présente l'origine et les fondements du modèle de la psychologie du self, en insistant sur la nécessité de réhabiliter l'expérience individuelle pour comprendre le comportement humain, thème central de la phénoménologie et de l'existentialisme. À ma connaissance il n'existe pas, à l'heure actuelle, de présentation en langue française de ce modèle de psychologie. La seconde partie illustre l'application de ce modèle à deux domaines relevant des sciences administratives: le leadership et le management stratégique des crises industrielles. Enfin, la troisième partie débordera le domaine de la gestion, prenant une perspective plus globale, celle de la société. Cette démarche permettra de rendre compte de l'importance et de la nécessité de réintroduire cette expérience individuelle pour appréhender certaines caractéristiques de nos sociétés et de nos entreprises, dans une perspective plus humaniste et plus systémique.

LA PSYCHOLOGIE DU SELF

La psychologie du self est relativement récente. Elle est née en 1959 aux États-Unis avec la publication d'un article de Heinz Kohut, intitulé « Introspection, empathie et psychanalyse » (Kohut, 1959). Pourtant, malgré sa jeunesse, ce modèle est aujourd'hui considéré par certains professionnels de la santé mentale comme une nouvelle approche de la psychologie des profondeurs, au même titre que les modèles d'Adler, de Rank ou de Jung. Comme l'a souligné A. Cooper, ancien président de l'Association américaine de psychanalyse (APA):

> La psychologie du self peut être maintenant considérée comme un système de psychologie des profondeurs qui a avancé au statut d'une psychologie alternative à la psychanalyse classique [...] Comme l'ont fait Adler, Rank ou Jung avant lui [...] Kohut a renommé sa psychologie [...] reformulé les éléments psychiques dignes d'intérêt pour sa psychologie des profondeurs, et a modifié les procédures techniques du traitement du patient. (Cooper, cité par Goldberg, 1983, p. 8.)

Au Canada et aux États-Unis, l'introduction de ce modèle a provoqué une certaine « révolution » dans les milieux de la santé mentale; tout d'abord dans les milieux spécialisés, puis dans le grand public, comme l'atteste la parution d'un article dans le magazine *Newsweek*, mettant en vedette l'école de Kohut (Gelman, 1988). En France, la traduction récente d'une analyse clinique de Kohut (1985a) a contribué à la faire connaitre, Heinz Kohut étant même aujourd'hui perçu par certains comme « le plus original des psychanalystes américains des années soixante-dix et le plus novateur » (Cottet, dans Kohut, 1985a, p. 28).

Cela ne veut pas dire pour autant que la « révolution » kohutienne propose un modèle résolument différent des autres écoles de psychologie et de psychanalyse. Kohut lui-même fut surnommé aux États-Unis « Monsieur Psychanalyse », dans la plus pure tradition classique freudienne[3]. Pourtant, certains psychanalystes ont reproché au modèle kohutien de se démarquer trop brutalement de la théorie classique freudienne, alors que d'autres y voient la continuation de l'esprit de Freud, de Winnicott ou de Klein, malgré les différences notables que ce modèle propose (Brandchaft, 1986). Je souscris à ce dernier point de vue.

Élaboration du modèle

Le modèle de la psychologie du self a été élaboré pour combler certaines lacunes du modèle freudien. En particulier, certains cliniciens ont tenté de comprendre les nouvelles souffrances mentales et les symptômes décrits par leurs patients, ignorés jusqu'alors par la psychanalyse classique. Un grand nombre de psychiatres, psychanalystes ou psychologues, appartenant ou non au mouvement de la psychologie du self, ont donc cherché à distinguer ces souffrances des symptômes classiques de fixations ou de phobies. L'expression de ces nouveaux symptômes, diagnostiqués comme « troubles du self » ou « troubles narcissiques », se traduit par une « insatisfaction diffuse », un « sentiment de futilité et d'ennui », un « manque de goût pour la vie », l'« absence de but », associés à des excès de rage et de dépression (Horney, 1939; Sullivan, 1953; Laing, 1961; Miller, 1983; Balint, 1965, dans Brandchaft, 1986; Lasch, 1978; Kohut et Wolf, 1978; Rogers, 1980; Cooper, dans Morrison, 1986; Saint-Laurent, 1987).

L'un des principaux efforts de Kohut fut de « dé-conceptualiser » la psychanalyse. Pour lui, des concepts comme le « moi », le « ça » et le « surmoi », ou encore l'« instinct », sont en effet trop conceptuels pour appréhender l'expérience humaine. Il considère qu'un phénomène n'est psychologique que lorsqu'il est issu principalement d'une introspection, ou de la compréhension empathique de l'introspection d'autrui (Kohut, 1959). Constatant que de nombreuses personnes dans nos sociétés développées se sentent souvent honteuses d'avoir recours à l'introspection, Kohut considère que nous avons eu tort de négliger l'usage scientifique de cette démarche. Le « sens », ou « l'expérience du self », issu de l'introspection, est donc la seule dimension que Kohut considère comme scientifique et sur laquelle il s'appuie pour désigner ses données psychologiques. Selon lui, les observations effectuées à partir d'autres méthodes que l'introspection sont d'ordre somatique ou comportemental, mais non psychologique. Nous retrouvons également cette conception chez les tenants du mouvement existentialiste (Sartre, 1976; May, 1958).

Définissant le self comme une « organisation psychologique de l'expérience » ou une « structure psychologique de l'expérience » relativement stable et ne se modifiant que lentement, Kohut soutient qu'une des motivations centrales de l'être humain est de préserver cette « structure du self » (Kohut et Wolf, 1978). Par exemple, une personne ayant une expérience centrée sur l'idée de perfection, d'invulnérabilité, pourra rejeter les signes présents de sa propre imperfection, protégeant ainsi sa structure psychique, l'organisation psychologique de son expérience.

Kohut distingue deux types de structures psychologiques du self: les structures pathologiques et les structures saines. Selon lui, les personnes souffrant de structures psychologiques pathologiques ou malsaines ont deux possibilités: (1) *défendre* ces structures quand elles font face à une expérience contredisant leur propre structure psychique; ou (2) *compenser* ce manque de structure. Ainsi, ces personnes seront particulièrement sensibles aux critiques dirigées contre leur personne ou leurs comportements et réagiront, par exemple, par une rage démesurée ou par une indifférence totale.

Par contre, les personnes bénéficiant de structures saines auront la faculté d'accepter une expérience non conforme à leur propre structure psychique du self et de *développer* cette structure. Aux prises par exemple avec une situation révélant leur imperfection, elles auront la possibilité structurelle d'accepter et d'intégrer cette expérience, au lieu de se limiter à protéger la structure de leur self ou à la compenser par une action quelconque.

Les descriptions des « troubles narcissiques » présentées par Kohut sont sensiblement différentes de celles que nous propose traditionnellement la communauté psychanalytique freudienne. Alors que Kohut met l'accent, comme nous l'avons vu, sur un sentiment et une expérience de futilité et d'ennui ou une frustration diffuse par rapport à la vie, la littérature classique sur le sujet insiste davantage sur les comportements grandioses et flamboyants associés à ces « troubles narcissiques », comme par exemple la démesure, l'hyperactivité, la recherche constante de l'admiration d'autrui, etc. (American Psychiatric Association, 1980, p. 315-317). Pourtant, il semble que ces deux points de vue soient conciliables si l'on considère que Kohut décrit l'expérience profonde ressentie par ces personnes, alors que la littérature classique décrit ces comportements en énumérant certains mécanismes par lesquels les personnes souffrant de « troubles narcissiques » tentent de protéger leur structure psychologique déficiente. Dans les deux cas, la structure du self est diagnostiquée comme fragmentée, déséquilibrée, endommagée, et manquant d'une certaine cohésion interne. L'anxiété alors ressentie renvoie donc à un sentiment de « désintégration » de la structure psychologique du self, ces personnes devant protéger cette structure d'une « désintégration existentielle » (Kohut, 1984).

Pour différencier ces deux points de vue et afin de simplifier le langage psychanalytique, j'ai divisé les structures pathologiques en structure psychologique de « déflation » et structure psychologique d'« inflation », suivant le modèle de Karen Horney (1939). Cette analogie économique est riche en images. La structure de « déflation » se caractérise par un sentiment de frustration diffuse, de désintégration existentielle, alors que la structure d'« inflation » se traduit par un comportement démesuré résultant d'un mécanisme de défense contre cette expérience de désintégration[4]. Aussi, comme équivalent de l'expression « narcissisme sain » créée par Kohut (1971), je propose l'expression plus expressive du « regard positif », suivant la terminologie de Carl Rogers (1980). On trouvera une synthèse de cette typologie au tableau 1.

Structure psychologique de déflation

La structure de déflation, représentée par le cercle A, renvoie à une expérience du self qui est particulièrement faible et fragmentée. Comme l'indique le schéma ci-dessous, cette structure est composée de multiples parties non intégrées et séparées les unes des autres. Une telle structure est souvent instable, la personne possédant ce type de configuration ayant à certains moments le sentiment de ne pas « exister », d'être « invisible », de ne pas être considérée comme « importante » par les autres, de ne pas être jugée capable, compétente, etc. C'est ainsi que ces personnes ont tendance à utiliser leur entourage à des fins existentielles, soit en fusionnant avec lui (personne « affamée de fusion psychique »), soit en le rejetant (personne « fuyant le contact psychique »). J'ai symbolisé cette utilisation existentielle de l'entourage par des flèches dans le schéma. La façon dont ces personnes utilisent leur entourage leur permet de définir pour elles-mêmes une structure psychologique d'expérience. Elles seront donc relativement dépendantes de leur environnement pour pouvoir établir un sentiment d'identité, voire le sentiment de leur propre existence. Par exemple, elles auront tendance à s'associer avec des personnes qui paraissent « fortes », ou encore à se conformer à des scénarios préétablis de comporte-

TABLEAU 1
Caractérisation des structures de self

Qualité de l'expérience psychique du self	Caractérisation de la structure	Motivation contextuellement associée	Relation avec l'environnement
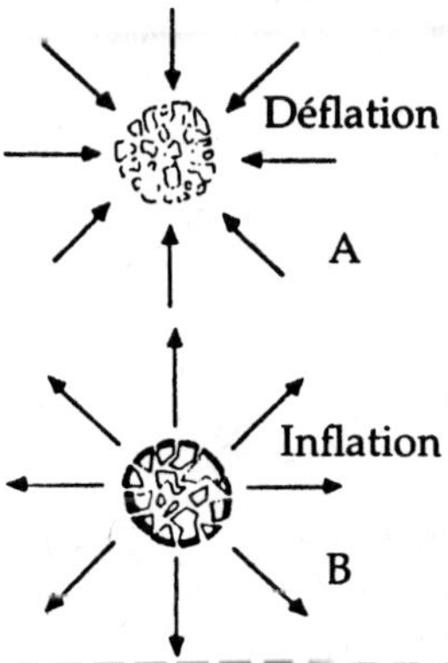	Pathologique Malsaine	Défense Compensation	Indépendance Dépendance
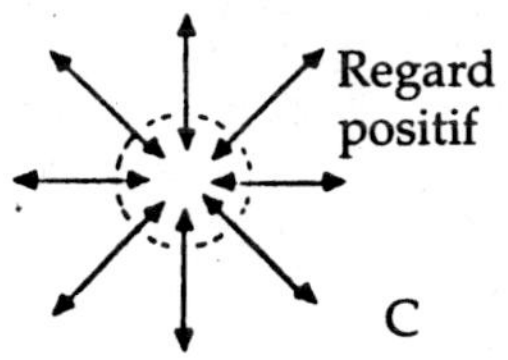	Saine	Développement	Interdépendance

ment en adoptant strictement, par exemple, les rôles et les règles de conduite liés à une profession, ou en fuyant un contact trop intime avec autrui. Chez les personnes qui possèdent une telle structure psychologique, le comportement est fortement dirigé vers la défense de ce self faible et fragmenté, ou vers sa compensation par l'association, par exemple, avec un leader flamboyant.

Structure psychologique d'inflation

La structure d'inflation, représentée dans le schéma par le cercle B, évoque la structure psychologique d'expérience traditionnellement décrite dans la littérature comme « narcissique » (American Psychiatric Association, 1980, p. 315-317). Dans ce cas-ci, la structure du self est toujours fragmentée et déséquilibrée, mais la cohérence de certains secteurs de la structure permet une meilleure stabilité, en surface, de l'expérience du self. Ces personnes seront donc moins dépendantes de leur environnement, puisqu'elles feront appel à des comportements grandioses, dramatiques et théâtraux pour compenser leur manque de substance psychique. Si les personnes souffrant d'un sentiment de *déflation*, comme nous l'avons vu plus haut, s'associent, par exemple, avec des personnes qu'elles idéalisent, celles souffrant d'un sentiment d'*inflation* ont au contraire tendance à vouloir « prendre en charge », leur entourage, le commander, le diriger et en être admirées. Elles utilisent leur environnement comme miroir de leur sentiment de perfection et d'omnipotence personnelle. Les flèches utilisées dans le schéma symbolisent ce phénomène. Souffrant de structures psychologiques endommagées, ces personnes ont donc le besoin constant d'être admirées et remarquées, d'accomplir des actions dramatiques, théâtrales, pompeuses et grandioses. Ayant besoin de se sentir « en vie », elles ont également besoin d'assouvir leurs désirs d'une manière instantanée, immédiate, agissant selon le principe du « droit acquis » vis-à-vis de leur entourage, et d'être servies, adulées, idéalisées. Leur motivation principale est axée sur la minimisation de leur souffrance et la maximisation de leur plaisir. Enfin, comme ces personnes ont peu d'aptitudes structurelles pour explorer les structures psychologiques d'autrui, elles ont une attitude arrogante et manifestent peu d'empathie envers les autres.

Structure psychologique du regard positif

La structure de regard positif, représentée par le cercle C, correspond à une structure d'expérience saine. Cette structure étant intégrée et harmonieuse, la personne n'a ni le besoin constant de s'associer à une personne qu'elle idéalise, ni celui d'accomplir des actions grandioses pour se donner le sentiment d'exister. Comme l'indique le schéma, la structure du self n'est ni complètement ouverte à son entourage (structure de déflation tendant vers la dépendance), ni complètement fermée (structure d'inflation tendant vers l'indépendance). La structure du regard positif est en même temps ouverte et fermée à son entourage. Les flèches, dans le schéma, sont dirigées à la fois vers l'intérieur et l'extérieur de la structure, symbolisant une situation d'*interdépendance* de l'individu avec son entourage. Ces personnes ont la capacité d'utiliser de manière créative le contenu de leur structure psychologique d'expérience, tout en continuant à développer ces structures. Elles ont également la capacité d'empathie, c'est-à-dire la capacité de rejoindre d'autres personnes dans leur structure d'expérience propre, bien que cette empathie ne puisse être totale. De la même manière, elles considèrent les personnes de leur entourage non comme des moyens d'assouvir leurs désirs existentiels personnels, mais plutôt comme des fins en soi. Il est donc possible, dans ce cas, de parler d'un « narcissisme positif », « sain » (Kohut, 1984), qui permet une interdépendance créative entre ces personnes et leur environnement. Comme élément caractéristique, ces dernières ont la possibilité d'utiliser leur créativité, leur humour et leur empathie tout en faisant montre d'une certaine vulnérabilité personnelle. Elles manifestent une cohérence entre leurs valeurs et leurs actions, ainsi qu'une forte capacité à l'apprentissage. Moins « rongées » par l'angoisse de leur désintégration existentielle, elles ne doivent pas constamment défendre ou compenser les déficiences de leur structure psychologique.

En somme, et comme le montre le tableau 1, les structures psychologiques d'inflation ou de déflation sont considérées comme pathologiques ou malsaines et associées à une motivation de défense ou de compensation, fluctuant entre l'indépendance et la dépendance par rapport à leur entourage. A contrario, la structure psychologique du regard positif est une structure saine, associée à une motivation de développement de ces structures, permettant une interdépendance et un apprentissage avec leur entourage.

Cette typologie n'est pas monolithique. Comme nous l'avons déjà indiqué, les structures psychologiques de déflation sont liées aux structures d'inflation. Ainsi, certaines personnes souffrant d'une structuration fragmentée et déflationniste peuvent avoir tendance à compenser cette fragmentation par un comportement grandiose, théâtral, dramatique et inflationniste. Ensuite, il faut indiquer que ces différentes expériences du self sont médiatisées par la nature de l'expérience vécue. C'est ainsi que plus une personne ressentira une menace de désintégration, plus elle manifestera un comportement de compensation ou de défense, phénomène sur lequel nous reviendrons et que nous appellerons « frustration optimale ». Enfin, il faut ajouter que les relations entre la qualité de la structure psychologique du self, la nature de l'expérience et le comportement ne sont pas des relations de stricte causalité. Elles doivent plutôt être envisagées comme des relations « contextuelles et subjectives », ainsi que le soulignent les psychologues du self:

> La phénoménologie psychanalytique ne postule pas une théorie de la personnalité comme une « entité objec-tive »... Elle constitue un système méthodologique de principes d'interprétation pour guider l'étude de la signification de l'expérience et du comportement humain. Ces concepts explicatifs ne mettent donc pas l'accent sur un « déterminisme psychique » et sur une vue de causalité comme dans les sciences naturelles, mais plutôt sur un « contextualisme subjectif » qui met l'accent sur le nœud de significations dans lesquelles baignent l'expérience et le comportement d'une personne. (Stolorow et Atwood, 1980, p. 101.)

Le « selfobjet »

Avec le « selfobjet », nous abordons le concept qui distingue peut-être le plus le modèle de la psychologie du self des autres modèles de psychologie. Observant que les limites séparant le « self » et l'« objet », c'est-à-dire une autre personne significative[5], n'existent que partiellement, Kohut a inventé le terme « selfobjet » pour désigner cette fusion psychique entre deux personnes (Kohut, 1977)[6].

En forgeant le mot « selfobjet », Kohut veut souligner la fusion psychique entre deux personnes, ainsi que les limites de notre langage pour exprimer ce concept. Il a défini le selfobjet comme un « objet vécu comme partie intégrante du self » (Kohut et Wolf, 1978). Comme nous l'avons vu pour la structure psychologique de déflation, une personne qui idéalise une autre personne est en fait dans un état de fusion psychique relative avec celle-ci, utilisant cette personne pour parvenir à un sentiment d'existence propre. De la même manière, une personne souffrant de structure psychologique d'inflation tente de fusionner psychiquement avec d'autres personnes, en considérant son entourage comme une extension et un miroir de sa propre volonté de perfection. Dans ces deux cas, l'entourage est donc considéré davantage comme une « fonction » permettant de défendre ou de compenser la structure psychologique du self que comme une fin en soi. À l'inverse, une structure psychologique de regard positif utilise moins son environnement comme une fonction donnant un sens à son existence, ce sens étant davantage réalisé par la structure du self elle-même.

La théorie de la psychologie du self postule que les relations du self avec ses selfobjets sont à la base de la qualité du développement des structures du self. Ainsi, selon Kohut, de même que le nouveau-né est préadapté à un environnement physique déterminé permettant sa survie, il est aussi préadapté à un environnement psychique déterminé permettant sa survie psychologique : l'empathie et la réponse affective.

> Le nouveau-né arrive au monde préadapté physiologiquement à un environnement physique déterminé — oxygène, nourriture, température adéquate — en dehors duquel il ne peut survivre. De la même manière, la survie psychologique nécessite un environnement psychologique spécifique — présence de selfobjets empathiques et répondant aux besoins du nouveau-né. (Kohut et Wolf, 1978.)

Pour Kohut, il existe deux types de selfobjets : les « bons » et les « moins bons ». Les « bons » selfobjets ont tout d'abord la capacité de « bien » sentir les expériences psychiques de l'autre, sa peur, sa joie, sa volonté d'omnipotence, ses angoisses, son désir de perfection. Ces selfobjets ont une capacité d'empathie à l'égard d'autrui. Ensuite, ces « bons » selfobjets sont à même de satisfaire certains besoins physiques ou psychiques, comme le besoin d'assurance, de tendresse, d'admiration, ou de compréhension. À l'opposé, les « moins bons » selfobjets sont moins empathiques ou moins en mesure de satisfaire les besoins de l'autre. Suivant cette théorie, l'expérience de ces différents types de selfobjets est à l'origine de la santé ou de la fragmentation de la structure du self. De « bons » selfobjets seront nécessaires pour le développement de structures psychologiques saines et l'établissement d'un narcissisme positif, tandis que de « moins bons » selfobjets seront à l'origine de la détérioration de la structure du self[7]. Un exemple rendra ce processus plus clair.

Imaginons qu'une petite fille perde de vue sa mère dans un grand magasin. En supposant qu'elle ne se soit pas « perdue » consciemment, elle sera vite terrorisée par l'absence de sa mère et angoissée par le sentiment de n'être plus protégée, la structure psychologique de l'enfant n'étant pas encore assez intégrée et formée pour faire face à une telle situation. Si la réaction de la mère, après avoir retrouvé l'enfant, est de la punir en la grondant pour s'être perdue, pour avoir désobéi à l'ordre de ne pas s'éloigner, le selfobjet « mère » ne remplira pas sa fonction qui consiste à calmer l'enfant et lui montrer sa joie de l'avoir retrouvée. De plus, si la mère ne montre pas à l'enfant combien elle était inquiète de sa disparition et qu'elle retourne à ses achats, le selfobjet « mère » ne remplira pas sa fonction empathique qui est de comprendre de manière affective la situation d'angoisse qu'a vécue l'enfant durant la séparation et de lui donner un sentiment d'importance. La mère aurait eu une réaction plus empathique si elle avait montré à l'enfant combien elle était inquiète de sa disparition. Elle aurait ainsi répondu à son besoin de se sentir importante. En la prenant dans ses bras pour la rassurer, elle aurait pu lui communiquer un sentiment de protection et d'amour.

Suivant Freud qui alléguait qu'un sentiment d'omnipotence et de béatitude ne disparait jamais complètement durant la vie d'une personne (Freud, 1921), Kohut soutient que, durant sa vie entière, une personne essaye de retrouver une partie de l'expérience de cette perfection et de bien-être total par des relations de transfert avec ses selfobjets. Le terme « transfert » utilisé ici fait référence au fait qu'une personne cherchera toute sa vie, auprès d'un certain nombre de selfobjets, la possibilité d'obtenir ce que les selfobjets de son passé, sa mère ou son père par exemple, ou tout autre personne « significative », ne lui ont pas ou peu apporté. Ces relations de transfert avec les selfobjets sont donc, pour un adulte, une sorte de *seconde chance* de remédier aux carences de son passé[8].

Kohut a décrit trois types de transfert:

1) Le « transfert en miroir ». Le self utilise son selfobjet comme miroir de sa volonté d'omnipotence, l'expérience du self étant alors « je suis parfait et je vous ordonne de m'admirer » (Kohut, 1971, p. 27).

2) Le « transfert par idéalisation ». Le self idéalise son selfobjet, s'attribue par fusion cette qualité d'omnipotence, l'expérience du self étant « vous êtes parfait, mais je fais partie de vous, et donc je suis parfait moi-même » (Kohut, 1971, p. 27).

3) Le « transfert par jumelage ». Le self ayant l'expérience d'être identique au selfobjet considéré comme omnipotent, il se produit une fusion des connaissances et des talents entre le self et le selfobjet, l'expérience du self étant « nous sommes tous les deux parfaits » (Kohut, 1984).

Ces trois types de transfert sont schématisés au tableau 2.

Enfin, il est nécessaire de mentionner le principe de la « frustration optimale » (Kohut, 1971, 1977). Ce principe postule qu'une personne ne pourra intégrer dans la structure de son self que des expériences qui ne lui apparaissent pas trop menaçantes, terrifiantes ou traumatisantes pour ses structures psychiques. Si l'on reprend l'exemple de la petite fille perdue dans le magasin, on peut dire que l'enfant ne pourra intégrer, dans sa structure psychologique propre, une façon différente de réagir au fait de s'être perdue que si l'événement n'a pas été dramatique et menaçant pour elle-même. En d'autres termes, la qualité de l'empathie et de la réponse des selfobjets, face à un événement traumatisant, a une grande influence sur le développement des structures psychologiques. Si l'événement est vécu d'une manière trop traumatisante et que le traumatisme n'est pas diminué par le selfobjet, la structure psychologique du self ne pourra se développer car elle sera absorbée par la nécessité de sa protection existentielle.

Après avoir décrit certains des points les plus importants de la psychologie du self[9], nous pouvons maintenant proposer quelques applications de ce modèle à l'univers de la gestion.

LES APPLICATIONS DE LA PSYCHOLOGIE DU SELF À LA GESTION

J'ai choisi deux domaines distincts pour étudier ces applications: la théorie du leadership, dans le champ du management, et la gestion ou le management des crises industrielles, dans le champ du management stratégique.

TABLEAU 2
Trois types de transfert

Self	Objet*	Qualité du transfert
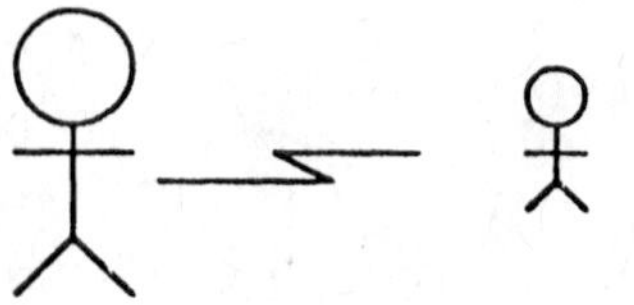		*Grandiosité :* « Je suis parfait et je vous ordonne de m'admirer »
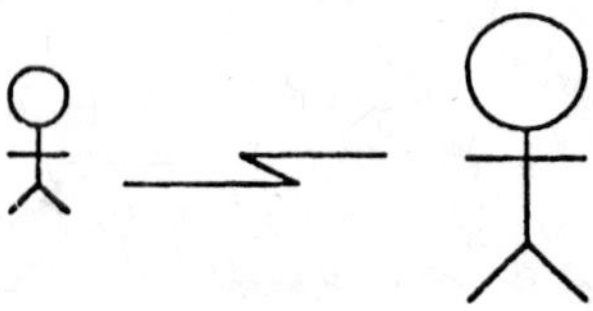		*Idéalisation :* « Vous êtes parfait, mais je fais partie de vous, donc je suis parfait »
		*Jumelage :* « Nous sommes tous les deux parfaits »

* Si le « self » et l'« objet » sont représentés par deux silhouettes dans ce schéma, ils constituent la seule unité psychique du « selfobjet ».

Applications au leadership

Le concept de transfert n'est pas central seulement dans la théorie de la psychologie du self. Il l'est aussi pour la majorité des écoles de psychologie, au même titre, par exemple, que le mécanisme de projection. Lors de la première rencontre entre Freud et Jung en 1907, Freud demanda à son étudiant ce qu'il pensait du concept de transfert, ce à quoi Jung répondit : « C'est l'alpha et l'oméga du traitement » (Kets de Vries et Miller, 1985a, p. 74). Il est étonnant, considérant l'importance de ce concept dans les sciences de la santé mentale, que les sciences administratives ne l'aient utilisé que très rarement. En effet, un nombre très limité d'auteurs intègrent ce concept dans leurs études[10].

L'application du modèle kohutien à l'étude du leadership nécessite le recours au concept de transfert. Pour désigner cette utilisation particulière du concept, j'ai proposé ailleurs l'expression « leadership transférentiel » (Pauchant et Dumas, 1989). L'étude du leadership sous cet éclairage m'amène à proposer cinq voies de réflexion :

1) Considérant la notion de selfobjet, les études sur le leadership doivent prendre en compte non seulement les caractéristiques du leader, mais surtout la nature des relations entre ce leader et le groupe auquel il s'adresse. Certains auteurs, critiquant ce qu'ils ont nommé le « mythe du héros » (Barnes et Kriger, 1986), ont dénoncé la fascination pour les qualités du leader que l'on retrouve dans la littérature, et également le fait que l'on ait négligé d'étudier la nature du groupe. Dans le même ordre d'idées, d'autres auteurs ont insisté sur la nécessité d'étudier la dyade leader-groupe (Conger et Kanungo, 1987), ou la relation qui s'établit entre eux (Burns, 1978). En nous basant sur le concept de selfobjet, nous proposons le concept de « leadergroupe » pour désigner la fusion psychique qui intervient entre un leader et son groupe, et ce par le mécanisme de transfert[11].

2) L'étude de l'unité psychique « leadergroupe » nous permet de comprendre que cette relation, à travers le mécanisme de transfert, permet la réalisation des désirs inconscients d'omnipotence et de bien-être total du leader et du groupe. Vus sous cet angle, certains aspects du leadership prennent une nouvelle couleur. Par exemple, la notion de « leadership charismatique » (Weber, 1947), décrite comme une expérience « surnaturelle », « magique », d'« origine divine », ressentie par un individu ou un groupe qui est soumis au charme d'un chef hors du commun (Burns, 1978; Conger et Kanungo, 1987), peut être en effet réinterprétée. La psychologie du self permet d'expliquer ce phénomène comme étant la résultante d'un transfert psychique établi entre le groupe et son leader et permettant à ce groupe d'actualiser son besoin d'omnipotence et de bien-être total. En effet, la notion de « regard admiratif », décrite par Kohut comme l'un des mécanismes les plus importants de l'expression de l'admiration par un selfobjet (Kohut, 1971), semble correspondre aux descriptions qu'en font les personnes sous l'influence d'un leader charismatique. Par exemple, le journaliste Hammer, décrivant sa rencontre avec Lénine, a dépeint son expérience comme « une élévation psychique », déclarant que « les yeux de Lénine [...] scintillaient. Il vous faisait sentir que vous étiez la personne la plus importante » (Alpern, 1987).

Ce phénomène psychique a été décrit par des auteurs qui se sont intéressés au leadership, sans qu'ils aient employé précisément le concept de transfert. Par exemple, Bennis et Nanus ont déclaré que la caractéristique essentielle des leaders « transformateurs » est de pouvoir faire ressortir « le meilleur d'eux-mêmes et de leur groupe » à travers leurs interactions (1985, p. 32). Également, Burns a noté que le « leader satisfait un besoin psychique de son groupe, comme le fait le groupe pour son leader » (1978, p. 251). Enfin, une remarque de Mao Tsé-Toung sur le besoin du culte du leader semble tout à fait éclairante à cet égard:

> Le peuple chinois a probablement été trop loin en attribuant des pouvoirs magiques à (mes) pensées, mais [...] le culte de la personne est nécessaire à certaines périodes, puisque dans les affaires humaines une chose a toujours existé: le désir d'être adoré et le désir d'adorer. (Mao Tsé-Toung, dans Burns, 1978, p. 251).

À la lumière de la théorie de la psychologie du self, il semble donc que le « désir d'être adoré » par le leader corresponde au désir de grandeur et de perfection de ce dernier, réalisé par le mécanisme du transfert en miroir, l'expérience du leader étant alors: « je suis parfait et je vous ordonne de m'admirer ». De la même manière, le « désir d'adorer » de la part du groupe semble correspondre au désir d'idéaliser un selfobjet, ce qui est assuré par le mécanisme du transfert par idéalisation, l'expérience du groupe étant alors à l'égard de son leader: « vous êtes parfait, mais je fais partie de vous, donc je suis parfait moi-même ».

3) En admettant l'existence du phénomène de transfert entre le leader et son groupe, ou plus exactement de l'unité psychique « leadergroupe », il semble que le phénomène de la « vision stratégique », générant des perspectives séduisantes pour le groupe (Bennis et Nanus, 1985; Westley et Mintzberg, 1987), soit peut être moins orienté vers le futur qu'on ne l'a cru. À la lumière de la psychologie du self, il semble que les personnes souffrant de structures psychologiques fragmentées et endommagées ne seront séduites par ces « visions du futur » que si elles leur permettent de reprendre contact avec leurs désirs d'omnipotence et de bien-être total insatisfaits dans le passé. Dans un tel cas, le contenu de la « vision stratégique » sera donc moins important pour le leader ou son groupe que l'effet existentiel de cette « vision » sur sa structure psychologique. Cette fusion entre le futur et le passé, entre un fantasme existentiel et la réalité, a été particulièrement bien explicitée par Kohut en ces termes:

> Les individus cherchent à se fondre dans le corps d'une nation forte (symbolisée par un leader grandiose) pour guérir leur honte et se procurer un sentiment de force démesurée qui leur procure soulagement et triomphe. Les fantasmes passés d'omnipotence semblent soudain être devenus réalité; tous proclament la force invincible de la nation et celui qui a l'audace de remettre en question l'omnipotence du groupe et l'omniscience du leader est un paria, un ennemi, un traître. (Kohut, 1985b, p. 57.)

4) L'application du mécanisme de transfert au leadership débouche sur la notion qu'il existe des leaderships sains et des leaderships malsains. J'ai classé ces leaderships selon deux catégories: le « leadership transférentiel créatif » pour le leadership sain, et le « leadership transférentiel destructif » pour le leadership malsain (Pauchant et Dumas, 1989).

Freud fut l'un des premiers auteurs à suggérer l'idée que l'identification d'un groupe à l'idéal de son leader peut entraîner des résultats positifs, comme la cohésion du groupe, l'identification mutuelle, et la diminution de l'agressivité entre les membres du groupe (Freud, 1921, p. 67-143). Un « leadership transférentiel créatif » pourra donc s'établir si, par exemple, un leader possède une structure psychologique de type « regard positif » permettant à son groupe de l'idéaliser, mais s'il ne succombe pas à la tentation d'utiliser cette idéalisation à des fins personnelles ou à des fins négatives pour le groupe. Dans ce cas, ce leadership pourra avoir un effet thérapeutique et créatif, permettant au leader et à son groupe de développer leur structures psychiques à travers leur relation et leur interdépendance.

Il existe pourtant des exemples de « leadership transférentiel destructif ». Ainsi, un groupe souffrant d'une expérience de déflation et idéalisant un leader dont la structure du self est inflationniste sera enclin à défendre ou à protéger une structure du self endommagée et fragmentée par la recherche d'un désir archaïque de grandeur et d'omnipotence. Suivant Kohut, ces groupes sont « principalement unis par leur partage d'une conception narcissique et archaïque du monde qui doit détruire ceux qui sont différents, et par l'identité de leurs fantasmes de grandeur incarnés par leur leader. Ils sont unis par un self grandiose commun. » (Kohut, 1985b, p. 55.)

5) Suivant la qualité des transferts qui s'établissent entre les leaders et leurs groupes, certaines relations de « leadership transférentiel destructif » seront particulièrement dangereuses et difficiles à changer. Si un leader ayant une structure psychologique d'inflation est accepté par un groupe dont les membres ont en majorité une structure du self de type déflationniste, cette situation peut devenir particulièrement hasardeuse, compte tenu de la complémentarité des désirs du leader et du groupe. Dans ce cas, le leader désirant être admiré établit un transfert en miroir avec son groupe, et le groupe désirant admirer et idéaliser le leader établit avec lui un transfert par idéalisation. Selon Kohut, cette théorie explique en partie la montée du nazisme en Allemagne après la Première Guerre mondiale (Kohut, 1985b, p. 57-62). Pour lui, la complémentarité du comportement inflationniste d'Hitler avec les aspirations d'une partie du peuple allemand souffrant de structures psychologiques de déflation est l'une des origines du développement du nazisme. En particulier, Kohut décrit les effets dévastateurs de la « rage narcissique » ressentis par ces types d'unités psychiques « leader-groupe »:

> Les penchants les plus malins sont (alors) mobilisés pour exprimer cette rage nationaliste et narcissique. Rien ne peut satisfaire sa furie, ni la réalisation d'avantages limités, ni la négociation de compromis [...] ni même la victoire elle-même... Le but reste l'extermination totale d'un ennemi [...] Aucun appel à la raison ou à la pitié ne peut interférer avec ce but, puisqu'il n'existe pas de capacité d'empathie avec l'ennemi, de possibilité de voir en lui un autre être humain. (Kohut, 1985b, p. 63.)

Je ne puis, dans ce chapitre, développer davantage l'application de la théorie de la psychologie du self au domaine du leadership[12]. La psychologie du self conduit à une vision différente du leadership en insistant sur la nécessité d'étudier non seulement la dyade leader-groupe, mais aussi l'unité psychique « leadergroupe », en plaçant au premier plan les mécanismes de transfert et en proposant qu'un leadership transférentiel peut être créatif ou destructif. Bien que de nombreuses recherches soient encore nécessaires sur ce sujet, nous quitterons pour l'instant le domaine du management pour voir comment cette théorie s'applique à la stratégie d'entreprise et particulièrement au management des crises.

Applications au management des crises

La gestion ou le management des crises est une nouvelle facette du management stratégique. À la suite de l'accroissement des crises et des accidents industriels comme ceux de Tylenol, Three Mile Island, Tchernobyl, Seveso, Exxon Valdez, Challenger et Bhopal sur le plan international, et CP Rail, Suncor, Star Kist, Piper Alpha ou Saint-Basile-le-Grand au Canada, un nombre croissant de chercheurs se sont penchés sur ces questions stratégiques (Starbuck *et al.*, 1978; Mitroff, 1986; Fink, 1986; Lagadec, 1988; Pauchant et Mitroff, 1988; Pauchant, 1989; Mitroff et Pauchant, à paraître).

Historiquement, le management des crises s'est confondu avec la gestion des risques. S'appuyant sur l'étude des probabilités d'accident et les évaluations des pertes financières, physiques et humaines encourues, la gestion des risques s'est particulièrement orientée vers le développement de solutions techniques pour assurer la survie d'une organisation, traditionnellement définie comme la survie de son noyau technique (J.D. Thompson, 1967) ou la survie de son système d'« input, throughput, and output » (Katz et Kahn, 1966).

L'application du modèle kohutien à ce domaine ouvre des horizons nouveaux. Dans cette optique, une crise n'est plus seulement analysée dans ses dimensions physiques et techniques, mais aussi dans son effet sur la structure psychologique des membres de l'organisation vivant l'expérience de la crise ainsi que sur le public en général. Le domaine de recherche n'est donc plus seulement technique, financier, médiatique ou juridique; il est également existentiel.

Peu de chercheurs ont jusqu'à maintenant suggéré cette perspective. Pourtant, selon l'image proposée par Starbuck *et al.* (1978), un grand nombre d'entreprises en crise semblent des « palaces dont la base s'effrite », leur culture ne leur permettant pas de considérer et encore moins d'accepter cette érosion. De la même manière, Schwartz (1987a), analysant l'accident de Challenger qui a secoué la NASA et le peuple américain en 1986, conclut que le désir de grandeur et de perfection de la NASA a empêché cette organisation de prendre au sérieux les multiples signes annonciateurs du désastre. En France, Dejours (1980b) a également étudié ces mécanismes. Son texte sur l'univers des centrales nucléaires dans le présent ouvrage en témoigne. Dans le même ordre d'idées, le management des crises passe, à en croire Mitroff (1986), en premier lieu par la remise en question systématique des idées axiomatiques et préconçues qu'une entreprise a d'elle-même. Pour ma part (Pauchant, 1988, 1989; Pauchant et Mitroff, 1988a), j'ai essayé d'expliquer par l'approche kohutienne pourquoi les crises industrielles se sont rapidement développées durant les 20 dernières années: plus de 50 % des plus grandes entreprises n'ont pas encore à l'heure actuelle de plan quelconque pour gérer ces crises (Fink, 1986).

Cette application de la psychologie du self n'est pas sans écueils. L'utilisation d'un tel modèle en stratégie oblige en effet le chercheur à passer du niveau de l'individu à celui de l'entreprise. Cela constitue l'une des difficultés majeures pour l'application de modèles psychiatriques ou existentiels dans les sciences administratives. À proprement parler, une entreprise ne possède pas une « structure psychique ». Ce sont ses membres, à différent niveaux hiérarchiques, qui possèdent de telles structures. Si l'on ne peut parler, au niveau de l'entreprise, d'une « personnalité d'entreprise », l'on peut pourtant parler d'une « culture organisationnelle » ou d'un climat[13].

Si l'on prend au sérieux la thèse des psychologues du self voulant qu'une des motivations centrales et inconscientes dans la conduite humaine soit le maintien ou le développement de la structure psychique, il en découle qu'une des motivations centrales et inconscientes des employés d'une entreprise est le maintien ou le développement de leurs structures psychiques. Cette thèse vient remettre en question la vision « rationnelle » et économique de l'entreprise. Cette perspective conduit donc à analyser une organisation moins comme un système politique, économique, rationnel, technique, etc.[14], que comme un système existentiel. Une des questions fondamentales dérivées de la perspective kohutienne est donc d'appréhender la nature de l'expérience psychologique que vivent les membres d'une organisation, ou l'« identité d'entreprise » (Schwartz, 1987a), et de formuler les relations contextuelles, positives et négatives avec cette « identité ». Les six observations suivantes tentent de dégager un certain nombre de ces relations par rapport au management des crises. Ces observations découlent d'interviews en profondeur avec 30 cadres supérieurs responsables du management des crises dans 23 entreprises américaines de grande taille. Pour présenter ces « résultats[15] », et suivant une typologie empruntée à Kohut (1977, p. 132-134), je fais une distinction entre les directions des entreprises « créatives », exprimant en majorité les structures psychiques saines ou de « regard positif » de leurs membres, et les directions des entreprises « tragiques », exprimant en majorité des structures psychiques de « déflation » et d'« inflation ».

1) Les directions d'entreprises « tragiques » ont tendance à définir une crise seulement par rapport à elles-mêmes, étant orientées vers la défense ou la compensation des structures psychologiques de leurs membres. Une définition typique des crises pour ces directions est « un événement qui menace l'entreprise dans son ensemble et demande une part importante du temps et des activités de ses cadres supérieurs » (Pauchant, 1988a). À l'opposé, les directions des entreprises « créatives » ont tendance à définir une crise par ses effets dangereux pour l'entreprise et son environnement, considérant les conséquences sur les principaux intéressés, à savoir les clients, les fournisseurs, la communauté, etc. Ces directions adoptent donc une perspective interdépendante et plus large que les directions des entreprises « tragiques ».

2) Un manque d'empathie, c'est-à-dire, l'incapacité à appréhender la réalité d'autrui, est aussi caractéristique des cadres de direction des entreprises « tragiques ». Par exemple, un cadre supérieur dans l'une des plus grandes entreprises d'alimentation américaine conclut que la crise la plus dévastatrice pour ses clients serait de ne pas trouver les produits de son entreprise sur les étagères d'un magasin. Après avoir commenté les tragiques accidents d'empoisonnement provoqués par les capsules de Tylenol, ce cadre supérieur admit cependant que ses clients couraient également un risque d'empoisonnement avec les produits de son entreprise.

3) Considérant qu'une personne souffrant d'une structure psychologique fragmentée attend de son entourage qu'il remplisse une fonction existentielle pour sa propre structure de self, de même les directions des entreprises « tragiques » attribuent à leur environnement le même rôle. Ainsi, les cadres de direction ont tendance à établir une dichotomie entre les « bons » environnements et les environnements « sataniques ». Leur expérience du monde est davantage fragmentée entre les « bonnes » entreprises et les « mauvaises », les groupes d'intérêts qui soutiennent l'entreprise et ceux qui la menacent, etc. En particulier, ces cadres perçoivent les médias comme les « méchants », ceux qui divulguent les mauvaises nouvelles de l'entreprise, ceux qui dénoncent le manque d'excellence de l'entreprise, ceux qu'il faut éviter ou manipuler. Par contre, les cadres de direction des entreprises « créatives », bien qu'ils soient conscients que certains représentants des médias peuvent prendre avantage de la situation et tourner l'événement en sensationnalisme, ne considèrent pas pour autant les médias comme des ennemis « sataniques ». Au contraire, ils tentent

de développer avec les représentants des médias des relations cordiales et amicales avant l'apparition d'une crise majeure, favorisant ainsi une interrelation authentique[16].

4) Percevant en majorité les crises comme négatives et menaçantes pour leur structure d'expérience, les cadres de direction des entreprises « tragiques » ont également tendance à rejeter l'idée que leur entreprise puisse un jour connaître de tels événements. Le concept de l'« entreprise excellente » en particulier, popularisé par le best-seller de Peters et Waterman (1982), peut, s'il est poussé à l'extrême, entraver les efforts stratégiques dans ce domaine. Dans une de mes recherches, un cadre d'une entreprise où il n'existait pas de politique intégrée de management des crises n'hésita pas à déclarer qu'un management formel des crises n'était pas nécessaire pour son entreprise, du fait de son « excellence », ajoutant que seules les « mauvaises compagnies avaient besoin d'un tel management » (Pauchant et Mitroff, 1988). À l'inverse, les directions des entreprises « créatives » sont capables, tout en affermissant les domaines dans lesquels leurs entreprises excellent, de considérer les domaines dans lesquels elles peuvent apporter des améliorations.

5) Ces défenses mises au point par les cadres de direction des entreprises « tragiques » peuvent prendre différentes formes et utiliser des mécanismes différents pour protéger ou compenser leurs fantasmes de perfection, d'omnipotence et d'excellence. Nous venons de voir un exemple de ces défenses avec le *déni* de la possibilité d'une crise. D'autres cadres de direction utilisent le mécanisme du *désaveu*. Dans ce cas, s'ils considèrent la possibilité de crises, ils diminuent par ailleurs leurs effets. Par exemple, un cadre supérieur dans une grande entreprise de conseil en gestion n'hésita pas à déclarer qu'un taux annuel de roulement de 70 % de ses consultants était « normal pour l'industrie » et n'influençait pas « la bonne marche de l'entreprise ». D'autres cadres d'entreprise utilisent le mécanisme de la *fixation*, l'entreprise s'engageant alors dans un nombre restreint et fragmenté d'actions. Ainsi, un cadre supérieur de l'industrie du loisir déclara que son entreprise ne développerait pas de plan stratégique des crises à cause de son « attachement au profit ». D'autres encore utilisent le mécanisme du *transfert en miroir*. Par exemple, un cadre supérieur dans le secteur de la santé déclara que son entreprise n'avait pas envisagé la possibilité de crises, son équipe de direction se considérant « plus forte que tout le monde ». Enfin, certains cadres d'entreprise utilisent le mécanisme du *transfert par idéalisation*, à l'instar de ce cadre supérieur de l'industrie pétrolière qui déclarait : « Notre p.-d.g. peut nous sauver de n'importe quoi. »

Si j'ai trouvé des exemples de ces mécanismes de défense chez la totalité des cadres de direction des entreprises que j'ai qualifiées de « tragiques », ils ne furent évidents que dans seulement 30 % des entreprises que j'ai qualifiées de « créatives », confirmant ainsi que les cadres des premières ont davantage tendance à utiliser ces mécanismes que les cadres des secondes[17].

6) Enfin, le niveau des « frustrations optimales » est différent pour les cadres des entreprises « tragiques » et pour les cadres des entreprises « créatives ». Les premiers réagissent souvent d'une manière existentielle à chaque éventualité de crise par une action principalement défensive et réactive aux crises, leurs structures psychologiques étant plus faibles et plus endommagées.

Ainsi, un cadre supérieur de l'industrie du loisir n'hésita pas à dire qu'il était nécessaire que son entreprise connaisse un grand nombre « d'œil au beurre noir » avant qu'une stratégie pro-active ne soit mise en place. À l'inverse, les cadres des entreprises « créatives » sont moins sensibles, sur le plan existentiel, à l'effet des crises. Bénéficiant de membres ayant une structure psychologique plus intégrée, ces entreprises ont mis en place des programmes pro-actifs pour faire face à ces situations. Dans ces cas-ci, les cadres de direction ont la capacité structurelle d'accepter la réalité des crises et d'apprendre par expérience.

Il semble évident que ces propositions ne font qu'effleurer le phénomène de l'« identité organisationnelle » relative aux crises industrielles. Un grand nombre de recherches restent nécessaires dans ce domaine. S'il est difficile d'évaluer l'importance de ce phénomène en entreprise du fait de la rareté des recherches sur cette question, la documentation sur ce phénomène dans nos sociétés en général est par contre plus abondante. Ce volet fera l'objet de la troisième partie de ce chapitre.

LA FRAGMENTATION DU SELF AU NIVEAU DE LA SOCIÉTÉ

L'étude de la nature narcissique de l'être humain n'est pas née d'hier. La fascination qu'exerce ce sujet est présente dans les arts depuis des millénaires. Par exemple, le célèbre mythologue américain Bulfinch a noté que le mythe de Narcisse est celui qui a été le plus exploité par les poètes et les artistes au cours des âges (Bulfinch, 1972, p. 138).

Nous avons touché, dans ce chapitre, à une notion fondamentale pour comprendre ce mythe. Selon la psychologie du self, les tendances narcissiques sont en effet moins reliées à l'amour-propre qu'à l'absence d'amour d'une personne pour elle-même, cette carence affective étant reliée à une structure psychologique endommagée. Le narcissisme pathologique et la tendance à l'agression qui lui est associée sont donc vus par l'école de la psychologie du self comme le résultat d'un arrêt du développement naturel des structures psychologiques du self, et non comme un « instinct » inné et mauvais inhérent à la nature humaine, comme le souligne la perspective classique freudienne. Par ce thème particulier, la psychologie du self rejoint la psychologie humaniste.

Dans cette dernière partie, nous quittons le domaine particulier de la gestion pour élargir notre perspective. Les signes de détérioration des structures psychologiques du self, ou de « l'extinction de l'âme », comme l'a suggéré Nietzsche, sont multiples dans les sociétés nord-américaines. Une perspective existentielle devient donc une condition *sine qua non* pour appréhender certains aspects de la nature de nos sociétés et de nos entreprises[18].

Dans cette partie, nous analyserons brièvement trois phénomènes qui semblent corroborer ces propositions:

1) l'accroissement des menaces existentielles contre le self;
2) les signes actuels de structures psychologiques de déflation;
3) et les signes actuels de structures psychologiques d'inflation.

L'accroissement des menaces existentielles contre le self

Cette observation est devenue un lieu commun et je ne m'y arrêterai guère. L'argument peut être résumé en disant que les tendances dans nos sociétés à la globalisation, à la compétition, au changement rapide, à l'accroissement des interrelations, de l'incertitude, des accidents industriels, des changements technologiques, etc., contribuent à l'augmentation des menaces contre les structures psychologiques du self[19]. Par exemple, on estime qu'aux États-Unis plus de 89 % de la population adulte souffre actuellement de stress important dans sa vie quotidienne (Harris, 1987, p. 8). Le philosophe Niebuhr a peut-être touché le cœur du problème quand il a dénoncé le paradoxe de la liberté, l'accroissement de liberté engendrant un accroissement de l'anxiété de ne pouvoir réaliser ses nouveaux choix (Niebuhr, 1941).

Les signes actuels de structures psychologiques de déflation

Les signes de l'« extinction de l'âme » dans nos sociétés sont multiples et proviennent d'origines diverses. Par exemple, selon une étude récente conduite aux États-Unis, 96 % des Américains sont « obsédés » par leur apparence physique et désirent la modifier, suggérant que leur manque d'amour-propre est en même temps physique et psychologique (Harris, 1987, p. 3). Un autre signe, beaucoup plus dramatique, est l'accroissement du taux de suicide dans nos sociétés avancées. C'est ainsi que les suicides des jeunes Canadiens (de 14 à 25 ans) se sont accrus de 280 % de 1960 à 1985, alors que ce nombre a augmenté de 243 % aux États-Unis et de 242 % en France. Il semble que la plus grande augmentation de ce taux soit atteinte par la province de Québec avec une augmentation de 490 % pour la même population et la même période (U.S. Bureau of Census, 1986; Rochon, 1987). Pour toutes les catégories d'âge, on estime que le taux de tentative de suicide a doublé ou triplé dans la majorité des pays industrialisés durant les 20 dernières années (Organisation mondiale de la santé, 1985).

Le manque de « goût » pour la vie et la volonté de se sentir « en vie », d'« exister », symptôme majeur décrit par Kohut comme une indication de dommages psychologiques du self, sont aussi suggérés par de nombreux autres facteurs. Par exemple, on estime que la cocaïne, drogue narcissique par excellence, qui donne l'illusion de bien-être, d'omnipotence, du sentiment d'exister, est la drogue dont la consommation a augmenté le plus aux Etats-Unis. A l'heure actuelle on considère qu'un adolescent américain sur neuf utilise cette drogue régulièrement (Harris, 1987, p. 75). De même, la bizarrerie des actes posés par certaines personnes pour se sentir « réelles » et « en vie » est troublante. Ainsi, la France connaît actuellement un engouement pour de nouveaux sports « qui font peur » et procurent des plaisirs immédiats, brefs mais intenses, comme le « raft », le « windspeed », le parapente, le deltaplane, l'« hydrospeed », la nouvelle grimpe (Dussard, 1988). Au Brésil, la dernière mode est de faire du « surf sur rail », qui consiste à rester debout sur le toit d'un train en marche. En 1987, 150 « surfers du rail » ont été tués et 400 autres blessés à Rio (Maier, 1988). À Montréal, la dernière trouvaille est de se balader dans les tunnels du métro et d'attendre la venue de la rame, juste pour le « fun »... (St-Jean, 1988).

Cela ne veut évidemment pas dire que tous les adeptes de ces « sports » souffrent de structures psychologiques de déflation. Pourtant, il semble que l'accroissement dramatique de ces mécanismes pour se « sentir vivant », dans différents pays et par différents moyens, soit relié à cette quête existentielle.

En entreprise, un bon nombre d'études ont maintenant confirmé l'ampleur du phénomène de cette « extinction de l'âme », ou des « troubles narcissiques », selon les termes kohutiens moins prosaïques. Par exemple, Aktouf (1986e) a démontré que l'expérience dominante des ouvriers dans des brasseries de différents pays est une expérience d'aliénation, de dépersonnalisation, de fragmentation de l'être humain par rapport à la nature, à la société, et à lui-même[20].

Ce phénomène d'aliénation n'est pas négatif seulement pour les personnes qui en souffrent. Il l'est également pour la productivité et l'efficacité de l'entreprise. Par exemple, on estime qu'à l'heure actuelle le vol dans les entreprises coûte entre 5 et 10 milliards de dollars par an à l'économie américaine. Par ailleurs, les deux tiers des employés, selon certaines études, ont des comportements antiproductifs envers leur entreprise, comme la consommation de drogue ou d'alcool au travail, la falsification de la comptabilité des heures de travail, le sabotage industriel, le manque de motivation, etc., ces comportements ayant une forte corrélation avec les mécontentements des travailleurs envers leurs employeurs (Clark et Hollinger, 1983; Bartol et Bartol, 1986).

Bien sûr, je suis parfaitement conscient que tous ces exemples ne sont pas seulement explicables par une perspective existentielle. D'autres facteurs comme la volonté d'appartenance à un groupe, les tendances sociologiques, les différences culturelles, les inégalités sociales, les niveaux socioculturels, etc., peuvent aussi être reliés à l'accroissement de ces tendances. L'explication existentielle proposée par Kohut offre pourtant un cadre qui permet de resituer ces facteurs dans une relation contextuelle globale, ou, à tout le moins, d'analyser ces comportements dans une perspective complémentaire.

Les signes actuels de structures psychologiques d'inflation

Compte tenu du fait que les menaces existentielles contre le self ont augmenté et que des signes de structures psychologiques de déflation sont visibles, il semble normal que les signes de structures psychologiques d'inflation s'accroissent également.

Un bon nombre de critiques ont déjà dénoncé les comportements grandioses et mégalomaniaques de certains leaders. Par exemple, Reich a critiqué le mythe de l'« individu triomphant » aux États-Unis, qu'il soit « Rambo, Ronald Reagan, ou Gary Cooper à une autre époque » (Reich, 1987), un thème repris, entre autres, par Kets de Vries et Miller (1985a, 1985b). Par ailleurs, Bennis a noté que:

> [L']idolâtrie monte à la tête des chefs d'entreprise. Les cadres supérieurs se comportent parfois comme des mini-empereurs, tendant à se débarrasser de ceux qui sont dissidents ou qui ont des meilleures idées. Ils ont des habitudes et des goûts d'empereur qui peuvent coûter une fortune à leur compagnie. Les T. Boone Pickens et Carl C. Icahns construisent leur base de pouvoir personnel sur leur entreprise et, donc, la population américaine. (Bennis, 1986, p. 3.)

À l'heure actuelle, il semble qu'une grande partie de la population idéalise ces « individus triomphants » dans les entreprises, à l'instar des personnalités du monde du spectacle ou des sports. Par exemple, les biographies de leaders flamboyants comme Iacocca, Goldsmith ou Trump ont figuré récemment au palmarès des best-sellers du *New York Times* pendant plusieurs mois. C'est Wansell, le biographe de Goldsmith, qui, peut-être, a le mieux exprimé cette idéalisation quand il écrit dans son introduction que « Goldsmith [...] vit réellement les fantasmes des autres avec un comportement flamboyant qui ne peut tromper. » (Wansell, 1987, p. 11.)

Dans la partie sur le leadership, nous avons discuté des effets négatifs de ce type de leadership en prenant le cas d'Hitler et décrit l'aspect destructeur de la rage narcissique. De nombreux exemples existent également dans le leadership actuel d'entreprise, avec pourtant, fort heureusement, des conséquences moins dommageables. Par exemple, le comportement extravagant de Robert Fomon, p.-d.g. de la firme E.F. Hutton maintenant disparue, rappelle fortement certaines structures psychologiques d'inflation. Ce comportement s'est manifesté, par exemple, par « l'investissement de 100 millions de dollars dans la construction d'un siège social flamboyant alors que la firme perdait de l'argent » ou par les « 2 000 transactions illégales reconnues par la firme en 1985 » (Fromson, 1988, p. 82). Cette firme, dont le capital s'élève à plus de 18 milliards de dollars US, a été vendue récemment à Shearson pour 29 $ l'action, après une offre de 50 $ l'action en 1987. De même, la chute de Steven Jobs en tant que p.-d.g. d'Apple Computers peut être, en partie, reliée à des comportements de structures d'inflation, Jobs et son équipe ayant considéré l'introduction du PC par IBM avec « dédain et arrogance, attitude qu'ils affichaient de la même façon vis-à-vis de leurs fournisseurs, de leurs détaillants et de l'infrastructure de l'industrie du PC » (Butcher, 1987, p. 69). Le déclin actuel de General Motors peut être aussi relié, en partie, à une vision du futur marquée par la théâtralité et à la volonté d'omnipotence de l'ancien p.-d.g. Roger Smith, exprimée par exemple, à travers le projet Saturn (Smith, 1986).

Comme dernier exemple, un article récent paru dans *Business Week* a tracé le profil des « MBAs hot » entrant dans les grandes entreprises. Si l'auteure décrit ces personnes comme « mieux éduquées, avec une meilleure confiance en soi et moins craintives », elle insiste aussi sur les côtés plus sombres de ces étoiles montantes, décrivant quelques-unes des caractéristiques les plus révélatrices de structures psychologiques d'inflation, comme l'impossibilité de remettre au lendemain la réalisation de leurs désirs, le manque d'empathie ou le manque de loyauté envers leur entreprise, ces caractéristiques influençant la qualité de l'éthique d'affaires développée dans ces entreprises[21].

> Ils sont impatients d'être investis d'autorité, ils font preuve d'une faible loyauté envers les institutions pour lesquelles ils travaillent, et ils sont souvent accusés de manquer de sensibilité et d'habiletés humaines [...] Ces comportements pourront conduire à des changements culturels dramatiques dans les grandes entreprises lorsque ces étoiles montantes deviendront les p.-d.g. du XXIe siècle. (Davis, 1986.)

Il est nécessaire de rappeler que ces situations négatives ne sont pas seulement l'effet du comportement d'inflation des leaders. Comme nous l'avons vu précédemment, le modèle de la psychologie du self demande une analyse des transferts établis entre le leader et son groupe, dans le cadre de l'unité psychique « leadergroupe ». Ces situations ne sont donc pas seulement associées à ces leaders en particulier, mais aussi (et peut-être surtout) aux groupes qui les idéalisent. Il semble donc que les comportements des Boone Pickens, Fomon, Iacocca, Icahn, Jobs, Goldsmith, Reagan, Smith, Trump, etc., ne disparaîtront pas demain. En plus d'assouvir pour eux-mêmes leurs désirs d'omnipotence, ils sont aussi nécessaires pour atténuer l'« extinction de l'âme » de ceux qui les suivent et les idéalisent.

Conclusion

Les théories avec lesquelles nous analysons et étudions généralement le comportement des entreprises et de leur membres ne sont pas seulement simplistes; elles sont aussi dangereuses. Souvent, elles ne permettent pas une remise en question des idées axiomatiques et préconçues qui gouvernent le fonctionnement de certaines entreprises (Mitroff, 1986).

J'espère que ce chapitre suscitera une réflexion plus approfondie dans les sciences administratives. La psychologie du self permet une remise en question fondamentale du comportement organisationnel. En fait, elle remet en question les valeurs et des modèles de comportement préconisés par de nombreuses entreprises et écoles de commerce comme étant ceux qui sont censés mener au « succès ».

L'une des leçons fondamentales que nous apprend la psychologie du self est peut-être que nous devons modifier radicalement notre cadre d'analyse dans les sciences administratives. Il semble en particulier que ces analyses manquent d'une certaine profondeur tant au niveau « micro » que « macro ».

Au niveau « micro », nous avons avancé l'idée d'étudier les relations existantes entre la structure psychologique des membres d'une entreprise et le comportement organisationnel. La psychologie du self renforce donc l'opinion de certains auteurs selon laquelle on ne peut « changer la société par décret » (Crozier, 1979), ce changement devant passer par une modification lente des « micro-structures » de l'expérience psychologique de chaque individu. À ce sujet, l'insistance de Kohut sur la nécessité de la compréhension empathique des « microstructures psychologiques » ou des « unités moléculaires de la structure psychique » (Kohut, 1977, p. 31) est essentielle pour tous ceux qui visent le changement ou le développement organisationnel.

Au niveau « macro », nous devons dépasser le cadre traditionnel des sciences administratives. Alors que ces sciences portent principalement leur effort d'analyse au niveau organisationnel et interorganisationnel, une perspective kohutienne, suivant le principe de la compréhension empathique de la relation entre le self et son entourage, demande une analyse supplémentaire de la relation entre une entreprise et son environnement. En particulier, cette perspective nécessite une analyse des effets organisationnels sur l'environnement social. Dans ce chapitre, nous avons brièvement discuté certains de ces effets, en évoquant, par exemple, le développement de l'« extinction de l'âme » dans nos sociétés[22].

Beaucoup de recherches restent à faire. À l'heure actuelle, nous n'en sommes qu'au balbutiement d'une théorie existentielle et narcissique des humains dans l'entreprise et de ses effets. Il semble pourtant que cette conception ait la profondeur philosophique, l'héritage historique et le pouvoir explicatif nécessaires pour susciter un intérêt notable dans les années à venir.

La perspective présentée dans ce chapitre n'est qu'un nouvel éclairage. On ne doit donc pas céder à la tentation d'utiliser ce modèle comme une vérité absolue et elle-même grandiose! En remettant à l'honneur l'expérience humaine dans les sciences administratives et en utilisant des méthodes de recherche empathiques et introspectives, elle s'inscrit dans la ligne de pensée qui apparaît tout au long de ce livre, à savoir une réhumanisation du monde de la gestion.

Notes

1. Toutes les traductions des textes anglais incluses dans ce texte sont de l'auteur.
2. Après maintes réflexions, j'ai traduit l'expression *psychology of self* par la « psychologie du self » au lieu de « psychologie du moi » ou « psychologie du soi », pour signifier les différences de contenu proposées par Kohut par rapport au modèle freudien. Ce choix de traduction est identique à celui des deux traductrices de l'étude clinique de Kohut parue en français (Kohut, 1985a).
3. Les fonctions officielles occupées par Kohut dans les milieux psychanalytiques en attestent. Tour à tour il fut président de l'Association psychanalytique américaine en 1964-1965, vice-président de l'Association internationale de psychanalyse en 1965, et vice-président des archives de Sigmund Freud de 1971 à 1981, l'année de son décès.
4. Kohut a proposé deux structures de personnalité pathologiques : les personnes « affamées de fusion psychique » avec autrui (« merger-hungry personality »), et les personnes « fuyant le contact psychique » avec autrui (« contact-shunning personality ») (Kohut et Wolf, 1978). Ces deux structures de personnalité s'appliquent aux deux structures psychologiques de déflation et d'inflation, fluctuant toutes deux entre une faim démesurée de contact psychique et une fuite endiablée de ce contact. La distinction faite entre les structures psychologiques d'inflation et de déflation souligne les différences d'accents proposées par la littérature classique et celles proposées par la psychologie du self.
5. Le terme « selfobjet » ne se rapporte pas seulement à une personne significative. Il peut également inclure un objet inanimé ou une représentation symbolique ou imaginaire.
6. Cette fusion psychique entre deux personnes a également été présentée dans les théories des relations d'objet (Klein, 1948) et dans la psychologie du développement (Mahler *et al.*, 1975), sans, toutefois, qu'y soit mentionné le concept du « selfobjet ».
7. Il faut ajouter deux remarques pour bien saisir le concept du selfobjet. Tout d'abord, la fonction existentielle remplie par le selfobjet pour le self est également liée à la perception que ce self a du selfobjet, en plus du comportement « réel » du selfobjet. Cela est évident lorsque le selfobjet est un objet inanimé ou un objet imaginaire, le self tentant de projeter sur le selfobjet ce dont il a besoin pour réaménager sa structure psychologique et affirmer ainsi son existence. Ensuite, le concept des « bons » et des « moins bons » selfobjets proposé par Kohut est différent de celui des « bons » et des « mauvais objets » proposé par Klein (1948). Pour Kohut, il ne peut exister un « mauvais » selfobjet qui, par définition, ne pourrait être intégré dans la structure psychologique du self.
8. Cette conception du transfert est relativement différente de l'acception traditionnelle qui définit le transfert comme des « fausses connexions » ou des « confusions de temps ou de lieu », durant lesquelles une personne confond son entourage présent avec son entourage passé (Schwaber, 1985). Kohut insiste davantage sur la réalité présente du transfert, la personne tentant d'obtenir psychiquement de ses selfobjets présents ce qu'elle n'a pu obtenir qu'incomplètement dans le passé.
9. Pour une introduction plus complète à cette théorie, je suggère l'article de Kohut et Wolf (1978).

10. Comme exceptions notables dans la littérature des sciences administratives, nous pouvons mentionner ici Amado (1980), Bion (1959), Enriquez (1983), Jaques (1957), Kets De Vries et Miller (1985a), Morgan (1986), Lapierre (1987) et Zaleznik (1989). Pourtant, malgré ces efforts, le concept de transfert a été littéralement ignoré par les sciences administratives et en particulier dans le champ du leadership. Par exemple, le mot « transfert » n'est répertorié ni dans les 13 pages d'index incluses dans le *Stogdill Handbook of leadership* (Bass, 1981), ni dans les 21 pages d'index du livre de Burns, *Leadership* (1978), deux des ouvrages classiques dans le champ du leadership.

11. Il serait plus exact de parler de l'étude des relations « leader-leadergroupe » et « groupe-groupeleader » suivant la terminologie proposée par Kohut des relations psychiques « self-selfobjet » (1984). La première de ces relations met l'accent sur les relations psychiques établies entre les structures psychologiques d'un leader et de son groupe, le leader prenant son groupe comme selfobjet; la seconde met l'accent sur les relations psychiques établies entre les structures psychologiques du groupe et de son leader, le groupe prenant le leader comme selfobjet. Cette terminologie étant assez lourde, je propose le terme « leadergroupe » pour signifier ces deux relations.

12. Pour d'autres éléments sur l'application d'une perspective kohutienne dans le champ du leadership, voir Kohut (1985b) ou Pauchant et Dumas (1989). De plus, d'autres auteurs comme Kets de Vries et Miller (1985b), Lapierre (1987) ou Kets de Vries (1988b) ont discuté la contribution de Kohut en prenant une perspective de relation d'objets. Dans la troisième partie de ce chapitre, je donnerai des exemples de « leadership transférentiel destructif » de chefs d'entreprise actuels.

13. Le terme « culture » est employé ici dans le sens suggéré par Schein (1985). La culture organisationnelle est moins vue dans cette perspective comme une collection d'artefacts et de créations (technologie, espace physique, rituels, cérémonies, etc.) ou de valeurs, que comme un ensemble d'« idées axiomatiques » ou de « suppositions de base » partagées par l'ensemble des membres de l'entreprise. Ce niveau d'analyse est différent des niveaux traditionnellement étudiés par la littérature sur la culture organisationnelle, ces idées axiomatiques étant inconscientes, invisibles, indiscutables mais omniprésentes (Schein, 1985, p. 13-21).

14. Morgan (1986), par exemple, a fourni une excellente présentation de ces différentes perspectives.

15. Considérant l'absence d'études sur l'« identité organisationnelle » relative aux crises industrielles à l'heure actuelle, ces propositions sont avancées davantage pour stimuler des recherches supplémentaires sur le sujet que comme résultats définitifs.

16. Bien qu'il semble que la dichotomie ou le clivage présenté dans cette partie entre les cadres de direction des entreprises « tragiques » et ceux des entreprises « créatives » soit fondé sur un effet pervers de fragmentation, cette typologie est plutôt présentée dans un but pédagogique. Tout d'abord, je n'ai pas découvert dans cette recherche que les directions des entreprises « tragiques » étaient « sataniques ». Par exemple, un bon nombre d'entre elles ont mis en œuvre dans des champs différents des actions relativement humanitaires envers leur environnement. Pourtant, si l'on suit le concept de la « frustation optimale », présenté dans la première partie, il semble que les entreprises où les cadres de direction ont en majorité des structures psychologiques endommagées soient susceptibles de régresser rapidement à des mécanismes de défense, face à une crise industrielle. Ensuite, en prenant une perspective kohutienne, je ne peux que comprendre par empathie, les souffrances existentielles des membres de ces organisations, qui tentent de préserver leurs structures psychologiques et d'atténuer leurs sentiments de désintégration existentielle.

17. Il est bien entendu que la seule présence de ces mécanismes de défense n'est pas par elle-même pathologique. Suivant l'argument de Kohut, la préservation de l'expérience du self est un phénomène naturel, ces mécanismes permettant à un être humain de « survivre d'une manière existentielle », lorsqu'il fait face à une adversité vécue d'une manière traumatisante. Par exemple, Bettelheim (1963) a analysé les mécanismes psychiques utilisés par les prisonniers des camps de concentration nazis afin d'assurer leur

survie existentielle, comme l'absence de rêves des événements les plus traumatisants ou le développement d'une indifférence totale. L'aspect pathologique doit donc être plutôt évalué par rapport à la nature de l'événement traumatisant, à la force de ces mécanismes de défense et à leurs conséquences extrêmes sur la protection de l'entreprise face aux crises.

18. Il est nécessaire de différencier « individualisme » et « individuation » (Mahler *et al.*, 1975). L'individualisme peut être associé à un narcissisme malsain, une personne tentant de devenir « indépendante » de son entourage en essayant de le maîtriser ou en essayant de se soustraire à son influence (Bellah *et al.*, 1985; de Tocqueville, 1980; Lasch, 1978; Kohut, 1984).

19. Voir, par exemple, Emery et Trist (1975, p. 190-202), qui emploient le concept du « Lebenwelt » mis au point par Kurt Lewin.

20. Voir également, sur le même sujet, Jaques (1957), Chanlat et Dufour (1985), Dejours, Veil et Wisner (1985), ainsi que les textes de Aktouf, Dejours, Aubert et Sievers dans le présent ouvrage.

21. En fait, on peut se demander si l'acronyme « MBA » (Master of Business Administration) ne signifie pas pour certains « Me Before Anyone ».

22. Il faut bien évidemment souligner que les comportements organisationnels ne sont pas les seuls à modifier l'environnement social, mais agissent en parallèle avec les systèmes familiaux, politiques, religieux, culturels, etc. Pourtant, considérant l'emprise culturelle croissante de l'optique administrative dans la société en général (Bellah *et al.*, 1985; Morgan, 1986), il semble que ces comportements aient un effet majeur sur l'environnement social.

LA MOTIVATION: UN ERSATZ DE SIGNIFICATIONS

Burkard SIEVERS

«Where is the Life we have lost in living?
Where is the wisdom we have lost in knowledge?
Where is the knowledge we have lost in information? »

T.S. ELIOT, *Choruses from « The Rock »*

Les données scientifiques et le savoir accumulé au cours des vingt-cinq dernières années autour des questions de motivation et de leadership m'ennuient de plus en plus. Ces théories ne s'accordent pas avec l'expérience que j'ai de personnes travaillant dans les organisations. Plus je tentais au cours des années de surmonter mon désappointement, ma désillusion et mon ennui par rapport à ces approches, plus je devenais convaincu que je n'y arriverais pas et qu'il était impossible de les améliorer, quel que soit par ailleurs le degré de sophistication qu'elles aient pu atteindre[1].

Ce qui frappe le plus, c'est le caractère limité et unidimensionnel des conceptualisations auxquelles la plupart des théoriciens de la motivation ont recours, réduisant les hommes et les organisations de même que leurs relations à des réifications (Campbell *et al.*, 1976; Locke, 1975; Schneider, 1985; Vroom et Deci, 1970). La majorité d'entre eux semblent considérer la motivation comme le problème le plus important et utiliser ce concept pour comprendre la gestion des entreprises.

Si cette orientation dominante doit être nuancée en ce qui concerne Maslow (1970) et Alderfer (1972), il me semble cependant que la notion d'actualisation de soi du premier et l'utilisation qu'il fait du concept de motivation n'ont jamais été admis par le monde de la gestion et la théorie de l'organisation. Ses idées servent en fait d'alibi (Miner, 1981; Miner et Dachler, 1973; Pym, 1980, p. 227) pour réduire le sentiment de culpabilité de ceux qui ont voué leur travail et leur existence aux explications scientifiques et aux applications des approches dominantes. Les principales réserves que je peux faire concernant les théories de la motivation au travail peuvent se résumer en cinq points principaux.

Le concept de motivation se limite à une microperspective et favorise les explications causales. Les concepts de motif et de motivation renvoient tant dans leur utilisation scientifique que dans le sens commun à certains postulats biologiques et psychiques. Ainsi, les motifs font non seulement partie du monde intérieur d'un homme ou d'une femme, mais ils sont aussi reliés dans le monde extérieur à une partie de la totalité individuelle, à savoir le comportement de la personne. L'idée de motivation peut être alors vue comme une tentative scientifique d'établir une relation causale entre les motifs et le comportement, les premiers déterminant le dernier. Bien que dans les dix dernières années le contenu des motifs se soit déplacé des idées d'« énergie » vers celles de « besoin » ou de « réalisation », les théoriciens de la motivation paraissent encore beaucoup plus préoccupés par la recherche d'explications scientifiques que par d'autres images, analogies ou métaphores pouvant améliorer notre compréhension et notre conceptualisation des actions humaines (Miner et Dachler, 1973, p. 380)[2]. Les théories de la motivation semblent renforcer ainsi une certaine « schizophrénie » dans le sens où elles se fondent exclusivement sur une métaphore de l'existence sans métaphore (Johns, 1982, p. 179).

L'idée de motivation est passée d'une idée scientifique susceptible d'améliorer notre compréhension de l'être humain et son individualité à un instrument pratique pour influencer le comportement. Ainsi Freud est souvent perçu comme un des premiers psychologues à avoir parlé de motivation; il semble évident que sa propre tentative scientifique pour comprendre l'être humain cherchait à donner une meilleure intelligibilité de la personne, en particulier de celle qui entreprenait une psychanalyse. À l'opposé de cette exploration de soi-même, la motivation, dans le cadre de la gestion et de la théorie de l'organisation, a été principalement convertie en un instrument d'intrusion, de manipulation et de contrôle grâce auquel les dirigeants ou ceux qui les légitiment peuvent susciter certains comportements désirés chez leurs employés. Une meilleure compréhension de la motivation des employés peut ainsi permettre aux cadres de direction de faire en sorte que leurs subordonnés agissent de la manière désirée. Ainsi, la motivation, en tant que concept apparemment scientifique, s'est vue largement utilisée comme substitut aux notions de pouvoir et de coercition qui étaient considérés auparavant comme les moyens d'influencer par excellence. Tout comme la motivation est devenue un des éléments essentiels de toute pratique managériale, les théoriciens de la motivation renforcent l'idée que c'est la gestion des personnes qui est l'objet de la gestion et de la théorie des organisations. L'hypothèse tout à fait opposée selon laquelle les gens se motivent uniquement par eux-mêmes et qu'autrui n'est capable de susciter une telle motivation que de façon indirecte et limitée par la gestion des tâches, des compétences et des autres ressources de l'entreprise, est totalement négligée.

À cause de leur orientation avant tout « comportementale », les théoriciens de la motivation se sont éloignés d'une vision plus globale des humains et des organisations. La recherche d'objectivité et de rationalité sur laquelle se sont fondées leurs tentatives théoriques n'est pas uniquement bâtie sur un réductionnisme individuel et organisationnel, mais elle a aussi réduit la relation entre les hommes et leur travail à une seule idée: rendre les individus compatibles avec l'organisation. Les théories de la motivation qui trouvent aujourd'hui leur apogée dans ce qu'on appelle « le comportement organisationnel » (Mitchell, 1979; Cummings, 1982; Staw, 1984; Schneider, 1985) ont perdu toute image plus englobante de l'homme en le réduisant à un individu et en ramenant les organisations à leur anatomie (Schneider, 1985, p. 578). Cette quête d'objectivité se réalise grâce à une objectivation, c'est-à-dire que le concret, en l'occurrence ici les humains et les organisations, devient une abstraction qui doit alors être concrétisée : les individus agissent et les organisations doivent les motiver en vue de recevoir les résultats escomptés (Berger et Pullberg, 1966). La conceptualisation de la relation entre l'homme et l'organisation du travail de même que les relations que les hommes entretiennent entre eux se limitent, en dépit de renvois occasionnels à l'idée d'« homme complexe » (Schein, 1980), à un cadre que Maslow lui-même qualifiait jadis de « psychologie boiteuse », et à ce que Holbrook n'hésita pas à baptiser d'« homonculisme » (1971, p. 15). Étant donné que des notions plus larges comme celles d'existence, de sagesse, de maturité, de sens ou de mort sont exclues des notions qui sont prédominantes dans les théories de la motivation, on fait l'hypothèse naïve que les employés sont inévitablement immatures (Argyris, 1958 ; Lawrence, 1982 ; Pederson-Krag, 1951 ; Sievers, 1985).

Les théories de la motivation ramènent la complexité de la réalité sociale à une idée de satisfaction et d'efficacité. Le réductionnisme psychique et organisationnel que nous avons évoqué précédemment se voit renforcer par l'hypothèse sous-jacente que l'objectif premier et dominant de nos organisations est d'accroître continuellement l'efficacité du travail ; ce but ne peut être atteint que lorsque les individus très performants reçoivent une satisfaction optimale eu égard à leur contribution. Une telle hypothèse réduit le rôle de l'individu dans une entreprise à un élément réifié d'un processus économique et administratif qui peut alors renvoyer aux « ressources humaines » et qui peut même ultérieurement relever de « la gestion de portefeuille » (Odiorne, 1984). L'hypothèse de la satisfaction individuelle semble négliger totalement ce que Maslow (1977, p. 123) décrivit comme une « métapathologie », c'est-à-dire une pathologie qui est causée par un type de satisfaction qui n'a plus aucune valeur, aucun sens et aucun accomplissement.

Malgré leur désir de vérité universelle, les théories de la motivation et leurs postulats sous-jacents se fondent sur une conception a-politique, a-historique et a-sociologique. Hofstede (1980b) parmi tant d'autres (Cox et Cooper, 1985), par une comparaison de différentes cultures nationales, a clairement résumé l'idée que les approches de la motivation qui se sont développées dans le contexte des théories de la gestion ont émergé presque exclusivement aux États-Unis et sont par conséquent une expression de l'individualisme exacerbé, de l'égotisme et de la masculinité propres à la culture américaine.

C'est une idée américaine, semble-t-il, de concevoir les relations entre individus et organisations sous le rapport de l'unité et de l'ordre. Les aspects qui renvoient au désordre et au conflit sont rarement pris en compte (Cooper, 1985). (Voir également l'article de G. Amado, C. Faucheux et A. Laurent dans le présent ouvrage.) À cause principalement du caractère fondamentalement réductionniste et fictif de leurs concepts centraux, les théories de la motivation sont totalement silencieuses sur la façon dont on peut concevoir la construction de la réalité individuelle et organisationnelle. Les théories de la motivation réifient un peu plus le fossé qui existe entre les cadres et les employés, étant donné que ceux-ci sont considérés comme des personnes devant être dirigées et motivées par ceux-là. Si on peut faire l'hypothèse que les avocats des théories de la motivation recherchent une forme quelconque de vérité ou de validité scientifique, il semble cependant que la monnaie la plus solide sur le marché pour ces théories ne soit pas seulement la réputation (Luhmann, 1968) mais aussi l'argent (Miner, 1984, p. 303).

À l'instar d'autres marchés, on pourrait s'étonner si le marketing de telles théories n'incluait pas également la création de besoins et de demande de la part à la fois des scientifiques et des gestionnaires. Une dernière explication du considérable intérêt que rencontrent encore les théories de la motivation dans l'univers de la gestion et de l'organisation pourrait également résider dans le fait que le réductionnisme, l'hypersimplification et la fragmentation que ces théories comportent illustrent bien la qualité et le type d'expérience que la majorité des personnes dans nos sociétés occidentales industrialisées semblent ou sont supposées partager.

Malgré la remarque déjà ancienne de Campbell et Pritchard (1976, p. 64) selon laquelle les théories de la motivation sont tout simplement décevantes, les images de l'homme, de l'existence, du travail et de l'accomplissement que ces théories prétendent confirmer me dépriment. Car, devant ce qui apparaît comme l'orientation dominante, la conviction que la motivation elle-même est une invention et non une découverte scientifique ne semble pas encore très largement partagée (Kelly, 1958; Lenk, 1978).

LA MOTIVATION: UNE INVENTION MANAGÉRIALE

Au lieu de soutenir ou de critiquer l'une ou l'autre des approches existantes concernant la motivation dans le but de les améliorer, il devient donc de plus en plus évident à mes yeux que c'est la notion même de motivation qu'il faut questionner. À vrai dire, je fais l'hypothèse que la question à laquelle les théories de la motivation et le concept qui leur est rattaché tentent de donner une réponse s'est complètement perdue dans l'accumulation des données scientifiques du dernier quart de siècle.

Je suis donc convaincu que le problème sous-jacent et néanmoins réel auquel les théories de la motivation tentent de s'adresser et qu'elles essaient de résoudre peut et doit être redécouvert périodiquement afin de découvrir de nouvelles voies pour le comprendre. Bien que je n'aie aucun doute sur le caractère collectif d'une telle entreprise, je souhaite néanmoins y contribuer en tentant de cerner le problème qui sous-tend toutes les réponses contemporaines. Ce qui m'encourage à le faire, c'est le fait que je ne suis pas le seul à penser ainsi; à l'instar par exemple de W. Gordon Lawrence, qui a eu à travers les années la plus grande influence sur moi, d'autres partagent cette idée. *L'hypothèse* que j'aimerais ici défendre et développer est que la motivation n'est devenue une question importante tant pour les sciences sociales que pour l'organisation du travail elle-même que lorsque le sens du travail a disparu; que cette perte de sens est étroitement reliée à la montée de la différenciation et de la fragmentation des tâches, à la façon dont le travail a été organisé et l'est encore dans la plupart des entreprises occidentales.

Ainsi, les théories de la motivation sont devenues de véritables ersatz à la quête de signification.

Avant de développer plus à fond cette hypothèse, je dois admettre que la notion de signification semble particulièrement lourde de sens. Mon ambition ne va pas jusqu'à offrir une solution détaillée aux problèmes du sens, elle ne cherche pas non plus à pousser plus loin l'argument que la signification en elle-même puisse être une réponse ou une solution à la question qui, je le répète, a disparu. Ce qui me préoccupe le plus, c'est de savoir si le sens du travail en particulier peut être considéré comme le problème sous-jacent qui, soit n'a pas été pris en compte, soit s'est perdu lorsque les chercheurs en sciences sociales inventèrent le concept de motivation et commencèrent à en débattre.

Certes, on peut objecter que l'idée de sens elle-même n'est ni un concept utilisé traditionnellement, ni un concept commun aux sciences sociales et, bien qu'elle soit utilisée fréquemment par les théologiens et les philosophes, qu'elle ne peut être considérée comme un concept scientifique à cause de son imprécision.

En raison de ma propre compréhension de ce qu'est la science et notamment de ce que sont les sciences sociales, je ne me sens pas touché par ce dernier argument. Le premier me semble plutôt partagé par les scientifiques et les disciplines qui considèrent plus ou moins l'être humain comme un individu isolé. Ces scientifiques me semblent bien représentés dans le courant dominant sur la motivation et le leadership et dans ses applications à la gestion et aux aspects organisationnels[3].

Le postulat sous-jacent à la motivation et à ses explications théoriques paraît reposer sur l'incapacité qu'ont les individus à percevoir, à comprendre et à se relier aux systèmes sociaux dans lesquels ils vivent. On peut aussi le voir comme une réification de l'ignorance apparemment délibérée et de l'incapacité des chercheurs en sciences sociales, et notamment des psychologues, à comprendre les institutions et à être en relation avec elles. Cette perspective plutôt sombre pour les humains a également pour postulat que les nombreuses relations qu'ils peuvent entretenir avec leurs institutions doivent être gérées par d'autres.

Au lieu de permettre à l'être humain de se définir et de définir son univers par lui-même et par ses propres pratiques, on cherche à inventer, développer et présenter des modèles scientifiques dans le but d'adapter l'individu aux exigences d'une société de masse et aux systèmes de production et de consommation qui lui sont associés[4]. Avec la théorie de la motivation, l'homme lui-même est désormais réduit à l'état d'homoncule.

La notion de motivation n'est pas seule à être une invention. La réalité sociale elle-même de même que l'image de l'homme qui sous-tend les théories dominantes la concernant se fondent aussi sur des fictions qui sont non seulement continuellement cachées mais qui se perpétuent aussi dans nos théories organisationnelles et dans leurs applications à l'organisation du travail. Bien que je ne cherche pas à présenter une philosophie du sens de l'existence, il m'apparaît néanmoins inévitable d'examiner quelques uns des éléments les plus évidents des principales explications scientifiques de notre réalité sociale contemporaine dans le but de mieux comprendre ce que signifie et ce qu'on entend par travail.

FRAGMENTATIONS ET CLIVAGES

S'il me semble que l'image de l'homme motivé constitue une réification de l'idée de consommateur, un des rôles sociaux d'aujourd'hui, elle confirme aussi d'une manière particulièrement naïve et non scientifique un processus social continu de fragmentation. Cette division se fonde sur la dichotomie entre l'individu et les institutions à partir de laquelle à la fois l'homme lui-même et ses institutions se détruisent, dispersés en petits fragments qui n'ont plus aucune relation entre eux[5].

Nos institutions sont fragmentées et elles fragmentent également nos expériences de multiples façons. Dans nos sociétés occidentales, il existe toujours la tentation de confirmer l'idée que la vie privée est dissociée de la vie sociale et politique. Nos institutions elles-mêmes sont divisées jusqu'à un certain point entre celles qui sont supposées avoir une portée politique et celles qui n'en ont pas, entre celles qui peuvent être soit démocratisées ou humanisées et les autres. La fragmentation de nos institutions et notamment de nos organisations du travail est façonnée et gérée de telle manière que la planification, la gestion et la supervision du travail soient fondamentalement séparées de son exécution. Les organisations confirment perpétuellement la fiction que d'aucuns sont des cadres et d'autres des ouvriers, comme si les cadres ne devaient pas travailler et les travailleurs ne devaient pas gérer dans le but de réaliser une tâche commune. Ce processus continu touche le travail lui-même. Les exemples où les travailleurs accomplissent une tâche complète du début jusqu'à la fin semblent de plus en plus le fait d'une minorité d'entre eux. Comme Dickson (1974, p. 87) l'écrit:

> À l'instar de l'armée, le pouvoir politique et l'exercice du contrôle sont séparés des échelons inférieurs et concentrés au sommet. Le désir de maintenir des relations hiérarchiques a conduit à l'adoption de techniques de production qui l'exigeaient. Le design de la production à la chaîne, par exemple, coïncide avec un mode particulier de division du travail.

LA FRAGMENTATION DE L'ORGANISATION DU TRAVAIL

La plupart de nos organisations se caractérisent non seulement par une séparation continuelle entre cadres et travailleurs, mais aussi par un clivage fondamental de l'autorité, de la responsabilité, des qualifications, du savoir et des activités. En dépit du mythe politique de l'égalité des hommes, certains sont plus égaux que d'autres. Parmi tout le personnel d'une organisation, seule une minorité possède l'autorité, est responsable, a les qualifications requises, le savoir et est considérée comme engagée directement dans la réalisation des objectifs de l'organisation. À vrai dire, la dynamique sous-jacente de ce clivage fondamental ne conduit pas uniquement à la construction d'une échelle inégalitaire de qualifications et d'aptitudes. Elle va beaucoup plus loin puisque le personnel de l'organisation agit justement dans cet esprit selon le postulat qui lui est sous-jacent à savoir que seule une petite minorité possède la totalité. En termes psychanalytiques, on pourrait dire que ceux qui sont au sommet sont omniscients, omnipotents et que tous les autres sont ignorants et impuissants.

Cette division fondamentale dans nos organisations n'est pas uniquement une caractéristique du système social. Elle est également liée à des processus psychiques complexes d'introspection et de projection qui la légitiment et la perpétuent. Ceux qui sont au sommet considèrent ceux qui sont en bas comme des personnes pas assez puissantes, voire trop passives pour se gérer elles-mêmes[6].

Pour ceux qui sont familiers avec la pensée psychanalytique, il n'y a aucun doute qu'un tel clivage fondamental n'est pas uniquement le produit de la vie organisationnelle. Bien au contraire, c'est un phénomène qui commence au tout début de la vie, lorsqu'un enfant apprend à se comporter et à se définir selon les attentes de sa mère et de ses parents afin de ne pas perdre l'amour et les soins dont il dépendra toute sa vie durant. À chaque stade du développement infantile réapparaît la tentation parentale inconsciente de faire surgir et de perpétuer toutes les insultes, les humiliations, les dénis de soi et les sentiments d'infériorité qu'ils ont eux-mêmes expérimentés dans leur propre enfance comme dans leur vie quotidienne. Derrière ces processus, et ce même si très souvent ils se cachent derrière le mythe personnel de « l'enfance heureuse », il existe toujours une dynamique complexe de mépris mutuel. La tentation permanente pour les parents est de démontrer leur propre impuissance inconsciente (et leur propre mépris de soi?) à travers le mépris qu'ils ont à l'égard de leurs enfants. Comme l'écrit si justement Alice Miller (1981, p. 67): « Le mépris pour ceux qui sont plus petits et plus faibles est la meilleur défense contre une remontée de ses propres sentiments de désespoir: c'est une expression de cette faiblesse clivée. »

Ce dédain, que les parents ont expérimenté avec leurs propres parents, conduit leurs enfants à les mépriser, chose qu'on ne leur a pas permis d'exprimer et dont on ne leur permet pas d'être conscient.

Alice Miller a également bien montré dans son livre ces sentiments de rejet et de dépendance dans lesquels chaque enfant est élevé et qui sont plus ou moins masqués dans notre culture par l'idée qu'un enfant a besoin de ses parents — comme si les parents n'avaient pas également besoin de leurs enfants pour leur propre développement ou pour projeter et surmonter leur propre impuissance. Il y a de bonnes raisons de penser que l'idée qui s'exprime ainsi: « Vous les enfants avez besoin de nous, les parents et nous, les enfants, avons besoin de vous, les parents » est très étroitement corrélée à une autre idée dont nous avons parlé plus haut, à savoir que les travailleurs ne sont pas assez adultes pour se gérer eux-mêmes et, par conséquent, ont besoin de dirigeants. Ou encore pour la relier plus directement à mon hypothèse: « Ils ont besoin de nous pour être motivés! » Si on y regarde de plus près, n'observe-t-on pas en effet que les cadres parlent très souvent des travailleurs et les voient encore plus souvent comme *leurs employés*? On peut ainsi faire l'hypothèse que les raisons sous-jacentes au mépris parental ne sont pas très éloignées du mépris managérial envers les travailleurs. Le drame de l'ouvrier et d'une certaine manière le drame de tout enfant doué!

Comme dans le cas de la socialisation familiale, cette fiction et la fragmentation des organisations qui en résulte ne sont pas des modèles premiers et exclusifs avec lesquels les parents ou les dirigeants traitent l'autre partie ou qu'ils leur imposent. Au contraire, c'est une collusion mutuelle dans laquelle les enfants comme les travailleurs tout autant que leur contrepartie sont prisonniers[7].

LA FRAGMENTATION DU TRAVAIL LUI-MÊME

En tant que consultant, il n'est pas rare que je sois approché par un client dont l'objectif explicite est de motiver son personnel. Ce fut le cas, il y a quelques années, quand la direction d'un très grand entrepôt central de pièces d'automobiles demanda à Heijo Ruckman, un de mes collègues, et à moi-même une consultation.

Après qu'il eut brûlé deux ans auparavant, l'entrepôt central avait été reconstruit selon les standards techniques les plus rigoureux. Le problème qui se posait à nous était que, après avoir toujours eu une performance élevée selon les standards européens de cette entreprise internationale avant l'incendie, elle ne pouvait plus atteindre ces standards malgré la nouvelle technologie. Les dirigeants avaient été très fiers de leur personnel durant la période de transition où ils furent obligés de rebâtir l'entrepôt et où ils furent capables de continuer à assurer le service de pièces détachées sur une base décentralisée grâce à des efforts logistiques considérables. En effet, pendant cette période transitoire les ouvriers comme les cadres n'hésitèrent pas à faire des heures supplémentaires et à multiplier les efforts pour maintenir le service de distribution. La seule explication à la mauvaise performance actuelle de l'unité était que les travailleurs n'étaient plus dorénavant assez motivés pour atteindre les anciens standards. Tandis que certains membres de la direction étaient en partie convaincus qu'« un bon coup de pied au cul » s'imposait, d'autres pensaient qu'il devait exister des techniques de motivation plus sophistiquées pouvant améliorer grandement les résultats.

Il devint très vite évident pour nous que malgré l'introduction d'une nouvelle technologie durant la période de reconstruction (entrepôt à large baie, système de transport automatique, informatisation des données, larges voies à l'intérieur de l'entrepôt pour les camions d'incendie, etc.) l'organisation sociale du travail et les relations entre les différentes parties demeuraient déficientes. La direction était en particulier incapable d'intégrer les 600 travailleurs turcs à la culture de l'organisation. La plupart des tâches étaient très parcellisées sans aucune référence à des tâches en partie communes, au produit, à la mission centrale de l'usine, à leurs propres standards de performance ou au client. La majorité des travailleurs semblaient être considérés comme des instruments facilement remplaçables. Le travail dans l'entrepôt semblait divisé en une myriade d'îlots que la direction tentait d'intégrer au moyen d'une hiérarchie et de méthodes de contrôle plutôt rigides. L'objectif ultime de l'organisation vers lequel tant la direction que les travailleurs étaient poussés, c'était l'atteinte des standards et la satisfaction de l'entreprise internationale, qui était vue de plus en plus comme la compagnie mère.

Lorsqu'on considère le fonctionnement actuel de la plupart des organisations, cet exemple ne constitue pas une exception. La fragmentation du travail et la perte de sens au travail ne sont pas uniquement des caractéristiques que l'on rencontre dans la majorité des organisations contemporaines; ce sont des phénomènes qui se sont développés au sein de notre civilisation industrielle depuis le début de ce siècle et qui continuent à prendre de l'importance.

Au lieu de s'attarder sur un point particulier dans le temps, c'est-à-dire au moment où, dans l'histoire de l'industrialisation occidentale, la division du travail commence et où le travail perd toute signification pour la majorité des travailleurs, il semble plus important pour le bien-fondé de mon hypothèse de comprendre cette fragmentation et la façon dont elle a été vécue par les différentes parties — notamment les cadres et les travailleurs — engagées dans le procès de travail et dans son organisation.

Avec la différenciation continuelle et la parcellisation du travail auxquelles on assiste dans nos organisations, les activités des travailleurs ne sont plus uniquement réduites à des tâches de plus en plus limitées; il semble également que la notion même de travail ait été transformée en tâches et en performances.

Ce que Simone Weil décrivait à partir de sa propre expérience au début des années trente en France semble toujours vrai un demi-siècle plus tard:

> La connaissance complète de ce qu'on fait est extrêmement démoralisante. On n'a pas le sentiment que le produit résulte de notre effort. En aucun cas on peut se définir comme un producteur, ni avoir le sentiment d'une relation entre le travail et le salaire. C'est comme si l'activité est arbitrairement imposée et récompensée. On a l'impression de ressembler dans une certaine mesure à ces enfants dont la mère, pour les tenir tranquilles, leur donne des perles à enfiler et leur promet des bonbons pour les récompenser. (Weil, 1970, p. 127.)

En quelque sorte, c'est un peu comme si les qualités originelles du travail, la réalisation et la satisfaction qu'il peut procurer à un individu aient été transférées peu à peu à l'extérieur de l'entreprise, à cette partie de la vie privée que l'on nomme grâce à ce processus social permanent de clivage: loisirs (bricolage). Dans son prochain ouvrage *Through the experience of experience*, qui est le résultat d'une recherche auprès de chômeurs canadiens, W. Gordon Lawrence (1984, p. 17), l'exprime très clairement en ces termes:

> Les activités de bricolage sont certes inspirées par un souci d'économie, mais il y a une satisfaction à fabriquer et à réparer soi-même un élément de la maison. Les activités de bricolage, bien qu'elles soient réalisées pendant les loisirs, peuvent être vues comme du travail puisqu'elles engagent la subjectivité individuelle pour entreprendre de telles activités et, en général, le bricoleur réalise une tâche complète. Au cours de ses activités, il peut expérimenter toute une gamme d'émotions en raison de l'implication de son corps et de son esprit. Il y a le désir de faire quelque chose dont il a une idée et qui se réalisera lorsqu'il aura terminé. Il a des décisions à prendre, par exemple, en ce qui concerne les matériaux, les dimensions, etc. Il expérimentera de la frustration comme tout individu qui tente d'atteindre son objectif mais il ne pourra l'éviter. Enfin, il existe un objet, que ce soit une étagère, un vêtement ou une automobile, qui une fois réparé procurera à l'individu satisfaction ou non. Lorsque le même individu fera une tâche similaire, il pourra tabler sur l'apprentissage qu'il a fait de son précédent projet.

Lorsqu'on jette un œil sur nos organisations contemporaines, on dirait que ceux qui, dans le vocabulaire usuel de la langue anglaise, sont qualifiés de travailleurs, portent symboliquement la perte de ce que ce travail pourrait être s'ils étaient capables de l'accomplir pleinement par eux-mêmes. Comparée à la terminologie allemande que j'utilise, la langue anglaise paraît plus apte à exprimer exactement les changements fondamentaux qui ont pris place dans le travail et dans sa signification au cours de l'industrialisation. Alors que la langue allemande semble ignorer presque complètement les changements de sens du terme travail, la langue anglaise établit des distinction entre *work, labour, job* et *employment* au lieu de *Arbeit, Arbeitsplatz* et *Arbeitslosigkeit*[8].

En fait, ce n'est pas un hasard si les premières tentatives pour redessiner et restructurer le travail dans le but d'accroître la motivation aient été présentées au début comme du « job design ». Cette approche exprime en effet très bien que le travail a été réduit et fragmenté dans nos organisations. La notion de tâche semble très souvent désigner ce qui a été perdu dans le travail, à savoir tous les aspects qui pouvaient le rendre attractif, de telle manière qu'il soit finalement, par la motivation, enrichi et amélioré artificiellement. La tragédie inhérente au « job design » doit, dans une certaine mesure, être comprise à travers l'analogie de l'enfant qui désire désespérément l'amour de ses parents tout en étant écrasé de cadeaux. Motiver les travailleurs à l'aide d'incitatifs ou, pour parler le langage de la théorie de la motivation, à l'aide de facteurs de motivation, est aussi une façon, comme dans le cas des parents, de masquer son propre dédain et les sentiments de culpabilité qui y sont rattachés. Par l'analogie de l'enfant qui ne désire pas tous les jouets et toutes les sucreries qu'on lui offre, on peut mieux comprendre les raisons qui poussent parfois les travailleurs à ne pas acheter tout ce qu'on leur vend sous les appellations d'enrichissement, d'élargissement, de rotation des tâches, etc.

Il n'y a aucun doute que la majorité de ces tâches ne sont accomplies que parce qu'elles fournissent un emploi dont le principal bénéfice est de permettre au travailleur de survivre financièrement et de remplir son rôle de consommateur. Très souvent le principal avantage d'un emploi n'est-il pas de prévenir la perte totale de rôles et d'éviter la confrontation fondamentale avec le néant qui domine l'expérience du chômage?

Si le lecteur peut probablement conclure que mon point de vue, de même que celui des auteurs auxquels je me réfère, demeure trop pessimiste par rapport à la qualité du travail que l'on rencontre dans les organisations contemporaines, je n'en continue pas moins de penser que c'est une perspective importante qui révèle ce que le travail est devenu et ce qui se cache derrière les propagandistes de la théorie de la motivation. Ce qui m'encourage à continuer, c'est non seulement le fait qu'il y a d'autres chercheurs qui partagent la même vision, mais qu'il y a aussi des « acteurs » qui se permettent de penser, même si c'est à de rares occasions, de la même manière.

Un des exemples les plus impressionnants concernant ceux qui sont au bas de l'échelle sociale a été présenté au cours d'un colloque, qui s'est tenu au Canada, où des chômeurs et des travailleurs ont réfléchi sur leurs expériences personnelles (Lawrence, 1984). Une autre expérience encourageante pour moi fut les pensées exprimées par un groupe de cadres d'une usine allemande appartenant à une entreprise multinationale lorsque nous travaillions sur les idées reçues et projetées qu'ils avaient des travailleurs de leur usine et sur des énoncés du style:

- Il est impossible d'avoir un travail.
- Le travail indépendant et autonome est impossible.
- Travaillez cinq ans sur une machine et vous êtes en morceaux.
- J'ai peur de m'exprimer.
- Nous n'avons pas de futur, pas de carrière, c'est toujours la même chose.
- Si je pouvais travailler comme je le veux.
- Nous sommes manipulés et soumis au chantage, par exemple lorsqu'on nous présente l'argument qu'il faut sauver nos emplois.
- La productivité se réalise sur le dos des travailleurs.
- Seule une petite proportion de mes aptitudes est utilisée.
- Nous sommes des hommes de deuxième catégorie.

- Personne ne m'écoute ni entend mes problèmes.
- Ils nous demandent souvent notre avis mais, en fait, ils s'en fichent.
- Ils ne s'intéressent pas à nous, ils n'ont jamais de temps pour nous.
- Ils me font faire ce sale travail depuis treize ans!

Le mépris mutuel sous-tendant ces affirmations fut très bien exprimé par un des travailleurs de l'usine qui, plutôt résigné, déclara que de toutes les qualifications qu'ils possédaient pour bâtir leur propre maison dans le voisinage (planifier, décider, construire, etc.) l'entreprise ne cherchait pas à en utiliser plus de cinq pour cent. Cela illustre aussi très bien comment ce mépris mutuel, qui constitue un des éléments de la dynamique sous-jacente du clivage intraorganisationnel cadres-travailleurs, renvoie à la parcellisation des tâches. Ce clivage renvoie par ailleurs à un autre clivage encore plus fondamental: celui de la vie et de la mort.

LA DIVISION DE LA VIE ELLE-MÊME

Il ne fait aucun doute qu'en dépit de l'existence de théories de la motivation et en partie en raison de leurs limites et de leur simplisme, on assiste à des tentatives pour résoudre la dévalorisation du travail. De plus en plus, la question de la qualité du travail exécuté se pose et renvoie à une recherche de qualité de vie au travail, avec la double intention de la part des organisations d'être capable d'offrir un travail qualifié au lieu de tâches et de relier de nouveau le travail à l'individu et à son existence, qui bien évidemment occupe une place plus large que 40 heures par semaine. Ce qui paraît cependant encore négligé par ces tentatives, c'est que le travail et la vie professionnelle ne sont pas des fins en soi mais des éléments d'une entité beaucoup plus large: l'existence humaine. La tentative du mouvement de la qualité de vie au travail est de substituer une division à une autre, c'est-à-dire la parcellisation des tâches à travers la fragmentation de l'existence en la vie de travail et le temps qui reste. Ce qui est considéré comme la vie au travail n'est plus seulement cette partie du travail qui est associée à l'emploi, mais semble aussi mettre l'accent sur une compréhension du travail qui néglige l'interrelation du travail et de la vie humaine. Il existe également une illusion communément partagée que la vie au travail n'est qu'une période de l'existence humaine, commençant pour certains à quatorze ans, pour d'autres au milieu de la vingtaine et finissant dans la soixantaine par la retraite sans tenir compte de ses finalités, tout comme si la naissance d'une personne surgissait hors de l'espace-temps.

Cette illusion d'une vie après le travail pour chaque être humain se maintient en partie en raison de l'accroissement des règlements en matière de santé et de sécurité du travail, d'une part, et du fait que ceux qui meurent avant leur retraite ne disparaissent normalement pas sur un lieu de travail (je me souviens très bien de cette politique d'information quasi psychotique lorsque, il y a quelques années, dans une filiale allemande d'une entreprise américaine, un nouveau membre du conseil d'administration ne survécut pas aux rites de son initiation lors de la première soirée; personne ne fut autorisé à assister à ses funérailles). Si les gens, et notamment les travailleurs, sont à ce point sérieusement touchés qu'ils doivent prendre leur retraite, c'est une autre façon pour les organisations d'éluder la question des limites du potentiel humain et de sa fin inéluctable. La mort et l'expérience de la mort sont, pour ce qui regarde nos entreprises et leurs départements de personnel, quelque peu neutralisées par ce qu'on appelle la fluctuation naturelle et doivent être acceptées comme des événements naturels de l'existence.

La fragmentation de l'existence en une vie de travail et de non-travail semble également perpétuer le mythe sous-jacent de l'immortalité de l'entreprise elle-même. C'est un mythe qui est parfois, notamment dans les entreprises familiales américaines, symboliquement réifié par le fait que le fondateur se fait enterrer au sein même de l'entreprise. Dans les périodes de récession, ce mythe est régulièrement réactivé avec le licenciement d'employés dans le but d'assurer la survie de l'entreprise. L'héritage de toute propriété en général, et celui d'une entreprise familiale en particulier, repose sur l'idée d'immortalité. Que la peur de la banqueroute, par exemple de Krupp-AEG ou de British-Leyland, soit associée à une catastrophe nationale confirme que l'immortalité est bel et bien exigée de toutes nos entreprises. Comme dans les entreprises familiales, où le fils hérite de l'entreprise de son père pour la donner, par la suite, à son descendant, l'immortalité paraît être partagée par ceux qui s'identifient communément à l'entreprise et sont vus comme des représentants de l'entreprise par les autres, c'est-à-dire par la direction. L'actuelle division du système doit alors être projetée sur les individus, notamment sur les travailleurs. Ceux qui possèdent le pouvoir introjettent la notion d'existence par-delà la division.

Bien qu'il ne fasse aucun doute que les cadres doivent aussi mourir un jour, ils paraissent généralement se situer au-dessus de cette réalité banale de l'existence. Si cependant, à certaines occasions, ils peuvent considérer qu'ils ont vendu leur âme au diable, ils sont très souvent les seules personnes à avoir donné leur vie à l'entreprise sans laisser normalement aucune possibilité à ceux des échelons inférieurs d'avoir des relations avec eux. Selon ce mythe, ces cadres dirigeants — comme les anciens dieux — possèdent leurs propres sources internes d'autorité et de pouvoir, et n'ont donc pas besoin de motivation ou de toute autre incitation de la part des autres. C'est un mythe qui est régulièrement renforcé par l'idée illusoire que ceux qui sont dans les échelons intermédiaires possèdent leur bâton de maréchal et, après avoir fait leur carrière, sont potentiellement capables de se hisser au-dessus de cette myriade de mortels. Jusqu'ici, comme le rappelle Pym (1975, p. 693):

> Le cadre d'une moyenne ou d'une grande entreprise éprouve beaucoup de difficultés à trouver un sentiment de réalisation dans ce qu'il fait. La réponse de l'homme industriel à cette crise est de nier cette réalité. À la place, il a inventé toute une panoplie élaborée de symbolisme, de réunions, de direction par objectifs, d'évaluation et d'estimation, de systèmes d'information (par exemple les sorties d'ordinateurs), des programmes de recrutement de diplômés universitaires, de sciences de la gestion, et de reformulation des tâches qui fournissent l'illusion des objectifs, de la matérialité, de la responsabilité personnelle et de la performance.

Les sciences de la gestion et l'administration des affaires paraissent être devenues justement ce ciel divin, continuellement légitimées et portées aux nues par les grands-prêtres de la science, qui en même temps semblent incapables de reconnaître cette parcelle divine à tous les êtres humains. Au lieu de contribuer à la compréhension de la société industrielle et à son développement, les sciences de la gestion ont dégénéré en « une projection conventionnelle des idées et des pratiques des élites managériales » (Hales, 1974, p. 3). À travers le mythe de l'immortalité de l'entreprise et de celle de son management, le clivage décrit précédemment entre ceux qui sont en haut et ceux qui sont en bas n'est pas seulement renforcé, il semble également posséder les qualités d'une conclusion toute faite devenant par là même une vérité irréfutable et inattaquable.

Cette fragmentation de la vie à travers la glorification des institutions employeuses et celle de leur direction doit être vue et peut seulement être comprise qu'en tant qu'expression de ce clivage plus fondamental qui domine nos cultures et nos sociétés occidentales, à savoir le clivage entre la vie et la mort et la formidable ignorance de cette dernière.

Bien que la réalité de la mort soit fondamentalement niée dans notre société tout autant que dans nos entreprises, il semble que seuls les travailleurs doivent porter consciemment le fardeau d'un tel déni. À l'instar de la mort et du cadavre qui ne signifient très souvent dans notre société qu'une confrontation avec le néant et donc doivent être éliminés de la manière la plus hygiénique et la plus stérile qui soit, la perte d'un travail et le chômage doivent être niés de la même façon au moyen des indemnités d'entreprise ou de l'assurance-chômage.

Comme dans le cas de l'assurance-vie lors d'un décès, les dispositions financières en faveur du chômeur constituent une tentative sociale de se débarrasser des conséquences les plus importantes, voire de toute conséquence possible d'une telle perte.

LE TRAVAIL ET LA PERTE DE SENS

S'il existe quelque vérité dans ce que j'ai décrit jusqu'ici — non pas en ce qui concerne l'expérience consciente quotidienne et actuelle de tout individu mais la dynamique plutôt inconsciente qui sous-tend le système psychique et politique de notre civilisation industrielle — il devient alors évident combien doit être difficile pour la majorité des hommes et des femmes de trouver un sens quelconque au travail qu'ils accomplissent. C'est une difficulté avec laquelle les travailleurs comme les cadres doivent composer, si l'on admet que la quête de sens est impossible lorsqu'une partie de la population travailleuse développe et invente du sens au détriment de l'autre partie. Cela ne fait que répéter et reproduire la division fondamentale et perpétuer l'actuel phénomène d'inégalité sociale. Cela recréera exactement, dans la mesure où la dynamique sous-jacente est visée, la même situation qui a concouru à l'invention de la motivation comme faux semblant pour tous ceux qui ne sont pas capables évidemment de donner quelque sens à leur travail et à leur existence.

L'idée de motivation a surgi au moment où se mettait en place la fragmentation du travail et où la possibilité de développer un sens au travail disparaissait pour un nombre croissant d'employés. Avec la motivation, l'absence de sens au travail est remplacée par la question suivante: Comment faire en sorte que des gens agissent et produisent dans des conditions qui normalement ne devraient pas les motiver à travailler?

Par rapport à la notion de signification qui, comme Norbert Elias (1982, p. 83) l'a souligné avec force, est fondamentalement une catégorie sociale qui renvoie à une pluralité de personnes en interaction en tant que sujets et qui, comme catégorie, ne peut être comprise individuellement, la notion de motivation renvoie à une dimension plutôt individuelle d'une entité isolée et indépendante. La motivation est tout d'abord vue comme quelque chose de relié aux mécanismes psychiques du monde intérieur ayant une seule relation avec le monde social extérieur par le biais de la manipulation qu'exercent les autres. La théorie de la motivation réifie en quelque sorte directement l'une des conséquences principales de la division du travail, à savoir la solitude du travailleur qui s'exprime par son incapacité croissante, tout comme par son impossibilité d'en sortir, de se relier aux autres travailleurs et de faire le lien entre ses propres activités et la mission de l'organisation dans laquelle il travaille.

Ainsi, l'image de soi déformée de l'homme en tant que créature existant uniquement pour lui-même illustre à l'extérieur les tendances réelles d'isolement qui sont très caractéristiques du type particulier de personnalité et notamment du type d'individualisation sociale qui s'est développé pour atteindre le niveau actuel (Elias, 1982, p. 86.)

Si la signification en tant que rapport au travail et aux collègues de travail ne peut être vue et prise en charge par l'individu, les gens doivent être dirigés de telle manière qu'ils soient capables de fonctionner sans se relier et être reliés à qui que ce soit. Quand les gens sont dirigés, ils n'ont pas ou ne doivent plus avoir la responsabilité de ce qu'ils font. L'aliénation ainsi créée et entretenue « a été acceptée depuis si longtemps comme un élément propre aux tâches de la majorité des gens qu'on en est venu à la considérer comme normale » (Hales, 1974, p. 17).

Avec la perte de signification qu'a connue le travail, le monde intérieur du travailleur devient lui-même fragmenté ou est vu par lui-même autant que par ses collègues et ses supérieurs comme fragmenté. Si quelqu'un est perçu par lui-même ou par les autres comme étant fragmenté, l'interprétation la plus évidente est qu'il est handicapé et stupide. Comme les individus ne peuvent désormais sentir ni leurs pulsions internes, ni celles qui viennent du monde extérieur, des modèles mécaniques doivent être mis au point et utilisés pour surmonter cette division et le chaos qui en est sa conséquence ultime. La motivation fournit un cadre au chaos de l'organisation et au monde intérieur des dirigeants, le chaos devant ainsi être projeté sur les travailleurs. C'est en quelque sorte comme si la direction disait aux travailleurs : « Si vous ne savez pas pourquoi vous faites ce que vous faites, nous vous offrons de bonnes raisons de vous faire connaître les raisons de ce que vous faites. Ces raisons sont bonnes parce que la science offre assez de modèles et d'explications convaincantes pour que cela vous apparaisse signifiant d'agir de la sorte. » Cela paraît vrai également de ce qu'on qualifie généralement du terme de leadership : « Comme vous ne savez pas quoi faire et pourquoi le faire, de quoi il retourne et ce que cela signifie, nous devons nommer les personnes pour vous dire quoi faire et comment le faire. Ce sont vos chefs. Et si, par hasard, ils faisaient face au même problème, vous pouvez être sûrs que nous leur dirions ce qu'il faudrait vous dire. » Le leadership pris dans ce sens devient également un autre ersatz. Il devient l'instrument grâce auquel s'accomplit la gestion des personnes.

LE SENS DE LA SIGNIFICATION

Je suppose qu'il est désormais très clair que l'intention de développer et d'expliquer l'hypothèse que j'émets sur la motivation en tant qu'ersatz de signification au travail ne peut résulter d'une tentative de surmonter l'absence actuelle de sens du travail, en particulier et dans la vie en général, en créant de nouvelles significations. Ce qui m'intéresse au plus haut point, c'est de mettre à jour la signification originelle qui se cache derrière cet ersatz que constitue la théorie de la motivation. Pour reprendre la parabole de « Nathan der Weise » de G.E. Lessing, mon intérêt n'est pas le remplacement ou l'héritage des sept anneaux ni de savoir à quoi ressemblait l'original, ni encore de savoir s'il existe ou non, mais bien ce que signifie pour le vieux père le don de l'anneau original, qu'il en ait hérité, l'ait eu en cadeau ou l'ait acheté.

Je ne veux pas non plus me joindre au chœur de ceux qui se lamentent sur la perte de sens dans nos sociétés contemporaines et qui cherchent à en trouver de nouveaux. Ces tentatives me paraissent ressembler aux ventes d'un grand magasin de prêt-à-porter symbolique. Elles reconfirment la logique de la « société de production ». Mon but n'est pas non plus d'affirmer que certaines significations ont changé ou ont disparu, mais plutôt de constater la perte sous-jacente de la possibilité de signifier quoi que ce soit, pas plus que je souscris à l'idée contemporaine que la vie doit être heureuse pour avoir un sens. Je fais l'hypothèse que ce « bonheur de vivre » est une histoire (cover-story) au même titre que l'idée d'une enfance heureuse. Même si notre « société de consommation » nous amène, en permanence, à croire que le bonheur est étroitement lié à la consommation, nous sommes de plus en plus conscients, tant individuellement que collectivement, que ce bonheur ne peut pas durer toute la vie et combien son prix est élevé, par exemple, eu égard au croissant déséquilibre écologique que l'on connaît. Bien que je n'aie pas, en ce qui me concerne, une réponse toute faite sur la façon de donner un sens à notre existence, je suis néanmoins convaincu qu'en plus du bonheur et de quelques autres sentiments qui lui sont associés, le sens de l'existence a quelque chose à voir avec la peine, la douleur, le désarroi, le deuil, et avec le fait de faire face autant à sa propre mort qu'à celle des autres.

Au lieu de renvoyer au sens de l'existence comme au bonheur individuel, la tentative de Simone Weil de relier le travail et la joie me semble plus convaincante :

> Ce qui montre que le travail — s'il n'est pas d'une espèce inhumaine — a un sens pour nous, c'est le plaisir que l'on en retire, un plaisir dont on ne se lasse jamais [...] La joie n'est rien d'autre que le sentiment de la réalité [...] La tristesse n'est rien d'autre que l'affaiblissement ou la disparition de ce sentiment. (Weil, 1970, p. 8.)

Semblable à la théorie de la construction sociale de la réalité de Berger et Luckmann (1966), un processus de distinction sociale de la réalité s'observe également. Comme il y a des acteurs sur les deux scènes, il y a aussi des utilisateurs et des utilisations de sens qui tirent avantage à travers la projection à enlever aux autres toute possibilité de renvoyer ou de se relier au sens de l'existence : un processus qui en même temps semble confirmé, légitimé et institutionnalisé par le fait qu'il existe assez de gens qui, soit au moyen de l'introspection, soit par désespoir, se privent de la capacité de donner un sens à leur vie. Et si le sens ne peut être trouvé, il y a toujours des marchands qui essaient d'en vendre, à l'image de ces énormes entreprises internationales qui « donnent aux gens un contrôle sur leur destin, qui donnent un sens aux gens » (Peters et Waterman, 1982, p. 239). D'une certaine manière, un tel sens portant en lui la fiction du bonheur est très bien exprimé par la déclaration suivante:

> En offrant du sens autant que de l'argent, ils donnent à leurs employés une mission autant qu'un sentiment de bonheur. Tout homme devient un pionnier, un expérimentateur, un chef. L'institution founit des croyances et crée un sentiment d'excitation, d'être parmi les meilleurs, de produire quelque chose de qualité qui est très estimé. (Peters et Waterman, 1982, p. 323.)

Ce qui me frappe, c'est, d'un côté, ce nid divin de l'entreprise qui produit du sens pour ses créatures alors que de l'autre, comme j'en parlerai plus loin, on doit reconnaître que les quelques entreprises à succès que ces deux auteurs décrivent paraissent avoir bien géré les conditions de maintien d'un sens au travail.

Renvoyer au sens en tant que principe sous-jacent des processus de fragmentation et de clivage individuels et collectifs signifie également changer les cadres de référence avec lesquels la réalité est généralement perçue. Tout comme la réalité qui se situe au-delà du cadre d'un tableau est la précondition logique pour percevoir la réalité intrinsèque du tableau et son message ou sa signification précise dans le but d'en comprendre le sens, le tableau doit obligatoirement se relier à quelque chose d'autre dans le but d'être transcendé. Tout sens, et en particulier le sens de l'existence, ne peut qu'être actualisé par-delà le cadre. Cela signifie que le sens de l'existence ne peut que renvoyer à la mort en tant que fin — que l'hypothèse d'une vie après la mort soit partagée ou non ou quelle que soit l'interprétation qu'on en donne. Sans la conscience de sa propre mort autant que de la mort de tous les humains, la dimension logique de l'existence ressemblerait à l'état d'un patient schizophrène en autant qu'il n'inclut pas l'élément « comme si » de sa réalité phantasmée en renvoyant autant à lui-même qu'aux autres (Bateson, 1972; Goffman, 1974a, Lawrence, 1982). Si notre réalité sociale se construit selon l'hypothèse qu'il n'y a ni une fin à la vie ni une existence après la mort, alors il n'est pas surprenant que cette fiction soit non seulement continuellement réifiée par une praxis correspondante mais aussi par des théories scientifiques.

En fait, un des principaux problèmes de nos sociétés contemporaines semble être la difficulté, la confusion, l'insécurité croissante auxquelles nous faisons face perpétuellement en tentant d'organiser et de comprendre nos expériences à l'égard des cadres traditionnels qui — tout en ayant leur valeur et leur importance pour les générations précédentes — sont de plus en plus fragiles et remis en question aujourd'hui.

La seule logique que je puisse discerner dans la théorie de la motivation semble se réduire à une réalité à l'intérieur du cadre de l'existence qui paraît être environnée par le néant. Au lieu d'admettre les limites et les insuffisances de nos cadres conceptuels traditionnels et de tenter de les transcender ou de les dépasser, les cadres virtuels se réduisent en fragments qui ne peuvent être compris et interprétés qu'à travers le reste de cette réalité déjà éclatée. Une telle réduction de la réalité sociale n'est pas rare dans nos sociétés.

La théorie de la motivation est une tentative de faire face à l'éclatement que nos perceptions provoquent sur « le schéma de nos belles conceptualisations » (Lawrence, 1979, p. 236). Il nous faut aussi inventer de nouveaux concepts pour comprendre la structure individuelle et les conduites de perception au lieu de reconnaître l'éclatement même. Cela est une tâche qui est loin d'être facile, je suis même plutôt convaincu que les solutions à cet éclatement de nos perceptions se trouvent dans l'invention de nouvelles conceptualisations qui étendent ou transcendent les cadres actuels et fournissent une barrière aux expériences individuelles et collectives de l'incertitude, du chaos, de la destruction et de la perte de sens que l'on trouve dans notre existence contemporaine.

Ce à quoi pourrait ressembler une telle tentative de renouvellement des concepts est fort bien exprimé par G. Lawrence (1982, p. 121) en ces termes:

> Accepter la mort, notre propre mort, c'est commencer à vivre de façon créative. L'acceptation de la mort est le début de la découverte de façon à donner, à recevoir du sens et par conséquent un but et des raisons de vivre. En mettant ensemble la vie et la mort, en les reliant l'une à l'autre, nous commençons à combattre le drame de l'existence. Si vous voulez, nous prenons désormais l'existence au sérieux. Au moment où nous le faisons, nous commençons à chercher un sens à notre vie.

Ou encore par B. Bettelheim (1976, p. 3) dans son ouvrage *The uses of enchantment* qui écrit:

> Posséder une compréhension assurée de ce que le sens de l'existence peut être ou doit être, c'est ce qui constitue l'atteinte de la maturité psychologique. Cette atteinte est le résultat final d'un long développement: à chaque âge de la vie nous cherchons et devons être capables de trouver un sens minimum propre à la façon dont nos esprits et notre compréhension se sont développés.

Par conséquent, on doit non seulement admettre que durant les différentes phases de l'existence les réponses à la question du sens de la vie puissent changer, mais aussi que la question elle-même puisse avoir une portée très différente selon les périodes. J'émets donc l'hypothèse que ces théories ne se sont pas seulement développées dans une culture académique américaine aux aspirations élevées et dans les conditions du « publier ou périr », mais aussi pendant les premières années d'une carrière professionnelle où le but premier est de gagner une réputation et un poste permanent, c'est-à-dire durant une période de la vie scientifique qui, d'après ma propre expérience, ne semble pas propice à la recherche du sens de l'existence de qui que ce soit. Autrement dit, ce que l'on présente comme les théories de la motivation sont dans une large mesure des théories de l'aube de l'existence, elles diffusent une image de l'être humain qui ignore complètement les qualités qui apparaissent à la maturité de l'existence. La recherche de nouvelles conceptualisations qui offrent un cadre acceptable à nos perceptions, à nos pensées et à nos expériences inclut la nécessité d'inventer la notion même de signification. Une compréhension du sens de l'existence telle que donnée par Dieu ou comme l'essence de la vie qui doit être découverte et acceptée est évidemment partagée dans nos sociétés contemporaines par une minorité. Il ne fait aucun doute que, parmi les significations offertes sans cesse par les vendeurs et les producteurs, il y ait de bons et de mauvais fruits ou, pour reprendre la terminologie utilisée dans cet article, il y ait des significations existentielles de qualités diverses et des ersatz de signification.

LE TRAVAIL ET SA RELATION AU SENS DE L'EXISTENCE

Les explications et les modèles que les théories de la motivation ont fournis jusqu'à présent n'ont changé ni la relation que l'être humain entretient avec son travail, ni contribué à une meilleure compréhension de cette relation.

En effet, la fragmentation et le clivage qui existent tant dans nos entreprises que dans notre environnement social ouvrent la voie à toutes sortes d'ersatz symboliques. Désormais, non seulement on doit voir le sens du travail en relation avec le sens de l'existence, mais la recherche même de sens ne peut se faire que par cette voie. Seule cette signification est capable de transcender et de dépasser la fragmentation en cours. Le sens que quelqu'un donne à son travail est celui qu'il donne à son existence ne peuvent être vus comme deux éléments différents. Ils sont et doivent être nécessairement reliés si l'individu veut éviter la schizophrénie.

En postulant une relation entre le sens du travail et le sens de l'existence, on émet l'idée que le travail ne peut avoir de signification au sens fort du terme que lorsqu'il est vu non seulement comme une dimension des entreprises mais aussi comme un élément de l'existence individuelle et collective. En plus de cette relation subjective entre le travail et l'existence, il existe également une relation symbolique plus collective qui, dans la plupart des cas, est laissée pour compte. Marcuse (1933) a défendu l'idée que tout travail humain repose dès le tout début sur un travail qui a été accompli auparavant par d'autres travailleurs. Quel que soit le travail que l'on fait, tout travail est dépendant du travail que d'autres ont accompli avant nous — mes lunettes, mon stylo, ce papier, la fenêtre et le paysage, les machines, les outils, les matières premières, voire l'argent. Notre aptitude à travailler se fonde sur l'idée que nous sommes tributaires des travailleurs qui nous ont précédés.

La réalisation ou non d'une telle relation systémique dépend non seulement de l'individu, de sa maturité et de ses aptitudes, mais elle est aussi, dans une large mesure, fonction de la façon dont l'organisation du travail dans une entreprise prend en compte ce cadre dans son design et comme élément de sa culture. En fait, il semble que la majorité de nos entreprises industrielles et de nos institutions ne prennent pas en compte explicitement cette notion de sens tant dans leur design et leurs structures que dans leurs activités quotidiennes.

La relation au sens semble apparaître sous quatre formes différentes:

1) le sens qui est directement relié à l'emplacement de travail, à la tâche et à l'unité ou au groupe de travail immédiat;
2) le sens qui dépasse le groupe de travail immédiat, et qui renvoie à l'interrelation entre une unité et les autres;
3) le sens qui relie un travail particulier à l'environnement global de l'organisation, à la culture et au produit;
4) le sens qui renvoie au contexte encore plus large de l'organisation, à son environnement, c'est-à-dire aux clients, aux politiques et aux marchés.

La première sphère de signification renvoie aux aspects de l'organisation qui touchent les nouvelles formes de design des tâches, la rotation, l'enrichissement, les groupes de travail semi-autonomes et les autres programmes d'amélioration de la vie au travail. Mais il semble que ces moyens de changer l'organisation des tâches s'en tiennent à la rotation. Bien que je ne puisse voir comment l'autonomie peut se réaliser et être gérée sans tenir compte des limites d'un sous-système et de son environnement, on tente régulièrement de mettre sur pied des groupes de travail semi-autonomes sans porter la moindre attention à leur univers symbolique. Cela tient peut-être à la fiction et au paradoxe sur lesquels cette approche est fondée, ceci étant illustré par le qualificatif semi-autonome qui la popularise. Le postulat sous-jacent à ces tentatives de redéfinition des tâches semble être qu'il n'existe de toute façon aucune signification possible en dehors de la tâche ou que les ressources plutôt limitées du travailleur ne lui permettent pas de faire un lien quelconque entre sa tâche, l'organisation et son environnement. Le travail doit donc être enrichi et manipulé à des degrés divers pour constituer un facteur de motivation.

Comme on peut le voir, il semble très difficile sinon impossible à un travailleur de sentir que son travail a un sens uniquement à l'intérieur de ce cadre; on peut postuler la même chose pour les autres niveaux de relations. Il semble particulièrement difficile de donner du sens au travail de quelqu'un si l'on ne peut le relier qu'au produit et non au client, ce qui est le cas par exemple d'un grand nombre d'entreprises sous-contractantes ou lorsque le produit est vendu sous une autre marque. L'univers de signification ne peut être contenu dans une entreprise lorsque l'actualisation du sens à un niveau n'a aucun lien avec le niveau suivant et ne peut, par conséquent, être transcendé.

En dépit de tous les outils de motivation et de tous les systèmes incitatifs qu'utilisent la plupart des entreprises américaines à succès et qui peuvent paraître aux yeux d'un Allemand souvent étranges, quelques-unes de ces entreprises sont capables, consciemment ou non, de mettre en lumière l'univers symbolique dans son sens le plus large. Jusqu'à présent, comme on a beaucoup insisté pour relier le travail à l'organisation globale et à son environnement, il semble que la gestion de l'univers symbolique, des significations, en tant que système et dans ses diverses relations, est devenue une partie explicite de la fonction managériale. De nouveau, on ne peut juger ici si c'est une façon pour les entreprises de porter une attention au fait que « les êtres humains ont besoin de mythes en vue de donner du sens à leur existence » (Lawrence *et al.*, 1975, p. 141), que « les mythes sont les fabricants d'institutions » et « une manière de transmettre le système de valeurs » (P. Selznick cité par Peters et Waterman, 1982, p. 282) ou, comme l'a déclaré Hales (1974, p. 3), que ces mythes servent uniquement à légitimer l'ordre social des sociétés capitalistes avancées. Il semble néanmoins que ces entreprises considèrent la création et le maintien des mythes et de l'univers de significations comme l'une de leurs principales tâches managériales[9]. D'une manière étonnante, elles semblent capables d'intégrer la rationalité de leurs produits et celle de leurs technologies à la rationalité de leur univers symbolique qui relève très souvent du conte de fées, de la légende, voire de l'enchantement.

Le postulat selon lequel, dans la plupart de ces entreprises, le sens semble non seulement présent à chacun des membres de l'organisation, mais aussi est géré à partir d'une perspective systémique ne conduit pas nécessairement à la conclusion que ces entreprises de même que leurs employés ne sont pas aux prises avec la question du sens ou de l'absence de sens.

En dépit de ces tendances encourageantes dans un certain nombre d'entreprises, il semble, toutefois, que ces tentatives soient incapables de combler le fossé symbolique qui est établi et soutenu par la société environnante.

Ce qui semble manquer ou encore s'être perdu est une autre dimension ou encore un cinquième rapport au sens par lequel la réalité interne des organisations et leur environnement commercial immédiat sont reliés d'une part à la société, au monde et à l'univers et, d'autre part, à la condition de mortel de chaque employé[10].

Normalement les entreprises ne s'occupent pas directement de ces questions. Les questions et les réponses sur le sens de l'existence sont habituellement considérées comme un problème individuel et de nature privée.

Très souvent la relation entre le sens du travail dans l'organisation et le sens de l'existence dans son acception la plus large paraît être gérée de façon rigide. Il existe une tendance durable à remplacer le sens de l'existence par le sens du travail ou de la réussite en neutralisant et en dévaluant toute autre dimension. La suraccentuation ou la surimpression de signification dans ces quatre premières relations conduit souvent les employés concernés par le sens de leur existence à questionner leur propre organisation et le sens qu'elles ont donné à leurs actions jusque-là, que l'on soit chirurgien dans un hôpital, ouvrier ou cadre dans une usine, ou gardien de prison.

L'interrelation mentionnée plus haut entre les deux dernières relations ne semble pas un critère propre à ces deux rapports; on peut également émettre l'hypothèse que l'interrelation de toutes ces relations de sens constitue des conditions *sine qua non* pour tout individu qui veut répondre à la question de l'utilité de son existence. Faire l'hypothèse d'un continuum de sens entre les différents niveaux au lieu d'une division entre des éléments ou sphères propres ne signifie pas pour autant que tout individu actualise à chaque instant son univers symbolique; cela signifie seulement que tout cet univers de signification devrait être accessible et pris en considération. Par conséquent, on peut émettre l'hypothèse que les organisations elles-mêmes en tant que lieu de signification non seulement doivent allouer à leurs employés des espaces individuels de signification, mais elles doivent aussi inclure la recherche, la création et le maintien de ce sens existentiel à l'intérieur de leur design et de leurs tâches managériales.

LE SENS DE L'EXISTENCE PAR-DELÀ LES FAUX-SEMBLANTS

Comme je l'ai déjà déclaré, l'objectif premier que je poursuis dans cet article est de comprendre et d'élucider les tentatives permanentes de construire et de détruire le sens dans les entreprises contemporaines. Considérer les chercheurs en sciences sociales et les cadres dirigeants qui ont inventé et continuent à voir le concept de motivation et les théories qui y sont rattachées comme étant les principaux agents de ce processus de destruction, serait aussi facile que d'accuser les armuriers ou les généraux d'être responsables des horreurs de la guerre. Aussi longtemps que nous ne reconnaîtrons pas que ce que l'on a présenté comme la fragmentation et le processus de clivage fondamental dans le monde des entreprises et dans la société est aussi soutenu et perpétué par les mêmes mécanismes qui ont cours dans notre monde intérieur

— par nos tendances individuelles à dissocier ceux qui sont au sommet de ceux qui sont au bas de l'échelle, à diviser nos propres activités en éléments indépendants autant qu'à nier notre condition de mortels —, personne ne peut s'attendre réellement à une quelconque tentative pour redonner du sens au travail.

En effet, ce n'est pas une chose facile! Cela exige de devenir conscient de la relation que l'univers intérieur, les rêves, les angoisses et les espoirs personnels entretiennent avec la réalité extérieure et sa construction sociale. Cela signifie qu'il faut également reconnaître notre dépendance croissante par rapport à ce qu'on considère comme la vérité et comme élément signifiant, ce qui est reconfirmé à chaque fois que nous les reconnaissons comme tels.

L'expérience à la fois la plus effrayante et la plus dangereuse dans cette entreprise, c'est probablement les conséquences en cascade très prévisibles que toute tentative sérieuse d'affronter un seul de ces mensonges peut entraîner, à savoir amener l'être humain dans une entreprise sans finalité, dans une odyssée qui à cette occasion ne peut se réaliser qu'à la condition que cet être humain ne soit plus le même par la suite.

Une telle affirmation nous renvoie au point de départ de cet article: l'hypothèse selon laquelle la motivation est un ersatz de sens doit être élargie pour questionner d'autres tentatives de conceptualisation de la réalité sociale de nos entreprises. Aussi, peu importe le concept avec lequel nous commencerons — le management, la participation, le leadership, le stress, la croissance économique, l'efficacité, etc. — il deviendra vite évident que ces conceptualisations traditionnelles, probablement à des degrés divers, ne fourniront plus le cadre d'interprétation de notre expérience et de nos tentatives pour admettre et comprendre sa signification. Prenons, par exemple, l'hypothèse présentée plus haut de l'immortalité de l'entreprise et son application au management: on peut la mettre en doute si la participation dans les organisations — qui a été jusqu'à présent comprise comme un processus plus ou moins mutuel comprenant deux parties engagées dans un processus de décision ou de négociation touchant les objectifs communs de l'entreprise — peut être uniquement vue comme une lutte fictive pour l'immortalité dans laquelle, comme on peut en faire l'hypothèse, la direction possède seule l'immortalité et doit la défendre contre les ouvriers, ces mortels (Sievers, 1986b).

Une conséquence de ce renvoi des processus permanents de clivage et de fragmentation sociaux à l'identité individuelle dans le but de les surmonter est de reconnaître qu'il n'est désormais plus vrai que « le sens de la réalité d'un individu est un autre mythe de l'homme » (Sievers, 1986b), ce qui en dernier ressort conduirait à la division toujours présente, à savoir que nous seuls sommes des hommes et que tous les autres sont des sauvages. Si on accepte que pour d'autres nous sommes en tant qu'êtres humains également des sauvages, cela nous amènera à la conclusion que toute réalité est nécessairement une construction et, comme telle, fondamentalement basée sur des mythes, et que « ces mythes fondamentaux modèlent de façon si forte notre propre vision de la réalité que l'on ne peut que difficilement s'en dégager » (Sievers, 1986b):

> L'expérience du néant surgit lorsque je découvre que mon mythe n'est pas nécessaire et inévitable mais bien arbitraire et socialement contingent. Je cherche alors une version plus fine de la réalité, uniquement pour découvrir que les interprétations alternatives sont également des mythes, de meilleurs mythes à certains égards, peut-être, mais sans aucun doute des mythes quand même.

Une première mais néanmoins infantile réaction à ce propos est d'éviter une telle expérience du néant et de la nier efficacement afin de ne pas perdre toute orientation pour entreprendre des actions. Si quelqu'un est capable de faire face à une pensée de cette nature en toute maturité, on peut en tirer d'autres conséquences.

Voilà qui nous ramène immédiatement à la question soulevée plus haut. Comment quelqu'un peut-il avoir une vie utile? Comme la plupart des hommes et des femmes d'aujourd'hui ne peuvent désormais s'appuyer sur une réponse communément partagée, ce qui semble avoir été le cas sans beaucoup de variations durant des siècles, de nouvelles réponses doivent être trouvées.

Être conscient du caractère nécessairement inventif de n'importe quel mythe et de n'importe quel sens en tant que réponses à cette question fondamentale amène à sortir du fatalisme infantile que constitue l'incapacité de choisir une réponse parmi un nouveau type de liberté, une liberté de choisir à travers laquelle il devient « important de discriminer entre ces systèmes de significations qui sont façonnés pour libérer les possibilités créatives de l'existence et ceux qui délimitent en effet les choix disponibles aux individus » (Lawrence, 1984, p. 36). La recherche et la décision en vue d'un tel sens ne peuvent être comprises de façon statique. Elles se modifieront et probablement se transformeront radicalement à la suite de certaines expériences critiques de l'existence. Fabriquer un nouveau système de signification existentielle est un processus analogue au travail de deuil (Sievers *et al.*, 1981, p. 113). Seule une personne capable d'admettre et de faire face à un tel processus en toute maturité pourra éviter de retomber dans les vieux mécanismes de clivage, de projection et d'introspection.

Ce que je veux mettre en valeur ici, c'est la tendance qu'a notre société contemporaine de ramener l'univers symbolique à une dimension individuelle de nature privée d'un côté, et, de l'autre, en ce qui concerne les systèmes sociaux, à le réduire à l'intérieur de frontières bien délimitées d'institutions déterminées, dans le but de prouver le postulat sous-jacent que l'univers symbolique qui est créé et soutenu dans une entreprise industrielle, non seulement ne peut se relier à celui des concurrents mais aussi semble totalement déconnecté des institutions de santé ou d'éducation tout comme des questions sociales plus profondes. Ainsi, ces tendances semblent confirmer que la recherche de sens ne peut pas devenir une question publique et encore moins une question politique. Même si l'interprétation d'un tel déni collectif semble évidente lorsqu'on se réfère aux remarques d'Elias sur la solitude des mourants dans nos sociétés — miroir de la solitude existentielle contemporaine, les gens étant incapables à la fois individuellement et collectivement d'affronter leur propre mort —, il semble néanmoins important de mieux comprendre comment est géré le retour forcé de tout intérêt pour l'univers symbolique dans la sphère privée ou dans l'« intimité » d'une institution.

Ces résultats paraissent dans une certaine mesure être le fruit de la coexistence de systèmes de signification différents et contradictoires dont l'objectif est d'éviter toute relation afin de sauvegarder la fiction de la démocratie pluraliste d'opinions et d'idées.

En plus des processus de clivage décrits plus haut et partiellement reliés entre eux, il existe dans nos institutions un curieux clivage entre leurs cultures dominantes, leurs mythes fondateurs et l'expérience vécue par leurs employés.

Qu'ils soient cadres ou ouvriers, ils doivent en effet apprendre et accepter très tôt dans leur carrière qu'une interprétation apparemment déviante de leur propre expérience ne compte pas.

En effet, les cultures prédominantes dans nos institutions empêchent régulièrement toute tentative de la part d'un individu en pleine maturité de se lever et de dénoncer le mensonge qu'il avait accepté jusqu'à présent comme la vérité, mais qui ne peut plus être relié à ses propres efforts de donner un sens à son expérience. De nouveau, le fatalisme paraît être la seule réaction face à ces blocages institutionnels. Il le sera aussi longtemps que nous ne deviendrons pas conscients que ces blocages sont aussi intérieurs, proviennent de nos propres compromis qui nourrissent nos propres mensonges tout comme ceux de la société et qui nous empêchent de critiquer la réalité conventionnelle et les postulats qui la fondent.

En assimilant tout effort de compréhension du sens à une affaire privée, en fournissant toutes sortes de faux-semblants la plupart de nos institutions, quel que soit leur type, non seulement créent un vacuum institutionnel mais aussi négligent tout intérêt social pour l'univers symbolique quel qu'il soit.

C'est à cette aune que j'évalue les tentatives faites par quelques entreprises américaines à succès, que Peters et Waterman décrivent dans leur ouvrage. Même s'il semble difficile d'un point de vue externe (avec ses propres exigences et préjugés) d'imaginer comment une entreprise comme Disney Productions ou Mc Donald's, par exemple, réalise, crée et intègre une recherche collective du sens existentiel comme un élément à part entière de sa recherche de l'excellence, il faut néanmoins reconnaître qu'un nombre croissant d'entreprises se sentent de plus en plus concernées par la façon de relier leurs objectifs socio-organisationnels au besoin fondamental qu'ont leurs employés de donner un sens à leur existence. Bien que ce ne soit pas ici la place d'analyser plus à fond la manière dont ces entreprises accordent de l'importance à une telle recherche, on peut cependant se demander si un tel intérêt développé par quelques entreprises contemporaines ne se transformera pas en définitive en une autre marotte ou une autre caricature si on le gère de façon traditionnelle, c'est-à-dire mécaniquement de haut en bas. L'univers symbolique deviendra alors très vite une notion instrumentale et dégénérera en un autre outil de gestion[9].

Il ne fait aucun doute que toute tentative visant à trouver de nouvelles frontières symboliques, qu'elle soit le fruit d'un individu ou d'une institution, est une aventure. Il ne fait également aucun doute que, en ce qui concerne les institutions, la majorité de ceux qui se qualifient ou sont qualifiés traditionnellement de cadres ou de leaders ne seront pas nécessairement les timoniers ou les patrons d'un tel voyage. Ce dont on a besoin pour cette entreprise, ce sont des personnes capables, même si cela peut être menaçant pour elles-mêmes et pour les autres, de redonner du sens et de procéder à des expérimentations afin de modifier et de reconstruire la réalité actuelle de leurs institutions.

Notes

1. La plupart de ces approches me semblent basées principalement ou exclusivement sur des paradigmes et des modèles plutôt mécaniques qui — même si elles s'en défendent — renvoient fondamentalement aux métaphores de la carotte et du bâton ou du fouet et du bonbon. Même celles qui paraissent les plus sophistiquées me semblent n'être qu'une autre variation du thème du singe attiré par une banane hors de la forêt tropicale. L'illustration de la jaquette de l'ouvrage de Victor H. Vroom et de Edward L. Deci (1970) ne représente-t-elle pas d'ailleurs une savoureuse carotte ?

2. En effet, ce qui m'a frappé, c'est l'audace avec laquelle les scientifiques présentent leurs idées et leurs résultats de recherche comme la vérité ou encore permettent à leurs éditeurs de les présenter comme tels. À titre d'illustration, sur la couverture de l'édition de poche de *The Achieving Society* de McClelland (1961) on peut lire ceci : « Appliquant les méthodes des sciences du comportement, cet ouvrage fournit un fondement pour évaluer les théories (économiques, historiques et sociologiques) qui expliquent la montée et le déclin des civilisations. »

3. Voici quelques exemples de ce genre de pensée scientifique :

   Ce que Katz et Kahn (1966) ont décrit dans leur ouvrage *Social psychology of organizations*, il y a plus de vingt ans, paraît encore, à mon avis, toujours vrai aujourd'hui du courant scientifique principal autour de cette question. En voici quelques extraits : « L'erreur psychologique de se concentrer sur les individus sans faire état des relations de rôle qui constituent le système social dont ils font partie [...] » (p. 391) « Pendant que la plus vieille théorie de la gestion scientifique s'intéressait à l'organisation et oubliait les individus, des approches psychologiques récentes regardent attentivement les personnes et oublient leur interdépendance dans le contexte de l'organisation. » (p. 336.) « La littérature socio-psychologique est restée étrangement silencieuse pour décrire le fonctionnement des processus de leadership dans l'univers social réel, c'est-à-dire à l'intérieur des systèmes sociaux ; la littérature sur le leadership est désincarnée, sans aucun enracinement organisationnel. » (p. 308.)

4. L'évidence de cette affirmation me semble résider dans la terminologie ou plutôt le jargon que la théorie de la motivation utilise. Elle est d'abord et avant tout bâtie sur les notions de besoin et de satisfaction. Le lien entre de telles notions et les catégories qui sont associées aux efforts commerciaux pour accroître la consommation est intéressant à souligner.

5. Cette fragmentation est plurielle. Pour ce qui regarde l'individu, la réalité est non seulement divisée en éléments politiques, sociaux, privés, mais nous sommes de plus en plus habitués à satisfaire l'idée que nos pensées, nos actions, nos expériences et nos émotions ne peuvent plus être interreliées et appartenir à la même et unique personne. Il devient de plus en plus difficile à surmonter, ce fossé entre l'individu et les différents rôles qu'il joue. « Plus on différencie le monde, moins il est facile d'intégrer l'expérience. » (Pym, 1975, p. 687.)

6. Frederick W. Taylor, par exemple, lorsqu'il travaillait à la Bethlehem Steel, il y a soixante-dix ans, l'exprima dans « ses principes de direction scientifique » en ces termes : « Et à côté de ceci, l'homme désigné pour porter les gueuses de fonte est trop stupide pour s'entraîner, se former lui-même. » (1911, p. 63.) En ce qui concerne le message sous-jacent, on peut dire que cela n'a pas changé vraiment au

cours des dernières décennies. Cela conduit à la réalité psychique suivante : ceux qui sont au sommet gèrent leurs propres incapacités, faiblesses, passivité et impuissance en les projetant sur les autres. Cette projection des dirigeants (catégories dirigeantes) est en même temps reliée à leur propre introspection de force, puissance, unicité et activité qu'ils se fixent à eux-mêmes. Une confusion prend également place chez ceux qui sont communément appelés employés ou travailleurs : à travers une telle projection, ils paraissent perdre leur propre force qu'ils doivent utiliser jusqu'à un certain degré pour d'autres relations externes et, par l'introjection de tous les éléments négatifs de l'organisation, ils perdent finalement l'estime de soi. Le résultat d'une telle collusion est très bien exprimé dans ce poème anonyme des ouvriers de la G.M. que Peters et Waterman (1982, p. 235) citent dans leur livre, *Le prix de l'excellence* : « Qu'est-ce qui fait instantanément d'un homme un enfant? Les périodes avant lesquelles il devient un père, un mari, un propriétaire, un citoyen, un amant, un adulte. »

7. Je me souviens très bien, par exemple, de la colère et de la confusion d'une partie des participants à un séminaire, lorsque j'ai déclaré que ni moi dans le rôle du directeur, ni mon collègue dans le rôle de cadre ne considéraient les participants présents comme nos employés mais bien comme des participants à une session d'apprentissage à des rôles précis. Ils reçurent cette déclaration comme une insulte. Ils renforcèrent d'une certaine manière l'idée que les gens aiment bien ressentir ce qu'ils veulent bien ressentir : un tel « cercle vicieux » tire son énergie de l'hypothèse fondamentale de la dépendance (Bion, 1961) autour de laquelle les organisations se mobilisent. La dépendance et la passivité sociale présentes dans la société sont retranscrites sous forme de rôle à l'intérieur des entreprises par les individus, et vice versa, la dépendance par rapport à une hypothèse fondamentale de la nature existe pour la recherche en entreprise (Lawrence, 1979, p. 247).

8. En effet, en Allemand, « Arbeit » signifie travail et étymologiquement il renvoie au travail d'un enfant abandonné qui est forcé de travailler durement. « Arbeitsplatz » signifie le poste de travail, et « Arbeitslosigkeit », quelqu'un qui n'a pas de travail.

9. Voir à cet égard le texte de O. Aktouf dans le présent ouvrage.

10. Ce rapport au sens, au moins dans quelques-unes des plus vieilles entreprises américaines, peut, par exemple, être déduit de l'inscription gravée sur la tombe du dernier des propriétaires de Procter & Gamble que les employés érigèrent spontanément après sa mort : « William Cooper Procter eut une existence marquée par une noble simplicité croyant en Dieu et dans le mérite de son prochain. » (Shisgall, 1981, p. 116.)

LES RELATIONS INTERPERSONNELLES DANS LES ORGANISATIONS

Le cas du chef de projet

Maurice DUFOUR

> « Tu vis avec des hommes réels et tu l'ignores. Qui dit que tu es sage? Que l'État soit gouverné n'est qu'un hasard, et ce n'est pas ton mérite. »
>
> LAO TZU, *Le vrai classique du vide parfait*

S'il fallait donner des noms précis de qualités susceptibles de définir un « bon » chef de projet, je commencerais par les répartir en deux grandes catégories, les unes intellectuelles, les autres humaines, et je mettrais dans les premières la subtilité et la rigueur, dans les secondes l'humilité, le tact et la capacité d'être un bon animateur de groupe. Je vais donc essayer de justifier mes choix non pas en les développant en autant de paragraphes, mais en abordant tour à tour les différentes situations concrètes dans lesquelles ces qualités paraissent requises.

Tout d'abord, le métier de chef de projet n'est pas seulement un métier de technicien mais surtout *un métier* de concepteur, ou plutôt de *co-concepteur*. Il est en effet avec ses interlocuteurs dans une *relation d'aide à la conception de leurs activités*. Il doit donc être capable de la mener dans les dimensions temporelles du court, moyen et long terme et dans la double perspective locale et générale, ponctuelle et globale. Pour utiliser une analogie avec les activités du bâtiment, il doit savoir être à la fois et tour à tour maçon, entrepreneur, architecte et urbaniste. Il s'agit donc d'une compétence très générale et de très haut niveau. Il lui faut aussi faire face à quatre grandes catégories de problèmes:

- les problèmes liés aux méthodes et à la méthodologie;
- les problèmes liés à la demande;
- les problèmes liés au terrain;
- les problèmes liés à l'action.

PROBLÈMES LIÉS AUX MÉTHODES ET À LA MÉTHODOLOGIE

Principes

Dans un milieu d'ingénieurs et dans un monde d'activités techniques et matérielles, les mots « méthode » et « méthodologie » ne sont porteurs d'aucune ambiguïté. Il s'agit de l'ensemble des règles et principes normatifs qui définissent une technique raisonnée en vue d'obtenir un résultat. C'est en quelque sorte un modèle de l'action. Dans ce cadre-là, les méthodes et la méthodologie sont fondées sur les principes de la logique rationnelle de non-contradiction qui comportent la certitude et l'évidence. Peut-on, dans le même sens, utiliser ces deux termes dans un monde d'activités non plus seulement techniques et matérielles mais au contraire subjectives et relationnelles, dans un monde de représentation? La réponse est, catégoriquement, *non*.

Cependant, doit-on s'attendre alors à rencontrer soit une absence totale de logique, soit une logique incompatible avec la logique rationnelle précitée et donc renoncer à l'utilisation de toute méthode ou méthodologie prises au sens précédent? La réponse mérite d'être nuancée.

Les hommes mettent toujours un certain ordre dans ce qu'ils font. Ils sont, de plus, toujours capables d'en rendre compte à eux-mêmes et aux autres selon leurs catégories propres. Comme le dit la logique de Port-Royal (Roubinet, 1964, second discours): « On appelle ici ordonner, l'action de l'esprit par laquelle ayant sur un même sujet diverses idées, divers jugements et divers raisonnements, ils les disposent en la manière la plus propre à faire connaître ce sujet. C'est ce qu'on appelle encore *méthode*. Tout cela se fait naturellement, quelquefois mieux par ceux qui n'ont appris aucune règle de logique, que par ceux qui les ont apprises. » Or, malheureusement, dans nos sociétés actuelles ces règles de logique ont été seules apprises au détriment de toute autre.

Par ailleurs, la recherche en linguistique, en ethnologie, en biologie a permis de mettre en lumière une autre sorte de logique plus apte à rendre compte des aspects symboliques des activités humaines. Elle repose sur la reconnaissance des oppositions et de leurs complémentarités. Son principe n'est plus la non-contradiction mais l'ambivalence. D'une chose peut être dite une certaine autre chose et son contraire. Ces deux aspects d'une chose ne sont plus, dans une telle logique, en contradiction, ils se complètent et s'appellent mutuellement pour la caractériser. Dans le même mouvement et selon la même logique, les oppositions permettent de reconnaître non seulement des particularités distinctives mais aussi nécessairement des particularités communes. Tout le problème est alors de déterminer comment, où, dans quelle proportion et selon quelle dialectique.

En plus, dans cette logique, les choses ne sont plus seulement caractérisées par leurs propriétés intrinsèques et formelles, mais par leurs relations les unes avec les autres qui permettent, et elles seules, d'appréhender de nouvelles propriétés non plus quantitatives mais purement qualitatives. Il n'est alors plus possible de parler des choses indépendamment de leurs réseaux de relations. Et même si certaines d'entre ces dernières sont quantifiables, le plus important, leurs significations, elles, ne le sont pas. Ernst Mayr (1981) dans *La biologie de l'évolution* formule avec simplicité cette nouvelle manière de voir: « Une personne donnée n'est pas un frère en raison de ses propriétés intrinsèques mais seulement en relation à quelqu'un d'autre. » Or, qu'on le veuille ou non, le monde de l'entreprise est aussi un monde de relations, à plus forte raison dans l'étude des réseaux de communication.

Il ne s'agit donc plus dans cette nouvelle démarche ni de certitude ni d'évidence, mais plutôt de subtilité. C'est pourquoi les principes d'ambivalence et de relation posent inéluctablement le problème de l'interprétation. C'est en quelque sorte leur corollaire. Mais la qualité de l'interprétation dépend évidemment de la qualité des représentations et de la manière dont on les a élaborées. Il importe par conséquent de se débarrasser de tout positivisme logique dans la réflexion et de prendre connaissance de cette réalité primordiale: *les faits sociaux ne sont pas des choses*. Le souci d'amélioration des représentations et de leur interprétation a tout naturellement conduit au réexamen des problèmes de l'enquête sur le terrain pour aboutir à l'élaboration d'une approche différente: l'« observation participante ». On considérera comme fondamental le changement d'attitude suivant: ce n'est pas tant une manière de faire avec les autres qu'une manière d'être parmi les autres. Elle consiste en effet, d'une part, à réintroduire l'observateur (enquêteur) dans l'observation (enquête) en considérant la relation de l'observation à l'observé et celle de l'observé à l'observateur comme le fait *sui generis* de l'observation (enquête) et, d'autre part, à reconnaître que cette relation s'établit toujours au moyen du dialogue et à le traiter comme un phénomène non trivial. L'observateur (enquêteur) devient alors au même titre que l'observé (enquêté) source d'informations et de données relativement au problème étudié. On ne se trouve plus en présence d'un individu actif, l'observateur (enquêteur) et d'un individu passif, l'observé (enquêté), mais d'un couple d'acteurs dans la relation d'observation (enquête), l'un comme l'autre réciproquement partenaires de l'un et de l'autre. Aux données et informations « objectives » susceptibles d'être recueillies par l'observateur viennent donc s'ajouter celles créées par cette relation, l'ensemble formant nécessairement système. Il est bien évident qu'une telle situation postule de par sa nature et son fonctionnement la parité de statut des deux partenaires, du moins tout au long de sa durée.

Applications

C'est pourquoi la mise en application de l'« observation participante » dans l'entreprise, institution fondée sur l'autorité hiérarchique, se heurte à certaines difficultés précises. En effet, l'enquête-observation s'y trouve très rarement pratiquée d'une manière neutre. Elle a le plus souvent pour but non pas tant de révéler le mode de fonctionnement de l'institution ou de l'une de ses parties, que de découvrir comment elle devrait fonctionner et surtout quelles mesures il faut prendre pour la corriger, voire la modifier ou la transformer dans ce sens. Il serait donc dans ce cas-là dangereux, au cours de la première étape de mise en route de l'observation participante, de chercher à camoufler les côtés normatifs, prescriptifs ou correctifs des objectifs de cette enquête-observation. Si une transformation, une modification, est envisagée, il faudra pouvoir répondre clairement et sans équivoque aux questions suivantes dès le début: qui prend la décision? concernant la modification ou la transformation de quoi et de qui? Force est donc, pour respecter le principe de l'interlocuteur partenaire, de fournir tout de suite les explications les plus complètes et les plus nécessaires sur les finalités ultimes de l'opération. On doit alors être capable de faire face aux conséquences possibles de cette situation et d'admettre le fait que, le plus souvent, « dans les rapports humains la puissance et la compréhension sont antithétiques ».

L'occasion toute particulière s'en trouve surtout offerte au moment de la présentation de la synthèse de l'enquête. La restitution et la synthèse concernent non seulement le commanditaire mais aussi tous les partenaires de l'enquête. Il vaut mieux l'effectuer quand le souvenir des entretiens a des chances de n'être pas encore effacé. Il est rare, de plus, que l'ensemble des partenaires n'attende pas un résultat plus ou moins défini, chacun selon ses expectatives et ses intérêts. Sous le couvert de l'anonymat, chaque partenaire doit pouvoir reconnaître dans la synthèse ses propres dires et découvrir dans quelle mesure ils aident à parvenir à la conclusion générale. Il faudra donc veiller à retranscrire les productions des intéressés dans un langage le moins éloigné possible de leurs expressions d'origine.

La finalité de la synthèse est le plus souvent de trouver, de proposer et de justifier une ou des solutions au problème soulevé. Elles ne doivent alors pas apparaître comme trop éloignées ou étrangères à la situation. C'est encore, en effet, un des rôles importants de la synthèse que de tenter de retracer l'histoire, d'indiquer les sources et les origines, et d'établir à la fois des relations causales et modulées, c'est-à-dire d'apporter des éclaircissements et d'être suffisamment argumentée et convaincante pour entraîner la plus large adhésion.

Enfin, l'observateur-enquêteur-rapporteur se gardera d'apparaître, de par les savoirs qu'il détient sur le groupe, comme un personnage infaillible et omnipotent. C'est pourquoi, la plupart des interactions s'étant faites dans le registre de la parole, il est très vivement recommandé de restituer cette synthèse finale par le moyen d'une réunion générale au cours de laquelle les propositions seront présentées, explicitées et discutées. C'est en général le meilleur moyen de découvrir la nature des difficultés et des résistances possibles que risque de susciter leur mise en application. Il faudra veiller alors à laisser le débat ouvert et à s'abstenir de tout recours à des abstractions commodes comme « l'efficacité », « la responsabilité » et autres rationalisations ou intellectualisations qui servent à masquer des prises de pouvoir sources de conflits et de problèmes ultérieurs. Dans le même ordre de préoccupation, l'enquêteur-rapporteur acceptera de n'être pas capable de pouvoir rendre compte de tout ni de tout expliquer.

PROBLÈMES LIÉS À LA DEMANDE: DIFFÉRENCE DES PRÉOCCUPATIONS ENTRE CHEF DE PROJET ET UTILISATEURS

L'expérience enseigne que si l'on construit un programme uniquement à partir des données fournies initialement, il a de fortes chances d'être inutilisable. Mais comme le chef de projet est censé n'être pas compétent dans le domaine qu'il informatise, on est en droit de se demander comment il peut être capable de poser les questions pertinentes pour explorer, valider ou invalider la demande qu'il reçoit. C'est ici qu'intervient l'art de l'accoucheur et du bon animateur. S'il veut décrypter correctement la demande, il lui faut être capable de la situer et de se situer lui-même par rapport à elle et aux quatre types principaux d'interlocuteurs habituellement rencontrés: les décideurs, les responsables de service ou d'unité, les utilisateurs finaux, sans oublier les informaticiens, c'est-à-dire de se considérer lui-même comme un élément important de son observation. La différence particulière entre la démarche des disciplines humanistes et celle des méthodes générales des autres sciences est en effet la réintroduction de l'existence et des points de vue des sujets dans l'observation, en l'occurrence entre celle des demandeurs et celle aussi du chef de projet en interaction. Comme le dit Georges Devereux, « réintroduire dans la situation expérimentale, l'observateur tel qu'il est réellement non pas en tant que source de fâcheuses perturbations, mais en tant que source importante et même indispendable, de nouvelles données comportementales pertinentes. Ceci permet l'exploitation de nouvelles données sui generis de l'observation sur l'observateur et l'observé tout à la fois, effets considérés comme des données-clefs » (1980, p. 60). Pour exprimer la même démarche d'une manière un peu différente,

> les faits sociaux se distinguent des faits de la nature parce que ce sont aussi et en même temps des valeurs et des choses extérieures. Ils ont une signification. Et d'un autre côté, le sociologue fait partie intégrante du monde qu'il étudie, il a une certaine position dans la société et qu'il le veuille ou non, qu'il s'en doute ou qu'il ne s'en doute pas, cette situation sociale a une réaction sur son jugement. On ne peut donc parler dans les sciences sociales d'une adéquation entre l'objet et le sujet [...] le sujet et ses propres intérêts font partie de la définition de l'objet [...] ceux qui étudient la société comme une nature morte, dont on a éliminé les volitions et les affections, n'ont plus entre leurs mains qu'un squelette de société et non la société véritable. (Bastide, 1968, p. 273-274.)

C'est précisément cette réintroduction de la personne du chef de projet avec ses préoccupations propres qui demande le plus de doigté et de tact. Mais cette introduction dans l'observation des points de vue du chef de projet, par exemple son souci de pérennité de ses constructions, ses exigences quant à la cohérence interne, permet le plus souvent de faire découvrir aux interlocuteurs la différence entre l'expression d'un besoin et l'expression d'un objectif couramment amalgamées par eux dans la demande d'un outil. C'est là pour eux un objet de confusions fréquentes car on sait mal faire la différence entre ce qui dans l'immédiat relève d'un besoin, d'un domaine fonctionnel, et ce qui est à plus long terme le but à atteindre, les objectifs. Il faut dans ces moments-là savoir poser les bonnes questions, être toléré et reconnu comme l'interlocuteur naïf. Plutôt que « de quoi s'agit-il? », il vaut mieux demander, par exemple, « qui échange des informations avec qui? », ou bien « qui sont les acteurs? », « quels sont les contrats qui les lient? », « dans quel but de l'action? », toutes questions destinées à mettre en évidence les structures vivantes de l'action. En faisant ainsi découvrir aux interlocuteurs qu'ils sont eux aussi les sujets de leur propre demande et de leur propre action, ils sont rendus par là « plus libres d'exprimer leurs opinions personnelles quant à ce qu'ils font ». En les personnalisant, les données se trouvent enrichies sans oublier toutefois que « les canons d'« objectivité » présupposés par la science expérimentale cessent de pouvoir s'y appliquer » (Leach, 1980, p. 67). Mais c'est en même temps le moyen d'étendre le champ d'investigation des interlocuteurs et de provoquer, au moment opportun, la découverte collective des objectifs communs. Il est important d'en faire le grand moment de la vie du groupe, car il doit permettre, s'il est correctement vécu, de faire admettre le rôle du chef de projet dans sa partie la plus ingrate mais la plus importante, celle d'analyste critique. Le faux naïf devient alors insupportable s'il n'est pas rendu tolérable par sa grande humilité.

PROBLÈMES LIÉS À LA DEMANDE: DÉFINITION ET VALIDATION DES CONCEPTS

Il faut à un moment ou à un autre se livrer à l'analyse sémantique des données manipulées, véritable travail de bénédictin. C'est dans ce domaine que s'exercent en principe une désespérante subtilité et une scrupuleuse rigueur. Car c'est elle qui va seulement permettre de découvrir le mélange entre plusieurs concepts, les confusions sur le sens, l'utilisation d'un seul concept pour plusieurs options. À cause des batailles de définitions de mots, des conflits risquent de surgir, mais il faut cependant qu'un réel diagnostic soit fait entre les partenaires et avec l'aide du chef de projet. Travail fastidieux mais tout à fait indispensable pour lequel il faut savoir trouver les interlocuteurs de niveau convenable car on risque à tout moment d'être noyé dans le « faux détail ». En général, les grands décideurs ne s'y intéressent pas. Pour les autres, c'est un travail mal perçu, mal reconnu. Il donne l'impression de perdre son temps dans des analyses inutiles et de ralentir le travail. Il est de plus mal aimé parce qu'il gêne, parce qu'il fait découvrir des incohérences, des contradictions et qu'il risque, en mettant à nu, à plat les pratiques et leurs justifications, de remettre en cause les acteurs et de leur faire perdre la face. L'humilité du chef de projet est alors de règle. S'il veut enrichir et apurer les significations, il doit savoir écouter, savoir aider à découvrir les objectifs cachés, implicites, non exprimés clairement, bref savoir donner au bon moment les interprétations correctes susceptibles d'aider à mieux maîtriser les problèmes et non pas de mettre les interlocuteurs dans l'embarras ou en état d'infériorité. En effet, ces découvertes ne vont pas manquer de les troubler, soit en leur révélant le fond et la nature de leurs problèmes, soit en les obligeant à envisager de changer leurs façons de procéder. En résumé, elles vont remettre en cause leurs propres compétences et leur propre système de référence.

C'est alors que risquent de se déclencher les fameux « facteurs libidinaux » propres à une telle situation. Il serait bon de s'y arrêter quelque peu. Le langage technique de la psychanalyse leur a donné le nom de « transfert ». « On doit noter tout de suite que le phénomène n'est pas le propre de la situation thérapeutique, ni particulier à cette situation. » « Il caractérise en fait les relations de tous les êtres humains les uns avec les autres », il existe « partout, tout au moins, où un groupe d'êtres humains agissent ensemble et où l'un d'entre eux joue un rôle prépondérant » (Stekel, 1980, p. 160 et 213). Nous sommes bien dans le même cas, le chef de projet joue dans cette situation un rôle prépondérant. L'évolution de la théorie et de la technique psychanalytiques nous permettent actuellement de mieux délimiter les similitudes entre la relation d'aide thérapeutique et la relation d'aide à la conception des activités définie précédemment et même d'en préciser le degré. Phylis Greenacre (dans Zeligs, 1961) écrit ceci:

> Or, si les deux personnes sont adultes, l'une ayant des ennuis et l'autre connaissant les problèmes ainsi soulevés et désireuse de mettre, dans la mesure du possible, les lumières de sa compréhension à la disposition du sujet troublé,

> de les lui prêter pour qu'il puisse trouver sa voie plus vite, la situation ainsi créée se rapproche considérablement de la relation psychanalytique. Le psychanalyste agit alors comme une fonction supplémentaire, ou comme un système de fonctions qu'il prête à l'analysé, pour l'usage et le profit de ce dernier.

Il ne paraît en rien exagéré de dire que le chef de projet prête à ses interlocuteurs tout un système de fonctions supplémentaires et qu'il est lui-même une de ces fonctions pour résoudre soit le problème qu'on lui présente, soit celui qu'il a soulevé. Dans ce cas, essayons d'utiliser d'une manière conséquente cette nouvelle approche de la situation. Il convient alors de savoir qu'on distingue deux sortes de transferts, l'un positif, l'autre négatif. « Toutes les réactions de transfert se caractérisent par l'ambivalence, la coexistence de sentiments contraires. Dans son acception psychanalytique, l'ambivalence revient à dire qu'une partie des sentiments est inconsciente. Il n'y a pas d'amour [...] qui ne soit accompagné de sa part secrète de haine. » (Greenson, 1977, p. 790.) Les deux sortes de transferts s'appellent mutuellement. Lacan (1974) le dit très bien avec son sarcasme habituel: « Nous disons avec plus de justesse que le transfert positif, c'est quand celui dont il s'agit, l'analyste en l'occasion, eh bien, on l'a « à la bonne » — négatif on l'a « à l'œil » (p. 114). » À chacun donc de savoir les détecter mais aussi, c'est le plus difficile, les tolérer et les utiliser correctement. Le chef de projet devrait être capable de donner des interprétations correctes des situations rencontrées. Il est également de règle de ne jamais les donner avant qu'un transfert positif ne se soit développé entre les interlocuteurs. Concluons donc ce paragraphe en précisant qu'une compréhension purement intellectuelle ne suffit pas, il y faut ajouter la compréhension émotionnelle si l'on veut exercer « le métier de comprendre autrui ». D'autres articles du présent ouvrage abordent cette question de façon détaillée.

PROBLÈMES LIÉS AU TERRAIN: PRÉEXISTENCE D'UN CERTAIN CONTEXTE ET CRAINTE DE LA PERTE DU RÉFÉRENTIEL

On ne vit jamais dans la réalité une situation où le monde est vierge et tout neuf, remodelable au gré de son concepteur. Le terrain existe bien avant qu'on le découvre avec ses caractéristiques à lui, en particulier probablement des systèmes déjà informatisés et pas nécessairement cohérents entre eux. On se voit obligé de réaménager un foisonnement stratifié de méthodes. De plus, au fur et à mesure qu'on étudie les problèmes, on se penche sur les méthodes utilisées, on en fait apparaître les incohérences, les incompatibilités, les anomalies accumulées au cours des années. Prenons-y garde, en même temps qu'on remonte le cours de l'histoire, on ne cesse aussi de la remettre en cause. Et quand on pose des questions sur les raisons de telle ou telle méthode, la réponse est bien souvent « c'est toujours comme ça ». Il ne faudrait pas prendre au pied de la lettre de telles réponses. Elles ne manifestent pas, comme il semble, de l'ignorance, de la pudeur ou de la timidité. Elles sont d'un ordre plus profond, celui du non-dit, dont la nature est de protéger la face cachée et secrète de toute communauté. En cherchant de nouveau à la mettre à jour, le chef de projet risque d'apparaître comme un violeur de secrets. Il doit donc savoir utiliser encore une fois son tact.

C'est de plus l'occasion ici de prendre quelque hauteur et d'utiliser la problématique de l'ethnologue. Nous sommes en terrain plus ou moins connu, nous découvrons des usages, des coutumes, un passé, la présence du chef de projet vient perturber ce savant équilibre. Que faire? Tout d'abord savoir utiliser l'histoire non pas tant comme une suite logique d'événements que comme le registre des possibilités jadis offertes et des choix effectués dans le cadre de l'unité observée. « Il ne suffit pas de savoir comment sont les choses, mais comment elles en sont venues à être ce qu'elles sont. » Ce sera le précieux moyen de repérer les tendances possibles, potentielles ou probables de l'évolution future. Il faut aussi veiller à ne pas confondre la réalité avec ce qu'on nous dit qu'elle est: « Ce n'est pas assez d'enregistrer les règles que les témoins récitent, il faut savoir si et dans quelles circonstances ces règles présumées sont en fait appliquées. » (Dumont, 1974). La précaution élémentaire est de chercher à en détailler le montage au moyen de questions pertinentes: « À quoi cela sert-il? » afin d'en dégager les objectifs, « Comment le fait-on? » pour en faire expliciter la technique, « Comment est-ce justifié? Quelles raisons en donne-t-on? » en vue de faire émerger la théorie et le sens.

Il serait impardonnable d'oublier que, parce qu'ils sont des hommes, toute expérience a une signification et une cohérence internes pour ceux qui la vivent. Par conséquent, avant de les remettre en cause, nous devons nous interroger nous et nos interlocuteurs sur le sens et sur la fonction. « Que veulent dire les procédures rencontrées? » « À quoi et à qui servent-elles? » Selon les réponses qui nous sont données et selon nos propres penchants théoriques, il est loisible de regrouper les phénomènes observés selon quatre grandes catégories de structures.

Première catégorie: une structure de pouvoir

Une structure de pouvoir investie dans des rôles, qu'ils soient antagonistes ou complémentaires, ainsi que le dit si bien Leach: « Une société humaine est un réseau de relations à deux, chacune d'elles implique l'égalité ou l'inégalité: et l'inégalité entraîne la domination. La société humaine prise comme un tout a une structure de pouvoir. » (Leach, 1980, p. 57.)

Deuxième catégorie: une structure de relations particulières de rôles

Une structure de relations particulières de rôles définis par des appartenances communes à plusieurs individus ou, comme le dit si bien Evans-Pritchard (1978, p. 297): « Par structure, j'entends les rapports entre groupes de personnes au sein d'un système de groupes. Par « groupe » j'entends les personnes qui se considèrent comme une unité distincte vis-à-vis d'autres unités, que les membres des autres unités considèrent ainsi et à qui leur appartenance crée des obligations réciproques. »

Troisième catégorie: une structure de relations réciproques

Une structure de relations réciproques qui relient le monde social au monde des objets extérieurs et de la réalité sur laquelle il a prise ou, comme le dit encore Edmund Leach (1972): « L'anthropologue perçoit un système social comme une structure de rapports durables entre individus et groupes d'individus : objectivement ces « rapports » ne sont rien d'autre que des droits sur et des obligations envers des choses et des individus. »

Quatrième catégorie : une rupture symbolique

Pour être complet, on ne saurait oublier la structure symbolique d'un groupe social selon la définition de Victor Turner (1971) : « En réalité, une société n'est pas une collection d'individus, mais un ensemble de concepts. » Ce n'est pas par préciosité littéraire que certaines entreprises tentent de constituer leur Thesaurus.

Un chef de projet ne peut pas ne pas jouer sur l'ensemble de ces quatre structures ; à lui donc de savoir en exploiter toutes les possibilités théoriques et pratiques.

PROBLÈMES LIÉS À L'ACTION

Il reste à envisager les problèmes posés par la mise en œuvre.

En fait, détecter les besoins fonctionnels réels implique la double sensibilisation d'une part du chef de projet au déroulement des opérations dans l'ordre suivant : la conception fonctionnelle d'abord, puis la conception technique, enfin la réalisation ; d'autre part des utilisateurs à l'entraînement dans le même processus, à l'expression fonctionnelle plutôt qu'à l'expression technique. Si cet entraînement peut être réalisé, le demandeur acceptera non plus de recevoir « la » solution à son problème mais un dossier de choix possibles. Ce serait le meilleur moyen d'éviter un blocage sur des « a priori » souvent injustifiables. Si les interlocuteurs ne sont pas toujours conscients de l'hiatus entre l'évolution technologique et la capacité de maîtrise de cette technologie, de son côté le chef de projet, en tant que déclencheur de processus d'apprentissage, ne doit pas surestimer la capacité d'assimilation de ses clients. Des programmes de formation bien conçus sont aussi du domaine de sa compétence.

Compte tenu de la réalité du terrain, c'est encore un atout important, pour un chef de projet, d'être capable non seulement de découper un projet mais aussi de travailler en versions successives aménageables et non pas en fonction de la perfection. Il ne sert à rien de faire un système parfait correspondant à des besoins d'il y a deux ou trois ans. S'il n'y prend pas garde, il risque d'y être encouragé par la boulimie de certains décideurs aux tendances informatisantes. Elles servent souvent à cacher ou bien un manque de confiance dans ses proches collaborateurs, ou bien, plus grave encore, des faiblesses personnelles dans ses capacités administratives avec une surestimation compensatoire de celles de la machine. Il convient plus que jamais de rappeler que l'automate-complet-parfait n'existe pas. Un des buts du chef de projet est de veiller à enrichir le poste de travail et à simplifier l'automate. On sait fort bien que pour informatiser 5 % et plus du travail d'un poste, il en coûte près de 70 % du coût de l'automate. Les programmes automatisés sont au service des hommes et non l'inverse. Tout informatiser à tout prix n'est pas la bonne solution, pas plus sur le plan économique que sur le plan politique. Il convient de s'adapter avec souplesse à son environnement.

On terminera ce genre de considérations sur l'informatisation par cette citation d'un texte mystique japonais du XIVe siècle. « Koyu, le religieux, dit : « seule une personne de compréhension réduite désire arranger les choses en séries complètes. C'est l'incomplétude qui est désirable. En tout, mauvaise est la régularité. Dans les palais d'autrefois, on laissait toujours un bâtiment inachevé, obligatoirement. » »

QUATRIÈME PARTIE

ALTÉRITÉ

« C'est dans la mesure même où l'on prétend établir une discrimination entre les cultures et les coutumes que l'on s'identifie le plus complètement avec celles qu'on essaye de nier. En refusant l'humanité à ceux qui apparaissent comme les plus « sauvages » ou « barbares » de ses représentants, on ne fait que leur confronter une de leurs attitudes typiques. Le barbare, c'est d'abord l'homme qui croit à la barbarie. »

LÉVI-STRAUSS

« Dans la vie psychique de l'individu pris isolément, l'Autre intervient très régulièrement en tant que modèle, objet, soutien et adversaire et de ce fait la psychologie individuelle est aussi d'emblée et simultanément une psychologie sociale en ce sens élargi, mais parfaitement justifié. »

FREUD

« Si je diffère de toi, loin de te léser, je t'augmente. »

SAINT-EXUPÉRY

« Chaque rencontre nous disloque et nous recompose. »

Hugo VON HOFMANNSTHAL

L'ÊTRE HUMAIN, UN ÉTRANGER POUR AUTRUI

Jean-François CHANLAT

Tout être humain se construit dans son rapport avec autrui (Laing, 1971). « Si, comme l'écrit si joliment Winnicott (1953), se cacher est un plaisir, ne pas être découvert est, en effet, une catastrophe. » Car la conscience de soi est inséparable de la conscience de l'autre (Zavalloni et Louis-Guérin, 1984). Cette relation à l'autre constitue, sur le plan personnel, le fondement de l'identité individuelle (Tap, 1986a). Au niveau collectif, cela fonde l'identité sociale (Tap, 1986b). L'identité personnelle et les identités collectives résultent ainsi de la relation qu'un individu ou un groupe entretiennent avec ce qu'on nomme en français *l'altérité*. L'autre, comme nous le fait découvrir Freud dans la citation mise en exergue, est pour chacun d'entre nous à la fois un *modèle*, un *objet*, un *soutien* ou un *adversaire*, voire un *bouc émissaire* (Girard, 1982). C'est de ce rapport à l'altérité que découlent un grand nombre de comportements individuels que l'on peut observer quotidiennement. Comme nous le rappellent par ailleurs les sciences sociales, la présence d'autrui joue également un rôle dans la genèse de l'identité socioculturelle. Tout groupe humain se distingue, se différencie au contact d'autrui (Lévi-Strauss, 1961, 1977; Todorov; 1989).

Ce double rapport (individuel et collectif) à l'altérité a toujours existé et pénètre tous les niveaux (individu, interaction, organisation, société, monde). Toutefois, il prend aujourd'hui une signification et une importance bien particulières. À l'heure où les femmes accèdent en grand nombre au marché du travail, où les relations internationales s'intensifient, où les soubresauts de l'ordre mondial entraînent des migrations importantes, où les sociétés occidentales voient se « cosmopolitiser » leur tissu, chaque collectivité tout comme chaque individu, un peu partout dans le monde, voit son rapport à l'altérité modifié. Ce mouvement n'est pas sans influer sur la vie des organisations.

Les travaux qui traitent de ces questions sont, dans le domaine des organisations, très contrastés. Si l'imposante littérature concernant l'arrivée des femmes sur le marché du travail et les problèmes qu'elles rencontrent témoigne de l'intérêt que les chercheurs du monde de la gestion accordent, notamment dans les pays anglo-saxons, au *fait féminin* (Kanter, 1977), l'état fragmentaire des recherches interculturelles dans le domaine du comportement organisationnel illustre quant à lui le modeste intérêt que le rapport interculturel a suscité jusqu'ici (Adler, 1986).

Les textes figurant dans cette quatrième partie, tout en reprenant pour certains d'entre eux des éléments déjà connus du rapport masculin-féminin dans les organisations, cherchent surtout à sensibiliser le monde de la gestion à cette irruption de l'altérité et à montrer pourquoi ces relations sont loin d'être simples, marquées qu'elles sont au sceau de la différence et de l'étrangeté.

Tout être humain, de façon générale, comme nous le montre Sylvie Vincent dans son texte, porte en lui les germes à la fois de l'hétérophobie et de la xénophilie. La peur de l'autre bien alimentée socialement et culturellement nourrit donc notre « racisme ordinaire ». L'exotisme suscite l'attirance pour l'étranger. Sur le plan plus collectif, tout groupe humain a tendance à se définir comme le centre du monde et à juger les autres à partir de ses propres catégories. Ces attitudes individuelles ou collectives, récurrentes sur le plan historique, à la base de tous les racismes et nombrilismes, dont les manifestations sociales peuvent être particulièrement dramatiques, doivent être mises à nu. À l'heure où nous en voyons, malheureusement, un peu partout des exemples, en Afrique, en Chine, en URSS, en Occident ou au Moyen-Orient, il est impérieux de mieux connaître les mécanismes qui sous-tendent cette marginalisation et ce refus de l'autre. Cette connaissance est d'autant plus nécessaire qu'elle touche une des questions centrales de notre époque, à savoir la coexistence de groupes culturellement distincts (Kristeva, 1988; Todorov, 1989). S'interroger sur les facteurs et les conditions de l'exclusion ou de l'inclusion sociale, c'est non seulement tenter de comprendre pourquoi « on est toujours l'étranger de quelqu'un », mais aussi comment on devient un indigène à part entière. La disparition des « têtes de Turc » est à ce prix (Wallraff, 1986).

Les femmes, tout comme les étrangers, ont vécu et vivent elles-mêmes dans leur propre société ce que c'est qu'être différentes. On pourrait même affirmer sans se tromper que le clivage sexuel est antérieur au clivage socioculturel. La féminité constitue en effet dans toutes les sociétés connues un élément étranger pour le monde masculin. Comme le rappelle avec force l'anthropologue G. Balandier (1988, p. 34):

> Pour l'homme, la femme est « l'autre » plus que le partenaire complémentaire. En raison même de sa situation d'altérité, la femme est définie comme un élément dangereux et antagoniste [...] Elle est fréquemment associée à la contre-société, aux entreprises de la magie agressive et de la sorcellerie, aux forces de changement qui corrodent l'ordre social et la société établis.

Cette « étrangeté » de la femme lui vient de sa différence. C'est à partir de cette différence biologique et sexuelle que les hommes ont construit tout un monde de représentations. Assimilées au monde des forces invisibles, ténébreuses, diaboliques, les femmes font peur. Dévoratrices potentielles, mantes religieuses, mères archaïques toutes-puissantes, les femmes sont investies d'un pouvoir fantasmatique. Historiquement, cette peur des femmes, enracinée à la fois dans l'inconscient et dans la culture, a poussé les hommes à les réduire au silence ou à les rendre complices (Aubert, Enriquez et de Gaulejac, 1986); elle n'est pas sans expliquer les difficultés qu'elles rencontrent dans l'univers organisationnel.

Aujourd'hui, alors que les organisations se féminisent, qu'en est-il de cette peur et de ce rapport entre *l'un et l'autre*? (Badinter, 1986) Si l'on en juge par les articles présentés dans cette partie et qui traitent de cette question, il semble qu'elle est loin d'être réglée. Cela apparaît d'autant plus évident dans les postes où les fonctions étaient ou sont encore occupées traditionnellement par des hommes. Le choc entre l'univers féminin et le monde des organisations largement dominé par des valeurs masculines est en effet une constante que toutes les recherches sur le sujet soulignent. Le débat tourne autour des facteurs qui sont déterminants dans l'intégration ou la non-intégration des femmes : ces facteurs peuvent se ramener à trois grands types. Le premier porte sur l'univers culturel. Comme nous le montre le texte de Françoise Belle, sa recherche, inspirée par les travaux de chercheuses françaises, Jacqueline Laufer (1982) et Nicole Aubert (1982), tente de voir comment s'articule l'univers des femmes et le monde des organisations dans un même secteur industriel. À la lumière des résultats qu'elle nous livre, il semble que le degré d'insertion des femmes et la manière dont celles-ci vivent leur condition sont liés dans une certaine mesure au type de valeurs propres à l'organisation dans laquelle elles sont employées. Le deuxième s'intéresse à la femme en tant qu'acteur. À l'instar de l'article de Francine Harel Giasson dans ce livre, qui cherche à découvrir les traces laissées par le passage féminin, ce courant met de l'avant une dynamique de l'acteur qui, malgré les contraintes et les difficultés, rend compte de sa portée. Le troisième type de facteurs se place à un niveau structurel. Comme le texte de Gladys Symons en témoigne, l'accent est alors mis sur les déterminants sociaux. Le monde des organisations, et en particulier le monde bureaucratique, constitue en raison de sa logique propre un obstacle non seulement pour les femmes cadres mais aussi pour toutes les femmes. Son texte relance ainsi le débat autour des rapports qu'entretiennent l'individu et le social, le culturel et le structurel (Giddens, 1987; Bourdieu, 1987; Padioleau, 1986).

L'altérité dans les organisations n'est cependant pas réductible uniquement au rapport que les hommes entretiennent avec les femmes, ni aux rapports hétérophobiques, elle peut également surgir d'une confrontation ordinaire avec un univers culturel différent. Les déplacements de plus en plus fréquents, les séjours plus ou moins prolongés que font de nombreux cadres et employés à l'étranger, l'activité des entreprises s'internationalisant davantage tous les jours, fournissent l'occasion de s'interroger sur les autres mais aussi sur soi-même. Ainsi, le texte de Allain Joly, en s'attachant à retracer les étapes par lesquelles passe un expatrié, nous montre combien le contact prolongé avec une autre culture est, sur le plan individuel, une source de redéfinition de soi. Cette confrontation qui peut déboucher sur des conflits dont les origines peuvent être complexes, comme nous le montre le texte d'Alain Rondeau, nous révèle encore une fois combien le rapport à l'autre, constitutif de l'identité, devient immanquablement en retour un regard porté sur soi-même. À la fois différent et semblable, l'autre est un miroir plus ou moins déformant qui nous restitue une image que nous aimerions peut-être par moment ne pas voir, modifier ou complètement oublier. Ce rapport à l'autre, fait de peur et de fascination et présent à tous les niveaux nous indique que l'altérité et l'étrangeté sont aussi en nous-mêmes. À nous de ne jamais l'oublier.

LE RAPPORT À LA DIFFÉRENCE

Hétérophobie et racisme dans les organisations*

Sylvie VINCENT

« Sait-on, après tout, avec clarté,
Ce qui en l'Autre est notre image,
Quel écho frappé, puis revenu,
A créé entre nous le désert? »

Assia DJEBBAR, *La vague à l'âme*, nº 39, juin 1988.

LE RACISME: IDÉOLOGIE ET PRATIQUES

Le racisme tel qu'on le connaît dans la culture occidentale est un ensemble de faits et de théories. On peut observer des comportements individuels ou collectifs, verbaux et physiques qui sont dits racistes, constater les résultats sociaux de la discrimination raciale pratiquée par les institutions, détecter les éléments de racisme dont sont empreintes les lois. Pour rendre compte du racisme, on peut donc en déceler les manifestations concrètes et en énumérer les conséquences économiques, sociales, psychologiques, culturelles, politiques. Mais le racisme c'est aussi une idéologie, un discours explicatif et

---

* En dehors des cartouches et de la fin de la conclusion, ce texte a été rédigé en 1986 et publié en 1987 dans la revue *Recherches amérindiennes au Québec*, XVI (4): 3-16, sous le titre « Comment peut-on être raciste? » Merci à cette revue de m'avoir autorisée à le reproduire. Depuis sa parution je suis tombée sur le livre de Jules Gritti (1982), *Déraciner les racismes*, dont le chapitre VII porte le même titre. Cette coïncidence m'est apparue, à première vue, désolante, mais elle ne fait que souligner l'influence de Montesquieu sur ceux qui s'intéressent à la perception de l'autre.

J'aimerais remercier chaleureusement Sylvie Loslier qui, après m'avoir convaincue d'essayer d'écrire un texte sur le racisme, n'a cessé de m'apporter des références, des photocopies, des livres, sans compter ses réflexions et questions personnelles. Je lui dois en bonne partie la documentation sur laquelle est basée cet article.

Depuis la parution de cet article, Pierre-André Taguieff a publié ce qui devra être considéré comme la nouvelle base de la réflexion sur le phénomène du racisme: *La force du préjugé. Essai sur le racisme et ses doubles* (Paris, Éditions La Découverte, 1987). Voir aussi, de Tsvetan Todorov: *Nous, les Autres* (Paris, Éditions du Seuil, 1989), et de Lise Noël, *L'intolérance, une problématique générale* (Montréal, Boréal, 1989).

justificatif, un ensemble de mythes qui soutient toutes ces pratiques. De cette idéologie aussi on peut rendre compte.

Ceux qui écrivent et réfléchissent sur le racisme ont donc tendance soit à élaborer un discours sur les pratiques racistes, soit à faire porter leur discours sur l'idéologie raciste. Les premiers se recrutent le plus souvent parmi ceux qui luttent activement contre le racisme (le vocabulaire tourne alors autour de mots tels que « préjugés », « discrimination », « racisme institutionnel », etc.). Les seconds, en fait, créent un discours sur le discours raciste, un discours idéologique (marxiste ou autre) sur une idéologie (qui actuellement est d'extrême droite et de nouvelle droite). On me pardonnera cette typologie expéditive et l'on comprendra qu'il existe des cases intermédiaires occupées par certains auteurs, dont le meilleur exemple est probablement Albert Memmi.

Au Québec, si la réflexion sur le racisme est amorcée (Grenier, 1983), on se préoccupe surtout de ses manifestations quotidiennes. C'est un phénomène qui attire de plus en plus l'attention à la fois parce que ceux qui en sont victimes hésitent moins à le signaler et parce que, dans la panoplie des problèmes sociaux, il est maintenant reconnu, nommé et considéré comme majeur ou en voie de le devenir. Divers accrochages dans les écoles de Montréal, dans les moyens de transport, dans les rues, ont été reliés au racisme. En région, les Amérindiens sont toujours victimes d'attitudes discriminatoires que l'on ne craint plus de dire racistes. La population québécoise qui, il y a une quinzaine d'années, ne se sentait pas raciste, en vient maintenant à s'interroger sur ses propres sentiments ou, plus exactement, cette partie de la population qui observe et décide soupçonne la majorité d'être raciste. Bref, le monde de la justice et du respect des droits, celui de la police, celui de l'éducation tant scolaire que permanente sont la source d'une industrie de la réflexion sur le racisme. Dans la foulée de cette industrie en plein essor se forme peu à peu un discours sur le racisme, sa nature, ses origines, sa fonction, son idéologie.

Cependant ce discours est encore épars, en voie de formation. Il ne m'a pas paru avoir été clairement synthétisé, contrairement à ce qu'il en est aux États-Unis ou dans certains pays d'Europe. Avant de se lancer — ce qu'il va bien falloir faire un jour — dans l'analyse du discours québécois sur le racisme, il n'est pas sans intérêt de considérer les discours les plus serrés qui se tissent ailleurs. Je n'examinerai ici que l'un de ceux qui portent sur l'idéologie raciste, plus précisément celui qui émane actuellement et depuis la fin des années soixante-dix de spécialistes français de diverses disciplines. Je ne ferai que mentionner brièvement d'autres types de discours qui mériteraient par ailleurs une analyse en profondeur.

DE LA DIFFICULTÉ D'ÉCRIRE SUR LE RACISME

Pour la majorité des auteurs qui réfléchissent à la question, écrire sur le racisme, c'est plonger dans une spirale qui ne peut que descendre et puis devenir cercle vicieux générateur de souffrance: celle que l'on a vécue, pour les uns; celle que l'on sait, pour les autres. « Peut-être, dit Moscovici, qu'il est aussi impossible d'écrire sur le racisme que de ne pas en parler. » (1984-1985, p. 185.)

Ceux qui ont été victimes d'actes racistes peuvent difficilement dissocier leur réflexion de leur expérience. Les faits, sans cesse, refluent du fond de la mémoire et viennent se mêler aux concepts. Par ailleurs, ceux qui n'ont pas eu à souffrir personnellement du racisme des autres affirment que l'on ne peut séparer la doctrine des faits. Car, rappelle Christian Delacampagne, le racisme n'est pas seulement un mot, c'est une réalité qui tue (1983, p. 13). Oublier les faits, affirme Colette Guillaumin, ce serait céder au désir inconscient de se défaire de ses responsabilités. Ce serait, en renvoyant le racisme au système de valeurs de notre société, le dire inévitable et donc nier notre culpabilité (Guillaumin, 1972, p. 47).

En effet, autre dimension du racisme, il est tel qu'il oblige à la culpabilité. Celle que l'on s'inflige soi-même quand on fait partie de la majorité dominante et qui amène plusieurs auteurs à s'excuser d'écrire sur le racisme:

> [...] qu'apporteront, nous sommes-nous fréquemment demandé, quelques centaines de pages supplémentaires sur un sujet — hélas — aussi universel? Qu'apprendront-elles à ceux qui, plus que nous, ont à pâtir du racisme dans leur chair, dans leur vie? Et quelle peut être l'utilité d'analyses théoriques dans un cas où, comme ici, c'est la lutte effective contre le racisme qui constitue la forme d'action la plus urgente, voire même la seule indispensable? (Delacampagne, 1983, p. 12.)

Il y a aussi la culpabilité dont on peut être revêtu par d'autres:

> In the United States at present, only whites can be racists, since whites dominate and control the institutions that create and enforce American cultural norms and values [...] blacks and other Third World peoples do not have access to the power to enforce any prejudices they may have, so they cannot, by definition, be racists, (Education and Racism, National Education Association, 1973, cité dans Racism/Sexism Resource Center for Educators, 1978.)

La culpabilité ne peut être évacuée comme ça. Les uns tentent de s'y dérober en se jetant tête baissée dans des mouvements antiracisme. Les autres décident de s'asseoir calmement et de réfléchir à la nature du racisme et à l'origine du concept de race sous prétexte de combattre un ennemi dont la survie est liée à l'ignorance et de contribuer ainsi à l'édification d'une société où le racisme serait mis hors d'état de nuire (Delacampagne, 1983, p. 13). D'autres, agacés, s'avouent racistes mais affirment d'une part que c'est naturel, d'autre part qu'ils n'ont somme toute pas grand-chose à se reprocher comparativement à l'ensemble de leur société... Certains tentent de concilier les façons de faire du savant et celles de l'homme d'action. Todorov, par exemple, propose la voie intellectuelle, celle qui consiste à accepter son rôle social:

> Sa fonction [celle de l'intellectuel] est essentiellement critique, mais au sens constructif du mot. il confronte le particulier, que tous nous visons, à l'universel, et il crée un espace dans lequel nous pouvons débattre de la légitimité de nos valeurs. Il refuse de voir réduire la vérité tant à la pure adéquation aux faits dont se réclame le savant qu'à la vérité de révélation, à la foi du militant; il aspire plutôt, lui, à une vérité de consensus, vers laquelle on s'avance en acceptant l'examen réflexif et le dialogue.
>
> J'entrevois donc un but commun aux arts et aux sciences humaines [...]: révéler et, éventuellement, modifier le complexe de valeurs qui servent de principe régulateur à la vie d'un groupe culturel. (Todorov, 1986, p. 6.)

Bref, dans pratiquement tous les ouvrages qui portent sur le racisme, on décèle l'engagement personnel de l'auteur, le désir d'intervenir dans un processus jugé insupportable et le besoin de se justifier. Ce n'est qu'après de pénibles détours que les auteurs en arrivent à accepter, sous couvert de méthodologie, de traiter de la forme conceptuelle du racisme.

Laissons de côté tous ces malaises. Ils témoignent du fait que la contradiction est notre lot quotidien, ce qui ne devrait pas nous surprendre. Le racisme est probablement un exemple parfait de phénomène social total. Pourtant, s'il est évident qu'ici, autant sinon plus qu'ailleurs, idéologie et pratique sont cohérentes, il n'en demeure pas moins que la seconde ne serait pas possible sans la première. Pour commettre ces nombreux actes racistes volontaires ou non, grossiers ou subtils, qui consistent à refuser un appartement ou un emploi, à évaluer la performance scolaire en fonction de critères unilatéraux, à ne pas tenir compte de la présence et des droits de certaines personnes, à en brutaliser d'autres et même à en assassiner, il faut que la société à laquelle on appartient se soit bâti un système de valeurs auquel il est possible de faire référence.

CONNAISSANCE DU DISCOURS RACISTE ET DU DISCOURS SUR CE DISCOURS

Le racisme est donc un phénomème qui se manifeste concrètement et violemment dans des pratiques quotidiennes, mais qui commence par naître dans l'imaginaire. Il y est soutenu par un discours qui, selon les époques et les situations, s'alimente de divers mythes.

Le discours raciste propagé en France étonne les observateurs par sa cohérence, sa persistance et ce, envers et contre les déclarations faites depuis quelques années par les biologistes et les généticiens.

> Le discours raciste devrait paraître ennuyeux, périmé: mille et mille fois sa réfutation a été faite et refaite, par des spécialistes de tous genres; la cause aurait dû être définitivement entendue; et même le raciste persuadé: or il ne cesse de continuer à se répéter, comme si nul argument n'avait prise sur lui. (Memmi, 1982, p. 13.)

Albert Memmi, qui écrit depuis plus de trente ans sur le phénomène du racisme et sur le discours idéologique qui en fait partie, résume ce dernier en trois points majeurs (Memmi, 1982, p. 15; 1983, p. 11):

1. Il existe des différences biologiques significatives entre les êtres humains, ce qui permet de les regrouper en « races » dont certaines sont « pures »;
2. les races pures sont biologiquement supérieures aux autres et cette supériorité se traduit également par des supériorités psychologiques, sociales, culturelles et spirituelles;
3. ces multiples supériorités expliquent et légitiment la dominance et les privilèges des groupes supérieurs.

Cette analyse du discours raciste est approuvée et reprise par la plupart des auteurs qui, depuis le milieu des années soixante-dix, étudient les concepts de race et de racisme en France. À l'entrée « racisme » de son petit livre de définitions, Lydia Flem écrit:

> La pensée raciste se construit à partir de deux affirmations: l'existence de races au sein de l'espèce humaine et le classement de celles-ci selon une échelle de valeurs en « race supérieure » et « races inférieures »; cette hiérarchisation établie en fonction d'une essence naturelle, justifiant un comportement qui vise à minoriser et à inférioriser un groupe particulier. (Flem, 1985, p. 156.)

Parallèlement au discours raciste qui a couru et court encore dans le monde occidental avec les conséquences que l'on sait (nazisme, apartheid, pour ne nommer que les extrêmes), s'élabore un autre discours qui vise à barrer la route au précédent et, pour cela, à expliquer l'origine du racisme ainsi que les différentes nuances de l'attitude raciste. Actuellement ce discours est surtout véhiculé par des biologistes, généticiens, psychologues, historiens, sociologues, anthropologues regroupés autour de Léon Poliakov, Albert Jacquard, Colette Guillaumin, et d'autres. Ils s'expriment notamment dans *Le Genre humain*, revue de « réflexion critique » qui, née « dans un contexte d'interrogations inquiétantes », veut « porter une attention vigilante à la renaissance d'un racisme « intelligent » et de son cortège d'ersatz » (Olender, 1981a, p. 10; 1981b).

En réalité, l'inquiétude face au racisme, et donc l'émergence d'un discours théorique sur ce phénomène, n'a pas beaucoup plus qu'une quarantaine d'années (Unesco, 1960). Le mot même de racisme n'apparaît dans le Larousse qu'en 1932 (Delacampagne, 1983; Flem, 1985, p. 158). Cela ne veut pas dire que le racisme comme tel n'existait pas auparavant (du moins certaines formes de racisme), mais seulement qu'il n'était pas nommé. Selon Delacampagne, s'il ne l'était pas, c'est qu'il faisait partie des croyances partagées par l'Occident. Il appartenait « aux strates les plus profondes de ce que nous appellerions aujourd'hui la représentation occidentale du monde » (Delacampagne, 1983, p. 15).

De la même façon que le discours raciste né au XIXe siècle s'est basé sur les découvertes scientifiques de l'heure (anthropologie physique, génétique, linguistique), le discours actuel sur le racisme (discours sur le discours) est porté par des spécialistes de la biologie, que sont venus appuyer des sociologues et plus récemment des historiens. Ces spécialistes ont commencé par vouloir désamorcer le discours raciste en prouvant que la race n'existe pas. Plus de « race », donc plus de racisme, ont-ils presque innocemment pensé (Jacquard et Pontalis, 1984-1985; *Le Genre humain*, 1981, n° 1). Or, si le racisme se conforte d'arguments dits scientiques, il loge évidemment ailleurs que dans la raison. Ce n'est pas en expliquant que la race n'existe pas que l'on va convaincre tout un chacun de ne pas se fier à ses yeux quand il perçoit une différence entre des « Noirs », des « Blancs », des « Jaunes », des « Arabes », des « Juifs », des « Indiens », etc.

> [...] découvrir et dire que la race n'existe pas ne supprime pas le racisme [...]
>
> Depuis que cette bombe [la race n'existe pas] a éclaté dans le domaine des sciences de la nature, les discours racistes, les idées racistes n'ont pas changé. (Guillaumin, 1984-1985, p. 218.)
>
> La notion de race est une notion d'idéologie et affirmer que la race n'est plus un fait scientifique n'empêche pas le racisme d'exister comme violence quotidienne,

> de l'injure à l'assassinat, pour les hommes de la rue, mais aussi pour les lois de certains États. Et si une partie de la communauté scientifique ne se fait plus l'alibi de discours racistes, il n'en reste pas moins que la domination et l'exclusion qui s'effectuent au nom de différences « raciales » continuent à forger des réalités affectives concrètes et à signer des arrêts de mort. (Flem, 1985, p. 154.)

Pourquoi? Comment se fait-il que les êtres humains ou certains d'entre eux soient racistes? D'où vient le racisme? Existe-t-il différentes formes de racisme? Et d'ailleurs, qu'est-ce que le racisme? Telles sont les questions qui hantent désormais nombre de spécialistes. Comme le fait observer Moscovici (1984-1985, p. 182): « On a beaucoup écrit sur le racisme ces temps-ci [...]. Tous les écrivains et tous les chercheurs y ont contribué. Peu de thèmes sont aussi populaires que celui-ci. »

Toute la batterie des outils conceptuels s'y est mise. On a tenté d'explorer le champ sémantique du mot, de retrouver dans la formation de l'enfant le moment crucial où s'installe à jamais la peur et la haine de l'autre, de faire l'histoire des manifestations et des idées racistes afin de voir si ce phénomène ne date que du XIXe siècle ou si on peut en retrouver des traces pendant la Renaissance, au Moyen-Âge ou même dans l'Antiquité romaine et grecque. Et puis, plus timidement, on a commencé à s'interroger sur le racisme des autres pendant que, beaucoup plus brutalement, certains mouvements et partis politiques (le Front national en France, notamment) affirmaient ce racisme de l'Autre, justifiant leur propre violence.

L'élaboration de ce discours sur le racisme couvre maintenant des milliers de pages. Je ne tenterai pas de les résumer ni même d'en rendre compte, mais plutôt de me frayer un chemin jusqu'à ce qui en constitue l'armature[1].

LE RACISME DANS LE CONTEXTE DU RAPPORT D'ALTÉRITÉ

Le racisme, tout d'abord, est actuellement inscrit dans le contexte très large du rapport à l'autre (perception de l'autre, altérité, rapports du centre à la marge, notion d'identité, notion de différence, etc.). La psychanalyse et l'histoire fournissent les données dont on a besoin pour expliquer comment s'établit soudainement la conscience de l'Autre comme autre.

Dans la vie de l'individu, il y aurait tout d'abord un état d'indifférenciation au cours duquel le nouveau-né reste en fusion avec sa mère et ne se distingue pas lui-même du milieu ambiant. Vers le 8e mois cependant, le bébé perçoit qu'il y a rupture entre lui et son environnement. Dès lors il reconnaît sa mère comme source de bien-être dont l'absence le frustre, l'angoisse et, par conséquent, le rend agressif. Plutôt que de déverser cette agressivité sur sa mère, le bébé en investit tout autre qui s'approche de lui (notion de bouc émissaire que nous retrouverons plus loin). En même temps qu'il projette ses pulsions de colère sur cet étranger, il imagine, semble-t-il, que celui-ci menace son identité, ce qui viendrait renforcer et justifier son agressivité à son égard. Avec le temps, l'enfant apprend à ne plus faire de distinction, ou du moins à tolérer la différence entre sa mère et l'étranger. Pourtant nous restons tous fondamentalement identiques à ce que nous étions à la naissance, écrit L. Flem dans son lexique sur le racisme (dont est tiré ce qui précède).

> [...] le développement humain semble ne jamais s'achever complètement et pouvoir sans cesse revenir sur ses pas ou rester infiltré de mécanismes anciens. Ce processus de nature persécutive peut se réveiller tout au long de la vie, chaque fois que des circonstances angoissantes, intérieures ou extérieures, dépassent les capacités à réagir face aux difficultés et suscitent une vive intolérance à la frustration et aux affects destructeurs qu'elle fait naître. (Flem, 1985, p. 22-23.)

Les auteurs cherchent également à voir quand, dans l'histoire, apparaît la conscience de l'Autre en tant qu'essentiellement différent. Pour certains, comme Colette Guillaumin, ce serait au XIXe siècle que les Européens auraient perçu une rupture entre eux et les autres. Jusque-là leurs voyages les avaient menés dans un monde ressenti comme uniforme:

> Les sauvages étaient nos ancêtres (Rousseau), nos frères (Diderot, Montesquieu), d'autres formes de nous-mêmes (Bougainville, Buffon qui pensait que les nègres « redeviendraient » blancs sous certaines conditions) [...]
>
> Au XIXe on voyagera dans l'inconnu en soi; il s'agira de se quitter soi-même, préoccupation moderne qui suppose la nouveauté et la différence radicale du monde inconnu abordé [...]. La naïveté sociale a disparu. L'attention à l'existence de l'autre, devenu avant tout le différent, marque la mutation idéologique [du XIXe siècle]. (Guillaumin, 1972, p. 33.)

Les travaux récents de Christian Delacampagne remettent en question cette façon de voir. Pour lui, c'est bien avant le XIXe siècle qu'aurait été reconnue une différence innée entre un « nous » collectif et ses autres: « Les Grecs ne se sont pas contentés d'inventer le vocable de Barbare pour englober, dans une même réaction de rejet, leurs Autres; ils ont développé, envers certains d'entre eux, des théories ouvertement racistes ou à l'intérieur desquelles figuraient des énoncés racistes. (Delacampagne, 1983, p. 32.) C'est-à-dire qu'ils ont attribué à leurs voisins des caractéristiques biologiques telles que ceux-ci ne pouvaient plus être assimilés aux Grecs. Pour intéressante que soit l'étude de Delacampagne, et fondamentale pour ceux qui s'inquiètent de la profondeur du fantasme raciste dans l'inconscient européen, ne retenons pour l'instant que l'idée suivante: l'humanité occidentale s'est un jour imaginé une rupture entre elle et ceux qu'elle a nommés Barbares, Sauvages, Primitifs, etc.

Autrement dit: au commencement était l'Un et il fut heureux avec lui-même jusqu'à ce que, se regardant de près, il s'inventa une rupture interne. De l'autre côté de cette faille, il s'aperçut lui-même, mais différent. Alors, conservant pour lui le nom de l'Un, il donna à son vis-à-vis le nom d'« Autre ».

Le rapport d'altérité était né. Or, vécu comme un scandale, il installe le drame. La présence d'un différent de soi, en effet, constitue une menace. Menace à l'intégrité, menace à l'identité.

Premier niveau: construction et refus de l'autre

On pourrait ici se demander pourquoi l'Autre est automatiquement perçu comme menaçant, pourquoi l'Un ne peut conserver à son égard une attitude au moins de neutralité. Albert Memmi explique ce refus agressif de l'Autre par la cruauté naturelle de l'homme.

> Jusqu'ici, l'Histoire, pour ne pas parler de la pré-histoire, est éloquente: l'homme est un prédateur, au détriment de la nature, des autres espèces, et à l'intérieur de sa propre espèce. Il convoite et arrache les biens dont il a besoin, même à ses propres congénères. Agressif envers eux, comment ne susciterait-il pas leur peur et leur agressivité, lesquelles entretiennent encore les siennes. Et, naturellement, l'inverse; une agressivité nourrissant l'autre. L'agressivité est ainsi une longue habitude de l'espèce liée à la survie. (Memmi, 1982, p. 126.)

Finalement, le raciste est une personne qui a peur, et il n'est pas le seul. Le sexiste a peur des personnes de l'autre sexe, le « générationiste[2] » a peur des personnes plus jeunes ou plus âgées, d'autres ont peur des homosexuels, des handicapés, etc. La peur fondée sur une différence dite raciale s'inscrit dans un mécanisme beaucoup plus large de refus terrifié et agressif de l'Autre quel qu'il soit, refus que Memmi appelle *hétérophobie* (Memmi, 1982, p. 116; 1983, p. 11).

André Langaney, qui pense également que cette peur correspond en bonne partie à un comportement inné de défense face à un prédateur possible, et qui situe la peur de l'Autre perçu comme différent dans le contexte plus général de la peur de l'inconnu, écrit:

> La pire erreur possible serait de croire que le racisme n'est pas une réaction naturelle et qu'on peut le supprimer aussi simplement que définitivement. Les conditions de vie des humains placent sans cesse des populations, des groupes d'individus, des classes sociales ou des individus en situation de compétition. Il s'y ajoute souvent, dans les société modernes en particulier, des états de tension et d'inhibition insupportable qui, à chaque instant, risquent d'être réorientés vers un autre dont le seul tort sera d'être présent et attaquable. (Langaney, 1981, p. 105.)

Cette réaction dite naturelle de peur devant celui qui est perçu comme différent, Langaney l'appelle *autrisme*. Lorsque la peur vient de la perception réelle ou imaginaire de différences physiques, l'auteur considère qu'il s'agit d'un premier niveau de racisme ou d'un *racisme primaire*.

Le discours actuel sur le racisme reconnaît donc à celui-ci un premier niveau considéré comme universel et naturel parce que découlant de l'animalité de l'homme et de ses saines réactions de défense (Delacampagne, 1983, p. 49).

Nous en arrivons à une deuxième question: comment l'humanité construit-elle l'image de celui qui va être l'Autre? Quels paramètres sont utilisés pour constituer cette image? À partir de quand l'Autre se sépare-t-il de l'Un pour devenir l'Autre? Autrement dit, pourquoi la couleur de la peau importe-t-elle davantage que la taille ou le poids, ou les habitudes culinaires davantage que les croyances, et à partir de quand l'odeur ou la couleur ou la texture ou les gestes ne sont-ils plus miens mais autres?

André Langaney affirme que l'homme est un « animal visuel » (« sinon voyeur »!), ce qui explique qu'il réagisse fortement à l'aspect physique de ses congénères. Il s'agit ici non seulement du corps mais aussi des vêtements, et en outre du comportement, des gestes, des attitudes (Langaney, 1981, p. 95).

À la source cependant, il faut reconnaître la présence de cette activité classificatoire que l'on dit être le propre de l'homme (Flem, 1985, p. 53). De la même façon que dans le continuum du temps qui passe ou dans celui de l'espace géographique, l'humanité s'applique à repérer des points de rupture, à discerner des sections, à regrouper celles-ci dans des catégories, elle s'est

« toujours » affairée à imaginer des ruptures dans son propre continuum. L'activité classificatoire est éminemment arbitraire. Il suffit d'aller d'une culture à l'autre pour s'en apercevoir. Pourquoi tel nombre de saisons, pourquoi tant de jours dans la « semaine », pourquoi tel nombre de couleurs de base, pourquoi une typologie des animaux, des plantes, des véhicules ou des sortes de pluie qui comprendrait *x* termes plutôt que *y*, etc. ? Tout cela découle évidemment des critères retenus comme pertinents pour classer les entours de l'humanité. Et il en est de même quand l'humanité entreprend de fixer ses limites d'abord et de se découper elle-même en catégories distinctes ensuite.

Arbitraire, la classification s'effectue en prenant appui sur la réalité : « Selon l'acuité de nos sens ou de nos moyens techniques, selon notre vision du monde, selon notre rapport subjectif à l'objet [...] le découpage sera différent, les caractéristiques prises en considération varieront. » (Flem, 1985, p. 53-54.)

Ainsi que nous l'avons vu plus haut, c'est sans doute parce qu'il est un animal visuel que l'homme donne tant d'importance à la couleur de la peau. Si nous étions tous aveugles, quel critère utiliserions-nous ? L'odeur peut-être (qui d'ailleurs a déjà une grande place dans l'imaginaire raciste) ou le timbre de la voix (le « Sauvage », on le sait, tout comme le « Barbare » d'ailleurs, émet des sons « gutturaux »). Une chose est sûre, c'est qu'une classification serait de toute façon opérée et qu'elle utiliserait des traits suffisamment clairs pour qu'à l'intérieur d'un groupe donné il y ait une sorte de consensus sur la définition de la différence.

De la même façon que la peur créée par l'Autre peut paraître naturelle, l'activité classificatoire est universelle et ne peut être stigmatisée comme nuisible. Mais, toujours selon le discours sur le racisme actuellement véhiculé par ceux qui réfléchissent à la question, les choses n'en restent pas là. Elles se gâtent au moment où le filet classificatoire jeté horizontalement sur le réel se transforme en échelle évolutive et qualitative.

Deuxième niveau : mépris et hiérarchisation de l'autre

Placés devant différentes sortes d'Autres, l'Un crée parmi eux un ordre imaginaire. L'idée d'une ordonnance des groupes se trouve déjà dans la pensée grecque du Ve siècle avant notre ère. Les Grecs considéraient comme barbares ceux qui, plutôt que de parler grec, émettaient (de l'avis des Grecs) des sons non articulés (comparables au chant ininterrompu des oiseaux, autrement dit dans lesquels il n'y avait pas ces ruptures que créent les mots) ; c'étaient aussi des gens qui vivaient sous un régime monarchique (plutôt que démocratique) et se distinguaient par d'autres traits culturels, dont l'alimentation. Les Grecs se voyaient comme habitant le centre tempéré et harmonieux de la terre, les autres populations en occupant les zones trop froides ou trop chaudes. « Ce modèle géographique permet de penser la différence, de rendre l'altérité intelligible aux Grecs : si les autres peuples sont différents, et s'ils sont d'autant plus différents qu'ils sont plus distants, c'est parce qu'ils sont soumis à des climats excessifs. » (Delacampagne, 1983, p. 196.)

La classification grecque des cultures est donc essentiellement géographique et culturelle. Il s'y ajoute cependant une sorte de condescendance, de mépris de l'Autre, de certitude, pour les Grecs, de leur propre supériorité qui correspondent à ce que l'on entend par ethnocentrisme.

Au XVIIIe siècle, les précurseurs de l'anthropologie classent les populations humaines en races distinctes au-dessus desquelles se place la race de l'homme blanc.

> Ce type de classification [celle de Linné] était relativement imprécis et faisait appel tant à des critères culturels (le sauvage) que biologiques (le difforme). Mais il sous-entendait une hiérarchisation, chaque groupe occupant une place déterminée sur une échelle allant de l'horrible au meilleur, du monstre à l'Européen. (Poliakov, 1976, p. 61.)

Cependant cette représentation de l'humanité et la classification des peuples en inférieurs et supérieurs ne sont pas considérées comme du racisme. Elles sont dites universelles et finalement peu dommageables aux rapports entre les groupes.

> Certes, dans mainte société [...] il existe un orgueil de groupe; mais ce groupe, s'il se tient pour privilégié par rapport aux autres groupes, ne se pose pas comme une « race » et ne dédaigne pas, par exemple, de se fournir en femmes parmi les autres groupes ou de sceller avec eux des alliances occasionnelles; beaucoup plus de « sang », ce qui fait son unité ce sont les intérêts communs et les activités diverses menées en association. (Leiris, 1960, p. 235-236.)

Et l'on reprend Lévi-Strauss selon lequel « pour de vastes fractions de l'espèce humaine et pendant des dizaines de millénaires »:

> L'humanité cesse aux frontières de la tribu, du groupe linguistique, parfois même du village; à tel point qu'un grand nombre de populations dites primitives se désignent d'un nom qui signifie les « hommes » (ou parfois — dirionsnous avec plus de discrétion — les « bons », les « excellents », les « complets »), impliquant ainsi que les autres tribus, groupes ou villages ne participent pas des vertus — ou même de la nature — humaines, mais sont tout au plus composés de « mauvais », de « méchants », de « singes de terre » ou d'« œufs de pou ». On va souvent jusqu'à priver l'étranger de ce dernier degré de réalité en en faisant un « fantôme » ou une « apparition ». (Lévi-Strauss, 1961, p. 21.)

Bouchard (1986) traite également de ce sujet.

Ce phénomène universel de hiérarchisation des groupes et de mépris de l'Autre est appelé *racisme secondaire* par Langaney qui le définit comme:

> [...] une rationalisation du racisme primaire au nom d'arguments tenant à la compétition économique ou politique entre des groupes humains, à des problèmes de compétition entre communautés voisines différant par la culture ou les habitudes quotidiennes ou à des sentiments d'hostilité liés à des réputations abusives faites à telle ou telle communauté. (Langaney, 1981, p. 97-98.)

Delacampagne associe racisme secondaire, *ethnocentrisme* et *xénophobie*. À la xénophobie on pourrait ajouter son contraire et pourtant semblable, la *xénophilie*, ainsi que l'*exotisme*. Car la société de l'Autre peut être attirante, intrigante dans ses manières, admirée dans une certaine mesure tout en étant considérée comme primitive, sauvage et donc inférieure (Todorov, 1986). En fait la xénophilie et l'exotisme sont vus comme l'intérêt que l'on éprouve pour un étranger qui est loin. Les Québécois par exemple pourraient être dits plus admiratifs à l'égard des Inuit — qu'ils ne voient pas — qu'à celui des Amérindiens — beaucoup vus autrefois par leurs ancêtres et qu'ils voient eux-mêmes parfois. Les réactions xénophobes, elles, s'adresseraient davantage aux étrangers peu différents ou encore à ceux qui, venus de l'extérieur, ont élu domicile au cœur même de la cité (Jacquard et Pontalis 1984-1985, p. 20-21; Delacampagne, 1983, p. 43). C'est le sentiment que les Québécois pourraient avoir envers les anglophones ou envers les Italiens, les Juifs, les Français et parfois les Amérindiens. Ces réactions s'inscrivent dans le prolongement de l'hétérophobie. Elles sont en réalité une sorte d'hétérophobie accentuée par la peur d'être déclassé sur le plan économique, social, culturel ou politique (les immigrants sont souvent vus comme des « voleurs de jobs », les Juifs comme des voleurs tout court, les Indiens comme des enfants gâtés auxquels les gouvernements accordent des privilèges non justifiés, etc.).

En temps de crise, il est utile d'avoir ce type de bouc émissaire. Ainsi, les réactions agressives provoquées par les tensions économiques ou autres et dont la société ne tolère pas l'expression peuvent être détournées vers un Autre. Tout groupe humain a probablement son bouc émissaire qui varie selon les époques et dont il a d'autant plus besoin que son identité est mal assurée. Les Québécois ont les Canadiens anglais. Les Amérindiens ont les Blancs. Un groupe peut même se trouver plusieurs boucs émissaires. C'est ainsi que les Amérindiens jouent eux aussi ce rôle pour les Québécois. Le bouc émissaire, cet étranger que l'on charge de tous les maux, permet d'instaurer une limite rassurante entre ce qui est « nous » et ce qui ne l'est plus. Il aide l'Un à se définir et à renvoyer à l'extérieur de lui-même, ou au moins à sa marge, tout ce qui ne lui plaît pas (Flem, 1985, p. 41-42; Vincent, 1986). Quand les Québécois ne veulent pas être assimilés à la nature, ils revêtent les Amérindiens de forts éléments naturels, ne leur laissant que peu de culture, et ils insistent sur l'écart qu'ils viennent ainsi de créer entre eux et les autochtones. Quand, au contraire, ils veulent se démarquer de l'intellectualisme et du maniérisme français, ils rappellent leur bouc émissaire amérindien pour en faire l'un des leurs (Arcand et Vincent, 1979). La marge se déplace selon l'identité que le centre veut se donner[3].

Troisième niveau: la justification par la science

Ainsi, l'Un a identifié l'Autre, l'a nommé, l'a refusé, l'a classé, l'a estimé inférieur à lui, l'a renvoyé à sa marge et s'en est servi pour asseoir sa propre identité. Mais vient le moment où ces différentes opérations doivent être justifiées. L'Un se cherche une explication, il a besoin de se raccrocher à un ordre quelconque pour pouvoir dévaluer l'Autre.

Encore une fois les auteurs qui se penchent sur l'histoire des idées ne sont pas tous d'accord, tout en l'étant fondamentalement. À la base, tous s'entendent pour dire qu'être raciste ce n'est pas d'abord et avant tout être agressif à l'égard d'un autre, mais c'est se justifier de l'être. « Loin de la passion physique et politique, antérieur à elle, le racisme est une violence fondamentale qui décrète l'ordre du monde. Ce décret est fort simple: les êtres humains sont différents en essence et ils le sont pour l'éternité. Le noyau est là, irréductible. » (Guillaumin, 1984-1985, p. 216.)

Comment en est-on arrivé à décréter cette différence essentielle? Quelle autorité invoque-t-on pour prouver l'existence des races? Il faut revenir ici à cette activité classificatoire dont il a été question plus haut. Dans l'ensemble, on aurait tendance à la dire « normale » jusqu'au jour où elle emprunte ses critères à la biologie et où elle crée des catégories principalement basées sur les caractéristiques physiques. Les auteurs français relient de façon très nette racisme et justification biologique, et même racisme et pensée rationnelle. On fait remarquer que le mot « race », qui apparaît en français au XVIe siècle, « dérive de l'italien *razza*, « sorte », « espèce » qui vient lui-même du latin *ratio*, « raison », « ordre des choses », « catégorie », « espèce » » (Flem, 1985, p. 153). « Le racisme rationnel, écrit Delacampagne, est né au sein de la culture occidentale » (1983, p. 28). Le développement d'une pensée rationnelle, scientifique étant vu comme purement occidental, il en résulte que seuls les Occidentaux sont racistes. Cela posé, il ne reste plus qu'à se demander à quand remonte le phénomène.

Pour les uns (Poliakov, 1976; Guillaumin, 1972; Flem, 1985), le tournant qui va faire passer d'une classification géographique et culturelle des peuples à une classification raciale et raciste s'amorce au XVIIIe siècle, au moment où se combinent l'intérêt pour la biologie et l'intérêt pour l'histoire.

Colette Guillaumin fait remarquer qu'à la classification dans l'espace qui a caractérisé la pensée occidentale jusqu'au XVIIIe siècle, succède une classification dans le temps:

> [Au XVIIIe siècle] le souci d'ordonner temporellement les faits connus [se] manifeste bien peu et surtout l'histoire est absente de la pensée sociale. Au contraire, le XIXe accordera une place privilégiée au déroulement temporel de la vie des sociétés. L'« exotisme » cédera la place à la continuité temporelle. (Guillaumin, 1972, p. 23.)

D'aucuns voudraient nuancer. On pourrait voir, par exemple, dans la préoccupation des Européens des XVIe et XVIIe siècles pour la généalogie, dans leur façon de chercher les origines des Amérindiens et d'ordonner les populations de l'époque par rapport à celles dont il est question dans la Bible (Lestringant, 1985; Jaenen, 1983), un intérêt et un recours à l'histoire en vue de répondre à des questions plus essentielles.

Ce qu'il faut retenir ici, c'est que cet intérêt pour l'histoire des sociétés et de leur évolution s'appuiera sur les découvertes géographiques et scientifiques de chaque époque. Au XIXe siècle, le vent est à la science naturelle. Les travaux de Lamarck, Malthus, Darwin, Mendel indiquent l'importance qu'avait l'idée d'une sorte de compétition biologique entre les êtres, d'une sélection naturelle dont les meilleurs sortent victorieux. Appliquée au genre humain et combinée au classement hiérarchique déjà à l'œuvre dans la pensée occidentale, cette idée de la sélection naturelle va en quelque sorte, selon nombre d'auteurs, donner son caractère au racisme occidental. Ces auteurs expliquent que l'on a décrétées raciales et héréditaires non seulement les caractéristiques physiques mais aussi les caractéristiques culturelles, ce qui a permis de classer les sociétés de façon « scientifique ». D'après eux, le XIXe siècle a estimé que si certaines sociétés ne se sont pas développées aussi vite que les autres, si elles se sont pratiquement arrêtées en chemin pendant que d'autres progressaient, c'était parce qu'elles étaient biologiquement inférieures. Lévi-Strauss parle de cet évolutionnisme social, que l'on appelle aussi darwinisme social, comme d'un « maquillage faussement scientifique d'un vieux problème philosophique » (Lévi-Strauss, 1961, p. 26). Le problème à traiter était non seulement philosophique, mais aussi politique et économique. En effet la théorie de Darwin sera interprétée comme « une caution scientifique aux idées de compétitivité et de hiérarchie entre les hommes, propres au capitalisme et à l'aventure coloniale de son siècle » (Flem, 1985, p. 67).

Pendant que les uns situent l'affirmation de la pensée rationnelle au siècle des Lumières, d'autres se préoccupent davantage de son émergence et estiment que des traces du discours raciste et biologique peuvent être trouvées dans les « mythes médiévaux » et même dans les « fantasmes antiques »:

> Ni le racisme comme idéologie biologique, ni la biologie en tant que telle ne sont sortis tout armés de quelques cerveaux au XVIIIe siècle. Accepter l'ancienneté de leurs racines n'est donc pas un acte de foi anti-historique, mais au contraire un préalable indispensable à la reconstruction d'une véritable histoire, qui ne se laisse pas enfermer dans des modèles abstraits et des coupures fictives. (Delacampagne, 1983, p. 66.)

Delacampagne explique qu'il y a, non seulement au XIXe siècle, mais dès les débuts de la culture occidentale une « obsession naturaliste » qui a conduit l'Occident à vouloir inclure la société dans le cosmos et donc à la voir comme régie par des lois fixes, celles de l'ordre naturel. L'idée selon laquelle la nature attribue à chacun son essence, une essence indélébile, pourrait donc bien remonter aux sources de la civilisation occidentale.

L'important finalement est de pouvoir situer le racisme dans la philosophie générale de la société qui le véhicule. Or, quelle que soit l'époque considérée, les auteurs en arrivent dans l'ensemble à relier le racisme à la perte du sentiment religieux. Tant que l'on demande à une autorité transcendante d'ordonner le monde, la question qui se pose est de savoir si tel groupe (les monstres, les femmes, les Indiens) peut être considéré comme faisant partie de l'humanité (c'est-à-dire si ses membres ont une âme) ou s'il faut les rejeter du côté de la nature et des bêtes. Dans ce système, dès qu'une catégorie d'êtres est admise au sein de l'humanité, elle acquiert la possibilité d'être égale aux autres. Par contre, lorsqu'est délaissée la pensée religieuse au profit de la science et que l'on cherche dans la nature elle-même les règles qui régissent l'univers, on en arrive à concevoir l'humanité comme constituée de sous-catégories, lesquelles sont cloisonnées à un point tel que l'appartenance à chacune d'elles est irréversible. Celui qui naît blanc et supérieur le restera tout autant que restera noir et inférieur celui qui naît tel. Le déterminisme biologique devient l'explication des différences.

L'histoire de l'Occident est celle du cheminement parallèle de la religion et de la science, l'une prenant alternativement le pas sur l'autre. Les grands moments de la pensée scientifique sont situés dans la Grèce antique (particulièrement au Ve siècle avant notre ère), puis au moment de la Renaissance (à partir des XIIe-XIVe siècles) et, enfin, à l'époque actuelle (XIXe-XXe siècles). C'est peu à peu, avec des périodes de reflux, que se serait élaboré le mythe raciste pour répondre à l'angoissante question de l'origine, de l'identité et du destin de l'homme laissée pendante par l'abandon de la religion. En laissant tomber ses mythes d'origine, l'Occident aurait commencé à vivre dans l'angoisse qu'inspire l'absence d'identité. Delacampagne lie ce phénomère à la logique de dépassement (individuel, scientifique historique) et donc d'autodestruction de l'Occident. Être lui-même, pour l'Occident, c'est viser le progrès, détruire sans arrêt ce qu'il était l'instant d'avant. C'est donc affirmer sans arrêt qu'il n'est rien.

> Et qu'on ne dise pas ici que l'absence d'identité n'est pas nécessairement une source d'angoisse: c'est au contraire la source par excellence de toute angoisse dans la mesure où l'angoisse n'est rien d'autre que le pressentiment du rien [...]. L'angoisse n'a ni cause ni objet; elle n'est rien d'autre que le bruit fait par le rien en nous. (Delacampagne, 1983, p. 299.)

Par-delà les divergences sur le moment crucial de l'apparition de la science, l'accord se fait donc sur le lien entre le mythe raciste et la pensée rationnelle, sur l'idée que le racisme naît en Europe de l'effondrement de la pensée religieuse au profit de la raison et de la science (Delacampagne 1983, p. 291). « La science occupe aujourd'hui, dans notre société, le lieu qu'habitait jadis la religion et sa caution divine. C'est à la science qu'on demande de révéler la vérité, comme si les hommes ne pouvaient se résoudre à en être d'éternels orphelins. » (Flem, 1985, p. 166.)

Encore aujourd'hui, fait-on remarquer, la pensée raciste s'empare des découvertes scientifiques: la sociobiologie, qui attribue à l'héritage génétique l'origine des institutions sociales, sert particulièrement bien ceux qui cherchent toujours à justifier la domination de certains groupes par un autre (Jacquard, 1986, p. 171). La boucle est bouclée, et nous y arrivons, par les observations que l'on peut faire sur la fonction du racisme.

LA FONCTION DU RACISME

La partie du discours qui porte sur la fonction du racisme est relativement importante. On peut cependant la ramener à des considérations de deux ordres qui se rejoignent: le discours raciste sert à définir et à asseoir l'identité de l'Un en l'opposant à la présence de l'Autre, il permet aussi de justifier toutes les manifestations de domination de l'Autre (conquêtes, esclavage, colonialisme).

Fondamentalement, le racisme fait partie du chapitre beaucoup plus général du rapport à l'Autre. Les auteurs le voient comme permettant de résoudre des contradictions profondes propres à la culture occidentale. L'Occident en effet cherche à la fois à tuer l'Autre et à l'absorber. Tout cela parce qu'il se veut unique et universel. Mais s'il parvenait vraiment à être unique et universel et à imposer ses langues et ses valeurs au monde entier, il se nierait en tant qu'Occident ayant ses propres particularités et se démarquant des autres par sa supériorité. Il lui faut donc sans arrêt susciter des Autres sur ses marges afin de pouvoir s'affirmer lui-même.

Les tenants de l'origine récente du racisme diront que le XIXe siècle, issu du siècle des Lumières et donc d'une société « libérale et éclairée », vivait en même temps le colonialisme et l'exploitation de l'homme par l'homme. Exploiter une partie de l'humanité, ce serait s'aliéner si l'on ne trouvait le moyen de rompre définitivement avec cet Autre, de le rejeter hors de soi en se justifiant par l'affirmation de sa différence essentielle:

> Je ne suis pas responsable puisque c'est biologique. Ils sont autres car en nature ils ne peuvent être moi. En fait ils sont responsables de l'oppression que j'exerce sur eux par leur incapacité naturelle à être moi-même, à se faire moi-même. L'oppression que j'exerce contre moi-même en opprimant une partie de l'humanité dont je suis la mesure et le sens, la faute en retombe sur eux et leur incapacité héréditaire de se faire ce que je suis. (Guillaumin, 1972, p. 42.)

On se situe ici non pas seulement dans un rapport d'altérité, mais plus précisément dans un rapport de domination et d'agression de l'Autre par l'un. Memmi est certainement celui qui insiste le plus sur ce point. Sa définition du racisme, devenue classique, a été adoptée par l'Unesco et figure dans l'*Encyclopædia Universalis*: « Le racisme est la valorisation, généralisée et définitive, de différences, réelles ou imaginaires, au profit de l'accusateur et au détriment de sa victime, afin de justifier une agression ou un privilège. » (Memmi, 1982, p. 98-99.)

Memmi rejoint ici ceux qui, ainsi que nous l'avons dit au début de ce texte émettent un discours non pas surtout sur l'idéologie raciste, mais davantage sur les pratiques racistes.

LE RACISME À L'ŒUVRE

Il faut remarquer en effet que si le discours français schématisé plus haut semble se préoccuper essentiellement des relations entre science et racisme, d'autres discours existent aussi qui proviennent plutôt des mouvements de lutte contre le racisme (aux États-Unis, par exemple). Ces discours, auxquels je ne peux que faire allusion dans cet article, ne se préoccupent pas tant d'expliquer ce qui amène le raciste à être ce qu'il est, que de le voir à l'œuvre. On dira par exemple que certaines personnes ont des *préjugés* à l'égard des autres. Elles n'aiment pas telle catégorie d'êtres humains ou lui reprochent telle et telle chose ou se moquent de telle habitude sans avoir eu l'occasion le plus souvent de voir ou de rencontrer des membres de ce groupe. Elles ne se basent pas sur l'expérience mais sur un *stéréotype*, c'est-à-dire sur une image toute faite véhiculée par la société. Le stéréotype est une sorte de caricature. À l'aide de deux ou trois traits, une société esquisse grossièrement l'image type du membre d'un groupe et l'applique ensuite à tous ceux qui, d'après elle, en font partie.

Les traits choisis le sont sur la base de perceptions (visuelles, auditives ou autres), de fausses interprétations de certains traits culturels du groupe en question, de rumeurs, etc. Il y a donc choix de certains traits (les Indiens portent des plumes, ils sont taciturnes et aussi imprévoyants que des enfants), puis généralisation (tous les Indiens sont ainsi). Cette image toute faite, ce « prêt-à-penser » (Flem, 1985, p. 175) est adopté facilement par tout un chacun qui développe ainsi ses préjugés. Ceux-ci sont considérés comme raciaux quand ils s'appuient sur la couleur de la peau pour identifier le groupe sur lequel on veut se prononcer (les Noirs excellent… en sport). Les préjugés peuvent amener les individus à avoir des attitudes négatives et discriminatoires. Mais tout cela n'est pas encore du racisme:

> Racism is different from racial prejudice, hatred, or discrimination. Racism involves having the power to carry out systematic discriminatory practices through the major institutions of our society. (Della-Dora, 1978.)
>
> Power × Prejudice = Racism. (Bidol, 1978.)

Dans ce système où il est considéré comme un phénomène social et non individuel, le racisme provient des institutions et de l'ensemble de la culture. On distinguera d'ailleurs le *racisme institutionnel* et le *racisme culturel*. Le premier est le fait des gouvernements, des syndicats, des écoles, des corps de police, des cours de justice, des hôpitaux, des églises, des compagnies de transport, des postes de radio et de télévision, etc., qui offrent leurs services de façon discriminatoire et ainsi suscitent ou perpétuent, chez un groupe donné, la pauvreté, l'ignorance, la maladie, le chômage, ou propagent une image appauvrie, négative ou fausse de ce groupe. Le pouvoir est exercé ici en vue d'une dévalorisation sociale et économique. Dans le racisme dit culturel, le pouvoir est utilisé par le groupe dominant pour détruire la culture des minorités ethniques et imposer la sienne propre.

Tout cela n'est exposé ici qu'à titre indicatif, pour montrer que le racisme peut être analysé de différentes façons et qu'il donne lieu actuellement à différents types de discours.

LUTTE DE RACES ET LUTTE DE CLASSES

Le rapport entre racisme et lutte des classes établi par les deux types de discours examinés ici indique bien ce qui monopolise l'intérêt de l'un et de l'autre. Ceux qui analysent le discours raciste tentent de voir à quel moment émerge le concept de classe et comment classe et race figurent en parallèle comme « moteurs de l'histoire », pour finir par désigner la même réalité. L'histoire occidentale, indique-t-on, pourrait être réécrite à la lumière de la lutte des « races ». Dès la Renaissance, écrit L. Flem (1985), hiérarchie sociale et hiérarchie naturelle se recouvrent. Le mot « race » renvoie alors à la famille, à la lignée. Considérée comme une suite de générations, la race transmet à ses membres de façon irréversibles ses qualités et ses défauts. Qualités et défauts qui justifient la place de chaque race dans la hiérarchie sociale (clergé, noblesse, tiers-état). Pendant la Révolution, d'aucuns verront l'alliance de la bourgeoisie et du tiers-état contre la noblesse comme la volonté gauloise de se débarrasser des anciens envahisseurs francs (Poliakov, 1976, p. 69-70). Au XIXe siècle, nombre de théoriciens (Galton, Malthus, Vacher de Lapouge) considèrent que les assistés sociaux sont biologiquement inférieurs et donc incapables de « monter » dans la hiérarchie sociale. Rien ne sert de les « assister ». Mieux vaudrait les « éliminer ». Il y aurait donc toujours eu, de façon sous-jacente, une théorie explicative qui a attribué à leurs origines biologiques la possibilité pour certains groupes d'en éliminer d'autres, justifiant ainsi la discrimination et même les pratiques d'eugénisme.

Ceux qui, du cœur de la lutte contre le racisme et d'une idéologie marxiste, réfléchissent aussi aux rapports entre races et classes sociales, en viennent à la conclusion que le racisme n'est finalement que la justification d'une oppression qui, au départ, est celle d'une classe sur les autres. C'est la lutte des classes qui est alors vue comme le « moteur de l'histoire ». La classe dominante ne ferait que prendre prétexte des différences visibles entre les hommes, et notamment de la couleur de la peau, pour opprimer les autres sur le plan économique.

La divergence de point de vue provient non seulement du fait que les objets d'analyse sont différents, mais aussi d'une différence d'idéologie. Memmi réfute l'analyse marxiste qui réduit le profit du racisme à un profit économique.

Tout en reconnaissant la dimension économique du racisme, il y voit aussi des dimensions psychologiques, affectives et autres (Memmi, 1982, p. 61-63; 1975, p. 9).

CONCLUSION

L'émergence, au Québec comme ailleurs, d'une industrie du racisme, a été notée plus haut. Après avoir remarqué que l'on a beaucoup écrit sur le racisme ces derniers temps et que peu de thèmes sont aussi populaires, Moscovici ajoute (1984-1985, p. 182) : « On a l'impression qu'il [le racisme] occupe l'espace vide laissé par l'exploitation des classes ou le colonialisme des nations dans la pensée des uns et des autres. »

On pourrait faire l'hypothèse qu'au moment où une classe dominante (ou cherchant à dominer) de la société découvre une théorie lui permettant de justifier son oppression sur les autres (par exemple la sociobiologie pour la nouvelle droite), un contre-discours s'élabore qui vise à démonter le premier. Rééquilibre des forces à l'intérieur de la société au moyen de la parole. À la suite des « flambées » de violence raciste en France, il a été remarqué (notamment par Harlem Désir, au forum « Immigration-racisme-pluralisme » tenu à Montréal en mai 1986) que la place occupée dans la société française par ceux qui professent des idées racistes n'a pas changé depuis des décennies. Ce qui change, c'est leur visibilité, laquelle a provoqué le contre-discours dont il a été question ici. Ce contre-discours occupe probablement la zone d'opposition que la société française suscite en ses marges et tolérera tant qu'il ne sera pas trop efficace. Il suggère des questions d'ordre méthodologique et des commentaires sur son avenir, questions et commentaires qui se recoupent en un chassé-croisé que je formulerai sous forme d'hypothèses.

L'analyse du racisme n'est-elle pas imprégnée d'une mode?

Nous avons vu que ceux qui réfléchissent au racisme l'inscrivent dans un rapport d'altérité et de dualité. Or, l'opposition du même à l'Autre parcourt actuellement les écrits des sociologues, anthropologues, philosophes: perception de l'Autre par Soi, perception de Soi par l'Autre, recherche de l'Indien imaginaire et de l'Occidental imaginé, rapports entre le centre et ses marges, notion de différence, etc., les colloques et les numéros à thème des revues sont imprégnés de cette opposition. Et c'est tout naturellement à l'intérieur de ce rapport duel que l'analyse situe le racisme.

Or, l'activité classificatoire ne limite pas le nombre de groupes humains à deux termes. Serait-ce la pensée rationnelle, éternelle créatrice d'oppositions binaires, de listes fermées, de linéarité qui mènerait à cette simplification là où des pensées non occidentales sont plus globalisantes et plus complexes (Vincent, 1982, p. 19-23)? D'où une double série de questions, les unes portant sur nos outils conceptuels et les autres sur le poids de la pensée rationnelle.

Existe-t-il un racisme véhiculé hors de la pensée rationnelle?

Il est frappant de voir à quel point les auteurs sont impitoyables pour le racisme qui se justifie par la « science » (c'est alors que commencerait vraiment le racisme), tandis que l'on est prêt à « pardonner » à celui qui prend appui sur la religion. Comme si la science qu'ils reconnaissent pourtant comme ayant remplacé la religion n'était pas une forme de religion en ce sens qu'elles sont toutes deux des tentatives d'explication du réel.

En affirmant qu'il n'y a racisme que s'il y a recours à la biologie et à la science et en remarquant ensuite que seul l'Occident a inventé la science, on en arrive à la conclusion obligatoire (et presque paternaliste) que seul l'Occident est raciste. Pourtant tous les peuples ont généré des systèmes cohérents d'explication du monde, tous ont découvert des lois de la nature et classent les autres nations en fonction de critères qui leur semblent pertinents. Définir le « racisme » par la seule explication biologique, c'est probablement être très marqué par sa société, oublier les ethnosciences et leur pouvoir explicatif.

Déjà d'ailleurs, même dans la vision occidentale du monde, on note que la notion de « race » n'est plus très utile à la pensée raciste et qu'elle est remplacée par la notion de culture. Comme le remarque Colette Guillaumin, on relègue le physique et le concret à l'arrière-plan pour s'intéresser davantage au mental et au symbolique (Guillaumin, 1984-1985; Memmi, 1982). Ne faut-il pas se rendre compte, à l'occasion de ce transfert de sens, que l'insistance sur le biologique n'est probablement pas suffisante. Le racisme est un phénomène discriminatoire qui s'appuie sur l'invention d'une hiérarchie et l'exercice d'un pouvoir, le tout justifié par un mythe quel qu'il soit. Tous les peuples sont en mesure d'être logiquement et gravement discriminatoires. Encore faudrait-il savoir comment ils le seraient, quelle théorie ils inventeraient pour le justifier et dans quelle mesure leurs observations de la nature entreraient en ligne de compte.

De la même façon, il n'est pas dit que la pensée rationnelle ait à ce point envahi la culture française que la pensée sauvage n'y ait encore sa place. Et l'on pourrait en dire autant du Québec. Or, que dit la pensée sauvage sur le rapport aux Autres? C'est probablement ce que nous ne savons pas, ou mal.

Les outils conceptuels occidentaux sont-ils adéquats ou faut-il chercher le regard de l'Autre?

D'ailleurs, le doute ne devrait-il pas habiter celui qui s'interroge sur le racisme dès le premier moment de sa réflexion? Si la culture occidentale dans son ensemble et les sciences sociales en particulier sont imprégnées d'un racisme indélébile, comment analyser le concept de racisme? Comment être sûr que les outils par lesquels on tente de comprendre les fondements et les fonctions du racisme ne sont pas terriblement limités par une philosophie, une vision du monde profondément marquées et, depuis des siècles, par une appréhension raciste des choses? Quelle sorte de recul prendre pour analyser ce phénomène que tous disent occidental et blanc?

Pour sortir de la logique occidentale qui analyse le discours raciste à l'aide de concepts forcément cohérents avec ce discours, il semble que l'on commence à éprouver le besoin de points de vue et d'outils façonnés ailleurs. Autrement dit, après avoir cherché dans le temps l'origine du concept de race, la pensée occidentale pourrait se mettre à demander à ceux qui ont un recul géographique et culturel de l'aider à définir son racisme (voir l'article de François Jullien, 1986, sur la valorisation du point de vue d'extériorité). Plongeant par ailleurs dans cette partie d'elle-même qui n'est pas conditionnée par la science, la pensée occidentale pourrait sans doute y trouver aussi un nouvel éclairage et d'autres définitions du racisme.

Quels seront les nouveaux chapitres d'un discours qui définit l'Autre sans lui demander son avis?

Plutôt que d'élargir son objet d'analyse à la pensée « non rationnelle » et de réfléchir vraiment à de nouveaux éclairages et appuis méthodologiques, le discours sur le racisme semble vouloir échapper au cercle infernal de la logique raciste par une stratégie de fuite en avant. C'est ainsi qu'il commence à comprendre un chapitre sur la valorisation de la différence. Puisqu'il est clair que le cerveau humain cherche à classer, à remarquer des écarts et des similitudes, autant insister sur la beauté de l'étrange, le charme de la xénité (Weinrich, 1986), la richesse du multiculturalisme, l'enchantement de la différence (Jacquard, 1983, p. 8; 1978), la nouvelle culture des immigrés et des métis.

Cependant la valorisation de la différence est une arme à double tranchant. Elle permet certes de se définir, de s'affirmer comme ayant le droit de vivre selon sa culture, de parler sa langue, de promouvoir ses valeurs et ses projets propres, mais elle permet aussi de maintenir ses distances et même de se créer du pouvoir, ainsi que le montre Shelby Steele dans ses récents essais sur le racisme (1988, 1989). Analysant les tensions de la fin des années quatre-vingt sur les campus américains, Steele remarque que les Noirs comme les Blancs, les femmes comme les hommes creusent volontairement les différences entre eux, car la distance ainsi créée leur permet d'asseoir leurs souverainetés respectives. Chacun en vient ainsi à revendiquer des droits dont l'obtention risque d'entraîner de nouvelles ségrégations... On a vu l'affirmation du droit à la différence être récupérée par des éléments extrémistes (racistes ou antiracistes) qui, réclamant ce droit pour eux-mêmes, s'empressent de le transformer en droit de rejeter l'Autre.

Conscient de ces dangers, le discours sur le racisme a réajusté son tir et fait de la différence non pas un droit mais une valeur. En fait, à chaque nouvelle attaque du discours raciste, le discours antiraciste cherche et crée une parade. Dans l'immense réservoir des arguments scientifiques, nul doute que l'on en trouvera toujours pour lutter contre le racisme. Mais, de son côté, la partie adverse ne reste pas inactive. Elle sait aussi, lorsqu'il le faut, puiser dans le réservoir scientifique. Et puis les mots s'usent, on les remplace par d'autres et tout est à recommencer. Ainsi, lorsqu'au monde de l'imaginaire les Noirs, les Jaunes, les Rouges s'éloignent doucement, notre astucieuse société invente des expressions telles que « minorités visibles » ou « minorités ethniques ».

Quel que soit le profit que les uns et les autres tirent de leurs pratiques discriminatoires, il m'apparaît important de voir que le racisme est une forme de domination issue du pouvoir qu'a l'un de nommer l'Autre et de le définir (pour mieux se définir lui-même). La discrimination commence par l'invention d'une différence sur la base de critères vus comme objectifs: la force physique par exemple, le degré de scolarisation, le fait d'être « visible »...

Mais, si la discrimination commence bien dans l'imaginaire et par la création de catégories, rien n'empêche de penser que c'est dans l'imaginaire aussi et par la création d'autres catégories (les employés de telle entreprise, les

Québécois) que l'on pourra momentanément la résorber (momentanément seulement car la création de nouvelles catégories créera à moyen ou à long terme de nouvelles discriminations qui devront à leur tour être examinées). Steele affirme que l'on devrait insister sur ce que les groupes ont en commun plutôt que sur la diversité ou le pluralisme (1989, p. 55). De la même façon, plutôt que de continuer à s'attarder à la peur de l'Autre, certains auteurs commencent à indiquer qu'il y a également chez tout être humain de l'affection possible. Memmi lui-même — ce qui peut sembler symptomatique — explique que, si l'homme est un loup pour l'homme, il est aussi le père, le fils, le frère, le beau-frère, le cousin de l'homme.

> Il m'est arrivé d'écrire que le racisme est naturel, et l'antiracisme acquis. J'ai eu tort de moitié : ils ont, tous les deux, en nous leurs racines. Il existe une passion raciste, mais il existe aussi une inclination qui nous porte vers autrui, pour lui demander ou lui porter secours. (Memmi, 1982, p. 131.)

Il est vrai que nous vivons actuellement — au Québec particulièrement — une période de modification du nous particulièrement troublante pour la majeure partie de la société. Du jour au lendemain, ou presque, le « nous » policier est appelé, pour mieux refléter la société dont il est issu, à comprendre des femmes et des personnes de toutes origines, le « nous » militaire devra inclure des handicapés, le « nous » CIL ne pourra plus être fermé aux femmes, le « nous » des compagnies œuvrant dans le Nord devra inclure les populations locales. Un instructeur policier disait à ses recrues féminines : « Vous ne faites pas un métier d'homme. Vous êtes policiers. Vous êtes là parce que vous devez être là. Soyez vous-mêmes ! » (Jinchereau, 1989.)

Soyez vous-mêmes en tant que policières participant à la sous-culture policière. En somme, si la négation de la différence ne mène nulle part et si sa valorisation peut-être dangereuse, il ne reste plus à chaque société qu'à trouver les lignes de force qui la maintiennent en vie. Les transformations extrêmement rapides qui marquent nos sociétés actuellement exigent que les lignes de solidarité et d'identification se reconstituent elles aussi très rapidement et l'on peut penser que les tensions viennent de la résistance que chacun oppose à ces transformations trop radicales et trop bouleversantes pour passer inaperçues. C'est l'écart entre l'idée que chacun s'était fait de sa société et ce qu'il en perçoit quand il la regarde qui inquiète et qui met en route le processus menant au racisme.

C'est donc à une remise en question permanente des critères d'acceptation de l'Autre (critères d'embauche, critères d'immigration), mais surtout à une redéfinition du « nous » de chacune de nos sociétés (l'entreprise, le pays) que convient les tensions qui ont marqué les années quatre-vingt.

Notes

1. Je ne prétends pas faire l'analyse de ce discours, mais plutôt essayer d'en trouver, sous la multitude des feuilles, le tronc principal. Il y a évidemment des voies divergentes. Je ne tiendrai pas compte de toutes. Il ne s'agit vraiment ici que d'un premier survol à haute altitude. Les nombreuses citations que j'ai tenu à insérer dans le texte servent de points d'ancrage et devraient garantir que si l'axe que je dégage n'est pas le seul possible, il est malgré tout réaliste.
2. Ce terme, à ma connaissance, n'est pas employé dans les écrits qui traitent des phénomènes d'hétérophobie et de domination de l'Autre. La paternité en revient à Thierry Vincent qui a dû l'inventer vers 12 ans. Je le lui ai souvent emprunté pour finalement l'adopter afin de nommer cette réalité de la peur et du rejet des membres des autres générations, principalement des enfants, des jeunes et des personnes âgées.
3. On me pardonnera ce détour par des exemples pris dans le contexte québécois. Ils feront mieux comprendre, je pense, la place de l'Autre ou des Autres dans l'élaboration de l'identité de l'Un.

ANNEXE 1

MISE À PART D'AUTOCHTONES SUR LA BASE DU NIVEAU DE SCOLARITÉ

Sept-Îles, août 1975. Quarante-six Indiens montagnais employés par la compagnie Iron Ore débrayent pour protester contre l'existence d'une certaine liste spéciale appelée « Annexe G » sur laquelle figurent 33 d'entre eux.

Cette annexe fait partie de la convention collective signée en 1972 — et renouvelée quelques mois plus tôt — par la compagnie Iron Ore du Canada d'une part et le syndicat des Métallos unis d'Amérique de l'autre. La compagnie et le syndicat se sont entendus pour regrouper sur cette liste les travailleurs qui ne satisfont pas aux critères d'embauche de la compagnie et qui, notamment, n'ont pas atteint un certain niveau de scolarité (9e année, ce qui correspond à la 2e année du secondaire). Ces employés ont un salaire moindre et ne bénéficient d'aucune sécurité d'emploi. De plus, ils n'ont pas le droit de passer les examens qui leur permettraient d'accéder à d'autres catégories d'emploi.

Or, sur cette liste figurent trente-quatre noms : ceux de 33 Indiens montagnais et d'un non Indien, ce dernier se trouvant en outre sur la liste des autres employés.

Les Montagnais se plaignent d'être confinés dans un ghetto. Ils demandent de pouvoir en sortir en passant des examens dans leur langue maternelle et en ayant la possibilité, le cas échéant, de suivre des cours de rattrapage dans cette langue. Après quatre semaines de grève, ils obtiennent gain de cause et retournent au travail.

Dans le cas examiné ici, il faut remarquer que la compagnie et le syndicat se sont arrangés pour créer une catégorie d'employés inférieurs, mais surtout marginaux en ce sens qu'ils n'ont aucun moyen de passer dans les catégories des employés « normaux ». Sur la base de la scolarisation, on a donc construit de toutes pièces un « Autre » que l'on a décrété différent et de qualité moindre, et que l'on a aussi condamné à le rester. Cette définition infériorisante de l'Autre justifie du même coup que lui soient réservées les conditions de travail qui sont justement celles que combattent ordinairement les syndicats.

La manœuvre, à prime abord, n'est pas raciste. Le syndicat affirme que la convention collective n'est aucunement discriminatoire à l'égard des Autochtones. En effet, la clause qui crée l'Annexe G ne les mentionne nullement. La compagnie, pour sa part, se pose en défenderesse des Autochtones. Pourtant, la catégorie ainsi établie ne regroupe à toutes fins utiles que des Montagnais. En 1975, tout le monde sait que les Montagnais, scolarisés dans une langue seconde, présentent un taux d'échec plus élevé que la moyenne nationale. La création d'une catégorie basée sur le niveau de scolarité était donc, ou aurait pu avoir été, une façon de maintenir les Autochtones aux portes de l'entreprise tout en ayant l'air d'accepter leur présence au sein de celle-ci.

Les employeurs des Autochtones se plaignent souvent de leur taux d'absentéisme, surtout dans les régions nordiques. Il s'agit là d'un phénomène réel et qui n'est pas sans causes. Plutôt que de s'en prendre à celles-ci, la compagnie et le syndicat semblent avoir préféré créer cette catégorie d'employés congédiables en tout temps. Probablement parce qu'ils pensaient que les Autochtones ne leur garantissaient pas suffisamment leur présence au travail, ils se sont permis, de leur côté, de ne pas leur garantir leur sécurité d'emploi. Ils ont de plus estimé que les Montagnais étaient incapables d'apprendre ou du moins ils n'ont pas voulu entr'ouvrir la porte à des mesures qui auraient facilité leur apprentissage.

Outre divers motifs économiques, il y a là, sans doute, une réaction de défense, un besoin de se protéger contre une réalité que l'on ignore, sur laquelle on n'a pas de prise mais aussi dont on ne tente pas de comprendre la logique. À l'inverse, c'est parce qu'elle a cherché des solutions prenant en compte la réalité nordique et le mode de vie des Inuit du district de Keewatin (Territoires du Nord-Ouest) que la compagnie North Rankin Nickel Mine a trouvé une solution innovatrice à la question de l'absentéisme chez les Autochtones. Dans les années cinquante, elle a en effet modifié sa politique d'embauche en formant pour chaque poste non pas un mais plusieurs individus de façon à leur permettre de se libérer à tour de rôle pour vaquer à leurs activités de chasse et de pêche. Ainsi, la compagnie pouvait compter sur le nombre fixe de postes qui lui était nécessaire. De leur côté, les Inuit, en répartissant leur temps entre la chasse et le travail salarié, s'assuraient à court terme une meilleure qualité de vie (apport monétaire du travail joint à la valeur diététique, thérapeutique et culturelle de la chasse). De plus, en ne spécialisant pas à outrance tous leurs membres dans des emplois qui ne pouvaient être que temporaires, les familles et la communauté assuraient leur survie à long terme. Ce modèle, qui requiert la collaboration de la compagnie non seulement avec les individus mais avec l'ensemble de la communauté, a été imité depuis dans les Territoires du Nord-Ouest.

*

* *

Voir *L'Avenir* de Sept-Îles, 30-1-1975, p. 10; 2-8-1975, p. 3; 9-8-1975, p. 3; 14-8-1975, p. 2; 21-8-1975, p. 6; 30-8-1975, p. 3; R. Quinn Duffy, *The Road to Nunavut. The Progress of the Eastern Arctic Inuit since the Second World War*. Montréal et Kingston, McGill-Queen's University Press, 1988, p. 176.

ANNEXE 2

L'ÉTERNELLE FAIBLESSE FÉMININE

Montréal, novembre 1988. La Confédération des syndicats nationaux (C.S.N.) émet un communiqué de presse indiquant que deux femmes travaillant à l'usine d'explosifs CIL de McMasterville ont été congédiées, l'une pour s'être évanouie au travail, l'autre parce qu'elle n'avait pas suffisamment de force physique.

De par la loi C-62 adoptée en 1986, les entreprises de plus de 100 employés recevant du gouvernement fédéral des contrats supérieurs à 200 000 $ doivent mettre en place des programmes visant l'élimination de toute pratique discriminatoire, que ce soit envers les femmes, les Autochtones, les personnes handicapées ou les membres de « minorités visibles ».

Au cours de l'été 1988, la compagnie CIL, respectant les obligations créées par la loi, avait engagé deux femmes parmi une quinzaine de nouveaux employés. C'était la première fois depuis la fin de la Seconde Guerre mondiale qu'elle intégrait des femmes à ses effectifs de production. La C.S.N. note cependant que la compagnie semble avoir voulu leur réserver un sort différent de celui des hommes. Elle les a affectées aux deux postes « les plus durs de l'usine, sur la « ligne de poudre » qualifiée de « Vietnam », tellement les conditions de travail y sont [...] pénibles ».

Les deux femmes, qui étaient en période d'entraînement, s'attendaient à effectuer des tâches diverses. L'une fut affectée au transport de la nitroglycérine. Il s'agissait de s'atteler par la taille à un chariot de bois et de le tirer sur une pente ascendante après que l'on y ait déposé 400 livres de nitroglycérine. La personne chargée de ce travail effectue normalement quinze voyages dans une journée de huit heures. La jeune femme fut congédiée quand elle se fut évanouie après avoir fait sept voyages en deux heures quinze minutes par 38° Celsius. La seconde employée, après avoir travaillé comme opératrice pendant trois semaines, fut chargée de pelleter la poudre et d'empiler des boîtes de 25 kilos chacune. Il semble que, dans l'ensemble, les employés enbauchés en même temps qu'elles aient été affectés à des travaux plus variés dont certains étaient plus légers.

Dans d'autre compagnies, les directives à l'égard des femmes que l'on est « obligé » d'engager en raison de la loi C-62 vont tout à fait dans l'autre sens. Les rares femmes qui font partie des équipes de travail sont prises en charge, voire protégées par certains contremaîtres. On leur évite les travaux difficiles, dangereux, ceux qui demandent de l'initiative ou une certaine forme de dextérité. On les « occupe » à de petits travaux sans conséquence. Ainsi, deux étudiantes engagées par la compagnie de téléphone Bell pour vérifier les dommages causés par les inondations du 14 juillet 1987 aux installations téléphoniques d'une localité de la Rive Sud ont été employées comme assistantes d'un technicien, puis se sont vu confier quelques menues opérations comptables et finalement l'inspection de rues non touchées ou à peine par l'inondation. Pendant ce temps, leurs 12 confrères engagés pour la même raison et au même moment travaillaient en équipes de six sous la direction de deux techniciens seulement et effectuaient les réparations dans les maisons sérieusement touchées par l'eau. La surprotection, qui est l'une des façons dont on traite généralement les femmes, se retrouve dans l'emploi. Elle constitue l'une des difficultés qui attend les femmes qui veulent faire carrière dans des professions traditionnellement réservées aux hommes.

Mise à l'épreuve et surprotection sont les résultats opposés d'une même image, celle de la femme conçue comme un être faible. Cependant, dans les cas qui nous occupent, peut-on parler de discrimination ? Nul ne contestera que chaque emploi requiert des habiletés particulières et que tout être humain, qu'il soit homme ou femme, handicapé ou non, jeune ou plus âgé, lourd ou leste, rapide ou lent d'esprit, n'est pas apte à remplir toutes les tâches. Cela dit, si une personne est acceptée dans une entreprise, c'est qu'elle a, du moins le suppose-t-on, les compétences requises, et l'on aimerait imaginer qu'à l'intérieur de l'entreprise qui l'emploie chacun trouvera les tâches pour lesquelles il pourra donner le meilleur de lui-même. Cantonner une personne dans les travaux les plus durs ou ne lui confier que les travaux les plus légers, c'est la classer dans une catégorie distincte.

On trouve dans la discrimination sur la base du sexe le même processus que dans la discrimination raciale. La création de l'Autre en tant qu'Autre et inférieur est justifiée par une donnée « scientifique », « observable », « naturelle ». Les personnes congédiées par la CIL l'ont été parce qu'elles étaient physiquement incapables d'accomplir un travail et donc classées comme « faibles ». Pourtant, constate la C.S.N., jamais à la CIL un homme n'a été congédié sur la base du critère de la force physique. De la même façon, les policiers ne sont pas exclus du Service de police même si, peu de temps après avoir passé leurs examens, la plupart d'entre eux perdent la forme physique acquise au cours de leur période d'entraînement, devenant ainsi aussi « déficients » que les femmes qui échouent à ces mêmes examens (mais qui se voient refuser, elles, l'entrée dans le corps policier).

Si l'imaginaire patronal n'avait pas construit deux catégories, celle des hommes et celle des femmes, s'il n'y avait eu dans la réalité de l'entreprise qu'une catégorie d'employés, plutôt que de renvoyer les « faibles » après les avoir épuisés à la tâche, on aurait essayé de modifier les conditions de travail: ralentissement des cadences, rotation des tâches, modification des techniques, rajeunissement de l'équipement — et ce, au profit des employés masculins aussi bien que féminins. La CIL avait deux possibilités: voir à ce que tous ses employés — y compris ceux qui n'étaient engagés qu'à l'essai — développent leurs aptitudes propres au sein de son entreprise, ou bien réévaluer sa définition des tâches. Elle a opté pour la deuxième solution, préférant imposer un test de force physique qui n'avait pas existé jusque-là. Ainsi, sans discrimination apparente puisque nulle part elle ne dit qu'elle refuse d'embaucher des femmes, cette compagnie a réussi à les exclure.

*

* *

Voir « Un cas flagrant de discrimination à l'usine CIL de McMasterville », Communiqué de presse, Service de la condition féminine de la C.S.N., 29 novembre 1988; Rollande Parent, « Le congédiement de deux « faibles femmes » s'avère explosif pour la CIL », *Le Devoir*, 30 novembre 1988, p. 6; Isabelle Jinchereau, « Les hommes ne font pas de quartier aux femmes-flics », *Le Soleil*, 14 janvier 1989, p. B-9.

ANNEXE 3

POLICE ET MINORITÉS « VISIBLES »: LES VERTUS DE L'UNIFORMITÉ

Montréal, novembre 1988. Le comité chargé par la Commission des droits de la personne du Québec d'effectuer une « Enquête sur les relations entre les corps policiers et les minorités visibles et ethniques » remet son rapport final. Ce comité avait été mis sur pied à la suite du meurtre d'un jeune Noir par un policier de la Communauté urbaine de Montréal. Dans son rapport, qui étudie notamment l'organisation du Service de police de la communauté urbaine (S.P.C.U.M.) et la représentation des groupes ethniques à l'intérieur de celui-ci, le comité recommande que le S.P.C.U.M. engage des personnes issues de minorités « ethniques » et « visibles ». Cela n'a rien de très original: c'est ce que beaucoup d'organismes demandent depuis longtemps et c'est aussi ce que le S.P.C.U.M. tente de faire depuis plusieurs années, mais sans succès. La bonne volonté ici ne suffit pas: malgré les campagnes de recrutement du S.P.C.U.M., très peu de candidats se présentent et, parmi ces derniers, très peu réussissent.

Tout en estimant que le processus de sélection à l'embauche devrait être révisé, le comité d'enquête reconnaît par ailleurs que ce processus n'est pas le seul facteur qui influence l'accès des minorités à la carrière policière. Il faut tenir compte en outre des perceptions: celles que les minorités ont du S.P.C.U.M. et celles que les policiers ont des minorités.

D'après le comité, qui s'en rapporte aux études effectuées au cours de la décennie précédant son enquête, le Service de police est perçu comme un club fermé réservé aux hommes blancs francophones, ce qui n'incite pas particulièrement les membres des groupes minoritaires à vouloir y entrer. On pourrait ajouter d'autres perceptions dont le comité ne tient pas vraiment compte, telle celle que les minorités avaient de la police dans leur pays d'origine et qu'elles appliquent à la police du pays d'accueil. Quoi qu'il en soit, la perception du S.P.C.U.M. par les minorités est un élément essentiel de la dynamique policiers/groupes minoritaires.

À l'inverse, la présence, dans le corps de police, de personnes ne correspondant pas à l'image type du policier (homme blanc francophone) n'est pas toujours bien accueillie. En somme, l'homogénéité du Service est telle que la différence des policiers « autres » (femmes, Noirs, anglophones, etc.) est automatiquement, de façon répétitive et parfois agressive, montrée du doigt par certains policiers. Les personnes visées finissent par se sentir très isolées pour ne pas dire rejetées, ce qui renforce l'idée que le S.P.C.U.M. est un club fermé et ne fait rien pour susciter de nouvelles candidatures issues des groupes « visibles », quelles que soient les causes de cette visibilité et quels que soient les efforts de recrutement du S.P.C.U.M. Il y a là manifestement un cercle vicieux dont on n'a pas réussi à sortir.

La « visibilité » constitue un argument de poids. Un « corps » policier doit pouvoir « faire corps » comme son nom l'indique parce qu'il est souvent attaqué par la société qu'on le charge de protéger. Il se sent lui-même victime des perceptions de l'ensemble des citoyens quand il n'est pas le bouc émissaire que l'on charge des maux propres à la société dont il fait partie (n'entend-on pas dire, par exemple, que les policiers sont plus « racistes » que les autres?). Si des personnes non conformes à l'image type définie plus haut veulent faire partie du corps policier, celui-ci fera tout pour qu'elles se fondent dans les rangs ou pour qu'elles en sortent définitivement. Il peut choisir un mode amical, telle cette promotion de 1988 qui, pour mieux adopter ou intégrer le policier Quoc Tuan Trinh d'origine vietnamienne, le baptise Ti-Toine Tremblay. Il peut le faire de façon plus dure en soumettant, par exemple, les nouvelles recrues à un feu roulant, et à la longue humiliant, de blagues racistes ou sexistes, premier pas d'une escalade qui peut aller jusqu'à l'agression physique, en même temps qu'exutoire à un malaise qu'il faut bien exprimer d'une façon ou d'une autre.

Nous nous trouvons donc devant des tentatives visant soit à rejeter l'Autre soit à en faire une copie de soi aussi conforme que possible, et ces tentatives reposent sur un tissu complexe de représentations de soi et des autres. Ici comme ailleurs, la discrimination commence dans l'imaginaire. Pour confirmer son image d'elle-même, la société canadienne et québécoise construit ses propres catégories d'« Autres » qu'elle veut pouvoir accueillir en son sein ou garder dans sa marge. Il est question dans le rapport du comité d'enquête, comme dans beaucoup d'autres rapports du même genre, dans la presse et dans le langage courant, de « minorités visibles » et de « minorités ethniques ». Le premier groupe comprend les « Noirs », les « Sud-Asiatiques ou Indo-Pakistanais », les « Asiatiques du Sud-Est et du Pacifique », les « Asiatiques d'Extrême-Orient », les « Moyen-Orientaux et Arabes », les « Latino-Américains » et pour les besoins de la cause, avec des nuances et des mises en garde dues à leur statut de premiers occupants les « Autochtones ». On remarquera que cette étrange catégorie est basée à la fois sur la couleur de la peau et sur la distance culturelle. Quant à la catégorie « minorités ethniques », elle comprend les « Italiens », les « Grecs », les « Portugais », les « Juifs », les « Européens de l'Est », les « autres Européens et autres origines ». Cette catégorie est basée sur des différences nationales, religieuses, géographiques, politiques et même historiques (les citoyens d'origine britannique et française n'en font pas partie, ils sont rattachés au groupe majoritaire).

Le comité traite chacune de ces catégories en bloc, sans se demander, par exemple, pourquoi les « Italiens » et les « Européens de l'Est » sont relativement mieux représentés dans le Service de police que les Grecs ou les Portugais, pourtant immigrants de vieille souche. Il ne se demande pas non plus pourquoi les Haïtiens récemment arrivés sont déjà plus nombreux dans le Service que les Chinois établis au Québec depuis longtemps. Il ne semble pas davantage curieux de savoir si, parmi les policiers du groupe majoritaire, il en est qui entretiennent des liens, par alliance ou autrement, avec les groupes minoritaires (comment se fait-il par exemple que quelque 26 langues différentes soient parlées par les policiers du S.P.C.U.M.?). Il est évident que ce système de classification cache la complexité de la réalité et permet de faire ressortir ce que l'on veut bien définir comme « problème ».

D'autre part, cette subdivision facile de l'humanité, inspirée au comité d'enquête par la classification utilisée à la Commission d'emploi et immigration du Canada, est évidemment hiérarchisante: mieux vaut venir de Grande-Bretagne ou même de France que du reste de l'Europe et mieux vaut l'Europe que les autres continents.

Ces catégories sont utilisées sans remise en question par les directions des corps policiers. Celles-ci, par exemple, dans leurs actions publiques et conscientes, font tout pour valoriser les membres de la catégorie « minorités visibles », ce qui n'indique peut-être pas qu'elles justifient cette classification mais du moins qu'elles prennent acte de son existence (voir, par exemple, l'accent mis dans les journaux de mai et de juin 1988 sur la nomination du premier agent d'origine asiatique — le policier d'origine vietnamienne dont il a été question plus haut — ainsi que sur le succès de la première femme noire — et anglophone — diplômée de l'Institut de police de Nicolet). Par ailleurs, comme toutes les autres, cette hiérarchisation est rationalisée. Ainsi, certains représentants du corps policier semblent l'endosser et la justifier indirectement lorsqu'ils affirment qu'un écart trop grand entre chaque policier et l'image du policier idéal nuirait à la profession. La « visibilité », contraire à l'homogénéité, serait nocive et devrait être évitée. Pour les tenants de cette option, il ne s'agit pas, bien sûr, d'empêcher qui que ce soit de devenir policier, il s'agit seulement de tout faire pour que les nouvelles recrues ne nuisent pas à l'efficacité du corps professionnel. S'il est vrai que l'homogénéité est garante de l'efficacité des corps policiers, ne devrait-on pas penser qu'elle doit être recherchée dans une communauté de techniques, d'attitudes, de valeurs, dans une sous-culture policière donc, plutôt que dans l'uniformité de la couleur de la peau? Il semble que certains aient tendance ici à s'accrocher à un vieil uniforme qui n'a plus sa raison d'être si l'on tient compte des transformations tant de la société que de la fonction policière (police sociocommunautaire et préventive plutôt que paramilitaire et répressive). Autrement dit, la question à se poser est la suivante: à quoi servent ces catégories de « minorité ethnique » et « minorité visible »? Jusqu'à quand un Noir vivant à Montréal sera-t-il considéré comme « Noir » plutôt que comme « Québécois »? Jusqu'à quand une femme policière sera-t-elle considérée comme « femme » et non comme membre d'un service de police?

Au rythme où se transforment nos sociétés, il nous faut continuellement remettre au foyer l'image que nous nous en faisons. En ce qui concerne les politiques d'emploi, dans la police ou ailleurs, la solution ne réside donc pas uniquement, et certainement pas à long terme, dans la discrimination positive, mais plutôt dans une meilleure adéquation entre les critères d'embauche et la définition ou la texture de la société. Ainsi, l'image du policier idéal (homme blanc francophone) devra peu à peu se modifier et ce, particulièrement dans le système de représentation des personnes ayant pour tâche d'évaluer les nouvelles recrues.

*

* *

Voir Comité d'enquête sur les relations entre les corps policiers et les minorités visibles et ethniques, *Rapport final*, Commission des droits de la personne du Québec, novembre 1988; Mémoire de la Fédération des policiers du Québec et de la Fraternité des policiers de Montréal, cité dans le rapport ci-dessus, p. 183; « Une noire obtient son diplôme de l'Institut de Nicolet », *Journal de Montréal*, 23 mai 1988, p. 2; Carole Beaulieu, « La CUM assermente son 1er agent d'origine asiatique, Ti-Toine Tremblay, le Vietnamien de la police de Montréal », *Le Devoir*, 11 juin 1988, p. 1.

FEMMES GESTIONNAIRES — L'ACTRICE ET L'ORGANISATION

Francine HAREL GIASSON

La présence croissante des femmes dans les postes de gestion amènera-t-elle quelques changements dans la vie des organisations ? S'agit-il d'un simple accroissement numérique apportant de nouvelles possibilités de carrières aux femmes qui savent se faire valoir dans un tel contexte et augmentant le bassin de talents au sein duquel les entreprises peuvent sélectionner leur personnel de direction ? S'agit-il plutôt d'un ferment de transformation des entreprises qui, grâce à la présence de ces nouvelles gestionnaires, pourraient élargir leurs façons de penser et de faire ?

Voilà des questions qui se posent avec beaucoup d'acuité en cette période où, d'une part, les femmes ont une présence importante dans les écoles de gestion et dans les postes cadres de niveau inférieur et intermédiaire — ce qui les place en position d'assumer éventuellement une partie de la relève dans les postes de direction supérieure — et où, d'autre part, les nouvelles règles de l'économie mondiale invitent les entreprises à remettre en question leurs façons traditionnelles de fonctionner.

C'est dans ce contexte que les analystes de la question des femmes en gestion, après s'être penchés ces dernières années sur les obstacles rencontrés par les femmes dans leur accès aux postes de gestion, sur les moyens à prendre pour corriger cette situation et sur une meilleure connaissance des femmes gestionnaires et de leurs cheminements, s'intéressent maintenant à l'apport particulier que peuvent avoir les femmes cadres dans les organisations.

Aborder cette question, c'est traiter d'une des facettes particulières d'une problématique plus vaste : celle de la dynamique individu-organisation. L'on se trouve en effet au cœur d'un débat plus général sur les rôles respectifs de l'individu et de l'organisation où l'on discerne les a priori, tantôt centrés sur les structures, tantôt centrés sur les personnes, qui sous-tendent ces controverses.

Cette bipolarité s'est d'ailleurs fait sentir dès les premières études sur les femmes gestionnaires. S'appuyant fortement sur la sociologie, Rosabeth Moss Kanter (1977) a ouvert la voie à toute une série de recherches mettant en lumière le déterminisme des organisations sur le comportement des femmes de même que sur le comportement à l'égard des femmes ; d'un autre côté, s'inspirant de la psychanalyse et du management, Margaret Hennig et Ann Jardim (1977) ont mis en lumière les caractéristiques individuelles des femmes à succès et ont analysé leurs stratégies d'action, initiant ainsi un autre courant majeur de recherche.

Deux textes du présent ouvrage, ceux de Gladys L. Symons et Françoise Belle, abordent la question des femmes cadres sous l'angle du déterminisme des organisations. Selon Symons, ce sont les caractéristiques opprimantes de l'univers bureaucratique où nous vivons qui empêchent une véritable percée féminine, aussi bien qualitative que quantitative, dans les entreprises. Quant à Belle, qui a développé sa recherche dans le cadre théorique élaboré par Huppert-Laufer (1982) et Aubert (1984), elle affirme, elle aussi, le rôle déterminant de l'organisation en montrant comment la culture d'une entreprise influence la façon dont les femmes cadres qui y œuvrent conçoivent leur carrière et effectuent les ajustements entre leur vie privée et leur vie professionnelle.

Ces argumentations sont convaincantes: l'organisation, à travers son idéologie, sa structure et sa culture, constitue un poids lourd dans le plateau des explications du comportement et de la situation des femmes cadres. Faut-il pour autant en conclure que les femmes ne peuvent être qu'un réceptacle passif des influences de l'organisation, éternellement contraintes à se mouler à la perfection aux impératifs de l'entreprise? Le pouvoir bien réel de l'organisation et de ses hauts dirigeants ne laisse-t-il aucune marge de manœuvre aux femmes cadres pour affirmer certaines de leurs spécificités et pour exercer quelque influence sur leur environnement? C'est à cette problématique de l'actrice dans les structures que nous tenterons de réfléchir dans les pages qui suivent, en nous inscrivant dans la perspective théorique développée par Crozier et Friedberg (1977), Boudon (1977), Giddens (1987) et Bourdieu (1987) qui vise à dépasser l'antinomie structures-acteurs par l'étude des pratiques individuelles.

Affirmons d'abord l'existence de spécificités féminines. Les femmes et les hommes sont bien sûr, comme le démontrent abondamment les sciences humaines[1], infiniment plus semblables que différents, leur appartenance à l'espèce étant beaucoup plus déterminante que leur appartenance à l'un des deux sexes et leurs différences étant, dans la plupart des cas, une question de degré dans des traits communs plutôt qu'une question de traits mutuellement exclusifs. Pourtant, que ce soit sur le plan biologique, sur le plan psychologique ou surtout sur le plan social, les femmes et les hommes n'ont pas exactement la même façon de s'inscrire dans le projet de l'humanité.

Élevées d'abord pour être mères, les femmes sont, encore maintenant, socialisées différemment des hommes qui eux sont destinés à être des pères, des travailleurs et des membres actifs de la vie publique. Les attentes qu'on entretient à leur égard les modèlent progressivement aux spécificités de la culture féminine et en font, au moins à certains égards, des héritières de cette culture.

C'est là l'une des raisons qui amènent à penser que les femmes gestionnaires présentent des caractéristiques qui les distinguent des autres cadres. À cela s'ajoute le fait que les femmes sont de nouvelles venues dans le monde des cadres, ce qui implique qu'elles y soient moins bien intégrées et donc qu'elles soient moins moulées à la culture traditionnelle de ce groupe. Enfin, les femmes cadres constituent un groupe minoritaire; or, comme Moscovici (1976) l'a bien montré, le comportement des groupes minoritaires se distingue de celui des groupes majoritaires.

Les femmes cadres représentent donc un groupe qui a des caractéristiques propres le distinguant du groupe qui a jusqu'à maintenant, de façon quasi exclusive, donné le ton aux organisations. Cela constitue un capital potentiel pour introduire de nouvelles façons de penser, de parler et de faire.

Mais n'introduit pas le changement qui veut. Firsirotu (1985) l'a bien mis en évidence: la capacité des individus à changer le caractère des systèmes culturel et structurel de l'organisation varie selon leur position dans l'organisation. À cet égard, les femmes cadres sont en général moins bien placées que les têtes dirigeantes de l'entreprise mais se trouvent dans une situation privilégiée par rapport aux autres travailleuses. Grâce à leurs fonctions qui comprennent des responsabilités de direction de personnel et de gestion budgétaire, grâce à leur proximité avec d'autres personnes qui ont du pouvoir et grâce à la visibilité dont elles jouissent, elles sont en meilleure position que les autres femmes pour influencer leur environnement.

Il ne faudrait cependant pas s'attendre à des bouleversements radicaux de leur part. Si les femmes cadres présentent des caractéristiques propres, elles partagent cependant, à d'autres points de vue, les caractéristiques de la culture dominante. Elles ne sont pas de pures étrangères dans l'univers des cadres masculins. Comme nous avons pu l'observer dans nos propres recherches, elles appartiennent en général à la même ethnie et à la même classe sociale qu'eux, et de surcroît certaines vivent sous le même toit que l'un d'eux. De plus, le cheminement de carrière qui les a menées à un poste de cadre a exercé sur elles une socialisation homogénéisante à l'univers des cadres.

Cette double appartenance culturelle qui caractérise les femmes cadres doit servir de toile de fond pour évaluer avec justesse le potentiel de changement dont elles disposent. À cause des héritages de la culture féminine, il y a effectivement matière à un apport distinctif des femmes cadres, mais cet apport se conjugue avec une zone de conformité à la culture des cadres masculins. Pour cette raison, la culture féminine influencera vraisemblablement les entreprises plutôt sous forme de « traces » que de changements radicaux, du moins dans un avenir prévisible.

De quelle nature pourraient bien être ces traces de la culture féminine, ces pratiques différentes qui se manifesteraient progressivement dans les organisations? Pour s'en faire une idée, il convient d'abord, en nous inspirant en partie d'une synthèse réalisée par Dominique Gaucher (1983), de rappeler certains éléments constitutifs de l'héritage commun des femmes qui s'est essentiellement élaboré dans la sphère domestique, contrairement à celui des hommes qui relève grandement de la sphère publique.

La sphère domestique présente des caractéristiques susceptibles d'induire des approches différentes à la gestion des organisations. En voici quelques-unes:

- La sphère domestique est un lieu d'intégration. Le travail réalisé à la maison est un travail non parcellisé, non taylorisé, non mesuré. On n'y perçoit pas de coupure entre la conception d'un projet et sa réalisation, entre le rationnel et l'affectif, entre l'efficacité des opérations et le bien-être des personnes. Des exemples comme « faire manger un bébé » ou « préparer le réveillon de Noël » montrent bien à quel point toutes ces dimensions sont indissociables dans l'activité réalisée au foyer.

- La sphère domestique est un lieu où les rapports humains sont caractérisés par la proximité, la personnalisation et la permanence. On y interagit directement, de personne à personne, alors que dans la sphère publique les interactions sont souvent fondées sur les institutions, les normes bureaucratiques, les hiérarchies, les distances à respecter.
- L'univers domestique, comme l'a bien montré la linguiste Yaguello (1978), donne lieu à une symbolique particulière inspirée de la famille, de la maison, des jardins potagers et floraux, alors que la symbolique de l'univers public s'inspire plutôt de la guerre et des armées, des machines et des sports.
- La sphère domestique est un lieu où s'expérimentent des formes de solidarité féminine. Il n'est qu'à penser aux habiletés qui se transmettent de mère en fille, à l'entraide entre voisines ou parentes ou à l'activité des sages-femmes pour s'en convaincre.

En plus de ces dimensions de la sphère domestique, les femmes ont intégré dans leur culture des héritages du fait qu'elles jouent au foyer le rôle de mère et non celui de père. Alors que ce dernier a été traditionnellement défini comme un rôle de soutien économique de la famille et de participation aux soins des enfants en dehors des heures consacrées aux activités de la sphère publique, le rôle maternel s'est imposé comme une responsabilité directe et continue. Les femmes se trouvent donc hériter d'une conception de leur rôle parental qui en fait une responsabilité centrale qui ne saurait être subordonnée à aucune autre.

De façon précise, tel qu'il est défini, ce rôle consiste à donner naissance à des enfants, à leur apporter les soins requis et à les éduquer. Ces fonctions façonnent les valeurs féminines et incitent les femmes à développer des habiletés particulières comme, par exemple, une perception fine des besoins de l'autre ou l'art de stimuler le développement d'un être humain.

Être mère plutôt que père c'est aussi entretenir une forme différente de rapport au pouvoir. Alors que les pères ont traditionnellement disposé de l'autorité formelle sur les enfants, les mères, elles, ont vu leur pouvoir fondé principalement sur la gouverne des activités de tous les jours et sur la persuasion. Elles en ont vraisemblablement appris beaucoup sur l'influence que l'on peut tirer de la gestion directe des opérations quotidiennes de même que sur l'art de convaincre.

Voilà quelques-uns des traits de la sphère domestique et du rôle maternel qui ont forgé la culture féminine. Issus d'un autre univers que celui des entreprises, ils témoignent de la possibilité de vivre et de s'organiser autrement et ils constituent une base pour interroger les dicktats de la gestion.

Cet héritage est, à divers degrés, partie intégrante de la socialisation des femmes. Mais s'en inspirent-elles dans leur vie professionnelle? Peuvent-elles le mettre en acte d'une quelconque façon lorsqu'elles occupent des fonctions de cadres?

Il n'existe malheureusement pas encore de données scientifiques nous permettant d'apporter une réponse précise à cette question. Nous sommes présentement, avec l'aide d'une équipe de recherche reliée au groupe « Femmes, gestion et entreprises » de l'École des hautes études commerciales de Montréal, à mener des entrevues auprès de femmes cadres, de leurs collègues et de leurs subordonnés afin de déterminer s'il existe, dans leurs pensées, dans leurs paroles et dans leurs actes, des traces de la culture féminine et de quelle nature sont ces traces.

En quels termes les femmes cadres parlent-elles de leur travail, de leur carrière, de leur entreprise? Comment interagissent-elles avec leur patron, leurs collègues et les membres de leur équipe? Comment gèrent-elles les conflits? Comment font-elles passer leurs idées? En quoi se montrent-elles différentes des autres cadres? Ont-elles changé des choses autour d'elles? Leur arrive-t-il de se référer mentalement à leur mère, à leurs grands-mères ou à d'autres femmes lorsqu'elles ont à décider d'une conduite à suivre? Ont-elles appris d'elles des lignes de conduite utiles dans l'exercice de leurs fonctions? Ce sont là quelques questions auxquelles notre recherche tentera d'apporter réponse dans le but de saisir, s'il y a lieu, des traces de la culture féminine chez les femmes cadres.

Par ailleurs, nous disposons de résultats d'autres études qui, même si elles n'ont pas été menées dans le but de déceler les traces de la culture féminine chez les femmes cadres et dans leur environnement de travail, nous apportent quelques lumières sur le sujet. Ces recherches peuvent se regrouper sous trois thèmes: la carrière, la façon de gérer et l'apport aux autres femmes.

Dans tous les cas où l'on a étudié les carrières des femmes cadres, il est clairement apparu qu'il y avait chez elles de multiples modèles de trajectoires professionnelles et que parmi ces modèles certains étaient semblables à ceux des hommes et d'autres particuliers aux femmes[2]. C'est ainsi que l'on trouve dans les trajectoires de certaines femmes gestionnaires des stratégies d'ajustement de leur carrière à leur rôle maternel, par exemple entreprendre une carrière vers l'âge de quarante ans, travailler à temps partiel au moment où leurs enfants sont jeunes, changer d'entreprise et de fonction afin de pouvoir mieux concilier responsabilités professionnelles et familiales, quitter l'organisation pour s'établir à son compte à domicile afin d'être proche des enfants, faire coïncider un retour aux études avec la naissance d'un enfant et, dans quelques cas très rares, se retirer quelques années du marché du travail pour se consacrer à temps plein à l'éducation des enfants.

Les femmes cadres apportent aussi de nombreux ajustements à leur vie privée pour l'articuler à leur carrière: entre autres, elles ont en général leur premier enfant plus tard que les autres, elles mettent en place une organisation domestique à toute épreuve afin de ne pas troubler leur vie professionnelle, elles limitent leurs loisirs personnels au minimum. Elles veulent à la fois être de bonnes professionnelles et de bonnes mères et elles manœuvrent de façon à assurer un équilibre optimal entre les deux.

Comme le disait une jeune comptable agréée que nous avons interviewée, « pour être une bonne mère, on ne peut pas se contenter d'être un bon père ». On retrouve bien là l'héritage de la conception traditionnelle des rôles parentaux et, comme on l'a vu, cet héritage a des répercussions sur les ajustements que les femmes cadres font pour concilier rôle maternel et rôle professionnel. Par ces ajustements, les femmes cadres se trouvent à inventer de nouvelles trajectoires professionnelles, différentes du modèle traditionnel bien connu qui consiste en un profil continu et vertical où quelques élus, repérés dès les premières années de leur carrière, atteignent un jour les sommets alors que les autres se stabilisent à un stade intermédiaire, tout cela dans un contexte où, du moins officiellement, les responsabilités parentales n'interviennent en rien pour modifier le parcours.

Les stratégies originales de certaines femmes cadres s'avèrent alors des violations du modèle traditionnel rigide de carrière d'un cadre. Comme le disent très justement Caroline Andrew et son équipe (1989), ces stratégies mettent « la bureaucratie à l'épreuve du féminin ». Elles introduisent dans le système des choix qui reposent sur une logique autre que celle de l'organisation. Il reste à voir si l'existence de ces nouveaux modèles élargira l'éventail des trajectoires accessibles aux cadres en général ou si elle ne servira qu'à isoler les femmes dans des trajectoires particulières moins glorieuses et moins rémunératrices que les autres.

Quant à la façon de gérer des femmes cadres, se distingue-t-elle de celle des hommes? Jusqu'à maintenant, cette question a été étudiée essentiellement sous l'angle des styles de leadership et des styles de gestion des conflits. Les résultats sont peu concluants: dans certains cas, il ne ressort pas de différences significatives; dans d'autres, les différences s'avèrent souvent contradictoires d'une étude à l'autre[3].

Le manque d'évidence de ces résultats n'est probablement pas étranger aux méthodologies adoptées dans ces recherches qui utilisent, la plupart du temps, des questionnaires testés dans des milieux presque exclusivement masculins et des grilles d'analyse conçues à partir de ces mêmes milieux. Peut-être n'y a-t-il pas place pour les spécificités féminines au sein de cette cartographie préfabriquée. Ainsi, dans un modèle proposant un axe dont une extrémité représente l'orientation vers les personnes et l'autre, l'orientation vers les résultats, où pourrait-on placer, si elle devait exister chez les femmes en vertu de leur héritage domestique, la propension à intégrer les deux styles? Nulle part, même pas au point milieu puisque cet unique point de rencontre des deux orientations correspond à une propension nulle vers l'un ou l'autre style. Il faut bien admettre alors que l'intégration des deux préoccupations ne pourrait émerger d'un tel modèle.

Il faudra donc, à notre avis, attendre les résultats de recherches plus ouvertes tentant d'expliquer la façon de gérer des femmes dans sa propre dynamique avant de la comparer à celle de leurs collègues masculins, pour avoir une meilleure idée des spécificités de la gestion au féminin.

Cette question, il convient de le souligner, est d'autant plus difficile à cerner qu'elle est fortement teintée d'idéologie. Certains « croient » que les femmes sont très différentes des hommes et s'attendent à ce que leur approche de la gestion soit très différente, en mieux ou en pire selon leurs a priori sur la féminité; d'autres « croient » qu'il n'y a aucune différence ou que prétendre qu'il y a une différence, c'est violer l'idéologie égalitaire qu'ils endossent.

De plus, ceux qui croient qu'il y a une différence la traduisent souvent par l'affirmation: les femmes sont plus humaines. Cela est même vrai pour ceux qui affirment d'abord qu'il n'y a pas de différence; lorsque leur interlocuteur insiste, ils finissent souvent par dire: oui, il y a une petite différence, les femmes sont... plus humaines.

Et nous voilà en présence de ce thème mal défini de la supposée plus grande humanité des femmes, basé sur une conception stéréotypée de la féminité et qui traduit davantage une difficulté à bien nommer une réalité qu'on saisit mal qu'une véritable constatation relative au comportement des femmes gestionnaires.

La persistance de ce thème invite cependant à poursuivre la recherche afin de mieux cerner sa signification réelle, les raisons de son omniprésence de même que ses conséquences. Tel qu'il est utilisé à l'heure actuelle, il relève du mythe et non de l'observation scientifique et il mène à l'attente irréaliste, dénoncée par Symons (1990) et Baudoux (1988), voulant que les femmes cadres « humanisent » les organisations.

Il est un autre domaine cependant où l'on a pu constater une action réelle des femmes cadres: celui de la solidarité avec les autres femmes. Autant Abbondanza (1988) qu'Andrew et son équipe (1988) constatent que beaucoup de femmes cadres posent des gestes concrets en faveur des autres femmes comme, par exemple, jouer auprès d'elles un rôle de mentor, leur donner de l'information concernant des postes ouverts qui pourraient les intéresser, leur donner des conseils, se faire porte-parole de certaines de leurs insatisfactions, tenter d'agir sur les politiques et les méthodes pour corriger ce qui défavorise les femmes, se concerter avec d'autres femmes cadres pour défendre certains dossiers, contribuer à la création d'une garderie d'entreprise.

Ces comportements se révèlent en contradiction flagrante avec les préjugés voulant qu'il n'y ait pas de pire ennemie pour une femme qu'une autre femme et que les femmes, une fois promues dans des fonctions de pouvoir, se comportent comme des reines-abeilles qui ne supportent pas la concurrence. Il y a bien sûr des cas individuels où ces préjugés se révèlent vrais, mais la recherche scientifique montre que la solidarité entre les femmes dans l'entreprise est un phénomène beaucoup plus répandu qu'on ne le croit.

Par les gestes qu'elles posent en ce sens, les femmes cadres se révèlent des actrices, des agentes de changement dans les organisations. Elles mettent à la disposition des autres femmes, qu'elles soient cadres ou non, une ressource nouvelle qui contrevient aux règles de la bureaucratie.

Nous sommes donc en mesure d'affirmer que les femmes cadres manifestent des spécificités reliées à la culture élaborée dans l'univers domestique ou au rôle de mère dans au moins deux domaines de la vie professionnelle: celui de la carrière et celui de la solidarité féminine. Quant au reste, nous savons peu e chose et nous ne pouvons pour le moment ni affirmer ni infirmer que l'héritage culturel féminin partagé par les femmes cadres s'y exprime de façon significative.

Mais, quelle que soit l'étendue des traces de la culture féminine que l'on pourra observer chez les femmes cadres et autour d'elles, l'état actuel de la recherche nous amène à penser que l'intensité de ces traces variera en fonction d'un certain nombre de variables.

Il y a d'abord, bien sûr, les caractéristiques de l'organisation où œuvre une femme cadre. De façon générale, les organisations sont différentes les unes des autres quant au soutien ou à la résistance qu'elles apportent à l'introduction d'un changement, et cela s'applique au cas particulier de la pénétration de traces de la culture féminine. Jacqueline Huppert-Laufer (1982) a bien mis en évidence comment une entreprise appartenant à un secteur industriel traditionnel et fonctionnant de façon bureaucratique a plus tendance à neutraliser la féminité qu'une entreprise d'un secteur orienté vers la vente de produits de consommation ou vers la communication. Françoise Belle va dans le même sens dans le présent ouvrage en montrant comment les composantes de la culture d'une organisation ont de l'importance sur l'inscription de la féminité dans cette organisation. L'on peut envisager aussi, compte tenu du rôle d'acteur dominant que jouent les têtes dirigeantes d'une entreprise, que leur plus ou moins grande ouverture à la modernité et à la féminité servira de support ou de frein aux initiatives des femmes cadres.

S'ajoutent à cela le nombre et la proportion des femmes cadres dans une organisation. L'on reconnaît généralement que la faible représentation des femmes au sein des postes cadres constitue un frein à l'influence particulière qu'elles pourraient exercer, et l'on s'attend à ce que l'accroissement de cette représentation joue en faveur d'une plus grande influence. Les quelques études empiriques qui ont jusqu'à maintenant tenté de vérifier cette hypothèse, en particulier celle de Coppolino et Seath (1987) et celle, non encore publiée, d'Abbondanza, indiquent cependant que le poids du nombre semble plus faible que prévu. En conséquence, tout en reconnaissant que l'accroissement du nombre et de la proportion des femmes cadres est susceptible de contribuer à augmenter leur apport distinctif dans l'entreprise, il ne faudrait pas attendre de cet accroissement un pouvoir magique qui rendrait caduque toute préoccupation en ce qui concerne l'influence des femmes.

En plus de ces caractéristiques de l'organisation, il existe des caractéristiques liées aux femmes cadres qui sont susceptibles de jouer un rôle favorisant ou défavorisant l'expression de leur culture féminine dans leur vie professionnelle.

Il y a d'abord le poste occupé par la femme cadre. À quel niveau hiérarchique se trouve-t-il? Ses responsabilités sont-elles centrales ou périphériques par rapport à la mission de l'entreprise? Avec quelles personnes met-il sa titulaire en contact? Permet-il la participation à des comités où se prennent les décisions importantes de l'entreprise? Tout cela aura de l'effet sur l'introduction de changements par une femme cadre.

Il y a aussi les habiletés personnelles de la femme cadre en question. Moscovici (1976) l'a clairement illustré: pour qu'un membre d'un groupe minoritaire ait de l'influence sur son environnement, certains comportements, en particulier la consistance de l'argumentation et des gestes, sont plus efficaces que d'autres. L'on peut donc s'attendre à ce que les femmes qui adopteront des comportements de ce genre aient une plus grande influence.

L'âge d'une femme cadre et la longueur de son expérience dans une fonction de gestion peuvent également avoir de l'importance. Comme le suggèrent Coppolino et Seath (1987) qui ont observé plus de distance par rapport au modèle dominant chez les femmes cadres âgées de quarante à cinquante ans que chez leurs consœurs plus jeunes, la légitimité et la crédibilité acquises avec le temps de même qu'une augmentation progressive de la confiance en soi semblent accroître l'audace des femmes cadres.

L'appartenance d'une femme à des réseaux de femmes cadres, son niveau de fréquentation d'autres femmes de carrière à l'intérieur et à l'extérieur de son entreprise peuvent aussi influer sur la probabilité qu'elle s'inspire de la culture féminine dans ses comportements. De telles interactions sont en mesure de rendre saillantes les caractéristiques des femmes cadres, de renforcer l'identification des femmes à ces caractéristiques et, par voie de conséquence, les comportements innovateurs qui s'en inspirent.

Enfin, il y aurait lieu de se demander si le fait d'être mère a une influence sur les pratiques d'une femme cadre, l'expérience du rôle maternel s'ajoutant alors à la socialisation à ce rôle.

Tels sont les facteurs relatifs aux individus et relatifs aux organisations dont on peut attendre une influence sur l'intensité des traces de la culture féminine dont les femmes cadres pourraient imprégner les entreprises. Il y a là, à n'en pas douter, des pistes de recherche fort intéressantes qui s'ouvrent pour les années à venir.

En effet, l'on n'a pas fini de soulever la question d'une contribution distincte des femmes cadres à la vie des organisations. Autant pour les femmes, maintenant massivement présentes sur le marché du travail, que pour les entreprises aux prises avec les multiples défis de leur temps, cette question a des conséquences importantes.

Il est bien clair que les organisations disposent d'une masse énergétique puissante pour contraindre les femmes à adopter les modes de penser, de parler et d'agir qui leur sont propres. L'utilisation de cette force comporte cependant un prix élevé à payer, non seulement pour l'identité des femmes, pour leur aisance dans leur vie professionnelle et vraisemblablement, comme l'a déjà souligné Jean-François Chanlat (1988), pour leur santé, mais aussi pour les organisations qui se privent ainsi des avantages d'un regard différent de la part de personnes qui leur sont proches et loyales.

Il est également clair que les organisations ne réussiront jamais tout à fait à transformer les femmes en hommes; il restera toujours une petite faille dans ce processus d'homogénéisation. C'est précisément sur cette petite faille que nous avons voulu mettre le focus dans ce texte en réunissant certains éléments qui militent en faveur de l'expression de spécificités féminines dans l'organisation et qui présentent les femmes cadres comme des actrices de la gestion, héritières d'un bagage culturel propre.

Puissent ces considérations contribuer à stimuler la réflexion et le débat, à encourager les prises de conscience et les remises en question, à favoriser la réalisation de nouvelles recherches.

Et si, à travers ces périples, des hommes découvraient qu'ils se sentent femmes à certains égards, peut-être pourrions-nous établir des complicités nouvelles pour travailler ensemble à rendre les organisations plus adéquates pour ceux et celles qui y travaillent, plus ouvertes au changement et, parions-le, plus performantes.

Notes

1. On peut consulter à cet effet Sullerot (1978).
2. Voir, entre autres, pour le Canada, Andrew *et al.* (1988), Dauvet (1988), Paquerot (1988), Harel Giasson (1981, 1989), Symons (1981).
3. Voir, par exemple, Dobbins et Platz (1986), Jago et Vroom (1982), Morrison, White et Van Velsor (1987), Shockley-Zalabak (1981), Renwick (1977), Todd-Mancillas et Rossi (1985).

LES FEMMES CADRES DANS L'UNIVERS BUREAUCRATIQUE

Une perspective critique*

Gladys SYMONS

L'objet de cet article est de réexaminer la question concernant l'intégration des femmes à l'univers de la gestion dans les grandes organisations. La participation des femmes aux postes de gestion s'est accrue dans les pays industrialisés (Adler et Izraeli, 1988). Au Canada en 1971, les femmes constituaient un peu plus de 34,6 % de la population active avec un taux de participation de 39,9 %. Elles occupaient 15 % des positions managériales, dont 3,7 % des postes de cadres supérieurs, et constituaient 0,6 % de l'élite économique canadienne. Une décennie plus tard, le taux de participation féminine à la population active est passé à 51,6 %, constituant 41 % de la main-d'œuvre. Elles occupent 25,1 % des postes de gestion et d'administration (jusqu'à 32,3 % en 1985), 6,4 % des postes de cadres supérieurs et 2,5 % des postes de p.-d.g. (Symons, 1989, p. 41-42).

Cependant que les femmes sont de plus en plus nombreuses dans l'univers de la gestion, ce changement se produit surtout dans les échelons inférieurs et intermédiaires. Pénétrer les échelons supérieurs reste une tâche encore ardue et on observe peu d'amélioration dans la présence féminine à ce niveau. Cette tendance se retrouve non seulement au Canada, mais aussi dans de nombreuses autres sociétés industrialisées (Adler et Izraeli, 1988).

Bien qu'un grand nombre d'écrits dans des disciplines aussi diverses que la sociologie, la psychologie et le management examinent de près la question de l'intégration des femmes dans les postes de gestion, la plupart des recherches ont été guidées par une perspective fonctionnaliste et intégrationniste. De nombreuses études ont touché les questions de la socialisation féminine (primaire et secondaire), la motivation des femmes, leur engagement, l'orientation de la carrière, la connaissance et l'aptitude à jouer le jeu corporatif,

---

* Une version de cet article a été présentée à la Quatrième Conférence annuelle des femmes cadres. Centre israélien de recherche en management, Jaffa, Israël, avril 1987.

J'aimerais remercier Dafna Izraeli de l'Université de Bar-Ilan, Israël, pour ses commentaires sur une première version de cet article.

l'utilisation de mentors, les styles de leadership, etc. On examine les attitudes des hommes et des femmes dans le but de comprendre les difficultés d'intégration. D'autres études abordent les structures organisationnelles, les politiques d'entreprise, les possibilités offertes aux femmes sur le marché du travail, etc.

Dans un même ordre d'idées, la profusion de politiques et de guides pour aider les femmes sont centrés sur les attitudes et les comportements à changer tant chez les hommes que chez les femmes, sur les règles et les règlements d'entreprise à modifier, etc., dans le but de créer de plus grandes ouvertures pour les femmes dans l'univers de la gestion.

Ces recherches ne sont pas inintéressantes, mais l'objectif central de la question doit être reconsidéré. Pour saisir correctement la question des femmes dans la gestion, nous devons aller au-delà des problèmes relevant de la psychologie individuelle et des politiques organisationnelles et examiner la nature précise de la vie organisationnelle, à savoir le contexte politique dans lequel s'insèrent les femmes. La bureaucratie ne peut plus être considérée comme une donnée en soi. Étudier les femmes cadres sans examiner la nature des organisations dans lesquelles elles travaillent limite dangereusement la compréhension qu'on peut avoir de cette question.

LA NATURE DE LA BUREAUCRATIE

La bureaucratie est un « nouveau monde étrange » (Hummel, 1977). Elle n'est pas seulement un type de structure, elle est aussi un processus, un nouveau type de conscience et un nouvel instrument de domination sociale. Il est évident que dans la discussion qui va suivre nous irons au-delà des définitions communes de la bureaucratie, à savoir la « paperasserie » ou encore l'appareil d'État. Si ce dernier présente une forme de bureaucratie, le terme s'applique ici à un large spectre d'organisations formelles qui caractérisent la société moderne.

La bureaucratie en tant que structure

La définition la plus commune de la bureaucratie renvoie à un certain type d'organisation formelle qui présente des traits structurels précis. Cette organisation est caractérisée par une division complexe du travail, des conduites impersonnelles et formelles, une structure hiérarchique de supervision, un système de contrôle, un ensemble de règles écrites gouvernant les façons de procéder et les zones de contrôle: des méthodes de recrutement objectives et standardisées basées sur la compétence. Le pouvoir bureaucratique réside dans le poste et non dans la personne qui l'occupe. Le fonctionnaire entreprend une carrière dans l'organisation, ce qui constitue sa principale tâche. Le fondement qui légitime ce type de structure est la domination légale rationnelle décrite par Weber (1947).

Si on a beaucoup noirci de papier pour savoir jusqu'à quel point les organisations formelles ressemblent à ce type idéal, il reste que le modèle wébérien nous fournit encore l'essentiel des traits de la forme bureaucratique de l'organisation sociale propre aux sociétés industrialisées modernes.

La bureaucratie en tant que processus

Bien que des structures bureaucratiques aient existé à d'autres époques, la bureaucratie en tant que processus est une caractéristique de l'âge moderne. Ce phénomène, que Weber qualifia de « rationalisation du monde », trouve son expression tant dans un type rationnel d'organisation dans les secteurs privé et public de notre société technologique moderne que dans la rationalisation croissante des croyances et des relations humaines. Avec la bureaucratie survient le « désenchantement » du monde et la perte de pouvoir des mythes traditionnels. C'est un nouvel univers et un nouveau style de vie inconnus des sociétés qui nous ont précédés.

Notre monde social est une « société d'organisations » (Perrow, 1979) et le processus bureaucratique, comme l'univers, s'étend dans toutes les directions. Mais c'est un processus auquel on devait s'attendre. Ferguson (1984, p. 6) déclare à ce sujet:

> La bureaucratie est une façon temporelle d'ordonner l'action humaine qui évolue par delà certaines conditions historiques en vue d'atteindre certains objectifs politiques. Son maintien passe par un processus sans fin auquel on doit assister: ses modes de domination doivent être reproduits et l'opposition qu'elle engendre doit être localisée et éliminée.

La conscience bureaucratique: la rationalité instrumentale et le syndrome « comportemental »

Comme Berger *et al.* (1973) l'ont bien fait remarquer dans leur important ouvrage, *The homeless mind. Modernization and consciousness*, les citoyens d'une société moderne non seulement vivent dans un monde bureaucratisé, mais ils tiennent ce monde pour acquis, puisque leur « style cognitif » est celui d'une conscience bureaucratique. Les citoyens partagent un pré-construit culturel bureaucratique commun et sa légitimation dans la forme de domination légale-rationnelle. La rationalité bureaucratique est considérée comme allant de soi dans ce type d'univers. Elle est prise pour la « façon normale de vivre ».

La notion de rationalité bureaucratique exige une analyse plus approfondie. Ce mode de pensée, ce « style cognitif » repose sur une rationalité instrumentale, formelle, fonctionnelle et téléologique. L'action fondée sur une telle pensée est une action orientée vers un but. La rationalité bureaucratique se distingue de la rationalité en valeur dont le résultat est l'action orientée par des valeurs.

Incorporé à ce mode bureaucratique de pensée, nous trouvons ce que Ramos (1984, p. 46) appelle le « syndrome comportemental », qu'il définit ainsi: « Obscurcir le sens individuel des standards généralement propre à la conduite humaine est devenu une caractéristique fondamentale des sociétés industrielles contemporaines. »

Dans ce monde, le comportement, c'est-à-dire la conduite reposant sur la rationalité fonctionnelle ou le calcul utilitaire des conséquences, dont la catégorie cardinale est l'opportunisme, se substitue à l'action. L'action, contrairement au comportement, est un mode moral de conduite.

Cela signifie que tant que le processus de « rationalisation du monde » continue, la conscience bureaucratique pénètre de plus en plus de zones de nos existences, et le lieu où l'on peut « agir » plutôt que se « comporter » se rétrécit. La rationalité en valeur est progressivement rejetée en dehors du monde de la vie, à la fois comme mode de conscience et comme lieu où l'exercer. Le syndrome comportemental constitue « la croyance inarticulée des institutions et des organisations opérant à l'intérieur des limites d'une société centrée sur le marché » (Ramos, 1984, p. 60). La crise de la société moderne résulte alors de la pénétration des orientations administratives et instrumentales dans la vie quotidienne (Ferguson, 1984, p. 5).

La bureaucratie: un moyen de domination

La bureaucratie, en tant que structure, procès et conscience, est également une nouvelle forme de domination. En effet, l'analyse wébérienne de la bureaucratie doit être comprise dans le contexte de son étude plus large des rapports de domination dans une société. La bureaucratie constitue l'appareil administratif — l'instrument — de l'implantation d'une certaine forme de pouvoir.

Perrow (1986) a mis en évidence trois niveaux de pouvoir dans les organisations. Le premier, le pouvoir direct, implique règles, règlements, ordres et surveillance directe, le deuxième, le pouvoir bureaucratique est synonyme de spécialisation, de standardisation et de hiérarchie. Enfin, il existe de nombreux autres pouvoirs implicites, c'est-à-dire tous ceux qui régissent les prémisses cognitives sous-tendant l'action.

> La gouverne des prémisses, bien que beaucoup plus difficile à réaliser que d'autres formes de pouvoir, est bien plus efficace. Dans ce cas-là le subordonné restreint *volontairement* le spectre des stimuli auxquels il devrait répondre (« Ces types de choses ne sont pas pertinents », ou « qu'est-ce que cela a à voir avec la question? ») et le spectre d'alternatives qu'il considérera (« Il ne m'arriverait jamais de le faire ») [...] Le contrôle des prémisses est ainsi beaucoup plus important pour ceux qui sont au sommet de la hiérarchie parce que le travail de gestion exige moins de routine, parce que les conséquences des décisions sont plus dures à évaluer immédiatement, parce que l'accès aux ressources de l'entreprise est plus grand, parce qu'il fournit plus d'occasions d'utiliser le capital et le pouvoir de l'entreprise pour ses propres fins. *C'est pourquoi la classe sociale, l'origine ethnique et les réseaux sociaux sont si importants — ils font en sorte que certaines prémisses seront plus probables que d'autres* (Perrow, 1986, p. 129-130. C'est moi qui souligne.)

Les bureaucraties sont bâties pour réguler l'organisation du travail. Comme Clegg (1981) l'a mis en évidence, les organisations sont historiquement fondées, ce sont des « structures complexes en mouvement » et elles fonctionnent dans le but de contrôler le procès du travail. (Les formes bureaucratiques régissent non seulement le processus de production, mais aussi la distribution de biens et de services dans une société technocratique.) Le contrôle du procès de travail s'appuie sur des règles qui s'appliquent à différents niveaux de la structure de classe de l'organisation. Nous pourrions ajouter que ces règles s'appliquent également à différents niveaux de la structure sexuelle de l'organisation.

INTÉGRER LES FEMMES À L'UNIVERS MANAGÉRIAL: UN RÉEXAMEN DE LA QUESTION

Maintenant que nous avons une idée plus claire de la nature des organisations bureaucratiques dans la société moderne, réexaminons la question de l'intégration des femmes à l'univers managérial. Je commencerai par décrire la nature masculine du monde de la gestion et quelques-unes de ses conséquences pour les femmes. Ensuite, j'examinerai quatre mythes modernes concernant les femmes gestionnaires. En conclusion, je propose une vision alternative de cette question.

Le monde masculin de la gestion

> La tribu corporative est une tribu masculine, et la culture organisationnelle intègre les valeurs, les rites, les rituels, les priorités, les structures et l'utilisation du temps fondés et dérivés du style d'existence masculin. Quand les femmes aspirent à des positions de gestion, elles cherchent à entrer dans un monde orienté vers les hommes. (Symons, 1986b, p. 96.)

Intégrer les femmes au monde de la gestion n'est pas une mince tâche. En tant qu'étrangères, elles sont automatiquement suspectées et doivent se soumettre à des rites d'initiation stricts avant d'être acceptées par l'élite, la tribu des cadres dirigeants. Les questions touchant l'acceptation, l'établissement de la crédibilité et la gestion de l'identité sexuelle constituent des défis majeurs pour les femmes gestionnaires (Symons, 1986b). Le cœur du problème réside dans le fait qu'elles se trouvent elles-mêmes dans un monde centré sur les valeurs masculines, fondé sur un style de vie masculin, une structuration temporelle faite par des hommes et une vision masculine du monde.

Les femmes qui veulent intégrer ce monde bureaucratique (mâle) doivent en payer le prix. Et beaucoup l'ont déjà payé. La bureaucratie est une nouvelle forme de domination sociale et la gestion des prémisses est stricte. Aux caractéristiques collectives de Perrow (c'est-à-dire la classe et l'ethnie), nous devrions ajouter le sexe. En effet, celui-ci s'avère l'une des raisons de la rigidité des rites d'initiation qui s'appliquent aux femmes. La gestion doit s'assurer que les femmes partagent les mêmes idées, de façon qu'elles puissent conserver les secrets du clan.

Non seulement les rites d'initiation sont plus sévères pour les femmes que pour les hommes, ils sont aussi plus fréquents. Les hommes comme les femmes subissent des rites de passage lorsqu'ils passent d'une tribu à une autre. Pour les hommes, lorsque les tests sont réussis, le processus prend fin. Les rites d'initiation des femmes, cependant, persistent, car la femme gestionnaire doit continuellement prouver son mérite pour être partie intégrante de l'univers masculin. La femme en position d'autorité doit donc toujours tenir compte de son identité sexuelle.

Les mythes modernes concernant la femme gestionnaire

Bien que les anciens mythes aient été évacués du monde moderne, il n'en est pas résulté la fin des idéologies. La société organisationnelle possède un ensemble propre d'idéologies, de mythes et de symboles qui façonne la réalité et exerce une emprise sur la conduite humaine:

> L'idéologie est une toile serrée de croyances concernant la réalité et la vie sociale qui est institutionnalisée en tant que savoir commun et diffusée dans toute la société si efficacement qu'elle constitue la connaissance de base de tous les groupes sociaux. (Lengermann et Neibrugge-Brantley, 1988, p. 315.)

L'idéologie dominante est un instrument puissant de domination sociale puisqu'elle modèle les prémisses sur lesquelles nous fondons politique et action. En outre, l'idéologie masque certaines conditions et rend difficile leur réflexion. Dans les pages qui vont suivre, je présente quatre mythes modernes tirés de l'idéologie dominante concernant les femmes dans les organisations.

L'actualisation de soi et la nouvelle femme cadre

La solution au « problème qui n'a pas de nom » (Friedan, 1963) a été de permettre aux femmes d'accéder aux postes de pouvoir qui étaient monopolisés jusque-là par les hommes. En dehors de cette affirmation féministe libérale s'est développée l'idéologie de la nouvelle femme « moderne », qui a vendu à toute une génération une foule de recettes touchant la façon de s'actualiser, de développer son estime de soi et de se réaliser. Tout cela pouvait s'accomplir en aspirant à des carrières, par exemple en s'intégrant à la gestion, de la même façon que cela s'était passé pour les hommes. L'idée de carrière féminine a été soutenue par des médias qui ont diffusé l'image idéale de la femme moderne (voir, par exemple, des magazines américains tels que *Savvy et Working Woman*). Cette femme s'habille pour réussir, détient un poste de pouvoir important, un emploi très bien payé dans une grande entreprise, se défait du stress et de la tension dans un club de santé et se réalise grâce à son travail.

Cette rhétorique a été produite et diffusée sans une véritable compréhension de la vie organisationnelle et sans tenir compte des caractéristiques du monde bureaucratique. En fait, l'actualisation de soi au moyen des carrières organisationnelles dans un univers bureaucratisé demeure pour les femmes très problématique. L'évidence de cette contradiction se voit dans les coûts psychiques qui sont associés aux tentatives d'intégration. Si cette question n'a pas été abordée jusqu'à présent par les travaux dans ce domaine, certaines études sur la santé des femmes cadres commencent à toucher certains aspects de cette question (Chanlat, 1986b).

Les femmes cadres elles-mêmes ont commencé à articuler les questions concernant les désillusions qui s'expriment parmi elles. Un livre récent de Hardesty et Jacobs (1986) décrit le sentiment de trahison ressenti par un grand nombre de femmes cadres aux États-Unis. Ces femmes expriment leur déception vis-à-vis de leur carrière, celle-ci ne leur ayant pas apporté la réalisation personnelle à laquelle elles s'attendaient. Elles sont déçues par l'ensemble des gratifications qu'elles reçoivent par rapport au travail qu'elles accomplissent, qu'il s'agisse de l'égalité des chances ou de récompenses symboliques. Il semble que certaines femmes cadres qui ont du succès soient en train de prendre conscience de la nature oppressive de l'organisation moderne et de l'absence de finalité que comportent la vie bureaucratique et l'obsession de la carrière.

L'intégration des femmes dans une bureaucratie ne leur fournit pas automatiquement un plus grand espace de vie riche en signification. À l'heure actuelle, on pourrait défendre l'idée que les salaires substantiels qui les attendent leur permettront d'accéder à une meilleure qualité d'existence. Néanmoins, étant donné les heures que les femmes cadres passent au bureau, on peut se demander quand elles trouveront le temps de profiter de cette manne économique. Les femmes qui cherchent à se réaliser dans le travail peuvent découvrir qu'on les a induites en erreur.

Exploiter le potentiel humain

L'un des arguments que l'on présente souvent pour soutenir l'intégration des femmes au monde de la gestion est que, en dehors de celui-ci, il existe un pool important et nouveau de femmes hautement enthousiastes et compétentes, de nouvelles travailleuses qui se dévoueront totalement à l'organisation. Employer des femmes en gestion c'est donc faire une utilisation intelligente (lire fonctionnellement rationnelle) des ressources humaines et du potentiel humain. Je n'ai aucun doute sur l'existence d'un tel bassin: les entrevues que j'ai eues avec des femmes cadres m'ont démontré qu'elles constituaient bel et bien un réservoir de travailleuses dévouées pour les organisations (Symons, 1985, 1986a).

Que l'on me comprenne bien. Sur le plan de la rationalité fonctionnelle ou instrumentale, un tel argument est fondé. Ma critique est plus profonde et met en cause le mythe que le fait d'employer une femme dans une bureaucratie soit synonyme d'utilisation du potentiel humain. Si la conscience féminine est modelée par la bureaucratie et réduite à une action rationnelle instrumentale qui est sa marque de commerce (les processus de recrutement et la gestion des prémisses nous assurent que c'est ainsi), nous devons remettre en question l'utilisation que fait la société de son potentiel humain. Coopter les femmes dans un monde bureaucratique fera peu pour changer ce monde ou pour augmenter les possibilités d'une utilisation véritable du potentiel humain.

L'idée, bien sûr, n'est pas nouvelle. Des auteurs aussi classiques que Marx, Weber et Michels avaient déjà porté leur attention sur le problème de la sous-utilisation du potentiel humain dans une bureaucratie. L'aliénation de l'individu aux moyens de production ou aux règles d'administration est une question endogène à la forme bureaucratique. Comme Hummel (1977, p. 2) le fait remarquer:

> La bureaucratie donne naissance à une nouvelle espèce d'êtres inhumains. Les relations sociales de l'homme se transforment en relations de pouvoir. Ses normes et ses croyances concernant la finalité humaine sont détachées de lui et remplacées par des aptitudes, affirmant la prédominance des moyens techniques, qu'ils proviennent de l'administration ou de la production. Psychologiquement, le nouveau type de personnalité est celui de l'expert rationaliste, dénué d'émotion et dépourvu de volonté: le langage, un moyen de mettre les humains en communication, devient l'instrument réservé aux commandements hiérarchiques. Les politiques, notamment les politiques démocratiques, disparaissent en tant que méthodes de détermination des objectifs sociétaux basés sur les besoins humains, remplacées qu'elles sont par l'administration.

Les femmes elles-mêmes qui souscrivent à cet argument découvrent rapidement que c'est précisément leur incapacité à utiliser leur potentiel dans l'organisation qui fait problème. Et si l'expérience ordinaire des femmes gestionnaires témoigne de l'incapacité de la bureaucratie à utiliser leur potentiel, cet élément seul devrait les faire réfléchir. Il n'est pas inhabituel pour des femmes hautement qualifiées de se trouver sous-employées et de vivre des ralentissements dans leur progression de carrière plus souvent que leurs collègues masculins. De plus en plus de femmes réalisent leur impuissance à se faire une place par et pour elles-mêmes ou influer de façon appréciable sur le changement organisationnel.

La contribution féminine au changement organisationnel

Une bonne partie des travaux sur le thème du changement organisationnel se focalise sur la modification des attitudes et des comportements des hommes et des femmes. À partir du modèle de la contribution complémentaire (Adler et Izraeli, 1988, p. 6)[1], surgit l'idée que les femmes ont quelque chose d'unique à offrir au travail. Quand celle-ci est associée aux « aptitudes » et aux qualités traditionnellement féminines, c'est-à-dire au rôle de pourvoyeuse et gardienne des valeurs morales de la société, un nouveau mythe naît. Traditionnellement, les femmes ont été affectées à des tâches de préservation des « valeurs humaines », ce qui implique une vision du monde centrée sur les personnes, une sensibilité aux autres et un souci de leur bien-être. C'est une partie du travail de la femme dans la production du travail émotif. C'est par sa tâche et par ses talents que les désirs et les besoins d'autrui seront satisfaits. Elle traite les individus en personnes et non en rouages d'une machine. Ce rôle féminin est transposé dans l'univers organisationnel: les rôles de service comme adjointe ou assistante, par exemple, sont remplacés par le rôle de secrétaire de direction.

Le nouveau mythe organisationnel: le rôle des femmes dans l'humanisation des milieux de travail. — Au fur et à mesure que les femmes montent dans l'échelle hiérarchique, le pouvoir de la femme cadre s'accroît bien au-delà de celui des secrétaires. En même temps, l'intérêt organisationnel est passé de la satisfaction des besoins individuels à un intérêt pour les besoins organisationnels, la « culture d'entreprise » étant devenue la nouvelle mode en gestion (Smucker, 1988; Symons, 1988). Étant donné ces développements récents, le rôle traditionnellement féminin de gérer les besoins individuels a été transféré aux femmes cadres et par là même transformé. Ce nouveau mythe organisationnel repose sur l'idée que les femmes cadres aideront à « humaniser » la culture d'entreprise. Tout comme l'école des relations humaines, hier, nous assurait que des travailleurs « heureux » accroîtraient leur productivité, aujourd'hui une culture d'entreprise humaine et sensible devient nécessaire pour avoir une entreprise prospère[2]. Et les femmes peuvent maintenant y contribuer.

L'idée que les femmes cadres aideront à créer des lieux de travail plus humains est, dans une large mesure, un phantasme. Les recherches que nous avons menées sur les femmes cadres révèlent que peu de femmes, à l'instar de leurs collègues masculins d'ailleurs, trouvent une place dans une société bureaucratique où elles peuvent jouer un rôle humanitaire. Certaines femmes entrepreneures, notamment des Françaises que j'ai interviewées, critiquaient la législation gouvernementale allongeant les congés de maternité (Symons, 1986d). Puisque les organisations sont structurées pour s'adapter au style de vie des hommes, les congés de maternité de quelque nature qu'ils soient mettent des bâtons dans les roues du processus de production et entrent en conflit sur le plan organisationnel avec les idées d'efficacité, d'efficience et de contrôle. Par ailleurs une entrepreneure anglophone québécoise, s'appuyant sur des principes rationnels de gestion, m'a déclaré qu'elle recrutait des femmes dans son entreprise en raison de leurs exigences salariales plus faibles que celles des hommes.

Les femmes cadres prennent donc des décisions en tant que gestionnaires et non en tant que femmes sensibles aux besoins humains. Leur rationalité est instrumentale, la seule rationalité pertinente dans un univers bureaucratique. Penser que les femmes cadres sont plus humanitaires quand elles prennent des décisions me semble loin d'être garanti. Si certaines femmes peuvent en effet être plus sensibles que certains hommes aux problèmes personnels de leurs employés, une telle attitude est fondée sur la différence individuelle et non sur des différences de sexe. L'aptitude individuelle à reconnaître la tension qui existe entre la moralité sociale et le devoir bureaucratique, et le courage de s'éloigner de cette rationalité instrumentale inhérente à la vie bureaucratique, constitutive de notre société centrée sur le marché, ne relèvent pas de l'ordre sexuel.

Par conséquent, assigner un rôle humanitaire aux femmes cadres ne peut qu'accroître les difficultés auxquelles elles font face dans leur intégration à la tribu corporative. C'est une utopie, et aussi attirante qu'elle puisse être, elle a peu de fondement dans la réalité organisationnelle. Accéder à des emplois traditionnellement occupés par des hommes n'est pas une tâche facile et les femmes qui le font sont passées par un processus de sélection très rigide et très strict (Symons, 1986b). Dans les faits, le pouvoir féminin de transformer la culture d'entreprise est, dans le meilleur des cas, limité. Les femmes cadres elles-mêmes sont d'ailleurs conscientes de cette réalité. Une directrice d'entreprise de Montréal et une cadre d'un grand établissement financier de Paris ont fait écho à ce sentiment en ces termes :

> Je ne suis pas convaincue que les femmes peuvent transformer les organisations, notamment les grandes où la culture est bien enracinée. Peut-être que lorsque les femmes sont nombreuses elles peuvent résister à cette culture. Mais si les femmes doivent intégrer le milieu pour avoir du succès, je ne sais pas réellement comment elles vont pouvoir le changer.
>
> C'est une idée ambitieuse de penser que les femmes changeront le visage des affaires. Les femmes ont réussi lorsqu'elles ont œuvré pour s'adapter et donc pour s'intégrer au monde des affaires. Je ne pense pas qu'elles aient changé beaucoup de choses. C'est plus à elles de s'adapter au milieu que le contraire.

Les femmes sont sensibles aux sanctions organisationnelles et marchent à pas feutrés sur le terrain de la culture d'entreprise. Des rites d'initiation sévères, des sanctions organisationnelles tout comme les autosanctions constituent des contraintes réelles à de futurs changements initiés par des femmes cadres. En outre, les débordements de peur de l'inconscient masculin suscitent une résistance qui prend des formes variées (Symons, 1986c). Étant donné le caractère bureaucratique de la conscience, style cognitif par excellence de notre époque, et étant donné l'opération de gestion des prémisses si fréquente dans de grandes entreprises, il est difficile de voir comment les membres de groupes minoritaires peuvent, individuellement, changer substantiellement la nature de la vie organisationnelle moderne.

Le mythe de l'égalité des chances

Un autre mythe fermement enraciné dans l'idéologie dominante est celui de l'égalité des chances. On doit le reconsidérer. Pour ce faire, nous devons aborder la contradiction fondamentale qui existe entre bureaucratie et démocratie. Comme Mouzelis (1967, p. 23-25) l'a mis en évidence, les critères universels et impersonnels de recrutement propres à la bureaucratie permettent d'accéder à des positions de pouvoir qui autrement auraient été accordées sur la base du favoritisme, des relations personnelles ou de la richesse économique. « En ce sens, le développement de la bureaucratie détruit l'égalité réelle des chances et favorise un régime ploutocratique. »

Weber lui-même avait remarqué que les demandes de justice sociale sont souvent minées par le formalisme juridique des règles bureaucratiques:

> Les masses dénuées de propriété ne sont pas servies par une égalité « formelle » devant la loi et une administration et une adjudication « calculable », comme l'exigent les intérêts « bourgeois ». Naturellement à leurs yeux la justice et l'administration devraient servir à compenser leurs chances économiques et sociales par rapport aux classes nanties. (Mouzelis, 1967, p. 23.)

La présence de femmes en gestion est souvent interprétée à tort comme un indicateur de l'égalité croissante des chances pour les femmes dans la société industrielle. Mais la carrière individuelle d'un petit nombre de femmes privilégiées fera peu de choses pour avancer la cause des femmes en général. « Associer la mobilité ascendante de certaines femmes et le succès du féminisme c'est simplement faire sienne une nouvelle version égotiste du vieux mythe du laissez-faire que la somme des intérêts de chacun est égale à l'intérêt de tous. » (Ferguson, 1984, p. IX, X.)

L'idée même d'égalité des chances fait partie d'un mythe plus important: celui du caractère « méritocratique » des sociétés occidentales. La notion d'égalité des chances repose sur la rationalité en valeur et sur l'action basée sur des valeurs. Les femmes devraient être intégrées à la gestion, puisque leur inclusion est conforme aux idéaux « méritocratiques » et aux valeurs d'égalité des chances, de justice et de « fair play » propres à ce modèle. À l'heure actuelle, étant donné que la rationalité de la bureaucratie repose sur une action instrumentale orientée vers un but qui est la logique d'une société capitaliste centrée sur le marché, pouvons-nous légitimement faire appel à la rationalité en valeur pour exiger l'égalité pour les femmes et attendre de la bureaucratie une réponse? En outre, la rationalité fonctionnelle peut facilement être utilisée pour exclure les femmes des postes de pouvoir dans les organisations (par exemple, on peut arguer qu'elles ne sont pas bien préparées, qu'elles ne savent pas jouer le jeu, qu'elles sont plus concernées par leur famille que par leur carrière, etc.) et ainsi perpétuer la répression sociale.

Cela constitue, bien sûr, une double contrainte pour les femmes dans les organisations. La protestation collective mine les chances individuelles du succès, au moins à court terme. Les femmes cadres sont essentiellement prises entre leur catégorie professionnelle et leur sexe. Devraient-elles s'identifier aux membres de leur catégorie socio-professionnelle, à leur groupe de statut dans l'organisation — c'est-à-dire aux hommes cadres, — ou devraient-elles se tourner vers les membres appartenant à leur sexe, dont la vaste majorité occupent des positions dans l'organisation très inférieures aux leurs? Peuvent-elles faire les deux? Je pense que c'est fort improbable. Comme Lorber (1986, p. 577) l'a fait remarquer: les femmes qui ont du succès ont atteint le sommet dans des univers bureaucratiques en faisant montre de loyauté envers les valeurs masculines. Elles ne peuvent pas agir dans les intérêts des femmes, car une telle entreprise minerait leurs propres positions. Une directrice générale adjointe d'une institution financière montréalaise a abordé cette question ainsi:

> Si votre intention est de donner la préférence à une autre femme seulement parce que c'est une femme, j'y suis complètement opposée. Si vous parlez d'un réseau informel de personnes, de formation analogue et de niveau similaire sur le plan organisationnel, avec qui vous pouvez échanger de l'information, oui, je pense que c'est une bonne chose. Mais je ne pense pas que vous puissiez le structurer: c'est quelque chose qui doit évoluer naturellement. En termes de conseils, j'espère que c'est quelque chose que vous feriez aussi bien pour un employé masculin que pour une femme. Il existe un réseau dans cette entreprise pour de plus jeunes femmes mais je ne m'y implique pas parce que j'ai un poste beaucoup plus élevé qu'elles. C'est une situation embarrassante. Car vous ne trouvez pas d'hommes de mon niveau qui socialisent avec des plus jeunes et je ne vais pas commencer ce genre de chose. Je ne vais pas me mettre à fréquenter des gens que je ne fréquenterais pas d'ordinaire uniquement parce que ce sont des femmes.

Les femmes d'affaires en position de pouvoir sont donc très conscientes de leur place au sein de la hiérarchie organisationnelle. Pour maintenir leur crédibilité comme membres à part entière de l'équipe de gestion, cette hiérarchie doit être respectée.

CONCLUSION

La grande majorité des recherches portant sur les femmes dans les organisations tentent non seulement de trouver des solutions à leur intégration dans l'univers bureaucratique mais aussi à légitimer leur présence. Si une telle approche peut aider des femmes sur le plan individuel à accroître leur avantage sur le marché du travail, elle a relativement peu de chances de transformer la situation des femmes en général tant dans les bureaucraties que dans la société en général. Pas plus qu'elle ne touche la structure, le processus et la conscience bureaucratiques qui constituent des caractéristiques majeures de notre époque.

Le cas des femmes cadres nous fournit l'occasion de présenter un point de vue nouveau et radical. Les organisations étant essentiellement des instruments de domination (Perrow, 1986; Ramos, 1984), pour comprendre où les femmes se situent dans la vie organisationnelle, nous devons tout d'abord saisir la nature de la rationalité des organisations et ensuite l'ordre du jour des personnes qui dirigent ces organisations. En somme, si l'inclusion des femmes est fonctionnellement rationnelle et correspond aux objectifs des gens qui dirigent, alors on les intégrera. Sinon, elles trouveront peu de place dans les rangs de la gestion.

En tant que chercheurs en sciences sociales travaillant dans ce domaine, nous avons été jusqu'ici naïfs dans nos tentatives d'intégrer les femmes à la gestion. Il est temps de réévaluer ces données à la lumière d'une analyse critique de la bureaucratie.

Si notre intérêt réside dans l'idée d'égalité, la question n'est pas de savoir si l'intégration des femmes leur fournira de plus grandes possibilités mais plutôt si l'expansion de la bureaucratie aide ou bloque les femmes. Si l'égalité n'est pas partie intégrante de la structure des valeurs — et les bureaucraties sont par définition inégalitaires —, les femmes ne peuvent compter sur ces dernières pour obtenir plus d'égalité ou d'équité.

> La société de masse moderne est unique dans la mesure où elle est pénétrée par l'univers bureaucratique. Dans la société de masse les domaines public et privé sont peu à peu absorbés par une sphère sociale indifférenciée, dans laquelle l'égalité juridique formelle des citoyens occulte les iniquités sous-jacentes et masque la pression à se conformer. En tant que structure et processus, la bureaucratie doit être resituée dans son contexte social; dans notre société, c'est un contexte dans lequel les relations sociales entre les clans, les races et les sexes sont fondamentalement inégales. La bureaucratie en tant qu'« organisation scientifique de l'inégalité » sert de filtre à ces autres formes de domination, les projetant dans l'arène institutionnelle qui simultanément les rationalise et les maintient. (Ferguson, 1984, p. 78.)

Les expériences des femmes cadres dans les organisations formelles éclaircissent la nature bureaucratique de la société moderne et ses contradictions. L'étude de la vie des femmes dans les organisations nous révèle le caractère oppressif de cet univers bureaucratique, leur présence faisant surgir des questions pratiquement inconnues de ce monde essentiellement masculin. Par exemple, les contradictions inhérentes à la nature du système travail/famille et leurs répercussions sur les travailleuses nous en donne une illustration (Lupri et Symons, 1982).

Si les sciences sociales peuvent être utiles pour les femmes cadres, nous devrions leur expliquer la nature de la bureaucratie dans laquelle elles vont s'intégrer plutôt que de continuer à mettre l'accent sur des questions microscopiques telles que la socialisation, les styles de leadership, les types de rôle et les changements d'attitudes. L'approche intégrationniste donne une fausse impression de la vie organisationnelle tout comme elle donne aux femmes des espoirs irréalistes d'intégration.

Notes

1. Selon ce modèle, les hommes et les femmes étant différents, ils apportent des contributions différentes mais tout aussi valables aux organisations.
2. Ces deux arguments sont pour le moins problématiques.

LES FEMMES CADRES

Quelles différences dans la différence?

Françoise BELLE

Introduction

Qu'est-ce que le masculin? Qu'est-ce que le féminin? Voilà des questions qui ne vont plus de soi, qui ont perdu de leur innocence, questions auxquelles nos sociétés occidentales ne savent plus répondre. On reconnaît volontiers aujourd'hui qu'il n'y a plus d'essence du masculin et du féminin, mais seulement des définitions historiques, et donc relatives et révocables. Si, comme l'écrit Marcel Gauchet (1980, p. 94), la révolution démocratique, c'est « l'élément actif de la similitude introduit au cœur de la relation interhumaine », alors force est de constater que la dynamique de l'égalité a fini par conquérir un domaine que les sociétés démocratiques elles-mêmes s'étaient longtemps évertuées à lui soustraire: les rapports entre les hommes et les femmes. La différence entre les sexes est aujourd'hui reléguée au second plan au profit d'une recherche d'identité plus profonde qui amène le développement d'un individualisme narcissique, nous dit Gilles Lipovetsky (1983), qui conduit à terme à l'interchangeabilité des rôles, comme le suggère Élizabeth Badinter (1986).

Dès lors, il n'est plus de domaines réservés, plus de rôles fixés une fois pour toutes, plus de séparations strictes, de cloisons étanches entre le masculin et le féminin. « Cette crise socio-culturelle de l'identité sexuelle[1] » est reconnue, mais ce qui est moins analysé, c'est comment cette modernité s'inscrit dans nos institutions, voire vient les remettre en cause.

Ainsi, la récente mixité scolaire qui démontre sans conteste l'équivalence des filles et des garçons dans le domaine intellectuel, la remise en cause des modèles familiaux liée à l'éclatement de la cellule conjugale, des lois plus favorables au statut juridique de la femme qui travaille, tout vient de nos jours renforcer les investissements professionnels de la femme. Non seulement les femmes sont aujourd'hui plus nombreuses à travailler, mais c'est surtout dans les catégories socioprofessionnelles élevées, professions libérales et cadres supérieurs et moyens, que leur représentation a le plus augmenté, et le plus rapidement.

Alors que la femme a été présente dans l'entreprise depuis les débuts de l'industrialisation, son travail, moins qualifié, moins payé et rarement représenté aux niveaux où s'exerçait le pouvoir, y est toujours resté second et subordonné à son rôle de mère et d'épouse qui était son seul rôle social reconnu et légitime. Ainsi, traditionnellement, l'identité sociale de la femme s'est ancrée dans la différence. Or ce modèle de la femme au foyer qui s'est imposé au XIXe siècle est aujourd'hui remis en cause non seulement par l'évolution de la relation conjugale et éducative, mais aussi par une certaine modification des rôles professionnels de la femme, de postes subalternes à des postes de responsabilité. L'identité féminine aurait alors à se redéfinir. Mais n'oublions pas pour autant que, si ici et là des brèches s'ouvrent, l'entreprise est avant tout un monde d'hommes, qu'elle n'a été ni pensée par des femmes ni faite pour elles. On pourrait même se demander, à la suite de Mead (1948), si la suprématie masculine n'est pas installée au cœur même de l'entreprise-institution et si, en classant les femmes dans une catégorie « naturelle » de salariées sous-qualifiées, elle n'a pas surtout pour fonction de rassurer l'homme sur son identité et de lui donner les moyens d'entretenir sa supériorité sociale grâce à la domination qu'il exerce dans l'univers professionnel.

Ainsi, analyser l'arrivée, dans l'entreprise, de femmes investies d'un certain niveau de responsabilité, et donc dégagées des traditionnels schémas de soumission qui pèsent encore sur les secrétaires et les ouvrières, revient à comprendre les mécanismes sur lesquels repose la production de la différence hommes/femmes dans le monde de l'organisation. Et étudier les réactions que suscitent, tant chez les hommes que chez les femmes, cette redéfinition des rôles professionnels nous amène à mettre en cause le rôle plus fondamental qu'a joué, depuis les débuts de l'humanité, la différenciation des sexes dans l'organisation sociale.

Nous proposons ici comme hypothèse centrale que la différence de la femme sera différemment interprétée selon les entreprises et leurs règles de fonctionnement culturel. Autour de quelles lignes de force s'organisera alors cette différence dans la différence? C'est à ces questions que nous avons cherché à répondre dans une étude empirique sur les femmes cadres et leur identité professionnelle à partir du cas de trois entreprises[2]. Mais avant d'en exposer les résultats, il convient d'explorer, au préalable, les indications que nous donnent les travaux déjà existants dans ce domaine pour ensuite préciser comment nous avons orienté notre étude.

LES FEMMES CADRES: DE LA REVENDICATION D'ÉGALITÉ À LA RECHERCHE D'IDENTITÉ

Toute recherche sur les femmes cadres suppose un renouvellement des problématiques. En effet, dans les études consacrées jusqu'à aujourd'hui au travail des femmes, c'est souvent et surtout la famille qui a attiré les regards savants. La plupart reposent implicitement sur deux postulats: la femme est prioritairement assignée à la sphère domestique; sa vie professionnelle ainsi que la nature de ses investissements dans le travail ne sont que la résultante de ses contraintes familiales. L'entreprise reste alors de fait hors du champ de vision du chercheur, mystérieuse boîte noire où travaillent des femmes marquées pour toujours par leur destin sexuel.

Les recherches les plus récentes, et les plus novatrices à notre avis, sur le travail des femmes remettent en cause cet idéalisme théorique et cherchent à mieux cerner « les processus d'articulation et de renforcement mutuel entre le rapport au travail des femmes et leur position au sein de l'institution-famille[3].

Pour ce qui est des femmes cadres, on peut schématiquement opposer deux types de questionnement:

La tradition de recherches nord-américaines, et nous pensons ici aux contributions de Cynthia Epstein (1970), Margaret Hennig et Ann Jardim (1977), Rosabeth Kanter (1977), Mary Dewanna (1984), a le mérite d'être la plus étayée[4] et d'amener, à partir de l'analyse de la situation faite aux femmes managers dans l'entreprise, à une réinterprétation du paradigme organisationnel dominant qui repose, bien qu'implicitement, sur des postulats d'homogénéité, d'universalité et d'impersonnalité dans les processus d'allocation des ressources humaines. Mais les conclusions auxquelles parviennent ces auteurs sont surtout d'ordre prescriptif et quantitatif: augmenter la représentation numérique des femmes managers à tous les niveaux de responsabilité. Or, prôner une participation accrue des femmes dans l'entreprise revient à proposer une action intégratrice à la société industrielle qui se ferait par identification, similitude avec les hommes sans réflexion critique sur le modèle culturel en vigueur. Sans doute doit-on cette orientation normative commune à un concept sur lequel reposent en filigrane tous ces travaux: celui de l'« androgynie psychologique » qui refuse de différencier les caractéristiques psychologiques masculines et féminines, mais à postuler au contraire que les unes et les autres coexistent chez toute personne, à des degrés divers selon les situations ou la personnalité. C'est ainsi qu'une dimension égalitaire, issue de la tradition féministe libérale, prend le pas sur une dimension identitaire qui enrichirait le principe d'égalité entre les sexes de celui d'altérité.

Une tradition de recherche française, et nous pensons ici aux travaux de Jacqueline Laufer (1982) et de Nicole Aubert (1982), propose par contraste de ne pas poser d'emblée les femmes comme une catégorie homogène à la conquête d'une identité sociale — ce qui conduit le plus souvent à les considérer comme des hommes manqués —, mais d'aborder l'étude de leur travail et de leur carrière comme un processus de construction d'une identité sociale nouvelle. Or, comme le souligne Laufer, « situer le travail et la carrière des femmes cadres dans le contexte d'une recherche d'identité plutôt que de s'en tenir à la recherche d'égalité, c'est donc s'autoriser à parler de la féminité, de cette différence que constitue le fait d'être femme dans un monde où l'essentiel du pouvoir est assuré par des hommes » (1982, p. 82).

Il ne s'agit pas ici de poser la différence de la femme comme un donné, car on justifierait alors tous les essentialismes critiqués à juste titre par les chercheuses nord-américaines. Mais plutôt que d'androgynie psychologique, nous préférons parler de cette bisexualité inconsciente que Freud (1984, p. 153) a d'ailleurs été le premier à mettre en évidence, « comme si l'individu n'était pas homme ou femme, mais à chaque fois les deux, seulement plus l'un que l'autre [...] les proportions dans lesquelles masculin et féminin se mêlent étant soumises à des variations considérables ». En effet, cela étant posé, la psychanalyse a toujours considéré que personne ne peut faire l'économie d'une solide assurance de sa spécificité sexuelle ainsi que de celle des autres: « Il y a besoin de l'autre pour dire je, pour le lui dire. L'autre par excellence pour l'homme, c'est la femme, et vice versa. C'est pourquoi la différence sexuelle est prise à bon droit pour le modèle fondamental de toutes les différences. » (Lemoine-Luccioni, 1976, p. 66.) Ce qu'il nous semble donc important d'explorer, c'est comment, à partir d'une différence signifiante fondamentale (l'homme et la femme sont anatomiquement différents), se construit, dans toutes ses variations possibles, la différenciation subjective de l'appartenance de sexe. Ainsi, l'accès récent de femmes à des postes de responsabilité leur pose tout particulièrement le problème de la construction d'une identité nouvelle, entre une certaine conception de la féminité, intériorisée par l'éducation, et certaines normes de comportements masculins, imposées par l'organisation. On peut alors aborder la démarche des femmes cadres dans l'entreprise comme « une recherche d'identité, une identité fondée ni sur le renoncement à tout pouvoir et à toute carrière, ni sur l'identification radicale avec le modèle masculin, en d'autres termes une identité fondée sur une dialectique entre égalité et différence » (Laufer, 1982, p. 81).

C'est à partir de ces deux dimensions que Laufer propose une typologie de carrières au féminin: la soumission à la différence, la reconnaissance de la différence, l'exploitation de la différence, la recherche de l'égalité et la revendication de la différence. Aubert, quant à elle, décrit comment ces différentes figures de l'identité féminine déterminent diverses modalités d'exercice du pouvoir au féminin, sans oublier d'étudier les réactions que cela suscite chez les hommes. En effet, indépendamment des positions propres aux femmes, le vécu masculin dans l'entreprise reste le miroir et le contrepoint qui infléchit et détermine en partie la recherche féminine de construction d'une identité professionnelle distincte.

Laufer termine son étude en proposant une mise en correspondance entre inscription de la féminité dans l'entreprise et imaginaire organisationnel, appréhendé surtout ici à partir du secteur d'activité: l'organisation bureaucratique et la féminité neutralisée pour les entreprises traditionnelles, l'organisation particulariste et la féminité revalorisée pour les entreprises axées sur la consommation ou sur la satisfaction d'un besoin particulier, l'organisation moderne et la féminité concurrentielle pour les entreprises dont les activités récentes emploient une technologie avancée, l'organisation axée sur la relation et la féminité comme référence pour les entreprises de publicité. À partir de ces modèles proposés par leur environnement professionnel, chaque femme, dans sa singularité, définira son identité, construction et gestion d'un rapport aux autres comme d'un rapport à soi.

C'est dans la perspective théorique proposée par Laufer et Aubert que nous avons situé notre recherche tout en nous proposant de lui apporter un éclairage complémentaire. En effet, au-delà de cette relation entre féminité et organisation, il nous semble intéressant d'explorer les diversités possibles d'identités professionnelles de femmes cadres travaillant dans des entreprises relevant d'un même secteur d'activité mais ayant des fonctionnements culturels différents.

Ce n'est que récemment que la question des conditions culturelles de production de l'identité au travail est devenue centrale. Et peu de travaux se sont employés à les étudier empiriquement. Pourtant, dans son étude sur l'identité au travail, Renaud Sainsaulieu (1977) met en évidence des effets de microcultures, à l'intérieur d'une même entreprise, sur l'identité de divers groupes professionnels. La richesse des conclusions auxquelles il parvient illustre bien la nécessité d'intégrer la culture d'entreprise comme dimension supplémentaire dans toute analyse organisationnelle.

C'est donc le poids respectif des images sociales de la femme et des images professionnelles qui lui sont proposées dans tel ou tel univers de travail que nous chercherons à appréhender: *cadres féminins* si le fait d'être femme suscite des effets identiques dans des entreprises culturellement différentes, *cadres au féminin* si les diversités culturelles du contexte professionnel engendrent différents aménagements du statut sexuel.

LA CULTURE D'ENTREPRISE COMME ANGLE D'APPROCHE DE L'IDENTITÉ PROFESSIONNELLE DES FEMMES CADRES

À la manière de Barthes dans *L'Empire des signes* (1970), nous chercherons, sans prétendre en rien représenter ou analyser exhaustivement la situation des femmes dans les entreprises françaises aujourd'hui, à prélever dans leur univers professionnel « un certain nombre de traits et de ces traits former délibérément un système » (p. 8). Les deux traits que nous retiendrons ici seront l'identité professionnelle des femmes cadres et la culture d'entreprise. Ce système que nous proposons, nous l'appellerons donc: *cadres au féminin et cultures d'entreprise.*

Pour rendre compte des effets de culture de l'entreprise sur l'identité au travail des femmes cadres, nous ne proposerons pas un modèle réduit, une maquette de leur vie professionnelle, nous en construirons au contraire une épure en sélectionnant les traits que nous jugeons a priori les plus significatifs. Tout projet de recherche est fiction dans la mesure où il propose une nouvelle image du réel, obtenue grâce à une distance focale inédite: on ne voit pas tout, mais on voit autrement (Simmel, 1981). Nous indiquerons donc dans cette deuxième partie comment nous avons cherché à obtenir une vision des effets de culture de l'entreprise sur l'identité professionnelle des femmes cadres de sorte que leur statut sexuel y apparaisse en premier plan. Commençons par définir l'acception que nous avons donnée au terme de culture, ce qui est une manière de proposer un modèle de l'organisation.

En effet, contrairement aux tenants de la « corporate culture[5] », nous n'appréhenderons pas la culture comme un sous-système de l'entreprise, une variable explicative de plus qui pourrait être gérée, dans une optique très behavioriste, par les dirigeants, mais comme un nouveau niveau d'explication possible de la réalité organisationnelle. La théorie organisationnelle rejoint alors dans ses préoccupations plusieurs disciplines traditionnelles dont elle peut utilement s'inspirer, notamment l'anthropologie pour l'analyse des processus d'acculturation, de formation de mythes, rites et tabous, etc.; la psychanalyse pour celle des phénomènes d'identification et d'identité individuelle et collective; la psychologie cognitive pour la compréhension des mécanismes de représentation de la réalité sociale. Nous nous référerons donc à ces trois approches pour appréhender les jeux de façonnement complexes entre identité et culture.

Si nous envisageons les processus d'apprentissages culturels comme des séquences fondamentales de la construction des systèmes sociaux, il ne nous paraît pas inutile de préciser, pour nous démarquer de l'acception souvent trop réductrice donnée à la culture d'entreprise, plusieurs de ses caractéristiques.

La culture est un ensemble de significations lentement élaborées, transmises et actives dans les rapports de travail qui fournissent aux personnes une interprétation de leur situation. C'est donc à partir de la spécificité culturelle de chaque entreprise que les personnes construiront leur identité professionnelle.

Ces significations sont d'autant plus importantes à étudier qu'elles influencent concrètement décisions et actions et irriguent l'ensemble des pratiques de travail.

Ces régulations culturelles, collectivement acceptées, fonctionnent en partie sur la domination d'acteurs forts, sans se réduire pour autant, comme le considèrent les tenants de la « corporate culture », à la diffusion d'une culture dominante. Lévi-Strauss (1977) ne souligne-t-il pas, dans son séminaire sur l'identité, qu'une culture sociale est beaucoup plus une procédure d'articulation des différences qu'elle n'est le partage sans problème de valeurs et de représentations communes? Aussi doit-on étudier, comme nous y invite Sainsaulieu (1985, p. 121), non seulement les valeurs communes de l'organisation, mais aussi les « identités fortes » de métier, de fonction, d'âge, de sexe, etc. « C'est ici une véritable culture de l'analyse sociale et culturelle de l'entreprise qu'il faut développer avec pour objectif non pas le fonds commun des valeurs, mais le capital des ressources humaines que constitue l'ensemble des acteurs sociaux. »

Si, comme tous les membres de l'entreprise, les femmes construisent leur identité à partir des caractéristiques culturelles de leur environnement professionnel, elles ont également à faire face à cette dimension supplémentaire que constitue le fait d'être femme dans un univers de travail avant tout défini et surtout peuplé par des hommes. C'est pourquoi nous considérons la place faite aux femmes et le sort réservé à la féminité dans telle ou telle entreprise comme une production culturelle complémentaire de celles qui sont généralement étudiées.

Décrivons maintenant rapidement comment nous avons appréhendé la culture des entreprises qui nous ont servi de terrain de recherche tout en insistant sur les dimensions plus particulières aux femmes cadres.

Pour ce qui est du fonds culturel commun au regard duquel tous les membres de l'entreprise ont à se situer, nous avons suivi une démarche proche de celle proposée par Jean Bonis (1975) ou par Jean-Paul Larçon et Roland Reitter (1979), privilégiant deux niveaux de fonctionnement de l'organisation: le niveau politique où, à partir de l'histoire, de la personnalité des fondateurs, de la stratégie, etc., le système dirigeant formule le projet et pose les fondements de l'organisation; le niveau structurel où il se concrétise, que ce soit à travers la structure et la répartition du pouvoir ou à travers les méthodes et systèmes de gestion, notamment des personnes, qui orientent en grande partie l'échange intégrateur entre la personne et l'organisation.

Ces deux niveaux de fonctionnement ont été choisis par les théoriciens de l'organisation surtout pour leur contribution à la rationalité globale de l'entreprise. Pour notre part nous chercherons à montrer qu'ils ont également une valeur culturelle, toute action pouvant s'interpréter comme conduite ou comportement, mais également comme opération en univers symbolique. En effet, toute entreprise propose à ses membres un imaginaire, série d'images de soi-même, des autres et de l'organisation qui permet à chacun d'y trouver sa place et trouve ses racines dans son fonctionnement propre. Mais ce fonctionnement ne prend à son tour son écho au niveau imaginaire que parce qu'il y prend sens, ce qui l'influence en retour. La culture est donc un concept-charnière qui permet de comprendre l'articulation du fonctionnel-réel à l'imaginaire. Comment, sur quelles dimensions et autour de quels enjeux faut-il alors orienter l'étude de l'inscription de la féminité dans l'organisation?

On peut penser à un premier niveau que, comme le soulignent Michel Crozier et Erhard Friedberg (1977), les structures n'existent pas en soi, mais sont toujours habitées par des personnes qui les font vivre, les modèlent et leur donnent une signification. Les femmes cadres auraient alors à définir des stratégies de carrière très claires si elles ne veulent pas tomber dans le piège où le rôle féminin l'emporterait sur leur rôle de cadre. Mais ce serait oublier que la signification donnée par chacun de nous au monde participe également du symbolique sans lequel, selon Cornelius Castoriadis, il est impossible de penser la société. Or ce symbolique, le sujet ne l'introduit pas, mais le rencontre lors de son inscription dans le social, ne serait-ce que parce qu'il rencontre toujours devant lui un langage déjà constitué. Ce symbolique repose sur une composante imaginaire dont toute société a besoin pour fonctionner. Et l'on rencontre chaque fois, « au noyau de cet imaginaire et à travers toutes ses expressions, quelque chose d'irréductible au fonctionnel, qui est comme un investissement initial du monde et de soi-même par la société avec un sens qui n'est pas dicté par des facteurs réels puisque c'est plutôt lui qui confère à ces facteurs réels telle importance et telle place dans l'univers que se constitue la société » (Castoriadis, 1975, p. 179).

Chaque société élabore et définit donc une image du monde naturel, de l'univers où elle vit, et essaye à chaque fois d'en faire un ensemble signifiant. La vie et l'activité dans la société participeraient précisément à la définition de ce sens: « le travail des hommes indique, par tous ses côtés, dans ses objets, dans ses fins, dans ses modalités, dans ses instruments une façon chaque fois spécifique de saisir le monde, de se définir comme besoin, de se poser par rapport aux autres êtres humains » (p. 206). Mais si l'imaginaire légitime les rapports sociaux, entre autres la place des hommes et des femmes dans la structure de production, et cela à tous les niveaux, c'est parce qu'il trouve ses points d'appui dans l'inconscient individuel.

Quittons donc la scène du manifeste, où chacun est totalement défini par ce qu'il est et ce qu'il fait, pour envisager cet autre versant de la vie sociale, ce non-dit où se joue la fonction imaginaire. C'est à cette entreprise que se livre Eugène Enriquez (1983) qui, partant de l'œuvre de Freud, se propose d'étudier l'insconcient collectif suivant les modalités du lien social.

Les institutions, rappelle-t-il en étudiant l'avènement du social à partir du mythe de « totem et tabou », trouvent leur origine dans la violence, mais vont par la suite chercher à masquer cette dernière pour faire surgir à la place l'harmonie, le consensus, la solidarité. Elles posent donc l'existence d'une même loi pour tous, consensus et stabilité étant indispensables pour que chacun soit en mesure de reconnaître l'Autre comme sujet avec lequel on peut nouer des relations de travail.

Mais aucune organisation, de travail en l'occurrence, ne peut exister si autre chose que le travail n'unissait les personnes entre elles: un lien libidinal qui inaugure le règne des affects entre les personnes et leur chef. Ce lien libidinal présuppose d'ailleurs plus la fascination et l'identification narcissique à son semblable que l'ouverture à l'autre et la reconnaissance de sa singularité.

Le caractère égalitaire des organisations coexiste donc avec une cristallisation des différences, qui permet de passer de différences vécues comme dangereuses à des différences acceptables. Par un processus de naturalisation du social (transformer des résultats de l'histoire en éléments inhérents à la nature des choses), les différences sociales sont alors vécues comme naturelles et acceptées comme telles.

C'est ainsi que par la mise en œuvre de refoulements propres à toute instance imaginaire, l'organisation définit une division des êtres et des temps, dans l'espace, qui va réduire chacun au rôle strict qui lui est imparti: division des activités, de la parole, division dirigeants-dirigés, mais aussi division entre les hommes et les femmes, qui permettent à chacun de croire que les autres lui reconnaissent une identité fixe, un certain moi imaginaire, ainsi que de traiter les autres comme instruments de sa propre satisfaction plutôt que comme porteurs de désirs autonomes. De même, la psychanalyse montre que la relation entre êtres parlants se vit comme un ultime rapport de fascination à l'altérité, à la différence de l'autre en tant que sujet, soit pour en accentuer, soit pour en réduire les marges irréductibles.

Ces processus se trouvent à l'œuvre dans les relations entre les hommes et les femmes au sein de l'entreprise. En effet, la femme, en tant que représentante privilégiée de la différence, met l'homme en danger. Ainsi, pour Freud (1988, « Psychologie des foules et analyse du moi »), groupes et organisations sont des formations surtout homosexuelles, car elles ne peuvent accepter des affects qui tiennent compte de la différence. Quand l'homme devient un être de culture, il ne peut que rejeter la femme dans la nature pour pouvoir fonder une société sans passions, une société industrieuse, un fonctionnement solidaire.

Remarquons que les organisations les plus durables et les plus solides, l'Armée et l'Église, furent longtemps entièrement masculines. De même, puisque l'organisation ne peut mettre totalement à part un des sexes, elle a jusqu'ici nié la différence des sexes ou établi entre eux un clivage rigoureux.

L'accession récente de femmes à des postes de responsabilité dans l'entreprise vient remettre en cause la répartition traditionnelle entre masculinité et féminité, et l'on ne peut étudier l'identité des femmes cadres dans l'organisation sans prendre en compte que la femme se trouve prise dans des paradigmes et des systèmes de représentations virils, et cela d'autant plus puissamment que ces images, qui ont leur source dans l'inconscient tant collectif qu'individuel, se trouvent concrètement installées au cœur même des institutions.

Analyser les lignes de force autour desquelles se tisse l'imaginaire social n'amène pas pour autant à conclure qu'il s'actualise de manière équivalente dans les organisations. Ce qui est au contraire intéressant, c'est, après avoir repéré les enjeux de l'inscription du féminin dans le monde professionnel, de voir comment ils peuvent diversement se concrétiser dans des fonctionnements culturels donnés. Cela, nous chercherons à l'appréhender aussi bien à partir des images que l'organisation propose d'elle qu'à travers les images dominantes du cadre.

Les images de l'organisation

Pour ce qui est des images de l'organisation, nous en proposons trois grilles de lecture possibles.

Puissance/vulnérabilité

Les organisations offrent à leurs membres un idéal commun qui prend la place de l'idéal du moi du sujet et lui permet de croire à sa toute-puissance personnelle en s'identifiant à celle de l'organisation. Lieu d'appartenance, lieu de valorisation narcissique, l'entreprise supplantera plus ou moins la société comme valeur de référence et indicatrice de comportements. Elle proposera donc à des degrés divers aux femmes cadres une identité professionnelle suffisamment solide et affirmée pour qu'elles soient amenées à s'interroger ou à ne pas s'interroger sur leur identité personnelle comme sur les liens pouvant exister entre ces deux formes d'identité.

Consensus/division

L'identification à l'organisation doit être possible pour le plus grand nombre possible de salariés. C'est à cette fin que l'entreprise propose non seulement une image de puissance, mais aussi un message d'amour. Mais ce message, que nous trouvons à des degrés divers dans toute organisation, n'est pas suffisant dans les entreprises pour créer un consensus et maintenir l'adhésion. C'est pourquoi est mis simultanément en place un ordre contraignant qui a en partie pour fonction de hiérarchiser les différences. La production de la différence hommes/femmes sera étudiée ici comme un construit social et non pas comme la conséquence d'inéluctables pesanteurs historiques et technologiques: comment ce processus se produit-il et se reproduit-il quotidiennement dans la vie de l'entreprise?

Changement/ordre

Si toute organisation tend à durer et à proposer un ordre immuable, elle est en même temps continuellement en train de se construire et de se définir. C'est en effet dans la mesure où les entreprises acceptent de s'ouvrir à leur environnement, d'être l'objet d'actions diverses, qu'elles peuvent maintenir leur identité tout en se transformant. Cette ouverture/fermeture au changement est vécue par les membres de l'organisation à travers la possibilité de faire évoluer les choses, mais également à travers sa diversité interne: plus une organisation sera monolithique, composée du même, plus elle donnera l'image de l'ordre. Au contraire, plus elle intégrera la variété, plus elle admettra en son sein des couplages et des connexions entre éléments différents, au lieu de séparations strictes et de liaisons établies une fois pour toutes, plus ses membres se percevront comme porteurs de changement.

Ces trois dimensions, diversement actualisées dans les organisations, amèneront les femmes cadres à s'identifier plus ou moins à leur entreprise et à vivre leur environnement professionnel comme plus ou moins réceptif à leur intégration, en tant que femmes et cadres, dans l'entreprise. Mais si la personne perçoit ces indications impersonnelles et les transcrit en comportements, c'est parce que l'organisation lui propose dans le même temps des images d'elle-même comme des autres.

Les images dominantes du cadre

Ces images de soi, ou ensemble des qualités nécessaires au cadre dans ses rôles professionnels, varient grandement d'une culture d'entreprise à l'autre. Tout se passe en effet comme si les femmes pénétraient dans des organisations structurées, dans leur principe, sur un mode d'idéalisation masculinisé, c'est-à-dire structuré selon l'économie affective de foules d'hommes. C'est ainsi que les dirigeants d'entreprise utilisent souvent des métaphores sportives ou guerrières pour la définir. Or l'étude du discours de la guerre ne témoigne-t-elle pas que « l'homme ne peut se fier à la femme, que la femme est étrangère à cette solidarité essentielle du combattant vis-àvis de l'autre combattant » ? (Élia Kazan, dans Vinaver, 1982.)

C'est donc en fonction de la prééminence de valeurs plus ou moins masculines que les femmes devront se situer. Et cela d'autant plus que les héros culturels de l'entreprise, qui, en proposant des modèles identificatoires, constituent des entités charnières entre identité collective et identité individuelle, restent majoritairement construits à partir d'un générique sexuel masculin.

Mais si chacun a besoin de modèles identificatoires pour inscrire son projet dans le social, n'est-ce-pas d'abord dans les figures parentales qu'il les trouve ? Dans une importante étude auprès de managers, Maccoby (1980, p. 10) montre que le cadre type reste profondément investi de l'image du père : « Il partage les valeurs de son père, même s'il l'a distancé dans l'échelle sociale, et tend à admirer, jusque dans l'entreprise, les images paternelles ayant réussi. » Un mécanisme similaire semble s'appliquer aux femmes, aux prises avec un univers de travail masculin : une étude récente (Allouche-Benayoun et Kançal, 1986) sur les trajectoires professionnelles des femmes cadres souligne également combien, en l'absence de modèles féminins, celles-ci s'identifient surtout à des modèles masculins. Mais cette identification n'est pas pour autant vécue comme satisfaisante car, si les cadres masculins comme féminins s'accordent sur les images du cadre type, soit l'agressivité, la disponibilité et l'accord avec la hiérarchie, les femmes expriment quant à elles le sentiment de ne pas bien s'adapter à ce modèle, l'image qu'elles ont intériorisée de la féminité en restant trop éloignée.

C'est de plus à travers les règles de déroulement de carrière (recrutement, mais aussi ensemble des critères pris en compte pour évoluer dans l'entreprise) que ces images se forment. Une des dimensions importantes sera alors la conception de la fonction hiérarchique. En effet, l'exercice du pouvoir peut participer de deux modalités : un aspect paternel, autoritaire et donneur de loi, qui sera vécu comme hiérarchisé, ou un aspect plus maternel, lié à des conduites de persuasion et de séduction (Rocheblave-Spenlé, 1974). On reconnaît aujourd'hui volontiers que ce sont les personnes qui sauront intégrer ces deux tendances dans leur style de management qui réussiront le mieux. Ainsi la séduction, vertu habituellement assignée aux femmes, devient un élément essentiel du pouvoir des hommes. De même, l'augmentation du nombre des femmes à des postes de responsabilité permet de poser la question de la différence des sexes non plus en termes de métiers masculins et féminins, mais en termes de rapport masculin/féminin aux pratiques professionnelles, ce qui atténue la force d'un modèle unique et favorise la prise en compte de la différence de la femme.

On voit donc que la culture de l'entreprise, à dominante masculine, intégrera plus ou moins le pôle féminin des comportements tel qu'il est socialement défini. Il est alors possible d'articuler à partir de différents choix culturels une recherche sur le devenir des femmes cadres dans l'entreprise.

Ces choix culturels, nous les analyserons à partir des dimensions que nous venons de mettre en évidence et qui résument les questions autour desquelles s'articule l'inscription de la féminité dans l'organisation. À partir de là, nous chercherons à comprendre l'échange intégrateur entre la femme cadre et l'entreprise.

LES CULTURES DE TROIS ENTREPRISES

C'est vers trois entreprises du secteur électrique et électronique, où les femmes sont relativement bien représentées et où il nous semblait que nous pourrions mettre à jour, en raison de leur taille et de leur histoire, des relations diversifiées entre culture d'entreprise et identité professionnelle des femmes cadres, que nous nous sommes tournée.

Il convenait avant tout de vérifier que nous disposions bien, dans notre échantillon, de cultures d'entreprise suffisamment typées. Quand nous comparons, à un premier niveau très approximatif, les climats organisationnels respectifs de trois entreprises, tels que les femmes cadres les décrivent, nous sommes assurée d'une telle variété (voir figure 1).

L'entreprise A semble se structurer autour d'un paradoxe, ce que nous chercherons à analyser dans la description de sa culture. L'entreprise B provoque par contre une forte adhésion, nous tenterons d'en comprendre les mécanismes. L'entreprise C paraît susciter une distance psychologique, nous en examinerons les raisons.

Entreprise A, une entreprise technicienne hiérarchisée

L'entreprise A, au départ familiale, a été fondée en 1920. Ses domaines d'activité sont aujourd'hui principalement l'appareillage électrique et l'électronique industrielle. Elle a connu une expansion régulière; la haute technicité de sa production, la nécessité, pour se maintenir, de développer les technologies les plus avancées expliquent l'importante proportion d'ingénieurs (14 %) et de techniciens (35 %) parmi son personnel. De plus, dans cette entreprise orientée au départ vers l'industrie lourde, les femmes sont peu représentées (20 %) et se regroupent pour l'essentiel dans des fonctions administratives traditionnelles (secrétariat, comptabilité).

Cette société bien gérée se trouve aujourd'hui, en raison de la stagnation du marché national et de la concurrence accrue d'entreprises étrangères, face à un tournant: négocier les conditions de son expansion future par une recherche de compétitivité accrue, ce qui n'est pas sans résonnance sur sa culture.

En effet, l'entreprise A est une société où technicité et rationalité ont longtemps primé, où les cadres s'identifient à un groupe privilégié et ont un modèle de carrière nettement dessiné par un service central qui les gère de manière très formalisée. Les catégories statutaires y sont donc très affirmées et les symboles de différenciation hiérarchique nombreux: ainsi, il existe un groupement des cadres supérieurs, sorte d'élite qui joue un rôle de concertation dans la politique de corps constitués par laquelle la direction cherche à démarquer les cadres des syndicats ouvriers, très puissants.

FIGURE 1
Les climats organisationnels de trois entreprises

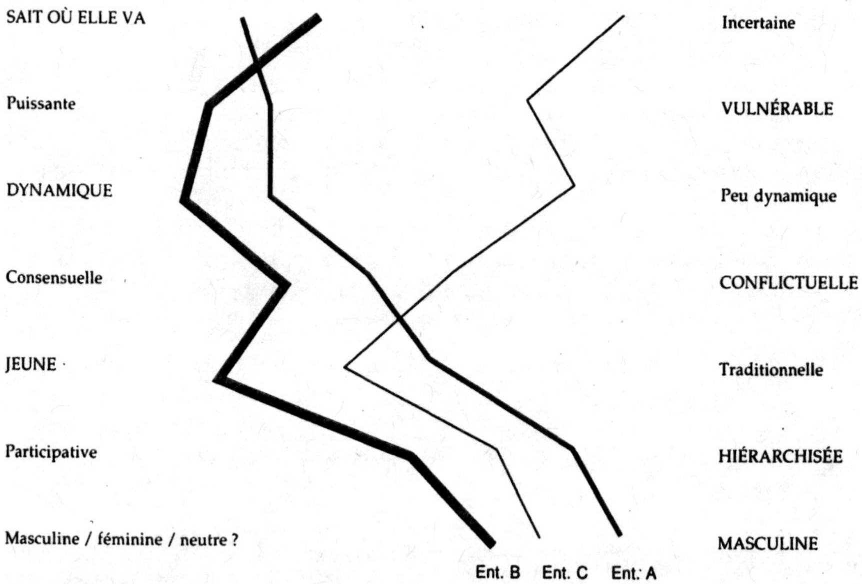

Notes: Les adjectifs utilisés dans le questionnaire sont en majuscules ; les adjectifs opposés à ceux du questionnaire sont en minuscules.

Les différences sont toutes significatives au seuil de $p < 0{,}001$.

Dans cette entreprise qui propose à ses cadres une situation à vie en échange de compétence et de loyauté, les rapports hommes-femmes ont été jusqu'alors surtout régis par la tradition, les fonctions et les métiers dominants comme les postes de direction étant exclusivement tenus par les hommes. On est très proche de la définition de l'entreprise bureaucratique proposée par Laufer: ce type d'organisation, dominé par les hommes, tend à proposer des filières de carrière très étanches et structurées qui garantissent la reconnaissance de la différence entre l'homme et la femme.

Cependant, le développement de la compétition vient remettre en cause la pertinence économique, mais aussi culturelle de ce modèle qui reposait sur la stabilité et une concurrence atténuée. La permanence de l'organisation n'est en effet plus satisfaisante si des changements rapides sont nécessaires, s'il devient vital pour l'entreprise que les cadres fassent preuve de souplesse d'adaptation et de créativité. Et face au modèle bureaucratique/traditionnel dominant, on voit se mettre en place une organisation plus gestionnaire, favorisant l'engagement psychologique par intériorisation des objectifs productifs. C'est d'ailleurs dans ce contexte que se développe l'emploi des femmes cadres, puisque, alors qu'elles n'étaient encore que 23 en 1978, elles sont 67 en 1984, ce qui représente 6 % de l'effectif des cadres.

L'entreprise A se trouve aujourd'hui au centre d'un paradoxe, à savoir être en même temps une entreprise leader et une entreprise provinciale, avoir une structure à la fois centralisée et décentralisée, se proposer dans un double mouvement à ses cadres comme consensuelle et autoritaire, protectrice et exigeante. Ce paradoxe s'illustre d'ailleurs dans la manière dont les femmes définissent leur entreprise: elles la perçoivent à la fois comme « bien gérée », « puissante », « dynamique » et relativement « peu conflictuelle », et comme « traditionnelle », « hiérarchisée » et « masculine ». On retrouve également ce paradoxe dans le fragment d'entretien suivant:

> A est à la fois ouverte, avec un certain dynamisme de par ses produits, sa volonté d'aller de l'avant, mais c'est aussi un monstre d'immobilisme. Cette impression d'une entreprise qui est une véritable tortue qu'on ne peut pas bouger, qui a des structures lourdes, une culture qui est un véritable moule dans lequel on étouffe... Parfois, c'est pesant. Et à la fois cette impression que tout peut au contraire aller très vite et qu'on est capable de grosses restructurations en un rien de temps, de projets d'entreprise extraordinaires, d'avoir une écoute du potentiel humain qui est tout de même intéressante.

Les femmes sont nombreuses à souligner que la nécessité d'adaptation de l'entreprise à de nouveaux modes de fonctionnement, le poids de la tradition s'effaçant derrière la valorisation de l'ouverture et du changement, favorise leur intégration. Elles reconnaissent de plus que la direction est dotée d'un système de gestion efficace, contribuant par là à leur motivation en dessinant les contours de l'entreprise de demain au moyen d'une stratégie économique affirmée. À la recherche d'une égalité dans leur vie professionnelle, elles adhèrent donc au projet de l'entreprise, et cela d'autant plus qu'il leur propose un espace de carrière perçu comme favorable. On peut cependant se demander s'il ne s'agit pas plus d'une identification à la mission de l'organisation que d'un investissement affectif dans son fonctionnement quotidien. Elles sont en effet sensibles aux défauts d'un hiérarchisme qui reste très prégnant et qui garantit la pérennité de l'ancien système, les cadres se préoccupant surtout de leur tâche et de leur carrière et les différences statutaires restant très marquées.

On peut donc penser que la différence de la femme risque de se convertir en subordination dans une entreprise majoritairement maculine où la norme reste de se confier plutôt que de se battre. La fréquente utilisation de métaphores familiales souligne d'ailleurs l'attachement à long terme et la sécurité d'emploi offerte par l'entreprise, ce qui ne peut que renforcer le poids de la tradition. En effet, dans cette entreprise où la nomination à des postes de cadres supérieurs est le fruit d'une appréciation hiérarchique longuement mûrie tout au long de la vie professionnelle, aucune femme n'ayant d'ailleurs atteint ce niveau, l'organisation est suffisamment forte pour perpétuer un modèle de cadre dominant — « avoir un rayonnement fort », « être une figure de proue », « une locomotive » — dans lequel les femmes ont du mal à se reconnaître. Ainsi, pour caractériser la manière dont elle se situe dans son travail, une responsable du contrôle de gestion nous déclare: « Dans mon travail, je ne veux pas me situer du côté de la femme. Je veux me situer comme quelqu'un d'asexué, même si du fait que je suis une femme, j'ai des relations différentes. Je suis une fonction que je remplis comme n'importe qui, un homme ou une femme. » Mais c'est surtout quand elles envisagent leur évolution de carrière que les femmes soulignent qu'au sommet de l'entreprise il y a prépondérance écrasante d'hommes, ce qui les amène à intérioriser une autolimitation de carrière. On peut alors se demander si, pour ne pas déroger au modèle dominant, elles n'auraient pas tendance à s'autocensurer et à fonctionner par inhibition, proches en cela de la féminité neutralisée analysée par Laufer.

Entreprise B, ou la productivité passionnelle

L'entreprise B, filiale d'une importante société nord-américaine qui, par son chiffre d'affaires et le personnel employé, peut être considérée comme un des premiers groupes mondiaux en informatique, est implantée à Grenoble depuis 1970. Si la maison mère se préoccupe avant tout des résultats économiques, son premier objectif déclaré étant le profit, elle accorde également une grande importance aux considérations sociales, et diffuse auprès de son personnel un projet, la « bible » disent certaines, dans laquelle la direction est fortement investie. Cette orientation est amplifiée par un important effort de communication auprès du personnel sur les orientations de la société et même par des interventions personnalisées des « pères fondateurs », sorte de message d'amour qui s'adresse à tous.

Le fonctionnement même de l'organisation joue comme pratique idéologique qui donne sens au discours des dirigeants tout en canalisant le maximum d'énergie: la structure de l'entreprise, très organique, comporte peu de niveaux hiérarchiques, et une répartition des tâches, négociée dans le cadre d'une direction par objectifs, vise à toucher les responsabilités à tous les niveaux. Les conduites professionnelles ne sont donc pas guidées par des méthodes formalisées mais par une intériorisation des objectifs, ce qui favorise la coopération, notamment avec la hiérarchie. L'intensité des relations interpersonnelles, si elle permet un rapport constant des exigences de productivité, favorise également un investissement affectif important et un relatif effacement des statuts, et donc des différences. On ne travaille pas pour un chef, mais avec un chef pour l'organisation. On passe donc d'une relation hiérarchique classique, de type paternel, où le ressort de la conformité et l'obéissance, la peur des sanctions si on contrevient aux ordres, à une relation de type maternel dont le ressort serait plus la poursuite d'un idéal, répondre aux exigences de l'organisation et obtenir en contrepartie des gratifications d'ordre autant psychologique que matériel[6].

Nous sommes proches de l'organisation moderne, définie par Laufer, dans laquelle les femmes occupent plus fréquemment des postes similaires à ceux des hommes et où les rapports masculin-féminin sont moins réglés par la tradition. C'est en effet dans cette entreprise que les femmes ressentent le moins des limitations de carrière ou la concurrence de leurs collègues masculins, se rapprochant par là d'une égalité de fait. Elles sont d'ailleurs relativement nombreuses puisqu'elles représentent 40 % de l'effectif global et 16 % des cadres, leur nombre ayant d'ailleurs rapidement progressé, de 11 en 1979 à 66 en 1984.

Pour ce qui est de la gestion des personnes, la direction intervient peu et favorise surtout une stratégie active de la part des cadres qui se sentent alors les artisans de leur propre carrière : ni le diplôme ni le passé professionnel, seule l'efficacité dans le poste de travail devrait être prise en compte, la gestion par objectifs étant suffisamment ancrée dans l'entreprise pour être la pierre angulaire autour de laquelle s'organise l'évolution des personnes dans une mouvance qui donne le sentiment que « tout est possible ».

Le recrutement, par contre, est très centralisé, l'entreprise-institution recherchant moins chez ses cadres un capital technique qu'un capital orienté vers ses valeurs. Mais là encore les femmes se sentent à leur avantage, les images dominantes du cadre ne leur semblant pas déroger à leur conception de la féminité.

Pas de schéma tout fait, du cadre on attend surtout une capacité à s'intégrer à sa manière à la culture de l'entreprise, que ce soit sous forme de disponibilité, de pragmatisme ou de dynamisme, mais aussi une capacité à évoluer. Chacun a donc le sentiment de travailler pour son propre compte et intériorise un modèle libéral (fictif puisque régi par des règles) qui l'amène à confondre ses intérêts propres avec ceux de l'entreprise. Dans cette entreprise qui fonctionne sur l'adhésion et où la relation hiérarchique met surtout en avant des qualités relationnelles et de communication, les femmes sont nombreuses à penser pouvoir imprimer leur marque, à vivre leur féminité comme un atout. D'autant plus qu'elles disposent de modèles identificatoires même s'ils restent lointains — « aux USA, des femmes chefs de division, il y en a » — et qu'elles considèrent que leur entreprise est assez forte pour faire prévaloir à terme ses propres valeurs, ici l'égalité des chances entre les hommes et les femmes, sur les principes de hiérarchie qui restent dominants dans la société française.

Ainsi, au-delà de la motivation résultant d'un travail permettant autonomie et responsabilité et amenant les cadres à proposer d'eux-mêmes leurs propres objectifs de travail, la philosophie sociale proposée favorise un engagement à long terme envers les objectifs de l'entreprise, la prospérité de cette dernière étant censée aller de pair avec l'épanouissement des personnes. L'offre de participation, aux femmes en l'occurrence, est en effet présentée comme une exigence de moralité sociale, une contribution à l'édification d'une société plus humaine. Elles donnent alors le maximum, la relation charismatique étant le ressort même du mécanisme intégrateur, puisque la toute-puissance de l'organisation leur permet de croire à une toute-puissance individuelle, à un moi en constante expansion. Mais, pour fonctionner, ce système exige une adhésion complète, et Max Pagès *et al.* (1979) ont bien analysé comment il fait vivre ses membres dans une atmosphère de tension psychologique et de compétitivité.

Les femmes acceptent d'autant mieux cette dernière qu'il leur semble que cela leur laisse toutes leurs chances. Par contre, la tension psychologique — résultant non seulement d'une charge de travail importante, mais également d'une exigence de mobilité et de carrière à laquelle il est d'autant plus difficile de se soustraire qu'on l'a intériorisée, que l'organisation est le premier objet d'investissement — suscite des réactions plus ambivalentes. C'est en effet cette contradiction même, respect des individus mais également sollicitation, parfois au-delà de la normale, que les grands principes de l'entreprise tendent à masquer: ils rempliraient alors une fonction de consolidation idéologique au regard de laquelle il est difficile de développer une instance critique. Les femmes se sentent « condamnées à réussir ». Si elles vivent une limitation de carrière, le plus souvent en raison de leurs charges familiales, ce n'est pas du fait de l'entreprise, mais de leur propre fait. Cette contradiction entre un niveau d'aspiration élevé provenant d'un milieu professionnel favorable et leur propres contraintes familiales, elles ont alors tendance à la vivre comme une contradiction personnelle et à se sentir seules responsables de la situation en porte-à-faux dans laquelle elles se trouvent.

Entreprise C, du « rêve de l'autogestion » à l'appartenance à un groupe national

L'entreprise C a été créée au début des années soixante par des universitaires grenoblois qui avaient mis au point un nouveau matériel micro-informatique. Elle s'est rapidement développée tout en gardant un fonctionnement de P.M.E., proche de l'Université. En 1976, pour des nécessités de financement, elle a été rattachée à un grand groupe national pour être cédée, quatre ans plus tard, à un autre. Ces restructurations successives ont beaucoup modifié le fonctionnement de l'entreprise, moins du fait d'une fusion véritable que de la juxtaposition de deux cultures, ainsi qu'en témoigne une forte nostalgie du passé auquel il est fait souvent référence spontanément.

Aujourd'hui, la situation économique est précaire, au point de faire peser des menaces sur l'emploi qui est pratiquement bloqué depuis deux ans, et l'avenir apparaît mal dessiné. Certes, la situation défavorable n'incite pas aux largesses d'une politique de séduction ni à entreprendre une action psychologique auprès d'un personnel avant tout préoccupé de sécurité d'emploi, mais l'imprécision de la politique poursuivie actuellement ne fait qu'accroître la morosité du climat social. D'autant plus que les cadres sont nombreux à penser que le système actuel conduit à déposséder leur direction locale d'une partie de son pouvoir.

Le fonctionnement de l'entreprise ne vient pas relayer le manque d'impulsion ressenti au niveau politique. La structure de la division technique, où se trouve la majorité des femmes cadres (elles sont 25, leur effectif est stable depuis 4 ans et représente 10 % des ingénieurs et cadres) est une fédération d'équipes. Compte tenu de la nature des activités, de recherche principalement, la hiérarchie est peu présente dans le travail quotidien, il n'y a pas de collaboration étroite, et, si cette dernière laisse l'initiative, elle ne canalise pas les énergies. Ainsi, du fait d'une certaine stabilité dans la fonction occupée, une coordination informelle entre collègues se développe, et tout se passe comme si les cadres trouvaient dans leur communauté professionnelle l'équivalent de ce milieu protecteur qu'offrent les entreprises qui proposent un modèle d'intégration à long terme.

De plus, deux raisons amènent les cadres à s'identifier aux autres salariés, notamment les techniciens, plutôt qu'à la direction: une activité purement technique et une absence de référence à un projet de carrière, la plus forte référence idéologique des cadres. Ainsi, les cadres de l'entreprise C se considèrent surtout comme professionnels salariés. Ils sont nombreux à analyser leur position dans l'entreprise en termes de rapport de forces et à accepter l'idée d'un mouvement revendicatif. Ils participent au Comité d'entreprise et représentent un contre-pouvoir important, poursuivant un modèle d'autogestion visiblement hérité de l'époque où l'entreprise était une P.M.E. socialement de pointe même si, face à l'insécurité de l'avenir, on s'éloigne d'un discours participatif. L'ouverture sur l'entreprise, les informations importantes, les cadres y accèdent donc par l'action syndicale.

Si l'entreprise C se caractérise par un faible usage des moyens formalisés de gestion, on retrouve également cette tendance dans la gestion des personnes. La direction du personnel, peu présente dans l'entreprise, est surtout administrative. Le recrutement est effectué par le service demandeur, sur des critères principalement techniques; les procédures d'évaluation sont peu utilisées et suscitent des réticences chez les cadres; la rémunération, fortement barèmisée, est peu incitatrice; l'absence de perspectives de carrière favorise peu les possibilités d'évolution. Tout cela concourt à entretenir une certaine démotivation, un climat de morosité. D'autant plus que si, dans l'entreprise C, il y a peu de diffusion d'objectifs ou de programmes, même auprès des cadres, de la même manière les attentes de l'entreprise envers eux sont mal définies. Un modèle professionnel est de rigueur, les cadres ayant une vision nettement dévalorisée des fonctions hiérarchiques: progresser dans la hiérarchie, c'est se disqualifier, et également faire preuve d'allégeance envers une direction dont on se méfie.

Dans cette entreprise qui ne propose pas de projet et n'émet pas d'attentes clairement définies envers ses cadres, les femmes cadres semblent moins ressentir qu'ailleurs l'enjeu de situer leur féminité dans le monde de l'organisation. En effet, leur faible engagement dans l'entreprise se manifeste par un bas niveau d'attente envers leur carrière. Elles sont surtout sensibles à l'autonomie dont elles disposent, à la liberté d'organiser personnellement leur temps et leur travail. Et elles sont peu nombreuses à se demander si cette autonomie sert à l'efficacité de l'entreprise, ainsi qu'à établir un lien entre cette situation d'autonomie, l'absence de politiques de direction et l'emploi très limité de méthodes modernes de gestion.

Si elles paraissent attachées à leur entreprise, c'est davantage pour des raisons externes, nous entendons par là l'attachement à la région, le travail à temps partiel ou le congé parental qui prennent beaucoup plus d'importance que dans les deux autres entreprises, les raisons propres à l'entreprise se résumant à l'intérêt du travail et à une bonne ambiance. Ce type de fonctionnement permet par ailleurs de maintenir une nette distinction entre vie professionnelle et vie privée. À la différence de la logique de la « féminité neutralisée » rencontrée dans l'entreprise A, ou de la « féminité concurrentielle » dans l'entreprise B, les femmes cadres semblent se situer plutôt dans une logique de « reconnaissance de la différence ».

Trois entreprises différentes, trois cultures fortement typées. En guise de conclusion, nous proposons un tableau récapitulatif des principales dimensions que nous avons privilégiées dans l'analyse.

Images de l'organisation et des cadres dans les trois entreprises

Images de l'organisation	Entreprise A	Entreprise B	Entreprise C
puissance/ vulnérabilité	puissance (stratégie économique affirmée)	puissance (stratégie économique et philosophie sociale affirmée)	vulnérabilité (atmosphère de crise)
consensus/ division	différences statutaires marquées	message d'amour → annulation des différences	compétition individuelle
ordre/ changement	poids de la tradition	instabilité programmée	nostalgie du passé
exercice du pouvoir	hiérarchique/ paternel	négocié/maternel	arbitraire, peu affirmé
rôle des cadres	catégorie statutaire élite : cadres supérieurs	peu de différences statutaires	opposition direction/cadres
images dominantes du cadre	compétence technique confiance dans la direction disponibilité mobilité géographique	disponibilité pragmatisme dynamisme capacité à évoluer communication	professionnel-salarié
	masculin	masculin/féminin	neutre

Que conclure de ce tour d'horizon? Nous voyons que les entreprises A et B suscitent un investissement dans l'organisation, que ce soit à travers un projet suffisamment affirmé ou la perception, par les femmes cadres, d'un espace de carrière potentiel, alors que la situation de l'entreprise C amène les femmes qui y travaillent à s'investir surtout dans leur travail. Mais, seconde opposition, les femmes de l'entreprise B développent un très fort engagement affectif dans le fonctionnement même de l'entreprise, alors que les femmes de l'entreprise A semblent davantage ressentir les pesanteurs de leur vie de travail quotidienne.

Nous avons jusqu'ici décrit l'échange intégrateur entre trois entreprises et les femmes cadres qui y travaillent. La mise en évidence de trois systèmes d'échanges bien typés devrait nous permettre d'étudier par contraste comment se construit et se définit l'identité des femmes qui y travaillent et cela, à un double niveau: psychodynamique, quand nous décrirons comment les femmes cadres parlent de leur entreprise; symbolique, quand nous étudierons l'identité professionnelle des femmes cadres à partir de leurs projets professionnels, mais aussi de leurs projets de vie.

DES FEMMES CADRES AU PAYS DE L'ENTREPRISE: QUELLES REPRÉSENTATIONS ONT-ELLES DE LEUR VIE DE TRAVAIL?

Après avoir caractérisé les cultures d'entreprise, il nous faut maintenant tenter de mieux cerner cette réalité qui reste trop globale en nous rapprochant davantage des caractéristiques du travail quotidien. En effet, si les femmes ont bien une représentation de la culture de leur entreprise qui détermine en partie, et de manière différenciée (ce que nous avons cherché à montrer jusqu'ici), leur identité professionnelle, cette dernière doit également être étudiée à travers le prisme de leur environnement de travail plus immédiat.

Si nous commençons par résumer rapidement les caractéristiques des femmes qui ont répondu à notre questionnaire, 46 pour l'entreprise A, 55 pour B et 18 pour C, une première remarque s'impose: on ne note aucune différence notable entre les groupes de femmes travaillant dans ces trois entreprises. Elles sont assez jeunes, 30 ans en moyenne, 25 % seulement ayant plus de 35 ans. La plupart, 75 %, vivent en couple, 20 % sont célibataires et 5 % séparées. La moitié d'entre elles n'ont pas d'enfant. Pour celles qui en ont, il est le plus souvent unique (54 %), 33 % des mères ayant deux enfants et seulement 13 % plus de deux.

Ces femmes ont commencé à travailler jeunes, toutes avant 25 ans, et la moitié d'entre elles n'ont jamais travaillé dans une autre entreprise. Cette relative permanence laisse d'ailleurs présager qu'elles ont bien assimilé la culture de leur entreprise, et cela d'autant plus qu'elles y ont une ancienneté moyenne de 5 ans. Ces femmes ont un niveau de formation élevé: si 23 % sont autodidactes, 27 % sont diplômées d'université et 55 % d'écoles d'ingénieur ou de gestion. Elles ont un salaire annuel voisin, dans les trois entreprises, de 170 000 F.

Leurs activités sont surtout techniques ou de gestion. Elles travaillent en moyenne 43 heures par semaine et sont peu nombreuses à avoir des déplacements professionnels. Elles ont de plus peu de responsabilité d'encadrement, 70 % n'exerçant aucune fonction hiérarchique.

Groupes de femmes cadres relativement homogènes, cultures d'entreprise très diversifiées, quelle sera l'issue de cette confrontation? Nous utiliserons pour l'analyser les réponses au questionnaire qui donnent des indications sur les attitudes des femmes cadres sur un certain nombre d'aspects de leur travail.

Si nous commençons par une lecture descriptive, c'est le travail en lui-même, par la possibilité qu'il leur offre d'utiliser leurs aptitudes et par l'autonomie qu'il leur permet, que ces femmes considèrent comme le plus important et le mieux satisfait dans leur vie professionnelle. Nous pourrions en conclure qu'elles valorisent surtout l'intérêt du travail, développant ainsi un mode d'intégration dans l'entreprise surtout axé sur la conscience professionnelle — « être compétente et bien faire son travail ». Elles seraient alors par là plus proches de techniciens que de cadres qui raisonnent davantage, eux, en fonction de leur carrière.

Cependant, les opinions recueillies à partir du questionnaire ne constituent pas un ensemble d'énoncés indépendants, mais sont reliées les unes aux autres par des structures plus générales et sans doute plus prédictives que nous avons cherché à mettre en évidence par analyse factorielle (figure 2).

Nous voyons que les diverses opinions se structurent autour de deux axes, ou attitudes de base. Quand nous étudions les variables qui permettent de dégager la première attitude de base, nous constatons que les femmes qui y sont en position négative considèrent dans le même temps que « leur progression de carrière n'est pas ce qu'elle pourrait être », que « leur direction leur délègue trop peu de pouvoir et de responsabilité » et qu'« un collègue masculin peut obtenir à leur place un poste pour lequel elles sont ouvertement et à juste titre candidates ».

Le rapport à la carrière, à l'inverse du rapport au travail, serait donc central pour comprendre l'enjeu autour duquel se dessine l'identité professionnelle des femmes cadres. Nous reprendrons, pour analyser cette première dimension mise en évidence, le concept, proposé par Kanter, de structure de possibilités, qui situe les attentes envers la vie professionnelle au regard des perspectives organisationnelles.

On peut rapprocher cette attitude envers la structure de possibilités d'opinions largement reprises par les femmes cadres, indépendamment de leur entreprise d'appartenance. Ces opinions, exposées dans le questionnaire, reprennent un certain nombre de lieux communs sur le travail des femmes, lieux communs auxquels elles semblent d'ailleurs elles-mêmes adhérer: 95 % des femmes pensent qu'« il y a des postes, dans l'entreprise, qui sont difficilement confiés à une femme », 90 % que « les femmes progressent plus lentement que les hommes dans la hiérarchie » et 80 % que « les femmes doivent travailler plus que les hommes pour démontrer leur compétence et réussir ». Ces affirmations sont pourtant en porte-à-faux avec les propos tenus par les responsables masculins: qu'ils soient directeurs d'établissement, responsables hiérarchiques ou gestionnaires du personnel, tous nous ont en effet affirmé que la rationalité qui préside à la gestion des carrières est la recherche de la meilleure adéquation possible entre les compétences requises pour un poste de cadre et les qualités des personnes: « on raisonne en termes de poste, sur la manière dont il est tenu; si la personne en veut, elle progresse. On fait la différence à partir de la personne et de sa réussite » (entreprise A, directeur du personnel). Ou encore:

« ce que l'on évalue, c'est la performance sur le poste; si la personne est réalisatrice, pragmatique, fait fonctionner son équipe, si elle atteint ses objectifs » (entreprise B, responsable de formation). Ainsi, nier les différences autres que de compétence et constater ensuite que les femmes progressent moins dans leur carrière, permet d'affirmer que cela n'incombe pas à l'entreprise, mais provient de la nature féminine ou de la société, ce sur quoi on n'a pas prise.

Or, les femmes perçoivent leurs possibilités de carrière comme différentes et plus restreintes que celles des hommes. On peut alors se demander, à la suite d'une recherche sur l'espace de qualification des cadres (Rivard *et al.*, 1979), comment une logique de reproduction, qui se traduit par la prédominance des hommes aux postes de responsabilité dans l'entreprise, peut coexister avec une logique affirmée de qualification, qui privilégie les capacités personnelles à remplir un poste et nie toute référence au statut sexuel.

Indépendamment de facteurs culturels que nous avons déjà évoqués et qui sont, à partir d'un certain niveau, autant de freins à l'intégration paritaire des femmes dans l'entreprise, il semble qu'il existe un obstacle supplémentaire analysé par Catherine Sofer (1985). Évaluer la performance d'un cadre ne revient pas seulement à évaluer sa performance actuelle, mais aussi la rentabilité future de l'investissement qu'il représente. La discrimination envers les femmes se fonderait alors sur des anticipations différentes, selon le sexe, de la stabilité future du cadre: si un emploi nécessite, parmi d'autres facteurs d'efficacité, que celui qui l'occupe y demeure sans absence prolongée, faire intervenir le sexe du candidat, surtout s'il est jeune, comme indicateur de sa stabilité future, constituerait pour l'entreprise une manière de réduire l'incertitude quant à l'avenir. Ainsi, les femmes cadres subiraient, plus que d'autres femmes moins qualifiées et donc plus facilement interchangeables, une discrimination qui trouverait ses racines dans les comportements professionnels des femmes en général: elles travaillent en moyenne, pour ce qui est du travail salarié, moins longtemps que les hommes, leurs responsabilités familiales peuvent les amener à interrompre leur activité professionnelle ou les dissuader de faire le supplément d'investissement que nécessite souvent une promotion. Or, les femmes cadres interrogées quittent rarement, même temporairement, leur vie professionnelle (6 % seulement ont eu recours au congé parental) et elles ont des familles peu nombreuses (5 % seulement ont plus de deux enfants). « Ce sont alors ces femmes », comme le souligne Sofer (1985, p. 294), « qui n'ont pas l'intention de quitter le marché du travail ou d'avoir une famille nombreuse, qui subissent le plus le coût de cette discrimination. »

On peut ainsi comprendre que les femmes cadres se situent d'abord et surtout en regard de la structure de possibilités que leur propose l'entreprise: elles sont d'autant plus sensibles à l'espace de carrière restreint qui est le leur qu'il vient moins sanctionner leur comportement professionnel, dont la qualité est d'ailleurs amplement reconnue, que leur statut sexuel.

Si c'est la structure de possibilités qui permet le mieux de comprendre autour de quelle cohérence les femmes structurent leur représentation de la vie professionnelle, on doit la considérer de concert avec un deuxième axe, lié à une dimension temporelle, pour appréhender plus finement leur univers de représentations.

FIGURE 2

La carrière et la vie privée

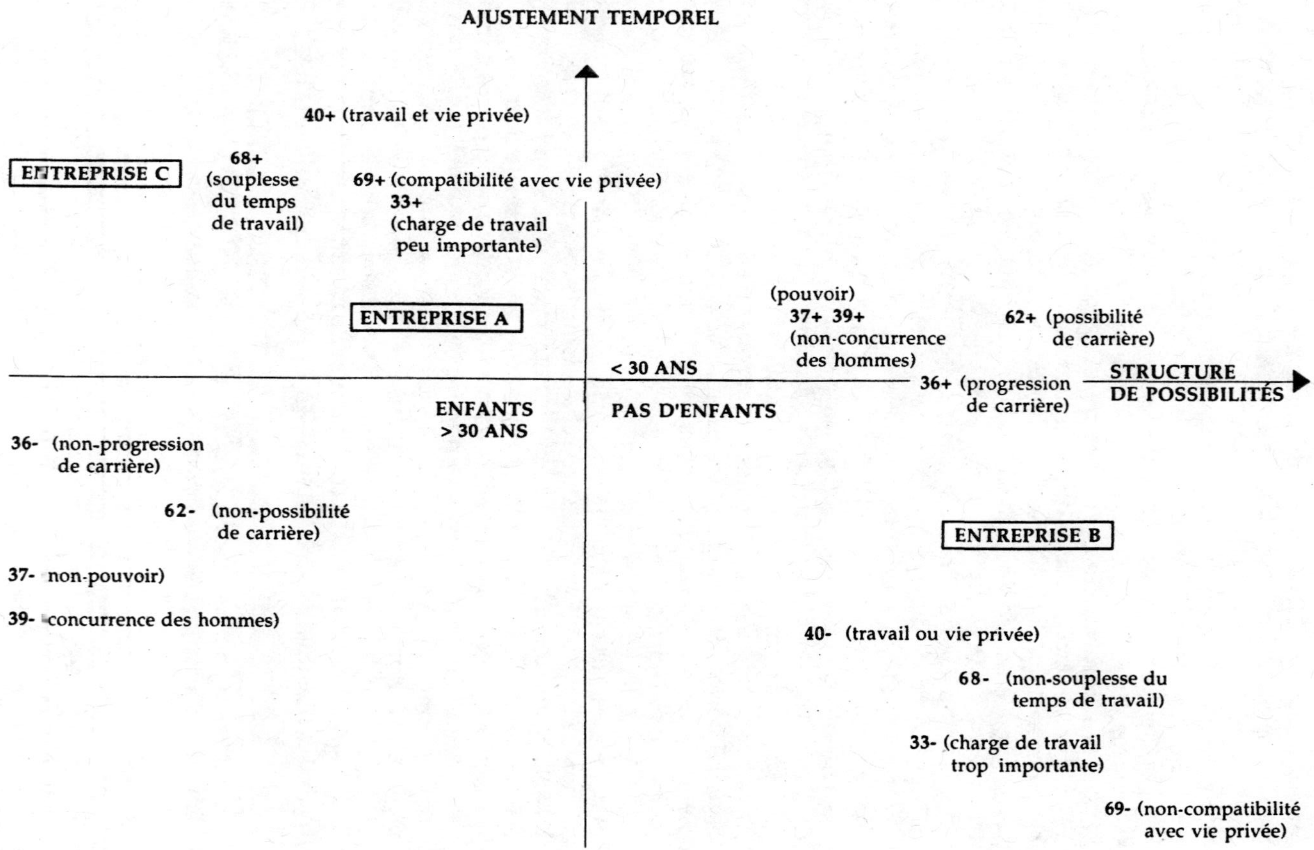

Cette seconde attitude de base est caractérisée par des appréciations sur la charge de travail (« avoir le sentiment que la charge de travail est trop importante, que l'on ne peut pas raisonnablement la terminer en une journée de travail normal ») et sur la possibilité de concilier vie professionnelle et vie privée (satisfaction/insatisfaction quant à « la compatibilité avec la vie privée », à « la souplesse du temps de travail, la possibilité de travailler temporairement à temps partiel, de prendre un congé parental ou une mise en disponibilité »). Elle peut s'interpréter en fonction d'ajustements ou de conflits de rôles. Dans la mesure où de nombreux travaux sur le travail des femmes ont déjà amplement étudié le double système de priorités conflictuelles auquel les femmes doivent faire face, nous nous contenterons ici de poser la question du rapport particulier des femmes à la vie professionnelle, temps quotidien, mais aussi temps biographique. Même dans des positions professionnelles analogues, nous dit Claude Zaidman (1986, p. 287), « hommes et femmes s'inscrivent dans des stratégies sociales différenciées, leur mode d'inscription dans un projet professionnel étant lié aux représentations de l'avenir en termes de temps biographique différent ».

Ces deux attitudes de base, considérées simultanément, soulèvent d'autres questions. Certaines recherches (voir plus haut, p. 433), le plus souvent nord-américaines, revendiquent l'égalité des femmes managers dans le monde de l'entreprise, postulant qu'elle ne peut être obtenue qu'au détriment de leur vie personnelle. D'autres (Bonis, 1977), plus traditionnelles, considèrent au contraire que les femmes valorisent surtout la possibilité de concilier rôles familiaux et professionnels et recherchent plus un équilibre de vie qu'une réussite de carrière. Les représentations de la vie professionnelle de femmes ayant atteint un certain niveau dans l'entreprise devraient alors se situer sur un axe unique, dont un pôle serait une carrière au masculin indépendamment de la vie personnelle et l'autre une carrière au féminin permettant un équilibre de vie. On pourrait dénommer cet axe *la carrière OU la vie personnelle*.

Or, au vu des résultats que nous avons obtenus, les femmes ne se situent pas par rapport à une, mais à deux dimensions dans leur vie professionnelle, *la carrière ET la vie personnelle*, qu'elles vivraient simultanément et qu'elles aspireraient à réaliser de concert. Il nous semble que cette tension entre l'investissement dans la carrière et la recherche d'équilibre de vie vienne en partie illustrer la dialectique entre égalité et différence que Laufer considère comme le point nodal autour duquel se construit l'identité professionnelle des femmes.

Nous avons, dans un deuxième temps, recherché comment les femmes, regroupées selon plusieurs critères, se situent dans l'univers de représentations évoqué. On remarque tout d'abord, résultat surprenant, que, quand on les regroupe selon leur âge ou leur statut familial, les femmes n'ont pas d'attitudes foncièrement divergentes. Et pourtant, les femmes de moins de trente ans ont vécu, dans leur enfance, un moins grand clivage entre rôles masculins et féminins, ce qui explique qu'elles se situent différemment de leurs aînées par rapport à des représentations pourtant largement partagées sur le travail des femmes: elles sont seulement 27 % (contre 54 % pour leurs aînées, $p < 0{,}01$) à penser « que les femmes doivent travailler plus que les hommes pour démontrer leur compétence et réussir ». De même, elles ne sont que 29 % (contre 66 % pour leurs aînées, $p < 0{,}001$) à penser que « les femmes progressent plus lentement que les hommes dans la hiérarchie ». On pourrait donc penser qu'elles vont s'insérer plus favorablement dans la structure de possibilités. Et cela d'autant plus qu'elles ont un niveau de formation plus élevé: 85 % sont diplômées d'écoles d'ingénieurs ou de gestion et 6 % seulement sont autodidactes, alors qu'inversement les femmes de la génération précédente sont plus souvent autodidactes (30 %) et moins diplômées (30 % ont un diplôme de grande école). Elles devraient donc moins conjuguer que leurs aînées le double handicap d'être à la fois femme et autodidacte.

Ce sont ces femmes, jeunes et diplômées, qui recherchent le plus, selon Laufer, l'égalité (parité de carrière dans l'entreprise) tout en revendiquant leur différence (ne pas sacrifier leur féminité et leur vie personnelle). Or, dans notre étude, elles se situent en position centrale, tout comme leurs aînées, aussi bien par rapport à la structure de possibilités que par rapport à la dimension temporelle.

Nous ne voyons apparaître aucun effet de génération quant à la représentation de la vie professionnelle, et il en est de même quand on considère le statut familial: si c'est le fait maternel qui renvoie le plus profondément à la spécificité féminine, et cela surtout à travers la saturation temporelle et les conflits de rôles qu'il suscite, alors des femmes ayant des enfants devraient considérer leur structure de possibilités comme restreinte et vivre de plus fortes difficultés d'ajustement temporel. Or, les résultats n'attestent à nouveau aucune différence significative.

Alors que la situation personnelle de ces femmes détermine peu leurs représentations de la vie professionnelle, l'appartenance à l'une des trois entreprises a, à l'inverse, un fort pouvoir explicatif. Résultat d'autant plus remarquable que ces femmes présentent des caractéristiques personnelles très proches. Les femmes de l'entreprise A sont en position intermédiaire, alors que les femmes de l'entreprise B se situent très favorablement sur la structure de possibilités et très défavorablement par rapport à la dimension temporelle, les résultats s'inversant pour les femmes de l'entreprise C.

Ces résultats, qui sont cohérents avec la diversité des entreprises, montrent que ce sont les particularités culturelles propres à chaque entreprise qui permettent le mieux de rendre compte des représentations des femmes cadres quant à leur vie professionnelle. Comme si toutes les femmes vivaient un conflit entre leur vie professionnelle — ou la recherche d'une intégration paritaire dans l'entreprise — et leur vie personnelle — ou la recherche d'une intégration de vie —, conflit dont les termes seraient davantage déterminés par le fonds culturel que leur propose l'entreprise que par leur propre situation personnelle.

Pour Kanter, améliorer la structure de possibilités proposée par l'entreprise aux femmes cadres revient surtout à augmenter leur nombre. Les résultats que nous avons obtenus attestent bien que toute réflexion sur le travail des femmes ne peut se poser uniquement en fonction du nombre. Sans sous-estimer le problème, bien réel du point de vue social, de la répartition des rôles familiaux et de la formation des femmes, il convient également d'analyser les raisons de la sous-représentation des femmes cadres et de leur faible intégration dans l'entreprise en s'interrogeant sur le fonctionnement, notamment culturel, de cette dernière. En effet, loin d'être un partenaire neutre dans la vie de travail des femmes, l'entreprise intervient à part entière dans leurs représentations de la vie professionnelle.

On peut de plus penser que la moins grande disponibilité des femmes qui vient, dans le discours dominant, expliquer leur intégration moins favorable dans l'entreprise, ne résulte pas uniquement de leurs propres contraintes temporelles, mais pourrait être une adaptation stratégique très raisonnable aux obstacles qu'elles rencontrent dans l'entreprise à leur progression professionnelle. En effet, si nos résultats montrent bien que le rapport au temps est central pour les femmes cadres, ils montrent de plus que c'est d'abord leur entreprise d'appartenance, et cela indépendamment de caractéristiques plus personnelles, qui vient l'infléchir. Comme si l'entreprise, de par sa culture, influençait non seulement le projet professionnel, mais aussi de façon plus générale le projet de vie des femmes cadres. On considère pourtant le plus souvent que l'entreprise ne fait que subir le manque de disponibilité des femmes cadres, du fait de leurs obligations personnelles. Nous pensons avoir montré ici que les femmes n'imposent pas comme préalable leurs choix personnels avec lesquels l'entreprise devrait par la suite composer, mais que ces choix personnels sont également influencés par leur situation professionnelle, qui dépend en partie de la culture de chaque entreprise.

L'équilibre de vie des femmes cadres ne se construit donc pas d'abord autour de leur vie personnelle, indépendamment de leur engagement professionnel qui ne ferait ensuite qu'en découler, mais simultanément autour de contraintes personnelles et professionnelles. L'entreprise n'est donc pas transparente, elle oriente au contraire fortement la vie professionnelle de même que la vie privée des femmes cadres.

Il faut alors chercher à mieux comprendre comment les femmes intègrent plus personnellement les résultats que nous avons mis à jour. Si l'analyse des réponses au questionnaire nous a jusqu'ici permis de dégager des points de vue communs, celle des entretiens, centrés sur les histoires individuelles, devrait maintenant nous permettre de mettre en évidence des logiques de vie plus singulières.

PROJETS PROFESSIONNELS ET PROJETS DE VIE

Comment l'activité professionnelle de la femme s'intègre-t-elle dans une stratégie de vie dont l'autre pôle serait la vie familiale? Nombre de recherches[3] qui étudient les processus d'articulation, voire de renforcement, entre travail et vie privée montrent que les choix professionnels de la femme résultent de multiples négociations, implicites ou conscientes, sereines ou tendues, avec son milieu professionnel, mais également avec d'autres projets, et plus particulièrement avec le projet de son conjoint, son propre projet et aussi le projet qu'il a pour elle. L'issue de ces négociations, influencées par les groupes de référence (familiaux, de formation, etc.) et par le niveau d'aspiration de la femme, infléchira son destin professionnel. Nous allons donc maintenant explorer la carte des principales avenues de la femme dans sa vie professionnelle, et cela en rapport avec sa vie personnelle.

Si nous cherchons à proposer différents types de projets, il n'est pas pour autant dans notre propos de les considérer comme des entités séparées, mais plutôt comme des figures d'un même jeu: celui de la femme aux prises avec deux pôles d'investissement, inconciliables par nature diront certains, par tradition pensons-nous avoir montré, puisque les prescriptions sociales exigent qu'elle se consacre entièrement à chacun d'eux. Or « le plus souvent ces contradictions dues à des préjugés apparaissent dans des périodes de changement social rapide et constituent une transition vers un équilibre nouveau des statuts » (Rocheblave-Spenlé, 1969). C'est cet équilibre nouveau que nous voulons étudier dans ses différentes figures selon sa plus ou moins grande cohérence interne. Cohérence quand le rapport à la vie professionnelle se situe sur le registre de l'évidence. Nous disons ici qu'il y a évidence parce que les deux pôles d'investissement sont clairement isolés dans le temps et dans l'espace, ce qui permet d'éviter tout empiètement de l'un sur l'autre. Deux modèles se dégagent alors.

Le premier, c'est celui de *la cadre maternelle*. Pour elle, c'est d'abord la famille qui dicte le mode de vie fondé sur une recherche d'équilibre entre vie privée et vie professionnelle. L'enjeu du travail, c'est d'abord de préserver la possibilité de conciliation entre les deux:

> Pour le moment, le travail que je fais me convient au niveau familial. Je n'ai pas de dépassements d'horaires. Le principal, c'est que j'arrive à concilier les deux. Je vis bien dans mon travail, je ne m'ennuie pas, je fais quelque chose d'actif, je sers à quelque chose. Pour l'instant, ça va, c'est un équilibre. Je ne travaille pas trop, je suis quand même disponible pour mes enfants. Travailler plus, cela ne me plairait pas.

La vision du monde s'organise autour du désir de tenir sa place, mais pas plus que sa place, une place de femme, et donc différente, dans une vie avant tout régie par des choix familiaux. Cette femme a certes le désir d'exister socialement, mais son objectif premier est d'arriver à concilier la vie familiale et la professionnelle. Cette recherche rend alors secondaires les aléas de la vie professionnelle, considérée davantage comme l'exercice d'une activité que comme la poursuite d'une carrière: le travail ne doit en aucun cas remettre en cause une harmonie prioritaire entre les valeurs familiales et la vie de cadre dont les aspects les plus exigeants, surtout l'ambition et l'énergie déployée au service de la carrière, sont rejetés. L'investissement professionnel sera donc moindre, et le recours au temps partiel ou au congé parental, plus fréquent. Si la femme met en avant l'appoint financier de son travail et si l'entreprise permet ce choix, nous pensons ici à l'entreprise C, ce modèle sera vécu comme relativement harmonieux. Mais si ce choix est plus personnel — désir de sortir de chez soi, recherche d'un épanouissement et d'un équilibre, — et si l'entreprise n'admet pas ce fonctionnement *a minima*, il peut devenir problématique, ainsi que l'exprime cette femme de l'entreprise B: « Mon mari préférerait que je ne travaille pas. De toute façon, au niveau de mon salaire, on ne gagne pratiquement rien. Je ne suis donc pas obligée de travailler. Je peux vraiment dire que je travaille pour mon plaisir. Mon mari l'accepte, mais ne m'a pas encouragée. » Et plus loin, elle évoque sa reprise de travail à plein temps (on lui a refusé le mi-temps) après la naissance de deux enfants et un congé parental de deux ans: « Je n'étais pas malheureuse quand j'étais chez moi. Donc, à la limite, c'est ce qui me culpabilise. Je me dis que pour mes enfants, c'était mieux quand je ne travaillais pas. » On voit donc que si la femme glisse à l'intérieur d'une structure familiale inchangée un projet personnel clandestin et d'apparence égocentrique, ce projet, non reconnu par les autres membres de la famille, devient une entreprise culpabilisante et difficile à vivre.

Cette femme a fait un choix personnel, mais reste dominée par l'ambivalence de sa situation. Un second modèle de la vie professionnelle se structure autour de *l'ambivalence* non entre deux obligations, mais entre une obligation et un désir : ambivalence qui comporte une forte composante affective car le milieu de travail est vécu comme très gratifiant ; ambivalence non fortuite et passagère, mais qui s'impose durablement, ce choix pouvant être remis en cause à tout moment. Une première lecture du modèle professionnel opposerait donc l'ambivalence à l'évidence.

Il existe un troisième modèle, vécu lui aussi sur le registre de l'évidence, celui de *la femme de l'organisation*. Ce n'est pas le travail, mais l'organisation qui est le lieu d'investissement premier, et on mise à fond là-dessus. L'organisation, dans laquelle on veut progresser, devient le terrain de comportements stratégiques, la femme cherchant, par des initiatives opportunes, à influencer les événements à son avantage : « Je me suis toujours attachée à trouver des possibilités d'évolution dans les différents postes que j'ai occupés. » En affirmant ses aspirations à travers une série d'actions individuelles, la femme se donne comme maîtresse de son destin professionnel, et d'objet, elle devient sujet : « On ne m'a pas proposé ma promotion, c'est moi qui l'ai demandée. On était en train de recruter le successeur du directeur du personnel quand j'ai demandé le poste. Je n'avais pas envie d'avoir quelqu'un entre le directeur d'établissement et moi. »

C'est donc la lutte qui détermine la réussite professionnelle, et la femme devra alors développer un ensemble de comportements en harmonie avec les exigences de la vie de travail : « Je ne suis pas particulièrement féminine. Je suis assez raide, volontaire. Il y a des femmes qui écouteraient peut-être plus. Une autre femme obtiendrait peut-être plus de confidences, je ne sais pas comment elle tiendrait le coup. » On voit ici que cette femme ne pense pas pouvoir jouer correctement son rôle de cadre si elle n'assume pas le comportement de celui qui le tient habituellement et en a eu jusqu'ici l'initiative : l'homme. Et il lui faut de plus réfuter les attentes des autres : « Dans mon service, je me suis fait envoyer à la figure : il y aurait un homme chef, il n'y aurait pas de différence, on ne nous écouterait pas moins. Cela ne passe pas toujours bien. » Des hommes en marge, ces femmes de l'organisation ? On peut pourtant se demander si l'identification « être comme » ne prend pas la place de l'identité « être soi », et si le faire semblant ne tient pas lieu de l'authentique. Mais n'est-ce pas alors souligner cette « fragilité culturelle » que Sainsaulieu (1977, p. 218) a déjà mise en évidence chez les cadres autodidactes : « L'intégration dans l'entreprise n'est pas seulement une affaire d'opportunisme tactique. Il s'agit en fait de se reconstituer une cohérence culturelle en s'intégrant dans un milieu social qui les reconnaisse pour ce qu'ils [elles] sont devenus. »

Cette intégration dans l'entreprise est en effet synonyme de parfaite disponibilité : « Je fais tout pour ne pas faire voir que je suis une femme. J'essaye d'être disponible. Chaque fois qu'on me demande quelque chose à 6 heures, je fais tout pour ne pas montrer les problèmes que cela me pose, je reste disponible. » Ce qui a inévitablement un retentissement sur la vie privée : « Toute l'organisation familiale tourne autour du fait que je travaille. J'essaye d'éviter toute incidence, toute gêne de ma vie privée sur mon travail. J'ai un système qui fait qu'on ne me dérange pas. Je ne veux pas être perturbée par ma vie familiale, je ne le suis pas. Je ne le veux pas pour qu'ici, on ne fasse pas de différence. »

On voit dans cette tentative, très volontariste, d'organisation, la surdétermination de la vie familiale par la vie professionnelle: dans la contradiction insurmontable travail/famille, le pôle dominant est représenté par les exigences de la vie professionnelle, le pôle dominé étant la famille. Lorsqu'apparaît une tension entre les deux, elle est volontiers interprétée comme la conséquence d'une erreur personnelle, la femme cadre étant censée adopter le comportement familial le plus adéquat pour l'exercice de l'activité professionnelle.

Souvent entrées dans l'entreprise comme par effraction, car elles ne correspondaient pas a priori au profil de l'emploi, ces femmes se sont trouvées dans une situation difficile. De ce que leur entourage aurait pu estimer être une faiblesse insurmontable, une inadaptation fondamentale, elles ont réussi à tirer une force, une capacité de suradaptation qui leur a permis de mener ce qu'il est convenu d'appeler une brillante carrière. Mais l'adoption de conduites propres à un autre ne traduit pas nécessairement le désir de se confondre avec lui, et le cloisonnement que certaines femmes sont obligées de vivre entre leur vie familiale et leur vie professionnelle n'amène-t-il pas une moins grande identification? Il semble même que ce qu'en psychologie sociale on appelle « compartimentage de rôle » puisse devenir, à un niveau plus profond de la personnalité, un clivage.

Une seconde lecture de la cohérence du modèle professionnel opposerait donc le clivage à l'évidence. Ce quatrième modèle, *le clivage*, nous l'avons rencontré auprès de nombreuses jeunes femmes cadres: elles parlent comme les femmes de l'organisation, elles investissent dans l'entreprise, elles adhèrent à un projet professionnel affirmé. Mais quand on les amène à parler de leur vie personnelle (c'est d'ailleurs comme une zone aveugle, dont il ne serait pas légitime de parler spontanément), on observe très nettement un changement de ton, une rupture dans leur discours, comme si une légère modification de l'angle d'appréhension des choses révélait des perceptions jusque-là occultées. Si on peut regretter, dans toute recherche à partir de ce que disent les personnes, de ne pouvoir exactement appréhender l'écart entre le dire et le faire, il est intéressant de relever ici cet écart, déjà présent dans le dire.

Nous analyserons ce clivage de manière plus détaillée, puisqu'il ne peut s'appréhender que dans la structure de déroulement d'un entretien. Travaillant depuis trois ans dans l'entreprise B qui se développe rapidement, cette jeune femme nous dit: « Il a fallu s'adapter aux besoins de l'entreprise, je n'avais pas de projet professionnel précis, je me suis adaptée. » Ce ne fut pas seulement une adaptation à des changements de fonctions fréquents, mais aussi à des horaires lourds: « Au début, j'ai été surprise, mais j'ai été prise par le rythme de travail. J'ai fait face à une charge de travail importante, de 50 heures minimum. Je suis dans l'entreprise de 9 heures du matin jusqu'à 8 heures du soir. Ici, il y a une forte pression sur les cadres. » Elle nous explique ensuite comment, après s'être prise, au début de sa vie professionnelle, au jeu du recrutement, qui ne correspondait pas à ses orientations de départ, elle s'est aujourd'hui prise au jeu de l'entreprise: « Il y a des objectifs fixés par l'entreprise, je me suis prise au jeu, je m'y suis identifiée. C'est un peu un challenge, je suis tout à fait partante. »

Le jeu dont elle nous parle consiste à profiter des possibilités offertes de travailler près de la direction générale, d'être au cœur de l'entreprise et de participer à son développement. La seule règle clairement fixée à ce jeu est de s'y engager complètement: « Depuis 3 ans, j'ai donné toute mon énergie à l'entreprise. » Au cours de l'entretien, ce jeu ne fut jamais évoqué comme négociable (on le joue à condition de), comme détournable (on pourrait le jouer autrement) ou comme intentionnel (il permet d'atteindre un objectif), mais comme un mode de fonctionnement qui s'autojustifie, car il apporte des gratifications suffisantes pour continuer à le jouer.

Ce qui est frappant ici est que ce jeu ne se conjugue qu'au présent. En effet, dès qu'on aborde la manière dont elle envisage l'avenir, on n'observe plus ces manifestations d'une identification importante à l'entreprise, mais plutôt l'expression d'un certain nombre de restrictions, plus ou moins explicites, vis-à-vis de sa position actuelle.

Ce qu'elle fait, nous dit-elle, ne correspond pas à ses aspirations profondes: « J'avais envisagé au départ une carrière plus valorisante sur le plan intellectuel. Je suis sur le terrain, plus opérationnelle. » Pour elle, progresser dans cette entreprise serait devenir chef du personnel, ce qui ne l'attire pas: « Un travail de négociation, d'administration, gérer des dossiers difficiles, cela ne m'intéresse pas, peut-être par crainte. J'aime mieux un travail de coordination, de contact avec les gens. » Si elle est partante dans le jeu, elle n'est donc pas gagnante, et on peut penser que le fait d'être femme n'y est pas totalement étranger (en témoigne cette réticence à accepter des postes de direction, des postes d'homme).

De plus, l'avenir professionnel qu'elle envisage échappe aux catégories du jeu. Il s'agit en effet d'acquérir une compétence et de se spécialiser dans son domaine, le recrutement, ou d'obtenir des fonctions de gestion des cadres dans un plus grand groupe. Or, acquérir une compétence, souhaiter un poste plus fonctionnel, c'est éviter de se retrouver dans la position actuelle, où elle a surtout à répondre aux demandes ponctuelles et pressantes de l'organisation. Et c'est aussi intégrer dans son avenir professionnel le souhait d'avoir une vie familiale: « Sur un poste plus administratif, dans une structure plus traditionnelle, on peut plus facilement arriver à concilier les deux. » Mais aussitôt une restriction: « On n'a pas alors les mêmes possibilités d'évolution, car on ne participe pas aux objectifs. »

Son discours sera désormais ponctué par ce clivage: « J'ai obtenu un certain nombre de résultats dans mon travail, j'ai beaucoup évolué »; puis, tout de suite après: « Je ne cherche pas à tout prix une progression, je cherche à prendre une décision dans ma vie personnelle. » Plus loin: « J'ai fait le choix pour l'instant d'investir dans ma vie professionnelle »; et aussitôt en contrepoint: « Si je prends du recul, mon travail deviendra moins intéressant. »

Si son *je* personnel s'accorde mal au jeu que lui propose l'entreprise, elle en a tiré suffisamment de satisfactions pour ne pouvoir envisager sereinement d'y renoncer: « Soit je me défonce dans mon travail, soit je le mets sur un plan plus personnel... Pour l'instant, je continue. » Elle continue donc à faire comme maintenant... Jusqu'à quand et à quel prix?

On voit combien cette femme se sent aux prises avec deux mondes incompatibles. Dès lors, elle a du mal à fixer sa position dans l'espace de l'entreprise, comme si le système de ses repères, sorte de schéma social intériorisé, était désorganisé par la duplicité de ses positions et la déformation de ses référentiels. S'il y a pour nous ici clivage plutôt qu'ambivalence, c'est parce que cette femme ne peut employer les deux langages à la fois, mais seulement séquentiellement et sur un registre très différent. Elle sait que les nécessités l'obligeront à choisir, mais aucun élément ne lui permet aujourd'hui de savoir quel sera le bon choix, puisque rien ne l'autorise à en prévoir l'issue. Elle n'est donc plus certaine, dans sa situation, de la conduite à adopter. Des deux aspirations contraires qui l'habitent et qu'il lui est difficile de démêler et dont l'intrication provoque des zones d'ombre, aucune ne lui permet de trouver la place d'une quelconque équation personnelle. Et l'on voit alors se dessiner un mécanisme de clivage qui peut, dans le meilleur des cas, protéger le moi, mais peut également susciter le sentiment d'une identité floue ou toujours en crise.

Si la situation de la femme — la coexistence de deux pôles de vie, l'un plus traditionnel, l'autre plus nouveau — peut susciter une source d'incertitude quant à l'avenir, un poids de réalité, le plus souvent matérialisé par l'enfant, transforme alors cette ambivalence ou ce clivage en conflit. Dans ce cinquième modèle professionnel, structuré autour du *conflit*, « le mode de vie est dicté par une coupure travail/vie familiale, et par la tentative inévitablement mise en échec de les concilier. Il ne s'agit pas de subir son destin, ni de le maîtriser, mais de l'organiser au mieux, ou au moins mal. » (Laufer et Paradeise, 1982, p. 473-478.)

Ce conflit, toutes les femmes le vivent, certes. Certaines l'ont résolu en privilégiant l'un de leurs deux pôles de vie, le travail ou la famille. D'autres évitent momentanément de le vivre par un processus de clivage. Mais d'autres encore semblent ressentir plus intensément l'impossibilité de tenir simultanément les deux rôles, par trop opposés, qu'elles ont à tenir: « Ce qui est difficile, c'est qu'on n'a pas vraiment le choix. On peut dire j'arrête, j'élève mes enfants, puis je redémarre, ou je n'ai pas d'enfants, mais c'est toujours conflictuel, ça se marche toujours sur les pieds. »

Quand on ne veut renoncer ni à l'un ni à l'autre, le conflit s'installe et le rapport à la vie professionnelle tend à prendre la forme d'une épreuve. Certaines femmes ont vécu une série d'expériences professionnelles réussies, et cela a façonné leur vision d'elles-mêmes comme du monde dans lequel elles travaillent. Si elles ont le sentiment, auquel elles ne veulent pas renoncer, de faire partie d'une élite, du petit nombre de celles qui ont réussi à s'en tirer, elles vivent en même temps dans une inquiétude constante quant à leur capacité de faire face à toutes les demandes, aujourd'hui comme demain. Elles vivent alors leur condition sous le signe d'une contradiction très forte. Pour elles, le monde est un ensemble de contraintes sociales sur lequel elles n'ont pas prise, et qu'il leur faut reprendre à leur compte en y consacrant toute leur énergie.

Il en va ainsi de cette femme qui passe son temps à maintenir un équilibre fragile entre la progression de la carrière professionnelle, ce qui a des répercussions familiales négatives (« J'ai sacrifié mon fils à ma vie professionnelle; il en a beaucoup souffert, je le réalise aujourd'hui »), et la résolution de ses problèmes familiaux, ce qui a des retombées professionnelles négatives. Après un congé parental d'un an (« Il fallait que je fasse quelque chose, je n'avais pas le choix »), elle revient dans l'entreprise qui a continué à évoluer sans elle, et qui ne lui propose pas le poste qu'elle convoitait: « J'ai vécu cette année de manière détestable, je suis passée par une remise en cause permanente... Il s'est passé un certain nombre de choses qui ont déteint sur ma vie privée. Je ne pouvais plus dormir, je n'étais pas disponible pour mes enfants. Je pensais uniquement à ce poste que je n'avais pas eu. »

Ce qui est mis ici en échec, c'est la tentative permanente d'être disponible sur les deux fronts à la fois, sa disponibilité professionnelle engendrant une non disponibilité familiale, sa disponibilité temporaire pour ses enfants devenant, si on la classe dans la catégorie des cadres maternelles, une non-disponibilité durable pour l'entreprise. Et, dans cette tentative sans cesse renouvelée de colmater les brèches, elle devient plus profondément indisponible, puisque non disponible à elle-même.

On voit ici que le conflit est profondément intériorisé: cette femme est le siège de ses propres conflits dont l'issue dépendra, certes, des capacités d'adaptation qu'elle développera, mais le conflit reste là, présent et durable. Si ce conflit, qui comporte une forte charge affective, dépend autant de l'attitude des groupes de référence familial et professionnel que de la capacité de la personne à y faire face, il n'en est pas moins intériorisé.

D'autres femmes, le plus souvent les jeunes diplômées travaillant dans l'entreprise B, auront au contraire tendance à vivre ce conflit de manière plus superficielle, puisque, en le situant à un niveau social, elles l'extériorisent: pour elles, c'est de la société que dépend la répartition des rôles sociaux; si leurs rôles sont difficilement compatibles, alors c'est bien la société (et non plus elles seules) qui en est responsable.

Contradiction sociale et non plus conflit personnel, cette mise à distance procure une position psychologique certes plus confortable, mais une situation quotidienne toujours aussi difficile à vivre: « J'arrive à tout tenir pour l'instant, mais je le paye cher sur le plan de ma santé. » Et pourtant, travailler autrement, de manière plus flexible, cela serait possible, même si c'est aujourd'hui difficilement admis: « Tous les dirigeants sont des hommes dont la femme ne travaille pas, eux travaillant beaucoup. Donc, comme ils n'ont pas à se poser de question pour eux-mêmes, c'est un cercle vicieux. » Le rôle de ces femmes cadres sera donc de participer par leur engagement professionnel à l'émergence d'un ordre nouveau, et elles en ont conscience: « Je suis fière, en tant que femme, d'être arrivée à prouver que l'égalité était possible, d'avoir ouvert la voie. Pas pour moi, mais vis-à-vis de mes enfants. »

Être égales mais différentes, voilà l'enjeu pour certaines femmes cadres, mais il faudra aussi pour cela que l'entreprise change. Quand on lui demande ce que cela changerait s'il y avait plus de femmes à des postes de responsabilité, cette jeune femme de l'entreprise B nous répond: « Peut-être de rééquilibrer les postes pour qu'ils soient compatibles avec une famille, des activités à côté. Cela ouvrirait la voie, donnerait envie à d'autres femmes de prendre la suite. » Derrière ce discours à tonalité militante, on voit qu'il s'agit moins pour les femmes de composer ou de s'adapter à la réalité présente que d'arriver à promouvoir un fonctionnement différent. Ce changement, elles l'obtiendront en redéfinissant les termes du conflit et en menant de multiples négociations, avec leur mari mais aussi avec l'entreprise: « Si j'avais un enfant, je ne pourrais pas tenir le poste comme je le fais actuellement, ce qui ne veut pas dire que je ne pourrais pas le tenir du tout. Je pense qu'il faudrait le réorganiser, cela dépendrait de moi, mais aussi de la négociation que j'aurais avec la personne au-dessus de moi. »

Redéfinir les rôles professionnels et familiaux, atténuer les pressions, c'est donc envisageable pour certaines, mais on peut aussi adopter une position plus transitoire en remettant un certain nombre de décisions à plus tard, en attendant que l'un des groupes d'appartenance, l'entreprise ou la famille, atténue ses exigences. Certaines femmes retardent la naissance d'un premier enfant pour acquérir une expérience professionnelle suffisante. L'ayant obtenue, elle inversent par la suite l'ordre de leurs préférences: « Pour l'instant, j'aime mieux faire mes preuves sur le plan technique »... « j'ai pris un poste moins opérationnel, plus stratégique pour avoir un enfant. » On voit que le conflit se transforme insensiblement en évidence pour la génération suivante, non d'un choix à faire, mais d'un moyen terme à aménager.

Nous avons exploré les différentes modalités du rapport vie professionnelle/vie familiale chez la femme. De structures possibles, nous en avons dégagées cinq, l'évidence pour les cadres maternelles ou les femmes de l'organisation, mais aussi l'ambivalence, le clivage ou le conflit. Quand nous cherchons maintenant à repérer des régularités dans l'existence de ces différents modèles dans les trois entreprises, et même si nous y retrouvons toutes les figures, le cas de l'entreprise C s'avère le plus typé: dans cette entreprise qui propose peu de perspectives de carrière et où le temps partiel est relativement bien accepté, les cadres maternelles sont les plus nombreuses. Dans l'entreprise A, où les exigences du travail sont vécues comme raisonnables et l'organisation comme fortement masculine, les femmes de l'organisation sont relativement les plus présentes. Par contre, dans l'entreprise B, où l'investissement demandé est important et où la participation émotionnelle est intense, mais où les conduites professionnelles sont moins codifiées et où chacune a davantage le sentiment de pouvoir imprimer sa marque dans l'organisation, les configurations possibles sont plus variées: le rapport à la vie professionnelle tend à être plus ambivalent ou conflictuel dans le présent, mais aussi plus évident quand les femmes l'envisagent dans le temps. Elles ont alors davantage le sentiment de pouvoir y inscrire leur propre désir, et le champ des possibles leur semble plus ouvert.

L'entreprise a donc une influence importante sur les orientations et les formes prises par les projets des femmes cadres, même si les récits de vie nous montrent que ces formes sont structurellement instables et qu'une modification, même légère, des facteurs en présence (événements familiaux, changement de travail pour la femme ou le conjoint, etc.) peuvent profondément modifier l'angle d'appréhension du réel.

Conclusion

Quel enseignement pouvons-nous tirer de ce voyage au féminin en terre d'entreprise?

Soulignons tout d'abord que si tout le monde se réfère aux différences psychologiques entre les sexes, les femmes elles-mêmes n'échappent pas à ce système d'explication du réel. C'est tous les jours qu'elles y font appel pour déchiffrer, évaluer, expliquer, comprendre les comportements ou réactions d'autrui comme les leurs. Références machinales, acquises très tôt, qui, si on y regarde bien, apparaissent organisées de façon stable et cohérente. C'est, comme le soulignent Marie-Claude Hurtig et Marie-France Pichevin (1986), « toute une psychologie sauvage de la différence des sexes qui est à l'œuvre », même si nous avons cherché à montrer qu'elle se module selon les contextes professionnels. Il semble donc qu'aujourd'hui la question soit moins de savoir si les différences entre les sexes sont vraies ou fausses que de comprendre la nature et la conséquence de cette théorie implicite des différences entre les sexes.

Cela suppose un renversement de perspective théorique : de désavantage, ou pour le moins de donnée naturelle, les effets de sexe prennent statut de phénomène psychologique, d'élément de la réalité à étudier. Cela devrait permettre de rendre compte et du biais de certaines recherches sur les femmes, et d'effets plus généraux, repérables non plus dans les variations des caractéristiques propres à chaque personne, mais dans celles des situations sociales dans lesquelles elles se trouvent.

Il est intéressant d'avoir montré dans ce travail que la culture propre à chaque entreprise induit des variations non négligeables dans la manière dont la femme cadre aménage son statut sexuel : si elle est dans l'entreprise avant tout femme, la manière dont elle vit sa condition de femme — c'est-à-dire comme plus ou moins compatible avec sa fonction de cadre comme avec sa vie privée — est fortement modulée par son milieu professionnel.

L'importance et l'efficacité des effets de culture de l'entreprise ne doivent plus rester magiques par ignorance des mécanismes qui les engendrent. En effet, cette impression de « magie » est renforcée par le fait que la pédagogie du milieu de travail est implicite, c'est-à-dire repose sur « une inculcation inconsciente de principes qui ne se manifestent qu'à l'état pratique dans la pratique » (Bourdieu, 1970).

La différence de la femme? Disons plutôt les différences. Analyser l'arrivée de femmes à des postes de responsabilité ne revient-il pas à comprendre la production de la différence hommes/femmes? On voit que du côté des femmes cadres on continue à observer le maintien et la reproduction d'une différence qui légitime la séparation ainsi que l'exclusion des centres de pouvoir, mais à des degrés très différents selon leur entreprise d'appartenance. Et que sur deux dimensions importantes, le rapport à la carrière et l'ajustement vie privée/vie professionnelle, l'entreprise intervient à part entière en proposant des choix structurels autour desquels se dessine l'identité professionnelle des femmes cadres.

Pour qu'un changement se fasse jour, il est important de souligner que cette différence est un construit social, un processus qui se produit et se reproduit continuellement, et non pas la conséquence d'inéluctables pesanteurs historiques ou sociologiques.

Et si l'identité sexuelle ne doit plus servir de support à l'assignation des tâches et des responsabilités, c'est parce que la personne (l'homme comme la femme) refuse d'être définie sur le plan professionnel à partir de cette dimension. En effet, la priorité masculine à l'emploi est de nos jours plus souvent qu'hier condamnée, et le droit à l'emploi est demandé pour tous. Chacun aspire désormais à un travail et à une carrière à soi. Et il est culturellement de moins en moins accepté que les entreprises continuent d'offrir des possibilités de carrière différentes aux hommes et aux femmes. Cela pourrait même bien être une des nouvelles vérités culturelles de l'entreprise de demain. Et à ce titre, les entreprises, certes produites par la *culture*, sont aussi productrices de culture et ont alors un nouveau défi à relever: trouver un nouvel art de vivre et de travailler ensemble, pour les femmes comme pour les hommes.

Notes

1. Nous empruntons cette expression à Christian David (1975, p. 695-856).
2. Pour plus de détails sur cette recherche, voir Françoise Belle (1987). Et également un ouvrage à paraître aux éditions de l'Harmattan (1990).
3. Nous pensons ici au numéro spécial de *Sociologie du travail* (1984, n° 3) consacré à « Travail des femmes et familles » (Commaille, 1984), ainsi qu'à l'ouvrage collectif *Le sexe du travail: structures familiales et systèmes productifs* (Barrère-Maurisson, 1984).
4. Une recherche de documentation récente (1987) auprès du BIT indique que, sur 117 recherches consacrées dans le monde aux « managerial women », les sept dixièmes proviennent de pays anglo-saxons.
5. Le courant de la « corporate culture » est illustré par Peters et Waterman (1983) et par Archier et Sérieyx (1984).
6. Nous sommes très proches ici de l'analyse que Max Pagès *et al.* (1979) proposent du pouvoir dans l'entreprise hypermoderne.

ÊTRE CADRE À L'ÉTRANGER

Allain JOLY

Vivre à l'étranger, spécialement dans un milieu culturel très différent du sien, est une expérience qui plonge dans la confusion. Les schémas de référence qui structurent notre personnalité sont impuissants à donner un sens aux événements qui nous assaillent. C'est à la recherche d'un sens à notre propre expérience de choc interculturel que nous vous proposons cette réflexion.

Quand on nous a demandé d'offrir une réflexion sur l'expérience interculturelle et ses incidences sur la gestion, nous n'avons mesuré l'ampleur de la tâche qu'une fois le moment venu de proposer une explication qui soit applicable dans une variété de situations. Les anecdotes ne manquent guère à qui a vécu à l'étranger pendant une période de temps prolongée. Les rendre intelligibles à un public qui a une expérience diverse est moins aisé qu'il n'y paraît à prime abord, d'autant plus qu'il faut bien l'avouer, nous ne sommes pas à l'abri, nous non plus, des pièges qu'offre le confort sécurisant des préjugés sur les comportements des ressortissants des pays étrangers.

Pour ces raisons, il nous a semblé important d'élaborer un ensemble conceptuel faisant appel aux travaux qui ont déjà été faits dans plusieurs champs disciplinaires. Il nous apparaît en effet difficile de pouvoir rendre compte de ce type de problématique sans multiplier les éclairages. Cependant, notre préoccupation était d'offrir une explication qui soit non seulement à large faisceau mais qui puisse aider à mettre « les idées en ordre », c'est-à-dire qui ait une certaine cohérence, de façon à rejoindre des esprits peut-être trop tributaires d'explications cartésiennes. Il nous a donc semblé indispensable de procéder en plusieurs temps et sur plusieurs tableaux à la fois pour y arriver.

Nous présenterons l'expérience interculturelle comme une expérience avant tout de déstructuration-restructuration de la personnalité. Les mécanismes d'identité personnelle et collective sont donc en cause. Pour tenter d'en rendre compte, nous ferons appel à des notions dérivées de la psychanalyse, de l'anthropologie et de la sociologie.

Nous nous sommes donc attaché à rechercher les schémas qui nous procuraient une vision offrant la meilleure prise sur nos observations. Nous avons alors sans trop de remords (et espérons-le sans trop de dégâts) tenté de joindre ces systèmes d'explications dans une espèce de carte conceptuelle qui permette de localiser les concepts pertinents pour expliquer les observations, mais qui rende également possible la compréhension de leur interaction avec d'autres types de phénomènes.

Nous exposerons d'abord le schéma conceptuel que nous avons élaboré pour tenter de rendre compte de ce type d'expérience en l'émaillant d'anecdotes pour illustrer notre propos.

Nous traiterons ensuite de l'insertion dans un ensemble culturel étranger et des phases facilement repérables que semblent traverser tous ceux qui vivent cette expérience.

Enfin, nous conclurons en défendant la thèse que les cultures ne peuvent que changer au contact d'éléments qui leur sont étrangers. Il ne faut donc pas y voir là un danger pour la survie de la culture des pays hôtes. De toute façon, il nous semble difficile d'envisager les ensembles culturels comme des données immuables. Les leçons de l'Histoire nous informent assez du contraire.

LES CADRES SOCIOCULTURELS DE L'ACTIVITÉ HUMAINE

Le concept de culture a souffert récemment de définitions de plus en plus étroites dans le but sans doute d'en rendre plus aisée la modélisation mathématique. Celle-ci rend possible la confection de questionnaires et le traitement statistique des réponses ainsi obtenues[1]. Le milieu universitaire, spécialement de l'enseignement de la gestion, commence à reconnaître les limites de cette vision simplificatrice[2].

Comme Nahavandi et Malekzadeh (1988) le soulignent, non seulement ce concept est déterminant pour la compréhension des phénomènes de rencontre interculturelle, mais il permettrait aussi de mieux saisir les retombées culturelles des fusions et acquisitions d'entreprises[3].

C'est donc dire que nous sommes exposés au choc des rencontres interculturelles tout autant dans la pratique locale qu'internationale.

Pour saisir la dynamique du phénomène culturel, nous nous sommes largement inspiré des travaux de Ralph Linton (1967). À notre avis, il est celui qui va le plus loin dans cette tentative d'intégration pluridisciplinaire du concept de culture. Selon lui, la culture médiatise, à travers un ordre social qui lui est propre, des modèles d'interaction qui sont « proposés » aux individus.

Nous disons bien proposés, car dans la vision « lintonnienne » l'individu n'est pas totalement déterminé par les modèles d'interaction sociale (Giddens, 1977) véhiculés par l'ensemble culturel dont il fait partie. Chaque personne est en effet dotée d'une vie intérieure qui l'amène à intégrer — à des degrés variables — ces modèles dominants proposés par l'ensemble culturel dont elle fait partie. En d'autres mots, la vision de Linton admet le libre arbitre de la personne, dans certaines limites cependant[4]. Pour compléter, nous ferons appel à la notion de production symbolique par l'anthropologue Lionel Vallée (1985).

Cela étant posé, nous tenterons d'expliquer à l'aide d'un schéma simplificateur quatre ordres de phénomènes: la *nature*, la médiation des rapports de l'homme à la nature par le système de représentations symboliques qui définit la *culture* (elle se manifeste par des traits culturels) d'où prennent naissance les modèles d'interaction entre individus (ou, si l'on veut le type de *société* proposé), puis enfin, la structure constitutive de la *personnalité* et ses rapports avec la culture dont elle est issue.

Le cadre socio-culturel de l'action humaine

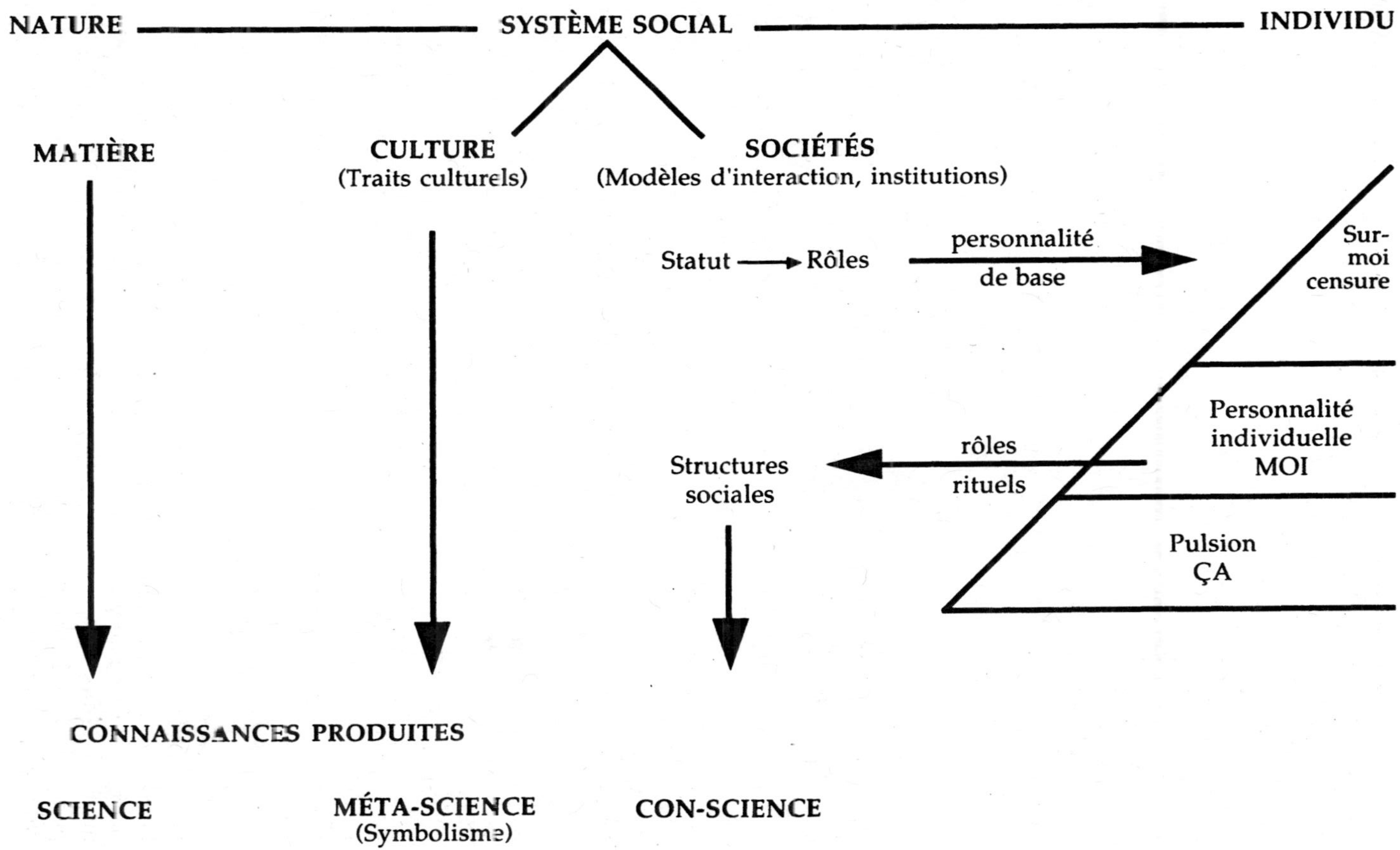

Notre schéma a l'avantage de poser à la fois le rapport à la nature, les valeurs de l'ensemble social et le degré d'insertion (et ses modalités) de l'individu dans ce même ensemble.

Nature

Pour Lionel Vallée, l'être humain s'insère dans un ensemble culturel dont l'une des fonctions est de donner un sens à ses rapports avec la nature. Les connaissances, tirées du système de représentations symboliques, sont ce que nous appelons « science » pour la nature, « con-science » pour les relations sociales et « méta-science » pour le système de représentations symboliques. Encore une fois, l'ensemble de ces connaissances confèrent à la fois une compétence sociale à l'individu et un sens à son action sur la nature.

Dans notre schéma conceptuel, nous avons choisi d'intégrer ces deux systèmes d'explications, car Linton continue là où Vallée s'arrête avec l'individu et Vallée reconnaît clairement le rapport à la nature comme source des systèmes de représentations symboliques.

Dans le rapport à la nature, nous tenons compte de deux orientations qui marquent l'homme et son attitude devant la nature. D'une part la vision holiste, où l'homme fait partie intégrante de son ordre, est soumis à ses forces. C'est la vision des sociétés traditionnelles telles qu'on les retrouve encore en Afrique et en Amérique[5]. D'autre part la vision occidentale, qui est marquée par un rapport de domination, de soumission de la nature et de ses forces hostiles[6].

Ces mythes fondateurs marquent profondément le psychisme des individus et, partout, la structure de leur personnalité. En d'autres mots, les désordres de la personnalité, si l'on veut illustrer à rebours, se manifestent de façon différenciée selon la culture d'origine des sujets. Même si l'on fait l'hypothèse que le schéma freudien constitue encore une explication plausible de la structure de la personnalité humaine, c'est au niveau des modes d'insertion de l'individu dans sa culture que les problèmes de la personnalité (ou d'identité si l'on préfère) se manifesteront. Les « thérapeutiques » devront donc être culturellement adaptées de façon à réconcilier le sujet avec sa culture. Ce sont les travaux de Devereux et de Gérard Mendel[7] entre autres qui nous ont sensibilisé à cette problématique de l'adaptation culturelle des thérapies. Ils démontrent en effet la puissance des injonctions culturelles sur la personnalité et l'impérieuse nécessité de tenir compte de cette composante de l'identité personnelle si l'on prétend réellement exercer une gestion adaptée.

La culture

Constituant en quelque sorte le pont de notre analyse entre l'individu et la société dont il fait partie, la culture a pour objet de proposer un sens aux activités de l'homme. On peut l'appréhender par les traits culturels qui marquent les activités humaines.

Si nous entendons les activités de l'homme comme essentiellement des activités de production, suivant en cela Vallée, le système de croyances viendra dire comment produire et surtout combien produire. Cela posé, nous plongeons dans une situation paradoxale. Car il devient possible de comprendre les sociétés primitives comme des sociétés d'abondance en ce sens que, la satisfaction des besoins de base ne demandant que peu de travail, le temps disponible (de loisirs si l'on veut) devient considérable quand on le compare à celui de nos sociétés[8]. En effet, les cultures industrielles[9], dans lesquelles le système de croyances est fondé sur un rapport de domination de la nature, posent un postulat de besoins illimités. Il en découle une activité de production sans fin, perpétuelle, car on ne peut jamais arriver à satisfaire des besoins illimités.

Le système de croyances aura pour fonction de donner un sens aux objets ainsi produits, leur conférant par le fait même une valeur sociale. Umberto Eco (1984), Claude Lévi-Strauss (1955) et Roland Barthes (1972) ont exploré cette voie de la charge symbolique que comporte toute production de biens par une société. En conséquence, s'attacher à comprendre la valeur symbolique liée aux produits d'une culture donnée, c'est toucher du bout des doigts les clés qui nous en fourniront la compréhension.

Dans le même ordre d'idées, cette fonction de production de sens — qui est le propre de toute culture — viendra marquer le quotidien de ses membres dans le rapport à la nourriture[10], la parole[11], l'hygiène[12], le temps[13] et la mort[14].

Comme on le voit, la perception des traits culturels sera d'autant plus facile que ceux-ci différeront de la culture d'origine de l'observateur. Les traits culturels donnent un aperçu de la structure sous-jacente, beaucoup plus complexe celle-là, qui est le système de croyances[15]. Ce système nous donne les clés pour interpréter des comportements qui, à première vue, nous paraissent étranges, irrationnels, futiles mais auxquels nous-mêmes n'échappons pas pour autant. Comme ils font partie de l'équation de notre identité personnelle, ils ne sont plus aussi aisément observables tant les comportements qu'ils induisent paraissent aller de soi.

La société

La culture, avons-nous dit, est un système de croyances qui donne un sens aux activités de l'homme. Mais elle vient également gouverner les relations qu'il entretient avec ses semblables en lui fournissant des modèles d'interaction qui se cristallisent dans des institutions. Culture et société forment donc le système social à l'intérieur duquel l'individu s'insère à des degrés variables.

Reprenant à nouveau la terminologie de Ralph Linton, les modèles d'interaction définissent les statuts de chacun et les rôles qui y correspondent. Les statuts et rôles sont intégrés dans une personnalité dite « de base » ou « modale » (Devereux, 1972) qui constituera en quelque sorte la norme à laquelle devra se conformer la socialisation de l'individu (ou, si l'on veut, son insertion à l'intérieur de l'ensemble culturel).

Le statut détermine le rôle de chaque individu dans l'ensemble dont il participe. Le statut, on l'aura compris avec Giddens (1977), c'est la base d'une définition de la structure sociale. Cette structure vient médiatiser les rapports de production à la fois matérielle et symbolique, comme le souligne Vallée pour la religion (qui médiatise le système de croyances). Le statut, c'est donc une position à partir de laquelle s'articuleront et se moduleront les rapports avec les autres personnes, les interactions entre classes sociales, à l'intérieur de la famille, entre les sexes, les générations, avec les minorités et les étrangers.

Dans notre propos cependant, nous préférons utiliser l'image de Fernand Braudel (1979), l'éminent historien français. Braudel parle des trois étages que l'on retrouve dans toute économie: la vie matérielle, le bas étage qui n'a pas ou ne veut pas rejoindre l'économie de marché (qui constitue le deuxième étage) et la dernière strate, celle du capitalisme (les transactions d'initiés), avec chacun sa culture propre. Cette structure, présente dans toute économie, se matérialise par l'ordre social qui cristallise les statuts et les rôles des individus. L'activité économique, c'est également le rapport à la nature médiatisé par l'ordre social.

Ainsi, dans les sociétés dites sous-développées, la distance entre les sphères (ou les étages) de l'activité économique, ainsi que l'entendait Fernand Braudel, est encore plus choquante parce qu'elle est plus apparente. Il s'agit en quelque sorte de sociétés distinctes à l'intérieur d'un même ensemble national. C'est en réalité l'un des premiers traits culturels qui s'impose au regard de l'étranger. En ce sens, l'économie est également une clé importante pour comprendre le système de croyances de base d'un ensemble culturel.

Les rôles définissent les modalités d'interaction de l'individu avec la société dont il fait partie. Ils sont à la base de la socialisation de la personnalité. C'est dans ce sens que l'on doit comprendre le concept de personnalité de base ou modale. La notion d'individuation développée par Jung (Storr, 1983) vient ici nous indiquer une limite importante dans les rôles proposés par la personnalité modale. Dans la plupart des sociétés, la notion d'individu telle que nous l'entendons en Occident est quasi inconnue. La personne fait partie d'un ensemble social, elle en est une partie constitutive, l'ensemble social ne rassemble pas des individus mais est constitué d'un ensemble de personnes. Une sorte d'immanence de l'ensemble social et culturel, comme l'écrivait Hegel (1940) sur la notion d'État.

Linton fait ici une distinction importante, à la base il est vrai de son refus que l'être humain soit totalement déterminé par la culture dont il fait partie. On peut jouer ou assumer un rôle social. Un rôle est assumé s'il est intégré au « moi », à la personnalité; en d'autres mots, ce rôle fait partie intégrante de la personnalité individuelle. Au contraire, on ne fera que jouer un rôle si l'on prend une certaine distance en tant qu'individu, par rapport aux exigences de statut imposées par son ensemble culturel.

Cette distinction introduit donc la possibilité d'intégrer la déviance dans notre schéma d'explication. Cette déviance pourra être entendue aussi bien dans le sens individuel (les problèmes d'ordre psychologique ou d'adaptation de l'individu à son ensemble culturel[16]) ou collectif (le refus des règles imposées par la culture: les problèmes de délinquance, par exemple). La saisie de cette problématique est importante pour l'expérience interculturelle. En effet, les portes d'entrée dans une culture étrangère sont très souvent des ressortissants dont le comportement accuse une certaine « déviance » par rapport aux injonctions de la personnalité modale, ne serait-ce que par la simple ouverture de ces derniers aux modes de fonctionnement d'ensembles culturels étrangers au leur.

L'individu

Pour comprendre les modalités d'intégration de l'individu à sa culture, il nous faut recourir au schéma freudien. La structure freudienne de la personnalité comporte trois volets, comme chacun sait.

Le surmoi est le point de chute de la personnalité de base proposée par l'ensemble culturel dont fait partie l'individu, et les injonctions de la personnalité modale viendront constituer les censures que le surmoi impose aux pulsions du ça. En d'autres mots, le surmoi, c'est le lieu d'intégration de la personnalité de base (véhiculée par le système social) et des caractéristiques du sous-groupe d'appartenance de l'individu (classe sociale, âge, sexe, famille, etc.)[17].

Ces tensions seront arbitrées (un peu comme dans un processus de négociation) entre les pulsions de l'inconscient et les injonctions de l'ensemble culturel. Le poids relatif, au niveau du « moi », des injonctions culturelles issues du surmoi d'une part et des pulsions surgies de l'inconscient (l'individualité en quelque sorte) d'autre part (ou de la personnalité individuelle), viendra déterminer le degré d'adhésion aux normes de la personnalité modale (les conduites socialement attendues) et, de ce fait, conditionner l'exercice des rôles qui sont attendus de l'individu notamment en ce qui concerne leur acceptation (rôles assumés) ou non (rôles simplement joués). Selon le résultat des tensions entre les pulsions et les injonctions culturelles, nous aurons un individu qui se conforme plus ou moins aux prescriptions de l'ensemble culturel dont il fait partie. Partant de là, nous pouvons situer l'individu par rapport au noyau culturel de son ensemble d'origine[18].

Individu et culture

Dans une autre étude, Linton (1936) présente un système de cercles concentriques qui permet de mesurer la distance de chaque individu par rapport aux injonctions de son ensemble culturel. Le noyau, c'est l'ensemble des caractéristiques que tous les membres de l'ensemble culturel partagent. Entourant ce noyau, le cercle des « spécialités »: ce sont les statuts et les rôles qui correspondent aux modes de hiérarchisation sociale (classes, sexe, âge, etc.). Enfin, à la périphérie du système se trouvent les alternatives ou le terrain sur lequel apparaissent les déviances. Elles y fleuriront ou seront réprimées suivant le degré d'ouverture[19] de l'ensemble culturel aux influences extérieures.

Dans le même ordre d'idées, il faut tenter maintenant de comprendre de quelle façon s'articule l'univers des relations d'un individu à l'intérieur de son ensemble social. Pour ce faire, nous nous inspirerons encore une fois du système de cercles concentriques de Linton. En outre, pour comprendre le caractère souvent contradictoire des relations, nous ferons appel à la notion d'espace social de Georges Condominas (1974)[20]. Dans chaque espace, il y a à la fois des hôtes et des ennemis. La cohésion d'un cercle fait face à un cercle extérieur. Ainsi, les amis passent avant la solidarité de classe ou du groupe social. On oublie ses querelles pour défendre son groupe contre ce que l'on perçoit être les agressions de l'extérieur.

Ainsi, les entreprises étrangères sont-elles d'abord perçues comme une menace aux intérêts de la classe d'affaires locale. Ce n'est qu'après un certain temps que l'entreprise étrangère, par la voie de ses cadres, aura réussi à se ménager un espace à l'intérieur de l'ensemble culturel où elle aura pénétré. Mais ces derniers n'en seront pas pour autant membres à part entière. Ils n'en seront les hôtes que dans la mesure où ils s'insèreront de façon harmonieuse dans la conjoncture des intérêts communs du moment. Survienne une crise, des pressions de l'extérieur pour forcer le paiement de la dette, des difficultés de change, un sursaut de nationalisme économique, l'étranger redevient un ennemi, la source de tous les maux de la classe d'affaires locale[21]. Un dernier groupe, le cercle le plus excentrique, celui des étrangers, s'avère la catégorie par excellence pour désigner tous les ennemis, potentiels et virtuels.

Il nous a été donné plusieurs fois d'observer des comportements contradictoires, et nous avons donc « récupéré » au passage cette notion d'espace social que nous utilisons pour rendre compte de la proximité et de la distance simultanées entre individus d'un même ensemble culturel. Ces distinctions offrent un intérêt certain pour une compréhension plus fine de la place des individus dans leur culture: certains en sont de purs produits, d'autres semblent avoir pris leurs distances par rapport à elle. Encore une fois, rappelons que l'intérêt d'une telle distinction réside dans le fait que les contacts se nouent surtout à la périphérie de l'ensemble social.

Si nous avons surtout utilisé ces distinctions dans nos sociétés pour comprendre la déviance et la délinquance sociale, nous verrons que dans les sociétés étrangères le degré d'adhésion aux normes de la personnalité modale nous permet de comprendre le degré d'ouverture des membres d'un ensemble culturel étranger aux valeurs de la modernisation industrielle, par exemple. Ces individus, souvent les plus ouverts à nos points de vue, sont, on ne doit pas l'oublier, des sortes de déviants par rapport à leur ensemble culturel d'origine et perçus comme tels. Le cas des cadres africains est particulièrement éloquent à cet égard. Pris entre le réseau des obligations familiales de l'ancienne structure et les impératifs d'une carrière dans le secteur moderne de leur économie basés sur l'individualisme, ils vivent dans une sorte de schizophrénie en essayant de concilier les deux ordres d'exigences (Bourgoin, 1984). Cela leur vaut d'être considérés avec méfiance des deux côtés. Dans le réseau des obligations de la culture traditionnelle, on les soupçonne (quand on ne les en accuse pas carrément) de vouloir échapper à leurs « devoirs ». Dans le secteur moderne, leurs interlocuteurs (le plus souvent des étrangers) leur reprochent de ne pas être sérieux, de ne pas jouer le jeu selon les règles établies, de ne pas respecter leurs engagements.

On a souvent reproché à Linton son orientation fonctionnaliste et, comme pour les tenants de cette école, sa vision par trop « opérationnelle » de la culture. Pour nous, tout n'est que question d'interprétation et surtout d'usages que nous comptons faire de ces travaux. Nous retenons le schéma de Linton en y ajoutant des éléments qui complètent le tableau. Notre objet est de construire une carte conceptuelle qui nous permette de mettre nos observations en ordre afin d'avoir une meilleure compréhension des phénomènes culturels. L'avantage principal de la carte que nous proposons, c'est qu'elle nous permet de parler à la fois des sytèmes de croyances fondés sur le rapport à la nature, de la hiérarchie sociale qui médiatise le rapport à la nature et donc les rapports de production et, enfin, de l'individu lui-même, notion qui varie d'un ensemble culturel à l'autre. Avantage non négligeable enfin, elle situe l'étranger dans les schémas de référence des citoyens du pays d'accueil, donc à la place qui lui revient.

Rappelons encore une fois que la culture et la personnalité individuelle (qui est le résultat d'un arbitrage entre tensions sociales et pulsions individuelles) sont les bases de l'identité personnelle. On comprendra aisément alors que l'expérience interculturelle représente une menace sérieuse à la structure de cette identité personnelle parce que l'individu est exposé à la fois à des ensembles culturels différents et à des structures de personnalité dont le fonctionnement ne peut être décodé à travers les modèles fournis par sa culture d'origine. Il n'est donc pas étonnant que dans de telles situations les mécanismes de défense de la personnalité soient déclenchés, ne serait-ce que pour préserver une intégrité personnelle que l'on sent menacée. C'est dans ce contexte qu'il faut comprendre les réactions des personnes qui ont à vivre de longs séjours dans des ensembles culturels différents du leur.

LES PHASES DE L'EXPÉRIENCE EXISTENTIELLE EN MILIEU ÉTRANGER

Envisager l'expérience d'insertion dans une autre culture comme une ouverture à l'autre nous oblige à passer par une certaine déstructuration de la personnalité. Cette déstructuration, à laquelle donne lieu l'expérience interculturelle, est la première cause des difficultés vécues à l'étranger parce qu'elle touche l'identité personnelle dans ses fondements mêmes. On peut considérer l'ensemble du cycle comme une expérience de déstructuration-restructuration car, au retour, l'exposition à une culture étrangère nous amène à voir notre propre culture sous un jour neuf. On peut probablement avancer l'hypothèse que la personnalité de l'individu qui vit ce genre d'expérience est profondément modifiée dans le sens où certains fondements, même s'ils ne sont pas carrément mis de côté, subissent à tout le moins une profonde mutation du fait de l'assimilation ou de la familiarisation avec des savoirs opératoires acquis dans les cultures étrangères auxquelles on s'est trouvé exposé.

En pratique, on peut déterminer des étapes assez facilement généralisables à toutes les expériences d'exposition à des cultures étrangères. C'est l'ensemble de ces étapes (et des interactions dynamiques entre elles) qui vient façonner la nouvelle personnalité modale de l'individu qui a vécu une expérience prolongée à l'étranger. C'est donc dire que nous présenterons l'expérience du point de vue des individus avant tout : d'abord sur le plan personnel encore une fois, en présence d'une problématique de remise en cause des composantes de l'identité personnelle ; sur le plan professionnel également, car ces remises en cause s'y répercutent et les doutes professionnels contribuent à déstabiliser l'image de soi (c'est-à-dire l'identité personnelle).

Première phase : l'enchantement

Dans les pays en voie de développement, l'enchantement découle de la constatation rapide par l'étranger que ce genre d'économie recèle infiniment plus de possibilités pour lui que celle du pays d'origine, ne serait-ce que par le faible degré de développement, les carences au niveau des services, des infrastructures, la façon de faire les choses, l'absence de contrôle effectif de la part des agences gouvernementales. À cela s'ajoutent, il faut bien le dire, l'existence de réglementations de toutes sortes qui rendent possibles les comportements disons « entrepreneuriaux » en ce qui concerne les opérations de change et la main-d'œuvre (salaires, congés, mesures de sécurité physique et sociale), et l'existence de fonctionnaires sous-payés chargés d'en surveiller l'application... Les cadres le moindrement entreprenants y trouveront là un contexte plus que favorable à l'épanchement de leur côté créateur.

Par ailleurs, les affectations dans des économies développées seront l'occasion de découvrir des techniques différentes, plus de « sérieux » dans la conduite des affaires, une définition différente de l'efficacité, bref, une source d'idées fécondes pour remettre de l'ordre dans la maison, une fois rentré.

Dans le cas d'un choix volontaire de la part du candidat, le pays d'accueil prend l'allure d'une planche de salut qui le tire de son quotidien par ailleurs insatisfaisant, que ce soit sur le plan personnel ou professionnel (bien souvent les deux à la fois). Les premiers mois d'insertion dans la culture d'accueil, donc l'enchantement du début, vont être marqués par une espèce de sentiment de reconnaissance. L'expatrié ressentira une satisfaction enivrante dans ce pays qui le gratifie d'un défi à sa compréhension, qui le mobilise intellectuellement en l'invitant à percer ses secrets, ses mystères, ses particularités, ses façons différentes de vivre matériellement, psychologiquement, culturellement. On peut donc affirmer que cette première prise de contact se paie d'un sens critique quelque peu émoussé. Partant de là, il devient assez aisé de déterminer le temps qu'ont passé vos interlocuteurs dans la culture d'accueil. S'ils sont démesurément enthousiastes, ils viennent généralement d'arriver!

L'affectation à l'étranger représente l'occasion de relever des défis; c'est l'occasion d'un dépassement professionnel qui autrement serait nié aux cadres dont le profil les situe du coté de l'activité entrepreneuriale ou encore dont les ambitions sont plus élevées que celles de la moyenne de leurs collègues; de ce point de vue, les activités internationales sont l'occasion pour les employeurs de retenir les services d'employés qui autrement atteindraient leur point d'insatisfaction plus rapidement.

Dans les cas d'affectations forcées à l'étranger de cadres qui ont atteint cette étape d'une évolution de carrière planifiée par l'employeur, il faut s'attendre à des difficultés d'adaptation plus sérieuses que s'il s'agissait d'un choix volontaire.

Nous avons observé le cas de certains employeurs européens qui utilisaient les affectations à l'étranger comme succédané d'une politique de plein emploi. Si des débouchés n'avaient pas existé sur le plan international, ces cadres auraient été mis à pied. On peut donc douter du sérieux de l'engagement international de tels employeurs; il faut également dans ces cas s'attendre à des difficultés d'adaptation plus importantes.

> Le responsable du bureau (filiale) latino-américain d'une importante firme de génie-conseil européenne avait un problème de taille sur les bras; son épouse se mortifiait dans un pays latino-américain où son employeur l'avait affecté pour cinq ans au moins; après deux ans, l'épouse voulait absolument rentrer en Europe car elle souffrait de l'éloignement de sa famille et de ses amis et ne parvenait pas à se créer un cercle d'amis ni dans le pays d'accueil ni même au sein de la colonie étrangère; ce cadre nous confiait son angoisse de devoir rentrer prématurément, car cela signifierait sans doute le chômage pour lui, chose dont son épouse était parfaitement consciente, d'autant plus qu'elle renchérissait sur la difficulté du marché du travail pour les ingénieurs en Europe. Dans ce cas, la vie à l'étranger était vécue comme une sorte de purgatoire et l'époux vivait sa situation comme une espèce d'incapacité de sa part à subvenir aux besoins de sa famille qui était restée en Europe par l'esprit, faute de perspectives de travail plus rassurantes.

Cette phase d'enchantement dure ce que durent la découverte, la stimulation des sens et de l'intellect. Sur le plan professionnel, elle dure le temps qu'il faut pour relativiser le sentiment de toute-puissance du nouvel arrivant. En d'autres mots, quand les limites explicatives de nos schémas culturels d'origine sont atteintes, commence alors la phase négative.

Celle-ci est également fonction des dispositions du conjoint à l'égard de cette expérience nouvelle; elle sera plus courte si le déracinement est pénible, plus longue s'il correspond à une nécessité des membres du couple.

Deuxième phase: le négativisme outrancier

Nous nous attarderons beaucoup plus sur cette phase, car il s'agit là d'une étape cruciale de l'expérience interculturelle de longue durée, surtout si c'est la première.

Pour la présenter et la comprendre, nous avons regroupé nos observations et commentaires sous les mêmes rubriques que celles utilisées pour comprendre les ensembles culturels de façon générale.

Ainsi, nous traiterons successivement des prises de contact de l'étranger avec le système de rapport à la nature, puis avec la culture qui en propose les grands schémas explicatifs. Le quotidien de ces rapports sera présenté en abordant à la fois les faits qui renvoient à la société et aux individus qui la composent, et ceux qui concernent les individus et la culture dont ils font partie.

Pour conclure en quelque sorte, nous terminerons cette phase cruciale dans toute expérience humaine en examinant ses effets sur ceux qui doivent accomplir cette sorte de traversée du désert.

Nature

Comme l'écrivent Ian Mitroff et Ralph H. Kilmann (1985, chap. 11), reconnaître les tabous d'une organisation revient à toucher du doigt les croyances de base. Il en va de même dans un ensemble culturel qui nous est étranger. Les indices de malaise quand certaines questions sont abordées dans les conversations indiquent généralement que l'on est sur la bonne piste. Connaître les tabous et, par voie de conséquence, comprendre le système de croyances de base d'une société sont une bonne façon de s'y sentir moins étranger, même si cela ne signifie pas pour autant adopter son point de vue, bien que le danger du « going native » existe[22].

Ces conditionnements interviennent, on s'en sera douté, dès l'enfance. Les jouets et, semble-t-il, les jeux sont à cet égard déterminants. D'après Sutton-Smith (1986), le jeu n'est qu'une préparation de l'enfant au rôle que l'on attend de lui, une fois adulte, dans sa société.

> Au Sénégal, des psychologues se sont penchés sur la réforme du système d'éducation pour sortir l'enfant de sa soumission à l'ordre immanent des choses par la mise sur pied de sessions où on les incite à travailler avec des jouets européens (du type Meccano et Lego) afin de leur inculquer une vision plus interventionniste sur leur univers[23].

Culture

Parler de culture dans le sens populaire du terme, c'est souvent être frappé par le bas niveau culturel des habitants du pays d'accueil, spécialement s'il s'agit d'un pays en voie de développement. Nous allons examiner les manifestations de la culture d'accueil à partir des activités de langage, du rapport au temps, du respect de la vie, des modes de raisonnement et de l'idée de propriété personnelle.

Le faible niveau culturel. — Certainement l'un des faits les plus frappants qu'on retrouve dans les pays en voie de développement, c'est le degré étendu de l'ignorance de leurs habitants, avec lesquels tenter d'avoir une conversation est une expérience frustrante. Il faut attirer ici l'attention sur la nature de cette ignorance. Présentés comme des sociétés dualistes, ces pays possèdent une culture industrielle (ou moderne) et une culture traditionnelle, chacune faisant appel à un ensemble distinct de connaissances. Ainsi, tenter de soutenir une conversation avec des personnes liées à la culture traditionnelle, c'est utiliser des catégories mentales qui nous échappent, dont nous ne voyons pas la pertinence. Leurs propos s'appuient sur des référents qui nous sont complètement étrangers. C'est en quelque sorte la rencontre de deux ignorances... On comprend alors que l'on est dans une culture différente de la sienne. Ou plutôt c'est sans doute le premier contact avec une culture que l'on a étiquetée comme « culture de la pauvreté[24] ». C'est là que l'on prend conscience du rôle de stimulant intellectuel que pouvait jouer sa société d'origine. C'est l'une des premières expériences du « vide culturel », une espèce d'état de manque.

Les activités de langage. — La langue, c'est bien sûr le premier outil de relation avec les habitants de la culture d'accueil. C'est par le langage que nous tentons de nous insérer à l'étranger, et c'est également le langage qui nous donne accès aux codes culturels du pays hôte. Si dans des conditions normales la langue est l'outil privilégié de renforcement de l'identité personnelle, à l'étranger elle sera le véhicule de la déstructuration de cette identité.

L'humour est certainement l'un des premiers sujets de choc culturel; on découvre que les mots d'esprit n'ont pas d'effet; les blagues plus explicites, par contre, seront mieux comprises. Il nous est arrivé, dans des exposés faits devant des auditoires d'origine nationale variée, d'expérimenter ce sentiment de vide que l'on a quand une partie des auditeurs éclatent de rire à un mot, à une phrase et que les autres demeurent de glace. Le sentiment d'isolement culturel s'en trouve accru. Il n'en va pas autrement des plaisirs de la table et de la bonne chère. Vivre dans une culture où les gens mangent à la hâte ou sur le pouce (donc où les repas ne sont pas un prétexte aux activités de parole) rend la vie de ghetto particulièrement attrayante, car elle aide « à passer au travers », à faire échec également sur le plan professionnel à cette sourde menace de « médiocratisation » que l'on sentira poindre à un moment ou l'autre.

Le langage, clé d'accès aux codes. — Il convient de rappeler ici que les activités de langage sont valorisées dans la plupart des ensembles culturels dont le système de valeurs n'a pas encore succombé tout à fait aux coups de boutoir de la pensée utilitariste des pays industrialisés, où elles sont perçues comme une perte de temps productif. Pour Georges Condominas (1974), qui parlait de l'importance de la fête pour des paysans du delta du fleuve Rouge, parler, c'est fêter le plaisir d'être ensemble... Pour un Africain, nous dit Bourgoin (1984), le travail du Blanc est ennuyeux parce qu'il n'est pas joyeux[25]!

Les particularités de langage ne renvoient pas seulement aux origines régionales mais également aux origines sociales. La langue utilisée par l'interlocuteur porte les traces de ses origines.

> Au Brésil, on observe l'usage d'une langue correcte avec les maîtres de la part des employés domestiques tandis qu'ils utilisent un dialecte entre eux (le plus souvent du Nordeste); par exemple, notre concierge, qui faisait office de contremaître pour les employés d'entretien, les portiers et les gardiens d'un édifice à logements multiples, nous adressait toujours la parole en portugais de classe moyenne et faisait office d'interprète entre le personnel et nous... Pourtant, il s'agissait de la « même » langue!

Le langage, c'est également la mise en œuvre des distances sociales; ainsi, vous serez rapidement rappelé à l'ordre par vos pairs si vous vous adressez à quelqu'un d'une façon qui ne marque pas votre rang. Si vous ne tenez pas votre rang, vous courez le risque que vos interlocuteurs vous manquent de respect ou ne vous prennent pas au sérieux.

> En portugais brésilien, il y a quatre modes d'adresse: *tu, você, o senhor/a senhora, o doutor*; le *tu* marque un degré de familiarité qui vous place dans le cercle des amis intimes; le *você* est utilisé avec les familiers, les gens que l'on connaît ou ceux de notre rang; *o senhor* est un vocable de politesse mais également le mode d'adresse obligé des inférieurs qui s'adressent aux supérieurs; enfin, quand la distanciation sociale est encore plus importante, quand on s'adresse à une personne importante dans la hiérarchie sociale ou économique, c'est *doutor* qu'il convient d'employer comme formule d'adresse; c'est un manquement grave que d'y déroger (Do Couto, 1986).

Il n'en va pas autrement dans nos propres sociétés où le langage remplit les mêmes fonctions de distanciation sociale, comme l'a démontré Omar Aktouf (1987) dans ses travaux sur la fonction symbolique du langage à l'intérieur des organisations et en milieu de travail; pour Mumby (1988), le langage est une activité qui structure symboliquement les relations de pouvoir. Voilà l'un des principaux traits culturels qui nous permettent d'appréhender l'organisation sociale dans laquelle nous tentons de nous insérer.

Le rapport au temps. — L'une des sources majeures d'irritation s'avère le rapport au temps. La lenteur, le peu d'importance accordé aux délais indiquent que nous sommes dans une société où le rapport au temps n'est pas marqué au signe de l'horloge comme chez nous. À chaque jour suffit sa peine et peu importe le temps requis pour y arriver[26]. Ainsi, il ne faut pas s'étonner de manquer son avion parce que l'on est retenu par un contrôle de police à l'intérieur de l'aéroport. Quand la chose est possible, il est toujours indiqué de voyager avec les transporteurs locaux qui sont plus tolérants vis-à-vis ce genre de retard que les étrangers qui, eux, fonctionnent selon la logique impitoyable de l'horloge au détriment de l'infortuné passager.

Le respect de la vie humaine. — On réalise très rapidement que la vie humaine ne pèse pas lourd dans le système de valeurs de la plupart des pays en voie de développement. C'est une autre source importante de choc culturel. Par contre, les gens du pays n'y prêtent guère beaucoup d'attention, spécialement s'ils font partie des couches les plus démunies. Ce manque de respect pour sa propre intégrité physique laisse songeur.

> Ainsi, il nous a été donné de voir un ouvrier à qui il manquait plusieurs bouts de doigts, du fait d'accidents de travail. À notre indignation devant de telles conditions, il rétorque « Je n'en ai pas besoin d'autant pour travailler... »

On n'y respecte guère plus l'intégrité physique d'autrui.

> Ainsi, une jeune fille renversée par une automobile est transportée à un hôpital près du lieu de l'accident. En salle de réveil, elle se plaint d'un mal de dos. Vérification faite, on se rend compte qu'on lui a retiré un rein pendant la chirurgie à la jambe; indigné, nous en discutons avec un de nos voisins, médecin; il se scandalise de la chose bien sûr mais pour une autre raison: le médecin dénonciateur n'aurait pas dû faire de révélation publique sur ce trafic d'organes...

Le respect accordé à l'intégrité physique d'autrui correspond généralement d'assez près à la valorisation du travail manuel dans les sociétés. Plus ce dernier est déprécié, plus le statut accordé aux travailleurs manuels tend à voisiner celui des bêtes[27].

Les modes de raisonnement. — Dans plusieurs pays, on peut parler d'un mode de raisonnement qui nous échappe. En effet, dans ces cultures, on n'a pas procédé à la séparation cartésienne du sujet et de l'objet de la connaissance. Les explications métaphysiques continuent donc à gouverner le rapport au monde et à encadrer la production des connaissances qui s'inscrivent dans une vision globale de l'univers. Cette observation ne s'applique pas seulement aux pays en voie de développement mais aux pays asiatiques également (Siu, 1968; Nakamura, 1980). Cela donne lieu parfois à des comportements caricaturaux.

> Un fait divers: accident de circulation entre un camion et un automobiliste étranger en Amérique latine. La conductrice de la voiture va demander au conducteur du camion pourquoi il décide de tourner à gauche alors que son clignotant indiquait un virage à droite; réponse: l'autre clignotant ne fonctionnait pas...
>
> Des coopérants étrangers dont la mission est de mener à bien l'éducation sanitaire de base des populations villageoises d'un pays africain décident de projeter un film dans les villages de leur région d'affectation. À leur demande, les villageois y vont de leurs commentaires sur le film. Le fait marquant pour eux, c'est qu'ils ont vu un poulet dans le film; les coopérants sont atterrés car ils ne s'en rappellent pas; mais les villageois assurent avoir bien vu un poulet, qui apparaissait l'espace de quelques secondes, et c'est ce qui a retenu leur attention et non pas le message du film, soit les dispositions pour garantir une hygiène de base dans leur vie de tous les jours[28].

On s'est déjà interrogé sur ces phénomènes, et l'absence apparente de logique de ces comportements ne renverrait en fait qu'au caractère particulier des compétences requises dans chaque ensemble culturel en fonction des valeurs dont il est le porteur[29].

L'idée de propriété. — Pour expliquer l'échec du modèle occidental dans les pays asiatiques et africains, on a déjà évoqué le caractère complètement différent de la notion de propriété dans ces cultures (Horton, 1967; Neale, 1985; Siu, 1968). Pourtant, les Indiens, par exemple, se sont toujours adonnés à une activité commerciale foisonnante. Comment expliquer cette apparente contradiction? Car il nous paraît difficile de faire du commerce sans avoir un esprit de propriété développé. Toujours est-il que l'on fait la distinction entre personnes et objets. Détériorer un objet ne recèle pas d'intention dolosive à l'égard de son propriétaire.

> Les employés ont souvent peu de considération pour les outillages, avec le résultat que les bris de machines et les pannes sont fréquents. Un cadre étranger était désespéré parce qu'il n'arrivait pas à inculquer à ses employés la nécessité du soin à apporter à l'entretien préventif des machines dans l'usine dont il avait la charge.

Société et individus

Le système culturel (de croyances) a des répercussions sur l'organisation sociale qu'il supporte. Ce qui frappe l'étranger, ce sont l'instabilité économique et politique — au niveau tant de l'appareil gouvernemental que d'une bureaucratie souvent tentaculaire et tâtillonne —, les distances sociales qui se manifestent par le mépris du travail manuel, les rapports singuliers avec les domestiques, la violence généralisée et le mépris de la vie, l'irresponsabilité sociale dans les rapports individuels qui se répercute par de l'indifférence dans les rapports sociaux. Enfin, dans ces sociétés d'Ancien Régime en quelque sorte, la place des femmes est particulière.

L'instabilité économique. — L'instabilité économique est marquée au sceau de la violence. C'est en prenant conscience de cette donnée que l'on réalise que le travail à l'étranger « ne sera pas du gâteau » comme on l'avait imaginé à l'arrivée. Même la connaissance livresque des difficultés du pays d'accueil, ingurgitée à la hâte avant le départ, prépare mal au sentiment d'impuissance qui se développe à mesure que se poursuit l'expérience. L'étranger se sent devenir de plus en plus impuissant face aux conditions existant dans le milieu ambiant. C'est à ce moment-là que le sentiment de médiocrité professionnelle risque de se développer à la mesure des difficultés rencontrées, les exercices de prévision étant régulièrement déjoués par le déroulement des événements.

La politique, les gouvernements. — Le gouvernement est souvent une affaire personnelle, de famille, d'ethnie. Ceux qui ne font pas partie du groupe des favorisés en sont impitoyablement écartés. Les partis politiques ne sont que des organisations servant des intérêts particuliers. Ils naissent et s'éteignent aussi rapidement que le vent tourne. C'est un énorme gaspillage de potentiel pour les exclus du système. Les autorités ferment les yeux sur une scandaleuse concentration des richesses, qui n'est pas toujours productive car elle trouve sa finalité dans la consommation ostentatoire, l'évasion de capitaux et le chômage déguisé que constitue la pléthore de personnel domestique et de service que l'on trouve dans ces pays.

La bureaucratie. — Corollaire quasi obligé de la faiblesse de l'appareil d'État et de la vie politique, on retrouve les tracasseries bureaucratiques. La vie à l'étranger comporte des frais importants de support logistique qui ne sont pas intégrés dans le coût de fonctionnement des organisations tant gouvernementales que privées. Peu de choses peuvent y être réglées par le téléphone ou la poste. Il faut se munir d'une documentation importante pour se présenter à la banque, téléphoner est souvent une expérience frustrante, de même négocier avec les chauffeurs de taxi, se procurer des carnets de chèques, ses papiers d'identité (qu'il faut souvent obtenir de plusieurs ministères, avec à chaque fois, les files d'attente, les courses pour assembler les documents requis, etc.).

Il est important de songer à employer du personnel dont la fonction sera de régler ces problèmes, de recourir aux services d'intermédiaires spécialisés dans ce type de démarche, et donc de payer plutôt que de perdre son temps, ses énergies et sa patience à vouloir régler seul ces formalités. Les missions diplomatiques sont une excellente source d'informations sur les façons concrètes de s'y prendre pour échapper, à bon compte, à ce dédale d'obligations légales et complexes. Malgré tout, les personnes qui en sont à leur première expérience refusent fréquemment des intermédiaires. Essentiellement pour deux raisons: on juge cette activité comme du parasitisme ou encore on ne fait pas confiance aux intermédiaires locaux qui, décidément, ne semblent pas déployer une énergie exemplaire au travail.

Aborder le problème de la bureaucratie oblige à évoquer l'omniprésence des contrôles inutiles qui remplissent souvent la fonction de politique d'emploi: barrages policiers sur les routes qui vous obligent à vous déplacer avec tous vos papiers d'identité, portiers, garçons d'ascenseur, garçons de courses, importance pléthorique du personnel dans les services (restaurants, hôtels, bureaux). Cette utilisation peu « productive » de la main-d'œuvre donne également des indices sur la structure sociale de la société d'accueil et, surtout, sur la façon dont on y considère la valeur du travail manuel.

Les distances sociales. — Elles sont généralement choquantes pour les Nord-Américains dont c'est la première expérience, les Européens s'en accommodant plus aisément. Elles se manifestent de plusieurs façons. Nous avons déjà souligné le mépris du travail manuel qui a cours dans ces formations culturelles de même que la manière correcte d'adresser la parole aux employés de façon à « tenir son rang » et surtout à éviter qu'ils ne vous manquent de respect (la tentation est grande de passer outre, mais ce serait souvent au prix de devoir changer de personnel).

Dans l'une de ses *Nouvelles africaines*, Doris Lessing (1980) décrit bien le dilemme de ceux qui arrivent dans ces pays. Trouvant inhumain le traitement infligé aux domestiques de son édifice à logements et ridicules les salaires qui leur sont versés, une jeune Britannique prend sur elle de payer des salaires plus élevés à son domestique. En butte aux réprobations de ses compatriotes déjà sur place depuis plusieurs années, elle ne s'en formalise pas outre mesure. Les commérages de ses voisines lui parviennent cependant. Elles font des remarques fielleuses sur ces « nouveaux immigrants, tellement oublieux de leur condition de Blancs qu'ils se passent de domestiques » ou encore qui « gâtent toujours les domestiques avec leurs idées ». Ces gens ne sont pas seulement pris à partie par leurs compatriotes mais également par leurs propres domestiques.

> Quant à Charlie, il acceptait sa chance avec fatalisme. Il ne comprenait rien à Marina. Elle semblait avoir honte de lui faire faire la moindre chose [...] Cette femme lui offrait un lit neuf le jour où il lui cassait sa plus belle jatte en verre taillé. [...]
> Il s'acheta quelques cravates, et se mit à crâner devant les autres domestiques, dont l'attitude fut bien telle que l'on pouvait s'y attendre; l'on ne pouvait guère espérer de justice de la part des Blancs, dont les manières restaient à jamais incompréhensibles, mais il aurait tout de même dû subsister un certain équilibre: pourquoi Charlie plutôt qu'un autre devait-il tomber sur une patronne qui lui offrait un beau lit, de la viande et des légumes en supplément, et deux après-midi de congé par semaine au lieu d'un seul? Ils l'observaient donc sans bienveillance tandis qu'il se pavanait dans l'arrière-cour, revêtu de ses beaux habits neufs; il leur arrivait même de lui lancer des remarques sarcastiques. Mais Charlie avait une nature suffisamment amicale et joviale pour faire face à cette situation. Il la tourna en plaisanterie pour se défendre, comme Marina ne tarda pas à l'apprendre (Lessing, 1980).

La violence, le mépris de la vie humaine. — Vivre dans une société en développement, c'est souvent la découverte d'une violence à la fois diffuse et sauvage.

Des menaces...

Nous en voulons pour simple illustration les quelques exemples qui suivent.

> Nous avons vu des policiers arrêter des enfants âgés entre 8 et 10 ans à la pointe du revolver.
> Autre scène dont nous avons été témoin: un chauffeur de taxi poursuivait avec un poignard un camionneur qui avait éraflé sa voiture.
> Enfin, un de nos amis s'est fait menacer à la pointe du revolver par un conducteur qui, ayant manqué de le renverser, n'admettait pas que l'on tape du poing sur son véhicule pour lui rappeler la civilité au volant.

...aux actes.

Il ne s'agit pas cependant que de rapports tendus. Certains mettent leurs menaces à exécution ou encore passent aux actes directement, sans plus de préambule.

> Dans un restaurant chic, des femmes en viennent aux coups pour une querelle sans importance; leur dispute se termine par des tirs d'arme à feu en plein établissement.
> Nombreux sont les incidents qui impliquent des policiers pratiquant une justice sommaire avec les détenus (incidents fréquents de prévenus abattus dans les cars de police, corps retrouvés dans des terrains vagues, cimetières officieux où les escadrons de la mort laissent les cadavres de leurs « exécutés », déterrement de cadavres, manifestations des parents de « disparus »).
> Un fait divers a frappé notre attention par son horreur: des gangsters abattent froidement un poupon dans les bras de sa mère durant un vol à main armée dans une banque; ses pleurs les rendaient nerveux!

L'irresponsabilité sociale. — Cette violence, nous la retrouvons également dans les rapports entre les individus. Elle recoupe étrangement la division des rôles et des tâches ayant cours dans l'ensemble culturel.

On peut évoquer l'abandon des femmes et enfants par les maris dans certaines traditions africaines.
Le mari doit afficher un caractère possessif vis-à-vis de son épouse dans les cultures latines; cependant, on attend également de lui qu'il ait un comportement libertin pour affirmer sa condition de mâle.
Dans certains de ces pays, la violence conjugale (lire du mari contre son épouse) est non seulement admise et tolérée mais, pis encore, non sanctionnée par le système judiciaire même dans les cas de violences physiques graves (mutilations) ou d'assassinat pur et simple.
Un dernier exemple: au Brésil, en 1987, le gouvernement accordait une amnistie générale aux conducteurs d'automobile ayant causé des blessures ou la mort au volant...
Bien qu'ostensiblement engagé sur la chaussée, nous avons failli être renversé par une conductrice qui avait décidé de brûler le feu rouge. Au passage, par un autocollant apposé sur l'arrière de la voiture à cet effet, nous avons pu voir qu'elle militait dans un mouvement dont l'objet était d'arrêter le massacre des baleines bleues...

L'indifférence dans les rapports sociaux. — Dans ces sociétés qui ne laissent pas de chances aux perdants, la règle est le chacun pour soi. On affiche la plus naturelle des indifférences à la misère des autres, la plus totale absence de compassion.

Un désespéré menace de sauter du haut d'un édifice. Les pompiers tentent de l'en dissuader. L'incident se déroule sur un immeuble situé à côté d'une cour d'école d'où les élèves observent la scène en incitant le malheureux à se jeter dans le vide. Ce qu'il fait. La pause terminée, les élèves rentrent en rangs et en bon ordre...

En réalité, l'esprit de solidarité passe d'abord par la famille, ensuite par la classe sociale. On y retrouve là notre système de cercles concentriques. On se serre les coudes contre ceux qui ne font pas partie du groupe et qu'on perçoit comme des menaces à l'intégrité du groupe. En d'autres mots, on compatit à la misère des membres du groupe en même temps que l'on crache sur celle des autres qui sont réduits à en être les coupables. Un pauvre, c'est un voleur en puissance, quelqu'un qui ne veut pas travailler, bien souvent avec raison, non seulement à cause des salaires offerts quand il y a du travail mais également en fonction des autres possibilités[30].

Un grand journal de Rio affiche en première page une photo de l'ex-employé d'un atelier de mécanique automobile, étendu, à ses aises, sur un sofa de récupération qu'il a installé sur une plage. La légende de la photo lui prête ces propos: « Pourquoi devrais-je aller travailler? Il fait chaud, la plage et la mer sont superbes. »

Les femmes. — Le discours féministe n'a pas eu de prise dans la plupart de ces sociétés en dépit de la scolarisation poussée des femmes de l'élite. Il faut noter par ailleurs que la structure sociale rend accessibles à ces femmes des privilèges que leurs vis-à-vis des sociétés développées n'ont pas. Les femmes gestionnaires qui prennent la relève dans l'entreprise familiale échappent subitement au rôle de maîtresse de maisonnée sans problème.

Il faut cependant souligner que, ce faisant, elles ne continuent qu'à exercer leurs fonctions de commandement du personnel domestique, d'où le paradoxe d'une structure « archaïque » qui les propulse à des postes que les occidentales sont obligées de conquérir de haute lutte, car ici la solidarité de classe sociale joue pleinement et transcende les stéréotypes sexuels. Dans ces cas, il ne faut donc pas tomber dans le panneau du stéréotype du rôle féminin propre aux cultures latines.

Individu et culture

Nous traiterons successivement des difficultés d'insertion dans le nouvel ensemble culturel, de la tentation du ghetto pour l'étranger et, à l'opposé, de la tentation d'émettre des commentaires négatifs sur le pays d'accueil avec l'appui des habitants.

Les difficultés d'insertion. — L'ampleur du temps requis pour pénétrer un milieu étranger est, règle générale, considérable. On veut nous connaître avant de nous montrer quelque marque de confiance que ce soit. Dans certains cas, ce processus peut prendre plusieurs années, en dépit d'un contact presque quotidien avec les collègues de travail. Ces pratiques se retrouvent autant en Afrique et dans les pays arabes qu'en Amérique latine et au Japon. À cet égard, il est ironique de constater que certaines grandes entreprises nord-américaines ont compris la véritable valeur du temps. Les succès économiques du Japon ont en effet imposé aux nouveaux partenaires de ce pays certaines règles du jeu auxquelles ils n'étaient pas rompus. Si, en Amérique du Nord, « le temps, c'est de l'argent », on doit par contre se sensibiliser à une autre façon de valoriser le temps dans la plupart des pays étrangers. En effet, le temps y représente le principal investissement à consentir pour établir une relation durable. Ainsi, un cadre d'une grande entreprise nord-américaine nous signalait récemment qu'il avait fallu neuf années de relations suivies avec ses homologues d'une société chinoise avant de pouvoir signer le premier contrat liant les deux entreprises. La logique pseudo-productiviste qui régit les rapports humains dans nos sociétés est donc à revoir de bout en bout, ne serait-ce qu'à la lumière du caractère gênant des succès récents de certains pays asiatiques sur les marchés mondiaux, qui, pourtant, rejettent notre usage compulsif du temps.

Enfin, les invitations restées lettre morte et les amitiés jetables après usage ne semblent pouvoir s'expliquer que par la règle voulant que dans la plupart de ces sociétés les amitiés ne peuvent se développer qu'après beaucoup de temps. Ce type de comportement est souvent reproché aux Nord-Américains et aux ressortissants de certaines régions d'Amérique latine où l'on accueille les nouveaux venus à bras ouverts un jour pour oublier leur nom le jour suivant.

Face aux difficultés d'insertion, les réactions seront de différents types : la plus fréquente est celle de céder à la « tentation du ghetto », mais il y a aussi les sessions de défoulement qui consistent à émettre des commentaires négatifs sur le pays d'accueil, bien souvent à l'instigation des habitants de ce pays.

La tentation du ghetto sera d'autant plus forte qu'elle recouvrira une incapacité à comprendre la culture du pays hôte dans toute sa complexité. On découvre, après l'enchantement du début, que tout n'y est pas qu'idyllique. Les contradictions sont difficiles à intégrer dans un schéma cohérent et rationnel d'explications. Cette incapacité risque d'être permanente si l'on cède trop volontiers à la solution de facilité que constitue le ghetto avec ses explications toutes faites et préfabriquées par les membres de la communauté étrangère qui préfèrent vivre dans le confort des préjugés qu'ils entretiennent sur les « natives ». Dans les deux cas, on retrouve dans ces attitudes une posture de défense de l'identité personnelle ébranlée par une digestion laborieuse des codes culturels du pays étranger et un sentiment d'impuissance qui prend la place de la toute-puissance de celui qui arrive.

> Dans nos conversations avec les membres de la colonie étrangère, il n'est pas rare d'entendre des réflexions négatives sur la façon de parler des « indigènes », de se faire servir des anecdotes sur leur incompétence, sur leur insouciance, sur leur irresponsabilité. Tout y passe, et pour certains cette défense devient agressive. Les nationaux sont transformés en boucs émissaires de notre impuissance et il se développe alors une sourde envie de vengeance: « Ils me font tellement souffrir que je vais leur faire voir de quel bois je me chauffe. »

De même, les remarques que l'on nous invite à faire sur le pays sont toujours vécues comme un jugement porté sur ses habitants. C'est un piège, si l'on n'y prend garde, dans lequel on risque de se faire enfermer rapidement, spécialement durant la phase de négativisme où l'on commence à découvrir les côtés irritants de la société d'accueil et qui nous pousse vers la vie de ghetto, d'autant plus sécurisante qu'on y trouve aisément des oreilles sympathiques aux commentaires négatifs que l'on ne manquera pas de formuler sur les habitants, le pays, le fonctionnement des institutions.

> Lors d'un voyage officiel en Amérique latine, le président de la France est interviewé à la télévision brésilienne. L'intervieweure lui rappelle le commentaire du général de Gaulle lors de sa visite en 1967: « Ce n'est pas un pays sérieux. » Lui demandant ce qu'il en pense et par le fait même sa propre opinion sur le pays, le président reconnaît que le Général y est peut-être allé un peu fort mais, ajoute-t-il du même souffle: « Le Brésil est un pays... surréaliste. »

Les Brésiliens n'ont oublié ni l'une ni l'autre de ces deux observations qu'ils ont perçues comme des jugements péremptoires et des attaques personnelles.

Le phénomène d'attraction-répulsion exposé par Albert Memmi (1972) dans le cas particulier des pays colonisés pourrait être facilement transposé dans le cas des étrangers, peu importe qu'il s'agisse d'un pays dominé économiquement et culturellement. L'admiration pour certains savoir-faire de l'étranger peut y être sans borne, mais cela ne vous donne pas pour autant le droit de renforcer ces affirmations. Elles produisent généralement des effets très négatifs sur vos hôtes.

Pour terminer l'analyse de cette phase plutôt déprimante, nous voudrions attirer l'attention sur la souffrance de cet effort d'ajustement mutuel qui consiste à s'insérer et à se faire accepter dans un pays étranger; il conduit à un sentiment d'isolement, voire de dépression. Nous terminerons en rappelant que connaissance culturelle n'égale pas compétence culturelle.

La souffrance de l'ajustement mutuel. — Il s'agit bien d'un ajustement mutuel, car pour l'étranger ce sont les habitants du pays qui sont la source des difficultés qu'il éprouve à s'ajuster à son nouveau domicile. Pour le citoyen du pays d'accueil, l'étranger est également un bouc-émissaire, responsable de tous les malheurs du pays. Nous retrouvons bien là une situation étrangement similaire à celle décrite par Memmi dans les situations coloniales. Autant l'étranger se trouve tiraillé entre sa reconnaissance pour les opportunités qui lui sont offertes dans le pays d'accueil en même temps qu'il le rend coupable de ses difficultés d'ajustement, autant le citoyen du pays d'accueil sera partagé entre son admiration pour le savoir-faire de l'étranger et sa haine de l'exploitant venu d'ailleurs.

On retrouve donc ici les mécanismes de défense d'une identité personnelle menacée de part et d'autre par l'échange interculturel. On ne songe pas à se remettre en cause soi-même, « ce sont eux », « ils sont », « ils ne font pas », etc. C'est le déni de réalité, les arguments de non-sens, le déclenchement de la violence symbolique, mécanismes par excellence de l'impersonnalisation des rapports (Chanlat, 1984c, chap. 8).

Le sentiment d'isolement. — Le sentiment d'isolement, de médiocrité envahissante, la peur de perdre sa pertinence professionnelle après une absence prolongée: ce sont là les effets d'une exposition prolongée à l'étranger et les manifestations d'une sorte de sentiment d'impuissance. Cet isolement, on le mesure déjà par les bribes d'information que l'on reçoit sur son pays d'origine. D'abord, elles datent déjà de plusieurs semaines, et quand elles vous atteignent, la seule information actuelle qu'elles vous donnent, c'est la distance qui ne cesse de s'élargir entre votre quotidien et celui de ceux que vous avez laissés derrière vous.

Ce qui n'aide pas à rompre ce sentiment d'isolement, c'est que l'information accessible dans le pays d'accueil se rapproche souvent plus de la propagande, quand elle ne sent pas la manipulation à plein nez. C'est que les médias (spécialement la télévision et la radio dans des pays où l'analphabétisme est la règle) font office de relais pour le pouvoir politique et l'oligarchie économique. Par ailleurs, certains pays développés ne sont pas exempts de cette tare, il convient de le rappeler.

Vivre à l'étranger, c'est donc être coupé de l'information courante sur la vie quotidienne de son pays d'origine. Certains tenteront de garder le fil en conservant leurs abonnements aux journaux, aux revues, en se faisant envoyer des livres. C'est une façon valable de rompre l'isolement, mais l'information ne comble pas la distance, car avec le temps on perd la capacité d'interpréter ce qui se passe « à la maison » et on finit par y perdre un certain intérêt. L'avantage qui demeure cependant, c'est de pouvoir juger de l'information qui nous est présentée sur place et le constat n'est jamais très réjouissant.

Dans le même ordre d'idées mais sur un autre plan, les débats intellectuels qui ont cours dans votre spécialité, les sujets qui préoccupent vos collègues au pays d'origine ne sont pas les mêmes que ceux qui troublent votre quotidien. S'en rendre compte, c'est déjà réaliser le chemin qu'il faudra parcourir, à rebours cette fois, pour recréer sa pertinence professionnelle au retour, spécialement si le siège social ne fait pas appel aux compétences et aux expériences acquises à l'étranger. En d'autres mots, il n'y aura pas de « ghetto de l'international » au retour si l'on n'a pas prévu y mettre à profit votre expérience particulière. En effet, il en va de même pour les compétences acquises lors d'un séjour prolongé à l'étranger que pour n'importe quelle profession: seuls vos pairs sont en mesure de juger votre niveau de compétence et d'apprécier vos réalisations, sans compter la compréhension du langage particulier à votre spécialisation.

Cet isolement est souvent la cause d'un sentiment d'impuissance, de dépression. Le rôle du conjoint est déterminant dans ces phases de dépression qui peuvent être profondes. S'il est tenté de partir — et il le sera indubitablement —, l'époux doit pouvoir compter sur ce support, ce qui l'aidera à remettre ses difficultés conjoncturelles dans une perspective plus large, en lui rappelant les avantages exceptionnels de cette expérience. Il semble d'ailleurs que la plupart des rapatriements hâtifs soient causés par l'absence de ce support ou encore carrément par les difficultés insurmontables du conjoint qui n'a pas su s'adapter aux nouvelles conditions de vie dans le pays hôte.

Connaissance n'est pas compétence. — La connaissance d'une culture donnée ne confère pas pour autant la compétence culturelle; il y a toute une distance entre connaissance et maîtrise du savoir culturel. A. M. Thiesse et A. Morel (Segalen, 1989) vont même plus loin: selon eux, il est impensable de prétendre que l'on comprend une culture si l'on ne maîtrise pas le savoir des acteurs de cette culture. Ainsi, le fait pour Tocqueville d'avoir bien compris les mécanismes à l'œuvre dans l'Amérique postrévolutionnaire par la simple observation des comportements dans cette société, ne le rendait pas Américain pour autant, pas plus d'ailleurs que le marquis de Custine n'était revenu Russe de son voyage de deux semaines en Russie, mené à un train d'enfer au début du XIXe siècle (de Tocqueville, 1968; de Custine, 1975). Pourtant, leurs observations continuent à nous apporter, encore aujourd'hui, des éclairages puissants sur les ressorts culturels de ces deux ensembles nationaux.

Troisième phase: prendre ses distances ou s'intégrer

On pourrait définir cette troisième phase du séjour à l'étranger comme un mouvement de balancier entre deux pôles: soit le rejet définitif, soit le « going native » (l'« indigénisation » si l'on veut).

Rejeter définitivement une culture, une société, c'est réaliser qu'on ne sera pas l'un des leurs et c'est surtout s'en réjouir. Cette euphorie, on le devine, commence à apparaître vers la fin du séjour. On est heureux d'échapper à tant de médiocrité concentrée et de penser que l'on a été rappelé parmi les siens[37], là où se situe le sérieux, le travail bien fait, le savoir de pointe, la culture savante, la « vraie » culture, les amis qui vous comprennent et ne vous laissent pas tomber, etc.

À l'opposé, la perspective de rentrer chez soi — dans un monde de grisaille, d'événements prévisibles, dépourvu de stimulations — désenchante, voire même rebute. Ce retour, c'est comme rentrer dans une prison où tout le quotidien a été pensé par d'autres pour le seul plaisir de refuser de vous laisser prendre des initiatives ou encore de vous interdire d'organiser votre vie comme bon vous semble. Alors certains prendront des dispositions pour rester sur place, soit en changeant d'emploi, en se lançant en affaires, en épousant une autochtone ou, à tout le moins, en ménageant quelques portes de sortie notamment par l'achat de biens immobiliers (terrains à la campagne ou propriétés de rapport dans les villes). Le sentiment d'être dépouillé du fruit de ses efforts, spécialement par une fiscalité perçue comme spoliatrice, compte également pour beaucoup dans ce choix, en plus des aspects liés au sentiment de réalisation personnelle et aux moyens étendus d'y parvenir.

Mais faire ce choix, c'est s'enfermer dans une sorte de schizophrénie culturelle, où l'on ne sait plus très bien qui l'on est. Sans s'en rendre compte, ce sont les enfants et le conjoint qui paient la note. On leur demande en effet d'être citoyens à la fois du pays hôte et de la mère patrie délaissée. Ou les enfants retournent dans leur pays d'origine pour y étudier, ou ils demeurent sur place dans le système d'éducation parrainé par le pays d'origine (les écoles suisses, hollandaises, allemandes, italiennes, américaines et françaises établies dans plusieurs pays étrangers).

Faire ce choix, c'est également s'exposer à un ostracisme bien entendu discret mais néamoins présent, qui se voit dans les cocktails, qui s'entend dans les conversations, et qui fait en sorte que l'on ne discute pas de tous les sujets avec ces transfuges dont on se demande de quelle tare ils peuvent bien être affligés pour ne pas voir que la vie dans le pays d'origine est bien supérieure à celle du pays d'accueil.

Quatrième phase: le choc du retour

Avoir vécu plusieurs années à l'étranger, c'est être candidat à un choc d'autant plus déroutant qu'il est bien souvent inattendu. Aborder les difficultés de réinsertion dans la culture d'origine, c'est tenter de comprendre ce qu'on pourrait appeler le syndrome du citoyen du monde. Ces difficultés vont se manifester à la fois sur le plan personnel et sur le plan professionnel.

Sur le plan personnel, ces problèmes, auxquels on n'a prêté que fort peu d'attention, sont tout aussi éprouvants que ceux liés à l'insertion dans la culture d'un pays étranger. Trop souvent, on fait l'hypothèse qu'au retour tout rentrera dans l'ordre, sans s'arrêter à penser au fait que la personne qui rentre n'est plus la même que celle qui a quitté. Nous avons tenté de démontrer que la personnalité subit des modifications profondes du fait de l'expérience prolongée dans une culture étrangère. Le retour devrait donc faire l'objet des mêmes soins que le départ et l'insertion dans un milieu étranger. Il est vrai que la personne dispose théoriquement de l'appui des membres de son milieu d'origine à son retour, que les difficultés quotidiennes sont déjà connues, etc. Mais jusqu'à un certain point seulement.

Les difficultés du quotidien, autrement dit les connaissances opératoires du milieu culturel d'origine, ne paraissent plus être les mêmes pour qui a quitté son pays d'origine pendant plusieurs années. Même à ce niveau, il faut songer à un encadrement qui facilite la réinsertion. Bien souvent, les enfants ont développé à l'étranger des compétences culturelles qui leur rendent pénible cette réinsertion, tout au moins durant les premiers mois. Dans ce contexte, il importe que les difficultés matérielles soient aplanies avec le même soin que dans le cas d'un départ pour l'étranger. Plusieurs employeurs qui ont une expérience étendue des activités internationales l'ont compris.

Évidemment, le problème est amoindri dans le cas d'organisations pour lesquelles les affectations à l'étranger font partie d'un plan de carrière préétabli (et suivi au siège social par un membre de la haute direction). Dans ce cas, le retour constitue forcément une étape supplémentaire dans la progression de carrière de ces cadres.

Un autre choc inattendu au retour, c'est celui qui découle de la découverte du caractère provincial de son pays d'origine. Le cadre réalise alors que la vie à l'étranger était plus stimulante et il trouve difficilement — on aura compris pourquoi — des interlocuteurs avec lesquels il pourra partager ses sentiments.

Ce choc est d'autant plus déroutant que cette phase constitue en quelque sorte la répétition d'un mauvais rêve. En effet, on aura le sentiment de revivre la même expérience que constitue le traumatisme de l'insertion dans une culture étrangère. En général, les compatriotes ne sont absolument pas intéressés à discuter de cette expérience. Les problèmes qui les préoccupent paraîtront alors étroitement locaux. Le cadre aura tendance à mettre ce désintérêt au compte du « nombrilisme » de ses collègues sans s'arrêter à penser que sa propre frustration sous ce rapport est peut-être également une forme d'égocentrisme. Quoi qu'il en soit, rentrer chez « soi », c'est en somme un nouveau départ.

La vie à l'étranger, marquée par le risque, occasion de confrontations aux grandes questions qui troublent l'existence humaine, paraît avoir été nettement plus stimulante que la vie dans laquelle le cadre va à nouveau s'engager. La découverte du totalitarisme discret de sa société, où des organisations quadrillent l'ensemble des activités humaines, viendra le perturber. Ce malaise sera d'autant plus grand que le cadre aura été à même de constater qu'il y a, dans la plupart des sociétés du monde, des institutions sociales vigoureuses qui sont une alternative non seulement viable mais combien plus sympathique que le mode de fonctionnement bureaucratisé de son pays d'origine.

À cela s'ajoute la frustration de ne pas trouver d'interlocuteur disposé à partager les expériences vécues à l'étranger. Personne ne s'intéresse vraiment à l'expérience d'un expatrié à moins qu'il ne se retrouve avec des gens qui ont déjà vécu cette expérience ou encore avec des immigrants. Il faut bien le dire, l'expatrié est un peu immigrant en rentrant chez lui. Comme si cela ne suffisait pas, il faut y ajouter la sensation de dépouillement qu'il éprouvera devant la présomption de ceux qui prétendent expliquer une société étrangère après n'y avoir vécu qu'en touristes.

Sur le plan professionnel, les difficultés inhérentes au retour ont trait à la distance établie entre l'expatrié et ses collègues. Dans beaucoup de cas, c'est aussi le risque réel de la sous-utilisation des compétences acquises à l'étranger, tant pour des raisons d'ordre structurel qu'à cause de l'absence de plans de carrière propres à intégrer ce type d'expérience.

Le cadre ayant vécu à l'étranger aura appris à développer une perspective propre lui permettant de relativiser les problèmes à la lumière de cette expérience particulière. Cette façon nouvelle d'évaluer les situations et les problèmes entraîne cependant le risque de le faire apparaître indolent, spécialement si ce qui lui paraît n'être que broutilles sont, pour ses collègues restés au pays, des problèmes d'une importance de premier ordre.

La sous-utilisation des compétences acquises dans ce genre d'affectation est un danger qui guette particulièrement les organisations qui en sont à leurs premières armes à l'étranger. Envoyer des cadres à l'extérieur pour la gestion d'un contrat ou pour régler un problème ponctuel est une arme à deux tranchants. Faute d'ouvertures ou de politique visant à élargir ce genre d'activités, l'organisation n'aura en définitive que contribué à former les futurs cadres de ses concurrents...

Sur le plan des structures, les problèmes du retour surgissent avec la découverte de la rigidité, d'une inflexibilité plus grande des conditions dans la manière de conduire les affaires. Le cadre regrettera rapidement les pratiques plus souples qui avaient cours à l'étranger. Ce sera également la restriction des responsabilités et de l'initiative qu'il comparera à regret à la latitude dont il aura joui à l'étranger.

Le sentiment de toute-puissance auquel a pu donner lieu une expérience à l'étranger souffre mal la réinsertion dans un milieu organisationnel « normal » où il faut s'accommoder de l'exercice de l'autorité (peu importe la forme qu'elle prend), troquer le sentiment de propriétaire d'une entreprise à l'étranger contre celui d'employé au pays d'origine. Il faut donc apprendre à passer du rôle d'entrepreneur et de « développeur » à l'étranger à celui de gestionnaire, une fois rentré à la maison.

> Nous disposons d'exemples similaires pour les pays d'origine : ainsi, au Québec, lors des travaux de la première phase de la Baie James, de jeunes diplômés y avaient des responsabilités sans commune mesure avec celles qu'ils pouvaient espérer assumer une fois de retour dans le sud.

Le retour le plus frustrant, enfin, est certes celui de l'expatrié qui réintègre ces entreprises où, comme nous l'avons déjà vu, la politique d'emploi consiste à envoyer des cadres à l'étranger, faute d'ouvertures dans le pays du siège social. Les affectations hors du pays d'origine ne sont donc pas l'occasion de tirer profit d'ouvertures nouvelles et cette sous-utilisation du potentiel disponible amène généralement le personnel à relever de nouveaux défis ailleurs.

CONSÉQUENCES POUR LA GESTION

Nous nous préoccuperons maintenant de tirer quelques conclusions de ces observations sur un séjour à l'étranger à la fois pour le siège social de l'entreprise et pour le cadre, dans la perspective de la pratique professionnelle. Il ne s'agit pas ici de faire un inventaire complet de toutes les fonctions administratives. Notre propos est simplement d'analyser ces observations qui, comme nous l'avons signalé au début, partent du point de vue des personnes qui ont à vivre de telles expériences. En conséquence, c'est du point de vue des personnes et des effets de ce séjour sur les personnes que nous formulons en quelque sorte diverses recommandations qui nous paraissent pertinentes. Cette pertinence se fonde sur notre préoccupation de faire en sorte que les entreprises retirent le maximum de retombées de leurs activités internationales tout en conservant les cadres qui y ont fait carrière. Pour les cadres eux-mêmes, cette expérience doit être l'occasion d'une croissance personnelle et professionnelle, plutôt qu'un simple épisode entre parenthèses de leur existence.

Le point de vue de la haute direction

Depuis le réveil brutal imposé par les succès des pays du Pacifique sur les marchés occidentaux, le consensus sur une nécessaire internationalisation des affaires semble acquis. De plus en plus d'entreprises devront faire face à cette éventualité, s'y préparer et surtout comprendre l'intérêt de déployer leurs activités sur le plan international.

On peut procéder par analogie pour faire cette démonstration. Les avantages du point de vue macroéconomique se rapprochent sensiblement de ceux qu'il y a pour toute entreprise opérant sur les marchés domestiques à ne pas se rendre trop dépendante du pouvoir de négociation de ses fournisseurs ou de ses clients. Les économies développées à faible potentiel de croissance sont dans une situation analogue à celles des PME qui se fient les yeux fermés aux marchés qu'elles ont déjà conquis. Dans de telles circonstances, la prudence commande de ne pas garder tous ses œufs dans le même panier. L'international est donc un nouveau souffle de vie pour les économies nationales qui approchent de leur maturité, spécialement à une époque où l'on entrevoit une libéralisation encore plus grande du commerce international.

Si nous examinons le cas canadien par exemple, nous constatons un problème particulier découlant d'une vision limitée de l'international. En effet, pour l'opinion publique canadienne, faire des affaires avec les États-Unis, c'est être engagé dans des activités internationales. Rien de plus fallacieux. Ces deux économies sont tellement imbriquées, et étroitement dépendante dans le cas du Canada, que cette situation s'apparente beaucoup plus à du commerce intra-firme qu'à de véritables échanges internationaux. L'expérience avec un pays culturellement proche n'autorise pas de dangereuses généralisations qui soient applicables à des contrées plus éloignées, non seulement géographiquement mais surtout culturellement. On pourrait reprendre la même affirmation partout dans le monde où le commerce bilatéral fait office d'activité internationale. Se limiter au commerce avec les voisins, c'est un peu s'enfermer dans le corset du commerce national et des limites que nous venons d'évoquer.

S'engager dans des activités internationales, c'est s'obliger à une compréhension de conditions d'opération particulières. Et cette compréhension passe obligatoirement par des notions fortement teintées de culture telles que le temps, l'espace, les possessions matérielles, les amitiés et les accords conclus (Hall, 1960; Copeland et Briggs, 1985).

Avant d'aller plus loin cependant, il faut réaliser que tout comportement humain repose sur des fondements culturels et historiques. Ces fondements viendront déterminer l'orientation essentiellement individualiste ou collective des rapports sociaux, nous l'avons déjà vu. Ainsi, dans un parallèle intéressant entre les colonisations brésilienne et américaine, un anthropologue brésilien (Moog, 1985) en est venu à la conclusion que les valeurs qui ont guidé l'implantation des colons dans chacun de ces deux pays reflètent d'une part, l'orientation collective des Portugais par les agglomérations de colons au Brésil[38] et, d'autre part, l'individualisme des colons américains isolés sur un territoire étendu. Il faut bien sûr nuancer, car il existe également des établissements isolés en Amérique du Sud, tels que les plantations de canne à sucre au Brésil et les fermes d'élevage en Uruguay, en Argentine, au Chili; ce qui nous permet également d'introduire le comportement en apparence individualiste des classes moyennes de ces sociétés où le travail est une valeur en soi et où la pensée est fortement teintée d'instrumentalisme, en dépit du fait que, de façon générale, on puisse globalement parler de sociétés d'Ancien Régime, donc à orientation théoriquement plus collective. Des condidérations similaires sont formulées par Philippe d'Iribarne pour la France, les États-Unis et la Hollande (d'Iribarne, 1989).

Nature des liens d'affaires

Ce qu'on oublie également, c'est qu'aux États-Unis et en Amérique du Nord en général la fidélité des liens d'affaires est fonction des avantages perçus relativement aux prix, à la qualité du produit, au service rendu; dans d'autres cultures, ce lien tend à dépasser cette vision étroitement utilitariste, car les liens d'affaires s'inscrivent généralement à l'intérieur de liens d'amitié plus profonds où les obligations d'affaires ne sont qu'un aspect de cette relation, ce qui signifie donc que l'on donnera plus facilement ce qu'on peut appeler la chance au coureur tout comme on fait preuve de plus de tolérance devant les bourdes des amis.

Les contrats: la parole ou l'écrit? — Fonctionner à l'étranger, c'est apprendre à valoriser très tôt le poids considérable que prend la parole donnée, une fois votre crédibilité établie dans les milieux d'affaires locaux. L'usage de la parole pour conclure des transactions peut s'expliquer par l'importance des liens personnels dans la plupart des sociétés, même de nos jours. Mais nous croyons également que le poids des réglementations y joue pour beaucoup.

Les freins posés à la mobilité internationale du capital amènent le développement de circuits parallèles qui remplissent cette fonction. Il est bien entendu que les transactions qui s'y déroulent ne se font que sur la base d'ententes verbales entre les personnes. Si quelqu'un s'avise de manquer à la parole donnée (pour tirer avantage par exemple d'un revirement subit des cotes de change entre le moment de la conclusion et celui de la réalisation de la transaction), le bruit se répand rapidement et la sanction est sans appel: cette personne est rayée de ces circuits.

Cette valorisation de la parole comme instrument de conclusion des transactions s'applique de la même façon aux affaires licites, surtout si elles engagent des personnes liées aux circuits de change étranger. À l'opposé l'absence de valeur accordée à la parole est une source de grief majeur de la part de plusieurs des cadres étrangers affectés en Amérique du Nord et des immigrants dans des pays où règne la logique du contrat écrit.

Des sociétés ébranlées? — Dans plusieurs pays en voie de développement ou d'industrialisation, la politique gouvernementale est essentiellement basée sur la substitution des importations, c'est-à-dire sur une protection étanche offerte aux producteurs locaux de sorte qu'ils puissent développer leurs capacités technologiques à l'abri de la concurrence étrangère. De la même façon que cela se produit pour le marché des changes, des circuits parallèles s'établissent pour assurer les approvisionnements en biens qui, soit n'existent pas sur le marché local, soit sont de moins bonne qualité que les productions étrangères. Ces commerces sont donc l'occasion pour les sociétés étrangères (tout comme les nationales) de se livrer à des pratiques de corruption pour faciliter leurs approvisionnements aussi bien que l'écoulement de leur production. C'est une réalité bien concrète, et avant de s'engager dans un secteur où il faut recourir à ces canaux particuliers, les entreprises feront bien d'y penser à deux fois si elles croient pouvoir mener leurs activités de façon « honnête »[39].

Pratique de la gestion

Les implantations à l'étranger. — Plusieurs formules ont été mises à l'essai pour faciliter l'ouverture de filiales à l'étranger. Une solution intéressante et qui s'inspire de l'approche de maillage, maintenant en vogue, c'est le système « piggyback » mis au point par deux entreprises scandinaves. Il s'agit de créer une communauté d'affaires dans le pays hôte; c'est en quelque sorte la formule des incubateurs reprise cette fois-ci dans le cas d'une communauté d'expatriés. Les principales entreprises (des multinationales) forment des parcs industriels pour faciliter l'installation de firmes de plus petite taille qui n'y iraient pas d'elles-mêmes, faute de ressources suffisantes, et où elles disposeront d'un pool de services propre à faciliter leur insertion et leur opérations quotidiennes dans un contexte qui leur est totalement étranger.

Bien que l'internationalisation des affaires soit un fait maintenant acquis, ce qu'il nous a été donné d'observer dans les entreprises qui sont actives sur le marché international depuis de fort nombreuses années (aussi bien nord-américaines qu'européennes), c'est la tendance à réduire les effectifs d'expatriés au profit d'une nationalisation croissante des cadres dans les filiales.

Cette politique fondée sur des motifs essentiellement pécuniaires (car il en coûte très cher de maintenir un contingent d'expatriés loin du pays d'origine) comporte des avantages au niveau de la pratique d'une gestion adaptée aux conditions locales dans la mesure où les cadres qui sont issus de la culture du pays hôte y évoluent plus à l'aise. En revanche, elle peut entraîner certains désavantages. En effet, on peut craindre que la généralisation de cette pratique ne réduise à long terme le potentiel d'ouverture de nouveaux marchés par les cadres du siège social qui seront dorénavant moins nombreux à jouir d'une expérience en dehors de leurs pays d'origine.

Le soutien de la haute direction. — On a souvent cité en exemple la capacité qu'ont les Japonais de s'implanter sur les marchés étrangers en mettant en lumière le soutien total qu'ils offrent à leurs cadres ou mandataires. Ce faisant, on passe trop commodément sous silence le côté collectif de la culture nippone et surtout le côté individualiste de la nôtre, occultant ainsi une différence fondamentale. Dans nos cultures, on s'attend à ce que vous fassiez le maximum avec le minimum de support, tandis que pour les Japonais cette relation s'inverse: le cadre japonais doit faire le maximum avec le minimum de moyens mais il peut cependant compter sur un maximum de soutien[40].

Cherchant à expliquer cette différence d'attitude, Murray Sayle (1986) affirme que la mentalité de la rizière a encore cours au Japon. Le samouraï (les pionniers qui ouvrent un marché extérieur, donc qui défendent les emplois à la maison) a droit à sa ration de riz même s'il n'a pas travaillé à la récolte, en échange de la protection qu'il offre aux travailleurs de la rizière.

À l'opposé, le « pistolero » occidental (qui va ouvrir les marchés extérieurs) doit compter sur ses propres moyens pour pacifier un territoire perçu comme hostile (les marchés étrangers); il y joue sa chemise. S'il perd, il se retrouve Gros-Jean comme devant sur le plan professionnel; s'il réussit, il a droit à la considération de la haute direction et, par conséquent, est beaucoup plus en mesure d'obtenir l'appui qu'il savait ne pas posséder en partant.

Pour beaucoup de cadres occidentaux, les affectations à l'étranger, c'est une espèce de roulette russe professionnelle, spécialement pour ceux qui vont ouvrir un nouveau territoire (donc qui ne vont pas remplacer un collègue dans un plan de carrière pré-établi au siège social comme c'est le cas pour beaucoup d'entreprises de très grande taille).

Dans le même ordre d'idées mais à un autre niveau, il est très frustrant pour un cadre qui arrive en terrain vierge (commercialement parlant bien entendu) de devoir toujours quémander des ressources pour faire face à des problèmes qu'il n'avait pas prévus et ne pouvait pas prévoir au départ. La répétition de telles demandes tend à être perçue par la haute direction qui n'a pas une expérience étendue de l'international comme la manifestation de l'incapacité du cadre à faire face à ses problèmes. Certains cadres nous ont confié qu'ils invitaient alors les membres du siège social à venir se rendre compte sur place des problèmes concrets d'opérations et que cela suffisait à remettre les choses en place.

Copeland et Briggs (1985) soulignent que dans la majorité des entreprises américaines cette incompréhension de la problématique des affaires à l'étranger est aggravée par le fait que la plupart des cadres supérieurs qui ont la responsabilité de superviser les cadres expatriés n'ont aucune expérience concrète du travail à l'étranger, donc une conception plutôt « romantique » de ce travail et des conditions dans lesquelles il s'exerce. Sur la base de nos observations, nous pouvons affirmer la même chose de certaines entreprises françaises, canadiennes et italiennes dont nous avons rencontré les cadres expatriés.

Les relations avec le personnel. — La prépondérance de l'approche utilitariste chez les cadres nord-américains, et dans une moindre mesure chez les Européens, constitue toujours un choc pour les collègues de travail du pays hôte pour lesquels existe une forte éthique des amitiés, des relations, et donc une tolérance qui s'inscrit dans l'ensemble des obligations qu'entraîne ce faisceau de valeurs. Poussé à son extrême limite, l'utilitarisme réduit les problèmes à des questions d'efficacité, c'est-à-dire de pertinence des moyens à choisir pour atteindre les fins retenues.

Dans un ouvrage récent, Chomsky (1988) évoque une culture du terrorisme pour stigmatiser cette généralisation de la pensée utilitariste dans certains États occidentaux cette fois.

Ce culte de l'efficacité chez les pays développés, qui écarte toute valeur (spécialement celles de nature morale ou éthique) qui n'en sert pas immédiatement les fins, est toujours un motif d'impatience dans la meilleure des hypothèses et de rejet pur et simple dans les cas les plus exaspérés chez les cadres des autres régions du globe. Cette réaction est souvent mal interprétée par les cadres des pays développés qui précisément mettent ce genre de réaction au compte de l'immaturité de leurs hôtes en affaires.

En pratique, la tolérance à l'égard de ses semblables (de classe toujours) incline à accepter des performances moins éblouissantes que dans nos sociétés où ce genre d'éthique est disqualifié par l'approche rationnelle (c'est-à-dire la logique de l'enchaînement des moyens et des fins) où tout ce qui ne sert pas rigoureusement les fins est impitoyablement écarté.

La nationalisation des cadres dans les filiales étrangères. — C'est une phase inévitable une fois les opérations stabilisées, notamment à cause des coûts élevés qu'entraînent les cadres expatriés et de la nécessité de pratiquer une gestion adaptée aux conditions de la culture locale.

Dans cette optique, les rapports avec le personnel local devront à plus ou moins longue échéance être médiatisés par des cadres intermédiaires locaux. Ce sont eux qui connaissent tous les codes d'interaction en ce qui concerne les attitudes, les habiletés verbales, la distance sociale à maintenir, etc.

Dans les cas d'une première entrée dans un pays en particulier, il est indispensable d'établir des contacts fiables et durables avec des nationaux et de songer à l'établissement de « joint ventures » sous une forme ou l'autre si l'entreprise n'a pas une taille suffisante pour absorber les frais d'apprentissage liés à l'établissement d'une filiale en propriété exclusive en territoire vierge.

Quand c'est possible, on envoie toujours des cadres qui ont une expérience de l'international car ils connaissent ce genre de difficultés y ayant déjà fait face, ce qui ne signifie pas qu'ils soient plus performants pour autant, spécialement sur le plan social: un cadre brésilien à l'emploi de la filiale d'une grande firme américaine dans le secteur de la pétrochimie, nous racontait que son patron, un Américain, en poste au Brésil depuis plus de dix ans, parlait à peine la langue des « natives ».

Les plans de carrière. — Comme nous l'avons déjà souligné, les entreprises qui veulent tirer bénéfice du potentiel des cadres qui ont une expérience internationale doivent songer à les réintégrer de façon que leurs connaissances acquises soient mises à profit. Ce plan doit être suivi par un membre de la haute direction du siège social pendant l'absence du cadre expatrié de façon à protéger ses intérêts politiques et à maintenir sa visibilité. Les firmes qui nous paraissent les plus performantes à cet égard sont celles qui ont établi des plans de carrière où figure un séjour à l'étranger. Cela pose le problème de sélection des cadres appelés à vivre à l'étranger, l'établissement des conditions de ce séjour et la définition d'un milieu de vie dont la portée ne soit pas qu'étroitement utilitaire ou comptable.

De façon générale, le meilleur test qui soit pour évaluer la facilité d'adaptation, c'est le degré de sensibilité, dans sa culture d'origine, que le cadre aura atteint vis-à-vis de la culture des autres classes sociales ou, de façon plus évidente, de celles des ethnies ou groupes sociaux (tels que les minoritaires, les marginaux). On pourrait même songer à utiliser cette sensibilité comme indice d'adaptabilité dans une expérience interculturelle, comme une mesure du risque d'inadaptation. Les programmes de sensibilisation aux différences culturelles dans notre propre ensemble culturel seraient certainement des mesures moins coûteuses que l'envoi à l'étranger de cadres qui ne sont même pas en mesure d'apprécier la différence qui existe chez eux (par exemple, des cadres d'un pays donné méprisant les étrangers installés dans leur propre pays). Cette problématique semble à la base d'un débat entre ethnologues continentaux européens qui s'ouvrent à cette différence dans un espace culturel donné (les cultures des minorités, de la classe ouvrière, etc.) et les Anglais qui semblent rejeter l'ethnologie « at home » (Segalen, 1989).

Cette sélection faite, il faut établir les modalités du séjour à l'étranger. On y procède généralement par voie de négociation à la pièce autour d'un noyau de conditions de base (déménagement, nombre de voyages statutaires pour les membres de la famille chaque année, frais remboursés, primes d'éloignement, dispositions fiscales). Ces conditions particulières, qui sont consenties en fonction de l'habileté et du pouvoir de négociation des employés qui partent, sont également la source de difficultés à l'étranger.

Nous ne saurions trop insister sur la rancœur que ce genre de traitement différencié[41] ne manque jamais d'introduire chez les membres du personnel qui ont le sentiment d'avoir été moins bien traités que leurs collègues. D'abord, il faut souligner, contrairement à ce que l'on feint généralement de croire, que ces « secrets » finissent toujours par être sus (et comble de malheur, par ceux qui ne devraient pas le savoir) avec les résultats que l'on sait; ensuite, cette rancœur ajoute aux difficultés psychologiques du retour qui ne représente rien d'autre qu'une deuxième expérience de réinsertion à la fois culturelle et professionnelle. Nous avons déjà parlé du sentiment d'isolement auquel donne lieu le séjour à l'étranger et que l'une des compensations est la tentation du ghetto. Il faut souligner que les sujets de conversation ne tardent pas à graviter autour des avantages concédés, spécialement en ce qui concerne les conjoints comme nous avons été à même de le constater. Ce genre de discussion est généralement plus ouvert que dans le pays d'origine, même dans ceux où la pratique du secret administratif est développée. On peut y voir là une tentative de valorisation de la part des gens qui s'y livrent. Il ne faut pas oublier que certains signes ne trompent pas malgré tout : le genre de maison habitée, le train de vie général, la taille de l'effectif du personnel domestique, le nombre de voitures, les clubs fréquentés, etc. Les cadres finissent par en parler entre eux et c'est à ce moment que la haute direction doit assumer ses responsabilités. Il est donc plus aisé d'établir des conditions claires au départ et des règles connues pour justifier les écarts de traitement par rapport à une politique de base. Cette façon ouverte de faire éviterait sans doute ces recherches d'emploi amorcées dès le séjour à l'étranger.

Cette discussion nous amène à aborder la signification de ce que d'aucuns considèrent être les avantages abusifs dont jouissent les cadres expatriés, souvent considérés comme des pachas par leurs collègues restés au pays. Pour les Nord-Américains en particulier, habitués à fonctionner par la valorisation du mérite personnel et de la rationalité à outrance, il est difficile de comprendre la logique de fonctionnement dans des sociétés où les symboles sociaux (autres que l'argent) sont les paramètres de base du fonctionnement social des individus. Seules les grandes entreprises ont compris par expérience l'importance de tous les signes extérieurs ou apparents du statut social tels que la taille et le mobilier des bureaux, le type de maison dans laquelle vivent le cadre et sa famille, les clubs qu'ils fréquentent ou auxquels on leur donne accès, les budgets réservés pour les réceptions mondaines, le personnel domestique nécessaire pour maintenir son rang social.

Pour les nouveaux venus, ou pour les organisations dont l'expérience internationale se limite à des cultures voisines, ces dépenses apparaissent somptuaires et ne signifient rien d'autre que des avantages marginaux concédés à des cadres qui ont tendance à se prendre pour des prima donna. En réalité, elles font partie des éléments sur lesquels les interlocuteurs, pour qui ces signes extérieurs sont importants, vont juger du sérieux de l'engagement de la société-mère dans leur pays.

À l'inverse, les cadres de ces pays qui viennent s'installer en Amérique du Nord avec tous ces signes apparents de leur rang social tendent à choquer le Nord-Américain moyen qui est réfractaire à cette servilité domestique, de la même façon que, réciproquement, ils sont renversés par le manque d'éducation de ce dernier.

> De riches latino-américains plaignaient l'un des leurs, affecté à un poste aux États-Unis, et dont l'épouse ne disposait pas des services d'une employée domestique. Ils montraient l'étonnement le plus sincère en apprenant que même les plus riches ne disposaient que très rarement de personnel domestique non seulement parce que c'était plus cher que dans leur pays mais également parce que la chose heurtait les valeurs d'égalité entre les êtres humains de cette société, l'inégalité se fondant avant tout sur les possessions matérielles plutôt que sur la disposition d'un nombreux personnel domestique.

L'évaluation. — Cette fonction pose un problème singulier du fait des distances et du contexte spécial des opérations à l'étranger. Ces deux facteurs sont une source de frustration pour le personnel du siège social chargé d'évaluer les performances dans les filiales. Les tournées d'inspection dans le monde sont l'occasion pour eux de mesurer le fossé qui séparent leurs conceptions rationalistes de celles formées par la force de la nécessité sur le terrain. Avoir à se débrouiller avec les moyens du bord, travailler avec une main-d'œuvre peu ou pas qualifiée, composer avec des problèmes d'infrastructure parfois inimaginables pour un ressortissant de pays « développé », voilà ce qui sépare le cadre expatrié de son homologue du siège social, habitué à fonctionner dans un univers ordonné et prévisible. À plus long terme, cette incompréhension explique possiblement bien des décisions de se départir de « ces filiales qui n'en font qu'à leur tête ».

Il est de toute façon difficile d'échapper à cette incompréhension car le problème se pose dans l'une ou l'autre des approches d'évaluation que le siège est susceptible d'adopter. S'il opte pour une évaluation des performances, il subit les frustrations de devoir faire face à des résultats trimestriels ou annuels décevants. En effet, le caractère instable des économies de ces pays oblige à n'envisager les rendements sur les investissements consentis que dans une perspective de long terme. Or on sait que la pensée à long terme n'est pas le fort de la plupart des entreprises occidentales, spécialement depuis que l'on a découvert que l'un des facteurs expliquant le succès des entreprises japonaises est précisément cette orientation vers des résultats à long terme. Opter pour un suivi de l'exécution des opérations, c'est s'exposer encore plus à des irritations majeures étant donné l'adaptation nécessaire aux conditions structurelles du pays d'accueil et l'état d'impréparation souvent horrifiant de la main-d'œuvre disponible. Ces derniers temps, de nouvelles approches d'évaluation ont été envisagées, spécialement à la faveur du développement d'un courant critique face aux méthodes traditionnelles de gestion.

Ainsi, pour Alfred Jaeger (1983), le transfert de la « culture organisationnelle » dans les filiales étrangères s'apparenterait à une politique d'évaluation plus souple dans la mesure où les cadres locaux sont laissés libres d'adapter leur approche aux conditions concrètes d'opération auxquelles ils font face.

Pour d'autres entreprises, notamment une canadienne et une italienne, la solution retenue reste classique : celle de maintenir un nombre minimum de cadres du pays d'origine aux postes clés dans la filiale étrangère.

Enfin, dans une entreprise française, on a plutôt imaginé de faire siéger le président de la filiale étrangère sur le conseil d'administration ; le cadre en question devient en quelque sorte la courroie de transmission entre le siège social et les cadres de la filiale qui sont de la même nationalité. Il faut ajouter cependant que l'on maintient sur place un nombre réduit de Français dans les postes fonctionnels (« staff »).

Le point de vue du cadre affecté à l'étranger

Après avoir brossé rapidement un tableau de la gestion depuis le siège social, attardons-nous maintenant au point de vue du cadre. Les aspects qui retiennent notre attention sont les façons de rendre plus aisée l'expérience à l'étranger de même que le retour, qui nous paraissent, du point de vue des personnes, les temps forts des affectations à l'extérieur du pays d'origine.

Le premier outil auquel l'on pense, ce sont les programmes de préparation au départ. Il s'agit de séminaires où l'on donne de l'information sur le pays de destination, les mœurs de ses habitants, ses particularités culturelles, économiques et politiques. Dans certaines organisations, on fait également bénéficier les partants de l'expérience des « vétérans » en cette matière. Enfin et de plus en plus, des firmes de consultants offrent un service similaire visant une préparation psychologique des cadres affectés à l'étranger. Bien qu'utiles[42], car ils facilitent en effet une transition moins traumatisante, ces programmes de préparation et de « debriefing » (au retour) ne dispensent pas de vivre cette expérience déstructurante par excellence que constitue l'exposition prolongée à une culture étrangère.

Il convient en outre de bien assurer les conditions matérielles de vie à l'étranger, notamment les soins médicaux et les dispositions de rapatriement d'urgence, car elles sont un facteur important de sécurisation en cas d'accident. Il ne faut pas négliger cependant les possibilités d'intervention, réelles, de la médecine locale.

> Une jeune Européenne est rapatriée d'urgence pour un malaise grave d'origine indéterminée ; chez elle, on l'opère au cerveau, croyant qu'il s'agit d'un trouble d'ordre neurologique. Son état de santé ne s'améliorant pas, elle retourne auprès de ses parents qui ont enfin décidé de consulter un médecin local spécialiste des maladies tropicales ; celui-ci règle le problème avec de simples comprimés.

La vie à l'étranger entraîne donc certains risques. Sur le plan personnel, les principaux sont les blessures et la mort dans des accidents de la route[43] ou lors d'attaques à main armée ; il faut donc conduire de façon à se protéger de l'action des autres conducteurs (ou mieux, utiliser les services d'un chauffeur) et éviter les comportements invitants pour les voleurs. Dans le cas de cadres qui représentent des entreprises visibles sur le marché étranger, ou dont le train de vie les situe ostensiblement au sommet de la pyramide sociale, des dispositions pour la sécurité physique du personnel et des membres de la famille sont impératives; les enlèvements contre rançon ou les prises d'otages ne sont pas seulement un risque mais une réalité concrète.

Des dispositions spéciales doivent également être prises dès avant le départ afin de garantir un retour qui soit le moins traumatisant possible. Sur le plan de la carrière, le cadre doit pouvoir compter sur un mentor qui protégera ses intérêts au siège social. En effet, si aucune mesure n'a été prise dans ce sens, il risque fort de revenir comme un cheveu sur la soupe, c'est-à-dire que l'employeur l'aura oublié et ne saura pas vraiment quoi faire avec ce « nouveau venu ».

Pour plusieurs des personnes rencontrées à l'étranger, le fait d'avoir encore des possessions matérielles dans le pays d'origine semblait remplir une fonction de sécurisation très grande; non seulement sur le plan psychologique mais également sur le plan matériel, quand on sait qu'il s'agit là de l'un des secteurs les plus susceptibles de subir de profondes modifications à court terme du fait de la spéculation qui afflige les marchés immobiliers dans la plupart des pays dits développés. Certains avaient même acheté des voitures avant leur départ et les avaient entreposées le temps que durait leur affectation à l'étranger.

Conclusion

Pour conclure cette partie sur le séjour à l'étranger, nous relèverons certaines conséquences pour l'entreprise et pour le cadre. De plus, il sera peut-être utile de signaler l'émergence d'un courant de recherche qui s'attache à étudier ces questions d'un point de vue renouvelé.

Pour l'entreprise, l'expérience sera valorisante si les résultats ont été conformes aux prévisions. Dans le cas de premières expériences internationales, il est donc important de ne pas trop miser sur des résultats à court terme. Ce qui importe davantage, c'est de sauvegarder l'expérience acquise, et cela nous renvoie à la nécessité de savoir profiter de l'expérience de ses cadres expatriés, au risque de les perdre s'ils sont sous-utilisés à leur retour.

Quant au cadre, rappelons l'écroulement de certaines certitudes, la distanciation culturelle par rapport à son pays d'origine et ses effets variables selon la durée du séjour.

L'écroulement des certitudes pour le cadre, c'est essentiellement tout le pan culturel de sa personnalité qui aura été ébranlé. L'expérience l'aura amené à constater que des façons différentes d'organiser une société (par exemple, chacun a un rang et tient sa place) peut donner des résultats. Au bout d'un certain temps, le cadre aura réalisé qu'il pouvait, malgré tout, fonctionner dans ce système. Sans doute y aura-t-il même pris goût étant donné qu'il se sera retrouvé, une fois affecté à l'étranger, dans les couches privilégiées de cette société, ce qui représente, en quelque sorte, une mobilité sociale difficilement accessible dans sa société d'origine.

Cet éloignement prolongé de son pays d'origine l'aura également amené à prendre une certaine distance vis-à-vis celui-ci. Cette expérience de distanciation culturelle lui permettra de voir sa propre culture sous un jour nouveau. Ces pratiques seront d'autant plus évidentes qu'elles ne font plus partie de l'ensemble des compétences de base, où elles passent inaperçues. Ce regard neuf aiguise également le sens critique, ce qui est peut-être une explication à l'isolement dont souffrent les expatriés qui rentrent chez eux.

Signalons enfin que la réinsertion dans le milieu d'origine entraîne des difficultés qui seront proportionnelles à la durée et à l'enrichissement du séjour à l'étranger. Pour ceux qui ont bénéficié de plusieurs affectations à l'étranger, le retour ne se fera plus jamais; ces gens attendront toujours avec impatience les occasions de partir à nouveau. Le cas du personnel diplomatique est, à cet égard, particulièrement symptomatique.

Émergence d'un nouveau courant de recherches

À présent que grandit cette sensibilité aux conditions particulières d'exercice de la gestion dans des contextes culturels différents, on peut constater que les travaux sur ce sujet suivent le courant, comme c'est l'habitude. Leur objet est précisément de proposer une pratique adaptée aux conditions locales: par exemple, Haurant (1984), Kiggundu (1989), Kilmann *et al.* (1985), Jaeger (1983,1987), Adler (1986), Adler et Izraeli (1988) Neale (1985), Bourgoin (1984), Saleh (1987), Hofstede (1980a), Bollinger et Hofstede (1987), d'Iribarne (1984, 1986, 1989).

Un filon intéressant semble se dégager à l'intérieur de ce courant, à savoir la nécessité pour chaque culture d'être en accord avec ses valeurs dans sa pratique du management: Yamaguchi (1988) parle de la nécessité pour les Américains de redécouvrir ce qu'ils sont et d'arrêter de copier servilement les Japonais[44], faisant écho en cela à Copeland et Briggs (1985), Peters et Waterman (1982); peut-être nous dirigeons-nous vers une « théorie des avantages comparatifs » dans les pratiques de gestion? Rappelons l'utilité malgré tout des manuels du genre « How To », même si l'on n'y retrouve que rarement la nécessité, pour le cadre expatrié, de s'adapter aux conditions locales: Copeland et Briggs (1985), Harris et Moran (1987).

CONCLUSIONS

Pour terminer, il nous a semblé indispensable d'aborder les problèmes d'uniformisation culturelle que nous tâcherons de remettre dans une plus juste perspective en nous interrogeant entre autres sur le bien-fondé de cette volonté de préserver à tout prix l'intégrité des ensembles culturels. Nous croyons qu'il s'agit là d'interrogations qui font bon marché du potentiel de résistance culturelle qui se déploie dans ces sociétés comme dans les nôtres.

Homogénéisation culturelle

On a souvent rendu responsables l'ère des communications de masse — particulièrement le dispositif américain —, mais également la gestion et son caractère instrumentaliste. Ces facteurs seraient à l'origine, croit-on, du nivellement des particularismes nationaux observé depuis la fin du dernier conflit mondial. Il est peut-être bon de rappeler que l'anthropologie n'est pas au-dessus de tout soupçon dans ce lot de critiques, car trop souvent les études d'anthropologues ont servi à asseoir la domination politique et économique ainsi que la prépondérance culturelle de puissances étrangères sur des territoires nouvellement conquis. Et cette utilisation ne semble pas avoir été toujours faite au corps défendant des auteurs de ces études!

Mais soyons réaliste. L'ère des communications de masse et personnelles à l'échelle mondiale pose de façon réelle le problème du nivellement culturel à la même échelle. Cette situation n'est cependant pas nouvelle comme le laissent entendre souvent les auteurs spécialisés ou plus militants[45]. L'interpénétration des cultures est un fait historique vérifié depuis la plus haute antiquité où les échanges internationaux florissaient déjà, en dépit du « pétage de bretelles » contemporain sur la globalisation de l'économie: les Phéniciens, les Égyptiens, les Grecs, les Romains, les Arabes, les Chinois, les Indiens ont à tour de rôle déployé des réseaux commerciaux à l'échelle du monde connu d'alors, avec les échanges « culturels » que cela implique forcément et dont les conséquences sont encore visibles de nos jours[46].

Dans ces conditions, s'inquiéter de la destruction des cultures nationales est un peu s'opposer à la marche de l'Histoire, si tant est qu'une telle chose existe, comme nous le démontrent amplement les exemples qui précèdent. Le fait nouveau cependant, c'est le règne de la pensée utilitariste, chose sans précédent depuis les débuts de l'histoire humaine. Cette pensée, nous l'avons vu, écarte toute considération d'ordre éthique. Il semble que l'ordre ancien ait été bousculé par les débuts de la Révolution industrielle. Néanmoins, certaines cultures semblent avoir réussi à conserver un sens supérieur aux activités humaines et ce, en dépit de leur modernisation[47].

Par ailleurs, si le danger de manipulation existe, s'en inquiéter outre mesure ne revient-il pas à entretenir une vision condescendante vis-à-vis de ceux qui la subissent, c'est-à-dire à sous-estimer leur clairvoyance face à ces manœuvres? Car nous avons des exemples concrets de pratiques de résistance culturelle face à ces tentatives, que ce soit dans nos sociétés[48] ou à l'étranger[49].

La logique de l'instrumentalisme a valu à la gestion des accusations d'activité manipulatrice à cause de l'étendue et de la variété des concepts qu'elle récupère à ses fins. Ce courant uniformisateur serait appelé à s'étendre s'il faut en croire les thèses portant sur la montée d'une nouvelle classe de gestionnaires internationalistes, l'adhésion massive d'étudiants étrangers à des programmes de gestion de même que le développement récent de programmes itinérants mis sur pied par des universités de renom et destinés sur place à des gestionnaires de pays en voie de développement.

Il y a près de quarante ans déjà, Reinhard Bendix (1974) soulignait les dangers réels de manipulation qu'entraînait la découverte de la culture par le management. Par extrapolation, on pourrait être justifié de craindre que les cultures étrangères ne subissent le même sort. Mais, pourrait-on objecter, est-ce que cette vision catastrophique de l'utilitarisme des connaissances en gestion ne fait pas la part trop belle aux visions volontaristes qui marquent l'exercice de la gestion dans les pays développés (Kilmann *et al.*, 1985)? Il y a plusieurs indices qui laissent croire que les échecs sont nombreux à l'étranger et qu'ils amènent les entreprises à fermer leurs filiales ou à les vendre à des entrepreneurs locaux. Il ne faut donc pas sous-estimer le potentiel de « résistance » des cultures locales face à ces tentatives, de la même façon que les cultures populaires ont souvent été présentées comme des schémas de résistance à des tentatives de modernisation[50].

Une vision idyllique de l'intégrité culturelle?

Cette vision un peu idyllique de l'intégrité culturelle des ensembles nationaux ou tout simplement sociaux ne doit pas nous faire oublier que ces mêmes ensembles subissent des évolutions marquées pour d'autres raisons. La tendance à long terme vérifiée en Occident entre autres, c'est la médiatisation croissante par des organisations formelles de fonctions auparavant assumées par les cellules sociales de base telles que la famille, la parenté, la communauté de base. Ainsi, en Amérique du Nord, l'idée de la mort a tellement été médiatisée par les organisations qu'il est devenu intolérable à beaucoup de gens de penser — ne fût-ce qu'un instant — au fait qu'on doit abattre les animaux dont ils mangent la chair, de la même façon que les « salons funéraires » ont récupéré toutes les fonctions de deuil auparavant assumées par la famille et les proches du défunt, opérant ainsi en peu de temps (leur apparition date des années quarante) une véritable transformation culturelle dans les pratiques sociales nord-américaines concernant la mort (Raspa, 1986).

Les changements qui interviennent dans un ensemble culturel donné ne sont pas simplement le produit d'expositions à des influences, voire à des manipulations extérieures; ils sont également le produit de transformations dont les racines sont beaucoup plus profondes et surtout universelles; c'est sans doute là ce qu'on entend par la marche inexorable de l'Histoire. En outre, il ne faut pas négliger le fait que chaque culture génère son propre changement par l'espace qu'y occupent ses « déviants », portes d'entrée des influences étrangères. S'inquiéter, de nos jours, de l'abandon croissant des institutions sociales de base (la famille, la communauté, etc.) en faveur des organisations, n'est-ce pas reprendre en des termes neufs la même interrogation, voire la même inquiétude de ceux, qui, à d'autres moments de l'Histoire, ont senti le souffle des vents du changement?

Notes

1. Voir Hofstede (1980a) qui en donne un exemple. Bien que non dénuées d'intérêt, ces approches rendent difficilement intelligible l'ensemble des phénomènes qui caractérisent la dynamique des cultures.
2. Il faut cependant reconnaître que c'est l'un des milieux académiques les moins réfractaires au cloisonnement disciplinaire si souvent dénoncé par ailleurs.
3. Voir aussi Jaeger (1987).
4. Linton parle d'un faisceau de cultures dans un ensemble culturel avec un certain nombre de rôles qui sont dévolus à chacun des individus dans le cadre d'un système social donné (règles de subordination); on peut également faire le parallèle avec le concept des « étages » de l'activité économique que Braudel (1979) a imaginé.
5. Pour les Amérindiens, voir Castaneda (1973, 1974).
6. Roger Bastide (1974) a fait état de façon magistrale de ce mythe fondateur du rapport à la nature en Occident. Se fondant sur une approche psychanalytique, Gérard Mendel (1972a) classe les civilisations selon leur externalité (un rapport intime avec les forces de la nature) ou leur internalité (un rapport de domination qui se fonde sur le refoulement des instincts primitifs de l'individu).
7. Pour Gérard Mendel, cette orientation des structures de base de la personnalité est irréversible dès après les premiers mois d'existence.
8. Ce paradoxe est clairement démontré par Marshall Sahlins (1974).
9. Nous reprenons cette distinction de Morgan (1986, p. 112-114). Selon lui, avec la généralisation de l'industrialisation, il vaut mieux parler de culture industrielle.
10. Elle touchera ainsi le mode d'alimentation, les types de cuisine, les manières à table et l'importance que la cuisine revêt pour la culture concernée.
11. Par exemple, elle fixera les modes d'interaction verbale, l'accent, le style et le vocabulaire utilisés.
12. Le sens de l'hygiène personnelle en fonction de l'image du corps dans le système de croyances: objet de plaisir ou d'impureté.
13. Spécialement son usage et sa comptabilité compulsifs qui découlent sans doute de cette frénésie productiviste.
14. Est-elle médiatisée comme en Amérique du Nord ou le système fournit-il les compétences nécessaires pour que les individus puissent y faire face directement? La vie est-elle une chose digne du plus grand respect ou ne compte-t-elle pour rien, la vraie vie étant dans l'au-delà par exemple, ou encore, comme en Inde, la vie étant une succession de vies qui seront meilleures que celle-ci?
15. Nous avons été frappé, par exemple, que dans une grande ville comme São Paulo des gens puissent poser sur des trottoirs bondés des offrandes d'animaux de basse-cour ou de nourriture afin de faire exaucer une faveur, et que personne ne les touche, encore moins ne les renverse.
16. Voir Devereux (1972) sur le caractère culturellement marqué des maladies mentales. Au Sénégal, un groupe de psychologues a réalisé le caractère limité de l'aide des approches thérapeutiques fondées sur l'individu, importées d'Europe; comme la dimension collective est une donnée encore primordiale dans ces sociétés, on a imaginé un village thérapeutique (Hôpital psychiatrique de Fann) où la relation d'aide passe par la reconstitution des liens sociaux avec des résultats,

semble-t-il, nettement supérieurs aux approches fondées sur la thérapeutique individuelle.

17. Voir Devereux (1972) et Mendel (1972a) pour les différences culturelles.

18. Pour des hypothèses plus approfondies sur ces mécanismes, voir, entre autres, Geza Róheim (1967) qui fait le lien entre culture, personnalité et inconscient et Edward Sapir (1964), qui fait le lien entre culture, langage et personnalité.

19. Volontaire ou non. Pensons dans ce dernier cas aux ensembles culturels en voie de déstructuration ou de décomposition sociale avancée n'ayant pas pu résister aux influences de l'extérieur ou aux forces du changement surgies de leur sein.

20. Condominas a développé ce concept parce qu'il avait des difficultés à comprendre le comportement de tribus montagnardes du Vietnam (les Mnong Gar) qui à la fois accueillaient comme hôtes et traitaient comme ennemis les habitants des villages voisins, pourtant membres de la même ethnie.

21. Qui fait généralement appel à l'appareil gouvernemental pour sa « protection ».

22. Le « going native » pourrait être défini comme la perte d'une partie importante de son identité personnelle, particulièrement au niveau de la personnalité modale (c'est-à-dire le volet culturel de notre identité). En deux mots, il ne s'agit pas d'avoir seulement adopté les codes locaux (ce que nous faisons tous à des degrés variables), mais d'avoir rompu avec une partie importante de nos codes d'origine de telle sorte que le point de vue de notre culture d'origine est mis de côté. Dans une affectation à l'étranger, cela signifie perdre de vue les normes selon lesquelles notre travail est évalué. Les cadres étrangers sentent à peu près tous venir cette menace qu'ils verbalisent par le concept de médiocrité professionnelle.

23. Conversation avec Souleymane Samaké et Tijane Sylla, professeurs à l'École supérieure de gestion des entreprises de Dakar, en 1984.

24. Voir à ce sujet les travaux d'Oscar Lewis (1959, 1963).

25. Pour en savoir plus à cet égard, on consultera avec avantage la partie du présent ouvrage qui aborde les aspects liés à la parole et au langage, en particulier l'article d'Alain Chanlat et Renée Bédard.

26. Emmanuel Kamdem nous présente ce type d'attitude dans le présent ouvrage.

27. Jean-Pierre Vernant a abordé cette problématique pour la Grèce antique dans ses nombreux travaux, notamment ceux où il traite de l'esclavage et de son sens.

28. Incident rapporté par Horton (1967).

29. Voir Sternberg et Wagner (1986) sur l'intelligence pratique et ses diverses formes selon les stades de l'existence humaine et les milieux d'appartenance.

30. Notamment quand on peut vivre quasi exclusivement de chasse, de pêche et de cueillette sans avoir à subir les diktats d'un *padre padrone* tout puissant pour lequel comptent beaucoup plus les signes apparents de soumission à son autorité que le travail attendu.

31. Sauf pour quelques membres de l'élite intellectuelle, donc sociale par le fait même.

32. Souvent assimilé dans le discours à des membres de la famille.

33. Les membres de la classe privilégiée ont le sentiment que leur statut est constamment menacé dans ces sociétés, soit par les revendications des classes populaires, soit par l'instabilité économique, ce qui crée des solidarités que l'on ne voit pas chez nous et qui transcendent facilement, dans ces conditions seulement, les barrières de sexe.

34. En effet, Adler et Izraeli (1988) précisent qu'au Portugal certaines entreprises emploient des femmes pour plus des deux tiers de leurs postes de cadres et ce, dans une société traditionnellement tenue pour sous-développée en Europe. Les généralisations semblent à peu près impossibles à ce niveau; que ce soit par la tradition culturelle (anglo-saxons et latins) ou par le degré de développement (pays considérés modernes et pays traditionnels). Dans le même ordre d'idées, Adler précise que les femmes qui se retrouvent au sommet sont essentiellement des entrepreneures, ce qui confirme les observations que nous avons faites pour quelques pays d'Amérique latine et d'Afrique.

35. Voir Denise Bombardier (1975) pour une illustration de ce genre d'asservissement

des médias à des fins politiques sur la télévision française avant la prise du pouvoir par les socialistes.

36. Copeland et Briggs (1985) font la même observation.

37. Qui ne nous ont finalement pas oubliés ou qui encore nous considèrent comme membres de leur communauté.

38. Le trait culturel des villages coloniaux brésiliens est qu'ils présentent toujours le même aspect, soit celui d'un pâté de maisons collées les unes sur les autres pour que, tous ensemble, les colons puissent faire face aux adversités des débuts de la colonie: guerres contre les colonisateurs des autres puissances européennes, contre les Amérindiens, etc.

39. Pour en savoir plus long sur le côté créatif de ces pratiques voir Gould (1980) et Noonan (1984). Ces pratiques viennent bien entendu ajouter aux frais encourus pour mener des opérations à l'étranger. Dans certains aéroports étrangers, un informateur nous disait devoir payer 20 % de la valeur des composantes électroniques qu'il importait afin d'éviter les tracasseries administratives.

40. Les membres du siège social vous reconnaissent une légitimité de pionnier, vous n'êtes pas oublié à l'étranger comme ici où la maxime semble être « loin des yeux, loin du cœur ».

41. Par exemple, une entreprise européenne concédait à certains de ses cadres — lire les plus habiles à la négociation — des cartes consulaires qui leur permettaient de faire des achats hors taxes dans le pays d'accueil, à l'instar du personnel diplomatique. C'est un avantage considérable quand on sait que dans la plupart des pays l'essentiel des recettes gouvernementales provient des taxes à la consommation.

42. Il n'est pas inutile en effet d'apprendre à hocher correctement la tête pour dire non en Bulgarie, d'envoyer des fleurs le lendemain d'une invitation au Brésil, de respecter rigoureusement les rites d'interaction sociale dans certains pays européens.

43. La conduite imprudente est rendue quasi indispensable par les menaces d'attaques à main armée en pleine rue, encouragée de plus par les conseils prodigués par la police à l'effet de ne pas respecter la signalisation routière une fois la nuit tombée.

44. C'est également le message essentiel de Philippe d'Iribarne dont on pourra prendre connaissance des travaux dans ces pages.

45. Pour une vision fonctionaliste en marketing, voir, par exemple, Lazer (1984). La vision radicale est bien exposée par Eudes (1982).

46. Par exemple, les musiques grecque et portugaise portent des traces plus que résiduelles de la présence pluriséculaire des Ottomans et des Maures, respectivement, de la même façon que les instruments commerciaux à la base de l'expansion capitaliste européenne constituent des emprunts aux Arabes et aux circuits commerciaux plus anciens de la Chine et des Indes.

47. Voir Ouchi (1982) à propos du *ringi*, qui est une forme de processus de prise de décision qui préserve les grands principes à l'intérieur desquels chacun est « libre » de s'adapter, comme une forme possible de gestion dans un cadre qui laisse place aux préoccupations d'ordre moral ou éthique. Ce qui n'implique pas que la gestion japonaise soit nécessairement plus morale ou éthique *dans son ensemble*!

48. Voir les travaux d'Aktouf (1987) sur les activités de langage en milieu ouvrier que l'on peut comprendre comme des manifestations d'une culture de résistance face aux manipulations patronales; pour le lecteur intéressé à faire les transpositions dans le monde ouvrier français du XIXe siècle, voir Poulot (1980). Une lecture qui nous amène pour le moins à regarder la culture ouvrière sous un jour neuf.

49. Les pratiques religieuses syncrétiques au Brésil et l'intégrisme religieux en terre d'Islam peuvent être envisagés comme des formes de résistance culturelle aux tentatives modernisantes de l'élite économique et politique de ces pays aussi bien qu'à celles des entreprises étrangères.

50. Voir Lody (1987) pour l'illustration de cette thèse de résistance culturelle au Brésil.

LA GESTION DES CONFLITS DANS LES ORGANISATIONS

Alain RONDEAU

À partir de la deuxième moitié des années soixante-dix, les publications en gestion ont accordé une place croissante à la question du conflit dans les organisations. Après avoir été largement occultée, cette réalité constitue maintenant un corps de connaissance relativement étendu et qui s'inscrit parmi les sujets essentiels d'une formation de base en gestion (Rahim, 1981).

Ce texte entend présenter brièvement ce champ de connaissance et en dégager les principes utiles au gestionnaire contemporain.

Après avoir précisé ce qu'on entend ici par le concept de conflit en organisation, une première partie du texte portera sur le traitement accordé à cette notion suivant les diverses perspectives d'analyse proposées par la documentation en théorie des organisations.

Cette rétrospective permettra d'élaborer, dans une seconde partie, un modèle diagnostique qui puisse s'avérer utile au gestionnaire pour analyser une situation de conflit organisationnel et en mettre en lumière les aspects critiques.

Limites du présent texte

Il importe ici de souligner que ce texte portera uniquement sur les conflits entre individus ou entre groupes en milieu organisationnel. Comme c'est généralement le cas dans la documentation en gestion des conflits (ex. : Van de Vliert, 1984, p. 521), aucune attention ne sera accordée au conflit intrapersonnel même s'il peut engendrer des effets néfastes au sein des groupes organisationnels[1]. De plus, les écrits tirés typiquement du milieu des « relations industrielles » (ou « relations professionnelles » en milieu européen) ne seront utilisés que dans la mesure où leur conclusion peut aider à comprendre la dynamique des conflits organisationnels sans égard au cadre administratif ou quasi légal dans lequel baigne ce genre de conflit.

Enfin, le conflit sera considéré sous sa forme dyadique, c'est-à-dire que l'on ne s'intéressera pas aux conflits impliquant plus de deux parties. Il est simplement postulé ici que le jeu des coalitions ramènera, en définitive, tout conflit à une forme dyadique. En outre, que l'on s'intéresse aux conflits interpersonnels, intergroupes ou interorganisationnels, le présent texte postule, à l'instar de Thomas (1976) et de Putnam et Poole (1987), que tout conflit présente un certain nombre de caractéristiques généralisables quel que soit le niveau d'observation.

Une définition du conflit dans les organisations

On dira qu'il existe un conflit au sein d'une organisation lorsqu'une partie (un individu ou un groupe) en percevra une autre comme un obstacle à la satisfaction de ses préoccupations, ce qui entraînera chez elle un sentiment de frustration, et qui pourra l'amener ultérieurement à réagir face à l'autre partie.

Certes, cette définition est limitative[2] mais elle fait clairement ressortir les caractéristiques généralement associées à l'existence même du conflit: *l'interdépendance* des parties qui les associent mutuellement à leur satisfaction respective; *l'incompatibilité* perçue par l'une d'elles des objectifs ou comportements de l'autre qui sert d'élément déclencheur du conflit et, enfin, dans certains cas *l'interaction* que cela entraîne entre elles.

L'interdépendance des parties met en lumière le fait que le conflit est un phénomène relationnel où chaque partie a besoin de l'autre et, en même temps, possède un certain pouvoir sur l'autre, ce qui lui permet d'exercer certaines contraintes sur elle ou d'en restreindre l'action. Ce pouvoir sera à la base de toute transaction entre les parties. À ce titre, l'analyse de la structure des rapports entre les parties sera déterminante pour bien comprendre le conflit.

L'incompatibilité perçue dans leurs objectifs respectifs renvoie à la nature subjective de la frustration à l'origine du conflit. En outre, il faut noter que l'incompatibilité n'est pas nécessairement perçue par les deux parties. L'évolution du conflit sera donc fortement associée à l'interprétation que se fait chaque partie de la situation. Les mécanismes de résolution du conflit feront donc fortement appel à tout ce qui est susceptible d'entraîner chez les parties en cause une réinterprétation des paramètres du conflit.

Enfin, alors que certains auteurs considèrent qu'il y a conflit avant même qu'il y ait réaction de frustration de la part d'une partie (ex.: Thomas, 1976; Van de Vliert, 1984), d'autres (ex.: Folger et Poole, 1984) croient que c'est dans *l'interaction* sociale que s'expriment les conflits, que c'est dans les échanges subséquents à la frustration initiale que les désaccords prennent réellement forme.

Quoi qu'il en soit, le seul fait de se préoccuper de gestion de conflit implique que l'on tente à la fois d'agir en tenant compte de toutes les caractéristiques d'un conflit et d'en maîtriser autant les sources que les conséquences.

PREMIÈRE PARTIE

L'ÉVOLUTION DE LA PENSÉE ADMINISTRATIVE EN REGARD DE LA NOTION DE CONFLIT

Nombreux sont les auteurs qui ont étudié la façon de traiter les conflits organisationnels en regard de l'évolution de la pensée administrative (ex.: Rahim, 1986; Robbins, 1974; Tapia, 1980)[3].En général, ces analyses théoriques adoptent une perspective fonctionnaliste de l'organisation (voir à cet effet

Séguin et Chanlat, 1988) qui met en lumière l'apport particulier de chaque école de pensée sur la façon de concevoir l'organisation et, partant, de considérer le conflit.

Sans reprendre en détail les différentes façons d'aborder les conflits en organisation tel qu'on peut les retracer à travers les ouvrages classiques en gestion, il importe toutefois de considérer un certain nombre de perspectives fondamentales suivant lesquelles le conflit dans les organisations a été étudié. Chacune d'elles a d'ailleurs été choisie ici pour la contribution distinctive qu'elle a apportée à la conception moderne de cette notion et à l'articulation du modèle diagnostique qui sera proposé plus loin.

À la lumière de ces écrits, il est intéressant de constater que la question du conflit dans les organisations est véritablement née avec l'éclosion d'une pensée proprement administrative. Avant les débuts de l'ère industrielle, la « nouvelle aristocratie » que représentaient les chefs d'entreprise considérait les travailleurs comme membres d'une classe sociale inférieure et traitait les conflits potentiels dans un rapport pur et simple de domination-soumission (Bendix, 1974).

C'est avec les débuts de l'ère industrielle que s'est véritablement développée une pensée administrative, que l'on a commencé à faire de l'acte de gestion un objet d'étude, et de l'organisation, une unité d'analyse (Cummings, 1978).

Depuis, ce domaine de recherche s'est développé et, périodiquement, on tente de faire une synthèse des divers courants de pensée qui ont contribué à façonner la compréhension que l'on a de l'organisation et de ses processus de fonctionnement (Bedeian, 1987; Bolman et Deal, 1985; March, 1965; Perrow, 1986; Scott, 1981; Séguin et Chanlat, 1988).

Parmi ceux-ci, quatre modèles principaux ont été retenus ici pour leur apport respectif à la notion de conflit organisationnel. Ce sont le modèle rationnel, le modèle des relations humaines, le modèle politique et le modèle systémique.

Le modèle rationnel

Les premiers théoriciens de la gestion (Taylor, Fayol, Gulick, Urwick, etc.) ont surtout contribué à rationaliser l'organisation du travail et ont peu traité directement de la question des conflits. Il transpire toutefois de leurs travaux que le conflit est mauvais[4] parce qu'il nuit à l'efficience organisationnelle et, dans cette perspective, ils se sont surtout employés à réduire, par différents mécanismes structurels, les possibilités d'occurrence du conflit en milieu de travail[5]. Parmi les principaux mécanismes prescrits pour solutionner le conflit, soulignons entre autres:

- *la définition des tâches, des règles et des méthodes* qui prescrit clairement les rôles et responsabilités de chacun et qui dépersonnalise l'exécution du travail;
- *la réduction des interfaces* entre les tâches qui a pour but d'éliminer la source même de frustration à l'origine des conflits en diminuant la dépendance des tâches les unes par rapport aux autres;
- *la concentration du pouvoir* dans une hiérarchie et une chaîne de commande précise ayant comme fonction de réduire le niveau

d'ambiguïté et d'incertitude vécu au palier inférieur de l'organisation.

Toutefois, après la Deuxième Guerre mondiale, les tenants du néo-rationalisme (comme Drucker, 1954; March et Simon, 1958; Odiorne, 1965; Simon, 1957) vont plus loin que prôner le « one best way » de Taylor. Ils soutiennent que la prise de décision organisationnelle doit être rationnelle mais reconnaissent qu'il s'agit d'une « rationalité limitée » par les capacités du décideur, la clarté et l'absence de contradictions dans les objectifs poursuivis, la possibilité d'accès aux ressources et à l'information nécessaire, etc. Somme toute, l'organisation se contente de solutions optimales plutôt que maximales (à la Taylor).

Dans cette perspective, le conflit apparaît comme inévitable, mais c'est son caractère émotif et subjectif qui nuit à l'organisation. Pour March et Simon (1958), le conflit est de nature perceptuelle et est provoqué par l'incomparabilité, l'inacceptabilité ou l'incertitude subjective des choix auxquels sont soumises les parties. Pour réduire le niveau de conflit, il importe surtout d'améliorer l'identification aux choix organisationnels en accentuant, entre autres, la participation au processus de décision ou l'engagement vis-à-vis des buts de l'organisation par des moyens comme par exemple la « direction par objectifs » (Odiorne, 1965).

Le modèle des relations humaines

Le modèle des relations humaines conçoit le conflit d'une toute autre façon. Dans cette perspective, le comportement humain au travail ne procède pas seulement d'une logique économico-rationnelle, mais la dimension psychosociale du travail impose, elle aussi, ses propres lois aux rapports organisationnels. Avec la mise en évidence des préceptes de *dynamique de groupe*, on prend conscience de l'influence des normes et valeurs sociales et du processus de socialisation sur le comportement individuel en milieu organisationnel. En reconnaissant la *puissance des attitudes* individuelles au travail, on en vient à valoriser un environnement de travail plus humain, plus apte à satisfaire les préoccupations professionnelles d'ordre individuel au travail et par là même, en associant satisfaction et productivité, à tenter de maximiser la première pour atteindre la seconde.

Dans cette perspective, on reconnaît que les désaccords organisationnels puissent être inévitables parce qu'il peut y avoir divergence entre les objectifs individuels et les objectifs organisationnels (Argyris, 1957, 1962). Toutefois, les tenants de cette école considèrent le conflit comme essentiellement mauvais. Il apparaît à leurs yeux comme immoral puisqu'il nuit aux exigences de collaboration qui sont le propre du fonctionnement individuel dans un ensemble organisé.

Ils suggèrent donc, eux aussi, divers moyens pour réduire le conflit organisationnel. Alors que les premiers tenants de cette école (Mayo, 1975; Roethlisberger et Dickson, 1947) prônaient essentiellement la mise en place de mécanismes visant à rendre les relations plus harmonieuses par une meilleure prise en compte des besoins des travailleurs et par l'amélioration des communications au sein de l'organisation, les tenants des courants ultérieurs ont suggéré l'utilisation d'autres leviers d'intervention. Ainsi, les tenants du modèle institutionnel (ex.: Selznick, 1957) jusqu'à ceux, plus récents, du modèle culturel (ex.: Deal et Kennedy, 1982) ont préféré et prônent encore la réduction des conflits par la mise en place de mécanismes favorisant l'adhésion et l'identification des individus au système de valeurs et à la culture de l'organisation. Les tenants du modèle participatif, de ses origines (ex.: Argyris, 1957) jusqu'aux courants plus récents de « Qualité de vie au travail » ou de « Mobilisation du personnel »[6], considèrent que le conflit se réduira dans la mesure où l'organisation saura mettre en place des mécanismes permettant à chacun de véhiculer ses préoccupations et d'influencer les décisions qui le concernent.

Le modèle politique

Dans les modèles précédents, on ne remet à aucun moment en cause la nature coopérative de la participation individuelle à l'organisation. Tout au plus Cyert et March (1963) reconnaissent-ils l'existence de coalitions qui marchandent entre elles les buts de l'organisation.

C'est autour de l'analyse sociopolitique des organisations (Blau, 1964; Crozier, 1963; Etzioni, 1961) que l'on commence à reconnaître la nature stratégique des rapports entre les divers groupes composant l'organisation. Chaque groupe tente de maîtriser une dimension essentielle du travail, d'augmenter sa zone d'incertitude en faisant préciser à l'autre ses exigences (donc en exigeant des règles et en obligeant l'autre à les respecter) tout en insistant simultanément pour conserver son autonomie et sa propre marge de pouvoir sur son environnement (Crozier, 1963; Crozier et Friedberg, 1977).

Dans cette perspective, le conflit apparaît comme une chose naturelle dans les organisations. Pour la première fois dans l'histoire de la pensée administrative, on reconnaît l'importance pour l'organisation de se doter de mécanismes de gestion de conflit tels des forums de négociation permanente ou des formules d'arbitrage pour résoudre les questions litigieuses.

D'autres poussent encore plus loin l'analyse. En centrant leur questionnement sur les rapports de pouvoir, ils chercheront à découvrir les mécanismes qui sous-tendent la dynamique politique des organisations (Clegg, 1989).

Le modèle systémique

En définissant l'organisation comme un ensemble de parties en interaction, lui-même en relation avec son environnement, plusieurs auteurs (ex.: Katz et Kahn, 1971; Thompson, J.D., 1967) reconnaissent donc le principe de l'échange et de l'inter-influence continue. Dans cette perspective, chaque système (et sous-système) dépend pour sa survie de son échange avec l'environnement. De façon quasi dialectique, il doit à la fois réussir à se différencier des autres systèmes par sa contribution distinctive tout en réussissant à l'intégrer à l'environnement (Lawrence et Lorsch, 1967). Dans cet effort de différenciation fonctionnelle, l'organisation aura besoin de développer des mécanismes pour traiter l'information lui provenant de l'environnement et aussi lui permettre de s'adapter. Certes, dans un environnement stable une approche de gestion dite « mécanique » (Burns et Stalker, 1961), semblable à ce qu'on retrouve dans le modèle rationnel, peut s'avérer efficace pour traiter les incertitudes provenant de l'environnement. Au contraire, une organisation soumise à un environnement turbulent aura besoin de mettre en place des mécanismes de gestion à caractère « organique » (Burns et Stalker, 1961) permettant de concilier de façon adéquate les inconsistances et les contradictions avec lesquelles elle doit traiter.

Dans cette perspective, le conflit apparaît à la fois comme inévitable et tout à fait fonctionnel puisque l'organisation est soumise à un processus constant d'adaptation. Les mécanismes de gestion des conflits seront efficaces dans la mesure où ils seront liés aux situations auxquelles cette organisation est confrontée. Selon le niveau d'incertitude à traiter, il pourra s'avérer efficace d'aplanir les différends, tout comme, au contraire, il pourra être souhaitable d'encourager les divergences susceptibles d'améliorer la solution finale (Robbins, 1974).

À ces premières constatations du modèle systémique viennent s'ajouter d'autres observations où l'on constate que l'organisation est composée de systèmes non seulement techniques mais aussi sociaux qui sont en interaction étroite (Emery et Trist, 1960), accentuant encore les sources potentielles de conflit et nécessitant la mise en place d'un design organisationnel souple, capable de tirer le meilleur parti de ces différents aspects.

Des observations plus récentes (ex. : Bidwell et Kasarda, 1985; McKelvey et Aldrich, 1983) portent à croire que les organisations évoluent suivant une perspective écologique selon laquelle, par un processus de sélection naturelle, seuls les systèmes forts survivent. Cette lutte pour la survie semble être liée à la capacité de découvrir une « niche environnementale » permettant à l'organisation d'évoluer. Cette approche, qui s'inspire d'une forme de darwinisme social modernisé, repose donc fortement sur une perspective de conflit interorganisationnel[7].

Cette brève revue de la pensée administrative concernant la notion de conflit met en lumière la valeur différente que l'on a accordée à cette réalité. Pour d'aucuns, la survie de l'organisation étant fondée sur la collaboration de tous ses membres à la réalisation d'un objectif commun, le conflit ne peut être que destructif. Il importe donc de l'éliminer en mettant en place des structures et des pratiques qui compensent ce que Weber nommait « les imperfections de la nature humaine ».

En revanche, d'autres théoriciens ont reconnu le caractère inévitable et parfois même souhaitable du conflit organisationnel, surtout s'il sert à stimuler les membres de l'organisation et si le choc d'idées divergentes conduit à des résultats positifs.

C'est ainsi qu'est née l'idée non pas simplement de chercher à résoudre les conflits mais plutôt de les gérer; de reconnaître, au sein de l'organisation, l'existence d'habiletés, de connaissances et d'intérêts différents qui peuvent être mis à profit dans la quête de solutions mieux adaptées à l'environnement dans lequel elle évolue (Robbins, 1978).

Cette diversité de conception a donné lieu, depuis la deuxième moitié des années soixante-dix, à toute une documentation sur le phénomène de gestion des conflits. En puisant dans ces différents modèles et résultats de recherche, il est possible de faire émerger un corps de connaissance susceptible d'être utile au gestionnaire en présence de telles situations. C'est ce que vise la prochaine partie.

DEUXIÈME PARTIE

UN MODÈLE DIAGNOSTIQUE

On reconnaît en général dans la documentation en gestion des conflits deux grands types de modèles qui servent à décrire le phénomène du conflit en milieu organisationnel[8].

Il y a d'abord les modèles dits « structurels[9] » qui proposent divers cadres de référence pour comprendre les conditions générales dans lesquelles se déroule un conflit, pour mieux saisir les facteurs susceptibles d'influencer le comportement des parties en présence. Certains de ces modèles reconnaissent les sources de conflit comme étant propres à la nature humaine ou aux rapports des groupes entre eux (ex.: Kabanoff, 1985; Olson, 1978; Schellenberg, 1982), d'autres proposent une grille plus systémique d'analyse des conditions du conflit (ex.: Katz et Kahn, 1966).

Il y a ensuite les modèles dits « processuels[10] » qui tentent de décrire la dynamique d'une situation de conflit, qui cherchent à illustrer les transformations vécues par chaque partie lors d'un épisode conflictuel. En général, ces modèles ne se préoccupent guère de faire une analyse systématique des causes du conflit mais tentent surtout de mettre l'accent sur l'influence subjective et réciproque des parties. Ils sont centrés sur les comportements adoptés par chacun des acteurs en présence et tentent de saisir les conséquences de ces comportements sur le déroulement du conflit.

Parmi ces modèles, d'aucuns s'intéressent davantage à saisir la mécanique de l'échange entre les parties (ex.: Putnam et Poole, 1987); d'autres tentent de comprendre les mécanismes perceptuels et réactionnels en jeu dans un conflit (ex.: Pondy, 1967); d'autres encore se penchent sur les comportements adoptés par les parties, voire de façon parfois très normative (ex.: Blake et Mouton, 1984; Likert et Likert, 1976; Thomas et Tymon, 1985), ils suggèrent même des moyens privilégiés d'agir en situation de conflit. D'autres, enfin, s'intéressent à définir les changements de comportement des parties à mesure que progresse le conflit (Thomas, 1976).

De fait, ces deux types de modèles jouent un rôle complémentaire dans la compréhension du phénomène du conflit (Van de Vliert, 1984). L'approche suggérée ici s'inspire de ces deux types de modèles mais suggère une analyse du conflit qui, pour être plus complète, doit s'effectuer à trois niveaux différents. Trois niveaux qui mettent en évidence des aspects distincts du conflit, qui font ressortir des sources précises d'intervention à exploiter.

Un premier niveau d'analyse, qui puise essentiellement dans la documentation des modèles structurels, suggère une *analyse structurelle du conflit*, c'est-à-dire met l'accent sur l'étude de ce que certains auteurs nomment des conditions préalables[11] au conflit (ex.: Filley, 1975; Van de Vliert, 1984), des enjeux du conflit (ex.: Thomas, 1976; Van de Vliert, 1984) ou bien des variables indépendantes du conflit (ex.: Putnam et Poole, 1987) et qui déterminent le comportement des parties. Un deuxième niveau, s'inspirant des modèles processuels, propose une *analyse dynamique du conflit*, c'est-à-dire porte sur l'étude du processus d'échange et d'influence mutuelle des parties lors d'un épisode conflictuel. Enfin, un troisième niveau d'analyse, qui tire sa source de préoccupations moins développées et souvent diffuses au sein des modèles processuels, suggère une *analyse diachronique du conflit*, c'est-à-dire une étude des transformations du comportement des parties à mesure que progresse le conflit. Les pages suivantes vont reprendre plus en détail ces trois niveaux d'analyse.

Premier niveau d'étude:
L'analyse structurelle du conflit

Après son analyse de l'évolution de la pensée administrative, Perrow (1986, p. 154) concluait que la théorie devrait reconnaître le conflit comme un élément inévitable de la vie organisationnelle résultant de caractéristiques organisationnelles plutôt que de caractéristiques des individus (p. 132) ».

Il s'avère donc nécessaire, pour bien comprendre le conflit, de faire une étude assez exhaustive des conditions auxquelles sont soumises les parties en présence. De façon générale, on a constaté plus haut que la probabilité d'émergence d'un conflit sera d'autant plus élevée que le travail d'un individu (ou d'un groupe) sera empreint d'ambiguïté, d'incertitude (Aucoin, 1989), qu'il s'exercera dans des rôles frontières (Katz et Kahn, 1966) ou en fonction d'objectifs ou de valeurs incompatibles avec une autre partie (Cyert et March, 1963).

Ces conflits seront d'autant plus importants que les parties ont peu de marge de manœuvre, sont dépendantes l'une de l'autre ou n'ont pas de mécanismes régulateurs pour aider la solution des différends.

Au-delà toutefois de ces considérations générales, l'analyse d'un conflit donné nécessite de pouvoir isoler les éléments critiques susceptibles d'influencer le comportement des parties antagonistes. Le modèle ci-dessous (schéma 1) présente une synthèse de ces facteurs. On y considère qu'une analyse structurelle d'un conflit doit éclairer quatre paramètres distinctifs dont on doit tenir compte si l'on veut comprendre le comportement adopté par les parties en présence.

Selon ce modèle, en situation de conflit, chaque partie agira non seulement selon ce qu'elle est, c'est-à-dire selon ses *prédispositions* et ses propres *prévisions* concernant le déroulement du conflit, mais aussi selon la situation dans laquelle se produit le conflit, c'est-à-dire selon les *enjeux* du conflit, les *pressions* qui sont exercées sur elle et le *cadre de référence* dans lequel se déroule le conflit.

Le premier paramètre concerne les parties elles-mêmes et, plus précisément, leurs *prédispositions*, c'est-à-dire l'ensemble de leurs traits et habiletés personnels susceptibles d'influer sur leur comportement dans une telle situation de même que leurs *prévisions* quant au déroulement du conflit, c'est-à-dire l'évaluation cognitive de leur position stratégique et l'estimation du comportement de l'autre partie. Il est à noter ici que le modèle suggéré considère indistinctement les parties en présence, qu'il s'agisse d'individus ou de groupes. Certes, les conflits intergroupes et interorganisationnels ont des propriétés distinctes qui ne peuvent être assimilées à un conflit interpersonnel (Greenhalgh, 1987). Toutefois, pour les besoins de la présente généralisation, on fera l'hypothèse qu'en définitive chaque partie est toujours représentée par une personne qui articule, à sa façon, les rapports avec la partie adverse.

Schéma 1
Analyse structurelle du conflit

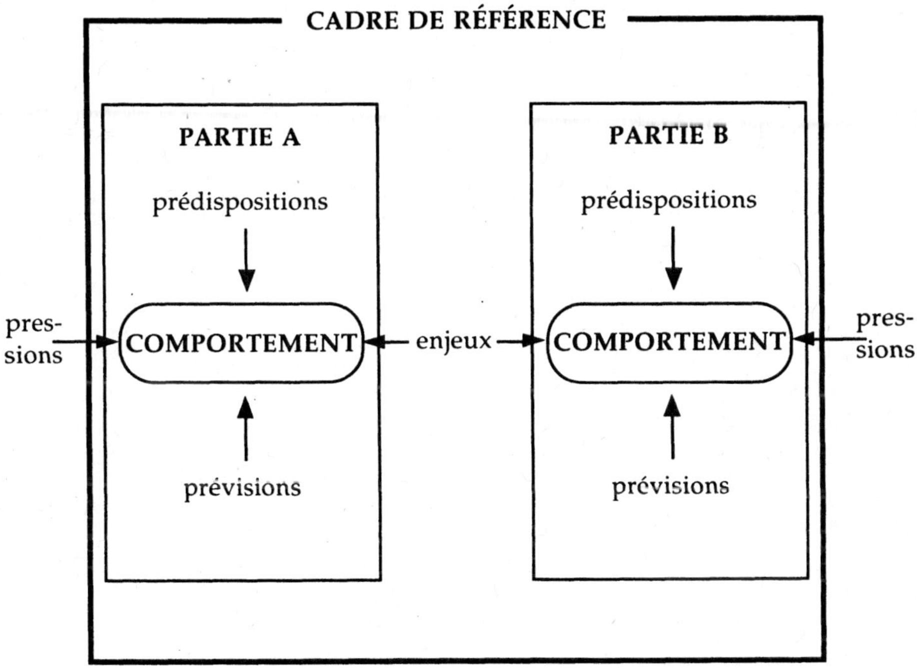

De nombreux chercheurs se sont préoccupés d'étudier l'influence des prédispositions, c'est-à-dire l'influence de traits personnels relativement stables sur la conduite d'un conflit (Folger et Poole, 1984; Rubin et Brown, 1975). En général, ces recherches ont permis de constater une relation soutenue entre certains traits de personnalité comme le besoin de dominer (Schneer et Chanin, 1987), le machiavélisme (Christie et Geis, 1970), la confiance interpersonnelle (Rotter, 1980) et le comportement adopté en situation de conflit. Toutefois, comme le souligne Hamner (1980), les exigences imposées par la situation conflictuelle semblent avoir un effet plus déterminant sur le déroulement du conflit que les caractéristiques personnelles de l'acteur principal et ce, d'autant plus que la situation est critique (Terhune, 1970).

Les *prévisions* se rapportent à l'ensemble des facteurs relationnels déterminant la perception qu'une partie a d'elle-même et de l'autre. Cet aspect a été mis en lumière particulièrement dans les recherches en communication et en négociation (Greenhalgh, 1987; Putnam et Poole, 1987). De façon générale, on fait allusion ici à l'analyse que fait chaque partie de sa position stratégique, notamment du degré de dépendance que l'on peut avoir par rapport à l'autre partie (Bacharach et Lawler, 1981). De plus, chaque partie semble influencée par l'attribution qu'elle se fait des intentions de l'autre (Thomas et Pondy, 1977), de même que par ses attentes quant aux résultats du conflit (Schelling, 1975).

Le deuxième paramètre concerne les *pressions* auxquelles sont soumises les parties. Thomas (1976) note à cet égard l'effet différent qu'exercent sur chaque partie les mandants (« constituents ») ou les témoins (« bystanders »).

La pression sociale exercée par le groupe de référence est un phénomène bien connu en dynamique de groupe (Moscovici, 1979) et qui trouve une application directe dans le rapport qui lie le représentant d'un groupe à ses mandants. Dans ce cas précis, il est clair que les prises de position du représentant dans un conflit résultent d'un processus de négociation semblable à celui qu'il doit mener avec les membres de son groupe. En regard de ce phénomène, la documentation sur le sujet semble indiquer que l'existence de mandants accroît l'utilisation de stratégies distributives (ou de comportements plus compétitifs), ce qui n'est pas sans avoir quelques effets sur le leadership du représentant auprès de son groupe (Druckman, 1977; Rubin et Brown, 1975) et sur son intégrité face à la partie adverse.

Dans l'univers nord-américain des relations industrielles, on connaît bien l'effet qu'exerce la présence ou non d'un auditoire sur le déroulement d'une négociation (voir aussi Bacharach et Lawler, 1980). Les normes culturelles d'un milieu définissent en partie les comportements désirables ou non dans un conflit. De même, le risque de désapprobation publique ou la mise en cause de la bonne foi d'une partie que présente le fait de porter un conflit devant un auditoire plus large peut être un puissant argument susceptible d'altérer les comportements des parties en présence, particulièrement en réduisant l'occurrence de réaction hostile.

Le troisième paramètre concerne les *enjeux* en cause dans le conflit. L'enjeu renvoie d'abord à l'objet qui est au centre du débat, qui est désirable pour les deux parties et pour lequel le comportement d'une partie est source de frustration pour l'autre. Thomas (1976), à cet effet, parle d'une structure d'intérêt (« incentive structure ») qui relie les préoccupations mutuelles des parties en présence. En général, on reconnaît que les principaux enjeux d'un conflit sont liés soit à la maîtrise *de ressources rares*, entraînant un conflit d'intérêt entre les parties, soit à l'existence d'un *obstacle à la satisfaction des préoccupations d'une partie*, entraînant des prises de positions divergentes entre différents protagonistes. Cet obstacle peut tout aussi bien être associé aux comportements ou aux rôles exercés par une partie et qui apparaissent inacceptables à l'autre, ou à l'existence d'une situation jugée préjudiciable par l'une des parties. L'enjeu peut aussi émerger du déroulement même du conflit, par exemple lorsqu'une partie impose ses priorités à l'autre (Bacharach et Lawler, 1981) ou lorsqu'elle définit diverses « questions de principe » sur lesquelles elle demeure inflexible (Deutsch, 1977).

Quoi qu'il en soit, l'analyse de l'enjeu paraît centrale à la compréhension du conflit. Il importe d'abord de préciser la nature *explicite* (ex.: argent) mais aussi *implicite* (ex.: « sauver la face ») de l'enjeu et le contexte dans lequel il se situe[12]. En effet, certains enjeux socialement acceptables masquent des réalités plus profondes (Fisher et Ury, 1981). Il faut aussi distinguer la dimension *cognitive* d'un conflit de sa dimension *affective*. Plus un conflit devient une menace à l'identité même d'une partie, plus il prend une dimension affective (Walton, 1987)[13].

De même, plus l'enjeu devient inacceptable à une partie, plus il influera sur le résultat du conflit (Greenhalgh *et al.*, 1985). L'intensité de l'engagement émotif s'accroît aussi avec l'escalade du conflit et est propre à bloquer l'accès à certains mécanismes de résolution à cause de phénomènes purement défensifs comme la personnalisation (Filley, 1975) ou la polarisation (Druckman et Zechmeister, 1973).

Enfin, le quatrième paramètre concerne le *cadre de référence* dans lequel s'exerce le conflit. L'étude d'une situation de conflit ne peut être complète sans une analyse du cadre de règles, de normes, de méthodes ou de pratiques implicites ou explicites qui sont pertinentes au conflit et qui souvent en déterminent l'évolution. Le cadre de référence d'un conflit, c'est l'ensemble des éléments à caractère normatif qui exercent une contrainte sur les parties et canalisent leur comportement suivant un cheminement prédéterminé[14].

Les règles et méthodes exercent souvent une influence majeure sur le déroulement d'un conflit, particulièrement dans le cas de conflits régis par une convention entre les parties. De fait, elles existent souvent pour prévenir les conflits ou, du moins, en délimiter l'étendue. En ce sens, elles jouent un rôle important comme mécanisme régulateur des rapports dans une organisation (Bolman et Deal, 1985). Elles permettent aussi de traiter plus facilement des questions délicates entre les parties et, en ce sens, jouent un rôle important de régulation sociale (Thibaut et Kelley, 1959). Toutefois, elles présentent certains inconvénients indéniables. Elles augmentent la rigidité des rapports entre les parties et deviennent souvent l'enjeu même du conflit, particulièrement en situation tendue. Elles accentuent la tendance à la compétitivité (Blake *et al.*, 1964) et accroissent la tendance à recourir à d'autres règles en stimulant la légalisation et la bureaucratisation des rapports, ce qui semble particulièrement le cas de l'univers américain[15].

Une analyse du cadre de référence du conflit peut donc s'avérer utile pour mettre en lumière les lacunes dans la conduite des échanges entre les parties et, par là, souligner plusieurs mécanismes d'intervention.

Ces quatre paramètres de l'analyse structurelle du conflit regroupent essentiellement les variables qui déterminent le comportement adopté par chaque partie en situation de conflit. En tant que variable dépendante, le *comportement* même des parties a été lui aussi l'objet d'une documentation abondante qui suit, sous plusieurs rapports, l'évolution constatée dans la documentation sur le leadership (Rondeau, 1984).

Ainsi, les premières recherches sur le conflit suggéraient que les comportements adoptés par chaque partie se distribuaient le long d'un continuum allant de la coopération à la compétition entre les parties (Deutsch, 1949). Toutefois, au cours des deux dernières décennies, de nombreux groupes indépendants de recherche (ex. : Blake et Mouton, 1970, 1984, Cosier et Ruble, 1981; Rahim, 1983; Thomas et Kilmann, 1978) ont contribué à mettre en évidence l'existence d'un modèle bidimensionnel de comportement en situation de conflit. Malgré de légères variations dans leurs définitions de ces dimensions et des styles de comportements reconnus (Shockley-Zalabak, 1988), on peut essentiellement regrouper le résultat de ces travaux dans un modèle semblable à celui de Thomas (1976) et illustré au schéma 2. Comme on le constate, ce modèle discerne deux dimensions indépendantes influant sur le comportement en

Schéma 2
Styles de comportement en situation de conflit

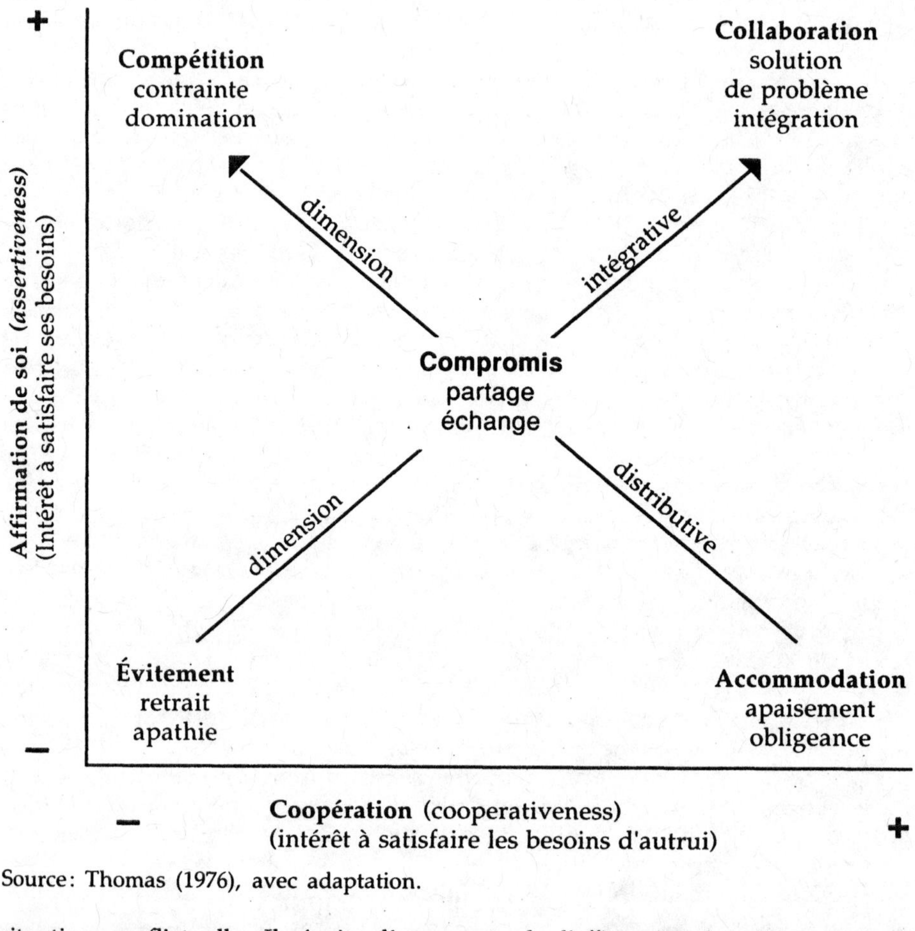

Source: Thomas (1976), avec adaptation.

situation conflictuelle. Il s'agit, d'une part, de *l'affirmation de soi* (« assertiveness »), définie comme la tendance à satisfaire ses propres besoins et, d'autre part, de la *coopération* (« cooperativeness »), définie comme la tendance à se préoccuper des besoins des autres. Ces dimensions se combinent pour déterminer cinq styles de comportement en situation de conflit définis comme: *évitement*, *accommodation*, *collaboration*, *compétition* et *compromis*.

La conception de ces styles de comportement varie profondément selon les auteurs (Van de Vliert et Prein, 1989). Pour certains, il s'agit de catégories distinctes de comportement reflétant des traits stables de personnalité, alors que d'autres considèrent qu'il s'agit tout au plus d'attitudes ou d'orientations prédisposant la personne à agir dans un sens donné. D'autres, enfin, considèrent qu'il s'agit plutôt de comportements intentionnels ou stratégiques basés sur l'analyse qu'une personne fait de la situation à laquelle elle s'adapte. Ainsi, Thomas

(1976) suggère que ces styles sont choisis en fonction du résultat stratégique recherché. Le résultat sera d'autant plus « intégratif » que les deux parties accroîtront mutuellement leur niveau de satisfaction. Au contraire, un résultat sera « distributif » lorsqu'il entraînera la satisfaction d'une des parties aux dépens de l'autre. Le compromis, pour sa part, apparaît comme un phénomène complexe, perçu différemment selon les préférences stratégiques des acteurs (Kabanoff, 1987).

Il faut souligner ici le caractère normatif de ces styles et l'influence encore dominante qu'exerce l'école des relations humaines sur l'utilisation d'une approche coopérative en situation de conflit (Thomas, 1987). Toutefois, des recherches récentes (ex. : Garnier, 1983; Rondeau et Vézina, 1988) mettent en évidence le caractère situationnel des choix d'un style de comportement lors d'un conflit.

Effectuer une analyse structurelle d'un conflit en suivant le modèle décrit ici signifie d'abord déterminer l'influence des quatre paramètres reconnus sur le style de comportement que pourront adopter les acteurs en présence. Tel qu'indiqué plus haut, il s'agit essentiellement d'une analyse linéaire qui ne tient pas compte de l'interaction des parties en présence. Pour que le diagnostic de cette situation de conflit soit plus complet, il importe donc d'amorcer un second type d'analyse, mieux approprié pour saisir la dynamique d'échange entre les parties. C'est ce qui sera abordé maintenant.

Deuxième niveau d'étude:
L'analyse dynamique du conflit

Essayer de comprendre la dynamique d'échange entre les parties nécessite une approche différente du conflit. Alors que l'analyse structurelle mettait en lumière les conditions préalables et statiques du conflit, le présent niveau d'analyse cherche à comprendre ce qui se produit au moment où les parties entrent en interaction. Comme l'indique le schéma 3 ci-dessous, on se préoccupe ici de mieux saisir comment se comportent les parties en tant qu'acteurs d'un processus d'influence réciproque.

Le conflit est vu ici non pas comme un processus continu mais bien comme une série d'échanges (Pondy, 1967; Thomas, 1976) vécus de façon directe ou différée au cours desquels chaque partie modifie sa perception de l'autre et, partant, ses comportements vis-à-vis de l'autre.

Cette relation plus ou moins directe est essentiellement caractérisée par une réinterprétation réciproque des événements et des comportements de l'autre. En outre, cet échange a une durée finie dans le temps et est déclenché par un événement qu'une partie considère significatif du conflit et qui sert d'amorce à l'épisode d'échange. Cet événement peut tout aussi bien résulter d'un épisode antérieur au conflit qu'être purement conjoncturel, mais il déclenche à nouveau l'interaction entre les parties qui se solde par une situation nouvelle (ou inchangée) pour les parties impliquées. Ce résultat prévaudra jusqu'au prochain épisode.

La dimension dynamique renvoie au fait que le conflit est un processus interactif, c'est-à-dire que le comportement d'une partie est partiellement déterminé par la réaction obtenue de l'autre. La dynamique d'échange est le proces

Schéma 3
Analyse dynamique du conflit

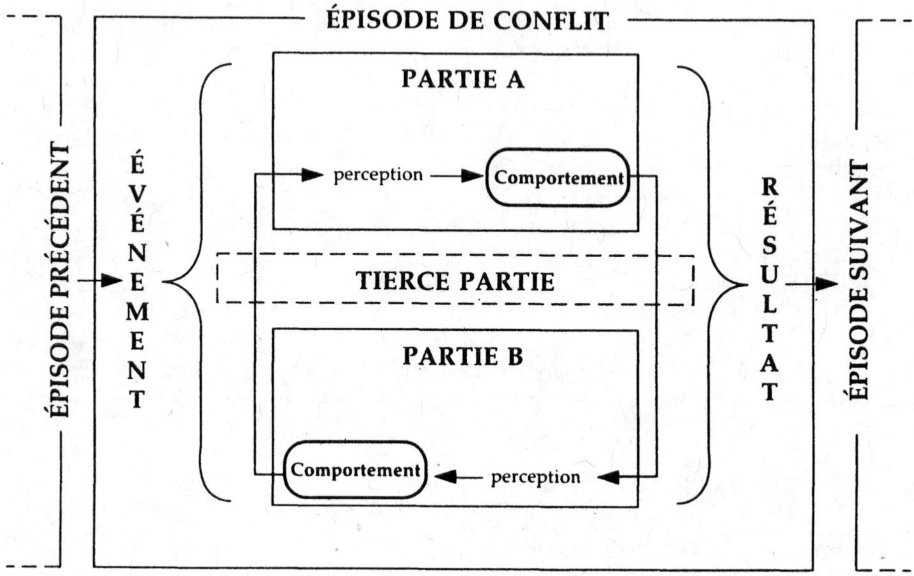

sus privilégié par lequel les parties articulent leurs stratégies et réagissent à la stratégie de l'autre. Comme l'indique une volumineuse documentation sur la question (ex.: Fisher et Ury, 1981; Lax et Sebenius, 1986; Raiffa, 1982), le comportement des parties en présence lors d'un conflit est clairement une affaire d'interaction, c'est-à-dire qu'au-delà des conditions qui règnent chaque partie sera aussi influencée par l'observation qu'elle fait du comportement de l'autre (Weingart *et al.*, 1987). D'ailleurs, en situation maîtrisée, c'est la perception du comportement de l'autre, plutôt que son propre style de comportement ou que les conditions existantes (Baron, 1988), qui explique une proportion plus grande de la variance du comportement adopté par une partie lors d'un conflit.

Cette tendance à modeler son comportement sur l'autre partie en situation de conflit a aussi été mise en évidence par la recherche sur la réciprocité. Ainsi, on a montré que le choix d'une stratégie se reflète sur les tactiques qu'emploiera l'autre partie. On a pu constater qu'un comportement réciproque suit généralement des comportements de compétition, de collaboration, d'accommodation et de compromis. Seul l'évitement semble apparaître surtout après un comportement de compétition (Cosier et Ruble, 1981; Ruble et Cosier, 1982).

Comment cela se produit-il? L'analyse dynamique du conflit semble suggérer que le comportement adopté par les parties résulte d'abord de la *perception* que chacune se fait de l'autre et des événements qui surviennent.

De toute évidence, le conflit est clairement un phénomène perceptuel (Deutsch, 1977) suivant lequel chaque partie conceptualise (Thomas, 1976) la situation conflictuelle et adopte un comportement en conséquence. D'ailleurs, nombreux sont les auteurs qui considèrent que la réinterprétation d'une situation ou d'un événement constitue de fait l'élément déclencheur de toute situation conflictuelle (Pondy, 1967; Thomas, 1976). À cet effet, Deutsch (1977) rappelle qu'il n'y a pas nécessairement de relation entre la situation objective et le comportement adopté par les parties; il montre en outre comment les différents processus perceptuels interviennent pour déterminer ce comportement.

Le processus perceptuel à la base de l'action individuelle a déjà été brièvement abordé au niveau de l'analyse structurelle lorsqu'il a été question des prévisions des parties. Dans l'analyse dynamique d'un conflit, on s'intéresse à la nature interactive du processus perceptuel par lequel chaque partie tente de donner de la « consonnance perceptuelle » (Festinger, 1964) aux comportements de l'autre.

Cette dynamique a d'ailleurs été bien illustrée dans l'expérience de Baron (1988). Il a démontré que le fait de recevoir une critique destructive sur son travail accroît la tension et augmente la probabilité d'y réagir par la résistance ou l'évitement. Toutefois, cela engendre aussi des concessions ultérieures plus grandes. Le fait de recevoir ce genre de critique semble se traduire par une fixation d'objectifs plus bas et un sentiment réduit de son efficacité personnelle. De cette façon, l'individu semble s'ajuster à la perception qu'il a des attentes dirigées à son égard. De fait, cette dynamique de « prophétie inéluctable[16] » (« self-fulfilling prophecy »; Merton, 1957), bien connue en psychologie, apparaît particulièrement puissante en situation de conflit. Comme l'ont montré de nombreuses études (ex.: Deutsch, 1977; Walton et McKersie, 1965), le comportement observé chez l'autre est fréquemment une réponse directe aux attentes dirigées plus ou moins consciemment vers lui.

Enfin, l'analyse dynamique présume que cette interaction des parties lors d'un épisode se solde par un résultat donné (Thomas, 1976), par une situation particulière dans laquelle se retrouvent les parties l'une par rapport à l'autre. Par cette formule, on renvoie à ce qui influera potentiellement sur les épisodes subséquents. D'abord, il faut considérer que l'ensemble des décisions prises et des actions posées par les parties au cours de l'épisode constitue un premier élément de ce résultat. Ensuite, un autre résultat de l'échange concerne l'état psychologique dans lequel se trouve chaque partie après l'épisode; ici, il importe de voir comment chaque partie est influencée par l'échange et dans quelle mesure elle est placée en situation défensive ou bien dans quelle mesure elle est forcée de « sauver la face ». En outre, un autre aspect de ce résultat concerne la qualité de la relation entre les parties, c'est-à-dire le niveau de respect mutuel qu'elles continuent d'entretenir et la qualité de la communication entre elles. Tous ces éléments du résultat d'un épisode de conflit alimenteront les épisodes ultérieurs (Walton, 1987).

L'analyse dynamique d'une situation conflictuelle fournit donc une perspective tout à fait différente de l'analyse structurelle du conflit. Ici, c'est l'interaction entre les parties qui importe beaucoup plus que le contexte. L'intervention à ce niveau nécessite une connaissance approfondie des processus de communication et, d'ailleurs, s'inspire profondément de la documentation issue du champ de la communication en organisation (ex.: Jablin *et al.*, 1987; Putnam, 1988; Schultz et Anderson, 1984)[17].

L'analyse dynamique du conflit a aussi donné naissance à une abondante documentation sur le phénomène de médiation (ex.: Folberg et Taylor, 1984; Kolb, 1983; Moore, 1987) et l'intervention d'une tierce partie (ex.: Prein, 1987; Sheppard, 1984; Walton, 1987) orientée essentiellement sur les moyens de maintenir une interaction positive entre les parties et de les amener à un terrain d'entente.

Toutefois, l'analyse dynamique met surtout en lumière la transaction immédiate entre les parties lors d'un épisode particulier sans vraiment se pencher systématiquement sur les transformations profondes subies par les parties à mesure que progresse le conflit. C'est à un autre niveau d'analyse que cette question est traitée.

Troisième niveau d'étude:
L'analyse diachronique du conflit

Effectuer une analyse diachronique d'un conflit, c'est présumer que la dynamique d'échange entre les parties se modifie à mesure que progresse le conflit. Ici, l'on ne s'intéresse pas précisément à ce qui se produit lors d'un épisode de conflit mais plutôt à l'histoire du conflit, au type de détérioration (ou d'amélioration) de la relation entre les parties, en somme au processus d'escalade (ou de désescalade) que connaît le conflit.

Ce type d'analyse est mal documenté dans les écrits sur le conflit. Bien que le phénomène d'escalade ait été traité par nombre d'auteurs (ex.: Pruitt et Rubin, 1985; Van de Vliert, 1984), il y a vraiment peu de constance dans la documentation sur le sujet.

Certains auteurs, en effet, considèrent le conflit dans une perspective d'interaction continue dominée par le fait que les parties auront à « vivre ensemble » dans une relation à long terme, ce qui diminue l'intérêt de chacune d'elles à vouloir dominer l'autre partie lors d'une transaction donnée et accroît ainsi la probabilité de collaboration (ex.: Walton, 1969)[18]. D'autres, au contraire, ont tenté de discerner un certain nombre de dynamiques d'échange particulières susceptibles de provoquer une détérioration du conflit. Ainsi, Deutsch (1977) s'est intéressé à l'effet de la menace en situation de négociation sur l'escalade du conflit. De même, Brockner *et al.* (1979) se sont penchés sur l'effet de ce qu'ils nomment « être pris à son propre piège » (« entrapment ») par lequel une partie s'accroche à une prise de position dans laquelle elle a déjà beaucoup investi en espérant récupérer une partie de son investissement, provoquant ainsi une escalade du conflit.

Dans le même ordre d'idées, Thomas (1976) a distingué onze dynamiques particulières associées à l'escalade (ou à la désescalade) d'un conflit. De son côté, Glasl (cité par Van de Vliert, 1984) suggère l'existence de neuf stades d'escalade d'un conflit. S'inspirant de cette même tradition, l'analyse diachronique du conflit, telle qu'illustrée dans le schéma 4 ci-dessous, considère que le conflit peut progresser suivant six dynamiques distinctives qu'il convient de séparer en deux grandes phases.

Suivant ce modèle, un conflit entraîne un bris de l'équilibre existant entre les parties. Pour toutes sortes de raisons, le *modus vivendi* suivant lequel se comportaient les parties jusqu'alors se trouve perturbé par un événement

Schéma 4
Analyse diachronique du conflit

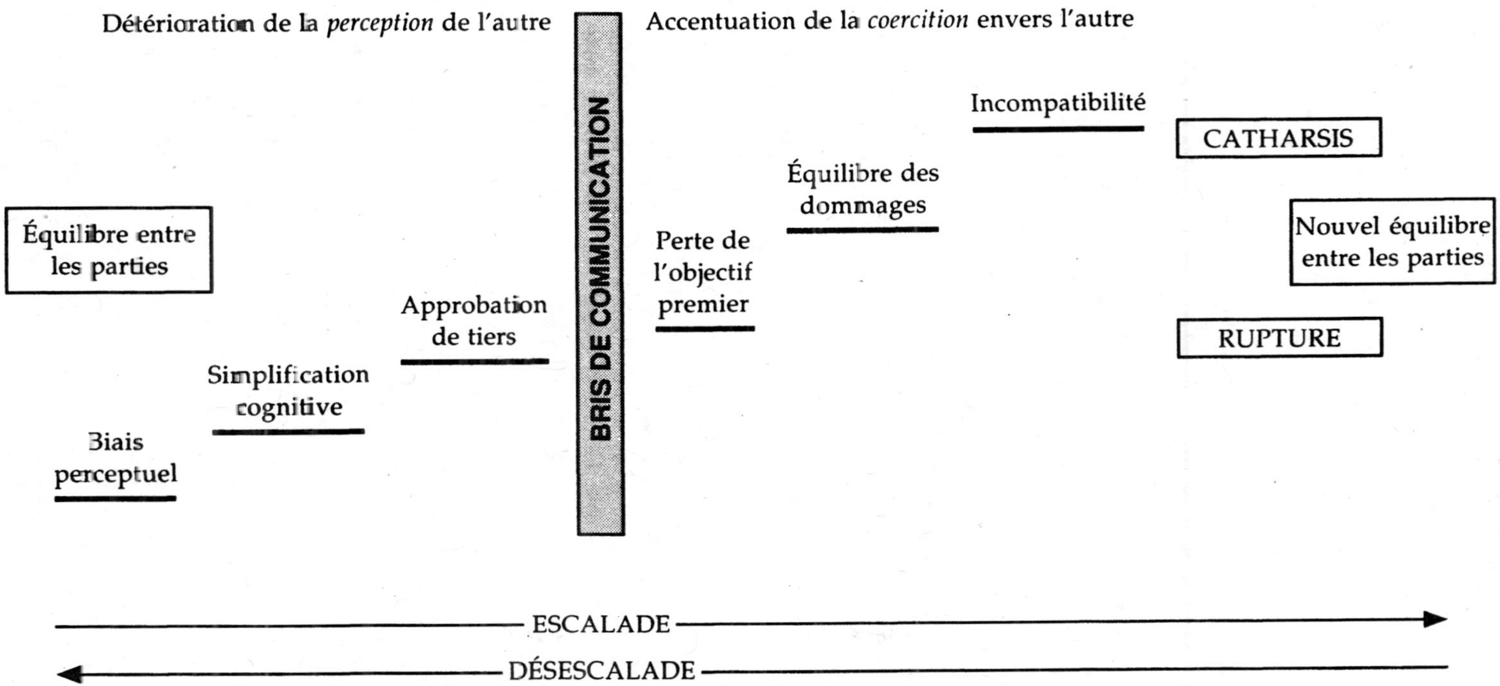

suscitant chez l'un la réévaluation de ses rapports avec l'autre. Il y aura alors escalade du conflit si la dynamique des échanges entre les parties s'en trouve modifiée de diverses façons. Ainsi, Van de Vliert (1984) considère qu'il y a véritablement escalade si la frustration d'une partie grandit avec chaque interaction. Pour Deutsch (1977), c'est l'élargissement du conflit à de nouveaux enjeux qui est le signe le plus évident d'escalade. Quant à Louis (1977), il considère que l'escalade d'un conflit est liée à l'accroissement de l'émotivité qui y est associée, l'identité même des parties étant alors mise en jeu.

La première phase de l'escalade est caractérisée par la *détérioration de la perception de l'autre* et, du même coup, par l'accroissement de la méfiance envers celui-ci. Dans cette phase, on peut discerner au moins trois processus distincts observés en situation de conflit. Un premier a trait à l'apparition de *biais perceptuel* chez au moins l'une des parties. Ainsi, lors d'un incident qu'elle considère frustrant pour elle, cette partie est amenée à réévaluer sa perception de l'autre. Divers mécanismes perceptuels pourront jouer un rôle ici. Par exemple, Louis (1977) et Thomas (1976) ont montré qu'une partie pouvait devenir sensible à des réactions de l'autre, provoquées par son propre comportement (« self-fulfilling prophecies »). Thomas (1976) a aussi mentionné un processus d'attribution d'intention à l'autre, par lequel une partie en vient à concevoir sa position comme raisonnable et à croire que l'autre agit de façon arbitraire, injustifiée et même provocatrice.

Un deuxième type de mécanisme prend plutôt des allures de *simplification cognitive*. Ici, comme l'ont montré Thomas (1976) et Walton (1969), par souci de consistance cognitive, les parties en conflit en viennent à se braquer sur des questions de principe. Elles portent des jugements de valeurs polarisés (noir-blanc, bon-mauvais) sans nuance, sans tenir compte de la complexité de la situation. Elles décrivent l'autre de façon stéréotypée.

Un troisième type de mécanisme concerne la recherche de *l'approbation de tiers*. À mesure que le conflit progresse, on constate aussi l'apparition de diverses distorsions dans la communication entre les parties (Thomas, 1976). Chaque partie considérant le message de l'autre comme non crédible, elle n'est plus disposée à l'écouter. Elle cherche plutôt à surenchérir avec son propre message. L'échange prend alors une tournure de dialogue de sourds, souvent orienté plutôt vers des tiers dont on cherche l'alliance. Le discours pourra aussi prendre la forme de dénonciation de l'immoralité de l'autre et visera à lui faire « perdre la face » (Glasl, cité par Van de Vliert, 1984).

Jusqu'ici, l'escalade a provoqué une détérioration perceptuelle de chaque partie face à l'autre. Mais les parties sont demeurées en relation. Toutefois, comme l'indique le schéma 4, le conflit prend une tout autre tournure lorsque se produit un *bris de communication* entre les parties. À ce stade, lorsqu'une partie a acquis la conviction qu'il ne sert plus à rien de maintenir un lien avec un adversaire hostile, elle rompt ses relations avec l'autre, entraînant ainsi la disparition des moyens directs de modifier leur perception mutuelle (Thomas, 1976). Un processus de médiation deviendra alors nécessaire pour remplir cette fonction.

La seconde phase de l'escalade est caractérisée par *l'accentuation de la coercition envers l'autre* comme seule forme d'influence encore possible. Alors qu'au cours de la première phase l'escalade était souvent spontanée, avec la seconde phase elle prend en plus un caractère stratégique, allant de la simple menace à l'obstruction systématique, voire à la destruction de l'autre partie (Van de Vliert, 1984).

Ici encore, au moins trois processus distincts ont fait l'objet d'observation. Tout d'abord, on peut constater un phénomène de *perte de l'objectif premier* par lequel les parties en viennent à oublier les préoccupations à l'origine du conflit pour concentrer leurs énergies à « vaincre » l'autre (Thomas, 1976). Cette forme de substitution ou de déplacement des buts premiers apparaît même aux dépens de ses propres intérêts. On a oublié l'objet même du conflit au profit de la victoire coûte que coûte.

Un deuxième type de mécanisme concerne la recherche d'un *équilibre des dommages* (Wehr, 1979). Comme Deutsch (1977) l'a constaté, chaque partie en vient à croire que le conflit est plus dommageable pour elle que pour l'autre, il en résulte souvent un sentiment d'être en droit d'obtenir un dédommagement avant même de considérer une réconciliation. Dans le même sens, l'effet de « s'être soi-même piégé » (Brockner et al., 1979) par lequel une partie est amenée à poursuivre malgré tout une tactique inefficace apparaît comme une autre façon de rechercher cet équilibre des dommages.

Un troisième type de mécanisme concerne l'émergence d'une *incompatibilité* entre les parties. Cela se caractérise par la perception croissante de chacune des parties que la solution au conflit ne peut inclure l'autre. C'est l'adversaire qui devient l'obstacle même à la satisfaction de ses propres préoccupations. À cet effet, tant Thomas (1976) que Glasl (cité par Van de Vliert, 1984) reconnaissent qu'en l'absence de réconciliation les parties en viennent à considérer la séparation et même la destruction de l'autre. À ce niveau, le conflit peut prendre un caractère idéologique par lequel l'élimination de l'autre partie apparaît acceptable. Nombre d'auteurs (ex. : Alinsky, 1971 ; Derr, 1978 ; Korda, 1977) ont d'ailleurs traité du jeu de pouvoir dans cette perspective.

À ce stade, le conflit a pris des proportions importantes et risque fort d'entraîner la rupture totale entre les parties. Dans ce cas-là, il ne peut s'agir, à proprement parler, d'une résolution du conflit. Par ailleurs, pour que la résolution d'un tel conflit soit possible, Thomas (1976), à l'instar de Walton (1969), reconnaît que les parties auront besoin d'un mécanisme de « catharsis », c'est-à-dire d'un moyen de ventiler leurs sentiments négatifs envers l'autre en situation maîtrisée. De cette façon, les parties pourront en venir à diminuer leur hostilité réciproque et à contrer leur détérioration perceptuelle mutuelle.

Certes, un conflit peut demeurer stable (Thomas, 1976) ou latent (Pondy, 1967) pendant une certaine période, mais, si l'on songe au mieux-être des parties en présence, il importe que cette situation ne soit que transitoire. Cela nécessitera qu'à un certain point une intervention permette aux parties soit de retrouver la situation d'équilibre qui existait entre elles antérieurement, soit d'explorer un nouvel équilibre mutuellement plus satisfaisant. Pour y arriver, plusieurs auteurs reconnaissent qu'à la fois les stratégies d'escalade et de désescalade peuvent s'avérer utiles (ex. : Robbins, 1974 ; Van de Vliert, 1984).

L'analyse diachronique du conflit met donc en lumière les façons particulières pour les parties d'agir selon le niveau de progression du conflit. La connaissance de ces mécanismes distinctifs permet de reconnaître un certain nombre de comportements communs à diverses situations de conflit et ainsi d'éviter qu'elles ne se détériorent.

Ce niveau d'étude du conflit complète le modèle diagnostique du conflit qui émerge de la documentation sans cesse croissante sur la question. Pour le gestionnaire en présence d'une situation de conflit, il peut être intéressant d'utiliser ces trois niveaux d'analyse pour bien mettre en lumière les paramètres importants à considérer dans son intervention ultérieure. Certains conflits se géreront mieux par une intervention purement structurelle, par exemple en modifiant certaines conditions particulières dans lesquelles évoluent les parties. D'autres nécessiteront une intervention directe au niveau de la dynamique d'échange entre les parties parce que la communication entre elles s'est détériorée au point de devenir un obstacle plutôt qu'un outil de réconciliation. Pour d'autres cas enfin, même la connaissance de l'historique du conflit et de son évolution s'avéreront des éléments précieux d'intervention. Il est à souhaiter que ce modèle sera utile au gestionnaire pour lui permettre de reconnaître les divers leviers à sa disposition lorsqu'il sera aux prises avec une situation conflictuelle.

Notes

1. Voir à ce sujet les articles du présent ouvrage qui portent justement sur ce genre de problème.
2. Pour une analyse plus poussée des définitions généralement données au conflit, voir les synthèses proposées par Fink (1968), Schmidt et Kochan (1972).
3. Voir aussi Kelly (1970) et Litterer (1966).
4. Taylor, par exemple, voyait surtout dans la mise en place de l'Organisation scientifique du travail une façon d'harmoniser les rapports entre patrons et ouvriers.
5. Nous retrouvons également cette idée dans le développement de l'organisation bureaucratique. Voir à cet égard Max Weber (1971) et Michel Crozier (1963).
6. Mohrman et Lawler (1985) ainsi que Lawler (1986) illustrent très bien ces courants.
7. Toutefois, il existe à l'intérieur de ce courant écologique une tendance plus coopérative. Voir à ce sujet J.F. Chanlat (1989, p. 381-399)
8. Voir à cet effet les synthèses de Thomas (1976) et de Van de Vliert (1984) qui adoptent cette typologie.
9. De nombreux auteurs utilisent cette formulation de « structural model ». Citons Coombs et Avrunin (1988), Katz et Kahn (1966) et Sheppard (1984).
10. De même, l'appellation « process model » se retrouve chez des auteurs tels Filley (1975), Pondy (1967) et Walton (1969).
11. Pondy (1967), Schmidt et Kochan (1972), Walton et Dutton (1969) ont, eux aussi, souligné l'existence de telles « conditions préalables ».
12. Goffman (1974b), par exemple, a bien montré combien la notion de face était essentielle dans les rites d'interactions et combien cette dernière variait d'une culture à l'autre.
13. Voir à ce sujet la partie du présent ouvrage qui y est consacrée.
14. C'est une des fonctions de la culture de canaliser d'une certaine manière les conflits humains. Voir à ce sujet l'ouvrage de P. d'Iribarne (1989) qui nous montre bien comment le conflit n'est pas du tout vécu de la même façon en France, aux États-Unis ou aux Pays-Bas.
15. Voir à ce sujet l'étude de M. Crozier (1984) et celle de P. d'Iribarne (1989).
16. Traduction empruntée à Trotter et McConnell (1980).
17. Voir notamment, dans le présent ouvrage, la partie qui est consacrée à la parole et au langage.
18. Cela est particulièrement mis en évidence par la recherche classique en théorie des jeux (ex.: Axelrod, 1984) ou la théorie économique (ex.: Siegel et Fouraker, 1960) qui tend à démontrer la valeur plus grande d'une approche coopérative à long terme en situation expérimentale où la communication entre les parties est restreinte.

CINQUIÈME PARTIE

VIE SYMBOLIQUE

« Il est de la nature de l'action symbolique de faire coexister la diachronie et la synchronie en une synthèse indissoluble. »

Marshall SAHLINS

« Un signal est une partie du monde physique de l'étant (*being*), un symbole est une partie du monde humain de la signification (*meaning*). »

Ernst CASSIRER

« Si un bœuf pouvait peindre, son dieu ressemblerait à un bœuf. »

XÉNOPHON

L'ÊTRE HUMAIN: UN ÊTRE SYMBOLIQUE

Jean-François CHANLAT

La dimension symbolique est consubstantielle à l'idée même d'humanité. Fabricant de sens et producteur de symboles, l'être humain se distingue ainsi du reste du monde vivant. Cette aptitude à symboliser, à interpréter et à se représenter la réalité qui l'entoure est le fondement même de la culture (Godelier, 1984).

Les organisations qui, jusqu'à ces dernières années, en avaient fait peu de cas, semblent avoir depuis changé d'avis. Concepts relégués jadis à l'univers de l'anthropologie, de l'ethnologie et de la sociologie, la culture, les symboles, les mythes envahissent désormais le monde de la gestion et des entreprises (Morgan, 1989). Qu'en est-il exactement de ce retour du culturel dans un univers qui encore tout récemment n'en tenait pas compte? Comment le symbolique joue-t-il un rôle dans un ensemble organisé? Que sous-tend-il? Quelles sont les relations que les phénomènes d'ordre culturel entretiennent avec les structures et le pouvoir? Telles sont quelques questions auxquelles les textes contenus dans cette cinquième partie vont tenter de donner une réponse.

Le concept de culture et par extension toutes les notions qui s'y rattachent (symboles, valeurs, mythes, rituels, cérémonies, légendes, etc.) sont de nos jours, comme le rappelle O. Aktouf dans son texte, très à la mode. Mais, comme il le souligne également avec force, cette popularité est source d'ambiguïté, voire dans certains cas d'abus conceptuels. L'organisation, en tant qu'objet d'analyse, n'est en effet ni une tribu, ni un peuple, ni une société à part entière. Elle ne se suffit pas à elle-même. Traversée par des éléments sociétaux, elle constitue un élément de la structure sociale et de la culture auxquelles elle appartient. Si l'on peut discuter de la pertinence de l'usage de ces termes dans l'univers organisationnel, surtout lorsqu'ils se réduisent à n'être que des outils opérationnels et programmables, il reste que nous devons reconnaître en revanche que l'organisation, en tant qu'univers singulier, produit des phénomènes qui relèvent de l'ordre du symbolique.

Tout collectif, formel ou non, produit du sens et des significations. Cette production symbolique est toujours le résultat d'une interrelation dialectique entre un contexte, des acteurs et des rapports sociaux. Mais symbole n'est pas synonyme de signe. Comme le développe Serge Bouchard dans son texte, le symbole, en appartenant au monde de l'imaginaire, répond au besoin de penser, au plaisir de créer, à la volonté de produire du sens. En cela, il se distingue du signe qui ne fait qu'informer. Les modèles techno-rationalisateurs, en voulant faire du signe un symbole, poussés par la raison économique, appauvrissent *l'organisation symbolique du travail*. C'est ainsi que les sociétés modernes font de moins en moins appel à des symbolisations unifiantes (Balandier, 1988).

Par ailleurs, la culture n'est pas dissociable des structures et des actes qui la constituent et la reproduisent. Comme le souligne Jean-Pierre Dupuis, la culture et les structures s'incarnent dans des *pratiques sociales* qui leur donnent vie dans des cadres spatio-temporels donnés, pratiques qui se construisent et se déconstruisent constamment. L'organisation est un lieu où l'on peut justement observer ces pratiques sociales en action et voir comment la dynamique culturelle peut être influencée par les différents niveaux dont nous avons parlé dans notre introduction (individu, interaction, organisation, société, monde). S'appuyant sur son expérience avant tout française, l'organisation-entreprise, comme nous le montre Renaud Sainsaulieu dans son texte, est non seulement un lieu où le travail est source d'identités professionnelles et où l'on observe une régulation culturelle, mais elle est aussi devenue un acteur majeur de la redéfinition de nos sociétés modernes.

Toutes ces manifestations culturelles, symboliques ne sont pas dissociables par ailleurs des rapports de pouvoir qui ont cours non seulement dans un ensemble organisé mais aussi dans la société en général. Comme nous le rappelle Stewart Clegg, les organisations mettent en jeu deux types de rapports: des rapports politiques et des rapports symboliques qui, interreliés, déterminent les pratiques disciplinaires qui permettront à l'ordre organisationnel d'assurer sa pérennité (Clegg, 1989).

Enfin, cette prégnance du culturel et du symbolique dans lés organisations est socio-historiquement localisée. Comme le texte de Gilles Amado, Claude Faucheux et André Laurent le souligne, les attitudes par rapport au changement organisationnel se différencient de part et d'autre de l'Atlantique. S'enracinant dans des modèles culturels propres, ces attitudes font apparaître des oppositions. Celles-ci ne sont compréhensibles par les uns qu'en renvoyant à la logique de fonctionnement des autres. Une telle intelligibilité ne peut surgir que d'un décentrage des pratiques et des discours managériaux, trop souvent marqués jusqu'ici par la culture et l'expérience américaines (Adler, 1986; Hofstede, 1987). Cet exercice est d'autant plus nécessaire que chaque culture est un réservoir de modèles originaux de gestion. À chacun donc de découvrir celui qui lui sied le mieux (d'Iribarne, 1989; Chanlat, 1984, 1988; Ouchi, 1980).

Longtemps considérée comme une boîte noire, une « variable intangible », une dimension insaisissable, la culture a fait irruption sur la scène organisationnelle. Si cette irruption a, dans une large mesure, pris les contours de l'esprit managérial, fait avant tout d'exigences économiques et d'instrumentalisation, elle a aussi permis à un certain nombre de chercheurs d'aller plus loin (Smircich et Calas, 1987), de dégager le rôle fondamental que joue la symbolisation dans la condition humaine. À une époque où la technique a tendance à tout simplifier, réduire et instrumentaliser, où nous sommes de plus en plus en proie à « l'empire du non-sens » (Ellul, 1980), la qualité de la vie dépend désormais de cette prise en compte du symbolique dans le quotidien.

ANTHROPOLOGIE, CULTURE ET ORGANISATION

Vers un modèle constructiviste*

Jean-Pierre DUPUIS

L'anthropologie a fait ces dix dernières années une entrée remarquée dans le champ des sciences de l'organisation. La popularité du concept de « culture » — concept central de l'anthropologie — pour traiter des réalités organisationnelles en fait foi. Cependant, trop souvent hélas! l'utilisation qui est faite du concept de « culture » révèle une vision étroite de ce qu'est l'anthropologie. Il me semble donc que, de ce côté, il serait nécessaire avant tout d'avoir une vision d'ensemble de ce qui se fait dans ce champ depuis vingt ans. C'est ce que je me propose de faire dans la première partie de ce texte. Ce n'est qu'après avoir présenté, de manière critique et constructive, les orientations récentes des anthropologues qu'il me sera ainsi possible d'explorer en deuxième partie les avenues qu'offre l'anthropologie pour l'étude des organisations.

L'ANTHROPOLOGIE AUJOURD'HUI: UN BREF APERÇU

Les vingt dernières années ont été marquées par l'éclatement des méga-théories en sciences sociales. Fini le temps des grandes certitudes où les théories fonctionnaliste, structuraliste et marxiste régnaient en rois et maîtres sur les sciences sociales. L'éclatement a entraîné les théoriciens et les chercheurs dans toutes les directions. Au premier coup d'œil, on pourrait même parler de confusion totale ou de tour de Babel théorique, tellement les nouvelles théories pullulent, et conclure, trop hâtivement bien sûr, que les sciences sociales seraient ainsi devenues moins « sciences » que jamais. De ce côté, il s'est effectivement produit une rupture épistémologique fondamentale. Les sciences sociales, en abandonnant les méga-théories, cessent souvent en effet de prendre, par la même occasion, les sciences « pures » comme modèle de développement.

* Je tiens à remercier tout particulièrement Richard Déry pour ses judicieux commentaires concernant la première version de ce texte. Bien sûr, la version finale engage la seule responsabilité de l'auteur.

On ne peut que s'en réjouir car les analogies des forces mécaniques actionnant la société-machine, empruntées par les sciences sociales du passé aux sciences « pures », ne sont pas très appropriées pour la compréhension des actions humaines. Le jeu, le théâtre ou le texte sont des analogies des actions humaines beaucoup plus fécondes que celles des hommes-pistons actionnant les sociétés-machines, puisqu'ils mettent de l'avant les règles, les stratégies, les actions des acteurs-joueurs et non des déterminismes agissant au-dessus d'eux et malgré eux.

Derrière cette confusion apparente, il y a cependant et surtout un désir et une volonté d'explorer de plus en plus minutieusement le monde social des hommes. Ce désir d'exploration et d'expérimentation l'emporte, bien souvent, sur la tentation de formuler une superthéorie. Inévitablement, les petites théories foisonnent, mais, de manière générale, elles semblent mieux s'appuyer sur des observations rigoureuses des actions humaines. Ainsi, dans le meilleur des cas, l'approche ethnographique semble prédominer, mais, très souvent hélas! c'est plutôt l'empirisme abstrait qui prend le dessus.

L'anthropologie ne fait pas exception à la règle. Il y a là aussi moult trajectoires, moult expérimentations. On peut, pour les besoins de la cause, les regrouper en trois mouvements: le premier est le retour en force des concepts centrés sur la personne; le deuxième met davantage l'accent sur les pratiques sociales des acteurs; et le troisième est axé sur les significations et les représentations. Ces mouvements seront présentés de manière qu'il me sera possible de construire à partir des principaux éléments de chacun d'eux un « modèle » permettant de réfléchir sur les organisations. C'est pourquoi il ne s'agit pas ici de faire une revue exhaustive des travaux dans chacun des mouvements par exemple. Je veux plutôt illustrer, à l'aide de quelques travaux théoriques et empiriques importants, l'orientation de chaque mouvement. Le choix des travaux anthropologiques est aussi fait en fonction de la construction de ce modèle. Il me faut maintenant préciser le cadre théorique qui présidera à l'organisation de ma présentation du champ de l'anthropologie ainsi qu'à celle du texte en général.

Je pars de l'idée que la réalité sociale est essentiellement dialectique. Je tire tout de suite de cette idée une conséquence logique pour les théories sociales: faisant partie de la réalité sociale, elles sont aussi des réalités sociales dialectiques. J'emprunte bien sûr cette idée à plusieurs auteurs. Je n'ai cependant pas l'intention pour la développer de remonter jusqu'à la source qu'est Marx, pour les sciences sociales. Je m'appuierai plutôt sur la thèse de Barrett (1984) développée dans *The rebirth of anthropological theory*. Barrett a le double avantage de présenter le caractère dialectique de la vie sociale et des théories anthropologiques et les interrelations qui existent entre elles.

Barrett a constaté le caractère « non paradigmatique », répétitif et oscillant des théories anthropologiques — sous diverses formes les théories anthropologiques mettent l'accent alternativement sur le système ou l'acteur, l'équilibre ou le conflit, etc. Il arrive à la conclusion que cette situation est le fait de l'incapacité des anthropologues à résoudre les contradictions conceptuelles qui sous-tendent leurs théories. Ces contradictions conceptuelles sont nombreuses et s'expliquent par la complexité même du social. Barrett (1984, p. 79) en donne une quarantaine présentées sur deux colonnes. Je n'en donne que quelques-unes ici:

acte et norme
individu et groupe
qualitatif et quantitatif
micro et macro
liberté et déterminisme
culture et société

Il faut préciser tout de suite que, bien que chaque paire de concepts soit effectivement dans une relation dialectique, ces paires ne sont pas nécessairement contradictoires[1]. Selon Barrett, c'est l'agencement de concepts puisés principalement dans l'une des deux colonnes qui donne naissance à une (nouvelle) orientation théorique. Puis, après un certain temps, pour des raisons diverses tenant compte tant du développement endogène de cette orientation que des changements dans la société, une nouvelle orientation théorique naît de l'organisation de concepts issus principalement de l'autre colonne. Ainsi, si les concepts sont dans une relation dialectique par paire, ils le sont aussi globalement par colonne. Barrett ira encore plus loin en soutenant que lorsque l'anthropologie choisit une orientation théorique issue de l'agencement de concepts d'une des deux colonnes, c'est la sociologie qui prend la relève et développe l'autre tendance en puisant ses concepts dans l'autre colonne. Ainsi, l'anthropologie et la sociologie seraient dans une relation dialectique et, comme le dit Barrett (1984, p. 97), « each discipline can partly be understood as a transformation of the other ». En gros, Barrett explique que, pendant que les Européens développent l'anthropologie sociale, ou la sociologie, en mettant l'accent sur le concept de société, les Américains développent l'anthropologie culturelle en privilégiant le concept de culture. Les contextes sociaux et culturels différents de l'Europe et de l'Amérique expliqueraient en très grande partie ces différences d'orientation théorique. Cela expliquerait également pourquoi il y aurait « deux » Marx, « deux » Weber, « deux » Durkheim, ces pères fondateurs jouant sur les deux plans, tantôt sur l'un, tantôt sur l'autre. Ils auraient ainsi jeté les bases des sciences sociales, lancé les débats de fond et mis en évidence les contradictions conceptuelles. Depuis lors, rares sont, selon Barrett, les anthropologues ou les sociologues qui ont joué sur les deux plans à la fois. Ainsi, la plupart des anthropologues, en choisissant de ne développer qu'un plan, qui varie cependant selon les époques, se sont opposés à ceux, souvent des sociologues, qui ont développé l'autre plan.

Il faut dépasser ces oppositions théoriques en reconnaissant que la base de la vie sociale est la dialectique[2]. Les actions humaines sont dialectiques et ce, à tous les niveaux d'interaction, tant aux niveaux microsociologique (celui des règles, des rôles, des attributs) et organisationnel (groupes, mouvements) que macrosociologique (sociétés). Ainsi, si les actions humaines sont dialectiques, il n'est pas étonnant de constater que nos théories sociales soient également dans un rapport dialectique entre elles. Il faut en être conscient, en tenir compte en construisant nos théories et non pas chercher à nier ou à supprimer un ou des aspects, comme la contradiction, de cette dialectique sociale.

Tels sont les principaux éléments du cadre théorique qui présidera tant à l'organisation du champ de l'anthropologie qu'à mon texte. À l'aide de ce cadre, je serai en mesure de situer le retour en force des concepts centrés sur la personne — soi, identité, émotions, etc. — dans la dialectique du développement de la théorie anthropologique. Est-ce le retour du balancier d'un des côtés de la dialectique, d'un des côtés des contradictions conceptuelles, dirait Barrett ? Et n'y a-t-il pas parmi les anthropologues contemporains des tentatives d'intégrer la dialectique, les contradictions conceptuelles dans leurs études ou dans leurs théories ?

L'acteur universel

Parmi les paires de concepts en relation dialectique, celle de volontarisme/déterminisme est pertinente à notre questionnement sur le retour en force des concepts centrés sur la personne dans la mesure où les anthropologues définissent le soi ou bien comme conscience de soi, au sens d'acteur conscient de la portée de ses actes, ou bien comme produit de la société ou de la culture. En effet, lorsque l'on examine le travail des anthropologues depuis la fin du XIXe siècle, on voit une alternance d'une position à l'autre (Fogelson, 1982). Les anthropologues britanniques de la fin du XIXe siècle voyaient en effet l'esprit humain comme capable de faire des choix rationnels indépendamment, dans une large mesure, des contraintes sociales et culturelles. Ce sont les anthropologues allemands et français qui, par la suite, insisteront sur les contraintes contextuelles dans la détermination du soi. Durkheim, entre autres, soulignera le primat de la société sur l'individu (soi). Mauss (1938) poursuivra sur la lancée de Durkheim et reconnaîtra l'existence d'un soi, d'une catégorie de la personne, comme conscience de soi, mais uniquement pour les Occidentaux. Il apportera ainsi de l'eau au moulin de la dialectique entre sociétés occidentales et sociétés traditionnelles qui est au cœur de l'anthropologie. Dans cette vision maussienne des choses, les sociétés traditionnelles seraient purement mécaniques, se reproduisant sans cesse, puisque le soi, la conscience de soi et ainsi l'acteur conscient de ses actes en seraient absents. Cette vision du soi non occidental sera renforcée plus tard par le courant américain « culture et personnalité » pour qui la culture détermine, moule l'individu.

Ce sont ces visions du soi des non-Occidentaux que voudront combattre beaucoup d'anthropologues contemporains. Ainsi, le retour en force des concepts centrés sur la personne s'explique en très grande partie par cette volonté de plusieurs anthropologues de réaffirmer le rôle, sinon le primat, de l'individu dans la définition de sa société, de sa culture, y compris dans les sociétés traditionnelles. Retournons à Mauss, puisque celui-ci, malgré les critiques que lui feront les anthropologues contemporains, reste, selon plusieurs d'entre eux, celui qui a posé les premiers jalons d'une réflexion anthropologique sur le soi.

Pour Mauss (1938), il ne faisait aucun doute que cette conscience de soi, cette catégorie de la personne, était l'apanage exclusif de la société occidentale. Bien qu'il ait des origines aussi lointaines que les sociétés primitives, où le masque, les personnages des drames rituels, créent une première distanciation, laquelle est nécessaire à l'élaboration de la notion de personne, ce n'est que dans la société romaine, avec la notion juridique de personne, et plus tard dans la chrétienté, avec l'accent mis sur la valeur morale de l'individu, que s'est construit le soi occidental. Dumont (1981), en bon élève de Mauss, soutient pour sa part que c'est véritablement dans la chrétienté que se situe la genèse de l'individualisme, aboutissement suprême de la conscience de soi. En créant l'individu-hors-le-monde, l'individu seul face à Dieu, la chrétienté jetait les bases de cet individu-dans-le-monde que nous connaissons aujourd'hui. Explicitement chez Mauss, implicitement chez Dumont, les deux ne semblent reconnaître qu'aux seuls Occidentaux la conscience de soi, le moi comme catégorie de la personne et comme acteur conscient de ses actes.

Beaucoup d'anthropologues ne partagent pas cette position et certains contestent, entre autres, l'argumentation de Mauss. Momigliano (1985), par exemple, soutient que Mauss a négligé dans son argumentation la part qu'a jouée l'historiographie grecque, la biographie en particulier, dans l'élaboration de la conscience de soi occidentale. Selon lui, la biographie grecque démontre l'existence d'une forme de conscience de soi chez les Grecs anciens et aurait joué un rôle important dans le développement du soi moderne occidental. La civilisation romaine, berceau de la notion du moi selon Mauss, aurait ainsi puisé dans la culture grecque une large part de son inspiration.

Dans son argumentation, Mauss refuse de reconnaître aux civilisations indoue et chinoise la moindre trace de conscience de soi, ce que plusieurs contestent. Elvin (1985), par exemple, soutient que, tant dans la Chine classique que dans la Chine médiévale, il est possible de trouver des traces de la conscience de soi. C'est par l'étude de textes classiques, de textes poétiques et de traditions néo-confucianistes qu'Elvin fait sa démonstration. Il trouve un premier exemple d'autoévaluation critique dans la prose littéraire chinoise aussi loin qu'au VIe siècle avant Jésus-Christ. De plus, selon Elvin, tout au long de l'ère médiévale, des poètes, comme Yang Ju, des penseurs, comme Luh Shiangshan, ont exprimé dans leurs textes des idées, des émotions révélant une grande conscience de soi, de l'individu.

De même, Anderson (1985) soutient qu'il est possible de voir dans les communautés brahmaniques du Cachemire des traces du soi. Cela est manifeste, selon lui, dans les sentiers radicalement opposés que peuvent emprunter les membres de ces communautés: les sentiers du pouvoir ou les sentiers de la pureté. Certains individus optent pour l'impureté, soit l'action orientée vers le pouvoir. D'autres, pour qui toute action est illusion, renoncent à agir et optent pour la pureté, pour la quête de l'être. Ces deux extrêmes illustrent bien l'existence d'une représentation de soi, de l'individu, de l'acteur dans les communautés brahmaniques du Cachemire.

D'autres anthropologues ont aussi entrepris de répondre à Mauss. Lienhardt (1985), par exemple, veut montrer que la notion de personne, de soi existe aussi dans les sociétés traditionnelles africaines. Il est relativement aisé de trouver dans des contes, des proverbes, des danses, l'expression de la conscience de soi, du soi. Par exemple, dans le folklore ouest-africain,

> the tortoise represents intelligence, resourcefulness, trickery and luck. Thus for those who tell this tale, the success of the slow, ungainly tortoise is an extreme example of the deceptiveness of outward appearances, though the moral is not that hidden intellectual agility is preferred, as such, to physical display: both are parts of the dance. The tortoise too, now public and exposed, now withdrawn and hidden, is a fitting and subtle image for the soi. (1985, p. 143.)

Outre la Grèce antique, la Chine classique et médiévale, le Cachemire brahmanique, certaines sociétés africaines, on pourrait multiplier les exemples démontrant que le soi, la conscience de soi sont présents dans toutes les sociétés: chez les Maoris, les Inuit, les Lohorung (Smith, 1981; Harré, 1981; Hardman (1981).

Le soi, la conscience de soi et l'acteur semblent donc conceptualisés dans toutes les cultures, semblent être un universel. Ce qui varie d'une culture à l'autre, c'est la forme que prendra cette conceptualisation. Le modèle qui semble se dégager, selon Heelas (1981), met en évidence des cultures construites davantage sur l'affirmation du soi et d'autres construites plutôt sur sa négation. Autrement dit, il y aurait des sociétés où on laisse le soi s'exprimer plus librement, où le soi est plus autonome (sociétés occidentales), et d'autres où on le garde davantage sous contrôle, où le soi est moins autonome (sociétés traditionnalistes). Il y aurait bien ainsi, dans les deux cas, reconnaissance du soi autonome, de la conscience de soi, de l'acteur agissant puisque les cultures sont construites autour de ces notions de la personne, soit pour la dominer, soit pour laisser libre cours à son expression. Toujours selon Heelas (1981), il y aurait donc forcément, dans toute société, les deux formes, soit une certaine contrainte du soi et une certaine forme d'expression admise pour le soi. Il n'y aurait pas ainsi de type pur de société, mais des cultures où l'accent est mis davantage sur la libre expression du soi ou sur sa domination.

Mais il faut préciser ici que cet examen des travaux récents des anthropologues sur le soi est un peu excessif. Le but de ces anthropologues n'est pas nécessairement de mettre de l'avant l'acteur agissant, mais plutôt de démontrer l'universalité en quelque sorte du soi autonome, ou à tout le moins de la conscience de soi, de son individualité. Ce faisant, ils contribuent, consciemment ou non, à réintroduire l'acteur dans ces sociétés et à s'opposer aux visions mécanistes, déterministes. L'aspect inconscient de cet acte peut expliquer, pour certains, leur timidité à reconnaître l'autonomie de la personne dans les sociétés traditionnelles. C'est le cas de Smith (1981) qui, après avoir reconnu l'individualisme chez les Maoris, ajoute que ces individus n'ont qu'une maîtrise limitée sur leur destinée : ils ne font au mieux que suivre le chemin tracé par leur mana, que réaliser leur destinée. C'est également le cas de plusieurs d'entre eux. Ils n'échappent pas non plus à la dialectique soi/société ou volontarisme/déterminisme. Ainsi, bien qu'ils cherchent à mettre en évidence le soi autonome, ils restent conscients du contexte social et culturel qui pèse sur les individus.

Mais ce qui m'intéresse ici, c'est le mouvement d'ensemble, la tendance lourde qui met le soi, la conscience de soi, l'individu au cœur des problématiques anthropologiques d'aujourd'hui. Ce mouvement procède d'une volonté de réintroduire le sujet acteur, négligé depuis les beaux jours du structuralisme de Lévi-Strauss, dans l'analyse anthropologique. Ainsi, dans le jeu de balancier (dialectique) en anthropologie et en sciences sociales dont parle Barrett, on serait actuellement plutôt du côté du sujet que du côté du contexte, du côté du volontarisme que du côté du déterminisme, etc.

Les pratiques sociales des acteurs

À côté de ces anthropologues qui ont principalement mis l'accent sur les concepts de soi, de personne, d'individu et d'acteur, il y en a d'autres qui ont privilégié les concepts de pratique, de praxis, d'action, d'interaction et d'expérience (Ortner, 1984). Ces derniers s'inscrivent aussi, en quelque sorte, dans le courant des concepts centrés sur la personne, non pour faire revenir le balancier à l'opposé de la dialectique théorique, mais pour dépasser ces antagonismes théoriques, ce cul-de-sac théorique dont parle Barrett. L'accent mis sur les concepts de pratiques plutôt que sur les concepts de personne a justement pour but d'éviter ce piège. Les pratiques concernent les acteurs évidemment, puisque ce sont leurs pratiques dont il est question, mais des acteurs agissant dans des univers déjà structurés, bien qu'aussi en constante structuration, transformés par les pratiques incessantes des acteurs. C'est ce que Bourdieu (1980, 1987) appelle le structuralisme constructiviste, et Giddens (1987), la théorie de la structuration. Ce mouvement, beaucoup plus intéressant que celui centré sur les concepts de personne, parce que conscient du problème théorique soulevé par Barrett, est tout aussi important que l'autre. Il est l'œuvre d'anthropologues et de sociologues davantage influencés par la pensée marxiste bien que s'opposant aux marxismes réducteurs des années soixante et soixante-dix. C'est le cas des deux auteurs cités plus haut, dont je vais maintenant examiner rapidement les thèses.

Bourdieu place au centre de sa théorie le dépassement de l'opposition théorique entre l'objectivisme (structuralisme) et le subjectivisme (phénoménologie, interactionnisme, ethnométhodologie). Il ne fait aucun doute pour lui que les deux modes de connaissance que cette opposition révèle sont indispensables et doivent être fondus dans un même modèle.

Je ne vais pas entrer ici dans les détails de cet exercice que propose Bourdieu. Je vais aller plus directement à l'essentiel de sa thèse. En gros, Bourdieu refuse de réduire les actions des individus soit à des actes purement rationnels, soit à des actes purement mécaniques. Mais il accepte à la fois l'idée des actions volontaires des individus et celle des contraintes objectives qui limitent ces actions. Il tente d'intégrer ces deux idées dans son modèle théorique. Un des concepts clés de son modèle et qui est censé lui permettre de réaliser son objectif — intégrer le subjectivisme et l'objectivisme dans un même modèle — est celui d'habitus qu'il définit comme suit:

> Les conditionnements associés à une classe particulière de conditions d'existence produisent des *habitus*, systèmes de *dispositions* durables et transposables, structures structurées prédisposées à fonctionner comme structures structurantes, c'est-à-dire en tant que principes générateurs et organisateurs de pratiques et de représentations qui peuvent être objectivement adaptées à leur but sans supposer la visée consciente de fins et la maîtrise expresse des opérations nécessaires pour les atteindre, objectivement « réglées » et « régulières » sans être en rien le produit de l'obéissance à des règles, et, étant tout cela, collectivement orchestrées sans être le produit de l'action organisatrice d'un chef d'orchestre. (Bourdieu, 1980, p. 88-89.)

Les habitus sont en quelque sorte les réalités objectives incorporées dans la vie de tous les jours, dans ce que Bourdieu appelle le « sens pratique ». Ce sont les expériences passées digérées dans la logique pratique des acteurs. C'est le passé agissant inscrit tant dans les individus que dans les institutions. Cependant, les notions d'habitus et de sens pratique sont aussi ce qui donne un sens aux actions des individus, non pas parce qu'elles détermineraient mécaniquement leurs actions, ni parce qu'elles viseraient consciemment des fins, mais parce qu'elles expliquent leurs actions en fonction de dispositions acquises et utilisables dans un champ d'action donné.

Pour y voir plus clair, je prends un exemple cher à Bourdieu, celui des stratégies matrimoniales. C'est à dessein qu'il parle de stratégies plutôt que de règles matrimoniales, ces dernières faisant trop référence à une vision mécanique, déterministe, structuraliste. En effet, les règles matrimoniales signifient trop souvent pour les anthropologues que les individus dans une société donnée doivent obéir aux règles soi-disant en vigueur dans cette société. Or, selon Bourdieu, c'est une erreur de considérer cela ainsi. Ce n'est pas parce qu'on observe dans une société un modèle donné, des régularités, que tous les individus de cette société doivent automatiquement se soumettre à celui-ci, qu'il devient en fait la règle que tous doivent suivre. C'est une des fautes des anthropologues que d'opérer fréquemment ce glissement des régularités observées aux règles supposément prescrites. On oublie trop souvent que les soi-disant règles sont l'objet d'enjeux, de luttes, et qu'en ce sens, il s'agit davantage de stratégies d'acteurs et de groupes d'acteurs que d'obéissance à des règles.

Les individus ne font pas leurs choix au hasard pour autant. Leurs choix sont fonction de leurs habitus individuels et collectif. Ce n'est pas en effet parce qu'elle obéit à une règle écrite (les règles matrimoniales) que par exemple la fille d'un puissant directeur de banque mariera plus souvent qu'autrement le fils d'un industriel prospère, mais parce que son habitus de classe, son système de dispositions acquises, est le même que celui de son futur mari. Leur habitus de classe les prédisposait à se rencontrer et à se plaire. Ils choisissent librement de se marier en fonction de leurs goûts qui sont eux-mêmes issus de leur habitus de classe. Ainsi, leurs pratiques (matrimoniales ici) ne sont pas déterminées par une quelconque force extérieure (la société et ses règles) mais par une libre action, aboutissement de leur habitus, de leur sens pratique.

> Les agents tombent en quelque sorte sur la pratique qui est la leur plutôt qu'ils ne la choisissent dans un libre projet ou qu'ils n'y sont poussés par une contrainte mécanique. S'il en est ainsi, c'est que l'habitus, système de dispositions acquises dans la relation à un certain champ, devient efficient, opérant, lorsqu'il rencontre les conditions de son efficacité, c'est-à-dire des conditions identiques ou analogues à celles dont il est le produit. (Bourdieu, 1987, p. 127-128.)

Giddens (1987, p. 372), dont le modèle théorique ressemble passablement à celui de Bourdieu, dirait, lui, que « les contraintes ne « poussent » jamais quelqu'un à faire quelque chose qui ne l'a pas « attiré » au préalable ». Les pratiques des acteurs sont ainsi fonction des propriétés structurelles qui contraignent l'action mais, ajoute Giddens, qui la permettent aussi. Giddens refuse en effet de ne voir que des contraintes dans les propriétés structurelles. Pour lui, elles sont toujours à la fois contraignantes et habilitantes: elles contraignent tout autant qu'elles permettent l'action. Ainsi, « le moment de la production de l'action est aussi un moment de la reproduction » (1987, p. 76): les pratiques sociales des acteurs (l'action) reproduisent les contraintes structurelles mais en les transformant. Les systèmes sociaux sont ainsi reproduits et transformés à la fois par les activités des « agents compétents » qui en font partie.

Le concept de pratiques, tel qu'utilisé dans les modèles de Bourdieu et Giddens, permet donc d'intégrer les acquis des deux grands courants théoriques des sciences sociales (objectivisme/subjectivisme et toutes les formes que cette dualité peut prendre). Il s'agit de reconnaître que ce sont les individus qui, par leurs actions, contribuent à la construction de leur société. Toutefois, les individus agissent toujours dans des contextes qui leur sont préexistants et qui orientent, par le fait même, le sens de leurs actions. La construction du monde social est ainsi davantage la reproduction et la transformation du monde existant qu'une reconstruction totale.

Les pratiques signifiantes des acteurs

Le dernier courant de l'anthropologie concerne les significations[3]. Il s'agit en fait d'un vaste courant qui, pour beaucoup d'anthropologues, est le domaine par excellence de l'anthropologie. Interpréter les pratiques culturelles de par le monde, chercher le sens caché, profond de telles ou telles pratiques culturelles, voilà l'essence même de l'anthropologie, diront beaucoup d'entre eux. En effet, il est difficile de passer à côté du sens, des significations lorsqu'on est anthropologue. Les anthropologues œuvrant à l'intérieur des deux premiers courants sont également bien conscients de cet impératif, cependant leur angle d'attaque est différent. Cette attitude n'est pas sans signification d'ailleurs, puisqu'elle révèle une analyse différente de la situation actuelle en anthropologie. Par exemple, le fait de choisir la personne comme objet d'étude (le soi balinais ou l'expression des émotions chez les Inuit, etc.) est souvent un simple constat analytique de la part des anthropologues concernant l'impossibilité d'étudier la culture en question à travers les grandes institutions ou les grandes traditions, ces dernières ayant souvent disparu sous la pression de l'occidentalisation du monde. Ces anthropologues se rabattraient en quelque sorte sur la conception de la personne dans les sociétés en voie de désintégration rapide pour trouver les traces de cultures toujours vivantes malgré les effets de l'occidentalisation. C'est pourquoi ils mettent de l'avant la notion de personne (l'acteur universel): pour démontrer finalement que les structures (le plus souvent occidentales) ne déterminent pas toute la culture (Marcus et Fischer, 1986). Cependant, ils ont tendance parfois à tomber dans le travers opposé, soit à négliger ces structures, les contextes d'interaction sociale. C'est pourquoi les anthropologues qui mettent l'accent sur les pratiques sociales des acteurs sont si intéressants: ils tiennent compte davantage des deux aspects. Cependant, ces « pratiques contextualisées » sont porteuses d'une culture dans la mesure où elles ont un sens pour les acteurs. Ainsi, une définition de la culture ne serait pas complète sans la prise en compte des significations qui sont au cœur des pratiques. C'est ce que fait Sahlins (1985) par exemple dans *Islands of history*: la reproduction et la transformation de la société hawaïenne sont analysées à travers les pratiques signifiantes des acteurs.

Avant de présenter les principaux éléments de cette reproduction/transformation de la société hawaïenne, il faut préciser quelque peu le modèle de Sahlins. Comme Bourdieu et Giddens, Sahlins met au centre de son modèle les relations entre les pratiques et les structures. Pour discuter de ces relations, il fera une distinction entre « structures prescriptives » et « structures performatives ». La plupart des anthropologues voient les structures comme prescriptives, en ce sens qu'il s'agit d'un ensemble de règles, de normes, d'institutions qui déterminent les actes des individus dans une société. Sahlins pense qu'on peut aussi envisager les structures comme « performatives », au sens où ce sont les actions des individus qui « détermineraient » en quelque sorte les structures. Selon lui, c'est le cas de notre culture occidentale tout comme c'est le cas de la culture hawaïenne, d'hier et d'aujourd'hui, qu'il étudie et utilise comme exemple.

Dans cette dernière en effet il est possible pour un étranger de devenir, d'être considéré comme un autochtone en faisant les actions appropriées. Il s'agit tout simplement de « performer » comme un natif de l'endroit, c'est-à-dire de vivre et de se nourrir sur les lieux.

> For Hawaiians, to live and eat from a certain land makes a person one in substance with the land, in the same sense that a child is of his parents' substance (in Hawaii, by birth and by nurture). A stranger is thus metamorphosed into a child of the land by equal title to the people « born to » it (as we also might say). (Sahlins, 1985, p. xii.)

Sahlins en conclut que les structures de la société hawaïenne sont « performatives » plutôt que prescriptives, puisque c'est en performant comme un Hawaïen qu'on devient Hawaïen et non pas parce cela est prescrit par des règles strictes. Bien sûr on peut interpréter le fait de devoir vivre et résider sur les lieux, pour être considéré comme un natif, comme étant une règle, mais le choix d'être considéré comme tel ou non reste possible, et, en ce sens, il ne s'agit pas d'une prescription. Donc, il faut considérer les structures comme étant soit prescriptives soit « performatives ». Mais, comme le dit Sahlins, ce sont des types idéaux et, en ce sens, il est possible de rencontrer les deux types dans toute société, comme il est possible, dirait Giddens, de les considérer comme étant les deux à la fois, contraignant tout autant que permettant l'action.

Outre le rejet de l'opposition entre structures et actions (pratiques), Sahlins refuse l'opposition entre structure et histoire parce qu'il ne croit pas que ce soit des « alternatives exclusives », bien au contraire. Il rejette plus particulièrement une des formes que prend souvent cette opposition, à savoir la transformation en une opposition entre stabilité et changement. Selon lui, le fait d'associer structure à stabilité et histoire à changement est tout à fait erroné, comme si « the persistence of structure through time (think of the pensée sauvage) were not also historical » (1985, p. 144). Il utilise l'exemple hawaïen pour démontrer la persistence d'une structure à travers l'histoire, pour montrer qu'une culture « functions as a synthesis of stability and change, past and present, diachrony and synchrony » (1985, p. 144).

Il peut sembler en effet qu'au premier abord rien ne change dans la culture hawaïenne. Sa très grande capacité d'intégrer les étrangers — soit comme dieux (Dieu Lono), comme ce fut le cas pour le capitaine Cook[4], soit comme natifs, comme ce fut le cas pour les membres d'équipage du capitaine Cook et pour d'autres étrangers abordant les îles — fait en quelque sorte que rien ne semble changer dans la société hawaïenne. La structure, « performative », de la société hawaïenne semble assez souple et flexible pour accueillir les éléments extérieurs. Pourtant, la culture hawaïenne est profondément influencée par ces intrusions étrangères et subit de profondes transformations. Les structures cognitives s'en trouvent parfois modifiées substantiellement. Ainsi, par exemple, il est fort probable que le concept de Dieu Lono n'ait plus la même signification une fois incarné par le capitaine Cook. En fait, bien que rien ne semble changer, tout change. L'illusion de la stabilité vient du fait que les changements s'inscrivent aussi dans le processus de reproduction culturelle : en effet, il ne faut pas oublier que les structures sont à la fois transformées et reproduites par les pratiques des agents compétents.

L'histoire montre finalement que la transformation de la culture est un mode de sa reproduction. Et un événement singulier peut contribuer à ce processus. La rencontre de la structure et de l'événement singulier donne ce que Sahlins appelle la « structure de la conjoncture », lieu d'interaction de structures. C'est ainsi qu'il est possible d'analyser la rencontre du capitaine Cook et de son équipage (événement singulier) avec la culture hawaïenne (la structure). Sa venue contribue à reproduire la structure tout en la modifiant. En effet, l'accueil extraordinaire réservé au capitaine Cook et à son équipage doit être expliqué en regard de la culture hawaïenne où il prend tout son sens. Il y a d'abord les membres de l'équipage qui sont accueillis à bras ouverts par les Hawaïens, particulièrement par les femmes hawaïennes. C'est que les Hawaïens ordinaires, dans cette société hiérarchisée, dominée par un roi qui obtient généralement le pouvoir par usurpation, sont constamment à la quête d'un leader qui pourrait instaurer un nouveau royaume. Les Britanniques, à leur arrivée, incarnent un groupe susceptible de prendre le pouvoir. Les Hawaïens ordinaires s'acoquinent d'autant plus avec eux qu'ils en retirent des intérêts matériels par le commerce. D'un autre côté, le roi lui-même, de par son statut et son rôle, se doit d'entrer en relation avec le capitaine Cook parce que ce dernier arrive au moment où les Hawaïens célèbrent, comme à chaque année, le retour du Dieu Lono. Le capitaine Cook est ainsi rapidement associé au Dieu Lono et reçoit un accueil en conséquence. Ainsi, dans la logique culturelle des Hawaïens, la venue du capitaine Cook et de son équipage avait un sens. Leur départ, quelques jours plus tard, en avait un aussi. Le Dieu Lono, entre autres, ne devait pas s'éterniser puisque les célébrations tiraient à leur fin.

Cependant, le retour imprévu du capitaine Cook et de son équipage quelques jours plus tard, à la suite du bris d'un mât de leur bateau, était moins le bienvenu. En fait, dans la logique culturelle hawaïenne, ce retour était « hors cadre ». Il souleva la colère du roi et de son entourage. Une bataille éclata sur la grève et le capitaine Cook fut tué ainsi que quelques membres de son équipage, les autres réussissant à prendre la fuite. Outre le fait que le Dieu Lono (incarné par le capitaine Cook) ne devait pas revenir, ce retour réactiva les tensions qu'avait produites leur venue dans la société hawaïenne. En effet, le commerce intense entrepris entre les Britanniques et les Hawaïens ordinaires était une transgression des tabous de la société hawaïenne, dans la mesure où il était censé être réservé au roi et à son entourage (les prêtres). Mais, il faut le rappeler, la conduite des Hawaïens ordinaires était aussi conforme à la culture hawaïenne, celle de la recherche d'un seigneur qui pourrait éventuellement usurper le pouvoir du roi en place. Or, on le voit, l'événement singulier qu'est la venue du capitaine Cook et de son équipage, de leur culture, permet aux Hawaïens de reproduire leurs structures mais en les transformant radicalement. Non seulement le concept de Dieu Lono sera-t-il transformé profondément, mais les rapports entre Hawaïens eux-mêmes le seront également, par la venue du capitaine Cook et d'autres Britanniques par la suite. Ainsi, les Britanniques deviendront pour les Hawaïens en général ce que les chefs hawaïens représentaient pour la population. Pour récupérer leur pouvoir auprès des leurs, les chefs hawaïens s'européaniseront, en adoptant entre autres le mode de vie somptueux des rois d'Angleterre. Toute la dynamique des rapports sociaux s'en trouvera ainsi modifiée.

Bien sûr, les travaux de Sahlins ne sont pas le plus fidèle reflet de ce qui se fait dans ce troisième courant. Il intègre plutôt l'élément fondamental de ce courant — les significations, le sens — à un corps théorique qui est plus près du courant des pratiques. C'est d'ailleurs en cela qu'il m'intéresse, parce que ce troisième courant a trop souvent tendance à négliger les structures (politiques et économiques) au profit des seules significations. L'interprétation des pratiques culturelles comme métaphores ou métonymies peut-être très éclairante mais aussi très réductrice tout comme une approche purement structuraliste. En effet, tout est symbolique dans nos sociétés comme dans les sociétés traditionnelles. Toutes les pratiques culturelles ont une signification, mais cette signification renvoie toujours à une autre signification et ainsi de suite. S'il est important, voire essentiel, de remonter la chaîne des significations jusqu'aux significations imaginaires centrales d'une société donnée, il ne faut pas pour autant les détacher des pratiques structurées et stucturantes des acteurs et les faire flotter au-dessus de la société. Autrement dit, il ne doit pas y avoir plus de déterminismes des structures symboliques qu'il n'y a de déterminismes des structures économiques ou politiques. Il faut rejeter tous les déterminismes structurels. D'une part, les structures (ou institutions) sont contraignantes et habilitantes et, en ce sens, elles sont transformées constamment par les pratiques des acteurs et ne peuvent donc pas n'être que détermination pour les acteurs. D'autre part, et plus important encore, elles sont d'abord et avant tout des créations imaginaires des hommes et, en ce sens, elles-mêmes ne peuvent pas n'être que déterminées par d'autres structures (ou institutions)[5].

De plus, Sahlins réconcilie l'analyse ethnographique avec l'histoire. Les anthropologues ont en effet trop souvent étudié les cultures traditionnelles comme si elles n'avaient aucune histoire et aucun contact avec le monde extérieur, c'est-à-dire avec d'autres contextes d'interaction sociale, particulièrement avec l'Occident qui pourtant pénétrait ces cultures, ne serait-ce que par la présence des anthropologues eux-mêmes. Sahlins fait partie de ce nouveau courant d'anthropologues qui réintroduisent l'histoire et qui, souvent, tentent de situer les sociétés qu'ils étudient dans le système économique et politique mondial[6]. Ce faisant, ils dynamisent les structures à travers les actions incessantes des acteurs dans l'espace-temps. Les structures sont ainsi des lieux, des contextes d'interaction sociale se reproduisant et se transformant sans cesse sous l'action des agents.

Dans la première partie de ce texte, j'ai examiné les tendances récentes de l'anthropologie. Cela m'a permis de dégager les principaux éléments nécessaires à une définition du concept de culture. Les concepts de « contexte d'interaction sociale » et de « pratiques des acteurs » sont les éléments clés de cette définition. En effet, toute action sociale d'acteurs compétents se déroule dans un contexte d'interaction sociale historique, c'est-à-dire situé spatialement et temporellement. Ce sont les pratiques des acteurs et des groupes à l'intérieur de contextes d'interaction sociale qui, dans le temps, finissent par marquer le territoire d'une culture. Bien sûr, ces pratiques contextualisées sont porteuses d'une culture dans la mesure où elles ont un sens pour les acteurs. Ainsi, comme je l'ai déjà dit, une définition de la culture ne serait pas complète sans la prise en compte des significations qui sont au cœur des pratiques. Une bonne définition de la culture devrait ainsi articuler de manière dialectique contextes d'interaction sociale, pratiques des acteurs et significations des actions.

L'ANTHROPOLOGIE ET LES SCIENCES DE L'ORGANISATION

Ce n'est pas d'aujourd'hui que l'anthropologie intéresse les spécialistes de l'organisation. Certaines études classiques en sociologie des organisations ont été profondément influencées par l'anthropologie. On n'a qu'à penser à la célèbre étude d'Elton Mayo sur les relations humaines à l'usine de Hawthorne. Mayo s'inspira largement des travaux de l'école fonctionnaliste d'anthropologie, particulièrement ceux de Malinowski et de Radcliffe-Brown, pour réaliser son enquête (Holzberg et Giovannini, 1981). Ce qui est nouveau, c'est le fort engouement pour l'anthropologie, ou plus précisément pour son concept central de culture, dans le champ des sciences de l'organisation. Il ne m'appartient pas ici de retracer les origines de cet engouement mais il est clair qu'il tient en grande partie au succès mondialement reconnu d'un groupe culturel non occidental, les Japonais, dans le domaine économique. L'anthropologie ayant toujours étudié les cultures de par le monde, il était naturel de se tourner vers elle pour comprendre le succès japonais. Cette recherche allait déboucher sur le rôle de la culture dans les organisations. Il est cependant impérieux, avant d'explorer de nouvelles avenues, de voir l'utilisation qui a été faite de ce concept dans les sciences de l'organisation à la lumière des développements récents en anthropologie et du modèle que j'en ai dégagé. Essentiellement, la relation entre culture et organisation a donné naissance a un nouveau concept, celui de culture organisationnelle. Après un bref coup d'œil à la culture organisationnelle, nous serons en mesure de voir si l'anthropologie, et plus particulièrement le modèle dégagé ici, permet de mieux saisir les réalités organisationnelles ou d'en déceler de nouvelles.

La porte d'entrée: le concept de culture

La relation entre culture et organisation est vue différemment selon les spécialistes des sciences de l'organisation. Selon Smircich (1983, p. 347), la culture c'est « something an organization has » ou « something an organization is ». Vieux débat — la culture est-elle une variable parmi d'autres ou un système structurant? — qui a été résolu depuis longtemps par les anthropologues mais qui reflète bien une partie du débat en cours dans les sciences de l'organisation concernant la relation entre culture et organisation. Bien sûr, la majorité des anthropologues s'entendent aujourd'hui pour voir la culture comme un système structurant et non pas comme une variable isolable que l'on peut mettre en relation avec d'autres variables tout aussi isolables. Il n'en reste pas moins que certains chercheurs des sciences de l'organisation travaillent sur cette question. Et le résultat n'est pas toujours heureux.

En effet, cette approche considère la culture comme une caractéristique, une parmi d'autres, que posséderait toute organisation. Les chercheurs œuvrant à l'intérieur de cette approche sont ainsi constamment à la recherche de la culture propre à toute organisation (Smircich, 1985, p. 65). Les partisans de cette approche qui réduit la culture à une variable parmi d'autres ont ainsi tendance à avoir une vision instrumentale de la culture[7]. La culture devient ainsi quelque chose que les dirigeants peuvent modifier, imposer selon leur bon vouloir. C'est de cette façon que certains finissent par confondre culture et stratégie (Weick, 1965). La bonne stratégie des dirigeants consistera alors à choisir la culture appropriée pour éviter des problèmes organisationnels. Par exemple, la « culture de clan » permettrait d'éviter la syndicalisation des employés (le cas du Japon), tandis que la « culture de la confrontation » favoriserait au contraire la syndicalisation (le cas de la France) (Davies et Weiner, 1985). Vision, comme on le voit, on ne peut plus instrumentale.

Heureusement, tous les chercheurs qui œuvrent dans les sciences de l'organisation n'ont pas emprunté cette voie. Certains ont plutôt choisi l'approche résolument plus féconde qui considère la culture comme un système structurant. De ce côté cependant il y a au moins deux orientations différentes qui s'imposent, selon le système structurant auquel on fait référence. Pour les uns, la culture (organisationnelle) est un système d'idées, de significations ou de connaissances que l'on retrouve dans toute société (organisation)[8]. Les mythes, rituels, symboles, langages, propres aux organisations, constituent donc l'objet premier de leurs études. En fait, leur concept de culture s'inspire consciemment ou non du courant de l'anthropologie interprétative — Geertz, Goodenough et autres — qui voit la culture comme un système d'idées. Ces chercheurs ont cependant tendance à mettre trop souvent l'accent sur les signes, les codes, plus que sur le contenu, et à négliger, par le fait même, les pratiques réelles des acteurs et le rôle qu'elles jouent dans la construction de ces contenus signifiants.

Dans cette dernière approche, plus souvent qu'autrement, l'organisation est aussi vue comme un système fermé. L'avantage de ce choix théorique et méthodologique est bien sûr de mettre en évidence la consistance et l'efficacité d'une culture, d'un univers culturel structuré, dans l'organisation. Cependant, il arrive souvent que ce faisant, les chercheurs ne tiennent pas compte du contexte plus large, global, dans lequel évolue l'organisation[9]. Rarement, en effet, le contexte global, les rapports sociaux seront considérés comme une force agissante dans la structuration de l'organisation.

Ainsi, pour les tenants de cette approche, la source de la culture organisationnelle doit être trouvée dans l'organisation elle-même. La plupart du temps, c'est l'organisation du travail, la division des tâches dans l'organisation, qui jettera les germes de la culture organisationnelle. Cela explique en très grande partie pourquoi certains auteurs prendront la culture d'un groupe de l'organisation (cadres, professionnels, travailleurs, etc.) pour la culture organisationnelle. C'est ainsi que foisonneront les « corporate culture », les « clan culture », etc., qu'on associera souvent à tort à LA culture de l'organisation et de ses membres[10]. Ceux qui s'opposeront à cette équation faisant de la culture d'un groupe la culture organisationnelle, mais qui sont incapables de penser la culture en termes d'interaction, auront ainsi tendance à soutenir qu'il n'y pas de culture dans l'organisation parce que la culture en question n'est pas partagée par tous les membres[11]. Erreur qui s'explique en partie par leur choix théorique et méthodologique (organisation comme système fermé). Ce choix empêche certains de voir qu'une organisation peut ne pas avoir une culture organisationnelle propre, tout en étant un lieu où il y a forcément une culture, des régulations culturelles à l'œuvre. Les acteurs de l'organisation ne peuvent pas en effet remiser leur identité et leur culture « en passant les portes de l'entreprise » (Sainsaulieu, 1987, p. 142).

La deuxième orientation diffère grandement de la première. Selon ses principaux représentants, la culture est présente dans toute organisation sans qu'il y ait nécessairement une culture organisationnelle propre. Ils ne cherchent pas ainsi, coûte que coûte, à trouver dans les organisations LA culture organisationnelle. Selon Smircich (1985) et Morgan (1986), ils sont plutôt enclins à faire l'analyse culturelle des organisations, ces dernières étant des phénomènes socioculturels dignes d'intérêt. Ils s'inspirent du courant anthropologique — de Malinowsky à Harris — qui voit la culture comme un système socioculturel (Allaire et Firsirotu, 1984a). L'organisation est aussi considérée comme un système, mais contrairement à l'autre approche, ce système est ouvert et non pas fermé. Ainsi, le contexte global, les processus culturels et sociaux de la société tout entière sont pris en considération parce qu'ils peuvent influer sur la structuration des organisations[12]. Les sources de la culture dans les organisations sont donc multiples: elles proviennent autant de l'extérieur (du contexte global) que de la dynamique propre de l'organisation. Sainsaulieu (1987), par exemple, distingue cinq processus culturels globaux qui peuvent influer sur les organisations et qui sont à la base de ce qu'il appelle les régulations culturelles. Ces cinq processus sont: l'adaptation sociétale (culture nationale), les interdépendances institutionnelles (contraintes institutionnelles), les communautés professionnelles, les confrontations et l'apprentissage culturels. Parfois toutes ces influences fusionnent et donnent naissance à une véritable culture de l'organisation, mais plus souvent l'organisation reste traversée par un ensemble de régulations culturelles qui ne réussissent pas à se fondre en une identité collective propre à l'organisation. Mais ici, l'accent mis sur les autres contextes d'interaction dans la définition de la culture organisationnelle peut amener aisément à négliger le rôle des acteurs dans la structuration de l'organisation. La culture organisationnelle n'est pas déterminée par l'environnement, mais elle se structure plutôt par le jeu des acteurs agissant dans l'organisation et dans ces cadres d'interaction multiples. Tout ce processus n'est pas unidirectionnel, déterministe, car, en retour, dans un même mouvement, les organisations et les acteurs participent aussi à la structuration de la société, de ses institutions, de sa culture qui leur sert de cadre d'action.

Finalement, la culture n'étant pas réduite à une variable interne de l'organisation mais étant un processus (et un produit résultant de ce processus), ayant lieu à la fois hors et dans l'organisation, il devient beaucoup plus difficile pour un groupe (les dirigeants) de manipuler la soi-disant culture (organisationnelle ou non). La complexité du social se faisant jour, tout projet d'intervention devient plus modeste et moins manipulateur.

Nouvelles avenues

Mais avant d'aller plus loin, il ne faudrait pas perdre de vue que l'apport essentiel de l'anthropologie aux sciences de l'organisation, comme aux autres sciences humaines en général, est la méthode ethnographique. Ce que soutiennent les anthropologues est la nécessité d'aller observer directement, sur place, et pour de longs séjours, les actions d'un groupe humain. Et d'essayer de comprendre ces actions, aussi étranges ou banales peuvent-elles paraître au premier coup d'œil, du point de vue du groupe observé et non de celui du groupe (de la culture) de l'observateur. Ce qui ne devrait pas empêcher, par la suite, l'observateur de construire son propre discours sur ces pratiques.

Ainsi, pour comprendre non seulement la culture organisationnelle, mais aussi d'autres aspects de la vie en organisation, il faut une approche ethnographique. Le modèle théorique proposé ici guide l'observation et rappelle l'articulation nécessaire entre les contextes d'interaction sociale, les pratiques des acteurs et les significations des actions pour comprendre les agissements humains (organisationnels). Autrement dit, même si un chercheur ne s'intéresse qu'aux seules représentations au travail d'un groupe de travailleurs donné, il devra tenir compte des pratiques réelles des acteurs et des contextes d'interaction sociale où elles ont lieu pour construire les représentations de ces travailleurs. Cela pourrait éviter, par exemple, de généraliser trop rapidement sur les représentations au travail des travailleurs œuvrant dans un même type d'entreprise mais dans des contextes sociaux et culturels différents. Ou encore de généraliser trop rapidement, à partir d'un cas ou d'une région par exemple, sur les représentations au travail d'un groupe culturel, sans tenir compte des variations internes propres à chaque système culturel. Prenons le cas général des entreprises québécoises pour illustrer la complexité de la question.

Il faut commencer d'abord par préciser quelques points essentiels. Mon modèle exige avant tout de considérer les membres d'une entreprise comme des acteurs compétents, à commencer par les travailleurs. Cela veut dire, entre autres, de cesser de ne voir en ces derniers que des victimes des machinations des dirigeants d'entreprises. Considérer les membres d'une entreprise comme des acteurs compétents, cela veut dire voir en eux des acteurs qui sont capables de se définir des intérêts et des projets dans et par leur travail. Il faut aussi voir et comprendre les pratiques et les projets de ces derniers à la lumière de leurs habitus individuels et de leurs habitus de classe. On sera ainsi mieux à même de saisir leurs pratiques.

Il faut voir également dans quels contextes d'interaction sociale ils entrent alors en relation, c'est-à-dire dans quelles conditions de contexte œuvrent leur entreprise et eux-mêmes forcément pour y effectuer leur travail. Voir comment ces conditions se sont modifiées au fil des événements tant par les pratiques des Québécois que par celles d'acteurs œuvrant dans les contextes qui influent sur le Québec. C'est en considérant ces contextes et ces conditions de contexte d'hier et d'aujourd'hui qu'il sera possible de voir comment pourraient s'expliquer une culture spécifique au Québec et des représentations au travail propres à ce dernier et à l'entreprise étudiée.

Quelles sont ces conditions de contexte pour le Québec? Il faut démêler la juxtaposition des contextes d'interaction sociale pour y voir clair. Le Québec est un État tronqué et dépendant dans le contexte canadien, et le Canada lui-même s'insère dans des rapports de dépendance dans le contexte nord-américain et dans le contexte du système mondial. Ainsi, le Québec fait partie d'un système mondial et est largement défini par des forces qui agissent au-dessus de lui. Il faut donc considérer la place du Québec dans ce système mondial à partir de sa place dans le Canada, dont il est tributaire, et qui se caractérise par des structures économique, politique et culturelle particulières.

La structure économique du Québec est le résultat d'une sédimentation, par couches successives, de trois structures économiques qui ont marqué son développement, à savoir la structure coloniale, la structure canadienne et la structure nord-américaine (Saint-Germain, 1973). La structure coloniale qui consistait à alimenter la colonie mère en matières premières, la France d'abord, l'Angleterre par la suite, se manifeste aujourd'hui par une économie moderne fortement axée sur l'exportation des ressources naturelles (le bois, les minerais, l'eau sous forme d'hydro-électricité, etc.). La structure canadienne, caractérisée par le déplacement du pôle économique de développement du Québec vers l'Ontario au XIXe siècle, a aussi marqué l'économie du Québec. Ce dernier a progressivement perdu, au profit de l'Ontario, le leadership de plusieurs industries (manufacturière, pétrochimique, etc.) au Canada. L'économie québécoise est ainsi devenue une économie principalement centrée sur la petite et moyenne entreprise qui œuvre à côté des géants responsables de l'exploitation et de l'exportation de nos ressources naturelles. La structure américaine, caractérisée par l'entrée des capitaux américains dans l'économie canadienne au tournant du XXe siècle, et par la prise de contrôle des entreprises canadiennes et québécoises qui en a découlé, se manifeste toujours fortement au Québec malgré la lente reprise en main par les Québécois de leur économie et de leurs entreprises. Les Américains contrôlent encore ici de nombreuses entreprises dans les secteurs des mines et de la forêt. De plus, les Québécois ne sont maîtres en 1978 que de 55 % de leur économie si on prend comme indicateur la création d'emplois par des entreprises sous domination francophone (Linteau *et al.*, 1986, p. 421) et ce, principalement dans les petites et moyennes entreprises.

La structure politique du Québec se caractérise par un « État » au pouvoir limité, qui voit des articles de ses lois ou ses lois rejetés par la Cour suprême du Canada, et par une participation minoritaire dans un gouvernement central qui a souvent des intérêts, tant en matière de développement économique que de développement culturel, qui vont à l'encontre de ceux du Québec.

La structure culturelle (ou symbolique) est aussi dans une relation de dépendance, tant vis-à-vis des États-Unis qui par la proximité, leur poids démographique, leur puissance économique, leurs industries culturelles, imposent des modèles culturels, que vis-à-vis du Canada qui, par son pouvoir de légiférer sur des questions culturelles (la langue par exemple), impose lui aussi un certain modèle.

Cette configuration particulière aurait engendré l'homme québécois complexé psychologiquement dont parlent les thèses portant sur l'infériorité économique des Québécois, sur leur aliénation culturelle, etc.[13]. Cela se traduisait concrètement dans la réalité économique québécoise par une situation collective de main-d'œuvre à bon marché dans des entreprises sous domination anglo-saxonne[14]. Cela se traduisait aussi pour certains Québécois par des postes de cadres subalternes, postes de francophones de service en fait, dans ces mêmes entreprises sous domination anglo-saxonne ou étrangère. Enfin, cette configuration faisait des rares industriels québécois des industriels frileux, prudents, peu enclins à faire croître leur entreprise (Taylor, 1971). Cette situation a progressivement changé au cours des trente dernières années grâce aux actions des Québécois sur eux-mêmes et sur leur société, mais les traces de cette domination économique, politique et culturelle peuvent encore être repérées dans les agissements de nombreux Québécois[15].

En ce qui concerne les attitudes dans les organisations, cette situation se serait traduite principalement par un leadership plus autoritaire que chez nos voisins anglo-saxons, par une résistance à la mobilité (tant intra-organisationnelle qu'extra-organisationnelle) et au changement (aux changements technologiques entre autres), par une plus grande bureaucratisation des organisations et des rapports sociaux (État omniprésent, syndicats forts), etc.

Cette attitude illustrerait un besoin de sécurité de la part d'un peuple longtemps dominé politiquement, économiquement et culturellement (contextes d'interaction). Les interprétations de toutes sortes ne manquent pas sur ces phénomènes organisationnels québécois[16]. Qu'importe, d'ailleurs, la validité de toutes ces observations et de ces interprétations, elles sont de toute façon devenues, au fil des ans, structurantes pour l'identité québécoise. Elles constituent une partie importante de l'univers symbolique des Québécois et, à ce titre, elles doivent être considérées comme un élément de contexte où prennent sens les pratiques contemporaines de ces derniers dans leur société comme dans leurs organisations.

Mais, pour compliquer la situation, et pour rester conséquent avec notre modèle, il faut dire que ces conditions varient aussi à l'intérieur du Québec en fonction des cadres d'interaction régionaux. Ainsi, par exemple, l'Abitibi, par sa position géographique, démographique et économique dans l'ensemble du Québec, vit différemment ces conditions de contexte[17]. Son éloignement des principaux centres d'activités du Québec, son faible poids démographique, son économie dépendante des fluctuations du marché international sont autant de conditions de contexte qui la distinguent du Québec pris dans son ensemble. Ce qui a été dit des Québécois reste vrai dans l'ensemble pour les Abitibiens, mais l'éloignement des grands centres pourrait expliquer le développement de traits culturels particuliers comme, par exemple, une plus grande sociabilité (l'accueil légendaire que font les Abitibiens aux étrangers), un rapport différent à l'espace (aux distances, aux déplacements nécessaires entre autres pour aller travailler : il n'est pas rare pour un travailleur minier ou forestier de franchir plus de 100 kilomètres matin et soir pour aller à son lieu de travail) et à la nature (dont l'engouement pour la pêche et la chasse est un des éléments les plus visibles). De même, les fluctuations chroniques de leur économie obligent les Abitibiens à être très mobiles sur leur territoire et aux alentours (en Ontario très souvent) : cette mobilité pourrait expliquer également, en partie du moins, une certaine spécificité culturelle de l'Abitibi et des représentations au travail de ses travailleurs (acceptation plus aisée de conditions de travail variables, plus de flexibilité dans les horaires, les tâches, les changements technologiques, etc.).

Il faudrait considérer aussi la place de l'Abitibi dans le système canadien, nord-américain et mondial en fonction de ses trois axes de développement économique, à savoir l'agro-forestier, le minier et le forestier (Laplante, 1987). En effet, ce qui se joue dans ce système dans les secteurs agricole, forestier et minier, a des retombées importantes sur le développement d'une région comme l'Abitibi et sur ses entreprises. Ce contexte pourrait expliquer également les attitudes antisyndicales de nombreux travailleurs miniers. En effet, ces derniers adhèrent très souvent à la position de leurs dirigeants sur le caractère contraignant des effets de la conjoncture internationale (le cours des métaux) et sur la nécessité d'être flexible pour s'adapter et survivre. Ce n'est pas le point de vue des syndicats à qui les ouvriers attribuent très souvent la fermeture d'une mine. Mais, d'un autre côté, il faut le dire, les fortes primes à la productivité viennent compenser la soumission à l'autorité patronale.

Il faudrait aussi voir comment, dans les moindres détails, toutes ces conditions de contexte et ces éléments structurants pourraient expliquer la spécificité culturelle du Québec et de ses régions, comme l'Abitibi, ou du moins comment ils constituent le cadre d'interaction global des travailleurs québécois (et abitibiens), cadre qu'ils utilisent forcément « comme support de significations dans leurs actes de communication » (Giddens, 1987, p. 35-36). Cependant, il est clair que la définition de la culture québécoise et de sa version abitibienne, en fait de toute culture, ne peut pas s'obtenir seulement à partir de ces conditions de contexte et de ces éléments structurants, mais ceux-ci sont le cadre d'interaction dans lequel les pratiques et les représentations des acteurs prendront leur sens.

Il faudrait ensuite revenir aux pratiques et aux représentations des travailleurs dans une entreprise donnée en ayant toujours présents à l'esprit ces différents contextes d'interaction superposés, entremêlés. L'analyse prendra à ce moment une tournure plus traditionnelle avec le travail ethnographique dans l'entreprise. Cette dernière pourra alors être envisagée comme un univers en soi, un système culturel où les routines, les rituels, les symboles marquent les pratiques des acteurs — tout en étant constamment restructurés par celles-ci — et structurent leurs représentations.

Cet exemple illustre bien l'utilité de notre modèle. Ce dernier permet en effet de tenir compte de la complexité du social, ici des représentations au travail, sans tomber dans le panneau des déterminismes (économiques ou symboliques). Les représentations sont vues comme des constructions des acteurs œuvrant dans des contextes d'interaction sociale multiples (et non dans un seul: l'organisation).

Conclusion

L'intérêt que portent les sciences de l'organisation à l'anthropologie et à son concept de culture ne doit pas faire en sorte que les chercheurs et les praticiens qui s'y intéressent fassent l'économie d'une réflexion sur ce qu'est l'anthropologie aujourd'hui et de la construction d'un cadre théorique ou d'un modèle découlant de cette réflexion. Cette recherche évitera aux sciences de l'organisation de retomber dans de vieux débats stériles qui ont déjà reçu des réponses satisfaisantes ou tout simplement de s'accrocher à une conception moyenâgeuse de l'anthropologie et de son concept de culture. C'est ce que j'ai tenté de faire ici. Le modèle constructiviste ainsi dégagé n'est ni nouveau ni révolutionnaire, il est seulement le fruit d'une réflexion sur les plus récents travaux en anthropologie (et en sociologie).

Notes

1. Elles peuvent être complémentaires entre autres. Voir Gurvitch (1972) à ce sujet.
2. Au sens que lui donne Gurvitch (1972) et non au sens restreint de contradiction que lui donne Barrett (1984).
3. J'entends par significations les intentions, les motifs, les attitudes et les croyances des acteurs.
4. Sahlins fait référence ici au voyage du capitaine aux îles Hawaï en 1778. On aura plus de détails sur l'événement par la suite.
5. À propos des significations et des créations imaginaires, voir Castoriadis (1975).
6. Pour avoir plus de détails sur ce courant, voir Marcus et Fischer (1986, p. 77-110).
7. Comme le font Quinn et McGrath (1985), Davies et Weiner (1985) et les spécialistes en comportements organisationnels.
8. Voir à sujet Allaire et Firsirotu (1984b), Ouchi et Wilkins (1985), Smircich (1983) et l'introduction du numéro spécial de la revue *Administrative Science Quarterly* (Weick, 1983) consacré à la culture organisationnelle.
9. Constatation faite, entre autres, par les éditeurs du numéro spécial de la revue *Administrative Science Quartely* (Weick, 1983, p. 338) consacré à la culture organisationnelle: This collection lacks a broad, societal analysis exploring the modern corporation as a cultural form. There is a tendency in all of the papers presented here to stress the internal, rather than to look to the external, societal, cultural context within which organizations are embedded. »

   Ce à quoi tenteront de remédier les éditeurs (Frost *et al.*) d'un recueil de textes, *Organizational culture*, consacré au même thème en 1985. Voir aussi à ce sujet Holzberg et Giovannini (1981).
10. C'est ce que font Quinn et McGrath (1985), Davies et Weiner (1985) et plusieurs autres. Pour une critique de cette approche, voir Smircich (1985).
11. Aktouf (1986a) par exemple.
12. Sainsaulieu (1987), Moore (1985), Holzberg et Giovannini (1981), Bollinger et Hofstede (1987), Allaire et Firsirotu (1984b) et Smircich (1983, 1985).
13. Sur l'infériorité économique des Québécois, voir Sales (1979) et Durocher et Linteau (1971). Sur l'aliénation culturelle, voir Bouthillette (1972).
14. À un point tel que certains, Rioux (1965) entre autres, ont pu parler de conscience (de classe sociale) ethnique en faisant référence aux Québécois.
15. Voir trois parutions récentes à ce propos: Dufour (1989), Corneau (1989) et Legendre (1989). Les trois auteurs évoquent fortement le passé de dominés des Québécois pour parler soit des attitudes politiques actuelles de ces derniers (Dufour), soit des relations père-fils au Québec (Corneau), soit de l'affaire Lortie (Legendre).
16. Sur toute cette question, voir Mercier (1985).
17. Ce qui suit sur l'Abitibi, particulièrement les données et les considérations ethnographiques sur la culture abitibienne et sur les attitudes des Abitibiens, provient de recherches en cours que j'effectue en Abitibi dans le cadre de ma thèse de doctorat et d'un projet de recherche mené au Centre de recherche de l'hôpital Douglas avec Robert Laplante et Jean-Claude Martin. Ce dernier projet de recherche fait suite à ceux, plus vastes, de l'équipe d'Ellen Corin et Gilles Bibeau portant sur les problèmes de santé mentale en Abitibi.

LE SYMBOLISME ET LA « CULTURE D'ENTREPRISE »

Des abus conceptuels aux leçons du terrain

Omar AKTOUF

Introduction

Le domaine du management est aujourd'hui envahi de travaux, de publications, de recherches, de colloques traitant de ce que l'on dénomme depuis la fin des années soixante-dix la « culture d'entreprise ». Ce courant n'a cessé de se renforcer et de grossir jusqu'à constituer, à l'heure actuelle, presque un champ disciplinaire à part entière avec ses spécialistes, ses écoles, ses tendances, ses « classiques »[1], ses revues, ses numéros spéciaux réguliers dans des périodiques importants tels que *Administrative Science Quarterly, Organization Studies, International Studies of Management and Organization, Revue française de gestion, Revue internationale de gestion,* sans compter les innombrables articles dans les revues à diffusion plus large du genre *Fortune* ou *Business Week*[2].

Nous verrons plus loin en quoi consiste plus précisément la notion de « culture d'entreprise » et quelle peut en être la genèse plausible, mais, pour l'instant, précisons que c'est à ce que Smircich et Calas dénomment « main stream » que je voudrais m'intéresser le plus: ce courant dominant dans le champ qui consiste, après les Peters et Waterman, les Deal et Kennedy et, dans une certaine mesure, les Schein, Pettigrew, Weick, Allaire et Firsirotu[3], à répandre l'idée que l'entreprise peut avoir — ou être — « une culture », que cette culture peut ou non être efficiente ou performante, qu'elle est « diagnosticable », reconnaissable, et, moyennant certaines précautions méthodologiques, transformable, manipulable, changeable, voire susceptible d'être créée de toutes pièces, grâce à des leaders-champions-héros-exemples qui en forgent les valeurs et les symboles (Peters et Waterman, 1982; ou encore bien plus tôt, quoique indirectement: Barnard, 1938; Selznick, 1966, 1957). On peut voir me semble-t-il, dans le courant de la culture d'entreprise une sorte de porte de secours pour le

* L'auteur aimerait remercier Richard Déry, professeur de l'École des hautes études commerciales de Montréal, pour ses remarques et commentaires, ainsi que le professeur Michel Audet du Département des sciences de l'administration de l'Université Laval, pour ses remarquables suggestions, tant sur le contenu que sur la forme.

management occidental, en particulier nord-américain, tenu en échec et fasciné par les succès tenaces du management à la japonaise, aux prises avec le déclin de sa propre industrie et par le recul de la solidarité sur le lieu de travail entraîné par les mesures de compression draconiennes de la fin des années soixante-dix.

Après un bref rappel de la genèse et des principales raisons explicatives de cette mode de la culture d'entreprise, je voudrais en effectuer une double interrogation qui, à mon sens, montrera que ce courant dominant (« main stream ») est victime d'interprétations abusives: en ce qui concerne la théorie et les concepts fonciers de l'anthropologie et à propos de ce qui se passe sur le terrain. Plus particulièrement, je voudrais tenter de montrer que les notions centrales de mythes, de héros et de symboles sont loin de revêtir un contenu ou de répondre à une dynamique qui soient en accord avec ce que les tenants de la culture d'entreprise prétendent y voir.

Enfin, nous essayerons, à partir de certains concepts de l'anthropologie et de quelques « leçons du terrain », de cerner ce que l'idée même de culture d'entreprise peut contenir comme promesses d'une organisation du travail à la fois plus humaine, plus conviviale et plus performante[4].

LA CULTURE D'ENTREPRISE: GENÈSE ET CONCEPTS

Il y a eu plusieurs précurseurs lointains et indirects du courant de culture d'entreprise, parmi lesquels on peut faire figurer Barnard (1938), Follett (1964) ou Selznick (1957), qui, chacun à sa façon, faisaient des dirigeants soit les dépositaires des valeurs, orientations et souhaits de l'organisation, soit les pourvoyeurs d'exemples à suivre et d'attitudes à intérioriser, soit les catalyseurs favorisant la formation de groupes, la coopération et la collaboration, soit encore les facteurs d'ambiance et d'image conférant à l'entreprise une sorte de couleur propre, de « personnalité » permettant identification et idéologie particulière[5]. Mais c'est Elliot Jaques, je crois, qui, un des premiers, dès le début des années cinquante, dans son *Intervention et changement dans l'entreprise*[6], donnait une définition de la culture d'entreprise. Ce serait, disait-il, « son mode de pensée et d'action habituel », mode qui « doit être appris et accepté » et qui est « plus ou moins partagé ». Jaques reconnaissait là, me semble-t-il, simplement un ensemble d'habitudes et une socialisation générale créés par les jeux d'ajustements réciproques entre membres, entre membres et direction, et entre membres-direction et systèmes technico-administratifs de l'entreprise. Si Jaques me paraît utiliser ce concept en s'efforçant de le restreindre aux éléments sociaux, administratifs et techniques précis — aujourd'hui nous dirions « contingents », propres à une entreprise donnée d'un secteur donné, à une époque donnée — il reste que le terme « culture » est à mon sens déjà abusif.

C'est pour ainsi dire une sorte d'emprunt du vocable sans prétendre « importer » tout ce dont il est chargé lorsqu'il est placé dans son contexte d'origine en anthropologie. La culture ne devrait pas, à la connotation « englobement de tout ce qui fait la vie de l'entreprise » près, être autre chose qu'une façon différente de désigner un système informel généralisé, plus « irrationnel » et plus profondément subjectif ou inconscient, peut-être. On se souviendra aussi que Mayo (1933), Roethlisberger et Dickson (1939) parlaient déjà de « système social irrationnel » et de « systèmes idéologiques-symboliques »; ils n'allèrent cependant jamais jusqu'à parler de « culture d'entreprise », de « mythes », de « héros », de « rites », en dépit de la présence d'anthropologues au sein de cette équipe.

Cela nous amène à nous demander comment et pourquoi en est-on arrivé aujourd'hui, depuis précisément une décennie, à forger le concept de « culture d'entreprise » ou de « culture organisationnelle », et à en faire l'un des domaines les plus fouillés et les plus prolifiques du management actuel.

Il y a eu tout d'abord les premiers jalons de ce que l'on a appelé le mouvement du management comparé (« comparative management »), vers la fin des années cinquante et durant les années soixante. Ce mouvement s'attaquait surtout aux problèmes que posaient la multinationalisation des activités industrielles et la confrontation des cultures différentes à travers le monde. Un exemple de publication traitant de ce sujet, et mettant à contribution anthropologues et psychosociologues, est l'ouvrage *Culture and Management* édité sous la direction de Webber (1969). Dans ce courant de management comparé, on s'est mis à scruter les gestions à l'européenne, à la chinoise, à la soviétique, et à analyser ce qui les rapproche et ce qui les éloigne du management américain (Granick, 1962; Parks, 1966; Richard et Walton, 1969)[7], avant de mettre pleins phares sur le Japon, surtout vers la fin des années soixante-dix et au début des années quatre-vingt (Yoshino, 1968; Adams, 1969; Brown, 1969; Pascale et Athos, 1981; Ouchi, 1981).

C'est presque naturellement que ce mouvement conduisit à s'interroger sur ce qui donna le deuxième moment de l'intérêt pour le lien entre culture et management: la culture comme variable interne à l'entreprise[8]. C'est alors, à la suite surtout de Ouchi (1981) et de Peters et Waterman (1982), qu'on va se mettre à considérer l'entreprise comme une entité sociale et donc, en tant que telle, comme une entité susceptible de sécréter ses propres règles, coutumes, habitudes, visions, langages, en bref, sa propre « culture », la différenciant des autres entreprises même si les unes et les autres appartiennent à une culture globale commune.

Il serait certainement très utile, intéressant et intellectuellement stimulant de dresser un inventaire exhaustif des écoles, tendances et attaches théoriques différentes et successives ayant peu ou prou marqué l'évolution du courant de la culture d'entreprise, depuis les « idéationistes » jusqu'aux « écologico-adaptationistes », en passant par les « cognitivistes », les « historico-diffusionnistes » ou encore les « structuro-fonctionnalistes »[9]. Mais dans le cadre du présent propos, ce serait risquer, à cause de la nécessaire brièveté avec laquelle nous le ferions, la confusion ou l'amalgame. Nous irons plutôt au strict essentiel: qu'est-ce que le courant dominant, ce fameux « main stream », met derrière les termes « culture organisationnelle »? Voyons donc ce que retiennent comme constituants de base les tenants du mouvement de la culture d'entreprise en tant que nouvel élément de l'arsenal managérial. De prime abord, on a nettement l'impression qu'il s'agit d'un fourre-tout où s'entrecroisent et se télescopent, pêle-mêle, du leadership, des valeurs, des symboles, des mythes, des légendes, des sagas, des anecdotes, des croyances, des structures, des habitudes, des langages, des rites, des cérémonies, des règles sociales, des normes, des credos, des philosophies de gestion, des savoirs partagés, des façons d'être ou de s'habiller, des déterminants inconscients, etc.[10]

Avec Lemaître (1985) et Savoie et Chagnon (1987), on peut mettre un ordre relatif dans tout cela en établissant une sorte de large dénominateur commun entre les divers auteurs de base du courant dominant[11]. Ainsi, une culture d'entreprise serait un « ensemble d'évidences » ou un « ensemble de postulats » partagés par les membres, dirigeants et employés. Ce serait un « ciment » qui « maintient l'organisation comme un tout », qui lui donne un « sens » et un « sens de l'identité » pour ses membres. Ce serait aussi un « système de représentations et de valeurs partagées » faisant que « chacun, dans l'entreprise, adhère à une vision commune de ce qu'est l'entreprise », un « engagement » du personnel envers une entité unificatrice, l'entreprise, conçue comme un « ciment social », un « ensemble de croyances, de valeurs et de normes » constituant des « modèles de comportement », un ensemble de « symboles », de « significations » et de « buts » partagés. En un mot comme en mille, quelle que soit l'école, et au moins dans le courant dominant, la culture d'entreprise n'est rien d'autre que la quasi magique communion de tous, patrons et ouvriers, dirigeants et dirigés, en un même et enthousiaste mouvement de support de l'entreprise et de ses objectifs.

On voit bien là l'influence de l'étude du Japon dans les derniers travaux issus du « comparative management »: on constate et on loue la performance de l'entreprise japonaise comme liée à la curieuse propriété, qu'auraient les Japonais, de transplanter à l'intérieur de la firme industrielle les éléments de solidarité, de paternalisme féodal, de valorisation du groupe, de soutien mutuel, d'abnégation, de quasi-sacrifice de soi, d'idéal collectif régissant la société et la culture ancestrale nippone, le fameux « ié ».

Le management occidental commence, à la fin des années soixante-dix, devant l'âpreté de la concurrence venant de l'Extrême-Orient et devant les prolongements de la crise du pétrole, à vouloir transformer ses propres entreprises en ces temples voués à la productivité. Le secret semble simple, et Peters et Waterman (1982) le donnent en décrivant les heureuses élues de l'excellence aux États-Unis: il suffit d'avoir une entreprise qui soit imprégnée d'une « culture » valorisant son produit, son image, ses « champions », ses membres et surtout l'effort soutenu vers « l'excellence ». Voilà une première raison à ce soudain intérêt pour la culture d'entreprise, il en est bien d'autres. Smircich et Calas (1987, p. 231-232) en donnent trois:

- la première, se rapprochant de celle que nous venons de voir, serait un glissement dans la perspective managériale américaine vers une image de « village global » quant au monde actuel: moins ethnocentriste et plus préoccupée de ce qui se fait ailleurs;
- la deuxième serait un glissement dans les théories de l'organisation et de la communication qui, ces dix dernières années, se préoccupent beaucoup plus des déterminants mentaux complexes et profonds du comportement, tels les processus de production de signification, de langages;
- la troisième, enfin, relèverait d'un glissement opéré dans les sciences humaines elles-mêmes: le passage vers un intérêt plus prononcé envers la compréhension des phénomènes plutôt que, comme dans la tradition positiviste, l'observation systématique, l'enregistrement, la mesure et la description-explication. C'est un glissement vers la compréhension de « significations subjectives » après une longue tradition d'attachement à l'« explication objective ».

Pour ma part, j'ajouterais en complément:

- l'échec du modèle des relations humaines et de la motivation, qui, à l'épreuve de l'enrichissement des tâches et des cercles de qualité, a montré son incapacité intrinsèque à dépasser le problème de fond: faire des dirigeants et des dirigés de réels partenaires (voir Sievers, 1984a, 1986b; Chanlat et Dufour, 1985; Aktouf 1986a);
- l'échec du « modèle rationnel » et de la conduite « scientifique » des organisations, notamment en raison de l'inhibition du potentiel humain par son « enfermement » dans des spécialisations/divisions du travail proprement paralysantes, du pillage de la planète, de la pollution et du gaspillage;
- le désir, enfin, d'après la formule de Peters et Waterman, de faire émerger des « champions » et des « ambassadeurs » tous azimuts dans l'entreprise, afin de générer en chacun la poursuite d'un idéal de soi dans et à travers l'idéal de l'entreprise, c'est-à-dire dans son « excellence ».

Pour compléter notre tentative de savoir ce qu'est censée être une culture d'entreprise, il convient d'avoir une idée de ce que l'on considère en être les composantes fondamentales. Bosche (1985) et Lemaître (1984) ont fait l'effort de recenser, jusque dans le détail et dans les nuances, ce que les auteurs les plus autorisés du courant dominant ont avancé comme facteurs constitutifs d'une culture organisationnelle: mythes, rites, rituels, valeurs, héros, symboles, langages, légendes, métaphores, histoires, sagas.

Nous discuterons ce point un peu plus loin, mais l'on voit bien ici que l'emprunt au vocabulaire des disciplines spécialisées dans l'étude des cultures et des sociétés humaines, notamment l'ethnologie et l'anthropologie, est aussi flagrant qu'imposant. Il n'entre pas dans mon propos de revenir sur les définitions et rôles attribués à chacune de ces notions; cependant je m'attarderai plus loin sur les concepts centraux de mythe et de symbole.

Il est pour l'instant un problème qui me semble crucial: celui du rapport de tout cela à l'identité collective. L'intérêt est ici vital car aucune culture n'est possible sans identification à des pairs et à des lieux de socialisation reconnus comme tels, sans intériorisation de cette situation comme fondatrice de ce que le membre de la collectivité est ou pense être. Précisons avec Sainsaulieu que cet état de culture n'est atteint « que dans la mesure où les membres perçoivent leur identité commune au point de saisir pour chacun l'intérêt du collectif ». C'est une affaire de « signes, symboles, valeurs », mais aussi de « cultures transmises » autant que de « reconnaissance octroyée ou gagnée dans les échanges du moment » (Sainsaulieu, 1983, p. 195).

On retrouve, bien sûr, dans la culture d'entreprise, les notions de valeurs, signes et symboles, mais leur jeu dans la constitution de l'identité est pour ainsi dire faussé à la base, car on sait qu'il y a un danger permanent de « diffusion des valeurs et de la rationalité des puissants » tout en « dissimulant l'émergence et le rôle d'acteurs nouveaux »[12].

Avec cette nouvelle et grandiose mission de créateurs de valeurs et d'identité dont le courant dominant de la culture organisationnelle affuble désormais les dirigeants, « flattés de se voir représentés en démiurges créant, ou manipulant de la culture » (d'Iribarne, 1986, p. 80), est-il bien difficile d'imaginer dans quel sens sera assumé ce rôle?

On peut aussi y voir un danger d'accentuation de l'emprise des dirigeants dans l'anomie grandissante qui caractérise l'éclatement de l'ensemble des sociétés industrielles d'aujourd'hui. C'est là un élément qui pousserait vers une recherche d'identité dans le lieu de travail et ferait de la culture d'entreprise une sorte de culture-refuge (Pagès *et al.*, 1979; Nizard (1984). Cela se conçoit aisément, et peut expliquer peut-être une relative fragilité — accentuée par la crise et le chômage des années 1980 — qui pousse le monde du travail à céder à ces nouvelles séductions managériales. L'entreprise devient ainsi un lieu où s'opérerait une recherche presque active d'identité et d'identification. Elle est donc médiatrice pour un problème fondamentalement ontologique[13].

Pour plusieurs, il n'y a aucune ambiguïté, le mouvement de la culture organisationnelle, qui comporte un aspect « participatif », indéniable, quoique nouveau genre, « ne met un terme ni à l'aliénation ni à la domination sociale. Il en renouvelle simplement les formes » (Tixier, 1986; Pagès *et al.*, 1979; Symons, 1988). Ce constat, basé sur l'étude des activités syndicales dans le contexte actuel des gestions participatives en Europe, rejoint tout à fait celui que j'ai pu moi-même faire à travers mes recherches de terrain au Canada, y compris dans une entreprise très avant-gardiste en matière de partage avec les ouvriers et d'ouverture à la participation-réappropriation[14].

Reposons pour l'instant la question fondamentale: des valeurs et une identité téléguidées, sinon préfabriquées, et imposées par les desiderata des dirigeants sont-elles porteuses et créatrices de culture convergente? Comment provoquera-t-on une adhésion à la performance soutenue, puisque c'est de cela qu'il s'est toujours agi, à travers une adhésion préalable, voulue spontanée et naturelle, à des valeurs et à une identité dont les tenants et aboutissants sont construits d'avance et confiés à des « héros-semeurs » explicitement investis de ce rôle[15]? On ne peut que sourire lorsque l'on voit, comme je l'ai vu dans un « complexe financier »[16], ou comme le confie Kennedy (1986), des p.-d.g. ou des directions entières s'enfermer des jours durant et s'interroger sur ce que peuvent être les « valeurs corporatives » à inculquer à leurs troupes et à renforcer, et sur ce que devraient être les « credos » ciments de leur « identité corporative ». Ce genre de situation montre que beaucoup se prennent très au sérieux dans leur tâche de démiurge, bien que, évidemment, et nous verrons comment plus loin, les dirigeants aient effectivement un rôle de premier plan à jouer dans la construction de la réalité organisationnelle. Mais cela n'est pas à confondre avec la capacité de fabriquer des mythes, des symboles et des systèmes de représentations.

De fait, il n'y a d'identité au travail possible que s'il y a dépassement de l'aliénation, c'est-à-dire rupture avec le rapport d'étrangeté à soi que ne cesse de vivre le travailleur de l'industrie: cette rupture devrait conduire à une prise en charge par ce dernier de l'acte de travail comme son acte, à sa réhabilitation en tant que sujet. Ce sujet, c'est l'acteur, le partenaire actif, construisant son histoire et celle de l'entreprise. Culture et identité passent par cette transformation radicale des rapports de travail. En cela je m'associe à l'appel de Sainsaulieu[17] pour un accès au seul chemin possible à la réalisation de l'identité: « une régulation culturelle fondée sur la reconnaissance d'acteurs nouveaux » engageant « la remise en question de ses propres échelles de valeurs » chez le groupe dominant du rapport actuel. De tout cela, il n'est évidemment pas question dans le courant managérial de la culture d'entreprise.

Par conséquent, j'en arrive aujourd'hui, après plusieurs années de recherches et d'interventions sur le terrain[18], à la ferme conviction qu'il est vain de parler de culture d'entreprise, notamment sous le couvert du courant dominant issu des milieux du management nord-américain, sans revenir sur nombre de phénomènes qui, soit rendent l'appellation elle-même caduque, soit y appellent de très sérieuses réserves.

Je récuse donc toute idée du genre « Gaining control of corporate culture », « Shaping and managing shared values » ou encore « Managing symbols »[19]; même si la culture se construit en interaction et si les dirigeants ont un rôle certain dans la mise en place des conditions de cette interaction, il y a là un relent de manipulation qui laisse croire que la culture peut être autre chose que le vécu réel, spontané, subjectif des individus, leur propre et naturel rapport, à travers le temps, à leurs conditions d'existence, pour s'attacher à quelque chose qui peut être décrété et changé à volonté. Il y a dans ce genre d'attitude une très certaine ignorance de ce que sont les groupements humains et de ce qu'est la culture; comme le disait déjà en 1933 Malinowski (1975, p. 101), dans *Mœurs et coutumes des Mélanésiens*, il y a tellement de gens de domaines divers qui s'intéressent aux concepts de l'anthropologie et qui les accommodent à leurs propres désirs que « lorsque le pauvre anthropologue se présente enfin à la fête, il trouve à peine quelques miettes à glaner ». J'ai déjà exposé ailleurs (Aktouf, 1988) pourquoi il serait préférable de parler de « visions » ou de « représentations » plutôt que de « culture » lorsque nous traitons des systèmes de vécus, d'habitudes, de langages qui ont cours au sein des organisations. Mais il me semble important de trancher: la culture est chose trop vaste, trop importante, trop profondément inscrite dans les structures, l'histoire, l'inconscient, le vécu et le devenir collectif humain pour être ainsi trivialement traitée en variable dépendante dont on peut isoler, mesurer, traiter et façonner les facteurs et composantes[20].

Il d'agit là d'un point de vue behavioriste tenace qui montre que les tenants du modèle managérial traditionnel ne font que changer de vocabulaire[21]. Les leçons qu'ils tirent, semble-t-il, du « modèle japonais » et de la crise actuelle du management américain résident dans une sorte de translation du schéma skinnerien de base depuis un plan mécaniste S-O-R (Stimulus-Organisme-Réponse) à un plan plus subjectiviste mais tout aussi mécaniste S-OC-R (Stimulus, Organisme-Culture, Réponse). Il suffirait de « bien » acculturer ces organismes, qui sont, soit dit en passant, d'emblée considérés comme vides de culture: le modèle de la culture d'entreprise est un modèle où « les mêmes traits culturels se retrouveraient, à quelques nuances près, aussi bien dans les entreprises performantes japonaises qu'américaines » même si, « paradoxalement, ce modèle culturel tend à être un modèle culture-free » (Déseurmaux, 1986). De là à voir les faiseurs de culture, après les faiseurs de motivation, se profiler et brandir leurs boîtes à outils, il n'y a qu'un pas; ce sont les « cultural-designers », personnages déjà familiers dans le courant du management culturel, et dont le nom est emprunté à Skinner lui-même! (Skinner, 1972.)

Le deuxième point que je voudrais souligner, et qui est pour moi primordial, concerne le primat du matériel sur l'immatériel — ce dont je donnerai des justifications théoriques et concrètes plus loin — ou plutôt le primat du lien dialectique nécessaire entre faits concrets vécus et représentations/symboles: la culture, ou la sous-culture, et les habitudes de vie sont d'abord des modes de vie et des modes relationnels concrets avant d'être des images ou des convictions. Tout comme, à défaut d'être articulées à l'action, la participation et la collaboration ne sont que mots creux et rituels verbaux: ce sont « des pratiques sociales avant d'être des principes de management » (Nizard, 1984, p. 98). De même, la culture, organisationnelle ou pas, est d'abord un ensemble de pratiques sociales matérielles-immatérielles, avant d'être principe ou, encore moins, outil de management.

Avec le courant dominant de la culture d'entreprise, nous pouvons considérer que nous avons affaire à une vision étroitement fonctionnaliste[22] et instrumentale de la culture. Il s'agit de se procurer et d'utiliser des moyens (mythes, rites, crédos, slogans, cérémonies, etc.) susceptibles de favoriser l'émergence d'un sentiment collectif d'identification et de mise de sens dans le travail — sens ravagé des siècles durant par la division technique et la spécialisation, que l'on dénomme tout simplement « culture ». Celle-ci, pour reprendre Lemaître (1984), « fait agir » en mobilisant et en solidarisant, et « dirige » en canalisant les comportements. Ce serait, en bref, la réponse toute faite à l'ancestral problème de l'adhésion des employés aux buts et orientations corporatifs, à la performance économique soutenue.

Bien entendu, tout groupe humain, même de dimension modeste et éphémère, pourra générer un certain nombre de façons d'extérioriser un « être ensemble » particulier. Les concepts d'*ethos* et d'*eidos* (processus par lesquels des groupes établissent une atmosphère affective commune et un cadre cognitif partagé) tels qu'entendus par Bateson s'appliquent à mon sens fort bien pour caractériser ces genres de situations où un ensemble de personnes partagent — dans certaines circonstances et à l'occasion de certaines activités — une « tonalité affective commune » et un « tableau général des processus cognitifs impliqués »[23]. Est-ce là « culture »? Ce ne peut être, à tout prendre, qu'éléments d'une culture plus large dont la connaissance est nécessaire à la compréhension de ce qui n'en est que manifestations locales, même si ces manifestations locales témoignent de diversités ou de certains éléments d'opposition, ce qui, après tout, comme le montrent Dumont (1979) ou Condominas (1980), n'en est pas moins constitutif d'une culture.

CULTURE ET COMMUNAUTÉS HUMAINES: NOTIONS DE BASE

Il serait prétentieux et illusoire d'alléguer faire le tour du concept de « culture ». Au sein même des disciplines concernées au premier chef, ethnologie, anthropologie et sociologie, l'unanimité est loin de régner et le débat est loin d'être clos. Cependant, on peut toujours se tourner vers certains classiques et dresser avec quelques spécialistes un petit bilan de l'état de la question, de telle sorte qu'il nous soit permis de nous aventurer plus avant avec le moins possible d'inexactitudes ou d'approximations. Tout comme pour la notion de « culture d'entreprise », et compte tenu des objectifs poursuivis ici, nous pouvons faire l'économie des querelles et nuances d'écoles ou de paradigmes, et tenter plutôt d'aller vers un dénominateur commun[24].

On peut ainsi, à partir du savoir anthropologique le mieux établi, risquer un certain nombre d'affirmations qui, je pense, donnent les dimensions centrales de ce qu'est une culture, de ce qui la constitue et la fonde:

La culture est un ensemble complexe et multidimensionnel d'à peu près tout ce qui fait la vie en commun dans les groupes sociaux

Le classique des classiques en matière de définition de la notion de culture remonte à Tylor, qui, en 1877, a été le premier à utiliser le terme tel que retenu aujourd'hui par les ethnologues et les sociologues. Dans *Primitive culture* (1877), il donne, à la page 1, la définition:

> Ce tout complexe qui inclut les savoirs, les croyances, l'art, les lois, la morale, les coutumes, et toutes autres aptitudes et habitudes acquises par l'homme en tant que membre d'une société. (Cité par Barnouw, 1969, p. 68. Traduction libre.)

On peut aussi reprendre une autre définition, aussi célèbre, inspirée également de Tylor (Rocher, 1968, p. 111):

> Un ensemble lié de manières de penser, de sentir et d'agir plus ou moins formalisées qui, étant apprises et partagées par une pluralité de personnes, servent, d'une manière à la fois objective et symbolique, à constituer ces personnes en une collectivité particulière et distincte.

Pour Linton (1945, p. 32),

> une culture est la configuration des conduites apprises et est le résultat d'un comportement dont les composants et déterminants sont partagés et transmis par les membres d'une société particulière. (Traduction libre.)

Pour Benedict (1969, p. 56-57), la culture c'est ce qui « tisse réellement des liens entre les hommes », c'est-à-dire « les idées et les standards qu'ils ont en commun »... plus largement, c'est l'ensemble des

> caractéristiques physiques, des techniques industrielles, des conventions et valeurs, qui distinguent une communauté de toutes les autres qui appartiennent à une tradition différente. (Traduction libre.)

La culture implique une interdépendance entre histoire, structure, conditions de vie et vécus subjectifs des personnes

Dans toute étude sur la culture, il est indispensable de ne pas distinguer, ne pas séparer — ce que nous verrons un peu plus loin en détail — ce qui en constitue la structure (systèmes de positions, de règles d'interactions), de ce qui en est l'histoire, le développement, le devenir (inscrits dans la mémoire et dans l'évolution des personnes et de leurs rapports), de ce qui, enfin, en résulte relativement au vécu des membres (lequel vécu influence à son tour les conduites et les rapports). (Godelier, 1969, 1973; Vallée, 1985; Condominas, 1980, 1985.)

La culture est un ensemble d'éléments en rapports dialectiques constants: concrets-économiques, sociaux et symboliques[25]

Godelier (1969, 1973) et Vallée (1985) expliquent comment, après Marx et plus particulièrement Engels (1968), toute communauté humaine est soumise, dans l'élaboration d'elle-même en tant que société, à une dialectique fondamentale entre trois niveaux ou systèmes: le système de production de biens matériels (économie, échanges, biens et marchandises, techniques, sciences, etc.), le système de production des biens sociaux (règles, lois, coutumes, normes, etc.) et le système de production des biens immatériels (magie, religions, symboles, croyances, etc.). En effet, dès lors que l'on admet que la culture est « ce tout complexe qui inclut les savoirs, les croyances, l'art », il ne peut plus être possible de séparer les idées et les représentations de ce qui constitue la vie sociale, elle même articulée autour de la façon dont sont distribués les statuts et les rôles à l'occasion et autour des activités économiques, les rapports de production. C'est le processus même par lequel infrastructure et superstructures s'interconditionnent. Godelier (1984) insiste plus particulièrement sur la dialectique « idéel-matériel », fondant en quelque sorte la dialectique plus large « infrastructure-superstructures », dans la constitution des hommes en société et en culture.

La culture peut être une culture d'oppositions ou de clivages au sein d'une même communauté

Une culture ne signifie pas forcément unité ou homogénéité ou monolithisme. Étudiant les castes de l'Inde, Dumont (1979) montre comment celles-ci s'articulent à un système culturel basé sur un paradoxe: l'englobement et l'opposition. En quelque sorte, les castes s'englobent et s'excluent, s'imbriquent et se distinguent à partir des critères, idéologiques surtout, de pureté et d'impureté; ce n'en est pas moins « une » culture. Condominas (1980), se penchant sur la culture Mnon Gar de la vallée du Mekong, y constate des « vécus » différents d'un village à l'autre, allant jusqu'à faire de membres d'un seul et même ensemble culturel « à la fois des hôtes et des ennemis ». C'est alors qu'il forge le concept d'« espace social » pour dépasser le problème que, selon lui, pose le concept de culture et qui est d'« amener à présenter les faits sous une forme synchronique ». Cette notion d'« espace social » présenterait l'avantage de pouvoir « passer de la réalité statique au vécu » tout en recouvrant « l'ensemble des systèmes de relations caractéristiques du groupe étudié ».

La culture est un complexe collectif, fait de « représentations mentales » liant l'immatériel et le matériel

Nous avons déjà vu comment la culture est un inévitable mouvement dialectique entre activité économique, vie sociale et vie symbolique, où l'infrastructure (les fondations) soutient et imprègne les superstructures (idées, idéologies, connaissances, croyances, etc.). Mais il nous manque une vision plus précise de l'articulation entre vie concrète et vie représentationnelle. S'appuyant sur les travaux de Godelier (1969, 1973), Vallée (1985) nous livre une façon de concevoir et d'expliquer cette articulation qui me parait résoudre la difficulté qu'on peut avoir à établir ce lien entre matérialité et immatérialité:

La seule conception de l'existentiel qui soit intelligible à l'homme, c'est la sienne; rien d'étonnant alors que pour donner une signification, voire une explication, à cet univers (naturel et social) de l'inconnu et du complexe, il procédera par analogie avec sa propre réalité concrète. (p. 239.)

[Les représentations mentales] ont cette particularité d'être collectives, car elles naissent des conditions historiques et sociales propres à chaque société. (p. 240.)

Vallée précise que « le monde matériel est en harmonie rigoureuse avec le monde immatériel » (1985, p. 239), avant d'expliquer:

[Les représentations] se construisent à partir de stimuli transmis par l'environnement, c'est-à-dire par le groupe culturel auquel on appartient, le milieu de travail dans lequel on évolue, le cercle d'amis que l'on fréquente. (p. 242.)

Malinowski (1970, p. 35-36) est encore plus explicite:

Que l'on envisage une culture très simple ou très primitive, ou bien au contraire une culture complexe très évoluée, on a affaire à un vaste appareil, pour *une part matériel*, pour *une part humain*, et pour une autre encore *spirituel*, qui permet à l'homme d'*affronter les problèmes précis et concrets* qui se posent à lui [...] la *coopération* appartient à l'essence même de toute œuvre culturelle [...] le *substrat matériel* de la culture *doit se renouveler*, il doit être entretenu en bon état de marche. (C'est nous qui soulignons.)

La culture est organisée, soutenue et entretenue par des éléments constitutifs indispensables et universels, dont en particulier le mythe

Si nous laissons de côté l'aspect physique, matériel et concret de toute culture, nous en observons alors les éléments qui la manifestent dans sa spécificité et le plus directement à un œil extérieur: les mythes, les rites, les rituels, les valeurs, les héros, etc. Nous reviendrons plus loin sur ces notions. Attardons-nous pour l'instant sur celle qui renvoie le plus profondément à la constitution des croyances, des valeurs et de l'identification: le mythe.

De tous les arcs-boutants de la culture, le mythe est le plus directement relié à la question des origines, de l'histoire, de la cosmogonie. Même si Malinowski (1975) signale l'ampleur des polémiques animant la controverse autour de cette notion, nous laisserons de côté, compte tenu du présent propos, les querelles entre naturalistes, rationalistes, culturalistes, structuralistes, pour nous contenter d'examiner les rôles les plus évidents et les moins disputés que paraît jouer le mythe dans les cultures et les sociétés humaines.

Pour P. Ricœur (1968), l'une des fonctions essentielles du mythe est de participer à la résolution du problème lié à l'origine de l'homme, « un problème, précise-t-il, qui a du sens comme problème ontologique » (p. 530). C'est donc proprement d'une participation à l'identité qu'il s'agit. Mais poursuivons avec Smith (1968) qui nous parle d'un rôle encore plus large et multidimensionnel:

Les mythes, eux, sont sans doute nécessaires [...] à l'organisation des relations entre les individus. Dans la mesure où les mythes servent à constituer les catégories dans lesquelles s'enracinent les cultures, ils jettent à la fois les bases de la signification et celles de la communication. Par eux, l'ordre de la culture et l'ordre de la société sont intimement associés sans pour autant qu'il faille voir l'un comme le reflet de l'autre.

Pour Smith, la fonction du mythe — telle que définie dans ses rapports à la culture, à la signification (donc à l'ensemble des signes, signifiants-signifiés et symbolismes) et à la communication — est « évidemment universelle ». « Rien ne permet de supposer que notre civilisation puisse se dispenser de mythes ou de l'équivalent », précise-t-il (p. 528). Ajoutons que « le mythe dit quelque chose à quelqu'un sur quelque chose » et que « le plus important n'est pas la manière, la forme: c'est le fond »[26].

Le mythe est, fondamentalement, un système explicatif qui donne les raisons et fait la lumière sur la façon dont les choses passent d'un état à un autre, dont le cosmos est sorti du chaos, dont « les immortels sont devenus mortels ».

Le mythe est donc au centre du processus de constitution des systèmes de représentation: « idées, sentiments, croyances » qui, « dans l'esprit des humains », génèrent « vénération ou crainte d'êtres non matériels et de choses » et qui, « dans leur vie quotidienne, se traduisent par des actions, des pratiques ». Mais, et ceci est de première importance, ces représentations « ne sont en aucun cas affaire individuelle », elles sont quelque chose qui « habite les individus et les sociétés » d'une part, et « alimente leurs actions » d'autre part (Vallée, 1985, p. 210 et suiv.).

Par ailleurs, insiste Vallée (1985, p. 210), il est rigoureusement « essentiel d'articuler les relations sociales des individus et des groupes à ces représentations », car, à leurs yeux, « elles justifient tous leurs comportements », il s'agit d'un véritable « fait social ». Et le mythe n'en est pas moins un, car:

> La mythologie se présente comme un moyen de connaître et d'expliquer la réalité. Un mythe est un énoncé sur la société et sur la place des êtres humains dans celle-ci, de même que son insertion dans un univers déterminé. Cet énoncé adoptant la plupart du temps une forme symbolique. Ainsi un mythe transpose dans son langage non seulement les rapports des hommes à la nature mais également leurs rapports mutuels.

Le mythe semble remplir, en quelque sorte par antériorité, un rôle fondamentalement identique à celui des représentations puisqu'il en est l'un des soubassements.

Le mythe est explication des origines et du fonctionnement de l'univers. Il est rappel constant — à travers les cérémonies et les rites — de qui on est et d'où on vient. Il est la représentation vivante, à travers la réactualisation cérémoniale, de l'acte primordial. Il est confirmation de l'identité et des origines de ceux qui officient ou de ceux pour qui on officie. Il est à la fois explication-rappel des origines et union-résorption des contraires, il accorde entre eux actes et croyances. Il donne des modèles à la conduite des hommes, en même temps que « signification et valeur à l'existence ». Il est aussi et surtout « toujours considéré comme une histoire sacrée » et donc « une histoire vraie »[27].

Le mythe procède de toutes les civilisations, modernes ou non (ainsi la mythologie entourant la mante religieuse, la ville de Paris, etc.), et remplit une fonction d'explication des liens entre le savoir et l'agir et entre le maintenant et le jadis. Mais aussi, il donne la possibilité de réaliser son identification, de se rendre intelligible sa place et sa propre évolution, de vivre son « imagination affective », de transformer en acte (le rituel) les faits primordiaux et d'accomplir l'acte tabou par l'intermédiaire des héros. Le lien avec la vie et la pratique sociale vécue est une condition de base: « L'individu ne saurait éternellement s'en tenir à une identification virtuelle au héros [...] il lui faut l'acte. Il exige encore l'identification réelle, la satisfaction de faits. » (Caillois, 1981, p. 11.)

Le mythe entretient également un lien avec la vie quotidienne (Malinowski, 1975, p. 97): « Des rapports intimes existent entre le mot, le mythe, la légende sacrée d'une tribu, d'une part, ses actes rituels, ses actions morales, son organisation sociale, voire ses activités pratiques, de l'autre. »

Si l'on tente une synthèse, on pourrait dire que *le mythe est un élément central de la culture, qu'il est universel, qu'il renvoie à l'élucidation-confirmation-renforcement des croyances à propos des origines, de la création et du fonctionnement de l'univers. Il est éminemment vécu et agi et renvoie à une action primordiale* (Eliade, 1979, p. 349-352.) *Il s'insère dans les actes et la régulation morale et sociale du groupe dont il est issu.* À travers cet agir, il renvoie à l'histoire et à la place de l'acteur officiant ou évocateur du mythe dans cette même histoire. Il est aussi affaire collective et affaire de passage à des actes collectifs: les rites, rituels et cérémonies. Il est ce qui désigne les êtres primordiaux, leurs actes, leur exemple et leurs prescriptions. Il est la mise en scène des prouesses des héros, immortels ou non. Ces héros résolvent les grandes contradictions et transgressent, pour le commun, les tabous.

Le mythe s'articule donc inévitablement à l'action et aux convictions collectives à travers le processus de constitution des systèmes de représentations, cadre et justification des comportements. Ces représentations et ces comportements s'articulent à l'image que l'on se fait de l'univers et de sa place dans et avec cet univers. C'est donc, en quelque sorte aussi, tout le problème de l'identité dont on discutait plus haut.

QUELQUES ILLUSTRATIONS DE TERRAIN

Avant de voir plus loin en quoi et comment le courant dominant de la « culture d'entreprise » véhicule d'importants abus conceptuels vis-à-vis de la théorie de la culture, je voudrais exposer quelques cas d'observation qui aideront à compléter le tableau par leur confrontation à des faits de terrain couvrant divers états et stades de visions, de vécus et d'identité manifestés par les membres d'une entreprise. Il s'agit de plusieurs entreprises, de divers secteurs, tant au Canada qu'en Algérie, que j'ai étudiées à l'aide de la méthode de l'observation participante. J'ai pu ainsi observer et vivre de près ce qui se passe dans ces entreprises, soit en tant que chercheur, soit en tant que consultant, le plus souvent durant plusieurs mois. J'ai donc pu étudier les rapports de travail, les styles de gestion, les systèmes formels et informels, les cérémonies, les fêtes, les réunions, les modes de relations, les systèmes de langages et de représentations[28].

Dans l'ordre chronologique, j'ai étudié:

- en 1978-1979, une entreprise algérienne de produits de l'artisanat; environ 500 employés; sous-traitance et production en série d'articles traditionnels;
- en 1981, une brasserie de la région de Montréal; organisation très conservatrice, classique et à production mécanisée; un millier d'employés;

- en 1981-1982, une brasserie algérienne similaire;
- en 1982-1983, une entreprise de services administratifs et financiers dans le domaine pétrolier en Algérie; bureaucratie classique, organisation fonctionnelle; environ 1000 employés;
- en 1982-1983 toujours, une entreprise de forage pétrolier; près de 3000 employés; petit bureau-chef à Alger et divisions opérationnelles au Sahara;
- en 1985-1986, une compagnie très prospère installée dans la région Est du Québec, très particulière dans son style de gestion; domaine des pâtes et papiers; 2000 employés; nous l'appellerons « Pâtes et papiers »;
- en 1986, une compagnie du même secteur à Montréal, mais de catégorie P.M.E. (40 employés); mêmes procédés mais aux antipodes en ce qui regarde le style de gestion; nous l'appellerons « la P.M.E. »;
- en 1986-1987 enfin, un « Complexe financier » d'une petite ville du Québec; environ 200 employés; secteur tertiaire très diversifié, technologie de pointe.

Signalons que Pâtes et papiers et le Complexe financier sont toujours à l'étude; je donnerai donc, en ce qui les concerne, soit des résultats et conclusions partiels (pour le Complexe), soit des résultats ne concernant qu'une partie de la compagnie (Pâtes et papiers).

Il apparaît donc jusqu'ici, si nous nous en remettons à l'anthropologie, que la culture se présente sous plusieurs attributs différents, et soit au moins six, tels que nous les avons recensés: fait social total; interdépendance entre histoire et structures; dialectique entre vie économique, sociale et symbolique; ensemble englobant des diversités ou des clivages; représentations collectives liant matérialité et immatérialité; enfin, ensemble construit autour d'éléments de base universels comme le mythe. De la série d'études de terrain effectuées, il ressort non seulement que ces attributs généraux de la culture, comme on le verra au fil de l'exposé, s'avèrent incontournables, mais aussi que si « culture d'entreprise » il y a, celle-ci se présente sous diverses formes que nous verrons témoigner, tour à tour, d'une sorte de typologie en quatre formes: coupures et identités clivées, identité en formation ou en changement, culture plaquée et identité par opposition et, enfin, communauté de vision et identité partagée.

Six cas de « coupures » organisationnelles ou d'identité éclatée

Le premier type, et le plus répandu dans toutes les études que j'ai effectuées, présente des situations de clivages, sinon d'opposition, aussi bien en matière de visions que d'identité. Le prototype de ces entreprises, quant aux données factuelles, se présente ainsi: secteur secondaire, activités remontant à l'industrie du début du siècle (même l'entreprise de l'artisanat algérienne s'est organisée sur le mode de la production de masse), travail à la chaîne, mécanisation classique, sans procédés d'automation, structure administrative basée sur la distance — même physique — entre gens de bureaux, y compris les cadres techniques, et du siège social (« on ne voit les gens des directions que quand il y a du trouble », avaient l'habitude de dire les ouvriers) —, toutes syndiquées mais avec la caractéristique que — sauf pour la P.M.E. et Pâtes et papiers — ces syndicats sont soit « maison », soit affiliés au parti unique, donc au pouvoir, donc aux directions (cas des entreprises algériennes qui sont étatisées). Leur dénominateur commun peut se résumer ainsi :

- organisation et gestion hiérarchiques strictes, spécialisations, chaînes de travail ;
- coupure à peu près radicale entre directions et employés ;
- absence de communication ou de liens directs, sauf lors d'occasions particulières, telles que le Nouvel An, ou en cas de problèmes ;
- abolition de la parole : sinon interdite, du moins découragée et mal vue ;
- contradictions flagrantes entre discours et actes ;
- la plupart des anecdotes ou histoires circulant parmi les employés disent la différence, la coupure, la tromperie, l'exploitation ;
- à peu près aucune sorte de cérémonie mettant « ensemble » dirigeants et dirigés ;
- aucune référence, sinon dans la « langue de bois » des dirigeants, à une proximité entre leaders et employés ;
- locaux des cadres à peu près toujours séparés et fermés : bureaux, cafétérias, salons, réfectoires ;
- signes de différences de statut toujours très visibles et très appuyés : vêtements, bureaux, mobiliers, toilettes, privilèges, droit de parole ;
- valeurs, croyances, convictions, représentations tout à fait divergentes ;
- rencontres entre membres de « classes » différentes (dirigeants/dirigés ; cols blancs/cols bleus) réduites au strict minimum et même évitées.

Toutes ces entreprises dénotent, dans les faits, les langages et les modes de gestion qui y ont cours, la coexistence de deux catégories que tout sépare : d'un côté ceux qui dirigent, qui possèdent, qui décident, qui ont le pouvoir, de l'autre, ceux qui obéissent, se taisent, se résignent et se laissent diriger. Dans le vocabulaire des dirigeants, les employés et les ouvriers sont à peu près synonymes de paresse, frivolité, immaturité, refus de l'effort, inconscience de son propre intérêt, refus — si non forcés — de « donner son maximum ». En bref, l'employé est un moyen de production plus ou moins réfractaire qu'il faut sans cesse « surveiller » pour lui « faire payer son salaire ».

Du côté des travailleurs, comme le montre par ailleurs une tradition déjà établie en sociologie du travail, la chose est claire : socialisme ou pas, compagnie prospère et prestigieuse ou pas, eux ne sont que les « dindons de la farce », des « citrons que l'on presse », du « bétail ». L'anomie est ici maximale, on se désigne mutuellement, entre dirigeants et dirigés, par la troisième personne : « ils », « eux », « eux autres »[29].

Dans le langage des directions, les ouvriers et les employés sont:

- dotés d'une « sale mentalité »;
- « incapables de discipline »;
- toujours à la « recherche du moindre effort »;
- « ignorants de leur propre intérêt »;
- des « moutons noirs » pour la plupart;
- des « rechignards »;
- des « pleurnichards qui racontent toutes sortes de menteries », etc.

Dans la bouche des ouvriers et des employés, dirigeants et contremaîtres sont:

- la « NASA » (des gens qui se croient de grands savants);
- des « pharaons »;
- des « dieux sur terre »;
- des « inconnus » qu'on n'a à peu près jamais vus;
- des gens « qui vous regardent même pas »;
- des « soi-disant cerveaux »;
- des gens « qui sont là pour créer la tension »;
- des « sans-cœur »;
- des gens « intéressés par la production, point! »;
- des « doubles faces », des « hypocrites »;
- des « pousse-dans-le-dos »;
- des « fouetteurs »;
- des gens « à qui il vaut mieux ne pas avoir à parler », à qui « on refuse de serrer la main », etc.

Le climat dominant dans ces entreprises est un climat de coupure et d'hostilité entre dirigeants et dirigés, un climat de démobilisation, de neurasthénie et de haine: haine du travail, haine du produit, haine des machines, haine des chefs, haine de soi. J'y ai vu, à maintes reprises, des pulsions et des volontés de mort, de destruction et d'autodestruction, j'y ai vu des sénilités précoces, des alcoolismes chroniques et non moins précoces, des dépersonnalisations installées, des délires de compensation, des reconstructions fantasmatiques de soi. J'y ai vu des états de violence et de souffrance jamais décrits dans aucun livre de gestion ou de « culture d'entreprise ». L'usine de ce type n'est pas l'apanage du XIXe siècle, elle est toujours contemporaine; il suffit de prendre le temps et d'avoir la volonté de la voir[30]. Ainsi, par exemple, la direction de la P.M.E. de Pâtes et papiers de Montréal a érigé une véritable « tour de contrôle » en plein centre de l'atelier, avec sièges pivotant dos à dos pour les contremaîtres. Il y est interdit de parler, on y régit les temps de pause à coups de sonnettes électriques, on y a installé un miroir sans tain entre les locaux des dirigeants et ceux des ouvriers, et on y entretient, pour 40 employés, une échelle hiérarchique de huit paliers!

Les conditions et l'ambiance de travail sont, bien sûr, tout à fait exécrables dans ces entreprises. On serait tenté de dire, et on n'a pas manqué de le faire, que je suis tombé sur des « cas » particulièrement aberrants. Peut-être, mais il est vrai aussi que la méthode employée — l'observation participante —, parce qu'elle permet de partager avec les gens ce qu'ils vivent, permet aussi, avec le temps, de pénétrer beaucoup plus en profondeur les vécus et les convictions-intentions-expériences des personnes. Ce ne sont donc sans doute pas les cas qui sont aberrants, c'est plutôt l'approche qui permet de rendre accessibles des éléments qui ne le seraient pas autrement, qui permet de faire ressortir les ambivalences par rapport à la vie organisationnelle. Il est bien entendu tout à fait certain, et le dernier cas le montre, qu'il existe beaucoup d'entreprises où l'ambiance est plus cordiale et plus chaleureuse. Mais il n'en demeure pas moins que dans ces compagnies il n'existe ni l'idée de « culture » (pour les entreprises étudiées il y a une dizaine d'années, ce n'était pas encore la mode) ni même l'application, pourtant de nos jours fort répandue, de recettes « relations humaines ». Un contremaître de la brasserie de Montréal a été très édifiant à ce sujet lorsqu'il commentait devant moi un séminaire en psychologie industrielle que la compagnie leur avait pourtant offert: « Ah oui! le cours sur la gérance et le chou-choutage des employés... Y'a rien là! » Il exprimait tout haut l'attitude que les dirigeants laissaient transparaître à l'endroit de ce genre de rencontres: un simple rituel, un sacrifice à l'air du temps, un vernis extérieur.

Un cas de « culture passée » et d'identité en changement

Le deuxième type de « culture d'entreprise », qui m'est apparu comme tranché par rapport au premier, se présente sous forme d'un climat de nostalgie d'un état passé de convivialité générale et d'une transformation plutôt douloureuse de l'image collective. Il s'agit d'une entreprise algérienne de forage pétrolier créée au départ en partenariat avec une firme américaine, avec majorité du capital et contrôle national, et organisée selon le schéma courant de l'industrie en Algérie d'avant 1982: le siège social à Alger où se retrouvent tous les patrons des divisions (finances-comptabilité, personnel, matériel et équipement, affaires générales, forage, transport, ravitaillement, etc.) et une base au Sahara dont dépendent la vie et l'activité des chantiers de forage disséminés à travers le désert.

Là aussi l'ensemble des caractéristiques organisationnelles se compare à celui des brasseries (particulièrement au siège social et dans les relations siège social/base/chantiers), sauf que le fait de devoir, pour la majorité, partager la vie aventureuse et rude qu'impose le forage en plein Sahara y a élevé la fonction de « foreur »[31] à une sorte de rôle central dans l'imagerie de la corporation. Il s'y est créé une forme de solidarité, de complicité, de communauté, sinon d'identité, d'« hommes du pétrole » qui n'a aucun équivalent dans les entreprises citées plus haut.

Dans cette entreprise, je me suis trouvé devant ce que Nizard appelle la « perte d'identité par changement », occasionnée à la fois par une mutation juridique (changement de raison sociale et intégration à une autre entité), le départ des dirigeants fondateurs et la réorientation des objectifs. Il y avait là une référence constante à la perte d'éléments communautaires et identitaires qui existaient dans un passé encore récent:

- un leitmotiv tenace sur les « origines » et « l'esprit d'avant » désormais « perdu », revenait partout, parmi les employés et les anciens cadres;
- une légende du « dirigeant-créateur », connu de tous, qui était partout, savait tout et s'occupait de tous, était encore répétée et colportée;
- l'idée d'un passé où tout était possible et faisable, où tous étaient « unis », était encore vivace;
- l'idée d'une cassure dramatique, « depuis la restructuration » et la « nouvelle direction », marquait tous les propos;
- une très forte nostalgie de la place tenue jadis par les « foreurs » (qui, aujourd'hui, auraient perdu leur place, leur « aura » et leurs « pouvoirs » au profit de « bureaucrates ») transparaissait dans tous les chantiers;
- la disparition des cérémonies et des rituels, impromptus ou non, qui accompagnaient les débuts et les fins de tous les actes importants — déménagement de sonde, nouveau forage, fin de forage — était énergiquement dénoncée;
- la disparition de la marque distinctive de l'entreprise, qui « n'était pas comme les autres », qui « les battait toutes », qui n'avait que des cadres « formés à la dure », était le regret de chacun;
- enfin, une très solide idée d'avoir formé, « avant », un esprit de corps qui permettait de supporter dans la joie — et de mieux lutter contre elles — les puissances hostiles du Sahara, ressortait de la majorité des conversations.

Il apparaît ici qu'il existait quelque chose qui peut ressembler à une « vision commune » de l'entreprise et de ses actes. Une recherche dans le passé et l'évolution de cette entreprise, sur les raisons de cet état de choses, me permet de dire que l'essentiel semble résider dans les éléments suivants:

1. Le dirigeant fondateur, contrairement au nouveau, était tout sauf un technocrate-fonctionnaire, c'était un « homme de terrain », un ancien syndicaliste, un « humain ». Très proche de ses employés et de ses cadres, il n'hésitait pas à parler à tous et à répondre à leurs problèmes (on m'a ainsi rappelé qu'il faisait évacuer par avion les blessés vers les meilleures cliniques privées d'Alger, alors que l'actuelle direction « pourrait laisser mourir » un sondeur sur place par mesure d'économie).
2. L'entreprise s'est toujours « vécue » comme différente de toutes celles du secteur en Algérie (identité par opposition, pour reprendre Nizard): c'était une société mixte algéro-américaine où, contrairement aux autres sociétés plus proches des traditions françaises, il y avait peu de paperasses, peu de diplômes ronflants, mais beaucoup d'informel (on se tutoie et on s'appelle par son prénom), beaucoup d'autodidactes formés aux frais de l'entreprise.

3. Les héros « de situation », centre de gravité de l'entreprise, autour desquels se forgent identité et fierté, étaient à la fois adulés et « simples », à la fois héroïques et modestes compagnons de chambrée et de repas: les foreurs... « Aujourd'hui, me disait-on, ce sont les gratte-papier d'Alger qui comptent, tout le reste c'est zéro! Et pourtant, qui est-ce qui creuse les trous au milieu du Sahara? »
4. Un des éléments cités parmi les plus importants était la générosité et la noblesse passées de l'entreprise et de ses dirigeants. Cela se voyait à mille choses: la qualité des repas, des loisirs, le confort des chambres, les primes, les voyages, les formations payées, etc.

De fait, statistiques en main, cette entreprise était, et de très loin, beaucoup plus efficace « avant ». Nous avons là un cas intéressant d'esprit communautaire et d'identité qui existait et qui n'est plus, un peu comme ce que A. Chanlat *et al.* (1984) observent à propos d'une compagnie d'électricité du Québec. Nous y reviendrons.

Un cas de « culture artificielle » et d'identité « plaquée »

Le troisième type de « culture d'entreprise » que j'ai pu dégager de mes recherches représente, quant à lui, une situation de tentative délibérée de se donner un esprit collectif, une pensée commune, à partir d'actes *ad hoc* de la part des dirigeants. C'est dans ce que j'ai appelé le « Complexe financier » qu'il m'est apparu qu'on cultivait une sorte « d'identité-culture » fabriquée de toutes pièces. Ce complexe est un organisme financier sectoriel du Québec, caractérisé par la présence d'une majorité de cadres et de professionnels qui assurent des services de soutien, de promotion, d'aide technique et de recherche et développement à un réseau d'une centaine d'établissements locaux à travers toute la région. Tous les hauts dirigeants s'évertuent à vouloir y créer et y maintenir une ambiance de travail participatif et de communication informelle et chaleureuse. Il y existe jusqu'à six paliers hiérarchiques et plusieurs divisions qui se répartissent, sur un mode purement fonctionnel, les principaux domaines d'intervention du complexe: crédit, financement, assurances, marketing, personnel, informatique, affaires générales, etc.

Il m'est apparu, de façon préliminaire, après six mois d'interviews et d'observation, qu'il s'agissait là d'une sorte de situation « hybride » où coexistent des facteurs — plus ou moins volontaristes et téléguidés — de « communauté unie » et maintes manifestations de distanciation et d'anomie:

- des dirigeants ayant pour ainsi dire comme livre de chevet la bible du courant « culture organisationnelle »: *Le prix de l'excellence,* donc des dirigeants qui « connaissent » et qui « essayent d'appliquer » les ingrédients de la « bonne culture d'entreprise »;
- des « portes ouvertes », des sourires et des tapes dans le dos, ostensibles, entretenus et démultipliés;
- des « credos » et des « valeurs » pensés quasiment en cabinet fermé entre dirigeants, écrits et diffusés à tous, rappelés, répétés, affichés, etc.;

- un effort annuel, formalisé et organisé, de redéfinition élargie des objectifs et priorités en regard de ces valeurs (au dernier exercice, on recense près de 500 priorités retenues!) pour élaborer « la stratégie » du Complexe;
- un discours, chez les dirigeants, de « communication », de « concertation », de « vie commune intense », de « proximité », de « culture du Complexe », tenace et volontiers martelé. Ce discours s'appuie sur:
  1. des exercices formalisés de « définition d'objectifs » par les employés;
  2. des valeurs écrites « imposées » (selon les termes de la plupart des employés et cadres moyens interviewés);
  3. des réunions formelles de « concertation »;
  4. des décisions réputées « prises en consultation »;
  5. des cérémonies (cocktails, fêtes, célébrations) nombreuses, systématiques et largement financées par le Complexe;
  6. l'aménagement de nombreuses salles de repos, de salons, etc., censés faciliter la « vie informelle »;
  7. une figure de dirigeant, « chef fondateur » du Complexe régional, voulue très « paternelle » et très « leader-important-mais-modeste »;
  8. enfin, une « image » et une « identité externe » du Complexe largement bâties sur des différences de mission et d'orientation et sur la figure du fondateur historique de l'ensemble du groupe (réunissant plusieurs « complexes » régionaux), par rapport au secteur bancaire traditionnel qui maintient une certaine « identité par opposition » chez les employés.

Il y a dans ce complexe à peu près toute la panoplie des sept « S » de Peters et Waterman; on devrait donc s'attendre à une « excellente culture d'entreprise ». Il n'en est à peu près rien, car:

- malgré les efforts de la direction, le chef fondateur passe pour un « bon dirigeant », « sympathique et ouvert », mais il ne remplit absolument pas (sauf dans le discours de certains cadres de haut niveau!) la fonction de « chef mythique », de « héros-créateur », comme c'était le cas dans l'entreprise de forage, et comme c'est le cas, on le verra, pour les Pâtes et papiers;
- l'ouverture et la communication voulues et claironnées par les dirigeants sont, quant à elles:
  - bien plus « formalisées » que spontanées: réunions, tables rondes, comités, consultations de groupe qui, à la longue, agacent beaucoup d'employés et sont vécus comme des rituels creux;
  - bien plus souhaitées que réelles: « la communication ici, on en parle beaucoup mais on en fait peu », disent les employés;
  - battues en brèche par un cloisonnement de fait et une compétition serrée entre divisions et fonctions rivales, etc;
- les salons, aires de repos et aires ouvertes restent la plupart du temps vides et ne donnent lieu à peu près à aucune forme de communication plus spontanée ou plus intense;

- les cérémonies sont de plus en plus vécues comme des « corvées » où « on est mieux d'aller » (celles auxquelles nous avons pu assister, pourtant très importantes, ne réunissaient qu'environ 50 % du personnel),
- les « valeurs » ne sont, pour la plupart des employés, que mots qu'on ne respecte pas (nous avons par exemple assisté à une « cérémonie de concertation » où plusieurs employés sont revenus avec insistance sur la nécessité de rendre effective la valeur « respect de l'humain », « pourtant écrite et répétée »);
- les actes concrets cités dans les rares anecdotes et récits entendus font ressortir une gestion perçue comme autocratique, sournoise, louvoyeuse et cachottière. Ainsi, plusieurs cas de démotions décidées en « vase clos », de restructurations annoncées à l'emporte-pièce et sans ménagement font dire à nombre d'employés que la philosophie du Complexe n'est pas cohérente, qu'elle est « à double face ».

Il y a cependant un fort discours « identité » et « culture d'entreprise » — qui s'estompe à mesure que l'on descend dans la hiérarchie — qui associe dans ce Complexe deux notions administratives désormais considérées comme presque antithétiques: la « stratégie corporative », dans son sens classique de « travail exclusif des hauts dirigeants », et la « culture d'entreprise ». La seconde est née précisément pour remplacer la première et corriger ses excès de centralisation et d'autoritarisme, et ses difficultés de diffusion et de mise en œuvre[32].

C'est là, je pense, une illustration des dégâts que peut causer la mode de la culture organisationnelle: parce qu'on en affiche et répète les prescriptions, on est persuadé, sans doute de bonne foi, qu'on a réalisé la fraternité performante entre tous. Aujourd'hui, le Complexe financier traverse une crise assez importante et les contradictions dans lesquelles il s'est enfermé avec ce vernis « culturel » ne lui facilitent pas les choses. C'est que, au fond, il n'a de « culture » que les mots qui en désignent les composants: des cérémonies et des rites vécus par beaucoup comme mécaniques, des mythes et des valeurs qui ne sont que des écrits desséchés et des héros qui n'ont rien de sacré. Il est encore heureux d'y trouver une certaine identité qui ne tient que par la figure du fondateur initial du groupe financier global et par une image externe traditionnellement opposée aux institutions bancaires classiques.

Un cas de « vision » et d'identité partagées

Le quatrième et dernier type de « culture d'entreprise » que mes études de terrain m'ont révélé m'est apparu comme réalisant, sans que cela soit une volonté délibérée d'en faire un outil de management, une base réelle de ce que peut être une communauté de vision et une « culture de convergence ». Il s'agit d'une compagnie, aujourd'hui multinationale prospère, qui a connu une croissance fulgurante en quelques années entre 1978 et 1985. Lancée de zéro au début des années soixante, elle dépasse aujourd'hui les 500 millions de dollars de chiffre d'affaires. Spécialisée dans les pâtes et papiers, elle connaît une grande réussite par l'achat et la relance de faillites dans ce secteur. Cette compagnie se distingue par un style de gestion très particulier dont de nombreux journaux ont parlé : maintien de petites usines, décentralisation maximale, gestion très peu « paperassière », liberté et autonomie aux employés qui sont très peu encadrés, confiance généralisée, réduction maximale des postes de chefs et de surveillants, partages étendus (profits, informations, outillages, locaux, etc.) et proximité-complicité constante entre les dirigeants (propriétaires ou cadres) et les employés par une solide et réelle « politique des portes ouvertes » et par leur présence assidue à de multiples cérémonies à caractère festif et informel.

Nous arrivons là au seul cas, sur les huit étudiés, où l'on peut parler de l'existence d'une communauté de vision généralisée, d'une situation que souhaitent les tenants de la « bonne culture d'entreprise », cohérente et à peu près monolithique : l'entreprise dans ses usines de l'Est du Québec. C'est à dessein que je précise dans l'Est du Québec, car c'est dans un village particulier de cette région qu'est née l'entreprise, c'est là que vivent les patrons fondateurs, et c'est là que son « identité » semble la plus vivace et la mieux installée : dans la demi-douzaine d'usines localisées autour du siège social. Je ne ferai ici que citer les éléments les plus frappants. Ces éléments montrent à l'évidence qu'il s'agit d'une entreprise qui ressemble fort à l'« avant », tant regretté, de l'entreprise de forage :

- un ensemble de rites d'initiation soigneusement observés et appliqués à tous les « jeunes »;
- un « héros-fondateur », considéré comme tel, encore vivant;
- une légende enracinée et colportée, de création et du héros-créateur;
- un ensemble de légendes de « héros de situation »;
- de nombreuses anecdotes confirmant la « mythologie » des héros fondateurs et dirigeants;
- de nombreuses cérémonies, assidûment suivies par l'écrasante majorité;
- des valeurs installées et mûries avec le temps, largement diffusées et rattachées aux héros (et surtout ni écrites, ni martelées, ni claironnées);
- aucun discours « culture d'entreprise »,
- des faits et des actes concrets et nombreux de proximité et de partage :
  - aucune fiche de poste, ni description de poste; seulement des ajustements mutuels de gré à gré;
  - aucun « titre » ou presque;
  - les dirigeants ne cessent de répéter qu'ils « ne seraient rien sans les ouvriers »;
  - les employés sont investis du pouvoir de « s'organiser »;
  - chacun est « responsable » et associé aux décisions;
  - le droit à l'erreur et la « liberté de s'essayer » sont garantis;
  - trois ou quatre échelons hiérarchiques au maximum;
  - aucun signe criant de différenciations statutaires;
  - confiance, écoute, dialogue;
  - le président en personne a son bureau et son téléphone ouverts à tous;

- la parole, l'écoute et le contact directs sont généralisés;
- contourner la hiérarchie est courant et accepté;
- une partie importante des profits est partagée (avant amortissements et impôts) avec tous, en plus de très bons salaires;
- toutes les informations (même traditionnellement considérées comme confidentielles) sont affichées: ventes, profits, commandes, etc.;
- les outils, le matériel et les produits de l'entreprise sont à la disposition de tous pour leurs besoins personnels;
- les achats d'actions par les employés sont financés sans intérêt par l'entreprise (jusqu'à deux ans);
- on s'applique à faire suivre d'actes concrets toute demande légitime et tout engagement pris envers les employés, à ne débaucher personne « quitte à renoncer aux profits » (phrase du président lui-même).

En bref, ce qui retient immédiatement l'attention chez Pâtes et papiers, c'est que tout le monde connaît et répète l'histoire de la création et du développement de la compagnie par son président, tout le monde le connaît, connaît son père (du moins les plus anciens) et ses frères vice-présidents, tout le monde connaît ses actes exceptionnels de générosité, de modestie, de simplicité, ainsi que ceux, dans une moindre mesure cependant, de ses deux frères. Tout le monde désigne par son prénom chacun des dirigeants: ce sont des personnes et non des entités mystérieuses et invisibles — ils mettent eux-mêmes un point d'honneur à « être comme tout le monde ». Les cérémonies, auxquelles s'associent toujours le président ou ses frères, ne sont nullement ressenties comme des corvées; au contraire, on y revit à fond toutes les légendes et anecdotes colportées à propos des patrons, on y réitère avec force la proximité, l'identité avec le héros-créateur (ou ses frères représentants), on y aime à dire qu'il se considère « comme tout le monde », comme chacun de ses employés. C'est un rôle analogue que jouent les rites d'initiation, par lesquels tout le monde passe, cadre ou pas.

Il y a même, pour finir ce tableau rapide, quelque chose qui ressemble, par anticipation, à une « légende de recréation »: consciemment ou non, chacun craint peu ou prou la disparition du « héros-fondateur », mais déjà circulent de nombreuses anecdotes sur sa fille, engagée dans une des entreprises du groupe, la décrivant « comme son père », « sa digne remplaçante », « une vraie B... ».

Est-il utile de préciser que cette entreprise connaît un degré de motivation des employés aussi constant qu'élevé, un climat de travail exemplaire, une productivité croissante et soutenue, un succès financier phénoménal? Bref, cette organisation correspond au rêve des tenants de la « bonne et forte culture d'entreprise », mais les conditions de sa genèse, elles, sont, comme on va le voir, loin de correspondre à celles qu'ils avancent.

Quelques réserves s'imposent ici cependant: loin de moi l'idée d'idéaliser indûment cette entreprise. Toute médaille a son revers, et celui de Pâtes et papiers est multiple: la croissance trop rapide, la cristallisation autour de la personne du président, la distanciation inévitable avec l'expansion et la multinationalisation, le caractère paternaliste-féodal du style de gestion qui, déjà, en agace plus d'un dans la compagnie. Objectivement, tout ce que fait cette compagnie ne diminue à peu près en rien le caractère fondamentalement aliénant du travail industriel. Quoique cette compagnie permette un certain « dépassement » de quelques conditions aliénantes, on est encore loin, tant s'en faut, de la prise en main de l'acte de gestion par le travailleur[33]. Mais par les temps qui courent, il s'agit là d'un exemple de comportement de dirigeants qui ont su, « par gros bon sens » comme dit le président, réaliser des conditions de partage et de convivialité au travail telles que le travailleur s'y engage volontairement et y vit comme partie prenante et non comme simple outil doté de muscles ou comme objet de manipulation naïf et crédule.

ABUS CONCEPTUELS ET LEÇONS DU TERRAIN

En fin de compte, et après examen des ouvrages consacrés au courant dominant en culture organisationnelle, on peut, sans trop s'égarer, établir que ce que l'on met sous la dénomination « culture d'entreprise », c'est la capacité supposée d'un groupe donné (les managers) de susciter, de renforcer ou de modifier les valeurs, attitudes et croyances qui se sont avérées ou qui s'avèrent « efficaces »[34], auprès de l'ensemble des membres, et ce au moyen de rites, cérémonies, symboles et mythes appropriés (Schein, 1985; Gagliardi, 1986; Allaire et Firsirotu, 1988).

Il serait extrêmement instructif d'analyser en détail les différences dans les acceptions, usages et opérationalisations de chacun des concepts concernant la culture, une fois sortis du contexte de leur discipline d'origine, l'anthropologie. Gladys Symons (1988b) est, à ce jour, l'une des rares chercheuses à avoir entrepris une dénonciation de l'importation abusive de notions et de systèmes analytiques propres à l'ethnologie dans les théories des organisations. Avec elle, nous pouvons reconnaître qu'il y a déjà un premier abus de taille: la culture suppose un passé commun, une histoire partagée, bâtie collectivement sur le temps, alimentant les mémoires et les représentations et suffisamment intégrée pour être transmise de génération en génération[35]. Sur quelle histoire commune, et construite sur quelle étendue temporelle (ne serait-ce qu'en tenant compte des rotations de personnel, des changements d'équipes entières, de la mobilité sociale), les avocats de la culture organisationnelle se basent-ils? Que font-ils de cette dimension lorsqu'ils parlent (Deal et Kennedy, 1982; Schein, 1985; Gagliardi, 1986; Allaire et Firsirotu, 1988) de « changements de culture », de « changements radicaux », ou même de « créations de culture »?

Il y en a même, comme un auteur connu en gestion de projet (Cleland, 1988), qui n'hésitent pas à classer dans la rubrique « culture de l'entreprise » de simples politiques d'administration comme « ne jamais embaucher de personnel syndiqué », ou encore, comme Schein (1985) ou Boje *et al.* (1982), qui nous proposent, au sein et à l'échelle des entreprises, un « cycle de vie de la culture » (« colle » aux débuts d'une entreprise, puis « mi-fonctionnelle mi-dysfonctionnelle » au stade intermédiaire et enfin « dysfonctionnelle et en besoin de changement » au stade de maturité) et un « cycle de vie » du mythe (développement, maturation, déclin et reformulation). Ce qui devrait faire songer à un « cycle de vie » pourrait être, à la rigueur, ce qui se passe lors des faillites ou des fusions, quand l'organisation est transformée de fond en comble.

Mais ce qui me gêne, comme Condominas, c'est l'usage des termes « culture » et « mythe »: on les utilise comme si la chose était définitivement entendue et que, tout comme le produit fabriqué, culture et mythe devraient être suivis et « ravivés » ou « réélaborés » selon le « stade » atteint. Une telle idée, à n'en pas douter, serait saugrenue pour tout anthropologue, sinon sur des horizons temporels à l'échelle des civilisations, par lesquels les collectivités humaines se transforment et transforment leurs systèmes de mise de sens dans les liens entre les aspects matériels et immatériels qui font leur existence.

Mais allons plus directement à ce qui constitue le ciment et le nœud d'élaboration des significations partagées dans un groupe de personnes: symbolisme et mythe. Nous avons déjà vu comment le mythe peut être au centre du système d'explication des origines, de l'ordre des choses, du type de rapports à la nature et à la société.

Il y a, en raccourci, deux grandes façons de concevoir le mythe, notion qui est, selon les spécialistes les plus reconnus, « encore loin d'être élucidée »: en gros, on peut dire que le mythe peut être vu, d'une part, essentiellement comme un problème de recherche de rapport entre sa structure logique et ses « effets de signification ». Il est alors considéré comme un « jeu logique » dont il faut découvrir les mécanismes de « mise en ordre », qui eux, aideront à déduire les formes de pensées cosmogoniques ou de mise de sens propres aux groupes étudiés. Le mythe peut, d'autre part, être considéré dans ses rapports directs au mode de vie des personnes; on l'étudie alors dans son processus d'élaboration, de genèse propre, avec une logique qui est inscrite dans la structure même du récit: « la création des mythes, la mythogénie vécue, n'est pas qu'un jeu logique », car « le mythe a sa manière de dire et elle est logique »[36]. Et cela ne fait que rendre encore plus étonnante la façon dont les tenants de la « culture d'entreprise » traitent ce concept.

Nous verrons plus loin ce qu'il en est du symbole, de la faculté de symboliser et de se représenter. Voyons d'abord les implications, par rapport à la « culture d'entreprise », du concept de mythe dont nous retiendrons ici essentiellement l'acception qui en fait une source de modèles explicatifs, sur les plans ontologique et cosmologique, en nous fondant sur l'argument considérant que le « passage du mythos au logos, du discours mythique au discours conceptuel [...] témoigne pour les deux thèses » (thèses énoncées plus haut). Car, si « le concept formalise davantage », c'est « le mythe qui introduit les jeux de distinctions: il les invente, et le concept les reprend »[37].

Dans le prolongement de l'acception retenue, et avant d'aborder les façons dont le courant de la culture d'entreprise définit et utilise la notion de mythe, rappelons avec Malinowski (1975, p. 103 et 152) l'essentiel de ce qu'il représente:

> Une *réalité vivante* [qui] *codifie les croyances*, sauvegarde et favorise la morale [...], contient les *règles pratiques pour la conduite* de l'homme, [...] est une *force active* d'un poids considérable [qui] remplit une fonction sui generis, qui se rattache à la tradition, à la *continuité de la culture*, [fonction qui] consiste à *renforcer la tradition*. (C'est nous qui soulignons.)

Ce qui frappe dans à peu près tous les ouvrages traitant de la culture d'entreprise, c'est la simplicité avec laquelle on traite de concepts tels que le mythe. On n'hésite pas à le scinder en diverses formes, selon le rôle qu'il joue dans la culture de l'organisation: lié à la création de l'entreprise, ou à l'entretien des valeurs clés, ou à l'encensement des héros, ou au renforcement des symboles exprimant la mission de l'entreprise, ou encore à la rationalisation des événements, à la valorisation des membres, à l'identification (Bosche, 1984; Lemaître, 1984; McWhinney et Batista, 1987; Savoie et Chagnon, 1987). Le moins qu'on puisse dire est qu'on y confond, apparemment sans la moindre gêne, mythes et légendes, sagas, contes, histoires, anecdotes. Avec Bosche (1984), on peut affirmer qu'il n'y a pas « à proprement parler d'étude de mythes » et « qu'en fait de mythes », il n'y est question que « d'anecdotes mythiques », de « contes et légendes » qui circulent — ou qu'on fait circuler — dans l'entreprise.

Ces « anecdotes mythiques » se présentent sous la forme d'histoires rappelant soit les événements et les personnages qui ont créé l'entreprise, soit les actes héroïques de personnages clés, en vue de renforcer l'identité ou d'entretenir certaines valeurs. Il s'agit de sortes de contes ou de fables contenant une morale ou un exemple à suivre: glorifiant le pionnier ou le « self-made man », l'aventurier, le battant, l'audacieux, le héros-mais-gentil-leader, etc.[38]. Voici quelques exemples qui illustrent cet état de choses:

- Un « mythe des origines » serait, chez la société de produits pharmaceutiques Schering Plough, l'histoire de son fondateur, Abel Plough, qui, à l'âge de 16 ans, parcourait les routes dans une carriole bringuebalante, pour vendre une potion malodorante de village en village[39].
- Un mythe de « renforcement de valeur » serait, chez MacDonald's, l'anecdote présentant Ray Kroc (l'homme à l'origine de la célèbre chaîne de restauration rapide) qui gare sa magnifique et luxueuse limousine dans un stationnement d'un restaurant de la chaîne, en descend vêtu de son beau costume de haute couture, et se met à ramasser tous les papiers gras et détritus qui traînent... Cette anecdote est candidate au statut de « mythe » renforçant la « valeur propreté » auprès des employés de MacDonald's[39].
- Un « mythe de dualité »[40] serait, chez IBM, cette « histoire » relatant comment Thomas Watson Jr. en personne a été empêché d'accéder à un bâtiment d'IBM par un simple portier parce qu'il n'avait pas le badge requis. Cela est censé inculquer et renforcer la valeur: « quelle que soit la différence de statut, la règle est la même pour tous »[41].

Il n'est bien entendu pas question de nier que de tels éléments puissent effectivement avoir rôle et valeur de contribution à la socialisation ou à l'acculturation des membres au système de conduites accepté et valorisé par l'entreprise, ni même de nier que d'en faire des instruments d'influence ou d'élaboration de croyances et d'attitudes est en soi un fait culturel, mais de là à prétendre leur conférer, sur le plan de l'analyse théorique, le même statut que le mythe, il y a une distance que je pense aventureux sinon dangereux de franchir aussi facilement. S'agit-il là de quelque chose qui ressemble à — ou même se rapproche de — ce que sont les conditions de genèse et les fonctions du mythe telles que les décrivent les anthropologues? On le voit bien, il ne s'agit que de banales historiettes, le plus souvent d'autoglorification des propriétaires et dirigeants, ou de glorification d'actes souhaités, désirés et encouragés par les dirigeants. Parle-t-on alors de culture d'entreprise ou de culture d'une de ses composantes, la direction? Il me semble que l'avertissement de Lévi-Strauss (1980, p. 18) appelant à la vigilance face au danger que la notion de mythe ne devienne « une catégorie de notre pensée que nous utilisons arbitrairement » est tout à fait fondé en ce qui concerne le courant de la culture d'entreprise. Même si l'on admet que le processus dans une société est d'un ordre différent de ce qui se passe dans une organisation, il n'en demeure pas moins que sur le plan fonctionnel on prétend faire jouer au « mythe organisationnel » le même rôle que le mythe dans une culture à l'échelle sociale. Il m'apparaît alors légitime de mettre en doute l'analogie ainsi établie.

Il n'y a, dans la vie culturelle de l'organisation telle que traitée à travers les concepts du courant de la culture organisationnelle, à peu près rien qui puisse se comparer à ce que les spécialistes que nous avons vus précédemment mettent dans le mythe, considéré par l'anthropologie: histoire certes, mais histoire tenue pour vraie, sacrée, relevant d'un fait primordial, remplissant un rôle d'explication cosmologique. Le mythe comme fondement de cultures met en scène des « héros mythiques » tenus pour surnaturels; or, nos fondateurs d'entreprises et nos dirigeants ont beau être des personnes exceptionnelles, elles ne sont tout de même pas surnaturelles[42].

Si Lévi-Strauss définit le mythe comme une « structure logique destinée à lever des contradictions », il me semble que le « mythe organisationnel » ne fait au contraire qu'aggraver certaines contradictions foncières de l'entreprise: en effet, quel petit serveur, payé au plus bas salaire et réduit à l'état de maillon dans la chaîne de production du hamburger-le-plus-rapide-possible, irait s'identifier à Monsieur Ray Kroc, avec son costume et sa limousine de grand luxe? Même un cadre ne le pourrait pas! L'ancêtre mythique, lui, est censé permettre, sous condition d'accomplissement soigné des rituels, de le rejoindre un jour et de partager sa félicité ou son immortalité. Nous avons vu aussi qu'une forme de réappropriation du mythe réside dans l'acte et la régulation des conduites selon ses prescriptions: le mythe devient l'action de celui qui s'y conforme ou participe à son évocation. Quelle réappropriation concrète voit-on chez l'employé de base, à partir du « mythe » d'entreprise? L'acte de gestion de l'entreprise deviendrait l'acte de l'employé par la seule magie de la répétition de l'histoire du fondateur ou de celle de quelque héros-vendeur qui aurait réalisé la vente de l'année? Il n'y a aucun acte ni héros primordial. Ceux-ci ne sont situés ni dans un ici, ni dans un au-delà où l'ouvrier irait, par la vertu de l'observance des prescriptions des mythes organisationnels, partager les pouvoirs, le luxe et les richesses des créateurs-leaders-héros des entreprises.

Reste alors la force symbolique que mythes, rites, rituels et héros sont censés générer pour canaliser et fouetter les énergies vers la symbiose entre idéal du moi et mission-stratégie ou idéal de l'organisation[43]. On brandira donc les slogans, credos, logos, drapeaux, uniformes et sigles alors que tout cela n'est que représentations figurées et formalisées de l'entreprise, et non pas symboles indirectement investis des attributs de héros mythiques. Tout symbole est le résultat d'une activité — psychique et pratique — découlant du mythe, ou renvoyant nécessairement au mythe qui lui confère son caractère indispensable de sacralité. C'est bien ce que l'on comprend avec Eliade dont le méticuleux décryptage des symboles nous montre que la promotion d'un objet en objet de la sacralité est un processus médiatisé: processus qui investit l'objet d'une sacralité dont sont primordialement porteurs le héros ou la divinité mythiques (Eliade, 1979, p. 367 et suiv.) Pour reprendre les propres termes d'Eliade, il s'agit d'éléments participant du lien au surnaturel qui « réalisent la solidarité permanente de l'homme avec la sacralité ». Les symboles sont alors des choses ou des signes dotés du pouvoir de rapprocher de l'élément sacré, qui ne tiennent leur caractère et leur fonction de symboles que de ce qu'ils sont « participations ou substituts d'objets sacrés », et de ce qu'ils « s'intègrent dans la forme ou dans l'épiphanie d'une divinité » (1979, p. 368-375).

Il en va de même pour ce qui est des rites, rituels, cérémonies et fêtes. On sait que pour l'ethnologie ces pratiques constituent les moments d'adhésion concrète au mythe, les moments où l'on fait vivre le mythe, où se réalisent « l'identification réelle et la satisfaction de fait ». Le rite, la cérémonie et par extension la fête sont les moyens par lesquels « l'individu est introduit dans l'atmosphère mythique » (Caillois, 1981). Pour un temps donné et dans le cadre de pratiques prévues et codifiées (rituels), cet individu peut, d'après Eliade, participer à une réactualisation du mythe. Il y a là quelque chose qui procède et de l'acte et de l'identité.

Mais en fait d'acte, d'identité ou de vie-réactualisation de mythe, il n'y a, comme nous le verrons plus loin avec l'analyse des exemples, que catharsis, défoulement et « identité festive », selon l'heureuse expression de Nizard, que l'on peut considérer comme précaire et éphémère partout où il n'y a pas congruence entre mythologie de partage-participation dans l'entreprise et réalité vécue dans les rapports de travail.

Lorsqu'on s'attache à l'étude du mythe et de ses fonctions, il est, enfin, un point central qui est la distinction entre mythe vivant et mythe dégradé ou mort. Il apparaît à l'évidence que les anecdotes à caractère métaphorique que l'on retient comme mythes ou en font office, n'en sont que l'aspect déchu et inopérant. Eliade rappelle que « dans les sociétés où le mythe est encore vivant, les indigènes distinguent soigneusement les mythes — histoires vraies — des fables ou contes qu'ils appellent histoires fausses » (1963, p. 20). Il est aisé d'imaginer dans quelle catégorie ils classeraient nos historiettes de menus exploits de managers! Sans préjuger de l'hypothèse d'incapacité de distinction de ce genre que font les tenants de la culture d'entreprise à propos des employés et ouvriers, faisant comme si ces derniers étaient, eux, assez crédules et naïfs pour élever, aussitôt qu'on la leur propose, n'importe quelle légende mettant en scène les hauts managers au rang de « mythe vrai », avec tous les attributs et fonctions y afférant. Et Eliade précise à ce propos (1963, p. 361-363):

> Le mythe se dégrade en légende épique, en ballade, ou encore sous forme d'habitudes, de nostalgies [...] Et la spiritualité archaïque survit, non pas comme acte, non pas comme possibilité d'accomplissement réel pour l'homme, mais comme nostalgie créatrice de valeurs autonomes: art, mystique sociale ».

Ainsi, lorsque le mythe « perd sa capacité d'être vécu », il n'est déjà plus que littérature, comme la majeure partie de la mythologie grecque à l'époque classique: « irrémédiablement falsifiée et normalisée » (Caillois, 1981).

Quel genre de cérémonies organisées à l'intention des ouvriers peuvent transformer en « mythes vivants » les légendes ou les sagas répétées à propos de la fondation de General Motors, de l'épopée des Ford ou de Lee Iaccoca? Peut-il y avoir chez l'ouvrier de la chaîne un moyen quelconque de vivre, par les rites organisationnels proposés, ce genre d'anecdotes métaphoriques qu'on prend soin de répéter et de propager? N'est-ce pas de la littérature, souvent falsifiée et normalisée? Pourtant, les « indigènes primitifs », eux, distingueraient soigneusement! Et Malinowski avertit (1975, p. 99): « On se rend coupable d'une grave confusion en mettant sur le même plan des genres aussi distincts que le conte populaire, la légende, la « saga » et la légende sacrée, ou mythe! »

Avec Caillois je pense qu'on peut, sans trop se tromper, placer le mythe « à l'extrême pointe de la superstructure ». Mais à toute superstructure correspond nécessairement une infrastructure. Le problème essentiel que soulève la question de la culture est précisément ce rapport entre immatérialité et matérialité sur lequel la littérature et la pratique « culture d'entreprise » semblent glisser. À peu près tous les classiques et les spécialistes en la matière dont nous avons utilisé les travaux nous amènent à retenir que toute culture est affaire indissociablement matérielle et immatérielle. C'est un fait social total où la condition primordiale est la cohérence entre matérialité et immatérialité, la concordance entre l'historique, le vécu, les faits et le dit.

Quels enseignements peut-on, à la lumière de tout cela, tirer des cas présentés plus haut?

Le premier élément à souligner est sans doute cette tranquille et tenace conviction de former une famille, d'œuvrer pour le bien de l'ouvrier, d'être unis et soudés, que j'ai rencontrée chez les dirigeants des entreprises où règnent anomie et hostilité. Seuls, dans ces entreprises, et cela je l'ai vérifié à maintes reprises, les employés de base et les ouvriers étaient en quelque congruence, dans leurs discours, dans leurs représentations et dans leurs actes, avec les données objectives des situations qu'ils vivaient: leur langage et leur conscience s'alimentaient directement à leur vécu concret. Par contre, toutes les directions et tous les membres des hiérarchies se fabriquaient des discours et des représentations alimentés de leurs idéologies de dirigeants, c'est-à-dire des litanies du genre « motivation-satisfaction-communication-efficacité » ou « émulation-socialisme-militantisme-mobilisation-fraternité ».

Le système de représentations de ces dirigeants n'était qu'occultation, déni du réel et collusion. La traditionnelle question reste de savoir — et c'est ce qu'essaye de faire le courant « culture d'entreprise » — comment « faire passer », je reprends ici les propres termes d'un directeur, « les idées de la tête des dirigeants à celle des employés ». Comment faire pour les amener à se convaincre qu'ils ont affaire à une entreprise qui est un reflet d'eux-mêmes? Reflet auquel ils doivent s'identifier et avec lequel ils doivent faire corps? Dans lequel ils doivent reconnaître leurs origines, leur être et leur idéal d'eux-mêmes? Vieux problème que voilà: des générations de spécialistes du comportement organisationnel continuent de s'y briser les dents. Mais peu importe, on change de vocabulaire, cela suffit au rituel qui fait croire à l'évolution de la pensée managériale.

Cependant la question demeure: comment rendre effectives les manifestations de ce qu'on appelle « culture d'entreprise »? Deux voies semblent s'offrir à en juger par les exemples décrits: faire comme le Complexe financier et se contenter d'épiphénomènes, d'apparences de culture partagée (valeurs écrites, dirigeants-gentils-héros, rites et cérémonies formalisés et programmés) ou bien faire comme l'Entreprise de forage ancienne version, ou encore comme Pâtes et papiers. La voie la plus simple et la moins coûteuse en partages, changements et remises en question, semble évidemment la première: elle relève presque de l'incantation gratuite. La seconde, plus opérante comme nous l'avons vu, implique une révolution par rapport à la tradition industrielle, chez les dirigeants et patrons-propriétaires. Et ces changements ne sont ni plus ni moins qu'une réelle congruence avec les données les plus sûres de la théorie de la culture: des liens dialectiquement indissolubles entre faits, vécus, discours et actes, entre matérialité et immatérialité. Pour vivre unis, formant une famille, une seule et même communauté, ouverts et égaux et tous animés du même credo, il faut tout simplement que les conditions concrètes d'existence à l'entreprise en soient un substrat affectif et matériel réel. Dans nos exemples, c'est ce que faisait l'ancien dirigeant de l'Entreprise de forage et c'est ce que fait le président de Pâtes et papiers. Les symboles, les représentations, la mythologie, les valeurs, toutes ces « pointes de la superstructure » ne peuvent exister *sui generis*. Leur existence n'est possible qu'à travers leurs rapports à des éléments congruents de l'infrastructure. Autrement dit, pour qu'une superstructure soit alimentée de croyances de communauté, d'égalité, de fraternité, d'équité, de communion d'intérêts, de convergence entre idéal de soi et idéal de l'organisation, il faut que tout cela soit expérimenté et vécu matériellement, d'abord.

Le président de Pâtes et papiers ne cesse de répéter: « Ce qui compte aux yeux de l'employé, ce ne sont pas les paroles mais les effets qui précèdent ou qui suivent les paroles »[44].

Il est à présent possible de tracer les contours de ce qui peut être favorable à la constitution d'une « communauté de vision » au sein de l'entreprise; l'entreprise de forage « d'avant » et Pâtes et papiers nous en donnent les ingrédients matériellement indispensables:

1. proximité concrète et liens affectifs avec les dirigeants (un peu ce que Sainsaulieu appelle « l'interpellation facile des responsables »);
2. absence presque totale de privilèges réservés (les propriétaires de Pâtes et papiers vont jusqu'à faire monter à tour de rôle leurs employés dans l'hélicoptère présidentiel);
3. absence presque aussi totale de marques de distanciation ou de différences de statuts;
4. comportements quotidiens exemplairement généreux, équitables et égalitaires de la part des dirigeants (avion pour évacuer les malades, sports dans le même gymnase, repas au même restaurant, arrêt du travail lors de grandes chaleurs, l'été, et invitation aux ouvriers à se baigner dans la piscine personnelle du président, sont autant d'éléments invoqués par les ouvriers pour exprimer le réel souci qu'on a d'eux);
5. réalisation effective de l'entreprise comme lieu de participation et de coopération (écoute, dialogue, réduction des barrières hiérarchiques, codécision, responsabilisation, autonomie, etc.);

6. réalisation effective de l'entreprise comme lieu de partages (partage des profits, des outils, des locaux, des dépendances, des véhicules, des produits, etc.);
7. déroulement de cérémonies dont la teneur et l'esprit soient en réelle harmonie avec la vie et la vie sociale de l'entreprise (les cérémonies de Pâtes et papiers sont la continuité de la vie conviviale et foncièrement informelle des usines).

Les attitudes, croyances, valeurs, symboles, ne viennent qu'après : ils sont générés, alimentés et entretenus par tous ces éléments matériels. Il n'y a que les dieux et les immanences transcendantes qui soient en mesure d'imposer à l'homme des symbolismes désincarnés ou des credos dont l'essence n'est que pure spiritualité. Il faut bien se rendre à l'évidence que dans les affaires de notre vie terrestre, un symbole, un signifiant — même à forte connotation émotive — ne peut exister sans renvoyer à un signifié relié au vécu concret.

Ce qui frappe le plus dans la majorité des entreprises industrielles, encore aujourd'hui, et que j'ai directement observé sous différentes latitudes, c'est le fossé à peu près infranchissable entre les discours parternalistes, égalitaristes, ouvriéristes, participatifs, des directions et leurs actes de privilégiés et de dominants égoïstes[45]. Si l'on veut arriver à dépasser réellement cet état de choses, il faut, comme le dit Toffler (1986), que les managers et patrons — j'ajouterais la majorité des chercheurs en gestion — « se livrent à une déchirante autocritique ». Je crois que c'est là le chemin qui les conduirait à admettre que désormais, à la suite des leçons que nous donnent l'anthropologie et le travail sur le terrain, la « culture d'entreprise » n'a d'avenir qu'à travers deux maîtres mots: réappropriation et partage(s). Pâtes et papiers en est une illustration.

Lors de la fondation de Pâtes et papiers, les mots « culture d'entreprise » n'existaient pas dans notre vocabulaire, et les dirigeants de cette compagnie n'y ont jamais songé, ils n'y ont jamais fait allusion durant mes interviews et mes séjours. Pourtant, c'est à une triomphante « bonne culture d'entreprise » — si l'on fait cette concession aux tenants de ce courant — que l'on a affaire! Le secret est simple: l'entreprise est offerte aux travailleurs comme lieu de réappropriation par l'accès au profit, aux outils, aux décisions (au moins locales), aux actions, à la parole et à tous les moyens de l'entreprise.

L'autre leçon importante concerne la notion de héros: avec l'ancienne Entreprise de forage et avec Pâtes et papiers, nous avons affaire à des « antihéros ». Les leaders et créateurs y sont des gens comme tout le monde, des gens simples et ordinaires qui parlent à tous. C'est là leur héroïsme: ils transgressent le tabou qui fait traditionnellement du simple travailleur un paria. Ce sont, précisément, des « déviants audacieux », facteurs de « stratégies de ruptures » et générateurs de « performances exceptionnelles » (Deseurmaux, 1986). Le président, selon les dires des ouvriers, « salue d'abord le travailleur » à chacune de ses tournées, partout où il va, « ôte sa veste » et « aide à réparer la machine en panne » au lieu de « crier à droite et à gauche », n'a « jamais un mot au-dessus de l'autre », « descend dans la rue, un dimanche d'hiver, pour aider à réparer la motocyclette d'un fils d'ouvrier », et, lors des grandes chaleurs, « fait baigner dans sa piscine personnelle les machinistes, leur offre à boire et leur prépare le souper ». Il s'agit, on le voit bien, de rapports avec les employés indemnes de la condescendance, de l'arrogance ou du mépris qui, ostensiblement ou non, marquent généralement les comportements des dirigeants vis-à-vis du personnel de base.

Mais ces « héros » transgressent aussi d'autres tabous modernes de taille: *l'intouchabilité du capital* et de son droit de faire du profit, par le partage des bénéfices[46]; *l'intouchabilité de l'information*, c'est-à-dire les « secrets » des patrons comme les ventes, les marges, les profits, les projets futurs, par l'affichage de tous les chiffres, l'annonce des acquisitions envisagées; et, enfin, *l'intouchabilité de l'acte de gestion*, par la négociation, la consultation, la liberté de s'organiser entre ouvriers pour la conduite du travail et la suppression des fonctions de surveillance.

Soulignons enfin qu'un des plus solides ciments de l'identité de Pâtes et papiers actuellement, c'est une sorte d'opposition à tout ce qui est entreprise capitaliste traditionnelle; celle-ci est vue comme un univers d'égoïsme, d'individualisme, de manipulations hypocrites, de « belles paroles vides » et d'exploitation. C'est donc aussi à une forme de « culture par opposition » ou d'« identité par opposition » que nous avons affaire.

Conclusion

La culture d'entreprise, si ce genre de culture existe, est aujourd'hui quelque chose qui peut profiter de l'anomie croissante qui caractérise les sociétés industrialisées, mais ce ne peut être aussi qu'un simple diktat d'ingénieurs de culture et de leaders-faiseurs-de-valeurs. Les apparences de la communauté ne sont pas la communauté, les paroles de la culture ne sont pas la culture. L'immatérialité symbolique et représentationnelle doit s'ancrer à une matérialité inscrite dans les structures, dans le vécu et dans les pratiques sociales de l'entreprise; et cette matérialité est nécessairement, ici, dans un rapport d'antériorité à l'immatérialité.

Il y a dans les faits une profonde restriction dont la considération s'impose: le rapport antinomique de tout véritable esprit de communauté dans l'entreprise, d'une part au système industriel dominant, où règnent la compétition, l'individualisme, le « maximalisme », l'ordre imposé, et d'autre part à la contradiction séculaire inhérente au travail industriel — « la tension entre coopération et conflit »[47]. Et c'est là que nous voyons que la mode « culture d'entreprise » est incapable de résoudre la contradiction principale: le conflit d'intérêt inscrit dans les structures de la production industrielle et l'appel à la coopération. Une illustration en est donnée par la « confession » de Kennedy[48], qui reconnaît qu'après un « sincère » mais infructueux essai d'élaboration de « culture » dans sa propre entreprise, il a dû, à son grand dam, « revenir à des méthodes plus autocratiques », à la « discipline du travail », aux « sanctions ». C'est un exemple où le caractère creux et désincarné de cette mode montre toutes ses lacunes: Kennedy a tout simplement essayé de greffer l'ensemble des recettes « aires ouvertes », « rites », « valeurs », sur une réalité (une matérialité) de business à l'américaine des plus traditionnelles.

Comment ose-t-on espérer ne rien changer à l'essence même de la production industrielle dominante, conflictuelle, égoïste, individualiste et autoritaire par tradition, et obtenir par la simple vertu d'un nouveau vocabulaire, ou de « valeurs » fabriquées dans des bureaux patronaux, une culture monolithique, une communauté radieuse dans l'usine? Qui doit céder? la culture patronale ou la culture ouvrière? La question est naïve et la réponse évidente quand on connaît les forces en présence, mais il est encore plus naïf de croire que cultures des dirigeants et cultures ouvrières sont bâties sur un seul et même fond, qu'il suffit, en quelque sorte, d'aider à se révéler à lui-même[49].

Il y a là en plus un sérieux danger de totalitarisme: ce que Caillois appelle « l'Ordre et l'Empire » et où deviendrait, comme sous la chape de la millénaire dynastie Tcheou en Chine, « crime d'état », toute tentative « d'introduire dans les rites une modification, si minime fût-elle » (1981, p. 123 et suiv.). C'est que désormais on touche à la « manipulation de la subjectivité », « manipulation insidieuse » qui s'étend jusqu'à « la créativité des salariés »[50].

Rendre l'exploité complice actif de sa propre exploitation est un rêve millénaire. Y touche-t-on?

Peu importe si la culture d'entreprise est une simple mode ou non, elle comporte de réels dangers à côté d'une réelle ouverture: celle, enfin, où l'on verrait, sous la pression du Japon et des émules de Pâtes et papiers, les managements se convaincre de la nécessité d'une vraie coopération à deux sens, de redistribuer, comme le préconisait déjà Taylor, la plus-value, et de permettre au travail d'accéder à sa légitime place de partenaire, de codécideur et de coresponsable à côté du capital. C'est en ce sens, je crois, qu'il faut comprendre l'appel de M. Weitzman (1986) du Massachussets Institute of Technology qui, dans son ouvrage *L'économie de partage*, invite à l'abolition du salariat par l'accès des travailleurs à un système de partage des résultats de l'entreprise. Autrement, la culture d'entreprise et tous les enseignements à la mode aujourd'hui en gestion ne seront que... mythes! Mais mythes dans un sens que leur donne Lévy-Bruhl, c'est-à-dire destinés à consolider les positions et privilèges de ceux qui payent pour qu'on les récite.

Notes

1. J'entends par « classiques » les ouvrages qui ont marqué les débuts de ce courant et qui sont les plus cités ou repris: Ouchi (1981), Deal et Kennedy (1982), Peters et Waterman (1982), Pettigrew (1979), Weick (1979), Schein (1985), Pascale et Athos (1981).
2. Pour une revue exhaustive de ces publications, voir Smircich et Calas (1987), Alvesson (1986), Ouchi et Wilkins (1985), Allaire et Firsirotu (1984b).
3. Pour Allaire et Firsirotu, voir surtout leurs articles proposant un modèle et un mode d'intervention sur la culture d'entreprise (1984a, 1988).
4. J'entends par le terme « performant » non pas une « rentabilité monétaire accrue », mais de meilleurs rapports, moins de gaspillage, plus de qualité, la rentabilité étant une conséquence, non poursuivie pour elle-même à n'importe quel prix.
5. Voir, notamment, l'analyse détaillée des apports des premiers chercheurs et théoriciens en management et théories des organisations, effectuée par Ouchi et Wilkins (1985).
6. Publié pour la première fois en anglais sous le titre *The cultural change of the factory* en 1952.
7. Voir l'ouvrage de Webber (1969) où plusieurs chapitres et ouvrages cités traitent de gestion en Union Soviétique, en Chine, en Inde, en Grande-Bretagne, en Amérique latine... Curieusement, un seul et court article traite du Japon.
8. Smircich et Calas (1987, p. 235-239) donnent une analyse détaillée et très documentée de ce double moment externe/interne.
9. Par exemple dans le louable et gros effort que font Allaire et Firsirotu, 1984a.
10. C'est ce qui ressort de la lecture, par exemple, de la série des Peters: *Le prix de l'excellence, La passion de l'excellence, Le chaos management*.
11. Schein (1985), Deal et Kennedy (1982), Peters et Waterman (1983), Ouchi (1985), Wilkins (1983), Argyris et Schön (1978).
12. Pour une compréhension complète de ce point, voir Bourdieu et Passeron (1970) et Sainsaulieu (1983), p. 196.
13. Pagès *et al.* (1979) consacrent une analyse très serrée à ce phénomène de médiation qu'opère l'entreprise pour compenser les contradictions vécues dans la situation de travail industriel. Voir aussi Tixier (1988).
14. Aktouf et Chrétien (1987). Nous reparlerons plus loin de ce cas intéressant.
15. Deal et Kennedy (1982), Peters et Waterman (1982), pour ne citer que ceux-là, présentent de nombreux « cas » et recettes pour savoir comment préfabriquer une « bonne » ou une « forte » culture d'entreprise. Sur la façon dont les dirigeants sont censés s'y prendre pour favoriser, créer ou changer une culture, voir aussi Bosche (1984), Lemaître (1985), Gagliardi (1986) et Schein (1985).
16. Genre de siège régional d'un ensemble d'établissements financiers dont nous parlerons plus loin.
17. Sainsaulieu, 1983, p. 201 et suiv., ainsi que l'article du même auteur dans le présent ouvrage.
18. Il s'agit aussi bien de travaux de recherche à caractère universitaire que d'interventions-consultations pour des entreprises. Le tout a consisté — et consiste toujours — en séjours systématiques de durée moyenne de un à trois mois (maximum six mois) durant lesquels il a été fait usage de méthodes d'enquête rele-

vant de l'observation participante. J'ai ainsi, à ce jour, entre 1979 et 1988, étudié huit entreprises de différents secteurs et de pays différents (Canada et Algérie).

19. On peut ainsi citer de nombreux travaux portant des titres « démiurgiques »:
« La gestion du symbolisme d'entreprise: un cadre conceptuel et un cas » (Poupart *et al.*; 1986);
Gaining control of the corporate culture (Kilmann *et al.*, 1985);
« The creation and change of organizational cultures » (Gagliardi, 1986);
« Adopting an organization's culture » (Hebden, 1986);
« Culture d'entreprise et changements stratégiques » (Gogel et Siat, 1986);
« Shaping and managing shared values » (Phillips et Kennedy, 1980);
« Remythologizing » (McWhinney et Batista, 1987).

20. Voir, entre autres: Normand (1984), Alvesson (1986), Smircich et Calas (1987), Bosche (1984), Symons (1988b). Je ne reviendrai pas sur l'argumentation, déjà largement étayée par de nombreux auteurs, à propos des problèmes majeurs posés par les rapports cultures/sous-cultures, volonté managériale/culture d'entreprise, culture vécue/culture imposée, etc.

21. Smircich et Calas (1987) concluent leur analyse critique du courant « corporate culture » par le constat de son intégration à part entière dans la littérature traditionnelle des théories des organisations où il est devenu une mode malgré les tentatives d'en écarter les aspects manipulateurs, artificiels (p. 256).

22. Pour moi, il y a presque une différence de nature entre le fonctionnalisme de Malinowski (correspondance nécessaire entre éléments de culture et fonctions répondant à la variété des besoins des membres d'une communauté) imprégné d'une pensée systémique et pluridisciplinaire, dans la tradition de l'anthropologie sociale, et l'utilitarisme étriqué, le « how-to » du fonctionnalisme regnant sur la pensée managériale.

23. Bateson (1971), p. 10 et 41-42, notamment.

24. Le lecteur intéressé peut se reporter aux articles d'Allaire et Firsirotu (1984b), de Ouchi et Wilkins (1985) ou de Smircich et Calas (1987).

25. Les éléments exposés dans ce point et dans le suivant ont déjà fait l'objet d'une discussion plus détaillée de ma part (Aktouf, 1988).

26. Je reprends cela d'*Encyclopædia Universalis* (1968, vol. 11, p. 526). Par ailleurs, je m'expliquerai plus loin du fait que je semble privilégier ici une vision du mythe parmi au moins deux qui peuvent opposer les ethnologues (« effet de signification » d'un côté, « importance de la mythogenèse vécue » de l'autre).

27. Eliade, 1963, p. 12, 17, 19, 32 et 33, notamment.

28. Je renvoie le lecteur intéressé aux questions de méthode, de données et d'analyse à mes articles concernant ces cas: Aktouf (1985, 1986e, 1986b, 1988) et Aktouf et Chrétien (1987).

29. Voir l'article de A. Chanlat et R. Bédard dans le présent ouvrage, « La gestion, une affaire de parole », où il est montré, après Benveniste (1966), comment l'emploi de la troisième personne pour désigner l'autre est une façon de le nier en tant que personne.

30. Voir, en sociologie du travail notamment, les travaux de Linhart (1978), de Braverman (1976), de Terkel (1976), de Beynon (1973) et Pfeffer (1979).

31. Le qualificatif « foreur » est d'ailleurs le plus souvent élargi à toutes les fonctions et à tous les métiers qui concourent plus ou moins directement à l'activité de forage, plus globalement à l'intérieur de chantiers.

32. Voir à ce propos Bosche (1984) ou Peters et Waterman (1982). Toutefois, beaucoup d'auteurs contemporains, dont Mintzberg, essaient d'y voir une complémentarité, la « culture » de l'entreprise devenant un facteur d'adhésion, d'acceptation et de mobilisation enthousiaste envers la stratégie, d'où la nécessité d'avoir la « bonne » culture.

Cela peut être vrai, mais paradoxalement, comme nous le verrons dans le dernier cas, pas du tout de la façon dont le pensent ces auteurs: c'est en contexte de quasi-autogestion et d'absence de hauts cadres « stratèges-faiseurs de valeurs », explicitement chargés de ce rôle, que la stratégie devient l'affaire de tous.

33. J'entends par là une forme d'autogestion ou de total exercice du libre arbitre — collectivement et collégialement — par

les travailleurs dans les décisions et orientations.

34. Le terme « efficace », jamais défini dans ces travaux, est évidemment censé aller de soi et signifier « rentabilité monétaire accrue », tout au moins pour l'entreprise à but lucratif.

35. Bosche (1984) et Normand (1984) font un constat similaire. Voir aussi Condominas (1980, 1985) pour l'importance de la diachronie et du vécu historique dans la culture.

36. *Encyclopædia Universalis*, 1968, t. 11, p. 526 et suiv.

37. *Ibid.*

38. Pour une analyse approfondie de cette mythologie du management et des théories du leadership, voir, en particulier, Sievers (1986a et 1986b).

39. Exemple repris de Bosche (1984).

40. Que Lemaître (1985, p. 22) définit comme exprimant « les tensions pouvant exister entre la réalité des organisations et les valeurs de leurs employés, reflets des valeurs de la société au sens large ».

41. Exemple emprunté à Lemaître (1985).

42. Bien que ce soit là, comme le suggère Sievers (1986a), leur secret fantasme...

43. Voir, pour une analyse approfondie de ces mécanismes, Pagès *et al.* (1979).

44. Ce que Searle (1972) a déjà étudié sous la dénomination d'« actes de langage » et que A. Chanlat reprend et illustre à propos d'Hydro-Québec (voir Chanlat *et al.*, 1984). Voir également Austin (1970).

45. Cela, il y a longtemps qu'une forte tradition en sociologie du travail l'atteste de façon incontestable, depuis Simone Weil (1951) et Friedmann (1950) jusqu'à Linhart (1978) ou Pfeffer (1979) et bien d'autres.

46. Je rappelle que ce partage se fait avant amortissements et impôts, ce qui peut très bien se traduire par le fait que les ouvriers et employés reçoivent des parts de bénéfices alors même que l'usine peut enregistrer des pertes comptables.

47. Formule empruntée à Tripier (1986) et relevant de la tradition marxienne de l'analyse des rapports de travail.

48. Kennedy, coauteur du célèbre *Corporate cultures* (1982), livre cette confession au journal *Inc.* de juin 1986 (p. 63-66); l'article est signé Lucien Rhodes et porte le titre « That's easy for you to say ».

49. C'est d'ailleurs là, sans doute, l'un des nœuds de l'échec de la coopération dans les entreprises des régimes socialistes, comme en témoignent la Pologne et les réformes conduites depuis 1968 en Hongrie et depuis Gorbatchev en U.R.S.S.

50. Formules que je partage et que j'emprunte à Tixier (1986).

SIMPLE SYMBOLE — DE L'EFFICACITÉ PRATIQUE DES SYSTÈMES SYMBOLIQUES DANS L'ORGANISATION

Serge BOUCHARD

Préambule

Je propose ici un texte qui ne suit pas les canons de l'exposé scientifique tel qu'on le conçoit habituellement. Pied de nez à la science dont le sein m'a nourri? Certes pas. Cependant, j'ai ci-devant recours à un style qui appartient à d'autres univers. Vous devinerez qu'il s'agit d'un choix qui, à défaut d'être raisonnable, n'en est pas moins fait sous l'éclairage de la conscience ainsi que sous la gouverne d'une connaissance définie. Autrement dit, je ne verse pas d'emblée dans l'herméneutique et je conserve le souci d'être très « clair ». Mais il est des sujets dont la nature même exige que nous les abordions d'une façon plutôt que d'une autre. Il faut supposer que celui de « l'efficacité pratique des systèmes symboliques dans l'organisation » est un de ceux-là.

Je propose ici une définition (je dirais une distinction) qui, dans les domaines éclatés qui traitent tous du signe et du symbole, n'est que bien rarement prise en compte. C'est que si le signe est un symbole, l'inverse n'est pas vrai. Dès lors, il faut s'entendre ou bien se malentendre en toute connaissance de cause. Or tout va comme si chacun « découvrait » l'importance du signe en se lançant sur lui sans précaution aucune, comme si personne, depuis toujours, ne s'était interrogé sur le sens, sur la représentation, sur l'image et sur la pensée. Texte particulier donc, mais texte plus orthodoxe qu'il n'y paraît. Se retourner sur la raison par le moyen de l'impression n'est pas une entreprise nouvelle. Il y a même une tradition. Et c'est celle-là, trop souvent oubliée, à laquelle je me réfère.

Je propose finalement un exemple, une sorte de pavé dans la mare, où faits et questions se succèdent « au gré de mon information »: c'est le cas des chauffeurs d'autobus urbains. Entre la première partie du texte qui s'occupe de la définition et la seconde qui traite de l'exemple, le passage est abrupt. Encore là, cela tient plus au mode d'exposition qu'à autre chose. Je ne tiens pas là-dessus à être pardonné.

SIMPLE SYMBOLE

Être concret n'a jamais voulu dire voler bas. Il était immanquable que le processus de la pensée scientifique dût sortir un jour ou l'autre du champ de l'expérimentation, de la corrélation, de la reproduction et de la prévision pour pénétrer dans celui de la représentation, champ d'ailleurs qu'il n'avait jamais vraiment quitté. Trop de clarté et trop de précision sont les marques que laissent sur le réel toutes nos machines à réduction. Il est des choses qu'on ne dissèque qu'à péril. Il faut les saisir sinon on ne les saisit pas. Qui trop éclaire finit toujours par aveugler et notre obsession de l'unidimensionnalité est la source même de nos pathologies sur le plan d'une efficacité technique qui, lentement, réduit le champ de la pensée.

Voir et comprendre exigent le respect de notre propre complexité qui n'est autre que la complexité de la matière. Il nous est demandé de cheminer sur la mince voie qui passe au-dessus du désert de l'ordre discret et réducteur, tout en évitant le gouffre du désordre absolu. Où l'on voit qu'être conscient n'est pas rien, avoir les yeux ouverts non plus. Car il apparaît que tenir la ligne est une sorte d'exploit. Dans la psychologie des processus et chemins empruntés par la pensée scientifique, tout nous indique que cette pensée, à l'instar de n'importe quelle autre pensée qui se trouve à « travailler », n'échappe pas au régime de la représentation. Ce qui la caractérise cependant, c'est qu'elle est métaphysiquement inductive, comme le disait Bachelard, c'est-à-dire successivement inductive et déductive selon les ordres de complexité envisagés[1]. Elle se reprend dans une sorte de cercle sans fin, peut-être s'agit-il d'une spirale, où la donnée n'est jamais un objet une fois pour toutes, dans la mesure où l'objet se décompose et se refait selon les passes qu'on lui fait.

C'est le drame de toutes nos quêtes: mettre de l'ordre en réduisant et perdre ainsi le sens du mouvant ou se mettre en mouvement dans le plus parfait des désordres? D'ailleurs, qu'est la figure sans le mouvement? Rien en somme, sinon un système inquiétant, un ordre lourd et contraignant qui prescrit le devoir et qui fait foi de tout, c'est-à-dire d'une présumée totalité, c'est-à-dire d'un registre des obligations que l'on a constitué à partir de la simple somme des parties d'une réalité au préalable découpée. La partition n'est pas interrogée ni non plus les auteurs qui ont choisi de séparer, mais ainsi vont les choses au royaume de la logique qui nous impose son art de la pensée. Dans ces conditions, la figure défigure dans la mesure où la figure la plus élémentaire ne trouve son sens que lorsqu'elle est saisie par le mouvement, lors même qu'en revanche le mouvement n'est rien si nul ne le figure.

Ainsi, toute complexité considérée, lorsque le mouvement n'est pas à la figure réuni, nous sommes placés devant un vide, peut-être même devant deux. Le premier est celui de la structure de surface, de la combinatoire abstraite, du calcul et des causes, autant de choses utiles dans un monde chosifié. Le second est celui du désordre absolu et de l'anarchie, d'une perte de sens par prolifération de celui-ci. Nous sommes donc pris par les deux bouts.

Le représenté

Au début de son *Mythe de Sisyphe*, Camus exprime ainsi son désarroi devant la science: « Mais vous me parlez d'un invisible système planétaire où des électrons gravitent autour d'un noyau. Vous m'expliquez ce monde par une image. Je reconnais alors que vous en êtes venus à la poésie [...] Ainsi cette science qui devait tout m'apprendre finit dans l'hypothèse, cette lucidité sombre dans la métaphore, cette incertitude se résout en œuvre d'art. » Mais qu'ont valu tous ces efforts, écrit-il encore, si cette grande courbe scientifique nous ramène au point de départ, c'est-à-dire à l'image et au régime de la représentation? Camus, le philosophe, posait là le problème central de l'épistémologie contemporaine. C'était en 1942.

Avait-il lu Bachelard, connaissait-il les travaux de Cassirer, savait-il qu'il s'inscrivait dans une sorte de courant parallèle, de courant souterrain que tout un chacun qui défend la pureté de la science allait se charger d'enterrer et d'enterrer si soigneusement que d'aucuns vaquent aujourd'hui à leurs affaires scientifiques en traitant la pensée comme si aucun de ces penseurs n'avait jamais existé? Car il est remarquable de constater que dans l'ensemble les ouvrages actuels dont le propos est le symbolisme, la représentation ou l'imaginaire commencent par souligner l'apport de Bachelard et de Cassirer dans les années trente, de Bateson et de Caillois dans les années cinquante, de Durand et de Lévi-Strauss depuis le début des années soixante. Et ce ne sont là que de très gros points de repère auxquels il faudrait ajouter les travaux d'un Jung ou même, nous venons de l'apercevoir, les réflexions d'un Camus. Chacun, selon son angle d'approche, a tâté du symbole, a joué de l'image, a aperçu la profondeur de la complexité des formes quand les formes se mettent en mouvement tout en respectant des règles. Mais ces règles justement, quelles sont-elles? Nous ne sommes pas à la veille de les maîtriser bien que dans le fait de notre compétence nous les maîtrisions fort bien. Puisque nous pensons. Moins que la résolution finale d'un problème compliqué, tous les auteurs ci-haut cités et combien d'autres encore ont posé le problème du symbole là où il convient de le poser. Le symbole se réfère à l'image et l'image vaut mille mots, tandis qu'un mot cache mille images. Imaginez!

Entre le signe et le symbole

Nous savons d'eux, et d'eux ensemble, un certain nombre de choses. Nous savons qu'entre le signe et le symbole un malentendu perdure. Qu'il en soit ainsi est peut-être dans la nature des choses. Disons que le système « montre des signes », c'est-à-dire qu'il s'exprime par le moyen de codes quelconques, tandis que l'univers de la conscience engendre des symboles, ce qui n'est pas une expression particulière, ni un message discret, mais bien plutôt l'état de la conscience, comme qui dirait un état d'esprit. C'est à la science de fouiller dans les rouages de ce malentendu, de manière peut-être différente, mais au même titre que la démarche artistique ou que toutes autres démarches qui dégagent du sens à propos du sens, et à partir du sens. Où l'on verra que signifier et représenter ne sont pas du même ordre et que, faute de les distinguer, l'épistémologie en a perdu la tête et en a perdu pied.

Le signe appartient à un univers relativement et momentanément stable. Il est régi par la loi de l'arbitraire et par la nécessité de la communication fonctionnelle. C'est un symbole cristallisé, captif, gelé, durci, ratatiné, retenu dans l'attraction du signifié. Il a la lourdeur du code, les contraintes d'un système linguistique qui pour être des plus sophistiqués n'en a pas moins, par rapport à la pensée, le désavantage d'une certaine fixité. Le mot est pauvre quand il traduit juste une idée. Lui qui a le pouvoir d'en traduire mille sans pour autant nous désarmer. Cassirer nous dit que c'est la qualité symbolique du langage humain qui fait que ce langage est humain[2]. Bien sûr, il s'appuie sur le signe, ce langage, il se traduit physiquement par un son discriminant dans une chaîne syntagmatique obligée. Mais voilà sa contrainte, qui est déjà grande liberté si on la compare aux silences de la pierre. Toutefois, c'est bel et bien obsédés par le seul signe que certains en sont venus à supposer que les animaux parlaient. *Strictu sensu*, les animaux montrent des signes, en effet. Lorsque le loup se couche sur le dos en offrant sa jugulaire aux crocs d'un dominant, il est en train de lui confier que sa force a gagné. C'est un signe inscrit dans un code simple. Les cris du chimpanzé, les sifflets des dauphins, tout cela pourrait bien « signifier ». S'agit-il de messages, s'agit-il de langages? De quoi s'agit-il?

De la sorte, le signe affiche l'harmonie de la structure et la froideur de la figure. L'étude de ses transformations sera systémique et diachronique. Dans le plus faible développement du système, il est message invariable qui associe, qui un geste, qui un son, qui un mouvement de lèvre ou un changement dans la toison, à une signification précise sur laquelle chacun s'entend sous peine d'exclusion, de blessure ou même de destruction. Dans le plus avancé de sa capacité fonctionnelle, le système sémiologique instaure le régime du concept. Je renvoie les intéressés à la discussion de Gilbert Durand sur le sujet, alors que dans son introduction aux *Structures anthropologiques de l'imaginaire* il est conduit à critiquer les vues de Jean-Paul Sartre à propos des rapports entre l'image et le concept[3]. Si cette discussion est à ce point fondamentale, c'est justement parce qu'elle touche l'os. Pour Sartre cartésien, et serait-il le seul, le concept est la forme achevée de la pensée[4]. Plus il est clair, plus il est précis, plus est-il en adéquation avec le réel désigné. Pour ce faire et dans cet esprit, il faut domestiquer l'image, la dompter, extirper de celle-ci le concept afin de le purifier. Dans son rapport au concept, dans sa parenté avec celui-ci, l'image est bien la « folle du logis ». L'effort philosophique consisterait à séparer le sérieux du farfelu, la précision du malentendu. À ce compte et toutes choses étant égales par ailleurs, le symbole est anachronie tandis que le signe est l'empereur de toutes nos synchronies.

Harmonie du signe, mère de tous nos vices matérialistes et superficiels. Entre cette vue et une définition de la culture qui réduit la culture à ses signes extérieurs, c'est-à-dire à ses systèmes de signes, à ses paroles, à ses discours, à ses « occurrences », il n'y a qu'un pas qu'une armée de gens sérieux franchit à tous les jours. À ce compte encore, faut-il se surprendre de quelques malentendus engendrés par une pareille position? Sartre contre Camus, Sartre contre Lévi-Strauss, Sartre contre tous ceux qui ont soulevé le voile d'immunité qui garantit l'infaillibilité du signe en décrétant la supériorité des concepts, mais en décrétant surtout la supériorité d'une raison particulière sur toutes les autres formes que la pensée adopte quand elle se penche sur le réel ou sur elle-même.

Il s'agit à coup sûr d'une chicane où la mauvaise foi le dispute à l'ignorance. Car, il faut le souligner, la recherche se poursuit qui transcende l'environnement des polémiques. Dans l'indifférence générale, Ernst Cassirer, dans son *Essai sur l'Homme*, posait le problème du signe et du symbole d'une façon conforme à l'état de nos connaissances en psychologie, en linguistique, en anthropologie et en épistémologie. Il ne solutionnait pas, il posait et il proposait. Là encore, c'était hier vers la fin des années trente. Ce ne serait pas par le signe que la culture se distingue mais bien plutôt par le symbole. Plus que *sapiens*, l'homme est *symbolicus*. En fait, il est les deux à la fois. Comme le reprendra

Durand par la suite, un principe voit le jour qui n'établit pas a priori la valeur négative du symbole par rapport au signe. Ce principe affirme au contraire que le symbole appartient au régime de l'imaginaire, étant entendu que l'imaginaire n'est pas le stade infantile de la raison. À coup de représentations, d'allusions, de suggestions et de rapprochements, le symbole traduit des formes et des factures que nous partageons forcément mais qu'il nous reste toujours à exprimer. Le symbole n'est donc pas d'emblée une pièce dans le système de la communication fonctionnelle. C'est à l'inverse une démarche active de la conscience qui cherche, par le truchement de la représentation, à toujours donner plus de sens dans l'ordre de la perception comme dans celui de l'imagination. La recherche des liens entre la puissance créatrice de l'intention imaginaire qui est la puissance de la représentation et l'efficacité fonctionnelle de la raison signifiante est une entreprise qui caractérise ce qu'il est convenu d'appeler « le nouvel esprit » des sciences humaines de notre temps.

Ne voit-on pas que le signe fréquente la figure, qu'il appartient à la structure du code? Tandis que le symbole évolue dans le mouvement, dans les métamorphoses complexes d'images multiples. Le signe finit par chosifier tout ce qu'il touche, il objective à qui mieux mieux et sa conventionnalité le rapproche davantage de l'objectivité en général. D'où pathologies diverses qui apparaissent dans le giron de ce que nous appelions les abus de la clarté. De son côté, le symbole, par la réhabilitation de l'imaginaire, réhabilite le sujet et, partant, la subjectivité dans le cadre du processus de création.

Bref, le symbole est toujours métaphorique dans son rapport au signe et tout symbole est potentiellement un signe pour un autre symbole qui est lui-même le signe probable d'un symbole qui ne demande qu'à s'exprimer. Toucher le fond, toucher la fin serait comprendre tout, du fonctionnement du cerveau jusqu'à l'ensemble de ses virtualités sur le plan des images inventées. Dans un autre article ignoré mais combien fondamental, Edwin Ardener faisait la démonstration qu'en matière de sens et de signification, l'ajout d'une dimension modifie à chaque fois le programme et transforme ce qui semblait syntagme en un nouveau paradigme, lui-même nouveau syntagme d'un paradigme qui pourrait fort s'actualiser afin de poursuivre le long de cette chaîne sans fin de la multidimensionnalité, comme nous le formulions plus haut à propos des jeux de signes et de symboles qui se transforment l'un et l'autre au hasard ou selon la contrainte de la complexité, d'une part, mais aussi de la simultanéité de l'appréhension du réel par le cerveau[5]. Nous voudrions bien qu'il en soit autrement et que les choses soient plus simples afin de satisfaire nos raisons réductrices. Car, pourquoi le cacher, cela fait mal à la science de la stabilité que de s'apercevoir qu'au royaume de la représentation symbolique tout change, nous dirions presque à volonté. Mais que l'on se rassure, cela doit bien répondre à un besoin. Le besoin de penser. Cela correspond aussi à un bien-être, le plaisir de créer.

D'ailleurs, faute de distinguer entre le signe et le symbole et parce que l'on a toujours cherché à dévaloriser ce dernier en valorisant le premier, nous en sommes venus à créer ce monstre théorique qu'est le concept d'intelligence artificielle. Non pas que l'outil en question soit inutile, bien au contraire. Il ne faudrait cependant pas s'en servir comme d'un marteau dans un palais de cristal. Il s'agit, le nom le dit, d'une intelligence artificielle. La passion du signe, de la sémiologie ou de toutes manifestations qui nous renvoient aux codes et structures syntagmatiques faisant référence à la performance, dans le sens chomskien du terme, finit trop souvent par nous mener vers une conception cybernétique du fonctionnement du cerveau[6]. Or, cela serait possible seulement et seulement si nous admettions que tout le traitement de l'information intérieure et extérieure à notre cerveau se faisait sous l'empire des codes numériques. Alors qu'il est indiscutable qu'une partie de notre intelligence procède selon ce registre, il est tout aussi indiscutable que cela ne représente qu'une faible partie des potentialités de « l'appareil ». Au pays de la métaphore, le sens d'une expression est plus ou moins fort, c'est selon, et la gamme de ses registres demeure un champ inexploré. Une expression a plus ou moins de « prégnance », pour employer le mot de Cassirer. Or, cette prégnance est de nature symbolique. Le mot seul n'agit pas sur nous, c'est ce qu'il déclenche dans le registre de l'imaginaire qui mobilise notre esprit. Nous aurons beau faire, nous aurons beau dire, nous devons nous représenter. Ce mécanisme qui n'en est pas un possède un pouvoir qui nous échappe quand il s'agit de le décrire et de l'analyser. C'est le pouvoir d'évocation, celui du retentissement, de résonnance qui font que les mots portent. L'intelligence tient à l'ensemble du potentiel de notre cerveau. L'analyse et la discrétion entre les parties sont des outils parmi d'autres, parmi les plus évidents. Cependant, l'analogie nous sert aussi et nul ne comprend le processus de l'intuition, pour ne parler que de cela[7].

« Depuis que j'ai quitté la côte de Malabar, où un chat est un chat et où deux et deux font quatre, il me semble que je m'enfonce dans une plantation d'oignons, car ici chaque chose, chaque animal, chaque homme possède un sens apparent, lequel en cache un second, lequel déchiffré, trahit la présence d'une troisième signification et ainsi de suite[8]. » Voilà ce qu'écrit Tournier (1984) en faisant parler un de ses rois mages. Cela résume bien tout ce qui précède à propos des signes et des symboles. Lorsque le chat est un chat, c'est un signe; lorsque le chat est le diable, toute la vie des diables, et par opposition toute la vie des dieux, ainsi que son train de bien, et par opposition son train de mal, alors c'est un symbole.

Ainsi, alors que nous croyons posséder la clé du fonctionnement et du cerveau et de l'esprit au moyen de nos conceptions relatives à l'intelligence artificielle, nous croyons aussi qu'il ne nous reste plus qu'à attendre le résultat des travaux des physiologistes qui, au moyen de l'observation physique et de l'expérimentation en laboratoire, vont bien finir par faire le tour de la masse gélatineuse en question afin de faire l'inventaire topographique des fonctions tout en dégageant ses principes opérationnels. Même Lévi-Strauss y a cru qui écrit que c'est au neurophysiologue que reviendra le dernier mot[9]. Considérant les plus récentes découvertes dans ce domaine, il apparaît de plus en plus que nous sommes placés devant un puits sans fond et que le cerveau, avec ses milliards de neurones et ses millions de milliards de connexions, affiche un ordre de complexité qui se rapproche de celui de l'Univers. Dès lors, le neurophysiologue rejoint l'astrophysicien sur la sellette de l'épistémologie scientifique[10]. Il devra se servir de la représentation pour représenter ce qu'il ne peut pas observer. Il lui faudra se servir de sa propre tête, et en un mot imaginer s'il entend expliquer ce qu'il ne pourra jamais physiquement isoler. Si on me permet cette analogie, les études sur l'univers intérieur attendent encore leur Einstein.

Et la conception de l'intelligence humaine sur le modèle cybernétique est une sorte d'abécédaire, pour ne pas dire un exercice primaire, qui pourrait s'avérer désastreux pour la science et pour l'humain si quelqu'un se mettait en tête de la généraliser.

Pour qui se penche sur l'être humain, dans son psychisme, dans ses comportements, dans ses discours et ses croyances, dans ses interrelations avec les autres, dans sa connaissance, dans son ignorance, dans ce qu'il a d'inné, dans ce qu'il a d'acquis, dans ce qu'il produit, dans ce qu'il invente, dans le normal et le pathologique, l'accident, l'incident, l'événement, le risque et la décision, l'émotion et la raison, pour qui cherche dans ce fatras quelques modèles, quelques structures et quelques lois, pour tous ceux qui font ou prétendent faire dans la science de l'humain, qui disent la maîtriser et qui affirment pouvoir d'en haut s'y appliquer, pour tous ceux-là, il y a des prudences et des mises en garde qui ne sont autres que celles propres aux sciences humaines lorsqu'elles sont bien pratiquées. Dans un paragraphe virulent, Bateson (1977) entrevoyait déjà l'entrée des « amateurs » dans nos champs pourtant si exigeants. Il écrivait: « Le soi-disant spécialiste en sciences du comportement, qui ignore tout de la structure fondamentale de la science et de 3 000 ans de réflexion philosophique et humaniste sur l'homme — qui ne peut définir par exemple, ni ce qu'est l'entropie, ni ce qu'est un sacrement — fera mieux de se tenir tranquille, au lieu d'ajouter sa contribution à la jungle actuelle des hypothèses bâclées. »

Si nous admettons que l'humain « fonctionne » au sens, c'est-à-dire au sens donné, reçu, sans cesse créé et recréé, alors l'humain est bel et bien prisonnier de ce qu'il « voit ». Nous ne parlons pas de la vision physique des choses mais bien de la vision intérieure où justement loge le sens, lui-même produit par le jeu complexe et incessant des représentations. Visions du monde, disaient Edward Sapir et Benjamin Lee Whorf[11]. Visions du monde en effet, dans la mesure où lorsqu'une chose ne nous dit rien, elle ne nous dit rien, au point de ne pas la voir, de ne pas la figurer, de l'ignorer absolument. Cependant, pour une image prégnante et particulièrement « résonnante », nous frissonnons jusqu'à la moelle et pour un peu chacun est prêt à en mourir.

Voyons la proposition suivante, qui est celle de Cassirer: la culture appartient à l'ordre symbolique, c'est le canevas de nos penchants imaginaires, le système éminemment ouvert de nos représentations partagées, actuelles et actualisées, passées et archétypées, virtuelles et à réaliser, images elles-mêmes capables de se représenter, sorte de patterns qui ne sont pas sans lien avec le langage, le langage imagé s'entend, comme qui dirait le langage usuel, celui de nos propres journées lorsque nos journées ne sont pas « pathologisées » par une logique-raison qui dissocie le signe du symbole au point de réduire la pensée à l'exercice de la raison, de réduire la culture à un système de signes, de réduire la justesse et la justice à la clarté et au concept, au point de faire comme si la typologie l'emportait d'emblée sur l'analogie, repoussant la métaphore au grenier des obsolètes, et faisant du symbole une allégorie dérisoire, faisant du symbole un simple symbole, un geste, une chose, un objet qui ne veut plus rien dire, qui ne signifie rien mais que nous faisons quand même par souci de Dieu sait quoi. Pas étonnant que pour certains la culture se résume à un fanion, à un logo, à une série de choses qui ne seraient que des symboles, comme on dit.

Dans l'ordre de la complexité, je crois que toute harmonie se réalise au détriment d'une autre harmonie. La prolifération des univers harmoniques est un phénomène qui s'accélère lorsque les aspects formels prennent le pas sur les contenus et les substances. La communication devient alors de plus en plus quantitative (d'où ce besoin de banques pour conserver les stocks), de plus en plus discrète dans un ordre parcellaire et éclaté (Lyotard, 1979). Il devient impossible de proposer une harmonie qui n'en soit pas une parmi des milliers d'autres, au sein de la foule déchaînée des organisations qui en proposent, multipliant les signes et ignorant le sens. Littéralement parlant, ces harmonies-là sont à la source de la calcification du système. C'est une façon de tout refroidir et d'inaugurer l'ère des structures, c'est-à-dire la guerre des structures, autrement dit la lutte des signes, l'authentique guerre froide qui sévit entre les technocraties, la guerre où les systèmes équivalents proclament leur différence sur le terrain même de leur similitude. D'où ces modèles dits universels où tout un chacun négocie son mode d'être au travers des chartes et des conventions. Les sociétés surcodées sont des sociétés enrayées. Sous l'empire des litiges formels, nous engraissons les avocats, ces décrypteurs et analystes de toutes les corporations. Cependant, cela bouillonne à l'intérieur. Imaginons une boule dont la surface extérieure serait une croûte, résultat de ce refroidissement par multiplication des accords apparents et formels. Au cœur de celle-ci, ces symboles dont on ne veut plus s'enfoncent mais continuent d'exister. Sans exutoire, la pression monte et cela risque d'exploser. Dans les faits, comme l'a théoriquement remarqué Baudrillard (1973) en discutant de l'échange symbolique, il n'est rien de plus imprévisible, de plus violent, de plus irrationnel en apparence qu'un mouvement social qui révolutionne en consumant l'énergie symbolique trop longtemps réprimée. C'est une sorte de volcan.

Si le signe est une figure arrêtée (un symbole momentanément cristallisé pour les fins de la communication) et si le sens est un mouvement figuré, alors la victoire du premier sur le second entraînera toujours l'amenuisement du pouvoir d'évocation au profit de celui de la dénomination. Or, si le symbole, ce lieu d'union entre la signification et la représentation, ce lieu de fusion de la représentation dans la représentation, nous permet de « capter » les petits et les grands ensembles par une sorte de raccourci dont le détail (dont la symbolique) restera toujours à expliquer, alors il apparaît que mille typologies ne viendront jamais à la cheville d'une seule analogie de « faible magnitude ». Malgré cela, nous persistons à condamner l'imaginaire et nous multiplions les écoles où nous formons des typologues à la pochetée, les conduisant à se méfier de leur intelligence, les obligeant à se coucher sur le plancher de nos structures fonctionnelles, afin d'y broder le tapis mince et fragile de nos intelligences artificielles. La prolifération des analyses superficielles nous conduit aux pires délires organisationnels. Société d'opinion, société de « fortrel ».

Laissée à elle-même et rigoureusement fidèle à ses fractions, la science, pas plus que sa commère la raison, ne vaut la plus petite des religions, quand il s'agit de mourir par exemple, quand il s'agit de se commettre sans raison, quand il faut prendre voies et décisions. De la part de la science, celui qui va mourir n'a pas besoin d'explications. Il a besoin d'un savoir-faire, d'une contenance, d'une compétence, autant de petites choses dont nous savons qu'elles relèvent toutes de l'encadrement symbolique et de l'univers culturel. Il faut savoir passer (Jankélévitch, 1977).

Ce n'est pas que la science soit en elle-même la source d'un certain mal. Ce serait bien plutôt l'usage que nous en avons fait, la signification que nous lui avons donnée, les pâles mais dévastatrices imitations que nous avons tentées à partir d'elle afin d'accommoder nos nouvelles autorités d'experts à toutes les sauces humaines. Sous une trop grande pression, la science se serait comme ratatinée au fil des générations. Sa finalité toute linéaire l'aplatit et lui enlève son originel imaginaire, le creuset même de sa créativité. Il n'était pas écrit, il ne l'est pas encore, que la Physique doive détruire la Métaphysique.

Les époques, les sociétés, les bandes, les clans et les tribus, les communautés et les organisations qui ont de tout temps rassemblé les êtres humains en vue de quelque chose, ont de tout temps eu un esprit. Normalement, cet esprit synthèse n'est rien d'autre que le fonds symbolique et la trame culturelle propres à chacun d'eux. Cet esprit est relatif à mille et un contextes, il est implicite. Nul, qui agit en son giron, ne pourrait l'exprimer en toute connaissance de cause, cependant chacun l'exprime s'il est, dans le canon de sa culture, le moindrement joueur et compétent. Or, si l'esprit de notre époque se résume à une négation de l'esprit des époques et à une promotion de l'esprit technique qui justement n'en est pas un, alors nous ne sommes pas sortis du bois.

Rendus là, la question se pose qui regarde les questions que l'on pose, mais qui regarde avant tout toutes ces questions que nous devrions poser dans les circonstances de ce qui précède. Comment interroger, une fois ces croûtes et ces écrans reconnus, une fois l'apparent repéré pour ce qu'il est, c'est-à-dire l'apparent, une fois que nous avons admis que l'esprit est tout aussi réel que le matériel-réel auquel notre raison s'est habituée, comment donc interroger un phénomène humain dont le sens n'est jamais univoquement dit, dont le sens se génère dans la « profondeur » plutôt qu'à la surface, comment enfin observer, bricoler, exprimer le sens profond au moyen d'une sorte de méta-sens qui, selon l'expression d'Edgar Morin, en serait un qui explique la « pensée d'une pensée qui se pense » (Morin-Nahoun, 1985).

Assurément, une montagne de travaux divers et plus ou moins classiques ont traité de la chose. Mais le détail de leurs divergences m'importe moins que la teneur de leur convergence. (N'étant ni moine ni copiste, je réclame le privilège du bricoleur qui fait avec ce qu'il a sous la main, ou avec ce qu'il trouve, avec ce que sa propre vie lui a permis de ramasser dans le grenier de ses idées. Je m'éloigne des grands inventaires mais je cultive les petits. Classificateur certes, le bricoleur est néanmoins libéré de l'obsession de l'exhaustivité et sa synthèse ne prétend pas à la généralité topographique — tout couvrir — pour autant que celle-là est devenue impossible dans un monde industriel où écrire est justement une industrie. Ayant horreur des répertoires et des revues, je crois qu'il faut chercher à réunir plutôt qu'à séparer, ce qui est bien là une disposition de l'esprit « symbolique »[13].)

Lorsque nous dérivons au-delà des apparences, il devient nécessaire de nous assurer en ayant recours à un système scientifique de représentations qui ne se nie pas lui-même en tant que système de représentations. L'anthropologie structurale, la psychanalyse, la psychologie des formes, l'anthropologie symbolique, l'anthropologie de l'imaginaire, la sociologie de la connaissance, la sémantique et la pragmatique, l'ethnolinguistique, l'étude des textes, des gestes et des manifestations artistiques diverses, autant de sciences en leur état qui « travaillent » sur des phénomènes que l'on ne saurait saisir, si saisir se réduisait à la chosification des fantômes dans l'espoir de pouvoir les toucher. Sans elles, sans elles réunies, pas d'espoir de sociologie profonde qui respecterait l'épaisseur de toutes les complexités. Il est à cet égard fondamental de souligner, ce qui n'est pas rien, la conjonction des approches des physiciens et des biologistes avec les préoccupations ci-haut mentionnées. C'est la complexité qui nous réunit, une complexité qui fait certes frémir comme certains peuvent frémir devant l'immensité de l'infini, mais une complexité comme qui dirait à la portée, puisqu'elle occupe le noyau de notre pensée, de cette pensée dont Platon disait qu'elle était le résultat des entretiens de l'âme avec elle-même[13].

Âme, esprit, j'entends déjà la vieille rengaine du matérialiste outré. Pourtant, elles sont bien là, ces contributions scientifiques qui nous plongent dans la profondeur et la complexité des phénomènes. Sur le plateau des sciences humaines, elles ont surtout œuvré dans le champ reconnu des archétypes et des universaux[14]. Grands textes, grandes formes, grandes impressions relatives aux conditions fondamentales de la conscience. Bien que le symbolisme nous renvoie toujours à des questions fondamentales, sortes de philosophies premières qui ne sont pas légion dans le patrimoine de l'homo symbolicus, il importe aujourd'hui de s'interroger sur la source du matériel traité, sur l'origine de la matière en ces matières, sur la génération d'un matériau qui viendrait enrichir notre « vision » des phénomènes humains contemporains.

C'est une question obligée : où loge l'imaginaire dans une société superficiellement complexe, numériquement éclatée, truffée d'organisations discrètes mais similaires, dont le propos « métonymise » toutes les métaphores, sans faire exprès ? Où loge l'imaginaire dans une société qui a rompu avec sa « sauvagerie[15] », avec sa pensée sauvage d'abord, mais avec le reste aussi, qui traduisait plus adéquatement en l'exprimant par tous les moyens le geste, la parole, les cérémonies, la culture matérielle, par tout ce que finissait par être une expression culturelle relative à une symbolique non réprimée ?

À propos de la modernité, du quotidien, au sujet de la grisaille contemporaine, qui pourrait douter que le premier travailleur venu, dans le premier « secteur » venu, n'a pas pour lui-même quelque « mystère personnel inénarrable » ? Comme dit Jankélévitch (1980). Et que la trame de ces mystères forme la trame de ce que l'on appelle communément le « milieu de travail » pour autant que ce milieu ait une profondeur reconnue ? Comme si nous devions finalement reconnaître que chacun est un savant de quelque sorte, un poète de quelque champ, un philosophe de quelque sujet — Gramsci (1975) ne le suggérait-il pas —, mais que chacun prend bien soin de n'en rien révéler ou d'en révéler le moins possible, de peur de passer pour un débile profond dans une paroisse qui condamne toutes les profondeurs. Il reste que pour espérer aborder l'imaginaire contemporain, il faut composer avec la facture des systèmes, il faut se braquer sur le tissu organisationnel, se fermer les yeux pour mieux le traverser afin d'aller rejoindre derrière tous les rideaux de l'évidence la foule des acteurs premiers que sont les sujets agissants au sein de groupes qui partagent ou ne partagent pas des systèmes de représentations, qui en génèrent ou qui en manquent selon les « situations » qui se présentent à eux.

Je retrouve là les questions que j'avais posées dans mon étude sur l'univers culturel présumé des camionneurs de longue distance (S. Bouchard, 1980, 1985)[16]. La vie concrète est toujours un prétexte relatif à des philosophies premières qui, elles, ne varient guère: la vie, la mort, la force, la dépense, la solidarité, la solitude, l'amour, le plaisir, la souffrance, le temps, l'espace, l'usure, autant de thèmes révolutionnant autour d'un noyau dur, le camion, la route, le travail réel de conduite.

Puisque rien n'est plat comme on le dit, rien n'est plat en effet, jusqu'à la preuve du contraire, contraire qui pourrait bien être à la source de nombreuses misères psychiques. Nos maux de dos sont en réalité des maux de tête. Exposé à la platitude, dont on sait qu'elle est l'agonie de tous les sens, du sens particulier comme du sens commun, du contre-sens comme du sens caché, du bon comme du mauvais sens, l'être humain dépérit s'il ne fait pas vite quelque chose qui lui redonne à penser. En effet, et je n'en dirai pas plus, le symbole donne à penser, il donne généreusement à penser, et qui dirait qu'elles sont mauvaises, les choses, quand elles sont bonnes à penser? Tandis que le signe, par le fait de signifier, est derechef un signe d'économie. À trop économiser l'intelligence, elle s'atrophie. Le signe se protège de tout ajout de sens tandis que le symbole se méfie de la fermeture[17]. Le premier est fermé, l'autre est ouvert.

Sur ce, je parlerais volontiers des autobus. Sur le ton de ces choses qui nous viennent à l'esprit.

L'AUTOBUS

Il ne nous viendrait pas à l'esprit, d'ailleurs, que le simple fait de conduire un autobus urbain puisse être un travail « intéressant ». Vu du trottoir, il y aurait comme une présomption de platitude. Cependant, mon propos sur le sujet sera ici purement hypothétique en ce qu'il ne saurait être perçu comme étant le résultat de quelque étude que ce soit. Il tient plutôt de l'histoire et de l'anecdote, histoire que j'invente dans l'intention de simuler, anecdotes qui me trottent dans la tête depuis déjà quelques années. Malgré tout, la question de l'intérêt se pose comme je la pose: où est l'intérêt, y en a-t-il un, y en a-t-il eu, quelle est la nature de celui-ci? S'il existe, s'il a existé ou s'il n'existe plus, qui saurait nous le dire, à qui faut-il le demander?

Jadis, il y a de cela au moins vingt-cinq années, la Commission de transport de la ville de Montréal faisait partie de ces organisations d'envergure, somme toute peu nombreuses à l'aube de la révolution tranquille, qui offraient des emplois stables à un grand nombre de personnes. Il en allait, il en va toujours, de la nature des opérations: à chaque véhicule son chauffeur, sinon plusieurs. Étant donné le développement urbain, le transport en commun n'a pas attendu le présent âge pour se poser en tant qu'organisation de premier plan dans le décor de l'actualité. Une fois dans la ville agglomérés, il faut que les gens puissent, à l'intérieur des murs, facilement se transporter.

D'une façon ou d'une autre, mais d'une façon plutôt que d'une autre, la Commission avait fini par développer durant le cours de la première moitié du siècle ce que de nombreuses organisations, y compris elle-même, paieraient de nos jours assez cher pour obtenir: un sentiment d'appartenance et d'engagement très prononcé de la part de ses employés en général, de ses chauffeurs en particulier, sentiment qu'ils n'hésitaient pas à exprimer ou à afficher. Faisant sa part à la nostalgie, mais prêtant quand même oreille à ce qui se raconte et à ce qui se dit, il apparaît qu'en ces temps révolus être chauffeur n'était pas rien. Bien des détails nous le confirment. On entrait au service de la Commission comme on entre dans une communauté. Il se trouvait des chauffeurs pour porter l'uniforme lors des visites de parenté à l'occasion du temps des fêtes. Avec le temps, il fut vérifié que la « job » finissait parfois par se passer de père en fils, partie patronage, partie cohérence d'un système qui fonctionnait à l'appartenance. Le poste en lui-même jouissait d'une bonne faveur au sein d'une société où la stabilité du travail était une sorte d'obsession en même temps qu'une clé.

L'ouvrier dans sa routine, l'écolier, l'usager, chacun reconnaissait son ou ses chauffeurs réguliers sur la ligne. Les lignes elles-mêmes avaient l'indéchiffrable qualité de marquer le territoire d'une manière qui n'offensait pas les représentations des usagers; tissu de trajets marqueurs qui donnaient à la ville une texture particulière, ramifications de tracés qui respectaient tous les besoins, toutes les factures. Enfin, il y avait les autobus, à cette époque nommés les « brills », qui figuraient adéquatement la cohérence de ce système. Ni beaux ni laids en eux-mêmes, ces véhicules avaient le mystérieux avantage d'atteindre à ce qu'un chauffeur tel Alain Cottereau appelle « l'adéquation de la forme ». Ils ne tranchaient pas; ils s'inscrivaient dans l'ordre de cet univers, aspirant à l'archétype sinon au titre de vraie chose. Le tramway avait longtemps joué ce rôle; lentement, sans coup brusque, l'autobus de type Canadian Car avait remplacé l'ancienne « forme » en finissant par jouer le même rôle.

Ce n'était pas le paradis. C'était simplement un système où l'opération s'arrimait à une vision commune qui la considérait dans son détail comme dans son intégralité. Se voir comme chauffeur (rôle principal), et voir la Commission (grande famille) ainsi que l'autobus (forme adéquate), et voir les usagers (réguliers-familiers) ainsi que la logique des trajets (paysage approprié), tout cela n'était pas une peine ni un très grand effort de la pensée. Cela même si ces fameux « brills » n'étaient guère des chefs-d'œuvre de la technologie, et cela même si les salaires laissaient à désirer dans un contexte où rien ne protégeait le chauffeur contre l'abus d'autorité. La tâche elle-même était fort compliquée; nous parlons de l'époque où le chauffeur donnait la petite monnaie, distribuait et recevait les « transferts », s'occupait de sa caisse. Bien qu'en ces années-là il était déjà écrit de ne pas adresser la parole au chauffeur, je conserve le souvenir de tant et tant d'entre eux qui n'arrêtaient pas de parler. Il faut dire que dans cet esprit chacun avait son style.

À ma connaissance, tout est perdu de cette période qui ne fut pas sociographiquement documentée. Il ne reste que des traces et quelques dires, des photographies. Cependant, tout nous indique que c'était un épisode privilégié faisant état d'une étonnante force d'attraction au sein de l'organisation, d'une cohésion remarquable qui donnait aux chauffeurs l'occasion d'adhérer, de s'identifier, de se représenter, comme tout un chacun est porté à le faire lorsqu'il se retrouve organiquement lié à un milieu particulièrement fort sous le rapport de la symbolique. Dans les faits toutefois, il s'agissait bel et bien d'un groupe de travail et d'un travail en apparence absolument plat pour ne pas dire insignifiant qui consiste à repasser *ad infinitum*, aller-retour, sur un trajet déterminé dont on finit par reconnaître tant les détails qu'ils finissent par nous habiter.

(Certains jours, tout nous invite à penser que c'est l'insignifiance apparente qui est le terreau le plus favorable au développement de tous les sens. Méfions-nous de ces harassants allers-retours; ils en arrivent à nous saisir, l'observateur superficiel dirait abrutir, en nous aiguillant sur la voie des habitudes méditatives où nous pouvons laisser cours à nos propensions, côté création, côté rêverie.)

Il y avait encore des terminus où je revois les chauffeurs arriver. Lieux d'arrêt assurément, les chauffeurs y marchaient, devisaient entre eux, grillaient une cigarette, s'entretenaient en tant que chauffeurs. Ils relâchaient en bout de ligne. Là se transmettait le savoir-faire, là s'affirmait la manière.

À ce stade-ci de mon histoire, il n'entre pas dans mes intentions de m'avancer plus avant dans le rapport de cette époque ou dans l'étude de la nature de cet esprit particulier. Il me suffira de dire que, au-delà de l'apparence, conduire un autobus est pour une bonne part une sorte de représentation. Il est vu le chauffeur, il est vu, et il se conforme à l'image qu'il projette, qu'il construit à partir de celle qu'on lui renvoie, de celle qui appartient de juste à la confrérie. D'où le potentiel symbolique de ce qui ne peut pas être une simple tâche.

Mais il est justement venu le jour où le miroir s'est comme brisé et où la tâche a pris le dessus sur l'identité. Dans un élan de modernisme et de restructuration, avec l'arrivée du métro et de la Communauté urbaine, passant de la Commission à la STCUM, l'organisation s'est « rationalisée ». Le mot le dit, l'ère de la raison a succédé à celle de la représentation. Le système est devenu un système abstrait gouverné par la règle mathématique. Il s'agissait de maximiser le rendement des efforts investis, de rendre efficace ce qui ne l'était pas sous le rapport de l'efficacité lorsque celle-ci se définit par le concept et la mesure. Il fallait trouver une formule compliquée pour faire en sorte que tout roule sans trop de pertes de temps. Cette formule fut trouvée. Littéralement parlant, le système a commencé à montrer « des signes » d'une efficacité technique et syntagmatique, d'une efficacité économique et sémiotique, qui ne pouvait pas faire autrement que de se réaliser au détriment de l'efficacité symbolique dont nous savons qu'elle caractérisait la situation antérieure. Drôle d'effet des mots, le langage technique ne se réfère-t-il pas au « réseau de surface » quand il se réfère aux autobus par rapport au réseau souterrain du métro?

Brusquement, le temps de quelques consultants peut-être et sans que nul ne le réalise dans les faits, l'organisation abandonnait sa « vision » commune dans le sens de commun et dans le sens de profond pour adopter une approche moderne, abstraite et conventionnelle. L'indéfinissable état de chauffeur fut mis en simple état de tâche, tâche qu'il fallait définir. Dans la foulée de tous ces nouveaux signes, on repensa les uniformes, on changea la couleur des autobus, on modifia le logo. La Commission devint la STCUM, inaugurant l'ère de l'acronyme, indice qui ne trompe pas sur la teneur de la rationalisation. Tout passa au bleu, ce petit bleu pâle qui, au Québec, est la couleur corporative par excellence. Dans le registre organisationnel, la mutation technocratique s'effectuait sans heurt dans la mesure où elle gratifiait tous les experts. Mais elle rompait avec ce qu'il faut bien appeler la « culture » de l'entreprise, expulsant les chauffeurs de son expression générale.

Les terminus principaux et les terminus secondaires disparurent au profit de la géographie du métro dont les bouches faisaient foi de tout. Les lignes anciennes firent place à de nouveaux marqueurs et, dans l'ensemble, elles se brisèrent, se discontinuèrent, ouvrant toute grande la porte aux logiques de la discontinuité des services et du tracé selon les poches de densité. Les horaires et les affectations des chauffeurs furent adaptés à ce nouveau système où, côté lieux, côté temps, ils furent bouleversés en leur principe, bousculant les systèmes antérieurs qui gouvernaient la séniorité ou l'expression de préférences. De nos jours, un chauffeur travaille un peu partout à l'intérieur d'une zone fonctionnelle qui n'est pas un quartier. Il est en quelque sorte sur toutes les lignes sans être sur aucune. Et l'organisation du travail repose sur l'idée du mouvement perpétuel où, durant son temps de travail, le chauffeur n'arrête pas de rouler. Les lignes sont brisées, les heures le sont aussi, mais le mouvement lui ne l'est pas. Nul ne s'est aperçu qu'en faisant disparaître non pas les terminus en tant que tels mais la vie qui s'y déroulait, les échanges, la communication, la socialisation et l'enculturation professionnelles des plus jeunes, la gratification des plus vieux, on était en même temps en train de faire disparaître l'existence collective des chauffeurs. Dans le nouveau gouvernement des chiffres et des choses, ils devenaient des numéros discrets, des matricules chosifiés. Autre indice dans cette modernisation désacralisante, le véhicule lui-même est devenu une pièce indifférente où il apparaît que l'adéquation de la forme avec la représentation collective s'est tout à fait estompée.

Les effets de cette rationalisation furent dévastateurs, c'est-à-dire unidimensionnellement efficaces. Ayant réduit l'opération à ce qui fut déterminé qu'elle devait être concrètement, à savoir le transport du plus grand nombre au moindre coût, nous n'avons pas vu que la qualité en ces matières n'a ni gradient ni mesure. Elle est ou elle n'est pas. Or, force est d'admettre que la qualité, qualité du service mais aussi qualité des relations humaines — employés et patrons, clients et organisation — s'est radicalement détériorée à partir du moment où la STCUM réussissait sa métamorphose en passant de vieille organisation non efficace à une organisation de pointe sur le plan des systèmes. C'est que dans ce genre de service la clé de la qualité se situe là où très précisément se trouvent les chauffeurs.

En s'attaquant à leurs représentations, dûment acquises et construites à travers quelques générations de travailleurs, représentations qui étaient le fondement qualitatif de l'organisation d'avant 1967, et en réduisant les chauffeurs à de simples opérateurs, le système les a littéralement dévorés, il les a rendus invisibles. Être chauffeur n'était pas rien, disions-nous à propos de l'époque préhistorique. Or, la modernisation opère ce renversement qui établit que le chauffeur n'est pas autre chose qu'un chauffeur à l'intérieur d'un système qui n'a cure de ses attentes ou représentations. C'est une réduction qui place un individu en état de manque, dans la mesure où être rien, lorsqu'on s'attend à être quelqu'un, n'est pas un plaisir pour qui que ce soit. De plus, être rien et être régenté c'est encore plus souffrant.

Quelque chose de fondamental, qui n'est pas le temps passé ou quelques nostalgies de circonstance, a été perdu dans le courant de ces changements. Je suppose que ce sont les univers de représentations de tout un chacun qui avait affaire aux autobus, et cela fait du monde, qui se sont évaporés; peut-être se sont-ils enfouis au fond d'une indicible frustration, comme le reste? Les usagers, les organisateurs, les mécaniciens, les contrôleurs, les décideurs et les chauffeurs, chacun semble y avoir perdu au change. Cependant, la corporation et les systèmes se portent à merveille.

Après seize grèves difficiles en moins de vingt ans, devant un public exaspéré, la corporation se penche à présent sur la notion de qualité. Entre autres choses, elle s'interroge sur l'insatisfaction des chauffeurs, insatisfaction qui se traduit dans des comportements d'absentéisme, de laisser-aller, de démotivation générale. Dit autrement, tout se passe comme si, après avoir tout réglé au quart de poil ce qui devait être remis en forme selon les canons modernes de la rationalité, nous nous apercevions que tout va mal, ce qui nous pousse aux pires inquiétudes.

Le premier réflexe analytique est de pointer du doigt « l'irrationel » humain, quand ce n'est pas l'ignorance normale. Il faudrait des cours, de la formation, de la sensibilisation, une meilleure communication de haut en bas au sein de l'entreprise. Le second réflexe est d'accuser l'engeance syndicale. Un troisième est de se lancer dans l'autocritique gestionnaire où d'aucuns finissent par découvrir l'importance de « l'appartenance, de la fierté, du désir de travailler, bref d'une sorte de culture organisationnelle qui serait le gage de toutes les qualités ».

Dans la première hypothèse, l'analyste se laisse aller à un vieux penchant de gouvernants qui n'est autre que le mépris du gouverné. S'il est établi a priori que, règle générale, ce dernier est délinquant, paresseux, ignorant et anti-performant en raison d'une lancinante incompétence, s'il est entendu que l'humain en question est une source de toutes les erreurs à la face d'un système qui est, lui, infaillible, alors il devient évident que nul ne doit être laissé à lui-même dans l'accomplissement de ce qu'il fait. Car, au départ, il est faillible et imparfait. Ne rions pas devant ces tristes propositions: elles sont fondées sur la raison et elles fondent nos psychologies des stimuli et de la perfectibilité par manipulation contrôlée. Par les certitudes de la science, nous proposons de changer les hommes afin de les améliorer, côté mentalité, côté productivité. L'ineffable Maslow n'a-t-il pas établi, à la face de Platon et à la face de Kant, en dépassant Montaigne et en refoulant Freud, ce qui faisait marcher les gens?

Dans la seconde hypothèse, la corporation syndicale subit un affront qu'elle ne mérite pas. Car s'il est vérifié que dans les périodes où les organisations se transforment en s'éloignant du sens commun pour adopter les signes des circonstances technocratiques, les membres désavoués se réfugient dans le corps syndical qui ingère toutes leurs frustrations, nul ne peut soutenir que les syndicats les réexpriment dans leur authenticité. Ils consolent mais ils ne soignent pas. Le syndicat n'est donc pas un empêcheur de tourner en rond, il est un acteur légitime de tous les systèmes qui tournent carré. S'il en est ainsi, c'est que le syndicat est tout aussi corporatiste que la corporation qu'il combat. Il montre les mêmes signes, il partage les langages aplatis. Il est donc sans profondeur ni substance. Il est dans son droit et dans sa raison, royaume du technicien et de l'avocat. Guerre des signes, disions-nous, où la différence apparente masque la similitude profonde. Il n'y a rien là pour la dramaturgie concrète du travail et des travailleurs. Et le syndicaliste qui se réfère à ce type de réalités profondes est rapidement folklorisé, typé, en quelque sorte neutralisé et utilisé pour des fins particulières. Question d'image. Cependant, les syndicats sérieux, ils le sont à peu près tous devenus, n'ont pas de temps à perdre dans la sociographie ou dans la sociologie profonde des milieux de travail. Le sondage suffit.

Restent la dernière hypothèse et le dernier réflexe qui sont, nous le savons, choses courantes et à la mode. Cette observation, dans sa formulation comme dans sa trivialité, résume la tragédie des deux précédentes. Après avoir tout informatisé, dans le sens de réduction aux informations nominales, et au terme d'une opération qui a chassé la représentation du champ de la tâche de chauffeur d'autobus, on se demande comment réintroduire le plaisir et le désir de travailler.

Chacune de ces hypothèses s'alimente à une source d'informations ou, à défaut, à une grille de lecture qui traitent faits et données de présumées observations. Dans le premier cas, c'est l'immaturité de l'employé qui est en quelque sorte mise en cause. Il s'agit d'une affirmation aussi classique que péremptoire, qui se retrouve d'ailleurs dans de nombreux milieux, et dont nous savons qu'elle engendre des phrases du type: « Inutile de pousser plus loin les observations ou les questions, je les connais (les chauffeurs), depuis le temps que je les surveille et que je suis près d'eux. Je vais vous le dire moi-même, ce qu'ils sont vraiment... » C'est un jugement définitif qui se modèle la plupart du temps sur des grandes interprétations relatives à l'état général de la société. Où l'on apprendra que la société ramollit au fil des ans et que les programmes sociaux viennent renforcer les penchants paresseux et délinquants de tout un chacun qui veut recevoir sans rien donner. Le gestionnaire rejoint le problème des pères et des mères: doit-on écouter ses « braillards »? Y a-t-il un risque à les gâter? C'est une forme très courante parmi les gestionnaires nerveux et quelquefois exaspérés. En filigrane, la structure hiérarchique se détache sur la toile de la maturité. Elle suppose que le gestionnaire « sait » ce qu'il fait mais que « ceux d'en bas » ne peuvent pas le savoir. Joli problème, en vérité. Il faut former et informer les soldats, les maintenir par séduction ou par autorité sur la bonne voie tracée par le système (des valeurs de l'organisation). Le manuel du gestionnaire pourrait très bien s'intituler « Comment élever son employé », au double sens de la croissance dans l'organisation et de l'apprentissage de la fonction. Les docteurs Spock à la douzaine s'en vont et viennent, n'ayant jamais fini de repasser. Techniques de contrôle, recettes de convictions, chacun lance sa bille dans le « canal » de la communication. Je sais que mon tableau est noir, mais je le brosse à dessein. Car s'il est bien ancien et s'il fait référence à un vieux préjugé qui dit que celui « qui monte » dans la hiérarchie le fait en raison de ses « qualités supérieures », il n'en demeure pas moins que, sous une forme ou sous une autre, ces attitudes sont plus courantes qu'on ne l'admet. En l'occurrence, dans ses versions actuelles, ce modèle préside à la mise en place de structures de communication univoques et unilatérales, par le moyen desquelles la tête forme, sensibilise et rationalise une « base » jugée a priori comme n'étant pas à la hauteur.

Dans la foulée de cette manière, qui est un vestige autant qu'un penchant qui perdure (l'usage des stéréotypes), l'analyse traitera de même la réalité syndicale. Les chauffeurs ont alors des stratégies qui les « arrangent » et leurs fins ne sont pas celles de l'organisation. Le royaume de la polarisation est aussi le pays des procès d'intention. Où l'on entendra aussi des phrases classiques du type: « Les heures brisées arrangent bien les chauffeurs, même s'ils s'en plaignent par pure stratégie. Leurs horaires leur permettent d'avoir deux emplois. » Ce n'est pas une fine analyse, mais dans les circonstances elle suffit bien à celui qui discrédite les problèmes pour mieux encore les morceler. Dans ce registre d'ailleurs, tout se négocie par morceaux. À la pièce, l'univers est négociable. Sectorialité, mère de la relation de travail. Chacun joue son rôle et récite ses litanies lors même que personne ne se rend compte que ces échanges sont sans appui pour avoir laissé loin derrière la nature authentique des projets en cause.

Question finalement que chacun se pose. Ne pourrions-nous pas, devant cet état de choses, envisager d'en changer l'esprit? C'est en apparence ce que proposent les nouvelles théories qui en appellent à la culture. Dès lors, comment et qui interroger, quelles sont ces données que nul ne peut quantifier? Qu'observer, que changer? L'expert encore est à la traîne, donnant au demandeur ce qu'il demande. Vous voulez de la culture, nous allons vous en fabriquer. Et voilà que le train des croyances fait son entrée avec la panoplie des rituels. Que le médecin en culture confonde entre rituel éthologique et rituel symbolique, cela importe peu. Chacun étant désespéré, chacun achète. Les nouveaux consultants de la culture sont comme des vendeurs de potions et de panacées. Après tout, la culture motive. À la suite des docteurs Spock qui « élevaient » les employés, à la suite des juristes rusés qui montaient au combat ou bien contre les patrons ou bien contre les syndiqués, voilà qu'on confectionne de la valeur. Je le répète une deuxième fois, nous ne sommes pas sortis du bois.

Faire référence ou appel aux univers culturels est une sorte de rupture, comme nous l'avons vu dans la première partie de ce texte, avec la « factualité » traditionnelle de la science positiviste. Cela n'est pas sans incidence sur la facture. La situation actuelle des chauffeurs est dite déplorable sans que nul ne sache intégralement pourquoi, bien que chacun y aille de sa « petite » idée, selon le point de vue où il se trouve pour formuler sa certitude. Ils se blessent, ils s'absentent, ils n'ont pas le cœur à cet ouvrage, ils dépriment et ils abandonnent, ils s'impatientent et rien ne va. Faut-il redessiner le siège sur lequel ils sont assis? s'agit-il d'un problème de cerveau-direction? serait-ce approprié de jeter un coup d'oeil du côté du salaire? Voilà bien le problème du morcellement: la solution est-elle technique, juridique, économique?

Si, comme nous le proposons, l'urgence est de nature symbolique, la rupture est tout aussi complète avec la prédominance des approches parcellaires qui « priorisent » chacune à son propre avantage les objets qu'il conviendrait d'arranger, de réparer comme le feraient le mécanicien et l'ingénieur. Il ne s'agit aucunement de soutenir que ces « choses » n'ont pas leur importance. Il s'agit de soutenir que, prises une à une et réalisées en l'absence d'un sens générique et intégrateur, elles sont vouées à tous les échecs. Rien ne sert d'arranger l'autobus si, par surcroît, on « arrange » le chauffeur.

Il n'est pas fatal que la situation soit comme nous la dépeignons. La platitude et la morosité techniques ne sont pas inscrites dans la nature des choses; elles ne sont pas nécessairement exclusives et prescriptives. D'ailleurs, en face d'elles et présumément compatible, l'univers symbolique ne se présente pas sous la forme d'une solution. Il est action. C'est une manière d'être qui s'en réfère à un esprit, un *modus operandi* dont les séquences sont en quelque sorte sacrées. Bien sûr, cela bouleverse notre « conception » de l'humain au sein de l'organisation du travail. Car il serait désormais reconnu que c'est l'organisation symbolique du travail qui garantit la qualité, la sécurité et la fiabilité de son organisation pratique. À ce titre, selon tout ce qui précède, on remarquera que le chauffeur anciennement existait. Mais il n'existe plus. Dès lors, il apparaît légitime de poser la question du pouvoir, du pouvoir d'exister s'entend. Pouvoir être, voilà la question. Car être, c'est se représenter.

Nul chauffeur ne veut « conduire » la compagnie. Quoi qu'en pensent les insécures et les mauvais analystes. Nous aurons beau refaire les sièges et fabriquer des autobus en or, il ne sera jamais possible de libérer un sens de la difficulté et un sens du plaisir si le chauffeur ne revient pas dans le décor. Il continuera à rêver à un autre emploi, à se réfugier dans le trou du métro afin de ne plus voir personne, si son travail ne retrouve pas un sens qui réanime son image. J'appellerais cela le pouvoir discrétionnaire de l'acteur. L'intégration de ces pouvoirs finit par établir une identité collective qui est la source de valeurs.

Cela nous ramène à la question de départ. Il est là l'intérêt, l'intérêt authentique de conduire un autobus en milieu urbain. Il ne demande pas à être fabriqué, arrangé, suggéré, imposé ni même défini. Il demande à être libéré. À l'intérieur d'une organisation, il faut des ponts afin que chacun puisse se comprendre et partager. Tant et aussi longtemps que le gestionnaire croira que c'est une corvée que de conduire un autobus, tant qu'il croira qu'il n'y a rien dans cette fonction-là qu'une fonction bête d'opérateur, tant qu'il se croira chanceux de n'être pas sur la route et qu'il s'en fera gloire, il n'y a rien à espérer. Le pouvoir discrétionnaire de l'acteur n'est envisageable que dans les situations de respect et de confiance. Il est impossible à réaliser dans le mépris ou la méfiance. Or, la richesse d'une tâche ne peut se faire justice au travers des diagnostics faits à la sauvette. Si conduire un autobus est une tâche importante, il faut laisser aux chauffeurs le soin de l'exprimer, par leurs paroles, par leurs gestes, par leurs actions, comme si, sur le sujet du transport en commun, quelqu'un leur reconnaissait une certaine respectabilité, en s'engageant sur la voie active d'un dialogue où rien ne se perd qui doit se conserver.

Accréditer la représentation afin de la remettre dans une sorte de circuit où elle en reviendrait à gouverner l'action, comme il se doit, voilà bien la nature de la tâche. Nous aurons beau parler désir (de travailler) et fierté (d'être), les véritables questions que nul ne pose seraient peut-être les suivantes : les représentations de ce travail — chauffeur d'autobus — dans l'esprit de celui qui le fait comme dans celui des « cadres » qui le « gèrent » se rejoignent-elles quelque part, qui serait au moins l'amorce d'un univers symbolique commun ? Ces représentations, si tant est qu'elles existent, peuvent-elles se situer dans une sorte de circuit principal où elles occuperaient une fonction fondamentale, c'est-à-dire celle de gouverner l'action, pour la signifier certes, mais aussi pour donner son plein sens à l'opération ?

Si c'était oui pour notre compte, cela suppose une double rupture. La première, nous l'avons vu, concerne la distinction entre le signe et le symbole, réintroduisant d'emblée la représentation au registre légitime de l'appréhension générale et scientifique des phénomènes humains. La seconde est une suite forcée. Car il devient nécessaire de « revoir » la réalité du travail avec d'autres considérants, s'éloignant des méthodes conventionnelles du positivisme en matière d'observation et de sélection des faits et des données (de ces méthodes qui prennent des chats pour des chats). Toute sociologie profonde exige une sociographie où les comportements humains ne sont pas envisagés à leur face même. Rien ne se lit au premier degré qui met en cause l'acteur humain.

Conclusion

Dans un avenir qui se rapproche, s'il n'est pas déjà là, le traitement des affaires humaines va devoir renouer avec le sens. Le problème a l'urgence et l'ampleur des grandes misères physiques qui affligent le monde moderne. En matière de psychologie, de social et de culture, sur les sujets de ces « milieux », il faudra se démarquer de l'apparence des faits qui est un écran propice à la prolifération des amateurs et des fumistes qui s'agitent au cœur d'une machination simpliste où les mots « allégés » sont interchangeables le long d'une chaîne syntagmatique qui s'étire, comme un hoquet interminable. Les langues de bois deviennent « lingua franca », comme si le texte se traitait lui-même à partir d'une banque de mots qui, pris un à un, se sont vidés de tous les sens pour s'être fermés sur un seul. Discret et sous-alimenté, le mot devient une coquille vide, une enveloppe sans noyau, une bille ratatinée qui fait beaucoup de bruit lorsqu'elle rebondit à gauche et puis à droite sur la pellicule de notre ennui. Mais elle ne vibre ni ne résonne, ni ne surprend ni ne varie. Si cette langue occupe nos réunions moroses, si elle meuble nos technocraties, ce n'est certainement pas par la chaleur de ce qu'elle dit.

Parlant de la contribution concrète d'une science humaine à laquelle tout un chacun qui prend des décisions ou qui dirige l'opération pourrait avoir recours, Margaret Mead disait que pour atteindre certains buts il faut apprendre à les abandonner. Cet énoncé d'herméneute est cependant fondé en pratique. Car lorsque notre sujet est complexe, ce n'est déjà plus un objet, et il s'avère inutile voire erroné de le poursuivre en se fixant un objectif, en déterminant des moyens et en formulant des recettes. La culture n'étant pas un objet, bien qu'elle soit matérielle par ses outils, par ses décors, par ses idées, nul ne peut espérer la manipuler comme se manipule l'objet de l'empiriste. Personne ne peut la définir de façon nominale comme le font les analystes. Combien révélatrice l'irritation des esprits trop domptés devant l'étonnante diversité dans les définitions de la notion de culture! L'anthropologie en a produit des centaines. Et elle en produira encore.

C'est que nul ne pourra la définir une fois pour toutes si tant est qu'elle se représente elle-même. Fluide, fuyante, régénératrice et décevante, voilà ce qu'elle est en réalité. La qualité de sa résolution fera la force de ses images. Il n'est que normal qu'elle fasse faux bond aux cerveaux qui se targuent, au nom du rationalisme moderne, d'avoir rompu une fois pour toutes avec les avanies de l'imagination.

Notes

1. *Le nouvel esprit scientifique* de Gaston Bachelard (1934) a été publié dans les années trente. Il posait le problème de l'objet (de la construction de l'objectivité) en réaffirmant la médiation du cerveau qui peut agir en tant que « sélectionneur » et « discriminateur », au point de faire équivaloir le réel aux résultats de cette sélection. Dans le respect scientifique du rationalisme, il replace celui-ci dans son véritable contexte. La vérité scientifique est une parmi les autres vérités; l'expérimentation même n'y échappe pas qui n'est jamais une preuve absolue. L'argument principal du livre porte sur les hypothèses et l'interprétation des données de l'expérience. Discussion sur le rationalisme et sur sa relative efficacité, la contribution de Bachelard ne fut pas chaudement reçue ni ne fut-elle systématiquement reprise par la communauté des épistémologues. Il y eut cependant des exceptions; parmi elles, Gregory Bateson. Dans son introduction à son célèbre ouvrage *Vers une écologie de l'esprit* (1977), Bateson fait la distinction entre les hypothèses « dormitives » et le savoir fondamental. La démarche scientifique consiste à réussir à établir un lien organique entre des données d'observation et le savoir fondamental, ce qui implique nécessairement un effort déductif.
2. Rien de plus étonnant, à notre époque, que de constater jusqu'à quel point les travaux de Ernst Cassirer, considérables par leur ampleur, considérables aussi par leur pénétration de certains sujets, dont celui de la distinction du langage humain, sont restés, sinon méconnus, en tout cas sous-utilisés. Le sens de ceux-ci ainsi que la nature de leur orientation, qui dirigeait le regard vers le symbole et vers l'image, expliquent déjà leur présent destin. (Cassirer, 1944.)
3. À l'instar de ceux de Cassirer, peut-être pour les mêmes raisons qui tiennent de l'action inéluctablement ostracisante des dogmes à la mode, les travaux de Durand (1982, 1984) sont peu connus. Comme si l'establishment philosophique ne pouvait pas supporter l'esprit d'une entreprise comme la sienne, nommément la réhabilitation de l'imaginaire dans le champ de l'intelligence humaine.
4. Nous disons bien « Sartre cartésien » dans la mesure où il faut reconnaître qu'il y a bien d'autres Sartre, qui ne sont pas sans venir en contradiction avec le philosophe qui vilipende l'image au nom de la clarté conceptuelle. (Sartre, 1940.)

   Cette note est issue d'une conversation avec Yvan Simonis sur le sujet du présent article.
5. Dans un article difficile mais combien important, Ardener (1971) a essayé de préciser les éléments qui distinguent les réalités syntagmatiques des réalités paradigmatiques au sein d'un univers chargé de sens et dont nous voudrions « régler » l'usage. L'exercice le conduisit à situer le sens dans l'axe vertical du paradigme plutôt que dans le déroulement obligatoirement horizontal du syntagme. Ainsi, le sens se nourrissant de profondeur paradigmatique, nul ne peut l'établir au seul moyen de l'observation concrète d'un phénomène, ni même de l'actualisation multidimensionnelle d'une occurrence. Car la dimension virtuelle, celle-là même qui pourrait s'ajouter à la panoplie déjà établie mais cependant implicite d'un paradigme, est une dimension clé lorsqu'elle s'actualise puisqu'elle fonde un nouveau paradigme. Avant donc de prédire, de prévoir ou de légiférer à l'égard d'un phénomène chargé de sens et dont le sens règle l'usage, il faut reconnaître que le sens n'est jamais définitivement fixé. Il ne tient en fait qu'à un fil, qui est celui de nos pensées.

6. C'est à Chomsky (1968) que revient la paternité de la systématisation de ces concepts. La performance se réfère à l'univers syntagmatique tandis que la compétence fonde l'univers paradigmatique. Exclusivement linguistique, la théorie chomskyenne mérite d'être généralisée dans le champ de la communication. Elle permet une ouverture sur la « sémantique des choses », peut-être même sur la « pragmatique », si nous savions mieux documenter les contextes sur la base de nos études en sciences humaines.

   Au même titre que la phonologie (de Jakobson), la grammaire transformationnelle nous propose un modèle, une sorte de système ouvert où il deviendrait possible de reconstituer les règles sous-jacentes aux logiques de toutes les métaphores.

   Dans l'intervalle, nous persistons à enseigner le modèle shannonien de communication, ce qui nous maintient dans l'univers rigoureux mais combien superficiel du syntagme. De la sorte, le sens devient et reste secondaire. Peut-on imaginer une théorie de la communication où le sens est secondaire?

   Autrement, la réintroduction du sens fondé sur la profondeur paradigmatique remet en question le recours exclusif à un principe cybernétique.

7. Il y aurait, là-dessus, beaucoup à dire. Mais déjà Bergson, et plus récemment Jankélévitch, avait courageusement envisagé l'étude de ces processus. D'ailleurs, si la myriade de spécialistes incultes se mettait un tant soit peu à l'étude de Bergson, chacun verrait combien dérisoire est cette idée de programmer la création.

   Il me revient toujours à l'idée ce passage provocant de Wright-Mills (1971): « Le prix Nobel de physique, Polykarp Kush, a dit qu'il n'existe pas de méthode scientifique; ce qu'on appelle ainsi ne vaut pas pour les problèmes simples. Percy, qui est également prix Nobel, va plus loin: il n'existe pas de méthode scientifique (de la découverte) en tant que telle; le savant n'obéit qu'à un seul principe de méthode: utiliser au mieux les ressources de son cerveau sans aucune réserve. La mécanique de la découverte, écrit William S. Beck, reste une inconnue [...] Selon moi, le processus de la création est si intimement lié à l'affectivité de l'individu [...] qu'il ne prête à aucune espèce de généralisation. »

8. Derrière le secret d'un être humain, d'un individu, d'un quidam, il en est un autre, lui-même en cachant un troisième et ainsi de suite. Dans les circonstances, qui donc saura ce qui le fait agir? Chaque sujet est un trésor dont on ignore les richesses et la profondeur. Il a tant de paletots et de pelures, tant de costumes et de couvertures, que ce n'est pas une mince entreprise que de le mettre à nu.

9. Voilà ce qui pourrait s'appeler un véritable « credo scientifique » frappé au coin du matérialisme. (Lévi-Strauss, 1958.)

   Par ailleurs, les anthropologues anglo-saxons ont beaucoup reproché à Lévi-Strauss sa tentative de « cérébralisation du sauvage ». Cependant, ils n'ont jamais compris que Lévi-Strauss travaillait sur l'hypothèse des « raisons du cœur ». (Bateson, 1977.)

10. « Imaginaire et réalité ». Colloque de Washington (Charon, 1985). Lévi-Strauss entretenait les mêmes vues sur le sujet du micro et du macro.

11. Hypothèse célèbre, fort contestée, peu étudiée sous l'angle du respect comme sous celui de la rigueur.

   Edward Sapir surtout, Benjamin Lee Whorf aussi, sont deux grands ethnologues-linguistes qui étudièrent les langues amérindiennes. Pour utiliser le langage de la sémantique, nous dirions que c'est par l'étude comparée des sémèmes qu'ils en vinrent à la conclusion que les représentations cognitives des catégories abstraites pouvaient varier et ultimement influencer la perception qu'un locuteur peut avoir de la réalité, et cela selon la langue qu'il parle. D'où l'expression « vision du monde » sur laquelle il est invitant de construire une théorie de la culture, et en particulier de la relativité culturelle. (Comme le remarque Cassirer, cette tradition remonte à Berkeley.)

12. Souvenons-nous de la remarque de Claude Lévi-Strauss à propos des dispositions d'esprit de Bergson qui, selon lui, permirent à ce dernier de comprendre le principe du totémisme sans pour autant éplucher l'encyclopédie ethnologique.

13. C'est un principe universel d'intériorité. Il n'est rien d'humain qui ne soit pensé. Et la pensée est intérieure. Si elle fait des ponts, si elle s'ouvre, donne et reçoit, si, en un mot, elle communique, elle reste le propre du sujet.

14. Je pense ici à Granet, à Dumézil, à Mauss, à Lévi-Strauss, à Caillois, etc.

Sur le sujet des grandes questions, les travaux remarquables (obsession et profondeur) ne manquent pas, bien qu'en général et somme toute ils ne soient pas si nombreux pour la raison du travail qu'ils demandent. Chacun prend la vie d'un chercheur. Mais je songe aux *Mythologiques* de Claude Lévi-Strauss, à l'œuvre de Dumézil, à Granet, ainsi qu'à Durand ou Caillois, pour ne dire que ceux-là. De la variation d'un mythe dans l'espace intraculturel à l'universalité de certaines formes d'horreur, en passant par les fondements symboliques de la pensée chinoise, il est toujours question d'idées maîtresses qui ont imprégné de grandes cultures traditionnelles, fussent-elles amérindiennes, grecques, indo-européennes, etc.

Nous savons peu, toutefois, des idées maîtresses qui gouvernent l'action de tous les jours au sein des groupes contemporains d'appartenance qui tiennent lieu de cadre culturel. Comment s'y traitent-elles, ces quelques idées qui ont de tout temps obsédé la conscience des gens?

15. Dans l'acception psychanalytique d'un Pierre Legendre comme dans l'acception structurale d'un Lévi-Strauss (1962).

16. Il y a une convergence évidente entre ces travaux et hypothèses à caractère ethnographique et les plus récents développements de la psychopathologie du travail en France (Dejours, 1980b, 1988.)

17. Bernard Arcand, communication personnelle.

CULTURE, ENTREPRISE ET SOCIÉTÉ

Réflexions à partir de l'expérience française

Renaud SAINSAULIEU

Introduction — L'entreprise peut-elle gérer sa culture?

Les années quatre vingt ont lancé un nouveau défi aux sociologues français du travail et des organisations, celui de devoir réagir à l'usage managérial de la culture d'entreprise. Les débats des années soixante portaient principalement sur les effets systémiques de la croissance des organisations[1], venant relayer l'étude des conséquences aliénantes du travail industriel de la période de reconstruction des usines de l'après-guerre[2], tandis que les années post-68 orientaient la réflexion sociologique sur la transformation sociale du travail et des organisations par l'action syndicale et les voies expérimentales du changement sociotechnique[3].

En développant de nouvelles pratiques de gestion de l'identité et de la culture des entreprises pour mobiliser leur potentiel humain sur des projets de reconversions technologiques et d'amélioration de la qualité des produits, face à une concurrence internationale aiguë et dans un contexte de crise économique, les dirigeants d'entreprises privées et publiques ont incontestablement innové en s'appuyant sur la réussite du modèle japonais et sur le courant américain de la « corporate culture »[4]. Ils ont de ce fait bousculé les schémas théoriques des sociologues, élaborés pour répondre à d'autres problèmes d'entreprises. Resituer quelques-unes des conséquences théoriques majeures de ce récent défi est l'objet de cet article.

UNE CULTURE D'ENTREPRISE, QUELS ENJEUX THÉORIQUES?

Trois colloques situent en France le débat entre sciences de la gestion et sociologie au cours des années quatre-vingt. C'est à la Fondation nationale de la gestion que revient l'initiative d'une rencontre sur la culture d'entreprise en novembre 1983 à Paris (Doublet, 1984). Y étaient présentées aux dirigeants de personnel les perspectives d'une gestion des ressources humaines par articulation d'un management de projets sur les potentiels de mobilisation que recèle la culture ou l'identité de chaque entreprise. De nombreux programmes d'action centrés sur les cercles de qualité ou la qualité totale, les projets d'établissement, la communication et l'image d'entreprise, les diagnostics socioculturels de populations au travail, prolongent ce colloque dans les entreprises privées d'abord, et à présent dans le secteur public et les administrations.

Plus particulièrement concernés par la mise en place de la loi Auroux du premier gouvernement de gauche de 1982 sur les groupes d'expression, l'obligation de négociation avec les partenaires sociaux et les conseils d'atelier dans le secteur public (loi Le Garrec), les sociologues lancent de nombreuses études évaluatives sur l'organisation des systèmes participatifs dans les usines et dans les bureaux[5]. Ces travaux débouchent, en mars 1987 à Lille, sur les journées de sociologie du travail: « L'entreprise, catégorie pertinente de la sociologie? » On y débat de façon contradictoire le fait social autonome que pourrait constituer une entreprise, dès lors qu'une culture commune et originale créerait un lien social spécifique et mobilisateur entre ses membres. Trois conceptions s'y affrontent:

- L'entreprise n'est qu'un champ particulier de processus sociaux définis plus largement autour de la gestion de l'appareil de production. Dans cette hypothèse, la culture d'entreprise n'est qu'un effet de mentalités acquises au travail mais renvoyant à des agrégats culturels plus larges de milieux professionnels, corporatistes, syndicaux, dirigeants, voire même un nouvel avatar culturel de la lutte de classes.
- L'entreprise apparaît comme un lieu de créativité autonome nécessaire pour réagir aux différentes pressions de ses environnements; elle peut en ce sens constituer un milieu culturel original.
- L'entreprise, enfin, dépend d'autant plus de ses divers environnements éducatifs, syndicaux, institutionnels qu'elle cherche dans la culture de ses membres une surcapacité d'initiative et de changements technologiques (Dubar, 1988).

En novembre 1988, l'Association professionnelle des sociologues organise à Paris un colloque sur « La culture d'entreprise », où des sociologues de la recherche et de la pratique répondent en quelque sorte au colloque de la FNEGE inspiré en 1983 par les sciences de la gestion (Actes du colloque de l'APS, 1988). Les communications et les débats font apparaître une réelle évolution de la pensée sociologique inspirée par les pratiques croissantes de sociologues consultants ou présents en entreprise, ainsi que par les conclusions de nombreuses recherches évaluatives sur la réalité des systèmes participatifs concrètement implantés en entreprise sous forme de groupes d'expression, cercles de qualité, projets d'établissements et programmes de communication. De ces journées, il ressort quatre questions majeures que les sociologues posent en fait aux gestionnaires des ressources humaines.

La culture des employés d'un établissement paraît bien être concernée par tout programme de changements techniques et organisationnels, dont les questions de reconversion, fusions d'entreprises et gestion de l'emploi sont les aspects les plus récents. En ce sens, l'entreprise apparaît de nos jours comme « un espace culturel premier » (Candot, 1988) au même titre que la famille, la localité rurale ou le système éducatif. Mais l'entreprise peut-elle être assimilée à une véritable institution créatrice de règles sociétales, alors qu'elle reste régie par une fondamentale confusion entre propriété (privée ou publique) et autorité au point de toujours contraindre la liberté des valeurs et des jugements (Coornaert, 1988)?

Des phénomènes de mentalités collectives et d'identités distinctes sont effectivement perceptibles dans la vie de travail. Mais plusieurs références culturelles hétérogènes en forment le principe mobilisateur: la référence ouvrière et technicienne aux valeurs professionnelles, la référence technocratique des milieux d'ingénieurs, l'expérience syndicale de la lutte, du conflit social et de la négociation partenariale, et enfin la gestion du climat et des communications, fondée sur l'activation des mythes fondateurs et de l'histoire des groupes de l'entreprise face aux diverses crises et événements majeurs de son développement (Lucas, 1988).

Une culture dite d'entreprise tire une évidente efficacité mobilisatrice des menaces extérieures pesant sur la survie de l'entreprise en général et la sauvegarde de l'emploi de tous ses membres, de l'OS au directeur. Défiée par ses divers environnements, l'entreprise est évidemment aux prises avec une cruciale question de cohésion interne, d'où le recours aux ressources culturelles communes pour reconstituer un potentiel social de performances collectives. Mais comment comprendre cette cohérence dans un monde de divisions, d'inégalités et de références divergentes? L'imposition d'une nouvelle domination par la seule culture des dirigeants est peu crédible dans une histoire sociale porteuse de tant d'hétérogénéités culturelles. Le problème qui est soulevé est alors celui des mécanismes sociologiques permettant une articulation durable entre les diverses forces sociales constitutives du milieu humain de travail (Rousseau, 1988).

La culture d'entreprise ainsi repensée comme un lieu d'articulation, d'échanges ou de compromis entre modèles de normes et de valeurs divergentes, peut-elle être comprise comme un isolat, un système clos selon les principes ethnologiques du culturalisme, alors que le temps de travail tend à diminuer et que les activités du temps libre porteuses d'autres références culturelles augmentent en France?

Plus l'entreprise recherche les fondements de sa culture, plus elle risque de découvrir les bases nécessairement sociétales de structure culturelle de ses membres. On retrouve ici les grandes questions fondatrices de la sociologie, formulées par Max Weber à propos du protestantisme et de l'esprit du capitalisme. Le développement du Service public français est-il compatible avec l'esprit de performance et de « merchandising » ou d'aptitudes commerciales prônées par la gestion des ressources humaines? Que dire des bases sociales et catholiques du paternalisme à la française? Comment concilier l'individualisme économique avec la recherche de nouvelles formes d'action collectives? Que dire enfin de l'intégration des immigrés aux fortes attaches culturelles maghrébines dans un milieu de travail que l'on voudrait homogène?

Le thème de la culture d'entreprise, un moment porté par les seuls penseurs de la gestion comme un outil pratique de management des hommes, a ainsi contribué à relancer le débat des sociologues sur les structures sociales de l'époque contemporaine. Si l'entreprise et les relations de travail qui s'y développent ne sont compréhensibles qu'en explorant non seulement les profondeurs identitaires de groupes, mais aussi leurs articulations en représentations communes dans et sur l'entreprise, si en d'autres termes l'entreprise est un lieu d'apprentissage culturel[6], alors il faut bien y voir l'émergence d'une dimension cruciale de la société. Mais il est bien évident que les anciens schémas d'esprit maison chers au paternalisme ne rendent pas compte d'un monde depuis longtemps traversé de conflits sociaux et de rapports de pouvoirs stratégiques ou professionnels. Les sociologues sont donc à nouveau conviés à une recherche d'autres schèmes d'analyse pour comprendre cette nouvelle réalité humaine et sociale de l'entreprise.

MODERNISATION ET CULTURE DU TRAVAIL

La récente éclosion des discours sur la culture en entreprise a certes pu prendre les allures d'une mode, mais l'ampleur des actions concrètes engagées en son nom (projets, formation, communication interne et externe, enquêtes, organisation participative, qualité, recrutement, mobilité) en France et dans toutes les entreprises de sociétés industrielles avancées, ainsi que les débats scientifiques ouverts à son sujet, tendent à montrer qu'il s'agit d'un important mouvement de société.

C'est en effet dans le contexte d'une gestion de crise et dans une période d'adaptation généralisée aux nouvelles technologies de l'informatique de production, que les dirigeants et les spécialistes de personnel se tournent vers leurs ressources humaines pour y trouver les bases culturelles d'une forte capacité d'innovation et de mobilisation collective. Avant même que l'on en sache beaucoup sur la question théorique du rapport entre la culture et l'action économique, des politiques culturelles sont déjà pensées, engagées, relancées, plongeant leurs responsables dans une interrogation souvent angoissée sur la nature profonde de telles pratiques.

Quand les institutions majeures d'une société ne sont plus opératoires parce que trop décalées des mœurs et compétences nécessaires à la solution des problèmes d'époque, alors on parle de modernisation, c'est-à-dire d'un effort collectif pour inventer de nouvelles règles et structures plus conformes aux capacités humaines et techniques. Plusieurs fois au cours de ce siècle de bouleversements rapides, on a parlé de modernisation à propos de l'électricité, de l'industrie, de l'État, des villes. C'est à présent au tour de l'entreprise d'être au cœur de ce mouvement généralisé d'innovation.

Par modernisation, on signifie bien plus qu'une simple adaptation des entreprises aux technologies les plus avancées, bien plus qu'un discours d'ingénieur visant à légitimer son rôle et sa maîtrise des appareils de production par le recours à la science technicienne. La modernisation de l'entreprise évoquée à l'Ouest comme à l'Est (Pankow, 1987; Sainsaulieu *et al.*, 1984) recouvre un effort collectif intense de renouvellement des pratiques gestionnaires, organisationnelles et professionnelles des populations au travail à qui l'on demande de relever les défis de la contingence technique et concurrentielle.

Et la réflexion sur la culture d'entreprise ne vient pas *ex abrupto* d'une pure volonté de mieux appréhender et gouverner les motivations au travail; elle se pose quand les entreprises cherchent à moderniser leurs techniques de production pour mieux réagir aux pressions de la concurrence, de leurs clientèles et à présent des usagers du Secteur public. De nombreuses recherches sociologiques confirment cette thèse[7].

C'est le problème que rencontrent avec une certaine anxiété les cadres de divers établissements producteurs d'accessoires automobiles du groupe Valeo. Mettant en place groupes d'expression, robots et zones autonomes de production, ils y créent des sous-cultures professionnelles et participatives, mais de ce fait menacent les experts de la logistique, de l'entretien et des méthodes qui voient fondre leur spécificité; et à plus long terme ils interpellent les services de bureau sur leurs capacités à repenser le contenu de leur travail si on leur fait vivre à eux aussi « l'aventure participation ». L'un de ces cadres, séduit par tout le discours ambiant sur la qualité, le projet et le participatif, me dit cependant avec angoisse: « Sait-on vraiment ce que l'on fait si l'on touche ainsi aux valeurs professionnelles des uns et des autres? Parfois, on a peur de devenir fou. »

C'est également l'interrogation de gestionnaires d'une entreprise d'ingénierie, filiale du groupe Thomson, qui voudrait devenir réactive sur le modèle « du 3e type » pour mieux répondre aux évolutions de son marché et qui, pour ce faire, souhaite rénover sa culture d'ingénierie par une ambitieuse politique de recrutement de jeunes. Mais au lieu de produire la « greffe culturelle espérée », un vaste malentendu se développe au sein de la société. Les jeunes embauchés en quête de reconnaissance et d'intégration ne rencontrent plus que des anciens défensifs et menacés dans leur identité professionnelle fondatrice de l'entreprise. Les effets démotivateurs de ce malentendu n'ont pas fini de se faire sentir.

C'est aussi le problème d'une entreprise privée d'emballage dont l'un des établissements est menacé de fermeture et qui découvre au détour d'une étude d'image combien le potentiel dynamique de ses jeunes ouvriers et techniciens embauchés se heurte à l'incompréhension des chefs et anciens professionnels dans un conflit culturel devenu classique entre jeunes diplômés et anciens formés sur le tas. Problème également diagnostiqué au sein des lignes hiérarchiques de la distribution EDF où se font face, et bien souvent s'affrontent, les chefs montés par le rang, soucieux de dignité de métier et de reconnaissance des pairs, et les cadres d'écoles formés à la gestion et aux responsabilités décisionnelles.

Dans le secteur des administrations, ce sont probablement les Télécom qui ont ouvert l'intérêt pour la dynamique culturelle de leur gestion. Car l'achèvement du PAP (Plan d'action prioritaire des années soixante-dix) les obligeait à répondre à la démobilisation des nouveaux recrutés face à la fin des espoirs de promotion et de responsabilités annoncés cinq années plus tôt. Quels étaient donc les ressorts de l'avenir que l'on pouvait lire dans la trace des expériences vécues pendant dix années d'aventure industrielle?

De leur côté, les grands établissements comme l'AFPA, l'INSEE, le CNRS[8] abordent la nécessité d'une gestion des ressources humaines face à la pression de leurs environnements sur la réalisation de leurs missions. Mais la mobilisation du personnel sur un effort de qualité, de projet, d'innovation et de responsabilités collectives se heurte à l'héritage bureaucratique des années antérieures. Une culture de métiers, du statut, de la représentation des personnels, des rapports partenariaux ne peut être bousculée sans prendre en compte la réalité distinctive de ces ensembles humains.

Ainsi, nombre d'entreprises publiques et privées pratiquent déjà, sinon la gestion, du moins le discours sur la culture d'entreprise, sans trop savoir s'il s'agit d'une mode temporaire, après les ACVT, la qualité, l'expression, les relations humaines, la DPO[9], la formation d'adultes, la communication, le salaire au mérite, toutes modalités de management social qui jalonnent l'histoire des organisations depuis plus de trente années.

Sans doute cherche-t-on confusément, par l'expression culture d'entreprise, une façon de penser et d'appréhender autrement le potentiel humain dans une sorte de fonctionnement plus motivant, plus collectif, davantage fondé sur les valeurs et la dignité des travailleurs de tous grades. Peut-être vise-t-on une sorte de « consensualité » dépassant les antagonismes sociaux face aux menaces qui pèsent sur l'emploi.

Plus les responsables d'entreprise s'efforcent de mobiliser leurs ressources humaines pour mieux moderniser leur appareil de production, plus il apparaît que cette modernisation touche aussi la qualité des institutions qui permettent aux individus un plus grand engagement. C'est là toute une conception, toute une culture des rapports humains de travail qui est en cause.

Dépasser les structures participatives en îlot

Le constat général des recherches évaluatives sur les structures participatives, expérimentées au cours des années soixante-dix et plus largement appliquées dans le mouvement de gestion des ressources humaines qui a suivi, débouche sur l'essoufflement de leurs effets mobilisateurs, après une période de relatif engouement (Gautrat et Laville, 1988; Gautrat et Martin, 1983). Plus le participatif fonctionne dans les groupes de qualité, d'expression, de projet et d'organisation plus autonome, plus les habitudes de relations entre collègues et avec les chefs sont touchées et plus on s'oriente vers une redistribution des fonctions d'entretien, de logistique, de méthodes et de décision. C'est alors que résistent vraiment les conceptions du rôle de l'encadrement et de la division entre exécutants professionnels, techniciens et cadres. Plus le participatif réussit, plus il atteint les anciennes cultures du travail et de l'organisation hiérarchique élaborées à d'autres époques industrielles et pour d'autres populations.

S'ouvrir aux populations nouvelles

Les temps ne sont plus où l'on pouvait intégrer lentement les jeunes d'origine rurale et ouvrière dans un mouvement continu de promotion collective que rendait possible la croissance continue des entreprises. De nos jours, les jeunes diplômés (CAP, Bac, BTS, Bac+4 ou +5)[10] se présentent aux portes d'entreprises encore habitées par des populations ayant vécu le courant de promotion à l'ancienneté et donc les menaces de licenciement économique. Comment intégrer ces nouveaux arrivants, avec tous leurs diplômes, sans les décourager par de trop longues attentes, sans leur demander d'oublier leurs qualifications? Comment concilier deux cultures au sein des mêmes services, celle des anciens et celle des produits des écoles et des universités?

Mais ce problème de confrontation culturelle liée aux évolutions globales de société concerne aussi d'autres populations: les femmes cadres, l'intégration des étrangers, l'accueil des gens en reconversion au sein des mêmes groupes, le contact avec les pays du tiers monde où l'on effectue du transfert technologique.

De façon plus aiguë encore, les OPA boursières et les fusions d'entreprises ainsi que les mouvements politiques de nationalisation et de privatisation ne sont pas sans produire leurs effets de confrontation culturelle le plus souvent inattendus et mal perçus[11].

Changer de cultures professionnelles

Longtemps centrées sur l'œuvre personnelle ou commune, les valeurs professionnelles se heurtent à d'autres pratiques de métier, dont l'archétype n'est plus guère l'artisanat, voire même l'artiste. On parle en effet volontiers de métier d'entreprise, signifiant par là que l'œuvre ne se limite pas à la production: elle inclut la vente, les qualités commerciales, les contacts et la communication interservices, avec les clients et aussi les fournisseurs, voire avec les usagers. Le concept même de profession serait en train de changer, intégrant, en plus des valeurs de la réalisation technique, celles du client, des partenaires, de la gestion des interfaces nécessaires à la mise en place du produit et pas seulement de sa fabrication.

Adopter un autre modèle de collectif

La complexité des interfaces à gérer autour du produit impose de sortir du cadre de l'équipe fermée centrée sur ses œuvres et ses échanges de compagnonnage en circuits fermés. L'autre modèle de collectif connu est l'action syndicale de masse impulsée par les militants sur des actions temporaires. Avec l'idée culturelle de l'entreprise, c'est toute une série d'images qui sont utilisées pour mobiliser la force de travail et de créativité. Entre l'équipe de sport, la communauté, le commando ou l'assemblée démocratique, les représentations hésitent, traduisant une profonde interrogation sur la véritable nature de cette forme collective concernée par la survie de l'entreprise. Il s'agit probablement d'une autre conception de l'initiative dans les efforts quotidiens acceptant la négociation, l'importance du marché, de la gestion, de la responsabilité non pas seulement de fautes ou de projets, mais aussi de réalisations durables et suivies dans le long terme.

On voit par là que la culture hiérarchique est profondément remise en question, car le commandement doit compter avec l'effort nécessaire pour produire ces initiatives collectives (Laville, 1988; Sainsaulieu, 1989; Chouraqui, 1988).

En quelque sorte, quitter vraiment le taylorisme

De tous ces enjeux culturels précédemment évoqués, il ressort l'impression d'une véritable mutation culturelle. L'entreprise ne peut plus se justifier par la qualité rationnelle et bureaucratique de ses règles et méthodes de travail, dont le taylorisme a longtemps donné l'image. La finalité économique de l'entreprise se heurte à la double contrainte de ses contingences externes et culturelles. Pour vivre et se développer, l'entreprise doit prendre en compte autant la société des producteurs qui la constitue que la société globale dans laquelle il lui faut s'insérer. Les grandes industries paternalistes avaient compris cette leçon en intégrant le territoire à leurs structures de production, comme au Creusot ou en

Lorraine. Les multinationales ont, elles aussi, découvert la diversité des cultures et des sociétés où elles avaient choisi de s'implanter. Ce fut même un des points de départ de la découverte culturelle pour l'entreprise (Hofstede, 1980a). Pour les entreprises contemporaines, un autre enjeu se profile à propos de leur modernisation, celui d'une mutation culturelle que l'on peut chercher à comprendre et à prévoir pour tenter de la gérer.

Telle est l'une des premières leçons du travail sociologique à propos des cultures d'entreprises: plus que d'une recherche de meilleures techniques de gestion des ressources humaines, c'est en fait d'un effort sociétal et donc culturel de modernisation des entreprises qu'il s'agit.

LA DYNAMIQUE SOCIALE DES FAITS CULTURELS EN ENTREPRISE

La question du changement culturel soulevée par les efforts modernisateurs situe l'entreprise au centre de faits culturels débordant largement la problématique culturaliste des anthropologues (Clapier-Valladon, 1976), montrant qu'une société isolée, comme une tribu ou un village, produit l'intégration de ses membres dans la reproduction de rôles et de structures sociales par la transmission de normes et de valeurs, de mythes fondateurs et de rites collectifs. Dans la mesure où une entreprise réunit des individus pour une vie professionnelle entière et pour la durée majeure du temps vigile hebdomadaire, les phénomènes de transmission culturels sont certes importants pour comprendre l'effet communautaire recherché.

Mais la modernisation à laquelle nous assistons est corrélative à deux autres faits culturels majeurs. D'une part, les changements techniques, organisationnels et commerciaux obligent les individus à apprendre d'autres comportements relationnels et techniques, encore renforcés par les phénomènes de mobilité liés à la reconversion. D'autre part, ces situations évolutives sur le plan du contenu des tâches et des fonctions ont été accompagnées par le discours des dirigeants sur la gestion des ressources humaines visant à provoquer une mobilisation collective sur des projets d'établissement. Un peu comme à d'autres époques, les syndicats s'efforçaient de mobiliser les travailleurs pour obtenir plus de justice des salaires ou de carrières et des conditions de travail moins aliénantes.

Les entreprises en voie de modernisation font donc face à l'articulation d'une triple réalité culturelle, celles du « transmis », de l'« appris » et de l'« inscrit », pour emprunter le langage des discours et textes porteurs des idéologies dominantes (Sainsaulieu, 1988; d'Iribarne, 1988; Burke, 1988). Et c'est la combinaison des processus sociaux d'échanges entre ces logiques collectives qui peut conduire à une lecture commune des objectifs économiques de l'entreprise.

L'effet intégrateur de la transmission culturelle

Pour les entreprises comportant des établissements ayant traversé la grande période de croissance organisationnelle, l'effet cumulé des modalités de recrutement, de notation, de formation et de définition statutaire des fonctions de qualification et de représentation du personnel, aboutit à une reproduction des normes, des valeurs et des modèles de conduite des individus selon trois axes de force inégale. La culture reine, la plus prégnante, est probablement toujours celle de l'organisation scientifique du travail faisant coexister des milieux différents de valeurs professionnelles sur un fond de technicité ou d'économisme, autour d'une valeur forte de la définition réglementaire et scientifique de la hiérarchie.

Un second ensemble culturel sous-tend en général cette culture reine : il s'agit d'un paternalisme, plus ou moins partenarial et relayé par les comités d'entreprise, qui défend autant les valeurs de sécurité de l'emploi, de statut public, qu'une promotion interne largement développée en cours de croissance. Une certaine évolution du commandement fondé sur le courant psychologique des relations humaines est venue relayer les valeurs familiales et autoritaires du paternalisme initial.

Une troisième dimension culturelle, plus récente et moins fréquemment transmise, correspond à une double expérience du changement : celle de la lutte collective, de la grève et du rôle syndical dans la défense et l'amélioration des conditions de vie au travail ; celle de l'expérimentation technico-organisationnelle sur des formes de travail plus autonomes engagées depuis déjà plusieurs décennies dans certains ateliers et services de grandes entreprises innovatrices.

Les traditions d'entreprise ainsi reproduites sont toujours des ensembles culturels complexes à reconstituer autour de racines dominantes. Ainsi, le cœur de la culture est encore très professionnel et partenarial dans nombre d'entreprises publiques comme les mines, la SNCF, le bâtiment, l'imprimerie et la sidérurgie ou l'automobile. D'autres entreprises privées fortement marquées par la fusion d'ensembles techniques en rapide évolution sont plutôt des mosaïques de milieux professionnels et techniciens disparates. On en trouverait de nombreux exemples dans les secteurs de l'électronique, de la chimie et de l'aluminium. Certaines banques et sociétés d'assurances, des hypermarchés ainsi que des entreprises régionales, voire locales, continuent de vivre sur un ensemble de valeurs fortement paternalistes. En plus petit nombre, des entreprises dites de pointe dans l'alimentation et la haute technologie ont pu développer un système de valeurs collectives autour de l'expérience du changement.

L'effet identitaire d'apprentissage culturel

D'autres travaux montrent combien la production d'orientations communes de l'action ne passe ni par le message idéologique, ni par la transmission d'un héritage culturel, mais bien par la leçon que l'on tire individuellement de situations collectives d'apprentissage. L'entreprise est en effet constamment réorganisée pour tenter de trouver des solutions adaptées aux multiples pressions contingentes qui l'assaillent. C'est ainsi que la vie de travail est devenue synonyme de changements fréquents de métiers, de structures formelles, de produits, de clients, de techniques, etc. L'apprentissage culturel dont parle Margaret Mead à propos de sociétés traditionnelles frappées par des changements introduits par des innovateurs — commerçants, conquérants, missionnaires — est aussi le lot de l'entreprise, où l'on vit à une plus petite échelle d'innombrables expériences innovatrices. Les apprentissages de nouvelles pratiques introduisent une expérience différente de valeurs et surtout de normes collectives autour des relations avec les pairs, les chefs, les groupes, les leaders. Ce sont ainsi les expériences collectives de la stratégie et de l'action personnelle qui évoluent plus vite que les rôles reçus d'une tradition et que les modalités d'action collective également fondées sur des croyances et des valeurs déjà établies.

La question est ici celle d'une tension permanente au sein de la production de catégories sociales et professionnelles porteuses de repères collectifs et d'affirmations différenciées. L'expérience même des relations de pouvoir, des fusions, des mobilités et reconversions, des luttes et négociations ainsi que des menaces de la concurrence et des crises de l'emploi a profondément bouleversé l'espace de synthèse organisationnelle, promotionnelle et professionnelle qui a pu caractériser la croissance durable. L'identité au travail pouvait puiser dans ces trois racines les sources d'une reconnaissance sociale sinon générale, du moins crédible pour un grand nombre.

L'affirmation de soi repose en effet sur la distinction possible entre la globalité ou l'appartenance à « un tout » comme la maison, le service public, l'entreprise; sur la différence ou la désignation radicale « de l'autre » manifestée par les oppositions de classe, de grade, de métier, de pays, de génération; et enfin sur la construction « du même », c'est-à-dire la reconnaissance de ce qu'il y a de commun entre des positions que l'on croisera plutôt dans le groupe, la négociation, la communication, l'expérimentation, la recherche de fusions.

L'affirmation identitaire est ainsi profondément travaillée par cette quête de reconnaissance et d'appartenance où se joue dans l'entreprise la dialectique de l'universel et du particulier, dont l'enjeu est la constitution de solidarités nouvelles face à la montée des tendances individualistes issues de la société de croissance et de consommation. Longtemps articulées sur le métier, sur la promotion et sur la représentation syndicale, les forces sociales du travail manquent de ressort collectif face aux menaces qui pèsent sur l'emploi et aux bouleversements technologiques des métiers. L'appel à la culture d'entreprise, centrée sur la responsabilité économique et commerciale de chacun, apparaît ainsi comme une quête hésitante de nouvelles solidarités dont on est cependant encore loin de voir prendre la greffe sur d'autres systèmes culturels établis depuis longtemps.

Le contexte de modernisation dans lequel se pose aux entreprises la question de leur culture, loin de renforcer le socle de valeurs transmises et de traditions porteuses d'effet intégrateur, stimule fortement cette dynamique de l'apprentissage et du renouvellement des identités. Les fusions et les OPA peuvent engendrer de véritables mobilisations collectives d'établissements soucieux d'imposer leurs différences, parfois même au prix de la lutte comme chez LIP, à la Télémécanique récemment, au sein des ensembles sidérurgiques et mécaniques de Creusot-Loire. La banque du Crédit Mutuel vit intensément une opposition entre plusieurs logiques domestiques, marchandes et industrielles, dans son effort de modernisation de ses comptoirs.

Dans un service public comme les Télécom, les cadres ont été profondément divisés et projetés hors de leurs appartenances statutaires de corps hiérarchisés par la fonction et le diplôme, par l'expérience modernisatrice du plan de modernisation du téléphone. Ce sont alors des logiques de métier, de régions ou d'établissements qui l'emportent sur les précédentes. Dans un puits de mine des Houillères du Bassin de Lorraine, la nécessité de reconversion, jointe aux modernisations techniques, sépare les mineurs à forte tradition professionnelle des jeunes ouvriers, techniciens et cadres ayant acquis de nouvelles compétences transposables à d'autres productions. À l'entreprise Valeo, où plusieurs établissements de mécanique sont modernisés par l'introduction de robots, d'une organisation en flux tendu et par de nombreuses expériences participatives, on voit se constituer une nouvelle catégorie d'ouvriers, plus techniciens que professionnels, en rivalité avec les anciens métiers de la logistique et de la maintenance. Le même constat peut être fait à propos de plusieurs entreprises de Champagne qui ont mécanisé les opérations de champagnisation du vin.

Cette vieille histoire industrielle du changement technique porteur de cette nouvelle classe d'ouvriers techniciens, dont parlait déjà Serge Mallet au cours des années soixante, est en train de produire un vaste effet de renouvellement identitaire au sein des anciennes catégories sociales des usines de production et de services (Alter, 1985; Sainsaulieu, 1987; Bouvier, 1986; Caruso, 1988; Lasserre, 1988).

Dans d'autres contextes, ce sont les nécessités de gestion de l'emploi qui imposent le recrutement d'ouvriers à plus fort niveau intellectuel pour pouvoir s'adapter à de futurs changements de produits et de techniques, entraînant du même coup de fortes résistances chez les anciens cadres et ouvriers menacés dans leurs compétences et leurs emplois (Gruselle, 1988).

Le problème culturel que soulèvent tous ces phénomènes d'apprentissage et de catégorisations nouvelles est alors celui de la reconnaissance de ces logiques différentes et parfois antagonistes. Parler de projets en commun peut-il suffire à les rapprocher?

La volonté de persuasion: l'inscrit

Si l'on parle de culture en entreprise, c'est en fin de compte parce qu'il existe une constante nécessité de produire du sens, de la signification pour agir. Les problèmes techniques quotidiens autant que les complexités organisationnelles et les contraintes commerciales obligent à s'engager dans la réflexion, à faire appel aux croyances et aux valeurs motivantes, à s'inscrire dans un maillage de solidarités et de représentations de ceux avec qui il faut collaborer. Sans production de sens, l'entreprise ne coordonne plus ses membres dans une même direction d'objectifs économiques. Vivre l'entreprise dans un champ de relations complexes et souvent intenses suppose donc que des opérations symboliques (le travail d'élaboration du sens à partir de la réalité des contraintes répétitives et des événements surprenants) soient constamment effectuées.

Le phénomène récent de définition d'un projet d'entreprise par l'affirmation de valeurs et d'objectifs annoncés par les dirigeants d'entreprise met à jour une dimension évidente du fait culturel. Au cœur de toute culture s'expriment les volontés de groupes dominants sous forme de messages adressés aux membres de la société par le moyen de discours, textes, statuts, chartes, etc. On peut ici parler d'idéologies, de valeurs hégémoniques ou de culture dominante. De toute façon, la double contingence impose d'orienter les énergies par une sorte de mouvement porteur de logiques explicites de l'action. Les finalités de l'entreprise sont ici en question.

Les émetteurs de tels messages sont actuellement les dirigeants d'entreprise assistés de conseils en projets. À d'autres moments, ce furent les technocrates ou même les leaders de mouvements professionnels et syndicaux. Le militantisme plus que le dirigisme est ici la référence, car l'effet social de mobilisation est cherché du côté d'un système de pensée sur le devenir économique et social de l'entreprise.

Le discours dominant des années quatre-vingt est incontestablement celui du management des ressources humaines, dont le rapport Riboud *Modernisation, mode d'emploi* fournit la version la plus opérationnelle sous la plume d'un dirigeant d'une entreprise performante de l'agro-alimentaire, BSN. L'autogestion par la polyvalence, le perfectionnement et la décentralisation des responsabilités, la requalification du travail, la modification du système hiérarchique et la mise en place de structures participatives sont les axes majeurs d'un mode d'organisation permettant de revaloriser le potentiel humain des entreprises pour mieux répondre aux défis de la modernisation technique (Riboud, 1987).

Mais en réalité cet ensemble de propositions met en cause les normes et les valeurs antérieurement installées autant dans les milieux cadres que chez les experts techniciens, ou même chez les professionnels. Les projets d'entreprise mis en place de façon volontaire pour engager des processus de modernisation au sein des entreprises publiques et privées rencontrent le plus souvent la résistance des cultures traditionnelles. C'est le cas d'une modernisation dans le secteur du textile, provoquant la réaction collective d'entreprises fondées sur les anciennes conceptions traditionnelles de métiers face aux nécessités de formation et de reconversion. C'est également le cas d'une banque régionale d'un des premiers groupes bancaires français, où la direction essaie de mobiliser les travailleurs par un projet collectif fondé sur six valeurs fortes, et qui déclenche une série de réactions syndicales antagonistes pour avoir négligé de considérer les spécificités culturelles des multiples catégories professionnelles. C'est encore le cas de nombreux services publics réagissant à une volonté de gestion culturelle du management sur les problèmes de qualité, par la réaffirmation de principes du service public, de la qualification individuelle et de l'attachement à la sécurité de l'emploi par le statut[12].

Le constat des sociologues de recherche, autant que des sociologues praticiens, est ici largement confirmé. De même que l'on ne change pas la société par décret, comme l'affirmait Michel Crozier (Crozier, 1970, 1979; Vaquin, 1986), de même on ne modifie pas la culture d'entreprise par la seule affirmation de principes. La volonté de modernisation ne peut éviter de tenir compte du changement culturel des groupes humains au travail; elle doit en effet considérer la complexité des processus culturels de transmission et d'apprentissage qui sont déjà à l'œuvre dans la dynamique sociale de l'entreprise.

Le croisement des deux phénomènes culturels antérieurement présentés comme actifs au cœur des relations de travail peut être schématisé dans un tableau théorique des opérations symboliques de la vie des entreprises.

Ce schéma illustre les opérations symboliques complexes à l'œuvre au sein de chaque ensemble social que l'on peut figurer par un jeu de trajectoires entre les cases du tableau, puisque l'entreprise fait nécessairement coexister la variété de ces opérations au sein de son histoire, de ses étapes et de ses groupes humains.

Les dynamiques sociales des opérations symboliques en entreprise
L'affirmation identitaire

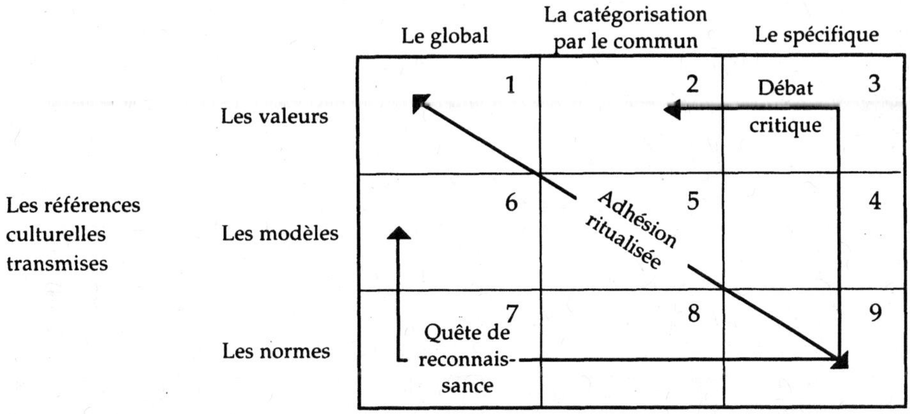

La première dynamique est celle de l'*adhésion ritualisée* (1⟷5⟷9) qui illustre le va-et-vient entre les formes identitaires autour d'une intégration supposée entre valeurs, modèles et normes, au point de se traduire par des rites faisant respecter la nature sacrée des règles de la vie commune. Cette hypothèse d'adhésion ritualisée, souvent perceptible dans de petites unités (les PME de métiers du meuble, de l'imprimerie, etc., les fonctionnements collectifs à leur début, les entreprises familiales ou artisanales), sous-tend l'archétype de l'intégration sociale au sein de groupes de fortes interconnaissances. Peut-être que la société rurale et paysanne dont parle Mendras en a fourni un exemple durable. Peut-être que la PME en a pris aujourd'hui le relais dans l'imagerie collective.

La seconde dynamique me paraît être celle de la *quête de reconnaissance* (9 → 8 → 7 → 6). Elle joue en sens inverse de la précédente et part d'une affirmation identitaire en quête de transformation correspondante des modèles et valeurs reçus. Les processus sociaux de l'innovation technique et sociale du participatif en sont de nos jours un exemple probant. On retrouve ici toute la gamme des processus transformateurs repérés dans la vie des entreprises.

La troisième dynamique est celle du *débat critique* (9 → 4 → 3 → 2) émanant d'identités et de groupes distincts ayant déjà leurs idées et leurs conceptualisations modélisantes et se servant de l'opposition aux valeurs établies pour transformer leurs logiques propres en vertus communes. Ce fut longtemps le cas de l'affrontement syndical au sein des entreprises. Peut-être est-ce remplacé par des logiques de génération ou encore par des processus de confrontations culturelles engendrées par les actuels mouvements de fusion, d'OPA et de reconversions.

L'hypothèse majeure qui ressort de cette analyse des opérations symboliques rejoint l'idée que la production de sens, en entreprise, doit être le résultat d'un mouvement permanent d'adhésion, de reconnaissance et de débats, dont le cœur, le point nodal est en fin de compte la pertinence même des modèles de gestion. La culture en entreprise n'est pas qu'une affaire de valeurs plus ou moins partagées, ou de normes de groupes plus ou moins reconnus, c'est en fin de compte une transformation de ces expériences collectives en système de règles légitimées, engendrées par les apprentissages culturels induits par les modifications technologiques et organisationnelles engagées pour répondre aux multiples défis du marché.

CULTURE D'ENTREPRISE ET CULTURE DE SOCIÉTÉ

Le problème de changements culturels que rencontrent les entreprises dans leur volonté de modernisation renouvelle les diverses lectures sociologiques des processus sociaux de la production. L'entreprise n'est pas plus un simple réceptacle de rapports de classes ou de corporatismes professionnels définis en regard de la société entière, qu'elle ne peut être considérée comme une zone de transformation autonome et isolée des mentalités collectives. Dans la mesure où il implique des conséquences culturelles profondes, l'effort de modernisation propre à chaque entreprise engage des réalités culturelles et institutionnelles nouvelles en matière de formation, de représentation du personnel, de métiers, d'administration des statuts, de liberté d'expression.

En prenant du recul sur l'histoire de la société industrielle à la lumière de ces analyses culturelles récemment développées, il est possible de faire l'hypothèse de plusieurs symbioses entre la culture d'entreprise et la culture de société. P. d'Iribarne (1989) rappelle l'ancienneté historique des valeurs de castes et de noblesse des métiers et de refus des servilités qui fondent selon lui l'adhésion aux principes de la hiérarchie des fonctions et des qualifications au sein de l'entreprise française, par comparaison avec d'autres cultures plus négociatrices, consensuelles ou contractuelles présentes aux Pays-Bas et aux États-Unis.

Une relecture du paternalisme à la française tendrait à montrer que le type d'intégration communautaire plus ou moins conflictuelle ou partenariale qui s'est longtemps développée dans les grandes entreprises du début du siècle, et qui s'est en partie reproduite plus récemment dans le secteur public, n'a pu durer qu'en intégrant la totalité des conditions de vie des travailleurs. La société locale et professionnelle faisait en réalité partie intégrante de l'entreprise, car elle prenait en charge le système éducatif, le logement, les loisirs et la sécurité de l'emploi de ses membres.

Une autre forme de symbiose entre la société et l'entreprise s'est articulée autour de milieux professionnels solidement charpentés et soutenus par les syndicats de métiers qui arrivaient à imposer leurs identités collectives au sein des entreprises comme base de reconnaissances sociales et source de potentiels techniques. D. Ségrestin (1985) a explicité l'importance de ces dynamiques corporatistes anciennement fortes dans la sidérurgie, l'imprimerie, le bâtiment, et récemment mises en évidence par de grandes grèves des ouvriers du livre, des aiguilleurs du ciel ou des mineurs.

Il serait vain de croire par ailleurs que le taylorisme se soit implanté sans fondements culturels. Les recherches effectuées dans de nombreuses entreprises sur la croissance organisationnelle des années soixante et soixante-dix ont montré que l'adhésion à ce type d'organisation inégalitaire n'a pu se faire qu'appuyée sur les valeurs de la promotion sociale collective soutenue par les syndicats. L'importance des phénomènes de retrait caractéristiques de populations immigrées, de la campagne et de l'étranger, ou nouvellement venues au travail pour les femmes, cherchant davantage l'intégration sociale par l'emploi et le salaire que la remise en cause des structures d'organisation et de qualification qui leur étaient imposées (Sainsaulieu, 1987) est également apparue comme l'un des fondements majeurs du taylorisme.

La culture du service public, fondée sur les garanties de statut et de reconnaissances sociales et familiales offertes aux fonctionnaires, ainsi que sur les formes renouvelées d'un paternalisme partenarial géré par les syndicats, présentait une autre modalité d'articulation entre entreprise et société. Les mutations à l'origine du secteur bancaire et des assurances ont pu constituer également une autre base sociale et culturelle, inspirée de l'économie sociale et des coopératives, au développement de ces entreprises (Sainsaulieu *et al.*, 1983).

Qu'en est-il alors de ce rapport entreprise et société dans le contexte actuel de modernisation économique, technique et gestionnaire? L'appel explicite à la culture d'entreprise comme levier du changement oblige, semble-t-il, les entreprises à tenir compte de la culture sociétale ou locale dans laquelle ils veulent faire vivre une culture d'entreprise. Les individus au travail ne peuvent en effet vivre simultanément plusieurs systèmes de valeurs contradictoires, comme ce fut encore récemment le cas dans les pays de l'Est et en Pologne particulièrement (Adamski *et al.*, 1988), sans risquer l'incohérence, l'anomie et l'apathie au lieu de l'esprit d'initiative recherché.

En devenant explicitement culturelle, l'entreprise repose la question de la légitimité collective de ses pratiques. En considérant l'individu travailleur comme porteur de systèmes de références axiologiques et d'affirmation identitaire, l'entreprise devient autre chose qu'un appareil de production ou un centre de profit, elle devient pratiquement une institution fonctionnant sur des règles explicites et des systèmes symboliques capables d'en assurer la régulation sociale permanente. Mais de ce fait l'entreprise affronte un problème de légitimité: jusqu'où les valeurs et faits culturels dont elle a besoin coïncident avec les structures culturelles de la vie environnante? Jusqu'où le travailleur est-il compatible avec le citoyen, le père de famille, le membre d'activités et associations diverses, le chômeur, etc.?

Conclusion — Légitimité de l'entreprise

L'entreprise, pour réussir, agit sur la structure culturelle de la société. Mais quels sont les degrés de compatibilité accessibles à notre époque, entre les univers économiques et sociaux ou sociopolitiques brutalement interconnectés par le fait nouveau de la culture d'entreprise? Comment ainsi associer participation et exclusion ou chômage, autorité et propriété, liberté d'expression et stratégies d'entreprises, valeurs professionnelles et système éducatif? Sur toutes ces contradictions, le discours de l'entreprise rencontre assez vite l'éthique et l'affrontement collectif. Au lieu de fondements culturels consensuels supposés soutenir la gestion des ressources humaines, c'est plutôt une culture du débat et de la négociation qui devrait fonder l'entreprise culturelle, cherchant dans la valeur des hommes une véritable dynamique sociale de la modernisation.

Sans le vouloir explicitement, les entreprises en quête d'une meilleure capacité d'adaptation de leurs membres par des techniques de gestion des ressources humaines et de participation ont probablement ainsi ouvert le chemin d'une nouvelle période de légitimation sociale du système productif: non plus seulement des finalités économiques, techniciennes et même d'emploi, mais plus profondément des perspectives mêmes de société, de capacités éducatives, de contrôle social redéfini et de nouvelles égalités dans la division des rôles et des fonctions, dans la possibilité d'affirmer une identité par le travail qui soit compatible avec celles de la société civile.

Dans ce rapport entreprise et société, cette dernière n'est plus absorbée par l'entreprise comme au temps du paternalisme et de ses formes plus modernes de l'ère organisationnelle. Mais l'entreprise n'est pas non plus la pure conséquence d'un grand combat de classe autour de la maîtrise du capital et de l'appareil d'État. De même que la gestion féodale des régions et des villages s'est progressivement transformée en gestion républicaine des communes, de même l'entreprise totalitaire ou l'isolat technocratique devient une institution fondamentale de la vie de notre société. C'est même dans la modernisation de cette entreprise, acceptable par la société tout entière, que s'inventent très certainement les formes pertinentes d'une civilisation à venir. Telle est la leçon majeure de la culture d'entreprise, non pas communauté à l'écart, mais bien part nouvellement active de la société tout entière.

Notes

1. M. Crozier et son école d'analyse stratégique des organisations (E. Friedberg, J.C Thoenig, F. Dupuy, C. Grémion, F. Pavé) impulsaient en France ce courant de sociologie des organisations à partir d'une critique sociologique de la bureaucratie. M. Maurice, F. Sellier, J. Sylvestre s'orientaient vers une approche de la contingence structurelle des organisations que H. Mintzberg a plus largement développée au Canada.
2. C'est ici Georges Friedman qui a lancé en France, avec J.D Reynaud et Y. Delamotte, le courant de sociologie industrielle, prolongé par l'école de sociologie du travail des années soixante-dix regroupée autour de C. Durand, P. Dubois, G. Benguigui, P. Rolle, P. Tripier, D. Monjardet, P. Bernoux, F. Saglio et J. Ruffié.
3. Inspiré par le Touraine de la sociologie de l'action et de la conscience ouvrière, ce courant a particulièrement été animé par J.D Reynaud, G. Adam, G. Groux, A. Borzeix, D. Linhart, M. Maruani, D. Ségrestin, autour du Groupe de sociologie du CNAM étudiant les négociations collectives et le mouvement social ouvrier.
4. Reprenant les travaux américains de Ouchi, Peters et Waterman, E. Shein, A. Kennedy et T.E Deal, les Français Archier et Seyriex, et A. Thévenet ont été les principaux introducteurs de la littérature américaine dans les milieux du management français.
5. Les nombreux articles de J. Gautrat, J.L. Laville, P.E. Tixier, D. Martin, A. Chouraqui, D. Linhart, etc., sont résumés dans un ouvrage collectif à paraître aux Éditions de l'Harmattan (sous presse).
6. Ce sont les recherches effectuées au cours des années soixante-dix par R. Sainsaulieu qui ont réintroduit cette dimension culturelle dans la compréhension des phénomènes de travail, après quelques ouvertures de M. Crozier (1964), A. Touraine (1965), S. Mallet (1965). Voir Sainsaulieu, 1972, 1977.
7. Les travaux de recherche concernant la culture d'entreprise effectués au sein du LSCI (Laboratoire de sociologie du changement des institutions), CNRS, sous la direction de R. Sainsaulieu ont été présentés pour une bonne part dans *Sociologie de l'organisation et de l'entreprise*, (1987). Il faut y ajouter le rapport de N. Mauchamp, *Le taylorisme et après? Les effets de la modernisation dans un établissement industriel* (1988).
8. AFPA: Association de formation professionnelle pour les adultes.
   INSEE: Institut national de la statistique et des études économiques.
   CNRS: Centre national de la recherche scientifique.
9. ACTV: Amélioration des conditions de vie au travail.
   DPO: Direction par objectif.
10. CAP: Certificat d'aptitude professionnelle (Bac − 4).
    BTS: Brevet de technicien supérieur (Bac + 2).
11. Constats effectués dans le cadre d'une importante recherche inter-entreprise sur « le développement économique et social » par M. Bizé, I. Michel et J.M Weller, sous la direction de R. Sainsaulieu (1987-1989).
12. Communications de J. Gruselle, M. Vallée, H. Lasserre, J.C Rabier, Damien, Tripier et autres au Colloque APS (Actes du colloque de l'APS, 1988).

CHANGEMENT ORGANISATIONNEL ET RÉALITÉS CULTURELLES

Contrastes franco-américains*

Gilles AMADO, *Claude* FAUCHEUX *et André* LAURENT

Jusqu'à une époque récente, théories et pratiques traitant de développement et de changement organisationnel sont restées étrangement aveugles à une dimension cruciale qui les sous-tend: le contexte culturel. Tout s'est passé en effet comme si ces théories et pratiques étaient universelles, non contingentes et transposables, par conséquent, dans un autre contexte culturel avec, au mieux, quelques aménagements sommaires.

Pourtant, dès 1968, dans son rapport au Social Science Research Council américain, l'un d'entre nous (Faucheux, 1976) avait abordé les aspects épistémologiques et théoriques du problème. Il fallut attendre la fin des années soixante-dix pour que les échecs d'introduction de l'« Organization Development » nord-américain dans d'autres contextes fassent l'objet d'une investigation systématique (Mirvis et Berg, 1977), suscitant même une question radicale: « La culture serait-elle hostile à l'Organization Development? » L'auteur de cette question, Steele (1977), s'appuyait déjà sur des expériences décevantes en Grande-Bretagne pour parler d'un « clash » entre les hypothèses de base de l'Organization Development nord-américain et la culture britannique. Le Brésilien Pinto (1979) lui faisait écho rapidement pour montrer comment les valeurs et postulats implicites de l'Organization Development étaient en tous points opposés aux réalités de la culture latino-américaine, dénonçant même la « substitution culturelle » à laquelle l'Organization Development pouvait contribuer si l'on n'y prenait garde. Dans cette lignée, d'autres auteurs ont analysé le décalage culturel existant entre l'Organization Development nord-américain et les valeurs d'autres sociétés (par exemple, Jaeger, 1984; Kreacic et Marsh, 1986). Pour notre part, à l'occasion d'une revue de la littérature internationale sur le sujet (Faucheux, Amado et Laurent, 1982), nous avons insisté sur les différences culturelles, allant même jusqu'à contraster plus radicalement par la suite l'approche latine et la conception nord-américaine du changement organisationnel (Amado et Laurent, 1983).

* Nous tenons à remercier Yves Charbit, professeur à l'Université de Paris V Sorbonne, pour ses commentaires et son aide dans la mise au point du texte définitif.

Parallèlement, et prolongeant le travail de pionnier de Haire, Ghiselli et Porter (1966) sur la pensée managériale dans différents pays du monde, plusieurs chercheurs (Hofstede, 1980; Laurent, 1983) ont mis en évidence par leurs travaux comparatifs certaines dimensions critiques qui semblent différencier les cultures nationales quant à leur conception des organisations et de leur management.

Ces recherches présentent toutefois une limite générale: elles sont plus descriptives qu'explicatives et ce n'est pas leur faire reproche que de le souligner. Elles correspondent en effet à une première étape de la recherche interculturelle dont le mérite essentiel est de dégonfler le mythe de l'universalité des représentations et des pratiques organisationnelles et managériales.

Il convient aujourd'hui d'aller un peu plus loin en tentant de discerner plus précisément les différences culturelles mais aussi d'en appréhender, si possible, les sources et les racines. Nous ne ferons ici que suggérer des directions possibles pour y parvenir.

Une telle démarche est en effet ambitieuse. Elle implique l'articulation entre plusieurs champs de savoir au cœur desquels figurent la psychosociologie et l'histoire. Mais elle est, à notre sens, la seule voie qui permette de poser le problème du changement organisationnel dans toute sa profondeur et d'y apporter des éléments de réponse satisfaisants tant d'un point de vue théorique que pratique.

Dans cet article, nous tenterons donc de rendre compte d'une telle démarche. Nous partirons du plus superficiel — une conversation à bâtons rompus, volontairement idéalisée (dans un sens wébérien) entre un consultant américain spécialiste d'Organization Development (O.D.) et un psychosociologue français — pour illustrer le malentendu interculturel. À travers ce dialogue de sourds, nous montrerons ensuite à quelles visions différentes du changement organisationnel ces propos renvoient, visions elles-mêmes à rattacher à deux conceptions de l'organisation distinctes: l'organisation française que nous qualifions de « personnaliste et sociale » et l'organisation américaine, de nature « fonctionnaliste et instrumentale ». Ces deux explications seront étayées enfin par des analyses plus ethnologiques et historiques pour déboucher sur des perspectives concrètes tant du point de vue de la recherche interculturelle que du management des entreprises.

DIALOGUE DE SPÉCIALISTES OU DIALOGUE DE SOURDS?

Quand deux consultants se rencontrent, de quoi parlent-ils? De leurs pratiques parfois, de leurs philosophies d'intervention plus rarement. Le dialogue ci-dessous est purement improvisé. Il sert à contraster la vision du consultant américain d'O.D. et celle du psychosociologue français. Il contient la plupart des ingrédients d'une opposition à laquelle il convient de prêter attention avant d'en tenter l'explication.

Philippe

Naïveté et idéalisme de la foi dans le développement simultané des individus et de l'organisation au regard d'une approche plus dialectique et conflictuelle.

Dis voir John, j'ai lu les derniers trucs américains sur l'O.D., est-ce que tu as l'impression qu'il y a quelque chose de neuf? Je suis toujours frappé, moi, par la différence qu'il peut y avoir entre nos approches et les vôtres, ou du moins nos réflexions... j'ai toujours un peu le même sentiment de cette naïveté, chez vous... je ne dis pas qu'on est nécessairement moins naïf en France, mais, étant donné la culture dans laquelle nous vivons, le développement simultané des individus et des organisations nous paraît très idéaliste. Nous, avec notre approche un peu plus dialectique et conflictuelle on est toujours un peu surpris, un peu émus, même touchés de cet univers quasi harmonieux, quoi... qui semble possible pour les gens d'O.D., même pour de nombreux consultants français souvent très proches de vous...

John

L'O.D. tient compte des différences et du conflit et a des techniques pour les gérer.

...Notre univers harmonieux? Je ne crois pas qu'on soit si naïfs mais on croit, c'est vrai, à l'intégration des personnes et de l'entreprise. Par exemple, dans le domaine des techniques d'intervention, on a mis au point quelque chose qui s'appelle le « confrontation meeting » à travers lequel on amène, par exemple, deux groupes ou deux départements à échanger leurs perceptions respectives, leurs critiques. Donc, je ne pense pas qu'on puisse reprocher à nos approches de ne pas tenir compte du conflit, du fait qu'il y a des idéologies différentes, par exemple entre un groupe de marketing et un groupe de production qui ont des valeurs différentes. Non, notre approche consiste à reconnaître cette réalité et à mettre au point des méthodes qui vont permettre aux antagonistes de...

Philippe

Les conflits ne peuvent être réglés par la simple amélioration des communications. Faute de pouvoir remettre en question le contexte, toute discussion des symptômes apparaît comme illusoire sinon mystifiante.

Mieux communiquer! L'amélioration de la communication, « that is the solution », pas vrai? On se dit des choses, et on pense que ça va aller mieux... Comme si les choses n'étaient pas ancrées dans les structures ou dans les modes de production.

On peut penser qu'entre le Marketing et les hommes de Production, en effet il y a des dialogues souvent difficiles, mais qui sont le reflet du positionnement organisationnel des individus, du fait qu'ils ne sont pas dans les mêmes rapports de force nécessairement, aux prises avec les mêmes enjeux.

John

...Bien sûr... Non.

Philippe

Je dis: dans ce cas-là, quel est l'effet d'un travail sur les communications? On peut penser que c'est un effet d'occultation des différents conditionnements dont les individus sont l'objet.

John

Pourquoi y aurait-il contradiction entre un travail sur les communications et un travail sur les structures?

C'est intéressant parce que vous, les Français, vous parlez toujours d'occultation, occulter, etc. Je reconnais que ce n'est pas du tout un mot qui fait partie de notre vocabulaire d'intervenant. On parlerait davantage, nous, d'auscultation. Peut-être qu'on pense moins en profondeur, qu'on veut moins comprendre en profondeur... peut-être, mais pour reprendre cet exemple de deux départements, on reconnaît le fait que les hommes de production vont avoir une logique qui proviendra de certains aspects structurels, de la situation, de même pour les hommes du marketing, et on fait confiance, au fond, aux individus pour amener les éléments de cette logique dans leurs discours. Bref, on estime que si l'on peut créer une situation où ces deux groupes vont pouvoir communiquer, vont pouvoir parler, eh bien, d'une manière spontanée, les éléments de structure auxquels tu faisais allusion vont arriver dans le dialogue et seront mis sur la table plutôt que de rester dessous.

Philippe

Le discours manifeste est insuffisant pour rendre compte des réalités et les approches non directives sont manipulatoires; car le consultant d'O.D. a bien, au fond, une théorie implicite sur laquelle il s'appuie. Mais laquelle?

Alors, tu vois, c'est intéressant ce que tu dis, occultation, auscultation... parce que, en effet, vous, qu'est-ce que vous faites? Vous auscultez, vous essayez de percevoir par l'intermédiaire du discours manifeste ce qui ne va pas, et vous avez, c'est ça qui me semble important, la foi dans le fait que, munies de ces discours, les personnes elles-mêmes auscultées, discutant du résultat de l'auscultation, vont, par là même, pouvoir surmonter les maux qui ont été découverts. Alors, c'est un peu comme un médecin qui ausculterait son patient, qui dirait: « Vous avez mal là? Et qu'est-ce que vous en pensez? » Et puis les personnes auscultées élaboreraient et se guériraient par la découverte qu'elles auront faite elles-mêmes de leurs maux. Tu vois le risque? Car, au fond, il y a quand même un savoir, il y a quand même une référence, une réalité, et le médecin se munit des éléments apportés par les patients pour les confronter à un savoir et intervenir avec son savoir et son approche, ses objectifs aussi, pour faire évoluer le « système client ». Il me semble donc que, pour vous, le processus d'auscultation lui-même porte en germe la guérison et que les personnes sondées se guérissent toutes seules. Nous, on aurait tendance à dire: sans une bonne théorie, il n'y a pas de guérison possible... Et les problèmes que ça nous pose... c'est quel type de théorie? pour quoi faire? Et, par rapport à l'organisation, c'est très difficile parce que l'organisation pour nous est un lieu assez intermédiaire où se reflètent les contradictions sociales. Donc on ne sait jamais s'il faut développer l'organisation, développer les personnes, développer la société. C'est vrai qu'on est plus embarrassés que vous...

John

Le spécialiste d'O.D. ne travaille pas avec un contenu théorique mais sur un processus, essentiellement avec des méthodes permettant de faire émerger ce savoir.

Oui, alors là, tu abordes une multitude d'aspects dans un même temps... Tu fais appel à un savoir, bon, mais pour nous, il n'existe pas vraiment un savoir qu'on pense pouvoir communiquer aux responsables. Notre savoir, notre science en tant qu'intervenant n'est pas au niveau du contenu, il est essentiellement au niveau d'un processus. On estime en savoir un petit peu plus que nos clients sur des méthodes qui vont leur permettre de mieux gérer leurs problèmes, mais on a abandonné l'idée que quelqu'un disposerait de recettes, d'une référence à un savoir qui aiderait. Donc, je crois qu'il y a là un point de conflit puisque vous, vous faites l'hypothèse qu'un étranger à l'organisation peut apporter une connaissance qui va aider à résoudre les problèmes, alors que nous, on estime que ceux qui ont le pouvoir de résoudre les problèmes, ce sont les gens eux-mêmes. Et si on peut les aider, c'est justement en mettant en place certains processus de communication.

Philippe

Pourquoi limiter le travail d'O.D. à l'intérieur de l'organisation?

Ah oui, mais tu vois, là, on retombe dans les mêmes problèmes. Ça paraît en effet glorieux de dire que « notre travail est un processus », qu'« on n'a pas de savoir », mais, d'une part on peut considérer cela comme une non-directivité illusoire, et d'autre part lorsque vous mettez en place un processus, reconnais que c'est à l'intérieur de l'organisation.

John

Hum, hum...

Philippe

On peut très bien se poser la question de savoir si le processus à mettre en œuvre n'est pas la confrontation des acteurs de l'organisation avec l'environnement externe. Or, l'O.D. se penche peu sur cet aspect. C'est comme s'il fallait développer à tout prix l'organisation...

John

Développer le potentiel humain, c'est développer l'organisation.

En réalité, on fait l'hypothèse que les personnes, dans leur organisation, n'utilisent finalement qu'une partie très modeste de leur potentiel. Donc plus que d'un savoir, nous partons d'un système de valeurs, et l'on estime que si on peut amener les personnes à donner beaucoup plus d'elles-mêmes au sein des organisations, elles développeront des organisations plus performantes qui, en retour, permettront à leurs membres d'être plus efficients et plus satisfaits. Pour nous, il y a un effet parallèle. C'est quelquefois difficile pour nous de savoir, quand on aide les personnes, si on aide l'organisation ou pas, mais finalement pour nous, c'est la même réalité... les organisations sont faites de personnes.

Philippe

Et si le développement du potentiel humain dans l'entreprise allait contre le développement de la personne?

Oui, toujours pareil quoi, c'est dire qu'en aidant les personnes on aide l'organisation et quand on aide l'organisation on aide les personnes. Évidemment en France, je ne sais pas ce que les responsables de la C.G.T.[1] diraient... Bon, on peut évidemment considérer que les responsables de la C.G.T. ne sont pas représentatifs, mais évidemment pour nous, c'est plus compliqué parce que ce discours un petit peu unanimiste... n'est pas tellement partagé. Mais, au-delà, je voudrais pousser un peu mon propos: même en suivant un courant très humaniste, on pourrait dire que plus il y a utilisation du développement des capacités humaines à l'intérieur de l'organisation, moins il y a développement authentique de la personne.

John

Inimaginable!

Ah, ça alors, j'ai besoin d'explications... Ah... plus il y a développement des personnes dans l'organisation, moins il y aurait un développement authentique de ces personnes?

Philippe

Le développement du potentiel humain ne peut être envisagé que dans la perspective d'un bénéfice pour l'entreprise.

Oui, ça ne m'étonne pas que tu ne comprennes pas, c'est là que tu es vraiment yankee... Comme si le développement qu'on faisait des capacités des personnes pouvait être totalement pur... Tu vois, toi, un boss demander à son employé: « Qu'est-ce que tu as envie de faire dans la vie? », et son employé répondre: « Ah! je me demande si je ne devrais pas reprendre la musique » ou bien « J'ai un talent caché, j'ai toujours voulu faire des fouilles et ça c'est ma passion ». Alors qu'est-ce qu'il va faire le boss? le prendre pour un dingue, lui dire d'aller planter ses choux ailleurs ou au mieux, s'il s'intéresse à lui et qu'il est « futé », essayer de lui trouver un truc qui lui convienne... mais avoue que ce serait quand même extrêmement rare.

John

Non, la réalisation de soi dans le travail facilite la réalisation de soi hors du travail et réciproquement.

Ah oui, non ça... nous on estimerait que, par exemple, plus cette personne se réaliserait au sein de l'organisation, plus elle serait en mesure de se donner des moyens à l'extérieur de l'organisation, pour satisfaire des besoins qui seraient liés à l'archéologie ou à la musique. Vois les grands chefs d'entreprise, même s'ils sont très pris, la plupart d'entre eux sont extrêmement actifs à l'extérieur dans le domaine des arts, dans le domaine associatif...

Philippe

C'est vrai ça?

John

Ah oui! bien sûr!

Philippe — Ça m'intéresse de voir ces recherches-là. On ne parle pas des managers américains surmenés?

John — Ah! ils sont au bureau beaucoup moins longtemps que les Français. J'ai remarqué qu'à Paris, ça semble être une norme de rester au bureau jusqu'à 6 heures, 7 heures du soir.

En fait, les managers américains seraient moins aliénés par leur travail.

Philippe — Comment expliques-tu alors que les femmes se plaignent autant aux États-Unis de l'aliénation de leurs maris par le travail?

John — Ah! mais c'est pareil en France!...

Philippe — Oui, mais je n'ai rien d'ailleurs pour ces managers français qui s'aliènent pour d'autres raisons, dans le travail... ou parce qu'ils s'ennuient chez eux, ou parce qu'ils veulent montrer qu'ils ont du pouvoir...

John — Ce qui me frappe, c'est que finalement ta perception des managers est une perception assez négative, c'est-à-dire que tu mets l'accent sur les aspects pathologiques, tu mets l'accent sur leurs faiblesses, etc. Nous, on fait l'hypothèse tout à fait inverse, on estime que c'est précisément dans l'entreprise que les sciences du comportement sont le plus avancées... on estime, en tant que chercheurs, que la vérité est déjà développée à l'intérieur de l'entreprise, et on va essayer de la décrire, de l'écrire, je dirais même de l'accompagner. C'est pourquoi nous n'hésitons pas à adopter le point de vue de la Direction générale.

Les Français ont une perception négative des managers.
Les Américains considèrent les entreprises comme le creuset de la recherche sur les comportements.

Philippe — Je te suis volontiers quand tu parles de science du comportement, mais pour nous, tu vois, il y a quelque chose d'un peu suspect déjà dans le comportement, c'est vrai...

John — Ah bon?

Philippe — Oui, quand on entend comportement, on fantasme assez vite, science et comportement, les deux ensemble, nous tu vois, on a le poil qui se hérisse, on se dit oui, d'accord... CIA... KGB... goulag... Pavlov... psychiatrisation, manipulation. Note que les plus forts dans les sciences du comportement, c'est sans doute la CIA ou le KGB, qui ont développé peut-être les savoir-faire les plus intéressants sur ce plan-là! Mieux faire produire et plus, ça conduit dans les entreprises à chercher comment conditionner les individus. Dans ce sens, on n'est pas loin de la normalisation...

Le travail sur les « comportements » peut être suspect et dangereux. Les sciences du comportement finissent toujours par servir les manipulateurs, le conditionnement et la normalisation des individus.

John

L'entreprise américaine ne tombe pas dans ce danger; d'ailleurs les ouvriers y sont plus satisfaits qu'en France.

Mais enfin l'organisation américaine est loin d'être conforme à ce type d'image! Par exemple, chez nous, on mène beaucoup d'enquêtes pour justement voir dans quelle mesure le personnel est satisfait. On recherche les causes d'insatisfaction et ensuite on met en place des plans d'action pour pallier les difficultés repérées. Si on faisait des enquêtes comparatives sur la satisfaction des travailleurs en France et aux États-Unis, est-ce que tu crois que c'est l'ouvrier français qui apparaîtrait le plus heureux?

Philippe

La satisfaction peut avoir pour corollaire la cécité ou l'irresponsabilité sociale.

Peut-être pas, mais j'ai, si tu veux, un peu l'impression que cette satisfaction, même si elle est très grande, peut être assortie d'une absence de questionnement de la mission réelle de l'entreprise ou du service... Je m'explique, moi je pense qu'on peut voir des travailleurs extrêmement heureux en train de fabriquer la bombe atomique. Alors peut-être que les ouvriers n'ont pas une réflexion tout à fait à ce niveau, en raison du chômage, de la crise économique, mais enfin être heureux au travail, pas à n'importe quel prix!

John

Aux États-Unis, on va au-delà d'une approche étroitement « relations humaines », on intègre désormais le contexte.

Non, d'ailleurs on a découvert nous-mêmes que la satisfaction au travail ne suffit pas, par exemple, pour que les gens soient productifs. Nos travaux de recherche ont montré qu'il ne suffit pas de faire parler les gens, ni de faire des enquêtes pour régler les questions importantes. C'est pourquoi, maintenant, on prend une approche beaucoup plus systématique, plus sociotechnique... On tient compte de tout cela, dans nos interventions...

Philippe

Vous avez quand même cette idée que, au fond, si les gens sont bien dans leur peau, et si l'organisation tourne bien, c'est une belle réussite.

John

Toujours dans une optique d'harmonisation individu-organisation où les notions d'adaptation, de maturité et de maîtrise sont les maîtres mots.

C'est-à-dire que si les gens sont bien dans leur peau, je crois que, à ce moment-là, ils exerceront davantage d'influence, davantage de pouvoir. C'est difficile de demander à quelqu'un qui est frustré en permanence dans une organisation d'avoir des idées sur les moyens de l'améliorer. S'ils sont plus satisfaits de ce qu'ils font, je crois qu'ils peuvent alors contribuer au développement de cette organisation, c'est ça qu'on cherche à réaliser...

Philippe

Et si l'entreprise avait besoin de l'inverse? *Quid* de l'innovation?

En somme, un univers bien équilibré, adapté, qui ne doit pas produire grand-chose d'innovateur. Cette idée américaine que, au fond, le progrès va venir de la maîtrise, d'une maturité émotionnelle, de l'adaptabilité, et tout ça: ça prépare un monde tout à fait insipide.

Non, moi... j'irais même jusqu'à dire l'inverse. On n'a pas assez de gens marginaux, fous, qui aient ce feeling pour les aspects absurdes de l'organisation et de la société... qui poseraient des problèmes de conscience. Ceux qui sont inadaptés sont souvent ceux qui ont fait le plus progresser la société. Alors, pourquoi est-ce que dans l'organisation on n'aurait pas ces « inadaptés »? Eh bien! tout simplement parce qu'à ce moment-là on ne peut plus tout à fait produire ni s'organiser de la même façon.

John

Il faut quand même bien fonctionner ensemble. Alors, d'accord pour les « intrapreneurs ». Mais pourquoi les Français sont-ils si sensibles aux contraintes de l'entreprise?

Ah! Il n'y a pas de doute que l'organisation pour nous apporte une série de contraintes... Il faut qu'il y ait une certaine coordination entre les personnes, il faut qu'il y ait un certain accord sur les buts... un certain accord sur les objectifs. En France vous avez peut-être maintenant trouvé des méthodes qui permettent à des personnes qui auraient des intérêts tout à fait divergents de collaborer et d'être efficaces, mais nous, on n'a pas vraiment trouvé ça, donc on cherche plus à bâtir une plateforme, une plateforme de dialogue, une plateforme de communication, où les gens puissent échanger, sur ce qu'ils veulent, sur ce qu'ils cherchent...

Pour nous c'est un peu comme si l'organisation était un microcosme de la société... mais je peux comprendre que les artistes par exemple, éventuellement des personnages politiques qui sont très éloignés de la normalité, puissent contribuer beaucoup... mais au sein d'une organisation, ce qu'on cherche ce sont des entrepreneurs, des gens qui ne s'adaptent pas en permanence. On cherche à développer l'entrepreneur, même dans les grandes organisations. Ma dernière intervention c'est là-dessus.

C'est très important... de redonner aux personnes qui travaillent dans des grandes organisations une perception plus aiguë de tout ce qu'ils peuvent faire... malgré le poids des structures. Dans la littérature française, on parle toujours des contraintes des structures, de la bureaucratie, etc., nous, on prend un point de vue plus pragmatique: étant donné que ces contraintes sont là... comment les faire évoluer?

Philippe

En fait, les spécialistes américains de l'O.D. s'adaptent (avec un métro de retard) à l'évolution de l'entreprise en inventant, au fur et à mesure, des méthodes de colmatage des problèmes.

Et vous ne pensez pas que cette position est un peu « suiviste »? Autrement dit, vous découvrez maintenant que l'entrepreneurship dans l'entreprise est important alors que la bureaucratisation a atteint un niveau qui était tout à fait prévisible à partir des méthodes de gestion que vous avez développées. Les méthodes de l'O.D. ont même contribué à occulter, excuse-moi à nouveau de ce terme, le fait que l'appartenance étroite à l'organisation risque d'aller, par certains aspects, contre le développement du potentiel individuel. Plus on développe des méthodes d'O.D., plus on masque cette idée que l'individu a envie de faire autre chose.

Alors, après l'O.D., vive l'entrepreneurship! après la dynamique de groupe, vive l'« assertiveness »[2] et l'affirmation de l'individu! ça se vend très bien!

John

L'organisation est le produit des conduites individuelles.

C'est vrai qu'il y a un mouvement de pendule... un mouvement un peu pendulaire, c'est un peu partout pareil, dans les techniques comme dans les modes, mais revenons un peu aux déterminismes. Je pense qu'on part d'a priori assez différents: pour toi, c'est l'organisation qui produit les comportements. Bien sûr, nous sommes sensibles aussi au fait que certains types de structure vont induire certains types de comportements, mais, fondamentalement, je pense que nous partons de l'a priori opposé. Pour nous, ce sont précisément les comportements des gens qui produisent à terme l'organisation et son style, et si aujourd'hui on a des organisations qui ne sont pas aussi performantes que l'on souhaiterait, plutôt que d'analyser ça en fonction de structures d'environnement, nous préférons prendre comme point de départ la responsabilité individuelle des personnes, développer certaines orientations de structure et redonner donc à ces personnes un pouvoir qui va leur permettre de changer ces structures. Pour nous, l'organisation c'est le produit des conduites individuelles.

Philippe

Interaction dialectique individu-organisation-société.

Alors peut-être me fais-tu dire ce que je n'ai pas tout à fait dit. Je crois qu'il y a une interaction dialectique entre les comportements individuels, les comportements organisationnels et le mode d'insertion de l'organisation dans la société. Faute d'avoir une bonne théorie sur ces questions-là, on est appelé dans l'action à intervenir à un niveau ou à un autre...

Évidemment, si vous pensez que ce sont les comportements qui produisent l'organisation, tout votre discours se tient, les dispositifs mis en œuvre se tiennent, mais nos hypothèses de travail, nos « assumptions » comme vous dites, sont sans doute différentes. Cela étant, avec vos hypothèses, je me demande comment vous pourriez vous y prendre dans certaines de nos entreprises nationalisées, dans la plupart même...

John

S'il y a consensus organisation-société aux U.S.A., le changement organisationnel en France pourrait bien venir d'une intervention sur la politique.

Effectivement j'hésiterais avant d'intervenir en France dans une entreprise nationalisée, si je crois ce que tu me dis. Je me demandais d'ailleurs pourquoi tu interviens dans des organisations, pourquoi tu n'interviens pas davantage sur les processus et contextes politiques. Si tu penses que c'est la société, l'environnement qui expliquent beaucoup ce qui se passe dans l'organisation, alors à mon avis c'est une perte de temps de travailler au sein de l'organisation et il vaut mieux travailler au niveau des structures de pouvoir politique. Nous sommes peut-être un petit peu naïfs... mais on essaie de moins mélanger, disons, l'entreprise et la sphère politique; le gouvernement met en place des règles de jeu, et puis à l'intérieur de ces règles de jeu, les entreprises jouent. Et puis on essaie de les aider à jouer le mieux possible.

Je te signale en passant que ceci ne reflète pas uniquement ma position personnelle sur la question. Si tu suis les publications américaines sur l'O.D., tu verras que Beer et Walton concluent exactement en ces termes leur évaluation récente de ce domaine. Ils réaffirment notamment que les praticiens de l'O.D. doivent adopter le point de vue du « General Manager » (Beer et Walton, 1987, p. 362).

Philippe

Les organisations, pour les psychosociologues français, sont des lieux d'observation privilégiés des processus psychosociaux.

La question que tu poses est bonne. En effet, c'est pour ça d'ailleurs qu'on est plus embarrassé à intervenir dans les organisations qu'à intervenir éventuellement auprès d'autres structures ou auprès des individus. C'est plus facile effectivement, en France, ou disons plus intéressant peut-être, d'intervenir auprès des structures sociales et des individus que d'intervenir auprès des organisations avec cette approche.

Cela étant, je ne sais pas si ça vous met à l'abri d'avoir à réfléchir dans les termes évoqués ici, parce qu'on est toujours concerné par le fonctionnement du monde à vrai dire... alors, nous, notre intérêt à travailler dans les organisations c'est de comprendre ce qui s'y passe... Comprendre les mécanismes qui permettent de développer des sociétés différentes, qui freinent les développements: comment les individus, par exemple, acceptent les types de dépendance qu'ils acceptent. Les organisations, à ce titre, fournissent pour nous des lieux privilégiés d'observation des mécanismes d'influence et de pouvoir.

John

Pour les consultants d'O.D. américains, l'organisation est avant tout un lieu d'action.

C'est intéressant, parce que nous aussi on considère l'organisation comme un lieu tout à fait privilégié, au fond, pour comprendre les individus et la société, puisque c'est là où les choses se rassemblent. Mais ce n'est pas un lieu d'observation. Pour nous, l'organisation, c'est un lieu d'action, et par conséquent, en tant qu'intervenant, moi je ne peux pas justifier mes honoraires si je fais un travail d'observateur. Si j'arrivais pour un travail de consultation comme un observateur, eh bien, les « chief executives » me diraient: « on n'a pas besoin d'observation... on a besoin que ça marche mieux... » Donc, l'organisation est d'abord pour nous un lieu d'action, c'est clair...

Philippe Hum, hum...

John D'ailleurs, comme tu le sais, on a mis au point un certain nombre de thérapeutiques du comportement qui s'appuient sur l'idée qu'il n'est pas indispensable de comprendre... pour changer.

Plutôt les thérapies comportementales que l'analyse.

Philippe En effet, pour changer, il n'y a pas besoin d'une compréhension en profondeur. Un bon manipulateur, quelqu'un qui a une personnalité un peu perverse va jouer avec les gens sans problème. D'où l'idée, qui m'est chère, qu'il convient d'augmenter aussi le niveau de lucidité des individus de telle sorte qu'ils puissent éventuellement résister à des changements inconséquents ou qui ne leur conviennent pas...

Augmenter l'efficacité d'un système sans interroger la nature de cette efficacité, ça peut conduire à... Auschwitz.

Ce qui risque de conduire aux pires des manipulations, voire à la barbarie.

John Tu ne vas quand même pas accuser les praticiens de l'O.D. de vouloir encourager des systèmes potentiellement totalitaires... Ils prônent l'inverse.

Philippe Oui... mais en se cantonnant dans l'amélioration du fonctionnement interne et en sous-estimant la portée sociale du système qu'ils aident, ils peuvent contribuer, malgré eux, c'est ce que j'affirme, à une détérioration d'un mieux-être général... Pour prendre un exemple extrême, je ne serais pas surpris qu'Union Carbide en Inde — dont on sait le drame — ait eu affaire à des spécialistes de l'O.D. qui aient bien fait leur boulot... sur le plan des communications, voire de l'organisation du travail... Et pourtant il y a eu ce drame qui montre à quel prix humain certaines grosses entreprises peuvent réussir.

On ne peut appréhender une organisation hors de son contexte...

John Le procès est un peu facile et je ne vois pas où tu veux en venir...

Philippe

...ni l'envisager comme un tout unifié. Seule la reconnaissance des différences permet une véritable action de changement.

À ceci, que l'on ne peut jamais se fier aux seules informations recueillies et que le non-dit est souvent le moteur du fonctionnement d'un système. C'est l'inconscient qui dirige, si tu veux. D'autre part, l'organisation, « the organization »... ça n'existe pas... Il y a des acteurs qui ont des intérêts peut-être différents... peut-être voisins... en tous les cas, ils n'ont pas la même place dans le système et il faut le reconnaître si l'on veut aider simultanément une organisation et des personnes à se développer.

John

D'accord... d'accord, mais tout ça, c'est théorique... ça conduit à quoi?

Philippe

Par exemple à accepter l'idée qu'un consultant qui est payé par un manager travaille d'abord pour lui et éventuellement contre ses subordonnés...

John

Pas d'accord: cela dépend de son influence pédagogique.

Pas si le consultant est un véritable professionnel de l'intervention... Son influence aura un effet pédagogique sur le management... permettra à celui-ci de ne pas travailler contre mais... avec... pour ses subordonnés.

Philippe

Ouais!... Tu vois, en France, la réflexion a été poussée sur ce plan-là par des spécialistes des sciences sociales et certains en viennent à prôner un intervenant différent par catégorie de personnel... de façon à éviter, à contrecarrer même le mythe, l'illusion de l'organisation a-conflictuelle, unie...

John

Alors, évidemment, les leçons des entreprises japonaises, vous les rejetez...

Philippe

Pas d'importation aveugle de la mode japonaise.

Non, tout ce qui touche à la décentralisation des décisions, à l'utilisation du savoir à la base, à une relative déhiérarchisation des décisions, O.K., mais pour la prière au patron, l'endoctrinement de l'entreprise, les rites quasi religieux et l'aliénation, non merci! Des gens heureux dont la vie personnelle est conditionnée par celle de leur entreprise, c'est le prototype d'un certain totalitarisme.

John

Oui, mais ça marche, et drôlement bien même, de sorte que vous, pauvres Français, vous ramez derrière les Japonais, loin derrière.

Philippe

Et que vous, vous n'en menez pas large; l'O.D. américain a été battu par une réalité qui saute au yeux: les valeurs de la culture... Car ce qui se passe au Japon, dans les entreprises là-bas, est en droite ligne avec la réalité culturelle japonaise... comme l'O.D. est le produit de la vision consensuelle américaine... et le pouvoir, la lutte entre les catégories sont le reflet des bureaucraties latines et des luttes sociales qui ont nourri l'Europe.

John — C'est bien pourquoi, chez vous, l'idéologie prend le dessus le plus souvent sur l'efficacité.

Philippe — ...Et que, par bien des aspects, on a raison de se méfier d'une efficacité qui se désintéresse de l'éthique sociale.

John — Alors, j'imagine que les derniers travaux sur l'« empowerment », la culture d'entreprise, les projets d'entreprise, les cercles de qualité, tu les rejettes...

Philippe — Non, je les examine comme des signes d'un mouvement de l'histoire des sociétés et des pratiques industrielles qu'il convient avant tout de comprendre.

Un tel dialogue, même s'il est parfois caricatural, reflète pourtant assez bien les différences qui peuvent exister entre une conception nord-américaine de l'Organization Development et une réflexion française à ce sujet, du moins dans les milieux universitaires, car une bonne partie des praticiens français du « développement organisationnel » empruntent très largement les outils théoriques et pratiques de leurs confrères américains.

En nous appuyant sur les travaux de recherche et écrits des spécialistes des deux côtés de l'Atlantique, nous allons maintenant tenter de synthétiser et de distinguer ces deux visions du changement et de l'intervention.

DÉVELOPPEMENT ADAPTATIF ET DIALECTIQUE DU CHANGEMENT

L'O.D.: une stratégie nord-américaine de développement adaptatif

L'« Organization Development » peut être considéré comme un mouvement typiquement américain. Son appellation même reflète la culture d'où il est issu: la notion de « development » ainsi que la vision unifiée de l'organisation comme un tout spécifient une démarche qui se veut avant tout positive, optimiste. Pas d'obstacle insurmontable à qui veut progresser, semblent dire les tenants de l'O.D. qui partagent, au fond, la vision de l'entrepreneurship conquérant.

La conception sous-jacente de l'individu est cohérente avec ce projet: l'individu reste bon, actif, entreprenant, désireux de se réaliser actuellement ou potentiellement, de se développer et d'aider son organisation à atteindre des objectifs ambitieux pour peu que les conditions nécessaires soient réunies dans ce but.

Carl Rogers (1961) a fourni un point de repère central aux théoriciens de l'école des relations humaines, même si son influence n'a pas toujours été explicitement reconnue à ce niveau. Les notions de « growth », de « self-actualization », de capacité d'autodirection sont à la base des travaux de McGregor (1960) par exemple, dont la théorie Y et le self-management guidé par un « manager-counsellor » constituent le pendant organisationnel de l'approche rogerienne et une référence toujours d'actualité en O.D. (Mendenhall et Odou,

1983). Même si cette vision optimiste — et peut-être illusoire — de l'individu dans l'organisation a été quelque peu tempérée par la suite avec les tenants d'une approche plus contingente (à laquelle McGregor s'est d'ailleurs rallié lui-même), le mouvement de la « humanistic psychology », (très développé sur la côte californienne dans les années soixante-dix), l'a reprise et amplifiée. À travers des approches méditatives, provocatrices, cathartiques, mystiques, empathiques, conviviales voire fusionnelles, ce mouvement vise le développement de la personne, de toutes ses potentialités intellectuelles, affectives, corporelles. Sans toujours nier le poids du passé, ces « thérapeutes » considèrent toutefois que les méandres de l'histoire personnelle peuvent être contrecarrés sans faire nécessairement référence à celle-ci grâce à des techniques privilégiant « l'ici et maintenant ». Dans cette même ligne, le succès de l'approche systémique aux U.S.A. est, à notre avis, à comprendre comme un phénomène culturel: c'est l'interdépendance des variables dans le « here and now » qui fournit la clé d'analyse sans recours à l'intrication avec l'histoire, le passé, moins dense aux U.S.A. qu'en Europe.

L'orientation positive américaine peut être décrite aussi comme « adaptative ». S'adapter à la société, à l'organisation, aux autres constitue un critère de normalité individuelle même si une certaine excentricité apparente est quelquefois la bienvenue. Il y va même de l'efficacité personnelle et professionnelle de pouvoir s'adapter en toutes situations. Ce pragmatisme a pour corollaire que l'organisation, la société sont considérées comme des données, comme des faits, comme des entités qui existent par elles-mêmes et non comme des associations de personnes aux intérêts éventuellement différents, voire contradictoires. Même si sa tâche est de l'influencer, l'individu s'efface en dernier ressort devant l'organisation dont l'intégrité doit être renforcée coûte que coûte.

Comme il n'y a pas d'antagonisme majeur entre les valeurs des membres de l'organisation, que le consensus global existe sur les objectifs généraux, les conflits sont à traiter le plus souvent sur le plan psychologique: malentendus, manque d'informations, antagonismes interpersonnels ou interservices, problèmes caractériels, travail insuffisamment stimulant. L'O.D. va alors viser l'évolution du « comportement organisationnel » de chacun mais aussi des groupes, de façon à intégrer constamment l'individu et l'organisation dans une perspective de nécessaire harmonie.

Il y a par ailleurs dans l'O.D. quelque chose de l'ordre d'un processus continu qu'il convient d'accompagner de très près, voire de précéder. Prendre le pouls de l'organisation à intervalles réguliers pour prévenir la crise, l'accident. Pour garantir la santé organisationnelle (Argyris, 1970), on planifie donc le changement (Bennis *et al.*, 1969; Golembiewski, 1979) dans un effort de maîtrise de l'impromptu.

Cette action peut être menée par un consultant interne, spécialiste de l'O.D., généralement rattaché à la Direction générale ou par un consultant externe, l'un comme l'autre étant généralement bien acceptés par les divers acteurs de l'organisation. C'est que tous travaillent dans le même but: améliorer le fonctionnement de l'organisation. Insufflé d'en haut (la Direction générale joue un rôle moteur), ce processus irrigue les divers échelons hiérarchiques sous la forme de rencontres interservices (*confrontation meetings*), de groupes de diagnostic, d'enquêtes de climat, d'apprentissages relationnels. Ainsi, par l'accroissement de la prise de conscience des attitudes personnelles et des modes de communication, par la mise en place de projets concertés, pourra-t-on libérer la véritable énergie créatrice qui sommeille en chacun et constitue la réserve de dynamisme de l'organisation.

L'O.D. s'inscrit dont bien, pour les Américains, dans un courant humaniste et contribue, pour ses défenseurs, au progrès simultané des individus et de l'organisation. Ces remarques font écho, sous bien des aspects, au travail de sociologie historique de Bellah *et al.* (1985). À travers l'analyse de grands essais de la littérature américaine, de certains mythes et des mœurs de la société américaine, ils montrent comment le fermier et l'entrepreneur ont progressivement laissé la place au manager et au thérapeute, l'un et l'autre « spécialistes de la mobilisation de ressources en vue d'une action efficace » dans un contexte donné comme allant de soi. Comme le remarque également C. Lalive d'Épinay (1988) à propos de ce travail, les auteurs dégagent un *ethos* partagé par tous et fondé sur l'articulation de deux langages :

1. Le langage de l'individualisme matérialiste déjà évoqué à la fin du XVIIIe siècle par Benjamin Franklin, au cœur duquel se trouve aujourd'hui la notion de self (« trouver son vrai self », être « self-reliant », « self-confident », « self-realized », etc.). Ce culte du self conduirait à ne considérer la relation à l'autre qu'en fonction de la satisfaction qu'elle procure à soi, d'où le déploiement d'une morale contractuelle (« give and get »).
2. Le langage communautaire. Les États-Unis d'Amérique représenteraient l'un des deux ou trois pays parmi les nations industrielles occidentales où le taux de participation aux associations volontaires est le plus élevé, participation à travers laquelle l'individu nourrirait et conforterait son sentiment d'appartenance à la nation, sentiment d'autant plus aigu que la société américaine est le produit d'une immigration diversifiée.

L'O.D. face au pouvoir et à la dialectique latine

Ce n'est sans doute pas un hasard si les critiques les plus virulentes contre l'O.D. émanent des pays latins, particulièrement de la France (Amado, 1980).

Séduits à un moment (à la fin des années cinquante) par la nouveauté et l'efficacité des méthodes d'intervention américaines (« training-group, survey feed-back ») ainsi que par le courant humaniste de la non-directivité, les psychosociologues français ont progressivement marqué leurs distances vis-à-vis de l'O.D., considéré comme trop « idéologique » ou trop typiquement américain. Il faut dire que les références théoriques des spécialistes français (d'inspiration souvent freudo-marxiste) d'un côté et la nature des organisations françaises de l'autre (décrites souvent comme centralisées et bureaucratiques), ont concouru à limiter l'influence de ces nouvelles technologies d'intervention dans le contexte des entreprises françaises.

C'est d'ailleurs en partie la déception produite par le débat avec Carl Rogers lors de sa venue en France (au milieu des années soixante) qui a contribué à développer une approche que l'on pourrait qualifier de « dialectique » entre l'individu et l'organisation.

Pour les psychosociologues français, ce sont les contradictions qui dominent aussi bien à l'intérieur de la personne humaine qu'au sein des organisations, par conséquent dans le rapport individu-organisation, nécessairement problématique.

L'individu étant traversé par des pulsions, des émotions complexes, voire dangereuses, on ne peut lui faire toute confiance, ni à cette supposée organisation qui ne serait, à la limite, que le produit de l'imaginaire. Mythe unifié et concept d'organisation serviraient d'alibi pour masquer les inévitables divisions en classes, en catégories, en rapports de domination qui limitent la liberté individuelle. Loin d'être le lieu essentiel du développement de la personne, l'entreprise représenterait le centre vivant de l'aliénation individuelle. Vouloir développer l'organisation impliquerait donc le développement d'une partie seulement de celle-ci au détriment des autres (par exemple l'amélioration du statut de la technostructure au détriment de la classe ouvrière).

C'est ainsi que fut immédiatement appréhendée la Direction par objectifs (DPO) par le syndicat C.G.T. lors de son introduction en France. Elle fut qualifiée d'« antidémocratie » (Moynot, 1973) tandis que plusieurs chercheurs et consultants français formés aux U.S.A. en montraient les difficultés d'application en contexte français (Franck, 1973; Trepo, 1973), difficultés qui demeurent souvent en dépit du renouveau des tentatives de « management participatif ».

Faire du développement organisationnel serait aussi considéré comme la psychologisation de problèmes structurels ou la « régression » au « psycho-familial » de problèmes relevant du « politique » (Mendel, 1972b). Bref, tout consultant en O.D. travaillerait pour celui qui le paie et, finalement, pour lui essentiellement. La psychanalyse aide alors à comprendre les fantasmes, projections et identifications des acteurs liés à l'organisation et aux rapports hiérarchiques, à les démasquer pour rendre aux individus une parcelle de leur libre arbitre.

Si les travaux de recherche des psychosociologues français portent davantage sur l'aliénation, la manipulation que sur la création, c'est aussi que le pouvoir est une notion omniprésente dans le contexte latin. Les consultants le savent bien qui doivent faire face à la méfiance des membres de l'organisation.

Régissant les relations interpersonnelles, comme le démontre l'école de sociologie des organisations de Michel Crozier (Crozier, 1963, 1970; Thoenig, 1973; Crozier et Friedberg, 1977), le pouvoir déterminerait des comportements plus stratégiques qu'authentiques, des attitudes plus opaques que « naïvement transparentes », et s'exercerait au travers de ces « zones d'incertitude » laissées par l'organisation et que ne manqueraient pas d'exploiter à leur profit les membres de l'entreprise. La résistance, souvent passive, et le jeu (de l'échelon-tampon ou du parapluie, par exemple) illustrent les comportements reconnus comme ceux des univers bureaucratiques. Tout processus de changement interne est donc rendu difficile puisqu'il n'est pas censé d'emblée servir les intérêts de chacun. C'est pourquoi les changements les plus conséquents sont le produit d'une pression externe (juridique, politique), d'une situation de crise. Les changements les plus profonds seraient d'ailleurs les moins programmables, produits des contradictions sociales du moment, de groupes minoritaires, des espaces non maîtrisés (Touraine, 1981).

Sensible à toute emprise potentielle (Pagès *et al.*, 1979; Enriquez, 1972a, 1972b), l'« acteur » latin a une relation ambivalente à l'égard de l'autorité. Élevé dans la dépendance du savoir, des figures parentales, dans le respect des normes, le Latin dispose de façon réactionnelle d'un potentiel de rébellion qui ne demande qu'à s'exprimer. Sensible aux ambiguïtés de toute relation d'aide, il n'est donc pas prêt à accepter un processus de changement sans se protéger contre les abus et l'exploitation éventuels.

Il n'est pas étonnant, dans ces conditions, que les techniques humanistes aient été dénoncées explicitement ou implicitement par des théories et des pratiques plus « politiques »:

- Le « training-group » par l'analyse institutionnelle (Lapassade, 1967; Lourau, 1970) et par la sociopsychanalyse (Mendel, 1972b; Ranjard, 1972): le « training-group » réduit les phénomènes à des problèmes psychologiques de communication, de leadership, de personnes au sein d'un petit groupe plutôt que de les envisager dans leur cadre social de travail avec ses règles, ses enjeux, ses rapports de pouvoir. De plus, il ne questionne pas le rapport inégalitaire de base entre l'instituant (qui fixe les règles, les conditions de fonctionnement du « T-group ») et l'institué (qui les subit).
- Les enquêtes par un questionnement épistémologique (Garfinkel, 1967; Bourdieu *et al.*, 1973): la réalité d'une situation ne peut se réduire à ce que les protagonistes en disent, leur discours étant nécessairement marqué par un code social. De plus, les questions posées ne sont jamais totalement neutres et reflètent des théories qui ne veulent pas toujours s'avouer, de sorte que l'on peut prétendre en fin de compte que « l'opinion publique n'existe pas », elle est fabriquée.
- Les techniques du potentiel humain (Gestalt, analyse transactionnelle, bioénergie, etc.) par la psychanalyse (Gentis, 1980): soit ces techniques édulcorent ou nient l'inconscient, soit elles visent à le repérer le plus concrètement possible à travers son ancrage corporel ou de soi-disant sources qu'il faudrait revivre pour s'en affranchir. La psychanalyse, au contraire, apprend à vivre avec la surprise de l'inconscient, avec son imprévisible et familière présence qui donne aux événements un sens à découvrir plutôt qu'elle n'exige une maîtrise à acquérir.
- Les « confrontation meetings » par l'analyse stratégique (Crozier et Friedberg, 1977): la simple rencontre entre deux services d'une même entreprise, si elle s'en tient à l'exploration de malentendus, ne peut déboucher sur des solutions à long terme. Il y faut, de part et d'autre, une volonté de négociation sur des enjeux de pouvoir, ce qui est peu réaliste a priori. D'où le rôle crucial du management à ce niveau dont la compréhension stratégique déterminera l'efficacité réelle.

Développements récents autour de la culture d'entreprise

Les dernières trouvailles des spécialistes du changement subiront-elles le même sort? Curieusement, les entreprises françaises multiplient leurs « projets » à partir d'un repérage de leur culture propre tandis que les Américains, déjà familiarisés avec le travail sur l'identité et la culture, se battent pour accroître l'« empowerment » des employés. Tout se passe comme si les Américains s'ouvraient aux réflexions sur le pouvoir, chères aux Latins, tandis que leurs homologues français s'inspiraient des approches consensuelles, de la recherche de ces « superordinate goals » chers aux entreprises américaines, en multipliant les chartes et en tentant de générer, voire de gérer une culture commune à tous.

C'est que le Japon et sa réussite économique sont venus percuter de plein fouet les certitudes occidentales, tandis que l'alternance politique en France dépolarisait, « désidéologisait » les discours et autorisait une redistribution plus ouverte des réflexions sur le développement de l'entreprise. Toutefois, si le poids des cultures nationales a quelque vérité, l'importation sauvage d'une démarche quelconque de changement organisationnel se heurtera inévitablement aux idiosyncrasies de la culture d'accueil.

Ainsi en va-t-il déjà de l'idée de culture d'entreprise. Amado (1987) en a dénoncé les aspects trop unanimistes, comparant le management de la culture aux endoctrinements des sectes tandis que Sainsaulieu (1985) affirmait dans le même sens : « L'important pour un système social n'est pas tant de partager des valeurs dans une sorte de conformisme appauvrissant mais bien de faire vivre et produire la coexistence des différences. »

Par là même se trouve réaffirmé, à travers l'exemple de la culture d'entreprise, l'un des éléments du clivage culturel entre Nord-Américains et Français : l'organisation comme une totalité bien huilée et l'organisation comme une coexistence d'acteurs sociaux aux intérêts différents. C'est donc plus profondément qu'il convient de s'interroger : pourquoi une telle opposition peut-elle demeurer ? Quelles peuvent être les sources les plus signifiantes de ces différences culturelles ? Il nous semble qu'elles sont à rechercher d'abord dans les représentations différentes de l'organisation puis dans l'histoire des peuples au sein desquels elles s'inscrivent.

L'ORGANISATION FONCTIONNALISTE FACE À L'ORGANISATION PERSONNALISTE

Une réflexion comparative sur le changement organisationnel ne saurait être dissociée d'une réflexion parallèle sur les théories implicites de management et d'organisation des acteurs. Si les Américains et les Français semblent privilégier des approches différentes quant à l'introduction du changement dans l'organisation, c'est aussi, bien entendu, parce que le lieu de ce changement — c'est-à-dire l'organisation elle-même — est perçu très différemment de part et d'autre de l'Atlantique. Analyser les représentations sociales et adopter une vision culturelle des organisations permet d'interpréter les pratiques (O.D., analyse institutionnelle, etc.) et de dégager les valeurs sous-jacentes qui leur confèrent un sens. Se priver de cette démarche reviendrait à nier toute la trame idéologique et la réalité symbolique des organisations sociales et indiquerait un retour aux illusions réductrices des écoles behavioristes participant de la tradition positiviste.

Une approche comparative des représentations

Il convient en fait d'explorer ces fameuses « boîtes noires »[3] auxquelles on a attribué le pouvoir magique de susciter des gammes différenciées de comportements tout en déclarant vouloir en ignorer les processus de genèse. En ce qui concerne les processus organisationnels, de bonnes questions à se poser seraient: quelle est la nature de la boîte noire américaine qui a suscité les pratiques d'O.D. ? quelle est la nature de la boîte noire française qui a suscité l'analyse institutionnelle, la sociopsychanalyse, l'analyse stratégique? Malheureusement, ces boîtes noires ont gardé un degré important d'opacité. En effet, comme l'ont noté Faucheux et Rojot (1979), le développement des sciences sociales n'a pas permis jusqu'à présent l'éclosion d'une anthropologie culturelle des sociétés occidentales qui serait notamment fondée sur des études comparatives transculturelles des processus sociaux.

L'anthropologie s'est surtout développée en tant que sociologie des peuples « primitifs » tandis que la sociologie devrait être écoutée comme une anthropologie des peuples occidentaux (Faucheux, 1976).

Afin d'éclairer l'émergence de ces différentes visions du changement organisationnel de part et d'autre de l'Atlantique, nous nous proposons ici d'expliciter les différences entre Américains et Français en ce qui concerne leurs hypothèses fondamentales sur le management et l'organisation. Cette analyse est fondée sur les résultats obtenus par Laurent dans sa recherche comparative sur les conceptions de management (Laurent, 1983). Elle prolonge une première conceptualisation des différences franco-américaines en matière de vision des structures (Inzerilli et Laurent, 1983) et une esquisse comparative États-Unis – pays latins quant aux idéologies sous-jacentes à leur vision respective du changement dans l'organisation (Amado et Laurent, 1983).

Les managers américains semblent souscrire à un modèle fonctionnaliste et instrumental de l'organisation, perçue avant tout comme un système de tâches à accomplir et d'objectifs à atteindre. Le management et l'organisation qui en découlent sont essentiellement conçus comme des outils qui devront s'adapter aux exigences variées des situations.

Leurs homologues français sont intellectuellement attirés par le pragmatisme et la rationalité apparente de ce modèle mais leur attachement émotionnel semble s'inscrire dans une conception différente. Les responsables français souscrivent davantage à un modèle personnaliste et social de l'organisation perçue d'abord comme une collectivité de personnes à gérer.

Alors que les Américains conçoivent en premier lieu l'entreprise comme un système de rôles organisé selon une hiérarchisation fonctionnelle des tâches à accomplir dont la responsabilité sera assignée à des agents en fonction de leur compétence, les Français voient d'abord l'entreprise comme un système de personnes organisé hiérarchiquement selon un principe de distribution verticale de l'autorité qui devrait amener chaque acteur à fournir les contributions requises.

Chaque système culturel est sans doute aux prises avec des dilemmes et des exigences qui ne diffèrent pas fondamentalement: lutte contre l'entropie, évitement du chaos, recherche d'un ordre performant. En revanche, chacun semble adopter des stratégies culturelles différenciées dans la poursuite de ces projets (d'Iribarne, 1986, 1989).

Tout se passe comme si le principe organisateur des Français visait d'abord à assurer l'ordre et la performance à travers la clarification hiérarchique des relations d'autorité entre acteurs, alors que le principe organisateur des Américains traduirait la même visée à travers un arrangement hiérarchisé de la responsabilité fonctionnelle des agents.

Cela ne saurait bien sûr signifier simplement que les uns privilégient la tâche quand les autres privilégient la relation, ou que les uns rejettent la hiérarchie formelle d'autorité et que les autres négligent l'organisation fonctionnelle des activités. La réalité sociale est plus complexe, plus différenciée.

Certains responsables français peuvent, bien entendu, démontrer une attitude organisationnelle très instrumentale et plus « américaine » que celle du manager américain moyen — et vice-versa. La conceptualisation proposée d'un modèle « fonctionnaliste » américain et d'un modèle « personnaliste » français est essentiellement fondée sur la comparaison de groupes ou populations. Elle traduit une différenciation des normes à l'échelon collectif qui interdit tout retour direct à l'individu. L'attribution directe à l'individu de caractéristiques collectives (ex. : le Français est centralisateur, l'Américain est pragmatique) représenterait en effet un déplacement illicite de l'unité d'analyse, susceptible de conduire à l'élaboration stérile ou dangereuse de stéréotypes. Les modèles proposés ici se réfèrent davantage à une dimension qu'on peut qualifier d'« écologique » (Lewin, 1951; Barker, 1960) et qui reflète la dynamique selon laquelle un contexte culturel donné façonne un système de normes et d'attitudes organisationnelles repérables à partir de la mentalité des acteurs. Bien évidemment ce système de normes influera alors sur le comportement organisationnel des acteurs qui à son tour renforcera la nature implicite des hypothèses de départ.

Sur cette base épistémologique, nous souhaitons maintenant décrire avec plus de précision les différentes dimensions qui semblent différencier le modèle implicite d'organisation à l'américaine et le modèle à la française (voir le tableau ci-dessous).

La différenciation des construits[4] organisationnels nord-américain et français

Selon la vision fonctionnaliste et instrumentale américaine, puisque l'entreprise est d'abord perçue comme un système de tâches à accomplir, les structures d'organisation sont essentiellement conçues selon les activités et la position des acteurs dans ces structures est principalement définie par leurs fonctions. La responsabilité primordiale du manager consiste alors à organiser les activités, coordonner les tâches et définir les responsabilités. Il considérera sa sphère d'autorité comme circonscrite aux activités dont il a la responsabilité et il exercera cette autorité pour optimiser la réalisation des objectifs.

Puisque dans le modèle personnaliste et social français l'entreprise est d'abord perçue comme une collectivité de personnes à gérer, la conception des structures traduira davantage un besoin de différenciation du degré d'autorité et de statut des personnes. Leur positionnement dans les structures sera surtout défini sous ce rapport.

L'autorité d'un responsable s'investira davantage dans la coordination des acteurs et dans l'organisation des relations entre acteurs. Alors que dans le modèle américain l'autorité est conçue comme un moyen de garantir l'accomplissement des tâches, ici émerge un schéma inverse selon lequel les activités ou tâches deviennent au contraire un moyen privilégié d'établir son autorité. « Qui a autorité sur qui ? » peut ainsi devenir pour les Français une préoccupation qui éclipse à la limite la préoccupation plus américaine du « qui est responsable de quoi ? ».

Modèles implicites de l'organisation

La vision fonctionnaliste américaine	*La vision personnaliste française*
L'organisation est perçue d'abord comme un système de tâches à accomplir, de fonctions à assumer et d'objectifs à atteindre	L'organisation est conçue en priorité comme un système social réunissant une collectivité de personnes autour d'un projet
Structures définies selon les activités	Structures définies selon le degré d'autorité et de statut
Positionnement fonctionnel des agents dans la structure	Positionnement social des acteurs dans la structure
Une hiérarchie de problèmes à résoudre conduisant à un réseau opérationnel de fonctions dont la responsabilité est assignée à des agents en fonction de leur compétence	Une hiérarchie de personnes à gérer conduisant à un réseau social d'acteurs articulé selon un principe de distribution verticale de l'autorité
Le management doit coordonner les tâches et définir les responsabilités	Le management doit coordonner les relations entre les acteurs et définir les zones d'autorité
Qui est responsable de quoi ?	Qui a autorité sur qui ?
L'autorité réside dans la fonction Elle s'exerce de manière circonscrite et impersonnelle	L'autorité est un attribut de la personne Elle s'exerce de manière diffuse, globale et personnalisée
Subordination à l'ordre et à la rationalité de l'organisation	Subordination à la personne du supérieur hiérarchique
La « loi de la situation » est censée régir les relations	Les enjeux politiques régissent les relations
Les besoins de coordination et de contrôle se traduisent par des systèmes de gestion relativement décentralisés	Le besoin d'arbitrage inspire des pratiques centralisées d'exercice du pouvoir
La structure est un outil de différenciation des tâches, un instrument pour la réalisation des objectifs	La structure explicite la différenciation des statuts et reflète la stratification sociale

Par ailleurs, l'autorité, dans la conception latine, ne saurait se cantonner à une instrumentalité restreinte. De nature plus diffuse, elle s'étendra à des zones plus subjectives et personnalisées. Un cadre français pourra ainsi considérer comme légitime, naturelle et éventuellement acceptable la demande de son patron pressé d'aller lui chercher un café au distributeur de boissons. En milieu américain cette demande irait davantage à contre-courant de la norme, à moins qu'un contrat tacite de réciprocité permette au subordonné pressé d'effectuer la même demande à son patron le lendemain. Ce dernier type de demande en revanche ne risque guère d'envahir l'entreprise française traditionnelle.

Selon le modèle américain, la source primordiale d'autorité étant localisée dans le rôle ou la fonction, les relations entre supérieurs et subordonnés sont vécues de manière plus impersonnelle. Le manager américain se subordonne davantage à l'ordre et à la rationalité de l'organisation qu'à la personne de son supérieur. La loi de l'environnement (« law of the situation », Follett, 1964) a tendance à régir les relations, qui sont essentiellement conçues comme fonctionnelles, donc instrumentales, en vue de la réalisation des objectifs. Par conséquent, si les objectifs peuvent être atteints de manière plus efficace à travers un court-circuitage systématique de la ligne hiérarchique, cette pratique sera considérée comme parfaitement légitime et aboutira éventuellement à la glorification d'un style de management que les Californiens baptiseront MBWA (Managing By Wandering Around) — une sorte de management vagabond, les mains dans les poches, se faulilant dans les interstices organisationnels. Si la complexité des tâches, des produits ou des marchés rend nécessaires des formes complexes d'organisation de type matriciel par exemple, les managers américains pourront envisager la possibilité de dépendre de plusieurs patrons au sein de structures de décision très ambiguës. Même si la soif de simplicité demeure (illustrée par la formule « KISS » — « Keep it simple stupid »), la conception de la structure est d'abord pragmatique. Celle-ci doit en effet épouser la complexité des tâches de manière à favoriser la réalisation des objectifs. Elle est d'abord un outil.

Ce modèle pragmatique américain n'a cessé de fasciner les Français et bien d'autres qui se sont précipités vers des applications culturellement aveugles de certains des principes ou techniques de management à l'américaine — management par objectifs, structures matricielles, O.D., etc. Cependant, ces transferts rapides de technologies managériales se sont souvent heurtés à des mentalités enracinées dans d'autres logiques culturelles (d'Iribarne, 1989).

Selon la vision personnaliste de l'organisation à la française, l'autorité est davantage conçue comme un attribut de la personne qui l'exerce. Il semble assez artificiel pour les Latins de tenter de différencier l'autorité dite fonctionnelle de l'autorité personnelle. En conséquence, les relations hiérarchiques seront vécues de manière plus personnalisée. Le responsable français n'est guère motivé, comme son homologue américain, à se subordonner aux mécanismes froids de l'ordre et de la rationalité de l'entreprise.

Puisque l'autorité est davantage investie dans la personne que dans la fonction (Segal, 1987), c'est à la personne même de son supérieur que le manager français sera amené à se subordonner, à témoigner de sa loyauté et éventuellement de sa déférence. Dans la mesure où la relation hiérarchique est plus personnalisée, l'autorité ne peut guère être remise en question sur un terrain rationnel et par conséquent — en cas de désaccord — la subordination attendue se traduira plus facilement à travers une gamme variée de conduites d'insoumission allant du retrait à la rébellion ouverte. Bien souvent les principes hiérarchiques sacro-saints qui sont censés réguler les relations entre personnes prendront le pas sur cette froide « loi de la situation » chère aux Anglo-Saxons. La politique de porte ouverte, résultat d'un mimétisme culturel, maintiendra les portes de bureaux de certains directeurs ouvertes à toute éventualité sauf à celle d'un questionnement de leur autorité. Le court-circuitage hiérarchique sera très mal vécu par celui qui est court-circuité. Quant aux structures matricielles, on en parlera avec intérêt et sophistication, mais leur fonctionnement se heurtera au dogme bien ancré de l'unité du commandement, à la barrière mentale du réflexe centralisateur et aux impératifs du contrôle — pierre angulaire du management à la française. Ces différents postulats rendront très difficile la simple considération de structures où certains responsables auraient plusieurs patrons directs pour différentes facettes de leur activité (Laurent, 1981). Le besoin d'arbitrage par une seule personne sera avancé comme une nécessité première d'efficacité. Les structures d'organisation conçues chez les Américains comme des outils qui doivent s'adapter sont ici davantage le reflet de la stratification sociale de l'entreprise conduisant à la différenciation des statuts. Bien entendu une structure sociale peut être solide et performante. Cependant elle ne saurait se plier si facilement aux exigences changeantes des tâches et des objectifs.

La vision du rôle du management est substantiellement différente de part et d'autre de l'Atlantique. Le manager américain perçoit son rôle comme celui d'un coordinateur de ressources et d'activités. En conséquence, il estime inutile ou même néfaste de disposer d'une compétence supérieure à celle de ses subordonnés en ce qui concerne leur propre domaine d'activité. Au contraire, le manager français — et il s'apparente avec satisfaction au Japonais dans ce domaine (Laurent, 1986) — considère comme très important de disposer de réponses précises à la majorité des questions que ses subordonnés peuvent soulever au sujet de leur travail. Implicitement, il fonde davantage son autorité sur un degré supérieur de connaissance et de compétence que sur ses talents de coordination ou de gestion. Cette attitude conduit à un degré supérieur de centralisation de l'autorité et des responsabilités dans l'entreprise. En revanche, la vertu inattendue d'une autorité personnalisée et surtout centralisée sera de susciter une gamme à la fois très riche et diversifiée d'attitudes contre-dépendantes chez ceux qui y sont soumis. Dans les meilleurs cas, cela fournira alors un terrain fertile à l'originalité de pensée, à la créativité, à l'innovation et au fameux système D (de la débrouillardise). Cela conduira aussi les acteurs (et les spécialistes français de l'analyse des organisations) à une plus grande lucidité sur l'importance critique des phénomènes de pouvoir et des enjeux politiques et autres dans l'entreprise. Cette lucidité de l'analyse stratégique des organisations (Crozier et Friedberg, 1977) — comme toute connaissance — s'accompagnera alors sur le terrain des jeux de pouvoir les plus productifs ou les plus coûteux pour l'entreprise française.

Si les managers américains sont fondamentalement aussi stimulés que leurs homologues français par l'appétit de pouvoir, ils ont cependant une plus grande réticence intellectuelle et affective à décrire leurs entreprises comme des « casinos » de pouvoir. La littérature anglo-saxonne sur les organisations ne s'est éveillée à ces dimensions qu'assez tardivement, la démarche opérationnelle, empirique et pragmatique ayant étouffé cette dimension politique pendant longtemps. Puisque l'autorité est moins personnalisée et centralisée dans l'entreprise américaine, elle se traduira alors par l'invention et la mise en place de toute une série de systèmes d'information et de comptabilité de gestion qui, au lieu d'emprisonner ses agents dans la dépendance hiérarchique à la française, les enfermera dans des systèmes de gestion rigoureux et rigides à l'américaine.

Chacun choisit sa prison de prédilection. La prison instrumentale à l'américaine entraîne un ligotage des agents dans une foison de systèmes de gestion (« reporting », ratios multiples, opérations budgétaires, évaluation fréquente, etc.) qui peuvent engendrer un autre type d'univers bureaucratique tout aussi stérilisant, un conformisme paralysant, une sacralisation des moyens aux dépens des fins, un aveuglement par la quantification[5] et une obsession pour les résultats à court terme. La prison sociale à la française entraînera de son côté un ligotage des acteurs dans un foisonnement complexe de règles protectrices reflétant des relations régies par les luttes de pouvoir, les sous-entendus et les jeux et enjeux politiques variés. Les stratégies des acteurs et des groupes peuvent alors conduire à une dérive fondamentale par rapport aux objectifs économiques ou autres recherchés par l'entreprise.

En revanche, chacun de ces univers organisationnels carcéraux démontre aussi et heureusement sa capacité à générer des réhabilitations miraculeuses qui témoignent de leur génie culturel respectif. Ce génie semble résider dans l'aptitude à intégrer la réalité culturelle dans les modes de gestion plutôt que de la négliger ou de l'ériger en déterminisme univoque et impérieux et d'en subir alors passivement les conditionnements multiples. Si de tels fonctionnements organisationnels « marchent », c'est aussi qu'ils sont en phase avec la réalité culturelle sur laquelle ils s'appuient, dont ils sont même le reflet. Autrement dit, il existe bien une résonnance culturelle entre le contexte « micro » de l'entreprise et le contexte « macro » de la société, seule capable de faire comprendre l'équilibre d'un système organisationnel, si « bizarre » puisse-t-il apparaître à un regard naïf.

C'est cette réalité culturelle plus profonde qu'il nous faut maintenant aborder pour saisir les racines d'une réalité actuelle dont l'origine peut remonter fort loin dans le temps.

SUD ET NORD EN OCCIDENT : LATINS ET ANGLO-SAXONS, FRANÇAIS ET AMÉRICAINS

Dans la précarité actuelle de nos connaissances en matière de culture des civilisations, il est bien difficile de faire une comparaison, même entre deux nations seulement.

Les réalités culturelles qui nous intéressent ici sont en fait celles qui ont émergé entre deux pôles de la réalité indo-européenne occidentale : le vieux pôle « latin », au sceau duquel la France se trouve largement marquée, et le pôle « anglo-saxon » dont les États-Unis offrent un exemple éclairant.

La compréhension de réalités aussi complexes réclamerait en fait l'intervention patiente d'équipes multidisciplinaires. On ne peut guère aujourd'hui que rapprocher des travaux isolés d'historiens, de géographes, de rares anthropologues, de psychosociologues et de linguistes.

Idéalement, il nous faudrait en effet discerner d'abord les différences profondes entre les civilisations indo-européennes, chinoises et sémitiques, puis, à l'intérieur du monde indo-européen, saisir les bases d'où l'Europe et l'Inde ont pu sortir et la nature des axes selon lesquels elles se sont développées indépendamment.

Enfin, à l'intérieur du monde occidental, il conviendrait de comprendre comment le foyer méditerranéen a donné leur originalité profonde aux peuples dits « latins » à travers l'Empire romain et comment les peuples germaniques ont pu, plus au Nord, développer un type de civilisation qui ne pouvait que s'affranchir des pesanteurs romaines et catholiques[6].

En l'absence d'une synthèse dans ce domaine, et en raison du thème particulier de ce travail, nous nous contenterons de suggérer ici quelques lignes d'explication de caractère sociotechnique. Nous retiendrons trois dimensions susceptibles de nous faire comprendre la nature des phénomènes de différenciation culturelle:

- d'abord le contraste entre le sens de la communauté des Germains et la rivalité clanique des Latins;
- ensuite la différence entre la loi commune, coutumière des Germains et le droit romain qui a imprégné les pays latins;
- enfin l'émancipation nordique des Anglo-Saxons qui les a conduits à s'affranchir de la tutelle catholique et romaine dans laquelle les pays latins sont demeurés.

La communauté et les clans

Tacite, dans un passage souvent cité, avait déjà observé que les Germains avaient un sens de la communauté qui faisait défaut aux Romains.

Les Latins en effet se sentiraient d'abord issus d'une famille étendue, voire d'un clan familial au sein duquel règnerait un *pater familias*. Les villages paysans seraient surtout des agrégats de clans, souvent en rivalité et invitant par là même l'intervention d'une autorité supérieure pour arbitrer les conflits et institutionnaliser un pouvoir stable.

De leur côté, les Germains s'appuieraient sur un consensus communautaire susceptible de s'exprimer de bien des façons et qui a été à la base d'une aspiration démocratique caractéristique des peuples du Nord, comme le notait Montesquieu (cité par Bloch, 1960, p. 62): « Le Goth Jornandès a appelé le Nord de l'Europe la fabrique du genre humain; je l'appellerais plutôt la fabrique des instruments qui brisent les fers forgés au Midi. C'est là que se forment les nations vaillantes qui sortent de leur pays pour détruire les tyrans et les esclaves et apprendre aux hommes que, la nature les ayant faits égaux, la raison n'a pu les rendre dépendants que pour leur bonheur. »

Nous savons donc tous, depuis Montesquieu, ce que nous devons à l'Angleterre pour l'institutionnalisation des formes parlementaires et démocratiques. Mais nous savons moins à quel point les pratiques politiques anglaises contrastaient dès cette époque avec les formes centralisées d'exercice du pouvoir chères aux peuples latins.

Common law et droit romain

La nature du droit fournit une dimension cruciale pour la compréhension des différences dans les modes de pensée entre Latins et Anglo-Saxons.

On cite souvent le côté empiriste anglo-saxon à côté de la propension latine à l'abstraction, à la pensée conceptuelle et aux principes. Henri Poincaré n'avait-il pas noté qu'on enseignait la mécanique (dite « rationnelle » en physique) différemment selon le côté de la Manche d'où on la regardait?

En France, on l'enseignait comme les mathématiques, partant des théorèmes, des principes, de la base théorique d'où l'on dérivait ensuite, déductivement, les conséquences pratiques comme autant d'illustrations. En Angleterre, au contraire, on partait des faits expérimentaux d'où l'on inférait ensuite, par induction, les principes théoriques (Poincaré, 1906, p. 110).

Bertrand Russell (1927, p. 29-30), de son côté, observait avec humour que, dans la littérature sur la psychologie animale expérimentale, « les animaux étudiés par les Américains se démènent avec frénésie et enthousiasme et, finalement, accomplissent par hasard le résultat visé. Les animaux observés par les Allemands s'arrêtent pour penser et, finalement, découvrent la solution par une démarche volontaire et consciente[7] ». Une plaisanterie, d'origine inconnue, illustre également cette opposition. On demande à un Anglais s'il aime les épinards. Celui-ci se gratte la tête en réfléchissant, puis répond: « Probablement, car j'en mange assez souvent. » La même question posée à un Italien, selon l'histoire, provoque la répartie immédiate: « Les épinards? J'adore! » Puis, cet amateur, se voyant demander quand il avait mangé des épinards pour la dernière fois, se gratte alors la tête en ramassant ses souvenirs pour avouer: « Oh! il doit bien y avoir maintenant dix ans! »

Chacun peut facilement trouver des illustrations nombreuses de différences entre les formes de pensée ou de raisonnement des Anglais et des Latins. En saisir les racines est moins évident. La comparaison des pratiques juridiques offre un exemple intéressant de ces différences.

Le droit coutumier tel qu'il s'est consolidé et perpétué dans la *common law* anglaise est fondé sur la tradition. Dans chaque litige, pour arbitrer, le jury populaire cherche dans la mémoire collective de la communauté un « cas » précédent dont on puisse s'inspirer pour juger équitablement par analogie, selon la coutume, le cas en question. C'est donc à partir d'un ou de plusieurs cas similaires que l'on infère la conduite à tenir tout en tenant compte des particularités du cas singulier à juger.

Au contraire, le droit romain est un droit écrit et abstrait. Un juriste familier de ce droit et investi de l'autorité de l'État est appelé à juger des demandes qui lui sont faites et à décider entre les parties présentes. Il cherche dans un texte la formule juridique qui s'applique à cette situation particulière et rend sa décision en s'appuyant sur la jurisprudence.

Ces deux modes de jugement sont très différents à plus d'un titre. Ils impliquent:

- d'un côté une participation populaire des membres de la communauté (même s'il existe aussi des jurys en droit français), de l'autre un juge officiel représentant l'État;
- une tradition orale par opposition à un droit savant formel et écrit;

- un raisonnement reposant ici sur l'analogie des cas, là sur la pertinence d'un texte à la structure d'une situation analysée en termes abstraits;
- induction et approche globale synthétique d'un côté, déduction et analyse de l'autre[8].

Par conséquent, c'est bien d'une modalité sociale d'approche de la réalité dont il s'agit là.

La scission Nord-Sud

Les historiens ont étudié le basculement du centre culturel de l'Europe, depuis le Sud où l'Empire romain l'avait maintenu si longtemps, vers le Nord où l'époque carolingienne échoua à le reconstituer politiquement, mais en jeta les bases.

En effet, une constellation de facteurs[9] conduisit en un temps relativement court à une révolution technologique dans les plaines du nord de la Loire et des Alpes d'où émergea une nouvelle organisation agricole surtout favorable aux peuples qui allaient beaucoup plus tard devenir protestants (Germains, Anglo-Saxons). La nouvelle technologie agricole poussait les communautés paysannes à fonctionner coopérativement pour investir dans les équipements collectifs dispendieux (chevaux, harnachements, charrues) qui dépassaient les moyens individuels des paysans et dépendaient d'un artisanat sophistiqué (forgerons, charrons, bourreliers, etc.) autant que d'une certaine liberté d'entreprise et de gestion.

Dans le Nord européen, l'environnement social était favorable à l'entreprise individuelle et communautaire. La technologie militaire normande avait pu vaincre les Anglo-Saxons à Hastings, mais les nobles vaincus avaient su imposer à leurs vainqueurs une condition: ne pas intervenir dans leurs coutumes locales (ce qui aboutit plus tard à la Magna Carta). Quant aux villes marchandes du Nord de l'Allemagne, elles surent s'organiser en une ligue hanséatique puissante et indépendante des princes allemands, en s'appuyant sur le renouveau du commerce continental et leur activité portuaire.

Plus généralement, en Angleterre, en Flandres et aux Pays-Bas, en Allemagne et en Scandinavie, se développaient des communautés industrieuses et marchandes qui avaient pris goût au privilège, qu'elles jugeaient bien « naturel », de s'administrer elles-mêmes.

Au Sud, au contraire, se constituaient avec l'aide de l'Église romaine des monarchies absolues, centralisatrices, où les pesanteurs des hiérarchies de l'État et de l'Église s'affermissaient, dépossédant graduellement les communautés locales des autonomies dont elles avaient pu jouir jusque-là.

Rapidement, les prétentions de la hiérarchie catholique, corrompue et lointaine, devinrent aussi insupportables que celles des monarchies espagnole, autrichienne ou française. La Réforme fut l'amorce d'une évolution qui aboutit à la Révolution française, ou plutôt aux révolutions françaises. Celles-ci peuvent être comprises comme une réaction aux pesanteurs colbertiennes (renouvelées par Napoléon) de la part d'une bourgeoisie et d'une classe populaire avides d'entreprendre. Les Nordiques, en revanche, avaient satisfait plus tôt à de telles aspirations.

Nous pouvons maintenant essayer de nous représenter comment ces trois dimensions que nous venons d'examiner interagissent et se renforcent mutuellement.

Ainsi, la culture communautaire nordique favorise les entreprises réclamant consensus et participation coopérante, alors que les structures claniques des familles méditerranéennes sont un facteur inhibant pour ce genre d'innovation collective.

Le droit coutumier, sensibilisant chacun en le responsabilisant, maintient un sens de la communauté et un sens de l'obligation très différents de la prompte revendication de son droit auprès d'une autorité centrale qui la dispenserait d'une référence à la responsabilité collective.

Le droit romain, serviteur de l'État, donc de toute centralisation, fut « reçu » à bras ouverts par tous les princes qui cherchaient à asseoir leur pouvoir en détruisant à la fois les privilèges et les particularismes locaux. C'est pourquoi d'ailleurs les princes allemands, qui furent si heureux de voir Luther réaffirmer le principe de leur autorité contre les paysans trop avides de libertés, adoptèrent le droit « romain », facteur de renforcement de cette autorité, même si ce droit n'était plus ni « canon » ni catholique.

La couronne anglaise ne fut jamais capable de constituer un droit comparable au droit romain qui aurait renforcé un pouvoir central régalien au détriment des droits communs coutumiers locaux ou des parlements, communes ou lords. Un roi qui s'y était maladroitement essayé eut la tête tranchée en 1649.

Les analyses que nous venons de faire saisissent le processus de différenciation culturelle à un moment crucial: celui d'une innovation sociotechnique qui va bouleverser les structures sociales et accentuer les différences culturelles en présence.

Le Nord germanique, moins civilisé que le Sud latin, effectue une mutation économique qui va transformer le paysage culturel d'une façon importante.

Si c'était le lieu et si l'on disposait du temps et de la place nécessaires, on pourrait montrer qu'au-delà de la Réforme et des bouleversements de la Renaissance, l'Angleterre a permis le développement précoce de l'« espace public » dès la fin du XVIIe siècle, qui a gagné le continent au XVIIIe sans parvenir à s'y épanouir en opinion publique libre avant la Révolution française. On pourrait montrer que l'industrialisation se développa plus rapidement en Angleterre et dans l'Europe du Nord protestante que dans les pays du Sud, catholiques.

Nous nous bornerons, en guise de conclusion de cette section, à indiquer simplement quelques aspects de la réalité organisationnelle qui ont été abordés différemment par les Latins et les Anglo-Saxons au tournant du siècle.

Vers des approches organisationnelles contrastées

Alors que Taylor s'ingéniait aux États-Unis à rationaliser les opérations les plus élémentaires au niveau de l'atelier, à la même époque Fayol en France partait au contraire du sommet de l'organisation pour étudier la conduite stratégique. La réflexion organisationnelle dans les pays anglo-saxons est partie de la base, des opérations concrètes, d'abord au niveau de l'atelier avec Taylor, puis ensuite au niveau d'unités et de projets plus larges avec la recherche opérationnelle tout de suite après la Deuxième Guerre mondiale, pour n'aborder la réflexion stratégique, comme l'a bien montré Ansoff (1965), qu'au tournant des années cinquante et soixante. Le mouvement s'est effectué en sens inverse dans les pays latins plus facilement concernés par des principes organisationnels d'ensemble.

Cette analyse est à rapprocher de l'observation de Granick (1972) qui opposait l'aptitude française aux promptes réorientations stratégiques et un certain immobilisme des états-majors anglais. Il notait un médiocre dynamisme des cadres moyens français auxquels peu d'inititative était laissée en comparaison de leurs homologues britanniques, hautement compétents et capables de prendre toutes les décisions d'ajustement réclamées par l'évolution de la situation.

Les Latins tendent à centraliser alors que les Anglo-Saxons délèguent plus volontiers l'autorité aux échelons intermédiaires.

En ce qui concerne les relations industrielles un contraste parallèle peut s'observer :

- du côté latin, les syndicats ouvriers envisagent difficilement une coopération avec le management : c'est encore souvent perçu comme une collaboration inacceptable dans une perspective de lutte des classes ;
- du côté anglo-saxon, l'action syndicale apparaît moins « politisée » et plus « corporatiste », et il n'est pas inconcevable que les syndicats américains puissent coopérer à un plan de redressement d'une entreprise, voir même à en assumer directement la gestion dans certains cas de faillite.

Dans tous ces exemples, on retrouve la prégnance du même schéma culturel qui tend à faire concevoir le changement organisationnel de façon très différente. Du côté latin, le changement est vécu comme un objet d'initiative centralisée, volontariste, planifiée qui se conçoit comme le produit de réflexions ou d'idées qu'il s'agit d'imposer à une réalité réticente. Du côté anglo-saxon, le changement est plutôt vécu comme une réalité émergente, discernable à travers les actions pratiques et à laquelle il convient de se conformer avec souplesse.

On pourrait être tenté d'évoquer une multitude d'autres « différences », mais il importe d'éviter de tomber dans l'anecdotique : il faut en effet garder à l'esprit, lorsqu'on tente de comprendre les raisons des divergences culturelles en matière de gestion, la nature profonde de leurs origines.

PERSPECTIVES TRANSCULTURELLES

Le décodage d'un dialogue entre un consultant français et un consultant américain sur leurs pratiques d'intervention nous a amenés à considérer que le fossé idéologique qui les sépare a pu être creusé par la charrue de leurs ancêtres. Si tel est le cas, on ne saurait s'étonner que la relation entre changement organisationnel et réalités culturelles ait été si largement négligée, tant son rôle peut paraître limité.

Notre recours à l'explication historique des différences culturelles a eu pour seul but de rappeler que si les modes de pensée et d'action des acteurs sociaux peuvent être interprétés comme des productions culturelles, les cultures elles-mêmes sont le produit du cheminement historique différencié des peuples et de l'évolution de leurs civilisations. La trame historique permet ainsi de souligner trois aspects essentiels de la réalité culturelle: sa profondeur d'ancrage, sa cohérence et son caractère dynamique et évolutif de construction permanente.

Quelles sont alors les conséquences d'une prise en considération de cette dimension culturelle en matière de changement organisationnel? Mais tout d'abord pourquoi cette démarche est-elle si peu fréquente? Quels en sont les écueils?

Le premier écueil consiste à réduire la réalité culturelle à la superficialité de ses manifestations, c'est-à-dire à réduire la culture à ses artefacts. Ainsi le contenu culturel du mouvement américain d'O.D. ne peut-il être saisi à travers la simple considération des techniques variées d'intervention élaborées par ses membres. De la même manière, la signification culturelle du mouvement français d'Analyse Stratégique des Organisations ne peut être appréhendée à travers la seule considération des concepts développés par ses auteurs. Ces techniques et ces concepts représentent en quelque sorte des « textes » dont le sens ne peut être révélé qu'à travers une analyse systématique des présupposés et hypothèses implicites qu'ils traduisent.

Se priver de cette démarche conduit à un isolement culturel inconscient qui explique la stérilité de notre dialogue de départ entre les deux consultants et sa nature inhérente de cul-de-sac. Le discours de chaque consultant révèle une lecture cohérente mais différente, partielle et partiale de la réalité sociale. Le maintien du débat au niveau artefactuel des pratiques empêche les interlocuteurs de découvrir le contenu culturel de leurs arguments en dépit de l'occasion fournie par la situation interculturelle.

Nous avons essayé de montrer ici qu'en tant que productions culturelles les stratégies nord-américaines et latines d'introduction du changement dans l'organisation traduisent des conceptions implicites différenciées de l'organisation sociale et que ces conceptions reflètent elles-mêmes l'histoire des peuples qui les ont produites. Si l'on considère la réalité sociale comme un produit constamment reconstruit par les acteurs sur la base de leur culture et de leur histoire, on peut alors mieux comprendre que tout changement organisationnel implique une transformation des mentalités ou, en d'autres termes, une innovation culturelle.

Quelles sont alors les conditions permettant l'émergence de l'innovation culturelle? Elle suppose tout d'abord un minimum de prise de conscience et de reconnaissance de sa propre identité culturelle. Cette condition *sine qua non* continue à faire défaut dans la plupart des cas et perpétue ainsi toutes les illusions d'universalisme et de scientisme dans les sciences sociales. Cette impasse culturelle peut se comprendre aisément si l'on définit la culture comme un phénomène social qui est au même moment singulier à un groupe donné de personnes et partagé par ces personnes. La culture d'un groupe devient alors une singularité partagée, une sorte de « singulier-pluriel » dont l'évidence se trouverait en quelque sorte voilée par son essence paradoxale. Le fait qu'il s'agisse d'un phénomène partagé empêcherait les membres d'une culture donnée d'en percevoir le caractère de singularité. On peut ainsi définir la réalité culturelle comme un contexte idiosyncratique dont le caractère idiosyncratique est voilé par sa nature contextuelle. L'opacité de la culture pour ses propres membres conduit alors assez naturellement à une dynamique inconsciente de reproduction et de répétition qui retarde ou empêche une intégration créatrice du patrimoine culturel et qui entraîne une incapacité à reconnaître et à intégrer le génie culturel d'autres groupes.

Si la réalité culturelle d'un groupe correspond à notre description, les coûts entraînés par sa négligence sont majeurs, notamment en ce qui concerne l'innovation sociale et le changement organisationnel. L'évitement de ces coûts suppose de lever plusieurs écueils afin d'atténuer toute une série d'attitudes réductionnistes, donc superficielles.

Par exemple, la fascination pour le particularisme culturel peut amener à ériger la culture comme un alibi: tout est tellement différent et singulier que rien ne peut être comparé. Cette attitude conduit alors à une sorte de relativisme culturel aseptisé tout aussi stérile que l'attitude d'aveuglement culturel inconscient décrite plus haut.

Devant le poids considérable de l'héritage culturel, un autre risque consiste à considérer son influence comme une forme de conditionnement où les productions culturelles apparaîtraient comme des résultats directs et immédiats d'une programmation presque mécanique. La réalité culturelle est éminemment plus complexe. Comme en matière de formation de la personnalité, les cultures semblent se développer à la fois à travers une dynamique d'identification et de reproduction par rapport au modèle central et à travers une dynamique de réaction et de distanciation par rapport à ce modèle.

On peut mieux comprendre dans cette perspective comment les valeurs inspirant les stratégies de changement organisationnel dans différentes cultures peuvent simultanément tendre à renforcer l'identité des groupes et introduire des éléments de régulation et de compensation par rapport à cette identité. Ainsi les stratégies américaines d'O.D. s'appuient-elles à la fois sur une vision optimiste de l'individu traduisant un renforcement de la dimension individualiste et sur une visée participative et intégratrice cherchant à écarter les risques d'atomisation. Les stratégies latines de changement organisationnel s'inspirent d'une vision plus politique de l'organisation tout en cherchant à atténuer l'étouffement clanique des individus.

L'emprise complexe des réalités culturelles sur les construits organisationnels réclame peut-être le développement d'une capacité à exorciser les cultures afin d'éviter le double piège du relativisme culturel aseptique et de l'aveuglement culturel inconscient. Cette capacité permettrait alors à la fois une intégration créatrice des réalités culturelles et leur dépassement.

Dans ce nouveau contexte, les entreprises américaines et françaises les plus performantes ne seraient donc pas celles qui chercheraient à atteindre des caractéristiques d'« excellence » que d'aucuns aimeraient présenter comme universelles et éventuellement indépendantes de leur enracinement culturel. Au contraire, ces entreprises pourraient être celles qui élaborent une intégration créatrice de la réalité culturelle en développant des modes d'être et d'action qui tantôt s'inspirent directement de leur patrimoine culturel — français ou américain — et l'utilisent à leur avantage, tantôt s'en démarquent délibérément pour mieux dépasser des contraintes paralysantes, et tantôt peut-être parviennent à développer des synergies transculturelles à travers leur internationalisation progressive. Ces différents modes d'« excellence » sont alors fondés sur la prise de conscience, la tolérance et l'appréciation de la diversité culturelle et conduisent à des pratiques de gestion souples et innovatrices qui constituent un impératif pour la survie et le développement. Ces modes d'excellence méritent d'être explorés par des recherches systématiques qui n'ont pas encore vu le jour et qui pourraient dévoiler des intuitions nouvelles dans les démarches de changement organisationnel.

Notes

1. La C.G.T. (Confédération générale du travail) est le syndicat français des travailleurs considéré comme le plus proche du parti communiste.
2. Assertiveness: capacité de s'affirmer.
3. Boîte noire: concept heuristique qui permet de « mettre entre parenthèses » et donc de laisser de côté le détail des processus générateurs ou transformateurs d'inputs en outputs en imaginant simplement un « modèle » qui colle assez bien à la réalité observée des relations input-output. Du même coup c'est un aveuglement délibéré à la réalité sous-jacente aux apparences.
4. Néologisme inspiré du terme anglo-saxon « construct » qui n'a pas d'équivalent satisfaisant en langue française.
5. Voir à ce sujet le « travers McNamara » si bien analysé par David Halberstam (1972), et également « Le mal américain » de Michel Crozier (1984).
6. Plusieurs travaux sont éclairants dans cette optique:
   - ceux de Georges Dumézil (1958) sur les bases culturelles du monde indo-européen qui montrent les sources de la divergence Est-Ouest puis de la séparation Sud latin – Nord anglo-saxon;
   - ceux de Louis Dumont (1977, 1979) qui analysent la constitution d'une société aussi hiérarchisée que celle de l'Inde par opposition aux sociétés « libérales » de l'Ouest;
   - ceux de A.O. Hirschman (1977) sur les caractères spécifiques de notre société libérale;
   - ceux d'Alain Peyrefitte (1976) qui, à travers *Le mal français*, donne quelques explications du contraste latin/anglo-saxon;
   - ceux de Marc Bloch (1960), Fernand Braudel (1979) et Pierre Chaunu (1975) sur l'origine et l'influence du mouvement protestant dans l'histoire socio-économique du Nord européen.
7. « Animals studied by Americans rush about frantically, with an incredible display of hustle and pep and at last achieve the desired result by chance. Animals observed by Germans set and think and at last evolve the solution out of their consciousness. »
8. Il n'y a donc pas à être surpris que la méthode des cas originellement juridique se soit transmise de l'école de droit à celle de business sur le campus de l'Université de Harvard. L'enseignement de la médecine montrerait probablement un contact avec l'empirisme encore plus étroit dans les pays anglo-saxons que dans les pays latins. La méthode expérimentale de Claude Bernard y est appliquée de manière beaucoup plus empirique et synthétique que théorique et analytique.
9. Cette constellation de facteurs peut s'énumérer ainsi: le cheval de trait puissant, le harnachement moderne, la charrue lourde, les champs ouverts, la rotation de l'assolement triennal. Tous ces éléments (sauf le fer à cheval clouté qui ne vint que 100 ans plus tard) étaient réunis à la fin du IXe siècle.

POUVOIR, SYMBOLIQUE, LANGAGE ET ORGANISATION

Stewart CLEGG

Introduction

J'aimerais commencer ce chapitre en soulignant certains postulats ontologiques qui cherchent à ramener l'idée d'action uniquement à l'homme. Il existe en effet une tendance bien présente dans les sciences humaines à séparer la « personne » de l'« acteur ». À la base d'un tel raisonnement, on retrouve des conceptions où la personne est vue comme le seul sujet approprié de l'action, les actions étant intériorisées par des « acteurs ». L'action n'est cependant pas un terme générique pour désigner l'humain: elle renvoie aussi bien souvent à des formes collectives de prise de décision, comme le sont par exemple les organisations.

En fait, les termes organisation et action sont toujours interreliés. L'idée d'action est comprise dans la plupart des définitions de l'organisation, définitions qui renvoient habituellement à une action orientée vers un but précis. La discussion de David Silverman (1970) dans son livre *La théorie des organisations* en fournit d'ailleurs un bel exemple. Les buts organisationnels se réduisent aux motifs des gens employés dans l'organisation concernée. Que ces personnes soient membres de l'organisation est, je le crois, une indication d'au moins deux sources d'action potentiellement contradictoires: la personne et l'organisation. En fait, étant donné le milieu technologique complexe de nombreuses organisations modernes, le champ politique sera généralement plus contradictoire et plus pluraliste que ces deux catégories pourraient le suggérer à première vue.

Selon moi, toutes les formes d'action résultent d'un processus de contrôle disciplinaire. La logique, la cohérence et la mémoire du self en tant que telles ne sont jamais données mais toujours le produit d'un apprentissage et d'une activité. L'action d'une personne n'est pas moins la conséquence d'une discipline que celle d'une organisation. Il serait naïf, naïveté attribuable à la transparence du langage et à la nature de la subjectivité — que celle-ci s'enracine dans un humanisme exceptionnellement authentique ou dans un biologisme d'origine génétique — que de la voir autrement. Certaines perspectives en sciences humaines et sociales ont d'ailleurs été plus conscientes que d'autres de la nature accomplie de l'action. Cette prise de conscience est due en partie aux politiques qui environnent la constitution de certaines actions dans certaines façons de faire. Là où les identités attribuées reposent sur l'une ou l'autre des caractéristiques constitutives d'un acteur, telles que l'ethnie, la race ou le sexe, une partie importante des stratégies de résistance collective à l'attribution de cette identité reposera alors sur la lutte pour s'en libérer. Le poststructuralisme féministe, pour des raisons évidentes qui renvoient au type d'action qui a souvent été associé à la normalité féminine, est particulièrement conscient de la nature « accomplie » de l'action (Weedon, 1987).

On peut soutenir que l'organisation constitue une forme d'action collective et qu'il n'y a aucune raison de la considérer a priori comme une forme d'action de seconde catégorie par rapport à celle du sujet. Là où l'organisation réalise une action, c'est un accomplissement, tout comme cela le serait pour un individu. Il existe une distinction cependant entre les deux. Alors que dans le premier cas cela implique une stabilisation des relations de pouvoir dans un cadre organisationnel — donc entre de nombreuses subjectivités — dans le deuxième cas il s'agit d'une subjectivité unique. On retrouve cette idée dans le langage ordinaire de la théorie des organisations. La définition commune des organisations en tant qu'entités formelles et orientées vers des buts précis reconnaît dans sa dynamique la nature contingente de l'organisation. Ce qui est souvent problématique avec ce genre de définitions, c'est qu'elles sont construites de telle manière qu'elles acceptent cette hypothèse. La rationalité est fréquemment considérée comme une caractéristique constitutive des organisations. Comme cela devrait être clair non seulement pour les critiques radicaux, cette action organisationnelle préméditée dépend en premier lieu de la subordination des différentes parties de l'organisation[1]. C'est toujours la réalisation de cette subordination, dont la variabilité est continuellement marquée par une dialectique de pouvoir et de résistance, qui se situe au cœur de toute action collective organisationnelle. C'est la raison pour laquelle cet intérêt à l'égard des relations de pouvoir dans les organisations doit tenir compte non seulement de ces relations que les marxistes qualifient de rapports de production, mais aussi de celles que l'on peut qualifier de rapports symboliques: car le pouvoir intervient toujours à la fois au sein de la hiérarchie et du langage, et au sein de la domination et de la symbolique. Si certains penseurs comme Foucault (1977) ont été très conscients de l'importance de la relation qui unit le pouvoir et le savoir, les rapports de domination et les rapports symboliques, il faut bien avouer que jusqu'à présent une telle conception n'a jamais été dominante au sein de la théorie des organisations. Les paragraphes suivants rappelleront brièvement en quoi consiste cette approche dominante.

LE POUVOIR DANS LES ORGANISATIONS

Dans la littérature orthodoxe, la notion de pouvoir organisationnel renvoie dans la plus pure tradition wébérienne généralement à la structure hiérarchique et aux interrelations entre les différents paliers. Si, implicitement, elle se rattache avant tout au pouvoir légitime, la littérature sur le sujet a également mis l'accent sur ce que Thompson a qualifié de « pouvoir illégitime » (1956, p. 290). Au sens wébérien, ce dernier peut être considéré comme une perturbation touchant la structure de domination (Weber, 1979): la structure formelle, la structure de l'autorité hiérarchique légitime étant formée de constellations distinctes de pouvoir temporaire. De telles perturbations ne représentent pas toujours une menace pour la structure. Elles peuvent constituer uniquement des luttes purement locales pour l'autonomie et le pouvoir, n'inquiétant d'aucune manière la « structure » en soi. En revanche, dans certains cas, elles peuvent s'avérer une menace réelle.

C'est la dichotomie pouvoir – autorité autour de l'axe de la légitimité qui a fondé les problématiques politiques de la « contingence » et de la dépendance des ressources dans les organisations. Les étapes de ce développement ont été présentées ailleurs (Clegg, 1977). Dans la foulée de ces travaux, de nombreuses discussions du concept de pouvoir se sont centrées sur l'exercice de l'autonomie que peuvent avoir les membres d'une organisation qui ne sont pas en position d'autorité formelle. Ces discussions reposent sur l'idée d'une utilisation illégitime ou informelle des ressources, auxquelles les membres ont accès selon la position qu'ils occupent au sein de la division du travail organisationnel.

À l'heure actuelle, les travaux dans ce domaine ont tendance à développer des conceptions plus affinées que celle que développe Mintzberg dans son « *System of politics* » (1983). Celle-ci peut facilement se résumer dans une formulation du style: « les membres ne sont pas toujours [...] obéissants » (Mintzberg, 1983, p. 171). Dans la perspective systémique de Mintzberg, la politique se définit explicitement en opposition aux systèmes d'« autorité », d'« idéologie » et de « savoir-faire ». Notons, avant d'aller plus loin, qu'en créant un tel système nous pouvons effectivement en évacuer le concept clé, le pouvoir, de la constitution de l'idéologie, de l'autorité et du savoir-faire. Dans les faits, le « système politique » devient le système résiduel qui transforme les autres systèmes formels en pratiques informelles:

> Ramenée à son essence, la politique renvoie donc aux comportements individuels ou collectifs qui sont informels, visiblement localisés, et par-dessus tout, au sens technique, illégitimes, sanctionnés ni par l'autorité formelle ou l'idéologie reconnue, ni par le savoir-faire certifié (bien qu'elle puisse exploiter n'importe laquelle). (Mintzberg, 1983, p. 172.)

La nature politique de la structure de domination ou des systèmes d'autorité, d'idéologie et de savoir-faire en tant que phénomènes, eux-mêmes structurellement sédimentés, saturés et imprégnés de pouvoir, n'est donc pas une perspective dominante dans la littérature sur les organisations[2], en dépit de toutes les affirmations contraires (Donaldson, 1985). En fait, s'intéresser à l'exercice du pouvoir à partir d'une structure donnée de domination est très différent de s'intéresser aux mécanismes de domination, aux stratégies de pouvoir et aux modes de contrôle. L'intérêt premier des théories organisationnelles du pouvoir s'est souvent réduit à une conception du « politique » basée sur le pouvoir discrétionnaire, sur des éléments stratégiques ou sur la dépendance par rapport à une ressource. Vu de cette manière, le pouvoir devient alors une « capacité » fondée sur la maîtrise des ressources. C'est aussi tautologique. Comment le pouvoir peut-il être reconnu indépendamment de la dépendance par rapport à des ressources? C'est la dépendance de X par rapport aux ressources de Y qui constitue le pouvoir de Y. De même, l'indépendance de Y est fonction de la dépendance de X par rapport à Y, étant donné la relation instituée X-Y. La source du pouvoir réside dans cette dépendance par rapport aux ressources. Par la même occasion, la conséquence de la dépendance à l'égard des ressources est aussi la source de cette dépendance. Dès lors, les notions de cause et de conséquence perdent toute signification dans de telles formulations. Une partie du problème réside dans la tendance dominante à penser le pouvoir comme une chose en soi à l'exclusion de toute autre considération, notamment de le penser comme une caractéristique des relations. La conséquence, c'est de confondre les mécanismes causaux et le résultat. Or, les mécanismes sont dignes d'être analysés dans leur logique propre.

LES MÉCANISMES DE POUVOIR : LES PRATIQUES DISCIPLINAIRES DE SURVEILLANCE

L'accent mis par Mintzberg (1983) sur « l'obéissance » est un élément central de toute analyse de la constitution du pouvoir organisationnel, une idée partagée par de célèbres précurseurs comme Weber (1979) et Etzioni (1961). En outre, c'est une idée qui a reçu un appui historique non seulement par le corpus de recherches wébérien (Matheson, 1987), mais aussi par les travaux plus récents de Kieser (1987) et de Assad (1987) sur l'origine de l'obéissance dans les ordres monastiques. L'influence de Foucault (1977) est grande dans ce genre d'études. En effet, un des thèmes centraux de l'analyse foucaldienne est mis en évidence par Assad lorsqu'il souligne la relation qui existe entre la discipline et la vertu organisationnelle. Alors que son intérêt, à l'instar de Foucault avant lui, est avant tout d'ordre historique, on peut aussi conceptualiser cette relation en des termes plus contemporains et plus séculiers comme la réalisation organisationnelle du bon ordre qui règle l'évaluation interne et décrète le devoir de chaque membre. De tels mécanismes sont appelés par Foucault des « pratiques disciplinaires », terme qui existe déjà implicitement chez Weber (1979). Cette expression désigne ces microtechniques de pouvoir qui fixent et normalisent non seulement les individus mais aussi les ensembles collectifs. Par exemple, n'importe quelle comparaison de données de rendement ou d'autres formes de surveillance en témoignent. La surveillance, qu'elle soit de type personnel, technique, bureaucratique ou juridique, constitue la question centrale. Ces types peuvent respectivement se ranger, par exemple, sous les formes de la supervision, de la routinisation, de la formalisation, de la mécanisation et de la législation qui cherchent à accroître le pouvoir sur le comportement, les dispositions et l'intégration des employés, précisément parce que ce sont des membres de l'organisation. Poussé à l'extrême, ce type de surveillance pourrait même aller, par exemple, jusqu'à soulever les questions suivantes que pose Schachter (1987, p. 11) dans un livre récent :

> Est-il du ressort des employeurs de faire passer aux travailleurs ou aux postulants des tests pour le SIDA ? Un superviseur peut-il écouter les appels de ses téléphonistes ? Un employeur peut-il se permettre de programmer les ordinateurs pour qu'ils émettent des messages subliminaux dans le but d'influencer le comportement des employés ? [...] Si les détecteurs de mensonge ne sont pas considérés comme fiables dans les procès criminels, leurs résultats peuvent-ils être utilisés pour engager ou mettre à pied des employés ? Une entreprise peut-elle renvoyer un travailleur parce que le superviseur n'approuve pas ses fréquentations ? Les cadres devraient-ils avoir accès aux dossiers médicaux de leurs subordonnés ? Jusqu'à quel point le bureau, le casier ou encore la voiture d'un employé stationnée dans l'emplacement réservé à l'employeur sont-ils privés ?

Ces exemples illustrent bel et bien l'extension d'un pouvoir direct et personnel sur des sphères de la vie individuelle qui demeuraient jusqu'ici privées. Cependant, la meilleure surveillance ne consiste pas simplement en contrôles directs. Elle peut aller également de pratiques culturelles d'adhésion, de permission et de persuasion morales à des savoirs techniques formalisés. À un niveau plus particulier d'application, cela peut inclure l'utilisation de nouvelles techniques telles que le contrôle informatique des niveaux de production et d'efficacité ou des tests de drogues bon marché (Schachter, 1987, p. 11). Dans une perspective plus globale, on peut avoir affaire à un développement de disciplines scientifiques inspirées presque complètement par un souci de surveillance disciplinaire, comme Foucault (1977) l'affirmait à propos des sciences sociales du siècle dernier, notamment des branches du bien-être social, des statistiques et de l'administration. Sur le plan organisationnel, le développement de la fonction « personnel », au XXe siècle, sous la houlette des relations humaines de Mayo (1975), a peut-être joué un rôle tutélaire similaire pour le personnel employé dans les organisations (Clegg, 1979; Ray, 1986). Grâce à de tels mécanismes, on peut distinguer et classifier les individus ou les groupes, au même titre que des propriétés abstraites de biens et de services, suivant diverses méthodes: des méthodes qui « avec leur particularité de temps, de lieu et d'objectifs se renforcent et empruntent les unes aux autres pour former une stratégie disciplinaire anonyme et globale » (Girdwood, 1987, p. 22). À un niveau disciplinaire plus général, cela transformera l'organisation en un champ discursif de calculs concurrentiels. Chaque pratique disciplinaire, dans son application, évaluera la rationalité organisationnelle à l'aune du pouvoir et du savoir. À partir d'une telle tour de Babel potentielle, n'importe quelle organisation efficace tentera bien sûr d'établir l'armature de quelques pratiques stratégiques globales de discipline. De telles pratiques ne sont pas uniquement contraignantes, elles ne font pas en effet que punir et interdire; notamment elles renforcent et rendent possible la volonté d'obéissance et constituent sur le plan organisationnel des formes reconnues de créativité et de productivité grâce à un processus à la fois explicite (par des éléments externes d'autorité tels que les règles, les supérieurs, etc.) et implicite (par l'acquisition d'une bonne conduite de la part des membres).

L'élément explicite a longtemps constitué dans la production de l'obéissance le cœur de la théorie des organisations, comme en témoigne l'intérêt classique que l'on a eu envers la structure organisationnelle réelle. Il ne fait aucun doute que de telles représentations possèdent une valeur heuristique limitée quand les chercheurs les utilisent. Car, en pratique, les structures d'autorité se conforment rarement, sinon jamais à la description que l'on en fait dans les organigrammes. Les raisons en sont multiples; les choses changent imperceptiblement avec le temps, selon des modalités que ne peut saisir une conception statique; par exemple, la composition du personnel peut se modifier, une personne particulièrement habile politiquement peut profiter davantage de sa position qu'un prédécesseur moins doué, etc. Toutefois, il existe une raison plus fondamentale que ces événements conjoncturels à cette insuffisance des descriptions formelles. La résistance est toujours implicite au sein des processus qui fondent les pratiques disciplinaires dans un contexte hiérarchique.

Tout membre d'une organisation complexe n'est qu'un relais dans un non moins complexe flux d'autorité aux directions multiples. Idéalement, dans la conception rationaliste des élites, des planificateurs, et par la même occasion chez de nombreux théoriciens, de tels relais ne devraient jamais provoquer de résistance, offrir quelque obstacle, ou causer quelque problème d'obéissance. Or ce n'est rarement, sinon jamais, le cas. Comme les chercheurs dans le domaine organisationnel le savent depuis fort longtemps (Coch et French, 1948), la résistance, pour continuer avec cette image, tend à être présente partout. Les différents paliers hiérarchiques, pour utiliser le terme au pluriel, sont rarement sinon jamais des relais passifs. On peut trouver une explication à cette résistance en étudiant la relation qui unit plus particulièrement l'organisation et l'action.

ORGANISATION ET ACTION

Au centre de cette relation se trouve la prise de conscience que, bien que l'incorporation des actions à l'intérieur du cadre organisationnel soit normalement garantie par un contrat, de tels accords contractuels sont rarement synonymes d'échanges réciproques, égaux et dénués de conflit tels qu'ils sont par exemple posés comme axiomes dans la théorie des coûts de transaction (Williamson, 1979). De tels axiomes sont profondément irréalistes et, par-dessus tout, mal pensés. Ainsi, dans un aspect du contrat, les ressources qui donnent du pouvoir aux employés (par exemple, l'acquisition d'un savoir ou d'habiletés pertinents à l'entreprise; l'organisation collective: la propriété du capital physique) entrent en opposition avec les ressources qui donnent du pouvoir aux employeurs, en particulier la propriété des moyens et des résultats de production, le soutien de l'État et du système juridique, et les prérogatives managériales. L'absence totale de réalisme et la mauvaise conception de l'organisation qui découle d'un tel schéma sont le résultat d'une construction intellectuelle qui exclut et élude un axiome central des perspectives politiques plus radicales, à savoir qui dit organisation dit pouvoir.

Certes ce pouvoir n'est jamais total. En effet, dans certaines formulations ce sont les contradictions inhérentes à l'évolution des modes de pouvoir qui expliquent leur développement (Clegg et Dunkerley, 1980). Le pouvoir n'est jamais totalement assuré, en partie à cause de l'action. Il sera sujet à l'érosion et miné par l'action des personnes qui sont ses objets: la force de travail de l'organisation (la discipline est ici la variable la plus importante pour la qualifier). Considérer ces gens comme une « force de travail » ou, au contraire, les considérer comme des « membres » conduit immédiatement à les penser non seulement comme des personnages durkheimiens habitant une communauté morale idéale, mais aussi comme des travailleurs peinant pour sauvegarder leur humanité, luttant contre l'aliénation suivant la métaphore de Marx. Mais ce n'est pas seulement dans cette conception marxienne d'une personne active résistant au gaspillage de ses énergies créatrices que nous trouvons la source de l'action contre l'organisation. C'est aussi implicite dans l'idée de communauté morale de Durkheim (1964). Ce qui est sacré et ce qui est profane dépendent totalement des rapports symboliques. (L'adhésion du membre est ici la variable principale.) Ces rapports symboliques sont aussi résistants au pouvoir total que les rapports de production. Cela est devenu clair depuis que de Saussure (1978) a ouvert la possibilité de découpler dans toute relation le signifié du signifiant. Toute résistance à une tentative qui chercherait à ramener la symbolique à une de ces régulations particulières sera toujours délimitée par la nature même du langage. Dans les termes des disciples de Durkheim qui étudient aujourd'hui l'ordre moral, à savoir l'ethnométhodologie, l'indexicalité peut en effet se retrouver même dans les faits les plus ordinaires (Garfinkel, 1967).

Les conséquences pour les organisations de cette double focalisation à la fois sur les rapports symboliques et sur les rapports de production sont évidentes. L'organisation rencontre l'action sous au moins deux formes qui ont constitué jusqu'ici les archétypes de la théorie moderne des organisations: la personne en tant qu'acteur symbolique dans la théorie de l'action sociale (Silverman, 1970) et la personne en tant que producteur dans la théorie radicale (Clegg et Dunkerley, 1980). Or, leur séparation a constitué jusqu'ici un aspect regrettable des derniers développements théoriques, car les séparer c'est s'intéresser à une seule dimension des conditions de la participation à l'organisation. C'est résister au fait incontournable que tout membre d'une organisation est à la fois un être de parole, un travailleur et un sujet incarné[3]. La symbolique et le corps, intimement liés à la personne, constituent tous les deux des éléments de résistance au pouvoir organisationnel qui peut s'exercer autant sur les discours des individus que sur leurs capacités de travail. En conséquence, les employeurs peuvent faire face à au moins deux sources de résistance en raison des capacités à la fois discursives et physiques de leurs employés, ce qui requiert de les discipliner si l'on veut exercer quelque pouvoir sur eux.

L'institution centrale que les employeurs rationnels utilisent pour tenter de gouverner les rapports symboliques et les rapports de production est la relation contractuelle. En sociologie, de telles relations ont été largement conçues en fonction des éléments non contractuels de confiance et de pouvoir dont les employeurs sont investis, autant qu'en fonction de la marge de manœuvre et de l'autonomie gagnée par les employés (Fox, 1974).

L'effet des relations contractuelles n'est pas seulement ressenti par les employés au moment initial où ils vendent leur force de travail. Il apparaît évident, comme Fox (1974) l'a montré, que les organisations contractantes modèlent les principes qui structurent non seulement l'embauche de la main-d'œuvre mais aussi son organisation. Le déploiement de la main-d'œuvre est sujet à la contestation et au contrôle, suivant des conditions d'autonomie et de subordination qui ont été négociées à l'intérieur du schéma contractuel et par sa concrétisation quotidienne dans les routines de travail de l'organisation. Celles-ci varieront selon le degré de pouvoir dont les gens disposent. Les organisations sont peuplées de personnes qui se différencient selon le pouvoir qu'elles exercent sur les méthodes de production, ou encore selon les catégories dichotomiques de propriété ou de non-propriété des moyens de production. Alors que dans les premières s'inscrivent les rapports techniques de production, enracinés dans des identités professionnelles diverses, les secondes fondent les rapports sociaux de la modernité capitaliste: ceux de la production, de la propriété et du pouvoir (Clegg et Dunkerley, 1980; Clegg *et al.*, 1986). Avec cette variation dans le pouvoir s'établit une diversité de possibilités abstraites en ce qui concerne la représentation des intérêts, que l'on qualifie de « règles du jeu ».

Sous leur forme la plus abstraite, ces divers intérêts se retrouvent dans les modèles de production et de reproduction capitalistes tels que les a présentés Harvey (1982). Qu'une telle conception des intérêts soit vue comme une ressource utilisable par les gens dans les organisations dépendra de la façon dont ils se représentent la réalité. Au cœur de cette question on trouve donc ici une lutte pour conquérir le « cœur et l'âme » des employés à travers des représentations concurrentes qui émergent d'organisations comme les partis politiques, les différents organes de l'État, le discours populaire des médias ou ceux des associations patronales ou syndicales. Les conditions de la lutte, même à l'intérieur des pays de l'OCDE, varient en effet énormément. Par exemple, aux États-Unis, 18 % seulement de la main-d'œuvre est actuellement syndiquée et ce pourcentage continue à décliner. À l'autre extrême, en Suède, près de 90 % des travailleurs sont membres d'un syndicat et cette proportion continue de croître. L'explication de cette différence a été présentée ailleurs (Clegg *et al.*, 1986) et n'a donc pas besoin d'être rappelée ici. On peut simplement remarquer que de telles différences structurelles de contexte auront un effet majeur sur la possibilité ou non de formuler des discours concernant les conditions de la participation à une organisation en fonction d'« intérêts ». Cette notion d'« intérêt » peut avoir plusieurs sens. La probabilité est très grande d'y retrouver une connotation collective plutôt qu'individuelle là où existent des conditions favorables à la lutte politique des classes, à savoir une social-démocratie en ascension, plutôt que dans un contexte de défaite et de déclin du mouvement ouvrier, comme c'est le cas dans le cadre du libéralisme économique et à l'intérieur de son expression politique. En effet, la désignation « démocratie libérale » ou « démocratie de marché » renvoie précisément à des formes opposées d'économie politique que nous connaissons sous l'expression social-démocratie.

Dans la plupart des conceptions qui dépeignent la scène organisationnelle en fonction des classes et des rapports sociaux, la notion d'intérêt renvoie aux conditions générales de la domination économique et de la subordination dans les organisations, telles qu'elles ont été définies par les théoriciens de la gauche depuis Marx[4]. Or, aucune nécessité ne nous force à considérer la réalité sociale en fonction des classes. Dans certaines circonstances, comme celles qui existent dans une large mesure aux États-Unis, l'identification selon la classe peut être beaucoup plus faible qu'ailleurs. Wright (1985) l'a bien montré lors de la comparaison qu'il a faite entre les États-Unis, archétype de la société libérale, et la Suède, archétype de la social-démocratie. Les conditions sociales générales seront d'autant plus fortes qu'elles influenceront les contrats de travail, les conditions implicites et les « efforts de négociation » informels (Baldamus, 1961). Ceux-ci ne se situent pas seulement au niveau de la production, comme Burawoy (1979) le montre, mais on les retrouve également à l'intérieur des grands mouvements de l'économie politique qui les environnent (Clegg *et al.*, 1986). Les conditions générales de la domination économique sont également fonction dans certains cas particuliers des formes de domination que subissent des groupes particuliers (Carchedi, 1987). Bien que cette domination puisse être vécue sur le plan économique comme sous forme de discrimination plus globale, elle découle de critères qui se situent au-delà de la sphère économique. Cette discrimination s'organise alors sur la base d'aspects visibles de l'identité sociale.

Les gens ne se réduisent ni à être de la main-d'œuvre ni à être des créateurs de significations. Ils sont nécessairement à la fois sujets des deux et soumis subjectivement aux deux, autrement dit ils se définissent comme force de travail et comme porteurs de diverses identités sociales à la fois multiples et interreliées. Ces identités se basent sur des éléments tels que l'ethnie, le sexe, l'âge et sur des phénomènes qui trouvent leur expression dans la culture, dans des « styles de vie » hiérarchisés et distincts (Weber, 1979) auxquels correspondent des biens particuliers (Hirsch, 1978), et dans un « capital culturel » (Bourdieu, 1984). Ces identités sociales constituent des complexes relationnels qui limitent l'action organisationnelle, déterminent la part de chacun, la manière, le moment et le lieu et ce, quels que soient l'objet ou l'action, à l'instar de certaines interdictions ou acceptations d'identités sociales que l'on peut observer pour certains types de pratique. Ces identités seront d'autant plus visibles qu'elles seront socialement reconnues et auront des répercussions organisationnelles. Si d'autres formes d'incorporation physique comme par exemple la couleur des cheveux, la taille ou la physionomie peuvent constituer des aspects de l'individualité corporelle ou de la cognition organisationnelle, c'est généralement et stratégiquement assez rare, sauf à certaines occasions. On n'a qu'à penser aux forces armées et aux règlements dans la police et dans les services d'incendie concernant la taille, le poids, voire les cheveux — par exemple seuls la barbe ou le rasage de près sont tolérés dans la marine britannique, les moustaches sont interdites. On peut trouver d'autres exemples dans les conceptions plus informelles que les organisations peuvent se faire d'acteurs en contact avec le public comme les lecteurs de nouvelles ou les réceptionnistes. Toutefois, peu de caractéristiques physiques n'atteignent l'importance, par exemple, de l'âge, du sexe, de l'ethnie, de la confession religieuse et du handicap en tant que bases physiques reconnaissables servant à repérer des pratiques sociales de stratification organisationnelle, comme en témoigne à ce sujet l'existence actuelle des diverses lois antidiscriminatoires.

D'un point de vue individuel, c'est la relation employeur – employé qui est centrale, puisque c'est elle qui fonde le contexte d'où vont émerger d'autres formes de relations sociales organisées (celles qui sont contenues dans la forme et les actions des syndicats et du mouvement ouvrier, et dans l'État et sa délimitation de la citoyenneté). C'est par la question de la propriété ou de la non-propriété, comme par le pouvoir plus ou moins fort qu'exerce le personnel sur les méthodes de production, pouvoir défini en fonction d'exigences formelles et informelles comme en fonction de qualifications diverses, que d'autres formes d'identité peuvent surgir de la vie organisationnelle.

C'est ainsi que les organisations peuvent ne pas être uniquement des structures hiérarchiques de classe mais aussi des structures de domination patriarcale, ethnique, etc. Si de telles situations sont contingentes — la plupart des organisations existantes peuvent être, en effet, des structures de domination sexuelle, ethnique ou de classe — toutes, en revanche, ne sont pas condamnées à l'être. La « méritocratie » et l'« organisation de type socialiste » sont, en principe, toujours possibles. Une structure donnée d'autorité ou de domination de classe peut apparaître sans tenir compte des autres formes de discrimination, ou encore on peut chercher à l'abolir (Carchedi, 1987). Toutefois, les limites empiriques d'une telle alternative doivent être conceptualisées (Clegg et Higgins, 1987).

Bien que la plupart des organisations soient structurées autour d'un principe hiérarchique et par des relations entre diverses identités sociales, il est un peu trop facile de soutenir que c'est en quelque sorte fonctionnel en vue de la reproduction du principe central de l'organisation. Ainsi, par exemple, certains néo-marxistes (Clegg et Dunkerley, 1980) ont soutenu que la division sexuelle et la division de classes constituent nécessairement des éléments reproducteurs du pouvoir capitaliste sur les moyens de production de l'organisation. L'argument est ici « diviser pour régner ». Toutefois, on pourrait également soutenir le contraire en s'appuyant sur une argumentation fonctionnelle et tout aussi générale et « pro-capitaliste » que la première était « anti-capitaliste »: à savoir que l'égalité a de meilleurs chances de se réaliser par le jeu de cette efficacité et de cette rationalité qui réduisent toutes les identités à celles du marché, sacrifiant ainsi tous les particularismes sur l'autel du calcul universel de signaux libres du marché. Aucun argument n'est toutefois satisfaisant, précisément à cause du caractère général de chacun d'eux et de la confiance qu'ils accordent à un concept reposant sur un principe expressif. Par là même, ils deviennent des prémisses de croyance infalsifiables.

On ne devrait pas penser les organisations comme l'expression phénoménale de quelque principe interne essentiel tel que l'exploitation économique ou la rationalité. L'organisation, en tant que lieu de l'accomplissement de l'action, devrait être vue comme un lieu de décision et d'action (Hindess, 1987). Les activités des organisations sont le résultat de décisions qui poussent certains acteurs à agir d'une certaine manière. Les organisations font également des choses qui ne sont pas toujours la conséquence d'une décision en raison du fait que les décisions sont modelées par les luttes autour d'objectifs concurrents et substantiels, ce que je qualifie de mode de rationalité. On ne peut pas expliquer les politiques des organisations selon une théorie générale de leur rationalité. L'action organisationnelle est le résultat indéterminé de luttes importantes entre différents acteurs: entre des personnes qui déploient des ressources diverses; entre des gens dont les identités organisationnelles seront modelées par la façon dont les pratiques disciplinaires pèsent sur eux, voire par l'utilisation qu'ils font de ces techniques; et entre des gens qui cherchent à gouverner et à déterminer la nature de l'action organisationnelle, et toutes ces nombreuses choses auxquelles les gens ont recours de façon habituelle en ce qui concerne leur appartenance, leur travail et leurs luttes. Par conséquent, dans les organisations, les intérêts des acteurs et les décisions qu'ils prennent dépendent nécessairement des formes variées de calcul organisationnel. Aussi l'action organisationnelle ne peut être l'expression de quelque principe interne essentiel; lorsqu'on fait appel à un tel principe en tant que *primus movens*, on néglige nécessairement la complexité et les conditions dans lesquelles les actions organisationnelles apparaissent.

Pas plus qu'on ne peut expliquer les politiques de toute organisation suivant une théorie générale de l'exploitation du travail, on ne peut le faire selon une rationalité interne. Pour une raison bien simple, trop d'éléments touchant d'autres aspects de l'identité, à part ceux de la participation ou de l'exploitation, sont dans de nombreuses théories laissés dans l'ombre. Dans un contexte organisationnel déterminé, les conditions générales de la domination économique peuvent ne pas être toujours l'élément le plus frappant d'une résistance ou d'un combat. D'autres sources particulières de domination peuvent être frappantes sur le plan organisationnel. Après tout, la division du travail est incarnée, sexuée, départementalisée, hiérarchisée, spatialement émiettée, etc. Toutes ces réalités peuvent engendrer des combats, de la résistance, du pouvoir et du consentement. Cependant, ce n'est pas seulement la question de l'identité qui limite l'applicabilité de telles théories générales. Un autre point important peut être la prise de conscience du fait que dans de nombreuses organisations complexes les politiques de contrôle et de discipline ne sont pas uniquement orientées vers le personnel. Dans la plupart des entreprises manufacturières américaines, suivant certains estimés récents (Jelinek, 1987), les coûts directs de main-d'œuvre ne dépassent pas la plupart du temps plus de 10 % des coûts totaux. En conséquence, le contrôle est moins orienté vers le processus de travail direct que vers les questions touchant la qualité des produits, l'utilisation de l'équipement, les inventaires et les marchés. Dans ce contexte, la perspective de la dépendance des ressources peut avoir une utilité explicative.

La théorie de la contingence règne, quoique avec une touche hégémonique personnelle, c'est-à-dire avec un degré d'exactitude empirique apparent (Heath, 1981), dans la mesure où le personnel dans les organisations est concerné et que certaines identités mâles constituées dans des contextes socialement et économiquement privilégiés sont plus importantes stratégiquement pour la prise de décision, l'accès et le succès organisationnel dans des carrières bien hiérarchisées. Dans le même ordre d'idées, les études féministes montrent que l'identité féminine devrait sur le plan collectif, sinon sur le plan individuel, être vue normalement comme un handicap stratégique. Remarquons ici qu'il ne s'agit pas d'affirmer que la classe ou le sexe fonctionnent de cette façon; mais simplement que l'observation sociologique suggère qu'il est probable que tel est le cas. Ce qui est d'un plus grand intérêt, bien sûr, c'est de reconnaître quelles caractéristiques et quelles pratiques nationales, juridiques, organisationnelles produiront une variation systématique dans la stratification des résultats construits suivant de tels marqueurs clés d'identité; tout comme est d'un grand intérêt l'étude de la culture des organisations dans lesquelles elles trouvent une expression particulière.

ORGANISATION ET ACTION STRATÉGIQUE

Ce qui est implicite dans la vision que l'on a développée jusqu'ici, c'est une conception de l'organisation comme un lieu où la négociation, la contestation et la lutte entre des actions organisationnellement à la fois divisées et liées sont omniprésentes, comme Machiavel l'avait vu si clairement. La division du travail doit être considérée à la fois comme un objet et un produit de cette lutte. Toutes les formes de division du travail, quelle que soit l'organisation employeuse, se constituent nécessairement dans un contexte diversifié de contrats de travail. La relation de travail, celle de la domination et de la subordination, c'est le fondement à partir duquel les autres pratiques organisationnelles se superposent. Celles-ci recoupent souvent ce fondement de façon très complexe.

Les conséquences sociologiques de cette conception des organisations sont évidentes. La division du travail de même que la rémunération qui y est associée deviennent en tant qu'aspects centraux du contrat de travail et de l'effort de négociation la source de la politique organisationnelle. Dans cette politique, l'action organisationnelle qui cherche à maximiser sa position stratégique doit tenter de transformer le point de relation avec d'autres actions en « un point modal nécessaire »: ce serait un canal par lequel la circulation entre elles se présente dans des formes qui privilégient l'action stratégique. Dans le cas contraire, les orientations stratégiques ne seront pas atteintes, l'action stratégique ne se réalisera pas. C'est de ces observations que découlent les éléments centraux de la théorie stratégique de la contingence.

Réaliser l'action stratégique exige de subordonner d'autres actions: au mieux, d'un point de vue stratégique, ces actions deviennent des relais autoritaires, des extensions de l'action stratégique (Law, 1986, p. 16). L'idéal d'une brigade de l'armée parfaitement disciplinée sur le champ de bataille, sujet obéissant à une haute autorité et à ses commandements, serait l'exemple type de cette évacuation de l'action des intérêts autres que ceux qu'on attribue d'autorité (je dois souligner que ceci est un idéal, la pratique pouvant être tout à fait différente). Les acteurs concernés, en l'occurrence ici la brigade de soldats, demeurent littéralement des non-acteurs dans ce processus: la seule action qui leur est formellement permise est d'obéir sans questionner, parfois sous peine de mort en cas de mutinerie, de désertion ou d'insubordination sur le champ de bataille. Idéalement, ils deviennent des acteurs dont le seul intérêt est d'obéir aux ordres des autres. À cet égard, l'armée, comme Weber en fut bien conscient, représente, de manière explicite, du moins sur un plan direct, la forme la plus typique de la discipline et du pouvoir « normal » de l'organisation. Indirectement, il n'est pas rare que la discipline militaire d'un groupe s'appuie aussi sur une autorité morale, par exemple sur une idée religieuse: les soldats de Dieu, comme Anthony (1977) l'a soutenu, ont constitué historiquement l'expression la plus élevée de la participation obéissante à une organisation. Le commerce en tant que croisade morale serait, peut-être, aujourd'hui le dernier rêve d'évangélistes culturels, dont Weber (1976), bien sûr, était là encore conscient et dont les fondateurs de la sociologie tels que Comte et son disciple Saint-Simon se sont faits au siècle dernier les prosélytes (Clegg et Dunkerley, 1980, chap. 2).

L'articulation des intérêts dans les actions stratégiques est ainsi le moyen et le résultat d'un positionnement unique parmi d'autres positionnements possibles au sein du champ organisationnel. Ce phénomène doit se reproduire pour que les structures de pouvoir existantes puissent se reproduire aussi. En effet, sa reproduction est synonyme de pouvoir; sa transformation s'avère une résistance efficace à celui-ci. Il devrait être évident que de telles reproductions sont toujours préstructurées et qu'elles ne sont jamais des topographies unidimensionelles. La topographie sera toujours le résultat des luttes précédentes et actuelles. Dans la vie organisationnelle, cette structure du champ doit être reproduite par les actions stratégiques sinon elle devient ouverte à la transformation.

L'action peut prendre la forme de pratiques, pour reprendre une conception dérivée non seulement de mon propre travail (Clegg, 1989) mais aussi d'une idée qu'on peut retrouver chez d'autres auteurs tels que Giddens (1984) et Bourdieu (1984). Cet accent mis sur la « pratique » est une stratégie analytique majeure de la part de ces auteurs afin de transcender la division traditionnelle entre objectivisme et subjectivisme que l'on retrouve dans les sciences humaines et sociales, et dont la tendance est de se centrer soit sur les « structures objectives » soit sur « les significations symboliques ». Les pratiques peuvent être vues sous forme de réseaux différenciés et interreliés de « circuits de pouvoir » (Clegg, 1989): un pouvoir fondamentalement épisodique, contextuel ou « facilitateur », un pouvoir qui fait des choses, un pouvoir qui existe et un pouvoir qui peut exister. Généralement mais pas toujours, ces circuits sont humains: ils peuvent être aussi départementaux ou inanimés. En ce qui concerne ces derniers, on peut penser, comme exemple, à l'action incontestable exercée par le système de prise de décision informatique, hautement interrelié, introduit par la Corporation de l'automation industrielle de la sûreté au sein de Wall Street. Quelques analystes le considèrent comme un facteur qui a contribué au krach boursier du 19 octobre 1987 (Sanger, 1987). Il n'est pas illusoire en de telles circonstances de penser que les actions ne sont pas toujours humaines. Une des conséquences de la position que nous avançons ici est que l'organisation sera plus probablement le théâtre de pouvoirs multiformes que le lieu monadique du pouvoir total, un champ de lutte plutôt qu'une institution totalitaire. Barnes (1986, p. 184) l'a résumé ainsi: « Avoir de la liberté sur un certain nombre d'activités routinières exige une délégation. Mais pour obtenir une liberté maximale sur toute activité routinière particulière, cela exige que cette autorité soit déléguée et non politisée. »

La délégation d'autorité théoriquement la plus puissante dépend de l'« obéissance » de l'acteur à qui on a délégué une telle autorité. Sinon, il n'y a aucun moyen d'éviter que les activités routinières déléguées puissent être gérées sans liberté. L'« obéissance » ne peut être assurée, en dépit de la recherche d'un équivalent séculier à l'obéissance divine, à cause de la complexité et de la contingence de l'action, en tant que nœud de calcul. La liberté n'a pas besoin de dissidence: elle peut être créative, productive et reproductive sur le plan organisationnel. Néanmoins, accroître le pouvoir délégué à une action signifie en autoriser d'autres, et l'on ne peut garantir qu'une telle délégation d'autorité soit le lieu d'actions hautement prévisibles et contrôlables que lorsqu'elles sont le fait de serviteurs loyaux. Ainsi, la problématique du « pouvoir dans les organisations » se centre non sur la légitimité ou sur toute autre aptitude des subordonnés comme dans la vision traditionnelle, mais sur une myriade de pratiques qui rendent les autorités impuissantes à devenir de vrais pouvoirs en restreignant l'action de celui qui est « obéissant », non seulement par des moyens coercitifs mais aussi par des moyens créatifs et productifs. Inéluctablement, l'« idéologie », « le savoir-faire » et l'« autorité », qu'il y ait « systèmes » ou non, sont engagées dans ces pratiques. Un exemple provenant de quelques-unes de mes données va éclaircir ce dernier point.

POUVOIR, SYMBOLIQUE, LANGAGE ET RAISONNEMENT PRATIQUE: LA RÈGLE DU MAUVAIS TEMPS

Beaucoup des idées que j'ai développées au cours des années à propos du pouvoir tirent leurs origines non seulement de réflexions et de lectures théoriques mais aussi d'expériences de terrain. Les données qui vont suivre sont tirées de mes tout premiers travaux que j'ai réalisés sur un chantier de construction dans le nord de l'Angleterre[5]. Sur un chantier de construction, du moins au Royaume-Uni, les menuisiers, ou les « charpentiers » comme on les appelle habituellement, bénéficient dans leur contrat de travail d'une clause d'arrêt de travail en cas de mauvais temps, c'est-à-dire de conditions météorologiques rigoureuses et déplaisantes. À première vue, cela paraît intéressant, bien sûr, mais en fait il n'existe aucune définition opérationnelle de ce qu'on entend par mauvaises conditions météorologiques. Ce fut une chose que j'appris de façon détournée mais combien intéressante quand je travaillais comme ouvrier sur un chantier. Un jour nous étions sur le chantier travaillant au « coffrage » (la charpente en bois à l'intérieur de laquelle on coule le béton, laquelle, bâtie autour de la structure d'acier trempé, constitue le cœur de la construction). Nous étions une petite équipe d'environ une douzaine d'hommes au sein de laquelle une personne était appelée le « chef de bande » (ou chef d'équipe). Le chef d'équipe se tourna et dit au groupe, le doigt au vent: « Eh les gars, on dirait que le temps se gâte. » Après avoir entendu cela, l'équipe regarda le ciel, s'arrêta et jeta un œil autour, et quelques-uns parmi nous dirent: « Eh, c'est vrai. » Nous laissâmes tomber nos outils et nous retournâmes à l'abri que nous utilisions pour nos pauses (déjeuner et pause-thé) où on commença à jouer aux cartes pendant que je préparais du thé pour l'équipe, comme je devais le faire. Environ dix minutes après, le contremaître du chantier vint et dit: « Que faites-vous bande de cons? Vous devriez travailler sur le chantier. » Le chef d'équipe répondit: « Les menuisiers ne travaillent pas lorsqu'il fait mauvais et le temps devient mauvais. » Le contremaître sortit et alla voir le chef de projet qui arriva environ 10 à 15 minutes plus tard. Une altercation verbale s'ensuivit, il y eut une négociation, quelques railleries et nous retournâmes sur le chantier. Il pleuvait modérément quand cela arriva pour la première fois. Je n'y pensais plus beaucoup et je ne me posais pas de question. J'ai juste pensé: d'accord, les menuisiers n'aiment pas être trempés sur un chantier plus qu'il ne le faut et nous ne travaillons donc pas quand il pleut. Toutefois, le même phénomène se répéta deux ou trois jours plus tard. Je commençai à me poser des questions parce que cette fois-là il ne pleuvait pas du tout. Avec un clin d'œil et un regard espiègle, le chef d'équipe dit: « Oh debout, il semble que le temps se gâte », et nous partîmes en groupe. Cela arriva ainsi plusieurs fois durant deux à trois semaines.

À mon avis, ce qui se passait alors était la chose suivante: la tâche était organisée de telle manière que les menuisiers obtenaient une très modeste prime de rendement. Le salaire des menuisiers était constitué de plusieurs éléments: ils recevaient un montant d'argent pour leur présence, ce qui incluait le coût du transport, en plus d'un taux variable standard, mais le gros des extras provenait d'une prime de rendement collective fixée d'après un taux à la pièce basé sur le nombre de mètres de coffrages que les menuisiers pouvaient faire durant une période déterminée.

Ce que les menuisiers étaient en train de faire, c'était d'utiliser la clause de mauvais temps de façon ironique mais légitime. La pression était mise sur un management incompétent (incompétent, bien sûr, du point de vue de la prime de rendement des menuisiers) afin d'organiser la tâche plus efficacement de telle manière que les matériaux et les fournitures puissent arriver sur le chantier à temps. S'ils arrivaient à temps, les menuisiers pouvaient travailler davantage et ainsi obtenir des gains supplémentaires. Lorsque les fournitures n'arrivaient pas, ils utilisaient les temps morts pour du mauvais temps.

À la lumière du présent article, la clause de mauvais temps est tout à fait intéressante. Tout d'abord elle illustre comment une action peut surgir d'une forme non humaine — dans ce cas-ci, la météo. C'est la météo, interprétée par la clause de mauvais temps, qui devint la raison légitime et observable de l'arrêt de travail. Bien sûr, la météo n'avait aucune signification hors des catégories du raisonnement pratique qui étaient accessibles aux menuisiers. En plus de tous les discours quotidiens tenus sur la météo, ce qui pour un Anglais constitue presque une seconde nature, les menuisiers avaient un autre discours, qui découlait des relations contractuelles. Ainsi, dans un deuxième temps, cet exemple met le doigt sur la centralité pratique de ces relations contractuelles qui a été mise en lumière plus haut. Troisièmement, ce cas illustre la nature même du pouvoir, lequel a constitué le cœur de cet article, et qui est bien plus qu'un interdit épisodique. Si tel avait été le cas, alors le chef de projet aurait dû être le seul à exercer du pouvoir dans toute cette histoire, comme il le fit en nous renvoyant sur le chantier quand nous avions déjà indiqué que nous préférions ne pas y être. Cependant, il existait également une forme très nette de pouvoir naturel au travail. Un jeu se jouait suivant certaines règles qui s'inscrivaient autant dans les dispositions des participants que dans celles qui se constituaient contractuellement. En outre, le pouvoir facilitateur, productif était tout aussi également évident. Les menuisiers essayaient de provoquer quelque chose à travers la nature symbolique de leur action; c'est ce dernier point, peut-être l'aspect le plus intéressant, que j'aimerais maintenant analyser un peu plus en détail.

Des chercheurs comme Burawoy (1979) ont parlé de ces jeux auxquels les ouvriers se prêtent dans les organisations comme une façon d'acquérir de l'autonomie et de se créer un espace de liberté en dehors de la surveillance de l'encadrement. Si les menuisiers, pendant qu'ils jouaient à un jeu similaire, ne cherchaient pas à acquérir de l'autonomie et à créer un espace de liberté, ils cherchaient en revanche à mettre la pression sur le management pour accroître son pouvoir et ainsi les exploiter un peu plus et plus efficacement. C'est un type puissant de pouvoir. C'est un pouvoir dans lequel les sujets pratiquent gaiement la collusion en intensifiant leur propre sujétion. Cet exemple met l'accent sur l'énorme pouvoir facilitateur que l'édification institutionnelle des organisations offre aux acteurs, notamment à ceux qui sont en position d'autorité (nominale et supérieure) — même lorsque, à un niveau, elles sont minées par l'intelligence créative d'un pouvoir formellement subordonné qui peut utiliser de façon ingénieuse cette construction institutionnelle, dont la symbolique n'est jamais fixée une fois pour toutes mais toujours ouverte à la négociation, à la reformulation indexicale et à l'innovation. Même en s'opposant à l'autorité formelle, les menuisiers ne faisaient que la reconnaître. En effet, leur opposition était fondée sur la base de cette autorité, celle-ci devenant autonome grâce aux capacités qui la constituaient: le pouvoir efficace qui découle des prérogatives managériales. Par la même occasion, la coupure du tissu institutionnel du nœud salarial qui les entourait tous a servi seulement à les faire courber un peu plus alors que sa construction même s'élargissait pour laisser la place à l'innovation.

Conclusion

Le pouvoir s'inscrira toujours dans des règles du jeu contextuelles qui à la fois rendent possible l'action et la contraignent (Clegg, 1975). Ces règles peuvent être vues comme les fondements de la logique sous-jacente des calculs que les actions produisent régulièrement dans un contexte organisé. L'action ne peut être désignée comme telle qu'en renvoyant à des règles qui la déterminent ainsi. Ces règles ne sont jamais complètement dénuées d'ambiguïté symbolique: elles sont toujours fonction du contexte de ceux qui les interprètent et des interprétations, comme l'a montré l'exemple précédent.

Où il y a des règles, il doit y avoir de l'indexicalité, comme l'ont bien démontré des travaux aussi différents que ceux de Wittgenstein (1967), Garfinkel (1967), Clegg (1975) et Barnes (1986). Les règles ne peuvent jamais fournir leur propre interprétation. Les questions d'interprétation sont toujours reliées aux processus par lesquels les actions s'actualisent et sont synonymes de règles. Faire des règles constitue une activité. Cette activité se réalise par des actions, processus constitutif de fabrication de sens par lequel la symbolique se fixe. Les règles et les jeux, tous deux, tendent toujours à devenir l'objet de contestation de sens par certains joueurs accomplissant non seulement certains mouvements mais aussi en les arbitrant comme ressources de pouvoir. Par conséquent, là où les règles sont invoquées il devrait y avoir de l'autonomie. Ainsi, ce n'est pas seulement l'incorporation, la force de travail qui deviennent la source de résistance. Ce n'est pas seulement le fossé entre la capacité de travailler et son résultat dans lesquels le pouvoir et l'organisation du contrôle sont engagés, c'est aussi inhérent à la régulation symbolique.

Ici, nous sommes en présence du paradoxe central du pouvoir: le pouvoir d'une action s'accroît en principe avec l'autorité qui la délègue; la délégation d'autorité ne peut s'effectuer que par des règles; ces règles comportent nécessairement de la liberté et cette liberté donne potentiellement du pouvoir à ceux à qui elle est accordée. De là découle le fondement implicite et généralement accepté de l'ordre négocié et, à l'occasion, sa fragilité et son instabilité, comme l'a si bien observé Strauss (1978). C'est pour cette raison que là où les questions d'extension de l'espace-temps deviennent nécessaires pour garantir l'action organisationnelle, il devient important qu'il existe des formes de régulation de pratiques auxquelles les acteurs doivent être tenus. La liberté de choisir requiert de la discipline si l'on veut que cela reste un relais fiable. Que cela se réalise soit par ce que Foucault appelle des pratiques disciplinaires, soit par d'autres types de pratiques n'a aucune importance. La surveillance directe, l'intériorisation de normes professionnelles, un schéma standardisé, des intérêts économiques communs ou encore les rapports de la clientèle peuvent servir de règles pratiques. En leur absence, dans le cas de malfonctionnement ou de fuite, les organisations seraient alors mal avisées de mettre leur confiance dans de telles actions, comme Machiavel le savait trop bien.

Le pouvoir est inhérent à l'autorité et se constitue par des règles; l'interprétation des règles doit être disciplinée, régulée, si de nouveaux pouvoirs ne surgissent pas et si les pouvoirs en place ne se transforment pas. En fait, étant donné l'indexicalité inhérente à l'utilisation des règles, les choses ne seront jamais complètement stables. La constitution des règles s'accompagnera la plupart du temps de stress, de tensions et de conflits dont les limites peuvent être trouvées sûrement dans la désobéissance par rapport au règlement. Par définition, une discipline pleinement efficace n'admet aucune brèche, aucune « désobéissance » mais une fidélité totale au règlement. Cette position n'est pas très éloignée de celle de Weber (1979) ou de Foucault (1977), malgré les protestations du contraire (Foucault, 1981). Ce qui est surprenant, c'est que les positions de Weber sur l'idée de « discipline » (qui en elles-mêmes font écho à celles de Durkheim sur la « régulation morale ») n'aient pas eu plus d'écho en sociologie des organisations lorsqu'on a abordé la notion de pouvoir.

Le pouvoir n'est pas une chose. Comme Hindess (1982) l'a défendu avec force, on ne devrait pas le penser comme une capacité que l'on n'exerce pas. Au contraire, c'est « une question de mobilisation réussie de ressources et de moyens d'action dans un contexte de lutte spécifique » (Hindess, 1982, p. 509) quand le critère de succès, sur le plan de la reproduction et la transformation des choses, est lui-même contesté. Le degré auquel la lutte est soumise aux actions travaillant selon les interprétations légitimées des règles devient crucial pour ces processus. Sur le plan organisationnel, ce n'est pas uniquement une question de savoir qui résiste, comme on le pose habituellement: les luttes peuvent généralement se poursuivre au-delà des acteurs dans les organisations, notamment là où le combat concerne l'identité, les conditions et les droits d'appartenance (par exemple, le cas des luttes nationales, des luttes de factions, des luttes de classes). Ce contre quoi on lutte, c'est contre une interprétation légitimée des règles en tant que mode donné de pratiques disciplinaires. Le pouvoir s'exprime dans et par des pratiques disciplinaires et dans et par les luttes qui s'y opposent ou résistent à de telles pratiques.

Cette résistance à la discipline est permanente à cause de l'ensemble pouvoir-règle, véritable nœud de signification et d'interprétation qui, en raison de son indexicalité, est toujours prêt à être remis en cause. C'est ce qui unit le pouvoir et le savoir dans la formulation de Foucault (1977), parce que, dans sa phase la plus pénétrante, le pouvoir positionne le sujet, en mettant en place des pratiques disciplinaires qui définissent les possibilités, les impossibilités et les corrélats des actions. Par conséquent, l'organisation, en tant que sphère de politiques langagières, est toujours ouverte à l'étude. Cela ne veut pas dire que tout discours ou texte organisationnel sera politique: cela n'aurait aucun sens de faire une telle suggestion. C'est pour le reconnaître que les actions ainsi constituées s'engageront fréquemment dans les guerres organisationnelles de position pour s'assurer de la définition et de la maîtrise de ces conduites organisationnelles d'où surgira l'action stratégique: le passage obligé ou le point nodal nécessaire de l'organisation.

Dans un autre texte (Clegg, 1975), j'ai détaillé cette question dans un contexte précis qui rend tout cela absolument clair: le contexte était celui d'un chantier de construction et la focalisation portait sur le rôle que le contrat jouait dans sa constitution. Si le contrat, qui fonde littéralement l'organisation du chantier de construction, tente d'en définir à l'avance toutes les sources de contingence, il ne peut, bien sûr, jamais avoir une emprise sur sa propre interprétation implicite. Par conséquent, l'action stratégique est une tentative pour en déterminer l'interprétation et pour définir les actions selon ses intérêts. Dans cet exemple, le contrat, signe formel de l'accord organisationnel, devient le lieu de résistance et de pouvoir lorsque les passages obligés sont fixés par le caractère alambiqué de son interprétation pratique. Les politiques langagières à l'égard des textes et des paroles constituent la condition normale d'existence de la vie organisationnelle, de la remarque ou du mémo le plus élémentaire aux engagements les plus importants observés par des chercheurs comme Daudi (1986) et Pettigrew (1973). Le pouvoir, l'organisation et l'action s'expriment invariablement dans des politiques symboliques et dans leur interprétation, comme l'exemple de la clause de mauvais temps le montre. On pourrait remarquer que ce sera le cas même lorsqu'on pense qu'ils sont absents. Si les conditions de l'obéissance organisationnelle peuvent amener à rendre le pouvoir, l'organisation et l'action non problématiques et le langage transparent, nous devons toujours nous poser les questions suivantes : de quels concepts, de quel savoir, de quelles pratiques cette obéissance dérive-t-elle?

Notes

1. Voir Clegg (1975) et Clegg et Dunkerley (1980), notamment le chapitre 12.
2. C'est un point qui a été développé ailleurs (voir à ce sujet Clegg, 1975; 1977; 1979; Clegg et Dunkerley, 1980).
3. Comme le montrent plusieurs dimensions développées dans le présent ouvrage.
4. Voir, par exemple, la description de ces conditions par Carchedi (1987, p. 100).
5. Pour un développement plus élaboré, voir Clegg (1975).

SIXIÈME PARTIE

PLAISIR ET SOUFFRANCE AU TRAVAIL

« Avec logique et raison nous
mourons à toute heure
Avec imagination, nous vivons. »

YEATS

« Les hommes choisissent eux-mêmes
leurs maux. »

PYTHAGORE

« Ne vois-tu pas, n'entends-tu pas
combien trop vite ils meurent, et
combien trop courte est leur vie. »

LUCRÈCE

L'ÊTRE HUMAIN, UN ÊTRE DE PLAISIR ET DE SOUFFRANCE

Jean-François CHANLAT

Dans les parties précédentes, nous avons rappelé combien l'être humain, être de parole, de désir et de pulsion, était enraciné dans un espace-temps et combien la relation qu'il pouvait entretenir avec autrui et son environnement était chargée de sens. Sujet en acte et en situation, l'être humain est également fait de chair et de sang. Les expériences qu'il vit au travail, les relations professionnelles qu'il développe touchent à des degrés divers son corps et son psychisme. Synonyme de souffrance pour les uns, de plaisir pour les autres, le travail mêle en fait la plupart du temps plus ou moins subtilement les deux. Tel est l'objet de cette sixième et dernière partie. Relier l'univers de travail et le contexte organisationnel à l'expérience qu'en ont *réellement* et *concrètement* les personnes qui travaillent, quel que soit leur statut socioprofessionnel — ouvrier, employé technicien, cadre, dirigeant — c'est poser d'une manière différente la question de la santé au travail. En effet, jusqu'à présent cette question a été abordée davantage soit sous l'angle des maladies professionnelles et des accidents du travail (Duclos, 1984: Daum et Stellman, 1983), soit sous l'angle du stress et de l'épuisement professionnel, le « burn-out » des Anglo-Saxons (Aubert et Pagès, 1989; Chanlat, 1983; Bibeau, 1985). Si tous les pays industrialisés se sont plus ou moins préoccupés des risques professionnels encourus, notamment dans les secteurs les plus dangereux (usines, bâtiments et travaux publics, métallurgie, forêts, etc.), en revanche, tous n'ont pas accordé sinon le même intérêt du moins la même signification aux facteurs d'ordre psychosocial. Encore aujourd'hui, la législation dans ce domaine touche d'abord et avant tout les risques clairement identifiables et objectivables (poussières toxiques, polluants, défauts mécaniques, etc.). Pourtant, les ouvrages n'ont jamais été aussi abondants pour décrire les effets à la fois positifs et négatifs des facteurs psychosociaux sur la santé physique et mentale des gens qui travaillent (Chanlat, 1985, 1986; Cooper et Kasl, 1987). Cette recherche du rôle que les facteurs psychosociaux peuvent jouer en matière de santé au travail a fait émerger deux grands modèles: le modèle du stress et du « burn-out » et le modèle de la psychopathologie du travail.

Le premier, largement dominant dans les pays anglo-saxons et scandinaves, a suscité depuis une vingtaine d'années des milliers de publications (Selye, 1975; Levi, 1980; Chanlat, 1985, 1986a, 1986b). Cette accumulation considérable de données a conduit à l'élaboration d'un modèle *objectiviste* qui, comme nous le rappellerons un peu plus loin, n'a pas rencontré jusqu'à tout récemment beaucoup d'échos dans les pays latins, notamment en France.

Marquée par une tradition intellectuelle différente où le positivisme et le behaviorisme dans le domaine des sciences humaines cèdent la place à des conceptions plus phénoménologiques et interprétatives et où l'héritage marxien a laissé des traces, la recherche dans l'aire latine a pris une orientation différente. C'est dans ce champ social-historique que le second modèle est né.

Issu d'une part de la psychanalyse et de la psychosomatique, et d'autre part des sciences sociales, le modèle de la psychopathologie du travail, ainsi que le texte de Christophe Dejours l'atteste, cherche à mettre en relation le vécu subjectif de la personne au travail avec l'organisation. Cette approche débouche sur une remise en question de certains modes d'organisation et de gestion (Chanlat, 1989), en particulier de ceux qui sont incapables de créer des espaces de parole et des résonances symboliques au travail. Par là même, elle incite à imaginer de nouvelles formes d'organisation du travail, plus respectueuses du fonctionnement psychique de l'être humain.

Si le travail, et plus généralement le lien qu'une personne entretient avec l'organisation qui l'emploie, est source de plaisir et de souffrance, il peut être également à la base de certains processus névrotiques particuliers. Comme nous le montre le texte de Nicole Aubert, certaines difficultés psychologiques que l'on peut rencontrer chez plusieurs personnes qui travaillent tirent leur origine de leur situation professionnelle. En réactualisant des conflits infantiles ou en étant directement à la source des problèmes, la situation professionnelle devient un foyer psychopathogène. Si cette approche peut donc avoir quelques éléments en commun avec le modèle du stress et de l'épuisement professionnel, elle s'en distingue très nettement par la place qu'elle accorde à la subjectivité et à l'interprétation. Au modèle objectiviste basé sur le stress au travail, elle préfère une conception plus subjective de l'être humain qui redonne toute sa place à l'expérience concrète et à la vie psychique.

Cet autre regard sur la santé au travail ne peut pas, par ailleurs, ne pas se pencher, à l'heure de la féminisation du marché de l'emploi, sur les distinctions possibles en matière de santé et de sécurité au travail entre les sexes. Or, comme nous l'indique le texte de Michel Perreault, cette différenciation sexuelle n'est pas aussi claire qu'on pourrait le penser à première vue. Au contraire, lorsqu'on compare des hommes et des femmes occupant des postes de travail similaires, on ne remarque aucune différence. Le poste de travail et les exigences qui y sont associées seraient donc le facteur clé dans les écarts observés non seulement chez les personnes d'un même sexe mais aussi entre les sexes. Cette constatation empirique vient renforcer l'idée que c'est, là encore, l'organisation du travail qui est au centre de la genèse de la souffrance et du plaisir au travail. Aux organisations et à ceux qui les dirigent d'en prendre acte pour ne pas faire en sorte que « le malheur humain, comme l'écrit R. Passet (1985), devienne le ressort d'un bon fonctionnement de l'appareil productif ». La santé des individus et des organisations est à ce prix.

NOUVEAU REGARD SUR LA SOUFFRANCE HUMAINE DANS LES ORGANISATIONS

Christophe DEJOURS

Introduction

Le développement de l'activité productive, on le sait depuis longtemps, relève d'une logique où les jeux de la concurrence économique occupent une place centrale. Il est usuel de considérer que, globalement, cet essor a pour les hommes et la société des retombées favorables: par le truchement d'une augmentation de la consommation des ménages et, au-delà, d'une amélioration de leur confort matériel.

Mais dans le même temps, la recherche de meilleures performances productives fait surgir dans l'entreprise même des contraintes sociales et humaines qui ont, quant à elles, des conséquences parfois moins avantageuses sur la vie ordinaire et la santé des hommes et des femmes qu'elle emploie.

Bénéficiaire de la *production*, l'homme est souvent dans le même mouvement victime du *travail*.

Tel est le paradoxe dont il s'agit ici de mesurer la portée, paradoxe en vertu duquel les objectifs de la production sont pour le monde extérieur à l'entreprise promesse de bonheur, cependant qu'à l'intérieur ils sont souvent, il faut le reconnaître, promesse de malheur.

Encore convient-il de souligner d'emblée que les rapports entre souffrance et organisation ne vont pas toujours dans ce sens et que le travail peut aussi être source de plaisir, voire médiateur de santé. C'est précisément l'objectif de ce chapitre que d'introduire des nuances dans l'analyse des liens entre souffrance humaine et travail.

Nous disposons aujourd'hui de connaissances plus approfondies dans ce domaine grâce à un courant de recherches, français pour l'essentiel, inspiré par l'émergence d'une discipline nouvelle: la psychopathologie du travail.

Il n'est pas question ici de procéder à une revue des travaux publiés (qui seront seulement cités en référence), mais de concentrer la discussion sur la question, délibérément limitée mais essentielle, de *la souffrance au travail*.

On envisagera d'abord les articulations entre souffrance singulière, héritée de l'histoire psychique propre de chaque sujet (dimension diachronique), et souffrance actuelle surgie de la rencontre du sujet avec la situation de travail (dimension synchronique). Nous serons alors en mesure d'étudier les destins possibles de la souffrance dont on essaiera de montrer combien ils sont contrastés et cependant « typologisables ». Parfois, dans sa lutte contre la souffrance, le sujet parvient à élaborer des solutions originales qui, comme on le montrera, sont en général favorables simultanément à la production et à la santé : on caractérisera alors cette souffrance du nom de *souffrance créatrice*. À l'inverse, dans cette lutte contre la souffrance, le sujet peut aboutir à des solutions défavorables à la production et défavorables aussi à sa santé. La souffrance sera alors qualifiée de *souffrance pathogène*.

Nous serons conduit à analyser ce lien insolite qui semble associer dans un destin commun santé et production. Mais nous aurons surtout à élucider les conditions organisationnelles qui, selon les cas, président à l'engagement des sujets dans le sens de la souffrance créatrice ou dans le sens de la souffrance pathogène.

Au-delà de l'analyse des liens entre souffrance et travail, nous nous donnerons, pour ce chapitre, un deuxième objectif : soulever une série de questions sur l'extension du champ des responsabilités humaines *et* sociales des organisations.

La souffrance au travail articule, disions-nous, des données relatives à l'histoire singulière et des données relatives à la situation actuelle, c'est-à-dire qu'elle est tout entière traversée par la dimension *temporelle*. Elle se déploie, en fait, aussi dans l'*espace*, dans la mesure où la souffrance non seulement implique des processus construits à l'intérieur de l'espace de l'atelier, de l'entreprise ou de l'organisation, mais convoque de surcroît des processus qui se jouent en dehors de l'entreprise, dans l'espace domestique et dans l'économie familiale du travailleur.

D'où dérivent des questions fondamentales relatives à l'influence des organisations sur la cité. La connaissance des conséquences sociales de la souffrance au travail modifiera-t-elle en retour les conceptions en matière de management, de direction et de gestion du personnel, et d'organisation du travail ? C'est la question qui, surgie logiquement de cette analyse, peut être posée, car rien n'exclut qu'on demande un jour à l'entreprise de se préoccuper de ses nuisances psychiques et sociétales comme, d'ores et déjà, on exige d'elle qu'elle gère ses nuisances physico-chimiques hors de son espace propre. L'écologie demeurera-t-elle limitée au *bios*, ou décidera-t-on à terme d'en étendre le champ au *socius* ?

PSYCHOPATHOLOGIE DU TRAVAIL ET MODÈLE DE L'HOMME CONCRET

Les premières recherches en psychopathologie du travail dans les années cinquante étaient consacrées à l'étude des troubles psychiques occasionnés par le travail. En utilisant une méthodologie fondée sur des entretiens individuels, en se référant au modèle théorique de la psycho-physiologie pavlovienne, une équipe de cliniciens est parvenue à repérer et à décrire des syndromes étroitement associés à la situation de travail : ils ont ainsi décrit la « névrose des téléphonistes » (standardistes des centraux téléphoniques) et la « névrose des mécanographes » (Le Guillant, 1963). Des études monographiques ont été publiées sur la psychopathologie des bonnes-à-tout-faire (Le Guillant, 1963). Enfin, une étude où les références théoriques sont plus hétérogènes a été publiée sur les problèmes psychopathologiques posés aux mécaniciens des chemins de fer par l'introduction d'un nouveau dispositif de conduite (veille automatique VACMA) qui modifiait sensiblement le rapport des agents à leur travail (Moscowitz, 1971).

En raison des limites rencontrées par la référence pavlovienne à rendre compte de situations plus diversifiées que celles offertes par le travail répétitif sous contrainte de temps, d'une part, en raison des secousses modifiant le paysage théorique de la psychopathologie (hégémonie de la psychanalyse à la fin des années soixante), d'autre part, la recherche en psychopathologie du travail a, pendant des années, marqué le pas.

La principale difficulté rencontrée par la psychopathologie du travail venait de sa dépendance excessive des modèles médicaux classiques: comme en pathologie professionnelle et en médecine du travail où l'on peut mettre en évidence des maladies liées au travail (la poussière de charbon engendre la silicose des mineurs, les vapeurs de plomb entraînent le saturnisme chez les fondeurs et les typographes) on cherchait à décrire en psychopathologie des maladies mentales du travail.

Cette recherche est sans issue parce que les contraintes normatives de la vie collective de travail sont assez sélectives pour éliminer de l'entreprise les sujets qui souffrent de symptômes mentaux et de troubles du comportement, fussent-ils mineurs. De sorte que, dans l'entreprise, la grande majorité des travailleurs demeure dans la normalité. Les études cliniques classiques comme les enquêtes épidémiologiques restent décevantes et peu probantes.

C'est pourquoi, sans doute, à la même époque ont triomphé dans ce champ les études se référant à la théorie du stress. Cette dernière en effet est mieux à même de pénétrer un domaine où le psychisme des travailleurs ne sort pas de la normalité.

L'inconvénient de cette approche est de n'être pas à proprement parler psychopathologique, c'est-à-dire de n'être pas en mesure de rendre compte des mécanismes proprement psychiques, ni des chaînons intermédiaires entre le travail et la santé mentale. Les critères d'évaluation, en effet, sont ici avant tout des critères somatiques et biologiques. Et si l'on mesure les variations de la fréquence cardiaque ou du cortisol plasmatique, ces variables sont aspécifiques et ne permettent pas d'approcher les questions relatives à la *signification* ni au *vécu subjectif* des travailleurs.

Quant aux enquêtes d'opinion, de motivation et de satisfaction vers lesquelles se sont tournés d'autres auteurs, réalisées à l'aide de questionnaires, on sait combien là aussi elles sont peu précises et peu discriminantes.

Le nouvel essor de la psychopathologie du travail a été rendu possible à partir du moment où, prenant acte de la normalité des travailleurs en situation de travail, on a été en mesure d'opérer un retournement épistémologique. C'est alors *la normalité qui est considérée comme une énigme.* Comment les travailleurs, dans leur majorité, parviennent-ils, malgré les contraintes de la situation de travail, à préserver leur équilibre psychique et à demeurer dans la normalité?

En posant cette question, on est conduit à faire porter l'investigation non plus en direction des « maladies mentales » mais en direction des stratégies défensives élaborées par les travailleurs pour faire face mentalement à la situation de travail. La normalité apparaît alors comme un équilibre précaire (équilibre psychique) entre des contraintes de travail déstabilisantes, voire pathogènes, et des défenses psychiques.

L'équilibre serait le résultat d'une « régulation », requérant des stratégies défensives particulières élaborées par les travailleurs eux-mêmes. Équilibre, stabilité, normalité, s'ils témoignent d'une mise à distance de la maladie mentale ne sont pas pourtant des données naturelles. Ils sont plutôt le signe d'une *lutte* contre la maladie mentale. La normalité gagnée et conservée de haute lutte est au contraire tout entière traversée par la souffrance. *La souffrance est alors définie comme l'espace de lutte couvrant le champ situé entre d'un côté « le bien-être » psychique* (pour reprendre ici le terme consacré par la définition de la santé que donne l'O.M.S.), *de l'autre la maladie mentale ou la folie.*

(Signalons que la folie, lorsqu'elle surgit, fait apparaître des symptômes — délire, dépression, phobie, inhibition, excitation, etc. — dont la forme relève davantage de l'organisation de la personnalité, de l'histoire et du passé singuliers de chaque individu, que de la situation de travail ayant servi d'élément déclencheur à la maladie. C'est là aussi une des raisons de l'échec d'une recherche clinique centrée sur les maladies mentales plutôt que sur l'analyse des mécanismes sous-jacents à la normalité souffrante.) À partir du début des années quatre-vingt, la psychopathologie du travail s'est donc surtout préoccupée de bâtir la clinique de cette souffrance dans le rapport psychique au travail.

Il a été possible de montrer que les contraintes du travail qui mettent particulièrement en cause l'équilibre physique et la santé mentale relèvent de *l'organisation du travail*. (Au contraire, les contraintes dangereuses pour la santé somatique des travailleurs se situent dans les *conditions de travail*, c'est-à-dire dans les conditions physiques (bruit, température, vibrations, rayonnements ionisants, etc.), chimiques (poussières, vapeurs, etc.) et biologiques (virus, bactéries, levures) qui ont le corps pour cible principale.) Par organisation du travail il faut entendre d'une part la *division des tâches* (aboutissant à la définition du mode opératoire) qui engage directement la question de l'intérêt et de l'ennui au travail; d'autre part la *division des hommes* (hiérarchie, commandement, surveillance) qui engage directement les relations que les travailleurs établissent entre eux sur le terrain même du travail.

Se dégage ainsi une interface entre organisation du travail et santé mentale, qu'on peut ensuite étudier et analyser de façon circonstanciée dans chaque situation de travail.

Les défenses

Entre organisation du travail et fonctionnement psychique s'interposent donc des stratégies défensives dont l'existence a été signalée plus haut.

Parmi ces défenses, on a pu déceler des stratégies défensives jusque-là inconnues. À savoir des *défenses construites par le collectif* de travailleurs qui, pour fonctionner, requièrent la participation de tous les membres du collectif. À ces défenses ont été donnés les noms de défenses collectives et d'idéologies défensives de métier, selon les cas (Dejours, 1980b).

L'intérêt de ces défenses pour la psychopathologie du travail est leur haute spécificité. Elles sont en effet estampillées de façon remarquablement discriminative par les contraintes organisationnelles du travail contre lesquelles elles sont érigées.

Mais les défenses collectives et les idéologies défensives de métier ne sont pas seules à être utilisées pour lutter contre la maladie mentale et soulager la souffrance. Les défenses individuelles, classiquement répertoriées par la psychopathologie et la psychanalyse, ont aussi un rôle à jouer. Parmi ces dernières, une place importante a été reconnue à la « répression pulsionnelle », notamment dans les tâches répétitives de l'organisation scientifique du travail. (Répression pulsionnelle: modalité défensive qui se distingue du refoulement et qui agit en deçà de ce dernier, à la source même de la pulsion (Laplanche et Pontalis, 1967)). Or cette défense préside à l'apparition de maladies du corps (et non à l'apparition de maladies mentales) en réponse aux contraintes organisationnelles. De sorte qu'une part de l'investigation se trouve déportée vers l'étude de la *psychosomatique* dans le champ du travail et suggère que les contraintes psychiques du travail n'impliquent pas que la santé mentale, mais mettent parfois en cause aussi la santé physique, ce qui ne va pas sans rappeler ici la série des phénomènes décrits sous le nom de stress.

L'affrontement entre organisation de la personnalité et organisation du travail

Pour pénétrer plus avant dans le rapport psychique entre le travailleur et la situation de travail, il est nécessaire, si l'on ne veut pas éluder les questions essentielles, de considérer deux affrontements fondamentaux:

- l'affrontement entre registre *imaginaire* (produit par le sujet) et registre de la *réalité* (produit par la situation de travail);
- l'affrontement entre registre *diachronique* (histoire singulière du sujet, son passé, sa mémoire, sa personnalité) et registre *synchronique* (contexte matériel, social et historique des rapports de travail).

De l'analyse de ces articulations nous déduirons une conception de l'homme différente de celle qui a cours habituellement dans les sciences de l'administration et du management: celle de l'homme *concret*, vivant, sensible, réactif et souffrant, animé par une subjectivité; conception différente de celle d'un idéal-type moyen, qui renvoie à un modèle de l'homme *abstrait* (Politzer, 1974).

L'analyse de l'articulation entre organisation de la personnalité et organisation du travail passe par une référence privilégiée à la clinique psychanalytique. C'est en effet dans le champ de cette expérience clinique que l'on peut mieux saisir l'ampleur de l'incidence du passé du sujet sur sa conduite actuelle.

Référence au développement ontogénétique de la personnalité

De la psychanalyse, nous avons appris que les traits les plus stables de la personnalité s'enracinent dans l'enfance et les expériences précoces. Selon cette théorie, l'organisation mentale n'est pas donnée à la naissance et passe par des étapes. Chacune d'entre elles est estampillée par les relations entre l'enfant et ses parents. Cristallisent ainsi des formes qui esquissent les linéaments de la personnalité. Non sans obstacles, non sans incidents. Jusqu'à ce que se stabilise, avec ses forces et ses fragilités, le moi adulte.

Angoisse des parents et souffrance de l'enfant

Les obstacles auxquels se heurte le développement psycho-affectif de l'enfant occuperont ultérieurement une place centrale dans le rapport psychique de l'adulte au travail.

Lorsqu'il est très jeune, l'enfant semble tellement sensible à l'angoisse de ses parents que cette dernière devient bientôt aussi son affaire à lui. L'enfant lutte alors contre la souffrance de ses parents comme s'il s'agissait de la sienne propre. La souffrance qui naît en lui, il la vit à la première personne. Il n'est pas en mesure de reconnaître qu'elle prend son origine dans l'angoisse de ses parents. Pour métaboliser sa souffrance, l'enfant aurait besoin de parler avec ses parents de ce qui le fait souffrir. Mais ce qui le fait souffrir est précisément ce qui fait aussi souffrir ses parents. De sorte que s'aventurer sur ce terrain risque de déclencher l'angoisse des parents et d'aggraver son angoisse à lui. L'enfant apprend à contourner ce terrain mouvant, mais, en lui, cristallise alors une zone de fragilité psychique.

L'épistémophilie

Plus tard, dès qu'il atteint l'âge de parler, l'enfant se préoccupe de comprendre ce qui se passe sur cette *terra incognita*, où chaque fois qu'il pénètre (volontairement ou malencontreusement) il fait l'expérience douloureuse de l'angoisse, de la solitude, de l'abandon, voire du rejet par ses parents. Qu'est-ce qui préoccupe à ce point les parents que, dans cette zone, il ne puisse plus se sentir aimé d'eux? Ainsi l'angoisse, la souffrance et les préoccupations fondamentales de ses parents deviennent-elles une *énigme* que l'enfant va emporter avec lui tout au long de sa vie d'adulte. Cette énigme sera à l'origine d'une *curiosité* jamais satisfaite, d'un désir de savoir et d'un désir de comprendre, périodiquement réactivés par les conjonctures matérielles et morales dont la forme rappelle les préoccupations parentales. À cette curiosité, on donne en psychanalyse le nom d'*épistémophilie*. L'enfant construira ainsi, au fur et à mesure de son développement cognitif, une série de théories infantiles qui se succéderont sans toutefois se substituer l'une à l'autre. L'enfant d'autrefois continuera ainsi d'occuper certaines positions dans l'espace psychique de l'adulte à venir.

Le jeu

Très tôt, l'enfant cherche à mettre en scène son désir de comprendre et ses théories explicatives. Pour ce faire il utilise le jeu (Winnicott, 1975): invitation adressée aux parents à jouer sur un théâtre intermédiaire, imaginaire et humoristique (donc moins menaçant que le terrain mouvant initial) sa souffrance mise en intrigue.

Intarissable, insatiable, l'activité ludique est une forme majeure d'*expérimentation* des théories infantiles.

Le théâtre du travail

Le travail est l'occasion de transposer une fois de plus le scénario originel de la souffrance dans la réalité sociale sur un théâtre moins généreusement ouvert toutefois que le précédent au libre déploiement de l'imagination.

Cette fois, les partenaires du scénario ne sont plus les parents ni leurs substituts directs. Ce sont d'autres travailleurs, d'autres adultes. Et l'objectif n'est plus le seul plaisir d'un jeu, mais l'*action* dans le champ de la production, des rapports sociaux, voire du politique.

Le passage du théâtre psychique au théâtre du travail répond à ce qu'en psychanalyse on désigne par des termes techniques de changement d'objet (de la pulsion) et de changement de but (de la pulsion). Destins pulsionnels propres à la sublimation, dont les étapes de construction viennent d'être schématiquement retracées en termes ontogénétiques (tandis que la terminologie en termes de pulsions et non de théâtre renvoie au registre psycho-économique (Freud, 1968)).

Ces transpositions entre le théâtre psychique, le théâtre du jeu, et le théâtre du travail ne vont pas de soi. Pour que la dernière transposition soit possible il faut qu'existe entre le théâtre du travail (c'est-à-dire les conditions concrètes du travail) et le théâtre psychique hérité de l'enfance, des analogies de structure ou de forme. Analogies qui n'impliquent ni identité ni équivalence absolue. Entre le théâtre de l'enfance et le théâtre du travail s'interposent inévitablement des dissemblances ou des écarts, qui créent une ambiguïté, une équivoque: le théâtre du travail vaut comme relais, comme une occasion de rejouer un scénario proche du scénario initial de la souffrance. Mais l'ambiguïté est précisément ce qui sollicite l'imagination et la créativité. Elle est aussi le moyen de conjurer la répétition exacte et stérile des questions existentielles. Cette équivoque, cette ambiguïté sont très exactement au cœur de la *symbolisation* (Laplanche et Pontalis, 1967).

À cette ambiguïté féconde nous donnons le nom de *résonance symbolique* (Dejours, 1987, 1988).

Résonance symbolique et histoire singulière

Lorsque la résonance symbolique existe entre le théâtre du travail et le théâtre de la souffrance psychique, le sujet aborde la situation concrète sans avoir à laisser son histoire, son passé et sa mémoire « au vestiaire ». Au contraire, il investit la situation de travail de la puissance d'engagement qu'implique la réactualisation par le travail de sa curiosité et de son épistémophilie. Le travail lui offre en quelque sorte une occasion supplémentaire de poursuivre son questionnement intérieur et de tracer son histoire. Par l'intermédiaire du travail, le sujet s'engage dans les rapports sociaux où il reporte les questions héritées de son passé et de son histoire affective. La résonance symbolique apparaît donc comme une condition nécessaire à l'articulation réussie de la diachronie singulière à la synchronie collective. Ce point est essentiel, car vis-à-vis de la productivité et de la qualité du travail la résonance symbolique permet de faire bénéficier le travail de la puissance extraordinaire que confère la mobilisation des processus psychiques nés de l'inconscient. La résonance symbolique est en quelque sorte une condition de la réconciliation de l'inconscient et des objectifs de la production.

Conditions de la résonance symbolique

Est-il possible de préciser les conditions concrètes d'établissement de la résonance symbolique?

Le *choix du métier* est la condition première de la résonance symbolique. C'est dire que cette dernière dépend d'abord du sujet et non du travail encore que le contexte socio-historique occupe ici une place importante puisqu'il favorise ou entrave la possibilité pour le sujet d'acquérir la formation que requiert le métier de son choix en fonction de ses origines sociales (Bourdieu et Passeron, 1970). Au-delà du choix du métier, il reste toutefois à évaluer les conditions réelles du travail. Car entre « métier » et « fonction » dans une organisation apparaissent des décalages parfois importants.

L'investissement sublimatoire et la résonance symbolique se jouent alors dans un espace très précisément limité par les responsabilités en matière de *conception* (par opposition à l'activité d'*exécution*). Or on peut montrer qu'en situation réelle le décalage que chaque travailleur doit nécessairement gérer entre organisation prescrite du travail et organisation réelle requiert toujours une activité de conception. C'est cette activité de conception qui prend la place de l'activité d'expérimentation occupée jadis chez l'enfant par le jeu.

Outre ces deux conditions nécessaires à l'établissement de la résonance symbolique (choix professionnel et activité de conception dans la tâche), il en est encore une troisième, attachée au caractère collectif du travail en situation réelle. La sublimation implique, comme nous l'avons vu, un changement de partenaire. Le partenaire de la sublimation est tout entier situé dans l'*espace social* et non plus dans l'espace privé. Freud parle à propos de la sublimation d'une activité utile et valorisée socialement. Ce qui suppose un jugement prononcé par autrui: les *alter ego*, les pairs, la communauté d'appartenance. Le jugement ne peut prendre sens pour le sujet que s'il est prononcé par des partenaires possédant les compétences pour juger la qualité du travail. Le jugement des pairs n'est pas contournable (même si, au-delà, le sujet peut quérir le jugement d'un auditoire plus large, voire de la société tout entière en visant la célébrité).

Toute création implique cette confrontation. Même l'artiste, le peintre par exemple, aussi isolé soit-il dans son atelier, ne peut échapper au désir de connaître le jugement des autres artistes, des autres plasticiens, voire des peintres inscrits dans le même courant, dans la même école de pensée que lui. Le jugement des plus proches est le plus redoutable, le plus sévère aussi, mais c'est le jugement décisif. Le créateur ne peut se soustraire aux rapports sociaux de travail, Il ne peut davantage échapper aux rapports marchands. L'artiste s'expose au public et aux critiques. Il doit passer par des expositions, par des salles de vente, par des marchands et des courtiers, par des musées et des galeries, etc.

Ce rapport à la communauté d'appartenance pèse sur l'artiste et contribue à construire le contexte socio-historique de toute œuvre, qui de ce fait porte à son tour l'empreinte de ce contexte et des formes sociales et culturelles de l'époque et du pays d'origine. C'est sans doute ce qui fait qu'on peut dater l'œuvre d'un artiste sans connaître même son nom.

Sublimation — reconnaissance et identité

Le sujet qui, soumettant son travail à la critique, demande le jugement des pairs, peut attendre en retour d'être reconnu. La reconnaissance est la rétribution fondamentale de la sublimation. C'est dire que la sublimation a un rôle important dans la conquête de l'identité. Reconnaissance sociale et identité comme enjeu de la sublimation confèrent à cette dernière une fonction essentielle dans la santé mentale.

Nous ne devons en effet pas perdre de vue que tout le processus décrit ici concerne la souffrance fondamentale, issue des échecs dans le développement psychique de l'enfant. Taraudé par cette souffrance, le sujet adulte peut, grâce à la résonance symbolique, trouver dans le travail l'occasion de reprendre, là où il les avait laissées, les questions sans réponse qui forment dans l'organisation de sa personnalité une brèche: zone de fragilité pour son équilibre psychique et sa santé mentale, voire somatique.

À chaque fois que dans son activité de travail le *travailleur* mène à bien la résolution des problèmes qui lui sont posés (activité de conception) et qu'il obtient en retour une reconnaissance sociale de son travail, c'est aussi le *sujet souffrant*, mobilisateur de sa pensée, qui reçoit une reconnaissance subjective de sa capacité à conjurer l'angoisse et à maîtriser sa souffrance. Bien entendu, le *plaisir* issu de cette gratification est de courte durée et la souffrance resurgit, propulsant le sujet vers d'autres situations de travail, de nouveaux enjeux organisationnels et de nouveaux défis symboliques. On pourrait déceler dans ce processus le jeu de la compulsion de répétition et craindre que toute cette agitation soit bien stérile. À moins que de théâtre en théâtre, de situation de travail en situation de travail, de reconnaissance en reconnaissance, se dessine peu à peu une série continue d'événements, d'actions, voire de créations, qui confèrent par leur concrétude et leur inscription durable dans la réalité une plus grande consistance et une meilleure stabilité à l'identité.

En usant des termes de création et d'œuvre, on pourrait penser que la résonance symbolique et le processus de sublimation ne concernent que quelques privilégiés ou quelques personnalités particulièrement douées. Il n'en est rien. La sublimation est, dans des proportions variables, une potentialité largement répandue. Elle est même mieux répartie que l'aptitude à construire une économie érotique stable. Beaucoup de sujets ne parviennent à sauver leur équilibre et à obtenir des satisfactions affectives que grâce au travail. De sorte que travail et sublimation apparaissent comme des opérateurs fondamentaux de la santé mentale.

Dans chaque travailleur se dissimule en général une souffrance qui ne demande qu'à se changer en curiosité et en intérêt pour le travail bien fait. C'est du moins ce que montrent de façon convaincante les études de terrain en psychopathologie du travail. Nous en donnerons plus loin un exemple (Dejours, 1980b, 1987; Roche, 1988; Cru, 1985).

Pour l'heure, il paraît utile de préciser que bien souvent l'entrave au jeu de la sublimation ne résulte pas tant de l'inaptitude psychique du sujet que de l'absence des conditions organisationnelles nécessaires à l'établissement de la résonance symbolique.

La distinction est de taille, car, faute d'élaborer dans les organisations ces conditions favorables, le sujet ne peut bénéficier du travail pour maîtriser sa souffrance et la transformer en créativité. La seule issue est alors, pour la souffrance, de s'engager dans un cercle vicieux où elle contribue à déstabiliser le sujet et à le pousser vers la maladie. On parlera dans ce cas de souffrance pathogène.

Souffrance et motivation

La psychopathologie du travail place la souffrance au centre du rapport psychique de l'homme au travail. Elle en fait un opérateur d'intelligibilité qui vaut non seulement dans le domaine de la subjectivité et des conduites, mais aussi dans celui de la production.

Soucieux de la santé des travailleurs ou de l'efficacité de l'entreprise, de nombreux spécialistes voudraient orienter les actions en sorte de faire disparaître la souffrance. Cet objectif est vain, sinon absurde. D'abord parce qu'aussitôt conjurée la souffrance resurgit et se cristallise sur d'autres supports offerts par la réalité. Ensuite — et ce point est essentiel à la compréhension des situations concrètes — parce que les travailleurs, s'ils déploient des efforts impressionnants pour lutter contre la souffrance, ne recherchent pas les situations de travail sans souffrance. Souvent même ils les abhorrent. Ils n'hésitent pas à affronter les difficultés et l'adversité des enjeux du travail. Ils vont même jusqu'à rechercher les défis. Car la réalité du travail est un terrain propice pour jouer et rejouer avec la souffrance dans l'espoir qu'elle débouche sur des découvertes et des créations socialement, voire humainement utiles. C'est en effet alors, et alors seulement, que *la souffrance acquiert un sens*. La créativité donne sens parce qu'elle apporte, en contrepartie de la souffrance, reconnaissance et identité. Et le sens conjure la souffrance parce qu'en contrepartie de la répétition (résurgence de la souffrance) il ouvre sur une histoire (l'expérience vécue): chaque innovation est différente des autres. Par la série enchaînée de ses découvertes ou de ses inventions, le sujet s'éprouve et se transforme. (Il y aurait lieu de parler à ce propos d'une exigence de travail de la souffrance, homologue de ce que Freud désigne dans l'expression: exigence de travail de la pulsion.)

Une précision au passage: on comprend bien comment, en définitive, le *plaisir* au travail est un produit *dérivé* de la souffrance. Mais dans le processus de la sublimation, on est loin du masochisme. Ce dernier associe souffrance et plaisir dans une trajectoire commune par le truchement d'un lien si serré — l'érotisation de la souffrance — qu'il les fait se recouvrir l'un l'autre; c'est une perversion de la souffrance. Au contraire, la sublimation est fondamentalement une opération de *subversion* de la souffrance toujours à recommencer, qui détache cette dernière de son origine et conjure la répétition (Bouchard, 1988). Dans cette perspective, on comprend aisément l'erreur qui consisterait à vouloir éliminer la souffrance du travail. Le problème posé au management serait plutôt de réussir à élaborer les conditions dans lesquelles les travailleurs puissent gérer eux-mêmes leur souffrance, au profit de leur santé, et par voie de conséquence au profit de la productivité. Le défi serait ici de réconcilier santé mentale et travail, comme, à propos d'un problème voisin, il ne semble pas impossible de réconcilier sécurité et productivité (Simard, 1988).

Au terme de ce parcours, on voit que le modèle de l'homme construit par la psychopathologie du travail est tout entier centré sur la souffrance et ses destins en fonction de la situation réelle de travail et des caractéristiques de l'organisation du travail.

La fameuse motivation au travail se trouve alors « problématisée » selon une logique autre. Il ne sera plus fait référence aux catégories abstraites d'un Maslow (1970), ni à une quelconque hiérarchie universelle des besoins. La notion même de motivation sera remplacée par la notion plus dynamique de souffrance. Cette dernière a l'avantage substantiel d'articuler l'histoire singulière à la situation actuelle, le passé de chaque travailleur aux données réelles de l'organisation du travail qu'il affronte. La notion de souffrance a, de plus, l'intérêt d'articuler ce qu'il y a de plus singulier dans le comportement de chaque sujet à la dimension collective de l'action, grâce à la notion de sublimation. Enfin, la problématique de la souffrance permet de rendre compte aussi bien de la motivation et du plaisir au travail, que de la démotivation et des effets pathogènes du travail.

Si, somme toute, le problème fondamental posé au management est celui de la nature et du maniement de la « ressource humaine », ce nouveau regard sur la souffrance humaine dans les organisations, issu de la psychopathologie du travail, pourrait apporter une contribution au débat. Cette conception du sujet-travailleur est assurément moins simple que les précédentes. Elle a en contrepartie l'avantage de proposer dans le champ du travail une problématique qui tient compte des connaissances acquises depuis près d'un siècle dans le domaine de l'expérience clinique, c'est-à-dire dans la psychologie de l'homme concret.

Nous testerons maintenant la théorie de la souffrance dans les conditions réelles de travail de façon à:

- illustrer les processus spécialement mobilisés qui conduisent les uns à une souffrance pathogène, les autres à une souffrance créatrice.
- mettre en lumière l'incidence du management sur l'évolution et le cours de ces processus.

LA SOUFFRANCE PATHOGÈNE

Étudions les effets des organisations du travail inspirées ou dérivées du taylorisme sur la santé des travailleurs. Le problème psychopathologique essentiel vient des contraintes psychiques qu'occasionne la séparation taylorienne entre travail de conception et travail d'exécution (Taylor, 1957).

Conséquences de l'organisation scientifique du travail sur la santé mentale

En leur confisquant la conception, l'organisation scientifique du travail crée chez les travailleurs un clivage entre le corps et la pensée. Le corps y est soumis à des directives élaborées par une volonté extérieure au sujet. (Par corps il faut entendre d'abord la motricité comme dans le cas des tâches de manutention classiques exigeant de la part des travailleurs des efforts musculaires. Aujourd'hui, le taylorisme a colonisé le secteur tertiaire, notamment grâce à l'informatique. La conception y est aussi séparée de l'exécution comme elle l'était dans les tâches de manutention. Les activités cognitives, que l'on distinguera de la vie affective, seront situées du côté du corps et non de la pensée imaginative engagée dans l'activité de conception.)

Dans des tâches de manutention comme dans ces tâches répétitives de traitement d'informations, la pensée issue du processus de sublimation (activité de conception) ne dispose que d'une espace limité.

Les fantasmes, l'imagination et la souffrance créatrice entrent même parfois en concurrence avec l'injonction d'exécuter un mode opératoire prescrit et rigidement défini. Au point que les travailleurs puissent en venir à lutter contre leur activité de pensée spontanée, car cette dernière tend à désorganiser leur activité, à perturber leurs cadences, et à occasionner des erreurs (actes manqués). Le travailleur est bientôt obligé de lutter contre les émergences de sa pensée et de son activité fantasmatique.

Or les études cliniques montrent qu'il n'y a pas de moyen simple à la disposition du sujet pour arrêter sa pensée, et qu'il lui faut recourir alors à des stratégie défensives très particulières: l'objectif du travailleur, gêné par son activité psychique spontanée, consiste non pas tant à écarter cette dernière, ce qui s'avère éphémère car elle revient toujours, qu'à la paralyser. Pour ce faire, la plupart des travailleurs procèdent en s'auto-accélérant. Le travailleur s'engage frénétiquement dans l'accélération de sa cadence, de façon à occuper tout son champ de conscience avec les contraintes sensorimotrices de son activité. En saturant son champ de conscience par une surcharge perceptive, le sujet parvient, après un délai, à fermer la conscience à la pensée organisée venue de l'intérieur. La fatigue aidant, le travailleur parvient à paralyser son fonctionnement psychique (Dejours, 1980b).

Les études cliniques révèlent aussi que les travailleurs aux prises avec cette organisation du travail cèdent tous à l'auto-accélération à un moment ou à un autre de la journée, de la semaine ou de la vie de travail.

Malheureusement, cette stratégie défensive, à laquelle on donne le nom de *répression pulsionnelle* (pour signifier qu'il s'agit ici de paralyser la pulsion dès son origine avant même qu'elle ait donné naissance à ses représentants psychiques), est difficile à mettre en place. L'acquisition de la répression pulsionnelle par auto-accélération est pénible et douloureuse. Une fois obtenue, elle ne se maintient pas d'elle-même sans stabilisation de la contrainte répétitive. De sorte que ces travailleurs sont conduits souvent à recourir à des substituts de cadence de travail hors de l'entreprise, pour maintenir la répression pendant le temps hors travail. Ils s'imposent d'autres cadences, dans les transports urbains, dans les activités domestiques ou en recourant si nécessaire à une deuxième tâche ou à des heures supplémentaires. Il s'avère en effet moins coûteux psychiquement pour certains travailleurs de maintenir la répression psychique sans rupture, que d'avoir à la reconstituer le lendemain, après le week-end ou après des congés. L'abrutissement s'installe progressivement dans un climat de torpeur psychique dont généralement les travailleurs ont une conscience douloureuse. Ils se sentent de plus en plus inertes et sans réaction. Jusqu'à ce qu'à la limite s'installe un état de semi-hébétude, où le sujet ne souffre plus et s'installe dans un vécu proche de l'anesthésie psychique.

Or cet état mental est rencontré, en dehors de l'entreprise, en clinique psychopathologique dans des circonstances bien différentes et particulières. Il s'agit de ce que les auteurs français ont décrit sous le nom de *dépression essentielle avec pensée opératoire* (Marty, 1968) et les auteurs américains sous le nom d'alexithymie (Sifneos, 1975). Cet état mental a pu être reconnu comme spécifiquement associé à l'éclosion des maladies somatiques chroniques ou à l'aggravation de maladies préexistantes.

C'est ce qui a conduit les psychopathologistes du travail à se pencher sur les états mentaux provoqués par la réaction défensive (répression) aux contraintes du travail répétitif. Et ils ont découvert que, souvent, ces états mentaux (dépression essentielle) s'accompagnent effectivement de poussées aiguës de maladies somatiques.

Ainsi, le point d'aboutissement de la souffrance psychique occasionnée par les tâches anti-sublimatoires peut-il se manifester par l'apparition d'une maladie physique et non d'une maladie mentale.

Conséquences de la souffrance pathogène sur l'entourage

La répression du fonctionnement psychique pourrait avoir des conséquences non seulement sur le travailleur lui-même, mais, en dehors de l'entreprise, sur ses proches. En effet, le sujet en état de répression psychique se montre peu enclin à jouer un rôle actif dans l'économie des relations affectives familiales. Pis encore, il redoute les sollicitations affectives qui pourraient déstabiliser la répression psychique qu'il a tant de mal à mettre en place. Le danger principal vise alors non seulement son conjoint et ses amis, mais surtout ses propres enfants. Le travailleur se coupe d'eux comme il se coupe de ses amis et s'isole, préférant la solitude à la vie sociale ordinaire. Les enfants, surtout lorsqu'ils sont jeunes, sont au contraire tout entiers tendus vers l'activité ludique et les interactions fantasmatiques.

De retour chez lui, le travailleur éprouve des difficultés à supporter les jeux des enfants. Tout autant d'ailleurs que les expressions de leur souffrance. Intolérant, il réagit souvent par des violences contre ses enfants qui ne peuvent mieux l'aider qu'en se repliant dans le silence et l'immobilité. Lorsque ces enfants font leur la lutte psychique du parent qui travaille, ils apprennent à leur tour précocement à cultiver la paralysie du fonctionnement psychique. L'équilibre peut ainsi être obtenu à la condition d'une identification des enfants et du conjoint à l'économie psychique du parent qui travaille. De ce fait, c'est tout le développement psychique de l'enfant qui risque d'être touché, avec à la clef des risques pour ce dernier d'orienter son organisation mentale dans le sens d'une pensée opératoire associée inévitablement, là aussi, à une grande vulnérabilité somatique.

Cette question psychopathologique nécessiterait d'amples développements. Nous en resterons toutefois à cette constatation que les conséquences du taylorisme dépassent largement le champ de la santé mentale et physique des travailleurs, et peuvent étendre leur portée sur les proches, voire grever le développement mental de la deuxième génération.

Incidence de la souffrance pathogène sur la productivité

Des enquêtes de psychopathologie du travail, initiées à la demande de la hiérarchie de diverses entreprises de l'industrie et des services, ont permis de saisir plus finement les liens entre subjectivité et productivité. On a ainsi procédé à une investigation sur le comportement des travailleurs d'une centrale nucléaire, comportement suscitant perplexité et inquiétude chez la direction, en raison d'un individualisme croissant, d'un désengagement subjectif, d'une démotivation généralisée du personnel, menaçant la qualité du travail et remettant en cause, à terme, la sûreté des installations nucléaires. Situation somme toute banale pour motiver une demande d'étude de psychologie sociale. Nous allons tenter de résumer ce qu'une approche fondée sur la psychopathologie du travail permet de faire ressortir.

Pour *l'encadrement et la direction* de l'entreprise, l'analyse de la situation conduit à une interprétation construite autour des points suivants:

- Le repli des intérêts et des investissements affectifs sur la sphère privée serait un phénomène de civilisation ou de société, qui, par osmose, contaminerait les relations de travail jusque dans l'entreprise.
- Le caractère routinier du travail créerait l'ennui et la démotivation du personnel.
- Le comportement de certains travailleurs serait à la limite du pathologique (vols, violences, sabotages, dégradation de matériel, refus de travailler, malveillance).
- La discipline céderait le pas devant un certain laxisme alors que les travailleurs devraient être sanctionnés. Mais le statut proche de la fonction publique garantirait une trop grande sécurité, voire une impunité des agents vis-à-vis de l'emploi.
- À l'opposé, les nouvelles conditions relatives à l'emploi (saturation du parc de centrales nucléaires, âge moyen peu élevé des agents) limiteraient les possibilités d'avancement et de gratification des travailleurs pour les services rendus.
- Face à ces données objectives de la situation, la plupart des travailleurs réagiraient par un comportement jugé infantile, immature et individualiste, sans considération pour l'œuvre commune ni pour l'entreprise, ni pour les contraintes économiques. On assisterait à une *érosion généralisée du sens des responsabilités.*

Une enquête de psychopathologie du travail est donc acceptée par la direction. Elle avait été sollicitée à l'origine par un groupe de travailleurs de la base, ayant successivement été entendus du médecin du travail et du comité d'hygiène et de sécurité. Cet engagement de divers niveaux hiérarchiques ayant des points de vue et des préoccupations différents fait apparaître un décalage dans la demande. Du côté de la direction, la demande consiste à obtenir d'experts en psychologie (ou en psychopathologie) une évaluation de la situation, une analyse des conduites observées et des conseils de management. Conseils qui devraient apporter aux cadres une technique supplémentaire pour mieux maîtriser et mieux manier le comportement des travailleurs. Du côté ouvrier, la demande est centrée sur des questions relatives à la souffrance et à la santé des travailleurs soumis à une dégradation du climat et des relations de travail qu'ils ont de plus en plus de difficultés à assumer.

L'enquête de psychopathologie du travail passe par des séances de travail réunissant des groupes d'ouvriers et d'agents de maîtrise intervenant directement sur le terrain. Elle révèle que l'organisation du travail prescrite par le service des méthodes (qui prépare le travail) ne peut pas être appliquée à la lettre. La « prescription » doit toujours faire l'objet de réajustements, voire de réinterprétations par les travailleurs, sur le terrain, pour être opérationnelle. Bien qu'il s'agisse d'une technologie rigoureuse, il faut encore faire appel à l'initiative et à l'intelligence des ouvriers, des techniciens et de la maitrise. Se révèle ainsi, à partir de la *parole* des travailleurs eux-mêmes, un décalage irréductible entre organisation du travail *prescrite* et organisation du travail *réelle*. Ce décalage est, pour l'essentiel, méconnu de la direction. Cette dernière s'appuyant sur une expérience de plusieurs années de production, pense posséder la maîtrise parfaite de la technologie nucléaire et affirme avoir atteint la phase d'exploitation *routinière*. Cette assertion est démentie par les études faites sur le terrain même du travail et par la parole des travailleurs.

Mais l'erreur d'appréciation n'est pas le seul fait de la direction. Les travailleurs eux-mêmes, grâce aux séances de travail et aux discussions collectives en présence des chercheurs, découvrent l'importance et l'étendue des problèmes concrets auxquels ils doivent trouver des réponses pratiques sur le terrain, dans le quotidien.

C'est par leur parole et dans leur parole qu'ils se surprennent eux-mêmes en train de révéler aux investigateurs venus de l'extérieur des informations relatives à leur travail, dont ils ignoraient l'importance jusqu'au moment même où ils les formulaient pour la première fois.

Cette méconnaissance des travailleurs eux-mêmes vis-à-vis de la réalité de leur expérience et de leurs connaissances résulte, selon la psychopathologie du travail, du jeu efficace des stratégies défensives contre la souffrance causée par les contraintes de l'organisation du travail prescrite.

(L'enquête permet d'aller au-delà de cette découverte du décalage entre organisation prescrite et organisation réelle du travail. Elle permet d'accéder aux diverses manières de le *gérer* dans le travail ordinaire. Il s'avère en effet que chaque collectif de travail, chaque équipe élabore insensiblement un *style* de travail, c'est-à-dire des interprétations contrastées de l'organisation prescrite. Il y aurait donc diverses manières de « frauder » l'organisation prescrite pour construire une ou des organisations réelles.

Le terme fraude, surgi dans la parole même des travailleurs, témoigne précisément de la *difficulté psychologique* à laquelle ils doivent faire face : dans une technologie impliquant des risques majeurs pour l'environnement, sévèrement surveillé, réajuster l'organisation du travail prescrite conduit, *de facto*, à se mettre dans l'illégalité. Cette situation, inévitable, est inconfortable et angoissante. Lorsque la hiérarchie de la centrale adopte un style de direction excessivement normatif et prescriptif, la fraude devient psychologiquement insupportable pour les ouvriers. Ils s'en défendent en recouvrant les réajustements (qu'ils doivent par force faire quand même) d'un voile de silence. Le secret s'installe sur l'organisation *réelle* du travail. Et le secret enferme aussi les variations apparaissant ici et là entre les modes opératoires adoptés par telle ou telle équipe.

Les contradictions liées à des modes opératoires incompatibles font surgir parfois des conflits graves entre deux équipes qui se succèdent sur le même chantier. Faute de pouvoir lever la tactique défensive du secret, l'incompréhension va croissant, jusqu'à occasionner des rixes entre chefs d'équipe ou entre contremaîtres.

C'est ce cercle vicieux qui frelate l'atmosphère et les rapports de travail. Le secret et l'incompréhension généralisés aboutissent à des comportements individuels inintelligibles. La *méfiance* émerge et chacun se replie dans un individualisme défensif et prudent dont l'origine, occultée, est attribuée par défaut à une causalité externe, voire à l'évolution sociétale ou à la crise de civilisation.

On voit, dans cette restitution évidemment résumée et schématisée, comment la souffrance et les défenses contre la souffrance engendrées par l'organisation prescrite du travail provoquent une *désorganisation de la coopération,* introduisent la méfiance entre les travailleurs de tout niveau, altèrent la qualité de la production et menacent jusqu'à la sûreté de la centrale nucléaire. Ce qu'il importe ici de saisir, c'est la place et la fonction du management dans ce processus. La direction commet une erreur fondamentale: elle s'appuie, pour intervenir dans l'organisation du travail, sur la référence presque exclusive à la technique et à la science. Ce faisant, elle continue d'ignorer l'origine des discordances apparaissant dans l'organisation réelle par rapport à l'organisation prescrite, et l'attribue indûment à des manifestations d'indiscipline caractérisée ou à des troubles du comportement à la limite de l'irresponsabilité.

Nous sommes ici, bien qu'il s'agisse d'une technologie bien différente de la classique chaîne de montage de l'industrie automobile, dans une logique managériale toujours taylorienne. En vertu de celle-ci s'appuyant sur la technoscience, le management campe sur des positions prescriptives et renouvelle le clivage entre travail de conception et travail d'exécution.

La logique de cette posture managériale est finalement de démobiliser les travailleurs et de casser la résonance symbolique, c'est-à-dire le cadre humain qui rendrait possible l'utilisation de l'imagination, de la créativité et de l'initiative ouvrières.

De la sorte, en clivant excessivement conception et exécution, non seulement on désorganise ce qui est le fondement même de la « ressource humaine » sur le plan singulier, mais on brise la transparence et les relations de confiance nécessaires à la construction et à la stabilisation du collectif de travail et de la communauté d'appartenance. Ce faisant, on sape les bases mêmes de la coopération.

DE LA SOUFFRANCE PATHOGÈNE À LA SOUFFRANCE CRÉATRICE

Il s'agit maintenant d'illustrer par des données empiriques les conditions qui permettent la transformation — la subversion — de la souffrance en créativité. La présentation sera plus parlante si l'on poursuit sur le même terrain d'enquête.

Nous avons déjà situé où, semble-t-il, se noue le drame de la souffrance pathogène: dans le déni opposé par l'encadrement à la reconnaissance d'un décalage irréductible entre organisation du travail prescrite et organisation du travail réelle.

Quand le consensus est obtenu (non sans obstacle d'ailleurs) sur l'intérêt de procéder à une analyse des comportements adoptés par les travailleurs sur le terrain, l'enquête peut commencer. Accepter le principe même de séances de travail (entretien de groupe volontaire avec une équipe de chercheurs extérieurs à l'entreprise) suppose qu'au-delà du consensus les partenaires soient acquis à l'idée de prendre la parole. Ce point est essentiel, nous y reviendrons.

Les difficultés techniques rencontrées dans le travail

De nombreuses difficultés techniques sont progressivement révélées par la parole et les échanges intersubjectifs. Si les caractéristiques du métier sont bien définies par le savoir-faire et les compétences professionnelles, il n'empêche que dans les conditions réelles de travail il est souvent difficile d'exercer son métier, *stricto sensu*.

En effet, la maintenance se joue dans des conditions où le temps est compté, car il s'agit d'immobiliser les installations le moins longtemps possible. Le très grand nombre de chantiers à coordonner dans ce laps de temps amène inévitablement des réajustements et des improvisations importantes dans le plan de travail initialement prévu. S'il faut donc atteindre un objectif, le chemin à parcourir oblige parfois les travailleurs à faire violence aux règles de l'art.

D'autre part, les « check-lists » (« gammes ») qui servent de guide et d'aide-mémoire pour chaque chantier, ne sont pas toujours correctes par rapport aux données de la situation réelle. Il est souvent « nécessaire » de « prendre des libertés » par rapport à la gamme. Par exemple les gammes ne tiennent pas compte des difficultés d'approvisionnement en pièces et en outils, ni des conditions parfois pénibles à cause de la chaleur, ou angoissantes lorsqu'il faut s'engager dans des boyaux laissant juste assez de place pour ramper.

Les contraintes psychiques rencontrées dans le travail

C'est encore par le truchement de la discussion collective et de la parole ouvrière que l'on a accès à cette dimension méconnue de la charge de travail : la question des arbitrages. Comme nous l'avons vu précédemment, réajuster l'organisation du travail prescrite conduit souvent le travailleur à se mettre dans l'illégalité, voire à prendre des risques. Chaque chantier exige donc de prendre des *décisions* et de *faire des choix* entre différentes manières de procéder, différentes manières d'atteindre le but, différents modes opératoires, différentes manières aussi de « frauder ».

Si les décisions prises par les travailleurs sont toujours *motivées* techniquement, elles ne sont pas *justifiables* vis-à-vis des mesures réglementaires. À propos de ces décisions naissent souvent des conflits entre travailleurs, ou entre base et encadrement. La question fondamentale est ici celle des *critères d'arbitrage* entre les divers choix possibles. Les arguments ne sont pas que techniques même si ces derniers entrent en ligne de compte dans les critères de choix. Il y a aussi les arguments d'expérience, d'intuition, et des arguments impliquant la subjectivité, l'intersubjectivité et l'éthique. C'est dire qu'en la matière il n'est pas rare que soient requis les engagements personnels et qu'interviennent les personnalités, les tempéraments, les caractères, les opinions.

C'est fondamentalement à propos de ces décisions que se joue la question de la *coopération* entre les travailleurs — coopération horizontale — et de la coopération entre les travailleurs et l'encadrement — coopération verticale. Car il est souvent utile d'obtenir le consensus et d'être couvert par le chef. Ou bien de pouvoir s'en remettre sans réticence, lorsque le consensus n'est pas possible, à la décision du chef.

Ainsi, le risque psychique circule-t-il entre tous les acteurs sur le terrain, de long en large et de haut en bas. Et ce risque fait partie intégrante, qu'on le veuille ou non, de la charge de travail.

SOUFFRANCE HUMAINE ET ORGANISATIONS

De l'espace de parole à l'espace public: les conditions concrètes de la sublimation

C'est grâce à la reconstitution d'un espace de parole — la discussion collective pour les besoins de l'enquête en psychopathologie du travail — que peut émerger en fin de compte une intelligibilité des comportements. C'est grâce à l'espace de parole que surgissent des connaissances sur le travail réel, qui jusque-là étaient en partie occultées par la souffrance et les défenses contre la souffrance: souffrance répondant au risque moral de la fraude, défense contre cette souffrance par la stratégie du secret.

Aussitôt constitué, cet espace de parole modifie sensiblement les conduites individuelles et les relations sur les lieux de travail comme à la cantine ou au vestiaire. La parole sur la travail étant rétablie, c'est aussi la *parole ordinaire* qui resurgit dans les diverses circonstances de la vie pratique à l'usine.

Une condition pour la reconduction de cet espace de parole s'avère alors essentielle: la *transparence*, c'est-à-dire la visibilité du travail effectué par chaque travailleur, l'accès ouvert aux autres de toutes les séquences de travail effectuées par chacun. Au-delà même de la transparence, il semble qu'il faille aller parfois jusqu'à un « exibitionnisme », c'est-à-dire à la démonstration publique de sa manière de travailler en sorte que les collègues puissent voir et connaître chaque compagnon.

De la transparence et de l'extériorisation des manières de faire dépendent et la construction des relations de confiance entre travailleurs et la reconduction d'un espace de parole.

La discussion contradictoire peut alors remplacer le conflit, cependant que les arbitrages, les choix et les décisions deviennent « gérables » collectivement, ce qui allège considérablement la contrainte psychique individuelle. Si l'espace de cette discussion est menacé, la solidarité peut venir à la rescousse. Essentiellement mobilisée par l'adversité, elle complète la confiance indissociable de l'initiative et de la créativité. Confiance et solidarité sont les deux instruments respectivement offensif et défensif du collectif, voire de la communauté d'appartenance.

L'espace de parole est non seulement nécessaire pour les arbitrages, il est le lieu où se joue le processus de la reconnaissance et de l'*appartenance* (précisément opposée à l'individualisme).

La diversité, la personnalisation, la singularisation des modes opératoires, des savoir-faire et des habiletés individuelles peuvent y être discutées, légitimées et reconnues. Cette reconnaissance mutuelle est à la base de l'appartenance et de la construction du collectif de travail.

Cette série de termes successifs: espace de parole, intelligibilité, transparence, visibilité, extériorisation, confiance, solidarité, reconnaissance, fait apparaître dans les rapports de travail une *dimension hétérogène à la technique*.

Quel rapport y a t-il entre les éléments constitutifs de cette dimension non technique, d'une part, et les processus psychiques envisagés à propos de la souffrance créatrice et de la souffrance pathogène, d'autre part.

La réponse ne va pas de soi. La *confiance* passe souvent pour un sentiment. C'est-à-dire pour une entité relevant de la psychologie. Des recherches en cours, inaugurées récemment (Cottereau, 1987), suggèrent un point de vue sensiblement différent. Nous serions plus enclins, sous réserve de confirmations ultérieures, à considérer aujourd'hui que la confiance ne relève pas du champ psychodynamique. Elle appartient plutôt au domaine de l'éthique (Pharo, 1988a). Si tel est le cas, toute la série de termes énumérés plus haut ressortirait à *l'éthique des relations de travail.*

Prendre en considération l'hétérogénéité essentielle entre l'éthique et le psychique nous conduit à poser l'hypothèse suivante: les composantes éthiques dont il vient d'être question formeraient les *conditions nécessaires* (mais non suffisantes) pour que puissent s'établir les relations intersubjectives prises cette fois dans leur sens psychodynamique. Aux relations intersubjectives serait dévolue la charge de bâtir les défenses collectives contre la souffrance et de donner à la souffrance sa signification: souffrance pathogène ou souffrance créatrice.

Ainsi, la production, même pour une technologie aussi rigoureuse que le nucléaire, s'avère tout entière traversée par des usages non techniques: éthiques et psychiques. De sorte que la transformation de la souffrance en initiative et en mobilisation créatrice dépend fondamentalement de l'usage de la parole et d'un espace de discussion où perplexités et opinions sont publiques.

On conviendra de considérer cet espace comme un *espace public*, même s'il s'agit d'un espace public interne à l'entreprise.

Cet espace public nécessaire n'exclut pourtant pas que les travailleurs comme l'encadrement aient aussi besoin des gammes et de l'organisation prescrite du travail. Si pour travailler ils doivent les remettre en cause sur tel point particulier, aucun d'entre eux ne demande leur suppression. C'est que l'exercice de la parole dans l'espace public suppose une référence commune, que fournit précisément l'organisation du travail prescrite. Et les contestations surgissant ici et là ne sont ni anti-légalistes ni délinquantes.

Pour résumer cette approche de la souffrance créatrice, il serait possible de dire que *la transformation de la souffrance en créativité passe par la maintenance d'un espace public dans l'atelier. En revanche, à chaque fois que l'espace public aura tendance à se refermer, la créativité sera menacée.*

Espace public et ressource humaine

Le regard de la psychopathologie du travail sur la souffrance humaine dans les organisations conduit donc, en fin de parcours, à accorder une place fondamentale à l'espace public. Dès que celui ci est constitué ou reconstitué, on est stupéfait par l'émergence de conduites tout à fait contradictoires avec l'individualisme et le laisser-aller si souvent dénoncés dans les organisations: engagement passionné, sens des responsabilités, mobilisation de la créativité se déploient à nouveau dans le travail.

Deux points doivent être ici signalés. D'une part, la sublimation qui est à la base, à l'origine de la créativité, n'apparaît pas comme un processus purement privé et secret. Elle semble au contraire requérir, comme nous avons essayé de le montrer, la visibilité, voire l'expression publique.

D'autre part, la construction de l'espace public engage non seulement la responsabilité de la base et les qualités individuelles des ouvriers. *Elle exige aussi un type spécifique de management*. Le management participatif insiste surtout sur la mobilisation de l'encadrement intermédiaire. Le modèle du management suggéré par la référence à la souffrance proposerait plutôt que les managers eux-mêmes s'engagent à leur tour dans l'espace public. C'est-à-dire qu'ils prennent le risque non seulement de tolérer la construction d'un espace public dans l'entreprise, mais qu'ils décident de s'y engager, comme les travailleurs de la base. Non seulement « ès qualité », mais en personne.

Le principe de l'universalité du sens des conduites ou des comportements adoptés par les travailleurs est aussi valable pour les cadres et pour la direction. La participation des cadres à l'espace public interne de négociation de l'organisation réelle du travail permet en effet de mettre au jour aussi les stratégies défensives des cadres contre leur souffrance. Ainsi, a-t-on pu, dans l'enquête menée dans l'industrie nucléaire, déceler et analyser l'idéologie défensive des cadres, ce qui revêt une importance considérable pour la réciprocité du sens et la maintenance de l'espace public (Dejours, à paraître).

Rendu presque au terme de ce parcours, nous sommes en mesure de conclure que le processus qui permet de transformer la souffrance en créativité implique deux articulations fondamentales: la *résonance symbolique* d'une part, l'*espace public* d'autre part.

Nous avons surtout insisté sur l'importance de ce processus au regard de la productivité. On pourrait craindre d'avoir abandonné en cours de route les questions relatives à la santé. Il n'est pas ici utile de reprendre les chaînons intermédiaires des processus psychiques mobilisés par l'exercice de la sublimation. Il suffira de renvoyer le lecteur à la première partie de ce chapitre pour conclure que, si la mise en jeu de la sublimation n'est pas une garantie absolue de santé mentale et physique, les conditions organisationnelles propices à la créativité ont en tout cas l'intérêt pour le sujet de faire de son travail un théâtre de lutte pour négocier sa souffrance et conquérir son identité. Si le travail fait certes rebondir sa souffrance, il lui promet en contrepartie un plaisir qui pourrait jouer en faveur de son équilibre psychique et de sa santé mentale.

Souffrance humaine et responsabilité des organisations

Nous venons d'esquisser les relations entre souffrance et productivité et le rôle décisif du management et de l'organisation du travail dans les destins de la souffrance: *utilisation ou gaspillage*. Pour terminer, il reste à considérer quelques questions relatives à la *responsabilité*, c'est-à-dire à ce que l'économie de la souffrance dans le rapport au travail implique pour les organisations sur le plan des responsabilités civiques.

Les enquêtes de psychopathologie du travail dont il a été question à propos du nucléaire (mais cette analyse est valable pour la plupart des situations de travail) suggèrent que qualité du travail et sécurité des personnes sont intimement liées. La qualité semble d'autre part indissociable de l'exercice du plaisir dans le travail, cependant que la sécurité découlant de la recherche de la qualité engage et redouble la gestion des enjeux de santé des travailleurs.

Prenant en charge les objectifs de qualité, les travailleurs et le collectif de travail prennent *de facto* des engagements sur l'entretien, la maintenance, la bonne utilisation et la surveillance des installations et des instruments de production. Dans le cas d'une centrale nucléaire, ces *enjeux indirects* du débat se déroulant dans l'espace public de l'entreprise atteignent une dimension supplémentaire, à savoir la dimension de la *sûreté*: sûreté des installations au regard cette fois des risques de fuite de produits radioactifs hors des enceintes (accidents nucléaires), donc des risques vis-à-vis de l'environnement et de la population. Dans les centrales travaillent des ingénieurs et des équipes particulièrement chargés de surveiller la sûreté des installations. Or l'exercice même de cette surveillance est pour une bonne part tributaire de la bonne volonté des travailleurs. Dans les conditions de désorganisation de l'espace public interne, ces derniers en viennent non seulement à ne plus coopérer entre eux, mais ils sont aussi logiquement conduits à dissimuler, en même temps que la réalité de leurs modes opératoires, certaines informations capitales pour une évaluation correcte et réaliste de la sûreté. Nombre d'incidents sont ainsi gardés secrets et ne peuvent donc faire l'objet d'expertises, d'analyses ni de mesures correctrices.

En fin de compte, la sûreté même du matériel industriel ne relève pas plus que l'organisation du travail des seuls services spécialisés, fussent-ils les plus rigoureux et les plus compétents. Une part fondamentale de la sûreté et de la protection des populations relève de la qualité de fonctionnement d'un espace public interne et de la façon dont les travailleurs s'y engagent.

En d'autres termes, la lutte contre les menaces pour l'environnement n'est pas du ressort exclusif des écologistes ni des responsables politiques. Elle est de fait une responsabilité qui repose aussi sur les épaules des travailleurs. En ce sens, le management a, à son tour, une responsabilité fondamentale vis-à-vis de la société civile: celle d'assurer la permanence de cet espace public (de parole et de décision) où puissent se confronter sur un même théâtre les opinions des divers acteurs, qu'ils soient ouvriers, cadres ou spécialistes.

Souffrance, travail et santé publique

Nous avons vu précédemment comment la *lutte psychique* indissociable de la souffrance au travail enrôle non seulement les travailleurs mais les proches, les parents, la famille, les enfants. Espace interne et espace externe à l'entreprise sont fondamentalement indissociables du point de vue de l'analyse psychopathologique. Signalons à cet égard qu'il en est de même pour ce qui concerne l'analyse sociologique à partir du moment où l'on comprend que les rapports de production sont non interprétables sans référence conjointe aux rapports de reproduction (Kergoat, 1973).

Si l'on tente de tenir compte de la continuité de l'espace interne à l'entreprise et de l'espace externe de la famille, voire de la cité, on comprend facilement qu'un management régissant sans principe la dimension psychique du rapport au travail risque d'occasionner des effets psychopathologiques bien au-delà de l'entreprise même. La santé des enfants dépend pour une large part — la clinique l'atteste — des méthodes d'organisation et de management auxquelles les parents sont soumis.

Au-delà encore, on a pu montrer comment les effets des contraintes de l'organisation du travail taylorienne sur le fonctionnement psychique des travailleurs ont des incidences indirectes sur la violence sociale dans la cité.

Le pouvoir d'action dont dispose le management sur le destin de la souffrance — son orientation dans le sens de la souffrance créatrice ou de la souffrance pathogène — lui assigne du même coup une responsabilité civique. Aujourd'hui, on confère de plus en plus à l'entreprise de nouvelles responsabilités vis-à-vis des risques qu'elle représente pour l'environnement (règnes minéral, végétal et animal). Il n'est pas impossible qu'émerge un jour la notion de responsabilité de l'entreprise vis-à-vis de la santé mentale des populations qui dépendent affectivement et socialement des travailleurs qu'elle emploie. C'est du moins une interrogation qui ne peut manquer d'émerger de ce nouveau regard sur la souffrance humaine dans les organisations.

STRESS, PSYCHOPATHOLOGIE DU TRAVAIL ET GESTION

Jean-François CHANLAT

Depuis une vingtaine d'années, les publications qui abordent la notion de stress se sont multipliées, notamment dans les pays anglo-saxons et scandinaves. Déjà considérable, leur nombre continue de s'accroître régulièrement (Vingerhoets et Marcelissen, 1988). En effet, en Occident, il ne se passe pas une journée sans qu'un quotidien, un hebdomadaire, un mensuel ou une revue spécialisée publie un article sur ce thème. Les éditeurs ne sont pas en reste. La multitude d'ouvrages qui sont publiés chaque année témoigne de l'importance que le stress a pris dans nos sociétés, le terme lui-même étant passé désormais dans l'usage courant. Dans le prolongement de ces études portant sur le stress, les dix dernières années ont vu émerger un grand nombre d'ouvrages portant sur l'épuisement professionnel, le désormais célèbre « burn out » des Anglo-Saxons (Bibeau, 1985).

Si les recherches sur le stress et sur le « burn out » bénéficient d'une légitimité certaine et d'une grande popularité dans les cercles scientifiques d'outre-Atlantique (Cooper et Kasl, 1987) et de l'Europe du Nord (Levi, 1980), force est de constater que dans les pays latins, et tout particulièrement en France, ces recherches n'ont pas jusqu'à présent vraiment intéressé, à part de rares exceptions, les milieux de la recherche, notamment ceux qui s'intéressent de près à la relation travail-santé (Aubert et Pagès, 1989). Les raisons de cette indifférence, voire de cette ignorance, sont multiples: elles vont de la simple question de langue — la très grande majorité des articles sur le sujet sont écrits en anglais — à des problèmes plus complexes touchant l'organisation du champ scientifique, les traditions intellectuelles ou le contexte sociohistorique. Plus particulièrement dans le domaine de la santé au travail, cette indifférence tient aussi au fait que, lorsque les Anglo-Saxons et les Scandinaves se sont intéressés très sérieusement à la question du stress au travail (Cooper et Payne, 1978), en l'occurrence au cours des années soixante-dix, le champ français voyait émerger peu à peu la psychopathologie du travail (Dejours, 1980b). Cette discipline nouvelle a suscité au cours des dernières années un intérêt croissant (Dejours, Veil et Wisner, 1985). Aujourd'hui, de plus en plus de chercheurs, non seulement en France mais aussi à l'étranger, s'en réclament (Dejours, 1987, 1988). Cette irruption de la psychopathologie dans le champ de la santé au travail nous amène à nous interroger sur les similitudes et les divergences que cette perspective théorique entretient avec les théories du stress. Cet exercice de clarification nous apparaît d'autant plus essentiel que la notion de stress et, dans une moindre mesure, celle d'épuisement professionnel gagnent de nos jours du terrain dans les pays latins et que la psychopathologie du travail n'a jamais vraiment entretenu jusqu'ici un dialogue soutenu avec les courants de recherche sur le stress au travail (Aubert et Pagès, 1989). Par ailleurs, cette interrogation nous amène également à reconsidérer le rôle que jouent certaines pratiques managériales dans la genèse de la souffrance au travail.

Afin de rendre cet exercice le plus clair possible, nous tenterons dans les lignes qui vont suivre de dégager dans un premier temps les principaux éléments qui caractérisent chacune de ces approches à la fois sur le plan de l'objet qu'elles privilégient, des méthodes qu'elles utilisent, des fondements disciplinaires auxquels elles se rattachent et des résultats qu'elles obtiennent. Cette comparaison débouchera sur deux modèles de l'être humain qui, comme nous le verrons un peu plus loin, sont fort différents l'un de l'autre. Dans un deuxième temps, nous chercherons à voir comment l'analyse psychopathologique, plus peut-être que l'approche par le stress vient mettre en question certains modes de gestion qui ont cours dans les organisations contemporaines.

LES THÉORIES DU STRESS ET LE STRESS PROFESSIONNEL

Le courant de recherche sur le stress au travail est directement issu du champ d'études plus général sur le stress. Il est donc souhaitable de rappeler les quelques éléments fondamentaux sur lesquels il s'appuie.

La notion de stress, comme telle, a émergé dans les années trente : c'est à un endocrinologue canadien d'origine autrichienne, Hans Selye, que l'on doit cette découverte. Influencé à la fois par les travaux d'illustres prédécesseurs, tels que Hippocrate et Claude Bernard, et par ceux de son contemporain Walter Cannon, et s'appuyant sur sa propre pratique clinique, Selye cherche à rompre avec le modèle étiologique unifactoriel, incarné par le modèle microbien (Selye, 1975).

Ses recherches menées en laboratoire le conduisent à donner naissance au syndrome du stress, appelé aussi syndrome général d'adaptation (S.G.A). Ce syndrome, qui explique toutes les réactions et adaptations du corps, se décompose en trois phases distinctes :

1. *la réaction d'alarme* constitue la première réaction de l'organisme en face d'une agression. Elle est marquée par une décharge d'adrénaline, une augmentation des pulsations cardiaques et par des changements dans le tonus musculaire et dans le sang;
2. *le stade de résistance* apparaît après la réaction d'alarme; c'est le moment où l'organisme s'adapte et résiste à l'agression;
3. *le stade d'épuisement* survient quand l'agression se poursuit trop longtemps; la force d'adaptation a été en quelque sorte vaincue. Ce dernier stade n'apparaît toutefois que sous un stress très grave. La plupart du temps, les agents provoquent des modifications physiologiques correspondant uniquement aux deux premiers stades.

Selye n'est jamais revenu sur les fondements mêmes du S.G.A. et sur les trois phases. En revanche, sous le coup de la critique ou de nouvelles découvertes, il a précisé par la suite certains aspects de sa théorie générale. C'est ainsi qu'il distingua l'agent, le *stresseur* de l'état, c'est-à-dire du stress proprement dit. Il insista également sur le rôle des facteurs conditionnants susceptibles de modifier la réceptivité de l'organisme. Ces facteurs sont de deux ordres: propres à l'organisme (hérédité, intervention chirurgicale, etc.) et de nature externe (alimentation, facteurs sociaux, environnementaux). C'est la conjonction des caractéristiques de l'agent stresseur et des facteurs conditionnants qui déterminera selon lui le degré de vulnérabilité d'un sujet en état de stress. Enfin, le stress étant un processus vital fondamental, Selye distingua deux types de stress, l'*eustress*, le stress agréable et positif, et la *détresse*, le stress désagréable et négatif. Si donc le père du stress, relayé par les travaux de Wolff aux États-Unis, (1968) a jeté les bases physiologiques de cette nouvelle conception étiologique, d'autres chercheurs principalement américains se sont intéressés à partir des paramètres biologiques à définir le rôle joué par les mécanismes psychiques dans la genèse du stress.

La popularité qu'a connue au cours des vingt dernières années la notion de stress dans le domaine de la psychologie tient à plusieurs facteurs. Tout d'abord, d'aucuns ont perçu la possibilité de voir cette notion remplacer de nombreux termes utilisés en psychologie: anxiété, conflit, détresse émotive, frustration, tension, conditions extrêmes, etc. Ensuite d'autres ont songé à la possibilité réelle ou apparente de corréler les événements psychologiques avec leurs fondements physiologiques. Enfin, le phénomène en tant que tel a soulevé un intérêt grandissant parmi la communauté scientifique en raison de nombreuses constatations faites lors d'événements particulièrement traumatisants: désastre national, deuil, incarcération dans un camp de concentration, combat militaire, opération chirurgicale, etc. (McGrath, 1970). C'est dans un tel contexte que les psychologues ont donc tenté de définir le *stress psychologique*. Selon Lazarus, un des principaux représentants de ce courant de recherche en Amérique du Nord, le stress psychologique est le produit d'une transaction entre la personne et son environnement (Lazarus et Folkman, 1984). Il s'agit alors de comprendre pourquoi un individu perçoit ou non un événement comme stressant et comment il s'y adapte lorsque des réponses automatiques ne peuvent intervenir car ces modes d'adaptation peuvent être multiples et leur choix varié non seulement en fonction de l'environnement mais aussi en fonction des caractéristiques individuelles. D'autres facteurs peuvent également entrer en ligne de compte: le niveau d'incertitude, le degré de la menace, la proximité du conflit, le degré de désespoir engendré par le problème (Monat et Lazarus, 1985).

Si les tenants du courant cognitif se sont intéressés et s'intéressent toujours à la perception que les personnes peuvent avoir d'un phénomène stressant, aux fonctions et aux modes d'adaptation individuels, d'autres chercheurs se sont préoccupés de certains traits de personnalité.

Ces dernières recherches ont suivi trois grandes directions. La première s'est attardée à différencier les personnes selon leur sentiment de pouvoir et d'engagement dans la vie quotidienne, la seconde est avant tout centrée sur deux grands types de comportement, le type A et le type B, et la troisième axée sur l'expression personnelle des émotions. Les travaux du premier courant de recherche ont surtout tendu à démontrer combien les personnes qui ont le sentiment d'avoir la maîtrise de ce qui leur arrive semblent moins vulnérables que celles qui ont le sentiment de subir continuellement les événements. Les auteurs parlent alors de maîtrise (Pearlin *et al.*, 1981), d'efficacité personnelle (Bandura, 1982), de lieu de contrôle (Rotter, 1966), d'apprentissage des difficultés (Abrahamson, Seligman et Teasdale, 1978), de sentiment de permanence (Boyce *et al.*, 1985), de sentiment de cohérence (Antonovsky, 1979, 1984) ou de résistance au stress (« hardiness ») (Kobasa, Maddi et Kahn, 1982). Par-delà la diversité des termes, tous ces chercheurs insistent sur les ressources psychologiques dans lesquelles un individu peut puiser pour faire face au stress de la vie.

Les recherches sur les désormais célèbres type A et type B partent d'un tout autre point de vue. Déterminés par deux médecins américains au début des années soixante, les types de personnalité A et B ont surtout été associés aux maladies cardiovasculaires (Rosenman et Friedman, 1974). Alors que le type A se caractérise par l'agressivité, la combativité, l'impatience, l'incapacité de s'arrêter, l'urgence, l'accumulation quantitative, le type B est en revanche tout le contraire. Marqué par la patience, la décontraction, un faible esprit de compétition, l'absence de sentiment d'urgence, le type B paraît moins pathogène que le type A. Si de nombreuses études démontrent en effet qu'on retrouve deux fois plus de maladies cardiovasculaires chez les personnes de type A que chez les personnes de type B, il reste qu'une des plus grandes recherches dans le domaine n'a trouvé aucune différence de morbidité entre les deux types.

Le troisième courant s'est penché sur le rôle que jouent les émotions dans la genèse des problèmes de santé, notamment dans l'apparition des cancers. L'hypothèse de départ est la suivante: les facteurs psychologiques et émotifs peuvent influencer le fonctionnement neurophysiologique et ainsi affaiblir les mécanismes de défense immunitaire. Parmi ces facteurs, l'incapacité à exprimer ses émotions et son insatisfaction semble être plus présente chez les femmes atteintes d'un cancer du sein (Cox et Mackay, 1982; Greer *et al.*, 1979). La plupart de ces recherches s'inscrivent dans un continuum activité-passivité à l'intérieur duquel la passivité est vue comme plus dommageable que l'activité à l'expression de ses émotions (Tobin, 1980; Spielberger *et al.*, 1985). Si la majorité des études portant sur le stress sont centrées sur des aspects physiologiques ou psychologiques, un certain nombre de chercheurs ne dédaignent pas intégrer aussi les facteurs psychosociaux.

Ce courant regroupe majoritairement des biologistes, des médecins et des épidémiologues et, dans une moindre mesure, des chercheurs en sciences sociales. Les premiers, en s'appuyant sur de nombreuses recherches menées en laboratoire, sur des études cliniques ou sur des enquêtes épidémiologiques, tentent d'articuler les facteurs d'ordre psychosocial au système neurophysiologique. Leurs travaux ont débouché sur un grand nombre de modèles biopsychosociaux du stress dont les plus célèbres sont ceux de Kagan et Levi (1974), Cassel (1974), Henry et Stephens (1977), Eyer et Sterling (1981) et Laborit (1979). Malgré leurs différences, tous ces modèles ont des points communs. Tout d'abord, ils s'appuient sur les recherches faites en neurophysiologie. Ensuite ils mettent de l'avant l'importance et le rôle que les facteurs psychosociaux ont et jouent dans l'apparition des problèmes de santé. Enfin, ils essaient d'articuler ces facteurs au psychique et au biologique. De telles tentatives sont désormais possibles grâce au formidable développement que connaissent de nos jours, les sciences neurologiques.

Les seconds — les chercheurs en sciences sociales — s'intéressent aux facteurs psychosociaux ou sociaux proprement dits qui peuvent protéger ou altérer la santé humaine (Antonovsky, 1979: Chanlat, 1985a). Une bonne partie des recherches dans ce domaine porte notamment sur le rôle du soutien social, qu'il s'exprime par une aide matérielle, affective ou par des réseaux de relations (Bozzini et Tessier, 1985). Par exemple, certaines de ces études ont révélé que les sociétés dont les liens communautaires sont particulièrement serrés semblent, sinon exemptes, du moins en partie épargnées des maux qui affligent les sociétés dont les liens sont plus distendus (Bruhn *et al.*, 1966; Wolff, 1968; Marmot et Syme, 1976). D'autres enquêtes ont également montré, statistiques à l'appui, que l'individu qui bénéficie d'un soutien social actif court moins de risques de tomber malade que celui qui ne bénéficie pas d'un tel soutien (Berkman et Breslow, 1983; Lynch, 1979). Un autre grand axe de recherche a cherché à déterminer le rôle de certains événements stressants de l'existence dans la genèse de certains problèmes de santé. Ces événements sont regroupés dans une échelle de mesure aujourd'hui couramment utilisée dans les pays anglo-saxons et scandinaves où elle suscite bien des débats (Holmes et Rahé, 1967; Dohrenwend et Dohrenwend, 1984).

C'est à partir de ce triple effort de recherche (physiologique, psycho logique et social) que les travaux sur le stress du travail se sont constitués. Ils y ont puisé leurs modèles théoriques et méthodologiques. Ils en ont repris les grandes conclusions (French *et al.*, 1982; Savoie, 1985). En formant de nos jours un champ d'études à part entière, les chercheurs dans le domaine du stress du travail ont par ailleurs conçu un certain nombre de modèles théoriques du stress professionnel. À quelques nuances près, tous ces modèles font apparaître les éléments suivants: tout d'abord, des agents stresseurs de nature diverse (physique, chimique, biologique, mécanique, psychosociale, etc.); ensuite, un ensemble de caractéristiques personnelles (type de personnalité, mode de réaction au stress, appartenance sociodémographique, etc.), une série d'indicateurs de stress (symptômes somatiques, psychologiques, comportementaux, physiologiques), un groupe de variables modératrices (soutien et réseau social) et enfin un ensemble de conséquences sur la santé de l'individu (maladies organiques, cardiovasculaires, troubles psychologiques, etc.) et sur celle de l'organisation (absentéisme, accidents, taux de roulement, productivité, performance, etc.) (Dolan et Arsenault, 1980; Chanlat, 1986a).

Le modèle de stress au travail qui s'est imposé aujourd'hui n'est cependant plus le seul. Depuis le milieu des années soixante-dix, un autre modèle a fait irruption dans le champ de la santé au travail: celui du « burn out » ou de l'épuisement professionnel.

Mis de l'avant principalement par un psychanalyste (Freudenberger, 1980, 1987) et par des psychologues sociaux américains (Maslach, 1981; Perlman et Hartman, 1982; Pines, Aronson et Kafry, 1982; Cherniss, 1980) la notion de « burn out » se définit comme un syndrome d'épuisement physique et émotionnel impliquant le développement d'images négatives de soi-même, des attitudes défavorables envers le travail et une perte d'intérêt à l'égard des clients. Contrairement au modèle du stress qui s'adressait traditionnellement au monde de l'industrie, les ouvrages portant sur le « burn out » se sont avant tout attachés à saisir le malaise des employés des services sociaux (infirmières, thérapeutes, psychologues, travailleurs sociaux, enseignants). Aujourd'hui, les publications sur ce sujet sont fort nombreuses (Le Breton et Chanlat, 1989). Très proches du modèle du stress même si elles n'y font pas toujours explicitement référence, ces recherches sur la question du « burn out » tirent surtout leurs spécificités des catégories socioprofessionnelles qu'elles étudient. C'est la raison pour laquelle les chercheurs ont tendance à limiter l'utilisation de ce terme aux seules professions engagées dans une relation d'aide. Les statistiques américaines semblent leur donner raison puisque 15 des 27 professions qui présentent le plus grand nombre de problèmes de santé mentale se retrouvent en effet dans le secteur hospitalier (Bibeau, 1985).

Largement issue des départements de psychologie — en particulier de psychologie industrielle — des facultés d'administration (administration scolaire, hospitalière, publique, etc.), d'écoles de gestion, la recherche dans le domaine du stress du travail et de l'épuisement professionnel (« burn out ») demeure, par ailleurs, très marquée par les préoccupations qui sont celles de l'industrie ou du monde économique en général, à savoir augmenter les bénéfices et baisser les coûts. Si elle a produit une multitude de données, dont plusieurs font aujourd'hui référence dans les pays anglo-saxons, elle constitue un corps scientifique très différent de celui qui a émergé de la psychopathologie du travail.

LA PSYCHOPATHOLOGIE DU TRAVAIL

Par rapport à ce courant sur le stress et l'épuisement professionnel massivement anglo-saxon et scandinave, protéiforme et considérable, la perspective psychopathologique s'est édifiée dans un tout autre contexte et sur des bases disciplinaires fort différentes. Si les premiers travaux apparaissent en France à la fin des années cinquante, (Le Guillant *et al.*, 1956), ce n'est vraiment qu'à la fin des années soixante-dix et au cours des années quatre-vingt que la psychopathologie commence véritablement à investir le champ de la santé et de la sécurité du travail. L'œuvre de Christophe Dejours en constitue en quelque sorte le pivot (1980b, 1987, 1988).

Héritière de la psychanalyse, de la phénoménologie et de la sociologie du travail d'orientation critique, la psychopathologie du travail se veut dès le début une discipline qui tranche avec les analyses orthodoxes d'origine behavioriste :

> Une fois pour toutes, nous laissons de côté les observations quantitatives, les statistiques, les questionnaires ouverts ou fermés, les patterns comportementaux, qu'il s'agisse de l'économie des gestes répétés, des ratés du comportement productif ou de l'augmentation des performances, en d'autres termes toute la psychologie abstraite qui laisse délibérément en marge la vie mentale elle-même, l'émotion, l'angoisse, la rage, le rêve, les phantasmes, l'amour, tous sentiments éprouvés qui échappent à l'observation dite « objective ». (Dejours, 1980, p. 7.).

Au départ, les fondements philosophiques et paradigmatiques sont donc tout autres que ceux des théories sur le stress, marquées plus souvent qu'autrement au sceau du positivisme, du behaviorisme et du scientisme (Levi, 1980). Cette prise de position originelle déterminera dans une large mesure les différences que l'on peut observer entre les deux approches. Ces différences existent sur plusieurs plans. Tout d'abord en ce qui concerne l'*objet d'étude*. Alors que les chercheurs sur le stress au travail tentent, comme nous l'avons vu, de relier d'une certaine manière la réponse physiologique à des variables psychosociales, la perspective psychopathologique cherche à saisir avant tout les sources *vécues* de la souffrance et du plaisir dans le travail. Contrairement aux recherches sur le stress où la subjectivité est dans la majorité des cas évacuée ou abordée sous l'angle de la cognition (Monat et Lazarus, 1985) ou des modes d'adaptation, elle constitue le fondement même de la démarche psychopathologique. « Le champ propre de la psychopathologie du travail, affirme C. Dejours (1987, p. 17), est bien celui de la souffrance, de son contenu, de sa signification et de ses formes. »

Cette question de la souffrance et du plaisir engendrés par l'organisation du travail se pose toujours sous forme de *rapport social*. L'individu souffrant n'est jamais dissocié du groupe auquel il appartient et des rapports que ce groupe entretient avec les autres dans un cadre de travail précis, notamment avec les représentants des différents niveaux hiérarchiques. « La souffrance désigne le vécu particulier, résultant d'une situation spécifique liée à la contrainte organisationnelle. » (Dejours, 1987, p. 118-119.) Tout sujet n'existe que dans un collectif. Comme nous le montre C. Dejours dans le texte qu'il a écrit dans le présent ouvrage, le processus par lequel un groupe de travailleurs devient un collectif passe par l'établissement de règles, par des actes de langage, des interactions et un vécu partagé. Il se constitue dans un ensemble de rapports avec les autres groupes et les différents niveaux de la hiérarchie. Ce point de vue fondamentalement social n'est pas ou peu partagé par les tenants du courant axé sur le stress puisque la plupart de leurs travaux se penchent avant tout sur l'individu stressé ou épuisé. Quand ils font référence au social, ils parlent alors de réseaux, de soutien ou de climat organisationnel. Si ces distinctions linguistiques peuvent recouvrir des réalités analogues, il reste que la perspective psychopathologique pose le problème du sens et de la signification comme élément central de l'existence collective et professionnelle.

Cette mise à l'écart de la subjectivité, du vécu, de l'expérience est dans une large mesure attribuable à la vision scientifique orthodoxe qui inspire le courant axé sur le stress au travail, et l'absence des facteurs sociaux renvoie quant à elle à une conception très individualiste des problèmes de santé, héritée des nombreux travaux d'ordre psychologique.

En second lieu, sur le plan des *méthodes utilisées*. Marquées par le modèle des sciences exactes et par les travaux en laboratoire, les études sur le stress font appel exclusivement à des méthodes quantitatives (questionnaires, analyse multivariée, régression, etc.) Pour respecter les normes scientifiques en vigueur, dans ce champ d'études le chercheur doit adopter le comportement le plus « objectif » possible, quantifier ses variables et satisfaire aux critères de représentativité de son échantillon. Cette démarche qui fait appel à toute une batterie d'échelles de mesure est bien sûr très éloignée de celle qui est mise de l'avant par la psychopathologie du travail. Faire surgir ce qui donne du sens, reconstituer le nœud de significations à l'intérieur du contexte organisationnel, telle est la mission du psychopathologiste. Ce dévoilement des subjectivités n'est possible que par des méthodes qualitatives (entrevues individuelles et collectives, observations participantes, enquêtes de terrain, etc.) Nous sommes donc loin des méthodes utilisées la plupart du temps par le courant axé sur le stress. Autrement dit, en s'appuyant principalement sur des méthodes quantitatives et sur des recherches en laboratoire, les théories sur le stress au travail n'appartiennent pas au même univers épistémologique que le courant fondé sur la psychopathologie, essentiellement qualitatif et s'adressant avant tout à des *sujets qui parlent*.

Cette importance accordée à la parole des personnes concernées (ouvriers, employés, cadres, techniciens, etc.) est primordiale dans la méthode psychopathologique. Car c'est de la confrontation des discours lors de réunions collectives ou d'entretiens individuels que seront révélés les décalages qui existent entre l'organisation du travail *prescrite* et l'organisation du travail *réelle*, ces décalages étant à l'origine des problèmes rencontrés. Si le *dire* est au cœur du dispositif de recherche de la psychopathologie du travail, tel n'est pas le cas en ce qui concerne le courant axé sur le stress au travail. Certes, dans ce domaine, on peut trouver quelques études qui donnent une plus grande place à la question du sens, voire des chercheurs réclamant plus de recherches qualitatives (Handy, 1988), mais dans l'ensemble les réponses des sujets à l'étude sont largement médiatisées par l'usage de questionnaires comportant les échelles de mesure appropriées. La parole des travailleurs arrive donc la plupart du temps comme un écho affaibli. Passage obligé de la scientificité de l'approche, une telle méthode ne peut donc rendre compte de la subjectivité dans les termes qu'emploie la psychopathologie du travail.

Enfin, en troisième lieu, sur le plan des *résultats*. Les données que nous livrent les travaux sur le stress professionnel se distinguent, en raison des méthodes et de l'objet choisis, des résultats obtenus par les études en psychopathologie du travail. Très largement statistiques, les résultats en matière de stress au travail mettent avant tout en relation des *variables*. Chaque variable représente en tant que telle un élément du modèle mis à l'épreuve. Elles ne seront retenues comme significatives que lorsque leur pertinence sera démontrée par des techniques statistiques reconnues (corrélation, régression, etc.) C'est ainsi que l'on démontrera par exemple que les ambiguïtés ou les conflits de rôle sont sources de stress (Kahn, 1981; Cooper, 1983), que le soutien social à une fonction de modérateur (House, 1985) ou que l'absence d'autonomie et de pouvoir a des effets physiologiques (Karasek *et al.*, 1981; Marmot et Theorell, 1988). Cette accumulation de données quantitatives concernant le stress professionnel n'est pas sans intérêt d'un point de vue descriptif. Les grandes enquêtes épidémiologiques dans ce domaine ont le mérite d'établir des topographies de la situation. Toutefois, cela se complique lorsqu'on veut aborder l'explication de phénomènes avant tout subjectifs et qualitatifs. C'est là où l'approche mise au point par la psychopathologie du travail montre toute son originalité puisqu'elle cherche à restituer l'expérience que les personnes ont vécue au travail à partir de ce qu'ils en disent. Les résultats sont également très différents dans leur portée sociale. Alors que la psychopathologie du travail interroge toujours l'organisation du travail des entreprises modernes et cherche à la transformer en montrant le prix que les travailleurs paient dans un bon nombre de cas pour s'y adapter, le courant axé sur le stress à souvent tendance à réduire les problèmes à un niveau strictement individuel. À l'exception de certains travaux — notamment scandinaves — qui ont explicitement mis en cause l'organisation taylorienne du travail (Gardell, 1982; Gustavsen, 1988), les recherches dans ce domaine se contentent en effet de suggérer une saine gestion individuelle du stress. Les programmes de bien-être et de santé qui se développent à l'heure actuelle dans les grandes entreprises américaines en sont une très bonne illustration. Les conditions de travail y sont largement négligées au profit de la lutte contre le tabagisme, de la promotion de l'exercice physique et de diverses techniques de relaxation (Conrad, 1987; Greenberg, 1987).

DEUX MODÈLES DE L'ÊTRE HUMAIN

Les différences entre ces deux approches sont donc nombreuses. Elles touchent aussi bien leur origine géographique que leurs fondements épistémologiques, théoriques et méthodologiques. Cet ensemble de différences, voire de clivages, débouche sur deux modèles de l'être humain. Le premier, qui se dégage des nombreuses recherches sur le stress au travail, fait apparaître l'être humain comme une « machine » biopsychosociale, abstraite, soumise à la normalité statistique. Plus psychologique que sociologique, ce modèle cherche avant tout à ce que chacun puisse trouver son équilibre et s'adapter à son environnement de travail. S'il reconnaît à l'occasion l'importance que la subjectivité peut avoir dans l'existence, il en tient en réalité peu compte et ne permet guère à la parole de l'exprimer. Autrement dit, c'est un modèle qui se veut avant tout *objectif*.

Le second, qui se dégage de l'analyse psychopathologique, est tout autre. Sans nier la réalité biologique de l'être humain, il définit celui-ci comme un être concret, un sujet en acte, une personne en situation dont la qualité de vie psychique au travail est indissolublement liée aux groupes et à ses conditions d'existence, ce qui l'amène à mettre en cause directement l'organisation du travail. C'est donc un modèle avant tout *subjectif*.

Une telle différence, voire de tels clivages entre ces deux approches nous font maintenant comprendre peut-être un peu mieux pourquoi elles sont restées jusqu'à présent très éloignées l'une de l'autre. Appartenant à deux modes de pensée bien distincts et enracinées dans des contextes sociohistoriques bien différents, elles voient surgir par là même des obstacles importants à leur dialogue, obstacles qui ne peuvent pas être levés du jour au lendemain. Mais si un tel dialogue s'amorçait réellement, toutes deux pourraient dans l'avenir en bénéficier. D'un côté, tous les chercheurs sur le stress, qui sont de plus en plus nombreux à réclamer d'autres perspectives, pourraient y voir une source d'inspiration. De l'autre, certains des résultats obtenus par les recherches sur le stress pourraient compléter, voire appuyer dans certains cas, ceux obtenus par la psychopathologie du travail. En plaçant ainsi d'une part le sujet et de l'autre le collectif de travail au centre de son interrogation, la psychopathologie du travail débouche non seulement sur la mise en question de certaines formes d'organisation du travail, mais aussi met en cause par la même occasion certaines pratiques managériales.

PSYCHOPATHOLOGIE DU TRAVAIL ET GESTION

Comme nous le montre C. Dejours dans ce même ouvrage, toutes les études en psychopathologie du travail mettent en cause à un moment donné ou à un autre, d'une manière ou d'une autre ce qu'on appelle de nos jours « le management ». Cette remise en question découle d'analyses de terrain qui démontrent les contradictions, les conflits et les problèmes auxquels se heurtent les ouvriers, les employés et les cadres dans leur univers de travail quotidien. Elle révèle également les dimensions humaines qui sont largement méconnues pour ne pas dire bafouées par la direction de certaines entreprises. Rappelons quelques-unes de ces constatations.

La première observation que font les psychopathologistes concerne l'écart persistant entre l'organisation du travail *prescrite* et l'organisation du travail *réelle*. La complexité des processus, l'incertitude, les contraintes spatio-temporelles, le hasard, les exigences de la demande rendent fréquemment impossible l'application à la lettre des règlements, des normes et de la procédure exigés par l'organisation du travail. Les travailleurs sont donc obligés de faire appel à leur imagination, à leur savoir-faire et à leurs ressources pour bricoler des solutions et établir de nouvelles règles. Ce bricolage n'étant pas toujours bien accepté de l'encadrement immédiat et du sommet de la hiérarchie, voire interdit, les travailleurs doivent dissimuler leurs pratiques « illégales ».

Lorsque ces pratiques sont tolérées, on assiste alors à des collusions qui peuvent se briser lors d'incidents graves, la direction pouvant toujours condamner les ouvriers pour ne pas avoir respecté les normes de fonctionnement établies. Cette situation est alors particulièrement difficile à vivre pour les travailleurs qui se voient obligés de dévier des ordres, des règles et de la procédure normale pour réaliser *concrètement* leurs tâches, et en même temps empêchés d'y avoir recours. Il en découle une situation intenable, tel que nous l'a décrit G. Bateson (1977).

La deuxième constatation porte sur la division même des tâches. L'organisation taylorienne du travail que l'on retrouve dans bon nombre d'entreprises se caractérise par son extrême souci de parcellisation. Ce processus d'émiettement, couplé aux contraintes de temps et de rendement, amène dans certains cas les travailleurs à être dans l'incapacité psychologique de sublimer. Ces tâches « anti-sublimatoires » ne sont pas sans avoir des conséquences particulièrement dommageables sur leur santé physique et mentale.

La troisième constatation touche l'absence de dialogue réel et la négation de la parole. Très souvent, le psychopathologiste va en effet découvrir que l'entreprise dans laquelle il intervient laisse peu de place à l'expression de la base, voire de l'encadrement. Ce refus de laisser libre cours à l'expression authentique est une grande source de frustrations individuelles et collectives. Car il ne permet ni aux individus ni aux groupes de s'exprimer réellement sur les problèmes qu'ils rencontrent, de faire part de leur propre expérience et des solutions qu'ils pourraient envisager, en un mot d'agir en tant que sujets à part entière.

La quatrième constatation est très liée à celle qui précède. Elle concerne plus précisément la non-reconnaissance des savoirs d'expérience. Largement inspirés par des modèles technocratiques, la direction et l'encadrement de certaines entreprises ne reconnaissent pas toujours aux travailleurs la possibilité de questionner leur choix technique et organisationnel à partir de la connaissance pratique de ces derniers. Par le fait même, la hiérarchie nie tout le savoir que les travailleurs ont pu accumuler au cours de leur expérience de travail, et notamment dans le domaine de la sécurité, leur savoir-faire de prudence.

La cinquième et dernière constatation renvoie à l'univers familial. Comme nous le savons tous plus ou moins d'expérience, les activités professionnelles ne sont pas totalement dissociables des autres sphères de l'existence. La psychopathologie du travail, en décrivant l'influence que les modes d'organisation du travail ont sur la santé des travailleurs, montre également les débordements que cette souffrance *subie* au travail peut provoquer dans la famille (alcoolisme, violence, délinquance). Elle en appelle directement à la responsabilité sociale de l'entreprise.

Dans cet ensemble d'observations, le management est à chaque fois partie prenante. La mise en place de certains types d'organisation du travail, la reconnaissance ou non de l'expérience, la prise en compte de la parole, le développement du pouvoir ou de l'autonomie relèvent dans l'entreprise de la direction.

Jusqu'à présent, il faut bien avouer que les modes d'organisation du travail et de gestion, basés dans une large mesure sur la représentation d'un travailleur immature, infantile, individualiste, irresponsable (voir à cet égard l'article de B. Sievers dans le présent ouvrage) et irrationnel ont plutôt préconisé le savoir-faire managérial et le pouvoir bureaucratique. Ce clivage entre une direction éclairée par les lumières des sciences administratives, du savoir-faire professionnel et technique, et une base dont il faut se méfier est à l'origine des souffrances de nombreux travailleurs que nous décrit la psychopathologie du travail. Toutefois, ces modes de gestion traditionnels commencent à être remis en question par l'univers du management lui-même. Certaines de ces interrogations rejoignent même dans quelques cas celles de la psychopathologie du travail.

DE LA GESTION À LA PSYCHOPATHOLOGIE DU TRAVAIL

L'univers de la gestion n'est pas homogène. Au-delà du discours dominant volontiers rationalisateur et « économiciste », il y a de plus en plus de voix qui s'élèvent aujourd'hui pour critiquer, voire dénoncer ce discours et les pratiques managériales d'exclusion qui en découlent (Aktouf, 1989). Cette critique vise non seulement les modes de gestion traditionnels mais aussi la formation qui est donnée aux futurs cadres dans les écoles de gestion (Porter et McKibbin, 1988). Les reproches que l'on fait au management orthodoxe, c'est-à-dire aux modes de gestion marqués principalement par le taylorisme et le techno-bureaucratisme, sont multiples. Ils portent autant sur l'absence de vision à long terme, l'hégémonie des catégories économiques, l'emprise de la technique, l'abstraction que sur l'empire du calcul et de la mesure, l'éthnocentrisme, le productivisme (Chanlat et Dufour, 1985) ou le manque d'éthique (Etzioni, 1988) qui marquent d'une manière ou d'une autre certaines pratiques managériales.

Si la formation en gestion subit en général le même genre de critique, on insiste plus particulièrement sur le peu de place accordé aux sciences humaines et aux aspects qualitatifs (Chanlat, 1984b). Volontiers anti-intellectuels, certains programmes ont en effet tendance à réduire la part de la pensée critique et à encourager par le fait même une forme d'inculture dont les conséquences se font sentir dans la gestion quotidienne (Bloom, 1987; Lussato, 1989). En d'autres termes, dans le domaine de la gestion, au gouvernement des personnes on a semblé nettement préférer jusqu'ici l'administration des choses.

Cette double critique ne survient pas par hasard. Au moment où le travail se transforme, où la concurrence internationale est de plus en plus vive, où l'écosystème est menacé, où le système économique crée des sociétés à deux vitesses, où les écarts entre les pays du Nord et ceux du Sud s'élargissent, où la précarité des emplois s'accentue, il est normal que les modes de gestion soient remis en question (Gorz, 1988).

Dans les dix dernières années, la réaction du monde des affaires à tous ces défis a pris plusieurs formes. D'aucuns, à la suite d'une étude de deux consultants américains, se sont mis à faire l'apologie de « l'excellence » (Peters et Waterman, 1983). Ce goût pour les entreprises excellentes, c'est-à-dire pour celles qui suivent les principes de « l'évangile selon Saint-Mac », pour reprendre l'heureuse expression d'un chef d'entreprise (Kervern, 1986), a été particulièrement développé dans les dernières années. Définie en huit principes — « il faut un bon patron; il faut se soucier des clients; il faut s'occuper du personnel; il faut veiller à la qualité; il faut simplifier au maximum; il faut faire ce que l'on sait faire; il faut décentraliser; il faut de petits groupes motivés pour innover » —, cette philosophie managériale a parfois atteint le statut de véritable langue de bois (voir à cet égard l'article de Omar Aktouf dans le présent ouvrage). Aujourd'hui, cette frénésie pour l'excellence est quelque peu retombée. D'autres ont été pris d'un engouement pour la théorie Z. Cette dernière tentait de conjuguer les bons côtés du modèle japonais et ceux du modèle américain (Ouchi, 1982). D'autres encore ont prôné le développement d'une culture d'entreprise, susceptible de mobiliser le personnel (Deal et Kennedy, 1982), ou la mise en place d'entreprises de troisième type (Archier et Sérieyx, 1984). D'autres enfin, plus récemment, ont fait émerger un mouvement pour le développement de l'éthique (Hoffman et Moore, 1982).

Cette panoplie de modes de gestion qui dans bien des cas se recoupent, bien qu'elle ne soit parfois qu'une autre expression de la conscience technocratique (Alvesson, 1987), indique néanmoins que le monde de la gestion se heurte à l'heure actuelle à de nombreux obstacles. En effet, en dépit de tous les discours triomphants, la mobilisation du personnel continue à soulever certains problèmes, la qualité des produits et des services n'est pas toujours adéquate, la taylorisation des services et la bureaucratisation continuent à déshumaniser les milieux de travail. Plusieurs enquêtes menées à la base confirment que dans certains secteurs, notamment ceux qui sont particulièrement bureaucratisés, le spleen des employés, « le blues » des ouvriers ou les désillusions des cadres ne sont pas des phénomènes marginaux. La condition humaine dans les organisations n'est donc pas toujours aussi rose que le laisseraient entendre certains discours actuels.

Le monde du management ou tout au moins une partie découvre qu'après plus de trente ans d'enseignement professionnel de la gestion certaines questions demeurent et que de nouvelles surgissent pour lesquelles un bon nombre de gestionnaires sont mal ou peu préparés. Les organisations deviennent impossibles à gérer, malades d'un management professionnel, abstrait et totalement désincarné (Mintzberg, 1989). L'obsession du contrôle, l'hyperrationalisation, la concentration poussent les organisations à adopter des modes de gestion qui s'éloignent de plus en plus de ce qu'on aurait appelé naguère le bon sens. On peut dès lors comprendre un peu mieux pourquoi l'homme de l'organisation dont certains rêvent éprouve quelques difficultés à évoluer dans un milieu où la rigidité, l'autoritarisme, la méfiance, la rationalité techno-bureaucratique l'emportent trop souvent sur la souplesse, l'autonomie, la confiance et l'intuition créatrice. Appuyés sur leur système d'information quantitatif, mus par des schémas rationalisateurs où l'analyse coût-bénéfice fait office parfois de seul critère d'évaluation, certains gestionnaires en oublient totalement la réalité humaine concrète. Ils ouvrent ainsi la voie à toutes les souffrances dont nous parlent la psychopathologie du travail et les études sur le stress professionnel. Si cette critique interne du management commence à avoir de plus en plus d'échos dans les organisations, il faut cependant s'empresser d'ajouter que certaines sphères de la gestion, assises sur leurs certitudes, demeurent encore réfractaires à cette remise en question. Beaucoup de travail reste donc à faire pour que l'univers organisationnel devienne un lieu de plaisir et de souffrance créatrice dans *toutes* les entreprises.

*

* *

En s'intéressant au plaisir et à la souffrance dans les organisations, la psychopathologie du travail a mis en évidence certains processus. Ces processus, en s'enracinant dans des modes de gestion traditionnels, amènent la psychopathologie du travail à contribuer, sans qu'elle en soit toujours consciente, à un renouvellement des pratiques managériales.

Parallèlement, l'univers du management, en se remettant lui-même en question quant aux effets délétères de ses propres pratiques, en vient à rejoindre les interrogations de la psychopathologie du travail ou certains résultats sur le stress au travail (Frankenhaeuser, 1989). Mieux, il peut également alimenter la réflexion de ces dernières en montrant combien les comportements observés au travail s'enracinent aussi dans des représentations et des pratiques managériales précises. C'est, à notre avis, grâce à ce double mouvement que l'univers organisationnel pourra se transformer, offrir des espaces de parole et faire du travail un véritable milieu de vie (Johnson, 1989; Svensson, 1989; Sass, 1989).

LA NÉVROSE PROFESSIONNELLE

Nicole AUBERT

Dans un ouvrage récent consacré au « stress professionnel » (Aubert et Pagès, 1989), nous avons proposé le concept de *névrose professionnelle* pour rendre compte de certains cas de pathologies lourdes et installées, directement liées aux conditions professionnelles des sujets et dont le concept de stress nous paraissait insuffisant à rendre compte.

C'est ce concept de névrose professionnelle que nous allons tenter de définir et d'illustrer dans ce chapitre, en montrant les liens qu'il entretient avec les concepts de stress et de « burn-out » (épuisement professionnel ou encore « brûlure interne »), plus couramment utilisés par les chercheurs anglo-saxons.

Avant de définir ce que nous entendons par névrose professionnelle, nous ferons deux observations.

La première se rapporte à la terminologie différenciée qui marque les approches anglo-saxonne et française de la psychopathologie du travail. En effet, tandis que dans la première le terme de stress était très largement repris et jouait, à la suite des études fondatrices de Hans Selye (1956), un rôle de « concept organisateur » dans les travaux anglo-saxons et canadiens consacrés à la psychopathologie du travail, ce même terme fut, dans le même temps, en raison de ses origines de réaction physiologique et quasi mécanique de l'organisme à une agression, écarté par les chercheurs français. Ceux-ci, puisant dans la psychanalyse et la référence à l'inconscient leurs repères fondamentaux, organisèrent leurs travaux autour des concepts de désadaptation psychique de l'homme au travail (Sivadon et Amiel, 1969), d'hygiène mentale au travail (Veil, 1985) ou de psychopathologie de la souffrance au travail (Dejours, 1980b).

Le concept de névrose professionnelle, bien qu'il ait été lui-même assez peu développé, se situe néanmoins davantage dans la lignée des travaux français. En 1956, les docteurs Le Guillant et Bégoin (1956), reprenant des travaux antérieurs des docteurs Julliard (1910), Fontègue et Solari (1918), avaient décrit sous le nom de « névrose des téléphonistes » le « syndrome général de la fatigue nerveuse » dont étaient fréquemment atteintes les employées de cette catégorie professionnelle et dont le tableau clinique — nervosité intense, insomnie totale, diminution marquée des possibilités intellectuelles, retentissement plus ou moins grave et durable sur l'état général et l'ensemble de la personnalité — dépassait celui des manifestations d'une fatigue « normale », plus ou moins intense mais toujours réversible, pour s'apparenter à celui des névroses.

Ces symptômes avaient été mis en relation avec les conditions de travail extrêmement pénibles auxquelles était soumise la catégorie professionnelle des téléphonistes : rythme excessivement rapide, forte exigence de « rendement », mécanisation des actes et monotonie, surveillance étroite, etc., tous éléments excédant les possibilités normales d'adaptation et se traduisant chez les téléphonistes par l'impression subjective d'être harcelées, pressées, débordées... avant d'aboutir dans un certain nombre de cas à une désorganisation plus ou moins intense de leur personnalité.

Ce qu'il faut souligner ici, c'est que la même étude effectuée de l'autre côté de l'Atlantique l'aurait été en termes de stress et que l'on n'y aurait pas parlé de « névrose des téléphonistes » mais de « stress des téléphonistes », la pathologie étudiée étant néanmoins la même.

Ce qui nous amène à une deuxième observation et nous conduit à distinguer *stress professionnel* et *névrose professionnelle*. Nous désignons par stress professionnel le processus de perturbation engendré chez l'individu par la mobilisation excessive de son énergie d'adaptation pour faire face aux demandes de son environnement professionnel, demandes débordant ses capacités actuelles physiques ou psychiques. Nous réservons le terme de *névrose professionnelle* à un état de désorganisation durable de la personnalité, de pathologie installée survenue en liaison avec une situation professionnelle ou organisationnelle déterminée. En ce sens la névrose professionnelle est une des conséquences possibles du stress professionnel.

Autrement dit, une situation de stress professionnel peut très bien, après une perturbation momentanée due à un débordement des capacités d'adaptation, « rentrer dans l'ordre » soit en raison de la diminution des sources de stress, soit en raison de l'adaptation réussie aux nouvelles exigences du travail. Elle peut aussi, si les sources de stress se poursuivent de façon intense et répétée et si les capacités d'adaptation de l'individu sont définitivement « débordées », déboucher sur une situation de « névrose professionnelle ».

Avant de définir plus précisément ce concept, précisons qu'une controverse s'est établie dans le courant français à propos du concept de « névrose du travail », certains considérant qu'il ne s'agit pas là d'une affection d'un type clinique particulier, mais d'une psychonévrose (c'est-à-dire d'une affection psychique renvoyant à des conflits infantiles) révélée chez l'individu par le travail. Ainsi, pour Sivadon et Amiel (1969), « la névrose du travail n'est pas une affection d'un type clinique particulier, mais une catégorie de troubles névrotiques [...] apparemment liés aux conditions de travail et à l'environnement industriel, généralement dépistée à l'occasion du travail ». Elle se caractérise chez le sujet névrotique par la présence, outre les éléments spécifiques de sa névrose (des obsessions, des phobies, des phénomènes de conversion hystérique, etc.), d'autres éléments tels que des perturbations dans les relations avec les autres, des difficultés avec l'autorité (tenant à l'immaturité affective du sujet et à la non-résolution de ses conflits affectifs de base) et surtout une asthénie typique qui prédomine le matin et qui tient à la lutte que le sujet névrotique doit soutenir à la fois sur le front intérieur contre l'angoisse afin de conserver son identité, et sur le front externe contre les agressions violentes du monde du travail.

C'est la raison pour laquelle certains auteurs — tels Bugard et Crocq (1980) — considèrent qu'il n'existe pas de véritables névroses du travail puisque les névroses ainsi qualifiées par Sivadon ne sont, en fait, que des psychonévroses apparaissant à l'occasion du travail. À ce concept, ils proposent donc de substituer celui d'*asthénie réactionnelle du travail* qui « offre des corrélations serrées avec les stress de l'inventaire existentiel » et qui se caractérise par:

1. un syndrome de répétition marqué par « une imprégnation diurne par le métier ou la situation traumatisante » et des rêves « répétant la situation traumatisante, des rêves professionnels ou relatifs à l'élément stressant de l'existence, au cours d'un sommeil qui est en général lourd et non reposant »;
2. une atteinte de la sphère thymo-affective, marquée par « des troubles émotionnels, des réactions de sursaut, de l'anxiété psychique et de l'angoisse somatique »;
3. des troubles de la sphère somatique « avec fatigue musculaire réelle ou paradoxale » (c'est-à-dire des contractures musculaires survenant chez des sujets qui effectuent des tâches de contrôle immobiles, sur écran vidéo par exemple.

Ce concept d'asthénie réactionnelle du travail implique, pour ses auteurs, l'association — comme dans le cas de la névrose traumatique — d'un traumatisme et d'un conflit. Mais il s'en différencie en ce sens que le traumatisme auquel il est fait allusion est « *mineur, chronique, répétitif, subintrant* » et surtout qu'il est avant tout *physique* et correspond à un ou plusieurs facteurs de nuisance du poste de travail et de l'environnement tels que niveau de bruit, rythmes de travail, caractère difficile ou douloureux des postures et des mouvements de l'ouvrier, surstimulation psychosensorielle (travail sur écran vidéo, par exemple, etc.).

L'asthénie réactionnelle du travail constituerait donc une entité clinique en relation directe essentiellement avec les conditions de travail et les facteurs pathogènes du travail et du reste de l'existence (transports, logement, style de vie, etc.). Si l'on reprend l'exemple de la « névrose des téléphonistes » dont nous parlons plus haut, il est évident que ce que Le Guillant et Bégoin avaient analysé à leur propos entrerait tout à fait dans le cadre de cette description.

Cependant, si parmi tous ces termes nous avons finalement choisi de retenir celui de névrose professionnelle, c'est qu'il nous semble recouvrir une acception beaucoup plus large que celle envisagée par les chercheurs que nous avons mentionnés. En effet, d'une part, la névrose professionnelle peut fort bien ne pas renvoyer à une psychonévrose antérieure et trouver son origine dans la situation professionnelle elle-même, d'autre part, elle ne met pas en jeu, selon nous, les seules conditions (physiques notamment) du poste de travail de l'individu mais peut très bien découler d'une problématique organisationnelle particulière qui sollicite psychiquement l'individu d'une façon à laquelle il ne parvient pas à répondre.

En résumé, nous désignons par névrose professionnelle *une affection psychogène durable dans laquelle les symptômes sont l'expression symbolique d'un conflit psychique dont le développement est lié à une situation organisationnelle ou professionnelle déterminée.* Ce conflit peut trouver son origine dans la situation professionnelle elle-même, sans renvoyer particulièrement à un conflit infantile, et nous proposons dans ce cas le concept de *névrose professionnelle actuelle.* Il peut également trouver ses racines dans l'histoire infantile du sujet, et n'être alors qu'une réactualisation, par la situation professionnelle, d'un conflit psychique infantile. Autrement dit, si nous sommes chaque fois en présence d'un conflit psychique lié à une situation professionnelle ou organisationnelle précise, cette dernière peut constituer la source directe du conflit dont les symptômes névrotiques sont l'expression, ou n'être au contraire qu'une occasion de réactualisation, de reviviscence d'un conflit antérieur. Nous proposons, dans ce second cas, le concept de *psychonévrose professionnelle* pour exprimer cette idée que l'individu revit, à travers une situation organisationnelle ou professionnelle déterminée, un conflit infantile et que la situation en question est la cause de cette reviviscence.

Rappelons, pour justifier ces appellations, que le concept de *psychonévrose* avait été forgé par Freud en 1894 (Freud, 1978) pour caractériser les affections psychiques où les symptômes sont l'expression symbolique de conflits infantiles, en opposition aux *névroses actuelles* — le terme n'apparaît qu'en 1898 — dont l'origine n'est pas à chercher dans les conflits infantiles mais dans le présent.

Nous illustrerons ce concept de névrose professionnelle par trois cas cliniques. Le premier est une névrose professionnelle actuelle et constitue ce que nous avons appelé un cas de *névrose professionnelle traumatique*. Le second est un cas de *psychonévrose professionnelle* et montre comment la « relation psychique » entretenue par certains individus avec l'organisation dans laquelle ils sont insérés présente parfois une similitude avec certaines relations conflictuelles infantiles. Enfin, le troisième exemple, qui constitue un cas de ce que nous appelons *névrose d'excellence*, montre comment certaines situations organisationnelles provoquent chez certains types de personnalité, qui poursuivent un idéal professionnel élevé et l'investissent dans l'institution, la mise en place de processus névrotiques. Ce troisième cas pourrait tout aussi bien être analysé dans la perspective du concept anglo-saxon de « burn-out » (ou « brûlure interne ») créé pour désigner les processus d'effondrement brutal et d'épuisement psychologique qui atteignent plus particulièrement les personnalités ayant jusque-là nourri un idéal élevé et très investies, voire « suridentifiées » à leur travail dans le but d'atteindre cet idéal. Si nous soulignons ainsi ce rapprochement avec un concept encore peu répandu en France, c'est pour souligner — comme nous l'avons fait à propos du stress — à quel point, à travers des concepts différents, les situations analysées sont en fait les mêmes et les processus décrits identiques.

LA NÉVROSE PROFESSIONNELLE TRAUMATIQUE

Névrose traumatique et événement traumatique

Parler de névrose traumatique dans un contexte professionnel implique que l'on puisse se référer à un ou des événements ou scènes psychotraumatisants ayant déclenché une symptomatologie clinique du même type que celle habituellement décrite pour ce type de névrose.

Rappelons que le concept général de « névrose traumatique » avait été créé en 1882 par Oppenheimer pour désigner les troubles névrotiques consécutifs à la frayeur éprouvée lors des accidents de chemin de fer. Ce concept a, par la suite, été repris à propos des « névroses de guerre » dans lesquelles le traumatisme psychologique est lié à la frayeur éprouvée lors du combat et, d'une manière plus générale, aux agressions de tous genres suscitées par l'atmosphère et les circonstances de la guerre.

Ce concept est intéressant en ce que, parmi les différents types de névrose distingués par Freud (névrose actuelle entretenue par un conflit pulsionnel « actuel », psychonévrose renvoyant à un conflit infantile et névrose traumatique), la névrose traumatique est la seule à relever d'un déterminisme extérieur: il s'agit de l'irruption d'un événement venant du dehors bouleverser une personnalité saine.

Reprenant le tableau clinique de la névrose traumatique (et des névroses de guerre en particulier), L. Crocq (1985) souligne bien comment la symptomatologie de ces névroses traduit cette *pathogénie de l'événement*. Les principaux éléments de ce tableau sont au nombre de trois: le *temps de latence*, d'abord (ou de rumination, d'incubation, de médiation), qui sépare l'expérience traumatisante de l'apparition des premiers symptômes et dont la durée est variable (de quelques heures à quelques mois dans les « névroses de déportation » par exemple). Cette période de méditation solitaire est la période déterminante de l'installation de la névrose, et la plupart des auteurs insistent d'ailleurs sur la nécessité de ne pas laisser le sujet seul avec ses ruminations, mais, au contraire, de le faire parler afin de lui faire maîtriser « par l'objectivation du langage et face à la présence rassurante d'autrui une expérience événementielle qui l'a surpris, qui a débordé ses défenses et qui a été vécue, selon l'expression de Freud, comme une absence de secours » (Crocq, 1985).

Le deuxième élément du tableau clinique de la névrose traumatique est le *syndrome de répétition* qui en constitue la sémiologie pathognomonique et se traduit principalement par des cauchemars faisant revivre la scène traumatisante à l'origine de la névrose. Ce syndrome se manifeste également par des ruminations mentales obsédantes sur le traumatisme et ses conséquences. Selon Freud, ce syndrome de répétition traduirait la « fixation au traumatisme » et l'effort réitéré tardivement pour le « lier » et y « abréagir ». « Il s'agit d'une tentative de l'organisme pour maîtriser la représentation imaginaire d'un événement qui — jouant de sa violence et de l'effet de surprise — n'avait pu être maîtrisé lors de sa survenue dans la réalité. » (Crocq, 1985, p. 113.)

Le troisième élément clinique spécifique de la névrose traumatique est la *réorganisation de la personnalité après le traumatisme*, caractérisée essentiellement par la « fixation au traumatisme ». C'est cette fixation que Freud considérait comme le mécanisme essentiel et permanent de la réorganisation névrotique de la personnalité: tout se passe, en effet, comme si, par ses symptômes et par tout son comportement, le malade semblait polarisé vers le traumatisme et réduisait en conséquence ses perceptions, son champ de conscience, ses activités, ses réactions et ses projets. Il se produit ce que Fenichel appelait un « blocage des fonctions du moi » — fonctions de protection, fonctions de présence et fonctions libidinales —, blocage que Crocq décrit ainsi (1985, p. 113):

> En ce qui concerne les fonctions de protection, l'organisme n'est plus capable de filtrer ni d'interpréter les stimuli significatifs nécessaires à ses activités de pouvoir et de relation. Par exemple, il « refuse » de percevoir des stimulations

ou, à l'inverse, il sursaute à toute stimulation — même non nocive — ou encore reste insensible à des stimulations fortes mais devient hypersensible à des stimuli légers [...] Les fonctions de présence, qui assuraient l'équilibre entre le Moi et le monde extérieur, son inhibées. Le repli sur soi, l'abandon des fonctions mentales supérieures, la perte de l'initiative, la somnolence ou — à l'extrême — la sidération traduisent cette coupure d'avec le monde extérieur [...] Enfin, l'inhibition de la sexualité et, d'une manière générale, des dispositions de relation affective avec autrui est le fait de l'épuisement de la réserve d'énergie libidinale, tout entière dérivée vers l'urgence de la maîtrise du traumatisme.

Toute une controverse s'est développée à propos du déclenchement de la névrose traumatique sur le point de savoir s'il relève uniquement d'un déterminisme extérieur (événement psychotraumatisant venu du dehors) ou si, au contraire, l'événement en question ne fait que révéler une névrose « latente » antérieure. Après Freud qui avait, dès 1895, dénoncé le rôle fallacieux des « traumatismes-écrans », tout un courant de recherche (Fenichel, Abraham, Hoffer, Masud Kahn) a postulé l'existence préalable de « traumatismes silencieux », ayant opéré dans l'enfance et ne se révélant que dans l'après-coup, lors de la survenue d'un deuxième événement.

D'autres auteurs par contre — comme Crocq — ont bien montré le caractère déterminant, dans la névrose traumatique, du traumatisme psychologique avec ses caractères de *violence*, d'*urgence* et d'*exception*. De fait, il semble maintenant admis (Laplanche et Pontalis) qu'existent en fait deux formes de névrose traumatique: les unes dans lesquelles le traumatisme agirait comme élément déclencheur, révélateur d'une structure névrotique préexistante, les autres dans lesquelles le traumatisme prend une part déterminante dans le contenu même du symptôme. Il faut donc, semble-t-il, « conserver une place à part, du point de vue nosographique et étiologique, à des névroses où un traumatisme, de par sa nature même et son intensité, serait le facteur de loin prédominant dans le déclenchement et où les mécanismes en jeu et la symptomatologie seraient relativement spécifiques par rapport à ceux des psychonévroses » (Laplanche et Pontalis, 1973, p. 288).

Le caractère déterminant que peuvent ainsi revêtir *en soi* un événement ou une expérience traumatisants, exceptionnels par leur violence ou leur intensité, nous paraît tout à fait important à souligner, surtout en ce qu'il relativise les événements et les péripéties du développement affectif de l'enfance. Il ne s'agit pas de nier, bien sûr, l'importance de ces premières expériences, mais *de ne pas accorder à elles seules un caractère déterminant*. Autrement dit, tout n'est pas « joué » dans l'enfance et tous les événements et expériences ultérieurs de l'existence peuvent *aussi* revêtir un caractère « réorganisant » et être à l'origine de processus névrotiques.

Tel est bien le cas, par exemple, de ce que nous appelons la « névrose professionnelle traumatique ». Remarquons tout d'abord que si l'on transpose le concept d'« événement traumatique » à l'univers professionnel, un des premiers exemples qui vient à l'esprit — et qui, malheureusement, se banalise dans certaines professions — est celui des agressions armées dont sont victimes, par exemple, certains agents de banque et qui, pour certains d'entre eux, débouchent sur une « névrose traumatique »: une étude a été consacrée à ce sujet par Christine Voge en 1985.

Mais certaines professions, tout en ne comportant pas de risques d'agressions physiques caractérisées, sont par contre très porteuses d'*agression psychique*. Cette agression psychique peut alors revêtir un caractère d'événement ou d'expérience traumatisants et déboucher sur un processus de névrose traumatique. Tel est notamment le cas, parfois, en milieu infirmier, où le personnel doit faire face à l'« agression psychique » de la mort (Logeay et Gadbois, 1985).

C'est un processus de « névrose traumatique professionnelle » que nous voulons maintenant décrire à travers l'histoire de Simone, infirmière dans un grand hôpital de la banlieue parisienne.

L'histoire de Simone

Simone, fille d'un père ouvrier et d'une mère aide-soignante, décide à l'âge de 18 ans de devenir infirmière. Titulaire du seul certificat d'études obtenu à 14 ans et ayant passé quatre années à faire des « petits boulots », elle reprend donc une année de troisième, passe un BEPC et entre à l'école des infirmières à 19 ans. Infirmière diplômée, elle passe d'abord quatre ans dans un hôpital en province puis vient à Paris où elle trouve un poste d'infirmière dans un grand hôpital. Elle est assez rapidement affectée au service des urgences, d'abord comme infirmière, puis comme surveillante-infirmière.

Des quinze années qu'elle a passées là-bas, Simone garde un excellent souvenir. Type de travail, relations professionnelles, intérêt du métier, camaraderie, tout dans les quinze années passées aux urgences lui plaisait et ses ex-collègues infirmières se souviennent avec émotion de cette époque, de son rôle d'animation de l'équipe, de l'ambiance qu'elle savait établir et de la sympathie qui régnait dans le service: Simone avait même organisé avec ses « filles » infirmières une petite chorale et tout le service débutait ainsi chaque matin en chantant. Quant au travail des urgences lui-même, ce sont, semble-t-il, les nombreuses sources de « stress » dont il est porteur (l'agressivité des malades à laquelle il faut faire face avec, parfois, des coups reçus, la nécessité de devoir agir vite en permanence, les morts aussi qu'il faut savoir annoncer à la famille, l'irrégularité et le caractère sans cesse imprévu des événements de la journée) qui en font pour Simone l'intérêt et le prix:

> *Quinze ans d'urgence m'ont laissée tout à fait fraîche... Moi j'aime bien l'action,* j'aime bien les choses rondement menées, *donc les urgences me convenaient bien.* Et puis, il se passe tout dans un service d'urgence, *y'a des choses extrêmement dramatiques, pénibles, qui nous font beaucoup de chagrin, on s'endurcit jamais,* mais à côté de ça, y'a des choses comiques. *Rien ne dure aux urgences.* Quant vous êtes infirmière ou surveillante dans une salle, que vous avez des gens qui vont mourir mais qui vont mettre deux mois peut-être pour mourir, on s'attache à eux, on crée des liens, ça devient très difficile. *Aux urgences, vous vivez des situations brutales, intenses, mais elles ne durent pas... Et puis vous avez toujours une action à faire face à ces moments-là, vous avez quelque chose de rapide et d'intense à faire, donc ça aide aussi à éliminer le stress ou le chagrin ou la brutalité de ce qu'on peut voir ou l'horreur hein des fois de ce qu'on peut voir.* Le fait d'*avoir des gestes précis, rapides à faire, c'est très stimulant, c'est très aidant.*

Si nous avons longuement cité ce témoignage, c'est pour souligner le rôle tout à fait déterminant pour l'individu de pouvoir se situer en position *active* face aux innombrables sources de stress de la vie professionnelle. Dans un service et un type de travail qui sont une source permanente de « stimuli stresseurs », avec tous les caractères de soudaineté, d'incontrôlabilité, d'imprévisibilité qui caractérisent ces stimuli, mais aussi avec l'intensité, la gravité et la pénibilité qui pourraient les rendre invivables, le stress n'est vécu par Simone — et semble-t-il par bon nombre de ses collègues — que sur son versant « positif », stimulant, « fonctionnel ». Et ce, parce que, comme le dit très bien Simone, *le stress*, la tension due aux sources de stress plutôt, *s'absorbe perpétuellement dans l'action*.

Stress et charge psychique

Si l'on voulait reprendre le très intéressant concept de « charge psychique » proposé par C. Dejours (1980a), on pourrait dire que la charge psychique du travail de Simone aux urgences se « défoule » continuellement dans les gestes à accomplir et dans la possibilité donnée à l'individu de « faire face », grâce au pouvoir qu'il a d'agir sur l'événement en faisant le geste qui sauve, en prononçant la parole qui convient, en évitant le danger qui menace, bref, en ne restant pas *impuissant* face aux sources d'agression continuelles générées par le travail. La « charge psychique » c'est, dans l'acception que lui donne Dejours (1980), « l'insatisfaction résultant d'un contenu ergonomique inadapté à la structure de la personnalité ». Pour la comprendre, il faut se situer dans une perspective d'« économie psychique », ce que fait Dejours lorsqu'il souligne l'importance des notions *d'accumulation* et de *décharge* des excitations extérieures (d'origine psychosensorielle) ou intérieures (excitations instinctuelles ou pulsionnelles) auxquelles les travailleurs, comme tout être humain, sont continuellement soumis. Il montre bien que le danger pour le travailleur est celui d'un sous-emploi de ses aptitudes psychiques, fantasmatiques ou psychomotrices, car ce sous-emploi occasionne alors une *rétention d'énergie pulsionnelle, celle qui constitue précisément la charge psychique de travail.*

Autrement dit, la tension psychique intervient si le sujet ne peut décharger l'excitation accumulée par l'une des voies habituelles de décharge de l'énergie telles qu'elles sont décrites par la clinique: la première est la *voie psychique* qui consiste par exemple, pour un sujet aux prises avec une poussée agressive, à fabriquer des fantasmes agressifs, c'est-à-dire des représentations mentales qui suffisent parfois à décharger l'essentiel de la tension intérieure, « car la production même de fantasmes est consommatrice d'énergie pulsionnelle ». La seconde est la *voie motrice* dans laquelle le sujet, ne parvenant pas à la détente par la voie précédente, utilise sa musculature: ainsi la fuite ou une crise de colère motrice ou un passage à l'acte agressif ou la violence qui offrent toute une gamme de « décharges psychomotrices » possibles. Enfin, si la voie mentale et la voie motrice ne peuvent convenir ou suffire, l'énergie pulsionnelle ne peut se décharger autrement que par la voie du système nerveux autonome et par le *dérèglement des fonctions somatiques*: c'est la *voie viscérale*, celle qui est à l'œuvre dans le processus de somatisation.

Comme le rappelle bien C. Dejours (1980a, p. 47, 48), on distingue en clinique, « selon la souplesse des mécanismes de défense et le degré d'évolution de la personnalité », ceux qui se servent des voies psychomotrices et viscérales (névroses de caractère et de comportement) et ceux qui se servent surtout de la voie mentale: psychoses et névroses classiques qui peuvent s'installer lorsque la fabrication de fantasmes agressifs ne suffit plus.

C'est cette énergie accumulée au cours du travail qui, lorsque la tâche à accomplir ne s'avère pas un exutoire suffisant, constitue, nous dit Dejours, *la charge psychique du travail* et dont il montre la relation avec la *fatigue*:

> Si un travail permet la diminution de la charge psychique, il est équilibrant, s'il s'oppose à cette diminution, il est fatigant. Dans le travail aux pièces, il n'y a guère de place pour l'activité fantasmatique; en tout cas, les aptitudes fantasmatiques ne sont pas mises à contribution et la voie de décharge psychique est fermée; l'énergie psychique s'accumule, devenant source de tension et de déplaisir, la charge psychique croît jusqu'à ce qu'apparaissent la fatigue puis l'asthénie, et au-delà la pathologie: c'est le travail fatigant (Dejours, 1980a).

Par contre, toujours en termes d'économie psychique, Dejours montre que le plaisir du travailleur résulte de la décharge d'énergie psychique qu'autorise la tâche, ce qui correspond à une diminution de la charge psychique du travail — le travailleur peut alors se sentir mieux qu'avant de l'avoir commencée — et il cite en exemple le cas de l'artiste, du chercheur ou du chirurgien quand ils sont satisfaits de leur travail. Au travail fatigant s'oppose alors le travail *équilibrant*, profitable à l'homéostasie.

On voit ici tout l'intérêt de cette notion pour l'étude des phénomènes de stress dans les organisations. Dejours lui-même fait bien le lien entre charge psychique et organisation du travail en montrant qu'en règle générale la charge psychique de travail augmente lorsque la liberté d'organisation du travail diminue (1980a, p. 50)

> La charge psychique de travail est l'astreinte, c'est-à-dire l'écho au niveau du travailleur de la contrainte que constitue l'organisation du travail. Lorsqu'il n'y a plus d'aménagement possible de l'organisation du travail par le travailleur, le rapport conflictuel de l'appareil psychique à la tâche est bloqué. S'ouvre alors le domaine de la souffrance [...] l'énergie pulsionnelle qui ne trouve pas d'exutoire dans l'exercice du travail s'accumule dans l'appareil psychique occasionnant un sentiment de déplaisir et de tension.

Si nous revenons maintenant à la situation des infirmières du service des urgences, nous voyons que malgré de fortes « excitations » (sources de stress) aussi bien externes (urgence, agressivité des malades) qu'internes (agression psychique de la mort, par exemple), l'énergie pulsionnelle des infirmières se décharge sans arrêt et que la latitude d'action que leur donnent le contenu et l'organisation de leur travail est le facteur qui permet cette décharge régulière, ce qui rend leur travail *équilibrant* et non fatigant (« 15 ans d'urgence m'ont laissée tout à fait fraîche... »).

La suite de l'histoire de Simone va nous montrer comment le non-déchargement de l'énergie pulsionnelle et donc l'accumulation de la charge psychique, joints à l'impossibilité ou à l'insuffisance des décharges par les voies motrice ou viscérale, vont la conduire à basculer dans la voie mentale, dans un processus créateur de névrose.

De l'agressivité extérieure à l'agression intérieure

Après « 15 ans d'urgence », on propose à Simone de prendre le poste de surveillante dans un service qui venait de se créer à l'hôpital: le service de réanimation, qu'elle est chargée d'organiser complètement, tout en secondant étroitement le médecin responsable du service et en dirigeant l'équipe des infirmières. Et là, en quatre ans, Simone, dont 15 ans d'urgence n'avaient pas réussi à abattre le bel enthousiasme, va entrer dans un processus pathologique de plus en plus accentué. Elle n'en était vraiment sortie que depuis quelques mois quand nous l'avons rencontrée quatre ans après qu'elle ait quitté le service de réanimation.

La première chose que Simone mentionne à propos du service de réanimation, c'est que c'était un service « fermé sur lui-même, complètement, vivant en autarcie quasi totale », à l'opposé des urgences « ouvertes sur l'extérieur en permanence ».

Le deuxième élément qui structure quotidiennement son travail, c'est un huis-clos continuel avec la mort... ce qui n'était pas le cas aux urgences, où, comme elle le rappelle, « ça ne dure pas. Vous avez parfois un choc brutal mais ça ne dure pas ». De plus, dans le combat de la vie sur la mort qui constitue le sens profond de l'institution hospitalière, le service de réanimation apparaît comme complètement dominé par la mort, à l'inverse des urgences où, le plus souvent, la vie l'emporte sur la mort (d'autant plus que la mort, si elle se produit, ne survient souvent pas sur place, « de face », mais dans le service où le malade a été envoyé après son admission).

À la mort s'ajoute la souffrance des malades, d'autant plus accentuée que la réanimation est le service par excellence où s'exerce l'« acharnement thérapeutique ». Et, dans ce contexte où la mort est toujours présente — la mort effective mais aussi la douloureuse présence de l'« avant-mort » — aucune échappatoire n'est possible:

> Dans les services normaux, les patients agonisants sont dans leurs chambres, y'a une superficie de service qui fait qu'on peut aller un petit peu ailleurs, on peut bouger, tandis qu'*en réanimation, c'est très enfermé, vous êtes là, constamment avec ça sous les yeux. Y'a pas d'échappatoire possible* tant que vous êtes présent. *Vous n'avez pas de secours à attendre... ni des locaux,* ni rien... *ni des autres* parce que les autres vivent souvent la même angoisse que la vôtre. Et *la mort est toujours présente.*

Dans leur étude sur l'agression psychique de la mort dans le travail infirmier, P. Logeay et G. Gadbois (1985) ont bien montré comment cette présence de la mort (dans le cas du service de réanimation, il s'agit même d'une omniprésence!) et l'impuissance de n'avoir pu la maîtriser renvoient le sujet au fantasme de sa propre mort. Cette lutte incessante et incertaine contre la mort (ici, il s'agit même souvent d'une lutte *perdue d'avance*) génère souvent d'importants sentiments de culpabilité. Price et Bergen (1977) avaient ainsi montré que l'infirmière est constamment obligée de lutter contre l'idée qu'elle n'est pas capable de faire davantage pour empêcher le malade de mourir.

> Cette anxiété de l'insuffisance des soins peut êre plus intense et se traduire, dans les unités de réanimation, par le sentiment que l'homme, grâce au niveau perfectionné de la technologie, a des moyens illimités d'éliminer la mort. La survenue d'un accident aigu serait donc imputable à l'infirmière. Il n'y a qu'un pas à franchir pour que celle-ci passe du sentiment de n'avoir pas pu empêcher la mort à celui d'être responsable de l'événement déclenchant. Après le décès, parfois même longtemps après, l'évocation, éventuellement erronée, de certains gestes de soins peut relancer ces sentiments de culpabilité. Paradoxalement, en regard de cette crainte de l'insuffisance des soins, les infirmières éprouvent le

> sentiment de « trop en faire »; elles ont l'impression que le malade devient une machine et que l'appareillage technologique attente à l'humanité du malade mourant. (Logeay et Gadbois, 1985, p. 82).

Cette « charge psychique » de confrontation avec la mort ne parvient ainsi jamais à s'éliminer puisque l'agression psychique recommence sans cesse. Ne pouvant se décharger — comme c'était le cas aux urgences où le principe même du service empêchait tout « huis-clos » avec la mort et où chaque geste accompli constituait, plus souvent qu'« en réa », une victoire sur la mort — la « charge psychique » se retourne alors contre l'individu et produit de l'angoisse et de la culpabilité.

Dans le cas de Simone — qui parle d'ailleurs du service comme d'un lieu d'« agressivité intérieure », contrairement aux urgences qui n'était un lieu que d'« agressivité verbale » — l'angoisse et la culpabilité sont aggravées par une double solitude. Solitude hiérarchique, d'abord: elle est la seule infirmière en position hiérarchique, servant de tampon entre les infirmières et les médecins, et ne peut se permettre de décharger l'agression intérieure en « agressivité extérieure », comme le font bon nombre de personnes du service. Elle ne peut pas non plus « montrer ses sentiments », car, dit-elle, « on attend de moi que je fasse toujours front, que je ne pleure pas, que je sois un roc quoi! »

Mais cette solitude hiérarchique se double, pour Simone, d'une solitude personnelle puisqu'elle est célibataire et sans enfants, ce qui n'avait jusque-là eu aucune incidence sur sa vie professionnelle à laquelle elle se donnait tout entière, dans le bel enthousiasme de sa « vocation », mais ce qui contribue probablement là, dans le contexte traumatisant auquel elle est quotidiennement soumise, à accélérer l'installation d'un processus névrotique.

Agression psychique et névrose traumatique

En effet, devant les traumatismes répétés que constituent ces scènes morbides endurées dans l'impuissance et la solitude, c'est bien un processus névrotique qui s'installe peu à peu chez Simone, avec tous les symptômes cliniques de la névrose traumatique. Elle commence par « ruminer » solitairement, ressassant tous les soirs chaque événement de la journée, coupant tout contact avec ses amis et s'enfermant dans un monologue désespéré avec son magnétophone pour confident pour tenter sans succès d'« abréagir » au traumatisme de la journée:

> Je supportais plus du tout ce milieu de réanimation... *Je dormais plus... Je dormais plus du tout...* il suffisait que je me couche, que je mette la tête sur l'oreiller pour que tout revienne comme ça, que la journée défile dans ma tête en me disant « peut-être que face à telle circonstance, *j'aurais dû faire ceci, faire cela, je n'aurais pas dû dire ceci ou j'aurais dû faire comme ça* ». Et puis je voyais... *je ne voyais plus personne, je m'enfermais complètement.* Je m'enfermais complètement, *je vivais pire que comme une bonne sœur cloîtrée,* bon fallait bien que je rentre à la maison pour au moins y dormir et je revenais, *j'étais un peu comme une automate quoi! Je n'avais plus envie de rien... j'avais dépensé une telle énergie...* je n'ai jamais senti ça aux urgences d'avoir dépensé toute mon énergie... tout le temps que j'ai pu travailler aux urgences, il me restait encore de l'énergie le soir, mais là, quand je sortais de la réanimation, j'étais absolument... lessivée quoi, pas envie de parler à qui que ce soit, *j'étais pompée... par cette solitude que je vivais finalement dans le travail, j'étais*

> *toute seule* face à une équipe de paramédicaux, face à une équipe médicale, face à la grande équipe administrative, face à tout le monde quoi! Quand vous êtes toute seule, dans un service où tout le monde vous rend responsable de tout, *vous n'avez que les murs* ou votre chez-vous le soir *pour parler à vos murs et dire ça va pas quoi, j'en ai assez, c'est trop!...* Alors, le soir, je n'avais plus envie ni de voir personne, ni de parler à personne, j'ai perdu beaucoup d'amis à cette époque! Et on finit par s'enfermer effectivement dans tout un tas de problèmes et quand on ne peut les confier à personne, que tout se passe dans votre tête, on finit par voir les choses complètement de travers... alors quelquefois je prenais mon magnétophone et je parlais comme ça au magnétophone.

La contradiction exprimée par Simone entre sa solitude professionnelle qu'elle déplore et le fait qu'elle s'applique, le soir, à poursuivre cette solitude, en coupant tout contact avec ses amis, n'est qu'apparente, et le processus d'enfermement dans lequel elle s'installe est bien la conséquence directe du traumatisme qu'elle subit. L'inhibition de la sexualité (« cloîtrée comme une bonne sœur ») et des dispositions de relation affective avec autrui, le repli sur soi et la coupure du monde extérieur sont l'expression de ce « blocage des fonctions du moi » dont parlait Fenichel et résultent en fait de l'épuisement de la réserve d'énergie libidinale, tout entière dérivée vers l'urgence de la maîtrise du traumatisme, qui caractérise la « personnalité traumato-névrotique ». Lorsque Simone parle elle-même de son énergie qui était « pompée par la solitude » de la journée, c'est très précisément ce mécanisme qu'elle décrit: solitude professionnelle et violence des traumatismes subis chaque jour se conjuguent en effet pour l'empêcher, dans la journée, d'« abréagir » au trauma et de maîtriser, par l'objectivation du langage et devant la présence rassurante d'autrui, des agressions multiples et répétées. Celles-ci lui « pompent » alors effectivement toutes ses réserves d'énergie pour parvenir dans la journée au semblant de maîtrise nécessaire pour continuer son métier, puis finissent par déborder ses défenses et par envahir sa vie, la laissant alors « comme une automate », incapable de sortir de cet épuisant monologue avec elle-même, où la rumination répétitive du traumatisme le dispute à l'angoisse et à la culpabilité.

Le processus d'enfermement dans lequel Simone s'est installée ne fait que s'accroître: à l'autarcie du service, coupé du monde extérieur, correspond maintenant l'autarcie personnelle de Simone, devenue « totalement insomniaque » et coupée, elle aussi, de toute relation autre qu'avec son service et avec la mort:

> *Je me suis rendu compte, mais après, que je reproduisais finalement en rentrant chez moi exactement le mode d'enfermement du service, encore pire,* parce que là, j'étais vraiment seule, il m'arrivait souvent de décrocher le téléphone des soirées entières parce que *la pensée qu'on pouvait m'appeler, ça devenait intolérable de...* d'avoir encore des amis qui m'appellent...

On est bien là, encore une fois, dans le tableau clinique de la névrose traumatique où l'organisme, en ce qui concerne les fonctions de protection, « n'est plus capable de filtrer ni d'intégrer les stimuli significatifs nécessaires à l'exercice de ses activités de pouvoir et de relation ». Par exemple, il « refuse » de percevoir les stimulations ou, à l'inverse, « il sursaute à toute stimulation même non nocive » (Crocq, 1985).

Rumination solitaire, syndrome de répétition, blocage des fonctions du moi: le tableau clinique de la névrose traumatique est complet. On voit bien, dans le cas de Simone — qu'aucune perturbation caractérielle ni aucune difficulté d'adaptation à la réalité et à autrui ni aucun symptôme névrotique n'avaient jamais atteinte — comment un tel processus a pu être généré par tout un contexte professionnel: le caractère particulier du service (autarcie) s'est joint à celui du contexte et du travail (porteurs d'agression et de traumatisme psychique), et enfin à celui du poste (solitude hiérarchique), pour transformer en quatre ans une infirmière confirmée, débordante d'enthousiasme et qui avait su résister pendant 15 ans aux « stress » continuels d'un service d'urgences hospitalières, en une épave solitaire et insomniaque, sans cesse aux prises avec les pensées les plus morbides. Il est d'ailleurs vraisemblable que, soumise sans répit à la répétition des mêmes traumatismes, Simone aurait un jour atteint, d'une manière ou d'une autre, un « point de non-retour ».

C'est, paradoxalement, à ce qui aurait pu constituer un autre traumatisme, à savoir un accident, qu'elle semble avoir dû son salut. Un jour où elle sort de l'hôpital, épuisée, elle monte dans sa voiture dans un état second — « j'étais pas dans ma voiture au volant » — et a un grave accident dont elle sort miraculeusement indemne bien que sa voiture soit entièrement aplatie. Quelques jours après, elle a « très, très peur », en réalisant qu'elle a failli mourir. Elle prend alors rendez-vous avec un médecin qui, à l'écoute du récit de ses symptômes (« totalement insomniaque, je ne mangeais presque plus ») et de ses journées de travail, « a pris simplement un élastique dans le tiroir de son bureau puis a tiré sur l'élastique. Alors il m'a dit « madame vous en êtes là ». Il a tiré très fort sur l'élastique et il m'a dit: « Vous en êtes là. Alors y'a deux solutions: tirez un peu plus et vous voyez ce qui se passe, ça va craquer; ou lâchez, lâchez l'élastique et tout va rentrer dans l'ordre. » Et je suis partie avec ça, sans médicaments ni rien. »

Simone trouve alors encore l'énergie, après avoir beaucoup réfléchi, de décider de « détendre l'élastique ». Elle postule un poste de surveillante chef dans un autre service et doit à ses bons et loyaux services antérieurs le fait d'être prise à ce poste malgré l'opposition initiale du chef de service en raison de son délabrement physique et psychique...

Petit à petit, elle parvient ainsi, dans son nouveau poste, à écarter d'elle les visions traumatisantes et quotidiennes qui la hantaient et à reprendre un rythme de vie et de sommeil à peu près normal. Elle ne commence seulement à se sentir « bien » que trois ans après avoir quitté le service de réanimation... temps de « récupération » nécessaire pour la « dissolution » de la névrose après l'éloignement du traumatisme...

LA PSYCHONÉVROSE PROFESSIONNELLE

Dans le cas que nous allons à présent développer, qui se situe dans une agence de publicité, c'est l'histoire personnelle antérieure du sujet qui le rend plus vulnérable que d'autres aux sources d'agression suscitées par la situation ou le contexte organisationnel. Le sujet fonctionne alors comme une caisse de résonance des multiples problèmes ou des multiples conflits de l'organisation et ce, parce qu'il y est, de par son histoire, particulièrement réceptif.

Stress collectif dans une agence de publicité

L'agence B est une grande agence de publicité parisienne, qui vient d'opérer une croissance rapide grâce à une réussite commerciale remarquable. Si la réussite est indéniable sur le plan financier, elle l'est beaucoup moins, indiscutablement, sur le plan humain. L'agence paraît en effet avoir atteint un niveau de « stress collectif » très élevé, dont tout le monde se plaint et qui se traduit tant au niveau organisationnel, par des réactions très agressives entre les gens, par un absentéisme de plus en plus accentué et par un roulement du personnel très élevé (passant de un tiers du personnel à la moitié en un an), qu'au niveau individuel, par des symptômes physiologiques révélateurs du stress ressenti par beaucoup des employés de l'agence et relevés par le médecin du travail: hyperfatigue, troubles digestifs, angoisses, insomnie, etc.

Bien sûr, le stress, le fait d'être « speedé », fait en quelque sorte partie de la « panoplie » du métier de publicitaire. Comme l'exprime le médecin du travail de l'agence:

> Incontestablement chez ces gens-là il y a quand même une propension à se comporter de cette manière-là sinon c'est pas possible, ils ne seraient pas au niveau où ils en sont. *C'est le stress, c'est l'hypertravail pour eux, c'est ne pas dormir, bouffer n'importe quoi, écrabouiller le voisin,* ils ne le diront pas comme ça, de façon aussi cynique, mais c'est sous-entendu, c'est sous-jacent, c'est normal. C'est normal et apparemment c'est assez stimulant.

La logique même de la profession publicitaire s'apparente en effet assez nettement à une *jungle* où, pour survivre, il faut « bouffer le voisin ». « On est obligé de se manger, explique le médecin du travail, on ne peut pas ne pas se manger sinon on ne fait pas de publicité. Au niveau du publicitaire on se bouffe ou on crève. C'est un milieu épouvantable, c'est sans pitié, sans loi, sans amitié. »

Les facteurs de stress

Lorsque nous avons commencé notre intervention à l'agence B, plusieurs éléments — outre ceux inhérents à la profession publicitaire et que nous venons de rappeler — paraissaient directement à l'origine de l'état de stress collectif dans lequel baignait l'agence.

Le premier consistait en une discordance entre les demandes extérieures et les capacités actuelles de l'agence. Celle-ci, venant de décrocher d'importants contrats impliquant un enjeu financier considérable et nécessitant un accroissement de travail, répercutait sur ses employés une vive tension, aggravée du fait de l'étroitesse des locaux qui gardaient leurs dimensions précédentes et qui n'avaient pu absorber correctement les récentes augmentations de personnel. Entassés dans une salle qu'ils ont surnommée le « bidonville » et séparés par de vagues demi-cloisons, les publicitaires se retrouvent ainsi « les uns sur les autres, avec un bruit d'enfer, des téléphones, des discussions... c'est un facteur d'énervement permanent ».

Le deuxième élément consistait en un brouillage des relations interpersonnelles dû là aussi au changement de taille de l'agence qui passe, subrepticement, d'un style « copains », mélangeant allègrement vie privée et vie professionnelle, à un style beaucoup plus hiérarchisé, nécessité par sa croissance. La hiérarchie, inexistante officieusement, opère en fait un retour en force face aux exigences croissantes du contexte. Logique hiérarchique et logique affective se percutent ainsi sans cesse, créant de continuels mini-drames et entraînant pour chacun une dilution des repères habituels. « *On est sans arrêt en porte-à-faux entre le chef et l'employé,* explique une responsable de personnel, y'a un copinage sans nom entre le patron et l'employé, c'est « je te tutoie, je couche avec toi », mais le jour où on en a marre de la personne, c'est « je suis le chef et je te fous dehors. »

La menace de licenciement est en effet le troisième élément qui structure complètement le contexte de travail de l'agence. « Un gros problème de stress dans cette entreprise, c'est *le licenciement qui est toujours un peu suspendu* », explique la responsable du service social. Or, précisément, l'instabilité des relations affectives est un élément important de cette instabilité de la situation professionnelle, car bon nombre des licenciements se font sur le seul argument que l'on a « cessé de plaire »: « On a tous un peu *l'impression d'être sur un fauteuil à bascule,* explique le chef du personnel, c'est-à-dire qu'on peut tous se faire virer, aussi bon qu'on soit, un jour ou l'autre... on est tous dans une situation précaire, on ne sait jamais si on va plaire ou on va cesser de plaire du jour au lendemain. »

Quelles qu'en soient les raisons, les licenciements s'effectuent très vite, « en deux heures généralement », avec un arrangement financier « à coups d'indemnités » qui permettent d'éviter les procès et laissent aux dirigeants de l'agence les mains libres pour changer le personnel à leur gré. « Dans la pub, explique le responsable du service social, un licenciement est toujours justifié, changement de budget, changement de créatif, changement de pub, idées nouvelles... »

La gestion « Kleenex »

Le licenciement est en fait, dans cette agence, instauré en véritable système de gestion du personnel. Il est le reflet de l'instabilité de la profession et de l'agence, encore en période d'adaptation face à des exigences nouvelles mal maîtrisées. Il témoigne aussi de la volonté de la direction de garder une agence « jeune » puisque la moyenne d'âge — la trentaine — est restée la même depuis la fondation de l'agence, vingt ans auparavant.

La « consommation humaine » impliquée par ce système qui transforme les individus, tels des « Kleenex » usagés, en éléments jetables dès qu'ils ont servi, vieilli ou cessé de plaire, est à l'image, aussi, de la société de consommation dont la publicité constitue une des clés de voûte. L'individu n'a plus, dans ce système, aucune valeur « humaine », il est mesuré, jaugé, évalué et traité à la seule mesure de son rendement immédiat ou de sa séduction.

L'instabilité humaine du système est accentuée par les départs volontaires qui, depuis un an, s'accélèrent face au mauvais climat qui règne dans l'agence et le roulement annuel du personnel, pourtant déjà énorme — un tiers — atteint la moitié du personnel. Ce roulement touche cependant plus les publicitaires « purs » — commerciaux ou créateurs — que les « administratifs », moins soumis à cette logique de séduction et de consommation immédiate et qui assurent une certaine permanence de la structure.

Nécessité d'adaptation permanente, confusion du personnel et du professionnel, dilution des repères, menaces de licenciement et instabilité érigée en système, tous ces éléments sont à l'origine directe du stress collectif de l'agence et marquent puissamment les relations interpersonnelles: la tension monte, la nervosité s'accroît, les agressions personnelles s'intensifient...

Dans ce contexte, un service se trouve particulièrement concerné et reçoit sans cesse et de plein fouet tous les « stress » de l'agence: c'est le service responsable du personnel et des relations sociales, composé d'un chef du personnel, d'une responsable du service social, de même que plusieurs collaboratrices s'occupant de la paie, de la comptabilité, du secrétariat, etc.

> Nous sommes sans arrêt sur la brèche, explique le chef du personnel, parce que justement quand ils décident de foutre quelqu'un dehors, c'est toujours dans les 48 heures, ça n'attend pas, donc tout à coup hop, il faut vite faire les calculs, celui-là depuis le temps, combien ça fait... combien on lui doit comme jours de congé, comme indemnités... après on revient, il faut passer aux actes, après on nous annonce qu'il y en a un deuxième pour qui il faut en faire autant après... alors nous *on subit complètement les coups* parce qu'à chaque fois, il faut ouvrir de nouveaux dossiers, faut fermer de nouveaux dossiers, faut faire des soldes de compte et tout ce qui s'ensuit, il faut... on n'arrête pas.

Le bureau du personnel est ainsi le point de passage obligé de cette gestion « Kleenex » à coups de licenciements, de démissions et de recrutements, et donc le point de rencontre de tous les « stress » individuels et des drames humains de l'agence.

Le « surinvestissement » professionnel

Cette situation suscite, chez toutes les personnes du service, une tension et un malaise évidents. L'une d'entre elles, cependant, la responsable du service social, paraît beaucoup plus « stressée » que les autres, vivant très intensément les problèmes de l'agence et même « envahie », pourrait-on dire, par eux.

Chargée de la gestion des arrêts maladie, de la médecine du travail, du régime de retraite et de prévoyance et du régime « social » de l'agence (hospitalisation, maternité, etc.), cette responsable — que nous appellerons Denise — ne manque pas de travail. Or, non seulement elle l'accomplit avec beaucoup d'ardeur, de compétence et de dévouement, mais elle déborde très largement ses attributions: sa maison est presque devenue une annexe de son bureau, elle y reçoit le soir les appels téléphoniques de telle personne de l'agence, désemparée par un problème personnel ou un proche licenciement, de telle autre qui menace de se suicider... elle se porte personnellement garante du remboursement d'un prêt qui avait été consenti à une personne qu'on vient de licencier et qui n'est pas en mesure de rembourser tout de suite, elle va rendre visite à telle personne hospitalisée, se déplace à la sécurité sociale pour débrouiller un cas compliqué, soutient le moral de la famille d'une jeune assistante en fugue, etc., etc. Bref, les problèmes de l'agence sont *ses* problèmes, la souffrance des employés est la sienne... elle les vit et les raconte avec une ardeur, une passion, une indignation toujours plus grandes à chaque fois que nous l'avons rencontrée.

Simultanément, elle vit très mal le climat de plus en plus « détérioré » des rapports humains de l'agence, l'égoïsme et la dureté des dirigeants, mais aussi le « je m'en foutisme » complet des jeunes publicitaires, « mal élevés »,

« enfants gâtés » qui remettent sans cesse leurs rendez-vous de médecine du travail et l'obligent donc à une longue et difficile gestion de ce problème.

En un mot, sa compassion et son dévouement pour les drames humains de l'agence n'ont d'égaux que son indignation et sa fureur face au comportement de la majorité du personnel et l'acharnement qu'elle met à aller voir les dirigeants pour tenter d'obtenir d'eux la prise en considération de tel ou tel problème. Ce faisant, elle les dérange et les irrite et, bien qu'appréciant l'ampleur de son travail et de son dévouement, ils rétorquent en « l'envoyant paître » et ne lui témoignent plus, en fait, que rebuffades et ingratitude en lui refusant notamment toute augmentation de salaire sous prétexte qu'elle n'est pas « rentable » (en termes publicitaires...).

L'histoire de Denise

Pour comprendre la raison de cet engagement passionnel qui la met dans un état de « stress » personnel très intense (elle vit sous tranquillisants) qui culmine avec la montée du stress à l'agence, il faut se plonger dans les méandres de son histoire personnelle. C'est ce que nous avons fait au cours de plusieurs interviews et qui nous a permis de découvrir que sa relation à l'agence se développait exactement sur le même mode que toute sa relation antérieure à sa mère. Pour le comprendre, prenons l'histoire de Denise à ses débuts.

Le rejet maternel

Denise naît dans une famille d'officiers, la seconde de quatre enfants. Toute son enfance, son adolescence et sa vie de jeune fille jusqu'à son mariage — telles qu'elle les raconte — paraissent marquées par ce qu'elle appelle des « drames épouvantables », dominés par la figure de sa mère qui, pour une raison qu'elle ignore, a toujours été (et est encore) « affreusement méchante » avec elle: « Ma mère ne m'a vraisemblablement jamais acceptée à ma naissance, peut-être est-ce qu'elle a eu cet enfant trop tôt et qu'elle ne le voulait pas? » Quelle que soit la raison de cette animosité, tout ce que raconte Denise est imprégné de la souffrance éprouvée devant la préférence manifeste de sa mère pour ses frères et sa sœur, comme en témoigne cette anecdote qu'elle raconte en pleurant: « Au moment de la naissance de ma sœur, on m'avait expédiée chez ma grand-mère, et quand je suis revenue, maman était dans son lit, donnant le sein à ma sœur, elle la berçait, et devant moi elle a dit « tu vois, ça c'est ma petite fille (ton fielleux)... ma vraie petite fille... » J'avais 16 ans. »

Le récit que Denise fait de son enfance, notamment au moment de la guerre avec de multiples déménagements, est digne des aventures de Cendrillon:

> Quand la guerre s'est déclarée en 39, nous vivions dans un grand appartement... j'avais peur la nuit... je faisais des cauchemars affreux... mes parents avaient mis mes deux frères dans la chambre à côté d'eux, chauffée (ton indigné), et moi j'étais à l'autre bout dans une petite chambre, pas chauffée, à l'entrée où j'avais peur que les cambrioleurs entrent parce que c'était tout près de la porte d'entrée... j'étais séparée par un grand salon, une salle à manger, un bureau, je pouvais hurler la nuit, maman ne m'entendait pas.

Tous les incidents que rapporte Denise à propos de son enfance sont sur le même mode et relatent le rejet dont elle est l'objet de la part de sa mère et la préférence que celle-ci témoigne à ses frères. Elle évoque ainsi les vacances scolaires où sa mère la « séquestrait » en l'obligeant à repasser: « J'ai fait des études comme mes frères... et j'entendais maman dire à la femme de ménage: « Ah! aujourd'hui Simone, voilà le repassage, mais bien entendu vous ne touchez pas aux affaires de Denise, elle les repassera elle-même. »

Pour se venger probablement de l'attitude maternelle, Denise accumule comme elle dit « connerie sur connerie » pendant sa scolarité, entretenant ainsi le conflit: « J'en ai fait baver de toutes les couleurs à ma mère, je répondais à tous les profs. » Se noue ainsi, entre Denise et sa mère, une relation infernale qui ne fait que s'amplifier à l'adolescence: l'hostilité est maintenant déclarée et la mère de Denise ne perd, semble-t-il, jamais une occasion de faire retomber sur elle la responsabilité de ce qui lui arrive. Ici s'inscrit pour Denise un souvenir particulièrement douloureux qu'elle raconte en pleurant à chaudes larmes:

> Quand j'étais jeune fille, j'ai fait une appendicite très grave, avec septicémie. J'étais mourante, j'avais 5 de tension quand on m'a opérée... j'étais couchée... je souffrais, ma mère est venue me voir deux ou trois jours après l'opération... alors qu'elle savait qu'elle avait failli perdre sa fille, elle a passé le seuil et comme elle y voit mal, elle est tombée. Elle s'est fait mal à un genou, elle a déchiré son bas, elle est arrivée agressive à mon chevet et elle m'a dit: « Tu vois ma petite fille ce qui m'est arrivé à cause de toi! »

En contraste avec la dureté maternelle, Denise décrit la tendresse que lui portait son père: « Mon père était merveilleux, très intelligent... j'avais une admiration sans bornes pour lui. Il me disait « ma petite fille » et il me prenait sur ses genoux, j'avais des câlins de papa, j'en avais jamais de maman. »

Les crises hystériques

Quoi qu'il en soit, et sans épiloguer sur les raisons de cette attitude maternelle, la relation très conflictuelle de Denise à sa mère débouche, dès l'âge de 18 ans, sur une série de crises de type hystérique: « Je leur ai fait des crises nerveuses à en claquer entre 18 et 26 ans... parce que chaque fois que mes parents... je voulais manifester quelque chose, faire quelque chose... on me refusait. »

À travers la multitude des crises par lesquelles Denise tente d'exprimer les conflits très violents qu'elle ressent, un symptôme domine les autres durant toute cette période: elle perd de plus en plus la vue de son œil droit, déjà en mauvais état, souffrant de ce qu'on diagnostiquera beaucoup plus tard comme une « paralysie locomotrice avec blocage du nerf optique ». Cette paralysie, qui n'est pas totale et se débloque de temps à autre, évoque sans conteste les phénomènes de cécité hystérique, très fréquents dans ce genre d'affections. Comme le rappelle bien L. Israël (1980, p. 27),

> Une cécité survenant parfois brusquement, le plus souvent chez une personne jeune, ne peut pas laisser le médecin indifférent. Il peut même ne s'agir que d'une baisse importante de la vision. Or, il est très concevable qu'au cours d'un examen spécialisé, le médecin ne pense pas à étudier l'ensemble de la personnalité de sa malade. Il peut donc méconnaître l'appartenance du symptôme à une

personnalité hystérique et se lancer dans des traitements ou surtout dans des explorations complexes. Les cas de cécité hystérique traités pour névrite optique rétrobulbaire [...] ne manquent pas. De telles explorations, neuro-chirurgicales ou autres, ne sont pas sans conséquence car [...] l'hystérique est amené à une véritable escalade sémiologique pour faire entendre que son symptôme a un sens.

La description que fait Israël correspond à peu près à ce qui arrive en effet à Denise qui, outre ses troubles de la vision que les spécialistes ne parviennent pas à expliquer, multiplie toutes sortes de crises — crises d'angoisse, crises d'étouffement, crises de colère auxquelles succèdent des périodes d'abattement, anorexie —, suscitant la perspicacité des médecins et les diagnostics les plus contradictoires. Pour finir, elle fait une violente crise d'appendicite compliquée d'une septicémie dont elle manque mourir. « À partir de là, dit-elle, on a tout remonté. Les yeux avaient déclenché la première atteinte nerveuse, puis la septicémie, l'ambiance familiale dans laquelle je vivais, une ambiance épouvantable... on m'a mise sur la table d'opération, je pesais 40 kg... »

Lorsque Denise dit que « les yeux avaient déclenché la première atteinte nerveuse », c'est dans l'autre sens, bien sûr, qu'il faut l'entendre : les troubles de la vision s'inscrivent eux-mêmes dans un tableau de névrose hystérique dont tous les symptômes décrits — crises de nerf, anorexie (« j'étais squelettique »), crises d'étouffement, angoisses — sont assez caractéristiques. Tous ces symptômes hystériques doivent s'entendre, en fait, comme le seul mode de communication, de mise en rapport, dont elle dispose vis-à-vis d'une mère dont elle aurait passionnément voulu être aimée et qui n'a cessé de la rejeter, sans qu'elle puisse en comprendre les raisons. Ils sont un message désespéré adressé à celle qui n'a jamais répondu que par rejets et rebuffades à une insistante demande d'amour.

D'ailleurs, quand Denise commence à pouvoir prendre un peu de recul par rapport à sa famille, en conquérant une certaine indépendance grâce à son travail, puis en rencontrant son mari, les choses commencent à s'arranger. Elle décrit son mariage comme un « mariage d'amour », malgré des « fiançailles dramatiques », à cause bien sûr de sa mère. La situation néanmoins se stabilise avec son éloignement de la famille. « Heureusement j'ai un mari extraordinaire, comme je l'ai dit, ma vie a commencé à mon mariage. »

Quelque temps après, elle entame des études d'assistante sociale que sa mère ne l'avait jamais autorisée à faire, puis, après avoir élevé ses enfants, exerce son métier, d'abord comme vacataire pour le compte de plusieurs agences de publicité. L'agence B qu'elle suit ainsi « de l'extérieur » pendant quelques années l'engage alors comme permanente.

Relations à l'agence, relation à la mère

Quand nous avons rencontré Denise, elle était à l'agence B, comme permanente, depuis 12 ans. Elle a donc vu grandir l'agence, s'y est attachée par l'entremise notamment d'un de ses directeurs qui appréciait la qualité de son travail et de son dévouement. Les choses avaient commencé en fait à se dégrader pour elle depuis quelques années, depuis l'« explosion » de l'agence et le changement interne des rapports humains.

La dureté, le cynisme, le mépris humain dont font alors preuve les dirigeants, totalement axés sur une réussite professionnelle et financière qui « leur monte à la tête », l'ingratitude aussi qu'ils lui témoignent la touchent particulièrement parce qu'ils renouent pour elle avec le cycle infernal demande d'amour – rejet d'amour qu'elle a trop bien connu.

À cette agence, elle s'est dévouée corps et âme, y cherchant vraisemblablement (et y trouvant probablement pour un temps) la reconnaissance et l'amour dont elle a si longtemps été privée. À un moment, la « mécanique » organisationnelle s'est emballée, le dirigeant médiateur du début, rassurant et conciliant, s'est mis en retrait de la gestion des hommes, trop occupé par l'extension internationale de son affaire et par sa propre réussite: Denise se retrouve ainsi face à une structure folle qui aspire et rejette les gens au seul rythme de son caprice. La reconnaissance n'est plus possible, la logique du système a changé, les rapports humains sont devenus cyniques, matérialistes, indifférents au dévouement personnel.

Dans l'offre éperdue d'elle-même qu'elle ne cesse de prodiguer depuis qu'elle a choisi sa carrière d'assistante sociale, Denise cherche avant tout la reconnaissance et la gratitude... l'amour en fait qu'elle n'a jamais pu, enfant, obtenir de sa mère. Dans le récit qu'elle fait de sa vie à l'agence et de sa vie personnelle, sa relation à sa mère et sa relation à l'agence s'entremêlent, calquées l'une sur l'autre. La seconde s'est en fait substituée à la première, elle est vécue sur le même mode névrotique, intense, douloureux, indigné.

La « montée du stress » à l'agence, avec les crises d'hystérie individuelles ou collectives auxquelles on assiste, est décrite par Denise sur le même mode que la montée de la crise hystérique qui a précédé son mariage. La vie dans cette agence ingrate est devenue pour elle la vie auprès de cette mère mauvaise qui n'a jamais su l'aimer.

Passionnément attachée à l'agence dont elle essaie désespérément d'aider ceux des membres qui ont besoin d'elle et qu'elle tente de préserver de la folie mauvaise de l'organisation, elle est aussi profondément atteinte par tout ce qui arrive qu'incapable de desserrer les liens qui l'y attachent. Elle s'identifie, en fait, au personnel de l'agence qu'elle voudrait protéger de cette mauvaise mère.

D'une certaine manière, et tout en souffrant profondément, elle se *nourrit* de cette névrose organisationnelle, continuant désespérément à attendre de l'agence un impossible retour d'amour et renouant ainsi avec la relation névrotique antérieure, demeurée non résolue.

Dans cette relation à l'agence qu'elle déplore et qui la fait souffrir, en quelque sorte elle *trouve son compte*. De même que sa vie professionnelle avait été, comme elle l'exprime elle-même, un moyen de sortir de ses problèmes — « les cas que je vis m'ont portée, m'ont aidée moi-même à sortir de mes problèmes, moi j'ai eu un manque, il ne faut pas que les autres l'aient » —, sa vie organisationnelle la replonge dans un affrontement avec la mauvaise mère à laquelle elle tente, bon gré, mal gré, de régler son compte. De ce combat, d'ailleurs, comme de celui de jadis, elle a peu de chances de sortir gagnante...

Si l'on reprend, en fait, l'histoire personnelle de Denise, on s'aperçoit que s'opère très tôt chez elle un clivage: clivage entre une relation au père, bonne (sauf à un moment, mais il est, pense-t-elle, « poussée » par sa mère), et une relation à la mère, mauvaise.

Après son mariage et après la mort de son père quelque temps plus tard, ce clivage s'actualise dans sa vie d'adulte, en une relation équilibrée avec son mari (relation qui s'instaure sur le même mode — admiratif et confiant — que la relation au père dont elle prend le relais) et une relation plus distante, et toujours aussi mauvaise, avec sa mère.

Quand elle commence sa vie professionnelle, elle connaîtra, durant quelques années, un certain équilibre en raison notamment de la présence de la figure paternelle du premier dirigeant « à figure humaine » de l'agence. Lorsque celui-ci s'efface et ne joue plus son rôle protecteur, tout comme avait fait son père au moment des crises hystériques de sa jeunesse (« il hurlait... il était poussé par ma mère »), Denise perd son appui le plus sûr et l'instance médiatrice dont elle a besoin par rapport à cette mère mauvaise qui prend désormais pour elle le visage de l'agence. Privée de lui et face à la dynamique organisationnelle que nous avons décrite, elle n'a plus que son mari comme élément d'équilibre de sa vie personnelle pour l'empêcher de replonger dans la névrose. Étant donné l'état extrêmement agité et perturbé dans lequel elle se trouve déjà, gageons que si, pour une raison ou pour une autre, cette relation se détériore ou disparaît, elle y replongera tout entière.

L'engagement professionnel de l'individu semble ainsi mettre en jeu un ensemble complexe d'éléments qui comprend l'histoire personnelle de l'individu, l'histoire de l'organisation dans laquelle il vit, les contraintes réelles qui pèsent sur lui mais aussi les contraintes imaginaires, les drames cachés, les conflits inconscients et non résolus.

La gestion de la vie professionnelle constitue en fait une subtile navigation entre tous ces écueils et son équilibre est à la merci du déplacement de tel ou tel élément de cet ensemble instable. Tel, ici, sera simplement « stressé » là où tel autre commencera une dépression nerveuse ou basculera dans la névrose.

Les processus organisationnels sont ainsi, sur ce plan, des éléments de l'aventure individuelle qui structurent les destinées personnelles au même titre que les processus familiaux dans la vie enfantine. Ils puisent d'ailleurs souvent dans cette dernière les significations qui leur sont accordées par chacun et le retentissement qu'ils ont sur lui.

LA « NÉVROSE D'EXCELLENCE »

La maladie de l'idéalité

Nous désignons sous ce terme ce qu'on pourrait appeler aussi la maladie de l'idéalité. Cet état se rapproche également — disions-nous plus haut — de ce que certains auteurs anglo-saxons désignent sous le nom de « brûlure interne » (« burn out »). Cette maladie constitue ce que Freudenberger (1987) appelle « le coût élevé du succès », qui découle de la lutte constante que nous menons pour satisfaire aux idéaux d'excellence qui caractérisent notre société et que certaines entreprises incarnent avec une particulière acuité. La nécessité de travailler énergiquement, de fournir toujours plus d'efforts, de s'accomplir toujours davantage et de tendre toujours vers un plus grand succès sont à l'origine de ce phénomène. L'individu se trouve en quelque sorte enfermé dans une spirale infernale, obligé de courir toujours plus vite dans un contexte où tout change si rapidement qu'il ne reste plus rien de stable à quoi s'accrocher pour reprendre son souffle. (Voir l'article de J.-F. Chanlat dans le présent ouvrage.)

Ce phénomène est particulièrement accentué dans les entreprises qui pratiquent ce que nous appelons un « management par l'excellence » et qui engagent leurs employés à poursuivre une performance toujours plus élevée tant dans la réalisation de leurs objectifs que dans la manière de les réaliser (IBM, Hewlett Packard, American Express, Procter et Gamble, etc.). Dans un tel contexte, l'individu est conduit à développer et poursuivre une image de lui-même en conformité avec ces standards extérieurs d'excellence et de réussite, parfois au détriment de sa personnalité réelle. Le processus névrotique s'engage lorsque la vie ou le travail n'apportent plus aux individus la récompense qu'ils attendent, soit qu'ils ne permettent plus de réaliser les idéaux que l'on porte en soi, soit que les efforts fournis par l'individu ne soient plus reconnus. L'énergie qui soutenait jusqu'alors cette course au succès, n'étant plus confortée par des récompenses, s'effrite et la personne s'effondre.

Le processus prend en fait la forme d'un clivage du Moi: tout se passe en effet comme si, dans la course au succès, une des instances de l'appareil psychique — l'Idéal du Moi — avait pris le contrôle de l'ensemble du psychisme et avait abouti au surdéveloppement d'un Moi-Idéal, c'est-à-dire d'un Moi porté à son maximum de puissance, d'un Moi identifié à des idéaux élevés de réussite et de toute-puissance, au détriment du reste du Moi, non idéalisé, non confondu avec son image, mais confronté à la réalité. Ce Moi s'efforce en quelque sorte de suivre le Moi-Idéal dans les hauteurs où celui-ci tente de l'entraîner, en gérant comme il peut ses propres exigences, en faisant taire les pulsions, en refoulant l'angoisse suscitée par les défis incessants auxquels le Moi-Idéal cherche en permanence à répondre pour assurer et conforter son existence. Lorsque les buts envisagés se révèlent irréalisables ou que l'environnement de vie ou de travail ne fournit plus la réassurance narcissique indispensable au Moi-Idéal, celui-ci s'effondre sur le Moi, et ce avec d'autant plus de fracas que le décalage entre les deux instances était devenu grand et que le Moi-Réalité avait été profondément refoulé.

En fait, on peut comparer ce processus à celui de la perte d'objet ou plutôt de la perte du Moi dont parle Freud dans *Deuil et mélancolie*: l'objet perdu est ici le Moi-Idéal et, tout comme dans la mélancolie, le sujet doit, après la phase brutale de l'effondrement, affronter une phase mélancolique qui correspond à l'identification à l'objet perdu que constituait le Moi-Idéal. Le Moi de l'individu, amputé d'une partie de lui-même — son Moi-Idéal — ne parvient plus pendant quelque temps à fonctionner, tout comme, dans la mélancolie, la perte de l'objet aimé consume le Moi.

Privé de la « locomotive » que constituait le Moi-Idéal (quelles que soient les acrobaties que celui-ci lui faisait réaliser), le Moi ne parvient plus à avancer, jusqu'à ce qu'il ait pu reconquérir la place que le Moi-Idéal lui avait peu à peu confisquée.

Ainsi, c'est ce clivage qui consume peu à peu toute l'énergie du Moi qui s'épuise à se hisser aux hauteurs exigées par le Moi-Idéal. Mais lorsque celui-ci, sous l'assaut de la réalité qui, pour quelque raison, ne le conforte plus, s'effondre et retombe sur le Moi, c'est alors l'amoindrissement de celui-ci et son incapacité temporaire à fonctionner sans le moteur du Moi-Idéal qui confèrent au processus névrotique son caractère dévastateur.

Examinons maintenant, à la lumière d'un cas concret, les enjeux et les effets de cette « maladie de l'idéalité ».

L'histoire de Noémie

Après des études supérieures, Noémie entre, par petites annonces, dans la filière française d'une multinationale adepte des principes d'excellence. Elle y exerce pendant neuf ans, à sa pleine satisfaction, des fonctions de gestion financière et comptable. Pendant toute cette période, elle travaille sous la responsabilité d'un patron — celui qui l'a recrutée — qu'elle estime et qui l'estime: « On m'estimait beaucoup, on reconnaissait ma valeur et ça c'était pour moi très fondamental... il faut avouer que je travaillais énormément, il m'arrivait de travailler sept jours sur sept et même le dimanche, de commencer à 7 heures du matin pour arrêter à une heure du matin, donc c'était vraiment un investissement professionnel très fort... mon objectif personnel c'était de réussir... de réussir cette carrière. »

Quand on lui demande d'où lui venait cette volonté de réussir, elle la situe spontanément dans son origine familiale et dans une volonté d'affirmation et même de « revanche » féministe par rapport à l'oppression professionnelle dont la gent féminine de sa famille a si longtemps été victime:

> Je pense que j'ai quelque part envie de venger toutes ces femmes qui sont derrière, derrière les hommes, et qui n'avaient jamais rien à dire et qui ne faisaient jamais rien d'autre que de faire des enfants et des sales boulots, sans qu'on les apprécie. J'avais trop vu de femmes autour de moi broyées par le système. C'était une façon de venger ma mère, ma grand-mère, et pour moi c'était la meilleure structure car c'est une compagnie qui reconnaît beaucoup les femmes. Et je suis restée dans cette compagnie parce qu'il y avait cette reconnaissance.

Les prémisses de l'idéalité sont posées. Noémie a un idéal, venger les femmes opprimées, et pour cela il lui faut réussir. Elle a trouvé une entreprise qui lui en offre l'occasion et qui, pendant plusieurs années, lui permet de satisfaire cet idéal en lui octroyant régulièrement les signes de reconnaissance indispensables que ses consœurs n'ont pu connaître. Elle fournit, quant à elle, un travail assidu dont elle souligne le caractère — déjà à l'époque — presque excessif par son perfectionnisme: « Je me demandais trop de choses à moi-même, parce que personne ne m'obligeait à être perfectionniste, à avoir tant d'exigences envers moi et envers les autres. »

Au bout de quelques années, se produit un important changement dans la stratégie de la filiale où travaille Noémie: l'entreprise s'agrandit considérablement et passe en peu de temps de 400 à 2 000 personnes. Cette mutation entraîne d'importantes réformes, les structures se rigidifient et perdent leur caractère « artisanal », ce qui entraîne, entre autres, un changement dans le statut de Noémie qui perd à ce moment-là beaucoup d'autonomie: « On me prenait du pouvoir, je n'avais plus mon budget, je n'étais plus autonome, je ne pouvais pas augmenter quelqu'un de 50 francs alors qu'en fait, pendant des années, j'avais géré des gens à coup de carottes, d'augmentations, et ça je ne le pouvais plus, je ne pouvais plus agir et j'étais complètement coincée. »

Cette première atteinte aux prérogatives de Noémie se double d'un conflit assez violent avec un de ses collègues qui — du fait de la réorganisation de l'entreprise — se retrouve en position de supérieur hiérarchique de Noémie:

> On avait deux façons de voir les choses, il m'avait souvent reproché d'être perfectionniste, d'être dure, d'aller trop au bout des choses, mais tant qu'on a été égaux, ça a très bien marché. Après, il a voulu me faire plier et je l'ai très mal supporté... Mais ce qui m'a fait le plus mal, c'était qu'on reconnaisse ce type alors qu'il n'avait jamais rien fait de notoire. Quand il y avait de grands besoins, de grands problèmes, il n'était pas là. Quand il fallait résoudre un scénario catastrophe, il n'était pas là, il arrive juste au moment où tout est bon... et qu'une organisation comme ça le reconnaisse, je crois que ça m'avait brouillée, quoi!

Noémie se retrouve donc dans une situation où, d'une part, elle est privée des possibilités d'action qu'elle avait auparavant, d'autre part, elle se retrouve sous la coupe d'un homme qui veut la faire plier et qu'elle méprise alors que toute sa démarche professionnelle a jusque-là consisté à venger — par sa réussite — les femmes de sa famille courbées sous l'oppression des hommes.

Le reproche qu'elle adresse à l'organisation de « reconnaître un type comme ça! » est à la hauteur de l'investissement qu'elle avait placé en elle et de l'attachement qu'elle lui portait pour lui avoir permis de réaliser ce qui était son idéal: réussir professionnellement et prendre sa revanche en tant que femme. « À travers lui, j'avais un rapport passionnel vis-à-vis de toute l'organisation et le reproche que je lui faisais à lui c'était en fait envers cette organisation qui vous promet quelque chose... et puis on n'y arrive pas... »

Noémie éprouve donc un sentiment de frustration envers cette organisation tant aimée qui, tout à coup, lui préfère ce qu'elle juge être un médiocre et surtout ne lui donne plus — comme avant — ce qu'elle attendait. Le processus de désillusion, de « désidéalisation » plutôt, est entamé. La brûlure interne commence.

Elle se manifeste par l'une des formes les plus classiques de ce phénomène et qu'on retrouve dans la plupart des cas de perte d'objet: la dépression, due à la déception, à la chute de l'Idéal investi dans l'organisation, qui retombe sur le Moi et le dévalorise: « Moi qui adorais cette structure, ce clan, je vivais beaucoup plus l'entreprise, et j'arrivais le matin ou même le soir à traîner un maximum de façon à me réveiller tard et puis d'y aller vraiment à reculons. C'était arrivé à un point... ça devenait physique, rien que l'idée d'aller au travail, c'était des crises de larmes, je me mettais à pleurer. »

Les problèmes empirant, Noémie finit par « craquer » complètement. La description qu'elle fait de sa « chute » est tout à fait saisissante par le vécu physique qu'elle retrace et qui évoque à la perfection tant le clivage entre Moi et Moi-Idéal que l'ampleur de la chute du Moi-Idéal.

> Le jour où ça a vraiment basculé, c'était assez dramatique dans la mesure où on m'a toujours vue très vive, très solide, très debout, et ce jour-là je me suis physiquement écroulée. Je me rappelle très bien, j'étais dans mon bureau et puis je me suis écroulée, je suis rentrée, j'ai posé mon sac, c'était la crise de larmes, je sentais... *c'était pire que si j'avais quelqu'un de mort devant moi... mais quelqu'un de très cher qui était mort...* j'étais incapable de m'arrêter. Puis là, c'est toute mon *image de marque* qui s'est cassée... c'est comme si je prends quelqu'un qui est debout et puis que je le casse.

Le clivage du Moi est total: la chute du Moi-Idéal est vécue presque physiquement, comme la mort d'un être cher, mais un être *qui était une partie de soi-même* et que l'on a perdu ou plutôt qui s'est cassé. Le Moi-Idéal de Noémie, qu'elle appelle son « image de marque » et qui était en fait ce qu'on pourrait appeler un « Moi organisationnel », entraîne dans sa chute le Moi de Noémie (« c'est comme si je prends quelqu'un et puis que je le casse ») et celle-ci se retrouve en clinique psychiatrique. Elle en ressort quatre mois plus tard avec juste assez de lucidité pour réaliser qu'elle n'a pas la force de réaffronter la situation et elle démissionne, avec le sentiment que c'est la seule chose à faire si elle veut « sauver sa peau »: « C'était ça ou vraiment je sentais que j'allais en mourir, ou j'allais à petites doses me suicider, et bon, par instinct de conservation j'ai dit « je ne reviendrai jamais ». Je ne voulais plus travailler pour eux et je sentais que c'était moi ou eux, *si je retournais, je mourrais vraiment.* »

Les enjeux de vie et de mort sont là, véritablement, très prégnants, et quand Noémie dit que si elle retournait, « elle mourrait vraiment » ou que cela reviendrait à se suicider à petites doses, c'est qu'elle sait que dans un tel contexte, où la sollicitation du Moi-Idéal est forte et sa contribution indispensable, elle n'a plus aucune chance de faire face à la situation. Quitter la structure est alors effectivement la seule chance qui lui reste de parvenir à sauver le peu de « Moi » qui lui reste et de parvenir à le restaurer sans l'ombre étouffante d'un Moi-Idéal à jamais brisé.

Nous avons dit précédemment que le Moi-Idéal de Noémie était en fait devenu un Moi organisationnel: c'est cette identification et ce processus de captation que nous voudrions maintenant analyser. Noémie décrit en effet très longuement l'emprise très forte exercée par l'organisation avec l'exigence d'excellence qu'elle attend de ses employés: « Quand vous entrez là-dedans, vous vous devez à ça, vous vous devez à cette organisation, de toute façon on ne peut, en tant que cadre, fonctionner que comme ça, et tous ceux qui n'adhèrent pas à ça sont très vite écartés. Ils sont dans une voie de garage et tous ceux qui cessent d'être vraiment complètement dedans tombent. » Un peu plus loin, elle ajoute:

> C'est vraiment une organisation qui vous broie, qui vous mange... Ça se traduit par une espèce d'éthique, de culture d'entreprise qui fait que vous êtes les meilleurs, avec le slogan « vous êtes les plus beaux, les plus grands, les plus forts ». Vous devez être excellent en tout, c'est écrit dans votre contrat, c'est l'excellence par l'excellence... Tous les deux mois, il faut se remettre dans le bain de l'excellence, il y a tout un planning de training, de séminaires, on vous envoie dans un endroit très beau et pendant une semaine on vous rappelle les objectifs et pourquoi vous êtes là et qu'est-ce que vous devez faire et que chaque petite action est nécessaire pour l'organisation.

Noémie évoque aussi la notion de perfection distillée par l'entreprise: « Il faut être le plus fort, le plus parfait, toutes les notes parlent de perfection et la Direction générale et la Direction des ressources humaines font régulièrement — tous les deux jours en moyenne — une note sur la notion de perfection, d'exigence envers soi-même et envers le client. »

On mesure bien, en effet, la force de tels systèmes et la façon dont ils captent l'Idéal du moi de chacun pour produire un « moi conforme », c'est-à-dire des hommes et des femmes conformes à l'idéal d'excellence et de perfection. Mais on voit bien aussi que ces systèmes ne fonctionnent en fait *qu'avec la complicité de l'Idéal du moi de chacun*. C'est parce que les personnes qui investissent ces organisations trouvent leur compte dans l'idéal proposé, parce qu'elles voient dans cette exigence extrême une façon de réaliser leur Moi-Idéal, de s'accomplir, de se réaliser, de progresser qu'elles y adhèrent aussi fortement. La production du « Moi organisationnel Idéal » n'est donc pas le seul fait de l'organisation qui chercherait à produire des hommes conformes, elle est en fait une co-production individu-organisation, elle ne s'effectue qu'avec l'assentiment et même souvent l'assentiment enthousiaste de ceux qui concourent à sa fabrication.

Car si Noémie souligne avec raison la profondeur et l'intensité de l'emprise exercée par l'organisation sur les individus, elle oublie de mentionner que, pendant neuf ans, elle a parfaitement bien fonctionné sous ce régime... Tant que les récompenses et les signes de reconnaissance lui apportaient la preuve que son Moi-Idéal était en correspondance avec l'« Idéal organisationnel » souhaité par l'entreprise, elle y trouvait son compte, et largement.

Le problème n'apparaît qu'à partir du moment où, pour une raison quelconque, l'individu ne parvient plus à suivre le rythme imposé par l'entreprise, soit qu'il n'ait plus les moyens d'y faire face, soit que l'Idéal jusque-là poursuivi apparaisse soudain déconnecté de soi, en décalage par rapport aux exigences du Moi-Réalité dont on ne parvient plus à étouffer la voix. À ce moment-là, l'organisation ne génère plus les signes de reconnaissance et les récompenses qui permettaient au Moi-Idéal de vivre, ou bien encore ces signes de reconnaissance n'ont soudain plus de valeur et l'ensemble du système s'effondre alors... ou se dégonfle... telle une baudruche vidée d'un coup du souffle illusoire de l'Idéalité narcissique.

Avec ce dernier exemple, nous avons en fait envisagé un cas particulier de ce que nous avons appelé la psychonévrose professionnelle, c'est-à-dire que la pathologie n'y est pas produite à partir des seules conditions de travail, comme dans le premier cas. Au contraire, dans ce dernier cas, les données du jeu organisationnel s'articulent à différents éléments de l'histoire individuelle qui rendent l'individu plus récepteur à ce type de sollicitations. Le processus névrotique s'inscrit ainsi au cœur de la relation qui unit l'individu et l'organisation à laquelle il appartient.

LA DIFFÉRENCIATION SEXUELLE EN MATIÈRE DE SANTÉ ET SÉCURITÉ DU TRAVAIL

Des conditions de travail différentes ou le sexe en cause?

Michel PERREAULT

Les statistiques générales montrent que les femmes au travail ont un taux de morbidité inférieur à celui des hommes: du 1,5 million de faits morbides (accidents, maladies professionnelles) reliés au travail rapportés dans une vaste étude auprès de 26 États américains (Root et Daley, 1980), 21 % seulement étaient rapportés par des femmes alors qu'elles représentaient 40,6 % de la main-d'œuvre totale. En revanche, les femmes manifestent davantage de problèmes de santé reliés au travail que les hommes: les maladies du travail représentaient 7 % de la morbidité féminine et moins de 5 % pour les hommes. Des études moins globales portant sur des milieux de travail particuliers confirment cette observation: les femmes rapportent davantage de problèmes de santé dans l'industrie de transformation du poisson (Messing et Reveret, 1983) et dans les abattoirs de poulets (Mergler et al., 1987). Cette différence entre les sexes en matière de santé et sécurité du travail est d'observation récente. En effet, elle n'a pu être prise en compte avant les années soixante-dix parce que l'existence des travailleuses a été niée tant dans les études expérimentales que sur le terrain (Chetwynd et Hartnett, 1978, p. 90-91). Stellman (1983, p. 71-72) résume bien le « double standard » qui a présidé à cet oubli plutôt surprenant:

> D'une part, lorsqu'il est utile de considérer la supériorité biologique des femmes, cette supériorité est utilisée comme prétexte pour les exclure d'études portant sur les maladies chroniques; d'autre part, lorsqu'il convient de les considérer comme étant plus faibles et de les stéréotyper comme des ménagères et non comme des travailleuses, on les exclut alors des études sur la santé professionnelle.

Cette exclusion des femmes au travail était notable jusqu'à récemment dans les grands débats qui font rage depuis des décennies sur la morbidité différentielle en général des hommes et des femmes, débats où l'on doit situer l'étude des différences en santé et sécurité du travail; en effet, toutes les recherches montrent que dans les sociétés occidentales les hommes meurent à un âge plus précoce que les femmes, ces dernières jouissant d'une espérance de vie plus longue de sept ans en moyenne que les hommes (Waldron, 1983; Nathanson, 1980; Verbrugge, 1983; 1985; Wingard, 1984; pour ne mentionner que les études les plus citées ou les plus récentes). Par contre, les données disponibles montrent que les femmes auraient plus de maladies, souffriraient d'une limitation plus grande des activités due à celles-ci et utiliseraient davantage les services de santé.

Si les données utilisées au sujet de la mortalité font l'objet d'un consensus solide dans la communauté scientifique, celles relatives à la morbidité ne jouissent pas d'un tel statut et, surtout, les hypothèses apportées pour expliquer les différences entre les sexes font l'objet de débats passionnés depuis des années en sociologie de la santé.

Les premières hypothèses ont porté sur des caractéristiques biologiques différentes entre hommes et femmes. Puis sur une différence dans la perception des symptômes, les femmes étant socialisées et encouragées par la suite à percevoir rapidement des symptômes, et sur une facilité plus grande pour les femmes à se déclarer malades. D'aucuns ont émis certaines hypothèses concernant des risques différentiels acquis comme les risques liés au travail et aux loisirs, au style de vie et aux habitudes de santé, au stress et au soutien de l'entourage. D'autres ont également cherché à expliquer les différences par un biais sexiste des dispensateurs de services de santé qui, masculins pour la plupart, seraient portés à poser des diagnostics plus fréquents et des traitements plus longs pour les femmes. Enfin, certaines données de recherche, recueillies en général uniquement auprès des femmes, surévalueraient la morbidité féminine par des biais de mémoire.

Actuellement, il semble clair (Verbrugge, 1985) que la principale cause du phénomène réside dans des risques acquis liés tant aux rôles sociaux (travail, conjugalité, loisirs, etc.) qu'aux styles de vie. Les explications psychosociales d'une plus forte perception par les femmes des symptômes et d'une plus forte propension à accepter le rôle de malade sont reléguées au second plan, devant les différences biologiques que l'on ne peut jamais isoler totalement des risques réels; les facteurs liés aux biais de mémoire dans les recherches joueraient très peu, alors que les biais sexistes des dispensateurs de services auraient une influence négligeable.

La différenciation sexuelle dans les phénomènes de morbidité dus au travail rémunéré constitue donc un immense et difficile champ de recherche et les recommandations de Verbrugge (1985) devraient être respectées pour améliorer les analyses: elle recommande d'abord

1. que les hypothèses sur les facteurs psychosociaux contrôlent le plus possible les facteurs de risques acquis;
2. que les hypothèses sur la différenciation sexuelle tiennent compte de maladies et de symptômes particuliers et ne s'en tiennent pas seulement aux indicateurs généraux de santé et de maladie;
3. qu'on enlève des données les problèmes reliés au système féminin de reproduction quand on compare les hommes et les femmes;
4. que l'on étudie le plus possible les risques liés au travail (nature du travail) et à la conjugalité, car il semble bien qu'il y ait un lien très

important entre ces variables et la différenciation sexuelle, surtout en ce qui concerne la nature du travail;

5. que l'on compare toujours les hommes avec les femmes quand on étudie des phénomènes qui semblent typiquement liés à la condition féminine (sauf, bien entendu, quand il s'agit de problèmes liés uniquement au destin biologique des femmes tels les problèmes du système physiologique de reproduction);
6. que les données soient recueillies le plus possible directement auprès des hommes et des femmes, sans l'utilisation de « proches ».

C'est en tenant compte de ces recommandations que nous examinerons dans ce chapitre la différenciation sexuelle en matière de santé et de sécurité du travail. Pour ce faire, nous comparerons d'abord les risques liés aux conditions de travail qui varient beaucoup selon le sexe et selon le marché de l'emploi.

LA SÉGRÉGATION SEXUELLE DES EMPLOIS

Le degré de ségrégation sexuelle des emplois

L'augmentation constante du taux de participation de la main-d'œuvre féminine — une femme pour 1,8 homme aux USA en 1960, contre une pour 4,5 en 1900 (Gross, 1968, p. 198) — a masqué durant un certain temps l'importance de la ségrégation selon le sexe. En 1968, Edward Gross allait lancer pour de bon le débat en montrant, à l'aide de l'indice de dissimilarité, développé par Duncan et Duncan pour l'étude de la ségrégation raciale, que non seulement l'indice de ségrégation selon le sexe était très élevé mais qu'il était demeuré stable de 1900 à 1960. L'indice s'élevait à 68,4 en 1960, faisant de la discrimination selon le sexe un facteur bien plus puissant de ségrégation que la race (indice de 46,8): ainsi, à cette date, près des deux tiers des hommes et des femmes auraient dû changer d'emploi pour qu'il n'y ait pas de ségrégation. Pour expliquer l'étrange stabilité de l'indice malgré l'augmentation de la main-d'œuvre féminine, Gross avançait l'hypothèse qu'il y avait eu une baisse de la ségrégation sexuelle dans certaines occupations mais que cela ne paraissait pas parce que le volume d'emploi avait augmenté plus vite dans les occupations où il y a le plus de ségrégation. Les études ultérieures allaient permettre de raffiner l'analyse. Ainsi, Blau et Hendricks (1979) montrèrent qu'il y a eu, de 1950 à 1970, davantage d'hommes occupant des emplois typiquement féminins que de femmes occupant des emplois typiquement masculins, ce qui serait probablement en grande partie dû à une augmentation plus grande des possibilités d'emplois dans les secteurs utilisant de la main-d'œuvre féminine. Mais même ce mouvement est fortement différencié puisque les hommes auraient augmenté leur participation dans les professions féminines comme instituteurs, bibliothécaires, infirmiers, travailleurs sociaux, alors que les femmes auraient occupé, dans des secteurs traditionnellement masculins, davantage d'emplois dans la vente au détail et le travail de bureau.

La question de la ségrégation sexuelle des emplois est une question fort complexe que nous analyserons rapidement.

Les manifestations de la ségrégation sexuelle des emplois

Analyser comment se manifeste la ségrégation, et surtout jusqu'où elle va, soulève d'énormes problèmes: certaines professions ne sont exercées presque exclusivement que par des hommes (par exemple, plombier, électricien dans le bâtiment et les travaux publics), alors que d'autres peuvent être exercées par des hommes dans des secteurs majoritairement féminins (serveurs dans la restauration/hôtellerie, infirmier dans les centres hospitaliers) ou par des femmes dans des secteurs masculins (par exemple, sténodactylo dans le bâtiment et les travaux publics).

Néanmoins, il nous apparaît important d'indiquer les grandes lignes du phénomène puis de l'examiner plus en détail, car, plus on précise l'occupation, plus on peut constater son degré de ségrégation (Staines *et al.*, 1979).

Globalement, si le phénomène se présente selon une constance assez remarquable dans toutes les sociétés occidentales, il diffère malgré tout sur certains plans fort significatifs d'un pays à l'autre, ce qui laisse déjà percevoir qu'il s'agit aussi d'une réalité très liée à des enjeux stratégiques localisés.

Ce qui frappe, au premier abord, c'est la très grande concentration des emplois féminins. Ainsi, pour la France (Huet, 1983, selon les données de l'enquête I.N.S.E.E. de 1978), les 16 professions les plus féminisées (ayant un taux supérieur à 71 %) regroupent près des deux tiers des femmes et ne représentent que 29 % des types d'emplois possibles. C'est dire à quel point les femmes ont peu de choix parmi tout l'éventail des emplois. Dans ce contexte, comme aux États-Unis, les femmes ont pu augmenter leur participation à la main-d'œuvre parce que les nouveaux emplois ont été créés principalement dans les professions les plus féminisées.

Cette concentration des femmes dans certaines professions se double d'une concentration selon les secteurs secondaire ou tertiaire: ainsi, le secondaire, qui regroupe 31 métiers, n'est féminisé qu'à 19 % et les femmes n'ont accès, dans l'industrie, qu'à un éventail très limité de professions, soit sept. Par contre, les deux tiers des femmes (et seulement le quart des hommes) occupent un poste dans le tertiaire, où 86 % d'entre elles exercent une des 13 professions dont le taux de féminisation varie de 53 % à 98 %.

Mais la caractéristique qui nous apparaît la plus importante dans le cadre de ce travail, et que nous analyserons plus à fond ultérieurement parce qu'elle rend compte davantage des conditions de travail, est que *les emplois féminins sont les moins qualifiés, et cela tant dans le tertiaire que dans le secondaire.*

Dans le tertiaire, les professions où il y a le plus d'hommes sont celles de cadres ou de techniciens, alors que celles où il y a le plus de femmes sont des professions d'employées, qualifiées ou non. Cette caractéristique très générale, qui colle aux emplois féminins depuis le Moyen Âge et les débuts du capitalisme (Rebérioux, 1984; Guilbert, 1966), se manifeste sous des formes extrêmement variées qui toutes différencient en quelque sorte l'emploi féminin de l'emploi masculin: ainsi, il peut y avoir plusieurs femmes en médecine mais elles se retrouvent davantage dans certains types de pratique et seront quasi absentes de types plus prestigieux comme la chirurgie; les femmes enseigneront au primaire, et, si elles enseignent à des niveaux supérieurs, encore là, leur situation se différenciera par les matières enseignées ou les postes administratifs occupés; une caissière dans une banque aux USA sera moins payée qu'un caissier (Prather, 1971) parce que celui-ci soulèvera de temps à autre un sac de monnaie. Pour le tertiaire, l'analyse de Dominique Gaucher (1983) sur la division sexuelle du travail dans le secteur de la santé au Québec offre un modèle d'explication remarquable à partir de pôles fondamentaux qui seraient, pour les femmes, la sphère domestique et la maternité et, pour les hommes, la sphère publique et le travail rémunéré.

Dans le secondaire, la ligne de démarcation s'effectue entre les professions d'ingénieurs, de techniciens et d'ouvriers qualifiés[1], alors que les femmes se retrouvent davantage parmi les ouvriers spécialisés, c'est-à-dire non qualifiés (60 % des effectifs féminins). Dans ce secteur, les formes de ségrégation entre les emplois semblent encore plus nettes: ainsi, au Québec (David, 1986), les hommes sont majoritaires dans les secteurs de l'habillement, du cuir et du tabac, dans les industries où l'on travaille avec de la matière brute comme les fourrures, les peaux, le tabac en feuille, alors que les femmes se retrouvent davantage dans les industries où l'on fabrique des produits fins et délicats, tels les vêtements pour enfants, les sous-vêtements ou les gants. Dans l'industrie, la fabrication de petits objets ou de produits de consommation domestique, à condition qu'ils soient petits, caractérise l'emploi féminin.

Bref, la ségrégation sexuelle des emplois a été très forte jusqu'à maintenant et nous commençons à avoir une vision plus précise de l'ensemble de ses manifestations[2].

Les justifications de la ségrégation sexuelle des emplois

Les justifications qui sont données par les entreprises et les acteurs engagés dans la sélection de la main-d'œuvre sont directement reliées à un stéréotype sexiste que Dussault et Rose-Lizée (1979) ont bien résumé et dont on retrouve les éléments à travers une multitude d'études (entre autres, Huet, 1983; Bolton et Humphreys, 1977; Chetwynd et Hartnett, 1978; Gross, 1968; Gaucher, 1983):

- le rôle des femmes est de se marier, d'avoir des enfants et d'en prendre soin. Ce n'est pas de travailler à l'extérieur;
- le travail pour lequel les femmes sont douées doit ressembler au travail domestique: tous les types d'emploi exigeant des gestes répétitifs, rapides et précis seront confiés aux femmes. De même que tout ce qui fait appel à leur talent « naturel » de mère-ménagère;
- les femmes sont en général des employées instables qui ont peu ou n'ont pas d'intérêt pour une carrière car elles quittent le marché d'emploi dès leur mariage ou la naissance du premier enfant; elles ont un taux élevé d'absentéisme puisqu'elles doivent s'occuper de leurs enfants.

Ce sont les principaux éléments à partir desquels se grefferont tous les autres: les femmes sont gracieuses, il faut les écarter des travaux lourds (pourtant on leur confie souvent les tâches salissantes), elles parlent trop et sont légères, il faut donc les empêcher de parler, etc. Il y a toujours des exceptions qui viennent confirmer la règle. Elles montrent qu'on n'utilise le stéréotype que lorsqu'il fait bien l'affaire: par exemple, si le travail de nuit a été interdit aux femmes pour des raisons de moralité, quand leur présence était essentielle comme dans les hôpitaux, on l'a autorisé.

Évidemment, le stéréotype masculin est à l'inverse: le travail est ce qu'il y a de plus important pour eux, ils sont stables, ils font les durs travaux parce qu'ils sont forts, etc. L'appel à la « nature féminine » et à la « nature masculine » rend d'ailleurs ces stéréotypes et, avec eux, toutes les justifications, indiscutables puisque tout est « naturel ». Ainsi, au sortir de la Grande Guerre de 1914-1918, l'un des membres de la Commission du travail féminin, en France, décrivait ainsi les éléments du travail féminin:

> Les femmes ne sont pas constituées pour effectuer des travaux où la puissance musculaire joue un grand rôle; elles ne doivent pas se livrer à des occupations nécessitant un effort prolongé. Elles se distinguent, par contre, par leur courage, leur habileté dans des travaux qui réclament une grande sensibilité motrice, des mouvements rapides et précis. La femme est d'autre part économe, prévoyante par nature, et même âpre au gain; un léger gain supplémentaire suffit parfois pour la faire travailler au-dessus de ses forces. (Cité dans Guilbert, 1966, p. 65.)

DES CONDITIONS DE TRAVAIL DIFFÉRENTIELLES

La ségrégation sexuelle des emplois est non seulement élevée mais s'accompagne de conditions de travail qui varient selon que l'emploi est occupé généralement par des hommes ou des femmes. Il est absolument impossible de dégager tous les éléments de différenciation; cependant, l'uniformité des découvertes dans la plupart des sociétés occidentales fait de plus en plus la preuve qu'il est possible de dégager les principales lignes de clivage qui cherchent à différencier à tout prix les emplois féminins des emplois masculins. Bien que ces clivages soient plus nets, plus évidents dans certains secteurs (par exemple, l'industrie) ou dans certaines professions (par exemple, monteuse sur une chaîne de montage), car presque toutes les caractéristiques peuvent s'y retrouver en même temps, il n'en demeure pas moins que, la plupart du temps, un clivage existe, ne serait-ce que par la vertu d'un seul ou de quelques éléments: par exemple, un travail d'enseignement qui semble en tous points identique sera quand même sous-évalué s'il est effectué par une femme car il sera réputé comporter un moindre degré de complexité. Il se peut qu'un autre élément de clivage comme l'absence de promotion pour les femmes enseignantes par rapport aux enseignants s'y retrouve.

Afin de nous faciliter la tâche, nous prendrons comme point de départ la remarquable étude de Madeleine Guilbert (1966): *Les fonctions des femmes dans l'industrie*. Bien que cette étude date déjà de 1966 et fasse seulement état de la place des femmes dans l'industrie des métaux de la région parisienne, la finesse des analyses et des détails nous permet d'aller au-delà des grandes généralisations — ce qui est plutôt rare.

Nous compléterons ou confirmerons avec d'autres études, particulièrement celle de Molinié et Volkoff (1980): « Les conditions de travail des ouvriers... et des ouvrières », qui rend compte de l'enquête effectuée en France par l'I.N.S.E.E. en 1978; des articles de Acker et Van Houten (1974) et de Staines *et al.* (1979) nous permettront par ailleurs de préciser davantage ces clivages.

Travail marchand et travail domestique: La double charge de travail des femmes

Avant d'examiner les différences ou clivages dans le travail salarié, nous voulons rappeler que toutes les études rendent compte d'un élément caractéristique à tous les emplois féminins: la double charge de travail. Les femmes doivent en général organiser, planifier et exécuter le travail domestique et les soins tant auprès du conjoint que des enfants. Le peu de participation des hommes malgré la hausse du travail extérieur des femmes a déjoué toutes les prédictions théoriques des spécialistes des sciences humaines (Davidson et Gordon, 1979). La situation n'évolue que très lentement, semble-t-il.

Les critères de clivage dans le travail salarié

Nous avons dégagé quatorze principaux critères de clivage à partir, toujours, des caractéristiques du travail féminin.

Moindre intensité de l'effort physique à fournir

Il s'agit là d'une caractéristique qui discrimine en profondeur. L'enquête réalisée par l'I.N.S.E.E. en France en 1978 (Molinié et Volkoff, 1980) révèle que seulement un ouvrier sur dix fait un travail sans effort physique important alors que c'est le cas d'une ouvrière sur cinq. Cependant, la différence est loin d'être aussi accentuée chez les manœuvres: 9 % seulement des femmes manœuvres déclarent n'avoir aucun effort physique important à fournir dans leur travail. L'effort physique discrimine à tout coup même si plusieurs femmes font beaucoup d'efforts: à ce moment, on n'en tient pas compte tout simplement parce qu'elles ne sont pas censées en faire.

Moindre degré de difficulté ou de complexité

Le travail féminin est organisé pour être le plus simplifié possible et cela se manifeste ainsi:

a) Les tâches féminines comportent en général un nombre moins élevé d'opérations, soit parce qu'elles sont morcelées, soit parce qu'elles sont limitées à des travaux d'exécution, les opérations annexes de préparation de travail (montage et réglage des outils dans les travaux sur machine) n'étant jamais confiées aux femmes. Acker et Van Houten (1974) ont bien dégagé, dans leur critique des travaux de Crozier, l'énorme pouvoir qui est ainsi accordé aux hommes: la production des femmes, très souvent rémunérée au rendement comme nous le verrons, dépend des tâches d'entretien et de réglage de machines effectuées par « un » homme.

b) On confie rarement aux femmes les travaux présentant une certaine variété ou demandant une « compréhension mécanique » (travaux de réparation, certains travaux de montage de contrôle). Les remarques d'Acker et de Van Houten sont encore ici on ne peut plus pertinentes.

c) Même lorsque le niveau de connaissances exigé est élémentaire, les tâches confiées aux femmes sont celles qui exigent le moins de connaissances.

d) On ne confie généralement pas aux femmes les machines complexes. À niveau professionnel égal, les machines utilisées par la main-d'œuvre féminine sont les plus simples.

Leur caractère répétitif plus nettement marqué

Ce critère est lié aux deux caractéristiques précédentes. Chez les ouvriers spécialisés (c'est-à-dire non qualifiés selon la connotation française, ne l'oublions pas), les deux tiers des ouvrières ont déclaré toujours répéter une série de gestes ou d'opérations, contre un tiers seulement des hommes de même qualification ; chez les ouvriers qualifiés, la répétitivité du travail est le lot de près de la moitié des femmes, mais de seulement un cinquième des hommes. L'écart est moins net chez les manœuvres mais il va dans le même sens (Molinié et Volkoff, 1980, p. 35).

Des tâches à prédominance manuelle

Cette caractéristique se manifeste dans les faits suivants, selon l'étude de Madeleine Guilbert (1966) :

a) Les postes dans lesquels on ne trouve que des femmes sont des postes pour lesquels les aptitudes manuelles jouent un rôle de premier plan.

b) Les postes dans lesquels on trouve une majorité de femmes sont des postes à prédominance manuelle nettement marquée.

c) Dans toutes les catégories de postes, les travaux réservés aux femmes sont ceux qui comportent une part importante de manipulations.

Il s'agit, semble-t-il, d'une caractéristique des plus claires du travail féminin : en effet, l'étude de Staines *et al.* (1979), qui a étudié plusieurs caractéristiques de travail en les comparant selon six catégories (hommes dans des emplois où grande majorité d'hommes, où hommes et femmes, où femmes en grande majorité ; de même pour les femmes), a trouvé que la variable « habiletés manuelles » était la seule corrélée fortement avec chacune des six catégories.

Des séries plus longues

Il s'agit d'une conséquence des quatre autres critères mais qui a sa propre existence puisque, dans les quelques cas où les travaux masculins et féminins étaient identiques, les séries les plus longues étaient confiées aux femmes (Guilbert, 1966, p. 134).

Une plus grande exigence de rapidité

Il s'agit d'un critère des plus importants, entre autres pour les effets sur la santé. Il semble que ce soit une des grandes caractéristiques du travail féminin puisque l'étude de Staines *et al.* (1979) souligne que plus le travail est typiquement féminin, moins il comporte de charges physiques (selon le premier critère), mais plus il y a des pressions pour travailler très vite, et cela vaut aussi pour les hommes qui travaillent dans ces secteurs d'emploi.

Plus sédentaires que les travaux masculins

Qu'elles soient assises ou debout, les femmes ne peuvent se déplacer: elles sont éliminées des travaux qui les amèneraient à circuler dans les ateliers.

Peu de responsabilités

Les machines à prix élevé sont confiées à des hommes. Ce sont eux qui ont la responsabilité de la matière traitée plus dispendieuse (par exemple, tâche de magasinier). Les femmes ont peu de responsabilités par rapport aux collègues masculins: une femme n'a jamais de responsabilités dans un groupe mixte, alors que très souvent c'est un homme qui dirige un groupe composé uniquement de femmes.

Les perspectives de promotion sont inférieures ou nulles pour les femmes

Ce fait est une constante: les femmes sont systématiquement tenues à l'écart des systèmes de promotion, particulièrement si la main-d'œuvre est fortement féminine. Il y a discrimination pour les femmes dans les entreprises qui engagent principalement des hommes, sous forme d'échelles de promotion plus courtes et d'exclusion des postes de cadres (Dussault et Rose-Lizée, 1979, p. 24). Cependant, les conditions y sont bien meilleures que dans les entreprises où il y a surtout des femmes. Bolton et Humphreys (1977) ont montré comment les cinq types de « formation et développement » qui assurent la promotion dans les entreprises nord-américaines ne sont pas accessibles aux femmes.

Prédominance des rémunérations au rendement

En conséquence des critères précédents, le travail des femmes se prête bien à une rémunération qui tient compte du rythme de travail même s'il ne s'agit pas d'un type classique de rémunération au rendement. L'enquête de 1978 montrait que la rémunération dépendait du rythme de travail pour près d'une ouvrière sur quatre et d'un ouvrier sur six. Selon Madeleine Guilbert, cette caractéristique est aussi reliée au plus grand degré de discipline de la main-d'œuvre féminine. Elle cite une direction d'usine qui a révisé les normes parce qu'elles avaient été rapidement dépassées par les travailleuses: après une courte période de freinage, « les cadences recommencent à monter. Il semble qu'il n'y ait pas de limite » (1966, p. 147).

Davantage de travail à la chaîne

Le travail à la chaîne, excessivement lourd de contraintes, est nettement caractéristique du travail des femmes en industrie. Dans l'industrie des métaux, 25,3 % des femmes font un travail à la chaîne par rapport à 4,6 % des hommes.

Selon l'enquête de 1978, c'est une ouvrière spécialisée sur 4 par rapport à un ouvrier sur 13; la différence s'accentue chez les ouvrières qualifiées: une femme sur 7 par rapport à un homme sur 45. Les manœuvres constituent, encore une fois[3], une catégorie à part: les femmes y sont moins soumises à cette contrainte que les autres ouvrières, et c'est l'inverse pour les hommes.

Différences dans les horaires de travail

Ces différences sont nombreuses; en voici les principales:

a) Les hommes ont des durées de travail plus longues: 28 % des ouvriers par rapport à 9 % des ouvrières effectuent 45 heures de travail ou plus dans la semaine (I.N.S.E.E., 1978).
b) Le travail de nuit est le propre des hommes: selon la définition de l'I.N.S.E.E. qui ne considère comme travail de nuit que la tranche minuit-cinq heures, les ouvrières ne travaillent presque jamais la nuit, alors que près d'un ouvrier spécialisé sur quatre travaille au moins une nuit dans l'année. Près d'un ouvrier qualifié sur 16, un manœuvre sur 15, un ouvrier spécialisé sur 12 travaillent une nuit sur 3. Cette caractéristique nous semble reliée à l'interdiction du travail de nuit pour les femmes dans l'industrie française. Les données seraient certainement différentes dans le tertiaire, en tenant compte du personnel des hôpitaux et des centres d'accueil, des serveuses, des téléphonistes, etc.
c) Les hommes travaillent plus que les femmes le dimanche, sauf, encore une fois, chez les manœuvres où la proportion hommes/femmes est la même.

Ambiance physique moins mauvaise

Les nuisances « physiques » tels le bruit, la température, l'hygiène, etc., sont plus nombreuses pour les travailleurs masculins, mais les écarts, dans l'industrie du moins, sont moins élevés que pour les autres critères: 7 % des ouvriers contre 5 % des ouvrières ont indiqué que le bruit était tel qu'ils ne pouvaient pas entendre une personne qui leur parle même en élevant la voix; 45 % des ouvriers et 30 % des ouvrières ont déclaré subir de temps en temps des bruits très forts ou très aigus; 31 % des ouvriers et 23 % des ouvrières ont estimé que la température à leur travail était « souvent » ou « toujours » très élevée; 26 % des ouvriers et 13 % des ouvrières ont dit que cette température était « souvent » ou « toujours » très basse; 67 % des ouvriers et 53 % des ouvrières ont fait état d'au moins un des inconvénients suivants: saleté, humidité, courants d'air, odeurs désagréables (Molinié et Volkoff, 1980, p. 34).

La moins grande proportion des écarts pourrait s'expliquer ainsi: même si les travailleuses ne sont pas directement soumises à des risques physiques de par leurs tâches, leur position dans les ateliers de travail (par exemple, tout près de certaines machines) les soumettent à bien des risques même si personne n'en tient compte. Il faudrait aussi tenir compte de certaines autres particularités: ainsi, la sédentarité des postes féminins peut accroître les effets d'une trop basse température.

La discipline du travail plus rigoureuse

Bien que cette question soit très complexe et difficilement mesurable dans les vastes enquêtes sur plusieurs populations, des données plus fines nous amènent à la conclusion que « globalement, les ouvrières apparaissent contrôlées de façon plus stricte que les hommes » (Molinié et Volkoff, 1980, p. 37). Dans l'enquête Hawthorne, les ouvrières, contrairement aux ouvriers, étaient pénalisées si elles conversaient (Acker et Van Houten, 1974); pour 51,2 % des femmes dans l'industrie du métal, la disposition du poste enlevait toute possibilité de communication, à cause de l'isolement et du manque de déplacements. Très souvent, les postes de travail étaient proches les uns des autres mais disposés de manière à empêcher toute possibilité de communication (en plaçant les ouvrières dos à dos, par exemple). Pour Madeleine Guilbert (1966, p. 181), le fait que cette observation lui fut souvent signalée spontanément par les contremaîtres indique qu'il s'agit de mesures de contrôle tout à fait délibérées.

Les justifications de ces clivages

Les justifications qui sont apportées par les employeurs pour légitimer ces clivages complètent et surtout précisent celles que nous avons dégagées plus haut pour l'ensemble de la ségrégation sexuelle des emplois.

Si les femmes sont incapables d'occuper certains postes, c'est qu'elles manquent de connaissances et, surtout, qu'elles n'ont pas le « sens de la mécanique ». C'est aussi qu'elles sont satisfaites, qu'elles n'ont pas d'ambitions, qu'elles ont peur des grosses machines et qu'elles acceptent des salaires dont les hommes ne se contenteraient pas. De plus, elles ne peuvent commander à des hommes: ceux-ci ne l'accepteraient pas. Nous pourrions continuer à énumérer bon nombre d'éléments qui constituent autant de « prophéties qui ne peuvent que se réaliser » (par exemple, elles n'ont pas de connaissances mais on ne leur en donne pas).

Mais l'essentiel semble résider dans une question de rendement: les femmes, dans les tâches simples, répétitives, etc., atteignent des rendements supérieurs aux hommes, toutes les études et toute l'expérience accumulée par les milieux de travail le prouvent. Cela s'explique facilement car elles ont des aptitudes que les hommes n'ont pas: habileté manuelle, précision des gestes, synchronisation plus aisée des mouvements.

Mais ces qualités « physiologiques » considérées comme « naturelles » sont doublées de qualités « psychologiques » elles aussi considérées on ne peut plus naturelles: les femmes sont plus patientes que les hommes, elles acceptent plus facilement des travaux fastidieux, elles ont une meilleure résistance à la monotonie, elles sont davantage stimulées par les rémunérations au rendement, etc.

Les similitudes entre ces qualités et les orientations de la socialisation des petites filles sont excessivement frappantes: les petites filles sont vite entraînées dans des jeux simples, répétitifs, monotones (saut à la corde, marelle), dans des travaux de grande précision (broderie, tricot). D'ailleurs, les analyses de Belotti (1974) concordent de façon troublante avec les principales caractéristiques du travail typiquement féminin.

Cependant, la socialisation, tout en étant un mécanisme nécessaire, ne constitue pas un mécanisme suffisant: l'analyse des méthodes de recrutement le révèle. Ainsi, de nombreux employeurs préfèrent dans l'ensemble embaucher les femmes habitant le plus près possible de l'entreprise, comme nous le montre par exemple Guilbert (1966, p. 199):

> « On recherche surtout dans le quartier des femmes avec enfants; on sait qu'elles n'iront pas plus loin pour gagner davantage. » « Les femmes qui viennent du quartier travaillent mieux; elles ne sont pas déjà fatiguées en arrivant » [comme quoi certains savent ce qu'est une double charge de travail]. « On prend dans le quartier car ici c'est rempli d'entreprises qui paient mal, aussi les femmes sont-elles moins exigeantes. » « Avec les femmes du quartier, on a moins d'absentéisme; en effet, si elles habitent près de l'usine et ne viennent pas au travail, on peut les voir dehors. »

Le critère de la proximité des lieux de travail et de résidence ne compte pratiquement pas dans l'embauche des hommes.

De même, le statut des femmes a une très grande importance: si la présence d'enfants, surtout de très jeunes enfants, nuit souvent à l'embauche des femmes dans les usines, ce n'est pas le cas si la femme est le chef de famille. Ici encore les témoignages des employeurs sont on ne peut plus clairs:

> « On embauche bien sûr les femmes qui se sont mariées jeunes et ont été abandonnées avec des enfants. Elles ne savent en général rien faire mais elles s'accrochent parce qu'elles ont besoin de gagner leur vie. » « On embauche volontiers les femmes veuves ou séparées ayant des enfants à charge. » « On a par humanité une préférence pour les femmes veuves ou séparées avec des enfants; et puis il faut convenir qu'elles s'absentent moins. » « La femme idéale pour un industriel c'est la femme de 35 à 40 ans, abandonnée avec des enfants. Elle fait du rendement. À cet âge, les femmes mariées qui travaillent sont les plus mauvaises ouvrières. » « C'est un fait que les femmes seules ont davantage besoin de gagner leur vie. »

Guilbert dira même que « la composition de la main-d'œuvre féminine dénote dans certains ateliers une recherche systématique des femmes chefs de famille » (1966, p. 200).

Les qualités de soumission semblent particulièrement recherchées dans la main-d'œuvre féminine: pour travailler sur les machines on prend des ouvrières « rompues » même si elles sont plus revendicatrices, alors qu'on préférera toujours des femmes inexpérimentées pour les tâches qui n'exigent pas de savoir car elles sont « moins difficiles à mener ».

Il semble que nous touchons là l'un des aboutissements fondamentaux de la stratégie de contrôle des entreprises. Partout où le travail des femmes est sous-évalué, déqualifié, sous-payé, surcontrôlé, l'embauche y est sélective et discriminatoire. Au-delà des avantages économiques évidents — des personnes qui produisent « à la limite » pour de petits salaires —, il nous semble que les avantages soient encore plus profonds: en confiant à des femmes (ou à des représentants de races vues comme inférieures, l'interchangeabilité de certains postes entre les variables sexe et race étant à cet égard frappante (Davidson et Gordon, 1979, p. 85; Guilbert, 1966, p. 132)) des postes répétitifs et monotones, on évite des conflits directs avec une main-d'œuvre masculine beaucoup plus revendicative et qui a de longues traditions d'autonomie des métiers. Et on en arrive à dévaluer le travail en général, en mettant en concurrence le travail des femmes avec celui des hommes. Les premières vagues d'industrialisation par la mise en place des fabriques aux XVIIIe et XIXe siècles se sont effectuées en « puisant dans l'énorme réservoir rural et d'abord chez les femmes » (Rebérioux, 1984, p. 61). En faisant faire par les femmes des tâches dont les hommes ne veulent pas, on garantit à ces derniers des chasses gardées, des salaires supérieurs, un prestige qui ont certes permis de les discipliner plus facilement.

Quand on analyse les caractéristiques du travail féminin, sa parenté avec le travail domestique ne peut nous échapper. Cette parenté ne repose pas que sur les gestes développés par la répétition et la monotonie des tâches domestiques, et cela dès le plus jeune âge des femmes.

Cette parenté se révèle dans une caractéristique de plus en plus visible: le travail féminin rémunéré est aussi dévalué en général que le travail domestique. Certains diront que les contraintes des hommes sont facilement mesurables, contrairement à celles des femmes:

> Les contraintes plus marquées chez les hommes se trouvent être en même temps les plus aisément mesurables. On peut chiffrer un horaire de travail, compter des heures de nuit, peser une charge, mesurer une température, un niveau de bruit, un degré d'humidité. On peut beaucoup moins facilement mesurer la répétitivité d'un travail [...] ou le caractère contraignant d'une ambiance de travail, de mesures de discipline. (Molinié et Volkoff, 1980, p. 39.)

Ces différences dans la mesure des contraintes sont réelles mais elles ne sauraient tenir lieu d'unique explication: *on ne mesure pas certains traits du travail typiquement féminin parce qu'on refuse de les mesurer*. La plus belle preuve n'en est-elle pas que les traits si facilement mesurables quand il s'agit d'hommes ne sont pas mesurés quand il s'agit de femmes? Ainsi, quelle ouvrière aura une prime parce que son travail est dangereux? Pourtant, plusieurs risquent de perdre (et perdent effectivement) un ou des doigts. Quelle ouvrière aura un meilleur salaire parce qu'elle subit un niveau de bruit trop élevé? Cela ne sera jamais évalué dans l'emploi. Quelle secrétaire recevra une meilleure rémunération parce qu'elle fait le café, achète les cadeaux du patron, etc. ? On tient compte de cela dans son engagement et dans l'évaluation implicite, de moins en moins explicite d'ailleurs, de ses tâches, mais cela n'est pas reconnu par des sous, encore moins par du prestige. On paie un caissier masculin jusqu'à 40 $ de plus par semaine parce qu'il soulève des sacs de monnaie (Prather, 1971, p. 779); alors qu'on ne paie pas les caissières féminines qui le font: pourtant, c'est aussi facilement mesurable. La question est donc plus vaste que cela. On ne mesure pas les traits du travail féminin car ce sont des traits considérés comme « inférieurs » par rapport aux traits masculins, et cette infériorisation prend sa source dans l'existence de deux « natures », l'une féminine et l'autre masculine. La « nature » masculine est supérieure à la féminine, et cela permet de discriminer à tous les niveaux tout en étant inattaquable: qui irait à l'encontre de la nature? D'ailleurs, certains chercheurs font tout pour trouver les gènes responsables et les incriminent, en attendant de les trouver. S'il leur faut quand même se défendre, au lieu de se contenter de faire l'éloge de la nature féminine comme par le passé, ils attribuent aux hommes de même qu'aux femmes une nature à la fois masculine et féminine, mais le masculin demeurant supérieur, bien entendu (Hinsdale et Johnson, 1978).

MORBIDITÉ DIFFÉRENTIELLE DU TRAVAIL

Cet examen de la situation globale de l'emploi selon les sexes, qui révèle une très nette différenciation dans les types d'emploi ainsi que dans les conditions de travail, démontre l'importance de cadres théoriques et méthodologiques qui en tiennent compte : il faut en effet contrôler le plus possible ces différences pour pouvoir comparer les sexes en matière de santé et de sécurité du travail. Ainsi, Root et Daley (1980) en arrivent à la conclusion que c'est l'activité de travail et non le sexe du travailleur qui est le déterminant le plus important de la morbidité en *comparant la fréquence relative et le type de faits morbides tant chez les femmes que chez les hommes dans les mêmes occupations et secteurs industriels*. Les données montrent que les femmes qui occupent des emplois traditionnellement réservés aux hommes vont manifester les mêmes types de morbidité et généralement selon la même fréquence que les hommes, alors que les hommes occupant des postes traditionnellement réservés aux femmes souffriront de phénomènes morbides communs aussi aux femmes et avec la même fréquence. « Par exemple, si la catégorie « entorse » chez les infirmières auxiliaires est plus grande que la moyenne pour l'ensemble des femmes qui travaillent, elle sera aussi plus grande pour les infirmiers auxiliaires par rapport à l'ensemble des hommes. » Cela vaut pour toutes les catégories d'emploi quand on compare hommes et femmes *à l'intérieur de ces catégories*. De même, la fréquence et les types de maladies du travail reflètent l'emploi et les facteurs de risques qui y sont associés. Ainsi, l'effet des changements dans la pression atmosphérique constitue un type de maladie qui est limité quasi exclusivement aux agents de bord dans le secteur du transport aérien. Les femmes ont davantage de problèmes de santé reliés au travail que les hommes, comme nous l'avons vu, et ces problèmes seraient attribuables à des caractéristiques de l'emploi.

Si on quitte ce niveau des analyses statistiques à partir de grands ensembles et que l'on compare hommes et femmes dans les mêmes industries et selon des postes similaires, les résultats se confirment et deviennent plus précis. Mergler *et al.* (1987), comparant, dans des abattoirs de poulets du Québec, les cinq symptômes pour lesquels les femmes manifestent une fréquence plus élevée que les hommes — les 78 autres symptômes ne présentaient pas de différence —, constatent que ces différences disparaissent quand on utilise des sous-échantillons où hommes et femmes occupent des postes de travail nettement semblables. Donc, les femmes rapporteraient plus certains problèmes de santé parce qu'elles sont soumises davantage à des caractéristiques de l'emploi qui génèrent de tels problèmes. Cette constatation jette un nouvel éclairage sur les analyses de Messing et Reveret (1983) : voulant comprendre pourquoi les femmes, dans l'industrie de transformation du poisson, signalent plus que les hommes la présence tant d'agresseurs (bruit, froid de l'air et de l'eau) que de symptômes (fatigue, insomnie, douleurs, problèmes digestifs, maux de tête), ces chercheurs ont analysé la vitesse du travail comme cas particulier. Une vitesse plus grande s'accompagne de symptômes plus élevés de fatigue, de stress, d'insomnie, de problèmes digestifs, et cela tant chez les hommes que chez les femmes. Cependant, les femmes rapportent plus de symptômes que les hommes. Deux hypothèses furent émises :

1. les femmes travailleraient beaucoup plus rapidement que les hommes; le questionnaire utilisé ne permettait pas de mesurer les écarts;
2. les femmes font une double charge de travail, ce qui ne pouvait être vérifié à cause de l'absence de données sur cette dimension.

Il est à noter que l'hypothèse « sociologique » d'une perception différencielle ne fut pas émise par ces deux biologistes. Il semble donc, à la lumière de la recherche de Mergler et de ses collaborateurs, qui ont pu aller plus loin en raison d'un échantillon plus grand, qu'il faille pencher vers la première hypothèse qui paraissait plus plausible aux chercheurs à cause de leurs propres observations: ainsi, les membres d'une mission d'étude du gouvernement québécois en France avaient noté que les ouvrières françaises travaillaient au « filetage » du poisson à une vitesse nettement plus élevée que les travailleurs masculins québécois qui ont l'exclusivité de cette opération au Québec, contrairement aux usines françaises. Ce fait renforce nos propres observations sur l'exigence plus générale de rapidité qui constituerait une des principales caractéristiques du travail féminin comparativement au travail masculin.

Notre étude (Perreault, 1988) réalisée auprès d'un échantillon représentatif des professionnels de la danse du Québec présente les mêmes conclusions: dans un métier où hommes et femmes exercent la même activité et ne se trouvent donc pas exposés à des risques physiologiques ou chimiques profondément différents, nous n'avons observé aucune différence quant aux blessures subies entre hommes et femmes. Non seulement la nature, la fréquence et la gravité des blessures subies dans l'exercice du métier ne varient pas selon le sexe, tout en variant selon d'autres caractéristiques comme l'âge, la scolarité, le titre d'emploi, etc., mais les recours aux formes de traitements de même que les opinions sur tout ce qui concerne la prévention des blessures (évaluation des risques, tant généraux que particuliers, priorités pour prévenir les blessures, attitudes face à la prévention, etc.) ne varient jamais en fonction du sexe. Cependant, des différences notables apparaissent entre danseurs et danseuses en ce qui concerne l'état de santé général: alors qu'il n'y a aucune différence dans les priorités établies pour prévenir les blessures, les danseuses se démarquent pour ce qui est des priorités pour se garder en bonne santé: elles établissent de façon statistiquement significative une priorité quant aux mesures de correction de l'environnement mental et social du travail en danse de même que dans la nécessité de « sortir de la danse, faire autre chose que la danse » pour être en bonne santé. Cette différence se retrouve aussi en ce qui a trait aux symptômes de morbidité: un indice global de morbidité, composé à partir de cinq symptômes généralement utilisés (vomissement, indigestion, gonflement d'estomac, brûlement d'estomac, mal de tête), révèle que les danseuses ont de façon statistiquement significative plus de symptômes que les danseurs.

Il ne semble pas que ces différences en ce qui concerne l'état de santé puissent s'expliquer par des caractéristiques différentes dans les conditions de travail: en effet, celles-ci ne varient pas selon le sexe, bien que le statut des danseuses ait tendance (mais il n'y a pas de différence statistiquement significative observable) à être plus précaire car elles travaillent davantage à la pige que les danseurs masculins. Par ailleurs, des différences dans les habitudes de vie (tabagisme, contrôle du poids) ne peuvent expliquer cette plus grande morbidité car elles jouent en sens inverse. L'hypothèse traditionnelle d'une perception différente des symptômes, due à une surévaluation par les danseuses socialisées comme femmes à percevoir et exprimer des symptômes, ne peut être totalement écartée, bien qu'elle semble peu plausible, puisque toutes les autres mesures de perception, tant en ce qui a trait aux risques qu'aux blessures elles-mêmes, ne montrent aucune différence entre danseuses et danseurs.

L'hypothèse de différences dans les niveaux d'exigence de la profession en général nous apparaît plus plausible et devrait faire l'objet d'études plus approfondies. En effet, la compétition chez les danseuses est très grande, non seulement pour entrer dans la profession mais aussi pour y demeurer: le contrat est renouvelable à chaque année et, pour engager à la pige quelques danseuses pour une production, il y aura une audition où jusqu'à 85 danseuses seront en compétition. Il n'y a pas d'audition pour engager des danseurs masculins à la pige, car il n'y aurait pas suffisamment de danseurs masculins au Québec. Cela crée certainement un climat de travail très différent pour les danseuses et les danseurs.

En plus de devoir faire face à une intense compétition, les danseuses vivent pendant beaucoup plus longtemps que les hommes les contraintes très lourdes du monde de la danse: au point fort de leur carrière, c'est-à-dire de 26 à 29 ans, elles ont en moyenne 14,2 ans de danse, alors que les danseurs à leur point fort, de 30 à 35 ans, n'en ont que 11,6. Il ne semble pas étonnant, dans un tel contexte, que les danseuses veulent davantage que les danseurs « faire autre chose que de la danse » pour se garder en bonne santé.

Dans une telle hypothèse, ce ne sont pas les conditions de travail (nombre de performances, revenus, nombre d'heures de travail, exigences chorégraphiques, etc.) qui expliqueraient les différences observées en ce qui concerne la santé, mais bien les rapports sociaux qui font de la danse une profession où les femmes doivent vivre constamment une compétition et une insécurité beaucoup plus grandes que les danseurs, et cela sur une plus longue période.

*

* *

Quoi qu'il en soit, un examen des quelques études réalisées jusqu'à maintenant sur les différences entre femmes et hommes en santé et sécurité du travail montre qu'il est fondamental de tenir compte des différences dans les rapports sociaux et dans les rapports de sexe tant dans la division générale du travail que dans les conditions de travail particulières: hommes et femmes n'exercent habituellement pas les mêmes métiers et, quand c'est le cas, les conditions de travail sont loin d'être identiques. Et même quand ces conditions semblent apparentées, des différences dans les exigences d'exercice du métier ou de la profession peuvent amener des clivages dans la morbidité exprimée et dans les attitudes face à l'état de santé.

De telles différences ne renvoient donc pas à l'existence de deux « natures » fondamentalement opposées, mais à deux « natures » façonnées par des rapports de force qui construisent des rapports différenciés au travail, que ce soit dans l'accessibilité aux formes de travail, dans les exigences concrètes de la tâche ou même de la profession en général.

Ces rapports différents au travail ont certainement des conséquences concrètes sur l'état de santé: la double charge de travail, la dévalorisation du travail féminin, le stress inhérent à des professions où le bien-être et la surveillance d'êtres humains font partie des responsabilités, le harcèlement sexuel, la « fatigue nerveuse » liée au travail répétitif, rapide, minutieux et monotone ont fort probablement des effets précis sur la santé des femmes, effets qui n'ont pas été suffisamment pris en compte jusqu'à maintenant. L'étude de ces effets différentiels sur la santé devrait amener des éclairages nouveaux sur la façon de vivre le travail comme homme et comme femme et remettre en cause les philosophies et méthodes de gestion du travail dans nos sociétés. Les luttes des femmes, leur résistance aux méthodes de travail comme la production de leur rapport quotidien au travail et les stratégies particulières qui y sont liées doivent être analysées en tenant compte des différences qui existent dans les rapports entre les sexes à l'intérieur des rapports sociaux plus vastes qui façonnent le vécu du travail dans nos sociétés, que nous soyons hommes ou femmes. L'accessibilité aux emplois, la discipline particulière du travail, les luttes ouvrières et syndicales, pour ne nommer que ces phénomènes, devraient donc faire l'objet d'analyses distinguant clairement les rapports entre les sexes dans la division sociale du travail.

Notes

1. La dénomination française recouvre ce que l'on appelle au Québec « ouvrier spécialisé », alors que l'ouvrier spécialisé français correspond à une absence de spécialisation.
2. Dans le présent ouvrage, les articles de F. Belle et F. Harel Giasson montrent que les femmes cadres se heurtent aux mêmes problèmes.
3. Le caractère atypique des manœuvres est d'une telle constance qu'il justifierait une étude particulière, ce qui dépasse malheureusement le cadre de ce travail.

« Une tolérance généralisée sera atteinte le plus sûrement si on laisse en paix ce qui fait la particularité des différents individus humains et des différents peuples, tout en restant convaincus que le trait distinctif de ce qui est réellement méritoire réside dans son appartenance à toute l'humanité. »

GOETHE

« L'homme est la mesure de toutes choses. »

PROTAGORAS

« La morale apparaît d'abord, et légitimement, comme le système des règles que l'homme suit (ou doit suivre) dans sa vie aussi bien personnelle que sociale. »

Eric WEIL

« Plus les gens acceptent le paradigme néo-classique comme guide de leur comportement, plus ils minent les fondements d'une économie de marché. »

Amitai ETZIONI

CONCLUSION

Vers une nouvelle éthique des relations dans les organisations

Jean-François CHANLAT

Dans l'*Éthique à Nicomaque*, Aristote écrit: « Dans le domaine de la pratique, la fin ne consiste pas dans l'étude et la connaissance purement théoriques des différentes actions, mais plutôt dans leur exécution. Dès lors, en ce qui concerne également la vertu, il n'est pas non plus suffisant de savoir ce qu'elle est, mais on doit s'efforcer aussi de la posséder et de la mettre en pratique ou alors tenter par quelque autre moyen, s'il en existe, de devenir des hommes de bien. » (Aristote, 1972, p. 522-523.)

À travers ces propos, le célèbre philosophe grec posait plus de 2000 ans avant nous non seulement le problème des rapports que la politique, dont la finalité est l'action, entretient avec la morale, mais aussi les relations que le bien individuel entretient avec le bien collectif. Cette irruption de considérations d'ordre éthique dans ce qui constitue l'essence même de l'humanité, l'action, est un phénomène que l'on rencontre à toutes les époques. Comme le rappelle Eric Weil (1989, p. 743),

> Toute entreprise humaine, pour désintéressée qu'elle soit, est en effet soumise à la question de savoir si elle est justifiée ou non, nécessaire, admissible ou répréhensible, en accord avec les valeurs reconnues ou en contradiction avec elles, c'est-à-dire si elle aide à la réalisation de ce qui est considéré comme souhaitable à la prévention ou à l'élimination de ce qui est jugé mauvais.

Cette interrogation définit l'univers de la morale. Science ou doctrine qui détermine les règles d'action, celle-ci est indissociable de toute activité humaine. Toutes les sociétés et tous les individus sont à des degrés divers hantés par l'éthique. La nôtre ne fait bien sûr pas exception à la règle.

Dans le monde des organisations et de la gestion, notamment nord-américain, on assiste d'ailleurs depuis quelques années à un retour des interrogations morales. Cette poussée de l'éthique dans un univers qui ne s'en préoccupait guère jusqu'ici est attribuable à plusieurs facteurs: tout d'abord, aux nombreux scandales financiers qui ont marqué Wall Street et la vie des affaires en général; en deuxième lieu, à la montée d'attitudes de plus en plus égoïstes chez les jeunes diplômés frais émoulus des programmes en gestion; en troisième lieu, aux conséquences socio-économiques de certaines décisions spéculatives;

en quatrième lieu, aux bouleversements entraînés par la technique; et enfin, à une baisse généralisée de la conscience professionnelle à de nombreux niveaux de l'entreprise.

Cette irruption d'une discipline réservée jusque-là à la philosophie dans un monde largement orienté par des valeurs économiques nous montre que, sur le plan collectif comme sur le plan individuel, on ne peut faire l'économie de telles interrogations. C'est sur cette septième dimension, largement oubliée, à savoir la dimension éthique qui entoure les relations humaines, que j'aimerais conclure cet ouvrage.

La vie dans les organisations et plus généralement les relations sociales qui s'y tissent reposent sur des valeurs. Ces valeurs implicites ou explicites vont définir les règles d'action qui inspireront les jugements et les conduites. Aucune interaction humaine n'échappe d'une manière ou d'une autre à l'empire de ces règles. Car elles définissent les impératifs normatifs de l'action. Jusqu'à présent, les règles qui ont eu cours dans les relations au sein des organisations se sont largement inspirées de valeurs économiques. Cette « économicisation » des rapports humains sous l'emprise d'une éthique utilitaire n'a jamais rendu justice à la complexité du comportement humain. Comme nous l'ont montré, chacun à leur façon, les textes présentés dans cet ouvrage, les relations humaines mettent en jeu des règles qui ne relèvent pas toutes de l'ordre de l'économique. Toutefois, sous la pression de ce dernier, on voit malgré tout surgir des attitudes, des manières d'être et de faire qui inquiètent de nombreux observateurs. Cette inquiétude, nous la partageons. C'est la raison pour laquelle nous appelons à un renouvellement dans les pays occidentaux et notamment en Amérique du Nord de l'éthique des relations dans les organisations. Ce nouvel *ethos* doit se fonder à la fois sur l'*individuation* et sur la *solidarité* et inspirer les cadres moraux de nos actes individuels et collectifs.

L'ÉTHIQUE INDIVIDUELLE: UN TRIPLE SOUCI

Sur le plan individuel, toute action dans un ensemble organisé devrait reposer, pour reprendre une expression empruntée à Paul Ricœur, sur un triple souci: *le souci de soi, le souci des autres, le souci de l'institution.*

Le souci de soi

La civilisation occidentale à laquelle nous appartenons a été marquée depuis l'Antiquité par un développement de la culture de soi. Cette culture que d'aucuns ont qualifiée d'individualiste (Dumont, 1983) ou de dionysienne (Benedict, 1950) est centrée sur le principe du souci de soi. À l'instar du philosophe grec Épictète qui déclarait « qu'il n'est jamais trop tôt, ni trop tard pour s'occuper de son âme », « prendre soin de soi-même » est depuis devenu un impératif dans nos sociétés. Cette prescription d'ordre moral a débouché sur des règles et des pratiques sociales. Elle a fait émerger un mode de connaissance et des savoirs dont le célèbre aphorisme de Socrate « Connais-toi toi-même » reste peut-être encore l'illustration la plus parfaite (Foucault, 1984). Cette culture antique de soi, en placant la valeur suprême dans l'Individu, a, par le fait même, fait émerger ce que Louis Dumont a appelé « l'individu dans le monde » et l'idéologie qui en est le fondement: l'individualisme (Dumont, 1983). Si cet individualisme occidental a connu des transformations depuis les premiers penseurs de la Grèce antique[1], il demeure, malgré les changements, plus que jamais au cœur de la problématique de nos sociétés contemporaines[2].

Aujourd'hui, le souci de soi ne repose plus, comme l'écrit Foucault, sur « un travail de soi à soi ». Au contraire, sous l'emprise de l'image, on voit surgir un individu narcissique pour qui le monde devient un miroir et non un lieu d'affirmation de sa singularité. Dans un univers où, comme le note C. Lasch, « la satisfaction de soi-même dépend de l'acceptation et de l'approbation publiques », il est normal que « les hommes recherchent l'approbation non de leurs actions mais de leurs attributs personnels » (1981, p. 90). La célébrité soudaine et souvent éphémère scande la vie de ceux et de celles qui veulent arriver. Les accomplissements de quelqu'un deviennent moins importants que sa réputation ou que la publicité qu'on lui fait. À l'heure de la société du spectacle où l'individu doit vendre une image, certains semblent avoir tendance à se prendre de plus en plus pour elle.

Une telle dérive narcissique s'éloigne du souci de soi antique. Au lieu d'être une personne qui essaie de se poser en sujet, c'est-à-dire en un *je* qui se définit avant tout par ses actions, notre Narcisse moderne se replie et s'enferme sur lui-même et son image publique.

Dans les organisations, on retrouve ce genre d'attitudes chez un certain nombre de gens, notamment parmi le personnel cadre et la direction. Le monde devient un reflet d'eux-mêmes. Les relations qu'ils développent avec les autres sont empreintes de froideur, de détachement et d'instrumentalité. De telles attitudes ne sont pas sans avoir de choses en commun avec les caractéristiques des univers technobureaucratiques ou l'impersonnalité, le fonctionnel et le calcul règnent en maîtres. On ne peut alors s'étonner du succès que peuvent connaître certains individus très narcissiques dans un tel cadre. Ils y sont chez eux. Mais un tel comportement a un prix social: *le souci de soi*, en cédant ainsi la place à l'égotisme, évacue par là même *le souci des autres*.

Le souci des autres

L'être humain est par définition un animal social. Comme le rappelait encore tout récemment A. Etzioni, « le je a besoin du nous pour exister ». Toutefois, le « Me-ism », comme d'aucuns l'appellent en Amérique du Nord, emprunte une autre voie. Les autres ne sont plus que des instruments pour la réalisation de ses désirs personnels.

À en croire un certain nombre d'observateurs, ce genre d'attitudes semble particulièrement répandu chez les étudiants en administration, les jeunes cadres diplômés, voire parmi les cadres plus âgés. Dans un article publié récemment, Etzioni (1989) exprime en effet sa perplexité quant au fait qu'il n'avait pu convaincre une classe d'étudiants de M.B.A. que la vie est plus qu'une question d'argent, de pouvoir, de célébrité et d'égotisme. Dans un ouvrage également très récent, R. Jackall (1988, p. 204) conclut ainsi l'enquête qu'il a menée auprès de cadres de grandes entreprises américaines:

> L'ethos qui les habite transforme les principes en directives, l'éthique en étiquette, les valeurs en préférences gustatives, la responsabilité personnelle en une aptitude aux relations publiques, et la vérité en crédibilité. »

Par là même, leur engagement les amène à créer et à recréer, ajoute-t-il, « une société où la morale se confond avec la quête de la survie et de l'avantage personnel. »

Cette poussée égotiste à laquelle nous assistons est quelque peu inquiétante. Car elle va à l'encontre du développement de l'humanité, en reléguant le souci des autres au dernier rang des préoccupations. En effet, « dans le développement de l'humanité, comme dans celui de l'individu, nous rappelle Freud, c'est l'amour qui s'est révélé le principal, sinon le seul facteur de civilisation, en déterminant le passage de l'égoïsme à l'altruisme » (Freud, 1988, p. 129). D'autres exemples l'attestent: le respect pour les personnes âgées se perd, les rituels de politesse ont tendance à disparaître, les droits sont mieux connus que les devoirs, la solitude se répand. Préoccupés par leur image et leur bien-être personnel, un grand nombre de nos contemporains ont oublié qu'une relation est d'abord et avant tout basée sur la réciprocité. Ce qui signifie que nous avons certes des droits, mais que nous avons *aussi* des obligations, des devoirs. Sans un tel échange, il n'y a plus de relation sociale digne de ce nom. C'est de cette relation réciproque que surgissent par exemple l'éthique et les codes de déontologie professionnels[3].

Si le respect de soi passe par le respect de l'autre, la reconnaissance de sa parole, de ses compétences et de son originalité, le respect de l'autre passe également par le respect de soi, c'est-à-dire de ses obligations et de ses devoirs envers les autres qui font partie de cette éthique de soi. Dans un cadre organisé, ce double souci, de soi et des autres, doit également se combiner avec le souci de l'institution.

Le souci de l'institution

Au Japon, « la dimension institutionnelle (l'école ou la firme), écrit Nakane, est le pivot de l'organisation sociale » (1974, p. 12). Dans nos sociétés occidentales, les institutions n'occupent pas une place aussi centrale dans la vie individuelle. En effet, si les Japonais se définissent avant tout par ce lien qui les unit à leurs institutions, les Occidentaux, notamment les Nord-Américains, semblent avoir moins recours à ce genre d'identification.

La raison, à notre avis, est double. D'une part, les Occidentaux se définissent avant tout comme des individus, d'autre part, les institutions dans lesquelles ils travaillent n'ont pas toujours cherché à développer le souci d'elles-mêmes. Comment peut-on, en effet, développer le souci de l'institution alors que la culture qui nous environne fait l'apologie de la réussite individuelle, voire du narcissisme?

Pour qu'il y ait un minimum d'appartenance, encore faut-il qu'il y ait un minimum d'attachement. Poussés par l'idéologie de ce que les Anglo-Saxons appellent « Me, myself, and I », de nombreux contemporains, en se repliant sur eux-mêmes, ont oublié qu'ils œuvraient dans des institutions. Certes, cette attitude peut varier d'une organisation à l'autre. Plusieurs arrivent d'ailleurs à susciter une telle appartenance, un tel souci. Mais cet attachement s'enracine dans la relation que l'institution elle-même par la voie de ses dirigeants a développée avec les personnes qui en font partie. Ce qui nous amène à la deuxième raison.

L'individu développera un lien d'autant plus fort avec l'organisation dans laquelle il travaille si cette dernière a elle-même tenté de faire la même chose. Autrement dit, le souci de l'institution qui se caractérise chez tout individu par la loyauté, l'attachement, l'appartenance, le travail bien fait, ne peut se développer que si l'institution a elle-même le souci des personnes. En prônant la mobilité à tout crin, le court terme, la jeunesse, de nombreuses entreprises contribuent à l'affaiblissement du lien que leur personnel entretient avec elles. Comment un individu peut-il en effet développer un sentiment d'appartenance lorsque les valeurs mises de l'avant sont avant tout économiques et instrumentales?

Le roulement du personnel, l'absentéisme, le désengagement, les réponses mécaniques, le désintérêt constituent souvent des réponses à ce manque de considération institutionnelle, ce qui conduit au deuxième volet de cette éthique des relations: la dimension collective.

L'ÉTHIQUE COLLECTIVE: UN DOUBLE SOUCI

Les attitudes individuelles ne sont jamais dissociables des attitudes collectives. Si l'on veut par conséquent promouvoir une éthique individuelle de la réciprocité, encore faut-il que les ensembles sociaux s'y attachent également. Le développement ne sera possible que si les organisations, c'est-à-dire les gens qui les dirigent[4], ont un double souci: celui des personnes et celui de la collectivité.

Le souci des personnes

Dans notre univers culturel fortement marqué par le souci de soi, les organisations se doivent de développer constamment le souci des personnes qu'elles emploient. Ce souci institutionnel par rapport aux personnes doit se fonder sur la reconnaissance des droits individuels et sur un certain nombre de devoirs et d'obligations à remplir.

De nos jours, nous sommes en effet de plus en plus sensibles aux droits de la personne. Cette sensibilité doit se matérialiser au niveau des organisations par un respect de l'âge, du sexe, de l'origine ethnique, des expériences, de la formation et de la vie privée. Ce souci institutionnel sera d'autant plus réel qu'il s'accompagnera d'obligations. Celles-ci auront pour objectif de montrer que le discours sur le respect des droits de chacun n'est pas que vaines paroles. Elles tourneront autour de quelques impératifs: obligation de maintenir la stabilité de l'emploi, obligation d'assurer de bonnes conditions de travail, obligation d'équité, obligation d'écouter et de dialoguer, obligation de partager le fruit du travail et les responsabilités.

Ce n'est qu'un mettant en place de tels impératifs que les institutions seront en mesure non seulement d'être un cadre où les individus pourront faire preuve d'autonomie et d'imagination, mais aussi de développer le sens d'appartenance qu'elles recherchent sans toujours prendre les moyens pour y parvenir.

Le souci de la collectivité

Une organisation quel que soit son type (entreprise, école, syndicat, coopérative, etc.) est étroitement reliée à son environnement. Cet environnement peut être plus ou moins étendu, diversifié et étranger. La relation que l'organisation va établir avec lui déterminera dans une large mesure celle que le milieu entretiendra avec elle.

Par exemple, une entreprise qui ne respecte pas le biotope ou le contexte socioculturel risque de s'attirer des ennuis. Nous n'avons qu'à penser à ce que Union Carbide représente désormais pour les Indiens de Bhopal! Le souci de la collectivité doit marquer le comportement des organisations. Si elles ne s'en préoccupent guère, elles auront à répondre devant la société de leurs actions à un moment ou à un autre. Quand certaines entreprises spéculent, évitent l'impôt, vendent des filiales pour des considérations strictement financières, polluent, fabriquent des produits dommageables pour la société, elles montrent qu'elles n'ont aucun souci du milieu dans lequel elles s'insèrent. En revanche, lorsqu'elles font tout pour protéger l'environnement, investissent, font de la recherche, créent des emplois à long terme, appuient la collectivité dans ses efforts de solidarité et de promotion de la culture, elles montrent qu'elles redistribuent dans une certaine mesure ce que la société leur a donné.

Cette réciprocité entre le milieu et l'organisation ne concerne pas uniquement les entreprises. Elle concerne également les institutions éducatives, artistiques, syndicales, politiques, etc. Le souci de la collectivité et de son bien-être doit être une préoccupation de *toutes* les organisations qui la constituent. Malheureusement, nous savons que, là comme ailleurs, c'est loin d'être toujours le cas. Le corporatisme, la déresponsabilisation, la syndicratie, menacent également la vie sociale. Ils sont au niveau collectif ce que l'égotisme est sur le plan individuel. De telles attitudes contribuent à la dislocation du tissu social. À l'heure ou certaines analyses tendent à nous montrer que nos sociétés se divisent justement en plusieurs segments sociaux qui s'éloignent de plus en plus les uns des autres (Gorz, 1988), le souci de la collectivité doit devenir impératif pour tous les groupes sociaux.

Par ailleurs, une telle obligation nous ramène à nos propres responsabilités et à ce que Dostoïevsky avait fort bien résumé au siècle dernier dans sa célèbre phrase: « Nous sommes responsables de tout devant tous. »

Aux différents soucis que nous avons mentionnés, il faut enfin en ajouter un dernier: celui de l'environnement. Au moment où notre planète est menacée, où nos environnements sont de plus en plus détruits par notre action dévastatrice, le souci écologique apparaît comme une nécessité impérieuse. Après avoir voulu s'en dégager, l'être humain redécouvre avec stupeur qu'il est indissolublement lié à la Nature et que les traitements qu'il lui fait subir sont à l'image des rapports qu'il entretient avec ses semblables. Sans une éthique appropriée, nous sommes donc condamnés à plus ou moins brève échéance. Un renouvellement de l'éthique des relations s'impose à nous. Si « le souci, comme l'écrit Schmid, est le principe du gouvernement de la vie de l'individu [...] l'attitude générale à l'égard de soi, des autres et du monde qui engendre une esthétique, des formes d'attention et une éthique, des systèmes de comportement » (1989, p. 56), c'est un nouvel art de vivre que nous devons inventer.

Fondé au niveau individuel sur ce triple respect de soi, des autres et des institutions, et au niveau collectif sur un double souci des personnes et de la collectivité, un tel art de vivre n'est possible que par l'institution du dialogue. Ce dialogue dont le grand poète mexicain Octavio Paz considère qu'« il n'est qu'une des formes, peut-être la plus élevée de la sympathie cosmique » (1985, p. 249).

En dépit des malheurs, l'histoire est malgré tout un dialogue, nous dit également Hölderlin, qui a permis aux êtres humains de s'écouter les uns les autres. Puisse ce dialogue s'instaurer puisqu'il est le seul garant de cette nouvelle éthique de l'individuation et de la solidarité que nous appelons de nos vœux. Ce n'est qu'à ce moment-là qu'une esthétique verra le jour qui permettra non seulement à l'être humain *de faire de sa vie une œuvre d'art*, selon la belle expression de M. Foucault, mais aussi à nos organisations de permettre à la poésie, à l'imaginaire, à la créativité humaine de s'épanouir et d'être désormais au centre de la dynamique sociale. Cet impératif de nature culturelle est d'autant plus nécessaire que c'est la culture et non l'économie qui définit l'âme humaine. À nos sociétés et à nos organisations de ne jamais l'oublier.

Notes

1. Voir notamment les travaux de A. Laurent (1985, 1987) et ceux de Vernant (1989).
2. Voir l'excellent numéro que le *Magazine littéraire* a consacré à ce sujet (Ewald *et al.*, 1989).
3. Le terme déontologie vient d'ailleurs du grec *déon* qui signifie devoir.
4. Par cette distinction, nous voulons éviter la réification qui est associée aux affirmations du type « l'organisation fait ci », « l'organisation pense que », car il ne faut jamais oublier que ce sont toujours des hommes et des femmes qui agissent ainsi (et non des constructions abstraites). Voir A. Eraly (1989).

BIBLIOGRAPHIE GÉNÉRALE

Abbondanza, M., 1988. « Identités et solidarités des femmes cadres », pp. 55-64 dans F. Harel Giasson et J. Robichaud (dir.). *Tout savoir sur les femmes cadres d'ici*. Montréal: Les Presses H.É.C.

Abou, S., 1981. *L'identité culturelle. Relations interethniques et problèmes d'acculturation*. Paris: Éditions Anthropos.

Abraham, K., 1968. *Selected papers on psychoanalysis*. New York: Basic Books.

Abrahamson, L.Y., M. Seligman et J.D. Teasdale, 1978. « Learned helplessness in humans: critique and reformulation ». *Journal of Abnormal Psychology*, 187: 49-74.

Abramovitch, R. et J.E. Grusec, 1978. « Peer imitation in natural setting ». *Child Development*, 49: 60-65.

Acker, J. et D.R. Van Houten, 1974. « Differential recruitment and control: the sex structuring of organizations ». *Administrative Science Quarterly*, 19 (2, juin): 152-163.

Actes du colloque, 1989. *Travail et pratiques langagières*. Paris: Université de Paris VII.

Actes du colloque de l'APS, 1988. « La culture d'entreprise ». Paris: Association professionnelle des sociologues, novembre.

Adams, J.S., 1963. « Toward an understanding of equity ». *Journal of Abnormal and Social Psychology*, 67 (novembre): 422-436.

Adams, J.S., 1965. « Inequity in social exchanges », pp. 267-300 dans L. Berkowitz (dir.). *Advances in experimental social psychology*. Vol. 2. New York: Academic Press.

Adams, T.F., 1969. *The world of Japanese business*. Tokyo: N. Kobayashi.

Adamski, W., W. Pankow, A. Rychard et R. Sainsaulieu, 1988. *La Pologne en temps de crise*. Paris: Méridiens-Klincksieck.

Adler, N.J., 1986. *International dimensions of organizational behavior*. Boston: Kent Publishing Company.

Adler, N.J. et D.N. Izraeli, 1988. *Women in management worldwide*. Armonk, NY: Sharpe.

Adret, 1977. *Travailler deux heures par jour*. Paris: Éditions du Seuil.

Aktouf, O., 1983. « Une approche observation participante et intellectuelle des systèmes de représentation dans les rapports de travail ». Montréal: École des H.É.C., thèse de doctorat en management.

Aktouf, O., 1985. « La méthode de l'observation participante », pp. 243-285 dans A. Chanlat et M. Dufour (dir.). *La rupture entre l'entreprise et les hommes. Le point de vue des sciences de la vie*. Montréal: Québec/Amérique; Paris: Éditions d'Organisation.

Aktouf, O., 1986a. « Management, employés et systèmes de représentation en entreprise: « une » culture organisationnelle? ». Version française d'un article publié dans la revue allemande *Organisationsentwicklung*, 4/85, Wuppertal, RFA.

Aktouf, O., 1986b. « La parole dans la vie de l'entreprise: faits et méfaits ». *Gestion. Revue internationale de gestion*, 11 (4, novembre): 31-37.

Aktouf, O., 1986c. « Quelques éléments empiriques à propos des systèmes de langage à l'usine ». *Parole et rapports de travail*. Montréal: École des H.É.C. (inédit).

Aktouf, O., 1986d. *Les sciences de la gestion et les ressources humaines*. Alger: Entreprise nationale du livre/Office des publications universitaires.

Aktouf, O., 1986e. *Le travail industriel contre l'homme?* Alger: Entreprise nationale du livre/Office des publications universitaires.

Aktouf, O., 1986f. « Une vision interne des rapports de travail: le cas de deux brasseries ». *Le travail humain*, 49 (3): 237-248.

Aktouf, O., 1987. *Une comparaison « transnationale » des « habiletés », activités symboliques et conduite de carrière : approche « ethnographique » et « interculturelle » (Canada/Algérie).* Montréal : École des H.É.C. (Cahiers du CETAI ; 87-07).
Aktouf, O., 1988. « La communauté de vision au sein de l'entreprise : exemples et contre-exemples », pp. 71-98 dans G.L. Symons (dir.). *La culture des organisations.* Québec : Institut québécois de recherche sur la culture (« Questions de culture » ; 14).
Aktouf, O., 1989. *Le management : entre tradition et renouvellement.* Montréal : Gaëtan Morin.
Aktouf, O. et M. Chrétien, 1987. « Le cas Cascades. Comment se crée une culture organisationnelle ». *Revue française de gestion,* 65-66 (novembre-décembre) : 156-166.
Alberti, L.B., 1969. *I libri della famiglia.* Turin : Einaudi.
Alderfer, C., 1969. « An empirical test of a new theory of human needs ». *Organizational Behavior and Human Performance,* mai : 142-175.
Alderfer, C.P., 1972. *Existence, relatedness and growth : human needs in organizational settings.* New York : Free Press.
Alegria, J. *et al.*, 1983. *L'espace et le temps aujourd'hui.* Paris : Éditions du Seuil.
Alinsky, S., 1971. *Rules for radicals.* New York : Vintage.
Allaire, Y. et M.E. Firsirotu, 1984a. « A multi-factor model of organizational culture : theoretical and methodological consideration ». Centre de recherche en gestion, Université du Québec à Montréal, document de travail n° 22-84.
Allaire, Y. et M.E. Firsirotu, 1984b. « Theories of organizational culture ». *Organization Studies,* 5 (3) : 193-226.
Allaire, Y. et M.E. Firsirotu, 1988. « Révolutions culturelles dans les grandes organisations : la gestion des stratégies radicales », pp. 197-226 dans H. Abravanel *et al. La culture organisationnelle : aspects théoriques, pratiques et méthodologiques.* Montréal : Gaëtan Morin.
Allison, G.T., 1971. *Essence of decision. Explaining the Cuban missile crisis.* Boston : Little, Brown.
Allouche-Benayoun, J. et M.-C. Kançal, 1986. « Trajectoires professionnelles des femmes cadres », pp. 260-274 dans N. Aubert, E. Enriquez et V. de Gaulejac. *Le sexe du pouvoir : femmes, hommes et pouvoirs dans les organisations.* Paris : Épi.
Alpern, D.M., 1987. « Dr. Hammer's living history. Moscow's favorite capitalist looks back ». *Newsweek,* 20 avril, p. 77.
Alter, N., 1985. *La bureautique.* Paris : Éditions ouvrières.
Altman, I., 1975. *The environment and social behavior privacy. Personal space, territories, crowding.* Monterey, CA : Brooks/Cole.
Alvesson, M., 1986. « On the idea of organizational culture. Part 1 : Remarks on its popularity ». *Dragon,* 7 (septembre) : 92-123.
Alvesson, M., 1987. *Organization theory and technocratic consciousness.* Berlin : W. de Gruyter.
Amado, G., 1980. « Psychoanalysis and organization ». *Sigmund Freud House Bulletin,* 4 (2) : 17-20.
Amado, G., 1987. « Cohésion organisationnelle et illusion collective », pp. 117-118 dans A. Larocque *et al.* (dir.). *Technologies nouvelles et aspects psychologiques.* Québec : Presses de l'Université du Québec.
Amado, G. et A. Laurent, 1983. « Organization development and change : a comparison between U.S.A. and Latin Countries ». Annual Conference of Sietar, San Gimignano, mai 1983.
American Psychiatric Association, 1980. *Diagnosis and statistical manual of mental disorders.* 3e éd. Washington, D.C.
Ancelin-Schützenberger, A., 1978. *Contribution à l'étude de la communication non verbale.* Paris : Honoré Champion.
Anderson, A., 1985. « Purity and power among the Brahmans of Kaşmir », pp. 190-216 dans M. Carrithers, S. Collins et S. Lukes (dir.). *The category of the person : anthropology, philosophy, history.* Cambridge : Cambridge University Press.
Andrew, C., C. Coderre, A. Daviau et A. Denis, 1988. « Entre la liberté et les contraintes : essai sur les trajectoires des gestionnaires », pp. 13-51 dans F. Harel Giasson et J. Robichaud (dir.). *Tout savoir sur les femmes cadres d'ici.* Montréal : Les Presses H.É.C.
Andrew, C., C. Coderre, A. Daviau et A. Denis, 1989. « La bureaucratie à l'épreuve du féminin : essai sur les trajectoires familiales de gestionnaires québécoises et ontariennes ». *Recherches féministes,* 2 (2) : 55-78.
Andrews, K.R., 1987. *Concept of corporate strategy.* 3e éd. Homewood, IL : Irwin.
Anscombre, J.-C. et O. Ducrot, 1976. « L'argumentation dans la langue ». *Langages,* 42 (juin) : 5-27.

Ansoff, I., 1965. *Corporate strategy*. New York: McGraw-Hill.
Antelme, R., 1957. *L'espèce humaine*. Paris: Gallimard.
Anthony, P.D., 1977. *The ideology of work*. Londres: Tavistock.
Antonovsky, A., 1979. *Health, stress and coping*. San Francisco: Jossey-Bass.
Antonovsky, A., 1984. « The sense of coherence as a determinant of health », pp. 114-129 dans J.D. Matarazzo (dir.). *Behavioral health, a handbook of health enhancement and disease prevention*. New York: Wiley.
Applebaum, H., 1984. *Work in market and industrial societies*. Albany: State University of New York Press.
Arcand, B. et S. Vincent, 1979. *L'image de l'Amérindien dans les manuels scolaires du Québec ou comment les Québécois ne sont pas des sauvages*. Montréal: Hurtubise HMH (Cahiers du Québec, 51: coll. « Cultures amérindiennes »).
Archer, D. et R.M. Akert, 1977. « Words and everything else: verbal and nonverbal cues in social interpretation ». *Journal of Personality and Social Psychology*, 35 (6): 443-449.
Archier, G. et H. Sérieyx, 1984. *L'entreprise du 3e type*. Paris: Éditions du Seuil.
Ardener, E., 1971. « The new anthropology and its critics ». *Man*, 6 (3, septembre): 449-467.
Argyle, M., 1975. *Bodily communication*. London: Methuen.
Argyle, M. et M. Cook, 1976. *Gaze and mutual gaze*. Cambridge: Cambridge University Press.
Argyle, M. et M. Dean, 1965. « Eye contact, distance and affiliation ». *Sociometry*, 28: 289-304.
Argyris, C., 1957. *Personality and organization*. New York: Harper and Row.
Argyris, C., 1958. « The organization: what makes it healthy? ». *Harvard Business Review*, 36 (6): 107-116.
Argyris, C., 1962. *Interpersonal competence and organizational effectiveness*. Homewood, IL: The Dorsey Press.
Argyris, C., 1970, *Intervention theory and method*. New York: Addison-Wesley.
Argyris, C. et D. Schön, 1978. *Organizational learning: a theory of action perspective*. Reading, MA: Addison-Wesley.
Aristote, 1972. *L'éthique à Nicomaque*. Paris: Vrin.
Arnold, H.J. et D.C. Feldman, 1986. *Organizational behavior*. New York, Montréal: McGraw-Hill (coll. « McGraw-Hill series in management »).
Aron, R., 1968. *Paix et guerre entre les nations*. Paris: Calmann-Lévy.
Assad, T., 1987. « On ritual and discipline in medieval Christian monasteries ». *Economy and Society*, 16 (2): 159-203.
Association des manufacturiers canadiens, 1986. « Rapport sur l'enseignement universitaire ». Ottawa.
Atangana, B., 1986. « Mobilisation des ressources internes de l'entreprise ». Contribution au colloque « Les chefs d'entreprise face à la concurrence », Douala, 16-17-18 déc. 1986. ÉSSEC-Douala/H.É.C.-Montréal.
Attali, J., 1982. *Histoires du temps*. Paris: Fayard.
Aubert, N., 1982. *Le pouvoir usurpé? Femmes et hommes dans l'entreprise*. Paris: Robert Laffont.
Aubert, N., 1984. « Féminité et masculinité dans l'organisation: une approche psychanalytique ». *Connexions*, 44: 109-122.
Aubert, N. et M. Pagès, 1989. *Le stress professionnel*. Paris: Méridiens-Klincksieck.
Aubert, N., E. Enriquez et V. de Gaulejac (dir.), 1986. *Le sexe du pouvoir; femmes, hommes et pouvoirs dans les organisations*. Paris: Épi.
Aucoin, L., 1989. « L'utilisation du pouvoir en situation d'incertitude croissante », pp. 692-696 dans Actes du cinquième Congrès de psychologie du travail de langue française. *Psychologie du travail, nouveaux enjeux: développement de l'homme au travail et développement des organisations*. Paris: Éditions E.A.P.
Audet, M., 1986. « Le procès des connaissances de l'administration », pp. 25-36 dans M. Audet et J.L. Malouin (dir.). *La production des connaissances scientifiques de l'administration*. Québec: Les Presses de l'Université Laval.
Audet, M. et J.L. Malouin (dir.), 1986. *La production des connaissances scientifiques de l'administration*. Québec: Les Presses de l'Université Laval.
Augustin (saint), 1961. *Confessions*. Paris: Éditions de Flore (« Club du meilleur livre »).
Austin, J.L., 1970. *Quand dire, c'est faire*. Paris: Éditions du Seuil.
Austin, J.L., 1975. *How to do things with words*. Cambridge, MA: Harvard University Press.
Axelrod, R., 1984. *The evolution of cooperation*. New York: Basic Books.

Bacharach, S.B. et E.J. Lawler, 1980. *Power and politics in organizations.* San Francisco: Jossey-Bass.

Bacharach, S.B. et E.J. Lawler, 1981. *Bargaining, power, tactics, and outcomes.* San Francisco: Jossey-Bass.

Bachelard, G., 1934. *Le nouvel esprit scientifique.* Paris: P.U.F. (« Quadrige »).

Badinter, É., 1986. *L'un est l'autre: des relations entre hommes et femmes.* Paris: Éditions Odile Jacob.

Balandier, G., 1988. *Le désordre: éloge du mouvement.* Paris: Fayard.

Balandier, G. et P. Mercier, 1972. « Le travail dans les régions en voie d'industrialisation », pp. 282-304 dans G. Friedmann et P. Naville (dir.). *Traité de sociologie du travail.* 3e éd. Paris: Armand Colin.

Baldamus, W., 1961. *Efficiency and effort.* London: Tavistock.

Balint, M., 1968. *The basic fault: therapeutic aspects of regression.* Londres: Tavistock.

Balle, C., 1989. *Sociologie des organisations.* Paris: P.U.F. (coll. « Que sais-je? »).

Bally, C., 1963, 1970. *Traité de stylistique française.* Dijon: Libraire de l'Université.

Bandura, A., 1982. « Self-efficacy mechanisms in human agency ». *American Psychologist,* 37: 122-147.

Barker, R.G., 1960. « Ecology and motivation ». Nebraska Symposium on Motivation. Omaha, NE: The Nebraska Press.

Barnard, C., 1938. *The functions of the executive.* Cambridge, MA: Harvard University Press.

Barnes, B., 1986. « On authority and its relationship to power », pp. 190-195 dans J. Law (dir). *Power, action and belief: a new sociology of knowledge?* Sociological Review Monograph 32. Londres: Routledge and Kegan Paul.

Barnes, L.B. et M.P. Kriger, 1986. « The hidden side of organizational leadership ». *Sloan Management Review,* 28: 15-26.

Barnouw, V., 1969. « Culture and personality », pp. 67-81 dans R.A. Webber (dir.). *Culture and management.* Homewood, IL: Irwin.

Baron, R.A., 1983. *Behavior in organizations: understanding and managing the human side of work.* Boston: Allyn and Bacon.

Baron, R.A., 1988. « Negative effect of destructive criticism: impact on conflict, self-efficacy, and task performance ». *Journal of Applied Psychology,* 73 (2): 199-207.

Barrère-Maurisson, M.-A. (dir.), 1984. *Le sexe du travail: structures familiales et systèmes productifs.* Grenoble: Presses universitaires de Grenoble.

Barrett, S.R., 1984. *The rebirth of anthropological theory.* Toronto: University of Toronto Press.

Barthes, R., 1970. *L'empire des signes.* Genève: Skira.

Barthes, R., 1972. *Mythologies.* Paris: Éditions du Seuil (coll. « Points »).

Bartol, C. et A. Bartol, 1986. *Criminal behavior. A psychosocial approach.* 2e éd. Englewood Cliffs, NJ: Prentice-Hall.

Bass, B.N., 1981. *Stogdill's handbook of leadership.* New York: Free Press.

Bastide, R., 1968. « Sociologie et psychanalyse », pp. 273-274 dans G. Gurvitch. *La vocation actuelle de la sociologie.* 4e éd. Paris: P.U.F.

Bastide, R., 1974. « Prométhée ou son vautour. Essai sur la modernité et l'anti-modernité ». *Archives internationales de sociologie de la coopération et du développement,* 36: 6-21.

Bateson, G., 1971. *La cérémonie du Naven.* Paris: Éditions de Minuit.

Bateson, G., 1972. « A theory of play and phantasy », pp. 177-193 dans G. Bateson. *Steps to an ecology of mind.* New York: Ballantine Books.

Bateson, G., 1977. *Vers une écologie de l'esprit.* 2 vol. Paris: Éditions du Seuil.

Bateson, G., 1979. *Mind and nature.* New York: Bantam Books.

Bateson, G. *et al.* (dir.), 1981. *La nouvelle communication.* Paris: Éditions du Seuil.

Bateson, G., 1984. *La nature et la pensée.* Paris: Éditions du Seuil.

Baudoux, C., 1988. « Des organisations et des femmes », pp. 13-52 dans C. Baudoux et C.V. de la Durantaye. *La femme de l'organisation.* Québec: Presses de l'Université du Québec.

Baudrillard, J., 1973. *Le miroir de la production: ou, l'illusion critique du matérialisme historique.* 2e éd. Tournai: Casterman (coll. « Synthèses contemporaines »).

Bavelas, J.B., A. Black, C.R. Lemery et J. Mullet, 1986. « « I show as you feel »: motor mimicry as a communicative act ». *Journal of Personality and Social Psychology,* 50 (2): 322-329.

Bavelas, J.B., A. Black, N. Chovil, C.R. Lemery et J. Mullet, 1988. « Form and function of motor mimicry: topographic evidence that the primary function is communicative ». *Human Communication Research,* 14: 275-299.

Beattie, G.W., 1980. « The skilled art of conversational interaction: verbal and nonverbal signals in its regulation and management », pp. 193-211 dans W.T. Singleton, P. Spurgeon et R.B. Stammers (dir.). *The analysis of social skills.* New York, Londres: Plenum Press.

Beattie, G.W., 1981. « Language and nonverbal communication: the essential synthesis? ». *Linguistics,* 19: 1165-1183.

Beattie, G.W. et C.A. Beattie, 1981. « Postural congruence in a naturalistic setting ». *Semiotica,* 35: 41-55.

Beauvois, J.L., 1984. *La psychologie quotidienne.* Paris: P.U.F.

Bédard, R., 1989. « De l'éveil de la conscience à la science des idées ». Montréal: École des H.É.C. (inédit).

Bedeian, A.G., 1987. « Organizational theory: current controversies, issues and directions », pp. 1-33 dans C.L. Cooper et I.T. Robertson (dir.). *International review of industrial and organizational psychology 1987.* New York: Wiley.

Beer, M. et A.E. Walton, 1987. « Organization change and development ». *Annual Review of Psychology,* 38: 339-367.

Behrman, J. et R. Levin, 1984. « Les grandes écoles remplissent-elles bien leur mission? ». *Harvard-L'Expansion,* été: 63-73.

Bellah, R.N., R. Madsen, W.M. Sullivan, A. Swidler et S.M. Tipton, 1985. *Habits of the heart: individualism and commitment in American life.* Berkeley, CA: University of California Press.

Belle, F., 1987. « Cadres au féminin et cultures d'entreprise: le cas de trois entreprises de Grenoble ». Grenoble: thèse de doctorat.

Belotti, E.G., 1974. *Du côté des petites filles.* 2e éd. Paris: Éditions des Femmes.

Bendix, R., 1974. *Work and authority in industry.* Berkeley, CA: University of California Press.

Benedict, R., 1950. *Échantillons de civilisations.* Paris: Gallimard.

Benedict, R., 1969. « The meaning of culture », pp. 56-66 dans R.A. Webber (dir.). *Culture and management.* Homewood, IL: Irwin.

Bennis, W.G., 1986. « The problem with today's executive heroes ». *Los Angeles Times,* 19 octobre, 4e partie, p. 3.

Bennis, W.G., K.D. Benne et R. Chin, 1969. *The planning of change.* New York: Rinehart and Winston.

Bennis, W.G. et B. Nanus, 1985. *Leaders: the strategies for taking charge.* New York: Harper and Row.

Bentham, J., 1977. *La panoptique.* Paris: Belfond.

Benveniste, É., 1966. *Problèmes de linguistique générale.* Paris: Gallimard.

Berger, P.L. et T. Luckmann, 1966. *The social construction of reality: a treatise in the sociology of knowledge.* Garden City, NY: Doubleday.

Berger, P.L. et T. Luckmann, 1986. *La construction sociale de la réalité.* Paris: Méridiens-Klincksieck.

Berger, P.L. et S. Pullberg, 1966. « Reification and the sociological critique of consciousness ». *New Left Review,* 35: 56-71.

Berger, P.L., B. Berger et H. Kellner, 1973. *The homeless mind: modernization and consciousness.* New York: Random House.

Berkman, L. et L. Breslow, 1983. *Health and ways of living. Alameda County Studies.* New York: Oxford University Press.

Berry, M., 1983. « Une technologie invisible? L'impact des instruments de gestion sur l'évolution des systèmes humains ». Paris: Centre de recherche en gestion, École polytechnique, juin.

Berry, M., 1986. « Logique de la connaissance et logique de l'action », pp. 181-231 dans M. Audet et J.L. Malouin (dir.). *La production des connaissances scientifiques de l'administration.* Québec: Les Presses de l'Université Laval.

Berry, M., J.C. Moisdon et C. Riveline, 1978. « Qu'est-ce que la recherche en gestion? ». Paris: Publication de l'École des mines, École polytechnique.

Bers, S.A. et J. Robin, 1984. « Social-comparison jealousy: a developmental and motivational study ». *Journal of Personality and Social Psychology,* 47 (4): 766-779.

Best, E., 1922. « The Maori division of time ». *Dominion Museum Monograph,* 4.

Best, F., 1980. *Flexible life scheduling.* New York: Praeger.

Best, F., 1986. « Le plan de vie flexible. Une voie d'avenir à explorer ». *Futuribles,* 95 (janvier): 3-24.

Bettelheim, B., 1963. « Individual and mass behavior in extreme situations ». *Journal of Abnormal and Social Psychology*, 38: 417-452.

Bettelheim, B., 1976. *The uses of enchantment: the meaning and importance of fairy tales*. Londres: Thames and Hudson.

Beyer, J.B., 1981. « Ideologies, values and decision making in organizations », pp. 166-202 dans P.C. Nystrom et W.H. Starbuck (dir.). *Handbook of organizational design*. Vol. 2. *Remodeling organizations and their environments*. Oxford: Oxford University Press.

Beynon, H., 1973. *Working for Ford*. Londres: Allen Lane.

Bhérer, H., 1982. *Management soviétique: administration et planification*. Paris: Presses de la Fondation nationale des sciences politiques.

Bibeau, G., 1985. « Le burn-out: dix ans après ». *Santé mentale du Québec*, X (2): 30-43.

Bidol, P.A., 1978. « Developing new perspectives on race », dans Racism/Sexism Resource Center for Educators. *Bulletin*, juillet. New York: Racism/Sexism Resource Center for Educators, 1841, Broadway St., New York, NY, 10023.

Bidwell, C.E. et J.D. Kasarda, 1985. *The organization and its ecosystem: a theory of structuring in organizations*. Greenwich, CT: JAI Press.

Bienefeld, M.A., 1972. *Working hours in British industries*. Londres: Wiendenfeld and Nicholson.

Bion, W.R., 1959. *Experiences in groups*. New York: Basic Books.

Bion, W.R., 1972. *Recherches sur les petits groupes*. Paris: P.U.F.

Bion, W.R., 1977. *Attention and interpretation*. New York: Jason Aronson.

Bird, B., 1972. « Notes on transference: universal phenomenon and the hardest part of analysis ». *Journal of the American Psychoanalytic Association*, 20: 267-301.

Birdwhistell, R., 1970. *Kinesics and context: essays on body motion communication*. Harmondsworth: Penguin Books.

Blake, R.R. et J.S. Mouton, 1970. « The fifth achievement ». *Journal of Applied Behavioral Science*, 6: 413-426.

Blake, R.R. et J.S. Mouton, 1984. *Solving costly organizational conflicts: achieving intergroup trust cooperation and teamwork*. San Francisco: Jossey-Bass.

Blake, R.R., H.A. Shepard et J.S. Mouton, 1964. *Managing intergroup conflict in industry*. Houston: Gulf Publishing.

Blau, F.D. et W.E. Hendricks, 1979. « Occupational segregation by sex: trends and prospects ». *The Journal of Human Resources*, XIV (2, printemps): 197-210.

Blau, P.M., 1964. *Exchange and power in social life*. New York: John Wiley.

Bloch, M., 1960. *Seigneurie française et manoir anglais*. Paris: Armand Colin.

Bloom, A., 1987. *L'âme désarmée*. Montréal: Guérin.

Blouin, J., 1986. *Le libre-échange vraiment libre?* Québec: Institut québécois de recherche sur la culture.

Blyton, P., J. Hassard, S. Hill et K. Starkey, 1988. *Time, work and organization*. Londres: Routledge.

Boje, D.M., D.B. Fedor et K.M. Rowland, 1982. « Myth making: a qualitative step in O.D. interventions ». *Journal of Applied Behavioral Science*, 18: 17-28.

Bollinger, D. et G. Hofstede, 1987. *Les différences culturelles dans le management: comment chaque pays gère-t-il ses hommes?* Paris: Éditions d'Organisation.

Bolman, L.G. et T.E. Deal, 1985. *Modern approaches to understanding and managing organizations*. San Francisco: Jossey-Bass.

Bolton, E.B. et L.W. Humphreys, 1977. « A training model for women — An androgynous approach ». *Personnel Journal*, 56 (5, mai): 230-234, 255.

Bombardier, D., 1975. *La voix de la France. Les Français et leur télévision vus par un observateur étranger*. Paris: Robert Laffont.

Bonis, J., 1975. *Le système humain des organisations*. Paris: Hommes et Techniques.

Bonis, J., 1977. *Les cadres féminins en France*. Paris: Entreprise et Personnel.

Borzeix, A. *et al.* (dir.), 1986. « Retour sur l'entreprise ». *Sociologie du travail*, 28 (3).

Borzeix, A., 1987a. « Ce que parler peut faire ». *Sociologie du travail*, 29 (2): 157-176.

Borzeix, A., 1987b. « La négociation ordinaire ». *Connexions*, 50: 97-107.

Borzeix, A., D. Linhart et D. Ségrestin, 1985. *Sur les traces du droit d'expression*. 2 vol. Paris: Ministère de la Recherche, rapport CNAM.

Borzeix, A. et D. Linhart, 1986. « Droit d'expression directe: la boule de cristal ». *Les Temps modernes*, 41 (476, mars): 79-101.

Borzeix, A. et D. Linhart, 1988. « La participation: un clair-obscur ». *Sociologie du travail*, 30 (1): 37-53.
Bosche, M., 1984. « Corporate culture: la culture sans histoire ». *Revue française de gestion*, 47-48 (septembre-octobre): 29-39.
Bosworth, D.L. et P.J. Dawkins, 1981. *Work patterns, an economic analysis*. Aldershot, Hants: Gower.
Bouchard, G., 1980. *La nouvelle rhétorique: introduction à l'œuvre de Charles Perelman*. Québec: Université Laval, Institut supérieur des sciences sociales, n° 5.
Bouchard, S., 1980. « Nous autres les gars de truck: essai sur la culture et l'idéologie des camionneurs de longue distance du Nord-Ouest québécois ». Montréal: McGill University, thèse de Ph.D.
Bouchard, S., 1985. « Être truckeur (routier) », pp. 331-359 dans A. Chanlat et M. Dufour (dir.). *La rupture entre l'entreprise et les hommes. Le point de vue des sciences de la vie*. Montréal: Québec/Amérique.
Bouchard, S., 1986. « La nomenclature du mépris ». *Recherches amérindiennes au Québec*, XVI (4): 17-26.
Bouchard, S., 1988. « Du plaisir et de la souffrance d'être truckeur », pp. 115-131 dans C. Dejours (dir.). *Plaisir et souffrance dans le travail*. T. II. Paris: Éditions de l'AOCIP.
Boudon, R., 1977. *Effets pervers et ordre social*. Paris: P.U.F.
Boudon, R., 1984. *La place du désordre: critique des théories du changement social*. 2ᵉ éd. Paris: P.U.F.
Bourdieu, P., 1971. « Genèse et structure du champ religieux ». *Revue française de sociologie*, 12 (3, juil.-sept.): 295-334.
Bourdieu, P., 1975. « Le langage autorisé: note sur les conditions sociales d'efficacité du discours rituel ». *Actes de la recherche en sciences sociales*, 5-6: 183-190.
Bourdieu, P., 1976. « Le champ scientifique ». *Actes de la recherche en sciences sociales*, 2-3 (juin): 88-104.
Bourdieu, P., 1979. *La distinction: critique sociale du jugement*. Paris: Éditions de Minuit.
Bourdieu, P., 1980. *Le sens pratique*. Paris: Éditions de Minuit.
Bourdieu, P., 1982. *Ce que parler veut dire: l'économie des échanges linguistiques*. Paris: Fayard.
Bourdieu, P., 1984. *Distinction: a social critique of the judgement of taste*. Londres: Routledge and Kegan Paul.
Bourdieu, P., 1987. *Choses dites*. Paris: Éditions de Minuit.
Bourdieu, P., J.-C. Chamboredon et J.-C. Passeron, 1973. *Le métier de sociologue*. Paris: Mouton.
Bourdieu, P. et J.-C. Passeron, 1970. *La reproduction*. Paris: Éditions de Minuit.
Bourgoin, H., 1984. *L'Afrique malade du management*. Paris: Éditions Jean Picollec (« Perspective 2001 »).
Boutet, J., 1980. « Quelques courants dans l'approche sociale du langage ». *Langage et Société*, 12: 33-70.
Boutet, J., 1987. « Façons de dire la qualification ». *Mots*, 14 (mars): 171-196.
Bouthillette, J., 1972. *Le Canadien français et son double*. 2ᵉ éd. Montréal: Hexagone.
Bouvier, P., 1986. *Technologie, transport, travail*. Paris: Méridiens-Klincksieck.
Boyce, W.T., C. Shaefer et C. Vitti, 1985. « Permanence and change: psychosocial factors in the outcome of adolescent pregnancy ». *Social Science and Medicine*, 21: 1279-1287.
Boyer, R. (dir.), 1987. *La flexibilité du travail en Europe*. Paris: La Découverte.
Bozzini, L. et R. Tessier, 1985. « Support social et santé », pp. 905-940 dans J. Dufresne, F. Dumont et Y. Martin (dir.). *Traité d'anthropologie*. Québec: Presses de l'Université du Québec; Lyon: Presses de l'Université de Lyon.
Brandchaft, B., 1986. « British object relations theory and self psychology », dans A. Goldberg (dir.). *Progress in self psychology*. Vol. 2. New York: Guilford Press.
Brandt, W., 1980. *Nord-Sud: un programme de survie*. Paris: Gallimard.
Brannigan, C.R. et D.A. Humphries, 1972. « Human nonverbal behaviour, a means of communication », pp. 37-64 dans N.G. Blurton-Jones (dir.). *Ethological studies of child behaviour*. Cambridge: Cambridge University Press.
Braudel, F., 1949. *La Méditerranée et le monde méditerranéen à l'époque de Philippe II*. Paris: Armand Colin.
Braudel, F., 1979. *Civilisation matérielle, économie et capitalisme XVᵉ-XVIIIᵉ siècle*. 3 vol. Paris: Armand Colin.
Braverman, H., 1974. *Labor and monopoly capital*. New York: Monthly Review Press.
Braverman, H., 1976. *Travail et capitalisme monopoliste*. Paris: François Maspero.

Braybrooke, D. et C.E. Lindblom, 1970. *A strategy of decision. Policy evaluation as a social process.* New York: Free Press.

Breuer, J. et S. Freud, 1955. « Studies on hysteria », dans J. Strachey (dir.). *The standard edition of the complete psychological works of Sigmund Freud.* Vol. 2 (1893-1895). Londres: Hogarth Press and Institute of Psycho-Analysis.

Bridger, H., 1987. « Course and working conferences as transitional learning institutions, a Tavistock Institute approach to training and development », dans W.B. Reddy et C.C. Henderson, Jr. (dir.). *Training theory and practice.* Alexandria, VA: NTL Institute.

Brockner, J., M.C. Shaw et J.Z. Rubin, 1979. « Factors affecting withdrawal from an escalating conflict: quitting before it's too late ». *Journal of Experimental Social Psychology,* 4: 107-122.

Brown, W., 1969. « Japanese management — the cultural background », pp. 428-442 dans R.A. Webber. *Culture and management.* Homewood, IL: Irwin.

Bruhn, J.G., B. Chandler, M.C. Miller, S. Wolf et T.N. Lynn, 1966. « Social aspects of coronary heart disease in two adjacent, ethnically different communities ». *American Journal of Public Health,* 56 (9): 1493-1506.

Brunsson, N., 1982. « The irrationality of action and action rationality: decisions, ideologies and organizational actions ». *Journal of Management Studies,* 19 (1): 29-44.

Brunsson, N., 1985. *The irrational organization. Irrationality as a basis for organizational action and change.* New York: John Wiley.

Buck, R., 1984. *The communication of emotion.* Londres: Guilford.

Bugard, P. et L. Crocq, 1980. « Existe-t-il des névroses du travail? », dans Société française de psychologie. Section de psychologie du travail. *Équilibre ou fatigue par le travail?* Paris: Entreprise moderne d'édition.

Bulfinch, T., 1972. *The age of the fable or beauties of mythology.* New York: Mentor Books.

Bull, P.E., 1987. *Gesture and posture.* Oxford: Pergamon Press.

Burawoy, M., 1979. *Manufacturing consent: changes in the labor process under monopoly capitalism.* Chicago, IL: University of Chicago Press.

Burgoon, J.K., 1985. « The relationship of verbal and nonverbal codes », pp. 263-298 dans B. Dervin et M.J. Voigt (dir.). *Progress in communication sciences.* Vol. 6. Norwood, NJ: Ablex.

Burke, M., 1988. « Les typologies des cultures d'entreprise en Europe et en France ». Communication présentée au colloque de l'Association professionnelle des sociologues sur le thème « La culture d'entreprise ». Paris, novembre.

Burns, J.M., 1978. *Leadership.* New York: Harper and Row.

Burns, T. et G.M. Stalker, 1961. *The management of innovation.* Londres: Tavistock.

Burt, C., 1966. « The genetic determination of differences in intelligence: a study of monozygotic twins reared together and apart ». *British Journal of Psychology,* 57: 137-153.

Butcher, L., 1987. « The accidental millionaire ». *California Business,* août: 69.

Caillé, A., 1989. *Critique de la raison utilitaire: Manifeste du Mauss.* Paris: Éditions La Découverte.

Caillois, R., 1981. *Le mythe et l'homme.* Paris: Gallimard (coll. « Idées »).

Calbris, G. et J. Montredon, 1986. *Des gestes et des mots pour le dire.* Paris: Clé International.

Campbell, J.P. et R.D. Pritchard, 1976. « Motivation theory in industrial and organizational psychology », pp. 63-130 dans M.D. Dunnette (dir.). *Handbook of industrial and organizational psychology.* Chicago: Rand McNally.

Camus, A., 1942. *Le mythe de Sisyphe: essai sur l'absurde.* Paris: Gallimard (coll. « Idées »; 1).

Candot, B., 1988. « Culture d'entreprise et communication interne-externe. Témoignage d'un praticien ». Communication présentée au colloque de l'Association professionnelle des sociologues sur le thème « La culture d'entreprise ». Paris, novembre.

Canter, D. et C. Kenny, 1982. « Approaches to environmental evaluation: an introduction ». *International Review of Applied Psychology,* 31 (2): 145-151.

Cappella, J.N., 1981. « Mutual influence in expressive behavior: adult-adult and infant-adult dyadic interaction ». *Psychological Bulletin,* 89: 101-132.

Carchedi, G., 1987. *Class analysis and social research.* Oxford: Basil Blackwell.

Carrithers, M., S. Collins et S. Lukes (dir.), 1985. *The category of the person: anthropology, philosophy, history.* Cambridge: Cambridge University Press.

Caruso, M., 1988. « Réseau de transport en commun, culture d'entreprise et nouvelles technologies ». Communication présentée au colloque de l'Association professionnelle des sociologues sur le thème « La culture d'entreprise ». Paris, novembre.

Cary, M.S., 1978. « Does civil inattention exist in pedestrian passing? ». *Journal of Personality and Social Psychology,* 36 (11): 1185-1193.

Cassel, J., 1974. « Psychosocial process and stress: theoretical formulation ». *International Journal of Health Services*, 4: 471-482.
Cassirer, E., 1944. *An essay on man*. New Haven, CT: Yale University Press.
Casson, M., 1983. *The growth of international business*. Londres: Allen and Unwin.
Castaneda, C., 1973. *Les enseignements d'un sorcier Yaqui*. Paris: Gallimard (coll. « Témoins »).
Castaneda, C., 1974. *Le voyage à Ixtlan. Les leçons de don Juan*. Paris: Gallimard.
Castells, M., 1975. *La question urbaine*. Paris: Maspero.
Castelnuovo-Tedesco, P., 1974. « Stealing, revenge and the Monte Cristo complex ». *International Journal of Psychoanalysis*, 55: 169-177.
Castoriadis, C., 1975. *L'institution imaginaire de la société*. Paris: Éditions du Seuil.
Cavendish, R., 1982. *Women on the line*. Londres: Routledge and Kegan Paul.
Cazamian, P., 1974. *Leçons d'ergonomie industrielle*. Paris: Cujas.
Chalmers, A.F., 1987. *Qu'est-ce que la science? Récents développements en philosophie des sciences*. Paris: Éditions La Découverte.
Chance, M.R.A., 1967. « Attention structure as the basic of primate rank orders ». *Man*, 2: 503-518.
Changeux, J.P., 1983. *L'homme neutronal*. Paris: Fayard.
Chanlat, A., 1984a. « La parole et la gestion », pp. 187-200 dans A. Chanlat, A. Bolduc et D. Larouche (dir.). *Gestion et culture d'entreprise, le cheminement d'Hydro-Québec*. Montréal: Québec/Amérique.
Chanlat, A., 1984b. « La remise en cause de la gestion », pp. 225-232 dans A. Chanlat, A. Bolduc et D. Larouche (dir.). *Gestion et culture d'entreprise, le cheminement d'Hydro-Québec*. Montréal: Québec/Amérique.
Chanlat, A., 1984c. « L'exercice de l'autorité, le mal des organisations », pp. 188-197 dans A. Chanlat, A. Bolduc et D. Larouche (dir.). *Gestion et culture d'entreprise, le cheminement d'Hydro Québec*. Montréal: Québec/Amérique.
Chanlat, A., 1988. *La gestion en Occident: le point de vue d'un optimiste*. Montréal: École des H.É.C.
Chanlat, A. et R. Bédard, 1988. *L'originalité et la fragilité d'un mode de gestion à la québécoise*. Montréal: École des H.É.C.
Chanlat, A., A. Bolduc et D. Larouche (dir.), 1984. *Gestion et culture d'entreprise, le cheminement d'Hydro-Québec*. Montréal: Québec/Amérique.
Chanlat, A. et M. Dufour (dir.), 1985. *La rupture entre l'entreprise et les hommes. Le point de vue des sciences de la vie*. Montréal: Québec/Amérique; Paris: Éditions d'Organisation.
Chanlat, J.-F., 1983. « Usure différentielle au travail, classes sociales et santé: un aperçu des études épidémiologiques contemporaines ». *Le Mouvement social*, 124 (juillet-septembre): 153-169.
Chanlat, J.-F., 1985a. « La production sociale de la maladie: une étude exploratoire, le cas de l'hypertension artérielle ». Montréal: Université de Montréal, Faculté des études supérieures, thèse de doctorat.
Chanlat, J.-F., 1985b. « Le stress et la santé des cadres de direction masculins. I: mythes et réalités. Le mythe du prix du succès ». *Gestion. Revue internationale de gestion*, 10 (4, novembre); 5-14.
Chanlat, J.-F., 1986a. « Le stress et la santé des cadres de direction masculins. II: les réalités du stress professionnel ». *Gestion. Revue internationale de gestion*, 11 (3, septembre): 44-50.
Chanlat, J.-F., 1986b. « Le stress et la santé des cadres féminins: un premier bilan ». *Gestion. Revue internationale de gestion*, 11 (4, novembre): 53-61.
Chanlat, J.-F., 1988. « Femmes cadres et santé », pp. 75-99 dans F. Harel Giasson et J. Robichaud (dir.). *Tout savoir sur les femmes cadres d'ici*. Montréal: Les Presses H.É.C.
Chanlat, J.-F., 1989. « L'analyse sociologique des organisations: un regard sur la production anglo-saxonne contemporaine (1970-1988) ». *Sociologie du travail*, 3: 381-399.
Chanlat, J.-F. et F. Séguin, 1987. *L'analyse des organisations, une anthologie sociologique*. Vol. 2: *Les composantes de l'organisation*. Montréal: Gaëtan Morin.
Charon, J.E. (dir.), 1985. *Imaginaire et réalité: Colloque de Washington*. Paris: Albin Michel.
Chaunu, P., 1975. *Le temps des réformes*. Paris: Fayard.
Cherniss, C., 1980. *Staff burn out: job stress in the human services*. Beverly Hills, CA: Sage.
Chetwynd, J. et O. Hartnett, 1978. *The sex role system: psychological and sociological perspectives*. Londres: Routledge and Kegan Paul.
Chomsky, N., 1965. *Aspects of the theory of syntax*. Cambridge, MA: MIT Press.

Chomsky, N., 1968. *Language and mind*. New York: Harcourt, Brace and World.
Chomsky, N., 1970. *Le langage et la pensée*. Paris: Payot.
Chomsky, N., 1971. *Aspects de la théorie syntaxique*. Paris: Éditions du Seuil.
Chomsky, N., 1988. *The culture of terrorism*. Montréal: Black Rose Books.
Chouraqui, A., 1988. « Culture qualitative et culture quantitative: expression des salariés et management participatif ». Communication présentée au colloque de l'Association professionnelle des sociologues sur le thème « La culture d'entreprise ». Paris, novembre.
Christie, R. et F.L. Geis, 1970. *Studies in machiavellianism*. New York: Academic Press.
Cipolla, C., 1967. *Clocks and culture 1300-1400*. Londres: Collins.
Clapier-Valladon, S., 1976. *Panorama du culturalisme*. Paris: Épi.
Clark, J.P. et R.C. Hollinger, 1983. *Theft by employees in organizations*. Washington, D.C.: U.S. Department of Justice.
Clark, P.A., 1978. « Temporal innovations and time structuring in large organizations », dans J.T. Fraser, N. Lawrence et D. Park (dir.). *The study of time*. Vol. 3. New York: Springer-Verlag.
Clark, P.A., 1982. « A review of the theories of time and structure of organizational sociology ». *Working Paper N° 248*. Management Centre, University of Aston, Grande-Bretagne.
Clark, P.A., L. Hantrais, J.C. Hassard, D. Linhart et K. Starkey, 1984. « The porous day and temps choisi ». Communication présentée au 3e Congrès annuel sur le thème « Organization and control of the labour process ». University of Aston, Grande-Bretagne.
Clegg, S.R., 1975. *Power, rule and domination: a critical and empirical understanding of power in sociological theory and organizational life*. Londres: Routledge and Kegan Paul.
Clegg, S.R., 1977. « Power, organization theory, Marx and critique », pp. 21-40 dans S.R. Clegg et D. Dunkerley (dir.). *Critical issues in organizations*. Londres: Routledge and Kegan Paul.
Clegg, S.R., 1979. *The theory of power and organization*. Londres: Routledge and Kegan Paul.
Clegg, S.R., 1981. « Organization and control ». *Administrative Science Quarterly*, 26 (décembre): 545-562.
Clegg, S.R., 1987. « The language of power and the power of language ». *Organization Studies*, 8 (1): 61-70.
Clegg, S.R., 1989. *Frameworks of power*. Londres: Sage.
Clegg, S.R., P. Boreham et G. Dow, 1986. *Class, politics and the economy*. Londres: Routledge and Kegan Paul.
Clegg, S.R. et D. Dunkerley, 1980. *Organization, class and control*. Londres: Routledge and Kegan Paul.
Clegg, S.R. et W. Higgins, 1987. « Against the current: sociology, socialism and organizations ». *Organization Studies*, 8 (3): 202-221.
Cleland, D.I., 1988. « The cultural ambience of project management ». *Project Management Journal*, 19 (3, juin): 49-56.
Coch, L. et J.R.P. French, 1948. « Overcoming resistance to change ». *Human Relations*, 1: 512-532.
Codrington, R.H., 1891. *The Melanesians*. Oxford: Clarendon Press.
Cohen, P., 1968. *Modern social theory*. Londres: Heinemann.
Collectif, 1984. « Arguments ethnométhodologiques ». *Problèmes d'épistémologie en sciences sociales*; III. Paris: Centre d'étude des mouvements sociaux, E.H.E.S.S., C.N.R.S.
Commaille, J. (dir.), 1984. « Travail des femmes et familles ». *Sociologie du travail*, 26 (3).
Commission des communautés européennes, 1983. *Europe 1995 — Mutations technologiques et enjeux sociaux*. Rapport Fast. Paris: Futuribles.
Condillac, É., 1947. *Œuvres philosophiques de Condillac*. Paris: P.U.F.
Condominas, G., 1974. *Nous avons mangé la forêt de la pierre-génie Gôo*. Paris: Mercure de France.
Condominas, G., 1980. *L'espace social à propos de l'Asie du Sud-Est*. Paris: Flammarion.
Condominas, G., 1985. « Idéologie et organisation », pp. 287-306 dans A. Chanlat et M. Dufour (dir.). *La rupture entre l'entreprise et les hommes. Le point de vue des sciences de la vie*. Montréal: Québec/Amérique; Paris: Éditions d'Organisation.
Conein, B., 1988. « De quelques formes de l'interaction dans la conversation téléphonique ». *Réseaux*, 59: 7-32.
Conger, J.A. et R.N. Kanungo, 1987. « Toward a behavioral theory of charismatic leadership in organizational settings ». *Academy of Management Review*, 12 (4): 637-647.
Connellan, T.K., 1978. *How to improve performance: behaviorism in business*. New York: Harper and Row.

Conrad, P., 1987. « Wellness in the work place: potential and pitfalls of work-site health promotion ». *The Milbank Quarterly*, 65 (2): 255-275.
Coombs, C.H. et G.S. Avrunin, 1988. *The structure of conflict*. Hillsdale, NJ: Erlbaum.
Cooper, C. (dir.), 1983. *Stress research: issues of the eighties*. New York: Wiley.
Cooper, C. et S. Kasl, 1987. *Stress and health: issues in research methodology*. Chichester: Wiley.
Cooper, C.L. et R. Payne, 1978. *Stress at work*. New York: John Wiley.
Cooper, C.L. et I.T. Robertson, 1987, 1988. *International review of industrial and organizational psychology*. Chichester: Wiley.
Cooper, R., 1985. « Organization/disorganization ». Lancaster: University of Lancaster, Department of behaviour in organizations (inédit).
Coornaert, M., 1988. « Culture d'entreprise et culture de la cité ». Communication présentée au colloque de l'Association professionnelle des sociologues sur le thème « La culture d'entreprise ». Paris, novembre.
Copeland, L. et L. Briggs, 1985. *Going international. How to make friends and deal effectively in the global marketplace*. New York: New American Library.
Coppolino, Y. et C.B. Seath, 1987. « Women managers: fitting the mould or moulding the fit? ». *Equal Opportunities International*, 6 (3): 4-10.
Corneau, G., 1989. *Père manquant, fils manqué*. Montréal: Les Éditions de l'Homme.
Cosier, R.A. et T.L. Ruble, 1981. « Research on conflict-handling behavior: an experimental approach ». *Academy of Management Journal*, 24: 816-831.
Cosnier, J., 1966. *Les névroses expérimentales: de la psychologie animale à la pathologie humaine*. Paris: Éditions du Seuil.
Cosnier, J., 1982. « Communications et langages gestuels », pp. 255-304 dans J. Cosnier, J. Coulon, A. Berrendonner et C. Orecchioni (dir.). *Les voies du langage: communications verbales, gestuelles, animales*. Paris: Dunod.
Cosnier, J., 1987. « Éthologie du dialogue », pp. 291-315 dans J. Cosnier et C. Kerbrat-Orecchioni. *Décrire la conversation*. Lyon: Presses universitaires de Lyon.
Cosnier, J. et A. Brossard, 1984. *La communication non verbale*. Neuchâtel: Delachaux et Niestlé (coll. « Textes de base en psychologie »).
Cossette, P., 1988a. « La cartographie cognitive au service des organisations: la vision de l'entreprise chez des propriétaires-dirigeants de PME ». Québec: Université Laval, Faculté des sciences de l'administration, document de travail.
Cossette, P., 1988b. « La cartographie cognitive: une introduction critique ». Québec: Université Laval, Faculté des sciences de l'administration, document de travail.
Côté, N., H. Abravanel, J. Jacques et L. Bélanger, 1986. *Individu, groupe et organisation*. Montréal: Gaëtan Morin.
Cottereau, A., 1987. « Justice et injustice ordinaire sur les lieux de travail d'après les audiences prud'homales (1806-1866) ». *Le Mouvement social*, 141 (octobre-décembre): 25-59.
Coulon, A., 1987. *L'ethnométhodologie*. Paris: P.U.F. (coll. « Que sais-je? »).
Cox, C.J. et C.L. Cooper, 1985. « The irrelevance of American organizational sciences to the UK and Europe ». Communication présentée à l'Academy of Management Conference, San Diego, 11-14 août.
Cox, T. et C. Mackay, 1982. « Psychosocial factors and psychophysiological mechanisms in the aetiology and development of cancers ». *Social Science and Medicine*, 16 (4): 381-396.
Crocq, L., 1985. « Événement et personnalité dans les névroses traumatiques de guerre », pp. 111-120 dans J. Guyotat et P. Fedida (dir.). *Événement et psycho-pathologie*. Villeurbanne: Simep.
Crosby, F., S. Promley et L. Saxe, 1980. « Recent unobstrusive studies of Black and White discrimination and prejudice: a literature review ». *Psychological Bulletin*, 87: 546-563.
Crozier, M., 1963. *Le phénomène bureaucratique*. Paris: Éditions du Seuil.
Crozier, M., 1970. *La société bloquée*. Paris: Éditions du Seuil.
Crozier, M., 1979. *On ne change pas la société par décret*. Paris: Grasset et Fasquelle.
Crozier, M., 1983. « La rationalité du décideur du point de vue du sociologue », pp. 29-44 dans B. Roy (dir.). *La décision. Ses disciples, ses acteurs*. Lyon: Presses universitaires de Lyon.
Crozier, M., 1984. *Le mal américain*. Montréal: Hachette-Pluriel.
Crozier, M. et E. Friedberg, 1977. *L'acteur et le système. Les contraintes de l'action collective*. Paris: Éditions du Seuil.
Cru, D., 1985. « Langue de métier chez les tailleurs de pierre ». *Travail*, 7: 48-55.

Cummings, L.L., 1978. « Toward organizational behavior ». *Academy of Management Review*, 4: 90-98.

Cummings, L.L., 1982. « Organizational behavior ». *Annual Review of Psychology*, 33: 541-579.

Cyert, R.M. et J.G. March, 1963. *A behavioral theory of the firm*. Englewood Cliffs, NJ: Prentice-Hall.

Dahrendorf, R., 1987. « Preface », dans C. Leadbreater et J. Lloyd. *In search of work*. Harmondsworth: Penguin Books.

Daudi, P., 1986. *Power in the organization*. Oxford: Basil Blackwell.

Daum, S. et J. Stellman, 1983. *Perdre sa vie à la gagner*. Montréal: Parti pris.

Dauvet, M.J., 1988. « Femmes cadres en relations publiques; des modèles multiples », pp. 227-233 dans F. Harel Giasson et J. Robichaud (dir.). *Tout savoir sur les femmes cadres d'ici*. Montréal: Les Presses H.É.C.

David, C., 1975. « La bisexualité psychique ». *Revue française de psychanalyse*, 39: 695-856.

David, H., 1986. *Femmes et emplois. Le défi de l'égalité*. Québec: Presses de l'Université du Québec; Montréal: Institut de recherche appliquée sur le travail.

Davidson, L. et L.K. Gordon, 1979. *The sociology of gender*. Chicago: Rand McNally College Pub.

Davies, A.F., 1980. *Skills, outlooks and passions*. Cambridge: Cambridge University Press.

Davies, R.J. et N. Weiner, 1985. « A cultural perspective on the study of industrial relations », pp. 355-372 dans P.J. Frost, L.F. Moore, M.R. Louis, C.C. Lundberg et J. Martin (dir.). *Organizational culture*. Beverly Hills, CA: Sage.

Davis, E., 1986. « Fast-track kids ». *Business Week*, 10 novembre: 90-104.

Deal, T.E. et A.A. Kennedy, 1982. *Corporate cultures: the rites and rituals of corporate life*. Reading, MA: Addison-Wesley.

Le Débat, 1987. « Une nouvelle science de l'esprit », 47 (nov.-déc.).

Debord, G., 1968. *La société du spectacle*. Paris: Lebovici.

de Coster, M., 1978. *L'analogie en sciences humaines*. Paris: P.U.F.

de Custine, M., 1975. *Lettres de Russie. La Russie en 1839*. Paris: Gallimard (coll. « Folio »).

de Foucauld, J.B., 1988. *La fin du social-colbertisme*. Paris: Belfond.

Degot, V., J. Girin et C. Midler, 1982. *Chroniques muxiennes*. Paris: Éditions Entente.

de Grazia, S., 1972. « Time and work », dans H. Yaker, H. Osmond et F. Cheek (dir.). *The future of time*. Londres: Hogarth Press.

de Heutsch, L., 1974. « Introduction à une ritologie générale », pp. 679-687 et pp. 692-713 dans Fondation Royaumont. *L'unité de l'homme*. Paris: Éditions du Seuil.

Dejours, C., 1980a. « La charge psychique de travail », dans Société française de psychologie, Section de psychologie du travail. *Équilibre ou fatigue par le travail?* Paris: Entreprise moderne d'édition.

Dejours, C., 1980b. *Le travail, usure mentale: essai de psychopathologie du travail*. Paris: Le Centurion.

Dejours, C. (dir.), 1987, 1988. *Plaisir et souffrance dans le travail*. 2 vol. Paris: Éditions de l'AOCIP.

Dejours, C., à paraître. « Travail et santé mentale: de l'enquête à l'action ». *Prévenir*.

Dejours, C., C. Veil et A. Wisner (dir.), 1985. *Psychopathologie du travail*. Paris: Entreprise moderne d'édition.

Delacampagne, C., 1983. *L'invention du racisme*. Paris: Fayard.

Delalande, P., 1987. *Gestion de l'entreprise industrielle en Afrique*. Paris: Éditions Économica.

de Lannoy, J.D. et P. Feyereisen, 1987. *L'éthologie humaine*. Paris: P.U.F. (coll. « Que sais-je »).

Della-Dora, D., 1978. « What curriculum leaders can do about racism », dans Racism/Sexism Resource Center for Educators. *Bulletin*, juillet. New York: Racism/Sexism Resource Center for Educators, 1841, Broadway St., New York, NY, 10023.

Delwasse, L., 1988. « Le visage méconnu des Grandes Écoles ». *Le Monde de l'éducation*, décembre, pp. 47-52.

de Meuse, K.P., 1987. « A review of the effects of nonverbal cues on the performance appraisal process ». *Journal of Occupational Psychology*, 60: 207-226.

Denzin, N.K., 1970. « Symbolic interactionism and ethnomethodology », dans J.D. Douglas (dir.). *Understanding everyday life*. Londres: Routledge and Kegan Paul.

De Paulo, B.M. et R. Rosenthal, 1982. « Measuring the development of sensitivity to nonverbal communication », pp. 208-247 dans C.E. Izard (dir.). *Measuring emotions in infants and children*. Cambridge: Cambridge University Press.

Derr, C.B., 1978. « Managing organizational conflict: collaboration, bargaining and power approaches ». *California Management Review*, 21 (2, hiver): 76-83.
Déry, R., 1988a. « L'épistémologie des sciences de l'organisation: le procès discursif de la problématique de la décision: une étude de cas à partir de la revue *Administrative Science Quarterly* ». Québec: Université Laval, Faculté des sciences de l'aministration.
Déry, R., 1988b. « La production des connaissances scientifiques ». *Communication et cognition*, 21 (3/4): 293-317.
de Saussure, F., 1978. *Cours de linguistique générale*. Paris: Payot.
Déseurmaux, A., 1986. « À propos de la culture ou de l'amnésie... des chercheurs en gestion ». *Cahiers de recherche*, IAE de Lille, Université des sciences et techniques, 1.
Desmarez, P., 1986. *La sociologie industrielle aux États-Unis*. Paris: Armand Colin.
de Tocqueville, A., 1980. *De la démocratie en Amérique*. Paris: Gallimard (coll. « Idées »).
de Turck, M.A. et G.R. Miller, 1985. « Deception and arousal: isolating the behavioral correlates of deception ». *Human Communication Research*, 12: 181-201.
Deutsch, M., 1949. « A theory of cooperation and competition ». *Human Relations*, 2: 129-152.
Deutsch, M., 1977. *The resolution of conflict: constructive and destructive processes*. 2e éd. New Haven, CT: Yale University Press.
Devereux, G., 1972. *Ethnopsychanalyse complémentariste*. Paris: Flammarion (coll. « Nouvelle bibliothèque scientifique »).
Devereux, G., 1980. *De l'angoisse à la méthode dans les sciences du comportement*. Paris: Flammarion.
Devlin, É., 1986. « Ne tirez pas sur les M.B.A. ». *Revue Commerce*, octobre: 168-170.
Dewanna, M., 1984. « Male/Female careers: the first decade ». New York: Columbia University, Center for research in career development.
Dickson, D., 1974. *Alternative technology and the politics of technical change*. Glasgow: Fontana.
Dimond, S. et R. Harries, 1984. « Face touching in monkeys, apes and man: evolutionary origins and cerebral asymmetry ». *Neuropsychologia*, 22: 227-233.
d'Iribarne, P., 1984. « Gestion et cultures nationales », pp. 23-34. *Ethnographie des organisations. Comptes rendus des réunions 1984*. Paris: Centre de recherche en gestion, École polytechnique.
d'Iribarne, P., 1986. « Vers une gestion culturelle des entreprises ». *Annales des mines — Gérer et comprendre*, 4 (septembre): 77-85.
d'Iribarne, P., 1988. « La gestion des cultures d'entreprise ». Communication présentée au colloque de l'Association professionnelle des sociologues sur le thème « La culture d'entreprise ». Paris, novembre.
d'Iribarne, P., 1989. *La logique de l'honneur. Gestion des entreprises et traditions nationales*. Paris: Éditions du Seuil (coll. « Sociologie »).
Ditton, J., 1979. « Baking time ». *Sociological Review*, 27: 157-167.
Dobbins, G.H. et S.J. Platz, 1986. « Sex differences in leadership: how real they are? ». *American Management Review*, 11 (1): 118-127.
Dobzansky, T., 1964. *Hérédité, race et société*. Bruxelles: Dessart.
Do Couto, H.H., 1986. *O que é português brasileiro*. São Paulo: Brasiliense (« Primeiros passos »).
Dohrenwend, B.S. et B.P. Dohrenwend (dir.), 1984. *Stressful life events and their contexts*. New Brunswick: Rutgers University Press.
Dolan S. et A. Arsenault, 1980. *Stress, santé et rendement au travail*. Montréal: Université de Montréal, École de relations industrielles, Monographie (5).
Dolgin, K.G. et J. Sabini, 1982. « Experimental manipulation of a human nonverbal display; the tongue show affects an observer's willingness to interact ». *Animal Behaviour*, 30: 935-936.
Donaldson, L., 1985. *In defence of organization theory: a response to the critics*. Cambridge: Cambridge University Press.
Donnellon, A., 1986. « Language and communication in organizations: bridging cognition and behavior », pp. 136-164 dans H.P. Sims Jr. et D.A. Gioia (dir.). *The thinking organization: dynamics of organizational social cognition*. San Francisco: Jossey-Bass.
Doublet, J.-M. (dir.), 1984. « La culture d'entreprise ». *Revue française de gestion*, 47-48 (septembre-octobre).
Doyelle, A., 1982. « Durée du travail — Un essai de comparaison internationale ». *Travail et Emploi*, 12 (avril-juin): 9-23.
Drucker, P.F., 1954. *The practice of management*. New York: Harper and Row.
Druckman, D., 1977. *Negotiations, social psychological perspectives*. Beverly Hills, CA: Sage Publications.

Druckman, D. et K. Zechmeister, 1973. « Conflict of interest and value dissensus: propositions in the sociology of conflict ». *Human Relations*, 26: 449-466.

Dubar, C., 1988. « Postures sociologiques à l'égard de la culture d'entreprise. De la critique à la revitalisation ». Communication présentée au colloque de l'Association professionnelle des sociologues sur le thème « La culture d'entreprise ». Paris, novembre.

DuBrin, A.J., 1984. *Foundations of organizational behavior: an applied perspective.* Englewood Cliffs, NJ: Prentice-Hall.

Duby, G., 1977. *Le temps des cathédrales: l'art et la société, 980-1420.* Paris: Gallimard.

Duclos, D., 1984. *La santé et le travail.* Paris: Éditions La Découverte (coll. « Repères »; 17).

Ducrot, O., 1979. « Les lois du discours ». *Langue française*, 42 (mai): 21-33.

Ducrot, O., 1987. « Sémantique et vérité: un deuxième type de rencontre ». *Recherches linguistiques de Vincennes*, 16: 53-63.

Ducrot, O. et T. Todorov, 1972. *Dictionnaire encyclopédique des sciences du langage.* Paris: Éditions du Seuil.

Dufour, C., 1989. *Le défi québécois. Essai.* Montréal: Hexagone.

Dumazedier, J., 1985. « Pour un renouvellement de la sociologie du loisir ». *Temps libre*, 14 (hiver): 5-16.

Dumézil, G., 1958. *L'idéologie tripartie des Indo-Européens.* Bruxelles: Revue d'études latines (coll. « Latomus »; 31).

Dumont, L., 1977. *Homo æqualis: genèse et épanouissement de l'idéologie économique.* Paris: Gallimard.

Dumont, L., 1979. *Homo hierarchicus: le système des castes et ses implications.* Paris: Gallimard (coll. « Tel »).

Dumont, L., 1981. « La Genèse chrétienne sur l'individualisme moderne: une vue modifiée de nos origines ». *Le Débat*, 15: 124-146.

Dumont, L., 1983. *Essais sur l'individualisme: une perspective anthropologique sur l'idéologie humaine.* Paris: Éditions du Seuil.

Duncan, S., L.J. Brunner et D.W. Fiske, 1979. « Strategy signals in face-to-face interaction ». *Journal of Personality and Social Psychology*, 37 (2): 301-313.

Duncan, S. et D.W. Fiske, 1977. *Face-to-face interaction research: methods and theory.* Hillsdale, NJ: Lawrence Erlbaum.

Dupuy, J.P., 1982. *Ordres et désordres. Enquête sur un nouveau paradigme.* Paris: Éditions du Seuil.

Durand, G., 1982. *Les structures anthropologiques de l'imaginaire*, Paris: P. Bordas.

Durand, G., 1984. *L'imagination symbolique.* 4e éd. Paris: P.U.F. (coll. « Quadrige »).

Durkheim, É., 1964. *The division of labor in society.* New York: Free Press.

Durkheim, É., 1985. *Les formes élémentaires de la vie religieuse.* 7e éd. Paris: P.U.F. (coll. « Quadrige »).

Durocher, R. et P.-A. Linteau (dir.), 1971. *Le « retard » du Québec et l'infériorité économique des Canadiens français.* Montréal: Éditions Boréal Express (Collection d'études d'histoire du Québec; nº 1).

Dussard, T., 1988. « Nouveaux sports de l'été. Comment se faire peur ». *Le Point*, 830 (15 août): 59-63.

Dussault, G. et R. Rose-Lizée, 1979. « La discrimination à l'égard des femmes et la ségrégation sur les marchés du travail: le cas des employés de bureau à Montréal », pp. 475-504 dans *Observations sur les revenus au Canada*/un recueil de documents présentés à la conférence sur les revenus au Canada, tenue à Winnipeg, du 10 au 12 mai 1979, sous les auspices du Conseil économique du Canada. Ottawa: Conseil économique du Canada.

Échange et Projets, 1980. *La révolution du temps choisi.* Paris: Albin Michel.

Eco, U., 1984. *La structure absente: introduction à la recherche sémiotique.* Paris: Mercure de France.

Eco, U., 1988. *Le signe: histoire et analyse d'un concept.* Bruxelles: Labor.

Edelmann, R.J., 1981. « Embarrassment: the state of the research ». *Current Psychological Reviews*, 1: 125-138.

Edinger, J.A. et M.L. Patterson, 1983. « Nonverbal involvement and social control ». *Psychological Bulletin*, 93: 30-56.

Edney, J.J., 1974. « Human territoriality ». *Psychological Bulletin*, 81 (12): 959-973.

Edwards, R.C., 1979. *Contested terrain.* New York: Basic Books.

Efron, D., 1972. *Gesture, race and culture.* La Haye: Mouton.

Ekman, P. (dir.), 1982. *Emotion and the human face.* 2e éd. Cambridge: Cambridge University Press.

Ekman, P., 1986. *Menteurs et mensonges, comment les détecter*. Paris: Belfond.
Ekman, P. et W.V. Friesen, 1969. « The repertoire of nonverbal behavior: categories, origins, usage, and coding ». *Semiotica*, 1: 49-98.
Ekman, P. et W.V. Friesen, 1974. « Detecting deception from the body or face ». *Journal of Personality and Social Psychology*, 29: 288-298.
Ekman, P., W.V. Friesen, M. O'Sullivan, I. Diacoyanni-Tarlatzis, R. Krause, T. Pitcairn, K. Scherer, A. Chan, K. Heider, W.A. LeCompte, P.E. Ricci-Bitti, M. Tomita, A. Tzavaras, 1987. « Universal and cultural differences in the judgments of facial expressions of emotion ». *Journal of Personality and Social Psychology*, 53: 712-717.
Eliade, M., 1949. *Le mythe de l'éternel retour*. Paris: Gallimard.
Eliade, M., 1959. *Cosmos and history: the myth of the eternal return*. New York: Harper and Row.
Eliade, M., 1963. *Aspects du mythe*. Paris: Gallimard.
Eliade, M., 1979. *Traité d'histoire des religions*. Paris: Payot.
Elias, N., 1982. *Uber die Einsamkeit der Sterbunden in Unscren Tagen*, Francfort: Suhrkamp.
Ellul, J., 1964. *The technological society*. New York: Alfred A. Knopf.
Ellul, J., 1977. *Le système technicien*. Paris: Calmann-Lévy.
Ellul, J., 1980. *L'empire du non-sens*. Paris: P.U.F.
Ellul, J., 1982. « Variations historiques des motivations au travail », pp. 13-19 dans Société française de psychologie. *Quelles motivations au travail?* Paris: Éditions ESF.
Ellyson, S.L. et J.F. Dovidio (dir.), 1985. *Power dominance and nonverbal behavior*. New York, Berlin: Springer.
Elungu, P.E.A., 1987. *Tradition africaine et rationalité moderne*. Paris: Éditions l'Harmattan.
Elvin, M., 1985. « Between the earth and heaven: conceptions of the self in China », pp. 156-189 dans M. Carrithers, S. Collins et S. Lukes (dir.). *The category of the person: anthropology, philosophy, history*. Cambridge: Cambridge University Press.
Emery, F.E. et E.L. Trist, 1960. « Socio-technical systems », pp. 83-97 dans C.W. Churchman et M. Velhulst (dir.) *Management sciences, models and techniques*. Vol. 2. New York: Pergamon Press. (Repris dans F.E. Emery (dir.). *Systems thinking*. Harmondsworth: Penguin.)
Emery, F.E. et E.L. Trist, 1965. *Toward a social ecology*. New York: Plenum Publications.
Engels, F., 1968. *The origins of the family, private property and the State*. Moscou: Foreign Language Publications.
Enriquez, E., 1972a. « Problématique du changement ». *Connexions*, 4: 5-45
Enriquez, E., 1972b. « Imaginaire social, refoulement et répression dans les organisations ». *Connexions*, 3: 65-93.
Enriquez, E., 1983. *De la horde à l'État: essai de psychanalyse du lien social*. Paris: Gallimard.
Epstein, C., 1970. *Women's place: options and limits*. Los Angeles: University of California Press.
Eraly, A., 1989. « Des usages sociaux de la réification », pp. 379-386 dans Actes du colloque, *Travail et pratiques langagières*. Paris: CNRS.
Erikson, E.H., 1963. *Childhood and society*. 2e éd. New York: Norton.
Erny, P., 1972. *L'enfant et son milieu en Afrique noire*. Paris: Payot.
Etzioni, A., 1961. *A comparative analysis of complex organizations: on power, involvement, and their correlates*. New York: Free Press.
Etzioni, A., 1988. *The moral dimensions: toward a new economics*. New York: Free Press.
Etzioni, A., 1989. « Money, power and fame ». *Newsweek*, 18 septembre: 10.
Eudes, Y., 1982. *La conquête des esprits: l'appareil d'exportation culturelle du gouvernement américain vers le Tiers Monde*. Paris: Maspero (coll. « Cahiers libres »).
Evans-Pritchard, E.E., 1969. *Anthropologie sociale*. Paris: Payot (coll. « Science de l'homme », « Petite Bibliothèque Payot »).
Evans-Pritchard, E.E., 1978. *Les Nuer: description des modes de vie et des institutions politiques d'un peuple nilote*. Paris: Gallimard.
Evered, R. et M.R. Louis, 1981. « Alternative perspectives in the organizational sciences ». *Academy of Management Review*, 6: 385-395.
Ewald, F. *et al.*, 1989. « L'individualisme, le grand retour ». *Magazine littéraire*, 264 (avril).
Eyer, J. et P. Sterling, 1981. « Biological basis of stress — related mortality ». *Social Science and Medicine*, 15-E: 3-42.
Faucheux, C., 1976. « Cross-cultural research in experimental social psychology ». *European Journal of Social Psychology*, 6: 269-322.
Faucheux, C., G. Amado et A. Laurent, 1982. « Organizational development and change ». *Annual Review of Psychology*, 33: 343-370.

Faucheux, C. et J. Rojot, 1979. « Social psychology and industrial relations: cross-cultural perspective », dans G.M. Stephenson et C.J. Brotherton (dir.). *Industrial relations: a social psychological approach*. New York: Wiley.
Fauconnier, G., 1979. « Comment contrôler la vérité. Remarques illustrées par des assertions dangereuses et pernicieuses en tout genre ». *Actes de la recherche en sciences sociales*, 25: 3-22.
Fauconnier, G., 1984. *Espaces mentaux, aspects de la construction du sens dans les langues naturelles*. Paris: Éditions de Minuit (coll. « Propositions »).
Favret-Saada, J., 1977. *Les mots, la mort, les sorts: la sorcellerie dans le bocage*. Paris: Gallimard.
Fayol, H., 1970. *Administration industrielle et générale*. Paris: Dunod.
Feldman, M.S. et J.G. March, 1981. « Information in organization as signal and symbol ». *Administrative Science Quarterly*, 26 (2): 171-126.
Feneyrol, N., 1985. « La communication en procès ». Paris: École des hautes études en sciences sociales, thèse de doctorat.
Fenichel, O., 1941. *Problems of psychoanalytic technique*. Albany, NY: Psychoanalytic Quarterly.
Fenichel, O., 1945. *The psychoanalytic theory of neurosis*. New York: Norton.
Ferguson, K.E., 1984. *The feminist case against bureaucracy*. Philadelphie: Temple University Press.
Fericelli, A.M., 1978. *Théorie statistique de la décision. Application à la gestion des entreprises*. Paris: Économica.
Festinger, L., 1964. *Conflict, decision, and dissonance*. Stanford: Stanford University Press.
Feyereisen, P., 1987. « Gestures and speach, interactions and separations: a reply to McNeill (1985) ». *Psychological Review*, 94: 493-498.
Feyereisen, P. et J.D. de Lannoy, 1985. *Psychologie du geste*. Bruxelles: Mardaga.
Feyereisen, P. et J.D. de Lannoy, à paraître. *Gestures and speech*. Cambridge: Cambridge University Press.
Filley, A.C., 1975. *Interpersonal conflict resolution*. Glenview, IL: Scott Foresman.
Fink, C.F., 1968. « Some conceptual difficulties in the theory of social conflict ». *Journal of Conflict Resolution*, 12: 412-461.
Fink, S., 1986. *Crisis management. Planning for the inevitable*. New York: AMACOM.
Firsirotu, M., 1985. « Strategic turnaround as cultural revolution: the case of Canadian National Express ». Montréal: McGill University, thèse de doctorat.
Fischer, G.N., 1980. *Espace industriel et liberté*. Paris: P.U.F.
Fischer, G.N., 1987. *Les concepts fondamentaux de la psychologie sociale*. Paris: Dunod; Montréal: Les Presses de l'Université de Montréal.
Fischer, G.N., 1989. *Psychologie des espaces de travail*. Paris: Armand Colin.
Fisher, R. et W. Ury, 1981. *Getting to yes: negotiating agreement without giving in*. Boston: Houghton Mifflin.
Flem, L., 1985. *Le racisme*. Paris: M.A. éditions (coll. « Le monde de... »).
Fogelson, R.D., 1982. « Person, self, and identity: some anthropological retrospects, circumspects and prospects », pp. 67-109 dans B. Lee (dir.). *Psychosocial theories of the self*. New York: Plenum Press.
Folberg, J. et A. Taylor, 1984. *Mediation*. San Francisco: Jossey-Bass.
Folger, J.P. et M.S. Poole, 1984. *Working through conflict: a communication perspective*. Glenview, IL: Scott Foresman.
Follett, M.P., 1964. *Dynamic administration: the collected papers of Mary Parker Follett*. New York: Harper and Brothers Publishers.
Fondation Royaumont, 1974. *L'unité de l'homme*. Paris: Éditions du Seuil.
Forbes, R.J. et P.R. Jackson, 1980. « Nonverbal behavior and the outcome of selection interviews ». *Journal of Occupational Psychology*, 53: 65-72.
Foster, G.M., 1972. « The anatomy of envy: a study in symbolic behavior ». *Current Anthropology*, 13 (2): 165-202.
Foucault, M., 1975. *Surveiller et punir: naissance de la prison*. Paris: Gallimard.
Foucault, M., 1977. *Discipline and punish: the birth of the prison*. Harmondsworth: Penguin.
Foucault, M., 1981. « Questions of method: an interview with Michel Foucault ». *Ideology and consciousness*, 8: 1-14.
Foucault, M., 1983. *L'ordre du discours: leçon inaugurale au Collège de France prononcée le 2 décembre 1970*. Paris: Gallimard.
Foucault, M., 1984. *Histoire de la sexualité*. Vol. 4: *Le souci de soi*. Paris: Gallimard.
Fox, A., 1974. *Beyond contract: work, power and trust relations*. Londres: Faber and Faber.

Fraisse, P., 1957. *Psychologie du temps*. Paris: P.U.F.
Franck, G., 1973. « Épitaphe pour la D.P.O. ». *Le Management*, 41 (novembre): 46-69.
Frankel, S. et I. Sherick, 1977. « Observations on the development of normal envy ». *Psychoanalytic Study of the Child*, 33: 257-281.
Frankenhaeuser, M., 1989. « A biopsychosocial approach to work life issues ». *International Journal of Health Services*, 19 (4): 747-758.
French, J.R.P., R.D. Caplan et R. Van Harisson, 1982. *The mechanisms of job stress and strain*. New York: Wiley.
Freud, S., 1905a. « Fragment of an analysis of a case of histeria », dans J. Strachey (dir.). *The standard edition of the complete psychological works of Sigmund Freud*. Vol. 7. Londres: Hogarth Press and Institute of Psycho-Analysis.
Freud, S., 1905b. « Three essays on the theory of sexuality », dans J. Strachey (dir.). *The standard edition of the complete psychological works of Sigmund Freud*. Vol. 7. Londres: Hogarth Press and Institute of Psycho-Analysis.
Freud, S., 1921. « Group psychology and the analysis of the ego », pp. 65-144 dans J. Strachey (dir.). *The standard edition of the complete psychological works of Sigmund Freud*. Vol. 18. Londres: Hogarth Press and Institute of Psycho-Analysis.
Freud, S., 1958. « The dynamics of transference », pp. 97-120 dans J. Strachey (dir.). *The standard edition of the complete psychological works of Sigmund Freud*. Vol. 12 (1912). Londres: Hogarth Press and Institute of Psycho-Analysis.
Freud, S., 1961a. « The ego and the id », pp. 19-27 dans J. Strachey (dir.). *The standard edition of the complete psychological works of Sigmund Freud*. Vol. 19 (1923). Londres: Hogarth Press and Institute of Psycho-Analysis.
Freud, S., 1961b. « Some psychical consequences of the anatomical distinction between the sexes », pp. 248-258 dans J. Strachey (dir.). *The standard edition of the complete psychological works of Sigmund Freud*. Vol. 19 (1925). Londres: Hogarth Press and Institute of Psycho-Analysis.
Freud, S., 1968. « Pulsions et destins de pulsions » (1915), pp. 11-44 dans S. Freud. *Métapsychologie*. Paris: Gallimard (coll. « Idées »; 154).
Freud, S., 1973. *Introduction à la psychanalyse*. Paris: Payot.
Freud, S., 1978. « Les psychonévroses de défense » (1894), dans S. Freud. *Névrose, psychose et perversion*. Paris: P.U.F.
Freud, S., 1984. *Nouvelles conférences d'introduction à la psychanalyse*. Paris: Gallimard.
Freud, S., 1988. *Essais de psychanalyse*. 9e éd. Paris: Payot (coll. « Prismes »).
Freudenberger, H.J., 1980. *Burn-out: the high cost of high achievement*. 1re éd. Garden City, NY: Anchor Press.
Freudenberger, H.J., 1987. *L'épuisement professionnel: la brûlure interne*. Chicoutimi: Gaëtan Morin.
Friedan, B., 1963. *The feminine mystique*. New York: Dell.
Friedmann, B., 1950. *Où va le travail humain?* Paris: Gallimard.
Fromson, B.D., 1988. « The slow death of E.F. Hutton ». *Fortune Magazine*, 29 février: 82-88.
Frost, P.J., L.F. Moore, M.R. Louis, C.C. Lundberg et J. Martin, 1985. *Organizational culture*. Beverly Hills, CA: Sage.
Furet, F., 1978. *Penser la Révolution française*. Paris: Gallimard.
Gagliardi, P., 1986. « The creation and change of organizational cultures ». *Organization Studies*, 7 (2): 117-134.
Galambaud, B., 1988. *L'initiative contrôlée ou le nouvel art du manager*. Paris: Entreprise moderne d'édition.
Gardell, B., 1982. « Worker participation and autonomy: a multilevel approach to democracy at the work place ». *International Journal of Health Services*, 12: 527-558.
Gardin, B., 1989. « Machine à dessiner ou machine à écrire? La production collective d'une formulation ». *Langages*, 93 (mars): 84-97.
Garfinkel, H., 1967. *Studies in ethnomethodology*. Englewood Cliffs, NJ: Prentice-Hall.
Garnier, B. 1983. « La gestion des conflits interpersonnels en milieu universitaire ». *Relations industrielles*, 38 (2): 277-296.
Gasparini, G., 1986. *Il tempo e il lavoro*. Milan: Franco Angeli.
Gasparini, G., 1988a. « Les politiques du temps de travail: un regard italien sur la France ». *Revue française des affaires sociales*, 42 (1, janvier-mars): 7-15.
Gasparini, G., 1988b. *Introduzione à Lavorare di domenica*. Rome: Éditions Laboro.

Gatewood, J.B. et R. Rosenwein, 1981. « Interactional synchrony: genuine or spurious? A critique of recent research ». *Journal of Nonverbal Behavior*, 6 (1): 12-29.

Gaucher, D., 1983. *Le maternage mal salarié. Travail sexué et discrimination salariale en milieu hospitalier*. Montréal: Les Presses de l'Université de Montréal.

Gauchet, M., 1980. « Tocqueville, l'Amérique et nous. Sur la genèse des sociétés démocratiques ». *Libre: politique, anthropologie, philosophie*, 7: 43-120.

Gautrat, J., 1965. *Militant chez Renault*. Paris: Éditions du Seuil.

Gautrat, J. et J.L. Laville, 1988. *Expression et participation des salariés*. Paris: CRIDA-LSCI.

Gautrat, J. et D. Martin, 1983. *Cheminement inventif d'une démarche participative*. Paris: C.R.E.S.S.T.

Gearing, E., 1958. « The structural poses of the 18th century Cherokee villages ». *American Anthropologist*, 60: 1148-1157.

Gelman, D., 1988, « Where are the patients? ». *Newsweek*, 27 juin: 62-67.

Gentis, R., 1980. *Leçons du corps*. Paris: Flammarion.

Giddens, A., 1977. *New rules on sociological method*. Londres: Hutchinson.

Giddens, A., 1984. *The constitution of society*. Cambridge: Polity Press.

Giddens, A., 1987. *La constitution de la société. Éléments de la théorie de la structuration*. Paris: P.U.F.

Giddens, A. et J. Turner, 1987. *Social theory today*. Cambridge: Polity Press.

Gifford, R., C.F. Ng et M. Wilkinson, 1985. « Nonverbal cues in the employment interview: links between applicant qualities and interviewer judgments ». *Journal of Applied Psychology*, 70: 729-736.

Gilbreth, F.B., 1912. *Primer of scientific management*. New York: D. Van Nostrand.

Gioscia, V., 1972. « On social time », dans H. Yaker, H. Osmond et F. Cheek (dir.). *The future of time*. Londres: Hogarth Press.

Gioscia, V., 1974. *Times forms*. New York: Gordon and Greach.

Girard, R., 1982. *Le bouc émissaire*. Paris: Grasset.

Girdwood, J., 1987. « On reading Foucault, genealogy and power-knowledge ». Armidale: University of New England, Department of sociology, Honours Papers.

Girin, J., 1978. « Explication scientifique et argumentation sociale: réflexions à propos du débat nucléaire ». Paris: Centre de recherche en gestion, École polytechnique.

Girin, J., 1981. « Quel paradigme pour la recherche en gestion? ». *Économies et Sociétés*, Cahiers de l'Institut des sciences mathématiques et économiques appliquées, Série « Sciences de gestion » (3), octobre-décembre.

Girin, J., 1982a. « La gestion de la parole ». Paris: Centre de recherche en gestion, École polytechnique.

Girin, J., 1982b. « Langage en actes et organisations ». *Économies et Sociétés*, Cahiers de l'Institut des sciences mathématiques et économiques appliquées, Série « Sciences de gestion » (3), 16 (12, décembre): 1559-1591.

Girin, J., 1984. « La gestion de la parole dans l'entreprise ». Paris: Centre de recherche en gestion, École polytechnique.

Girin, J., 1987. « Le siège vertical: vivre et communiquer dans une tour de bureaux ». *Annales des mines — Gérer et comprendre*, 9: 4-14.

Girin, J., 1988b. « Nous et les autres: la gestion des appartenances dans un témoignage ». *Langage et Société*, 45 (septembre).

Gitin, S.R., 1970. « A dimensional analysis of manual expression ». *Journal of Personality and Social Psychology*, 15 (3): 271-277.

Godelier, M., 1969. *Sur le mode de production asiatique*. Paris: Éditions sociales, C.E.R.M.

Godelier, M., 1973. *Horizon, trajets marxistes en anthropologie*. Vol. 1. Paris: François Maspero.

Godelier, M., 1984. *L'idée et le matériel*. Paris: Fayard.

Goffman, E., 1961. *Encounters: two studies in the sociology of interaction*. Indianapolis: Bobbs-Merrill.

Goffman, E., 1964. « The neglected situation ». *American Anthropologist*, 66 (6, 2e partie): 133-136.

Goffman, E., 1973. *La mise en scène de la vie quotidienne*. 2 vol. Paris: Éditions de Minuit.

Goffman, E., 1974a. *Frame analysis: an essay on the organization of experience*. Cambridge, MA: Harvard University Press.

Goffman, E., 1974b. *Les rites d'interaction*. Paris: Éditions de Minuit.

Goffman, E., 1981a. « Engagement », p. 269 dans G. Bateson *et al.* (dir.). *La nouvelle communication*. Paris: Éditions du Seuil.
Goffman, E., 1981b. *Forms of talk*. Philadelphia: University of Pennsylvania Press.
Goffman, E., 1983. « The interaction order ». *American Sociological Review*, 48 (1, février): 1-17.
Goffman, E., 1987. *Façons de parler*. Paris: Éditions de Minuit.
Goffman, E., 1988. *Les moments et leurs hommes*. Paris: Éditions du Seuil.
Gogel, R. et M. Siat, 1986. « Culture d'entreprise et changements stratégiques ». *Personnel*, 279 (juillet): 6-11.
Goldberg, A. (dir.), 1983. *Advances in self psychology*. Vol. 1. New York: International University Press.
Goldberg, W.H. et A.R. Negandhi (dir.), 1983. *Governments and multinationals: the policy of control versus autonomy*. Cambridge, MA: Oelgeschlager, Gunn and Hain.
Golembiewski, R.T., 1979. *Approaches to planned change*. New York: Dekker.
Goodwin, C., 1981. *Conversational organization: interaction between speakers and hearers*. New York, Londres: Academic Press.
Goodwin, M.H. et C. Goodwin, 1986. « Gesture and co-participation in the activity of searching for a word ». *Semiotica*, 62: 51-75.
Goody, J., 1986. *The logic of writing and the organization of society*. Cambridge: Cambridge University Press.
Gordon, R.A. et J.E. Howell, 1959. *Higher education for business*. New York: Columbia University Press.
Gorz, A., 1980. *Adieux au prolétariat*. Paris: Galilée.
Gorz, A., 1988. *Métamorphoses du travail, quête du sens, critique de la raison économique*. Paris: Galilée.
Gould, D.J., 1980. *Bureaucratic corruption and underdevelopment in the Third World: the case of Zaire*. New York: Pergamon Press.
Gouldner, A., 1964. *Patterns of industrial bureaucracy*. New York: Free Press.
Gramsci, A., 1975. *Gramsci dans le texte*. Paris: Éditions sociales.
Grandori, A., 1984. « A prescriptive contingency view of organizational decision making ». *Administrative Science Quarterly*, 29 (2): 192-209.
Granick, D., 1962. *The European executive*. New York: Doubleday.
Granick, P., 1972. *Managerial comparison of four developed countries: France, Britain, U.S. and Russia*. Cambridge, MA: MIT Press.
Grant, E.C., 1969. « An ethological description of nonverbal behaviour during interviews ». *British Journal of Medical Psychology*, 41: 177-184.
Greenberg, J.S., 1983. *Comprehensive stress management*. 2e éd. Dubuque, IA: W.C. Brown.
Greenhalgh, L., 1987. « Interpersonal conflicts in organizations », pp. 229-272 dans C.L. Cooper et I.T. Robertson (dir.). *International review of industrial and organizational psychology 1987*. New York: Wiley.
Greenhalgh, L., S.A. Nelsin et R.W. Gilkey, 1985. « The effects of negotiator preferences, situational power, and negotiator personality on outcomes of business negotiations ». *Academy of Management Journal*, 28: 9-33.
Greenson, R.R., 1967. *The technique and practice of psychoanalysis*. Vol. 1. New York: International Universities Press.
Greenson, R.R., 1977. *Technique et pratique de la psychanalyse*. Paris: P.U.F.
Greer, S., T. Morris et K.W. Pettingale, 1979. « Psychological response to breast cancer: effect on outcome ». *The Lancet*, 2 (13 octobre): 785-787.
Grenier, L., 1983. « Sous la rubrique des objets perdus, une réflexion méthodologique sur le racisme ». *Sociologie et Société*, XV (2): 147-153.
Grice, H.P., 1975. « Logic and conversation », pp. 41-56 dans P. Cole et J.L. Morgan (dir.). *Syntax and semantic*. Vol. 3. *Speech acts*. San Diego, CA: Academic Press.
Grice, H.P., 1979. « Logique et conversation ». *Communications*, 30: 57-72.
Grimal, P., 1961. *Dictionnaire de la mythologie*. Paris: P.U.F.
Gritti, J., 1982. *Déraciner les racismes*. Paris: Éditions S.O.S.
Grize, J.B., 1985. « Activités de langage et représentation », pp. 167-180 dans A. Chanlat et M. Dufour (dir.). *La rupture entre l'entreprise et les hommes. Le point de vue des sciences de la vie*. Montréal: Québec/Amérique; Paris: Éditions d'Organisation.
Gronn, H.P., 1983. « Talks at the work: the accomplishment of school administration ». *Administrative Science Quarterly*, 28: 1-21.

Gross, E., 1968. « Plus ça change...? The sexual structure of occupations over time ». *Social Problems*, 16 (2, automne): 198-208.
Grossin, W., 1967. *Le travail et le temps*. Paris: Anthropos.
Grossin, W., 1984. « Temps de travail et temps libre ». *Revue française des affaires sociales*, 38 (2, avril-juin): 9-20.
Grusec, J.E. et R. Abramovitch, 1978. « Imitation of peers and adults in a natural setting: a functional analysis ». *Child Development*, 53: 636-642.
Gruselle, J., 1988. « Lecture d'une recherche récente à la lumière du rapport Riboud ». Communication présentée au colloque de l'Association professionnelle des sociologues sur le thème « La culture d'entreprise ». Paris, novembre.
Guigo, D., 1986. « Le système de parenté tibétain ». *L'Ethnographie*, LXXXII (98-99): 71-115.
Guilbert, M., 1966. *Les fonctions des femmes dans l'industrie*. Paris: Mouton.
Guillaumin, C., 1972. *L'idéologie raciste, genèse et language actuel*. Paris: Mouton.
Guillaumin, C., 1984, 1985. « Avec ou sans race? », pp. 215-222. *Le Genre humain*. N° 11. *La société face au racisme*.
Gulick, L. et L. Urwick (dir.), 1937. *Papers in the science of administration*. New York: Institute of Public Administration, Columbia University.
Gumperz, J.J. (dir.), 1982. *Language and social identity*. Cambridge: Cambridge University Press.
Gurdon, P.R.T., 1914. *The Khasis*. Londres: MacMillan.
Gurvitch, G., 1958. *La multiplicité des temps sociaux*. Paris: CDU.
Gurvitch, G., 1972. *Dialectique et sociologie*. Paris: Flammarion.
Gusdorf, G., 1967. *Les sciences de l'homme sont des sciences humaines*. Paris: Publications de la Faculté des lettres de l'Université de Strasbourg.
Gustavsen, B., 1988. « Democratizing occupational health: the Scandinavian experience of work reform ». *International Journal of Health Services*, 18 (4): 675-689.
Habermas, J., 1987. *Théorie de l'agir communicationnel*. 2 vol. Paris: Fayard.
Hagège, C., 1985. *L'homme de paroles: contribution linguistique aux sciences humaines*. Paris: Fayard (coll. « Le Temps des sciences »).
Hagège, C., 1987. *Le français et les siècles*. Paris: Editions Odile Jacob.
Hagestrand, T., 1975. « Space, time and human conditions », dans A. Karlqvist (dir.). *Dynamic allocation of urban space*. Farnborough: Saxon-House.
Haire, M., E.E. Ghiselli et L.W. Porter, 1966. *Managerial thinking: an international study*. New York: Wiley.
Halberstam, D., 1972. *The best and the brightest*. Londres: Barries and Jenkins.
Halberstam, D., 1986. *The reckoning: an authoritative to America's greatness*. New York: William Morrow.
Hales, M., 1974. « Management science and « the second industrial revolution » ». *Radical Science Journal*, 1: 3-28.
Hall, E.T., 1960. « The silent language in overseas business ». *Harvard Business Review*, 38 (mai-juin): 87-96.
Hall, E.T., 1966. *La dimension cachée*. Paris: Éditions du Seuil.
Hall, E.T., 1983. *The dance of life: the other dimension of time*. Garden City, NY: Anchor Press/Doubleday.
Hall, E.T., 1984a. *La danse de la vie: temps culturel, temps vécu*. Paris: Éditions du Seuil.
Hall, E.T., 1984b. *Le langage silencieux*. Paris: Éditions du Seuil.
Hall, J.A., R. Rosenthal, D. Archer, M.R. Di Matteo et P.L. Rogers, 1978. « Profile of nonverbal sensitivity », pp. 179-221 dans P. McReynolds (dir.). *Advances in psychological assessment*. Vol. 4. San Francisco: Jossey-Bass (coll. « Social and behavioral science »).
Hall, R.I., 1984. « The natural logic of management policy making: its implications for the survival of organizations ». *Management Science*, 30 (août).
Hamner, W.C., 1980. « The influence of structural, individual and strategic differences », dans D.L. Harnett et L.L. Cummings (dir.). *Bargaining behavior: an international study*. Houston, TX: Dame Publications.
Hampate Ba, A., 1988. Extrait de l'interview au journal *Jeune Afrique*, 1459-1460 (décembre): 80.
Handy, J.A., 1988. « Theoretical and methodological problems within occupational stress and burn out research ». *Human Relations*, 5: 351-369.
Hardesty, S. et N. Jacobs, 1986. *Success and betrayal: the crisis of women in corporate America*. Markham, Ontario: Watts.

Hardman, C., 1981. « The psychology of conformity and self-expression among the Lohorung Rai of East Nepal », pp. 161-180 dans P. Heelas et A. Lock (dir.). *Indigenous psychologies. The anthropology of the self.* Londres: Academic Press.
Hardy, C., 1987. « The contribution of political science to organizational behavior », dans J. Lorsch (dir.). *Handbook of organizational behavior.* Englewood Cliffs, NJ: Prentice-Hall.
Harel Giasson, F., 1981. « Perception et actualisation des facteurs de promotion chez les femmes cadres des grandes entreprises québécoises francophones du secteur privé ». Montréal: École des H.É.C., thèse de doctorat.
Harel Giasson, F., M.F. Marchis-Mouren et L. Martel, 1989. « Identité professionnelle et identité maternelle chez les jeunes femmes experts-comptables », pp. 758-764 dans Actes du cinquième congrès de psychologie du travail de langue française. *Psychologie du travail: nouveaux enjeux, développement de l'homme au travail et développement des organisations.* Paris: Éditions E.A.P.
Harper, R.G., A.N. Wiens et J.D. Matarazzo, 1978. *Nonverbal communication: the state of the art.* New York: Wiley.
Harré, R., 1979. *Social being: a theory for social psychology.* Oxford: Blackwell.
Harré, R., 1981. « Psychological variety », pp. 79-103 dans P. Heelas et A. Lock (dir.). *Indigenous psychologies. The anthropology of the self.* Londres: Academic Press.
Harrigan, J.A., 1985. « Listener's body movements and speaking turns ». *Communication Research,* 12: 233-250.
Harrigan, J.A., J.R. Kues et J.G. Weber, 1986. « Impressions of hand movements: self-touching and gestures ». *Perceptual and Motor Skills,* 63: 503-516.
Harris, L., 1987. *Inside America.* New York: Vintage Books.
Harris, P.R. et R.T. Moran, 1987. *Managing cultural differences.* 2ᵉ éd. Houston, TX: Gulf Publishing Company.
Harrison, M., 1986. « The ordering of the urban environment: time, work, and the occurrence of crowds 1790-1835 ». *Past and Present,* 110: 134-168.
Hart, R., 1984. *Réduire le temps de travail.* Paris: OCDE.
Harvey, D., 1982. *The limits to capital.* Oxford: Blackwell.
Hassard, J., 1988. *Time, work and organization.* Londres: Routledge and Kegan Paul.
Hassard, J., 1989. « Un paradigme qualitatif du temps de travail ». *Revue internationale des sciences sociales,* 119 (fév.): 97-110.
Haurant, M., 1984. *Pratique de la direction d'entreprise en pays neuf.* Paris: Éditions Hommes et Techniques.
Hawking, S.W., 1989. *Une brève histoire du temps: du big bang aux trous noirs.* Paris: Flammarion.
Heath, A., 1981. *Social mobility.* Glasgow: Fontana.
Heath, C., 1982. « The display of recipiency: an instance of a sequential relationship in speech and body movement ». *Semiotica,* 42: 147-167.
Heath, C., 1985. « The consultation's end: the coordination of speech and body movement ». *International Journal of Sociology,* 51: 27-42.
Heath, L.R., 1956. *The concept of time.* Chicago: University of Chicago Press.
Hebden, J.E., 1986. « Adopting an organization's culture ». *Organizational Dunamics,* automne: 54-72.
Hecaen, H. et P. Marcie, 1987. « Les aphasies », pp. 1235-1276 dans J. Piaget (dir.). *Psychologie.* Paris: Gallimard (coll. « La Pléiade »).
Hediger, H., 1955. *Studies of the psychology and behavior of captive animals in zoos and circuses.* London: Butterworths.
Heelas, P., 1981. « The model applied: anthropology and indigenous psychologies », pp. 39-63 dans P. Heelas et A. Lock (dir.). *Indigenous psychologies. The anthropology of the self.* Londres: Academic Press.
Hegel, G.W.F., 1940. *Principes de la philosophie du droit.* Paris: Gallimard (coll. « Idées »).
Hennig, M. et A. Jardim, 1977. *The managerial woman.* New York: Anchor Press/Doubleday.
Henry, A., 1988. « Peut-on redresser une entreprise africaine en respectant la parole des ancêtres? ». *Annales des mines — Gérer et comprendre,* septembre: 86-94.
Henry, J.P. et P.M. Stephens, 1977. *Stress, health and the social environment, a sociobiological approach to medicine.* New York: Springer Verlag.
Herzberg, F., 1968. « One more time: how do you motivate employees? ». *Harvard Business Review,* 46: 53-62.
Herzberg, F., 1971. *Le travail et la nature de l'homme.* Paris: Entreprise moderne d'édition.

Herzberg, F., 1980. « Humanities, practical management education ». *Industry Week*, 15 septembre, 29 septembre et 13 octobre, pp. 44-58, 68-88 et 60-68.
Herzberg, F., B. Mausner et B. Snyderman, 1959. *The motivation to work*. New York: John Wiley.
Heslin, R. et M.L. Patterson, 1982. *Nonverbal behavior and social psychology*. New York: Plenum Press.
Hinde, R.A., 1970. « Behaviour in conflicts situation », pp. 270-290 dans R.A. Hinde. *Animal behaviour*. New York: McGraw-Hill.
Hindess, B., 1982. « Power, interests and the outcomes of struggles ». *Sociology*, 16 (4, novembre): 498-511.
Hindess, B., 1987. « Rationality and the characterization of modern society », pp. 137-153 dans S. Whimster et S. Lash (dir.). *Max Weber, rationality and modernity*. Londres: Allen and Unwin.
Hinsdale, K. et J.D. Johnson, 1978. « Masculinity, feminity and the workplace: a study of stereotypes ». Albion, MI: Validated Instruction Associates inc., août.
Hirsch, F., 1978. *The social limits to growth*. Londres: Routledge and Kegan Paul.
Hirschhorn, L., 1988. *The workplace within: psychodynamics of organizational life*. Cambridge, MA: MIT Press.
Hirschman, A.O., 1977. *The passions and the interests: political arguments for capitalism before its triumph*. Princeton, NJ: Princeton University Press.
Hodson, T.C., 1908. *The Meitheis*. Londres: D. Nutt.
Hoffman, W.M. et J.M. Moore, 1982. « Results of a business ethics curriculum survey conducted by the Center of business ». *Journal of Business Ethics*, 1: 81-83.
Hofstadter, D., 1987. « Cognition, subcognition. Sortir du rêve de Boole ». *Le Débat*, 47 (nov.-déc.): 26-44.
Hofstede, G., 1980a. *Culture's consequences, international differences in work-related values*. Beverly Hills, CA: Sage (coll. « Cross-cultural research and methodology »; 5).
Hofstede, G., 1980b. « Motivation, leadership, and organization: do American theories apply abroad? ». *Organizational Dynamics*, 9 (été): 42-63.
Hofstede, G., 1987. « Relativité culturelle des pratiques et théories de l'organisation ». *Revue française de gestion*, septembre-octobre: 10-21.
Hogarth, R., 1980. *Judgement and choice. The psychology of decision*. New York: John Wiley.
Holbrook, D., 1971. *Human hope and the death instinct. An exploration of psychoanalytical theories of human nature and their implications on culture and education*. Oxford: Pergamon.
Holmes, T.H. et R.H. Rahé, 1967. « The social readjustment rating scale ». *Journal of Psychosomatic Research*, 11 (2): 213-218.
Holsti, O.R., 1971. « Crises, stress and decision making ». *International Social Science Journal*, 23 (1): 53-67.
Holton, G., 1981. *L'imagination scientifique*. Paris: Gallimard.
Holzberg, C.S. et M.J. Giovannini, 1981. « Anthropology and industry: reappraisal and new directions ». *Annual Review of Anthropology*, 10: 317-360.
Homans, G.C., 1950. *The human group*. New York: Harcourt, Brace and World.
Homans, G.C., 1961. *Social behavior: its elementary forms*. New York: Harcourt, Brace and World.
Homans, G., 1987. « Behaviorism and alter », pp. 58-81 dans A. Giddens et J. Turner (dir.). *Social theory today*. Cambridge: Polity Press.
Horney, K., 1939. *New ways in psychoanalysis*. New York: Norton.
Horney, K., 1948. « The value of vindictiveness ». *American Journal of Psychoanalysis*, 8: 3-12.
Horney, K., 1967. « The flight from womanhood: the masculinity complex in women as viewed by men and women », dans *Feminine Psychology*. New York: Norton.
Horowitz, M.J., D.F. Duff et L.O. Stratton, 1974. « Personal space and the body buffer zone », pp. 214-220 dans H.M. Proshansky *et al.* (dir.). *Environmental psychology: man and his physical space*. New York: Holt, Rinehart and Winston.
Horton, R., 1967. « African traditional thought and Western science ». *Africa*, 37 (janvier): 50-71.
House, J.S., 1985. « Barrier to work stress: I. Social support », dans W.D. Gentry, H. Benson et C. Dewolff (dir.). *Behavioral medecine: work, stress and health*. La Haye: Martinus Nijhoff.
Hubert, H., 1905. « Étude sommaire de la représentation du temps dans la religion et la magie ». *Annuaire de l'École pratique des hautes études*, pp. 1-39.
Hubert, H. et M. Mauss, 1909. *Mélanges d'histoire et des religions*. Paris: Alcan.
Huet, M., 1983. « La concentration des emplois féminins ». *Économie et Statistique*, 154 (avril): 33-46.

Hummel, R., 1977. *The bureaucratic experience*. New York: St. Martin's Press.

Huppert-Laufer, J., 1982. *La féminité neutralisée? Les femmes cadres dans l'entreprise*. Paris: Flammarion.

Hurtig, M.-C. et M.-F. Pichevin, 1986. *La différence des sexes: questions de psychologie*. Paris: Éditions Tierce.

Hutchins, E., 1987. « Learning to navigate in context ». Institute for congnitive science, University of California, San Diego, La Jolla, California, 92093, USA. Manuscrit préparé pour l'atelier « Context, cognition, and activity », Stenungsund, Suède, 6-9 août.

Huxley, J. (dir.), 1971. *Le comportement rituel chez l'homme et chez l'animal*. Paris: Gallimard.

Hymes, D.H., 1984. *Vers la compétence de communication*. Paris: Hatier-Crédif.

Inzerilli, G. et A. Laurent, 1983. « Managerial views of organization structure in France and the U.S.A. ». *International Studies of Management and Organization*, XIII (1/2): 97-118.

Isaacs, S., 1952. « Nature et fonction du fantasme », dans M. Klein *et al. Développements de la psychanalyse*. Paris: P.U.F.

Isambert, F.A., 1979. « Henri Hubert et la sociologie du temps ». *Revue française de sociologie*, 20: 183-204.

Israël, L., 1980. *L'hystérique, le sexe et le médecin*. Paris: Masson.

Jablin, F.M., L.L. Putnam, K.H. Roberts et L.W. Porter (dir.), 1987. *Handbook of organizational communication: an interdisciplinary perspective*. Beverly Hills, CA: Sage.

Jackall, R., 1988. *Moral mazes: the world of corporate managers*. New York: Oxford University Press.

Jacquard, A., 1978. *Éloge de la différence. La génétique et les hommes*. Paris: Éditions du Seuil.

Jacquard, A., 1983. *Moi et les autres*. Paris: Éditions du Seuil (coll. « Virgule »).

Jacquard, A., 1986. *L'héritage de la liberté, de l'animalité à l'humanitude*. Paris: Éditions du Seuil (coll. « Science ouverte »).

Jacquard, A. et J.B. Pontalis, 1984, 1985. « Entretien: une tête qui ne revient pas », pp. 15-28 dans *Le Genre humain*. N° 11. *La société face au racisme*.

Jaeger, A.M., 1983. « The transfer of organizational culture overseas: an approach to control in the multinational corporation ». *Journal of International Business Studies*, automne: 91-114.

Jaeger, A.M., 1984. « The appropriateness of organization development outside North America ». *International Studies of Management and Organization*, XIV (1): 23-35.

Jaeger, A.M., 1987. « La culture organisationnelle: un élément à ne pas oublier dans les acquisitions et les fusions ». *Gestion*, XII (3, septembre): 59-66.

Jaenen, C.J., 1983. « Pelleteries et Peaux-Rouges: perspectives françaises de la Nouvelle-France et de ses peuples indigènes aux XVIe, XVIIe et XVIIIe siècles ». *Recherches amérindiennes au Québec*, XIII (2): 107-114.

Jago, A.G. et V.H. Vroom, 1982. « Sex differences in the incidence and evaluation of participative leader behavior ». *Journal of Applied Psychology*, 67 (6): 776-783.

Jakobson, R., 1963. *Essais de linguistique générale*. Paris: Éditions de Minuit (coll. « Arguments »).

Jakobson, R., 1973. « Le oui et le non mimiques », pp. 113-119 dans R. Jakobson (dir.). *Essais de linguistique générale*. Vol. 2. Paris: Éditions de Minuit (coll. « Arguments »).

Janis, I.L., 1989. *Crucial decisions. Leadership in policymaking and crisis management*. New York: Free Press.

Janis, I.L. et L. Mann, 1977. *Decision making. A psychological analysis of conflict, choice and commitment*. New York: Free Press.

Jankélévitch, V., 1977. *La mort*. Paris: Flammarion (coll. « Champs »; 1).

Jaques, E., 1952. *Th cultural change of the factory*. New York: Dryden Press.

Jaques, E., 1957. « Social systems as a defence against persecutory and depressive anxiety », dans M. Klein, P. Heimann et R.E. Money-Kyrle (dir.). *New directions in psycho-analysis: the significance of infant conflict in the pattern of adult behaviour*. New York: Basic Books.

Jaques, E., 1972a. « Des systèmes sociaux comme mécanismes de défense contre l'anxiété dépressive et de persécution », pp. 546-565 dans A. Lévy. *Psychologie sociale: textes fondamentaux anglais et américains*. Vol. 2. Paris: Dunod (coll. « Organisation et sciences humaines »).

Jaques, E., 1972b. *Intervention et changements dans l'entreprise*. Paris: Dunod.

Jaques, E., 1982. *The form of time*. Londres: Heinemann.

Jaques, E. 1985. « Structure d'organisation et créativité individuelle », pp. 155-165 dans A. Chanlat et M. Dufour (dir.). *La rupture entre l'entreprise et les hommes. Le point de vue des sciences de la vie*. Montréal: Québec/Amérique; Paris: Éditions d'Organisation.

Javeau, C., 1976. *Comprendre la sociologie*. Verviers: Marabout.
Jelinek, M., 1987. « Review of « New technology as organizational innovation » », dans J.M. Pennings et A. Buitendam (dir.). *Academy of Management Executive*, août: 259-261.
Jinchereau, I., 1989. « Les hommes ne font pas de quartier aux femmes-flics ». *Le Soleil*, 14 janvier: B-9.
Joffe, W.G., 1969. « A critical review of the status of the envy concept ». *International Journal of Psychoanalysis*, 50: 533-545.
Johns, R.S., 1982. *Physics as metaphor*. Londres: Wildwood House.
Johnson, J.V., 1989. « Introduction: structural barriers to change in the workplace ». *International Journal of Health Services*, 19 (1): 117-120.
Jones, M.O., M.D. Moore et R.C. Snyder, 1988. *Inside organizations: understanding the human dimension*. Beverly Hills, CA: Sage.
Jones, N., J. Kearins et J. Watson, 1987. « The Human tongue show and observers' willingness to interact: replication and extensions ». *Psychological Reports*, 60: 759-764.
Jullien, F., 1986. « Le plus long détour ». *Communications*, 43: 91-101.
Jurich, A.P. et J.A. Jurich, 1974. « Correlations among nonverbal expressions of anxiety ». *Psychological Reports*, 34: 199-204.
Kabanoff, B., 1985. « Potential influence structures as sources of interpersonal conflict in groups and organizations ». *Organizational Behavior and Human Decision Processes*, 36 (1): 113-141.
Kabanoff, B., 1987. « Why is compromise so favorably viewed? », pp. 280-284. Best paper proceedings, Forty-seventh annual meeting of the Academy of Management. Nouvelle-Orléans, LA, 9-12 août.
Kagan, A.R. et L. Levi, 1974. « Health and environment. Psychosocial stimuli: a review ». *Social Science and Medicine*, 8: 225-241.
Kahn, R., 1981. *Work and health*. New York: Wiley.
Kahneman, D., P. Slovic et A. Tversky, 1982. *Judgment under uncertainty: heuristics and biases*. Cambridge: Cambridge University Press.
Kakar, S., 1970. *Frederick Taylor: a study in personality and innovation*. Cambridge, MA: MIT Press.
Kamdem, E., 1986. « Culture, temps et comportement au travail. Éléments pour une étude des facteurs culturels du management ». *Gestion, Revue internationale de gestion*, 11 (2, septembre): 36-43.
Kant, I., 1922. « Metaphysik der Sitten », pp. 316 et suiv. dans K. Vorlander (dir.). *Samtliche Werke*. Vol. 3. 4e éd. Leipzig: Voss.
Kanter, R.M., 1977. *Men and women of the corporation*. New York: Basic Books.
Kanter, R.M. et B.A. Stein (dir.), 1979. *Life in organizations*. New York: Basic Books.
Karasek, R., D. Baker, F. Marxer, A. Ahlbom et T. Theorell, 1981. « Job decision latitude, job demands and cardiovascular disease: a prospective study of Swedish men ». *American Journal of Public Health*, 71 (7, juillet): 694-705.
Kardiner, A., 1969. *L'individu dans sa société: essai d'anthropologie psychanalytique*. Paris: Gallimard.
Karme, L., 1981. « A clinical report on penis envy: its multiple meanings and defensive function ». *Journal of the American Psychoanalytic Association*, 29 (2): 427-446.
Katz, D. et R.L. Kahn, 1966. *The social psychology of organizations*. New York: John Wiley.
Katz, D. et R.L. Kahn, 1971. « Open-system theory », pp. 46-57 dans J.G. Maurer (dir.). *Readings in organizational theory: open-system approaches*. New York: Random House.
Keeney, R.L. et H. Raiffa, 1976. *Decisions with multiple objectives: preference and value tradeoffs*. New York: John Wiley.
Kelly, G.A., 1958. « Man's constructions of his alternatives », pp. 48-60 dans G. Lindzey (dir.). *Assessment of human motives*. New York: Rinehart.
Kelly, J., 1970. « Make conflict work for you ». *Harvard Business Review*, 48 (juillet-août): 103-113.
Kemp, N.J., D.R. Rutter, M.E. Dewey, A.G. Harding et G.M. Stephenson, 1984. « Visual communication and impression formation ». *British Journal of Social Psychology*, 23: 133-145.
Kendon, A., 1980. « Gesticulation and speech: two aspects of the process of utterances », pp. 207-227 dans M.R. Key (dir.). *The relationship of verbal and nonverbal communication*. Paris, La Haye: Mouton.
Kendon, A. (dir.), 1981. *Nonverbal communication, interaction and gesture*. Paris, La Haye: Mouton.

Kendon, A., 1983. « Gesture and speech: how they interact », pp. 13-45 dans J.M. Wiemann et R.P. Harrison (dir.). *Nonverbal interaction. Sage Annual Reviews of Communication Research*. Vol. II. Londres, Beverly Hills, New Delhi: Sage.

Kendon, A. et A. Ferber, 1973. « A description of some human greetings », pp. 591-688 dans R.P. Michael et J.H. Crook (dir.). *Comparative ecology and behaviour of primates*. New York, Londres: Academic Press.

Kennedy, A.A., 1986. Interview accordée à L. Rhodes: « That's easy for you to say ». *Inc.*, juin: 63-66.

Kergoat, D., 1973. *Bulledor ou l'histoire d'une mobilisation ouvrière*. Paris: Éditions du Seuil.

Kernberg, O., 1975. *Borderline conditions and pathological narcissism*. New York: Jason Aronson.

Kervern, G.M., 1986. « L'évangile selon Saint-Mac ». *Annales des mines — Gérer et comprendre*, 2 (mars): 41-49.

Kets de Vries, M.F.R., 1980a. « Leadership in a narcissistic age ». Montréal: McGill University, Département de management, document de travail.

Kets de Vries, M.F.R., 1980b. *Organizational paradoxes: clinical approaches to management*. Londres: Tavistock.

Kets de Vries, M.F.R., 1981. « Leiderschap in een narcitisch tijdperk ». *Management total*, 5: 20-25.

Kets de Vries, M.F.R. (dir.), 1984. *The irrational executive: psychoanalytic explorations in management*. New York: International Universities Press.

Kets de Vries, M.F.R., 1988a. « The dark side of CEO succession ». *Harvard Business Review*, janvier-février: 56-61.

Kets de Vries, M.F.R., 1988b. « Prisoners of leadership ». *Human Relations*, 41 (3): 261-280.

Kets de Vries, M.F.R., 1989. *Prisoners of leadership*. New York: John Wiley.

Kets de Vries, M.F.R. et D. Miller, 1984. *The neurotic organization*. San Francisco: Jossey-Bass.

Kets de Vries, M.F.R. et D. Miller, 1985a. *L'entreprise névrosée*. Paris: McGraw-Hill.

Kets de Vries, M.F.R. et D. Miller, 1985b. « Narcissism and leadership: an object relations perspective ». *Human Relations*, 38 (6): 583-601.

Kets de Vries, M.F.R. et D. Miller, 1987. *Unstable at the top*. New York: Nal Books.

Kets de Vries, M.F.R. et D. Miller, 1988. « Narcissisme et leadership: une perspective de relations d'objets ». *Gestion. Revue internationale de gestion*, 13 (4, novembre): 41-50.

Kieser, A., 1987. « From asceticism to administration of wealth: medieval monasteries and the pitfalls of rationalization ». *Organization Studies*, 8 (2): 103-124.

Kiggundu, M.N., 1989. *Managing organizations in developing countries: an operational and strategic approach*. West Hartford, CT: Kumarian Press.

Kilmann, R.H., M.J. Saxton et R. Serpa (dir.), 1985. *Gaining control of the corporate culture*. San Francisco: Jossey-Bass.

Klein, M., 1931. « Contribution à la théorie de l'inhibition intellectuelle », pp. 283-295 dans M. Klein. *Essais de psychanalyse*. Paris: Payot.

Klein, M., 1948. *Contributions to psychoanalysis, 1921-1945*. Londres: Hogarth Press.

Klein, M., 1952. « The origins of transference ». *International Journal of Psychoanalysis*, 33: 433-438.

Klein, M., 1965. *Envy and gratitude and other works, 1946-1963*. New York: Delta Books.

Klein, M., 1975. *Collected writings*. Londres: Hogarth Press.

Klein, M., 1978. *Essais de psychanalyse*. Paris: Payot.

Kleinke, C.L., 1986. « Gaze and eye-contact: a research review ». *Psychological Bulletin*, 100: 78-100.

Knapp, P.H., 1963. *Expression of emotions in man*. New York: International Universities Press.

Knapp, P.H., 1976. « The mysterious split: an inquiry into the mind-body relationship », dans G. Globus, G. Maxwell et J. Savodnik (dir.). *Consciousness and the brain: a scientific and philosophical inquiry*. New York: Plenum Press.

Knapp, M.L., R.P. Hart, G.W. Friedrich, et G.M. Shulman, 1973. « The rhetoric of good-bye: verbal and nonverbal correlates of human leave-taking ». *Speech Monographs*, 40: 182-198.

Kobasa, S.C., S.R. Maddi et S. Kahn, 1982. « Hardiness and health: a perspective study ». *Journal of Personality and Social Psychology*, 42: 168-177.

Kohut, H., 1959. « Introspection, empathy, and psychoanalysis ». *Journal of the American Psychoanalytic Association*, 7: 459-483.

Kohut, H., 1971. *The analysis of the self. A systematic approach to the psychoanalytic treatment of narcissistic disorders*. New York: International University Press.

Kohut, H., 1977. *The restoration of self*. New York: International University Press.
Kohut, H., 1984. *How does analysis cure?* Chicago: University of Chicago Press.
Kohut, H., 1985a. *Les deux analyses de M. Z.* Paris: Navarin.
Kohut, H., 1985b. *Self psychology and the humanities: reflections on a new psychoanalytic approach*. New York: Norton.
Kohut, H. et E.S. Wolf, 1978. « The disorders of the self and their treatment: an outline ». *International Journal of Psychoanalysis*, 59: 413-425.
Kolb, D.M., 1983. *The mediators*. Cambridge, MA: MIT Press.
Koontz, H. et C. O'Donnell, 1955. *Principles of management*. New York: McGraw-Hill.
Korda, M., 1977. *Power: how to get it, how to use it*. New York: Random House.
Kraut, R.E., 1980. « Humans as lie detectors: some second thoughts ». *Journal of Communication*, 30 (4): 209-216.
Kraut, R.E. et D. Poe, 1980. « Behavioral roots of person perception: the deception judgments of customs inspectors and laymen ». *Journal of Personality and Social Psychology*, 39: 784-798.
Kreacic, V. et P. Marsh, 1986. « Organization development and national culture in four countries ». *Public Enterprise*, 6 (2): 131-134.
Krejtman, C., 1982. *Pour Descartes: le processus logique de la pensée confuse*. Paris: J.-E. Hallier/Albin Michel (coll. « Meta »).
Kristeva, J., 1968. « Le geste, pratique ou communication? ». *Langages*, 10: 48-64.
Kristeva, J., 1988. *Étrangers à nous-mêmes*. Paris: Fayard.
Kroeber, A.L., 1933. *Anthropology*. New York: Harcourt, Brace & Co.
Krystal, H., 1982. « Alexithymia and the effectiveness of psychoanalytic treatment ». *International Journal of Psychoanalytic Psychotherapy*, 9: 353-378.
Kuhn, T.S., 1962. *The structure of scientific revolutions*. Chicago: University of Chicago Press.
Kuhn, T.S., 1972. *La structure des révolutions scientifiques*. Paris: Flammarion.
Laborit, H., 1979. *L'inhibition de l'action: biologie, physiologie, psychologie, sociologie*. Paris: Masson; Montréal: Les Presses de l'Université de Montréal.
Labov, W., 1978. « Les insultes rituelles », pp. 223-288 dans W. Labov. *Le parler ordinaire: la langue dans les ghettos noirs des États-Unis*. Paris: Éditions de Minuit (coll. « Le sens commun »).
Lacan, J., 1966. *Écrits*. Paris: Éditions du Seuil.
Lacan, J., 1974. *Le séminaire*. Livre XI. *Les quatre concepts fondamentaux de la psychanalyse*. Paris: Éditions du Seuil (coll. « Le champ freudien »).
Lacan, J., 1981. *Le séminaire*. Livre III. *Les psychoses*. Paris: Éditions du Seuil (coll. « Le champ freudien »).
Lacoste, M., 1989. « L'organisation de l'interaction en situation institutionnelle: clôtures de consultations hospitalières », pp. 166-177 dans *Actes des rencontres du 3 et 4 avril 1987. L'interaction*. Paris: Association des sciences du langage.
La France, M., 1979. « Nonverbal synchrony and rapport: analysis by the cross-lag panel technique ». *Social Psychology Quarterly*, 42: 66-70.
La France, M. et W. Ickes, 1981. « Posture mirroring and interactional involvement: sex and sex typing effects ». *Journal of Nonverbal Behavior*, 5 (3): 139-154.
La France, M. et C. Mayo, 1978. « Cultural aspects of nonverbal communication ». *International Journal of Intercultural Relations*, 2: 71-89.
LaFrenière, P. et W.R. Charlesworth, 1983. « Dominance, attention and affiliation in a preschool group: a nine-month longitudinal study ». *Ethology and Sociobiology*, 4: 55-67.
Lagadec, P., 1988. *États d'urgence. Défaillances technologiques et déstabilisation sociale*. Paris: Éditions du Seuil.
Laing, R.D., 1961. *Self and others*. Harmondsworth: Penguin.
Laing, R.D., 1970. *Le moi divisé. De la santé mentale à la folie*. Paris: Stock.
Laing, R.D., 1971. *Soi et les autres*. Paris: Gallimard.
Lakatos, I. et A. Musgrave, 1970. *Criticism and the growth of knowledge*. Cambridge: Cambridge University Press.
Lakoff, G. et M. Johnson, 1980. *Metaphors we live by*. Chicago: University of Chicago Press.
Lalande, A., 1988. *Vocabulaire technique et critique de la philosophie*. 16ᵉ éd. Paris: P.U.F.
Lalive d'Épinay, C., 1988. « Habits of the hearts ». *Cahiers internationaux de sociologie*, janvier: 424-427.
Lall, S., 1983. *The new multinationals: the spread of Third World entreprises*. New York: John Wiley.

Landes, D.S., 1965. « Technological change and development in Western Europe, 1750-1914 », pp. 274-601 dans H.J. Habakkuk et M. Postan. *The Cambridge economic history of Europe.* Vol. 6. *The industrial revolutions and after: incomes, population and technological change (1).* Cambridge: Cambridge University Press.
Landes, D.S., 1975. *L'Europe technicienne.* Paris: Gallimard.
Landes, D.S., 1983. *Revolution in time — clocks and the making of the modern world.* Cambridge, MA: Belknap Press of Harvard University Press.
Landes, D.S., 1987. *L'heure qu'il est, les horloges, la mesure du temps et la formation du monde moderne.* Paris: Gallimard.
Lane, T. et K. Roberts, 1971. *Strike at Pilkingtons.* Londres: Fontana.
Langaney, A., 1981. « Comprendre l'« autrisme » », pp. 94-106. *Le Genre humain.* N° 1. *La science face au racisme.*
Langs, R., 1976. *The therapeutic interaction.* 2 vol. New York: Jason Aronson.
Lapassade, G., 1967. *Groupes, organisations et institutions.* Paris: Gauthier-Villars.
Lapierre, L., 1987. « Imaginaire, leadership et gestion ». *Gestion. Revue internationale de gestion,* 12 (1, février): 6-14.
Lapierre, L., 1988. « Puissance, leadership et gestion ». *Gestion. Revue internationale de gestion,* 13 (2, mai): 39-49.
Lapierre, L., 1989. « Mourning, potency and power in management ». *Human Resource Management,* 28 (2, été): 177-189.
Lapierre, L. (dir.), à paraître. *L'imaginaire et le leadership: fantasmes et pratiques de direction.* Québec: Les Presses de l'Université Laval.
Laplanche, J. et J.B. Pontalis, 1967, 1973. *Vocabulaire de la psychanalyse.* Paris: P.U.F.
Laplante, R., 1987. « Colonisation de l'Abitibi-Témiscamingue: un bilan de la recherche ». *Recherches sociographiques,* 28 (2-3): 415-433.
Larçon, J.-P. et R. Reitter, 1979. *Structure de pouvoir et identité d'entreprise.* Paris: Nathan.
Lasch, C., 1978. *The culture of narcissism: American life in an age of diminishing expectations.* New York: Warner Books.
Lasch, C., 1981. *Le complexe de Narcisse: la nouvelle sensibilité américaine.* Paris: Robert Laffont.
Lasserre, H., 1988. « Culture d'entreprise, une occasion de convergence entre la sociologie et le management ». Communication présentée au colloque de l'Association professionnelle des sociologues sur le thème « La culture d'entreprise ». Paris, novembre.
Laufer, J. et C. Paradeise, 1982. « Pour une nouvelle stratégie d'analyse de carrière des cadres ». *Sociologie du travail,* 4: 473-478.
Laurent, A., 1981. « Matrix organizations and Latin cultures. A note on the use of comparative data in management education ». *International Studies of Management and Organization,* X (4): 101-114.
Laurent, A., 1983. « The cultural diversity of western conceptions of management ». *International Studies of Management and Organization,* XIII (1/2): 75-96.
Laurent, A., 1985. *De l'individualisme: enquête sur le retour de l'individu.* Paris: P.U.F.
Laurent, A., 1986. « The cross-cultural puzzle of international resource management ». *Human Resource Management,* 25 (1, printemps): 91-102.
Laurent, A., 1987. *L'individu et ses ennemis.* Paris: Hachette.
Laville, J.L., 1988. « Innovation sociale dans les PME en Europe ». Communication présentée au colloque de l'Association professionnelle des sociologues sur le thème « La culture d'entreprise ». Paris, novembre.
Law, J., 1986. « Editor's introduction: Power/Knowledge and the dissolution of the sociology of knowledge », pp. 1-19 dans J. Law (dir.). *Power, action and belief: a new sociology of knowledge?* Sociological Review Monograph 32. Londres: Routledge and Kegan Paul.
Lawler, E.E., 1986. *High involvement management.* San Francisco: Jossey-Bass.
Lawrence, P.R. et J.W. Lorsch, 1967. *Organization and environment: managing differentiation and integration.* Cambridge, MA: Harvard Graduate School of Business Administration.
Lawrence, W.G. (dir.), 1979. *Exploring individual and organizational boundaries, a Tavistock open systems approach.* Chichester: John Wiley.
Lawrence, W.G., 1982. « Some psychic and political dimensions of work experiences ». Occasional paper n° 2. Londres: Tavistock Institute of Human Relations.
Lawrence, W.G., 1984. « Through the experience of experience » (inédit).
Lawrence, W.G., P. Berhan, K. Jones, A. Mant et E. Miller, 1975. « Towards managerial development for tomorrow ». Londres: Tavistock Institute of Human Relations, doc. n° 1119.

Lax, D.A. et J.K. Sebenius, 1986. *The manager as negotiator: bargaining for cooperation and competitive gain*. New York: Free Press.
Laye, C., 1953. *L'enfant noir*. Paris: Plon.
Lazarus, R.S., 1982. « Thought on the relations between emotion and cognition ». *American Psychologist*, 37: 1019-1024.
Lazarus, R.S. et S. Folkman, 1984. *Stress, appraisal and coping*. New York: Springer.
Lazer, W., 1984. « Changing values and life styles in a telecommunications era », pp. 193-201 dans B. Berman et J.R. Evans (dir.). *Readings in marketing management. A strategic perspective*. New York: Wiley.
Leach, E., 1972. *Les systèmes politiques des Hautes Terres de Birmanie*. Paris: Maspero.
Leach, E., 1980. *L'unité de l'homme et autres essais*. Paris: Gallimard.
Le Bon, G., 1963. *Psychologie des foules*. Paris: P.U.F.
Le Breton, I. et J.-F. Chanlat, 1989. « L'épuisement professionnel ou le « burn out »: un aperçu critique des connaissances actuelles ». Montréal: École des H.É.C.
Le Compte, W.A., 1981. « The ecology of anxiety: situational stress and role of self-stimulation in Turkey ». *Journal of Personality and Social Psychology*, 40 (4): 712-721.
Legendre, P., 1982. *Paroles poétiques échappées du texte*. Paris: Éditions du Seuil.
Legendre, P., 1983. *L'empire de la vérité. Introduction aux espaces dogmatiques industriels*. Paris: Fayard.
Legendre, P., 1989. *Le crime du caporal Lortie*. Paris: Fayard.
Le Guillant, L., 1963. « Incidences psychopathologiques de la condition de « bonne à tout faire ». *L'évolution psychiatrique*, 28: 1-64.
Le Guillant, L., Roelens, J. Bégoin, Béquart, Hansen et Lebreton, 1956. « La névrose des téléphonistes ». *La Presse médicale*, 64 (13): 274-277.
Leiris, M., 1960. « Race et civilisation », pp. 197-239 dans *Le racisme devant la science*. Paris: Unesco/Gallimard.
Lemaître, N., 1985. « La culture d'entreprise, facteur de performance ». *Gestion*, février: 19-25.
Lemoine-Luccioni, E., 1976. *Partage des femmes*. Paris: Éditions du Seuil.
Lengermann, P. et J. Neibrugge-Brantley, 1988. « Contemporary feminist theory », pp. 282-325 dans G. Ritzer (dir.). *Contemporary Sociological Theory*. 2e éd. New York: Knopf.
Lenk, H., 1978. « Motive als Interpretationskonstrukte: Zur Anwendung einer interpretations — theoretischen Handlungsphilosophie in der Sozialwissenshaft ». *Soziale Welt*, 29: 201-216.
Leroi-Gouhran, A., 1964. *Le geste et la parole*. I. *Technique et langage*. Paris: Albin Michel.
Lessing, D., 1980. « Un toit pour le bétail des hautes terres », pp. 328-409 dans D. Lessing. *Nouvelles africaines*. Paris: UGE (coll. « Le livre de poche »).
Lestringant, F., 1985. « Les Indiens antérieurs (1575-1615). Du Plessis-Mornay, Lescarbot, De Laet, Claude d'Abbeville ». Communication présentée au colloque « L'Indien imaginaire », Montréal, octobre 1985.
Levi, L. (dir.), 1980. *Society, stress and disease*. Vol. IV. *Working life*. Londres: Oxford University Press.
Levi, P., 1987. *Si c'est un homme: souvenirs*. Paris: Julliard.
Levinson, H., 1987. « Psychanalytic theory in organizational behavior », pp. 51-61 dans J. Lorsch (dir.). *Handbook of organizational behavior*. Englewood Cliffs, NJ: Prentice-Hall.
Lévi-Strauss, C., 1955. « The structural study of myth ». *Journal of American Folklore*, 68: 428-444.
Lévi-Strauss, C., 1958. *Anthropologie structurale*. Paris: Plon.
Lévi-Strauss, C., 1961. *Race et histoire*. Paris: Gonthier (« Bibliothèque Médiations »).
Lévi-Strauss, C., 1962. *La pensée sauvage*. Paris: Plon.
Lévi-Strauss, C., 1977. *L'identité*. Paris: Grasset.
Lévi-Strauss, C., 1980. *Le totémisme aujourd'hui*. Paris: P.U.F.
Lewin, K., 1935. *Principles of topological psychology*. New York: McGraw-Hill.
Lewin, K., 1951. *Field theory in social science: selected theoretical papers*. New York: Harper.
Lewis, O., 1959. *Five families. Mexican case studies in the culture of poverty*. New York: Basic Books.
Lewis, O., 1963. *Les enfants de Sanchez. Autobiographie d'une famille mexicaine*. Paris: Gallimard.
Libération, 1989a. « Le drapeau nippon jette une ombre dans les cours de récré », 30 mars.
Libération, 1989b. « La nouvelle fièvre xénophobe », 14 avril.
Leinhardt, G., 1985. « Self: public, private. Some African representations », pp. 141-155 dans M. Carrithers, S. Collins et S. Lukes (dir.). *The category of the person: anthropology, philosophy, history*. Cambridge: Cambridge University Press.
Likert, R. et J.G. Likert, 1976. *New ways of managing conflict*. New York: McGraw-Hill.

Lindblom, C.E., 1959. « The science of « muddling through » ». *Public Administration Review*, 19: 78-88.
Linhart, R., 1978. *L'établi*. Paris: Éditions de Minuit.
Linhart, D. et R. Linhart, 1985. « La participation des salariés: les termes d'un consensus », pp. 29-55 dans D. Bachet (dir.). *Décider et agir dans le travail: dimension sociale de l'action dans le travail*. Paris: Centre d'études des systèmes et des technologies avancées.
Linteau, P.-A., R. Durocher, J.-C. Robert et F. Ricard, 1986. *Le Québec depuis 1930*. Montréal: Éditions du Boréal Express.
Linton, R., 1936. *The study of man*. New York: Appleton Century.
Linton, R., 1945. *The cultural background of personality*. New York: Appleton Century.
Linton, R., 1967. *Le fondement culturel de la personnalité*. Paris: Dunod.
Lipovetsky, G., 1983. *L'ère du vide: essai sur l'individualisme contemporain*. Paris: Gallimard.
Litterer, J.A., 1966. « Conflict in organization: a re-examination ». *Academy of Management*, 9 (septembre): 178-186.
Little, M., 1951. « Countertransference and the patient's response to it ». *International Journal of Psychoanalysis*, 33: 32-40.
Littlepage, G.E. et M.A. Pineault, 1979. « Detection of deceptive factual statements from the body and the face ». *Personality and Social Psychology Bulletin*, 5: 317-332.
Locke, E.A., 1968. « Toward a theory of task motivation and incentives ». *Organizational Behavior and Human Performance*, 3 (mai): 157-189.
Locke, E.A., 1975. « Personnel attitudes and motivation ». *Annual Review of Psychology*, 26: 457-480.
Locke, E.A. et J.F. Bryan, 1968. « Goal-setting as a determinant of the effect of knowledge of score on performance ». *American Journal of Psychology*, 8: 398-406.
Lody, R., 1987. *Cadomblé, religião e resistência cultural*. São Paulo: Atica.
Logeay, P. et C. Gadbois, 1985. « L'agression psychique de la mort dans le travail infirmier », pp. 81-86 dans C. Dejours, C. Viel et A. Wisner (dir.) *Psychopathologie du travail*. Paris: Entreprise moderne d'édition.
Lorber, J., 1986. « Dismantling Noah's Ark ». *Sex Roles*, 14 (11/12): 567-580.
Lorenz, K., 1966. *Essais sur le comportement animal et humain*. Paris: Éditions du Seuil.
Lorsch, J. (dir.), 1987. *Handbook of organizational behavior*. Englewood Cliffs, NJ: Prentice-Hall.
Louis, M.R., 1977. « How individuals conceptualize conflict: identification of steps in the process and the role of personal/developmental factors ». *Human Relations*, 30: 451-467.
Lourau, R., 1970. *L'analyse institutionnelle*. Paris: Éditions de Minuit.
Lucas, Y., 1988. « Culture d'entreprise. Culture marginale ou culture ouvrière, pour quels enjeux? ». Communication présentée au colloque de l'Association professionnelle des sociologues sur le thème « La culture d'entreprise ». Paris, novembre.
Luce, R.D. et H. Raiffa, 1957. *Games and decisions*. New York: John Wiley.
Luhmann, M., 1968. « Selbststeuerung des Wissenschaft ». *Jahrbuch für Sozialwissenschaft*, 19: 147-170.
Lupri, E. et G.L. Symons, 1982. « The emerging symmetrical family: fact or fiction? A cross-national analysis ». *International Journal of Comparative Sociology*, 23 (3-4): 166-189.
Lussato, B., 1989. *Dirigeants, le défi culturel*. Paris: Nathan.
Luthans, F. et R. Kreitner, 1975. *Organizational behavior modification*. Glenview, IL: Scott Foresman.
Lynch, J.J., 1979. *The broken heart. The medical consequences of loneliness*. New York: Basic Books.
Lyotard, J.-F., 1979. *Rapport sur les problèmes du savoir dans les sociétés industrielles les plus développées*, fait au président du Conseil des universités auprès du Gouvernement du Québec. Sainte-Foy: Conseil des universités (coll. « Dossiers-Conseil des universités »).
Maccoby, M., 1976. *The gamesman*. New York: Simon and Schuster.
Maccoby, M., 1980. *Le joueur: le manager d'aujoud'hui*. Paris: InterÉditions.
McCleery, R.H., 1983. « Interactions between activities », pp. 134-167 dans T.R. Halliday et P.J.B. Slater (dir.). *Animal Behaviour*. Vol. 1. *Causes and effects*. New York: W.H. Freeman.
McClelland, D.C., 1961. *The archieving society*. New York: Free Press.
McDowall, J.J., 1978. « Interactional synchrony: a reappraisal ». *Journal of Personality and Social Psychology*, 36 (9): 963-975.
McGinley, H., G.L. Blau et M. Takai, 1984. « Attraction effects of smiling and body position: a cultural comparison? ». *Perceptual and Motor Skills*, 58: 915-922.
McGrath, J., 1970. *Social and psychological factors in stress*. New York: Rinehart and Winston.

McGrath, J.E. et N.L. Rotchford, 1983. « Time and behaviour in organization ». *Research in organizational behaviour*, 5: 57-101.
McGregor, D., 1960. *The human side of enterprise*. New York: McGraw-Hill.
McGregor, D., 1976. *La dimension humaine de l'entreprise*. Paris: Gauthier-Villars.
McGrew, W.C., 1972. *An ethological study of children's behaviour*. New York et Londres: Academic Press.
McKelvey, B. et H. Aldrich, 1983. « Populations, natural selection and applied organizational science ». *Administrative Science Quarterly*, 28: 101-128.
McNeill, D., 1985. « So you think gestures are nonverbal? ». *Psychological Review*, 92: 350-371.
McWhinney, W. et J. Batista, 1987. « Remythologizing ». Communication présentée à la 4th International Conference on Organizational Symbolism, « Organization cultural artefacts », ISTUD et Universita Sacro-Cuore, Milan, 24-26 juin.
Mahler, M.S., F. Pine et A. Bergman, 1975. *The psychological birth of the human infant: symbiosis and individuation*. New York: Basic Books.
Maier, J., 1988. « In Brazil: city surfing atop of wild trains ». *Time*, 10 octobre.
Malinowski, B., 1970. *Une théorie scientifique de la culture*. Paris: Maspero.
Malinowski, B., 1975. *Trois essais sur la vie sociale des primitifs*. Paris: Payot (coll. « Petite Bibliothèque Payot »).
Mallet, S., 1965. *La nouvelle classe ouvrière*. Paris: Éditions du Seuil.
Mana, K., 1985. « Crise de l'Occident, crise de l'Afrique », pp. 389-412 dans A. Chanlat et M. Dufour (dir.). *La rupture entre l'entreprise et les hommes. Le point de vue des sciences de la vie*. Montréal: Québec/Amérique; Paris: Éditions d'Organisation.
Mangham, I.L. (dir.), 1987. *Organization analysis and development: a social construction of organizational behaviour*. New York: Wiley (coll. « Industrial psychology and organizational behaviour »).
Manning, P.K., 1979. « Metaphors of the field: varieties of organizational discourse ». *Administrative Science Quarterly*, 24: 660-671.
Manstead, A.S.R., H.I. Wagner et C.J. MacDonald, 1984. « Face, body, and speech as channels of communication in the detection of deception ». *Basic and Applied Social Psychology*, 5: 317-332.
March, J.G. (dir.), 1965. *Handbook of organizations*. Chicago: Rand McNally.
March, J.G., 1981. « Decision making perspective. Decisions in organizations and theories of choice », pp. 205-248 dans A. Van de Ven et W.F. Joyce (dir.). *Perspectives on organization design and behavior*. New York: John Wiley.
March, J.G. et Z. Shapira, 1982. « Behavioral decision theory and organizational decision theory », pp. 92-115 dans G.R. Ungson et D.N. Braunstein (dir.). *Decision making*. Boston: Kent Publishers.
March, J.G. et H.A. Simon, 1958. *Organizations*. New York: John Wiley.
Marcus, G.E. et M.M.J. Fischer, 1986. *Anthropology as cultural critique. An experimental moment in the human sciences*. Chicago: University of Chicago Press.
Marcuse, H., 1933. « Uber die philosophischen Grundlagen des wirtschaftswissenschaftlichen Arbeitbegriffs ». *Archiv für Sozialwissenschaft und Sozialpolitik*, 69 (3). Repr. dans H. Marcuse, *Kultur und Gesellschaft*, n° 2, pp. 7-48, Francfort: Suhrkamp.
Marcuse, H., 1968. *L'homme unidimensionnel: essai sur l'idéologie de la société industrielle avancée*. Paris: Éditions de Minuit.
Marmot, M.G. et S.L. Syme, 1976. « Acculturation and coronary heart disease in Japanese Americans ». *American Journal of Epidemiology*, 104: 225-247.
Marmot, M. et T. Theorell, 1988. « Social class and cardiovascular disease: the contribution of work ». *International Journal of Health Services*, 18 (4): 659-675.
Martel, J.M., 1973. *Décision et inférence statistique*. Québec: Les Presses de l'Université Laval.
Marty, P., 1968. « La dépression essentielle ». *Revue française de psychanalyse*, 32: 594-599.
Maruani, M., E. Reynaud et C. Romani (dir.), 1989. *La flexibilité en Italie — Débats sur l'emploi*. Paris: Syros.
Marx, K., 1970. *Le Capital*. Paris: Éditions sociales.
Marx, K., 1980. *Manuscrit de 1857-58 = « Grundrisse »*. 2 vol. Paris: Éditions sociales.
Maslach, C., 1981. « The measurement of experienced burn out ». *Journal of Occupational Behavior*, 2: 99-113.
Maslow, A.H., 1970. *Motivation and personality*. New York: Harper and Row.
Maslow, A.H., 1977. *Motivation und Persönlichkeit*. Oltan: Walter.

Matheson, C., 1987. « Weber and the classification of forms of legitimacy ». *The British Journal of Sociology*, XXXVIII (2): 199-215.
Matsumoto, D. et T. Kudoh, 1987. « Cultural similarities and differences in the semantic dimensions of body postures ». *Journal of Nonverbal Behavior*, 11 (3): 166-179.
Mauchamp, N., 1988. « Le taylorisme et après? Les effets de la modernisation dans un établissement industriel ». Paris: Laboratoire de sociologie du changement des institutions, CNRS (coll. « Travaux sociologiques »; 5).
Mauss, M., 1938. « Une catégorie de l'esprit humain: la notion de personne, celle de moi ». *Journal of the Royal Anthropological Institute*, 68: 263-281.
Mauss, M., 1968. *Sociologie et anthropologie*. Paris: P.U.F.
Mauss, M., 1969a. *Œuvres*. Vol. 2. *Représentations collectives et diversité des civilisations*. Paris: Éditions de Minuit.
Mauss, M., 1969b. *Œuvres*. Vol. 3. *Cohésion sociale et divisions de la sociologie*. Paris: Éditions de Minuit.
May, R. (dir.), 1958. *Existential psychology*. New York: Random House.
Mayo, E., 1933. *The human problems of an industrial civilization*. New York: Macmillan.
Mayo, E., 1975. *The social problems of an industrial civilization*. Londres: Routledge and Kegan Paul.
Mayo, C. et N.H. Henley (dir.), 1981. *Gender and nonverbal behavior*. Berlin, New York: Springer.
Mayr, E., 1981. *La biologie de l'évolution*. Paris: Hermann.
Mead, M., 1948. *L'un et l'autre sexe*. Paris: Denoël.
Mehrabian, A., 1972. *Nonverbal communication*. Chicago, New York: Aldine et Atherton.
Meillassoux, C., 1964. *Anthropologie économique des Gouro de Côte-d'Ivoire; de l'économie de subsistance à l'agriculture commerciale*. Paris: Mouton.
Melbin, M., 1987. *Night as frontier*. New York: Free Press.
Mélèse, J., 1987. « Interventions systémiques dans les organisations ». *Revue internationale de systémique*, 1 (4): 457-470.
Memmi, A., 1972. *Portrait du colonisé*. Montréal: Éditions l'Étincelle.
Memmi, A., 1975. *Un entretien avec Robert Davies*. Montréal: Éditions l'Étincelle.
Memmi, A., 1982. *Le racisme*. Paris: Gallimard (coll. « Idées »).
Memmi, A., 1983. « Hétérophobie et racismes ». *Le Courrier de l'Unesco*, 36: 11-13.
Mendel, G., 1972a. *Anthropologie différentielle*. Paris: Payot (coll. « Petite Bibliothèque Payot »).
Mendel, G., 1972b. « De la régression du politique au psychique », pp. 11-64 dans *Sociopsychanalyse 1. Psychosociologie... psychomanipulation?* Paris: Petite Bibliothèque Payot (Coll. « Science de l'homme »).
Mendenhall, M. et G. Odou, 1983. « The integrative approach to O.D.: McGregor revisited ». *Group and Organization Studies*, 8 (3, septembre): 291-301.
Menzies, I., 1960. « A case study in the functioning of social systems as a defence against anxiety ». *Human Relations*, 13: 95-121.
Mercier, J., 1985. « Les Québécois et les organisations: l'héritage du passé ». Notes et travaux de recherche, Laboratoire d'études politiques et administratives, série 3, nº 9. Québec: Université Laval, Département de science politique.
Mergler, D., C. Brabant, N. Vézina et K. Messing, 1987. « The weaker sex? Men in women's working conditions report similar health symptoms ». *Journal of Occupational Medicine*, 29 (5, mai): 417-421.
Merkle, J., 1980. *Management and ideology*. Berkeley, CA: University of California Press.
Merton, R.K., 1936. « The unanticipated consequences of purposive social action ». *American Sociological Review*, 1: 894-904.
Merton, R.K. (dir.), 1952. *Reader in bureaucracy*. Glencoe, IL: Free Press.
Merton, R.K., 1957. *Social theory and social structure*. Glencoe, IL: Free Press.
Merton, R.K., 1965. *Éléments de théorie et de méthode sociologique*. Paris: Plon.
Messing, K. et J.P. Reveret, 1983. « Are women in female jobs for their health?: a study of working conditions and health effects in the fish-processing industry in Québec ». *International Journal of Health Services*, 13 (4): 635-648.
Mettelin, P., 1987. « Les activités informelles en Afrique noire. Les réalités urbaines ». *Revue canadienne d'études du développement*, VIII (1): 49-68.
Meyer, J.W. et B. Rowan, 1977. « Institutionalized organizations: formal structure as myth and ceremony ». *American Journal of Sociology*, 83: 340-363.
Miller, A., 1981. *The drama of the gifted child*. New York: Basic Books.

Miller, A., 1983. *For your own good. Hidden cruelty in child-rearing and the roots of violence.* New York: Fara, Strauss and Giroux.
Miller, D. et J.M. Toulouse, 1986. « Strategy, structure, CEO personality and performance in small firms ». *American Journal of Small Business*, 10 (3, hiver): 47-62.
Miner, J.B., 1981. « Theory of organizational motivation », pp. 75-110 dans G.W. England et R. Negandhi (dir.). *The functioning of complex organizations.* Cambridge, MA: Oelgeschlager, Gunn and Hain.
Miner, J.B., 1984. « The validity and usefulness of theories in an emerging organizational science ». *Academy of Management Review*, 9: 296-306.
Miner, J.B. et H.P. Dachler, 1973. « Personnel attitudes and motivation ». *Annual Review of Psychology*, 24: 379-402.
Ministère du Plan et de l'Aménagement du territoire, 1983. *Le temps choisi — réduire les inégalités.* Paris: La Documentation française.
Mintzberg, H., 1973. *The nature of managerial work.* New York: Harper and Row.
Mintzberg, H., 1982. *Structure et dynamique des organisations.* Paris: Éditions d'Organisation; Montréal: Agence d'Arc.
Mintzberg, H., 1983. *Power in and around organizations.* Englewood Cliffs, NJ: Prentice-Hall.
Mintzberg, H., 1989. *Mintzberg on management: inside our strange world of organizations.* New York: Free Press.
Mintzberg, H., D. Raisinghani et A. Théorêt, 1976. « The structure of « unstructured » decision process ». *Administrative Science Quarterly*, 21 (2): 246-275.
Mirvis, P.H. et D.N. Berg, 1977. *Failures in organization development and change: cases and essays for learning.* New York: Wiley.
Mitchell, T.R., 1979. « Organizational behavior ». *Annual Review of Psychology*, 30: 243-281.
Mitchell, T.R. et J.R. Larson, 1987. *People in organizations: an introduction to organizational behavior.* 2e éd. New York: McGraw-Hill.
Mitroff, I.I., 1986. « Teaching corporate America to think about crisis prevention ». *Journal of Business Strategy*, 6 (4): 40-47.
Mitroff, I.I. et R.H. Kilmann, 1985. « Corporate taboos as the key to unlocking culture », pp. 184-199 dans R.H. Kilmann, M.J. Saxton et R. Serpa (dir.). *Gaining control of the corporate culture.* San Francisco: Jossey-Bass.
Mitroff, I.I. et T.C. Pauchant, à paraître. *Crisis management. The next generation.* San Francisco: Jossey-Bass.
Mohrman, A.M., Jr. et E.E. Lawler, 1985. « The diffusion of QWL as a paradigm shift » dans W.G. Bennis, K.D. Benne et R. Chin (dir.). *The planning of change.* 4e éd. New York: Holt, Rinehart and Winston.
Moles, A.A. et E. Rohmer, 1978. *Psychologie de l'espace.* 2e éd. Paris: Casterman (coll. « Synthèses contemporaines »).
Molinié, A.-F. et S. Volkoff, 1980. « Les conditions de travail des ouvriers... et des ouvrières ». *Économie et Statistique*, 118 (janvier): 25-39.
Momigliano, A., 1985. « Marcel Mauss and the quest for the person in Greek biography and autobiography », pp. 83-92 dans M. Carrithers, S. Collins et S. Lukes (dir.). *The category of the person: anthropology, philosophy, history.* Cambridge: Cambridge University Press.
Monat, A. et R.S. Lazarus, 1985. *Stress and coping: an anthology.* New York: Columbia University Press.
Le Monde Campus, 1988. « La flambée des M.B.A. européens », 15 septembre.
Le Monde diplomatique, manière de voir 3, 1988a. « La communication victime des marchands », novembre.
Le Monde diplomatique, 1988b. « Sociétés écartelées, planète disloquée », mai.
Montagner, H., 1978. *L'enfant et la communication: comment des gestes, des attitudes, des vocalisations deviennent des messages.* Paris: Stock.
Montmollin, M. de, 1967. *Les systèmes hommes-machines.* Paris: P.U.F.
Montmollin, M. de, 1984. *L'intelligence de la tâche.* Berne: Peter Lang.
Moog, V., 1985. *Bandeirantes e pioneiros. Paralelo entre duas culturas.* 15e éd. Rio de Janeiro: Civilização brasileira.
Moore, C.W., 1987. *The mediation process: practical strategies for resolving conflict.* San Francisco: Jossey-Bass.

Moore, L.F., 1985. « How are organizational cultures and the wider cultural context linked? », pp. 277-280 dans P.J. Frost, L.F. Moore, M.R. Louis, C.C. Lundberg et J. Martin (dir.). *Organizational culture*. Beverly Hills, CA: Sage.
Moore, W.E., 1963. *Man, time and society*. New York: John Wiley.
Morgan, G., 1983. *Beyond method: strategies for social research*. Beverly Hills, CA: Sage.
Morgan, G., 1986. *Images of organization*. Beverly Hills, CA: Sage.
Morgan, G., 1989. *Images de l'organisation*. Québec: Les Presses de l'Université Laval; Paris: Éditions Eska.
Morin, E., 1973, 1979. *Le paradigme perdu: la nature humaine*. Paris: Éditions du Seuil.
Morin, E., 1986. « Complexité et organisation », pp. 135-154 dans M. Audet et J.L. Malouin (dir.). *La production des connaissances scientifiques de l'administration*. Québec: Les Presses de l'Université Laval.
Morin-Nahoun, E., 1985. « Qu'est-ce qu'un esprit qui peut concevoir le cerveau qui le produit? Qu'est-ce qu'un cerveau qui peut produire un esprit qui le conçoit? », dans J.E. Charon (dir.). *Imaginaire et réalité: Colloque de Washington*. Paris: Albin Michel.
Morris, D., P. Collett, P. Marsch et M. O'Shaughnessy, 1979. *Gestures, their origins and distribution*. Londres: J. Cape.
Morrison, A. (dir.), 1986. *Essential papers on narcissism*. New York: New York University Press.
Morrison, A.M., R.P. White et E. Van Velsor, 1987. « Executive women: substance plus style ». *Psychology Today*, 21 (8, août): 18-26.
Moscovici, S., 1972. *La société contre nature*. Paris: UGE.
Moscovici, S., 1976, 1979. *Psychologie des minorités actives*. Paris: P.U.F.
Moscovici, S., 1981. *L'âge des foules: un traité historique de psychologie des masses*. Paris: Fayard.
Moscovici, S., 1983. « L'espace, le temps et le social », pp. 261-272 dans J. Alegria *et al.* (dir.). *L'espace et le temps aujourd'hui*. Paris: Éditions du Seuil.
Moscovici, S., 1984, 1985. « Le ressentiment », pp. 179-185. *Le Genre humain. N° 11. La société face au racisme*.
Moscowitz, J.J., 1968. « Approche psychiatrique des conditions de travail par une enquête effectuée parmi le personnel roulant de la SNCF ». Marseille, thèse de médecine.
Moscowitz, J.J., 1971. « Approche psychanalytique et conditions de travail (à propos des roulants de la SNCF) ». *L'évolution psychiatrique*, 36: 183-215.
Mouzelis, N.P., 1967. *Organization and bureaucracy: an analysis of modern theories*. Chicago: Aldine.
Moynot, J.L., 1973. « D.P.O.: anti-démocratie ». *Le peuple*, 923 (août): 16-31.
Mumby, D.K., 1987. *Communication and power in organizations: discourse, idéology and domination*. Norwood, NJ: Ablex Publishing Corporation.
Mumford, L., 1934. *Technics and civilization*. New York: Harcourt Brace Jovanovich.
Munsterberg, H., 1915. *Business psychology*. Chicago: La Salle Extension University.
Nahavandi, A. et A.R. Malekzadeh, 1988. « Acculturation in mergers and acquisitions ». *Academy of Management Review*, 13 (1): 79-90.
Nakamura, H., 1980. « The idea of nature, East and West », pp. 235-304 dans M.J. Adler (dir.). *The great ideas today*. Chicago: Encyclopædia Britannica.
Nakane, C., 1974. *La société japonaise*. Paris: Colin.
Nathanson, C.A., 1980. « Social roles and health status among women: the significance of employment ». *Social Science and Medicine*, Part A: *Medical psychology and medical sociology*, 14A (6, décembre): 463-471.
National Education Association, 1973. « Education and racism », dans Racism/Sexism Resource Center for Educators, 1978. *Bulletin*, juillet. New York: Racism/Sexism Resource Center for Educators, 1841, Broadway St., New York, NY, 10023.
Neale, W.C., 1985. « Property in land as cultural imperialism: or, why ethnocentric ideas won't work in India and Africa ». *Journal of Economic Issues*, XIX (4): 951-958.
Nelson, D., 1980. *Frederick W. Taylor and the rise of scientific management*. Madison: University of Wisconsin Press.
Nichols, T. et H. Beynon, 1977. *Living with capitalism*. Londres: Routledge and Kegan Paul.
Niebuhr, R., 1941. *The nature and destiny of man*. New York: Scribner's Sons.
Nilsonn, P., 1920. *Primitive time reckoning*. Londres: Oxford University Press.
Nizard, G., 1984. « Identité et culture d'entreprise ». *Harvard-L'Expansion*, 31 (hiver 1983-84): 90-106.
Noller, P., 1985. « Video primacy — A further look ». *Journal of Nonverbal Behavior*, 9 (1): 28-47.

Noonan, J.T., 1984. *Brides*. New York: Macmillan.
Normand, E., 1984. « Histoire et culture: les enchaînements du temps de l'entreprise ». *Revue française de gestion*, 47-48 (septembre-octobre): 40-51.
Nowotny, H., 1975. « Time structuring and time measurement », pp. 325-342 dans J.T. Fraser et N. Lawrence (dir.). *The study of time*. Vol. 2. New York: Springer-Verlag.
Nowotny, H., 1988. « Time, technologies and social identity: from the future to the extended present », pp. 153-169 dans P. Reale (dir.). *Tempo e identità*. Milan: F. Angeli.
Noy, P.C., 1982. « A revision of the psychoanalytic theory of affect », pp. 139-185. *The Annual of Psychoanalysis*. Vol. 10. New York: International Universities Press.
Nutt, P.C., 1984. « Types of organizational decision processes ». *Administrative Science Quarterly*, 29 (3): 373-391.
Nyland, C., 1986. « Capitalism and the history of work-time thought ». *British Journal of Sociology*, 37: 513-534.
Odiorne, G.S., 1965. *Management by objectives*. New York: Pitman.
Odiorne, G.S., 1984. *Strategic management of human resources: a portfolio approach*. Londres: Jossey-Bass.
Offe, C., 1985. *Disorganized capitalism*. Cambridge, MA: MIT Press.
O'Leary, M.J. et C. Gallois, 1985. « The last ten turns: behavior and sequencing in friends' and strangers' conversational findings ». *Journal of Nonverbal Behavior*, 9 (1): 8-27.
Olender, M., 1981a. « Les périls de l'évidence », pp. 9-13. *Le Genre humain*. N° 1. *La science face au racisme*.
Olender, M. (dir.), 1981b. *Le racisme, mythes et sciences*. Bruxelles: Éditions Complexe.
Olson, M., 1978. *La logique de l'action collective*. Paris: P.U.F.
Omark, D.R., F.F. Strayer et D.G. Freedman (dir.), 1980. *Dominance relations: an ethological view of human conflict and social interaction*. New York, Londres: Garland.
Organisation mondiale de la santé, Bureau régional de l'Europe, 1985. *Les buts de la santé pour tous. Buts de la stratégie régionale européenne de la santé pour tous*. Copenhague: Le Bureau.
Orr, D.W., 1954. « Transference and countertransference: a historical survey ». *Journal of the American Psychoanalytic Association*, 11: 621-670.
Ortner, C., 1984. « Theory in anthropology since the sixties ». *Comparative Studies in Society and History*, 26: 126-166.
Ortony, A. (dir.), 1979. *Metaphor and thought*. Cambridge: Cambridge University Press.
Orwell, G., 1984. *Mil neuf cent quatre-vingt-quatre*. Paris: Gallimard (coll. « Folio »).
O'Sullivan, M., P. Ekman, W. Friesen et K. Scherer, 1985. « What you say and how you say it: the contribution of speech content and voice quality to judgments of others ». *Journal of Personality and Social Psychology*, 48: 54-62.
Ouchi, W.G., 1981. *Theory Z: how American business can meet the Japanese challenge*. Reading, MA: Addison-Wesley.
Ouchi, W.G., 1982. *Théorie Z: faire face au défi japonais*. Paris: InterÉditions.
Ouchi, W.G. et J.B. Barnes, 1986. *Organizational economics: toward a new paradigm for understanding and studying organizations*. Greenwich, CT: JAI Press; San Francisco: Jossey-Bass.
Ouchi, W.G. et A.L. Wilkins, 1985. « Organizational culture ». *Annual Review of Sociology*, 11: 457-483.
Owen, J., 1979. *Working hours*. New York: Health.
Padioleau, J.G., 1986. *L'ordre social: principes d'analyse sociologique*. Paris: Éditions l'Harmattan.
Pagès, M., V. Bonetti et V. de Gaulejac, 1979. *L'emprise de l'organisation*. Paris: P.U.F.
Pankow, W., 1987. « La modernisation des entreprises en France dans les années 80. Étude comparative France – Pays de l'Est ». Paris: Laboratoire de sociologie du changement des institutions, CNRS (coll. « Travaux sociologiques »; 2).
Paquerot, S., 1988. « Les femmes cadres dans la fonction publique du Québec », pp. 243-256 dans F. Harel Giasson et J. Robichaud (dir.). *Tout savoir sur les femmes cadres d'ici*. Montréal: Les Presses H.É.C.
Parkes, D. et N. Thrift, 1980. *Times, spaces and places: a chronogeographic perspective*. Chichester: Wiley.
Parks, F.N., 1966. « Group management, European style ». *Business Horizons*, automne: 83-90.
Parsons, C.K. et R.C. Liden, 1984. « Interviewer perception of applicant qualifications: a multivariate field study of demographic characteristics and nonverbal cues ». *Journal of Applied Psychology*, 69: 557-568.
Pascale, R.T. et A.G. Athos, 1981. *The art of Japanese management*. New York: Warner Books.

Passet, R., 1985. « L'économie: des choses mortes au vivant », pp. 831-841 dans *Encyclopædia Universalis, Symposium.*

Patterson, M.L., 1982. « A sequential functional model of nonverbal exchange ». *Psychological Review,* 89: 231-249.

Pauchant, T.C., 1988a. « Crisis management and narcissism. A Kohutian perspective ». Los Angeles: University of Southern California, Graduate school of business administration, dissertation.

Pauchant, T.C., 1988b. « Transferential leadership: a Kohutian perspective ». Québec: Université Laval, Faculté des sciences de l'administration, rapport de recherche.

Pauchant, T.C., 1989. « Le management des crises. D'une mode éphémère à une nécessité stratégique ». *Préventique,* 27 (mai-juin): 4-13.

Pauchant, T.C. et C.D. Dumas, 1989. « Transferential leadership. A self psychology view of charisma in organizations ». Québec: Université Laval, Faculté des sciences de l'administration, rapport de recherche.

Pauchant, T.C. et I.I. Mitroff, 1988. « Crisis prone versus crisis avoiding organizations ». *Industrial Crisis Quarterly,* 2: 53-63.

Paul-Lévy, F. et M. Segaud, 1983. *Anthropologie de l'espace.* Paris: Centre de création industrielle, Centre Georges-Pompidou.

Pavlov, I.P., 1963. *Réflexes conditionnels et inhibitions.* Genève: Gonthier.

Paz, O., 1985. *Une planète et quatre ou cinq mondes: réflexions sur l'histoire contemporaine.* Paris: Gallimard (coll. « Folio/essais »; 20).

Pearlin, L.I., M.A. Lieberman, E.G. Menaghan et J.T. Mullan, 1981. « The stress process ». *Journal of Health and Social Behavior,* 22 (4, décembre): 337-356.

Pederson-Krag, G., 1951. « A psychoanalytic approach to mass production ». *Psychoanalytic Quarterly,* 20: 434-451.

Peirce, C.S., 1978. « Deuxième lettre à Lady Welby », pp. 41-42 dans C.S. Peirce. *Écrits sur le signe.* Paris: Éditions du Seuil.

Perelman, C., 1977. *L'empire rhétorique. Rhétorique et argumentation.* Paris: Vrin.

Perelman, C. et L. Olbrechts-Tyteca, 1983. *Traité de l'argumentation. La nouvelle rhétorique.* Bruxelles: Éditions de l'Université de Bruxelles.

Perlman, B. et E.A. Hartman, 1982. « Burnout: summary and future research ». *Human Relations,* 35 (4): 283-305.

Perreault, M., 1988. « Différenciation sexuelle et santé-sécurité du travail chez les danseuses et chez les danseurs professionnels du Québec ». Montréal: Université de Montréal, Faculté des études supérieures, thèse de Ph.D.

Perrow, C., 1979. « Organizational theory in a society of organizations ». Communication présentée au colloque international « L'administration publique: perspectives d'avenir », Québec, mai

Perrow, C., 1986. *Complex organizations: a critical essay.* 3e éd. New York: Random House.

Peters, T., 1988. *Le chaos management.* Paris: InterÉditions.

Peters, T. et N. Austin, 1985. *La passion de l'excellence.* Paris: InterÉditions.

Peters, T.J. et R.H. Waterman, 1982. *In search of excellence. Lessons from America's best-run companies.* New York: Harper and Row.

Peters, T.J. et R.H. Waterman, 1983. *Le prix de l'excellence: les secrets des meilleures entreprises.* Paris: InterÉditions.

Pettigrew, A.M., 1973. *The politics of organizational decision-making.* Londres: Tavistock.

Pettigrew, A.M., 1979. « On studying organizational cultures ». *Administrative Science Quarterly,* 24: 570-581.

Petty, R.E., G.L. Wells, M. Heesacker, T.C. Brook et J.T. Caccioppo, 1983. « The effect of recipient posture on persuasion: a cognitive response analysis ». *Personality and Social Psychology Bulletin,* 9: 209-222.

Peyrefitte, A., 1976. *Le mal français.* Paris: Plon.

Pfeffer, J. et G.R. Salancik, 1974. « Organizational decision making as a political process: the case of a university budget ». *Administrative Science Quarterly,* 19 (2): 135-151.

Pfeffer, R.M., 1979. *Working for capitali$m.* New York: Columbia University Press.

Pharo, P., 1988a. « Politique et savoir-vivre ». Paris: École des hautes études en sciences sociales.

Pharo, P., 1988b. « Question à la psychopathologie du travail », pp. 15-16 dans C. Dejours (dir.). *Plaisir et souffrance dans le travail.* Vol. 2. Paris: Éditions de l'AOCIP.

Phillips, J.R. et A.A. Kennedy, 1980. « Shaping and managing shared values ». *McKinsey Staff Paper*, décembre (cité par Peters et Waterman, 1983, pp. 278-344).
Piaget, J. (dir.), 1967. *Logique et connaissance scientifique*. Paris: Gallimard.
Pierson, F.C., 1959. *The education of American business man*. New York: McGraw-Hill.
Pinder, C. et V.W. Bourgeois, 1982. « Controlling tropes in administrative science ». *Administrative Science Quarterly*, 27: 641-652.
Pines, A.M., E. Aronson et D. Kafry, 1982. *Se vider dans la vie et au travail*. Montréal: Le Jour.
Pinto, R.F., 1979. « Desenvolvimento organizacional intercultural: aplicaçao na America Latina. *Revista de Administração Publica*, 3 (13, juillet-septembre): 47-68.
Plutchik, R., 1980. *Emotion, a psychoevolutionary synthesis*. New York: Harper and Row.
Poincaré, H., 1906. *La science et l'hypothèse*. Paris: Flammarion.
Polanyi, K., 1983. *La grande transformation: aux origines politiques et économiques de notre temps*. Paris: Gallimard.
Poliakov, L., 1976. *Le racisme*. Paris: Seghers (coll. « Point de départ »).
Politzer, G., 1974. *Critique des fondements de la psychologie: la psychologie et la psychanalyse*. 4e éd. Paris: P.U.F. (coll. « À la pensée »; 5).
Pondy, L.R., 1967. « Organizational conflict: concepts and models ». *Administrative Science Quarterly*, 12 (2): 296-320.
Porter, L. et L.E. McKibbin, 1988. *Management, education and development*. New York: McGraw-Hill.
Poulot, D., 1980. *Le sublime*. Paris: F. Maspero.
Poupart, R., J.P. Ouellet et J.J. Simard, 1986. « La gestion du symbolisme d'entreprise: un cadre conceptuel et un cas », pp. 529-553 dans C. Benabou et H. Abravanel (dir.). *Le comportement des individus et des groupes dans l'organisation*. Montréal: Gaëtan Morin.
Prather, J.E., 1971. « When the girls move in: a sociological analysis of the feminization of the bank teller's job ». *Journal of the Marriage and the Family*, novembre: 777-782.
Prein, H., 1987. « Strategies for third party intervention ». *Human Relations*, 40 (11, novembre): 699-719.
Presthus, R., 1978. *The organizational society*. New York: St-Martin's.
Price, F.R. et B.J. Bergen, 1977. « The relationship to death as a source of stress for nurses on a coronary care unit ». *Omega*, 8 (3): 229-237.
Prigogine, I. et I. Stengers, 1980. *La nouvelle alliance: métamorphose de la science*. Paris: Gallimard.
Pronovost, G., 1986. « Introduction: le temps dans une perspective historique et sociologique ». *Revue internationale des sciences sociales*, 107: 5-19.
Pronovost, G. et D. Mercure, 1989. *Temps et société*. Québec: Institut québécois de recherche sur la culture.
Pruitt, D.G. et J.Z. Rubin, 1985. *Social conflict — Escalation, stalemate and settlement*. New York: Random House.
Putnam, L.L. (dir.), 1988. « Communication and conflict styles in organizations ». *Management Communication Quarterly*, 1 (3, février).
Putnam, L.L. et M.S. Poole, 1987. « Conflict and negotiation », pp. 549-599 dans F.M. Jablin, L.L. Putnam, K.H. Roberts et L.W. Porter (dir.). *Handbook of organizational communication*. Londres: Sage Publications.
Pym, D., 1975. « The demix of management and the ritual of employment ». *Human Relations*, 28: 675-698.
Pym, D., 1980. « Towards the dual economy and emancipation from employment ». *Futures*, 12: 223-237.
Quinn, R.E. et M.R. McGrath, 1985. « The transformation of organizational cultures. A competing values perspective », pp. 315-334 dans P.J. Frost, L.F. Moore, M.R. Louis, C.C. Lundberg et J. Martin (dir.). *Organizational culture*. Beverly Hills, CA: Sage.
Racism/Sexism Resource Center for Educators, 1978. *Bulletin*, juillet. New York: Racism/Sexism Resource Center for Educators, 1841, Broadway St., New York, NY, 10023.
Racker, H., 1968. *Transference and countertransference*. New York: International Universities Press.
Rahim, A.M., 1981. « Organizational behavior courses for graduate students in business administration: views from the tower and the battlefield ». *Psychological Reports*, 49: 583-592.
Rahim, A.M., 1983. « A measure of styles of handling interpersonal conflict ». *Academy of Management Journal*, 26 (2): 368-376.
Rahim, A.M., 1986. *Managing conflict in organizations*. New York: Praeger.

Rahim, A.M. (dir.), 1989. *Managing conflict: an interdisciplinary approach.* New York: Praeger.
Raiffa, H., 1968. *Decision analysis. Introductory lectures on choices under uncertainty.* Reading, MA: Addison-Wesley.
Raiffa, H., 1982. *The art and science of negotiation.* Cambridge: Cambridge University Press.
Ramos, A.G., 1984. *The new science of organizations: a reconceptualization of the wealth of nations.* Toronto: University of Toronto Press.
Ranjard, P., 1972. « Groupite et non-directivite », pp. 209-238 dans *Sociopsychanalyse 2. La plus-value du pouvoir.* Paris: Petite Bibliothèque Payot (coll. « Science de l'homme »).
Rasmussen, K.G. Jr, 1984. « Nonverbal behavior, verbal behavior, résumé credentials and selection interview outcomes ». *Journal of Applied Psychology,* 69: 551-556.
Raspa, R., 1986. « The funeral director as cultural engineer: transforming traditions in an American institution », pp. 1-10 dans *Proceedings of the International Conference on organization symbolism and corporate culture on the theme « Cultural engineering: the evidence for and against ».* Vol. 2. Montréal: UQAM.
Ray, C.A., 1986. « Social innovation at work: the humanization of workers in twentieth century America ». Santa Cruz: University of California, thèse de Ph.D.
Rebérioux, M., 1984. « L'ouvrière », pp. 59-78 dans J.-P. Aron (dir.). *Misérable et glorieuse, la femme du XIXe siècle.* Bruxelles: Éditions Complexe.
Recanati, F., 1981. *Les énoncés performatifs.* Paris: Éditions de Minuit.
Regini, M. (dir.), 1988. *La sfida della flessibilità.* Milan: Franco Angeli.
Reich, R., 1987. « Tales of a new America ». *Business Week,* 13 avril: 16-18.
Renwick, P.A., 1977. « The effects of sex differences on the perception and management of superior-surbordinate conflict: an exploratory study ». *Organizational Behavior and Human Performance,* 19: 403-415.
Reynaud, E., 1982. « Identités collectives et changement social: les cultures collectives comme dynamique d'action ». *Sociologie du travail,* 24 (2): 159-177.
Reynaud, J.D., 1988. « Les régulations dans les organisations: régulation de contrôle et régulation autonome ». *Revue française de sociologie,* XXIX (1): 5-18.
Rezsohazy, R., 1970. *Temps social et développement.* Bruxelles: La Renaissance du Livre.
Riboud, A., 1987. *Modernisation, mode d'emploi: rapport au Premier ministre.* Paris: UGE (coll. « 10/18 »).
Ricci-Bitti, P.E., M. Argyle et D. Giovannini, 1979. « Emotional arousal and gestures ». *Italian Journal of Psychology,* 6: 59-67.
Richard, E. et C. Walton, 1969. « Business in Western Europe », pp. 128-144 dans R.A. Webber. *Culture and management.* Homewood, IL: Irwin.
Ricœur, R., 1968. « Mythe, l'interprétation philosophique », pp. 530-536 dans *Encyclopædia Universalis,* vol. 11.
Riggio, R.E. et H.S. Friedman, 1986. « Impression formation: the role of expressive behavior ». *Journal of Personality and Social Psychology,* 50 (2): 421-427.
Riggio, R.E. et B. Throckmorton, 1988. « The relative effects of verbal and nonverbal behavior, appearance, and social skills on evaluations made in hiring interviews ». *Journal of Applied Social Psychology,* 18: 331-348.
Rimé, B., 1983. « Nonverbal communication or nonverbal behavior? Towards a cognitive-motor theory of nonverbal behavior », pp. 85-135 dans W. Doise et S. Moscovici (dir.). *Current issues in European social psychology.* Vol. 1. Cambridge: Cambridge University Press.
Rioux, M., 1965. « Conscience ethnique et conscience de classe au Québec ». *Recherches sociographiques,* 6 (1): 23-32.
Riskind, J.H., 1984. « They stoop to conquer: guiding and self-regulatory functions of physical posture after success and failure ». *Journal of Personality and Social Psychology,* 47 (3): 479-493.
Rivard, P., J.-M. Saussois et P. Tripier, 1979. *L'espace de qualification des cadres.* Paris: Rapport CORDES.
Rivière, P. et L. Danchin, 1971. *Linguistique et culture nouvelle.* Paris: Éditions universitaires.
Robbins, S.P., 1974. *Managing organizational conflict: a non traditional approach.* Englewood Cliffs, NJ: Prentice-Hall.
Robbins, S.P., 1978. « « Conflict management » and « Conflict resolution » are not synonymous terms ». *California Management Review,* 21: 67-75.
Roberts, K., C. Hulin et D.M. Rousseau, 1978. *Developing an interdisciplinary science of organizations.* San Francisco: Jossey-Bass.

Robertson, A. et S. Burge, 1986. « Building sickness: all in the mind? ». *Occupational Health*, mars: 78-81.

Roche, P., 1988. *Une santé d'acier*. Marseille: Éditions du CNRS.

Rocheblave-Spenlé, A.-M., 1969. *La notion de rôle en psychologie sociale*. Paris: P.U.F.

Rocheblave-Spenlé, A.-M., 1974. *Le pouvoir démasqué*. Paris: Éditions universitaires (coll. « Je »).

Rocher, G., 1968. *Introduction à la sociologie générale*. 3 vol. Montréal: Éditions HMH.

Rochlin, G., 1965. *Griefs and discontents*. Boston: Little, Brown.

Rochon, J., 1987. *Rapport de la commission d'enquête sur les services de santé et les services sociaux*. Québec: Publications du Québec.

Rodriguez Tome, H., 1979. « Identité et horizon temporel à l'adolescence », pp. 379-386 dans P. Fraisse *et al.* (dir.). *Du temps biologique au temps psychologique*. Paris: P.U.F.

Rodriguez Tome, H., 1981. *Recherche sur l'horizon temporel à l'adolescence*. Paris: Rapport scientifique ATP, CNRS 3023.

Roethlisberger, F.J. et W.J. Dickson, 1947. *Management and the worker*. Cambridge, MA: Harvard University Press.

Rogers, C., 1961. *On becoming a person: a therapist's view of psychotherapy*. Boston: Houghton Mifflin.

Rogers, C., 1980. *A way of being*. Boston: Houghton Mifflin.

Róheim, G., 1967. *Psychanalyse et anthropologie; culture, personnalité, inconscient*. Paris: Gallimard.

Rondeau, A., 1984. « La recherche sur le commandement dans une perspective américaine: vers un macro-modèle intégrant les diverses conceptions du leadership organisationnel », pp. 233-247 dans Actes du troisième congrès de psychologie du travail de langue française. *Psychologie du travail et société post-industrielle*. Paris: Éditions E.A.P.

Rondeau, A. et M. Vézina, 1988. « Conflicts between members of board of directors and general managers of co-operatives: the determinants », pp. 94-105 dans M. Fulton et A. Kagis (dir.). *Capital formation in co-operatives: social and economic considerations*. Selected papers from the 1988 meeting of CASC, Windsor, Ontario.

Root, N. et J.R. Daley, 1980. « Are women safer workers? A new look at the data ». *Monthly Labor Review*, 103 (9, septembre): 3-10.

Roper, T.J., 1980. « « Induced » behaviour as evidence of nonspecific motivational effects », pp. 221-242 dans F.M. Toates et T.R. Halliday (dir.). *Analysis of motivational processes*. New York, Londres: Academic Press.

Rose, M., 1978. *Industrial behaviour: theoretical development since Taylor*. Harmondsworth: Penguin.

Rose, M., 1988. *Industrial behaviour: research and control*. Londres: Penguin.

Rosenblatt, A.D., 1988. « Envy, identification and pride ». *The Psychoanalytic Quarterly*, LVII: 56-72.

Rosenfeld, H.M., 1978. « Conversational control functions of nonverbal behavior », pp. 291-328 dans A.W. Siegman et S. Feldstein (dir.). *Nonverbal behavior and communication*. Hillsdale, NJ: Lawrence Erlbaum.

Rosenman, R.H. et M. Friedman, 1974. *Type A behavior and your health*. New York: Fawcett Crest.

Rostow, W.W., 1968. *Les étapes de la croissance économique*. Paris: Éditions du Seuil (coll. « Point »).

Rotter, J.B., 1966. « Generalized expectancies for internal versus external control for reinforcement ». *Psychological Monographs: General and Applied*, 80 (609).

Rotter, J.B., 1980. « Interpersonal trust, trust worthiness and gullibility ». *American Psychologist*, 35 (janvier): 1-7.

Roubinet, P., 1964. *Logique de Port-Royal*. Paris: R. Giard.

Rousseau, A., 1988. « Culture d'entreprise: fortune d'un concept ou concept? ». Communication présentée au colloque de l'Association professionnelle des sociologues sur le thème « La culture d'entreprise ». Paris, novembre.

Rousseaux, Nicolas (dir.), 1988. « Le culte de l'entreprise ». *Autrement*, 100 (septembre).

Roy, D.F., 1960. « Banana time: job satisfaction and informal interaction », pp. 205-222 dans G. Salaman et K. Thompson (dir.). *People and organisations*. Londres: Longman for the Open University Press.

Rubin, J.Z. et B. Brown, 1975. *The social psychology of bargaining and negotiation*. New York: Academic Press.

Ruble, T.L. et R.A. Cosier, 1982. « A laboratory study of five conflict-handling modes », pp. 158-171 dans G.B.J. Bomers et R.B. Peterson (dir.). *Conflict management and industrial relations*. Boston: Kluwer-Nijhoff.
Ruffié, J., 1976. *De la biologie à la culture*. Paris: Flammarion.
Russel, B., 1927. *Philosophy*. New York: Norton.
Rutter, D.R., 1984. *Looking and seeing: the role of visual communication in social interaction*. New York: Wiley.
Sahlins, M.D., 1974. *Stone age economics*. Londres: Tavistock.
Sahlins, M., 1976. *Âge de pierre, âge d'abondance: l'économie des sociétés primitives*. Paris: Gallimard.
Sahlins, M., 1985. *Islands of history*. Chicago: University of Chicago Press.
Sahlins, M., 1989. *Des îles dans l'histoire*. Paris: Gallimard, Éditions du Seuil.
Sainsaulieu, R., 1973. *Les relations de travail à l'usine*. Paris: Éditions d'Organisation.
Sainsaulieu, R., 1977. *L'identité au travail*. Paris: Presses de la Fondation nationale des sciences politiques.
Sainsaulieu, R., 1983. « La régulation culturelle des ensembles organisés ». *L'Année sociologique*, 33 (83): 194-217.
Sainsaulieu, R., 1985. « Culture et sociologie de l'entreprise ». *Connexions*, 45: 109-122.
Sainsaulieu, R., 1987. *Sociologie de l'organisation et de l'entreprise*. Paris: Presses de la Fondation nationale des sciences politiques/Dalloz.
Sainsaulieu, R., 1988. « Culture – entreprise – société ». Communication présentée au colloque de l'Association professionnelle des sociologues sur le thème « La culture d'entreprise ». Paris, novembre.
Sainsaulieu, R., 1989. « Démocratie d'entreprise et modernisation ». *Cadres CFDT*, 334-335 (avril): 74-75.
Sainsaulieu, R., J. Cheillan, P.-P. Valli et F. Viallet, 1984. « Innovation et formation à l'AFPA ». Montreuil (93) France: Rapport de l'Agence pour la formation professionnelle d'adultes présenté au ministère de l'Emploi et de la Formation professionnelle.
Sainsaulieu, R., P.-É. Tixier et M.O. Marty, 1983. *La démocratie en organisation*. Paris: Méridiens-Klincksieck.
Saint-Germain, M., 1973. *Une économie à libérer: le Québec analysé dans ses structures économiques*. Montréal: Les Presses de l'Université de Montréal.
Saint-Laurent, C., 1987. « Corps, avez-vous une âme? ». *Le Point*, 776 (août): 83-87.
Saleh, S.D., 1987. « Relational orientation and organizational functioning: a cross-cultural perspective ». *Canadian Journal of Administrative Sciences (Revue canadienne des sciences de l'administration)*, 4 (3, septembre): 276-293.
Sales, A., 1979. *La bourgeoisie industrielle du Québec*. Montréal: Les Presses de l'Université de Montréal.
Sandler, J., C. Dare et A. Holder, 1970. *The patient and the analyst: the basis of the psychoanalytic process*. New York: International Universities Press.
Sandler, J., A. Holder, M. Kawenoka, H.E. Kennedy et L. Neurath, 1969. « Notes on some theoretical and clinical aspects of transference ». *International Journal of Psychoanalysis*, 50: 639.
Sanger, D.E., 1987. « High tech as villain: on Wall Street, computer programs came to replace individual judgement ». *The International Herald Tribune*, Singapore, 16 décembre: 1, 6.
Sapir, E., 1964. *Culture, language and personality*. Berkeley: University of California Press.
Sapir, E., 1968. *Linguistique*. Paris: Éditions de Minuit (coll. « Le sens commun »).
Sapir, E., 1971. *Anthropologie*. Paris: Éditions du Seuil (coll. « Points »).
Sartre, J.-P., 1940. *L'imaginaire*. Paris: Gallimard.
Sartre, J.-P., 1976. *Questions de méthode*. Paris: Gallimard (coll. « Idées »).
Sass, R., 1989. « The implications of work organization for occupational health policy: the case of Canada ». *International Journal of Health Services*, 19 (1): 157-173.
Savage, L.J., 1954. *The foundations of statistics*. New York: John Wiley.
Savoie, A., 1985. *Le stress occupationnel*. Montréal: Éditions Agence d'Arc.
Savoie, A. et Y. Chagnon, 1987. « La culture organisationnelle: conceptions, composantes, contenus ». Montréal: Université de Montréal, Département de psychologie, document de travail.
Sayle, M., 1982. « The yellow peril and the red haired devils ». *Harper's*, novembre: 23-35.
Schachter, J., 1987. « In the US, privacy has become a public affair ». *Sydney Morning Herald*, 29 décembre: 11.

Schaeffer, G.H. et M.L. Patterson, 1980. « Intimacy, arousal, and small group crowding ». *Journal of Personality and Social Psychology*, 38: 283-290.
Schegloff, J.M., 1984. « On some gestures' relation to talk », pp. 266-296 dans J.H. Atkinson et J. Heritage (dir.). *Structures of social action: studies in conversation analysis*. Cambridge: Cambridge University Press.
Schein, E., 1980. *Organizational psychology*. 3ᵉ éd. Englewood Cliffs, NJ: Prentice-Hall.
Schein, E., 1985. *Organizational culture and leadership*. San Francisco: Jossey-Bass.
Schellenberg, J.A., 1982. *The science of conflict*. New York: Oxford University Press.
Schelling, T.C., 1975. *The strategy of conflict*. Londres: Oxford University Press.
Scherer, K.R., 1984. « The nonverbal dimension: a fad, a field, or a behavioral modality? », pp. 160-183 dans H. Tajfel (dir.). *The social dimension: European developments in social psychology*. Vol. 1. Cambridge: Cambridge University Press.
Scherer, K.R. et H.G. Wallbott, 1985. « Analysis of nonverbal behavior », pp. 199-230 dans T.A. Van Dijk (dir.). *Handbook of discourse analysis*. Vol. 2. New York: Academic Press.
Schlaifer, R., 1969. *Analysis of decisions under uncertainty*. New York: McGraw-Hill.
Schmid, W., 1989. « Foucault: la forme de l'individu ». *Magazine littéraire*, 264 (avril): 54-56.
Schmidt, S.M. et T.A. Kochan, 1972. « Conflict: toward conceptual clarity ». *Administrative Science Quarterly*, 17: 359-370.
Schneer, J.A. et M.N. Chanin, 1987. « Manifest needs as personality predispositions to conflict-handling behavior ». *Human Relations*, 40 (7, septembre): 575-590.
Schneider, B., 1985. « Organizational behavior ». *Annual Review of Psychology*, 36: 573-611.
Schoeck, H., 1969. *Envy: a theory of social behavior*. New York: Harcourt, Brace and World.
Schultz, B. et J. Anderson, 1984. « Training in the management of conflict: a communication theory perspective ». *Small Group Behavior*, 15 (3, août): 333-349.
Schwaber, E.A. (dir.), 1985. *The transference in psychotherapy: clinical management*. New York: International University Press.
Schwartz, H.S., 1987a. « On the psychodynamics of organizational disaster: the case of the space shuttle Challenger ». *The Columbia Journal of World Business*, XXII (1): 59-67.
Schwartz, H.S., 1987b. « On the psychodynamics of organizational totalitarism ». *Journal of Management*, 13 (1): 41-54.
Scott, W.R., 1981. *Organizations: rational, natural and open systems*. Englewood Cliffs, NJ: Prentice-Hall.
Searle, J.R., 1969. *Speech acts*. Cambridge: Cambridge University Press.
Searle, J.R., 1972. *Les actes de langage: essai de philosophie du langage*. Paris: Hermann (coll. « Savoir »).
Searles, H.F., 1965. *Collected papers on schizophrenia and related subjects*. New York: International Universities Press.
Searles, H.F., 1977. *L'effort pour rendre l'autre fou*. Paris: Gallimard.
Segal, H., 1964. *Introduction to the work of Melanie Klein*. New York: Basic Books.
Segal, J.P., 1987. « Le prix de la légitimité hiérarchique. Une comparaison franco-américaine ». *Annales des mines — Gérer et comprendre*, 7: 66-77.
Segalen, M. (dir.), 1989. *L'autre et le semblable*. Paris: Presses du CNRS.
Ségrestin, D., 1985. *Le phénomène corporatiste: essai sur l'avenir des systèmes professionnels fermés en France*. Paris: Fayard.
Ségrestin, D. *et al.*, 1981. « Les communautés pertinentes de l'action collective — six études en perspective ». Paris: Centre national des arts et métiers.
Séguin, F. et J.-F. Chanlat (dir.), 1988. *L'analyse des organisations, une anthologie sociologique*. Vol. 1: *Les théories de l'organisation*. Montréal: Gaëtan Morin.
Seiler, J.A., 1984. « Architecture at work ». *Harvard Business Review*, 62 (5, septembre-octobre): 111-120.
Selye, H., 1956. *The stress of life*. New York: McGraw-Hill.
Selye, H., 1975. *Le stress de la vie: le problème de l'adaptation*. Paris: Gallimard (coll. « Essais »; 192).
Selznick, P., 1957. *Leadership in administration: a sociological interpretation*. New York: Harper and Row.
Selznick, P., 1966. *TVA and the grass roots: a study in the sociology of formal organization*. New York: Harper and Row.
Sennett, R., 1979. *Les tyrannies de l'intimité*. Paris: Éditions du Seuil (coll. « Sociologie »).
Serres, M., 1980. *Le passage du Nord-Ouest*. Paris: Éditions de Minuit.

Servan-Schreiber, J.J., 1967. *Le défi américain*. Paris: Denoël.
Sfez, L., 1988. *Critique de la communication*. Paris: Éditions du Seuil.
Shannon, C.E. et W. Weaver, 1949. *The mathematical theory of communication*. Urbana: University of Illinois Press.
Shannon, C.E. et W. Weaver, 1975. *Théorie mathématique de la communication*. Paris: Retz.
Sheppard, B., 1984. « Third party conflict intervention: a procedural framework », pp. 141-190 dans B.M. Staw et L.L. Cummings (dir.). *Research in organizational behavior*. Vol. 6. Greenwich, CT: JAI Press.
Shisgall. O., 1981. *Eyes on tomorrow: the evolution of Procter and Gamble*. Chicago: J.G. Ferguson.
Shockley-Zalabak, P., 1981, « The effects of sex differences on the preference for utilization of conflict styles of managers in a work setting: an exploratory study ». *Public Personnel Management Journal*, 10 (3): 289-295.
Shockley-Zalabak, P., 1988. « Assessing the Hall conflict management survey ». *Management Communication Quarterly*, 1 (3, février): 320-327.
Siegel, S. et L.E. Fouraker, 1960. *Bargaining and group decision making: experiments in bilateral monopoly*. New York: McGraw-Hill.
Sievers, B., 1985. « Leadership as a perpetuation of immaturity. A new perspective on corporate culture ». Université Bergische, Wuppertal, RFA (inédit).
Sievers, B., 1986a. « Beyond the surrogate of motivation ». *Organization Studies*, 7 (4): 335-351.
Sievers, B., 1986b. « Participation as a collusive quarrel over immortality ». *Dragon*, 1 (janvier): 72-82.
Sievers, B., H. Rieckman, W.G. Lawrence et M. Foster, 1981. *The role of parties concerned in the design and setting up of new forms of work organizations. A comparison of six green field site projects*. Wuppertal, Londres: Tavistock Documents, n° 2 T 388.
Sifneos, P.E., 1975. « Problems of psychotherapy in patients with alexithymic characteristics and physical disease ». *Psychotherapy and Psychosomatics*, 26: 65-70.
Sigman, S., 1981. « Qui a donné l'ordre de larguer la bombe atomique? », pp. 256-266 dans G. Bateson *et al.* (dir.). *La nouvelle communication*. Paris: Éditions du Seuil.
Silverman, D., 1970. *The theory of organizations*. Londres: Heinemann Educational Books.
Simard, M., 1988. « La prise de risque dans le travail, un phénomène organisationnel », pp. 73-88 dans P. Goguelin et X. Cuny (dir.). *La prise de risque dans le travail*. Marseille: Éditions Octares-Entreprises.
Simmel, G., 1981. *Sociologie et épistémologie*. Paris: P.U.F.
Simon, H.A., 1957. *Administrative behavior*. 2e éd. New York: Macmillan.
Simon, H.A. et J.G. March, 1971. *Les organisations. Problèmes psychologiques*. Paris: Dunod.
Sims, H.P., Jr. et D.A. Gioia (dir.), 1986. *The thinking organization: dynamics of organizational social cognition*. San Francisco: Jossey-Bass.
Siu, R.G.H., 1968. *The tao of science: an essay on Western knowledge and Eastern wisdom*. Cambridge, MA: MIT Press.
Sivadon, P. et R. Amiel, 1969. *Psychopathologie du travail*. Paris: Éditions sociales françaises.
Sivadon, P. et A. Fernandez-Zoila, 1983. *Temps de travail, temps de vivre*. Bruxelles: Pierre Mardaga.
Skinner, B.F., 1953. *Science and human behavior*. New York: Macmillan.
Skinner, B.F., 1968. *The behavior of organisms: an experimental analysis*. New York: Appleton-Century-Crofts.
Skinner, B.F., 1972. *Beyond freedom and dignity*. New York: Alfred A. Knopf.
Skinner, B.F., 1976. *About behaviorism*. New York: Free Press.
Smart, C. et I. Vertinsky, 1977. « Designs for crisis decision units ». *Administrative Science Quarterly*, 22 (4): 640-657.
Smircich, L., 1983. « Concepts of culture and organizational analysis ». *Administrative Science Quarterly*, 28 (3, septembre): 339-358.
Smircich, L., 1985. « Is the concept of culture a paradigm for understanding organizations and ourselves? », pp. 55-72 dans P.J. Frost, L.F. Moore, M.R. Louis, C.C. Lundberg et J. Martin (dir.). *Organizational culture*. Beverly Hills, CA: Sage.
Smircich, L. et M.B. Calas, 1987. « Organizational culture: a critical assessment », pp. 228-268 dans F.M. Jablin *et al.* (dir.). *Handbook of organizational communication*. Beverly Hills, CA: Sage.
Smith, J., 1981. « Self and experience in Maori culture », pp. 144-159 dans P. Heelas et A. Lock (dir.). *Indigenous psychologies. The anthropology of the self*. Londres: Academic Press.

Smith, P., 1968. « Mythe, approche ethno-sociologique », pp. 527-528 dans *Encyclopædia Universalis*, vol. 11.

Smith, P.K. et K.J. Connolly, 1980. *The ecology of preschool behaviour*. Cambridge: Cambridge University Press.

Smith, R., 1986. « The 21st. century corporation ». *International Journal of Technology Management*, 1 (1/2).

Smith, W.J., J. Chase et A.K. Lieblich, 1974. « Tongue showing: a facial display of humans and other primates species ». *Semiotica*, 11: 201-246.

Smucker, J., 1988. « La culture de l'organisation comme idéologie de gestion: une analyse critique », pp. 39-68 dans G.L. Symons (dir.). *La culture des organisations*. Québec: Institut québécois de recherche sur la culture.

Sofer, C., 1985. *La division du travail entre hommes et femmes*. Paris: Économica.

Sombart, W., 1932. *L'apogée du capitalisme*. Paris: Payot.

Sommer, R., 1969. *Personal space, the behavioral basis for design*. Englewood Cliffs, NJ: Prentice-Hall.

Sorokin, P. et R.K. Merton, 1937. « Social time: a methodological and functional analysis ». *American Journal of Sociology*, 42: 615-629.

Sommer, R., 1967. « Sociofugal space ». *American Journal of Sociology*, 72: 654-659.

Sophocle, 1964. « Œdipe roi », pp. 104-143 dans Sophocle. *Théâtre complet*. Paris: Garnier-Flammarion.

Sousa-Poza, J.F. et R. Rohrberg, 1977. « Body movement in relation to type of information (person- and nonperson-oriented) and cognitive style (field dependence) ». *Human Communication Research*, 4: 19-29.

Sperber, D. et D. Wilson, 1986. *Relevance: communication and cognition*. Oxford: Blackwell.

Spielberger, C.D. *et al.*, 1985. « The experience and expression of anger: construction and validation of an anger expression scale », pp. 5-30 dans M.A. Chesney et R.H. Rosenman (dir.). *Anger and hostility in cardiovascular and behavioral disorders*. New York: Hemisphere Publishing.

Spielman, P.M., 1971. « Envy and jealousy: an attempt at clarification ». *The Psychoanalytic Quarterly*, XL: 59-82.

Staines, G.L., B. Gutex et J.H. Pleck, 1979. « A study of occupational sex typing ». Ann Arbor Survey Research Center, Michigan University, août.

Starbuck, W.H., A. Greve et B.L. Hedberg, 1978. « Responding to crisis ». *Journal of Business Administration*, printemps: 111-178.

Starkey, K., 1986. « Time and the labour process ». Communication présentée au 3e congrès annuel sur le thème « Organization and control of the labour process ». University of Aston, Grande-Bretagne.

Staw, B.M., 1984. « Organizational behavior: a review and reformulation of the field's out-come variables ». *Annual Review of Psychology*, 35: 627-666.

Staw, B.M. et L.L. Cummings, 1987, 1988. *Research in organizational behavior*. Greenwich, CT: JAI Press.

Staw, B.M. et G.R. Salancik, 1977. *New directions in organizational behaviour*. Chicago: St. Clair Press.

Steele, F., 1977. « Is culture hostile to organization development? The U.K. example », pp. 23-31 dans P.H. Mirvis et B.N. Berg (dir.). *Failures in organization development and change: cases and essays for learning*. New York: Wiley.

Steele, S., 1988. « I'm Black, you're White. Who's innocent? Race and power in an era of blame ». *Harper's Magazine*, juin: 45-53.

Steele, S., 1989. « The recoloring of campus life. Student racism, academic pluralism and the end of a dream ». *Harper's Magazine*, février: 47-55.

Stekel, W., 1980. *Technique de la psychothérapie analytique*. Paris: Payot.

Stellman, J., 1983. *La santé des femmes au travail*. Montréal: Parti pris (coll. « Parti pris ouvrier »; 5).

Sterling, T.D., E. Sterling et H. Dimich-Ward, 1983. « Building illness in the white-collar workplace ». *International Journal of Health Services*, 13 (2): 277-287.

Sternberg, R.J. et C. Smith, 1985. « Social intelligence and decoding skills in nonverbal communication ». *Social Cognition*, 3: 168-192.

Sternberg, R.J. et R.K. Wagner (dir.), 1986. *Practical intelligence. Origins of competence in everyday world*. New York: Cambridge University Press.

St-Jean, G., 1988. « 290 suicides dans le métro en 22 ans ». *La Presse*, 31 octobre: 1.

Stolorow, R.D. et G.E. Atwood, 1979. *Faces in cloud. Subjectivity in personality theory*. New York: Janson Aranson.

Stolorow, R.D. et G.E. Atwood, 1980. « Psychoanalytic phenomenology: progress toward a theory of personality », p. 101 dans A. Goldberg (dir.). *The future of psychoanalysis*. New York: International University Press.

Stone, L., 1961. *The psychoanalytic situation*. New York: International Universities Press.

Stone, L., 1967. « The psychoanalytic situation and transference: postcript to an earlier communication ». *Journal of the American Psychoanalytic Association*, 15: 3-58.

Storr, A., 1979. *The art of psychotherapy*. New York: Methuen.

Storr, A. (dir.), 1983. *The essential Jung. Selected from the collected works of C.G. Jung*. Princeton, NJ: Princeton University Press.

Strachey, J., 1934. « The nature of the therapeutic action of psychoanalysis ». *International Journal of Psychoanalysis*, 15: 127-159.

Strauss, A., 1978. *Negotiations: varieties, contexts, processes and social order*. Londres: Jossey-Bass.

Suarez, S.D. et G.G. Gallup, 1986. « Face touching in primates: a closer look ». *Neuropsychologia*, 24: 597-600.

Sullerot, É. (dir.), 1978. *Le fait féminin*. Paris: Fayard.

Sullivan, H.S., 1953. *The interpersonal theory of psychiatry*. New York: Norton.

Sundstrom, E. et M.G. Sundstrom, 1986. *Work places: the psychology of the physical environment in offices and factories*. New York: Cambridge University Press.

Sutton-Smith, B., 1986. *Toys as culture*. New York: Gardner Press.

Svensson, L., 1989. « A democratic strategy for organizational change ». *International Journal of Health Services*, 19 (2): 319-331.

Sylla, T., 1981. « La psychologie de l'Africain. Socialisation des pulsions et formation du moi ». École supérieure de la gestion des entreprises de Dakar (E.S.G.E.), document interne.

Symons, G.L., 1981. « Her view from the executive suite: Canadian women in management », pp. 337-353 dans K.L.P. Lundy et B.D. Warme (dir.). *Work in the Canadian context: continuity despite change*. Toronto: Butterworths.

Symons, G.L., 1985. « Career profiles of business women in France and Canada », pp. 299-315 dans M. Lemelin (dir.). *Proceedings of the 22nd annual meeting of the Canadian Industrial Relations Association*. Montréal: École des H.É.C.

Symons, G.L., 1986a. « Careers and self-concepts: managerial women in French and English Canada », pp. 282-294 dans K. Lundy et B. Warme (dir.). *Work in the Canadian context: continuity despite change*. 2e éd. Toronto: Butterworths.

Symons, G.L., 1986b. « Coping with the corporate tribe: how women in different cultures experience the managerial role ». *Journal of Management*, 12 (3, automne): 379-390.

Symons, G.L., 1986c. « Corporate culture, managerial women and organizational change », pp. 95-108 dans *Proceedings of the International Conference on organization symbolism and corporate culture on the theme « Cultural engineering: the evidence for and against »*. Vol. 2. Montréal: UQAM.

Symons, G.L., 1986d. « Ethnicity, career and gender: managerial women in France and Canada ». *Études canadiennes/Canadian studies, Revue interdisciplinaire des études canadiennes en France*, 21, tome 2: 137-146.

Symons, G.L. (dir.), 1988a. *La culture des organisations*. Québec: Institut québécois de recherche sur la culture (« Questions de culture »; 14).

Symons, G.L., 1988b. « La culture des organisations: une nouvelle perspective ou une mode des années 1980? », pp. 21-38 dans G.L. Symons (dir.). *La culture des organisations*. Québec: Institut québécois de recherche sur la culture (« Questions de culture »; 14).

Symons, G.L., 1989. « Women in power: the real threat to corporate culture », pp. 35-47 dans Y. Wyant (dir.). *Canadian-Israeli perspectives on culture, women and media*. Jérusalem: Academon.

Taddei, D., 1986. *Des machines et des hommes*. Paris: La Documentation française.

Tagvieff, P.A., 1987. *La force du préjugé. Essai sur le racisme et ses doubles*. Paris: Éditions La Découverte.

Tap, P. (dir.), 1986a. *Identité individuelle et personnalisation*. Toulouse: Privat.

Tap, P. (dir.), 1986b. *Identités collectives et changements sociaux*. Toulouse: Privat.

Tapia, C., 1980. « Les conflits dans l'entreprise », pp. 138-151 dans C. Lévy-Leboyer (dir.). *Le psychologue et l'entreprise*. Paris: Masson.

Taylor, F.W., 1907. *La direction des ateliers.* Paris: Dunod et E. Pinat.
Taylor, F.W., 1911. *The principles of scientific management.* New York: Harper and Row.
Taylor, F.W., 1957. *La direction scientifique des entreprises.* Paris: Dunod.
Taylor, N.W., 1971. « L'industriel canadien français et son milieu », pp. 42-74 dans R. Durocher et P.-A. Linteau (dir.), *Le « retard » du Québec et l'infériorité économique des Canadiens français.* Montréal: Éditions Boréal Express.
Taylor, R.D., 1975. « Psychological determinants of bounded rationality: implication for decision-making strategies ». *Decision Sciences,* 6: 409-429.
Tellenbach, H., 1974. « On the nature of jealousy ». *Journal of Phenomenological Psychology,* 4 (2): 461-468.
Terhune, K.W., 1970. « The effects of personality in cooperation and conflict », pp. 193-234 dans P.C. Swingle (dir.). *The structure of conflict.* New York: Academic Press.
Terkel, S., 1972. *Working.* New York: Avon Books.
Terkel, S., 1976. *Gagner sa croûte.* Paris: Fayard.
Terray, E., 1969. *Le marxisme devant les sociétés primitives.* Paris: François Maspero.
Thèves, J., 1973. « Conception psychosociologique du bureau-paysager ». Strasbourg: Institut de psychologie sociale.
Thibaut, J.W. et H.H. Kelley, 1959. *The social psychology of groups.* New York: Wiley.
Thierry, H.K. et A. Koopman Iwena, 1984. « Motivation and satisfaction », dans P.J.D. Drenth, H.K. Thierry, P.J. Willems et C.J. de Wolff (dir.). *Handbook of work and organizational psychology.* 2 vol. Chichester: Wiley.
Thoenig, J.-C., 1973. *L'ère des technocrates.* Paris: Éditions d'Organisation.
Thomas, K.W., 1976. « Conflict and conflict management », pp. 889-935 dans M.D. Dunnette (dir.). *Handbook of industrial and organizational psychology.* Chicago: Rand McNally.
Thomas, K.W., 1987. « Psychological resources for collaboration: empowerment as a conflict-management intervention », pp. 11-22 dans A. Larocque *et al.* (dir.). *Technologies nouvelles et aspects psychologiques.* Québec: Presses de l'Université du Québec.
Thomas, K.W. et R. Kilmann, 1978. « Comparisons of four instruments measuring conflict behavior ». *Psychological Reports,* 42: 1139-1145.
Thomas, K.W. et L.R. Pondy, 1977. « Toward an intent model of conflict management among principal parties ». *Human Relations,* 30: 1089-1102.
Thomas, K.W. et W.G. Tymon Jr., 1985. « Structural approaches to conflict management », pp. 336-366 dans R. Tannenbaum, N. Margulies et F. Massarik (dir.). *Human systems development.* San Francisco: Jossey-Bass.
Thompson, E.P., 1967. « *Time, work, discipline and industrial capitalism* ». *Past and Present,* 38 (décembre): 56-97.
Thompson, J.D., 1956. « Authority and power in identical organizations ». *American Journal of Sociology,* LXII: 290-301.
Thompson, J.D., 1967. *Organizations in action.* New York: McGraw-Hill.
Thrift, N., 1981. « The making of a capitalist time consciousness », dans *Space, time and geography.* Essays dedicated to Torgen Hagerstrand. Lund: C.W.K. Gleesup.
Tinbergen, N., 1951. *L'étude de l'instinct.* Paris: Payot.
Tinbergen, N., 1958. *Curious naturalists.* New York: Basic Books.
Tinker, T., 1986. « Metaphor or reification? ». *Journal of Management Studies,* 23: 363-384.
Tisdell, C.A., 1976. « Rational behaviour as a basis for economics theories », pp. 196-222 dans S.I. Benn et G.W. Mortimore (dir.). *Rationality and the social sciences.* Londres: Routledge and Kegan Paul.
Titelman, P., 1981. « A phenomenological comparison between envy and jealousy ». *Journal of Phenomenological Psychology,* 12 (2):189-204.
Tixier, P.-É., 1986. « Management participatif et syndicalisme ». *Sociologie du travail,* 28 (3): 353-372.
Tixier, P.-É., 1988. « Légitimité et modes de domination dans les organisations ». *Sociologie du travail,* 30 (4): 615-629.
Tobin, S.S., 1980. « Institutionalization of the aged », pp. 195-211 dans N. Datan et N. Lohmann (dir.). *Transitions of aging.* New York: Academic Press.
Todd-Mancillas, W.R. et Ana Rossi, 1985. « Gender differences in the management of personnel disputes ». *Women's Studies in Communication,* 8: 25-33.
Todorov, T., 1986. « Le croisement des cultures ». *Communications,* 43: 5-24.

Todorov, T., 1989. *Nous et les autres: la réflexion française sur la diversité humaine*. Paris: Éditions du Seuil.
Toffler, A., 1986. *S'adapter ou périr*. Paris: Denoël.
Toulmin, S.E., 1958. *The uses of argument*. Cambridge: Cambridge University Press.
Touraine, A., 1965. *La conscience ouvrière*. Paris: Éditions du Seuil.
Touraine, A., 1981. *La voix et le regard*. Paris: Éditions du Seuil.
Touraine, A., 1984. *Le retour de l'acteur*. Paris: Fayard.
Touraine, A., 1989. « Un nouvel âge de la politique? ». *Magazine littéraire*, novembre: 24-28.
Tournier, M., 1984. *Gaspard, Melchior et Balthazar*. Paris: Gallimard (coll. « Folio »; 1415).
Tremblay, R.E., M.A. Provost et F.F. Strayer (dir.), 1985. *Éthologie et développement de l'enfant*. Paris: Stock.
Trepo, G., 1973. « Les racines du centralisme dans l'entreprise ». *Management Direction*, mai: 56-72.
Trimboli, A. et M.B. Walker, 1987. « Nonverbal dominance in the communication of affect: a myth? ». *Journal of Nonverbal Behavior*, 11 (3): 180-190.
Tripier, M., 1986. « Culture ouvrière et culture d'entreprise ». *Sociologie du travail*, 28 (3): 373-386.
Trotter, R.J. et J.V. McConnell, 1980. *Psychologie: science de l'homme*. Montréal: Éditions HRW.
Turner, V., 1971. « Syntaxe du symbolisme d'une religion africaine », pp. 76-88 dans J. Huxley (dir.). *Le comportement rituel chez l'homme et l'animal*. Paris: Gallimard.
Tylor, E.B., 1877. *Primitive culture. Researches into the development of mythology, philosophy, religion, language, art, and customs*. Vol. 1. New York: Henry Holt & Co.
Unesco, 1960. « Déclaration de 1950 », pp. 536-540 dans *Le racisme devant la science*. Paris: Unesco et Gallimard.
Ungson, G.R., D.N. Braunstein et P.D. Hall, 1981. « Managerial information processing: a research review ». *Administrative Science Quarterly*, 26 (1): 116-134.
U.S. Bureau of the Census, 1986. *Statistical abstract of the United States*. 107e éd. Washington, D.C.
Vallée, L., 1985. « Représentations collectives et sociétés », pp. 195-242 dans A. Chanlat et M. Dufour (dir.). *La rupture entre l'entreprise et les hommes. Le point de vue des sciences de la vie*. Montréal: Québec/Amérique; Paris: Éditions d'Organisation.
Van de Vliert, E., 1984. « Conflict-prevention and escalation », pp. 521-551 dans P.J.D. Drenth, H.K. Thierry, P.J. Willems et C.J. de Wolff (dir.). *Handbook of work and organizational psychology*. Vol. 1. New York: Wiley.
Van de Vliert, E. et H.C.M. Prein, 1989. « The difference in the meaning of forcing in the conflict management of actors and observers », pp. 51-63 dans A.M. Rahim (dir.). *Managing conflict: an interdisciplinary approach*. New York: Praeger.
Van Hoof, J.A.R.A.M., 1982. « Categories and sequences of behavior: methods for description and analysis », pp. 362-439 dans K.R. Scherer et P. Ekman (dir.). *Handbook of methods in nonverbal behavior research*. Cambridge: Cambridge University Press.
Vaquin, H., 1986. *Paroles d'entreprise*. Paris: Éditions du Seuil.
Varela, F.J., 1989. *Connaître. Les sciences cognitives, tendances et perspectives*. Paris: Éditions du Seuil.
Vaughn, B.E. et E. Waters, 1981. « Attention structure, sociometric status and dominance: interrelation, behavioral correlates and relationships to social competence ». *Developmental Psychology*, 17: 275-288.
Veil, C., 1985. « Où en est la psychopathologie du travail? », pp. 18-23 dans C. Dejours, C. Veil et A. Wisner (dir.). *Psychopathologie du travail*. Paris: Entreprise moderne d'édition.
Verbrugge, L.M., 1983. « Multiple roles and physical health of women and men ». *Journal of Health and Social Behavior*, 24 (1, mars): 16-30.
Verbrugge, L.M., 1985. « Gender and health: an update on hypotheses and evidence ». *Journal of Health and Social Behavior*, 26 (3, septembre): 156-182.
Verhoeven, J., 1985. « Goffman's frame analysis and modern micro-sociological paradigms », pp. 71-100 dans H.J. Helle et S.N. Eisenstadt (dir.). *Micro-sociological theory: perspectives on sociological theory*. Vol. 2. Londres: Sage (coll. « International Sociology »; vol. 34).
Vernant, J.P., 1989. *L'individu, la mort, l'amour: soi-même et l'autre en Grèce ancienne*. Paris: Gallimard.
Villette, M., 1988. *L'homme qui croyait au management*. Paris: Éditions du Seuil.
Vinaver, M., 1982. *Écrits sur le théâtre*. Lausanne: Éditions de l'Aire.

Vincent, S., 1982. « La tradition orale montagnaise, comment l'interroger? ». Bruxelles: Centre de la pédagogie de l'histoire et des sciences de l'homme, Cahiers de Clio.

Vincent, S., 1986. « De la nécessité des clôtures — réflexion libre sur la marginalisation des Amérindiens ». *Anthropologie et Sociétés*, X (2): 75-83.

Vingerhoets, A.J.J.M. et F.H.G. Marcelissen, 1988. « Stress research, its present status and issues for future developments ». *Social Science and Medecine*, 26 (3): 279-291.

Voge, C., 1985. « Problèmes médicaux et médico-légaux posés par les agressions à main armée dans les établissements bancaires », pp. 87-94 dans C. Dejours, C. Veil et A. Wisner (dir.). *Psychopathologie du travail*. Paris: Entreprise moderne d'édition.

von Raffler-Engel, W., 1983. *The perception of nonverbal behavior in the career interview*. Amsterdam, Philadelphie: . Benjamins.

von Uexküll, J., 1956. *Mondes animaux et monde humain*. Paris: Gonthier (coll. « Médiations »).

Vovelle, M. (dir.), 1988. *La Révolution française*. Paris: Éditions La Découverte.

Vroom, V.H., 1964. *Work and motivation*. New York: John Wiley.

Vroom, V.H. et E.L. Deci, 1970. *Management and motivation*. Harmondsworth: Penguin.

Vroom, V.H. et P.W. Yetton, 1973. *Leadership and decision making*. Pittsburgh: University of Pittsburgh Press.

Waldron, J., 1975. « Judgments of like-dislike from facial expression and body posture ». *Perceptual and Motor Skills*, 41: 799-804.

Waldron, I., 1983. « Sex differences in human mortality: the role of genetic factors ». *Social Science and Medicine*, 17 (6): 321-333.

Wallbott, H.G. et K.R. Scherer, 1986. « Cues and channels in emotion recognition ». *Journal of Personality and Social Psychology*, 51 (4): 690-699.

Wallerstein, I.M., 1980, 1985. *Le système du monde du XVe siècle à nos jours*. 2 vol. Paris: Flammarion.

Wallerstein, I., 1985. *Le capitalisme historique*. Paris: Éditions La Découverte.

Wallraff, G., 1986. *Tête de Turc*. Paris: Éditions La Découverte.

Walton, R.E., 1969. *Interpersonal peacemaking: confrontation and third party consultation*. Reading, MA: Addison-Wesley.

Walton, R.E., 1987. *Managing conflict: interpersonal dialogue and third party roles*. 2e éd. Reading, MA: Addison-Wesley.

Walton, R.E. et J.M. Dutton, 1969. « Managing inter-departmental conflict: a model and review ». *Administrative Science Quarterly*, 14: 73-82.

Walton, R.E. et R.B. McKersie, 1965. *A behavioral theory of labor negotiations: an analysis of a social interaction system*. New York: McGraw-Hill.

Wansell, G., 1987. *Tycoon. The life of James Goldsmith*. New York: Atheneum.

Warner, W.L. et J.O. Low, 1947. *The social system of the modern factory*. New Haven: Yale University Press.

Warriner, C.K., 1984. *Organizations and their environments: essays in the sociology of organizations*. Greenwich, CT: JAI Press.

Watzlawick, P., 1981. « Entretien avec Paul Watzlawick », p. 332 dans G. Bateson *et al.* (dir.). *La nouvelle communication*. Paris: Éditions du Seuil.

Webber, R.A. (dir.), 1969. *Culture and management*. Homewood, IL: Irwin.

Weber, M., 1947. *The theory of social and economic organization*. New York: Free Press.

Weber, M., 1965. « L'objectivité de la connaissance dans les sciences et la politique sociale », pp. 117-213 dans M. Weber. *Essais sur la théorie de la science*. Paris: Plon.

Weber, M., 1967. *L'éthique protestante et l'esprit du capitalisme*. Paris: Plon.

Weber, M., 1976. *The protestant ethic and the spirit of capitalism*. Londres: Allen and Unwin.

Weber, M., 1971. *Économie et société*. Paris: Plon.

Weber, M., 1979. *Economy and society: an outline of interpretive sociology*. 2 vol. Berkeley, CA: University of California Press.

Weedon, C., 1987. *Feminist practice and poststructuralist theory*. Oxford: Basil Blackwell.

Wehr, P., 1979. *Conflict regulation*. Boulder, CO: Westview.

Weick, K.E., 1979. *The social psychology of organizing*. 2e éd. Reading, MA: Addison-Wesley.

Weick, K.E. (dir.), 1983. « Organizational culture ». *Administrative Science Quarterly*, 28 (3, septembre).

Weick, K.E., 1985. « The significance of corporate culture », pp. 381-389 dans P.J. Frost, L.F. Moore, M.R. Louis, C.C. Lundberg et J. Martin (dir.). *Organizational culture*. Beverly Hills, CA: Sage.

Weick, K.E. et M.G. Bougon, 1986. « Organizations as cognitive maps », dans H.P. Sims Jr. et D.A. Gioia (dir.). *The thinking organization: dynamics of organizational social cognition*. San Francisco: Jossey-Bass.

Weil, E., 1989. « Morale », pp. 743-750 dans *Encyclopædia Universalis*, vol. 15.

Weil, S., 1951. *La condition ouvrière*. Paris: Gallimard. (Réédité dans la collection « Idées » en 1964.)

Weil, S., 1970. *First and last notebooks*. Londres: Oxford University Press.

Weil, S., 1978. *Fabriktagebuch und andere Schriften zum Industriesystem*. Francfort: Suhrkamp.

Weingart, L.R., L. Thompson, M.H. Bazerman et J.S. Carroll, 1987. « Tactics in integrative negotiations », pp. 285-289. Best paper proceedings, Forty-seventh annual meeting of the Academy of Management. Nouvelle-Orléans, LA, 9-12 août.

Weinrich, H., 1964. *Tempus*. Stuttgart: W. Kohlhammer.

Weinrich, H., 1973. *Le temps: le récit et le commentaire*. Paris: Éditions du Seuil (coll. « Poétique »).

Weinrich, H., 1986. « Petite xénologie des langues étrangères ». *Communications*, 43: 187-203.

Weitz, S. (dir.), 1979. *Nonverbal communication: readings with commentary*. 2e éd. New York: Oxford University Press.

Weitzman, M.L., 1986. *L'économie de partage: vaincre la stagflation*. Paris: L'Expansion — Hachette — Éditions Jean-Claude Lattès (coll. « L'économie nouvelle »).

Westen, D., 1985. *Self and society: narcissism, collectivism and the development of morals*. New York: Cambridge University Press.

Westley, F. et H. Mintzberg, 1987. *Strategic vision: Levesque and Iacocca*. Montréal: McGill University, Département de management, document de travail.

White, R.W., 1975. *Lives in progress*. New York: Holt, Rinehart and Winston.

Whitley, R., 1984. « The scientific states of management research as a practically oriented social science ». *Journal of Management Studies*, 21 (4).

Whorf, B., 1969. *Linguistique et anthropologie*. Paris: Denoël-Gonthier.

Whyte, W.F., 1948. *Human relations in the restaurant industry*. New York: McGraw-Hill.

Wiener, M., S. Devoe, S. Robinow et J. Geller, 1972. « Nonverbal behavior and nonverbal communication ». *Psychological Review*, 79: 185-214.

Wild, H., W.R. Johnson et D.J. McBrayer, 1983. « Gestural behavior as a response to external stimuli ». *Perceptual and Motor Skills*, 56: 547-550.

Wildavsky, A., 1979. *The politics of the budgetary process*. Boston: Little, Brown.

Wildavsky, A., 1983. « Information as an organizational problem ». *Journal of Management Studies*, 20 (1): 29-40.

Wilkins, A.L., 1983. « The culture audit: a tool for understanding organizations ». *Organizational Dynamics*, 12 (2): 24-38.

Williams, E., 1977. « Experimental comparisons of face-to-face and mediated communication: a review ». *Psychological Bulletin*, 84: 963-976.

Williamson, O.E., 1979. « Transaction-cost economics: the governance of contractual relations ». *The Journal of Law and Economics*, XXII (2): 233-261.

Williamson, O., 1985. *The economic institutions of capitalism: firm, markets, relational contracting*. New York: Free Press.

Wilson, E.O., 1987. *Sociobiologie*. Paris: Rocher.

Wingard, D.L., 1984. « The sex differential in morbidity, mortality and lifestyle », pp. 433-458 dans L. Breslow, J.E. Fielding et L.B. Lave (dir.). *Annual Review of Public Health*. Vol. 5.Palo Alto, CA: Annual Reviews Inc.

Winnicott, D.W., 1953. « Transitional objects and transitional phenomena ». *The International Journal of Psycho-Analysis*, 34 (2): 89-97.

Winnicott, D.W., 1975a. *Jeu et réalité*. Paris: Gallimard.

Winnicott, D.W., 1975b. *Through pediatrics to psychoanalysis*. New York: Basic Books.

Winock, M., 1988. *1789, l'année sans pareille: chronique*. Paris: O. Orban.

Wittgenstein, L., 1967. *Philosophical investigations*. 3e éd. Oxford: Basil Blackwell.

Wolff, H.G., 1968. *Stress and disease*. Springfield, IL: Charles C. Thomas.

Wright, E.O., 1985. *Classes*. Londres: New Left Books.

Wright, L., 1968. *Clockwork man*. Londres: Eleck Books.

Wright-Mills, C., 1971. *L'imagination sociologique*. Paris: François Maspero.

Yaguello, M., 1978. *Les mots et les femmes*. Paris: Payot.
Yamaguchi, T., 1988. « The challenge of internationalization: Japan's Kokusaika ». *Academy of Management Executive*, 2 (1, février): 33-36.
Yoshino, M.Y., 1968. *Japan's managerial system: tradition and innovation*. Cambridge, MA: MIT Press.
Zahan, D., 1970. *Religion, spiritualité et pensée africaines*. Paris: Payot.
Zaidman, C., 1986. « La notion de féminisation », pp. 281-289 dans N. Aubert, E. Enriquez et V. de Gaulejac (dir.). *Le sexe du pouvoir: femmes, hommes et pouvoirs dans les organisations*. Paris: Épi.
Zajonc, R.B., 1980. « Feeling and thinking: preferences need no inferences ». *American Psychologist*, 35: 151-171.
Zajonc, R.B., 1984. « On the primary of affect ». *American Psychologist*, 39: 117-123.
Zaleznik, A., 1970. « Power and politics in organizational life ». *Harvard Business Review*, 48 (3, mai-juin): 47-60.
Zaleznik, A., 1977. « Managers and leaders: are they different? ». *Harvard Business Review*, 55 (3, mai-juin): 67-78.
Zaleznik, A., 1989. *The managerial mystique: restoring leadership in business*. New York: Harper and Row.
Zaleznik, A., 1990. « The leadership gap ». *Academy of Management Executive*, 4 (1): 7-22.
Zaleznik, A. et M.F.R. Kets de Vries, 1985. *Power and the corporate mind*. Chicago: Bonus Books.
Zavalloni, M. et C. Louis-Guérin, 1984. *Identité sociale et conscience: introduction à l'égo-écologie*. Montréal: Les Presses de l'Université de Montréal; Toulouse: Privat.
Zeligs, M.A., 1961. « Le rôle du silence dans le transfert, le contre-transfert et dans le processus psychanalytique ». *Revue française de psychanalyse*, XXV (3): 779-790.
Zucker, L., 1977. « The role of institutionalization in cultural persistence ». *American Sociological Review*, 42: 726-743.
Zuckerman, M., B. De Paulo et R. Rosenthal, 1981. « Verbal and nonverbal communication of deception », pp. 1-59 dans L. Berkowitz (dir.). *Advances in experimental social psychology*. Vol. 14. New York: Academic Press.
Zuckerman, M., M. Miserandino et F. Bernieri, 1983. « Civil inattention exists — in elevators ». *Personality and Social Bulletin*, 9: 578-586.

INDEX

Abbondanza, M., 413, 414
Abou, S., 247
Abraham, K., 301, 728
Abrahamson, L.Y., 712
Abramovitch, R., 147
Acker, J., 754, 755, 759
Adam, G., 627
Adams, J.S., 298, 300
Adams, T.F., 555
Adamski, W., 625
Adler, N.J., X, 22, 28, 312, 375, 417, 424, 501, 505, 532
Adret, 6
Akert, R.M., 155
Aktouf, O., 6, 13, 18, 29, 38, 90, 93, 97, 98, 101, 103, 233, 255, 329, 335, 361, 479, 506, 531, 552, 557, 559, 586, 587, 719, 720
Alberti, L.B., 200
Alderfer, C.P., 298, 337
Aldrich, H., 512
Alegria, J., 163
Alinsky, S., 525
Allaire, Y., 547, 552, 553, 576, 586, 587
Allison, G.T., 103
Allouche-Benayoun, J., 440
Alpern, D.M., 321
Alter, N., 621
Altman, I., 168
Alvesson, M., 5, 7, 27, 587, 720
Amado, G., 3, 27, 260, 262, 278, 334, 339, 532, 629, 644, 647, 648
American Psychiatric Association, 314, 315
Amiel, R., 723, 724
Ancelin-Schützenberger, A., 176
Anderson, A., 521, 537
Andrew, C., 412, 413, 416
Andrews, K.R., 270
Anscombre, J.-C., 41
Ansoff, I., 658
Antelme, R., 18
Anthony, P.D., 674
Antonovsky, A., 712, 713
Applebaum, H., 6, 13, 28, 163
Arcand, B., 389, 610
Archer, D., 155
Archier, G., 465, 627, 720
Ardener, E., 593, 608
Argyle, M., 139, 148, 150
Argyris, C., 339, 510, 511, 586, 643
Aristote, 54, 769
Arnold, H.J., 26
Aron, R., 23
Aronson, E., 713
Arsenault, A., 713
Assad, T., 666
Atangana, B., 248
Athos, A.G., 21, 22, 555, 586
Attali, J., 11
Atwood, G.E., X, 317
Aubert, N., 335, 376, 377, 408, 433, 434, 685, 686, 709, 710, 723
Aucoin, L., 514
Audet, M., 3, 4, 7, 14, 26
Augustin (saint), 218, 304
Austin, J.L, 34, 41, 55, 87, 119, 138, 588
Avrunin, G.S., 527
Axelrod, R., 527

Babbage, C., 220
Bacharach, S.B., 515, 516
Bachelard, G., 590, 591, 608
Badinter, E., 376, 431
Balandier, G., 20, 22, 24, 164, 238, 376, 532
Baldamus, W., 670
Balint, M., 295, 313
Balle, C., 3
Bally, C., 83
Bandura, A., 712
Barker, R.G., 649
Barnard, C., 553, 554
Barnes, B., 675, 678
Barnes, J.B., 3
Barnes, L.B., 321
Barnouw, V., 561
Baron, R.A., 26, 520, 521
Barrère-Maurisson, M.-A., 465
Barrett, S.R., 534, 535, 536, 538, 539, 552
Barthes, R., 435, 471
Bartol, A., 329
Bartol, C., 329
Bass, B.N., 334
Bastide, R., 367, 504

Bateson, G., X, 15, 17, 24, 26, 29, 63, 64, 67, 352, 560, 587, 591, 595, 608, 609, 718
Batista, J., 578, 587
Baudoux, C., 413
Baudrillard, J., 596
Bavelas, J.B., 150
Beattie, G.W., 144, 148, 150, 157
Beauvois, J.L., 68
Beck, W.S., 609
Bédard, R., 34, 86, 505, 587
Bedeian, A.G., 509
Beer, M., 639
Bégoin, J., 723, 725
Behrman, J., 5
Bellah, R.N., 335, 644
Belle, F., 214, 377, 408, 414, 465, 766
Belotti, E.G., 759
Bendix, R., 7, 502, 509
Benedict, R., 561, 770
Benguigui, G., 627
Bennis, W.G., 321, 322, 329, 643
Bentham, J., 173
Benveniste, É., 9, 10, 17, 32, 34, 41, 54, 55, 59, 80, 83, 99, 587
Berg, D.N., 629
Bergen, B.J., 732
Berger, P.L., 9, 29, 160, 339, 351, 419
Bergson, H., 609
Berkman, L., 713
Bernard, C., 662
Bernoux, P., 627
Berry, M., 13, 28, 29, 48
Bers, S.A., 302
Best, E., 212, 223
Bettelheim, B., 334, 353
Beyer, J.B., 104
Beynon, H., 229, 587
Bhérer, H., 22
Bibeau, G., 685, 709, 714
Bidol, P.A., 393
Bidwell, C.E., 512
Bienefeld, M.A., 218
Bion, W.R., 10, 26, 259, 300, 334, 361
Bird, B., 295
Birdwhistell, R., 26, 141
Bizé, M., 627
Blake, R.R., 513, 517
Blau, F.D., 142, 511, 751
Bloch, M., 662
Bloom, A., 27, 720
Blouin, J., 30
Blyton, P., 218, 221
Boje, D.M., 576
Bollinger, D., 501, 552
Bolman, L.G., 509, 517
Bolton, E.B., 753, 757
Bombardier, D., 505
Bonis, J., 436, 453
Boone Pickens, T., 329
Bopp, F., 42
Borzeix, A., 34, 52, 77, 115, 117, 121, 138, 627
Bosche, M., 557, 578, 586, 587, 588
Bosworth, D.L., 218
Bouchard, G., 114, 598
Bouchard, S., 6, 11, 388, 531, 696
Boudon, R., 9, 408
Bougon, M.G., 68
Bourdieu, P., 9, 13, 22, 24, 29, 35, 52, 57, 67, 377, 408, 463, 539, 540, 541, 586, 646, 671, 674, 694
Bourgeois, V.W., 217
Bourgoin, H., 24, 238, 474, 479, 501
Boutet, J., 77, 119
Bouthillette, J., 552
Bouvier, P., 621
Boyce, W.T., 712
Boyer, R., 208
Bozzini, L., 713
Brandchaft, B., 312
Brandt, W., 23
Brannigan, C.R., 145
Braudel, F., 3, 23, 29, 30, 162, 163, 465, 471, 472, 662
Braverman, H., 221, 587
Braybrooke, D., 103
Breslow, L., 713
Breuer, J., 279
Bridger, H., 260
Briggs, L., 492, 495, 501, 506
Brockner, J., 522, 525
Brodsky, J., 32
Brossard, A., 18, 29, 141
Brown, W., 515, 516, 555
Bruhn, J.G., 713
Brunsson, N., 104
Bryan, J.F., 298
Buck, R., 148
Bugard, P., 724
Bulfinch, T., 327
Bull, P.E., 157
Burawoy, M., 670, 677
Burge, S., 197
Burgoon, J.K., 157
Burke, M., 618
Burns, J.M., 321, 334
Burns, T., 20, 511, 512
Burt, C., 28
Butcher, L., 330

Caillé, A., 4
Caillois, R., 565, 580, 581, 585, 591, 610
Calas, M.B., 11, 29, 532, 553, 556, 586, 587
Calbris, G., 142
Campbell, J.P., 337, 340
Camus, A., 258, 590, 591, 592
Candot, B., 612
Cannon, W., 710
Canter, D., 168

Cappella, J.N., 143, 150, 151
Carchedi, G., 670, 671, 681
Carrithers, M., 29
Caruso, M., 621
Cary, M.S., 143
Cassel, J., 712
Cassirer, E., 11, 530, 591, 592, 594, 595, 608, 609
Casson, M., 24
Castaneda, C., 504
Castells, M., 3
Castelnuovo-Tedesco, P., 307
Castoriadis, C., 437, 552
Cavendish, R., 216, 225, 227, 229
Cazamian, P., 165
Chagnon, Y., 556, 578
Chalmers, A.F., 7
Chance, M.R.A., 147
Changeux, J.P., 77
Chanin, M.N., 515
Chanlat, A., X, 5, 6, 11, 13, 22, 27, 28, 29, 34, 38, 77, 80, 86, 89, 335, 487, 505, 532, 557, 571, 587, 588, 719, 720
Chanlat, J.-F., 3, 7, 13, 27, 415, 422, 509, 527, 685, 686, 713, 714, 744
Charlesworth, W.R., 147
Charon, J.E., 609
Chaunu, P., 662
Cherniss, C., 713
Chetwynd, J., 749, 753
Chomsky, N., 39, 40, 58, 82, 83, 495, 609
Chouraqui, A., 617, 627
Chrétien, M., 586, 587
Christie, R., 515
Cipolla, C., 200
Clapier-Valladon, S., 618
Clark, J.P., 329
Clark, P.A., 216, 220, 221, 225, 227, 228
Clegg, S.R., 17, 22, 38, 220, 420, 511, 532, 665, 667, 668, 669, 670, 671, 672, 674, 675, 678, 679, 681
Cleland, D.I., 576
Coch, L., 668
Codrington, R.H., 223
Cohen, P., 229
Collins, S., 29
Commaille, J., 465
Comte, A., 674
Condillac, É., 82
Condominas, G., 161, 173, 178, 560, 561, 562, 577, 588
Conein, B., 65
Conger, J.A., 321
Connellan, T.K., 298
Connolly, K.J., 145
Conrad, P., 717
Cook, M., 139
Coombs, C.H., 527
Cooper, A., 312
Cooper, C., 3, 4, 339, 685, 709, 716
Coornaert, M., 613
Copeland, L., 492, 495, 501, 506
Coppolino, Y., 414
Corneau, G., 552
Cosier, R.A., 517, 520
Cosnier, J., 9, 18, 29, 141, 144
Cossette, P., 68
Côté, N., 3
Cottereau, A., 600, 705
Cottet, 312
Coulon, A., 16
Cox, C.J., 339
Cox, T., 712
Crocq, L., 724, 727, 728, 734
Crosby, F., 150
Crozier, M., 3, 9, 13, 22, 29, 103, 165, 331, 408, 437, 511, 527, 622, 627, 645, 646, 652, 662, 755
Cru, D., 695
Cummings, L.L., 4, 26, 338, 509
Cyert, R.M., 103, 511, 514

Dachler, H.P., 337, 338
Dahrendorf, R., 211, 212
Daley, J.R., 749, 762
Damien, 627
Danchin, L., 82
Darwin, C., 14, 80, 390
Daudi, P., 680
Daum, S., 685
Dauvet, M.J., 416
David, C., 465
David, H., 753
Davidson, L., 755, 760
Davies, A.F., 305
Davies, R.J., 546, 552
Davis, E., 6, 330
Dawkins, P.J., 218
Deal, T.E., 11, 509, 511, 517, 553, 576, 586, 627, 720
Dean, M., 150
Debord, G., 92
Deci, E.L., 337, 360
de Coster, M., 114
de Custine, M., 488
de Foucauld, J.B., 212
de Gaulejac, V., 376
Degot, V., 74
de Grazia, S., 218, 220
de Heutsch, L., 18, 29
Dejours, C., 6, 10, 96, 260, 324, 335, 610, 686, 690, 693, 695, 698, 706, 709, 714, 715, 718, 723, 730, 731
Delacampagne, C., 381, 383, 385, 386, 387, 388, 389, 390, 391, 392
Delalande, P., 247, 248
Delamotte, Y., 627
de Lannoy, J.D., 18, 29, 34, 139, 141, 156

Della-Dora, D., 393
Delwasse, L., 5
de Meuse, K.P., 140
Denzin, N.K., 229
De Paulo, B.M., 152, 154
Derr, C.B., 525
Déry, R., 4, 7, 26, 34
Descartes, R., 14, 218
de Saussure, F., 39, 54, 57, 82, 668
Déseurmaux, A., 559, 583
Desmarez, P., 5, 27
de Tocqueville, A., 335, 488
de Turck, M.A., 155
Deutsch, M., 516, 517, 520, 521, 522, 524, 525
Devereux, G., 12, 13, 15, 18, 28, 29, 258, 367, 470, 471, 504, 505
Devlin, É., 5
Dewanna, M., 433
Dickson, D., 342, 510, 554
Dimond, S., 146
d'Iribarne, P., 7, 22, 493, 501, 506, 527, 532, 558, 618, 624, 648, 651
Ditton, J., 216, 225, 226, 227, 229
Djebbar, A., 379
Dobbins, G.H., 416
Dobzansky, T., 28
Do Couto, H.H., 479
Dohrenwend, B.S., 713
Dolan, S., 713
Dolgin, K.G., 147
Donaldson, L., 665
Donnellon, A., 38
Doublet, J.-M., 611
Dovidio, J.F., 147, 157
Doyelle, A., 208
Drucker, P.F., 510
Druckman, D., 516, 517
Dubar, C., 612
Dubois, P., 627
DuBrin, A.J., 26
Duby, G., 162
Duclos, D., 685
Ducrot, O., 41, 42, 53, 56, 57, 67
Dufour, C., 552
Dufour, M., X, 5, 11, 28, 29, 38, 77, 80, 86, 89, 261, 335, 557, 719
Dumas, C., 320, 322, 334
Dumazedier, J., 207, 208
Dumézil, G., 610, 662
Dumont, L., 3, 6, 21, 29, 370, 536, 537, 560, 562, 662, 770, 771
Duncan, S., 144, 146, 152, 751
Dunkerley, D., 22, 220, 668, 669, 672, 674, 681
Dupuis, J.-P., 532
Dupuy, F., 627
Dupuy, J.P., 20, 24
Durand, C., 627
Durand, G., 11, 28, 591, 592, 593, 608, 610
Durkheim, É., 27, 215, 216, 223, 224, 536, 668, 669
Durocher, R., 552
Dussard, T., 328
Dussault, G., 753, 757
Dutton, J.M., 527

Eberhard, W., 163
Eco, U., 141, 471
Edelmann, R.J., 149
Edinger, J.A., 150
Edney, J.J., 168, 169
Edwards, R.C., 22
Efron, D., 142
Einstein, A., 14
Ekman, P., 139, 142, 148, 155
Eliade, M., 215, 217, 565, 580, 587
Elias, N., 350
Ellul, J., 3, 233, 532
Ellyson, S.L., 147, 157
Elungu, P.E.A., 233, 234, 235, 237, 239, 241, 243, 244
Elvin, M., 537
Emery, F.E., 222, 335, 512
Engels, F., 218, 562
Enriquez, E., 10, 16, 19, 260, 261, 334, 376, 437, 645
Epstein, C., 433
Eraly, A., 776
Erikson, E.H., 310
Erny, P., 236
Etzioni, A., 511, 666, 719, 768, 771
Eudes, Y., 24, 506
Evans-Pritchard, E.E., 16, 224, 370
Evered, R., 229
Ewald, F., 15, 27, 29, 776
Eyer, J., 712

Faucheux, C., 339, 532, 629, 648
Fauconnier, G., 54, 66
Favret-Saada, J., 61
Fayol, H., 79, 101, 509, 657
Feldman, D.C., 26
Feldman, M.S., 103
Feneyrol, N., 38
Fenichel, O., 280, 281, 292, 727, 728, 734
Ferber, A., 143
Ferguson, K.E., 419, 420, 426, 428
Fericelli, A.M., 103
Fernandez-Zoila, A., 240, 242
Festinger, L., 521
Feyereisen, P., 18, 29, 34, 139, 141, 156
Filley, A.C., 513, 517, 527
Fink, C.F., 527
Fink, S., 323, 324
Firsirotu, M., 409, 547, 552, 553, 576, 586, 587
Fischer, G.N., 12, 16, 161, 162, 167, 171, 176, 179, 197

Fischer, M.M.J., 541, 552
Fisher, R., 516, 520
Fiske, D.W., 144, 146, 152
Flem, L., 383, 384, 385, 386, 387, 389, 390, 391, 392, 393, 394
Fogelson, R.D., 536
Folberg, J., 522
Folger, J.P., 508, 515
Folkman, S., 711
Follett, M.P., 554, 651
Fondation Royaumont, 8, 9, 18, 28
Fontègue, 723
Forbes, R.J., 157
Foster, G.M., 300
Foucault, M., 6, 7, 35, 664, 666, 667, 679, 770, 771, 775
Fouraker, L.E., 527
Fox, A., 669
Fraisse, P., 242
Franck, G., 645
Frankel, S., 304
Frankenhaeuser, M., 721
Franklin, B., 200, 644
Freedman, D.G., 157
French, J.R.P., 668, 713
Freud, S., 10, 26, 80, 258, 259, 267, 279, 280, 283, 303, 312, 318, 322, 333, 338, 374, 375, 433, 437, 438, 693, 696, 726, 727, 728, 744, 772
Freudenberger, H.J., 713, 743
Friedan, B., 422
Friedberg, E., 3, 9, 13, 29, 103, 165, 408, 437, 511, 627, 646, 652
Friedman, G., 627
Friedman, H.S., 152
Friedman, M., 712
Friedmann, B., 588
Friesen, W.V., 148, 155
Fromson, B.D., 330
Frost, P.J., 552
Furet, F., 14

Gadbois, C., 729, 732, 733
Gagliardi, P., 576, 586, 587
Galambaud, B., 5
Galilée, 14, 80
Gallois, C., 143
Gallup, G.G., 146
Gantt, H.L., 203
Gardell, B., 717
Gardin, B., 50, 77
Garfinkel, H., 9, 16, 26, 29, 41, 55, 229, 646, 669, 678
Garnier, B., 519
Gasparini, G., 11, 162, 205, 213, 255
Gatewood, J.B., 151
Gaucher, D., 409, 753
Gauchet, M., 431
Gautrat, J., 616, 627
Gearing, E., 228
Geertz, 26, 546
Geis, F.L., 515
Gelman, D., 312
Gentis, R., 646
Ghiselli, E.E., 630
Giddens, A., 9, 10, 13, 17, 18, 24, 26, 28, 29, 66, 67, 377, 408, 468, 471, 539, 540, 541, 542, 551, 674
Gifford, R., 157
Gilbreth, F.B., 203, 204
Gioscia, V., 220
Giovannini, M.J., 545, 552
Girard, R., 375
Girdwood, J., 667
Girin, J., 10, 28, 29, 34, 38, 41, 45, 46, 49, 51, 54, 55, 56, 58, 59, 62, 67, 68, 70, 74, 77, 138, 161
Gitin, S.R., 151
Glasl, F., 522, 524, 525
Godelier, M., 13, 240, 531, 561, 562
Goethe, 768
Goffman, E., 16, 17, 18, 19, 24, 26, 29, 30, 41, 43, 46, 56, 60, 63, 64, 65, 66, 76, 84, 86, 142, 143, 161, 171, 352, 527
Gogel, R., 587
Goldberg, A., 312
Goldberg, W.H., 24
Golembiewski, R.T., 643
Goodenough, 546
Goodwin, C., 144, 145
Goody, J., 33
Gorbatchev, M., 588
Gordon, R.A., 5, 755, 760
Gorz, A., 4, 5, 6, 7, 27, 720, 774
Gould, D.J., 506
Gouldner, A., 20
Gramsci, A., 598
Grandori, A., 103
Granet, 610
Granick, D., 555, 658
Grant, E.C., 146
Greenacre, P., 368
Greenberg, J.S., 717
Greenhalgh, L., 514, 515, 517
Greenson, R.R., 280, 281, 295, 369
Greer, S., 712
Grémion, C., 627
Grenier, L., 380
Grice, H.P., 55, 56, 66
Grimal, P., 266
Gritti, J., 379
Grize, J.B., 10, 34, 84
Gronn, H.P., 38
Gross, E., 751, 753
Grossin, W., 205, 209
Groux, G., 627
Grusec, J.E., 147
Gruselle, J., 621, 627

Guigo, D., 47
Guilbert, M., 752, 754, 756, 757, 759, 760
Guillaumin, C., 381, 383, 385, 389, 390, 392, 396
Gulick, L., 509
Gumperz, J.J., 58
Gurdon, P.R.T., 224
Gurvitch, G., 13, 215, 216, 224, 552
Gusdorf, G., X, 7, 28, 35, 80, 81, 85, 86
Gustavsen, B., 717

Habermas, J., 10, 26, 35
Hagège, C., 10, 30, 35, 46, 84
Hagestrand, T., 28
Haire, M., 630
Halberstam, D., 23, 662
Hales, M., 349, 350, 355
Hall, E.T., 26, 160, 161, 162, 163, 167, 169, 170, 202, 241, 492
Hall, J.A., 140
Hall, R.I., 11, 68
Hamner, W.C., 515
Hampate Ba, A., 234
Handy, J.A., 716
Hardesty, S., 422
Hardman, C., 537
Hardy, C., 3
Harel Giasson, F., 214, 278, 377, 416, 766
Harper, R.G., 148
Harré, R., 9, 16, 28, 161, 537
Harries, R., 146
Harrigan, J.A., 144, 151
Harris, L., 328, 501, 547
Harrison, M., 218
Hart, R., 208
Hartman, E.A., 713
Hartnett, O., 749, 753
Harvey, D., 669
Hassard, J., 162, 163
Haurant, M., 501
Hawking, S.W., 11
Heath, A., 143, 145, 216, 673
Hebden, J.E., 587
Hecaen, H., 42
Hediger, H., 167
Heelas, P., 538
Hegel, G.W.F., 217, 472
Hendricks, W.E., 751
Henley, N.H., 152
Hennig, M., 407, 433
Henry, A., 246
Henry, J.P., 712
Herzberg, F., 5, 7, 165, 298
Heslin, R., 148
Higgins, W., 671
Hinde, R.A., 146
Hindess, B., 672, 679
Hinsdale, K., 761
Hirsch, F., 671
Hirschhorn, L., 10, 259
Hirschman, A.O., 662
Hodson, T.C., 223
Hoffer, 728
Hoffman, W.M., 720
Hofstadter, D., 68
Hofstede, G., 7, 22, 28, 339, 501, 504, 532, 552, 618, 630
Hogarth, R., 103
Holbrook, D., 339
Hollinger, R.C., 329
Holmes, T.H., 713
Holsti, O.R., 103
Holton, G., 7
Holzberg, C.S., 545, 552
Homans, G.C., 166, 298, 300
Horney, K., 303, 306, 307, 308, 313, 314
Horowitz, M.J., 170, 177
Horton, R., 481, 505
House, J.S., 716
Howell, J.E., 5
Hubert, H., 223
Huet, M., 752, 753
Hulin, C., 28
Hummel, R., 418, 423
Humphreys, L.W., 753, 757
Humphries, D.A., 145
Huppert-Laufer, J., 408, 413
Hurtig, M.-C., 463
Hutchins, E., 49, 50
Huxley, J., 18, 29
Hymes, D.H., 58, 59

Icahns, C.C., 329
Ickes, W., 151
Inzerilli, G., 648
Isaacs, S., 264
Isambert, F.A., 223
Israël, L., 740, 741
Izraeli, D.N., 417, 424, 501, 505

Jablin, F.M., 10, 26, 38, 521
Jackall, R., 771
Jackson, P.R., 157
Jacobs, N., 422
Jacquard, A., 28, 383, 389, 392, 397
Jaeger, A.M., 499, 501, 504, 629
Jaenen, C.J., 390
Jago, A.G., 416
Jakobson, R., 54, 142, 609
Janis, I.L., 103
Jankélévitch, V., 596, 598, 609
Jaques, E., 3, 10, 28, 94, 216, 217, 259, 334, 335, 554
Jardim, A., 407, 433
Javeau, C., 16, 21
Jelinek, M., 673
Jinchereau, I., 398
Joffe, W.G., 303

Johns, R.S., 338
Johnson, J.V., 217, 721, 761
Joly, A., 377
Jones, M.O., X, 6, 13, 28, 29
Jones, N., 147
Julliard, 723
Jullien, F., 396
Jung, C.G., 280, 312, 472, 591
Jurich, A.P., 146

Kabanoff, B., 513, 519
Kafry, D., 713
Kagan, A.R., 712
Kahn, R.L., 324, 360, 511, 513, 514, 527, 712, 716
Kahneman, D., 103
Kakar, S., 262
Kamdem, E., 11, 163, 201, 202, 212, 248, 505
Kançal, M.-C., 440
Kant, I., 299
Kanter, R.M., 6, 13, 28, 29, 375, 407, 433, 450, 454
Kanungo, R.N., 321
Karasek, R., 716
Kardiner, A., 267
Karme, L., 303
Kasarda, J.D., 512
Kasl, S., 685, 709
Katz, D., 324, 360, 511, 513, 514, 527
Keeney, R.L., 103
Kelley, H.H., 517
Kelly, G.A., 340, 517
Kelly, J., 527
Kemp, N.J., 154
Kendon, A., 143, 144, 157
Kennedy, A.A., 11, 511, 553, 558, 576, 584, 586, 587, 588, 627, 720
Kenny, C., 168
Kergoat, D., 707
Kernberg, O., 296, 305
Kervern, G.M., 720
Kets de Vries, M.F.R., 3, 6, 10, 260, 261, 262, 270, 275, 278, 286, 288, 291, 295, 296, 306, 307, 329, 334
Kieser, A., 666
Kiggundu, M.N., 501
Kilmann, R.H., 477, 501, 502, 517, 587
Klein, M., 259, 260, 267, 278, 295, 302, 303, 309, 312, 333
Kleinke, C.L., 139
Knapp, M.L., 143
Knapp, P.H., 300
Kobasa, S.C., 712
Kochan, T.A., 527
Kohut, H., 261, 284, 286, 295, 311, 312, 313, 314, 316, 317, 318, 319, 321, 322, 323, 325, 331, 333, 334, 335
Kolb, D.M., 522
Koontz, H., 3
Koopman Iwena, A., 27
Korda, M., 525
Kraut, R.E., 155
Kreacic, V., 629
Kreitner, R., 298
Krejtman, C., 67
Kriger, M.P., 321
Kristeva, J., 22, 24, 141, 376
Kroeber, A.L., 223
Krystal, H., 303
Kudoh, T., 142, 151
Kuhn, T.S., 7, 67, 68
Kush, P., 609

Laborit, H., 88, 712
Labov, W., 60, 61
Lacan, J., 39, 44, 90, 369
Lacoste, M., 77
La France, M., 150, 151
LaFrenière, P., 147
Lagadec, P., 323
Laing, R.D., 16, 81, 87, 97, 161, 313, 375
Lakatos, I., 7
Lakoff, G., 217
Lalande, A., 28
Lalive d'Épinay, C., 644
Lall, S., 24
Landes, D.S., 3, 200, 201, 202
Lane, T., 229
Langaney, A., 386, 388
Langs, R., 295
Lapassade, G., 646
Lapierre, L., 97, 260, 262, 269, 270, 273, 274, 275, 278, 334
Laplanche, J., 19, 266, 278, 691, 728
Laplante, R., 550, 693
Larçon, J.-P., 436
Larson, J.R., 4, 26
Lasch, C., 6, 313, 335, 771
Lasserre, H., 621, 627
Laufer, J., 377, 408, 413, 433, 434, 442, 444, 445, 453, 454, 460
Laurent, A., 339, 532, 629, 630, 648, 652, 776
Laville, J.L., 616, 617, 627
Law, J., 674
Lawler, E.E., 26, 515, 516, 527
Lawrence, P.R., 511
Lawrence, W.G., 259, 339, 345, 346, 352, 353, 355, 358, 361
Lax, D.A., 520
Laye, C., 255
Lazarus, R.S., 301, 711, 715
Lazer, W., 506
Leach, E., 367, 370
Le Bon, G., 16, 29
Le Breton, 714
Le Compte, W.A., 146
Legendre, P., 35, 90, 99, 552, 610
Le Guillant, L., 688, 714, 723, 725

Leiris, M., 388
Lemaître, N., 247, 556, 557, 560, 578, 586, 588
Lemoine-Luccioni, E., 434
Lengermann, P., 422
Lenk, H., 340
Leroi-Gouhran, A., 9
Lessing, D., 482, 483
Lestringant, F., 390
Lévi, L., 685, 709, 712, 714
Lévi, P., 5, 18
Levinson, H., 259, 260
Lévi-Strauss, C., 20, 28, 239, 374, 375, 388, 390, 436, 471, 538, 579, 591, 592, 594, 609, 610
Lévy-Bruhl, L., 585
Lewin, K., 4, 161, 166, 176, 335, 649
Lewis, O., 505
Liden, R.C., 157
Lienhardt, G., 537
Likert, J.G., 513
Likert, R., 513
Lindblom, C.E., 103
Linhart, D., 34, 52, 117, 121, 138, 627
Linhart, R., 6, 18, 138, 587, 588
Linteau, P.-A., 549, 552
Linton, A., 468, 470, 471, 472, 473, 474, 561
Lipovetsky, G., 431
Litterer, J.A., 527
Little, M., 295
Littlepage, G.E., 155
Locke, E.A., 298, 337
Lody, R., 506
Logeay, P., 729, 732, 733
Lorber, J., 427
Lorenz, K., 167
Lorsch, J.W., 3, 4, 26, 511
Louis, M.R., 229, 524
Louis-Guérin, C., 375
Lourau, R., 646
Low, J.O., 3
Lucas, Y., 613
Luce, R.D., 103
Luckmann, T., 9, 29, 160, 351
Lucrèce, 684
Luhmann, M., 340
Lukes, S., 29
Lupri, E., 428
Lussato, B., 720
Luthans, F., 298
Lynch, J.J., 713
Lyotard, J.-F., 596

McCleery, R.H., 146
McClelland, D.C., 298, 360
Maccoby, M., 262, 289, 440
McConnell, J.V., 527
MacDonald, C.J., 155
McDowall, J.J., 151
McGinley, H., 142, 151
McGrath, J., 218, 711
McGrath, M.R., 552
McGregor, D., 165, 642, 643
McGrew, W.C., 145
Machiavel, N., 673, 678
Mackay, C., 712
McKelvey, B., 512
McKersie, R.B., 521
McKibbin, L.E., 5, 6, 26, 27, 719
McLuhan, M., 33
McNeill, D., 157
McWhinney, W., 578, 587
Maddi, S.R., 712
Mahler, M.S., 295, 333, 335
Maier, J., 328
Malekzadeh, A.R., 468
Malinowski, B., 545, 547, 559, 563, 565, 577, 581, 587
Mallet, S., 627
Malouin, J.L., 3, 4
Mana, K., 234
Mangham, I.L., X, 28
Mann, L., 103
Manning, P.K., 217
Manstead, A.S.R., 155
Marcelissen, F.H.G., 709
March, J.G., 103, 165, 509, 510, 511, 514
Marcie, P., 42
Marcus, G.E., 541, 552
Marcuse, H., 92, 93, 354
Marmot, M.G., 713, 716
Marsh, P., 629
Martel, P., 103
Martin, D., 616, 627
Marty, P., 699
Maruani, M., 208, 627
Marx, K., 3, 14, 201, 217, 218, 219, 220, 239, 423, 534, 562, 670
Maslach, C., 713
Maslow, A.H., 165, 298, 337, 339, 603, 697
Masud Kahn, 728
Matheson, C., 666
Matsumoto, D., 142, 151
Mauchamp, N., 627
Maurice, M., 627
Mausner, B., 298
Mauss, M., 8, 22, 27, 28, 60, 65, 223, 536, 537, 610
May, R., 313
Mayo, E., 45, 152, 165, 510, 545, 554, 667
Mayr, E., 364
Mead, M., 432, 607
Mehrabian, A., 150, 151
Meillassoux, C., 239
Melbin, M., 213
Mélèse, J., 52
Memmi, A., 22, 24, 30, 380, 382, 385, 386, 393, 395, 396, 398, 486, 487
Mendel, G., 470, 504, 505, 645, 646

Mendenhall, M., 642
Mendras, 623
Menzies, I., 259
Mercier, J., 238, 552
Mercure, D., 162
Mergler, D., 749, 762, 763
Merkle, J., 7
Merton, R.K., 20, 44, 216, 223, 224, 521
Messing, K., 749, 762
Mettelin, P., 255
Meyer, J.W., 3
Michel, I., 627
Michels, 423
Midler, C., 74
Miller, A., 343
Miller, D., 3, 6, 10, 155, 260, 261, 262, 270, 275, 286, 288, 291, 313, 329, 334
Miner, J.B., 337, 338, 340
Mintzberg, H., X, 3, 20, 26, 33, 37, 38, 79, 101, 102, 103, 322, 627, 665, 666, 721
Mirvis, P.H., 629
Mitchell, T.R., 4, 26, 338
Mitroff, I.I., 323, 324, 326, 331, 477
Mohrman, A.M., 527
Moisdon, J.C., 29
Moles, A.A., 169
Molinié, A.-F., 754, 755, 756, 758, 759, 761
Momigliano, A., 537
Monat, A., 711, 715
Monjardet, D., 627
Montagner, H., 147
Montaigne, M.E. de, 2, 8
Montesquieu, C., 379
Montmollin, M. de, 165
Montredon, J., 142
Moog, V., 492
Moore, C.W., 522
Moore, J.M., 720
Moore, L.F., 552
Moore, M.D., 6, 13, 28, 29
Moore, W.E., 219, 221
Moran, R.T., 501
Morel, A., 488
Morgan, G., X, 3, 12, 13, 14, 29, 33, 217, 334, 335, 504, 531, 547
Morin, E., X, 7, 8, 15, 24, 28, 597
Morin-Nahoun, E., 197, 597
Morris, D., 142
Morrison, A.M., 416
Moscovici, S., 8, 16, 29, 164, 380, 384, 395, 408, 414, 516
Moscowitz, J.J. 689
Mouton, J.S., 513, 517
Mouzelis, N.P., 426
Moynot, J.L., 645
Mumby, D.K., 35, 479
Mumford, L., 219
Munsterberg, H., 165
Musgrave, A., 7
Nahavandi, A., 468
Nakamura, H., 480
Nakane, C., 22, 772
Nanus, B., 321, 322
Nathanson, C.A., 750
Neale, W.C., 481, 501
Negandhi, A.R., 24
Neibrugge-Brantley, J., 422
Nelson, D., 203
Newton, I., 14, 218
Ng, C.F., 157
Nichols, T., 229
Niebuhr, R., 328
Nilsonn, P., 223
Nizard, G., 558, 560, 569, 570, 580
Noël, L., 379
Noller, P., 153
Noonan, J.I., 506
Normand, E., 587, 588
Novalis, F., 2
Nowotny, H., 206, 221
Noy, P.C., 300
Nutt, P.C., 103
Nyland, C., 218

Odiorne, G.S., 339, 510
O'Donnell, C., 3
Odou, G., 642
Offe, C., 6
Olbrechts-Tyteca, L., 114
O'Leary, M.J., 143
Olender, M., 383
Olson, M., 513
Omark, D.R., 157
Oppenheimer, J.R., 726
Orr, D.W., 295
Ortner, C., 538
Ortony, A., 114
Orwell, G., 22
O'Sullivan, M., 149, 154
Ouchi, W.G., 3, 21, 22, 506, 532, 552, 555, 586, 587, 627, 720
Owen, J., 218

Padioleau, J.G., 16, 22, 377
Pagès, M., 6, 27, 260, 445, 465, 558, 586, 588, 645, 685, 709, 710, 723
Pankow, W., 614
Paquerot, S., 416
Paradeise, C., 460
Parkes, D., 28
Parks, F.N., 555
Parsons, C.K., 157
Pascale, R.T., 21, 22, 555, 586
Passeron, J.-C. 586, 694
Passet, R., 686
Patterson, M.L., 143, 148, 150
Pauchant, T.C., 261, 262, 278, 320, 322, 323, 324, 325, 326, 334
Paul-Lévy, F., 161

Pavlov, I.P., 9
Payne, R., 709
Paz, O., 774
Pearlin, L.I., 712
Pederson-Krag, G., 339
Peirce, C.S., 54
Perdriset, F., 77
Pérec, G., 160
Perelman, C., 114
Perlman, B., 713
Perreault, M., 686, 763
Perrow, C., 3, 419, 420, 421, 427, 509, 514
Peters, T., 326, 352, 359, 361, 465, 501, 553, 555, 556, 557, 572, 586, 587, 627, 720
Pettigrew, A.M., 553, 586, 680
Petty, R.E., 149
Peyrefitte, A., 662
Pfeffer, J., 103
Pfeffer, R.M., 587, 588
Pharo, P., 35, 77, 705
Phillips, J.R., 587
Piaget, J., 106
Pichevin, M.F., 463
Pierson, F.C., 5
Pinder, C., 217
Pineault, M.A., 155
Pines, A.M., 713
Pinto, R.F., 629
Platz, S.J., 416
Plutchik, R., 301
Poe, D., 155
Poincaré, H., 655
Polanyi, K., 3
Poliakov, L., 383, 388, 390, 394
Politzer, G., 691
Pondy, L.R., 513, 515, 519, 521, 525, 527
Pontalis, J.B., 19, 266, 278, 383, 389, 691, 693, 728
Poole, M.S., 507, 508, 513, 515
Porter, L., 5, 6, 26, 27, 630
Poulot, D., 506
Poupart, R., 587
Prather, J.E., 753, 761
Prein, H., 518, 522
Presthus, R., 3
Price, F.R., 732
Prigogine, I., 29
Pritchard, R.D., 340
Procter, W.C., 361
Pronovost, G., 162, 163, 223, 230
Protagoras, 768
Provost, M.A., 157
Pruitt, D.G., 522
Pullberg, S., 339
Putnam, L.L., 507, 513, 515, 521
Pym, D., 337, 348, 360
Pythagore, 684

Quinn, R.E., 552

Rabier, J.C., 627
Racker, H., 295
Radcliffe-Brown, 545
Rahé, R.H., 713
Rahim, A.M., 507, 508, 517
Raiffa, H., 103, 520
Ramos, A.G., 419, 420, 427
Ranjard, P., 646
Rank, 312
Rasmussen, K.G., 157
Raspa, R., 503
Ray, C.A., 667
Rebérioux, M., 752, 761
Recanati, F., 55
Regini, M., 208
Reich, R., 329
Reitter, R., 436
Renwick, P.A., 416
Reveret, J.P., 749, 762
Reynaud, E., 121
Reynaud, J.D., 138, 627
Rezsohazy, R., 23, 242, 244
Rhodes, L., 588
Riboud, A., 622
Ricardo, 220
Ricci-Bitti, P.E., 149
Richard, E., 555
Ricœur, R., 563, 770
Riggio, R.E., 152, 157
Rilke, R.M., 160
Rimbaud, A. 81
Rimé, B., 156
Rioux, M., 21, 552
Riskind, J.H., 149
Rivard, P., 452
Riveline, C., 29
Rivière, P., 82
Robbins, S.P., 508, 512, 525
Roberto, 229
Roberts, K., 28, 229
Robertson, A., 3, 4, 197
Robin, J., 302
Roche, P., 695
Rocheblave-Spenlé, A.-M., 440, 456
Rocher, G., 16
Rochlin, G., 309
Rochon, J., 328
Rodriguez Tome, H., 242
Roethlisberger, F.J., 510, 554
Rogers, C., 140, 313, 314, 642, 644
Róheim, G., 505
Rohmer, É., 170
Rohrberg, R., 149
Rojot, J., 648
Rolle, P., 627
Rondeau, A., 377, 517, 519
Root, N., 749, 762
Roper, T.J., 146
Rose, M., 5, 220

Rose-Lizée, R., 753, 757
Rosenblatt, A.D., 308
Rosenfeld, H.M., 144
Rosenman, R.H., 712
Rosenthal, R., 140, 152, 154
Rosenzwein, R., 151
Rossi, A., 416
Rostow, W.W., 3
Rotchford, N.L., 218
Rotter, J.B., 515, 712
Roubinet, P., 364
Rousseau, A., 613
Rousseau, D.M., 28
Rousseaux, N., 3, 29
Rowan, B., 3
Roy, D.F., 216, 225, 226, 227, 229
Rubin, J.Z., 515, 516, 522
Ruble, T.L., 517, 520
Ruffié, J., 8, 9, 15, 28, 627
Russel, B., 67
Rushdie, S., 29
Russell, B., 655
Rutter, D.R., 139

Sabini, J., 147
Saglio, F., 627
Sahlins, M.D., 9, 13, 15, 22, 23, 24, 29, 34, 504, 530, 541, 542, 543, 544, 552
Sainsaulieu, R., 3, 13, 17, 27, 121, 165, 179, 434, 436, 457, 532, 546, 547, 552, 557, 558, 586, 614, 617, 618, 621, 625, 627, 647
Saint-Exupéry, A. de, 374
Saint-Germain, M., 548
St-Jean, G., 328
Saint-Laurent, C., 313
Saint-Simon, L., 674
Salancik, G.R., X, 103
Saleh, S.D., 501
Sales, A., 552
Samaké, S., 505
Sandler, J., 280, 295
Sanger, D.E., 675
Sapir, E., 42, 43, 44, 51, 84, 505, 595, 609
Sartre, J.-P., 2, 313, 592, 608
Sass, R., 721
Savage, L.J., 103
Savoie, A., 557, 578, 713
Sayle, M., 494
Schachter, J., 666, 667
Schaeffer, G.H., 150
Schegloff, J.M., 144
Schein, E., 3, 11, 334, 339, 553, 576, 586, 627
Schellenberg, J.A., 513
Schelling, T.C., 515
Scherer, K.R., 148, 149, 152, 154, 156
Schlaifer, R., 103
Schmid, W., 774
Schmidt, S.M., 527
Schneer, J.A., 515
Schneider, B., 337, 338, 339
Schnelle, 175
Schoeck, H., 299, 300, 309
Schön, D., 586
Schultz, B., 521
Schwaber, E.A., 333
Schwartz, H.S., 260, 324, 325
Scott, W.R., 509
Searle, J.R., 42, 87, 588
Searles, H.F., 295
Seath, C.B., 414
Sebenius, J.K., 520
Segal, H., 295
Segal, J.P., 651
Segalen, M., 497
Segaud, M., 161
Ségrestin, D., 121, 624, 627
Séguin, F., 3, 7, 13, 27, 509
Seiler, J.A., 180
Seligman, M., 712
Sellier, F., 627
Selye, H., 685, 710, 711, 723
Selznick, P., 20, 355, 511, 553, 554
Sennett, R., 6
Sérieyx, H., 465, 627, 720
Serres, M., X
Servan-Schreiber, J.J., 21
Sfez, L., 33
Skakespeare, W., 32
Shannon, C.E., 33
Shapira, Z., 103
Sheppard, B., 522, 527
Sherik, I., 304
Shisgall, O., 361
Shockley-Zalabak, P., 416, 517
Siat, M., 587
Siegel, S., 527
Sievers, B., 11, 29, 255, 259, 261, 278, 335, 339, 357, 358, 557, 588, 719
Sifneos, P.E., 699
Sigman, S., 91
Silverman, D., 663, 669
Simard, M., 696
Simmel, G., 435
Simon, H.A., 103, 165, 510
Simonis, Y., 608
Siu, R.G.H., 480, 481
Sivadon, P., 240, 242, 723, 724, 725
Skinner, B.F., 10, 28, 298, 559
Slovic, P., 103
Smart, C., 103
Smircich, L., 11, 29, 532, 545, 547, 552, 553, 556, 586, 587
Smith, A., 220
Smith, C., 152
Smith, J., 537, 538
Smith, P., 563, 564
Smith, P.K., 145

Smith, R., 330
Smith, W.J., 147
Smucker, J., 424
Snyder, R.C., 6, 13, 28, 29
Snyderman, B., 298
Socrate, 86
Sofer, C., 451
Solari, 723
Sombart, W., 200
Sommer, R., 170, 171
Sophocle, 266
Sorokin, P., 12, 215, 216, 223, 224
Souza-Poza, J.F., 149
Spencer, H., 27
Sperber, D., 42, 54
Spielberger, C.D., 712
Spielman, P.M., 301
Staines, G.L., 752, 754, 756, 757
Stalker, G.M., 20, 511, 512
Starbuck, W.H., 323, 324
Starkey, K., 221
Staw, B.M., X, 4, 26, 28, 338
Steele, F., 629
Steele, S., 397, 398
Stein, B.A., 6, 13, 29
Stekel, W., 368
Stellman, J., 685, 749
Stengers, I., 29
Stephens, P.M., 712
Sterling, T.D., 197, 712
Sternberg, R.J., 152, 505
Stolorow, R.D., X, 317
Stone, L., 295
Storr, A., 280
Strachey, J., 280
Strauss, A., 678
Strayer, F.F., 157
Suarez, S.D., 146
Sullerot, É., 416
Sullivan, H.S., 302, 313
Sundstrom, E., 177, 181
Sundstrom, M.G., 177, 181
Sutton-Smith, B., 477
Svensson, L., 721
Sylla, T., 236, 505
Sylvestre, J., 627
Syme, S.L., 713
Symons, G.L., 214, 377, 408, 413, 416, 417, 421, 423, 424, 425, 428, 558, 576, 587

Taddei, D., 213
Taguieff, P.A., 379
Takai, M., 142
Tap, P., 375
Tapia, C., 508
Taylor, A., 522
Taylor, F.W., 28, 163, 203, 204, 205, 210, 220, 231, 360, 509, 585, 657, 697
Taylor, N.W., 549
Taylor, R.D., 103
Teasdale, J.D., 712
Tellenbach, H., 302
Terhune, K.W., 515
Terkel, S., 6, 18, 587
Terray, E., 239
Tessier, R., 713
Theorell, T., 716
Thévenet, A., 627
Thèves, J., 175
Thibaut, J.W., 517
Thiesse, A.M., 488
Thierry, H., 27
Thoenig, J.-C., 627, 645
Thomas, K.W., 507, 508, 513, 515, 516, 517, 518, 519, 520, 521, 522, 524, 525, 527
Thomas d'Aquin (saint), 299
Thompson, E.P., 163, 199, 201, 202, 218, 219
Thompson, J.D., 324, 511, 664
Thrift, N., 28, 218
Throckmorton, B., 157
Tinbergen, N., 146, 167
Tinker, T., 217
Tisdell, C.A., 103
Titelman, P., 301
Tixier, P.É., 558, 586, 588, 627
Tobin, S.S., 712
Todd-Mancillas, W.R., 416
Todorov, T., 22, 24, 42, 67, 375, 376, 379, 381, 388
Toffler, A., 583
Tonnies, 21
Toulmin, S.E., 106
Toulouse, J.M., 270
Touraine, A., 9, 27, 29, 136, 627, 645
Tournier, M., 594
Tremblay, R.E., 157
Trepo, G., 645
Trimboli, A., 154
Tripier, M., 588
Tripier, P., 627
Trist, E.L., 222, 335, 512
Trotter, R.J., 527
Turner, V., 26, 371
Tversky, A., 103
Tylor, E.B., 561
Tymon, W.G., 513

Ungson, G.R., 103
Urwick, L., 509
Ury, W., 516, 520

Vallée, L., 468, 470, 471, 561, 562, 564
Vallée, M., 627
Van de Vliert, E., 507, 508, 513, 518, 522, 524, 525, 527
Van Hoof, J.A.R.A.M., 145
Van Houten, J., 754, 755, 759
Van Velsor, E., 416

Vaquin, H., 622
Varela, F.J., 34, 68
Vaughn, B.E., 147
Veil, C., 335, 709, 723
Verbrugge, L.M., 750
Verhoeven, J., 65
Vernant, J.P., 29, 505, 776
Vertinsky, I., 103
Vézina, M., 519
Villette, M., 5
Vinaver, M., 465
Vincent, S., 376, 389, 395
Vingerhoets, A.J.J.M., 709
Voge, C., 728
Volkoff, S., 754, 755, 756, 758, 759, 761
Voltaire, 14
von Hofmannsthal, H., 374
von Raffler-Engel, W., 157
von Uexküll, J., 167
Vovelle, M., 14
Vroom, V.H., 26, 103, 298, 337, 360, 416

Wagner, H.I., 155
Wagner, R.K., 505
Waldron, I., 750
Waldron, J., 151
Walker, M.B., 154
Wallbott, H.G., 149, 154, 156
Wallerstein, I.M., 3, 23
Wallraff, G., 376
Walton, A.E., 639
Walton, C., 555
Walton, R.E., 516, 521, 522, 524, 525, 527
Wansell, G., 330
Warner, W.L., 3
Warriner, C.K., 3
Waterman, R.H., 326, 352, 359, 361, 465, 501, 553, 555, 556, 557, 572, 586, 587, 627, 720
Waters, E., 147
Watzlawick, P., 84
Weaver, W., 33
Webber, R.A., 555, 586
Weber, M., 3, 14, 38, 44, 56, 166, 200, 321, 418, 419, 423, 426, 527, 613, 664, 666, 671, 674, 679
Weedon, C., 664
Wehr, P., 525
Weick, K.E., 68, 545, 552, 553, 586
Weil, E., 768, 769
Weil, S., 18, 345, 351, 588
Weiner, N., 546, 552
Weingart, L.R., 520
Weinrich, H., 58, 397
Weitz, S., 141
Weitzman, M.L., 585
Weller, J.M., 627
Westen, D., 29
Westley, F., 322
White, R.P., 416
Whitley, R., 4, 7
Whorf, B., 35, 163, 595, 609
Whyte, W.F., 3, 275
Wiener, M., 156
Wild, H., 146
Wildavsky, A., 103, 104
Wilkins, A.L., 552, 586, 587
Wilkinson, M., 157
Williams, E., 154
Williamson, O.E., 3, 668
Wilson, E.O., 28, 42, 54
Wingard, D.L., 750
Winkin, 141
Winnicott, D.W., 260, 295, 312, 375
Winock, M., 14
Wisner, A., 335, 709
Wittgenstein, L., 678
Wolf, E.S., 295, 313, 317, 318, 333
Wolff, H.G., 711, 713
Wright, E.O., 670
Wright, L., 219
Wright-Mills, C., 609

Xénophon, 530

Yaguello, M., 410
Yamaguchi T., 501
Yeats, W.B., 684
Yetton, P.W., 103
Yoshino, M.Y., 555

Zahan, D., 243, 244, 245
Zaidman, C., 453
Zajonc, R.B., 301
Zaleznik, A., 3, 260, 270, 295, 306, 334
Zavalloni, M., 375
Zechmeister, K., 517
Zucker, L., 3
Zuckerman, M., 143, 155

TABLE DES MATIÈRES

Avant-propos VII
Remerciements XI
Liste des collaborateurs et collaboratrices XIII

Introduction — Vers une anthropologie de l'organisation
Jean-François CHANLAT 3

Première partie

PENSÉE, PAROLE ET LANGAGE

L'être humain, un être de parole
Jean-François CHANLAT 33

Problèmes du langage dans les organisations
Jacques GIRIN 37

La gestion, une affaire de parole
Alain CHANLAT et Renée BÉDARD 79

De l'information à l'argumentation
Richard DÉRY 101

Les identités en paroles — Entreprise et pratiques langagières
Anni BORZEIX et Danièle LINHART 115

Langage du corps, gestualité et communication
Pierre FEYEREISEN et Jacques-Dominique DE LANNOY 139

Deuxième partie

ESPACE ET TEMPS

L'être humain, un être spatio-temporel
Jean-François CHANLAT 161

Espace, identité et organisation
Gustave-Nicolas FISCHER 165

La communication dans une tour de bureaux
Jacques GIRIN 185

Temps et travail en Occident
Giovanni GASPARINI 199

Pour un paradigme ethnographique du temps de travail
John HASSARD 215

Temps et travail en Afrique
Emmanuel KAMDEM 231

Troisième partie

VIE PSYCHIQUE

L'être humain, un être de désir et de pulsions
Jean-François CHANLAT 259

Intériorité, gestion et organisation — De la réalité psychique comme fondement de la gestion
Laurent LAPIERRE 263

De la confusion dans les rapports entre deux personnes
Manfred KETS DE VRIES et Danny MILLER 279

L'envie, grande oubliée des facteurs de motivation en gestion
Manfred KETS DE VRIES 297

La psychologie du self, l'expérience et la vie en entreprise — Une perspective kohutienne
Thierry PAUCHANT 311

La motivation: un ersatz de significations
Burkard SIEVERS 337

Les relations interpersonnelles dans les organisations — Le cas du chef de projet
Maurice DUFOUR 363

Quatrième partie

ALTÉRITÉ

L'être humain, un étranger pour autrui
Jean-François CHANLAT 375

Le rapport à la différence — Hétérophobie et racisme dans les organisations
Sylvie VINCENT 379

Femmes gestionnaires — L'actrice et l'organisation
Francine HAREL GIASSON 407

Les femmes cadres dans l'univers bureaucratique — Une perspective critique
Gladys SYMONS 417

Les femmes cadres — Quelles différences dans la différence?
Françoise BELLE 431

Être cadre à l'étranger
Allain JOLY 467

La gestion des conflits dans les organisations
Alain RONDEAU 507

Cinquième partie

VIE SYMBOLIQUE

L'être humain, un être symbolique
Jean-François CHANLAT 531

Anthropologie, culture et organisation — Vers un modèle constructiviste
Jean-Pierre DUPUIS 533

Le symbolisme et la « culture d'entreprise » — Des abus conceptuels aux leçons du terrain
Omar AKTOUF 553

Simple symbole — De l'efficacité pratique des systèmes symboliques dans l'organisation
Serge BOUCHARD 589

Culture, entreprise et société — Réflexions à partir de l'expérience française
Renaud SAINSAULIEU 611

Changement organisationnel et réalités culturelles — Contrastes franco-américains
Gilles AMADO, Claude FAUCHEUX et André LAURENT 629

Pouvoir, symbolique, langage et organisation
Stewart CLEGG 663

Sixième partie

PLAISIR ET SOUFFRANCE AU TRAVAIL

L'être humain, un être de plaisir et de souffrance
Jean-François CHANLAT 685

Nouveau regard sur la souffrance humaine dans les organisations
Christophe DEJOURS 687

Stress, psychopathologie du travail et gestion
Jean-François CHANLAT 709

La névrose professionnelle
Nicole AUBERT 723

La différenciation sexuelle en matière de santé et sécurité du travail — Des conditions de travail différentes ou le sexe en cause?
Michel PERREAULT 749

Conclusion — Vers une nouvelle éthique des relations dans les organisations
Jean-François CHANLAT 769

Bibliographie générale 777

Index 825

Cet ouvrage a été composé
en caractères Palatino
par l'atelier Compélec,
de Québec, en juillet 1990.

MARQUIS

Québec, Canada

RECYCLÉ
Papier fait à partir de matériaux recyclés
FSC® C103567
FSC
www.fsc.org

Imprimé sur du papier Enviro 100% postconsommation
traité sans chlore, accrédité ÉcoLogo et fait à partir de biogaz.

CHOIX ENVIRONNEMENTAL · ENVIRONMENTAL CHOICE
PROCÉDÉ SANS CHLORE · PROCESSED CHLORINE FREE
100%
PERMANENT
BIO GAZ ÉNERGIE